헌법총론
통치구조론

김 수 갑

法 文 社

머 리 말

2021년 8월 출간한 「기본권론」에 이어 이번에 「헌법총론 · 통치구조론」을 출간하게 되었다. 통상 헌법은 강학상 헌법총론, 기본권론, 통치구조론(국가조직론)의 세 부분으로 나누어진다. 과거에는 헌법총론, 기본권론, 통치구조론의 과목으로 3학기로 나누어 강의가 이루어지기도 하였고, 헌법1, 헌법2로 나누어 강의가 이루어지기도 하였다. 헌법1에서 헌법총론과 기본권론을, 헌법2에서 통치구조론을 다루는 경우가 있는가 하면 헌법1에서 헌법총론과 통치구조론을 헌법2에서 기본권론을 다루는 경우가 있다. 본서는 후자의 강의편제에 맞추어 「기본권론」을 먼저 출간하고 「헌법총론 · 통치구조론」을 출간하였다.

헌법총론, 기본권론, 통치구조론은 별개가 아닌 강의편제상의 구분에 불과하기 때문에 이들의 통합적 · 유기적인 관련 속에서만 헌법을 체계적으로 이해할 수 있다. 이러한 점에서 이 책과 함께 기본권론을 참조하기 바란다.

헌법의 실효적인 규범력을 확보하기 위해서는 헌법재판의 중요성을 강조하지 않을 수 없다. 과거에 비하여 헌법재판이 활성화되고 있고 헌법소송론, 헌법재판론 등이 별도의 독립된 강좌로 다루어지는 현실은 바람직하다. 본서에서도 헌법재판소편에 많은 부분을 할애하였다.

「헌법총론 · 통치구조론」도 「기본권론」과 마찬가지로 기존에 활용하였던 본인의 강의안을 토대로 하여 집필하였다. 천학비재(淺學菲才)한 본인이 은사님, 동학선 · 후배님들의 훌륭한 저작으로부터 큰 도움을 받아 집필하게 되었다는 점에서 이 분들에게 깊은 감사를 드린다.

이 책은 기본권론 출간 당시 초고가 완성되었으나 부족함이 많아 조금 더 보완의 기회를 가진 다음 출간하였다. 그러나 여전히 부족함이 많음을 느낀다. 특히 내용의 오류나 인용의 누락이 있는 경우 많은 비판과 지적을 부탁드리며 추후 보완을 약속드린다.

아무튼 이 책이 기본권론과 더불어 헌법을 공부하는 데 조금이라도 도움이 될 수 있다면 저자에게는 망외의 기쁨이라고 생각한다.

상업성이 별로 없는 이 책의 출간을 가능하게 해주신 법문사의 사장님과 김성주 선생님, 편집 등을 훌륭하게 도와주신 김용석 선생님께 진심으로 감사를 드린다.

끝으로 이 책의 원고를 부분적으로 읽고 질문과 나름의 평을 해 준 아들 정한(貞漢)에게도 감사를 전하며 건승하기를 기원한다.

2022년 2월
김 수 갑

차 례

제1부 헌법 총론

제1편 헌법의 기초론

제2편 헌법의 기본원리론

제3편 헌법의 기본제도론

제2부 통치구조론

제1편 통치구조의 원리와 형태론

제2편 통치작용론

제3편 통치기구론

[주요 국내 참고문헌]

계희열, 신정2판 헌법학(상), 박영사, 2005
계희열, 신정2판 헌법(중), 박영사, 2007
계희열(역), 통일독일헌법원론, 박영사, 2001
계희열, 헌법의 해석, 고려대학교출판부, 1993
구병삭, 제3전정판 신헌법원론, 박영사, 1996
권영성, 헌법학원론(2010년판), 법문사, 2010
권영성, 신고헌법학연습, 법문사, 1998
김동희, 행정법I, 박영사, 1991
김선택, 헌법사례연습, 법문사, 2004(확인요망, p.43)
김철수, 학설·판례 헌법학(상)(하), 박영사, 2008
김하열, 헌법강의, 박영사, 2018
김학성 · 최희수, 전정 4판[2020년판] 헌법학원론, 피앤씨미디어, 2020
류지태, 제2보정판, 행정법신론, 신영사, 1997
문홍주, 제6공화국헌법, 해암사, 1987,
성낙인, 제21판 헌법학, 법문사, 2021
안용교, 한국헌법, 고시연구사, 1989
양 건, 제8판 헌법강의, 법문사, 2019
이준일, 제7판 헌법학강의, 홍문사, 2019
장영수, 제7판 헌법학, 홍문사, 2012
정재황, 제6판 신헌법입문, 박영사, 2016
정종섭, 제11판 헌법학원론, 박영사, 2016
정종섭, 헌법소송법 박영사, 2009
최대권, 헌법학－법사회학적 접근, 박영사, 1989
한수웅, 제9판 헌법학, 법문사, 2019
허 영, 전정13판 한국헌법론, 박영사, 2017
허 영, 헌법이론과 헌법, 박영사, 1988
허 영, 헌법소송법론, 박영사, 2009
홍성방, 헌법학(상)(중)(하), 박영사, 2010

(기타 인용도서 및 논문은 본문 각주 참조)

[법령 약칭표]

※ 본서에서 '헌법'은 별도의 표기를 하지 않았다.
본문의 할주에서 사용된 법제명의 약칭은 다음과 같다.

배타적 경제수역 및 대륙붕에 관한 법률	배타적경제수역법
남북 사이의 화해와 불가침 및 교류·협력에 관한 합의서	남북합의서
재외동포의 출입국과 법적 지위에 관한 법률	재외동포법
남북교류협력에 관한 법률	남북교류법
국정감사 및 조사에 관한 법률	국감국조법
국회에서의 증언·감정 등에 관한 법률	국회증언감정법
헌법재판소 심판 규칙	심판규칙

제1부

헌법 총론

제1편 헌법의 기초론

제2편 헌법의 기본원리론

제3편 헌법의 기본제도론

제1편

헌법의 기초론

제1장 헌법의 의의와 특성

제1절 헌법의 개념 – 헌법은 어떠한 법이며 어떻게 파악될 수 있는가?

Ⅰ. 어원상 개념

영어나 불어에서 Constitution은 라틴어의 constituere에서 온 말로 보통 '창설하다, 설치하다, 정돈하다, 즉 특정의 형태 또는 질서를 갖추다'라는 뜻이며, 독일어로 Verfassung은 보통 상태 또는 형태란 뜻으로 헌법이란 항상 법적으로 규정된 상태 또는 형태를 말한다. 결국 헌법(constitutional law, droit constitutionell, Verfassungsrecht)이란 특정의 상태 또는 형태를 규정하는 법, 즉 기초법 또는 기본법이란 뜻이 된다.[1)]

옐리네크에 따르면 '국가를 조직하는 것'(rem publicam constituere)이라는 표현에서 18세기 이후 헌법의 뜻을 가지는 'Konstitution'이라는 표현이 생성되었다고 한다.[2)]

동양에서는 중국의 晋書 제9권에 '賞善罰姦國之憲法也'란 표현이 있다. 이는 다분히 권선징악적 도덕원리의 관점에 가까운 개념이라 하겠다.

우리나라에서는 '國制'(1899년 대한제국 國制 9개조), '憲章'(1919년 대한민국임시정부 헌장), '國憲'(제헌부터 유신헌법까지 대통령취임선서조항) 등이 헌법과 거의 같은 의미로 쓰여졌다.

---

1) 계희열, 신정2판 헌법학(상), 박영사, 2005, 3면.
2) 권영성, 헌법학원론(2010년판), 법문사, 2010, 3면.

헌법이란 어휘 자체가 국가의 조직 · 구조 · 제도 등을 가리키는 근대적 의미로 사용된 최초의 것은 1787년 미합중국헌법에서부터라고 알려지고 있다. 근대 입헌주의 헌법 하에서는 국민의 기본권보장이 중요한 헌법의 요소가 되고 있다.

Ⅱ. 헌법에 대한 일반적 정의들

다양한 관점에 따라 헌법을 파악할 수 있지만, 대체로 국가의 최고법이라는 점, 통치조직과 통치작용의 원리 및 기본권을 보장하는 근본법이라는 점에서는 공통점을 가진다. 이런 관점에서 헌법을 정의한다면 '국가조직과 국가작용의 원리를 정하는 국가의 근본법이자 국민의 기본권을 보장하는 최고법'이라 할 수 있다.[3)]

판례

"헌법은 국민적 합의에 의해 제정된 국민생활의 최고 도덕규범이며 정치생활의 가치규범으로서 정치와 사회질서의 지침을 제공하고 있기 때문에 민주사회에서는 헌법의 규범을 준수하고 그 권위를 보존하는 것을 기본으로 한다."

헌재 1989. 9. 8. 88헌가6

Ⅲ. 헌법개념의 이중성(양면성)

헌법의 본질을 어떻게 이해하느냐에 따라 견해의 차이가 있지만, 헌법은 다른 법과 비교하여 정치적 사실로서의 측면과 법규범으로서의 측면의 이중성을 지닌다. 정치적 사실로서의 측면을 사회학적 헌법개념이라고 하고 법규범으로서의 측면을 법학적 헌법개념이라고도 한다.

헌법을 "사실적인 권력관계"로 파악하는 견해(F. Lassalle), "다양한 권력들에 의하여 정치적 통합이 끊임없이 형성되어 가는 과정의 원리"로 파악하는 견해(R. Smend), "정치적 통일체의 종류와 형태에 관하여 헌법제정권자가 내린 정치적 결단"으로 파악하는 견해(C. Schmitt) 등은 헌법의 본질을 정치적 현실인 권력관계에서 구하는 견해로서 헌법의 정치적 사실로서의 측면을 강조하고 있다. 이러한 견

---

3) 국내 학자들은 "국가의 근본법으로서 국가의 통치조직과 통치작용의 원리를 정하고 국민의 기본권을 보장하는 최고법"(김철수, 학설 · 판례 헌법학(상), 박영사, 2008, 11면), "국가적 공동체의 존재형태와 기본적 가치질서에 관한 국민적 합의를 법규범적인 논리체계로 정립한 국가의 기본법"(권영성, 앞의 책, 3면), "국가의 행동과 작용, 정치적 의사형성 그리고 국민과 국가의 관계를 규정하고 형성하는 모든 규범들의 총체"(계희열, 앞의 책(상), 4면), "국민주권에 기초하여 국가의 조직과 구성을 설계하고 국민의 자유와 권리를 보장하는 최고의 기본법"(성낙인, 헌법학, 법문사, 2021, 3면) 등으로 정의하고 있다.

해는 정치적 현실이나 헌법제정권자의 의지를 지나치게 중시한 나머지 헌법의 규범성을 경시한다는 비판을 받는다.

반면에 헌법을 "한 나라의 권력구조와 기본권을 규정하는 국가의 최고법규범의 체계"로 파악하는 견해(W. Kägi), "국가기관의 형성, 상호관계, 권한 등과 국가권력에 대한 개인의 기본적 지위에 관한 법규"로 파악하는 견해(G. Jellinek), "법질서의 단계구조에서 최상위에 위치하는 규범"으로 파악하는 견해(H. Kelsen) 등은 헌법을 정치적 현실을 규제하고 정치생활과 국민생활에서 있어야 할 당위(Sollen)의 측면을 강조하고 있다. 이러한 견해는 헌법의 규범성을 지나치게 강조하고 헌법의 역사성·이념성·정치성 등을 경시하고 있다는 비판을 받는다.

Ⅳ. 역사적 발전과정에 따른 헌법개념(헌법사학적 헌법개념)

1. 고유(본래) 의미의 헌법

고유 의미의 헌법이란 헌법의 어원에서 본 바와 같이 "국가의 통치체계에 관한 기본사항을 정한 기본법"이다. 이러한 의미의 헌법은 국가가 존재하는 한, 그 형식이 성문이건 불문이건 반드시 존재한다("국가가 존재하는 한 헌법은 있다"). 역사성이 배제된 헌법개념이라고 할 수 있다.

2. 근대 입헌주의적 의미의 헌법

근대 입헌주의적 의미의 헌법이란 입헌주의를 그 기본원리로 하는 헌법을 말한다. 이는 근대의 시민혁명의 산물이다. 입헌주의(Constitutionalism)란 "국민의 기본권을 보장하고 권력분립을 규정한 헌법에 의거하여 통치할 것을 요구하는 정치원리"라고 할 수 있다. "권리의 보장이 확보되지 아니하고 권력의 분립이 규정되지 아니한 사회는 헌법을 가진 것이라 할 수 없다"는 프랑스 인권선언 제16조의 규정은 입헌주의 헌법의 특징을 단적으로 보여주고 있다. 근대 입헌주의 헌법은 모든 나라가 가진 것은 아니다. 즉, 입헌주의가 지켜지지 않는 나라는 입헌주의 헌법을 가졌다고 할 수 없다.

근대 입헌주의 헌법은 자유주의와 개인주의를 기본이념으로 하며, ① 국민주권주의, ② 권력분립주의, ③ 기본권보장주의, ④ 법치주의(시민적 법치주의), ⑤ 대의제(의회주의) 등을 내용적 특징으로 하고 ① 성문헌법주의, ② 경성헌법주의를 형식상 특징(영국의 예외가 있다)으로 한다.

진정한 입헌민주주의 헌법이란 시민혁명을 거쳐 시민이 헌법제정의 주체로 활약한 헌법이며, 국민주권사상을 기반으로 하고 기본권보장과 실질적 권력분립이 보장된 헌법으로 1787년 미국 연방헌법과 1791년 프랑스헌법을 그 예로 들 수 있다. 반면에 시민혁명을 거치지 못했거나 실패한 경우 구지배계급이 제정한 헌법으로 형식적으로는 입헌군주정이지만, 그 실질은 여전히 절대군주제의 성격을 간직하며 법률유보에 따르는 인권보장과 명목상의 권력분립제를 규정한 헌법을 명목적(외견적) 입헌주의 헌법이라고 한다. 1871년 독일 비스마르크헌법, 1889년의 일본제국주의 헌법(명치헌법)을 그 예로 들 수 있다.

3. 현대 복지국가(사회국가)적 의미의 헌법

근대 입헌주의 헌법의 기반을 이룬 자유주의·개인주의의 모순(부익부 빈익빈 현상, 노사문제의 갈등 등)이 노정되면서 이러한 모순을 시정하려는 노력이 두 가지 방향에서 나타났다. 그 하나는 사회혁명(Social Revolution)의 방법으로 이러한 모순을 해결하고자 하는 마르크스의 사회주의 방식이고, 다른 하나는 근대입헌주의 헌법의 특징을 부정하는 것이 아니라, 그 특징들을 기본적으로 유지하되, 사회개혁 내지 사회개량(Social Reform)의 방법에 의해 현대의 문제를 해결하고자 하는 사회국가 내지 복지국가의 방식이 그것이다. 사회주의 헌법의 효시는 1918년의 레닌헌법을 들 수 있고, 사회국가 내지 복지국가헌법의 효시는 1919년의 바이마르헌법을 들 수 있다.

현대 복지국가(사회국가)적 헌법은 근대입헌주의적 헌법의 기반 위에서 실질적 민주화와 사회화 등을 내용으로 하는 헌법이다. 소극적인 야경국가관에서 벗어나, 국가의 적극적인 역할이 기대되는 복지국가관으로의 전환을 요청하고 있다. 독일에서는 사회국가(Sozialstaat)와 복지국가(Wohlfahrtstaat)는 개념상 구별하는 경향이 있지만, 우리나라에서는 통상 사회복지주의라는 말에서도 볼 수 있는 바와 같이 같은 의미로 쓰이고 있다. 사회국가는 산업혁명의 산물로서 "극단의 개인주의·자유방임주의로부터 나오는 폐해를 지양하고 모든 국민의 공공복리를 증진함을 그 주요기능으로 하는 국가", "모든 국민에게 그 생활의 기본적 수요를 충족시키고 건강하고 문화적인 최저한도의 생활을 할 수 있게 하는 것을 목표로 하는 국가"라고 할 수 있다.

현대 복지국가적 의미의 헌법의 특징으로는 ① 보통·평등선거, 정당제도, 지방자치제도 등을 통한 국민주권주의의 실질화, ② 자유권적 기본권의 보장 외에 생존권적 기본권을 통한 기본권의 실질적 보장, ③ 권력분립주의의 기본취지는 유지하되 적극국가, 행정국가화의 경향으로 권력분립주의의 완화·조정, ④ 형식적 합법성 외에 내용의 정당성을 요구하는 실질적 법치주의, ⑤ 헌법재판제도의 강화, ⑥ 국제평화주의의 선언 등을 들 수 있다.

Ⅴ. 실질적 의미의 헌법과 형식적 의미의 헌법(존재형식에 따른 헌법개념)

1. 실질적 의미의 헌법

실질적 의미의 헌법은 "형식여하를 막론하고 그 내용이 성질상 국가의 구성·조직·작용 및 국민과의 관계에 관한 근본원칙들이 들어 있는 법규범의 전체"를 지칭한다. 헌법전은 물론이고 관습법, 법률(국회법, 정부조직법, 법원조직법, 지방자치법 등), 명령, 규칙 같은 형식이라 하더라도 그 내용이 헌법의 요소를 갖추고 있으면 실질적 의미의 헌법이다. 성문헌법이 없는 영국에도 실질적 의미의 헌법은 있다. 고유한 헌법과는 표리의 관계에 있다고 할 수 있다.

2. 형식적 의미의 헌법

형식적 의미의 헌법은 "그 내용이 어떠하든 그 존재형식·외형적 형식이 헌법으로 되어 있는 것"을 의미한다. 즉, 성문화된 헌법전을 지칭하는 개념이다. "영국에는 헌법이 없다"(Tocqueville)라고 할 때, 여기서 헌법은 형식적 의미의 헌법, 즉 성문헌법전이 없다는 것을 지칭한다.

3. 양자의 관계

양자는 대체로 그 내용을 같이하나 완전히 일치하지는 않는다. 보통 실질적 의미의 헌법은 형식적 의미의 헌법보다 넓은 개념이라고 할 수 있지만(Herzog), ① 입법기술상 실질적 의미의 헌법을 전부 성문화하는 것은 불가능하고(입법기술상의 이유) ② 잦은 개정을 필요로 하는 것은 헌법전에 규정하지 않는 경우가 편리하며(편의상의 이유), ③ 실질적 의미의 헌법의 내용이 아니더라도 헌법정책상 헌법전에 편입시켜 개정을 곤란하게 하려는 경우가 있기 때문에(정책상의 이유) 형식적 의미의 헌법이 실질적 의미의 헌법에 포함되는 것은 아니다.

실질적 의미의 헌법의 내용이 아니면서 헌법전에 규정한 예로는 ① '출혈 전에 마취하지 않는 한 식육동물을 도살해서는 안 된다'는 스위스헌법의 '도살조항(屠殺

條項)'(제25조 제2항), ② 미국헌법의 '금주조항(禁酒條項)'(수정헌법 제18조), ③ 벨기에헌법의 '선혼인후거례(先婚姻後擧禮條項)'(제16조) 등이 들어지고 있다. '미술, 천연기념물, 명승풍경은 국가의 보호를 받는다'는 바이마르헌법의 '풍치조항(風致條項)'(제150조)도 예로 들고 있는 견해가 있지만, 환경권, 문화권과 관련되어 문제가 있다고 생각한다.

Ⅵ. 헌법관에 따른 헌법개념(헌법철학적 헌법개념)

1. 헌법관이란?

헌법관이란 헌법을 인식하는 시각을 말한다. 특히, 국가와 헌법의 본질을 어떻게 이해하는가? 헌법의 최고법규성 내지 그 타당성의 근거를 어디에서 구하는가? 기본권의 성격을 어떻게 파악하는가? 통치구조를 어떻게 이해하는가에 대한 일종의 시각을 의미한다.[4)]

2. 대표적인 헌법관에 따른 헌법개념

(1) 규범주의적 헌법관(법실증주의적 헌법관)

콩트의 실증주의에 영향을 받아 실정법만을 법으로 인정한다. 법해석에 있어서 법관의 자의에 의한 판결배제, 과학적·합리적 법학정립의 시도를 목적으로 한다. 헌법학에 있어서 모든 존재적 요소들, 즉 역사적·정치적·철학적·윤리적 요소들을 제거하고 오직 규범만을 그 대상으로 삼으려 한다. 법실증주의 헌법관은 G. Jellinek, H. Kelsen 등에 의해서 대표된다. '헌법이 어떻게 규정하고 있느냐'만을 따지고, '헌법이 어떻세 규정되어야 하느냐'는 처음부터 문세시하지 않아 정의의 관점에서 '옳은 법', '그른 법' 등을 구별하는 것을 허용할 수 없고 '악법도 법이다'라는 실정법 만능의 풍토를 낳게 할 수 있다는 비판을 받는다.

(2) 결단주의적 헌법관

법실증주의의 당위(Sollen)의 강조로 인한 형식화를 배격하고 존재(Sein)면에서 헌법을 파악하여 실질적·현실적 헌법학의 성립을 시도하고자 하였다. 대표적인 주장자인 C. Schmitt는 헌법을 '실존하는 정치적 통일체가 그의 고유한 정치적 (실존의) 양식과 형태에 관하여 내린 근본적 결단'으로 이해한다. 정치적으로 실존하는 힘과 권위에 의해 내려지는 결단이 곧 헌법을 형성한다고 보고 있다. 슈미트는

---

4) 자세한 것은 계희열(상), 16－44면; 허영, 앞의 책, 13－20면 참조.

정치적 통일체의 종류와 형태에 관한 근본결단인 헌법(Verfassung)과 그 헌법에 근거하여 타당하고 또 그 헌법을 전제로 하는 헌법률(Verfassungsgesetz)을 구별한다.

법실증주의가 실정화된 법은 내용과 관계없이 법으로 보고 결단주의는 힘과 권위를 가진 실력자의 결단을 강조하면서 내려진 결단은 내용과 관계없이 법으로 보고 있다. 이 점에서 독재자에 악용될 수 있다는 공통점이 있다.

결단주의는 규범주의의 정태론을 탈피하고 헌법을 동적 형태로 파악하였으나, 순간적·정치적 결정을 헌법으로 파악하면서 헌법의 규범성을 약화시켰다는 비판을 받는다. 한편, 헌법의 정당성을 그 이론적 중핵으로 삼은 나머지 헌법의 우선적 효력을 국민주권의 이론으로 설명하려고 노력하는 점, 정치적인 공황시기는 위기정부의 헌법이론으로서는 그 이론적 타당성이 있다는 평가도 받는다.

(3) 통합론적 헌법관

국가론의 위기가 헌법학의 위기를 가져왔다는 판단 아래 국가에 대한 올바른 이해가 선행되어야 한다는 기본 인식하에 형식적 법실증주의사상을 극복하고 실질적인 헌법학을 성립시키기 위해 Sein과 Sollen의 고정적 이원화를 동태적으로 극복하고, 국가의 현실을 생동성·복잡성 그대로 파악하고자 하는 것이 통합론적 헌법관이다.[5] 통합론의 주창자인 R. Smend는 규범이나 현실의 어느 일방만을 고립시켜 이해하는 것을 거부하고 규범과 현실의 상호관련성을 강조한다(헌법으로서의 현실은 통합과정적 현실). Schmitt처럼 '규범' 대신에 '현실'을 극단적으로 강조함으로써 법실증주의를 극복하려 한 것이 아니라(동태적 미시적 접근), 규범과 현실의 상호관련성을 주장하면서 헌법학을 근본적으로 새롭게 체계화하려 하였다(동태적 거시적 접근).

"헌법이란 국가의 법질서이며, 좀 더 정확하게 말하면 생활의 법질서, 즉 국가의 통합과정의 법질서"로 이해하며, 국가란 결코 규범주의가 보는 것처럼 고정적인 '규범조직'(정적 전체)일 수 없고 다양한 이해관계가 일정한 공감대적 가치를 바탕으로 동화되고 통합되어 가는 과정(유동적인 상태)으로 이해한다.

스멘트가 헌법의 일 측면만을 강조해서는 안 되고 헌법의 탄력성과 정치적 의미, 그리고 헌법의 부분보다는 헌법을 전체적으로 파악하는 종합적 헌법해석이 중요하다는 점을 밝힌 것은 진정한 의미에서 새로운 실질적 헌법학 체계의 기초를 확립하였고 헌법학의 지평을 넓힌 것으로 평가된다.[6] 반면 통합의 중요성을 지나

5) 계희열, 앞의 책(상), 36면.
6) 계희열, 앞의 책(상), 44면.

치게 강조하여 규범성을 경시했다는 비판을 받는다(W. Kägi).

Ⅶ. 헌법사항을 중심으로 한 헌법개념

헌법전 중에 규정되어야 할 필수적 사항에 따라, 권리장전(개인의 자유와 권리에 관한 부분), 정치헌법(정치적 통치기구에 관한 부분), 경제헌법(헌법의 경제관련 조항), 노동헌법(근로의 권리와 근로3권 등 근로자보호규정), 사회헌법, 문화헌법, 환경헌법, 군사헌법 등으로 분류하기도 한다.[7]

제2절 헌법의 특성

Ⅰ. 개 설

헌법의 특성이라 함은 헌법이 다른 법, 특히 법률과 비교하여 어떤 특성(특질)을 가지고 있는가의 문제이다. 헌법의 특성은 그 관점과 기준에 따라 다양하게 분류되고 있다.

Ⅱ. 사실적 특성

1. 정치성

헌법은 여러 정치세력간의 공존을 위하여 정치적 투쟁이나 타협의 과정을 통하여 이루어진다. 즉, 헌법의 제정과 개정 자체가 정치적이다. 헌법의 정치성은 국가적 공동체가 정치적으로 안정되고 있는 경우에도 상실되지 않는다.

문명국가에서 헌법은 비록 정치성을 가지는 특성을 가진다고 하더라도 정치의 하위에 존재하는 규범이 아니라 정치를 규제하는 상위규범으로서의 지위를 가진다(K. Stern).

2. 이념성

헌법은 일정한 이념이나 가치질서를 구현하려고 하는 점에 그 속성이 있다. 근대 입헌주의 국가의 헌법에서는 시민적 자유주의 이념, 현대 복지국가의 헌법에서

---

7) 권영성, 앞의 책, 10면.

는 실질적 평등을 위한 사회적 · 실질적 법치주의의 이념 구현이 강조된다. 헌법해석이 순수한 논리해석만으로 그칠 수 없는 이유는 헌법이 이념성이라는 특성을 가지고 있기 때문이다.[8]

3. 역사성

헌법이 지향하는 이념과 가치질서는 선험적이거나 영원불멸의 보편적인 것이 아니며, 역사적 조건과 지배상황에 의하여 제약을 받는 역사적 이념이고 가치이다. 현대헌법에 이르기까지의 불멸의 이념 내지 가치로 인간의 존엄과 가치를 유지하기 위한 기본적 인권의 보장을 들고 있는 견해가 있다.[9] 헌법만이 아니라 모든 법이 역사성을 갖는다는 점에서 헌법의 특성으로 드는 것에 소극적인 견해도 있다.[10]

Ⅲ. 규범적 특성

1. 최고규범성(근본규범성)

국민적 합의를 내용으로 하고 주권자인 국민에 의하여 제정되었다는 점에서 헌법은 한 나라에서 그 이상의 상위규범이 없는 최고의 법이다. 하위의 법령은 헌법에 위반할 수 없으며, 헌법은 법률 · 명령 등의 하위법령의 입법기준 · 해석기준이 된다.

판례

> "국가의 법질서는 헌법을 최고법규로 하여 그 가치질서에 의하여 지배되는 통일체를 형성하는 것이며 그러한 통일체내에서 상위규범은 하위규범의 효력근거가 되는 동시에 해석근거가 되는 것……"
> 헌재 1989. 7. 21. 89헌마38

우리 헌법은 미국헌법(제6조 제2항)[11]이나 일본헌법(제98조 제1항)[12] 또는 독일기본법(제20조 제3항)[13]처럼

---

8) 권영성, 앞의 책, 12면.
9) 위의 책.
10) 계희열, 앞의 책(상), 49면.
11) "이 헌법, 헌법에 의하여 제정되는 합중국 법률 및 합중국의 권한에 의하여 체결된 또는 장차 체결될 모든 조약은 국가의 최고법이며 모든 주의 법관은 이에 구속되며 1주의 헌법 또는 법률 중에 배치되는 규정이 있어도 그것에 구속되지 아니 한다"(미국헌법 제6조 제2항).
12) "입법은 헌법적 질서에, 집행권 및 사법은 법률 및 권리에 구속된다"(독일기본법 제20조 제3항).

명백히 헌법의 최고법규성을 규정하지 않고 있다. 위헌법령심사제(제107조 제1항, 제111조 제1항), 경성헌법주의(제128조－제130조), 헌법존중과 헌법준수의무(제69조) 등은 최고규범성의 표현이라고 할 수 있다. 헌법의 최고규범성의 담보는 무엇보다도 국민의 헌법에의 의지에 달려 있다.[14)]

2. 기본권보장규범성

기본권보장이 이루어지지 않은 헌법은 입헌주의 헌법이라고 할 수 없다(우리 헌법 제10조－제37조).

3. 수권적 조직규범성(조직 · 수권규범성)

모든 국가조직은 헌법에 의하여 조직되고, 모든 국가작용은 헌법으로부터 그에 관한 권한을 위임받은 경우에만 성립하고 통용될 수 있다. 특정의 국가작용과 그것을 담당하는 기관은 그 조직과 권한을 헌법에 의거하여 인정받은 것이 된다. 국가 내에서 공통의 가치를 최대한 실현할 수 있도록 갈등을 해결하고 국가작용을 체계화하기 위하여 그를 담당할 기관과 절차를 규정하고 있는 헌법의 특성이다.[15)]

정치적인 일원체의 조직에 관한 모든 사항을 스스로 규정할 수 없는 한계가 있다. 이러한 점에서 형식적 의미의 헌법과 실질적 의미의 헌법이 구별되며 불일치가 발생할 수 있다.

4. 권력제한규범성

헌법이 비록 정치권력의 타협의 산물이라는 점을 인정하더라도 헌법은 국가기관을 분립시키고 상호 견제하는 제한규범의 역할을 한다는 점에 그 중요성이 있다. 권력을 분립시키고 제한하는 근본목적은 권력의 남용을 막아 국민의 기본권을 보장하는 데 있다. 다른 법(예: 형사소송법)도 권력제한규범성을 갖는다는 점에서 헌법의 특성으로 드는 것에 소극적인 견해도 있다.[16)]

---

13) "이 헌법은 국가의 최고법규이며 이 조규에 배치되는 법률 명령 소칙 및 국무에 관한 기타의 행위의 전부 또는 일부는 그 효력을 가지지 아니 한다"(일본국헌법 제98조 제1항).

14) 허영, 앞의 책, 24면.

15) 조직규범으로서의 헌법이 추구하는 목적으로 ① 사회공동체 내에 존재하는 정치투쟁(권력투쟁)을 무궤도한 상태에서 일정한 궤도 안으로 끌어들임, ② 일단 성립된 정치적인 일원체로 하여금 충분히 기능을 발휘할 수 있는 조직적인 뒷받침, ③ 권력이 남용되거나 악용되는 사례가 생기지 않도록 처음부터 조직적인 측면에서 그 가능성을 배제하는 것을 들고 있다(허영, 앞의 책, 27면).

5. 자기보장규범성(헌법의 효력상의 특성)

헌법은 그 효력을 스스로 보장해야 한다. 헌법은 다른 법과는 달리 그 효력을 보장해 줄 외부로부터의 강제수단은 없다. 헌법은 국가권력상호간의 통제와 권력적 균형이라는 메커니즘을 통해서 그 실효성을 유지한다.

헌법에도 그 최고규범성과 실효성을 위한 기관과 절차(헌법재판기관과 헌법소송절차)가 있으나, 헌법재판기관은 헌법에 위반된다는 결정만을 할 수 있을 뿐 그 결정을 강제집행할 수 있는 권한이나 수단은 보유하지 못한다.

헌법의 효력근거를 어디서 찾을 것인가에 대해서는 법실증주의자인 H. Kelsen은 법단계설에서 찾고 있으며, 결단주의자인 Schmitt는 헌법제정권자의 명령, 헌법제정권자의 실존적인 정치적 의지의 힘에서 찾고 있다. 반면 통합주의자인 Hesse는 헌법의 규범력을 헌법내용의 실현가능성과 헌법생활에 참여하는 사람들이 헌법의 내용을 실현하고자 하는 실천적 의지에서 찾고 있다.

6. 기타의 특성

헌법에는 헌법제정권력의 주체와 개정권력의 주체를 규정하고 이 주체에게 제정권력 및 개정권력을 부여하고 있다(헌법제정 및 개정규범성).

또한 헌법은 관념적 세계에서만 존재하는 것이 아니라, 국민의 생활 속에 존재하면서 국민의 일상생활에 의해 실현되고 발전되는 생활규범의 성격을 가진다는 견해가 있다(생활규범성).[17] 즉, 전 생활영역에 있어서 가치규범・행동규범이 되며(국민생활의 반영이라는 능동적 측면), 사회공동체의 지배적 사상・이념이 헌법으로 규범화된다고 한다(헌법의 실현이라는 수동적 측면). 헌법을 비롯하여 모든 규범은 생활규범이어야 한다는 점에서, 생활규범성은 헌법고유의 특성으로 보기 어렵다는 반론[18]이 있으며, 이에 대하여 형법이나 민법・조세법 등도 국민의 일상생활과 불가분의 관계에 있는 일종의 생활규범임에는 틀림이 없으나, 전 생활영역을 대상으로 하는 가치규범 내지 행동규범적 성격을 띤 헌법의 생활규범성과는 그 진지성을 달리한다고 한다.

---

16) 계희열, 앞의 책(상), 49면.
17) 허영, 앞의 책, 28면.
18) 권영성, 앞의 책, 14면.

Ⅳ. 헌법의 구조적 특성

헌법은 국가생활 전반에 관한 대강을 총체적으로 규정하기 때문에 규범구조가 간결하고 미완성성의 특성을 가지며, 규제대상이 동태적이고 유동적이라 규범내용의 추상성 · 불확정성 · 개방성[19)]이라는 특성을 가진다.[20)]

제3절 헌법의 분류

헌법의 분류는 세계 각 국의 헌법을 일정한 기준에 따라 공통성을 가진 것끼리 묶어 몇 가지 그룹으로 유형화하는 것이다.

Ⅰ. 전통적인 견해

1. 제정주체에 따른 분류

군주가 제정한 흠정헌법(1814년 프랑스의 루이18세 헌법, 1889년의 일본의 명치헌법), 군주와 국민의 합의에 의하여 제정한 협약헌법(1830년 프랑스헌법), 국민이 국민투표나 제헌의회구성을 통하여 제정한 민정헌법, 둘 이상의 국가 간의 합의에 의하여 제정된 국약헌법(1871년의 독일제국헌법, 1992년의 독립국가연합(CIS)헌법)이 있다. 미국 연방헌법을 국약헌법으로 보는 견해가 있다.[21)]. 이 견해는 연방국가의 지분국(주)도 국가적 성격을 지니고 있다고 보고 있고 주권의 절대불가분성에 대해 비판적인 견해라 하겠다. 다수의 견해는 연방국가의 각 주가 행사하는 권력은 주권이 아니라 통치권으로 보고 있다.

---

19) ① 국가의 기초가 되는 기본원리, ② 국가의 권력구조, ③ 개방되어 있는 문제들을 결정할 절차를 개방성의 한계로 들고 있는 견해가 있다(Hesse; 계희열, 앞의 책, 48-49면).

20) 권영성, 앞의 책, 12면; 허영 교수는 정치규범으로서의 헌법에 불가결한 입법기술상의 특징으로 ① 유동성(유동적인 정치상황에 대처하기 위한 개정가능성의 인정), ② 추상성(제정 당시의 정치현실에 입각해서 미래의 정치발전을 예상하고 만들어져 추상적 개념사용의 불가피성), ③ 개방성(다양한 이해관계가 얽힌 정치투쟁의 과정에서 이루어지는 절충과 타협은 그 본질상 최소한의 합의결과에 만족, 미래의 정치발전에 대한 유보적, 개방적 입장), ④ 미완성성(헌법제정 당시의 상황만으로 판단하기 어렵고 미래에 미지의 동인에 의해 결정될 가능성 큰 사항 의식적으로 제외(외교, 국제경제관계)) 등을 들고 있다.

21) 김철수, 앞의 책(상), 157면 각주 1.

2. 존재형식에 따른 분류(성문헌법과 불문헌법)

헌법은 성문화, 존재형식에 따라 성문헌법과 불문헌법으로 분류된다. 헌법이라는 형식을 갖추고 성문화되어 있는 헌법을 성문헌법이라 한다. 형식적 의미의 헌법은 바로 성문헌법을 지칭한다. 18세기 말 이래로 대부분의 나라는 성문헌법을 가지고 있다. 불문헌법은 성문화(成文化)된 형식적 의미의 헌법을 가지고 있지 않은 국가의 헌법을 말하며, 관습헌법이라고도 한다. 영국이 대표적인 불문헌법국가이다. 불문헌법국가에서는 법률에 대한 위헌법률심사제도가 존재할 수 없고 엄격한 헌법개정절차가 존재하지 않는 것이 특징이다. 영국에서는 성문헌법은 없지만, 실질적 의미의 헌법은 존재하기 때문에 관습헌법과 실질적 의미의 헌법은 중첩된다.[22]

성문헌법국가에서도 불문헌법(관습헌법)이 인정될 수 있는가가 문제될 수 있으나, 우리 헌법재판소는 신행정수도이전특별법 사건에서 수도 서울을 관습헌법사항으로 보아 관습헌법의 존재를 인정하고 관습헌법도 국민의 헌법적 결단의 의사의 표현이므로 성문헌법과 동일한 효력을 가진다고 판시하고 있다. 나아가 관습헌법의 법적 효력을 변경·소멸하게 하려면 헌법 제130조에 의한 헌법개정 또는 그것을 지탱하고 있는 국민적 합의성이 상실된 경우에 가능하다고 판시하였다.[23]

판례 관습헌법 관련 헌법판례

[1] 신행정수도의 건설을 위한 특별조치법(신행정수도이전특별법)에 대한 헌법소원[24]

[결정요지]

신행정수도의 건설을 위한 특별조치법은 관습헌법인 수도서울을 헌법개정절차에 의하지 않고 단지 단순 법률의 형태로 실현시킨 것으로 헌법개정에 있어서 국민이 가지는 참정권적 기본권인 국민투표권의 행사를 배제한 것이므로 헌법에 위반된다.

[적법요건에 관한 판단]

1. 기본권 침해의 개연성이 있는지 여부

수도가 서울인 점에 대한 관습헌법성이 확인된다면, 헌법개정에 필수적으로 요구

22) 성낙인, 앞의 책, 2021, 20면.

23) 헌재 2004. 10. 21. 2004헌마554.

24) 신행정수도이전특별법에 대한 위헌판결에 대한 비판에 대해서는 김수갑, "행정중심복합도시건설에 관한 법적 쟁점과 과제", 대청법학, 2008, 대청법학연구회, 19－47면; 김수갑, "행정중심복합도시건설 입법, 정책평가", 토지공법연구, 제35집, 2007 참조.

되는 국민투표권 침해의 개연성 인정된다.

2. 기본권침해의 자기관련성 · 직접성 · 현재성이 있는지 여부

(1) 참정권의 하나인 국민투표권은 대한민국 국민인 청구인 들 각 개인이 갖는 기본권으로 법률에 의한 권리 침해의 자기관련성이 인정된다.

(2) 헌법개정에 관하여 국민이 갖는 국민투표권이 이 사건 법률에 의해 직접 배제된다.

(3) 법률의 확정 · 공포 · 시행을 통하여 권리 침해 현실화된다.

3. 청구기간을 준수하였는지 여부

법령에 대한 헌법소원심판은 법령의 시행과 동시에 기본권의 침해를 받게 되는 경우에는 그 법령이 시행된 사실을 안 날로부터 90일 이내에, 그 법령이 시행된 날로부터 1년 이내에 청구하여야 한다.

4. 고도의 정치적 행위이어서 사법심사의 대상이 되지 않는 것인지 여부

신행정수도건설이나 수도이전 문제를 국민투표에 붙일지 여부에 관한 대통령의 의사결정은 사법심사를 자제하는 것이 바람직 할 것이지만, 대통령의 의사결정이 국민의 기본권침해와 직접 관련 되는 경우에는 헌법재판소의 심판대상이 될 수 있다.

[본안에 관한 판단의 쟁점]

1. 관습헌법의 인정 여부와 효력

우리나라는 성문헌법을 가진 나라로서 기본적으로 우리 헌법전(憲法典)이 헌법의 법원(法源)이 된다. 그러나 성문헌법이라고 하여도 그 속에 모든 헌법사항을 빠짐없이 완전히 규율하는 것은 불가능하고 또한 헌법은 국가의 기본법으로서 간결성과 함축성을 추구하기 때문에 형식적 헌법전에는 기재되지 아니한 사항이라도 이를 불문헌법(不文憲法) 내지 관습헌법으로 인정할 소지가 있다. 특히 헌법제정 당시 자명(自明)하거나 전제(前提)된 사항 및 보편적 헌법원리와 같은 것은 반드시 명문의 규정을 두지 아니하는 경우도 있다. 그렇다고 해서 헌법사항에 관하여 형성되는 관행 내지 관례가 전부 관습헌법이 되는 것은 아니고 강제력이 있는 헌법규범으로서 인정되려면 엄격한 요건들이 충족되어야만 하며, 이러한 요건이 충족된 관습만이 관습헌법으로서 성문의 헌법과 동일한 법적 효력을 가진다(재판관 다수의견). 헌법 제1조 제2항은 '대한민국의 주권은 국민에게 있고, 모든 권력은 국민으로부터 나온다.'고 규정한다. 이와 같이 국민이 대한민국의 주권자이며, 국민은 최고의 헌법제정권력이기 때문에 성문헌법의 제 · 개정에 참여할 뿐만 아니라 헌법전에 포함되지 아니한 헌법사항을 필요에 따라 관습의 형태로 직접 형성할 수 있다. 그렇다면 관습헌법도 성문헌법과 마찬가지로 주권자인 국민의 헌법적 결단의 의사의 표현이며 성문헌법과 동등한 효력을 가진다고 보아야 한다. 국민주권주의는 성문이든 관습이든 실정법 전체의 정립에의 국민의 참여를 요구한다고 할 것이며, 국민에 의하여 정립된 관

습헌법은 입법권자를 구속하며 헌법으로서의 효력을 가진다.

[반대의견(재판관 전효숙)]

성문헌법을 지닌 법체제에서, 관습헌법을 성문헌법과 "동일한" 혹은 "특정 성문헌법 조항을 무력화 시킬 수 있는" 효력을 가진 것으로 볼 수 없다. 성문의 헌법전은 헌법제정권자인 국민들이 직접 "명시적" 의사표시로써 제정한 최고법규범으로서 모든 국가권력을 기속하는 강한 힘을 보유하는 것이며, 그 내용의 개정은 엄격한 절차를 거치도록 하고 있는데, 그러한 성문헌법의 강한 힘은 국민주권의 명시적 의사가 특정한 헌법제정절차를 거쳐서 수렴되었다는 점에서 가능한 것이다. 관습만으로는 헌법을 특징화하는 그러한 우세한 힘을 보유할 수 없다. 관습헌법은 성문헌법으로부터 동떨어져 성립하거나 존속할 수 없고 항상 성문헌법의 여러 원리와 조화를 이룸으로써만 성립하고 존속하는 "보완적 효력"만을 지닌다. 이러한 법리는 관습헌법의 내용이 "중요한 헌법사항"이라 하더라도 동일하다.

2. 관습헌법의 성립요건으로서의 기본적 헌법사항

관습헌법이 성립하기 위하여서는 관습이 성립하는 사항이 단지 법률로 정할 사항이 아니라 반드시 헌법에 의하여 규율되어 법률에 대하여 효력상 우위를 가져야 할 만큼 헌법적으로 중요한 기본적 사항이 되어야 한다. 일반적으로 실질적인 헌법사항이라고 함은 널리 국가의 조직에 관한 사항이나 국가기관의 권한 구성에 관한 사항 혹은 개인의 국가권력에 대한 지위를 포함하여 말하는 것이지만, 관습헌법은 이와 같은 일반적인 헌법사항에 해당하는 내용 중에서도 특히 국가의 기본적이고 핵심적인 사항으로서 법률에 의하여 규율하는 것이 적합하지 아니한 사항을 대상으로 한다. 일반적인 헌법사항 중 과연 어디까지가 이러한 기본적이고 핵심적인 헌법사항에 해당하는지 여부는 일반추상적인 기준을 설정하여 재단할 수는 없고, 개별적 문제사항에서 헌법적 원칙성과 중요성 및 헌법원리를 통하여 평가하는 구체적 판단에 의하여 확정하여야 한다.

3. 관습헌법의 일반적 성립요건

관습헌법이 성립하기 위하여서는 관습법의 성립에서 요구되는 일반적 성립 요건이 충족되어야 한다. 첫째, 기본적 헌법사항에 관하여 어떠한 관행 내지 관례가 존재하고, 둘째, 그 관행은 국민이 그 존재를 인식하고 사라지지 않을 관행이라고 인정할 만큼 충분한 기간 동안 반복 내지 계속되어야 하며(반복·계속성), 셋째, 관행은 지속성을 가져야 하는 것으로서 그 중간에 반대되는 관행이 이루어져서는 아니되고(항상성), 넷째, 관행은 여러 가지 해석이 가능할 정도로 모호한 것이 아닌 명확한 내용을 가진 것이어야 한다(명료성). 또한 다섯째, 이러한 관행이 헌법관습으로서 국민들의 승인 내지 확신 또는 폭넓은 컨센서스를 얻어 국민이 강제력을 가진다고 믿고 있어야 한다(국민적 합의).

4. 관습헌법의 개폐와 사멸

어느 법규범이 관습헌법으로 인정된다면 그 개정가능성을 가지게 된다. 관습헌법도 헌법의 일부로서 성문헌법의 경우와 동일한 효력을 가지기 때문에 그 법규범은 최소한 헌법 제130조에 의거한 헌법개정의 방법에 의하여만 개정될 수 있다(재판관 다수의견). 따라서 재적의원 3분의 2 이상의 찬성에 의한 국회의 의결을 얻은 다음(헌법 제130조 제1항) 국민투표에 붙여 국회의원 선거권자 과반수의 투표와 투표자 과반수의 찬성을 얻어야 한다(헌법 제130조 제3항). 다만 이 경우 관습헌법규범은 헌법전에 그에 상반하는 법규범을 첨가함에 의하여 폐지하게 되는 점에서, 헌법전으로부터 관계되는 헌법조항을 삭제함으로써 폐지되는 성문헌법규범과는 구분된다. 한편 이러한 형식적인 헌법개정 외에도, 관습헌법은 그것을 지탱하고 있는 국민적 합의성을 상실함에 의하여 법적 효력을 상실할 수 있다. 관습헌법은 주권자인 국민에 의하여 유효한 헌법규범으로 인정되는 동안에만 존속하는 것이며, 관습법의 존속요건의 하나인 국민적 합의성이 소멸되면 관습헌법으로서의 법적 효력도 상실하게 된다. 관습헌법의 요건들은 그 성립의 요건일 뿐만 아니라 효력 유지의 요건이다(헌재 2004. 10. 21. 2004헌마554등, 판례집 16－2하, 1, 48).

[반대의견(재판관 전효숙)]

관습헌법이란 실질적 의미의 헌법사항이 관습으로 규율되고 있다는 것을 뜻할 뿐이며, 관습헌법이라고 해서 성문헌법과 똑같은 효력이 인정된다고 볼 근거가 없다. 또한 헌법의 개정은 "형식적 의미"의 헌법, 즉 성문헌법과 관련된 개념이므로, 관습헌법의 변경은 헌법의 개정에 속하지 않으며 헌법이 마련한 대의민주주의 절차인 법률의 제정, 개정을 통하여 다루어질 수 있다.

5. 우리나라의 수도[25]가 서울인 점이 관습헌법이라고 본 것

서울이 우리나라의 수도인 것은 조선시대 이래 600여 년 간 우리 나라의 국가생활에 관한 당연한 규범적 사실이 되어 왔으므로 우리 나라의 국가생활에 있어서 전통적으로 형성되어있는 계속적 관행이라고 평가할 수 있고(계속성), 이러한 관행은 변함없이 오랜 기간 실효적으로 지속되어 중간에 깨어진 일이 없으며(항상성), 서울이 수도라는 사실은 우리 나라의 국민이라면 개인적 견해 차이를 보일 수 없는 명확한 내용을 가진 것이며(명료성), 나아가 이러한 관행은 오랜 세월간 굳어져 와서 국민들의 승인과 폭넓은 컨센서스를 이미 얻어(국민적 합의) 국민이 실효성과 강제력을 가진다고 믿고 있는 국가생활의 기본사항이라고 할 것이다. 따라서 서울이 수

25) 헌법재판소는 수도란 최소한 정치·행정의 중추적 기능을 수행하는 국가기관의 소재지를 뜻하는 것이라 한다. 입법기관의 "직무소재지"라는 것은 수도로서의 성격의 중요한 요소의 하나이며, 우리나라와 같은 대통령제 국가의 헌법에서는 대통령이 국가를 대표하고 국가의 통일성을 유지하도록 하는바 대통령의 이러한 대내외적 활동은 그 활동이 수행되는 장소에 대하여 "수도적인 것"의 한 필수적 요소를 부여하게 된다고 한다(헌재 2004. 10. 21. 2004헌마554 등).

도라는 점은 우리의 제정헌법이 있기 전부터 전통적으로 존재하여온 헌법적 관습이며 우리 헌법조항에서 명문으로 밝힌 것은 아니지만 자명하고 헌법에 전제된 규범으로서, 관습헌법으로 성립된 불문헌법에 해당(재판관 다수의견)한다.

[반대의견(재판관 전효숙)]

서울이 수도라는 사실이 오랫동안 우리 민족에게 자명하게 인식되어 온 관행에 속한다 하더라도, 우리 국민이 그것을 강제력 있는 법규범으로 확신하고 있었다고 인정하기 어렵다. 수도이전 문제는 이 사건 심판청구 무렵에야 우리 사회의 주된 쟁점이 되었고, 여야 국회의원들은 수도이전 사안이 국민의 헌법적 확신을 지니는 헌법사항이라든가, 헌법개정절차를 통하여야 하므로 입법권의 대상이 될 수 없다든다 하는 점에 관한 인식을 전혀 드러내지 않았다. 결국 "서울이 수도"라는 관행적"사실"에서 관습헌법이라는"당위규범"이 인정될 수 없다.

헌재 2004. 10. 21. 2004헌마554 등

[2] 신행정수도 후속대책을 위한 연기·공주지역 행정중심복합도시 건설을 위한 특별법(행정중심복합도시특별법)에 대한 헌법소원[26]

[판시사항]

1. 신행정수도 후속대책을 위해 신행정수도 후속대책을 위한 연기·공주지역 행정중심복합도시 건설을 위한 특별법에 의하여 연기·공주지역에 건설되는 행정중심복합도시가 수도로서의 지위를 획득하는지 여부(소극)
2. 행정중심복합도시의 건설로 서울의 수도로서의 지위가 해체되는지 여부(소극)
3. 행정중심복합도시의 건설로 권력구조 및 국무총리의 지위가 변경되는지 여부(소극)
4. 행정중심복합도시의 건설이 헌법 제72조의 국민투표권을 침해할 가능성이 있는지 여부(소극)

[결정요지]

1. 행정중심복합도시로 이전하는 기관은 국무총리를 비롯한 총 49개 기관이며 이들을 수평적인 권한배분면에서 보면 이전기관들의 직무범위가 대부분 경제, 복지, 문화 분야에 한정되어 있고 경제의 주요부문인 금융정책을 결정하는 기관들은 제외되어 있다. 수직적인 면에서 보아도 여전히 정부의 주요정책은 국무회의의 심의를 거쳐 대통령이 최종적으로 결정하며, 국무총리는 헌법상 대통령의 보좌기관으로서 그 명을 받아 행정각부를 통할하고 각부의 장은 정해진 정책을 구체적으로 실현할 뿐이다. 특히 정보통신기술이 발달한 현대사회에서는 서로 장소

26) 헌법재판소는 신행정수도 후속대책을 위한 연기·공주지역 행정중심복합도시 건설을 위한 특별법은 관습헌법인 수도서울의 분할이 아니라고 판시하였다. 신행정수도이전특별법과 동일입법이 아니라고 하였다.

적으로 떨어진 곳에 위치하더라도 대통령과 행정각부간의 원활한 의사소통수단이 확보되기만 하면 대통령이 의사결정을 통한 통제력을 확보하는 것은 어렵지 않다. 따라서 행정중심복합도시에 소재하는 기관들이 국가정책에 대한 통제력을 의미하는 정치·행정의 중추기능을 담당하는 것으로 볼 수 없다.

또한 행정중심복합도시는 대내적으로 국가의 중요정책이 최종적으로 결정되는 곳이 아니며 각국 외교사절들이 소재하여 주요 국제관계가 형성되는 장소도 아니다. 특히 국가상징으로서의 기능은 오랜 세월에 걸쳐 역사와 문화적인 요소가 결합되어 형성되는 것으로 짧은 기간에 인위적으로 만들어낼 수 있는 것이 아니다. 따라서 행정중심복합도시가 건설된다고 하더라도 이러한 요소가 충족되지 않은 상황에서 국가상징으로서의 기능을 수행할 것이라고 예상하기 어렵다.

이와 같이 이 사건 법률에 의하여 건설되는 행정중심복합도시는 수도로서의 지위를 획득하는 것으로 평가할 수는 없고, 이 사건 법률에 의하여 수도가 행정중심복합도시로 이전한다거나 수도가 서울과 행정중심복합도시로 분할되는 것으로 볼 수 없다.

2. 이 사건 법률에 의하면 행정중심복합도시가 건설된다고 하더라도 국회와 대통령은 여전히 서울에 소재한다. 국회는 국민의 대의기관으로서 입법기능을 담당하며 모든 국가작용은 헌법상의 법치국가원칙에 따라 법률에 기속되며, 대통령은 행정권이 속한 정부의 수반으로서 정부를 조직하고 통할하는 행정에 관한 최고 책임자로서 행정과 법집행에 관한 최종적인 결정을 하고 정부의 구성원에 대하여 최고의 지휘·감독권을 행사한다. 따라서 서울은 여전히 정치·행정의 중추기능을 수행하는 곳이라 할 수 있다. 또한 대외관계의 형성과 발전은 서울에서 이루어지고 여전히 서울은 국내 제1의 거대도시로서 경제·문화의 중심지의 지위를 유지할 것이며 대법원과 헌법재판소 등 사법기능의 핵심 역시 이곳에서 이루어진다. 따라서 서울은 국가의 상징기능을 여전히 수행할 수 있다.

   이와 같이 서울은 이 사건 법률에 의한 행정중심복합도시의 건설에도 불구하고 계속하여 정치·행정의 중추기능과 국가의 상징기능을 수행하는 장소로 인정할 수 있으므로 이 사건 법률에 의하여 수도로서의 기능이 해체된다고 볼 수 없다.

3. 이 사건 법률은 행정중심복합도시의 건설과 중앙행정기관의 이전 및 그 절차를 규정한 것으로서 이로 인하여 대통령을 중심으로 국무총리와 국무위원 그리고 각부 장관 등으로 구성되는 행정부의 기본적인 구조에 어떠한 변화가 발생하지 않는다. 또한 국무총리의 권한과 위상은 기본적으로 지리적인 소재지와는 직접적으로 관련이 있다고 할 수 없다. 나아가 청구인들은 대통령과 국무총리가 서울이라는 하나의 도시에 소재하고 있어야 한다는 관습헌법의 존재를 주장하나 이러한 관습헌법의 존재를 인정할 수 없다.
4. 헌법 제72조는 국민투표에 부쳐질 중요정책인지 여부를 대통령이 재량에 의하여

결정하도록 명문으로 규정하고 있고 헌법재판소 역시 위 규정은 대통령에게 국민투표의 실시 여부, 시기, 구체적 부의사항, 설문내용 등을 결정할 수 있는 임의적인 국민투표발의권을 독점적으로 부여하였다고 하여 이를 확인하고 있다. 따라서 특정의 국가정책에 대하여 다수의 국민들이 국민투표를 원하고 있음에도 불구하고 대통령이 이러한 희망과는 달리 국민투표에 회부하지 아니한다고 하여도 이를 헌법에 위반된다고 할 수 없고 국민에게 특정의 국가정책에 관하여 국민투표에 회부할 것을 요구할 권리가 인정된다고 할 수도 없다.

[재판관 전효숙, 재판관 이공현, 재판관 조대현의 별개의견]

우리는 이 사건 법률에 의해 행정중심복합도시가 수도로서의 지위를 획득하거나 서울의 수도로서의 기능이 해체되지 아니한다는 점을 수긍하지만 그에 앞서 서울이 수도라는 관습헌법이 존재한다고 인정할 수 없고, 설령 이를 인정하더라도 관습헌법을 변경하려면 반드시 성문헌법의 개정절차를 거쳐야 한다고 보지 아니한다. 그 이유에 관하여는 헌법재판소가 2004. 10. 21. 선고한 2004헌마554 신행정수도사건의 결정문 중 반대의견에 설시된 논거를 원용한다.

[재판관 권 성, 재판관 김효종의 위헌의견]

1. 행정각부처 중 73%가 행정도시에 소재하고 그 분야도 국방과 외교 등을 제외한 거의 전 분야에 걸치며, 경제분야의 행정을 관장하는 모든 부처 및 정부의 경제활동을 전반적으로 기획하고 관리하는 기획예산처를 행정도시에 위치시키고 있고, 국무총리가 행정도시에 위치하게 됨에 따라 국정통할기능 중 매우 중요한 부분이 행정도시에서 수행되며, 정부의 정책을 심의하는 국무회의의 기능이 상당부분 국무총리의 주재로 사실상 행정도시에서 수행되게 되고, 예산규모의 면에서 볼 때 국가행정예산의 대략 70%가 행정도시권에서 집행의 지휘를 받는다. 또한 행정도시에서 수행되는 행정기능은 최고수준의 고차원의 행정에 해당하므로 따라서 행정도시에서 수행될 행정기능은 행정의 중추기능에 해당한다고 말하지 아니할 수 없다. 나아가 행정도시에서 수행되는 정치적 기능도 그 소관 행정분야에 관한 한 상당한 정도로 중추적 기능의 일익을 담당한다. 따라서 이 사건 법률에 의한 중앙행정기관 등의 이전은 우리 나라의 수도를 서울과 행정도시의 두 곳으로 분할하는 수도분할의 의미를 갖는다.

   위와 같이 이 사건 법률에 의한 행정도시의 건설과 운영이 수도의 분할에 해당함이 분명하므로 이 사건 법률은 헌법개정의 절차에 따라 국민투표에 의하여 국민이 결단할 사항인 수도의 분할 문제, 그리고 관습헌법이 규정하고 있는 기존의 단일수도를 분할하여 복수의 수도로 변경하는 헌법개정문제를 법률만으로 처리하여 버림으로써 헌법개정을 위한 국민투표에 참여할 국민의 정치적 기본권을 침해한 것이다.

2. 이 사건 법률은 정부가 종전에 추진해 오던 신행정수도건설사업을 계속적으로 추진하기 위하여 의원입법의 형식으로 마련한 것이다. 이 사건 법률은 이전범위를 축소한 것 외에는 신행정수도법과 그 체제나 내용에 있어서 대부분 동일하고, 건설되는 도시의 규모도 크게 다르지 아니하다. 앞서 본 바와 같이 행정도시가 정치·행정의 대부분 또는 상당부분의 중추기능을 수행하여 수도로서의 지위를 가지는 이상 이 사건 법률이 비록 이전대상기관을 일부 축소하였다 하더라도 그것이 위헌성을 배제시킬 만큼 본질적인 것은 아니며 오히려 위헌성을 호도하는 형식적 분식에 그친다. 그러므로 이 사건 법률은 신행정수도법과 실질적으로 동일하여 그것이 가지고 있던 위헌성을 그대로 대유한다.

헌재 2005. 11. 24. 2005헌마579·763(병합)

3. 개정절차의 난이도에 따른 분류(경성헌법과 연성헌법)

경성헌법은 법률보다 까다로운 절차와 방법으로 개정할 수 있는 헌법을 말하며 연성헌법은 법률개정과 동일한 절차로 헌법개정이 이루어지는 헌법을 말한다. 성문헌법은 대개 경성헌법이나, 1848년의 이탈리아헌법, 1876년의 스페인헌법, 1947년의 뉴질랜드헌법과 같이 성문헌법이면서도 연성헌법인 경우도 있다. 불문헌법국가인 영국은 대표적인 연성헌법국가이다.

경성헌법 중에는 헌법개정 자체를 금지하고 있는 헌법도 존재했었다. 경성헌법이 연성헌법에 비하여 반드시 우선적 효력을 갖거나 헌법보장의 실효성이 있는 것은 아니다.[27] 연성헌법의 경우 그때그때의 집권자가 집권의 편의를 위하여 헌법을 빈번히 개정하게 될 가능성이 있기 때문에 헌법의 악용을 방지하고 헌법의 권위를 유지하기 위해서는 그 개정을 억제할 필요가 있다.[28]

4. 소 결

오늘날 대부분의 나라가 민정, 성문, 경성헌법을 채택하고 있는 현실에서 이러한 전통적인 분류방식은 커다란 의미를 찾을 수 없다.

Ⅱ. 헌법의 새로운 분류방법

전통적 분류방법의 형식성·비현실성을 비판하면서 새로운 관점에서 헌법을 유형화하려는 시도가 있다.

27) 김철수, 앞의 책(상), 16면.
28) 권영성, 앞의 책, 18면.

1. 뢰벤슈타인(Loewenstein)의 분류

(1) 존재론적 헌법분류[29)]

정치적 현실과 헌법규범이 서로 일치하고 있는가 여부를 기준으로 하여 규범적 헌법, 명목적 헌법, 가식적(장식적) 헌법으로 분류하고 있다.

규범적 헌법은 헌법규범의 내용과 헌법현실이 일치하는 헌법으로 비유적으로 표현하면 의복(헌법규범)이 신체(헌법현실)에 꼭 맞고 또 실제로도 입고 다니는 '맞춤복'과 같은 헌법이라고 한다.

명목적 헌법이란 헌법은 이상적으로 만들었으나, 현실이 그 이상에 따르지 못하여 현실규범의 역할을 하지 못하고 있는 헌법으로 아시아, 아프리카 등의 후진국의 헌법을 예로 들고 있다. 비유적으로 표현하면 서구로부터 옷(서구민주주의 헌법)을 수입하였으나, 신체(헌법현실)가 그에 맞을 정도로 성장하지 못한 '기성복'과 같은 헌법이라고 한다.

장식적 헌법은 헌법이라는 것이 있긴 하나 이것은 외국에 과시하기 위한 것이고, 현실은 이에 관계없이 규율되는 헌법으로 권위주의국가나 과거 소련과 그 위성국가들의 헌법을 그 예로 들고 있다. 이를 비유적으로 표현하면 '변장복'과 같은 헌법이라고 한다.

(2) 독창적 헌법과 모방적 헌법

독창적 헌법은 새로이 창조되고 다른 것에서 유래되지 않은 원천적인 헌법으로 영국의 의원내각제헌법, 미국의 대통령제헌법, 프랑스의 나폴레옹헌법, 노농(勞農) 소비에트의 독재를 규정한 1980년대 말 민주화 개혁 전의 구 소련헌법, 5권분립(입법, 행정, 사법, 고시, 감찰)을 규정한 1931년의 중화민국헌법, 1935년 폴란드의 필수츠키헌법의 신대통령제, 1793년 프랑스헌법의 국민공회제 등이 그 예로 들어진다.

모방적 헌법은 규정의 대부분이 국내외의 과거에 성립된 헌법을 모방하여 만들어진 헌법으로 대부분 나라의 헌법은 이에 해당한다.

2. 케네드 위어(K. Wheare)의 분류

위어는 통치권력의 배분방법에 따라 헌법을 분류하고 있다. 즉, 중앙정부와 지

29) 김철수 교수는 헌법의 효력에 따른 분류로 본다(김철수, 앞의 책(상), 17면).

방정부에 통치권력이 어떻게 배분되는가에 따라 연방국가의 헌법과 단일국헌법으로 분류한다. 그리고 중앙정부를 구성하는 각 기관에게 통치권력이 어떻게 배분되고 있는가, 즉 권력분립의 원리가 어느 정도로 채택되어 있는가에 따라 헌법을 대통령제헌법, 의원내각제헌법, 의회정부제(회의제)헌법으로 분류하고 있다.

3. 기타의 분류

사회·경제체제에 따라 자본주의헌법과 사회주의헌법으로, 국가체제에 따라 입헌주의헌법과 전제주의적 헌법으로 분류하기도 하고, 정당제도의 인정 여부에 따라 이를 긍정하는 헌법(일개정당헌법, 복수정당헌법), 이를 부정하는 헌법으로 나누는 견해[30)]도 있다.

제4절 헌법의 기능 - 헌법의 개념과 특성 참조

헌법은 이상과 같은 개념과 특성을 가지는 법으로 다양한 기능을 하고 있다. 헌법의 기능에 대한 설명은 학자들에 따라 다소 차이가 있다.[31)]

30) 권영성, 헌법학원론(구저), 18면.

31) 허영 교수는 헌법의 기능으로 국가창설적 기능, 정치생활주도기능, 기본권보장을 통한 사회통합기능, 수권 및 권능제한적 기능, 정치적 정의실현기능을 들고 있으며(허영, 앞의 책, 20-23면), 권영성 교수는 정치적 기능(국가구성적 기능, 국민적 합의기능, 공동체의 안정과 평화유지기능, 국민통합기능, 정치과정합리화기능), 규범적 기능(법질서창설기능, 기본권보장기능, 권력통제기능)을 헌법의 기능으로 설명하고 있다(권영성, 앞의 책, 15-17면).

제2장 헌법의 제정과 개정 및 변천

제1절 헌법의 제정

Ⅰ. 헌법제정의 의의

1. 헌법제정의 개념

실질적 의미에서의 헌법의 제정이란 정치적 공동체의 형태와 기본적 가치질서에 관한 국민적 합의를 법규범체계로 정립하는 것을 말하며, 형식적으로는 헌법제정권자가 헌법사항을 성문의 헌법으로 법전화시키는 것을 말한다.[1)]

헌법제정에서는 ① 헌법의 제정은 누가 하는가?(헌법제정권력의 주체), ② 어떻게 행사하는가?(헌법제정권력의 행사방법), ③ 무엇을 그 내용으로 하는가?(헌법제정의 내용), ④ 어떠한 구속과 제한을 받는가?(헌법제정권력의 한계), ⑤ 그것이 정당한가?(헌법제정권력의 정당성) 등이 쟁점으로 다루어지고 있다.

2. 헌법의 성립

다수의 견해는 헌법의 제정과 별도로 헌법의 성립을 별도로 다루지 않고 있으나, 일부의 학자는 헌법이 성립될 수 있을 만큼 성숙된 역사적 상황으로 ① 사회구성원이 일체감 내지 연대의식을 느낄 수 있는 어떤 Konsens(공동관심사에 대한 합의)의 형성, ② 정치적 일원체를 형성하려는 중심세력(집단, 실력자)의 형성, ③ 일단 형성된 Konsens를 최소한 유지시키려는 의지에 의해서 능동적으로 움직이는

1) 권영성, 헌법학원론(2010년판), 법문사, 2010, 43면. 허영 교수는 헌법의 제정을 사회공동체를 정치적 일원체로 조직하기 위해서 일원적인 법공동체의 법적인 기본질서를 마련하는 법창조 행위로 설명한다(허영, 전정13판 한국헌법론, 박영사, 2017, 40면).

대다수 사회구성원의 참여의식의 조성 등을 들고, 헌법이 현실적으로 성립될 수 있다고 하더라도 그 헌법에 규범적인 효력이 주어지기 위해서는 법적인 의미에서의 헌법제정행위가 필요하다고 하여 양자를 구별한다. 즉 '헌법의 성립'은 정치사회학적 현상으로 보며, '헌법의 제정'은 헌법학적 현상으로 보는 것이다.[2)]

Ⅱ. 헌법제정권력

1. 개 념

헌법제정권력은 국가의 근본법인 헌법을 창조하는 힘을 의미한다고 할 수 있지만, 단순한 '사실적 힘'(권력적 측면)만이 아니고, 헌법을 정당화시키는 '권위 또는 가치'(가치적 측면)를 아울러 가진다.[3)] 학자에 따라서는 헌법제정권력을 "정치와 법의 교차점에 위치하는 것"(Burdeau)으로 보기도 한다.

2. 헌법제정권력이론의 역사적 발전

(1) Sieyès의 이론

시예스는 프랑스 대혁명 당시 "제3신분이란 무엇인가"란 소책자에서 헌법제정권력이론을 처음으로 체계화하였다. 그는 당시 군주의 지배권력을 제한하고 규제할 목적으로 군주가 아니라 국민에게 헌법을 제정할 권리가 있다는 점을 강조하였다. 따라서 그는 국민주권론과 국가계약설을 헌법제정권력의 이론적 기초로 하고 있다.

헌법제정권력의 주체는 국민(귀족계급이 제외된 제3신분)이며, 헌법제정권력은 단일불가분성을 가지며, 절차 면에서 일체의 법적 제한을 받지 않는다고 하였다(시원성과 무제한성). 또한 헌법제정권력의 행사는 일반의회에서는 할 수 없고 헌법의회에서만 가능하다고 하였다. 그는 대의제의 사상적 선구자로 간주된다.

헌법제정권력은 그 시원성에서 자기정당화의 논리가 나온다고 보고 있으며, 헌법제정권력(형성하는 권력)에 의해서 형성된 권력에 지나지 않는 국가권력을 구별하고 있으므로 헌법제정권력과 헌법개정권력의 구별을 전제한 것으로 본다.

---

2) 허영, 앞의 책, 39-40면.

3) 헌법제정권력을 Maunz는 "국민의 정치적 존재에 관한 근본결단을 내리는 정치적 의사이며 권한"이라고 정의하며, C. Schmitt는 "고유의 정치적 실존의 종류와 형태에 관하여 구체적인 근본결단을 내릴 수 있는 실력이나 권위를 가진 정치적 의사"로 정의하고 있다.

(2) 독일 법실증주의자들의 이론

법실증주의, 국가법인설, 국가주권설을 이론적 기초로 하고 있는 Laband, Jellinek, Anschütz 등의 독일 법실증주의자들은 헌법제정권력이론을 부인하고 있다. 국가가 모든 법의 연원이고 헌법이전에 초월한 권력은 사회적 존재이지 법은 아니라는 입장(G. Jellinek)에서 보면 헌법제정권력의 독자성을 인정할 수 없으며, 헌법제정권력=헌법개정권력=입법권으로 보아 권력의 위계질서를 부인하게 된다.

(3) C. Schmitt의 이론

헌법제정권력이론의 완성자로 평가받는 슈미트는 결단주의 입장에서 헌법제정권력을 "고유의 정치적 실존의 종류와 형태에 관하여 구체적인 근본결단을 내릴 수 있는 실력이나 권위를 가진 정치적 의사"로 보면서 헌법제정권력과 헌법개정권력을 구별하고 있다. 즉, 헌법개정권력을 제도화된 제헌권으로 보아 헌법제정권력자의 근본결단에 구속됨을 인정한다(헌법개정권력의 한계주장).

그는 근본적 결단의 소산을 헌법(Verfassung), 헌법핵, 절대적 헌법이라 하고 이는 헌법개정에 의해서도 고칠 수 없는 한계를 이루며, 부차적 결단의 소산을 헌법률(Verfassungsgesetz), 상대적 헌법이라 하여 이는 헌법개정의 대상으로 보고 있다. 따라서 헌법제정권력→헌법→헌법개정권력→헌법률→입법권의 위계질서를 인정하고 있다.

그는 헌법제정권력의 주체를 국민에 한정하지 않고, 역사적 고찰을 통하여, 중세에는 신, 귀족국가에서는 소수자, 군주국가에서는 군주, 프랑스혁명 당시에는 국민 등으로 보아 헌법제정권력을 그 주체에서 분리하고 있다.

또한 그는 헌법제정권력은 모든 규범적 구속에서 자유로운 절대적 실력으로 보아 헌법제정행위를 일종의 혁명적 성격으로 보며, 헌법제정권력의 한계를 부인하고 있다.

3. 헌법제정권력의 주체

슈미트의 고찰처럼 시대에 따라 달리 고찰될 수 있으나, 국민주권이론이 확립된 현대에서는 국민일 수밖에 없다

4. 헌법제정권력의 본질

헌법제정권력은 상위규범이 없다는 점에서 시원적인 창조성이 있고 자기 자신

에 의해 자기를 정당화하는 자율성을 가지며, 다른 모든 권력(입법, 행정, 사법)의 포괄적 기초로서 단일불가분성을 가진다. 또한 한 번 행사되었다고 소멸하는 것은 아니라는 점에서 항구성[4]을 가지며(Schmitt), 남에게 양도할 수 없는 불가양성을 가진다.

5. 헌법제정권력의 한계

헌법제정권력의 시원성에서(Sieyès), 헌법제정권력의 혁명적 성격에서(C. Schmitt) 그 한계를 부정하는 견해도 있지만, 헌법제정권력도 민주주의사회에 있어서 민주주의의 기본원리, 즉 인간의 존엄과 가치를 기초로 하는 기본적 인권의 존중과 국민주권원리 및 자연법상의 원리에의 제약을 받는다(통설). 통설은 제헌권을 구속하는 초월적인 법원칙을 인정한다. 즉 인격불가침의 기본가치, 법치국가의 원리, 민주주의의 원리 등은 내재적인 원리로 본다. 이러한 근본규범을 유린하는 제헌권의 행사는 제헌권의 발동이 아니라 새로운 사실력에 의한 헌법의 파괴가 되어 헌법의 정당성을 주장할 수 없다(헌법내용의 정당성과 헌법제정의 합법성 구별).[5]

6. 헌법제정권력의 행사

헌법제정권력은 그 시원적인 창조성 때문에 행사방법에 관한 법규범적 절차는 존재하지 않는다. 다만, 행사요건으로 다수, 피치자의 참여와 참여하는 사람들의 숙려의 결과가 요구된다. 헌법제정권력의 행사방법으로는 ① 헌법제정회의(제헌의회)에서 의결하는 유형(우리나라의 건국헌법, 바이마르헌법, Sieyès의 대의제 민주주의의 요청에 부합), ② 국민투표로 확정하는 유형(프랑스 제5공화국헌법, 루소와 슈미트의 이론에 부합), ③ 국민투표와 대의기관을 통해 행사하는 유형(프랑스 제4공화국헌법),

---

4) 다만 헌법제정권력은 위기시에만 나타나는 권력으로 보아 항구성을 부인하는 견해도 있다(김철수, 헌법학(상), 박영사, 2009, 37면). 이 견해는 평상시에는 헌법개정권력이 작용하여 합법적인 변혁에 따라 혁명을 미연에 방지한다고 한다.

5) 한계의 종류(헌법제정권력을 제약하는 사유)와 관련하여 허영 교수는 ① 이데올로기적 한계(헌법제정권력은 제헌목적이나 헌법제정 당시의 정치적 시대사상 또는 생활감각을 반영해야 한다. 헌법제정권력은 민주주의적 정당성을 지녀야 한다), ② 원리적 한계(법창조행위로서의 헌법제정권력은 법적 이성, 정의, 법적 안정성과 같은 기초적인 법원리의 제약을 받는다), ③ 자연법적 한계(인격불가침의 기본가치나 초국가적인 자연법상의 원리에 구속), ④ 국제법적 한계(패전국이나 식민지는 헌법제정권력행사에 있어 국제법적인 제약을 받음) 등을 들고 있고(허영, 앞의 책, 45－47면), 권영성 교수는 ① 국민적 합의에 의한 한계(헌법제정 당시의 국민적 합의의 내용을 존중), ② 초실정법적 시대사상과 보편적인 법원칙에 의한 한계, ③ 초국가적 자연법원리에 의한 한계, ④ 국제법적 한계 등을 들고 있다(권영성, 앞의 책, 47면).

④ 연방국가에서 지방(支邦)의 동의를 요하는 유형 등이 있다.

7. 헌법제정권력과 다른 권력과의 관계

(1) 주권과의 관계

다수설은 양자는 단일, 불가분적 관계, 최고의 권력으로서 동일한 권력으로 보고 있다. 이에 대하여 주권의 개념은 다양하게 파악되나 국가통치형태의 최고결정권을 내포한다고 보면 헌법제정권력은 이에 속한다고 보는 견해가 있다. 즉 주권은 헌법제정권력 자체라고는 할 수 없고, 헌법제정권력+α라고 한다.[6]

(2) 헌법개정권력과의 관계

헌법개정권력은 헌법제정권력에 의하여 제도화된 권력으로서 헌법제정권력보다 하위 효력을 갖는 권력이다. 헌법재판소는 헌법에 개정한계조항이 없고, 헌법개정이 국민투표에 의해 확정된다는 이유로 헌법개정권력과 헌법제정권력의 구별을 부인하는 듯한 입장을 보이고 있다. 즉 "이른바 헌법제정권력과 헌법개정권력을 준별하고, 헌법의 개별규정 상호간의 효력의 차이를 인정하는 전제하에서 헌법제정규범에 위반한 헌법개정에 의한 규정, 상위의 헌법규정에 위배되는 하위의 헌법규정은 위헌으로 위헌심사의 대상이 된다거나, 혹은 헌법규정도 입법작용이라는 공권력 행사의 결과이므로 헌법재판소법 제68조 제1항에 의한 헌법소원의 대상이 된다는 견해가 있을 수는 있다. ……그러나, 우리나라의 헌법은 제헌헌법이 초대국회에 의하여 제정된 반면 그 후의 제5차, 제7차, 제8차 및 현행의 제9차 헌법개정에 있어서는 국민투표를 거친 바 있고, 그간 각 헌법의 개정절차조항 자체가 여러 번 개정된 적이 있으며, 형식적으로도 부분개정이 아니라 전문까지를 포함한 전면개정이 이루어졌던 점과 우리의 현행 헌법이 독일기본법 제79조 제3항과 같은 헌법개정의 한계에 관한 규정을 두고 있지 아니하고, 독일기본법 제79조 제1항 제1문과 같이 헌법의 개정을 법률의 형식으로 하도록 규정하고 있지도 아니한 점 등을 감안할 때, 우리 헌법의 각 개별규정 가운데 무엇이 헌법제정규정이고 무엇이 헌법개정규정인지를 구분하는 것이 가능하지 아니할 뿐 아니라, 각 개별규정에 그 효력상의 차이를 인정하여야 할 형식적인 이유를 찾을 수 없다. 이러한 점과 앞에서 검토한 현행헌법 및 헌법재판소법의 명문의 규정취지에 비추어, 헌법제정권과 헌법개정권의 구별론이나 헌법개정한계론은 그 자체로서의 이론적 타당성 여

---

6) 김철수, 앞의 책(상), 37면.

부와 상관없이 우리 헌법재판소가 헌법의 개별규정에 대하여 위헌심사를 할 수 있다는 논거로 원용될 수 있는 것이 아니다"고 판시하고 있다.[7)]

판례 국가배상법 제2조 제1항 등 위헌소원

[판시사항]

1. 헌법의 개별규정이 헌법재판소법 제68조 제2항에 의한 헌법소원심판의 대상이 되는지 여부
2. 헌법의 개별규정간의 논리적 우열관계와 효력성의 차등문제
3. 국가배상법 제2조 제1항 단서의 위헌 여부

[결정요지]

1. 헌법 제111조 제1항 제1호 및 헌법재판소법 제41조 제1항은 위헌법률심판의 대상에 관하여, 헌법 제111조 제1항 제5호 및 헌법재판소법 제68조 제2항, 제41조 제1항은 헌법소원심판의 대상에 관하여 그것이 법률임을 명문으로 규정하고 있으며, 여기서 위헌심사의 대상이 되는 법률이 국회의 의결을 거친 이른바 형식적 의미의 법률을 의미하는 것에 아무런 의문이 있을 수 없으므로, 헌법의 개별규정 자체는 헌법소원에 의한 위헌심사의 대상이 아니다.
2. 헌법은 전문과 각 개별조항이 서로 밀접한 관련을 맺으면서 하나의 통일된 가치체계를 이루고 있는 것으로서, 헌법의 제 규정 가운데는 헌법의 근본가치를 보다 추상적으로 선언한 것도 있고, 이를 보다 구체적으로 표현한 것도 있으므로 이념적·논리적으로는 규범상호 간의 우열을 인정할 수 있는 것이 사실이다. 그러나 이때 인정되는 규범상호간의 우열은 추상적 가치규범의 구체화에 따른 것으로 헌법의 통일적 해석에 있어서는 유용할 것이지만, 그것이 헌법의 어느 특정규정이 다른 규정의 효력을 전면적으로 부인할 수 있을 정도의 개별적 헌법규정상호간에 효력상의 차등을 의미하는 것이라고는 볼 수 없다.
3. 국가배상법 제2조 제1항 단서는 헌법 제29조 제1항에 의하여 보장되는 국가배상 청구권을 헌법내재적으로 제한하는 헌법 제29조 제2항에 직접 근거하고, 실질적으로 그 내용을 같이하는 것이므로 헌법에 위반되지 아니한다.

[재판관 조승형의 별개의견]

이 사건과 같은 헌법재판소법 제68조 제2항에 의한 위헌소원심판에 있어서 심판의 대상이 된 당해 법률의 조항이 헌법에 위반되지 않는다고 판단되었을 경우에 그에 대한 주문의 형식은 "이 사건 심판청구를 기각한다"로 표시함이 마땅하다고 생각한다.

헌재 1995. 12. 28. 95헌바3

7) 헌재 1995. 12. 28. 95헌바3.

(3) 통치권과의 관계

입법권, 행정권, 사법권의 총합체인 통치권은 주권에 의하여 조직화된 권력으로 헌법제정권력보다 하위의 권력이다.

제2절 헌법의 개정

Ⅰ. 서 설

1. 헌법개정의 개념

(1) 헌법개정(verfassungsänderung)이라 함은 ① 헌법의 개정절차에 따라서(합법적), ② 헌법의 동일성의 범위 내에서, ③ 성문 헌법전의 일부 또는 전부를, ④ 의식적으로, ⑤ 수정·증보·삭제하는 행위를 말한다.

(2) 헌법개정은 형식적 의미의 헌법, 성문헌법과 관련된 개념이다. 헌법관행의 변화에 따라 이루어지는 불문헌법의 개정은 헌법개정의 개념에 포함시키지 않는 것이 통례이다. 신행정수도이전특별법의 위헌판결에서 관습헌법의 개정도 헌법개정의 대상에 포함시킨 것은 이러한 점에서 문제가 있다. 관습헌법은 관습의 변화로 개정이 이루어지는 것이 옳다고 본다.[8)]

2. 구별개념

(1) 헌법의 파괴(파기·폐기)

헌법의 파괴(verfassungsvernichtung)는 비합법적인 헌법의 변동으로 헌법의 기본적인 동일성이 상실되고 헌법제정권력자의 변동을 가져오는 현상을 지칭한다. 보통 혁명에 의해서 일어나지만, 예외적으로 평화적인 방법에 의해 일어나기도 한다. 헌법파괴의 예로는 ① 1789년 프랑스 혁명에 의해 루이 16세의 군주제헌법의 파괴, ② 1917년 러시아의 11월 혁명에 의한 제정 러시아헌법의 파괴, ③ 1918년 독일의 11월 혁명에 의한 군주제헌법(비스마르크헌법)의 파괴, ④ 1947년 일본국헌법(2차 대전 후의 특수상황 하에서 평화적 방법으로 군주주권헌법을 국민주권헌법으로)을 들 수 있다.

---

8) 계희열, 앞의 책(상), 105면.

(2) 헌법의 폐지(폐제 · 제거)

헌법의 폐지(verfassungsbeseitigung)는 헌법제정권력자의 변동은 없으며 헌법의 기본적인 동일성은 유지되나, '쿠데타'(coup d'État) 등에 의한 정권담당자의 교체가 이루어지는 현상을 지칭한다.[9] 헌법폐지의 예로 ① 1946년 프랑스헌법이 1958년 De Gaulle헌법(제5공화국헌법)으로 교체, ② 5.16 이후 국민투표를 통하여 제2공화국헌법이 제3공화국헌법으로 교체한 것을 들 수 있다. 허영 교수는 3공화국헌법을 5.16군사혁명에 의한 구헌법의 폐지와 새헌법의 제정으로 보고 있다.

(3) 헌법의 침해(침훼, 侵蝕)

헌법의 침해(verfassungsdurchbrechung)는 기존헌법의 전면적인 대체가 없고, 헌법제정권력의 교체도 없다. 헌법의 개개조항을 수정, 삭제, 증보하지 않고 헌법조항에 반대되는 조치를 취하는 것으로 원칙적으로 위헌이다. 헌법의 효력은 정지되지 않는다. 헌법침해는 바이마르 공화국 하에서 자주 행해졌다. C. Schmitt는 헌법이 인정하는, 즉 헌법존중적 헌법침해의 예로 바이마르헌법 제42조 제2항에 따른 대통령의 비상조치를 든다.

(4) 헌법의 정지

헌법의 정지(verfassungssuspension)는 특정한 헌법조항의 효력을 일시적으로 중단시키는 조치이다. 합헌적(헌법존중적) 헌법정지와 위헌적(헌법무시적) 헌법정지가 있는데, ① 합헌적 헌법정지의 예로는 바이마르공화국 헌법 제48조(비상대권), 한국의 유신헌법 제53조(긴급조치)를 들 수 있다. ② 위헌적 헌법정지의 예로는 5.16 이후 국가비상조치, 1972년의 10.27 비상조치, 1980년 국가보위비상대책위원회의 5.17조치 등을 들 수 있다.

(5) 헌법의 변천(변질)

헌법의 변천(verfassungswandlung)은 무의식적으로 헌법규범이 달리 적용되는 것으로 헌법의 외형이 고쳐지지 않는다는 점에서 헌법개정과 구별된다.[10]

---

9) 구헌법을 폐기하고 신헌법전을 편성하는 것은 형식적 의미에서는 헌법의 제정(전면개헌)이지만, 실질적 의미에서는 헌법전의 교체 또는 헌법의 개편을 의미한다는 견해(권영성)와 헌법이 비록 개정의 형식을 취하고 있으나 이는 헌법개정권력의 행사가 아닌 헌법제정권력의 행사에 의한 헌법제정으로 보는 견해(김철수, 허영)가 있다.

10) 헌법변천에 대해서는 별도로 기술한다.

3. 헌법개정의 곤란성과 불가피성

헌법의 안정성과 항구성의 요청으로 헌법은 너무 쉽게 개정되어서는 안 된다. 헌법의 성문화와 경성헌법은 이러한 요청의 반영이다. 국민의 기본권보장을 강화하고 집권의 편의를 위한 빈번한 헌법개정에서 결과하는 국가기본법질서의 불안정을 방지하기 위해서도 헌법개정은 어느 정도 곤란성이 요구된다. 1795년의 프랑스 제1공화국헌법이 의결된 후, Philippe Delleville 의원은 '헌법의 개정을 제안하는 자는 사형에 처하여야 한다'는 것을 동의한 바 있다. 그 후 프랑스의 1814년 헌법과 1830년 헌법에는 개정조항을 두지 않았다.[11)]

한편, ① 헌법의 현실적응성과 실효성의 유지(사회변천에 적응 및 불비와 결함을 보충), ② 헌법의 파괴 방지(개정금지에 의해 발생할 폭력적 헌법파괴를 미연에 방지), ③ 헌법정책적 이유(새로이 형성된 정치집단에게 헌법형성에 참여할 기회 부여) 등으로 헌법개정 역시 불가피한 측면도 있다.

사회변화에 헌법은 일차적으로 헌법규정의 개방성과 헌법의 불확정성을 통해 어느 정도 적응할 수 있다. 그러나 헌법규정을 아무리 탄력성 있게 규정한다고 해도 그 적응가능성에는 한계(헌법의 변천가능성의 한계)가 있다. 이 한계가 끝날 때 헌법개정의 필요성이 나타난다(Hesse). 필요성에 따라 헌법개정을 인정함으로써 헌법변천에 제동을 걸고 헌법의 규범적 효력을 높임으로써 헌법생활의 안정을 꾀할 수 있다.

Ⅱ. 헌법개정의 형식과 방법

1. 헌법개정의 형식

(1) 개정의 범위를 기준으로 한 분류

① 헌법전의 일부 또는 수개의 조항을 변경하는 일부개정과 ② 헌법전을 완전히 바꾸어 쓰는 체제를 취하는 방식인 전면개정으로 나눌 수 있다. 헌법의 전면개정을 비혁명적 방법에 의한 헌법의 새로운 창제로 보아 헌법개혁으로 보는 입장이 있으며,[12)] 헌법개편 · 헌법전 교체 · 헌법전의 신편성이라고 하기도 한다.

---

11) 권영성, 앞의 책, 51면.
12) 허영, 앞의 책, 49면. 헌법개혁의 예로 우리나라 제2공화국헌법과 현행헌법을 든다.

(2) 개정의 기술을 기준으로 한 분류

① 기존의 조항을 수정, 삭제, 새 조항을 삽입하는 방식인 수정(revision)과 ② 기존의 헌법전 자체에는 손을 대지 않고 그와 별개의 조항을 추가하는 증보(amendment)가 있다. 미국연방헌법을 수정헌법이라고 하나 엄밀히는 증보이다.

2. 헌법개정의 방법

헌법개정의 방법과 절차는 적절한 중용의 방법이 바람직하다. 왜냐하면 헌법을 지나치게 쉽게 고치면 규범력과 제도적 항구성을 너무 과소평가하는 결과를 가져오게 되고, 반대로 너무 까다롭고 번거롭게 하면 헌법변천과 헌법파괴의 욕구가 생기게 된다.

헌법개정의 방법으로는 ① 통상의 의회에 의한 방법(독일, 헝가리, 스웨덴, 한국의 제헌헌법),[13] ② 헌법의회에 의한 방법(스위스, 벨기에 노르웨이, 네덜란드 등), ③ 국민투표에 의한 방법, ④ 주의 승인을 얻도록 하는 연방국가에서의 개헌방법 등이 있다. 통상의회에서 개정하는 방법을 취하는 경우에도 정족수는 가중하는 것이 보편적이다. 국민투표에 의한 개정의 방법에도 ① 의회가 먼저 개헌안을 의결하고 난 후 국민투표로 확정하는 방법(우리 현행헌법)과 ② 의회의 의결 없이 직접 국민투표에 부치는 방법(우리 4공화국헌법, 대통령제안시)으로 나누어 볼 수 있다.[14] 연방국가의 개헌방법으로 스위스는 과반수의 지방(Kanton)에서 주민의 동의를 얻어야 하고(스위스헌법 제123조 제1항), 미국은 모든 주의회의 4분의 3 또는 모든 주헌법회의의 4분의 3 이상의 승인을 얻어야 한다(미국 연방헌법 제5조). 독일은 연방참사원(지방의 대표기관)의 3분의 2 이상의 동의를 필요로 한다(기본법 제79조 제2항).

참고 미국헌법의 개정방법과 절차

미국 헌법의 개정절차는 매우 까다롭다. 미국연방헌법 제5조에 따르면, 하원과

---

13) 벨기에, 노르웨이, 네덜란드 헌법 등은 헌법개정안이 성립되면 의회가 해산되고 총선 후 새로 구성된 의회가 헌법개정안을 의결하도록 하고 있다(총선거를 통해 개헌에 대한 국민의 의사를 묻기 위한 것임).

14) 프랑스헌법(5공), 이탈리아헌법, 오스트리아헌법 등은 예외적인 경우에 헌법개정에 대한 국민투표를 실시하도록 규정하고 있다. 우리나라 제4공화국헌법은 선택적 국민투표제를 인정하고 있었다. 즉, 대통령이 제안한 경우는 국민투표로 확정하였고, 국회의원이 제안한 경우는 국회의결(재적 3분의 2이상의 찬성)과 통일주체국민회의의 의결(재적의원 과반수)로 확정하였다(유신헌법 제124조 제2항).

주(州)가 헌법개정의 발안권을 가진다. 주가 헌법개정을 발안하기 위해서는 전체주의 3분의 2 이상의 주의회가 개헌안을 심의·의결하기 위한 헌법회의(Convention)의 소집을 요구하도록 규정하고 있으며, 연방의회(하원)가 개헌안을 발의하려면 양원에서 각각 재적의원 과반수의 출석과 출석의원 3분의 2의 찬성으로 개헌안을 의결하여야 한다. 연방의회가 발의한 개헌안이나 주의회의 요구로 소집된 특별헌법회의가 발의한 개헌안은 모두 4분의 3 이상의 주의회 또는 주헌법회의에서 비준되어야 개정이 확정된다.

3. 헌법의 개정절차

우리 헌법은 그동안 9차에 걸친 개정을 거쳤으며, 헌법의 전면개정과 전문이 개정된 것은 제5차, 제7차, 제8차, 제9차 개헌이다. 한국헌법의 개정절차를 분설하면 다음과 같다(제128조-130조).

(1) 제 안

헌법개정안을 제안할 수 있는 자는 국회의원(재적의원 과반수의 찬성)과 대통령(국무회의 심의를 거쳐서)이다. 국민이 헌법개정안을 제출할 수는 없다(제2차, 제5차 개정헌법에서는 국민발안을 인정).

(2) 공 고

대통령이 20일 이상의 기간 동안 공고하도록 하고 있다. 건국헌법이래 공고기간을 30일로 규정하였으나, 1972년 유신헌법에서 20일로 단축하여 현재에 이르고 있다. 국가의 기본법을 속전속결의 방법으로 개정할 이유가 없다는 점에서 재고되어야 할 규정이다.[15] 공고를 하는 취지는 제안된 헌법개정안의 내용을 국민에게 주지시켜 국민적 합의를 형성하기 위한 절차이다. 공고이후 본격적인 찬반토론이 가능하다. 우리 헌정사상 제1차 개헌(발췌개헌)은 공고절차를 결여한 헌법개정이라는 비판을 받고 있다.

(3) 국회의결

국회의원이 제안한 것이든 대통령이 제안한 것이든 헌법개정안은 공고된 날로부터 60일 이내에 국회가 의결하여야 한다. 국회의 의결은 재적의원 3분의 2 이상의 찬성을 얻어야 한다. 국회는 수정통과시킬 수 없고(공고제도 위배), 그 표결은

---

15) 계희열, 앞의 책(상), 112-113면.

기명투표로 하며 공개한다. 제2차 개헌(사사오입개헌)은 정족수 미달인 개헌이라는 비판을 받는다.

(4) 국민투표

국회의결을 거친 헌법개정안은 국회의결 후 30일 이내에 국민투표에 회부되고, 여기에서 국회의원선거권자 과반수의 투표와 투표권자 과반수의 찬성을 얻어야 확정된다. 국민투표의 취지가 오늘날 제대로 실현되기 어렵기 때문에 삭제해 버리거나 특별한 경우(국민 개개인에게 직접적인 이해관계를 가진 단순한 사항)에 한정시켜 실시하는 것이 바람직하다.[16)]

(5) 공포 및 발효

이상과 같은 절차에 따라 헌법개정이 확정되면 대통령은 즉시 이를 공포하여야 한다. 공포는 효력발생요건이다. 헌법개정의 경우 법률과 달리 대통령의 거부권은 인정되지 않으며, 법률의 경우 특별한 규정이 없으면 공포한 날로부터 20일이 경과한 후부터 효력을 갖는다고 규정하고 있으나, 헌법은 즉시 공포한다고만 되어 있다. 대개 헌법부칙에서 효력발생시기를 규정하고 있다. 헌법에 특별한 규정이 없는 경우에는 헌법의 효력발생시기에 대해서는 공포시에 효력이 발생한다는 견해(공포시설)와 법률과 마찬가지로 20일 경과시부터 효력이 발생한다는 견해(20일 경과시설)의 대립이 있다.

(6) 국민투표의 효력에 관한 이의제기

국민투표의 효력에 이의가 있는 투표인은 투표자 10만인 이상의 찬성을 얻어 중앙선거관리위원회 위원장을 피고로 하여 투표일로부터 20일 이내에 대법원에 제소가 가능하다. 국민투표무효소송에서 전부 또는 일부무효의 판결이 있으면 재투표를 실시한다.[17)]

---

16) 계희열, 앞의 책(상), 112면.

17) **국민투표법** 제97조 ② 투표의 전부 무효판결이 있을 때에는 그 판결이 확정된 날로부터 30일 이내에 재투표를 실시하여야 하며, 투표일은 늦어도 투표일전 18일까지 대통령이 공고하여야 한다.

③ 투표의 일부 무효의 판결이 있을 때에는 중앙선거관리위원회는 투표가 무효로 된 당해 투표구의 재투표를 실시하여 총집계를 다시 한 후 이를 대통령과 국회의장에게 통보하여야 한다.

④ 제3항의 규정에 의한 투표는 판결이 확정된 날로부터 20일 이내에 실시하되, 중앙선거관리위원회는 7일 전에 재투표일을 공고하여야 한다.

Ⅲ. 헌법개정의 한계

1. 서 언

헌법개정의 한계문제는 헌법개정절차에 따르기만 하면 어떠한 헌법조항의 개정도 또한 어떠한 내용의 헌법개정도 가능한가의 문제이다. 헌법개정의 한계문제는 헌법이론상의 문제이며 특정 헌법의 한계규정유무와 무관하다.

2. 학 설

(1) 한계긍정설

1) 한계긍정설의 논거

① 헌법제정권력과 개정권력의 구별

헌법제정권력은 조직하는(창설하는) 권력이고, 개정권력은 조직된(창설된) 권력이다. 개정권력으로 제정권력 그 자체의 소재변경이나 헌법의 기본적 가치질서 변경은 불가능하다. 제헌 및 개헌의 주체가 동일한 현실에서 국민투표로 개정하는 경우 구별의 차이가 있는가에 대해서 의문을 제기하는 견해가 있다.[18)]

② 초실정법적 자연법상의 원리에 의한 제약

헌법개정을 통해서도 인간의 존엄과 같은 자연법상의 원리를 침해할 수 없다.

③ 헌법규범의 위계질서에 의한 제약

헌법규범에도 효력의 위계질서를 인정할 수 있으므로 헌법개정으로도 침해할 수 없는 헌법규정이 있다.

④ 개정행위의 형식적 합법성 외에 실질적 정당성을 중시하는 입장이다.

2) 주장이론과 학자

결단주의자인 슈미트는 헌법 내지 헌법핵(제헌권자의 근본결단)은 개정할 수 없고, "헌법률"만 개정가능하다고 주장한다. 따라서 C. Schmitt는 헌법의 개정이라는 용어는 정확하게는 '헌법률의 개정'(Verfassungsgesetzänderung)으로 표현해야 한다고 한다.

통합론의 입장에서도 사회통합의 공감대적 가치질서 일탈은 불가하다고 본다.

---

18) 계희열, 앞의 책(상), 116-117면.

Smend는 헌법개정의 한계에 대해서는 언급이 없었으나, 그 제자 중 Hesse는 '역사적 변천 속에서의 지속성 유지', '헌법의 동일성과 공동체의 법적 기본질서의 계속성'을 개정의 한계로 보며, Hesse의 제자 해벌레(Häberle)는 '헌법의 기본적 동일성과 계속성'을 헌법개정의 한계로 본다.

3) 비판과 반론

국민투표로 헌법을 개정할 경우를 설명하기 어렵다는 비판(헌법제정권자의 결단 또는 동화적 통합이므로)에 대해서 외관상은 동일한 "국민투표"일지라도, 헌법개정절차에 따른 "제도적인" 국민투표와, 혁명적 상황에서의 국민투표의 법적 성질은 엄연히 구별된다고 반론한다.

(2) 한계부정설(무한계설)

1) 부정설의 논거

① 헌법제정권력과 개정권력의 구별부인

법실증주의에 따르면 헌법이나 법률은 모두 국가의 의사행위이며, 헌법제정권력 자체를 법외적 현상으로 본다.

② 헌법의 현실적응성의 요청

헌법변천을 부정하는 법실증주의입장에서 헌법규범과 현실 간의 괴리현상을 극복하기 위해서는 헌법개정을 무제한으로 허용하여야 한다고 한다.

③ 헌법질서의 위계질서의 부인(헌법규정효력의 등가설)

헌법규정은 그 효력이 동일하기 때문에 어느 규정은 개정이 가능하고 어느 규정은 가능하지 않다고 할 수 없다는 것이다.

④ 개정행위의 형식적 합법성의 강조

헌법에 정해진 절차에 따라 합법적으로 개정하기만 하면 어떠한 내용도 개정이 가능하다고 한다.

⑤ 헌법개정의 한계사항을 개정하는 경우에 무효선언기관의 결여

비록 헌법개정의 한계를 인정하더라도 한계를 벗어난 개정을 무효화할 기관이 존재하지 않기 때문에 한계긍정설은 실익이 없다고 한다.

2) 주장이론 및 학자

옐리네크, 안쉬츠, 라반트, 토마, 박일경 등의 법실증주의자는 헌법제정권력과

개정권력의 구별을 부인하고, 개정행위의 형식적 합법성을 강조한다.

(3) 결 어

헌법개정의 한계부정설(무한계론)은 법실증주의적 사고에 젖어 법규정의 차이를 법학적으로 인식하려 하지 않고 법의 존재형식만 강조, 즉 형식적 합법성만을 관심의 대상으로 할 뿐, 실질적 합리성이나 정당성을 외면하고 있다. 헌법개정의 한계를 부인하면 헌법개정의 방법으로 헌법 자체를 제거해 버릴 위험이 생긴다.[19]

3. 한계의 종류(헌법개정을 제약하는 요인, 개정금지사유)

(1) 초헌법적(외재적) 한계

헌법개정이 헌법외적 요인에 의해서 제한되는 것을 말한다. 먼저 자연법적 한계를 그 예로 들 수 있다. 그러나 천부인권, 불가양·불가침의 기본권을 인정하고 있는 우리 헌법상으로는 이것은 내재적 한계로도 설명 가능하다는 견해도 있다. 둘째로 국제법적 한계를 들 수 있다. 즉, 근본적이고 중요한 국제법질서를 무시하는 헌법개정은 국제사회에서 불가능하다. 국제법의 일반원칙을 헌법은 국내법으로 전환시키거나 인정할 수 있으나 이를 만들거나 개정할 수는 없다. 셋째, 국가생활을 형성하는 생산과정의 기술적 조건 그리고 지리적 상황도 헌법생활에 결정적으로 영향을 주지만, 헌법개정의 범위 밖에 있다(Ehmke).

(2) 헌법내재적 한계[20]

헌법 가운데는 개정할 수 없는 일정한 내용이 있다는 것을 말한다.

첫째는 헌법의 기본적 동일성 내지 헌법의 본질적 내용을 훼손하는 개정은 불가능하다는 입장이다(법논리상 제약). 이는 헌법이론상 당연한 한계이다. 헌법 자신의 존립기초가 되는 기본규정을 개정하는 것은 기본적 동일성 상실한다(국민주권주의, 기본권보장, 권력분립주의, 법치주의, 국제평화주의, 복지주의 등). 헌법의 기본적인 동일성이 상실될 경우 그것을 “헌법의 자살”이라고 표현하는 학자도 있다(Ehmke).

둘째, 공정한 개정을 할 수 없는 시기에 개정하는 것은 금지된다(시기상의 제약). 이는 명문의 규정이 없더라도 내재적 한계로 설명이 가능하다. 비상사태시 개정을

---

19) 계희열, 앞의 책(상), 117면.

20) 시기상, 방법상 한계를 실정법적 한계로 설명하는 견해도 있으나, 이러한 사항이 헌법에 명문으로 규정되어 있으면 실정법상의 한계로도 볼 수 있으나, 규정이 없는 경우에도 위에서 논의된 사항들이 한계로 논의되는 경우 그것은 내재적 한계로 볼 수 있다.

금지하는 것(1831년 독일의 작센헌법), 점령시 개정을 금지하는 것(1946년 프랑스헌법), 헌법개정의 빈도를 제약하기 위해 일정기간 내의 개정을 금지하는 것(포르투갈헌법) 등을 예로 들 수 있다.

셋째, 방법상의 제약을 들 수 있다. 헌법의 내용에 저촉하는 법률을 제정함으로써 헌법의 본래 의미를 변질시키는 우회적인 개정을 금지하는 입법례가 있다(독일기본법 제79조 제1항). 또한 헌법개정조항 자체도 개정의 대상이 되는가가 방법상의 제약과 관련하여 문제된다. 개정의 방법이나 절차에 관한 비본질적 부분의 개정은 가능하지만, 개정조항의 본질을 무의미하게 만드는 개정이 가능한가가 특히 문제된다. 법실증주의적 관점에서는 논리상 가능하다. 결단주의적 관점에서는 개정권의 근거가 되는 개정조항 자체를 무의미하게 만드는 것은 제헌권과 개헌권의 구별을 부인하는 결과가 되어 부정된다. K. Hesse에 따르면 헌법개정조항의 본질적 부분은 개정의 대상이 되지 않는다. 헌법개정조항을 가중하는 것은 가능하지만, 감경하는 것은 내재적 한계를 구성한다고 본다. 연성헌법을 경성헌법으로 개정하는 것은 가능하지만, 경성헌법을 연성헌법으로 개정하는 것은 안 된다는 것이다. 경성을 연성으로 고치는 것이나, 연성을 경성으로 고치는 것은 모두 헌법의 본질적 성격의 변화이므로 부정하는 견해도 있다.[21)]

(3) 실정법적 한계(현행 헌법규정상 한계)

헌법 자체가 명문으로 개정금지조항을 둔 경우, 개정할 수 있는가의 문제이다. 개정금지대상조항은 각국의 헌법에 따라 다양하나 내재적 한계의 내용을 명시적으로 규정하는 경우가 많다. 개정금지조항의 개정문제와 관련해서는 ① 개정금지조항부터 개정하면 가능하다는 설, ② 개정금지조항은 무의미하기 때문에 언제나 개정이 가능하다는 설(법실증주의자), ③ 개정금지조항을 직접 개정하는 것은 물론 2중의 절차에 의한 개정도 불가능하다는 설 등이 있으나, 헌법제정권자의 의사를 존중하는 의미에서 부정하는 것이 타당하다.

4. 헌법개정의 한계를 무시한 헌법개정의 효력

헌법개정의 한계를 인정한다면, 헌법개정의 한계를 무시한, 즉 헌법개정의 한계를 넘는 헌법개정의 효력은 법적으로 무효라고 보아야 한다. 무효인 헌법개정이 사실적으로 시행될 경우 헌법보장의 문제로 국민이 저항권을 행사할 수 있는 상황

21) 정종섭, 제11판 헌법학원론, 박영사, 2016, 106면.

이 발생한다.

5. 개정한계를 무시한 헌법개정에 대한 구제수단

국민이 저항권을 행사할 수 있는가와 별도로 합법적인 구제수단으로는 우선 권한쟁의심판을 고려할 수 있다. 대통령이 국회의결을 거치지 않고 국민투표로 개정한 경우, 국회의 권한침해를 이유로 권한쟁의심판을 청구할 수 있다. 야당과의 토론·타협 절차없이 날치기 한 경우, 야당의원들이 국회의장을 상대로 권한쟁의심판을 청구할 수 있다. 또한 헌법개정의 한계를 무시한 헌법개정을 추진한 대통령이나 고위직에 대한 탄핵심판도 가능하고 국민투표무효소송도 가능하나, 개정된 헌법조항은 위헌법률심판이나 헌법소원심판의 대상이 되지 못한다(헌법재판소 판례).

6. 우리 헌법에 있어서의 개정한계

(1) 실정법상의 한계

1954년 제2차 개정헌법은 국민주권주의, 민주공화국, 국민투표제에 관한 규정에 대하여 헌법개정에 관한 실정법적 한계규정을 두었으나(제98조 제5항), 현행헌법에는 규정이 없다. 다만 "대통령의 임기연장 또는 중임변경을 위한 헌법개정은 그 헌법개정제안당시의 대통령에게는 효력이 없다"고 규정한 제128조 2항은 헌법개정의 실정법적 한계규정이 아니라 헌법개정효력의 적용대상범위를 제한한 규정이다(다수설).[22]

---

22) 헌법 제128조 제2항은 헌법개정의 실정법적 한계규정인가와 관련하여 실정법상 한계설(윤세창), 의미부정설(구병삭), 상대적 개정한계설(김선택), 인적효력적용대상범위 제한설(계희열, 허영, 권영성), 소급적용제한설(김철수) 등이 대립한다. 여기서 상대적 개정한계설은 실정법적 한계규정은 절대적 한계규정(헌법의 기본적 동일성을 형성하는 요소, 언제나 개정 금지)과 상대적 한계규정(그 나라의 역사적·정치적 특수상황을 반영한 잠정적인 한계규정, 특수상황이 제거되면 개정 가능)으로 나누는데, 우리 헌법 제128조 제2항은 상대적 한계규정으로 보고 있다. 상대적 한계설을 주장하는 견해는 헌법 제70조(대통령의 임기는 5년으로 하며 중임할 수 없다)와의 관계에서 개정가능성의 문제를 셋으로 나누어 설명한다. 첫째, 제128조 제2항을 그대로 둔 채 제70조를 개정하는 것이 가능한가에 대해서는 현직 대통령을 대상으로 하기 때문에 허용될 수 없다고 한다. 둘째, 제128조 제2항과 제70조를 동시에 개정하는 것이 가능한가에 대해서는 제70조 개정제안 당시 제128조 제2항이 효력을 유지하고 있으므로 허용되지 않는다고 한다. 셋째, 제128조를 먼저 개정하고 제70조를 개정하는 것은 가능한가에 대해서는 현직 대통령령에게도 임기연장·중임허용이 허용될 수 있다고 한다(김선택, 헌법사례연습, 법문사, 2001, 28-29면 참조).

(2) 헌법내재적 한계

헌법의 기본적 동일성과 계속성을 파괴하는 개정은 허용할 수 없다. 헌법의 기본원리와 거기에 속하는 기본적 요소들은 내재적 한계로 본다. 한계를 획일적으로 확정하기는 어렵고 구체적인 경우에 비로소 그 한계를 확정할 수 있다. 헌법전문의 핵심적인 내용, 제1조의 민주공화국, 국민주권주의, 제5조의 국제평화주의, 제8조의 복수정당제도, 기본권보장, 권력분립주의, 지방자치제도의 핵심적인 내용은 헌법개정의 한계이다.

(3) 초헌법적 한계

인간의 존엄과 가치 등 자연권은 개정할 수 없다. 그러나 우리 헌법과 같이 천부인권, 불가양·불가침의 기본권을 규정하고 있는 헌법은 이것이 내재적 이념으로 되어 있으므로 헌법내재적 한계로도 설명 가능하다.

제3절 헌법의 변천

Ⅰ. 헌법변천(Verfassungswandlung)의 개념

헌법규범과 헌법현실의 괴리가 원인이 되어 헌법조항이 개정절차에 따라 의식적으로 변경되는 것이 아니고 조문은 그대로 있으면서 헌법규정의 의미내용만이 실질적으로 변화하는 것을 말한다. 헌법의 변질이라고도 한다. 따라서 명시적으로 헌법의 문언 자체의 변경을 가져오는 헌법개정과 구별된다. 이를테면 헌법의 진화(evolutionary change)라 할 수 있는 현상이며 현실에 상응하는 새로운 의미내용의 헌법규범이 생성되는 경우(새로운 불문헌법규범의 생성)를 말한다(헌법규범의 내용의 구체화의 문제).

Ⅱ. 헌법변천의 성립요건

헌법변천이 성립하려면, 물적 요건으로서 상당기간 반복된 헌법적 사례의 관행화가 있어야 한다. 또한 심리적 요건으로서 헌법개정권력자인 국민의 법적 승인·인식이 있어야 한다. 따라서 단순한 헌법위반(헌법의 침해)과 구별된다. 한편 헌법변천의 개념표지로서 '상당한 시간적 경과'에 따른 '무의식적' 변화를 드는 것을 반대하는 견해도 있다(K. Hesse).

Ⅲ. 헌법변천이 일어나는 이유(원인)

가장 큰 원인은 사회변동이 헌법에 반영되는 것이나 구체적인 계기는 ① 입법부가 헌법에 위반하는 입법을 하고 이것이 계속 그대로 집행하는 경우, ② 어떠한 국가기관이 헌법으로부터 위임을 받지 아니한 사항에 관하여 동일한 권한행사를 반복하는 경우, ③ 사법부가 헌법의 내용과 상이한 판결을 반복하는 경우, ④ 헌법에 위반되는 관행이나 선례가 누적되는 경우 등을 들 수 있다.

Ⅳ. 헌법변천의 유형

첫째, 동기를 기준으로 하면 ① 헌법해석에 의한 변천, ② 헌법관행에 의한 변천, ③ 헌법의 흠결·보완에 관한 변천 등으로 분류할 수 있고, 성질을 기준으로 하면 ① 현실적인 필요로 말미암아 작위적으로 이루어지는 적극적인 변천과 ② 국가권력의 불행사로 말미암아 이루어지는 소극적인 변천으로 분류할 수 있다.[23]

Ⅴ. 헌법변천의 가치(법적 평가)

1. 긍정설

헌법변천의 가치를 긍정하는 견해는 헌법의 실효성을 강조한다. 규범과 현실의 상관성을 긍정하는 옐리네크(Jellinek)는 헌법규범과 헌법현실의 간격을 해소함으로써 헌법의 규범력을 유지하기 위하여 헌법변천의 가치를 긍정적으로 이해한다("사실의 규범력"이론).

통합론자의 견해는 일치하지는 않는다. 규범과 현실의 통합을 통한 부단한 공감대적 가치의 추구를 근거로 하는 스멘트(Smend)는 헌법도 동태적이고 유동적인 현실적응력을 필요로 한다는 점에서 긍정적으로 보고 있다. 스멘트는 헌법개정에 대해서는 거의 언급하지 않고 있다. 헤세(Hesse)는 헌법변천을 불가피한 것으로 보면서도 헌법의 명확성, 안정성, 규범성을 위하여 헌법개정에 더 큰 비중을 두는 해석을 한다(제한적 긍정설). 해벌레(Häberle)는 헌법변천을 헌법해석의 문제로 보고

23) 옐리네크(G. Jellinek)는 헌법변천을 ① 의회, 정부, 법원의 해석에 의한 변천, ② 정치상의 필요에 의한 변천, ③ 헌법상의 관행에 의한 변천, ④ 국권의 불행사에 의한 변천, ⑤ 헌법의 결함을 보충하기 위한 변천으로 유형을 분류하고 있다.

그 개념조차 배척한다(부정설). 쉬 다우린(Hsü Dau－Lin, 徐道隣)은 무한정의 헌법변천을 인정하고 헌법개정의 여지를 최소한으로 줄이려는 해석을 한다.

2. 부정설

헌법의 합법성을 최우선으로 고려하는 입장이다. 규범과 현실의 상관성을 부정하는 법실증주의의 입장이다(옐리네크 예외). 헌법과 모순되는 국가행위는 그것이 아무리 반복된다고 하더라도 단순한 사실의 축적일 뿐 규범이 되는 것은 아니며, 헌법의 합법적 변경은 헌법개정절차에 의해서만 가능하다고 한다.

3. 결 어

법적 안정성의 관점에서 헌법개정의 방법을 우선적으로 인정할 필요가 있다. 헌법변천의 인정은 위헌행위를 합리화할 구실을 마련해줄 위험성이 있기 때문이다. 헌법변천의 가치인정의 문제는 동기와 내용이 헌법정신을 존중하는 것인가 아닌가에 따라 결정되는 것이 바람직하다. 즉, 헌법을 존중하는 헌법변천(헌법이념에 충실한 해석을 통한 흠결보완)은 그 가치를 인정할 수 있으나, 헌법을 무시하는 헌법변천(공권력의 불행사 및 정치적 필요에 의한 변천)은 그 가치를 인정하기 곤란하다.

Ⅵ. 헌법변천의 현실(실례)

미국의 경우, 연방대법원의 판례(Mabury v. Madison)를 통해 인정된 대법원의 위헌법률 심사권, 대통령선거의 사실상 직선제 등이 헌법변천의 예로 들어진다. 인권조항들도 법원의 판결을 통한 헌법변천에 의하여 그 의미가 시의적절하게 확대해석되고 있다.

일본의 경우 평화헌법조항(제9조)에도 불구하고 자위대를 유지(경찰예비대→보안대→자위대)하고 있는 것을 헌법변천의 예로 들고 있다. 일본헌법 제9조는 "일본은 어떠한 명목으로도 전력(戰力)을 보유할 수 없으며, 국제분쟁의 해결수단으로서의 전쟁은 영원히 방기(放棄)한다"고 규정하고 있다.

그 밖에 영국에서 총선 다수당의 집권, 입헌군주제국가인 노르웨이·스웨덴·덴마크·네덜란드에서의 국왕의 법률안제출권, 법률안재가권, 행정입법권 등의 형식적·명목적 권한화를 헌법변천의 예로 들 수 있다.

우리나라의 경우 1공화국에서 양원제헌법을 단원제로 운영한 것, 1962년 헌법에서 지방의회를 미구성한 것을 헌법변천의 예로 들기도 한다. 한편, 영토조항과 관련해서 헌법변천으로 보는 견해도 있으나, 북한을 더 이상 불법단체로만 볼 수 없고 정치적 실체를 인정하게 되었다고 해서 북한을 국가로 인정하고 그 결과 대한민국의 영토가 대한민국(남한)에 국한되었다는 것을 의미한 것은 아니다(판례, 다수설). 또한 국무총리서리제도와 관련해서도 국무총리임명에 국회의 사전동의를 요하는 것은 대통령제하에서 대통령의 고유한 임명권을 부정하는 것이기 때문에 국회동의를 사후동의로 보는 것이 합리적인 해석이라고 보면서, 종래 국무총리서리제는 이러한 헌법문제에서 생겨난 헌법관례로 위헌이 아니라고 보는 견해는 일종의 헌법변천으로 보고 있다. 그러나 국무총리임명에 국회동의를 요하는 것은 국무총리로 하여금 대통령의 독선과 독주를 견제하는 한편 대통령의 유고시 대통령의 권한을 대행하는 국무총리에게 간접적 정당성을 부여하기 위한 것으로 본다면 국무총리서리제는 위헌으로 헌법변천으로 볼 수 없다.

제4절 대한민국의 헌정사[24)]

Ⅰ. 대한민국헌법의 제정

1. 건국헌법(제헌헌법) 이전의 헌정사

한국에서 헌정사의 고찰은 1948년 건국헌법[25)]의 제정에서부터 시작하는 것이 일반적이지만, 건국헌법 이전에 실질적인 헌법적 의미를 갖는 문서 내지 노력을 살펴보는 것은 우리 헌법을 이해하는 데 의미 있는 일이다.

(1) '大韓帝國國制' 제9개조

1899년 고종에 의해서 공포된 '大韓帝國國制' 제9개조에서는 국호를 조선에서 대한제국으로 바꾸고, 국가형태를 전제군주국으로 천명하였다. 이는 흠정헌법으로 한국최초의 성문헌법으로 평가되기도 한다.

(2) 대한민국 임시정부헌법

한일합방 후 1919년 3.1운동을 계기로 건립된 대한민국임시정부의 憲法(憲法－

24) 헌정사에 대해서 자세히는 김수갑, "한국에서의 입헌주의의 발전과정과 과제", 법학연구 제17권 제2호, 충북대학교 법학연구소, 2006, 79－130면 참조.

25) 1948년 정부수립 후 제정된 건국헌법은 제헌헌법, 원헌법으로도 불린다.

約憲-憲約 등의 순으로 변경)은 그 뒤 5차의 개정을 통하여 내용의 변화가 있었다.[26] 대한민국임시정부헌법은 나라 잃은 국가의 헌법으로서의 한계는 있지만, 내용적으로는 국민주권원리, 의회주의, 권력분립의 원리, 기본권의 존중, 법치주의, 성문헌법성 등을 기본원리로 하는 근대 입헌주의적 의미의 헌법으로 파악할 수 있으며 1948년의 건국헌법의 제정에도 영향을 끼쳤다.

2. 건국헌법

(1) 건국헌법의 제정과정

해방 후 국가의 재건과 관련하여 여러 방면의 국내적 노력이 있었고, 연합국을 중심으로 한 한반도의 장래문제가 논의되었다. 1945년 12월 28일 모스크바 미·영·소 3국의 외상회담에서 한반도를 5년간 신탁통치하기로 결정하였다. 신탁통치 결정에 대한 찬탁과 반탁운동이 치열하게 전개되었고 모스크바 3상회의의 결정에 따른 미소공동위원회도 2차례 개최되었으나 결렬되었다. 미국은 1947년 11월 14일 한반도 문제를 유엔총회에 상정하여 결의안을 채택하였다. 이 결의안에 따라 유엔감시 하에 총선거를 실시하려고 하였으나 소련의 반대로 선거실시가 불가능하였다. 이에 1948년 2월 27일 유엔소총회는 가능한 지역 내에서 총선거를 실시하여 정부를 수립할 것을 결정하였고, 그에 따라 1948년 5월 10일 남한에서만 유엔감시 하에 국회의원총선거를 실시하였다. 김구선생 등 민족진영의 일부인사는 남한만의 단독정부수립에 반대하였다.

5.10 총선거를 통해 선출된 국회는 임기 2년의 198명의 의원으로 구성되었다. 이 국회를 제헌국회라 한다. 제헌국회는 헌법제정에 착수하였다. 1948년 5월 31일에 소집된 제헌국회는 이승만을 의장으로 선출하고 그 해 6월 3일 헌법기초위원 30명과 전문위원 10명으로 헌법기초위원회를 구성하여 헌법안을 작성하였다. 헌법기초위원회가 작성한 초안은 유진오박사의 안을 원안으로 하고 권승렬의 안을 참고로 한 것이었다. 이 초안은 정부형태는 의원내각제로 하고 국회는 양원제로 하며, 대법원에 위헌법률심사권을 부여하는 것이 골자였다. 이 안에 대해서는 당시 국회의장이던 이승만의 반대로 결국 대통령중심제, 단원제, 헌법위원회에서의 위헌심사 등으로 변경된 헌법초안이 채택되어 1948년 6월 23일 국회본회의에 상정되었다. 국회논의과정에서는 다양한 수정안도 제안되었고 많은 문제점도 제기되었으

---

26) 임시정부헌법의 제정 및 개정내용에 대한 자세한 것은 김영수, 임시정부헌법론, 삼영사, 1980 참조.

나 8월 15일까지 정부수립을 해야 한다는 필요성 때문에 7월 12일 헌법안이 국회에서 통과되었다. 7월 17일 대한민국헌법이 공포·시행되었다. 이 헌법에 따라 7월 20일 국회에서 이승만이 초대 대통령으로, 이시영이 부통령으로 선출되었고, 8월 15일 중앙청에서 대한민국정부수립선포식이 거행되었다.

(2) 건국헌법의 골자

건국헌법은 ① 대통령의 국회간선제(임기 4년, 1차 중임 허용), ② 국회단원제, ③ 헌법위원회제도,[27] ④ 탄핵재판소설치,[28] ⑤ 가예산제도,[29] ⑥ 근로자의 이익균점권, ⑦ 통제경제적요소 반영,[30] ⑧ 반민족행위자처벌을 위한 근거로 소급입법 인정[31] 등을 골자로 하였다.

건국헌법에는 몇 가지 특기할 만한 내용이 규정되어 있었다. 첫째, "영리를 목적으로 하는 사기업에 있어서는 근로자는 법률의 정하는 바에 의하여 이익의 분배에 균점할 권리가 있다"(제18조 제2항)는 근로자의 이익분배균점권(利益分配均霑權) 규정을 들 수 있다. 이는 1941년 임시정부의 건국강령에서 채택된 조소앙선생의 3균주의(정치적 기회균등, 경제적 기회균등, 교육적 기회균등)의 반영으로 평가되며, 1962년 헌법에서 삭제되었다. 둘째, 대통령과 국무총리, 국무위원으로 구성되는 합의체의결기관으로 국무원을 두었는데(제68조), 이는 대통령제 정부형태와 조화되기 어려운 의원내각제적 요소라고 할 수 있다. 셋째, 국회의장의 캐스팅 보트(casting vote)가 인정되었다. 즉, 의장은 의결에 있어서 표결권을 가지며 가부동수인 경우에는 결정권을 가졌다(제37조 후단). 넷째, 헌법개정의 제안은 대통령 또는 국회의 재적의원 3분지1 이상의 찬성으로 할 수 있었고, 국민투표 없이 국회에서 재적의원 3분지2 이상의 찬성으로 가능하도록 하였다(제98조). 이를 헌법의 현실적응성을 높이기 위한 시도로 평가하는 견해도 있다.[32] 다섯째, 헌법에 정당조항을 두지 않았고, 통일조항도 두지 않

---

27) 헌법위원회는 부통령을 위원장으로 하고 대법관 5인과 국회의원 5인으로 구성하며 위헌법률심사권을 담당하였다(제81조).

28) 탄핵재판소는 부통령이 재판장이 되며, 대법관 5인, 국회의원 5인으로 구성되었고, 대통령·부통령에 대한 탄핵은 대법원장이 재판장의 직무를 대행하였다(제47조).

29) "국회는 회계연도가 개시되기까지에 예산을 의결하여야 한다. 부득이한 사유로 인하여 예산이 의결되지 못한 때에는 국회는 1개월 이내에 가예산을 의결하고 그 기간 내에 예산을 의결하여야 한다"(제94조). 가예산제도는 임시예산제도로 현행 준예산제도와는 차이가 있다.

30) "대한민국의 경제질서는 모든 국민에게 생활의 기본적 수요를 충족할 수 있게 하는 사회정의의 실현과 균형있는 국민경제의 발전을 기함을 기본으로 삼는다. 각인의 경제상 자유는 이 한계 내에서 보장된다"(제84조).

31) "이 헌법을 제정한 국회는 단기 4278년(1945) 8월 15일 이전의 악질적인 반민족행위를 처벌하는 특별법을 제정할 수 있다"(부칙, 제101조).

았다. 이승만대통령의 정당관과 통일관이 반영된 것이 아닌가 생각된다. 여섯째, 법관은 징계처분에 의하여도 파면이 가능하도록 하였다(제80조).

Ⅱ. 대한민국헌법의 개정사

1. 제1차 개헌(1952. 7. 7. 시행, 발췌개헌)

(1) 개헌과정과 개헌안의 골자

1950년 1월 한국민주당(한민당)은 의원내각제로의 개헌안을 제출하였으나 국회에서 부결되었다(제1차 개정안). 이어 1950년 2월 실시된 국회의원선거에서 이승만 정부를 반대한 정치세력이 다수를 차지하였다. 이에 이승만대통령은 국회에서의 간선으로 재집권하기 어렵다는 판단 하에 정·부통령직선제를 골자로 하는 헌법개정안을 1951년 11월에 정부안으로 제출하였다. 이안은 찬성이 19명에 그쳐 국회에서 부결되었다(제2차 개정안). 1952년 4월 야당이 다시 의원내각제로의 개헌안을 제출하자(제3차 개정안), 이승만 정부는 대통령직선제와 양원제를 골자로 하는 개헌안을 다시 제출하였다(제4차 개정안). 이렇게 국회에 2개의 헌법개정안이 제출되자, 정부제출의 정·부통령직선제와 야당제출의 국무원불신임제가 바터(barter)된 발췌개헌안이 공포분위기 속에서 통과되었다.

발췌개헌의 골자는 ① 대통령과 부통령의 직선제(제53조),[33] ② 국회양원제,[34] ③ 국무원의 연대책임제[35]와 국회의 국무원불신임제[36] 등이다.

---

32) 김학성·최희수, 전정4판 헌법학원론, 피앤씨미디어, 2020, 73면.

33) 참의원의장이 당선된 대통령과 부통령을 공표하고, 최고득표자가 2인 이상인 때에는 양원합동회의에서 다수결로써 당선자를 결정한다(제53조).

34) 국회를 민의원과 참의원의 양원제로 하였다. 민의원의 임기는 4년, 참의원의 임기는 6년(2년마다 3분지1을 개선)으로 하였고(제33조), 참의원은 부통령을 의장으로 하고, 참의원의장은 양원합동회의의 의장이 된다(제36조). 이처럼 양원제를 규정했으나, 참의원선거를 실시하지 않아 단원제로 운영되었다. 이는 헌법변천이라 볼 수 있다. 양원제가 처음 실시된 것은 제3차 개헌 때이다.

35) "국무총리와 국무위원은 국회에 대하여 국무원의 권한에 속하는 일반국무에 관하여는 연대책임을 지고 각자의 행위에 관하여는 개별책임을 진다"(제70조 제3항).

36) "민의원에서 국무원불신임결의를 하였거나 민의원의원총선거 후 최초에 집회된 민의원에서 신임결의를 얻지 못한 때에는 국무원은 총사직을 하여야 한다"(제70조의 2). 대통령제직선제를 도입하면서 의원내각제의 본질인 국무원불신임제를 함께 둔 것은 체계정당성에 반한다는 비판이 있다(김학성·최희수, 앞의 책, 75면).

(2) 제1차 개헌의 위헌성

1) 공고절차의 결여

발췌개헌안 자체에 대하여 공고절차 없이 국회에서 표결하여 헌법에 정해진 공고절차를 위반한 위헌성이 있다.

2) 투표의 자유 침해

국회에서 토론의 자유가 보장되지 않았으며, 경찰이 둘러싼 가운데 공개 기립표결로 의결이 이루어져 투표의 자유가 침해되었다. 공포분위기 속에서 166명이 표결에 참석하여 163명이 찬성하였다.

3) 이승만 대통령은 직전에 부결된 헌법개정안을 다시 제출한 것으로 이는 일사부재의의 원칙에도 위반된다는 비판이 있다.[37]

2. 제2차 개헌(1954. 11. 29. 시행, 사사오입개헌)

(1) 개헌과정과 주요골자

1차 발췌개헌으로 정·부통령직선제를 관철한 이승만은 1952년 8월에 다시 대통령에 당선되었다. 그 후 1954년 이승만 대통령의 자유당은 국회의원선거에서 과반수 의석을 점하게 되자 이승만 대통령의 장기집권을 위한 목적으로 제2차 개헌을 추진하였다. 당시 헌법은 대통령에게 1차 중임만을 허용하고 있었기 때문에 이 조항을 개정하지 않고서는 이승만의 출마 자체가 불가능하였다. 이에 초대 대통령에 한하여 중임제한을 철폐한다는 내용을 골자로 하는 개헌안이 국회에 제출되었고 표결결과 재적의원 203명에 찬성 135표로 헌법개정에 필요한 정족수 미달로 당일에 부결이 선포되었다. 이틀 뒤 다시 국회에서 4사5입의 이론으로 이틀 전의 부결을 취소하고 가결을 선포하였다. 재적의원 203명의 3분의 2는 135.333으로 정족수를 충족하려면 136표의 찬성이 요구되는데, 사사오입하면 135표로 가결될 수 있다는 주장이다. 세계에서 유래를 찾아 볼 수 없는 개헌이다.

제2차 개헌의 골자는 ① 초대 대통령에 한하여 중임제한 철폐,[38] ② 국무총리제 폐지,[39] ③ 군법회의의 헌법적 근거 마련(제83조의 2), ④ 국무원의 연대책임제폐지(개

37) 권영성, 앞의 책, 91면.

38) 헌법본문(대통령과 부통령의 임기는 4년으로 한다. 단, 재선에 의하여 1차중임할 수 있다(제55조))은 그대로 두고 부칙에서 "이 헌법공포당시의 대통령에 대하여는 제55조 제1항 단서의 제한을 적용하지 아니한다"고 규정하였다.

39) 헌정사상 국무총리제가 폐지된 것은 2차 개헌이 유일하다.

별적 책임은 존치),[40] ⑤ 주권제한 및 영토변경에 대한 국민투표제,[41] ⑥ 경제조항을 자유경제체제로 수정,[42] ⑦ 헌법개정안에 대한 국민발안,[43] ⑧ 헌법개정에 대한 한계규정 설정[44](제7조의 2, 국민투표 요구), ⑨ 대통령궐위시 부통령 승계(제52조) 등이다.

(2) 제2차 개헌의 위헌성

1) 의결정족수 부족

203명 중 135명이 찬성하였는데, 203명의 3분의 2는 135.3333...명이다. 정족수 계산에서 단수가 생기면 1로 보는 것은 로마법이래의 법의 일반원칙이므로[45] 136명 이상이 찬성해야 한다. 2차 개헌은 사사오입이론을 동원하여 이러한 원칙을 위반한 위헌적인 개헌이다.

2) 평등원칙위반

초대 대통령에 한해서만 중임제한을 철폐하도록 한 것은 차별의 합리성이 없다고 보아야 한다.

3. 제3차 개헌(1960. 6. 15. 시행, 제2공화국헌법)

(1) 개헌과정

1956년 5월 제3대 정·부통령선거에서 대통령에 이승만, 부통령에 장면이 당선되었다. 야당인 민주당의 장면이 부통령에 당선되어 이승만의 자유당과 갈등이 있었다. 1960년 3월 15일 제4대 정·부통령선거에서는 자유당의 이승만이 대통령에,

---

40) "민의원에서 국무위원에 대하여 불신임결의를 하였을 때에는 당해 국무위원은 즉시 사직하여야 한다. 전항의 불신임결의는 그 발의로부터 24시간 이상이 경과된 후에 재적의원 과반수의 찬성으로 한다"(제70조의 2).

41) "대한민국의 주권의 제약 또는 영토의 변경을 가져올 국가안위에 관한 중대사항은 국회의 가결을 거친 후에 국민투표에 부하여 민의원의원선거권자 3분지2이상의 투표와 유효투표 3분지2이상의 찬성을 얻어야 한다. 전항의 국민투표의 발의는 국회의 가결이 있은 후 1개월 이내에 민의원의원선거권자 50만인이상의 찬성으로써 한다"(제7조의 2).

42) 건국헌법의 중요기업 및 공공성 기업의 국·공유규정을 삭제하였고, 사영기업의 국·공유 이전도 법률로 특별히 정한 경우에 한정하도록 하였다(제88조).

43) "헌법개정의 제안은 대통령, 민의원 또는 참의원의 재적의원 3분지1이상 또는 민의원의원선거권자 50만인이상의 찬성으로써 한다"(제98조 제1항).

44) "제1조(대한민국은 민주공화국이다. 국호 및 국가형태), 제2조(대한민국의 주권은 국민에게 있고 모든 권력은 국민으로부터 나온다. 국민주권주의)와 제7조의 2의 규정(주권의 제약 또는 영토의 변경을 가져올 국가안위에 관한 중대사항에 대한 국민투표제)은 개폐할 수 없다"(제98조 제6항).

45) 허영, 앞의 책, 104면.

같은 당의 이기붕이 부통령에 당선되었다. 이승만의 4기 집권 관철을 위하여 철저한 부정선거가 실시되었다(3.15부정선거). 부정선거에 대한 학생데모가 전국적으로 확산되어 4.19혁명(저항)으로 발전하였다. 이윽고 이승만 대통령이 1960년 4월 26일 하야하고, 5월 2일에는 외무장관이었던 허정이 대통령직무대행이 되어 과도정부가 설립되었다. 국회는 헌법개정기초위원회가 작성한 헌법개정안을 통과시키고 자진해산하였다. 이 제2공화국헌법에 따라 총선거가 실시되고 새로운 제2공화국 정부와 국회가 구성되었다. 제2공화국헌법을 4.19혁명에 의한 새헌법의 제정으로 보는 견해도 있지만, 구헌법의 합헌적 개정절차에 따라 이루어졌고 헌법의 근본규범의 변경이 없다는 점에서 헌법의 전면개정이라고 보는 것이 타당하다.

(2) 제3차 개헌(제2공화국헌법)의 주요골자

① 고전적 의원내각제 채택,[46] ② 대통령의 국회 간선,[47] ③ 헌법재판소 신설(5.16으로 구성은 안 됨),[48] ④ 중앙선거위원회(헌법기관, 독립기관화),[49] ⑤ 지방자치제도(장선거까지),[50] ⑥ 대법관선거제(법관선거인단),[51] ⑦ 국회의 양원제(민의원, 참의원), ⑧ 공무원의 정치적 중립성 및 신분보장(제27조 제2항), ⑨ 기본권의 강화(개별적 법률유보 삭제, 언론의 사전허가·검열제금지조항 신설, 기본권의 본질적 내용의 침해금지규정 신설), ⑩ 정당조항의 신설,[52] 선거연령의 하향(만20세), ⑪ 긴급명령권의 폐지[53] 등이 주요내용이다. 그 밖에 제2차 개헌헌법과 마찬가지로 헌법개정에 국민

46) 행정권은 국무총리와 국무위원으로 조직되는 국무원에 있으며, 국무원은 민의원에 대하여 책임을 지는 의원내각제이나, 대통령은 단순히 의례적 권한만을 가지는 것은 아니었다. 국군통수권, 계엄선포권과 국무회의의 의결에 불구하고 계엄선포거부권도 가지고 있었다.

47) 대통령은 양원합동회의에서 선거하고(제53조), 임기는 5년, 1차 중임이 허용되었다(제55조). 대통령이 궐위되거나 사고로 인하여 직무를 수행할 수 없을 때에는 참의원의장, 민의원의장, 국무총리의 순위로 그 권한을 대행한다(제52조).

48) 헌법재판소는 1. 법률의 위헌여부 심사, 2. 헌법에 관한 최종적 해석, 3. 국가기관간의 권한쟁의, 4. 정당의 해산, 5. 탄핵재판, 6. 대통령, 대법원장과 대법관의 선거에 관한 소송을 관장하였다(제83조의 3).

49) "중앙선거위원회는 대법관 중에서 호선한 3인과 정당에서 추천한 6인의 위원으로 조직하고 위원장은 대법관인 위원 중에서 호선한다"(제75조의 2).

50) "지방자치단체의 장의 선임방법은 법률로써 정하되 적어도 시, 읍, 면의 장은 그 주민이 직접 이를 선거한다"(제97조 제2항).

51) 대법원장과 대법관은 법관의 자격이 있는 자로써 조직되는 선거인단이 이를 선거하고 대통령이 확인한다. 대법원장과 대법관이외의 법관은 대법관회의의 결의에 따라 대법원장이 임명한다(제78조).

52) 표현의 자유 조항에서 "정당은 법률의 정하는 바에 의하여 국가의 보호를 받는다. 단, 정당의 목적이나 활동이 헌법의 민주적 기본질서에 위배될 때에는 정부가 대통령의 승인을 얻어 소추하고 헌법재판소가 판결로써 그 정당의 해산을 명한다"고 정당조항을 신설하였다(제13조).

53) 긴급재정경제처분과 긴급재정경제명령은 인정하고 있다(제57조).

발안제를 인정하였다.[54)]

4. 제4차 개헌(1960. 11. 29. 시행, 소급입법개헌)

(1) 개헌과정과 주요골자

3.15 부정선거관련자에 대하여 적용법조가 없어 일부가 무죄판결이 내려지는 상황이 발생하자, 4.19부상동지회 등이 의사당을 점령하는 등 처벌을 요구하는 시위가 있었다. 이에 이를 처벌할 수 있는 헌법적 근거를 마련하기 위하여 헌법개정이 이루어졌다. 제4차 개헌은 형벌불소급의 원칙의 예외규정을 두어 3.15부정선거관련자와 반민주행위자의 공민권을 제한하고 부정축재자 처벌에 대한 특별법을 제정할 수 있도록 하였다. 우리헌정사상 본문은 개정되지 않고 부칙만의 개정이 있었던 유일한 개헌이다.[55)] 건국헌법에서의 반민족행위자를 소급처벌할 수 있는 근거규정을 둔 후 2번째 소급입법허용 개헌이다.

(2) 후속입법

소급하여 참정권과 재산권을 제한하는 규정의 위헌 여부가 논란되었다. 헌법개정이후 부정선거관련자처벌법, 반민주행위자 공민권제한법, 부정축재특별처리법, 특별재판소 및 특별검찰부조직법 등이 제정되었으나, 5.16 쿠데타로 완결을 보지 못했다.

5. 제5차 개헌(1962. 12. 26. 공포, 1963. 12. 17. 시행, 제3공화국헌법)

(1) 개헌과정

1961년 5월 16일 박정희 소장을 중심으로 한 군부가 쿠데타를 일으켜 3권을 장악하고, 쿠데타의 주도세력들은 군사혁명위원회를 조직하고 비상계엄을 선포하

54) "헌법개정의 제안은 대통령, 민의원 또는 참의원의 재적의원 3분지1이상 또는 민의원의원선거권자 50만인이상의 찬성으로써 한다"(제98조 제1항).

55) "부칙에 다음의 각항을 신설한다.
이 헌법시행당시의 국회는 단기 4293년 3월 15일에 실시된 대통령, 부통령선거에 관련하여 부정행위를 한 자와 그 부정행위에 항의하는 국민에 대하여 살상 기타의 부정행위를 한 자를 처벌 또는 단기 4293년 4월 26일 이전에 특정지위에 있음을 이용하여 현저한 반민주행위를 한 자의 공민권을 제한하기 위한 특별법을 제정할 수 있으며 단기 4293년 4월 26일 이전에 지위 또는 권력을 이용하여 부정한 방법으로 재산을 축적한 자에 대한 행정상 또는 형사상의 처리를 하기 위하여 특별법을 제정할 수 있다.
전항의 형사사건을 처리하기 위하여 특별재판소와 특별검찰부를 둘 수 있다.
전2항의 규정에 의한 특별법은 이를 제정한 후 다시 개정하지 못한다."

였다. 1961년 6월 6일 군사혁명위원회가 이름을 바꾼 국가재건최고회의는 국가재건비상조치법을 제정・공포하였다. 국가재건비상조치법은 제2공화국헌법은 국가재건비상조치법에 저촉되지 않는 범위 내에서만 효력을 가진다는 규정을 두고 있는 초헌법적 법이었다. 국가재건최고회의는 국회의 권한을 행사하였다. 국가재건최고회의에 의한 통치는 회의제정부형태의 하나로 볼 수 있다. 혁명정부는 민정이양을 위한 헌법심의위원회를 발족시켜 헌법개정을 준비하였는데, 헌법개정은 제2공화국헌법의 절차에 따르지 않고 국가재건비상조치법에 따라 국가재건최고회의의 의결을 거쳐 국민투표에 의해 확정되었다. 이 점에서 엄밀한 의미의 헌법개정이라고 보기에는 어려움이 있고 제2공화국헌법을 폐지하고 제3공화국헌법을 제정한 것이라고 보는 것이 타당하다고 본다. 민정개헌이라고도 불린다. 제3공화국헌법은 1962년 12월 26일 공포되고 1963년 12월 17일 발효되었다.

(2) 제5차 개헌 헌법의 골자

① 대통령직선제(4년 임기의 1차중임 허용), ② 부통령제 폐지, ③ 국무회의의 심의기관화, ④ 법관추천회의제도, ⑤ 헌법전문 최초 개정(5, 7, 8, 9), ⑥ 탄핵심판위원회설치, 법원의 위헌법률심사권, ⑦ 국무위원에 대한 해임건의제도 신설, ⑧ 정당국가화 경향의 강화(공직선거의 무소속불허, 당적이탈 및 변경시 의원직 상실), ⑨ 기본권의 강화와 체계화(인간의 존엄과 가치 신설, 양심의 자유 신설, 직업선택의 자유 신설), ⑩ 손실보상의 기준으로 정당보상 규정 등이 주요골자이다.

(3) 제3공화국 헌법의 특징

제5차 개헌 헌법, 즉 제3공화국헌법은 ① 국민투표로 개정한 최초의 헌법, ② 최초의 전면개정인 동시에 전문의 개정이 이루어진 헌법, ③ 헌법개정에 있어서 필수적 국민투표제가 채택된 헌법, ④ 긴급명령권이 부활된 헌법이다. 비교적 순수한 대통령제에 가깝다는 평가를 받는다.

6. 제6차 개헌(1969. 10. 21. 시행, 3선 개헌)

(1) 개헌과정

박정희씨는 1963년 10월 실시된 제5대 대통령선거에서 당선되고, 이어 1967년 5월 실시된 6대 대통령선거에서도 윤보선 후보를 누르고 대통령에 당선되었다. 당시 여당인 민주공화당은 박대통령의 3선을 가능하게 하기 위하여 1969년 8월 7일

개헌안을 제출하였다. 3선 개헌안에 대해서는 여당 내에서조차도 반대가 있었고 여야의 극한 대립의 와중에 1969년 9월 1일 국회별관에서 기습적으로 통과되었다. 그 해 10월 21일 공포·시행되었다. 장기집권을 위한 의도된 개헌이라는 점에서 비판을 받는다.

(2) 제5차 개헌의 골자

① 대통령의 계속재임을 3기에 한함, ② 대통령탄핵소추요건의 강화, ③ 국회의원정수 증원(250명), ④ 국회의원의 겸직 허용 등이 주요골자이다.

7. 제7차 개헌(1972. 12. 27. 시행, 유신헌법 또는 제4공화국헌법)

(1) 10월 유신에 의한 헌법중단

6차 개헌 이후 1971년 4월 제7대 대통령선거가 있었는데, 박정희 후보가 김대중 후보를 누르고 3번째 대통령에 당선되었다. 박정희 정부는 국가위기를 극복한다는 명목 하에 1971년 12월 27일 '국가보위에 관한 특별조치법'을 제정하였다. 이 법은 초헌법적 법으로서 초헌법적 국가긴급권의 행사를 가능하게 하였다. 1972. 10. 17. 헌법에 규정이 없는 비상조치를 선언하여 국회를 해산하고, 정당의 정치활동을 중지하는 등 헌법의 일부조항의 효력을 정지하고, 효력이 정지된 일부 헌법조항의 기능은 비상국무회의가 수행하였다, 비상국무회의는 현재의 국무회의가 담당하였다. 비상국무회의의 의결을 거쳐 개헌안을 공고하고 국민투표로 확정하였다. 1972년 12월 27일 유신헌법이 공포되었다. 급변하는 국제정세에 능동적으로 대처하고 국력의 조직화, 능률의 극대화를 기하자는 것이 헌법개정의 이유로 주장되었다.

(2) 제7차 개헌의 골자

① 영도적 대통령제(대통령에게 국정조정자의 지위를 부여(권력의 인격화)), ② 통일주체국민회의 설치(대통령과 국회의원 3분의 1 선출), ③ 대통령의 초헌법적 긴급조치권, 국회해산권을 인정한 행정권의 강화, ④ 국회권한의 약화(국정감사권의 폐지, 총회기제 신설, 대통령의 임시회소집요구권 신설, 각료의 대리출석제 도입), ⑤ 사법권독립의 약화(대통령의 법관임명, 보직제 창설, 징계처분에 의한 법관파면 인정), ⑥ 기본권의 약화(개별적 법률유보조항규정, 권리의 본질침해금지규정의 삭제, 권리의 제한기준에 국가의 안전보장을 추가), ⑦ 자유권의 약화(구속적부심사·자백제한폐지, 언론의 자유의

허가・검열금지규정 삭제), ⑧ 주권행사방법의 명시, ⑨ 헌법개정의 이원화(대통령발의－국회의결－국민투표, 국회의원발의－국회의결－통일주체국민회의의 의결(선택적 국민투표)), ⑩ 대통령의 의원 1/3추천권 등이 주요골자이다.

8. 제8차 개헌(1980. 10. 27. 제5공화국헌법)

(1) 개헌과정

박정희 대통령의 유신정권은 1979년 당시 중앙정보부장인 김재규에 의해 박대통령이 시해된 '10・26사태'에 의해 와해되었다. 최규하 권한대행이 1979년 12월 6일 통일주체국민회의에서 제10대 대통령으로 당선되었고, 새 정부를 구성하고 국민들의 요구에 따라 유신정권하에서 발동되었던 긴급조치를 해제하고 헌법개정과 민주화작업을 추진하였다. 그러나 1979년 12월 12일 쿠데타('12・12사태')로 권력의 전면에 나타난 신군부세력은 1980년 학생시위를 빌미로 전국에 계엄을 확대하는 '5・17조치'로 모든 정치활동을 금지하면서 계엄해제를 요구할 수 있는 국회의 집회도 봉쇄하였다. 광주에서 '5・18민주화운동'이 일어나 많은 희생자가 발생하였다. 1980년 6월 군부세력은 국가보위비상대책위원회를 구성하였고, 전두환 소장이 그 상임위원장이 되었다. 이미 정치적 실권이 상실된 최규하 대통령은 1980년 8월 16일 사임하였고, 전두환 국보위 상임위원장이 1980년 8월 27일 통일주체국민회의에서 제11대 대통령으로 선출되었고 9월 1일 취임하였다.

'10・26사태' 이후 한국민주화에 대한 국민의 열망이 다양하게 나타났으며('서울의 봄'), 헌법개정에 대한 요구에 따라 국회는 헌법개정심의특별위원회를 구성하고 정부도 헌법연구반의 활동을 토대로 헌법개정심의위원회를 구성하여 개헌작업을 진행하였다. 그러다가 '5・17조치'로 국회활동이 정지되면서 헌법개정작업은 정부주도로 이루어지게 되었다. 요강작성소위원회가 작성한 헌법개정요강을 토대로 헌법개정시안작성소위원회가 헌법개정시안을 만들어 헌법개정심의위원회에 보고하여 9월 9일 헌법개정안으로 확정되었다. 이 헌법개정안은 국무회의 심의를 거쳐 9월 9일 공고되고 10월 23일 국민투표로 확정되고 10월 27일 공포・발효되었다.

새 헌법의 발효와 동시에 국회의원의 임기는 종료되었고 정당은 해산되었다. 그리고 통일주체국민회의도 폐지되고 국회도 해산되었다. 새 헌법에 의한 국회가 구성될 때까지 국회의 권한을 대행할 '국가보위입법회의'가 1980년 10월 29일 구성되어 여러 헌법부속법률을 비롯하여 많은 법률을 제정하였다.[56] 헌법부속법률

56) 1980년 헌법 부칙 제6조 제3항은 "국가보위입법회의가 제정한 법률과 이에 따라 행하여진 재

들을 1981년 2월까지 거의 마무리지은 다음 1981년 2월에서는 대통령선거인단에 의한 대통령 간접선거가 실시되었다. 전두환 대통령이 12대 대통령으로 다시 당선되고 3월에는 국회의원선거가 실시되었으며, 4월에는 대법원장임명이 있어 제5공화국헌정이 시작되었다. 제5공화국헌법은 민주주의의 토착화, 복지사회의 건설, 정의사회의 구현, 국민정신의 개조를 국정지표로 내세운 정부에서 주도하여 만들어졌다.

(2) 제5공화국헌법의 골자

① 대통령선거인단에서 대통령간선(7년 단임), ② 국회의원의 의무를 강화(청렴의무, 국가이익우선의무), ③ 대법원조직에 있어서 전담부 설치 및 일반법관의 설치근거, 일반법관의 임명권을 대법원장에게 부여, 징계처분에 의한 법관파면 배제, 행정심판의 헌법적 근거부여, ④ 군의 사명 신설, ⑤ 지방자치의 유보(지방자치단체의 재정자립도를 감안하여 순차적으로 실시한다), ⑥ 국정자문회의, 평화통일자문회의의 신설, ⑦ 기본권의 강화·신설(개별적 법률유보조항 삭제, 구속적부심 부활(법률유보의 예외사항 인정)), 형사피고인의 무죄추정권 신설, 연좌제금지, 행복추구권, 환경권, 사생활보호(Privacy권), 언론·출판의 사회적 책임규정 신설, 평생교육진흥조항 신설), ⑧ 복지사회건설(적정임금조항, 독과점규제, 소비자보호, 농지임대차 및 위탁경영의 예외적 인정, 국가표준제도의 확립), ⑨ 재외국민보호조항의 신설, ⑩ 문화국가조항의 신설, ⑪ 5공화국의 출발을 명시(헌법에 공화국을 명시한 것은 5공 헌법이 처음),

---

판 및 예산 기타 처분 등은 그 효력을 지속하며, 이 헌법 기타의 이유로 제소하거나 이의를 할 수 없다"라고 규정하였다. 국가보위입법회의법 부칙 제4항 후단이 규정하고 있는 "…… 그 소속 공무원은 이 법에 의한 후임자가 임명될 때까지 그 직을 가진다"라는 규정의 위헌성이 다투어진 사건에서 헌법재판소는 구 헌법 부칙 제6조 제3항의 위헌여부의 판단이 필수적인가 여부와 관련하여 "…… 구 헌법의 제소금지 규정의 배경을 살펴보면 국가보위입법회의라는 비상기관에서 비상절차에 의하여 제정한 각종 법률에 대하여 헌법적 근거를 부여함과 동시에 그 제정절차, 즉 성립의 하자를 문제삼는 것을 예방하기 위한 비상제동장치를 마련하는데 있었다고 사료되며 그 내용의 합헌성 여부를 다투는 것을 봉쇄하는데 그 의도가 있었던 것이라고는 보여지지 않는다. 그렇다면 구 헌법 부칙 제6조 제3항의 규정은 구 헌법의 기본권보장 규정과도 모순, 충돌되는 것이었던 만큼 현행 헌법에서는 국민의 민주화요구에 부응하여 반성적 견지에서 제소금지 조항을 승계하지 않았다고 봐야 할 것이고 따라서 모든 국민은 아무런 제약이 따르지 않는 기본권에 의하여 언제 어떤 절차로 만들어졌느냐에 관계없이 모든 법률에 대하여 법정절차에 의해서 그 위헌성 유무를 따지는 것이 가능하다고 할 것이다. 따라서 청구인들의 주된 공격대상이 되고 있는 국가보위입법회의법 부칙 제4항 후단의 위헌성 유무를 밝히는 것은 구 헌법 부칙 제6조 제3항에 대한 위헌여부심판을 기다릴 것 없이 가능하기 때문에 결국 이에 대한 헌법소원심판청구도 부적법하다고 할 것이다"고 판시하여(헌재 1989. 12. 18. 89헌마32,33(병합)) 헌법조항의 승계를 인정하지 않았다.

⑫ 대통령의 긴급조치권을 폐지하고 비상조치권 인정 등이 골자이다.

9. 제9차 개헌(1987. 10. 29. 공포, 1988. 2. 25. 시행, 제6공화국헌법)

(1) 제6공화국헌법의 개헌안작성 경과

1985년 2월 12일 제5공화국 출범 후 2번째 국회의원선거(제12대 국회)에서 신민당이 제1야당이 되자 대통령직선제로 개헌을 주장하였다. 전두환 대통령도 여야합의로 개헌을 제안하면 이를 받아들이겠다는 의사표시를 하였는데, 여당은 의원내각제를, 신민당은 대통령제를 주장하였다. 1987년 4월 13일 전두환 대통령은 88올림픽 등 촉박한 정치일정을 이유로 호헌을 선언하였다('4 · 13호헌선언'). 이는 국민과 야당의 6월 항쟁(6.10 대회, 6.26 평화대행진)을 불러일으켰고, 1987년 6월 29일 노태우 민정당 대표위원의 대통령직선제 개헌, 기타 야당요구 수용하는 소위 '6.29선언'이 있었고, 7월 1일 이를 수용하는 전두환 대통령의 담화(대통령직선제개헌 및 민주화조치 약속)가 있었다. 이후 8인 정치회담에서 개헌협상 시작되었고 1987년 10월 27일 국민투표로 6공화국헌법을 확정하였다. 10월 29일 공포되었고, 부칙 제1조에 따라 1988년 2월 25일부터 발효되었다.

(2) 제6공화국헌법의 골자

① 대통령의 직선제(임기 5년 단임, 후보자의 국내거주요건 5년 삭제, 임기만료 70일 내지 40일 전에 후임자 선출), ② 국회권한의 강화(국정감사권의 부활, 총회기제의 폐지, 임시회집회요건의 완화(국회의원 1/3이상에서 1/4이상으로)), ③ 비상조치권의 폐지, 긴급명령권, 긴급재정 · 경제명령, 처분의 부활, ④ 국회해산권의 폐지, ⑤ 사법권독립의 강화(대법관임명에도 국회동의 요구, 일반법관 임명에 있어 대법관회의의 동의), ⑥ 헌법재판소의 부활, ⑦ 국민경제자문회의 신설, ⑧ 총강의 보강(재외국민보호의무화, 자유민주적 기본질서에 입각한 평화통일정책수립규정신설, 군의 정치적 중립신설, 정당민주화에 목적 추가), ⑨ 자유권의 강화(적법절차주의 신설, 구속의 통지 및 고지제도 신설, 구속적부심사의 범위 확대(법률유보 삭제)), 허가 · 검열금지조항의 부활, 정당한 보상의 부활, 대학의 자율성보장 신설, 형사피해자의 진술권, 형사피의자도 법률이 정하는 불기소처분을 받은 경우 형사보상인정, 범죄피해자의 국가구조제도 신설, ⑩ 사회적 기본권의 실질화(노동3권의 실질화(단체행동권의 개별적 법률유보 삭제, 다만 법률이 정하는 방위산업체 종사자의 단체행동권은 법률이 정하는 바에 의하여 제한되거나 인정하지 않을 수 있다고 규정), 최저임금제 실시, 여자 · 노인 · 청소년의 보호조항 신설, 재

해예방의무 신설, 환경권의 강화(쾌적한 주거생활 주택정책의무강조), 모성보호조항신설) 등이 주요 골자이다.

Ⅲ. 헌정사의 시대구분

지금까지 우리의 헌정사를 시대 구분하는 개념으로 공화국이라는 용어가 가장 일반적으로 사용되어 왔다. 제1공화국부터 제6공화국까지의 분류가 그것이다.

공화국의 서수표기는 대표적으로 프랑스 모델을 따른 것으로 이해되나, 우리나라에서의 공화국의 시대구분에 대해서는 많은 비판이 있다. 군사쿠데타를 통하여 집권한 군사독재정권들이 그 스스로를 정당화하기 위한 목적 하에 그러한 개념을 사용하게 된데 대한 비판으로 가칭 '공화국모독죄'라도 신설하여 헌정질서를 바로 잡자는 주장까지 제기된 바 있다. 우리나라의 헌법사 내지 헌정사를 시대 구분할 때 공화국개념을 포기하는 경우도 늘고 있고, 헌법전 중심의 시대구분법이나 정권 또는 집권자 중심의 시대구분법이 주장되는 것도 공화국사용에 대한 거부감과 무관치 않다고 하겠다.

공화국의 의미가 현대에 있어서는 어떻게 쓰이든 본래 군주국에 대비되어 군주에 의한 절대적 통치권력을 배제한다는 뜻과 공화국의 중단이라는 사실 뒤에 일반적으로 차수변경이 이루어진다는 점을 고려하면 공화국의 개념과 차수변경은 엄밀한 기준이 제시되어야 할 것이다. 새로운 공화국의 명칭을 부여하기 위해서는 단순한 헌법개정 가지고는 부족하지만, 그렇다고 혁명을 통하여 군주주권을 타도한 것과 같이 헌법제정권력자의 변동을 기준으로 엄격히 한정하는 것도 오늘날에는 문제가 있다고 생각한다. 헌법개정과 새로운 헌법제정을 구분하는 기준인 기본적인 헌법의 동일성 변경 여부가 하나의 기준이 될 것이나, 이 경우에도 헌법제정권력자의 변동(혁명) 같은 엄격한 의미로 볼 것이 아니라, 국민의 참여도, 통치방식 등 제반사항이 이전의 헌법과 구별되는 차별성이 있느냐를 기준으로 하는 것이 바람직할 것이다. 프랑스식으로 엄격히 공화국차수를 사용한다면 건국헌법이래 우리나라는 5.16 이후의 군사통치를 제외하고 공화국으로의 성격에는 변화가 없기 때문에 기존의 공화국분류는 타당성을 상실한다.

이런 관점에서는 대한민국 제1기 정부(제1공화국), 제2기 정부(제2공화국), 군사정부(5.16 이후 국가재건최고회의에 의한 통치), 제3기 정부(제3공화국), 제4기 정부(제4공화국), 제5기 정부(제5공화국), 제6기 정부(제6공화국, 노태우 정부), 제7기 정부(김영삼 정부, 문민정부), 제8기 정부(김대중 정부, 국민의 정부), 제9기 정부(노무현 정부,

참여정부), 제10기 정부(이명박 정부), 제11기 정부(박근혜 정부), 제12기 정부(문재인 정부)로 구분하는 것을 제안할 수 있을 것이다. 그러나 국민의 참여도, 통치방식 등 제반사항이 이전의 헌법과 구별되는 차별성이 있느냐를 기준으로 공화국의 차수를 부여하는 것도 나름대로 의미가 있다고 생각한다.

Ⅳ. 헌법개정논의와 쟁점

1. 개 설

현행 헌법 하에서도 각 정권 때마다 개헌논의가 있어 왔다. 개헌논의와 관련하여 우선 개헌의 시기를 어떻게 잡을 것인가라는 문제부터 개헌의 범위와 관련하여 학자들의 의견이 분분하다. 이러한 문제들이 국민적 합의과정을 통하여 헌법에 반영된다면, 헌법 자체로는 나무랄 데 없는 체제를 갖추게 되고 어떻게 헌정을 운용할 것인가가 중요하게 될 것이다.

개헌의 시기와 관련하여도 논란이 될 수 있다. 과거 노무현 정부의 임기 말에 촉발된 개헌 논의가 있었다. 이에 대해서는 자칫 정치권의 입맛에 따라 좌우될 수 있다는 우려에서 개헌 시기는 차기정부가 들어선 이후를 적기로 보는 견해와 “다음 대선과 총선이 1987년 이후 처음으로 겹치고 다시 겹치려면 20년을 더 기다려야 하는 만큼 현 정부 하에서의 개헌이 가장 적기”라는 견해 등이 대립한 바 있다. 개헌의 범위와 관련해서도 “영토조항이나 경제조항에 손을 댈 경우 개헌논의가 국정 효율성 차원이 아닌 소모적 이념논쟁으로 흐르기 쉽다”면서 “전면적 개헌은 시간을 좀 더 두고 준비하고 지금은 부분적 개량을 위한 개헌을 본격 검토할 때”라고 권력구조에 국한된 개헌을 주장하는 견해와 영토조항을 비롯한 전면적인 개헌을 주장하는 견해 등이 대립한 바 있다. 박근혜정부의 말기에도 2016년 정세균 국회의장이 국회 개원사에서 불을 댕긴 개헌론이 정치권에 반향을 일으킨 바 있다. 개헌론은 또 다시 제기될 가능성이 있고 필요성도 있기 때문에 개헌논의의 쟁점을 살펴볼 필요가 있다.

2. 개헌논의의 쟁점

(1) 총강부분

1) 영토조항

헌법개정과 관련한 국민적 합의를 쉽게 도출하기에는 어려움이 있을 것이지만,

남북관계의 변화에 따라 해석론만 가지고는 한계가 있다는 점에서 최소한의 개정은 필요하다고 본다. 개정의 방법은 현행 영토조항을 그대로 두면서 헌법부칙에서 영토조항은 통일한국의 영토조항으로서 의미를 가진다는 점과 통일이 이루어지기까지는 남한에만 적용된다는 점을 명시하는 방법이 갈등을 최소할 수 있는 길이라고 생각한다.

2) 위헌정당해산조항

방어적 민주주의의 지나친 강조가 자유민주주의원리를 상당히 제한한다는 점은 인정할 수 있지만, 본래 위헌정당제도가 가치상대주의 하에서 자유민주주의의 이름으로 자유민주주의를 부정하는 것을 막는다는 가치구속적 민주주의의 표현이라는 점을 고려하면 자유민주주의의 최후의 보루로서 위헌정당해산제도의 존치는 필요하다고 본다.

(2) 기본권 부문

우리의 개헌논의에서 통치구조 부문에 비해서 기본권 부문은 그리 주목을 받지 못했던 것이 사실이다. 우리 헌법의 기본권규정은 비교적 잘 정비된 형태(화려한 형태?)를 가지고 있다는 점도 원인이 되지만, 기본권은 화려한 규정보다는 실제 잘 운용되느냐가 더 중요하다는 인식이 그 바탕을 이루고 있다고 생각된다.

생각건대, 기본권을 명확히 규정하여야 한다는 점에는 이론이 없으나, 우리 헌법은 헌법에 열거되지 않는 권리도 보장의 대상으로 하고 있고(제37조 제1항), 헌법재판소도 판례를 통하여 새로운 기본권을 기존의 헌법규정에서 도출하고 있다는 점에서 독소적인 규정의 삭제나 불명확한 규정의 명확화를 제외하고 새로운 기본권의 신설은 신중해야 한다. 적은 기본권 규정을 두고 있으면서도 기본권보장에서 뒤지지 않는 독일의 예를 타산지석으로 삼아야 할 것이며, 많은 기본권규정의 신설이 기본권의 실질적 보장에 기여하지 못하고 '인권인플레'를 가져올 수 있다는 점도 고려하지 않을 수 없다. 다만, 기본권체계상 문제가 있는 규정의 재정비는 필요하다고 본다. 예를 들어 적법절차 조항은 신체의 자유와 관련하여 규정하고 있으나, 적법절차원리는 모든 기본권과 모든 법 영역에 타당한 원리이기 때문에 개별적 기본권에 규정할 것이 아니라 기본권의 일반적 법률유보 앞이나 뒤나 총강 부분에서 규정할 필요가 있다고 생각한다. 그리고 위헌판결을 받은 것을 헌법에 규정하여 위헌논의를 봉쇄한 것으로 평가되는 국가배상청구권에서 이중배상금지규정은 삭제하는 것이 타당하다고 생각한다.

(3) 통치구조 부문

1) 정부형태의 문제

세계 각국의 통치구조는 각기 장·단점이 있기에 어느 하나의 제도가 절대적이라고 단정할 수 없다. 우리에게 익숙했던 대통령제는 제왕적 대통령제가 되어 삼권분립의 헌법이념을 유린했기 때문에 새로운 권력분립적인 독일식 의원내각제의 도입을 주장하는 견해도 일리는 있으나, 현재 헌법의 대통령제는 과거보다 권력분립에 충실한 형태를 갖추고 있고 현행 대통령제의 불합리한 부분만 개정하면 제도 자체의 결함은 없다고 생각한다. 결국은 제도의 운용이 중요하다고 생각한다.

2) 대통령의 임기 문제

대통령의 임기와 관련해서는 첫째, 4년에 1차 중임을 허용해야 한다는 견해, 둘째, 현행 헌법처럼 5년 단임제를 찬성하는 견해, 셋째, 4년에 2차 중임까지 허용해야 한다는 견해 등이 주로 주장되는 견해이다. 첫째 견해는 “대통령과 국회의원 임기를 일치시켜 동시 선거를 하며 4년 중임제를 실시하면 여소야대의 개연성이 축소되고 빈번한 선거의 폐해를 줄일 수 있다”는 논리와 국민이 직선한 대통령에 대해서 국민이 다음 선거를 통해 심판의 기회를 갖는 것은 대통령직선제가 추구하는 대의민주적 책임정치의 본질적 요청이라는 논리를 주장한다. 둘째 견해는 대통령의 임기를 단임제로 한 것은 “평화적 정권교체를 가능하게 하기 위한” 고육지책에서 나온 취지를 존중해야 한다는 논리이다. 셋째 견해는 중임제에는 초선 대통령이 재선에만 몰두할 염려가 있고, 재선 대통령은 처음부터 레임덕에 빠지기 쉽다는 점을 고려한 것으로 생각된다.

생각건대, 단임제를 규정한 취지가 우리의 헌정사에서 경험한 정권연장의 병폐를 막기 위한 점에 있다는 점은 충분히 공감할 수 있지만, 법리상은 합리적 근거를 발견할 수 없다. 영구집권을 획책하려는 독재자에게 단임제나 중임제의 헌법규정 자체가 큰 억제를 발휘하기는 어렵기 때문에 정권연장의 병폐는 대통령의 독재를 막을 수 있는 권력통제제도나 국민의 호헌의식을 통해서 이루어지는 것이 바람직하다. 이런 의미에서 4년에 1차 중임을 허용하는 제도가 현대 대의제하에서 선거제도의 정신에 가장 부합한다고 생각한다.

3) 결선투표제도의 도입 여부

상대적 다수대표제를 채택하고 있는 대통령선거에서 과반수 지지를 못 받거나 심지어 30% 미만의 대통령도 당선이 가능하기 때문에 대표의 민주적 정당성에 커다란 문제가 있으므로 프랑스식의 결선투표제를 도입할 필요가 있다고 생각된다.

4) 부통령제의 도입과 국무총리제의 폐지 여부

대통령제하에서 부통령제를 도입하지 않고 의원내각제 요소인 국무총리제를 도입한 것에 대해서도 논란이 지속되고 있다. 대통령 궐위시 국무총리의 권한대행은 민주적 정당성에 문제가 있다는 주장이 그것이다. 대통령제를 고수하는 경우 장차는 부통령제를 도입하는 것이 옳다고 본다. 입헌군주제에서 군주를 보좌하는 직위에서 비롯된 국무총리제는 장차 폐지하는 것이 옳다고 본다. 노무현 정부에서 주장했던 분권형 국무총리제나 책임총리제도 해법이 될 수 없다. 현 제도를 그대로 둔 채 국무총리의 지위를 향상시켜보고자 하는 발상은 제도적 파행 운용이고 대통령의 자비에 의존하는 것이 되기 때문이다.

(4) 기 타

1) 참심제와 배심제 도입 여부

사법개혁의 일환으로 참심제와 배심제의 도입이 논의되고 있다. 필요성은 인정하나, 졸속도입보다는 현재 우리의 사법제도와 외국의 예를 신중히 검토하고 국민적 합의를 도출하는 과정을 거쳐야 한다(일부 형사사건에 대해서는 배심제(국민참여재판) 도입 완료).

2) 경제질서

사회적 시장경제질서를 규정한 현행 경제조항과 관련하여 "제119조 제2항을 폐지하고……세계화와 개방화의 흐름을 반영해 정부보다 시장을, 사회적 평등보다 경제적 자유를 강화하는 방향으로 개정할 필요가 있다"는 견해와 "임시정부와 건국 헌법 이래 핵심가치로 지켜 온 경제민주주의 가치와 조항은 존속해야 한다"면서 "한국의 경제현실을 고려할 때 균등경제와 국가의 역할을 강조한 항목이 폐기된다면 결과는 크게 부정적일 것"이라며 경제민주화 조항 삭제 움직임에 대해 우려를 나타내는 견해도 있다. 생각건대, 사회적 시장경제질서는 복지국가 내지 사회국가의 경제질서로 나름대로 최선의 경제질서라고 평가할 수 있다. 문제해결을 위해서는 사회적 시장경제질서 규정을 삭제하기보다는 국가의 입법이나 정책이 국가의 경제개입의 한계를 넘는 것을 헌법적 차원에서 견제하는 노력이 더욱 중요하다고 생각된다.

3) 국민소환제와 국민발안제 도입 여부

직접민주제의 도입을 통하여 대의민주제의 한계를 시정하고 국민주권주의를 실질화하자는 논리 하에 국민발안제나 국민소환제를 도입하자는 주장도 제기되고 있다. 전자민주주의에 따른 국민의 직접 참여가 민주주의에 더 적합하다는 주장이 그것이다. 이에 대해서 직접민주주의, 국민여론조사 만능주의나 국민투표만능주의는 선동정치와 중우정치로 될 가능성이 있기 때문에 신중한 접근이 요망된다는 신중론도 주장된다. 우선은 지방자치 차원에서 채택되거나 활발한 논의가 있는 주민참여나 주민발안, 주민투표, 주민소환제도 등을 적극 활용한 다음에 채택 여부를 고려하는 것이 바람직하다고 생각한다. 그보다 대의제하에서 국민의 선거참여율을 높이는 다각적인 방안을 강구하는 것이 옳다고 본다.

제3장 헌법의 해석

제1절 헌법학의 의의

Ⅰ. 헌법학의 의의와 분과

헌법학이란 헌법과 관련된 제현상을 대상으로 하는 학문으로 매우 넓은 분야를 포함하고 있다. 넓은 의미의 헌법학은 학자에 따라 그 분류방법을 다소 다르게 전개하고 있다.[1)]

대체로 최협의의 헌법학을 말할 때, 헌법해석학을 지칭한다. 헌법해석학은 헌법의 적정한 운용을 위하여 헌법전과 실질적 헌법을 구성하는 각종 법규의 조문들이 가지고 있는 객관적 의미내용을 인식하고 확정하는 것을 과제로 삼는 학문이다. 그러나 헌법규범과 헌법현상을 올바르게 이해하고 적용하기 위해서는 이론헌법학

---

1) 일본의 고바야시 나오키(小林直樹) 교수는 헌법학을 이론헌법학과 실용헌법학으로 크게 나누고, 이론헌법학을 ① 일반헌법학, 헌법원리론, ② 헌법사 및 헌법학설사, 헌법사상사, ③ 비교헌법학(비교헌법사 포함), ④ 헌법사회학(헌법의 정치학, 사회학, 심리학적 연구)으로 나누고, 실용헌법학은 ① 헌법해석학, ② 헌법정책학(실천적 헌법론 포함)으로 나눈다(小林直樹, 憲法學講義(上), 東京大學出版會, 1967, 57면). 김철수 교수는 헌법학을 헌법철학과 헌법과학으로 크게 나누고 헌법철학은 ① 헌법철학사・학설사・사상사, ② 헌법존재론・헌법가치론, ③ 헌법학방법론・헌법원리론으로 나누고, 헌법과학은 ① 대상에 따라 일반헌법학, 비교헌법학, 특수헌법학으로 ② 방법에 따라 헌법사학, 헌법이론학(헌법해석학, 헌법사회학), 헌법정책학으로 분류하고 있으며, 헌법철학과 헌법과학을 포함하여 광의의 헌법학으로, 헌법과학을 협의의 헌법학으로, 최협의의 헌법학을 헌법해석학으로 분류하고 있다(김철수, 학설・판례 헌법학(상), 박영사, 2008, 25면). 권영성 교수는 헌법학을 이론헌법학과 실용헌법학으로 크게 나누고 이론헌법학을 ① 헌법철학・헌법원리론(헌법본질론・헌법가치론・헌법존재론・헌법학방법론 등 포함), ② 헌법사・헌법학설사・헌법사상사, ③ 일반헌법학・개별헌법학, ④ 비교헌법학, ⑤ 헌법사회학으로 나누고 실용헌법학은 ① 헌법정책학과 ② 헌법해석학으로 나누고 있다(권영성, 헌법학원론(2010년판), 법문사, 2010, 21면).

의 여러 분과와 헌법정책학의 보조가 필수적이다. 광의의 헌법학은 일반헌법학, 헌법사, 비교헌법학, 헌법사회학, 헌법해석학, 헌법정책학을 포함한다.

Ⅱ. 헌법학과 국가론(학) 및 국법학

1. 헌법학과 국가론

독일에서는 정치가 국가를 중심으로 한 지배현상으로 나타났기 때문에 영미에서는 정치학(political science)에 해당하는 학문이 국가학으로 발달하였다. 국가학은 옐리네크(G. Jellinek)의 '일반국가학'(Allgemeine Staatslehre)에서 집대성된 학문이다. 국가학은 국가현상에 대한 존재론적 연구에 해당하는 것으로 국가의 발생, 국가의 존립 근거, 국가의 요소, 국가의 형태, 국가의 연합 등을 현상학적 · 존재론적 방법으로 관찰하는 것으로 헌법학이나 국법학과 관련된다. 다만 국가학은 "국가의 가치실현적 기능형태를 일정한 규범적 테두리 내에서 고찰하려고 하는" 헌법학과 구별된다고 보고 있다.[2)]

2. 헌법학과 국법학(Staatsrecht)

19세기 후반에 이르러 법전의 정비, 입헌주의(立憲主義)의 채용, 사법학(私法學)의 발달 등의 영향을 받아, 국가의 활동 및 이와 국민 간의 관계를 법률학적으로 파악하려는 시도가 활발해졌는데 그러한 학문의 경향을 국법학이라 지칭할 수 있다. 좁은 뜻으로는 국가의 구성 및 그 공법적 활동을 규정하는 법규의 전부를 말한다. 보다 구체적인 뜻으로는 국제법 · 형법 등을 제외한 보통 공법이라고 하는 법규(헌법 · 행정법)를 가리킨다. 때로는 주로 헌법만을 뜻할 때도 있다.[3)]

Ⅲ. 헌법학의 대상으로서의 헌법현상

현실적으로 존재하는 헌법규범과 그를 둘러싼 현상인 헌법현상이 헌법학의 인식대상이다. 헌법현상에는 정치현상, 사회현상 등 다양한 현상이 포함된다.

---

2) 허영, 전정13판 한국헌법론, 박영사, 2017, 3－4면.
3) 'Deutsches Staatsrecht'가 독일 헌법으로 지칭되기도 한다.

제2절 헌법해석학

Ⅰ. 헌법학의 연구방법

헌법학을 연구하는 방법으로 가장 대표적이고 좁은 의미의 방법은 헌법해석학적 방법이다. 그러나 헌법현상을 올바르게 이해하고 실천하기 위해서는 역사적 연구방법, 비교헌법학적 연구방법, 기능적 접근방법 등이 또한 필요하다.[4)]

Ⅱ. 헌법해석학

1. 헌법해석의 의의와 전제

헌법해석이란 헌법전 및 실질적 헌법의 각 조문들이 가지는 객관적 의미내용을 인식하고 확정하는 작용으로, 헌법의 적정한 적용과 운용을 위해서 헌법해석은 필수적으로 요청된다.

헌법해석은 해석자의 주관이 배제되고 객관적 관점에서 이루어져야 하며, 해석은 논리적 정확성을 가져야 하며, 다른 규범체계와 체계적 정합성을 가져야 한다.

2. 헌법해석의 특성

기술법적 성격을 가지는 일반법률의 해석과 달리 가치법적 내지 이념법적 성격을 가지는 헌법은 그 해석에 있어서 몇 가지 특성을 지닌다. 즉, 헌법해석이 직접적으로 사회공동체의 조직·형성과 직결되는 작용이라는 점에서의 기능적 특성, 헌법규범은 구조적인 면에서 개방성·미완성성 등을 특질로 하므로 처음부터 해석에 의해 보충 내지 형성될 것이 전제되는 해석규범의 구조적 특성, 헌법의 정치규범성은 헌법해석의 면에서도 규범적 관점 외에 정치적 관점에 의한 해석의 필요성과 가능성을 가지는 기준적 특성 등이 그것이다.

---

4) 권영성 교수는 헌법학의 연구방법으로 ① 해석학적 연구방법, ② 역사적 연구방법, ③ 비교헌법학적 연구방법 등을 들고 있고(권영성, 앞의 책, 23면), 허영 교수는 ① 해석학적 접근방법(Savigny), ② 기능적 접근방법(의지적 접근방법, 가치적 접근방법), ③ 경험적 접근방법(헌법유형별 이상 모델의 탐구를 위한 비교헌법학의 연구방법) 등을 들고 있다(허영, 앞의 책, 7-12면).

참고 일반법률과 헌법의 해석 특성

	일반법률	헌법
성격	기술법적 성격	가치법적, 이념법적 성격
기능	분쟁해결기능 말초신경적 기능	헌법실현기능 중추신경적 기능
구조	구체적 구조	기본적 구조만
해석기준	합법성 중시	합목적성(정치성) 중시

3. 헌법해석의 원리(지침)

(1) K. Hesse의 헌법해석의 원리[5)]

1) 통일성의 원리

헌법은 전체로서 통일적으로 해석되어야 한다는 것으로 항상 그 규범이 위치한 전체적 관계를 고찰하고 헌법조문 내에 충돌이 생기지 않도록 해석해야 하며, 다른 해석방법과 모순되어서는 안 된다는 원리이다.

2) 실제적 조화의 원리

헌법내부의 서로 상반되는 법익(보장↔제한)에 있어서 두 법익이 동시에 최대로 보장될 수 있게 하는 원리이다. 즉 헌법상의 모든 법익은 문제해결에 있어서 충돌이 생길 경우 법익형량이나 가치형량에 의하여 하나를 선택하는 것이 아니라 최대한 모두 실현되어야 하는 것이다.

3) 기능적 정당성의 원리

사법·행정·입법 각각이 자신의 영역을 지켜 그 기능을 올바르게 수행하는지 여부가 기준이 된다. 즉, 헌법은 국가의 기능을 여러 기관에 분배해주고 일정한 방법에 따라 그들의 임무를 수행하고 상호 협력하도록 규정하고 있기 때문에 헌법을 해석하는 기관은 자기에게 배정된 기능의 테두리 내에 머물러야 하고 해석의 방법이나 결론에 의하여 기능의 분배를 변경시켜서는 안 된다는 것을 말한다.

4) 통합작용의 원리

헌법의 문제를 해결하는 데 있어서 정치적 통일을 조성하고 유지하는 작용을 하는 관점이 우선되어야 한다는 것을 말한다.

---

5) 이에 대해서는 계희열, 헌법의 해석, 고려대학교출판부, 79−82면 참조.

5) 헌법의 규범력의 원리

문제를 아무리 잘 해결하는 관점이라도 규범력을 발휘할 수 없는 것은 배제하고 규범력을 가장 잘 발휘할 수 있는 관점을 채택해야 한다는 것이다.

판례 헌법해석의 기준과 내용

국회의원선거법 제33조(기탁금), 제34조(유효투표 총수의 3분의 1을 얻지 못한 낙선자의 기탁금국고귀속)의 위헌심판

"우리 헌법의 전문과 본문의 전체에 담겨있는 최고 이념은 국민주권주의와 자유민주주에 입각한 입헌민주헌법의 본질적 기본원리에 기초하고 있다. 기타 헌법상의 제원칙도 여기에서 연유되는 것이므로 이는 헌법전을 비롯한 모든 법령해석의 기준이 되고, 입법형성권 행사의 한계와 정책결정의 방향을 제시하며, 나아가 모든 국가기관과 국민이 존중하고 지켜가야 하는 최고의 가치규범이다.

…… 헌법은 국민적 합의에 의해 제정된 국민생활의 최고 도덕규범이며 정치생활의 가치규범으로서 정치와 사회질서의 지침을 제공하고 있기 때문에 민주사회에서는 헌법의 규범을 준수하고 그 권위를 보존하는 것을 기본으로 한다.

…… 헌법의 해석은 헌법이 담고 추구하는 이상과 이념에 따른 역사적, 사회적 요구를 올바르게 수용하여 헌법적 방향을 제시하는 헌법의 창조적 기능을 수행하여 국민적 욕구와 의식에 알맞는 실질적 국민주권의 실현을 보장하는 것이어야 한다. 그러므로 헌법의 해석과 헌법의 적용이 우리 헌법이 지향하고 추구하는 방향에 부합하는 것이 아닐 때에는, 헌법적용의 방향제시와 헌법적 지도로써 정치적 불안과 사회적 혼란을 막는 가치관을 설정하여야 한다." 헌재 1989. 9. 8. 88헌가6

4. 헌법해석의 종류

(1) 유권해석

국가기관이 행하는 헌법해석으로 입법기관이 내리는 입법해석, 행정기관이 내리는 행정해석, 사법기관이 내리는 사법해석이 있다. 유권해석은 공권해석이라고도 하며 구속력을 가지는 해석이다. 헌법에 관한 최종적인 유권해석권자는 헌법재판소이다.

(2) 무권해석(학리해석)

무권해석은 학자들이 내리는 해석으로 비록 구속력은 없지만, 각종의 유권해석에 영향을 주는 점에서 중요한 해석이다. 법문의 문리적 의미를 명확히 밝히는 가

장 기초적인 해석인 문리해석과 논리적 범위 내에서 법문의 의미내용을 축소하기도 하고 확장하기도 하는 논리해석으로 크게 나누어진다.

5. 헌법의 해석방법

(1) 전통적인 해석방법(Savigny의 4단계 해석방법론)

Savigny는 법률의 해석방법으로 문법적, 논리적, 역사적 및 체계적 해석방법을 제시하였고, 이 네 가지 해석방법들을 각기 고립시켜서가 아니라 서로 협동하여 해석해야 한다고 하였다. Savigny의 해석방법은 헌법에 특유한 해석방법이라기보다는 일반법률의 해석방법이다. 이러한 Savigny의 해석방법은 그 후 많은 사람들에 의해 세분화되고 보완되면서 발전하였으나 그 기본골격은 변함없이 유지되고 있다. 라렌츠는 목적론적 해석을 추가하였는데, 목적론적 해석은 기존의 방법에 의해 규범의 내용이 명확하지 않을 경우 이용할 수 있는 보충적 해석방법으로 주장된다.[6)]

1) 문리적(문법적) 해석

문법적·어학적 방법을 통하여 헌법조문의 진정한 의미를 명백히 하는 해석방법으로 가장 기초적이고 1차적인 해석방법이다.

2) 논리적(체계적) 해석

헌법조문들을 각기 분리·고립된 것으로서가 아니라 헌법전 또는 헌법질서 전체와의 논리적 관련성 등을 고려하면서 논리적 사유법칙에 따라 해석하는 방법이다.

3) 목적론적 해석

헌법제정의 목적이나 내재하는 가치에 합치되도록 해석하는 방법이다.

---

6) Wolff/Bachof는 Savigny의 4단계 해석방법론을 기본으로 하여 이후 학자들이 추가 보충한 이론을 토대로 7단계 해석방법론을 설명하고 있다. 즉, ① 법조문의 문구, 문법적 구조, 개념의 어학적 어의 등을 중심으로 한 해석인 어학적(문법적) 해석, ② 일반조리에 입각해서 법조문의 의미를 찾아내는 해석인 논리적 해석, ③ 법체계를 지배하는 통일적인 원리에 입각한 조문해석인 체계적 해석, ④ 법제도·법규범의 성립 내지 발전적 요소를 고려한 해당 법조문의 해석인 역사적·제도사적 해석, ⑤ 상이한 여러 나라의 법제도를 비교·검토함으로써 해당 법조문의 의미를 찾아내는 해석인 비교법학적 해석, ⑥ 입법자의 입법취지·동기·입법과정에서 나타난 의견 등을 참작한 해석인 법제정자의 주관적 의사 해석, ⑦ 법제도가 추구하고 있는 일정한 목적에 입각한 해당조문의 해석인 목적론적 해석으로 나누고 있다.

4) 역사적 해석

헌법제정 당시의 상황, 헌법제정권자의 의도를 탐구하는 방법이다.

5) 비 판

헌법의 구조적·규범적·정치적 특질들을 외면한 법실증주의적 해석방법이며, 사법(私法)과 같은 해석방법이다.

(2) 새로운 헌법해석방법

일반적인 법률의 해석방법인 전통적인 Savigny의 해석방법론과 달리 헌법의 구조·특성을 반영한 해석방법이다.[7)]

1) R. Smend의 정신과학적 해석방법(현실기준적 해석방법)

헌법조문의 문구와 개념에 구애되지 않고 헌법의 목적 또는 헌법적 현실이 해석의 바탕기준이 되어야 한다는 해석방법론이다. 유동성과 보완성, 동화적 통합을 지향하는 헌법의 절대적 목적이나 동화적 통합의 과정적 현실이 기준이 된다고 한다. 규범과 현실을 완전히 혼합시킴으로써 헌법규범이 가져야 될 규범적 효력과 그 형성적 기능을 위태롭게 한다는 비판이 있다.[8)]

2) H. Ehmke의 문제변증론적(Topik적) 해석방법(법학적 관점론)

구체적 사안에서 설득력 있는 원리적 관점을 도출하여 문제해결 방안을 탐구하는 해석방법이다. 각 구체적인 사안을 관찰의 출발점으로 해서 이 사안을 해결하는 데 있어서 여러 가지 topoi(topos의 복수)를 중심으로 귀납적으로 설득력 있는 논증을 찾아내려는 해석방법이다. topoi는 다의적이나 '일반적인 법의식에 의해 당연히 인정되는 법원리적 관점'으로 정의된다.[9)] 예로 신의성실, 신뢰보호, 소수보호의 관점 등을 든다. 이 같은 여러 관점이 어느 사안의 해결에 논증으로 인용되는 경우에 그것은 하나의 topoi가 된다. 법규범도 문제해결을 위한 많은 관점 중의 하나에 불과하다고 한다. 실정법보다는 topos에 입각한 설득력을 모색하는 것이기 때문에 주관적인 요소가 개입하기 쉽고 그 결과 오히려 설득력을 상실할 위험이

---

7) 자세히는 계희열, 헌법의 해석, 고려대 출판부, 1993 참조. 그 밖에 Häberle의 다원적·과정적 해석방법, Muller의 규범구성적 해석방법, Kriele의 이성법적 해석방법 등도 있다.

8) '헌법실현'의 과제를 단순한 '헌법의 현실적응'의 문제로 전락시킬 가능성이 있다고 한다(허영, 앞의 책, 68면).

9) 허영, 앞의 책, 68면.

있으며 헌법규범의 형성적 기능을 무시한다는 비판이 있다. '법전을 떠난 법의 탐구'라는 비판도 있다.

3) E.W. Böckenförde(뵈켄훼르데)의 절충적 해석방법

전통적 해석방법과 현대적 해석방법을 절충하여 헌법의 가치규범적 성격과 헌법의 가치형성적 규범기능이 동시에 발휘될 수 있도록 하는 해석론이다. 헌법규범에 내포된 가치관을 끝까지 찾아내는 것이다. 헌법해석의 출발점은 헌법규범이 되어야 한다고 보면서 '헌법내재적인 헌법이론', '헌법내재적인 기본권이론'을 찾아내고 그것을 헌법해석의 지침으로 삼아야 한다고 한다. 이러한 해석방법에 대해서는 체계적 해석의 강조에 불과하다는 비판이 있다.

제3절 합헌적 법률해석(헌법합치적 법률해석)

Ⅰ. 합헌적 법률해석의 의의

1. 개 념

합헌적 법률해석은 일견 위헌으로 보이는 법률도 합헌적 해석가능성이 있으면 위헌결정을 삼가야 한다는 해석의 원칙으로 법률해석의 기법이다. 합헌적 법률해석은 법률의 효력을 가급적 지속시켜야 한다는 소극적 내용뿐만 아니라, 법률의 위헌적 요소를 헌법정신에 맞도록 제한 또는 보충해석하는 적극적 내용도 포함된다. 다만, 적극적 내용에 대해서는 입법권 침해의 우려가 있다는 비판도 있다.

판례 합헌적 법률해석의 개념과 근거

헌법의 최고법규성

"일반적으로 어떤 법률에 대한 여러 갈래의 해석이 가능할 때에는 원칙적으로 헌법에 합치되는 해석 즉 합헌해석(合憲解釋)을 하여야 한다. 왜냐하면 국가의 법질서는 헌법을 최고법규로 하여 그 가치질서에 의하여 지배되는 통일체를 형성하는 것이며 그러한 통일체내에서 상위규범은 하위규범의 효력근거가 되는 동시에 해석근거가 되는 것이므로, 헌법은 법률에 대하여 형식적인 효력의 근거가 될 뿐만 아니라 내용적인 합치를 요구하고 있기 때문이다."

헌재 1989. 7. 21. 89헌마38; 헌재 2002. 11. 28. 98헌바101

2. 구별개념

(1) 규범통제와 합헌적 법률해석

	규범통제	합헌적 법률해석
취지	헌법의 효력 유지	의회의 입법권 존중
근거	별도의 명시적 근거규정이 필요하다. ∵의회입법원칙에 대한 예외	헌법의 최고규범성의 당연한 귀결
해석원칙	저촉원칙(무효화)	해석원칙(조화유도)

(2) 일반적인 법률해석과 합헌적 법률해석

일반적 법률해석은 합헌적 법률해석의 전제가 된다는 점에서 양자는 구별된다는 구별론과 체계적 해석방법의 일종에 불과하다고 보는 설(다수설)이 대립한다.

Ⅱ. 합헌적 법률해석의 연혁

미국 연방대법원은 1827년 Ogden v. Saunders 사건에서 "입법부가 의결한 법률은 그 위헌성이 명백한 것으로 판명될 때까지는 일단 그 유효성을 추정하여야 한다. 그렇게 하는 것이 입법부의 지혜 · 성실 · 그 애국심에 대하여 경의를 표하는 것이 된다"고 판결하고 있는데, 합헌적 법률해석은 이처럼 법률의 합헌성 추정원칙을 바탕으로 한 미국 연방대법원의 판례를 통해 확립되었다. 독일 연방헌법재판소도 이를 수용하고 있고,[10] 우리 헌법재판소도 이를 수용하고 있다.[11]

Ⅲ. 합헌적 법률해석의 이론적 근거

법률의 합헌적 해석은 헌법의 최고규범성에서 나오는 법질서의 통일성에 바탕을 두고, 법률이 헌법에 조화하여 해석될 수 있는 경우에는 위헌으로 판단하여서

---

10) BVerfGE 2, 266(282).

11) 헌재 1989. 7. 14. 88헌가5 등(병합); 헌재 1990. 4. 2. 89헌가113. 또한 헌법재판소는 "일반적으로 어떤 법률에 대한 여러 갈래의 해석이 가능할 때에는 원칙적으로 헌법에 합치되는 해석 즉 합헌해석(合憲解釋)을 하여야 한다. 왜냐하면 국가의 법질서는 헌법을 최고법규로 하여 그 가치질서에 의하여 지배되는 통일체를 형성하는 것이며 그러한 통일체내에서 상위규범은 하위규범의 효력근거가 되는 동시에 해석근거가 되는 것이므로, 헌법은 법률에 대하여 형식적인 효력의 근거가 될 뿐만 아니라 내용적인 합치를 요구하고 있기 때문이다"라고 판시하고 있다(헌재 1989. 7. 21. 89헌마38; 헌재 2002. 11. 28. 98헌바101등).

는 아니 된다는 것을 뜻하는 것으로서 권력분립과 입법권을 존중하는 정신에 그 뿌리를 두고 있다. 그 밖에 법적 안정성의 요청에 의한 규범유지의 필요성, 국가간의 신뢰보호(조약 내지 그 동의법을 되도록 합헌적으로 해석해서 효력을 지속시키려고 하는 것), 법률이 제정·공포된 이상은 효력을 가진다는 법률의 추정적 효력(규범저장적 원칙) 등을 이론적 근거로 설명하기도 한다.[12)]

판례 입법권의 존중이 합헌적 법률해석의 근거이자 한계

[재판관 김영일의 의견]

무릇 입법형성권에 대한 존중은 합헌적 법률해석의 헌법적 근거이자 동시에 그 한계이다. 헌법재판소는 합헌적 법률해석을 통하여 입법자의 원래의사를 왜곡·변형하거나 대체해서는 아니되므로, 법률을 해석함에 있어서 문의적 한계와 법목적적 한계를 넘지 않도록 유의해야 한다. 헌법재판소가 입법권에 대한 존중이라는 이름 아래 무리한 법률해석을 통하여 문제되는 법률의 효력을 유지시킨다면, 오히려 입법자의 입법권이 제한될 위험이 있다. 이러한 경우에는 차라리 법률을 단순위헌으로 선언하여 그 규율대상을 입법자로 하여금 새로이 입법하도록 되돌려 주는 것이 오히려 헌법적으로 타당하다. 헌재 2002. 11. 28. 98헌바101등

Ⅳ. 합헌적 법률해석의 한계

1. 어의상의 한계(법문구적 한계)

합헌적 법률해석은 법문구의 의미를 벗어나면서까지 해석할 수 없다. 어의(語義)를 완전히 다른 의미로 변질되지 아니하도록 하는 범위 내에서만 가능하다.

2. 입법목적상의 한계(법목적적 한계)

합헌적 법률해석을 하더라도 입법자가 해당 법률의 제정을 통하여 추구하는 명백한 입법목적을 벗어나는 해석은 할 수 없다.

3. 헌법허용적 한계(헌법수용적 한계)

합헌적 법률해석은 법률의 효력을 유지시키기 위해 헌법규범의 내용을 지나치게 확대해석함으로 말미암아 헌법규범의 수용한계를 넘어서는 안 된다. 헌법의 규범적 의미와 내용을 의제하면서까지 법률에 합헌성을 부여할 수는 없기 때문이다.

12) 허영, 앞의 책, 77－78면.

'법률의 합헌적 해석'이 '헌법의 합법률적 해석'으로 주객이 전도되어서는 안 된다는 의미이다.

판례 합헌적 법률해석의 이론적 근거와 한계

"법률의 합헌적 해석은 헌법의 최고규범성에서 나오는 법질서의 통일성에 바탕을 두고, 법률이 헌법에 조화하여 해석될 수 있는 경우에는 위헌으로 판단하여서는 아니 된다는 것을 뜻하는 것으로서 권력분립과 입법권을 존중하는 정신에 그 뿌리를 두고 있다. 따라서, 법률 또는 법률의 위 조항은 원칙적으로 가능한 범위 안에서 합헌적으로 해석함이 마땅하나 그 해석은 법의 문구와 목적에 따른 한계가 있다. 즉, 법률의 조항의 문구가 간직하고 있는 말의 뜻을 넘어서 말의 뜻이 완전히 다른 의미로 변질되지 아니하는 범위 내이어야 한다는 문의적 한계와 입법권자가 그 법률의 제정으로써 추구하고자 하는 입법자의 명백한 의지와 입법의 목적을 헛되게 하는 내용으로 해석할 수 없다는 법 목적에 따른 한계가 바로 그것이다."

헌재 1989. 7. 14. 88헌가5등

Ⅴ. 합헌적 법률해석의 방법(기술)

합헌적 법률해석의 전형적인 유형은 한정합헌결정이다. 그러나 합헌적 법률해석을 넓은 의미로 이해할 때 한정위헌결정, 헌법불합치결정, 입법촉구결정까지 포함하기도 한다(헌법재판소의 변형결정의 유형 참조).

1. 한정합헌결정

(1) 개 념

해석여하에 따라서는 위헌이 되는 부분을 포함하고 있는 법령의 의미를 헌법의 정신에 합치하도록 한정적으로 해석하여 위헌판단을 회피하는 결정형식이다(합헌적 법률해석). 법률이나 법조문은 그대로 유지된다는 점에서 질적 일부위헌으로 보기도 한다.

(2) 주문형식

" '…… 이러한 해석 하에', 또는 '……것으로 해석하는 한' 헌법에 위반되지 않는다."

(3) 결정례

판례 군사기밀보호법 제6조, 제7조 제10조의 위헌 여부

"동법 제2조 제1항 소정의 군사기밀이 비공지의 사실로서 적법절차에 따라 군사기밀로서의 표지를 갖추고 그 누설이 국가의 안전보장에 명백한 위험을 초래한다고 볼 만큼의 실질적 가치를 가진 경우에 한하여 적용된다고 할 것이므로 그러한 해석 하에 헌법에 위반되지 아니한다." 헌재 1992. 2. 25. 89헌가104

판례 국가보안법 제7조 제1항 및 제5항(찬양 · 고무 등 죄)

"각 그 소정의 행위가 국가의 존립 · 안전을 위태롭게 하거나 자유민주적 기본질서에 위해를 줄 경우에 적용된다고 할 것이므로, 이러한 해석 하에 헌법에 위반되지 아니한다." 헌재 1997. 1. 16. 89헌마240; 헌재 2002. 4. 25. 99헌바27 · 51(병합)

판례 도로교통법 제50조 제2항 및 제111조 제3호(사고발생시의 조치(신고의무))

"피해자의 구호 및 교통질서의 회복을 위한 조치가 필요한 상황에만 적용되는 것이고, 형사책임과 관련되는 상황에는 적용되지 아니하는 것으로 해석하는 한 헌법에 위반되지 아니한다." 헌재 1990. 8. 27. 89헌가118

(4) 한 계

한정합헌결정은 법문의 의미가 변질되지 않는 범위 내에서 허용되며, 입법자의 명백한 의지 · 입법목적을 상실시키는 합헌적 해석은 금지된다.

2. 한정위헌결정

(1) 개 념

불확정개념이나 다의적인 해석가능성이 있는 조문에 대하여 한정축소해석을 통하여 얻어진 일정한 합헌적 의미를 넘어선 확대해석은 헌법에 위반되어 채택할 수 없다는 결정형식이다. 법률이나 법조문은 그대로 유지된다는 점에서 질적 일부위헌으로 보기도 한다.

(2) 주문형식

"……로 해석하는 한 헌법에 위반된다."

(3) 결정례

판례

• "민법 제764조의 '명예회복에 적당한 처분'에 사죄광고를 포함시키는 것은 헌법에 위반된다." 헌재 1991. 4. 1. 89헌마160

• "정기간행물의 등록 등에 관한 법률 제7조 제1항은 제9호 소정의 제6조 제3항 제1호 및 제2호의 규정에 의한 해당시설을 자기소유이어야 하는 것으로 해석하는 한 헌법에 위반된다." 헌재 1992. 6. 26. 90헌가23

(4) 헌법재판소의 한정위헌판단이 법원 등 그 밖의 국가기관을 구속하는가?

1) 대법원은 "한정위헌결정의 경우에는 법률이나 법률조항의 문언은 전혀 달라지지 않은 채 존속하고 있는 것이므로 헌법재판소의 한정위헌결정은 법률 또는 법률조항의 의미, 내용과 그 적용범위를 정하는 법률해석으로 이해하여야 한다. 그런데 법령의 해석·적용권한은 법원에 전속하는 것이다. 따라서 헌재의 한정위헌결정은 헌법재판소의 '법률해석에 관한' 견해를 일응 표명한 데 불과한 것이고, 법원에 전속된 법령의 해석·적용권한에 어떠한 영향을 미칠 수도 없고, 기속력도 가질 수 없는 것이다"고 판시하였다(대판 1996. 4. 9. 95누11405).

2) 헌법재판소는 헌법재판소의 한정위헌결정에 따르지 아니한 위 대법원결정을 취소하고, 양도세부과처분도 함께 취소하였다. 이 사건에서 헌법재판소법 제68조 제1항 본문(법원의 재판을 헌법소원의 대상에서 제외한다는)에 대하여 '헌법재판소에 의하여 위헌으로 결정된 법령을 적용하여 국민의 기본권을 침해한 법원의 재판에 대하여까지 헌법소원을 허용하지 않고 있는 한도에서 위헌'이라고 결정(한정위헌결정)함으로써 법원의 재판도 예외적으로 헌법소원의 대상이 된다고 판시하였다.

3. 헌법불합치결정

(1) 개 념

비록 위헌성이 인정되는 법률이라고 하더라도 국회의 입법권을 존중하고자, 그리고 위헌결정의 효력을 즉시 발생시킬 때 오게 될 법률의 공백을 막아 법적 안정성을 유지시키고자 하는 목적에서 예외적으로 위헌결정을 피하고 심판대상규범의 위헌성만을 확인하는 결정유형이다. 헌법불합치결정은 명시적으로 무효의 효과를 가져오지는 않지만, 위헌임을 선언한 점에서 합헌적 법률해석과 구별된다. 이 점에서 헌법불합치결정을 합헌적 법률해석의 산물이 아니라 사법적 자제의 표현이라고 보는 견해도 있다.[13] 헌법불합치결정은 (광의의) 입법개선촉구결정을 동반한다.

(2) 주문형식

"……법률(조항)은 헌법에 합치되지 아니한다.", "법률(조항)은 0000년 00월말 시한으로 입법자가 개정할 때까지 효력을 지속한다."

(3) 헌법불합치결정의 법적 성격과 효력

헌법불합치결정도 위헌결정의 일종이며, 국가기관에 대한 기속력을 지닌다. 헌법불합치결정은 법률의 위헌성을 확인하는 결정으로서 위헌결정의 일종이므로, 헌법불합치결정이 선언된 법률은 원칙적으로 그 적용이 중지된다. 그러나 헌법재판소는 헌법불합치 선언된 법률의 잠정적용을 예외적으로 허용하고 있다. 위헌인 법률의 적용은 허용될 수 없지만, 법적 공백이나 혼란을 초래할 우려가 있는 경우나 종래의 법적 상태보다 더욱 헌법질서에서 멀어지는 법적 상태의 발생을 방지하기 위하여, 불합치결정의 시점과 개정법률의 발효시점 사이의 기간 동안 위헌법률의 잠정적인 적용을 명할 수 있다.

(4) 결정례

판례 노동쟁의조정법 제12조 제2항 위헌 여부

모든 공무원에게 단체행동권, 즉 쟁의권을 근본적으로 부인하고 있는 노동쟁의조정법 제12조 제2항 중 「국가・지방자치단체에 종사하는 노동자」에 관한 부분은 현행 헌법 제33조 제2항의 규정과 저촉되고 충돌되는 것으로 헌법 제37조 제2항의 일반적 법률유보조항에 의하여서도 정당화될 수 없는 것이지만, 헌법 제33조 제2항의 규정은 일부 공무원에게는 단체행동권을 주지 않는다는 것도 전제하고 있으므로 합헌적인 면도 포함되어 있다. 따라서 위 규정은 단순위헌선언을 하여 무효화시킬 법률이 아니고, 앞으로 현행 헌법규정과 충돌됨이 없이 합헌의 상태가 되도록 고쳐져서 재정비되어야 할 규정이다. 헌재 1993. 3. 11. 88헌마51

[심판대상조문]

노동쟁의조정법 제12조 ② 국가・지방자치단체 및 방위산업에 관한 특별조치법에 의하여 지정된 방위산업체에 종사하는 노동자는 쟁의행위를 할 수 없다.

---

13) 허영, 앞의 책, 81면.

[참조조문]

구 헌법 제31조(노동자의 단결권 등) ② 공무원인 노동자는 법률로 인정된 자를 제외하고는 단결권·단체교섭권 및 단체행동권을 가질 수 없다.

③ 국가·지방자치단체·국공영기업체·방위산업체·공익사업체 또는 국민경제에 중대한 영향을 미치는 사업체에 종사하는 노동자의 단체행동권은 법률이 정하는 바에 의하여 이를 제한하거나 인정하지 아니할 수 있다.

현행헌법 제33조 ② 공무원인 근로자는 법률이 정하는 자에 한하여 단결권·단체교섭권 및 단체행동권을 가진다.

③ 법률이 정하는 주요방위산업체에 종사하는 근로자의 단체행동권은 법률이 정하는 바에 의하여 이를 제한하거나 인정하지 아니할 수 있다.

국가공무원법 제66조 ① 공무원은 노동운동 기타 공무 이외의 일을 위한 집단적 행위를 하여서는 아니된다. 다만, 사실상 노무에 종사하는 공무원은 예외로 한다.

지방공무원법 제58조 ① 공무원은 노동운동 기타 공무이외의 일을 위한 집단행위를 하여서는 아니된다. 다만, 사실상 노무에 종사하는 공무원은 그러하지 아니한다.

판례 토지초과이득세법 제10조 등 위헌소원

토지초과이득세법상의 기준시가는 국민의 납세의무의 성부 및 범위와 직접적인 관계를 가지고 있는 중요한 사항이므로 이를 하위법규에 백지위임하지 아니하고 그 대강이라도 토지초과이득세법 자체에서 직접 규정해 두어야만 함에도 불구하고, 토초세법 제11조 제2항이 그 기준시가를 전적으로 대통령령에 맡겨 두고 있는 것은 헌법상의 조세법률주의 혹은 위임입법의 범위를 구체적으로 정하도록 한 헌법 제75조의 취지에 위반되나, 아직까지는 대부분의 세법규정이 그 기준시가를 토초세법과 같이 단순히 시행령에 위임해 두는 방식을 취하고 있으며, 이는 우리의 오래된 입법관례로까지 굳어져 왔는바, 이러한 상황에서 성급하게 위 조문을 무효화할 경우 세정전반에 관한 일대 혼란이 일어날 것이므로 위 조항에 대해서는 위헌선언결정을 하는 대신 이를 조속히 개정하도록 촉구하기로만 한다.

헌재 1994. 7. 29. 92헌바49,52(병합)

판례 국회의원선거법 제33조·제34조(기탁금조항)

[결정요지]

1. 국회의원선거법 제33조의 기탁금은 너무 과다하여 국민주권주의와 자유민주주의의 기본원칙과 관련하여 헌법 제11조의 평등보호원칙, 제24조 참정권, 제25조의 공무담임권을 침해할 뿐만 아니라 정당추천 후보자와 무소속 후보자의 기탁금에 1,000만원과 2,000만원의 차등을 둔 것은 정당인과 비정당인을 불합리하게 차별

하는 것으로 헌법 제41조의 선거원칙에 반하고 헌법 제11조의 평등보호규정에 위배된다.

2. 유효투표 총수의 3분의 1을 얻지 못한 낙선자 등의 기탁금을 국고에 귀속시키게 하는 것은 그 기준이 너무 엄격하여 국가 존립의 기초가 되는 선거제도의 원리에 반하며, 선거경비를 후보자에게 부담시킬 수 없다는 헌법 제116조에도 위반된다.
3. 위헌심판결정의 주문에 헌법에 합치하지 아니한다고 선고하면서 일정기한까지 그 법률의 효력을 지키도록 하는 이유는 국회의 권위와 동질성을 유지하기 위하여, 선거법의 개정은 국회가 스스로 하도록 하고, 그간에 재선거나 보궐선거가 있을 때에는 그 효력을 지속시키는 것이 합당하기 때문이다.

헌재 1989. 9. 8. 88헌가6

판례 특허법 제186조 제1항 사건

[결정요지]

1. 법관에 의한 재판을 받을 권리를 보장한다고 함은 결국 법관이 사실을 확정하고 법률을 해석·적용하는 재판을 받을 권리를 보장한다는 뜻이고, 그와 같은 법관에 의한 사실확정과 법률의 해석적용의 기회에 접근하기 어렵도록 제약이나 장벽을 쌓아서는 아니된다고 할 것이며, 만일 그러한 보장이 제대로 이루어지지 아니한다면 헌법상 보장된 재판을 받을 권리의 본질적 내용을 침해하는 것으로서 우리 헌법상 허용되지 아니한다.
2. 특허청의 심판절차에 의한 심결이나 보정각하결정은 특허청의 행정공무원에 의한 것으로서 이를 헌법과 법률이 정한 법관에 의한 재판이라고 볼 수 없으므로 특허법 제186조 제1항은 법관에 의한 사실확정 및 법률적용의 기회를 박탈한 것으로서 헌법상 국민에게 보장된 "법관에 의한" 재판을 받을 권리의 본질적 내용을 침해하는 위헌규정이다.
3. 특허법 제186조 제1항이 행정심판임이 분명한 특허청의 항고심판심결이나 결정에 대한 법원의 사실적 측면과 법률적 측면에 대한 심사를 배제하고 대법원으로 하여금 특허사건의 최종심 및 법률심으로서 단지 법률적 측면의 심사만을 할 수 있도록 하고 재판의 전심절차로서만 기능하게 하고 있는 것은, 앞서 본 바와 같이 일체의 법률적 쟁송에 대한 재판기능을 대법원을 최고법원으로 하는 법원에 속하도록 규정하고 있는 헌법 제101조 제1항 및 제107조 제3항에 위반된다.
4. 헌법재판소는 특허쟁송제도와 관련된 강한 법적 안정성의 요구와 이미 확인된 입법자의 합헌적인 의사를 존중하여 입법자가 마련한 합헌적인 제도가 유효하게 시행될 수 있을 때까지는 비록 위헌성이 내포되어 있기는 하나 현행제도를 그대로 유지하는 것이 오히려 여러 가지 충격과 혼란을 방지하고 과학기술자들의 권

리를 두텁게 보호하는 효과적인 방안이 될 것이라고 판단되므로 심판대상 법률조항에 대하여 헌법불합치를 선언함에 그친다.

5. 이 사건의 당해사건과 이 사건 결정이 선고되는 시점에 법원에 계속 중인 모든 특허 및 의장쟁송사건에 대하여 심판대상 법률조항의 적용이 배제되고 행정소송법의 규정에 따른 절차가 진행되어야 한다면 현실적으로 재판을 담당할 준비를 갖추지 못한 일반법원에 대하여 재판의 담당을 강제하는 결과로 되어 버릴 우려가 있다. 그러므로 헌법재판소는, 심판대상 법률조항이 헌법에 불합치함을 선언하면서도, 합헌적인 개정법률이 시행될 때까지는 이를 잠정적으로 그대로 계속 적용할 것을 명함과 동시에, 헌법불합치선언이 당해사건 등에 미칠 효과로 인한 법률적 혼란과 충격을 막기 위하여 이 사건 위헌여부심판제청의 당해사건을 포함한 모든 특허 및 의장쟁송사건에 대하여 위 심판대상 법률조항의 적용을 명한다.[14)]

헌재 1995. 9. 28. 92헌가11, 93헌가8 · 9 · 10(병합)

판례 민법의 부성(父姓)주의원칙(민법 제781조 제1항) 위헌제청사건

[결정요지]

1. 가. 재판관 윤영철, 재판관 김효종, 재판관 김경일, 재판관 주선회, 재판관 이공현의 의견

(1) 양계 혈통을 모두 성으로 반영하기 곤란한 점, 부성의 사용에 관한 사회 일반의 의식, 성의 사용이 개인의 구체적인 권리의무에 영향을 미치지 않는 점 등을 고려할 때 민법 제781조 제1항 본문 중 "자(子)는 부(父)의 성(姓)과 본(本)을 따르고" 부분이 성의 사용 기준에 대해 부성주의를 원칙으로 규정한 것은 입법형성의 한계를 벗어난 것으로 볼 수 없다.

(2) 출생 직후의 자(子)에게 성을 부여할 당시 부(父)가 이미 사망하였거나 부모가 이혼하여 모가 단독으로 친권을 행사하고 양육할 것이 예상되는 경우, 혼인외의 자를 부가 인지하였으나 여전히 모가 단독으로 양육하는 경우 등과 같은 사례에 있어서도 일방적으로 부의 성을 사용할 것을 강제하면서 모의 성의 사용을 허용하지 않고 있는 것은 개인의 존엄과 양성의 평등을 침해한다.

(3) 입양이나 재혼 등과 같이 가족관계의 변동과 새로운 가족관계의 형성에 있어서 구체적인 사정들에 따라서는 양부 또는 계부 성으로의 변경이 개인의 인격적 이익과 매우 밀접한 관계를 가짐에도 부성의 사용만을 강요하여 성의 변경을 허용하지 않는 것은 개인의 인격권을 침해한다.

(4) 이 사건 법률조항의 위헌성은 부성주의의 원칙을 규정한 것 자체에 있는 것

---

14) 특허법 개정에 의하여 특허소송은 고등법원이 1심으로 관장하기 때문에 위헌성이 해소되었다(특허소송의 2심제).

이 아니라 부성의 사용을 강제하는 것이 부당한 것으로 판단되는 경우에 대해서까지 부성주의의 예외를 규정하지 않고 있는 것에 있으므로 이 사건 법률조항에 대해 헌법불합치결정을 선고하되 이 사건 법률조항에 대한 개정 법률이 공포되어 2008. 1. 1. 그 시행이 예정되어 있으므로 2007. 12. 31.까지 이 사건 법률조항의 잠정적인 적용을 명함이 상당하다.

나. 재판관 송인준, 재판관 전효숙의 의견

(1) 이 사건 법률조항은 모든 개인으로 하여금 부의 성을 따르도록 하고 모의 성을 사용할 수 없도록 하여 남성과 여성을 차별취급하고 있으면서도 그와 같은 차별취급에 대한 정당한 입법목적을 찾을 수 없어 혼인과 가족생활에 있어서의 양성의 평등을 명하고 있는 헌법 제36조 제1항에 위반된다.

(2) 이 사건 법률조항은 혼인과 가족생활에 있어 개인의 성을 어떻게 결정하고 사용할 것인지에 대해 개인과 가족의 구체적인 상황이나 의사를 전혀 고려하지 않고 국가가 일방적으로 부성의 사용을 강제하고 있음에도 그와 같은 부성 사용의 강제에 대한 구체적인 이익을 찾을 수 없어 혼인과 가족생활에 있어서의 개인의 존엄을 보장한 헌법 제36조 제1항에 위반된다.

(3) 이 사건 법률조항이 헌법에 위반되므로 위헌결정을 하여야 할 것이지만 헌법재판소가 이 사건 법률조항에 대해 위헌결정을 선고한다면 성의 결정과 사용에 대한 아무런 기준이 없어지게 되어 법적 공백과 혼란이 예상되므로 이 사건 법률조항이 개정되어 시행되기 전까지는 그 효력을 유지시켜 잠정적인 적용을 허용하는 내용의 헌법불합치결정을 선고함이 상당하다.

2. 이 사건 법률조항이 부성주의(父姓主義)를 원칙으로 규정한 것 자체는 헌법에 위반되지 아니하나 부성주의를 강요하는 것이 부당한 경우에 대해서도 예외를 규정하지 않은 것이 헌법에 위반되므로 헌법불합치를 선고하고 잠정적용을 명하여야 한다는 재판관 5인의 의견과 이 사건 법률조항이 부성주의(父姓主義)를 원칙으로 규정하고 있는 것이 헌법에 위반되므로 위헌을 선고하여야 하지만 법적 공백과 혼란의 방지를 위해 헌법불합치를 선고하고 잠정적용을 명하여야 한다는 재판관 2인의 의견으로 헌법불합치를 선고하고 잠정적용을 명한 사례.

[재판관 권 성의 반대의견]

가족제도 중에도 부성주의는 헌법에 선행하는 문화이다. 기존의 문화 내지 제도가 후행의 헌법적 가치에 어긋난다는 의심을 받는 경우에는 기존의 문화가 가지는 합리성을 확인하고 그 합리성과 헌법적 가치 사이의 간극의 크기를 측정한 후, 그 간극의 크기가 더 이상 용납하기 어려운 경우에 그 간극을 해소하는 기술의 합리성을 확인하며, 그 다음으로 시기의 적합성을 판단하여야 한다. 부성주의는 출산과 수유라는 사실로 인해 외관상 확인가능한 모와의 혈통관계에 비해 본질적으로 불확실한 부와의 혈통관계를 대외적으로 공시하고 부와 자녀간의 일체감과 유대감을 강화하여 가족의 존속과 통합을 보장한다. 기호체계에 불과한 성이 여성의 실체적인 법적 지위나 법률관계에 영향을 미친다고는 볼 수 없으며, 부성의 사용으로 인해 재혼이나 입양 등의 경우에 있어서 개인이 받는 불이익은 재혼이나 입양에 대한 사회적 편견 내지 사시(斜視)가 그 원인이지 부성주의가 그 원인은 아니다. 추상적인 자유와 평등의 잣대만으로 우리 사회에서 여전히 유효하게 존속하면서 그 가치를 인정받고 있는 생활양식이자 문화 현상인 부성주의의 합헌성을 부정하는 것은 시기상조의 부적절한 일이다. 헌재 2005. 12. 22. 2003헌가5·6(병합)

판례 동성동본불혼제(민법 제809조 제1항) 위헌제청사건

[결정요지]

1. 가. 재판관 김용준, 재판관 김문희, 재판관 황도연, 재판관 신창언, 재판관 이영모의 단순위헌의견

중국의 동성금혼 사상에서 유래하여 조선시대를 거치면서 법제화되고 확립된 동성동본금혼제는 그 제도 생성 당시의 국가정책, 국민의식이나 윤리관 및 경제구조와 가족제도 등이 혼인제도에 반영된 것으로서, 충효정신을 기반으로 한 농경중심의 가부장적, 신분적 계급사회에서 사회질서를 유지하기 위한 수단의 하나로서의 기능을 하였다. 그러나 자유와 평등을 근본이념으로 하고 남녀평등의 관념이 정착되었으며 경제적으로 고도로 발달한 산업사회인 현대의 자유민주주의사회에서 동성동본금혼을 규정한 민법 제809조 제1항은 이제 사회적 타당성 내지 합리성을 상실하고 있음과 아울러 "인간으로서의 존엄과 가치 및 행복추구권"을 규정한 헌법이념 및 "개인의 존엄과 양성의 평등"에 기초한 혼인과 가족생활의 성립·유지라는 헌법규정에 정면으로 배치될 뿐 아니라 남계혈족에만 한정하여 성별에 의한 차별을 함으로써 헌법상의 평등의 원칙에도 위반되며, 또한 그 입법목적이 이제는 혼인에 관한 국민의 자유와 권리를 제한할 "사회질서"나 "공공복리"에 해당될 수 없다는 점에서 헌법 제37조 제2항에도 위반된다 할 것이다.

나. 재판관 정경식, 재판관 고중석의 헌법불합치의견

민법 제809조 제1항이 헌법에 위반된다는 결론에는 다수의견과 견해를 같이 한다. 그러나 동성동본제도는 수백년 간 이어져 내려오면서 우리 민족의 혼인풍속이 되었을 뿐만 아니라 윤리규범으로 터잡게 되었고 혼인제도는 입법부인 국회가 우리 민족의 전통, 관습, 윤리의식 등 여러 가지 사정을 고려하여 입법정책적으로 결정하여야 할 입법재량사항이므로, 비록 위 조항에 위헌성이 있다고 하여도 헌법재판소가 곧바로 위헌결정을 할 것이 아니라 입법형성권을 가지고 있는 국회가 우리민족의 혼인풍속, 윤리의식, 친족관념 및 그 변화 여부, 동성동본금혼제도가 과연 사회적 타

당성이나 합리성을 완전히 상실하였는지 여부, 그 제도의 개선방법, 그리고 동성동본금혼제도를 폐지함에 있어 현행 근친혼금지규정이나 혼인무효 및 취소에 관한 규정을 새로 정비할 필요는 없는지 등을 충분히 고려하여 새로이 혼인제도를 결정할 수 있도록 헌법불합치결정을 하여야 한다.

2. 이 사건 법률조항이 헌법에 위반된다는 점에 있어서는 재판관 7명의 의견이 일치되었으나, 재판관 5명은 단순위헌결정을 선고함이 상당하다는 의견이고 재판관 2명은 헌법불합치결정을 선고함이 상당하다는 의견으로서, 재판관 5명의 의견이 다수의견이기는 하나 헌법재판소법 제23조 제2항 제1호에 규정된 "법률의 위헌결정"을 함에 필요한 심판정족수에 이르지 못하였으므로 헌법불합치의 결정을 선고한다.

[재판관 이재화, 재판관 조승형의 반대의견]

동성동본금혼제는 중국에서 유래한 것이 아니라 단군건국초부터 전래되면서 관습화된 우리 민족의 미풍양속으로서 전통문화의 하나이며, 비록 1970년대 이래 급속한 경제성장에 따라 우리의 사회환경이나 의식이 여러 면에서 변화하고 있지만 우리의 혼인관습이 본질적으로 변하였다고 볼만한 자료는 없다. 가족법은 그 특성상 전통적인 관습을 반영할 수밖에 없는 것이며 그 중 어느 범위에서 이를 입법화하여 강제할 것인가는 입법정책의 영역에 속하는 것으로 입법자의 판단이 명백히 비합리적이라고 판단되지 않는 이상 이를 위헌이라고 할 수는 없는 것인바, 민법 제809조 제1항은 전통적인 혼인관습을 법제화·강제화함으로써 사회질서를 유지하고자 함을 입법목적으로 하며, 전통문화라는 역사적 사실과 전통문화의 계승이라는 헌법적 이상에 부응한다. 그리고 국민의 幸福追求權 즉, 婚姻의 自由와 상대방을 자유롭게 선택할 수 있는 자유 등도 불가피한 경우에는 그 본질적 내용을 침해하지 않는 한도에서 법률로써 제한할 수 있으며, 또한 전통문화의 계승이라는 한계 내에서만 보장된다 할 것인데, 이 사건 법률조항의 입법목적의 정당성을 긍정하는 한 이 조항이 배우자 선택권을 지나치게 제한하여 그 본질을 침해한다고 할 수는 없으며, 그 입법수단이나 방법의 적절성 및 법익침해의 균형성도 문제되지 아니하고, 전통관습의 법제화라는 입장에서 이 사건 법률조항을 둔 것이므로 이를 합리성이 없는 자의적 남녀차별이라고 할 수도 없다. 따라서 이 사건 법률조항은 과잉금지의 원칙이나 자의적 차별금지의 원칙에 반하여 국민의 기본권을 제한한다거나 혼인과 가족생활에 관한 헌법 제36조 그 밖의 헌법원리에 반한다고 할 수 없다.

헌재 1997. 7. 16. 95헌가6

4. 입법촉구결정

(1) 개 념

좁은 의미의 입법촉구결정은 "아직은 위헌이라고 볼 수 없지만" 머지않아 위헌이 될 가능성이 클 경우 채택되는 결정유형이다. 아직까지 우리 헌법재판소는 이러한 결정유형을 낸 바 없다.

(2) 헌법불합치결정과의 차이

헌법불합치결정은 "지금도 이미 위헌이지만" 위헌결정으로 인한 법적 공백을 방지할 필요에서 채택되는 결정유형이다. 통상 헌법불합치결정에 동반되는 입법촉구결정과 좁은 의미의 입법촉구결정은 이러한 점에서 구별된다,

5. 조건부위헌결정

헌법재판소는 구 국회의원선거법 제55조의 3과 제56조에 대한 헌법소원심판사건에서 "1. 추천후보자에게 별도로 정당연설회를 할 수 있도록 한 국회의원선거법 제55조의3 규정은 무소속후보자에 비교하여 월등하게 유리한 위치에서 선거운동을 하게 한 불평등한 규정이므로 헌법전문, 헌법 제11조 제1항의 법앞의 평등, 제25조의 공무담임권, 제41조 제1항의 평등선거의 원칙, 제116조 제1항의 선거운동기회균등의 보장원칙에 위반된다고 할 것이나 무소속후보자에게도 정당연설회에 준하는 개인연설회를 허용하는 경우에는 위헌성의 소지가 제거될 수 있으므로 제7항은 당해 지역구에서 정당추천후보자를 연설원으로 포함시킨 정당연설회를 개최하는 경우에는 무소속후보자에게도 정당추천후보자에 준하는 선거운동의 기회를 균등하게 허용하지 아니하는 한 헌법에 위반된다. 2. 정당추천후보자에게 무소속후보자에 비하여 소형인쇄물을 2종 더 제작·배부할 수 있도록 한 국회의원선거법 56조의 규정은 불평등한 것으로서 위헌적인 규정이지만 무소속후보자에게 소형인쇄물을 추가로 배부할 수 있도록 허용하는 경우에는 위헌성의 소지가 제거될 수 있으므로 위 규정 역시 당해 지역구에서 정당이 소형인쇄물 2종을 추가 배부하는 경우에는 무소속후보자에게도 그에 준하는 종류의 소형인쇄물을 제작·배부할 수 있도록 선거운동의 기회를 균등하게 허용하지 아니하는 한 헌법에 위반된다"고 결정한 바 있는데(헌재 1992. 3. 13. 92헌마37 등), 이를 조건부위헌결정이라고 한다. 일종의 질적 일부위헌결정이다. 이러한 조건부위헌결정은 문제가 된 법률조항에 조건을 부가할 경우에는 합헌이라는 결정으로써 심판의 대상이 된 법조문을 축소 내지 제한하는 것이 아니라 오히려 확대해석한 결과이기 때문에 합헌적 법률해석의 한계를 벗어난 것으로 평가하는 견해도 있다.[15)]

---

15) 허영, 앞의 책, 901면. 허교수는 심판의 대상이 된 법조문 중 문제된 부분만을 위헌결정하는

6. 일부위헌결정(합헌적 법률해석?)

(1) 개 념

일부에 대하여 무효선언하는 결정이다. 일부무효의 대상은 독립된 법조문일 수도 있고, 법조문 중 특정의 항일 수도 있으며, 일정한 문 혹은 문의 일부분일 수도 있다.

(2) 종 류

1) 양적 일부무효(통상의 일부무효, 허영 교수의 부분위헌결정)

무효선언으로 법조문의 일부가 삭제되는 효과가 있다(위헌결정의 한 형식).

2) 질적 일부무효

법문은 그대로 둔 채 그 법조문의 적용례에 대해서만 위헌선언하는 것이다. 실질적으로 한정위헌결정과 동일하다. 이 점에서 한정위헌결정으로 통일이 요망된다.

(3) 결정례

판례 1) 통상의 일부무효(양적 일부무효)

① "소송촉진에 관한 특례법 제6조 제1항 중 '다만 국가를 상대로 하는 재산권의 행사에 관하여는 가집행선고를 할 수 없다'라는 부분은 헌법에 위반된다"(헌재 1989. 1. 25. 88헌가7).

② "국세기본법 제56조 제2항 중 괄호 내인 [결정의 통지를 받지 못한 경우에는 제81조 단서의 결정기간이 경과한 날] 부분은 헌법에 위반된다"(헌재 1992. 7. 23. 90헌바2 등(병합)).

③ "국세기본법 제35조 제1항 제3호 중 [으로부터 1년]이라는 부분은 헌법에 위반된다"(헌재 1990. 9. 3. 89헌가95).

[결정요지]

국세기본법 제35조 제1항 제3호 중 "으로부터 1년"이라는 부분은 헌법 제23조 제1항이 보장하고 있는 재산권의 본질적인 내용을 침해하는 것으로서 헌법 전문, 제1조, 제10조, 제11조 제1항, 제23조 제1항, 제37조 제2항 단서, 제38조, 제59조의 규정에 위반된다.

'부분위헌결정'의 유형을 선택하는 것이 옳다고 보고 있다.

[재판관 조규광, 재판관 한병채의 반대의견]

국세기본법 제35조 제1항 제3호 중 "납부기한으로부터 1년전"이라는 규정의 절대적 합리성에 대한 의심은 유보한 채로 입법재량에 속하는 문제를 들어 이것이 위헌이라는 명백한 논증이 미흡한 이상 위헌이라고까지 단정할 수는 없다.

[심판대상조문]

국세기본법 제35조 ① 국세·가산금 또는 체납처분비는 다른 공과금 기타의 채권에 우선하여 징수한다. 다만, 다음 각호의 1에 해당하는 공과금 기타의 채권에 대하여는 그러하지 아니하다.

1.~2. 생략

3. 국세의 납부기한으로부터 1년 전에 전세권·질권 또는 저당권의 설정을 등기 또는 등록한 사실이 대통령령이 정하는 바에 의하여 증명되는 재산의 매각에 있어서 그 매각금액 중 에서 국세 또는 가산금(그 재산에 대하여 부과된 국세와 가산금을 제외한다)을 징수하는 경우의 그 전세권·질권 또는 저당권에 의하여 담보된 채권

판례 2) 질적 일부무효[16)]

① "국유재산법 제5조 제2항을 동법의 국유재산 중 잡종재산에 대하여 적용하는 것은 헌법에 위반된다"(헌재 1991. 5. 13. 89헌가97).

[결정요지]

국유잡종재산은 사경제적 거래의 대상으로서 사적 자치의 원칙이 지배되고 있으므로 시효제도의 적용에 있어서도 동일하게 보아야 하고, 국유잡종재산에 대한 시효취득을 부인하는 동규정은 합리적 근거없이 국가만을 우대하는 불평등한 규정으로서 헌법상의 평등의 원칙과 사유재산권 보장의 이념 및 과잉금지의 원칙에 반한다.

② "화재로 인한 재해보상과 보험가입에 관한 법률 제5조의 [특수건물]부분에 동법 제2조 제3호 가목 소정의 [4층 이상의 건물]을 포함시키는 것은 헌법에 위반된다(헌재 1991. 6. 3. 89헌마204).

16) 허영 교수는 일부위헌결정이라고 하며, 김철수 교수는 적용위헌결정으로 본다.

제4장 헌법의 보호(수호)

제1절 헌법의 보호제도 일반론

Ⅰ. 헌법보호의 의의와 연혁

1. 헌법보호의 의의

(1) 개 념

헌법의 보호 내지 수호(Schutz der Verfassung)는 최고법규인 헌법의 규범력과 기능이 헌법의 침해나 파괴로 변질 또는 상실되지 않도록 사전에 예방하거나 사후에 교정함으로써 헌법의 영속성과 실효성을 확보하려는 제도이다.[1] 헌법적 가치질서를 지키는 것은 헌법의 최고규범성에서 나오는 당연한 결과이다.

(2) 국가보호와 헌법보호의 구별

광의의 헌법보호를 외부 또는 내부로부터 오는 위협으로부터 헌법국가성을 보호하는 것으로 보면 국가보호와 보호대상이 일치될 수 있다. 국가보호는 국가의 존립 그 자체의 보호를 대상으로 한다. 외부의 적으로부터 오는 공격에 대한 방어를 내용으로 한다. 이에 반하여 협의의 헌법보호는 국가의 특정한 존립형식의 보호를 목적으로 한다. 즉, 국가형태, 정치형태, 기본권적 가치질서의 보호 등이 그 대상이다.

1) 헌법보호제도는 입헌주의 초기에 입헌정체를 보장하기 위한 제도로 발전했기 때문에 그 당시에는 주로 헌법의 보장이라는 개념 밑에 입헌제도(군권제한, 공개재판제도, 자유선거제도 등)의 실현을 주로 염두에 두고 입헌정체의 보장에 중점을 두었지만, 오늘날에 와서는 입헌제도 보장적 측면보다는 제도 방어적 측면이 중요시되기 때문에 헌법의 보호라는 개념이 많이 사용되고 있다(허영, 전정13판 한국헌법론, 박영사, 2017, 83면).

2. 헌법보호의 연혁

헌법의 보호제도는 헌법의 출현과 그 기원을 같이 한다고 볼 수 있다. 고전적인 형태로는 그리스의 억제의 원리와 로마의 균형의 원리를 들 수 있다. 근대적 헌법보호제도는 최초로 헌법보장에 관한 규정을 둔 1791년의 프랑스헌법에서 발단한 것으로 보기도 한다. 1947년의 이탈리아헌법, 1931년의 독일의 바이에른 및 작센주 헌법 등에서 보다 체계화되었다.

Ⅱ. 헌법보호제도의 유형 – 학자들의 분류

G. Jellink는 헌법보장을 사회적 보장, 정치적 보장, 법적 보장으로 나누고 있다. 사회적 보장이란 사회적·문화적 제력(諸力) 및 그에 의하여 형성된 이익과 조직에 의한 보장을 말한다. 정치적 보장이란 권력분립 및 헌법수호의 선서 등에 의해서 보호되는 것을 말한다. 법적 보장이란 그 효용이 예측가능하고 보장이 확실한 법질서보장, 권리보장을 지칭한다. 법적 보장도 통제(행정적·재정적·의회적 통제), 개별적 책임제도(공무원의 탄핵소추, 해임의결 등), 재판(사법의 재판, 특히 헌법재판과 행정재판의 필요성), 법적 구제수단(공권의 추구를 위한 것으로 행정구제, 소원, 청원 등의 제 수단) 등으로 구분한다.

W. Merk는 광의의 보장과 협의의 보장으로 나눈다. 광의의 보장으로는 국가권력의 헌법상 제한, 공법상 보상, 헌법상의 선서, 공무원의 책임, 공무원의 법적 지위의 보장 등을 들고, 협의의 보장으로는 감독적 보장과 재판적 보장을 들고 있다.

H. Kelsen은 사전적·예방적 보장과 사후적·교정적 보장, 또한 인적 보장과 물적 보장으로 나눈다.

G. Burdeau는 조직적 보장과 미조직적 보장으로 나눈다. 조직적 보장이란 재판 등 사법적 보장과 같은 제도화된 보장을 말하며, 미조직적 보장은 저항권처럼 아직 제도화되지 않은 보장을 말한다.

허영 교수는 헌법보호를 하향식 헌법침해에 대한 보호수단과 상향식 헌법침해에 대한 보호수단으로 나눈다. 하향식 헌법침해에 대한 보호수단은 국가권력에 의한 헌법침해에 대한 보호로 ① 헌법개정권력에 대한 헌법의 보호(경성 및 한계규정), ② 기타 국가권력에 대한 헌법의 보호(헌법소송제도, 권력분립제도, 국민소환제도), ③ 헌법보호수단으로서의 저항권을 들고, 상향식 헌법침해에 대한 보호수단은 비권력주체에 의한 헌법침해에 대한 보호로 ① 헌법내재적 보호수단(기본권실효제도, 위헌정당해산제도 등), ② 헌법외적 보호수단(법률상의 헌법보호수단)으로 형사법적, 행정법적 보호수단을 들고 있다.

김철수 교수는 헌법보장을 ① 정치적 보장(권력분립과 권력의 견제제도), ② 사법적 보장(사법적 절차에 의한 보장), ③ 선언적 보장(헌법의 최고규범성, 헌법수호의무, 경성헌법의 선언), ④ 미조직적 보장(자연법적 초헌법적 국가긴급권의 행사, 저항권)으로 구분한다.

권영성 교수는 ① 평상적 헌법수호제도(사전예방적, 사후교정적 헌법수호제도)와 ② 비상적 헌법수호제도로 나누고 있다.

Ⅲ. 헌법보호의 방법

헌법보호에 관한 학자들의 분류유형을 참고하여 평상시의 보호와 비상시의 헌법보호, 정치적 보호와 사법적 보호로 유형을 나누어 고찰하는 것이 의미가 있다,

1. 평시의 보호와 비상시의 보호

(1) 평시의 보호제도

평상시의 헌법보호제도는 ① 사전적·예방적 보호제도로 헌법의 최고법규성 선언, 공무원의 선서, 권력분립주의, 공무원의 정치적 중립성을 들 수 있고, ② 사후적·교정적 보호제도로 위헌법령심사제, 탄핵심판제도, 위헌정당해산제도, 헌법소원제도, 기본권상실제도 등을 들 수 있다.

(2) 비상시의 보호

비상시의 헌법보호제도로는 ① 국가의 긴급권으로서의 긴급명령, 계엄 등과 ② 국민의 긴급권인 저항권을 들 수 있다.

2. 정치적 보장과 사법적 보장

정치적 보호제도로는 권력분립주의, 양원제도, 공무원의 정치적 중립성, 국민투표제도, 정당해산제도, 비상대권 등을 들 수 있고, 사법적 보호제도로는 위헌법률심사제, 탄핵심판제, 위헌정당해산제, 위헌·위법의 명령·규칙·처분심사제, 형사절차에 의한 헌법보장, 위험인물의 기본권상실제도 등을 들 수 있다.

Ⅳ. 헌법의 수호자

1. 헌법의 수호자논쟁(누가 헌법의 수호자인가?)

독일에서는 Schmitt와 Kelsen의 논쟁이 있다. Schmitt는 헌법을 실현하고 헌법적 권력행사를 효과적으로 제한할 수 있는 기능을 가진 국가기관을 바로 헌법의 수호자로 보고, 대통령(국민에 의하여 선출된 중립적 권력)을 유일한 수호자로 보고 있다.

Kelsen은 대통령 · 의회 · 헌법재판소를 헌법수호자로 보고 있다. 헌법의 규범력을 최종적으로 담보하는 헌법해석기관에 의해서 헌법의 수호가 이루어지는 것으로 보아 헌법재판소를 헌법수호자로 강조하고 있다.

한편 영국에서도 헌법의 수호자논쟁이 있는데 Keith는 영국의 국왕을, Laski는 내각을 수호자로 보고 있다.

2. 헌법의 1차적 수호자로서의 공무원

모든 국가기관과 그 공무원은 1차적으로 헌법수호의 책무를 진다. 특히, 공무원의 헌법준수의무를 명문으로 규정하고 있는 헌법도 많다(일본헌법 제99조, 미국 연방헌법 제6조 제3항). 우리 헌법도 대통령에게 명문으로 헌법수호책무를 규정하고 있다. 즉, "대통령은 국가의 독립 · 영토의 보전 · 국가의 계속성과 헌법을 수호할 책무를 진다"고 규정하고 있다(제66조 제2항). 헌법재판을 담당하는 헌법재판소는 헌법상 법적 최고의 헌법보호기관이라고 할 수 있다.

3. 최후의 수호자로서의 국민

의회 · 정부 · 법원 등의 국가기관과 공무원의 헌법수호의 책무도 1차적으로 중요하지만, 헌법수호의 문제는 궁극적으로는 국민주권의 원리와 밀접한 관련이 있으며, 국민이 헌법의 최종적인 수호자라는 것은 국민이 주권자라는 원리의 다른 표현에 지나지 않는다. 국민은 선거, 국민투표, 청원, 각종의 재판청구권 등의 통상의 보호수단과, 저항권과 같은 비상의 보장수단을 가진다.

제2절 국가긴급권

Ⅰ. 국가긴급권제도 일반론

1. 국가긴급권의 의의

(1) 개 념

전쟁·내란·경제공황·대규모의 자연재해 등과 같이 평상시의 입헌주의적 기구로서는 대처할 수 없는 국가비상사태가 발생한 경우에 국가의 존립과 헌법질서를 보전하기 위하여 특정한 국가기관에 인정되는 긴급한 조치를 취할 수 있는 비상·예외적 권한을 말한다. 이러한 비상적 위기를 극복하기 위한 정부체제를 위기정부(Crisis Government) 또는 긴급사태정부라고 한다.

(2) 국가비상사태와 헌법의 장애상태의 구별

국가긴급권이 발동될 수 있는 국가비상사태와 헌법장애상태는 구별되어야 한다. 헌법장애상태는 대통령의 궐위 등 헌법기관의 자체고장으로 인하여 기능이 장애상태를 초래당한 경우를 말하며, 헌법장애 상태시에는 긴급권 발동은 긴급권의 남용에 해당하므로 불가능하다.

2. 국가긴급권의 유형

(1) 위기정부의 성격에 따른 분류(긴급권의 기능에 따른 분류)

1) 집행(행정)형 긴급권

폭동·난동·적의 침공 등으로 인한 위기에 대처하기 위하여 기본권을 정지하고 집행권을 강화하는 방법이다. 계엄, 군사적 독재 등을 예로 들 수 있다.

2) 입법형 긴급권

위기에 대처하기 위하여 의회가 행정부에 입법권을 위임하여 위기입법을 신속히 다루게 하려는 방법이다. 긴급입법권의 위임, 수권법 등을 예로 들 수 있다.

3) 절충형 긴급권

행정형과 입법형을 절충·병합한 방법이다. 비상사태에 있어서 내각독재, 대통령독재, 전시내각 등을 예로 들 수 있다.

(2) 헌법상의 근거유무를 기준으로 한 분류

1) 합헌적 긴급권

① 개 념

헌법 자체가 국가적 비상사태를 예상하여 일정한 비상사태가 발생한 경우에는 입헌주의를 일시적으로 정지하고, 특정의 국가기관에게 일정한 조건하에 독재적 권력행사를 인정하는 국가긴급권으로, 입헌적 독재, 위임적 독재(C. Schmitt), 제도적 긴급권이라고도 한다.[2)]

② 합헌적 국가긴급권을 제도화하는 근거

평상시의 법치주의적 기구는 국가적 위기에 적절히 대응할 수 있는 기능을 가지고 있지 못하다. 예외적인 비상적 수단이 요구되는 상황을 예측할 수 있다면, 합법적인 제도로서 헌법에 규정하여 두는 것이 헌법을 유린하지 않고 평상시체제를 비상시체제로 전환할 수 있으므로 합목적적이다. 합헌적인 국가긴급권을 인정하는 대신, 그 발동의 조건·기한·방식 등을 규정함으로써 긴급권의 남용을 방지할 수 있다.[3)]

2) 초헌법적 긴급권

① 개 념

극도의 비상사태에 있어서의 헌법의 일체의 틀이나 수권을 초월한 비법의 독재정치의 권한으로 초입헌적 독재, 주권적 독재(C. Schmitt), 헌법유월적 국가긴급권(Thoma)이라고도 한다.

② 인정 여부

(ⅰ) 부정설

i) 초헌법적 긴급권은 헌법을 파괴하거나 침해하는 것으로 어떠한 긴급상황하에서도 정당화될 수 없을 뿐만 아니라 그것은 불법이라고 본다(H. Kelsen, H.

---

2) 국가긴급권을 긴급의 정도에 따라 입헌주의적 임시조치권(평상시의 상태를 유지한 채로 비상사태에 대응하기 위한 임시적인 조치를 취하는 권한으로, 양원제국가에서의 참의원의 긴급집회, 긴급명령이나 긴급재정처분 등을 들 수 있다), 초입헌주의적 비상조치권(헌법자체가 보다 긴박한 비상사태를 예정하고 입헌주의를 일시적으로 정지하여 일정조건하에서 독재적 권력행사를 인정하는 것으로 비상독재권과 계엄제도를 들 수 있다), 초헌법적인 국가긴급권으로 나누는 견해가 있는 바(김철수, 학설·판례 헌법학(상), 박영사, 2008, 85-86면), 입헌주의적 임시조치권과 초입헌주의적 비상조치권은 합헌적 국가긴급권으로 분류할 수 있다.

3) 권영성, 헌법학원론(2010년판), 법문사, 2010, 70면.

Nawiasky).

ii) Meyer－AnSchutz도 '근대의 입헌국가나 법치국가에 있어서는 자연법의 기반 위에 발생한 긴급권의 개념은 이미 그 존재의의를 가지지 않는다'고 하고 있다.

(ii) 긍정설

i) 극한상황에 있어서 초헌법적 국가긴급권은 법리에 의해서가 아니라, 그 독자의 논리에 의하여 정당화될 수 있다(C. Schmitt, K. Hesse).

ii) Jhering은 '권력은 법을 희생하고서도 긴급상태에 있어서는 생명을 구하여야 한다. 국가권력은 긴급에 처하여 법을 파괴할 긴급권을 가지며, 그 행사는 허용될 뿐 아니라 행사되지 않으면 안 된다' 하고 있다.

(iii) 결 어

i) 입헌주의 또는 법치주의를 고집한다면 초헌법적인 긴급권은 허용될 수 없을 것이나, 전쟁이 발발한 경우와 같은 극한 상황에서 다른 헌법적인 조치를 취한 후 최후적으로 합목적적으로 정당화될 수 있겠다(다수설).

ii) 이러한 초헌법적 국가긴급권이 인정되는 것은 법적 논리가 아니라, Jellinek의 이른바 '사실의 규범력'에 의한 것이라고 볼 수 있다.

(3) 발동시기를 기준으로 한 분류(시간적 관점)

1) 사전예방적 긴급권

비상사태가 발생할 우려가 있을 때에 이를 예방하기 위하여 발동하는 긴급권이다. 1972년 유신헌법상의 긴급조치권은 사전예방조치를 위해서도 발동될 수 있었다.

2) 사후진압적 긴급권

비상사태가 발생한 연후에 발동하는 긴급권으로 계엄을 대표적인 예로 들 수 있다.

(4) 법계를 기준으로 한 분류

1) 영미법계형

헌법이 아니라 개별입법으로 국가긴급권을 인정하는 유형으로 의회나 법원의 통제를 강하게 받을 수 있다.

2) 대륙법계형

헌법에 명문으로 제도화하고 있는 유형으로 의회나 법원에 의한 통제가 미약하다.

3. 국가긴급권의 발동의 한계

(1) 목적적 한계

국가의 존립, 입헌주의체제의 유지, 국민의 기본적 자유와 권리를 방어하기 위한 것이어야 한다(소극성의 원칙). 적극적 변혁을 위한 목적으로 국가긴급권을 사용할 수 없다.

(2) 시간적 한계

국가긴급권은 비상사태에 대응하기 위한 일시적 · 임시적인 것이어야 한다. 왜냐하면 긴급사태의 영속화는 입헌주의체제를 사실상 배제하기 때문이다(잠정성의 원칙).

(3) 상황적 한계

통상의 헌법절차로는 처리할 수 없는 비상사태가 발생하고, 긴급권의 발동이 절대 필요한 것으로 객관적인 인식이 있어야 한다(객관성 · 보충성의 원칙).

(4) 내용적 한계

최소한의 기본권침해를 내용으로 하는 것이어야 하고, 부득이 기본권을 제한하는 경우에도 과잉금지의 원칙이 존중되어야 한다(최소성의 원칙).

4. 국가긴급권의 통제

남용을 방지하기 위한 일정한 제도적 장치가 필요하다. 긴급권의 목적 · 조건 · 내용 · 절차 · 효과 등을 헌법이나 법률에 명문화하여 통제할 필요가 있다. 그러나 가장 중요한 통제는 국민의 호헌의식이다.

Ⅱ. 한국헌법과 국가긴급권(자세한 내용은 통치구조론의 대통령의 권한에서 다룸)

1. 국가긴급권제도의 변천

(1) 건국헌법

대통령의 계엄선포권, 긴급명령권 및 긴급재정처분권을 규정하고 있었다. 6.25 사변도 있고 불안한 정정 속에서 빈번하게 사용되었다.

(2) 1960년 헌법(제2공화국헌법)

긴급명령권을 삭제하였다.

(3) 1962년 헌법(제3공화국헌법)

계엄선포권, 긴급재정경제처분 · 명령권, 긴급명령권을 인정하고 있었다. 1971년 12월 대통령이 헌법상 근거가 없는 위헌적 비상사태를 선포하였다.

(4) 1972년 유신헌법(제4공화국헌법)

대통령의 계엄선포권, 긴급조치권을 인정하고 있었다. 긴급조치권은 사후진압적 수단뿐만 아니라 사전예방적 비상조치도 가능하다는 점, 국회 통고사항이라는 점(승인불요), 국민의 기본권 잠정정지 및 정부나 법원의 권한에 대한 특별조치가 가능하다는 점, 긴급조치를 사법심사대상에서 제외했다는 점에서 유례없는 강한 국가긴급권이었다.

(5) 1980년 헌법(제5공화국헌법)

계엄선포권, 비상조치권을 인정하고 긴급조치는 폐지하였다. 비상조치에는 사법심사대상에서 제외한다는 규정이 없었다.

(6) 1987년 헌법(현행헌법)

비상조치권을 폐지하고 계엄선포권, 긴급명령권, 긴급재정경제명령 · 처분권을 인정하고 있다.

2. 현행헌법에 규정된 국가긴급권제도

현행헌법은 제77조에서 계엄선포권을, 제76조에서 긴급명령권, 긴급재정경제명령・처분권을 인정하고 있다.

제3절 저 항 권

Ⅰ. 저항권의 의의

1. 개 념

저항권(抵抗權, Widerstandsrecht, right of resistance, droit de la resistance, ius resisistendi)은 그 의미를 넓은 의미로 파악하느냐 협의로 파악하느냐에 따라 다르고, 시간과 장소에 따라 달리 이해될 수 있는 다의적 개념으로서, 오늘날에도 그 개념에 대해서는 다양한 견해들이 제시되고 있다.

저항권을 넓은 의미로 파악하는 경우에는 '압제자에 반항하는 모든 합법적・비합법적 저항행위'를 총칭한다. 이 경우에는 헌법・법률 등에 규정된 구제수단뿐만 아니라 폭군살해, 혁명 등도 포함하게 된다. 현대 민주국가헌법 이전의 저항권 개념은 대체로 이러한 광의의 저항권을 의미하였고, 특히 근대의 저항권은 국민주권주의와 자연법사상에 의거한 혁명권을 의미하였는데, 거기에는 구체제를 개혁하려고 하는 시민혁명의 이데올로기가 내포되어 있었다. 이러한 개념은 저항권을 기존 실정법질서에 대한 부정으로 개념짓는 견해를 포함하게 된다.

그러나 시민혁명이 성공하고 입헌민주체제가 확립된 현대 민주주의 국가에서는 그 체제를 변혁하려는 혁명 등은 인정할 수 없으므로 저항권의 개념에서 혁명 등은 제외되고 저항권을 현존법질서의 수호적 개념으로 보는 견해가 지배적으로 되었다. 즉 다수의 학자들은 저항권을 불법적 권력행사에 대해 기존 헌법적 가치질서의 수호를 위한 최후의 수단으로 이해하고 새로운 개선된 질서의 실천을 의미하는 것이 아니라고 본다. 독일 연방헌법재판소가 "단지 보수적인 의미에서만(im konservierenden sinne), 즉 헌법질서의 유지 또는 회복을 위한 헌법보장수단으로서만 인정될 수 있다"고 한 것은 현존 법질서의 수호적 개념으로 파악한 대표적인 것이라 하겠으며, 독일에서는 저항권을 이와 같이 이해하는 것이 보통이다. 일본이나 우리나라의 학자들도 대체로 이와 같은 개념으로 저항권을 파악하고 있다. 즉 저항권을 다양한 각도에서 다양한 유형으로 고찰이 가능하지만, 우리가 고찰의 대상으로 하는 헌법상의 저항권은 대체로 민주헌법하에서 헌법질서의 유지 또는 회복을 위한 최후수단으로서의 국민의 권리로 인식되고 있다. 물론 이러한 저항권개념이 현대 법치국가 하에서 이론적으로 가능한가 내지 실효성이 있는가에 대해서는 논의가 있다.

판례 저항권의 개념과 행사요건

저항권은 국가권력에 의하여 헌법의 기본원리에 대한 중대한 침해가 행하여지고 그 침해가 헌법의 존재 자체를 부인하는 것으로서 다른 합법적인 구제수단으로는 목적을 달성할 수 없을 때에 국민이 자기의 권리 · 자유를 지키기 위하여 실력으로 저항하는 권리이므로, 국회법 소정의 협의 없는 개의시간의 변경과 회의일시를 통지하지 아니한 입법과정의 하자는 저항권 행사의 대상이 되지 아니한다.

헌재 1997. 9. 25. 97헌가4

2. 구별개념

(1) 혁명과 저항권의 관계

저항권을 현존 법질서의 유지 · 회복을 위한 수단으로 보게 되면 혁명은 저항과 구별되지 않을 수 없다. 혁명은 일반적으로 비합법적 방법으로 기존질서를 파괴하고 새로운 사회질서를 창조하는 행위로 보고 있다. 법치국가적 토대가 갖추어진 현대국가에 있어서 혁명은 이론상 긍정되기 어렵지만, 현대국가하에서도 저항이 혁명적 성격을 가지는 경우는 볼 수 있다. 예를 들어 헌법이 형식적으로는 효력을 가지고 있으면서도 실질적으로는 전혀 형해화 하여 그 제원리가 현실의 국가권력에 의해서 완전히 무시되는 것과 같은 극단적인 경우에는 실정헌법 질서에 대한 저항권은 혁명권적인 성격을 가지게 된다.

그러나 대부분의 학자들은 저항권과 혁명을 구별하고 있다. 우리나라의 학자들도 대체로 혁명권의 행사는 헌법적 질서의 변혁을 그 목적으로 하지만, 저항권의 행사는 헌법적 질서의 존중 내지 유지를 그 동인(動因)으로 한다는 점에서 구별될 수 있는 것으로 보고 있다.

(2) 시민불복종권과 저항권과의 관계

시민불복종(Civil Disobedience)은 미국판 저항권이론이라고 할 수 있다. 본래 의미의 저항권이 합법적 구제수단이 없는 최후의 상황에서 인간의 존엄성과 헌법질서의 수호를 위해 행사되는 긴급권적인 성격을 띠고 있는 반면, 시민불복종은 이러한 저항상황에는 물론 단순히 정의에 반하는 내용의 개별법령이나 정책이 시행되는 경우에도 행사할 수 있고, 이 점에서 원칙적으로 비폭력적 방법으로 행사하는 것을 예정하고 있다는 점에서 양자는 구별될 수 있다. 물론 저항권의 행사도 과잉금지원칙의 적용을 받는다고 보면 가능하면 평화적인 방법을 선택할 것이 요구되지만, 저항권의 긴급권적 성격으로 인하여 목적달성을 위하여 폭력적 방법으로 행사되는 경우가 필연적으로 예견되어 있다(긴급성, 폭력적 방법, 보충성 등에서 구별). 시민불복종은 전체 법질서의 정당성은 긍정하면서 자신의 양심에 비추어 개별법령이나 정책이 부정의하다고 판단될 때 행사할 수 있다.

이렇게 볼 때 시민불복종권은 상황에 따라 저항권을 포괄하는 넓은 개념으로 사용될 수 있지만(특히 Thoreau의 정의 참조), 미국에서 논의되는 시민불복종권은 비교적 미국이 안정된 민주사회를 누리고 있는 관계로 긴급권적인 본래의 저항권보다는 현실적으로 예방적, 사전적, 비폭력적인 방법에 더 중점이 두어지고 있다고 볼 수 있다. 이 점에서 헌법내적인 저항권 내지 예방적 저항권의 성격을 가지는 반대의 자유와 그 기능면에서 큰 차이가 없다. 그러나 반대의 자유는 그러한 자유가 있는 곳에서 이러한 자유권을 행사함으로써 저항상황이 나타나지 않도록 하는 기능을 하지만, 시민불복종은 반대하고 비판할 자유가 없는 곳에서 그러한 자유를 획득하기 위한 저항상황에서도 인정된다는 점에서 구별되는 개념이다.

(3) 국가긴급권과 저항권과의 관계

불법적 권력행사에 대해 기존 헌법적 가치질서의 수호를 위한 최후의 수단인 저항권도 극한상황에 대처하는 일종의 긴급권이라는 점에서 국가긴급권과 비슷한 논리구조를 가지고 있다. 즉 양자는 그 유형, 근거, 제도화 및 한계의 점에서 유사한 논리구조를 가지고 있다. 그러나 양자는 목적, 행사상황, 주체의 면 등에서 차이점이 있다

1) 국가긴급권은 국가의 존립과 안전이 위협을 받는 국가적 위기상황에서 발동되는 국가의 자구행위(自救行爲)로 주체는 정부 또는 대통령이다. 반면, 저항권은 민주적·법치국가적 위기 또는 기본권보장체계에 대한 위기가 발생한 경우에 국민이 행사하는 국민의 권리이다.

2) 국가긴급권의 역사적 배경은 근대 주권국가 건설도상에 있어서의 국권주의(國權主義)이며, 저항권은 근대시민사회의 탄생에 따른 민주주의의 근본이라는 점에서 구별된다.

3) 헌법을 소위 '권력과 자유의 조화적 기술'로 파악한다면 국가긴급권과 저항권은 권력(국가긴급권)과 자유(저항권)의 대항관계에 놓여 있다고 볼 수 있다. 통치체계의 극한상황으로서의 국가긴급권은 '위로부터 아래로'의 헌법수호수단이며, 인권체계의 극한상황으로서의 저항권은 '아래로부터 위로'의 헌법수호수단이라고 할 수 있다.

4) 양자는 헌법규범과 헌법현실이, 실정법과 자연법이 가장 예리한 긴장관계를 보이는 접점에 위치해 있고, 양자의 상관관계에 대한 고찰은 다분히 법철학적인 면을 지니고 있으나, 오늘날의 민주사회에 있어서는 국가긴급권도 저항권도 인권보장이라는 국가최대목적에 봉사하지 않으면 안 될 것이다.

Ⅱ. 저항권의 연혁과 입법례

1. 저항권사상의 연혁

연혁적으로 저항권은 서양의 폭군방벌론과도 연결된다. 그리스시대 소포클레스(Sopocles)의 희곡 'Antigone'에는 폭군을 살해하는 것을 찬미하고 있다. 동양에서는 맹자(孟子)의 '역성혁명론'(易姓革命論)이 저항권과 연결될 수 있다. 그러나 근대적 의미의 저항권이론은 국민의 신임을 저버릴 경우 그 위임을 되찾아올 수 있다는 로크(J. Locke)의 '위임계약설'에서 체계화되었다고 볼 수 있다.

2. 입법례

미국의 버지니아 권리장전(제3조)과 독립선언에도 저항권이 규정되어 있으며, 1789년 프랑스의 '인간과 시민의 권리선언' 제2조도 '안전과 압제에 대한 반항권'을 규정하고 있다. 프랑스에서는 1946년 헌법과 1958년 헌법은 그 전문에서 1789년의 선언을 수용함으로써 저항권을 받아들이고 있다고 해석할 수 있다. 한편, 독일에서는 법실증주의가 지배한 19세기 중엽 이후 저항권사상이 자취를 감춘 적도 있었다. 근대입헌국가의 경우에는 권리보장의 방법이 헌법의 차원에서 확립되었다는 이유로 저항권이론도 그 존재의의를 상실한 것으로 인식하고 있었기 때문이다. 그러나 1933년 이후 나치에 의한 만행을 보고 이러한 인식이 잘못되었음을 체험하였고 2차 대전 후 1946년 헷센헌법, 1947년 브레멘헌법, 1950년 베를린헌법 등에 저항권이 규정되었다. 1949년 독일기본법에는 저항권규정이 없었으나, 1968년 개헌(제17차 개헌법률)으로 저항권을 명문으로 인정하였다. 즉, "모든 독일인은 이러한 질서(민주적 · 사회적 · 연방국가적 질서)를 폐지하려고 하는 자에 대하여 다른 구제수단이 불가능한 때에는 저항할 권리를 가진다"(제20조 제4항)고 규정하고 있다.

Ⅲ. 저항권의 본질과 법적 성격

1. 본 질

저항권은 기본권의 일종이면서 헌법수호수단이다.

2. 법적 성격

저항권의 법적 성격에 대해서는 자연권설과 실정권설의 대립이 있으나, 자연권설이 다수설이다. 즉 헌법의 규정 여부를 불문하고 안정되는 자연법상의 권리이다.

Ⅳ. 저항권행사의 주체와 객체

1. 주 체

저항권을 향유할 수 있는 자는 국민이다. 개개인으로서의 국민, 단체 · 정당도 포함된다.

2. 객 체

저항권의 객체, 즉 상대방은 전통적으로 공권력담당자이다. 헌법적대적인 사회의 혁명세력도 대상이 된다고 보는 설도 있다.[4)]

Ⅴ. 저항권행사의 요건

1. 상황요건

(1) 위헌정도의 중대성

민주적 · 법치국가적 기본질서를 전면적으로 부인하는 경우일 것이어야 한다. 개개의 헌법조항에 대한 단순한 위반만으로 저항권이 발동될 수 없다.

4) 홍성방, 헌법학(상), 박영사, 2010, 82면.

(2) 불법의 명백성

공권력의 행사가 불법이라는 것이 객관적으로 명백해야 한다.

(3) 보충성 및 예비성

헌법이나 법률에 규정된 일체의 법적 구제수단이 이미 유효한 수단이 될 수 없는 경우여야 한다.

(4) 최후수단성

민주적 · 법치국가적 기본질서를 재건하기 위한 최후의 수단이어야 한다.

(5) 성공가능성 여부

성공이 가능한 경우에만 허용해야 한다는 견해(성공가능성)도 있지만(허영, Isensee), 성공가능성까지를 요구한다면 사실상 저항권의 행사는 불가능하다고 본다.

(6) 긴급성

최후보충성의 요건과 관련되는 것이지만, 본래 의미의 저항권은 그 개념 자체에 벌써 긴급성을 나타내고 있으므로 저항권행사를 긴급한 상태가 아닌 정상시에는 행사될 수 없다는 견해가 지배적이나, 저항권을 국가권력에 대한 '비판적 복종의 자세'로 이해하고 이를 수시적이고 계속적인 현상으로 이해하는 견해[5]에 따르면 상황의 긴급성은 저항권의 필수적인 요건은 아니라고 보게 된다(저항권행사요건에 대한 새로운 해석).

2. 목적요건

민주주의와 법치국가적 기본질서의 유지 또는 재건을 위한 헌법보장수단으로만 인정되고 개혁을 위한 수단으로는 이용할 수 없다(목적의 보수성).

3. 방법요건

저항권의 행사방법은 미리 법으로 정할 수는 없지만, 저항권을 행사하는 데 있어서는 평화적인 방법으로 할 것이 요청된다. 그러나 평화적인 방법으로는 공권력의 위헌 · 불법을 시정할 수 없다고 판단될 때에 한하여 필요한 모든 실력을 동원

5) 허영, 앞의 책, 88-89면.

할 수 있다. 저항권행사에 있어서도 과잉금지의 원칙은 적용되므로 목적달성에 필요한 정도에 머물러야 하고 필요 이상의 실력행사는 자제하여야 한다.[6)]

Ⅵ. 저항권행사의 효과(위법성조각사유?)

이 문제는 저항권행사가 실패했을 때 특히 제기될 수 있는 문제이다. 저항권의 행사는 기존법제의 관점에서 보면 공무집행방해, 기타 범죄의 구성요건에 해당하게 된다. 그러나 정당한 국민의 권리행사를 유죄라고 볼 수 없는 바, 저항권행사에 있어서 위법성조각의 문제가 발생한다. 정당방위설, 정당행위설, 초법규적 위법성조각사유설 등이 있다.

Ⅶ. 한국헌법과 저항권

1. 헌법적 근거 여부

우리 헌법에는 저항권에 대한 직접적인 명문규정은 없다. 다만 현행헌법의 전문에는 간접적으로 저항권을 나타내 주고 있는 "…… 불의에 항거한 4.19민주이념을 계승하고……"라는 문구가 있어서 이를 저항권에 관한 근거규정으로 볼 수도 있다. 그러나 저항권을 자연권으로 보는 한 규정의 여하는 그렇게 중요한 것은 아니다.

2. 판 례

우리나라의 대법원은 대체로 저항권 인정에 부정적인 반면, 헌법재판소는 저항권을 인정하고 저항권행사 여부를 판단하고 있는 입장이라고 하겠다.

(1) 대법원 판례

우리나라의 대법원은 저항권과 관련한 몇 개의 판결을 내고 있는데, 대체로 초실정법적인 저항권을 인정하는 데 부정적인 입장이다. 대표적인 것으로는 긴급조치위반사건(소위 '민청학련사건')에 대한 1975년 4월 8일 판결과 박대통령시해사건(10.26사태)에 대한 1980년 5월 20일 판결을 들 수 있다.

6) 권영성, 앞의 책, 80면.

판례 긴급조치위반사건

긴급조치위반사건에서 피고인 등은 그들의 행위는 민주수호행위로써 정당성이 있는 것이고 애국적 민주운동인 학생운동으로서 민주적 당위성과 역사적 진실성 있는 정당한 투쟁행위인 것이며, 또 이는 저항에 의한 행위이므로 위법성이 없다고 주장한데 대하여 대법원은 “소위 저항권에 의한 행위이므로 위법성이 조각된다고 하는 주장은 그 ‘저항권’자체의 개념이 막연할 뿐 아니라 …… 이 점에 관한 일부 극소수의 이론이 주장하는 개념을 살핀다면 그것은 실존하는 실정법질서를 무시한 초실정법적인 자연법질서 내에서의 권리주장이며 이러한 전제하에서의 권리로써 실존적 법질서를 무시한 행위를 정당화하려는 것으로 해석되는 바 실존하는 헌법적 질서를 전제로 한 실정법의 범위 내에서 국가의 법적 질서의 유지를 그 사명으로 하는 사법기능을 담당하는 재판권행사에 대하여는 실존하는 헌법적 질서를 무시하고 초법규적인 권리개념으로써 현행 실정법에 위배된 행위의 정당화를 주장하는 것은 그 자체만으로서도 이를 받아들일 수 없는 것이고……”라고 하여 저항권을 재판규범으로 원용하는 것을 부인하였다.

이 대법원판결에 대해서는 ① 저항권을 일부 극소수의 이론이라고 하나 거의 대부분의 헌법학자들은 저항권을 자연법상의 권리로 인정하고 있다는 점, ② 위의 판결은 철저한 법실증주의에 입각하고 있는데, 19세기적인 법실증주의를 오늘날에도 고집하고 있다는 것은 시대착오이며 실정법의 해석적용에도 자연법적인 원리를 도입하는 것이 중요하다는 점, ③ ‘국가의 법질서 유지를 그 사명으로 하는 사법기능’ 운운하는 부분은 오늘날 민주국가의 법원의 사명이 국민의 인권보장에 있다는 초보적인 상식에 비추어 볼 때, 우리 대법원의 전근대성을 단적으로 드러내고 있는 것이며, 법질서유지의 목적은 인권보장을 위한 것이어야 한다는 점 등의 논리를 내세워 비판하는 견해가 있으며, 독일판례와 일본판례를 비교하면서 우리나라 판례에 있어서와 같은 실정법론적인 해석론은 지양될 때가 되었다고 비판하는 견해도 있다. 생각건대 저항권을 일부 극소수의 이론이라고 하여 부정하기보다는 저항권이 자연법에 기하여 당연히 인정되는 권리라는 것을 솔직히 인정하고 피고인의 행위가 저항권의 행사요건을 갖추었느냐 여부를 판단함이 더 나았을 것이다.

대판 1975. 4. 8. 74도3323

판례 박대통령시해(10.26사태)사건

우리 대법원 판결의 논지는 1980년 5월 20일 판결(김재규 사건)에서도 유지되었다. 이 사건에서 상고인은 상고이유로 학자들에 의하여 자연법적으로 논의되어 오다가 이제 그 실정법적 근거까지 찾아볼 수 있는 등 현대헌법이론이 일반적으로 인정하고 있는 ‘저항권’은 헌법에 규정되고 있고 없음을 가림이 없이 당연히 권리로서 인정되어야 하고 자유민주주의의 헌법질서유지와 기본적 인권의 수호를 위하여 수

동적 저항이든 능동적 저항이든 폭력적 저항이든 비폭력저항이든 가리지 않고 다른 구제방법이 없을 때 최종적으로 적용되는 권리인 바, 이 사건에 있어서 ……는 그 성립과 운영에 있어서 반민주적 법질서와 반인권체제이어서 이를 회복함에 있어서는 제도적으로나 실제에 있어서 다른 합법적 구제절차가 불가능하였으므로 …… 이 사건 범행은 위 '저항권'을 행사한 경우에 해당함에도 불구하고 원심이 그 적용을 배척하였음은 저항권과 형법 제20조가 정한 정당행위에 관한 법리를 오해한 위법이 있고 그리고 이 점에 관한 대법원 1975년 4월 8일 선고, 74도 3323 판결은 변경되어야 한다는 주장을 하였다. 이에 대하여 대법원은 "…… 현대 입헌자유민주주의국가의 헌법이론상 자연법에서 우러나온 자연권으로서의 소위 저항권이 헌법 기타 실정법에 규정되어 있든 없든 간에 엄존하는 권리로서 인정되어야 한다는 논지가 시인된다 하더라도 그 저항권이 실정법에 근거를 두지 못하고 오직 자연법에만 근거하고 있는 한 법관은 이를 재판규범으로 채용할 수가 없다. 더구나 오늘날 저항권의 존재를 공인하는 학자들 사이에도 그 구체적 개념의 의미내용이나 그 성립요건에 관해서는 그 견해가 구구하며 일치된다 할 수 없어 결국 막연하고 추상적이란 말을 면할 수 없고 이미 헌법에 저항권의 존재를 선언한 몇 개의 입법례도 그 구체적 요건은 서로 다르다 할 것이니 헌법 및 법률에 저항권에 관하여 아무런 규정도 없는(소론 헌법전문 중 '4.19의거 운운'은 저항권규정으로 볼 수 없다) 우리나라의 현 단계에서 더욱이 이 저항권이론을 재판의 준거규범으로 채용·적용하기를 주저하지 않을 수 없다. 따라서 위 당원의 판례를 변경할 필요를 느끼지 아니한다 할 것이어서 원심에 관한 법리오해가 있다는 온지는 받아들일 수 없다.……"고 판시하였다.

1980년 판결을 1975년 판결과 비교해 볼 때 결과에 있어서는 동일하지만, 1975년 판결은 저항권자체를 일부 극소수의 이론으로 단정 짓고 현행 실정법에 위반된 행위의 정당화를 주장하는 것은 그 자체만으로도 받아들일 수 없다는 입장이었으나, 1980년 판결은 헌법이론상 자연법에서 우러나온 자연권으로 인정되어야 한다는 견해가 시인된다고 하더라도 실정법에 근거를 두지 못하므로 재판규범으로 적용할 수 없다고 한 점은 저항권을 극소수의 이론으로 볼 수 없음을 시인한 것이라 할 수 있다. 다만 1975년 판결과 마찬가지로 실정법에 없기 때문에 재판규범으로 적용할 수 없다고 한 점은 형식적 법실증주의가 극복된 현대에 있어서는 너무 안일한 결론이며 책임회피의 인상이 있음을 부인할 수 없다. 물론 자연법이 재판규범이 될 수 있는가라는 문제는 법철학상 중요한 논제이기는 하지만, 다수의 학설처럼 저항권은 명문규정의 유무를 떠나 자연법에 근거한 권리라는 것을 솔직히 시인하고 피고인의 행동이 저항권의 행사요건을 갖추었는가, 만일 요건을 갖추지 못했으면 보통살인인가 내란목적살인인가 등의 여부에 논의를 집중했어야 했다고 본다.

다만 이 사건에서 대법원판사 임항준 등은 다수의견에 반대하고 있다. 즉 소수의견은 "저항권의 존재를 부정할 수 없는 근거로는 우리나라의 헌법(유신헌법을 지칭함) 전문에 3.1운동의 숭고한 독립정신과 4.19의거의 이념을 계승하여……새로운 민주공화국을 건설한다고 선언하여 4.19사태가 당시의 실정법에 비추어 보면 완전한 범법행위로 위법행위임에도 불구하고 이를 우리나라의 기본법인 헌법의 전문에서 의거라고 규정짓고 그 의거의 정신을 계승한다고 선언하고 있어 위 헌법전문을 법률적으로 평가하면 우리나라 헌법은 4.19의 거사를 파괴되어 가는 민주질서를 유지 또는 옹호하려는 국민의 저항권행사로 보았다고 해석할 수밖에 없는데, 우리나라 헌법이 인정한 것으로 보여 지는 저항권을 사법적 판단에서는 이를 부정할 수 있을는지 의문이고 또 저항권이 인정되는 이상, 재판규범으로는 적용될 수 없다고 판단하여 그 실효성을 상실시킬 합리적 이유가 없다"고 하여 실정법에 근거가 없어서 재판규범으로 적용할 수 없다는 다수견해를 반박하고 있다.

대판 1980. 5. 20. 90도306

(2) 헌법재판소 판례

1) 입법과정의 하자와 저항권의 행사

판례

헌법재판소는 '노동조합 및 노동관계조정법 등 위헌제청사건'에서 국회법 소정의 협의 없는 개의시간의 변경과 회의일시를 통지하지 아니한 입법과정의 하자가 저항권행사의 대상이 되는지 여부와 관련하여 "抵抗權은 국가권력에 의하여 헌법의 기본원리에 대한 중대한 침해가 행하여지고 그 침해가 헌법의 존재 자체를 부인하는 것으로서 다른 合法的인 救濟手段으로는 목적을 달성할 수 없을 때에 국민이 자기의 권리・자유를 지키기 위하여 실력으로 저항하는 권리이므로, 국회법 소정의 협의 없는 개의시간의 변경과 회의일시를 통지하지 아니한 입법과정의 하자는 저항권 행사의 대상이 되지 아니 한다"고 판시하고 있다. 즉 저항권을 인정하되 입법과정의 하자는 저항권행사의 대상이 되지 않는다는 입장이다. 한편, 헌법재판소는 이 사건에서 "헌법의 수호자이고 인권의 보장자인 헌법재판소는 심판대상법률과 관련하여 국회 본회의에 참석하지 못한 국회의원 125명이 국회의장을 상대로 제기한 국회의원과 국회의장간의 권한쟁의 심판청구 사건에서 "피청구인(국회의장)이 …… 가결선포한 것은 청구인들(국회의원)의 법률안 심의・표결의 권한을 침해한 것이다"라는 취지의 결정을 한 바 있는 헌법재판소 판례(헌재 1997. 7. 16. 96헌라2)를 인용하고 있다.

헌재 1997. 9. 25. 97헌가4

2) 기타 저항권 관련 판례

판례 헌법소원심판청구가 취하되면 헌법소원심판절차가 종료되는지 여부

이 사건의 청구인들은 이른바 5·18 사건과 관련하여 청구외 전○환 외 23명을 내란, 내란목적살인, 반란 등의 혐의로 고소하였으나 검사의 불기소처분이 내려지자 검찰청법상의 항고 재항고를 거쳐 검사의 불기소처분에 대한 헌법소원을 제기하였고, 심판선고일 전에 심판청구를 취하한 사건인데 이 사건에서 헌법재판소는 각하결정 대신 이 사건 헌법소원심판절차는 청구인들의 심판청구의 취하로 1995. 12. 14. 종료되었다는 심판종료선언을 하고 이례적으로 이유를 상세히 설명하고 있다. 이 사건에서 헌법재판소는 "내란행위에 의하여 창출된 제5공화국의 질서가 국민의 저항으로 더 이상 유지되지 못하고……"라고 판시하여 저항권을 인정하는 입장을 보이고 있다. 헌재 1995. 12. 15. 95헌마221·233·297(병합)

판례 국가보위에관한특별조치법 제5조 제4항 위헌제청 사건

국가보위에관한특별조치법(이미 폐지된 법률)은 제5조 제4항에서 "대통령은 동원대상지역 내의 토지 및 시설의 사용과 수용에 대한 특별조치를 할 수 있다. 이에 대한 보상은 징발법에 준하되 그 절차는 대통령령으로 정한다"라고 규정하고 있는데, 이와 관련하여 헌법재판소는 위 특별조치법은 초헌법적인 국가긴급권을 대통령에게 부여하고 있다는 점에서 이는 헌법을 부정하고 파괴하는 반입헌주의, 반법치주의의 위헌법률이고, 국가긴급권 발동(비상사태선포)의 조건을 규정한 위 특별조치법 제2조의 "국가안전보장에 대한 중대한 위협에 효율적으로 대처하고 사회의 안녕질서를 유지하여 국가를 보위하기 위하여 신속한 사태대비조치를 취할 필요가 있을 경우"라는 규정내용은 너무 추상적이고 광범위한 개념으로 되어 있어 남용·악용의 소지가 매우 크므로 기본권 제한법률 특히 형벌법규의 명확성의 원칙에 반하고 그럼에도 불구하고 국회에 의한 사후통제장치도 전무하다는 점에서 비상사태선포에 관한 위 특별조치법 제2조는 위헌·무효이고, 이 사건 심판대상 법률조항을 포함하여 비상사태선포가 합헌·유효인 것을 전제로 하여서만 합헌·유효가 될 수 있는 위 특별조치법의 그 밖의 규정은 모두 위헌이라고 판시하고 있다. 여기서 헌법재판소는 "국가긴급권의 인정은 국가권력에 대한 헌법상의 제약을 해제하여 주는 것이 되므로 국가긴급권의 인정은 일면 국가의 위기를 극복하여야 한다는 필요성 때문이기는 하지만 그것은 동시에 권력의 집중과 입헌주의의 일시적 정지로 말미암아 입헌주의의 그 자체를 파괴할 위험을 초래하게 된다. 따라서 헌법에서 국가긴급권의 발동기준과 내용 그리고 그 한계에 관해서 상세히 규정함으로써 그 남용 또는 악용의 소지를 줄이고 심지어는 국가긴급권의 과잉행사 때는 저항권을 인정하는 등 필요한 제동장치도 함께 마련해 두는 것이 현대의 민주적인 헌법국가의 일반적인 태도이다"라고

판시하여 저항권의 존재가치를 분명히 하고 있다. 헌재 1994. 6. 30. 92헌가18

제4절 방어적 민주주의

Ⅰ. 개 념

방어적 민주주의란 민주주의의 이름으로 민주주의 그 자체를 공격하거나 자유의 이름으로 자유 그 자체를 말살하려는 헌법질서의 적을 효과적으로 방어하고 그와 투쟁하는 민주주의를 말한다. 투쟁적 내지 전투적 민주주의라고도 한다,

본질상 민주주의의 적에 대한 소극적 방어에 그치고 그에 대한 적극적 공격은 부인된다.

Ⅱ. 방어적 민주주의의 수용배경

"자유의 적에게는 자유가 없다"는 생 쥐스트(Saint Just)에게서 사상적 기원을 찾을 수 있지만, 현대적 의미의 방어적 민주주의론은 민주주의의 상대주의적 가치중립성에 대한 자제론 내지 한계이론으로 1930년대 독일에서 등장하였다(칼 뢰벤슈타인, 칼 만하임). 1930년대(바이마르 공화국시대)의 다수설이었던 상대주의적 민주주의론은 민주주의를 형식적 원리로만 이해하여 민주주의를 '다수에 의한 의사결정'(H. Kelsen)이라는 형식적 원리로만 인식하고 민주주의의 불가침적 내용이나 진정한 가치에 관해서는 무관심하였다(가치관의 중립). 이러한 이론으로 인하여 헌법수호가 충분하지 못하게 되고 그 결과 과격주의자들에 의한 바이마르 공화국의 붕괴로 이어지는 과도기에 민주주의가 자기 스스로 존립을 유지하기 위해서는 민주주의의 가치상대주의적 관용을 지양하고 자구책을 강구하기에 이르렀다(관용의 한계 인정). 방어적 민주주의의 인정은 가치구속주의의 반영이며 다원주의의 한계를 인정하는 것이다.[7)]

---

7) 독일에서 방어적 민주주의와 관련한 판례로는 ① 사회주의국가당(SRP) 위헌판결(1952), ② 독일공산당(KPD) 위헌판결(1956), ③ 군인판결(1970), ④ 도청판결(1970), ⑤ 급진주의자판결(1975) 등이 있다.

Ⅲ. 방어적 민주주의의 입법례

1. 위헌정당해산제도

헌법적대적이고 반민주적 정당을 일정한 헌법소송절차를 거쳐 강제해산시키는 제도이다.

2. 기본권상실제도

특정인이나 특정조직이 헌법적 질서를 파괴하기 위하여 오도된 목적으로 기본권을 악용하는 경우에, 헌법재판에 따라 헌법상 보장된 일정한 기본권을 그들에 한하여 상실시킴으로써 헌법적 질서의 적으로부터 헌법을 수호하려는 제도이다. 독일기본법 제18조는 "표현의 자유, 특히 출판의 자유, 교수의 자유, 집회의 자유, 결사의 자유, 신서 · 우편 · 전신 · 전화의 비밀, 재산권 또는 망명자비호권을 자유민주적 기본질서를 공격하기 위하여 남용하는 자는 이러한 기본권을 상실한다. 상실과 그 정도는 연방헌법재판소에 의하여 선고된다"고 규정하고 있다.

Ⅳ. 방어적 민주주의의 성격과 기능

특히, 정당 등 정치세력에 의한 민주적 기본질서 침해를 저지하는 기능을 수행하여 중요한 헌법보호의 수단이 된다.

국가권력의 통제는 자유의 보장의 관점에서 가치구속의 최소화, 정당 활동의 최대한 보장을 인정하면서, 정당의 목적과 활동상의 최소한의 의무를 부과하여 기본권의 제한을 수권(授權)하기도 한다(이중성).

민주국가에서 헌법의 최고법규성과 규범성을 보장하기 위하여 헌법에 대한 적대적 시도로부터 헌법을 사전예방적으로 수호하는 기능을 한다.

Ⅴ. 방어적 민주주의의 한계

1. 민주주의는 "기본권보장을 위한 수단"에 불과하다. 즉, 자기목적적인 원리가 아니다. 민주적기본질서의 방어를 위해, 기본권보장 등 다른 헌법의 근본원리를 침해하여서는 안 된다. 민주적 기본질서를 방어한다는 미명하에 민주주의의 본질을 침해해서는 안 된다.

2. 방어적 민주주의에도 과잉금지원칙이 적용된다(제37조 제2항).

Ⅵ. 우리 헌법과 방어적 민주주의

1. 방어적 민주주의가 반영된 규정

① 국가형태와 국민주권주의(제1조), ② 위헌정당 강제해산제도(제8조 제4항), ③ 기본권의 제한사유(제37조 제2항) 등을 들 수 있다. 특히, 민주적 기본질서는 제37조 제2항의 기본권 제한 사유 중 "국가안보"에 해당한다고 본다.

2. 판 례

위헌정당해산사례는 1건이 있다. 헌법재판소와 법원은 국가보안법 위반사건에서 자유민주주의를 헌법의 최고 이념으로 규정하면서 이를 수호하기 위한 수단으로서의 방어적 민주주의론을 수용하고 있다고 보아야 한다(방어적 민주주의를 전제로 한 한정합헌결정).[8)]

판례 집시법상 민주적 기본질서에 위배되는 집회 또는 시위 금지 및 처벌

헌법의 민주적 기본질서에 위배되는 집회 또는 시위를 금지하고 이에 위반한 자를 형사처벌하는 구 집시법 제3조 제1항 제3호 및 구 집시법 제14조 제1항 본문 중 제3조 제1항 제3호 부분이 집회의 자유를 침해하는지 여부가 다투어진 사건에서 헌법재판소는 "이 사건 제3호 부분은 6. 25. 전쟁 및 4. 19. 혁명 이후 남북한의 군사적 긴장 상태와 사회적 혼란이 계속되던 상황에서 우리 헌법의 지배원리인 민주적 기본질서를 수호하기 위한 방어적 장치로서 도입된 것으로 정당한 목적 달성을 위한 적합한 수단이 된다. 그러나 이 사건 제3호 부분은 규제대상인 집회·시위의 목적이나 내용을 구체적으로 적시하지 않은 채 헌법의 지배원리인 '민주적 기본질서'를 구성요건으로 규정하였을 뿐 기본권 제한의 한계를 설정할 수 있는 구체적 기준을 전혀 제시한 바 없다. 이와 같은 규율의 광범성으로 인하여 헌법이 규정한 민주주의의 세부적 내용과 상이한 주장을 하거나 집회·시위 과정에서 우발적으로 발생한 일이 민주적 기본질서에 조금이라도 위배되는 경우 처벌이 가능할 뿐 아니라 사실상 사회현실이나 정부정책에 비판적인 사람들의 집단적 의견표명 일체를 봉쇄하는 결과를 초래함으로써 침해의 최소성 및 법익의 균형성을 상실하였으므로, 이 사건 제3호 부분은 과잉금지원칙에 위배되어 집회의 자유를 침해한다"고 판시하였다.

헌재 2016. 9. 29. 2014헌가3 등

---

8) 헌재 1991. 3. 11. 91헌마21; 대판 1992. 8. 18. 92도1244; 대판 1992. 8. 14. 92도121; 대판 1998. 7. 24. 98도1395; 헌재 1990. 4. 2. 89헌가113; 헌재 2004. 8. 26. 2003헌바85·1029(병합); 헌재 1997. 1. 16. 92헌바6 등(병합); 헌재 2003. 5. 15. 2000헌바66 등 참조.

판례 위헌정당해산심판제도의 의의(통합진보당 해산심판)

"정당해산심판제도는 정부의 일방적인 행정처분에 의해 진보적 야당이 등록취소되어 사라지고 말았던 우리 현대사에 대한 반성의 산물로서 제3차 헌법 개정을 통해 헌법에 도입된 것이다. 우리나라의 경우 이 제도는 발생사적 측면에서 정당을 보호하기 위한 절차로서의 성격이 부각된다. 따라서 모든 정당의 존립과 활동은 최대한 보장되며, 설령 어떤 정당이 민주적 기본질서를 부정하고 이를 적극적으로 공격하는 것으로 보인다 하더라도 국민의 정치적 의사형성에 참여하는 정당으로서 존재하는 한 헌법에 의해 최대한 두텁게 보호되므로, 단순히 행정부의 통상적인 처분에 의해서는 해산될 수 없고, 오직 헌법재판소가 그 정당의 위헌성을 확인하고 해산의 필요성을 인정한 경우에만 정당정치의 영역에서 배제된다. 그러나 한편 이 제도로 인해서, 정당활동의 자유가 인정된다 하더라도 민주적 기본질서를 침해해서는 안 된다는 헌법적 한계 역시 설정된다."[9) 헌재 2014. 12. 19. 2013헌다1

9) 통합진보당 해산결정에서 헌법재판소는 정당 활동의 한계와 관련하여 "…… 어떤 정당이 앞서 본 민주적이고 자율적인 정치적 과정 자체를 거부하면서 민주주의의 근본적인 이념을 부정하는 등 폭력적이거나 억압적 혹은 자의적인 지배를 통해 전체주의적인 통치를 추구할 경우에는 이러한 정당이 권력을 장악하여 민주주의 체제의 근본토대를 허물어뜨릴 위험이 발생할 수 있다. 정당은 여타 단체들과 달리 정치권력을 장악하는 것을 목적으로 하며, 국정 운영의 주도권을 쥐고 자신의 정치적 계획을 현실 속에서 실현하고자 하는 속성을 가지는 법이다. 파시즘과 전체주의에 경도된 정당이 민주적 지지를 얻고 집권한 후 숭고한 인간성을 말살하고 인류의 보편적 가치를 훼손했던 지난 세기의 경험과, 그러한 비정상적인 지배로부터 벗어나 다시금 민주주의 체제를 건설하기까지 오랜 시간과 노력, 사회적 희생이 있었다는 역사적 교훈을 쉽게 잊어서는 안 될 것이다. 따라서 그들이 이 민주주의 체제를 공격함으로써 이를 폐지하거나 혹은 심각하게 훼손시켜 그것이 유명무실해지도록 만드는 것을 사전에 방지할 제도적 장치로서 정당해산심판제도의 필요성 역시 인정된다"고 판시하였다.

제5장 대한민국의 구성요소와 국가형태

제1절 국가론의 기본개념

Ⅰ. 국가의 개념과 특성

국가는 여러 가지 개념을 가질 수 있을 것이나, 일반적으로 국가란 "일정한 지역(영역)을 기초로 최고권력(주권)에 의하여 결합된 인류의 집단(국민)"이라고 할 수 있다(G. Jellinek의 국가구성의 3요소설).

국가는 일정한 지역을 기초로 하는 사회(지역사회)요, 주권과 통치권에 의해서 조직된 사회(권력적 사회)이며 대내적으로는 최고, 대외적으로는 독립의 사회(최고·독립의 사회)라는 특성을 가지고 있다.[1)]

G. Jellinek는 '일반국가학'에서 사회학적 국가개념("시원적 지배력을 가진 정주하는 인간의 단체적 통일체")과 법학적 국가개념("시원적 지배력을 가진 영역사단")을 구별하고 있다.

Ⅱ. 국가의 발생기원·본질·목적

1. 국가의 발생기원에 관한 학설

(1) 신의설

국가는 신의 의사나 명령에 의해서 성립되었다고 보는 견해이다(Stahl, Bussuet).

1) 권영성 교수는 고유의 목적과 기능을 가진 사회연대적 결합체를 특색으로 추가하고 있다(권영성, 헌법학원론, 법문사, 2010, 102면).

(2) 가족설

국가는 가족이 씨족으로, 씨족이 부족으로, 부족이 발전하여 국가가 성립되었다는 견해이다(Filmer).

(3) 실력설

국가를 권력관계로 인정하여 한 종족의 다른 종족에 대한, 또는 동족 내에 있어서의 한 계급의 다른 계급에 대한 폭력적 지배의 성립에 국가의 발생근거를 찾으려는 학설이다. 실력설에도 우월한 종족군이 열등한 종족군을 정복하는 가운데서 국가가 발생했다는 정복설(Oppenheimer), 농경시대에 들어간 토지소유자의 지배권이 그 토지와 관련이 있는 사람들에 대한 지배권으로 발전함으로써 국가가 발생했다는 재산설(근대 중농학파의 주장, 지배복종설), 국가는 부자가 빈자에게서 소유권을 확보하기 위하여, 즉 경제적 지배계급이 피지배계급을 경제적으로 착취하고 억압하기 위한 수단으로 국가가 발생했다는 계급투쟁설(F. Engels) 등이 있다.

(4) 계약설

국가발생의 원인을 계약에서 구하는 이론으로서 유럽의 전통적인 계약사상에 그 근거를 가지고 있다. 사회계약설은 국가란 인민이 자연상태를 버리고 사회상태를 계약(인민의 동의)에 의해 맺음으로써(즉, 자연상태 → 사회계약 → 국가의 형성), 보다 행복한 생활을 추구하려는 조직이라고 주장한다.

1) Hobbes의 복종계약설

국가성립 이전의 자연상태를 '만인의 만인에 대한 투쟁관계'로 규정짓고(성악설적 인간관), 자연권의 전면적인 양도를 통하여 지배복종관계를 설정함으로써 국가가 성립했다는 설이다. Hobbes는 국가에 대한 절대복종을 전제로 하므로 복종계약의 취소는 불가능하며, 국가는 절대국가의 성질을 지니게 된다.[2)] 저항권의 불인정과 군주주권과 연결된다.

---

2) Hobbes는 3종류의 자연법을 주장한다. 즉, 인간은 누구나 천부의 권리를 가진다는 제1자연법, 모든 인간은 자발적인 동의(계약)에 의하여 무제한의 자연권을 국가에 기꺼이 양도해야 한다(사회계약, 복종계약)는 것을 제2자연법, 계약의 이행을 의미하는 것을 말하고(이행은 정의이고 이행하지 않는 것은 부정의), 계약의 이행에 대한 객관적 보증은 제3자의 강제력(국가가 보유)이라는 제3자연법이 그것이다.

2) Locke의 위임계약설

로크가 상정한 자연상태는 무규범적이기는 하지만 전쟁상태가 아닌 질서와 평화의 상태란 점에서 Hobbes가 상정한 자연상태와 다르다(성선설적 인간관). 그러나 자연상태는 처음에는 자유롭고 평등하며 정의가 지배하는 사회지만 인간관계가 확대됨에 따라 자연권 유지가 불안해져 보다 확실한 자연권의 보호를 위해 자연권의 일부를 국가 또는 국왕에게 위임하는 계약을 맺음으로써 국가가 성립했다는 설이다. Locke는 위임계약의 취소를 인정하므로 국가는 제한국가의 성질을 가지게 된다(저항권의 인정과 국민주권).

3) Rousseau의 사회계약설

루소가 상정한 자연상태는 인간이 고립되어 생활하는 상태로서 재산도 전쟁도 없는 평화롭고 무조직의 상태이다. 자연상태에서의 인간의 욕망과 자유의 남용을 방치하게 되면 자연의 아름다움도 자유의 고귀함도 파괴되고 말 것이기 때문에 전체인민의 합의(자유의사에 의한 계약)에 의하여 국가를 건설하고, 국가를 지도하는 최고 불변의 의사인 일반의사에 복종함으로써 질서를 유지하고 그렇게 함으로써 스스로의 자유를 누릴 수 있다고 하였다.

자유와 평등이 보장되는 처음의 자연상태가 점차 강자와 약자의 구별이 생기고 불평등관계가 성립함에 따라 모든 사람에게 원시적 자연상태를 되찾아 주기 위해 사회계약에 의해서 개인의 권리를 국가에 신탁함으로써 국가가 성립했다는 설이다(국가신탁설).

일반의사에 복종하는 것은 타인에 의한 타율적 지배가 아니라 자신에 의한 자기지배라 한다. 사회계약은 인민과 인민 간에 그리고 인민과 통치자 간에 체결된 이중계약이 아니라 인민상호간에 체결된 단일계약이다. 일반의사는 개인의 자기이익만을 추구하는 특수의사와 구별되고 특수의사의 단순한 합계인 전체의사와도 구별되는 공통의 이익을 추구해야 하는 의사로 오류를 범할 수 없다고 하였다.

(5) 결 어

국가발생에 관한 이러한 여러 가지 견해는 그 사실 여부를 경험적으로 정확히 입증할 수 없는 것으로서, 오늘날의 시각에서 볼 때 역사적인 과거사실에 대한 하나의 가설의 범주를 벗어나지 못하는 것이다. 그러나 국가의 발생기원에 관한 계약설은 국가의 성립을 역사적으로 해명하려는 것이 아니고, 국가의 본질을 설명하기 위한 이론적 가설로서 중요한 의의를 지니고 있고 오늘날 지지를 받고 있는 설이다.

2. 국가의 본질

국가는 이를 파악하는 관점의 범위에 따라 일원론, 이원론, 다원론으로 나누어진다.

(1) 일원적 국가론

1) 경제학적 국가론(Marx, Engels)

국가를 경제적 관점에서 파악한다. 즉, 국가의 본질을 일정한 생산관계의 유지를 목적으로 하는 지배조직으로 파악한다.

2) 법학적 국가론(Kelsen)

국가법동일설이 대표적이다. 국가는 규범질서로서의 법질서 이외의 아무것도 아니라고 한다.

3) 사회학적 국가론(Gierke)

국가와 국민의 관계를 생물학상의 유기체와 세포의 관계에 비유하여 국가는 개개의 국민을 구성요소로 하지만 개개의 국민의 단순한 총화와는 상이한 독립된 의사를 가진 단체로 본다(국가유기체론).

(2) 이원적 국가론(Jellinek)

옐리네크는 자신의 방법이원론에 따라 국가의 개념을 법학적 국가개념(시원적 지배력을 가진 영역사단(社團))과 사회학적 국가개념(시원적 지배력을 가진 정주하는 인간의 단체적 통일체)으로 구분하였고(국가에 관한 양면설), 국가법인설을 주장하였다(Albrecht, Gerber).

(3) 다원적 국가론

국가본질에 관한 다원적 국가론은 국가도 사회단체와 같은 병렬적, 부분사회의 하나로 본다(Laski, MacIver, Cole, Duguit). 국가를 권력과 조직을 본질로 하는 사회현상으로 이해한다.

국가는 그 영역 안의 모든 사회를 포함하는 이른바 전체사회(community)가 아니고 노동조합, 학교, 교회 등과 같은 하나의 부분사회(association)에 불과하다고 한다.

(4) 소 결

국가의 본질도 다양한 관점에서 파악될 수 있으나, 국가의 지역사회성, 국가의 인적조직성, 국가의 통치조직성은 부인할 수 없을 것이다. 이 점에서 국가의 구성요소가 타 사회와 구별요인이 된다고 할 것이다.[3)]

3. 국가의 목적(존립근거)

국가의 목적이란 국가가 왜, 무슨 목적으로 필요하냐에 대한 문제로 국가의 존립근거를 의미한다. 사실 국가의 발생기원에 관한 이론의 정당성 여부를 논의하는 것은 큰 의미를 갖지 못한다. 법과의 상관관계 속에서 국가를 고찰하는 경우에는 역사적인 발생기원의 문제보다는 가치관적 사고를 전제로 하는 국가의 목적 내지는 존립근거의 문제가 더욱 중요성을 가진다는 주장[4)]은 이 점에서 정당성을 가진다고 보겠다.

신학적 국가관은 국가는 신의 섭리에 의하여 존재하는 것이므로, 국가존립의 근거는 신의 뜻이라고 한다(Augustinus). 윤리학적 국가관은 국가는 인간을 도덕적으로 완성시키기에 가장 적합한 사회형태이므로 국가의 목적은 인간완성에 있다고 본다(Platon, Aristoteles, Kant, Fichte, Hegel, Stahl). 인성학적 국가관은 국가를 신학적 또는 도덕적 질서로 보지 않고 인간적 욕구의 산물로 본다. Hobbes는 자기보호의 필요에서 복종계약을, Locke는 더욱 평화롭고 안전한 재산권의 행사를 위하여 위임계약을, Rousseau는 인간의 고유한 자유와 평등, 사회정의 등을 되찾기 위하여 사회계약을 주장한다. 인성학적 국가관은 특정한 인간상을 그 이론적 기초로 하고 있는 점이 특색이다(Hobbes의 성악설, Locke, Rousseau의 성선설). 법학적 국가관에는 법실증주의적 국가관, 결단주의적 국가관, 통합론적 국가관 등이 있다(헌법관 참조).

---

3) 김철수, 학설 · 판례 헌법학(상), 박영사, 2008, 154면.
4) 허영, 헌법이론과 헌법, 박영사, 1988, 144면 이하 참조.

제2절 대한민국의 구성요소(헌법의 적용범위)

Ⅰ. 개 관

국가의 구성요소는 국가의 권력적 기반으로서의 주권(국가권력), 인적 구성요소로서의 국민, 공간적 구성요소로서 영토를 들 수 있다. 헌법은 제1조에서 주권에 관하여, 제2조에서 국민에 관하여, 제3조에서 영토에 관하여 규정하고 있다.

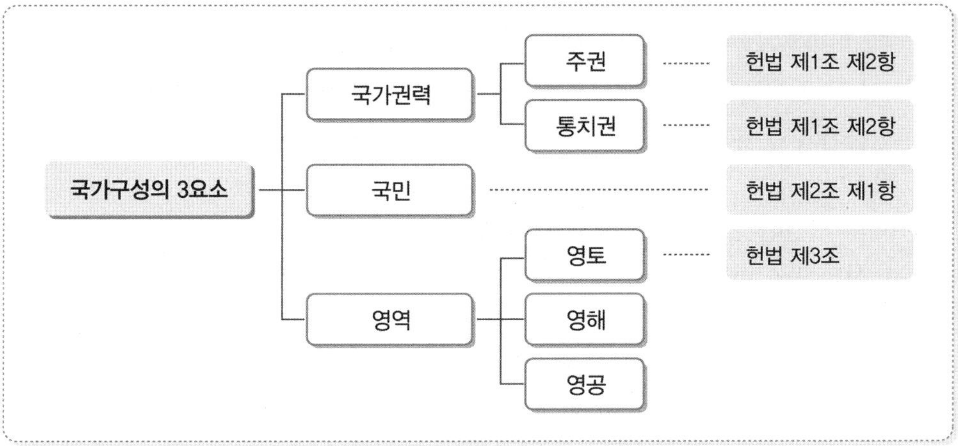

Ⅱ. 국 민

1. 국민의 개념과 구별개념

(1) 국민의 개념

국민은 국가의 항구적인 구성원으로서 영토 내의 어디서든지 국가의 통치권이 미치는 인적 범위를 말한다. 국민은 국내법에 의해 그 지위가 부여되는 법적 개념이다. 대한민국의 국민에 대해서는 대한민국의 헌법과 국가권력이 미치고, 그에 의한 보호와 규제를 받게 되는 것이다. 이처럼 국가권력이 그 나라의 국민에게 미치는 것을 대인고권(對人高權)이라 부른다.

(2) 인종, 민족 및 인민과 구별

민족은 언어, 종교, 풍속, 관습 등 문화적 요소와 혈연관계라는 감정적 요소에 의하여 결부된 사회학적 개념이다. 민족은 달라도 동일한 국가의 국민이 될 수 있는 반면, 대한민국의 국적을 가지지 아니하는 한민족(韓民族)은 법적인 의미에서 우리나라의 인적인 존립기반은 아니다. 인종(人種)은 생물학적인 개념이다. 인민(人民)은 사회를 전제로 한 사회학적 개념이다. 국민(nation)은 국가를 전제로 한 개념이라는 점에서 인민(people)과도 관념상 구분된다.

2. 국민의 요건(국적)

국민으로서의 신분 또는 국민이 되는 자격을 국적이라고 한다. 헌법 제2조 제1항은 "대한민국의 국민이 되는 요건은 법률로 정한다"고 규정하고 있다(국적법정주의). 이 규정에 따라 대한민국의 국민이 되는 요건 내지 자격인 국적을 정한 법이 국적법(國籍法)이다. 우리나라는 국적법을 단행법으로 정하는 입법례를 취하고 있으나, 입법례에 따라서는 국적을 헌법에서 정하는 국적헌법주의, 국적을 민법에서 정하는 국적민법주의(벨기에)도 있다.

3. 국적법상 국적의 취득과 상실

(1) 국적의 취득

참고 국적법(1997. 12. 13. 개정, 1998. 6. 14. 시행)의 주요골자

① 부계혈통주의의 부모양계혈통주의로 전환, ② 국적취득을 위한 위장결혼방지를 위하여 2년 이상의 거주요건과 법무부장관의 귀화허가, ③ 처의 수반취득조항과 단독귀화금지조항의 삭제, ④ 이중국적자의 국적선택제도의 신설 등

1) 선천적 취득

선천적 취득이란 출생의 사실로써 국적을 취득하는 것을 말한다. 국적취득의 가장 보편적인 방법이다. 선천적 취득에 관한 입법례로는 속인주의와 속지주의를 들 수 있다. 속인주의는 부모의 국적에 의하여 출생자의 국적을 결정하는 주의로 혈통주의라고도 한다. 단일민족국가나 소수민족국가에서 주로 채택하는 방법이다. 속지주의는 어떤 국가의 영토 안에서 출생한 자에 대하여는 부모의 국적을 묻지 않고 출생한 국가의 국적을 부여하는 방법이다. 우리나라는 속인주의(부모양계혈통

주의)를 원칙으로 하며 예외적으로 속지주의(출생지주의)를 가미하고 있다(국적법 제2조).

① 원칙 – 속인주의(부모양계혈통주의)

출생당시 부 또는 모 어느 한쪽이 우리 국민이면 그 자녀도 우리 국적을 취득하는 부모양계혈통주의를 채택하였다(국적법 제2조 제1항 제1호).[5)]

판례 국적법 제2조 제1항 제1호 위헌제청

[판시사항]

1. 심판계속 중 제청대상 법률조항이 개정되어(부계혈통주의→부모양계혈통주의) 재판의 전제성이 상실되었다고 본 사례
2. 출생에 의한 국적취득에 있어 부계혈통주의를 규정한 구 국적법 제2조 제1항 제1호가 헌법상 평등의 원칙에 위배되는지 여부(적극)
3. 구법상 부(父)가 외국인이기 때문에 대한민국 국적을 취득할 수 없었던 한국인 모의 자녀 중에서 신법 시행 전 10년 동안에 태어난 자에게만 대한민국 국적을 취득하도록 하는 경과규정인 신 국적법 부칙 제7조 제1항의 헌법불합치 및 잠정적용명령

[결정요지]

1. 법원이 이 사건 위헌여부심판을 제청할 당시, 제청대상 법률조항(구법조항)이 위헌이라면 대한민국 국민을 모로 하여 출생한 제청신청인은 대한민국 국적을 취득할 수 있기 때문에 제청신청인이 외국인임을 전제로 한 강제퇴거명령은 이를 집행할 수 없게 되므로, 구법조항의 위헌 여부는 당해사건의 재판에 전제성이 있었다. 그러나 신법에서는 부모양계혈통주의로 개정되었고(제2조 제1항 제1호), 당해사건에서도 1998. 6. 14.부터는 신법을 적용하여야 하므로(부칙 제1조), 구법조항은 이 심판 계속 중 재판의 전제성을 상실하여 부적법하다.
2. 가. 구법상 부가 외국인이기 때문에 대한민국 국적을 취득할 수 없었던 한국인 모의 자녀 중 신법이 경과규정에서 신법 시행 전 10년 동안에 태어난 자에게만 대한민국 국적을 취득하도록 규정한 것이 헌법에 위반되는지 여부를 판단하기 위하여는 출생에 의한 국적취득에 있어 부계혈통주의를 규정한 구법조항의 위헌 여부에 대한 판단이 전제가 된다.
   나. 부계혈통주의 원칙을 채택한 구법조항은 출생한 당시의 자녀의 국적을 부의 국적에만 맞추고 모의 국적은 단지 보충적인 의미만을 부여하는 차별을 하고 있

---

5) 구 국적법은 1. 출생한 당시에 부가 대한민국의 국민인 자, 2. 출생하기 전에 부가 사망한 때에는 사망한 당시에 대한민국의 국민이던 자, 3. 부가 분명하지 아니한 때 또는 국적이 없는 때에는 모가 대한민국의 국민인 자는 대한민국의 국적을 취득한다고 규정하여 부계혈통주의를 원칙으로 하고 모계는 보충적으로 인정하였다(구 국적법 제2조 제1호–제3호).

다. 이렇게 한국인 부와 외국인 모 사이의 자녀와 한국인 모와 외국인 부 사이의 자녀를 차별취급하는 것은, 모가 한국인인 자녀와 그 모에게 불리한 영향을 끼치므로 헌법 제11조 제1항의 남녀평등원칙에 어긋난다.

한국인과 외국인 간의 혼인에서 배우자의 한쪽이 한국인 부인 경우와 한국인 모인 경우 사이에 성별에 따른 특별한 차이가 있는 것도 아니고, 양쪽 모두 그 자녀는 한국의 법질서와 문화에 적응하고 공동체에서 흠없이 생활해 나갈 수 있는 동등한 능력과 자질을 갖추었는데도 불구하고 전체 가족의 국적을 가부(家父)에만 연결시키고 있는 구법조항은 헌법 제36조 제1항이 규정한 "가족생활에 있어서의 양성의 평등원칙"에 위배된다.

모가 한국인인 자녀들은 외국인이므로 원칙적으로 대한민국의 공무원이 될 수 없고, 거주·이전의 자유, 직업선택의 자유, 재산권, 선거권 및 피선거권, 국가배상청구권 및 사회적 기본권 등을 누릴 수 없거나 제한적으로밖에 향유하지 못하게 된다. 그러므로 구법조항은 자녀의 입장에서 볼 때에도 한국인 모의 자녀를 한국인 부의 자녀에 비교하여 현저하게 차별취급을 하고 있으므로 헌법상의 평등원칙에 위배된다.

3. 가. 부칙조항은 신법이 구법상의 부계혈통주의를 부모양계혈통주의로 개정하면서 구법상 부가 외국인이기 때문에 대한민국 국적을 취득할 수 없었던 한국인 모의 자녀 중에서 신법 시행 전 10년 동안에 태어난 자에게 신고 등 일정한 절차를 거쳐 대한민국 국적을 취득하도록 하는 경과규정으로서, 구법조항의 위헌적인 차별로 인하여 불이익을 받은 자를 구제하는 데 신법 시행 당시의 연령이 10세가 되는지 여부는 헌법상 적정한 기준이 아닌 또 다른 차별취급이므로, 부칙조항은 헌법 제11조 제1항의 평등원칙에 위배된다.

나. 그러나 헌법재판소가 위헌결정 또는 단순한 헌법불합치결정만을 선고할 경우 부칙조항은 헌법재판소가 결정을 선고한 때부터 더 이상 적용할 수 없게 되고, 이 경우 그나마 신법 시행 전 10년 동안에 태어난, 모가 한국인인 자녀에게 국적취득의 길을 열어 놓고 있는 근거규정(부칙조항)이 효력을 잃게 됨으로써 법치국가적으로 용인하기 어려운 법적 공백이 생기게 된다. 따라서 부칙조항은 헌법에 합치하지 아니하나 입법자가 새로운 입법을 할 때까지 이를 잠정적으로 적용하도록 명하는 것이다.[6)] 헌재 2000. 8. 31. 97헌가12

---

6) 국적법이 개정(1997. 12. 13. 법률 제5431호)되어 부계혈통주의가 부모양계혈통주의로 바뀜에 따라 동법이 시행된 1998년 6월 14일 현재 10세 미만인 자로서 대한민국의 국민을 모(母)로 하여 출생한 자에 대하여 신고로써 대한민국의 국적을 취득할 수 있는 특례를 인정하였으나, 2000년 8월 31일 헌법재판소에서 모계출생자에 대한 국적취득의 특례를 10세 미만인 자에 한정하여 적용하는 것은 평등원칙에 위배된다는 취지의 헌법불합치 결정을 함에 따라 모계출생자에 대한 국적취득의 특례를 동법이 시행된 1998년 6월 14일 현재 20세 미만인 자로 확대하였다.

② 예외–속지주의

부모가 모두 분명하지 아니한 경우나 국적이 없는 경우에는 대한민국에서 출생한 자는 출생과 동시에 대한민국의 국적을 취득하며(국적법 제2조 제1항 제3호), 대한민국에서 발견된 기아(棄兒)는 대한민국에서 출생한 것으로 추정한다(국적법 제2조 제2항).

2) 후천적 취득

후천적 취득이란 출생이외의 사실에 의하여 국적을 취득하는 경우로 인지, 귀화, 수반취득, 국적회복 등이 있다.[7]

① 인지(認知)

혼인 외의 출생자를 자기의 자녀라고 인정하는 의사표시를 인지라고 한다. 구법상으로는 인지하면 그 자녀는 자동으로 우리 국민이 되어 우리 호적에 곧바로 오를 수 있었으나, 개정법은 인지한 부모가 그 자녀의 출생당시에도 우리 국민이어야 하고 인지한 후 법무부장관에게 신고한 때(신고주의)에 그 자녀가 우리 국적을 취득하는 것으로 하여 인지에 의한 국적 취득의 요건을 정비하였다(국적법 제3조). 인지로 대한민국의 국적을 취득하기 위해서는 ⅰ) 대한민국 민법에 의하여 미성년일 것, ⅱ) 출생한 당시에 그 부 또는 모가 대한민국 국민이었을 것의 요건이 요구된다(국적법 제3조 제1항 제1, 2호).

② 귀화(歸化)

귀화는 외국인이 대한민국의 국적을 취득하는 가장 보편적인 방법으로 일반귀화와 간이귀화, 특별귀화가 있다.

(ⅰ) 일반귀화(一般歸化)

일반귀화는 ⅰ) 5년 이상 계속하여 대한민국에 주소가 있을 것, ⅱ) 대한민국 민법에 의하여 성년일 것, ⅲ) 품행이 단정할 것, ⅳ) 자신의 자산이나 기능에 의하거나 생계를 같이 하는 가족에 의존하여 생계를 유지할 능력이 있을 것(구법에는 독립의 생계를 유지할 만한 자산이나 기능이 있을 것을 요구), ⅴ) 국어능력 및 대한민국의 풍습에 대한 이해 등 대한민국 국민으로서의 기본소양을 갖추고 있을 것 등의 요건(국적법 제5조)을 갖춘 경우에 법무부장관의 허가로 대한민국의 국적을 취득한다(허

7) 구 국적법에서는 대한민국의 국민인 남자와 결혼한 외국여자는 혼인과 동시에 대한민국의 국적을 취득하였으나, 남녀평등의 원칙에 반한다는 비판을 받았으며 결국 혼인의 경우에도 귀화절차를 밟도록 하고 있다(다만 간이귀화 절차).

가주의).

(ii) 간이귀화(簡易歸化)

간이귀화에도 일반간이귀화와 혼인간이귀화의 두 가지 종류가 있다.

i) 일반간이귀화

일반귀화의 요건(국내주소 5년 요건)을 갖추지 않았더라도 특정외국인에 대해 인정되는 것으로서, 이에는 ㉠ 父 또는 母가 대한민국의 국민이었던 자, ㉡ 대한민국에서 출생한 자로서 부 또는 모가 대한민국에서 출생한 자, ㉢ 대한민국 국민의 양자로서 입양당시 대한민국의 민법에 의하여 성년이었던 자는 대한민국에서 3년 이상 계속하여 주소가 있는 자는 법무부장관의 허가로 대한민국의 국적을 취득할 수 있다(국적법 제6조 제1항). 이 경우도 일반귀화의 국내거주 5년 이외의 다른 요건은 역시 요구된다.

ii) 혼인간이귀화

배우자가 대한민국의 국민인 외국인으로서 ㉠ 그 배우자와 혼인한 상태로 대한민국에 2년 이상 계속하여 주소가 있는 자, ㉡ 그 배우자와 혼인한 후 3년이 경과하고 혼인한 상태로 대한민국에 1년 이상 계속하여 주소가 있는 자, ㉢ ㉠나 ㉡의 기간을 채우지 못하였으나, 그 배우자와 혼인한 상태로 대한민국에 주소를 두고 있던 중 그 배우자의 사망이나 실종 또는 그 밖에 자신에게 책임이 없는 사유로 정상적인 혼인 생활을 할 수 없었던 자로서 ㉠나 ㉡의 잔여기간을 채웠고 법무부장관이 상당하다고 인정하는 자, ㉣ ㉠나 ㉡의 요건을 충족하지 못하였으나, 그 배우자와의 혼인에 따라 출생한 미성년의 자를 양육하고 있거나 양육하여야 할 자로서 제1호나 제2호의 기간을 채웠고 법무부장관이 상당하다고 인정하는 자는 법무부장관의 허가를 받아 대한민국의 국적을 취득할 수 있다(국적법 제6조 제2항). 이 경우도 일반귀화의 국내거주 5년 이외의 다른 요건은 역시 요구된다.

(iii) 특별귀화

특별귀화는 i) 부 또는 모가 대한민국의 국민인 자. 다만 양자로서 대한민국의 민법상 성년이 된 후에 입양된 자(간이귀화의 대상)를 제외한다. ii) 대한민국에 특별한 공로가 있는 외국인은 대한민국에 주소가 있으면 일반귀화의 요건으로 요구하고 있는 ㉠ 5년 이상 계속하여 대한민국에 주소가 있을 것, ㉡ 대한민국 민법에 의하여 성년일 것, ㉢ 자신의 자산이나 기능에 의하거나 생계를 같이 하는 가족에 의존하여 생계를 유지할 능력이 있을 것의 요건을 갖추지 않더라도 귀화허가를 얻어 대한민국의 국적을 취득할 수 있는 경우를 말한다(국적법 제7조). 이 경우도 품행이 단정할 것, 국어능력 및 대한민국의 풍습에 대한 이해 등 대한민국 국민으로서의 기본소양을 갖추고 있을 것의 요건은 요구된다. 다만 대한민국에 특별한 공로가 있는 자는 법무부장관이 대통령의 승인을 얻어서 허가한다(국적법 제7조 제2항).

③ 수반취득(국적법 제8조)

외국인의 자(子)로서 대한민국의 민법에 의하여 미성년자인 자는 그 부 또는 모가 귀화허가를 신청할 때 국적취득을 신청할 수 있다. 이와 같이 국적취득을 신청한 자는 그 부 또는 모에 대하여 법무부장관이 귀화를 허가한 때에 함께 대한민국의 국적을 취득한다.

구 국적법상은 외국인이 우리 국적을 취득하면 그 미성년 자녀는 본국법에 반대규정이 없는 한 부에 수반하여 자동적으로 우리 국적을 취득하게 되어 있었으나, 개정법은 이를 권리조항으로 변경하여 수반취득의 의사를 표시한 미성년 자녀에 한하여 부 또는 모와 함께 우리 국적을 취득하는 것으로 하였다.

한편 구 국적법상에는 외국인의 妻는 夫가 귀화 또는 국적회복의 방법으로 우리 국적을 취득하면 본국법에 반대규정이 없는 한 夫에 수반하여 자동으로 우리 국적을 취득하도록 되어 있었고(구법 제8조 제1항), 夫와 함께 귀화하지 않는 한 단독으로 우리나라에 귀화할 수 없게 되어 있었다(구법 제9조). 개정법에서는 여성의 국적선택의 권리를 침해하는 이러한 규정들을 모두 삭제함으로써 앞으로는 결혼한 여성도 남편의 국적에 관계없이 독자적으로 우리 국적을 취득할 수 있도록 하였다(처의 수반취득조항과 단독귀화금지조항의 삭제).

④ 국적회복

본래 대한민국의 국민이었던 자가 국적을 상실한 후 다시 법무부장관의 허가를 얻어 국적을 회복할 수 있다(국적법 제9조 제1항). 구 국적법은 국적회복의 허가요건에 관하여 명시적인 규정이 없었는데, 개정법은 행정소송에 대비하여 i) 국가와 사회에 위해를 끼친 사실이 있는 자, ii) 품행이 단정하지 못한 자, iii) 병역을 기피할 목적으로 우리 국적을 상실하거나 이탈하였던 자, iv) 국가안전보장 및 공공복리를 위하여 상당한 이유가 있는 자에 대해서는 법무부장관이 국적회복을 불허할 수 있음을 명시하였다(국적법 제9조 제2항).

(2) 국적의 상실

1) 국적상실사유

가. 이중국적자가 국적이탈의 신고를 한 때(국적법 제14조 제2항), 나. 대한민국국민으로서 자진하여 외국국적을 취득한 때는 대한민국의 국적을 자동상실한다(국적법 제15조 제1항). 다. 대한민국의 국민으로서 i) 외국인과의 혼인으로 인하여 그 배우자의 국적을 취득하게 된 자, ii) 외국인에게 입양되어 그 양부 또는 양모의 국적을 취득하게 된 자, iii) 외국인인 부 또는 모에 인지되어 그 부 또는 모의 국적을 취득하게 된 자, iv) 외국국적을 취득하여 대한민국의 국적을 상실하게 된 자의 배우자 또는 미성년의 자로서 그 외국의 법률에 의하여 함께 그 외국국적을 취득하게 된 자는 그 외국국적을 취득한 때부터 6월 내에 법무부장관에게 대한민국의 국적을 보유할 의사가 있다는 뜻을 신고하지 아니하면 그 외국국적을 취득한 때에 소급하여 대한민국의 국적을 상실한다(국적법 제15조 제2항).[8]

외국국적을 취득하여 대한민국의 국적을 상실하게 된 자에 대하여 그 외국국적의 취득일을 알 수 없을 때에는 그가 사용하는 외국여권의 최초의 발급일에 그 외국국적을 취득한 것으로 추정한다(동법 제15조 제3항).

2) 국적상실자의 권리양도기간연장

구 국적법은 국적을 상실한 자는 대한민국국민이 아니면 누릴 수 없는 권리를 국적상실한 날로부터 1년 이내에 한국국민에게 양도하여야 하도록 하고, 양도하지 않으면 권리를 상실하도록 하고 있었으나(구 국적법 제16조), 개정법은 국적을 상실한 때로부터 대한민국의 국민만이 향유할 수 있는 권리는 이를 향유할 수 없으나(국적법 제18조 제1항), 우리 국민이었을 때 취득한 권리로 양도가 가능한 것은 그 권리와 관련된 법령에 별도의 규정이 없는 한 3년 내에 양도하도록 양도기간을 연장하고(동법 제18조 제2항), 아울러 이를 이행하지 아니한 경우에 그 권리의 상실, 소멸 등 변동관계는 해당 권리 관계법령에 위임하기로 하였다.

---

8) 구 국적법은 우리 국민이 여하한 이유에서든 외국국적을 취득하게 되면 우리 국적을 자동 상실하게 되어 있었으나, 개정법은 우리 국민이 섭외혼인, 섭외입양, 섭외인지 등 사법적 신분행위에 의하여 상대방의 본국법에 따라 외국국적을 취득하게 된 경우에는 그 사유가 발생한 때로부터 6월 내에 법무부장관에게 우리 국적의 보유의사를 신고하면 우리 국적을 상실하지 않는 것으로 하였다(외국국적의 취득에 따른 국적상실의 예외인정). 다만 그로 인해 이중국적상태가 된 자는 개정법이 신설한 국적선택의 제도에 의하여 하나의 국적을 선택하여야 한다.

(3) 국적법개정의 기타 중요사항

1) 국적선택제도의 신설(국적법 제12조 제2항)

구국적법은 우리 국적과 함께 외국국적을 함께 가지게 된 이중국적자에 대하여 국적의 선택을 요구하는 제도를 두고 있지 않았으나, 개정법에서는 국적선택제도를 신설하여 만 20세 전에 출생 기타 사유로 이중국적이 된 자는 만 22세가 되기 전까지, 만 20세 이후에 이중국적이 된 자는 그 때부터 2년 이내에 반드시 하나의 국적을 선택하여야 하고(신고) 이를 이행하지 아니한 자는 그 기간이 경과한 때에 우리 국적을 자동 상실하도록 하였다(병역을 면탈할 목적으로 하는 경우 예외).

2) 국적판정제도의 신설(국적법 제20조)

개정법은 (정부수립 전에 출생한 자나 국외로 이주한 자로서 국내에 호적이 편제되어 있지 않는 등으로 인하여) 우리 국적의 취득 또는 보유관계가 불분명한 자에 대하여 법무부장관이 우리 국민인지 여부를 심사・판정하는 절차를 신설하였다.

3) 민법의 일부개정

개정법이 부모양계혈통주의를 취함에 따라 민법 제781조 제1항을 '자는 부의 성과 본을 따르고, 부가에 입적한다. 다만, 부가 외국인인 때에는 모의 성과 본을 따를 수 있고, 모가에 입적한다'고 단서조항을 신설하는 내용으로 민법을 개정하였다(1997. 12. 13). 그 뒤 민법 제781조는 "① 자는 부의 성과 본을 따른다. 다만, 부모가 혼인신고시 모의 성과 본을 따르기로 협의한 경우에는 모의 성과 본을 따른다. ② 부가 외국인인 경우에는 자는 모의 성과 본을 따를 수 있다. …… ⑥ 자의 복리를 위하여 자의 성과 본을 변경할 필요가 있을 때에는 부, 모 또는 자의 청구에 의하여 법원의 허가를 받아 이를 변경할 수 있다. 다만, 자가 미성년자이고 법정대리인이 청구할 수 없는 경우에는 제777조의 규정에 따른 친족 또는 검사가 청구할 수 있다"로 개정하였다(2005. 3. 31).

4. 재외국민의 보호

(1) 헌법규정

현행헌법 제2조 제2항은 "국가는 법률이 정하는 바에 의하여 재외국민을 보호할 의무를 진다"고 규정하여 재외국민에 대한 국가의 보호의무를 명시하고 있다. 1980년 헌법에서 '재외국민은 국가의 보호를 받는다'고 규정하여 처음 소극적으로 재외국민보호조항을 두었으나, 현행헌법은 국가의 보호의무를 명시하는 적극적인 방식으로 규정하고 있다. 따라서 이 조항은 교민청 등을 설립할 수 있는 강력한 근거조항이 될 수 있다.

(2) 재외국민의 개념과 보호

1) 개 념

재외국민이라 함은 우리 국적을 가지고 있으면서 외국에서 영주하거나 장기간 외국에서 체류하며 생활하는 사람을 말한다.[9] '재외동포의 출입국과 법적 지위에 관한 법률'(약칭 재외동포법)은 재외동포를 대한민국의 국민으로서 외국의 영주권(永住權)을 취득한 자 또는 영주할 목적으로 외국에 거주하고 있는 자('재외국민')와 대한민국의 국적을 보유하였던 자 또는 그 직계비속으로서 외국국적을 취득한 자중 대통령령이 정하는 자("외국국적동포")로 구분한다(재외동포법 제2조).

재외동포의 범위를 대한민국 정부수립(1948년) 이후에 해외로 이주한 사람으로 제한한 '재외동포의 출입국과 법적 지위에 관한 법률' 제2조에 대해 헌법재판소는 헌법불합치결정을 내렸다.

판례 재외동포의 출입국과 법적지위에 관한 법률 제2조 제2호 위헌확인

[판시사항]

1. 법률규정과 밀접불가분한 시행령규정까지 심판대상의 확장이 인정된 사례
2. 공포 전 법률에 대한 헌법소원의 적법 여부(적극)
3. 수혜적 법률도 기본권 침해성이 인정될 수 있는지 여부(적극)
4. 외국인의 기본권 주체성이 인정되는지 여부(적극)
5. 재외동포법의 적용대상에서 정부수립이전이주동포, 즉 대부분의 중국동포와 구소련동포 등을 제외한 것이 평등원칙에 위반되는 것인지 여부(적극)
6. 헌법불합치를 선언하고 잠정적용을 명한 사례
7. 정의규정에 대한 위헌성의 확인이 관련규정에 대한 위헌성의 확인을 수반하는 사례

[결정요지]

1. 청구인들은 재외동포법 제2조 제2호만을 심판대상으로 적시하였으나, 재외동포법시행령 제3조는 재외동포법 제2조 제2호의 규정을 구체화하는 것으로서 양자가 일체를 이루어 동일한 법률관계를 규율대상으로 하고 있고, 시행령규정은 모

9) 헌재 2001. 12. 20. 2001헌바25.

법규정을 떠나 존재할 수 없으므로 이 사건의 심판대상을 동 시행령규정에까지 확장함이 상당하고, 정부수립이전이주동포를 적용대상에서 결정적으로 제외하는 재외동포법시행령 제3조 제2호가 포함되어야 함은 물론이고, 청구인들은 재외동포법이 외국국적동포들에게 혜택을 부여하는 입법을 하였음에도 자신들에게 혜택을 부여하지 아니한 부진정입법부작위를 평등원칙에 근거하여 다투는 것임에 비추어, 재외동포법시행령 제3조 제1호도 포함하여야 한다.

2. 법률안이 거부권 행사에 의하여 최종적으로 폐기되었다면 모르되, 그렇지 아니하고 공포되었다면 법률안은 그 동일성을 유지하여 법률로 확정되는 것이라고 보아야 하므로 이에 대한 헌법소원은 적법하다.
3. '수혜적 법률'의 경우에는 수혜범위에서 제외된 자가 그 법률에 의하여 평등권이 침해되었다고 주장하는 당사자에 해당되고, 당해 법률에 대한 위헌 또는 헌법불합치 결정에 따라 수혜집단과의 관계에서 평등권침해 상태가 회복될 가능성이 있다면 기본권 침해성이 인정된다.
4. '외국인'은 '국민'과 유사한 지위에 있으므로 원칙적으로 기본권 주체성이 인정된다.
5. 재외동포법은 외국국적동포 등에게 광범한 혜택을 부여하고 있는바, 이 사건 심판대상규정은 대한민국 정부수립 이전에 국외로 이주한 동포와 그 이후 국외로 이주한 동포를 구분하여 후자에게는 위와 같은 혜택을 부여하고 있고, 전자는 그 적용대상에서 제외하고 있다.

   그런데, 정부수립이후이주동포와 정부수립이전이주동포는 이미 대한민국을 떠나 그들이 거주하고 있는 외국의 국적을 취득한 우리의 동포라는 점에서 같고, 국외로 이주한 시기가 대한민국 정부수립 이전인가 이후인가는 결정적인 기준이 될 수 없는데도, 정부수립이후이주동포(주로 재미동포, 그 중에서도 시민권을 취득한 재미동포 1세)의 요망사항은 재외동포법에 의하여 거의 완전히 해결된 반면, 정부수립이전이주동포(주로 중국동포 및 구 소련동포)는 재외동포법의 적용대상에서 제외됨으로써 그들이 절실히 필요로 하는 출입국기회와 대한민국 내에서의 취업기회를 차단당하였고, 사회경제적 또는 안보적 이유로 거론하는 우려도, 당초 재외동포법의 적용범위에 정부수립이전이주동포도 포함시키려 하였다가 제외시킨 입법과정에 비추어 보면 엄밀한 검증을 거친 것이라고 볼 수 없으며, 또한 재외동포법상 외국국적동포에 대한 정의규정에는 일응 중립적인 과거국적주의를 표방하고, 시행령으로 일제시대 독립운동을 위하여 또는 일제의 강제징용이나 수탈을 피하기 위해 조국을 떠날 수밖에 없었던 중국동포나 구 소련동포가 대부분인 대한민국 정부수립 이전에 이주한 자들에게 외국국적 취득 이전에 대한민국의 국적을 명시적으로 확인받은 사실을 입증하도록 요구함으로써 이들을 재외동포법의 수혜대상에서 제외한 것은 정당성을 인정받기 어렵다.

요컨대, 이 사건 심판대상규정이 청구인들과 같은 정부수립이전이주동포를 재외동포법의 적용대상에서 제외한 것은 합리적 이유없이 정부수립이전이주동포를 차별하는 자의적인 입법이어서 헌법 제11조의 평등원칙에 위배된다.

6. 법률이 평등원칙에 위반된다고 판단되는 경우에도 그 위헌적 상태를 제거하여 평등원칙에 합치되는 상태를 실현하는 선택의 문제는 입법자에게 맡겨진 일이고, 이 사건 심판대상규정에 대하여 단순위헌결정을 선고하면 외국국적동포의 경우는 재외동포법이 부여하는 지위가 그 순간부터 상실되어 법치국가적으로 용인하기 어려운 법적 공백과 그로 인한 혼란을 야기할 수 있으므로 헌법불합치를 선고하고, 입법자가 합헌적인 방향으로 법률을 개선할 때까지 2003. 12. 31.을 한도로 잠정적으로 적용하게 한다.
7. 이 사건 심판대상규정은 '정의규정'이므로 이에 대한 위헌성의 확인은 재외동포법 중 외국국적동포에 관련되는 조문에 대한 위헌성의 확인을 수반하게 되고, 이와 같은 사정은 하위법규인 시행령과 시행규칙의 경우에도 같으므로, 입법자가 2003. 12. 31.까지 입법개선의무를 이행하지 않는다면 2004. 1. 1.부터는 재외동포법의 관련규정뿐만 아니라 하위법규인 시행령과 시행규칙도 그 관련 부분은 효력을 상실한다. 헌재 2001. 11. 29. 99헌마494

2) 보 호

재외국민이 늘어나는 상황에서 재외국민의 민족의식을 고취하여 동포애와 조국귀속감과 국민일체감을 조성하고, 재외국민을 보호하기 위한 것이 이 규정의 취지이다. 재외국민을 보호할 제1차적 책임은 해외공관이 지게 되며, 재외국민은 등록하도록 되어 있다(재외국민등록법). 헌법재판소는 재외국민보호의무에 따른 보호는 "…… 헌법 제2조 제2항에서 정한 국가의 재외국민 보호의무에 의하여 재외국민이 거류국에 있는 동안 받게 되는 보호는, 조약 기타 일반적으로 승인된 국제법규와 당해 거류국의 법령에 의하여 누릴 수 있는 모든 분야에서 정당한 대우를 받도록 거류국과의 관계에서 국가가 하는 외교적 보호와 국외 거주 국민에 대하여 정치적인 고려에서 특별히 법률로써 정하여 베푸는 법률·문화·교육 기타 제반영역에서의 지원을 뜻하는 것"이라고 판시한 바 있다.[10] 다만, 대한민국의 남자가 병역을 기피할 목적으로 외국국적을 취득하고 대한민국국적을 상실하여 외국인이 된 때에는 35세까지 재외동포체류자격을 부여하지 아니한다(재외동포법 제5조 제2항 제2호).

현재 재외국민의 대표자들은 민주평화통일자문위원으로 위촉될 수 있으며, 종전에는 그들의 의사를 국정에 반영할 수 있는 부재자투표나 그 밖의 참정권은 인

10) 헌재 2001. 12. 20. 2001헌바25.

정되지 않고 있었으나 헌법재판소는 재외국민의 참정권과 관련하여 종전 판례들과는 달리 헌법불합치결정을 내려 새로운 전기를 마련하였다.

판례 재외국민 참정권 사건

공직선거및선거부정방지법 제15조 제2항 등 위헌확인

[사건의 배경]

공직선거법과 국민투표법은 대통령·국회의원 선거권, 지방선거 선거권 및 피선거권, 국민투표권의 행사요건으로 주민등록을 요구하고 있고, 또한 선거인명부에 오를 자격이 있는 국내거주자에 대하여만 부재자신고를 할 수 있도록 하고 있다. 청구인들은 모두 대한민국 국적을 보유한 일본 영주권자들이거나 미국 또는 캐나다 영주권자들인데, 위 조항들이 청구인들과 같은 주민등록을 할 수 없는 재외국민 또는 국외거주자에 대해 참정권 행사를 제한한 것은 청구인들의 참정권, 보통선거원칙, 평등권을 침해한다고 주장하면서 헌법소원심판을 청구하였다.

[결정의 주요 내용]

헌법재판소는 재판관 전원일치의 의견으로 이 사건 법률조항들이 위헌이라고 선언하고, 다만 법적 공백에 따른 혼란을 피하고 입법을 위한 충분한 시간을 제공하기 위해 2008. 12. 31.을 입법개선 시한으로 한 잠정적용 헌법불합치결정을 선고하였다. 이 결정에는 재판관 2인의 각 별개의견이 제시되었다.

1. 대통령 및 국회의원 선거권('국정선거권') 부분

가. 국민의 선거권 행사는 국민주권의 원리의 현실적 행사수단으로서 국민의 의사를 국정에 반영할 수 있는 중요한 통로로서 기능하며, 주기적 선거를 통하여 국가권력을 통제하는 수단으로서의 기능도 수행한다. 국정선거권을 비롯한 국민의 참정권이 국민주권의 원칙을 실현하기 위한 가장 기본적이고 필수적인 권리로서 다른 기본권에 대하여 우월한 지위를 갖는 것으로 평가되는 것도 바로 그러한 이유 때문이다. 헌법은 모든 국민은 '법률이 정하는 바에 의하여' 선거권을 가진다(제24조)고 규정하지만, 이것은 선거권을 법률을 통해 구체적으로 실현하라는 의미이다. 따라서 선거권을 제한하는 입법은 헌법 제24조에 의해서 곧바로 정당화될 수는 없고, 헌법 제37조 제2항의 규정에 따라 국가안전보장·질서유지 또는 공공복리를 위하여 필요하고 불가피한 예외적인 경우에만 그 제한이 정당화될 수 있으며, 그 경우에도 선거권의 본질적인 내용을 침해할 수 없다.

나. (1) 재외국민에게 선거권 행사를 인정하더라도 우리의 특수한 상황하에서는 북한주민이나 조총련계 재일동포의 선거권행사에 대한 제한은 허용된다 할 것인바, 재외국민의 경우 우리나라 여권을 소지하고 있어 구별이 가능하고 또

한 재외국민등록제도 및 재외국민 국내거소신고제도를 활용한다면 북한주민이나 조총련계 재일동포들이 선거권을 행사할 위험성을 예방할 수 있다.

(2) 선거의 공정성을 확보하는 것은 일차적으로 국가의 과제로서, 선거의 공정성에 대한 우려가 있다는 이유로 민주국가의 기능적 전제인 선거권 행사를 특정 국민들에 대해 부정할 수는 없는바, 예상되는 부정선거가능성은 해외에서 이루어지는 선거운동방법의 적절한 제한, 투표자 본인의 신분확인방법의 도입, 선거운동비용 지출에 대한 사전 사후의 관리 등 필요한 조치를 통하여 차단하는 방법이 있으며, 법원의 재판 등을 통한 사후적 통제도 가능하다.

(3) 선거기술상의 어려움은 정보통신기술의 발달 등으로 극복할 수 있으며, 재외국민의 입장에서도 인터넷 등을 통해 후보자의 정보에 대한 접근이 용이해지고 있는 점 등에 비추어 선거기술상의 어려움 역시 재외국민의 선거권 행사를 전면적으로 박탈하기 위한 합당한 사유라 보기 어렵다.

(4) 헌법은 국민의 기본권행사를 납세나 국방의 의무 이행에 대한 반대급부로 예정하고 있지 않을 뿐만 아니라, 재외국민에게도 병역의무 이행의 길이 열려 있는 점, 재외국민 중에는 병역의무와 무관한 여자들도 있는 점, 청구인들 중 이미 국내에서 병역의무를 필한 사람도 있는 점 등을 감안할 때 납세와 국방의 의무 불이행을 이유로 재외국민의 선거권을 부인할 수 없다.

(5) 선거권의 제한은 그 제한을 불가피하게 요청하는 개별적, 구체적 사유가 존재함이 명백할 경우에만 정당화될 수 있으며, 막연하고 추상적 위험이라든지 국가의 노력에 의해 극복될 수 있는 기술상의 어려움이나 장애 등의 사유로는 그 제한이 정당화될 수 없다. 단지 주민등록이 되어 있는지 여부에 따라 선거인명부에 오를 자격을 결정하여 그에 따라 선거권 행사 여부가 결정되도록 함으로써, 주민등록법상 주민등록을 할 수 없는 재외국민의 국정선거권 행사를 전면적으로 부정하는 것은 그에 대한 정당한 목적을 찾기 어려우므로 재외국민의 선거권과 평등권을 침해하고 보통선거원칙에 위배된다.

다. (1) 선거기간의 연장에 따른 후보자들의 선거비용증가 및 국가적 부담증가가 예상되더라도 우리나라의 경제력으로 감당할 수 없을 정도라고 볼 수 없고, 선거비용의 부담 우려만으로 민주국가에서 가장 근본적이고도 중요한 국민의 선거권 행사를 제한하는 것은 더 이상 타당성을 인정하기 어려우며, 가속화되고 있는 국제화시대에 해외로 이주하는 경우가 높아지고 있는 상황에서 그것이 자발적 계기에 의해 이루어졌다는 이유만으로 국민이면 누구나 향유해야 할 기본적인 권리인 선거권의 행사가 부인되는 것은 타당성을 갖기 어렵다.

(2) 따라서 선거인명부에 오를 자격이 있는 국내거주자에 대해서만 부재자신고를 허용함으로써 재외국민과 단기해외체류자 등 국외거주자 전부에 대해 국정선거권의 행사 가능성을 부인하는 것은 정당한 입법목적을 갖추지 못한

것으로 국외거주자의 선거권과 평등권을 침해하고 보통선거원칙에 위반된다.

2. 지방선거 선거권 및 피선거권 부분

가. 국내거주 재외국민은 형식적으로 주민등록법에 의한 주민등록을 할 수 없을 뿐이지, '국민인 주민'이라는 점에서는 '주민등록이 되어 있는 국민인 주민'과 실질적으로 동일하고 그가 속한 자치단체 구역 내의 동질적 환경 속에서 동등한 책임을 부담하고 권리를 향유할 자격을 가지므로 지방선거 선거권 부여에 있어 양자에 대한 차별을 정당화할 어떠한 사유도 존재하지 않는다. 또한 공직선거법은 일정한 외국인에 대해 지방선거 선거권을 부여함으로써 '헌법상의 권리'인 국내거주 재외국민의 지방선거 선거권이 단순한 '법률상의 권리'인 외국인의 선거권에 못 미치는 부당한 결과를 초래하고 있다. 따라서 국내거주 재외국민에 대해서 주민등록만을 기준으로 그 체류기간을 불문하고 전면적, 획일적으로 지방선거권을 박탈하는 것은 국내거주 재외국민의 평등권과 지방의회 의원선거권을 침해한다.

나. 주민등록을 할 수 없는 국내거주 재외국민이라 할지라도 지방자치단체의 주민으로서 오랜 기간 생활해 오면서 그 지방자치단체의 사무와 얼마든지 밀접한 이해관계를 형성할 수 있다는 점, 현행법상 국회의원 선거의 경우 주민등록 여부와 관계없이 만25세 이상의 국민이라면 국내거주 여부를 불문하고 재외국민도 국회의원 선거의 피선거권을 가진다는 점을 고려할 때, 지방선거에서의 피선거권에 대해서만 주민등록 여부를 기준으로 하여 주민등록이 되어 있지 않은 자의 피선거권을 부정하는 것은 설득력이 없다. 따라서 일정 기간 이상 주민으로 생활하면서 당해 지방자치단체의 사무와 밀접한 이해관계를 가지고 있는 재외국민에 대해 주민등록이 되지 않는다는 이유로 지방선거 피선거권을 전면적으로 부정하는 것은 국내거주 재외국민의 공무담임권을 침해한다.

3. 국민투표권 부분

국민투표는 국가의 중요정책이나 헌법개정안에 대해 주권자로서의 국민이 그 승인 여부를 결정하는 절차인데, 주권자인 국민의 지위에 아무런 영향을 미칠 수 없는 주민등록 여부만을 기준으로 하여, 주민등록을 할 수 없는 재외국민의 국민투표권 행사를 전면적으로 배제하는 것은 국정선거권의 제한에 대한 판단에서와 동일한 이유에서 청구인들의 국민투표권을 침해한다.

4. 별개의견 1

이미 상당기간 대한민국과는 문화적 · 사회적 · 경제적으로 상이한 환경의 외국에 생활의 기반을 잡고 그 곳에 영주할 의사와 권리를 가지고 있는 자의 경우에는 그렇지 아니한 재외국민이나 국외거주자들과는 대한민국의 선거나 정치에의 참여에 대하여 가지는 태도의 진지성, 밀접성이 현저히 다른 경우가 많을 수밖에 없어 추상적이고 이념적인 통일체로서의 국민을 넘어 현실적이고 구체적인 국가구성원으로서의 대의기관을 구성할 권리가 필연적으로 인정된다고 보기 어려운 점이 있으므로, 국외영주권자들에 대한 국정선거권제한은 언제나 보통선거의 원칙에 반하여 헌법적으로 허용될 수 없는 것은 아니며, 이는 국민투표권의 경우에도 마찬가지이다.

5. 별개의견 2

이 사건 법률조항들의 위헌성은 선거권의 행사절차에 관하여 규정하면서 주민등록자만 규정하고 국내거소신고나 재외공관에 재외국민등록을 한 재외국민을 포함시켜 규정하지 아니한 점에 있다. 이 사건 법률조항들이 주민등록자를 규정하고 있는 부분은 정당하고 헌법에 합치되며, 일정한 재외국민을 포함시키지 아니한 부진정 입법부작위가 헌법에 위반될 뿐이다. 따라서 주문형식도 거기에 맞춰서 나와야 한다.

[사후경과]

이 결정은 종전에 헌법재판소가 국외거주 외국영주권자 및 국외거주자에 대해 국정선거권을 부여하지 않는 것을 합헌으로 보았던 1999년의 결정(헌재 1999. 1. 28. 97헌마253 등(병합); 헌재 1999. 3. 25. 97헌마99)을 8년 만에 명시적으로 변경한 것이다.

[관련결정]

위 결정과 동시에 쟁점이 유사한 다른 두 사건에 대해서도 헌법불합치 결정이 내려졌다. 먼저, 주민투표권 행사의 요건으로서 주민등록을 요구함으로써 주민등록을 할 수 없는 국내거주 재외국민의 주민투표권을 박탈하는 주민투표법 조항에 대해서 '주민등록이 된 국민인 주민'과 차별할 근거가 없다는 등을 이유로 2008. 12. 31.을 입법개선 시한으로 한 잠정적용 헌법불합치결정이 선고되었다(2004헌마643). 또한 국외의 구역을 항해하는 선박에 장기 기거하는 선원들에게 아무런 선거방법을 마련하지 않고 있는 공직선거법 조항들에 대해서도 헌법불합치 결정이 선고되었는데, 이 결정에서는 개선입법 시한을 명시하지 않으면서 개선입법이 있을 때까지 계속 적용을 명하였다(2005헌마772). 헌재 2007. 6. 28. 2004헌마644 · 2005헌마360(병합)

5. 탈북주민의 문제

우리나라의 특수한 사정 때문에 북한지역의 주민도 대한민국의 국민에 해당되는가가 문제된다. '북한이탈주민의 보호 및 정착지원에 관한 법률'에서는 북한이탈주민을 "북한에 주소 · 직계가족 · 배우자 · 직장 등을 두고 있는 자로서 북한을 벗어난 후 외국의 국적을 취득하지 아니한 자로 정의하고 있다.

판례는 북한주민을 국민으로 보고 있다. 즉, "북한지역은 우리 대한민국의 영토에 속하므로 북한국적의 주민은 대한민국의 국적을 취득·유지함에 아무런 영향을 끼칠 수 없다"고 해석하고 있다.[11] 그리하여 '국적에 관한 임시조례'(1948. 5. 11. 남조선과도정부법률 제11호) 제2조 제1호는 조선인을 부친으로 하여 출생한 자는 조선의 국적을 가지는 것으로 규정하고 있고, 제헌헌법은 제3조에서 대한민국의 국민이 되는 요건을 법률로써 정한다고 규정하면서 제100조에서 현행법령은 이 헌법에 저촉되지 아니하는 한 효력을 가진다고 규정하고 있으므로, 조선인을 부친으로 하여 출생한 자는 설사 그가 북한법의 규정에 따라 북한국적을 취득하였다고 하더라도, 위 임시조례의 규정에 따라 조선국적을 취득하였다고 판시하였다. 헌법재판소도 이러한 대법원의 입장을 따르고 있다.[12]

학설은 ① 탈북주민을 우리국민으로 보아 북한이탈주민이 우리영내로 들어오는 것을 거주·이전의 자유의 행사로 설명하는 견해,[13] ② 국적법에 규정된 자를 제외하고 북한주민이 우리의 통치영역에 들어오는 것을 입국의 자유의 행사로 이해하는 것보다는 정치적 망명권의 행사로 이해하는 것이 타당하다는 견해[14] 등이 대립하고 있다. 한편 정부(외교통상부장관)는, 우리의 실효적 지배권이 현실적으로 미치지 못하는 북한지역 거주자 또는 제3국에 체류하는 북한주민들에 대해서 우리 국적을 인정하는 것은 북한당국과의 마찰 또는 제3국과의 관계에서 외교적인 문제가 생길 가능성이 있지만, 최소한 북한주민이 이미 국내에 들어와 있는 경우에 그가 원하는 한 우리 국적을 인정하는 것은 문제가 없다는 일종의 절충적 의견을 개진하고 있다.[15]

6. 국민의 헌법상 지위

(1) 개 설

국가에 대한 관계에 있어서 국민은 일방 주권자이면서도 타방 국가권력에 복종하는 양면성을 가지고 있다. G. Jellinek는 그의 '지위론'에서 국민의 헌법상 지위를 ① 소극적 지위(자유권), ② 적극적 지위(수익권), ③ 능동적 지위(참정권), ④ 수동적 지위(국민의 의무)로 나눈 바 있다.

---

11) 대판 1996. 11. 12. 96누1221.
12) 헌재 2000. 8. 31. 97헌가12.
13) 허영, 앞의 책, 492면; 권영성, 앞의 책, 470면.
14) 홍성방, 헌법학(상), 박영사, 2010, 69면. 법적 개념인 국민과 인종학적·인류학적 개념인 민족을 혼동해서는 안 된다고 한다. 다만 북한 이탈주민을 우리의 국민으로 받아들이고 '북한이탈주민의 보호 및 정착지원에 관한 법률'에 의하여 보호하는 것은 별개의 문제로 본다.
15) 헌재 2000. 8. 31. 97헌가12(정부 측 의견 참조).

일반적으로 국민은 ① 주권자로서의 지위, ② 주권행사자 내지 국가기관으로서의 지위(이상 통일체로서의 지위), ③ 기본권주체로서의 지위, ④ 통치의 대상 내지 의무의 주체로서의 지위(이상 개개인으로서의 지위) 등을 갖는다.

(2) 주권자로서의 지위

이념적 통일체로서의 전체국민을 말하며, 헌법상 제1조 제2항의 국민(대한민국의 주권은 국민에게 있고), 제7조 제1항의 국민(공무원은 국민전제에 대한 봉사자), 제8조 제2항의 국민(정당은 …… 국민의 정치적 의사형성에 참여……), 제69조의 국민(……국민의 자유와 복리의 증진 및 ……)은 주권자로서의 국민에 관한 직접적 규정이며, 제1조 제1항의 민주공화국은 간접적 규정이라고 할 수 있다.

(3) 주권행사자 내지 국가기관으로서의 지위

단체(선거인단, 투표인단)로서의 국민으로서 유권자의 총체로서의 국민이다. 현실적인 주권의 행사자로서의 지위라 하겠다. 제47조와 제67조의 국민은 선거기관으로서의 국민을, 제72조와 제130조의 국민은 투표기관으로서의 국민을 나타내는 규정이다.

유권자의 총체를 의미하는 국가기관(주권행사기관)으로서의 국민의 지위를 포기하고 주권자로서의 국민의 지위에서 주권의 주체를 전체국민(이념적 주권자)과 유권자의 총체(현실적 주권자)로 나누는 견해도 있다.[16]

(4) 기본권의 주체로서의 지위

제10조에서 제37조까지의 국민은 개개의 국민으로서 기본권의 주체이다.

(5) 의무의 주체로서의 지위

제38조에서 제39조 등에서의 국민은 국민의 기본의무의 주체로서의 지위를 가진다.

Ⅲ. 영 역

1. 영역의 개념

영역이란 국가의 영토고권(領土高權)이 배타적으로 행사되는 공간으로서 영토,

---

16) 권영성, 앞의 책, 734면(국민개념2분론).

영해, 영공으로 구분된다. 영토고권이란 영역 내의 모든 인과 물을 독점적, 배타적으로 지배할 수 있는 국가권력을 말한다. 우리나라의 영역은 한반도와 그 부속도서로 구성되며 영해나 영공은 당연히 이에 포함된다. 영역은 영토와 동의어로 사용되기도 한다.

2. 영역의 범위

(1) 영 토

영역 중 영토는 국가영역의 기초가 되는 일정한 범위의 육지를 말한다. 영토의 범위를 성문헌법에서 규정하는 경우가 많은데, 우리나라는 제3조에서 "대한민국의 영토는 한반도와 그 부속도서로 한다"라고 명시하고 있다. 이 영토조항에 따르면 북한지역은 당연히 대한민국의 영토로서 인정되고 있다.

판례 영토에 관한 권리가 헌법소원에 대상이 될 수 있는가?

헌법재판소는 대한민국과 일본국간의 어업에 관한 협정비준 등 위헌확인 사건에서 "국민의 개별적 기본권이 아니라 할지라도 기본권보장의 실질화를 위하여서는, 영토조항만을 근거로 하여 독자적으로는 헌법소원을 청구할 수 없다 할지라도, 모든 국가권능의 정당성의 근원인 국민의 기본권 침해에 대한 권리구제를 위하여 그 전제조건으로서 영토에 관한 권리를, 이를테면 영토권이라 구성하여, 이를 헌법소원의 대상인 기본권의 하나로 간주하는 것은 가능한 것으로 판단된다"고 판시한 바 있다.[17] 이 결정에 대해서는 국가적 권한(영토권)을 토지에 대한 개인의 권리(기본권)와 혼동한 것으로 올바른 헌법해석이라 할 수 없다는 비판이 있다.[18] 타당한 비판이라 생각된다.

(2) 영 해

1) 영해는 영토에 접속한 일정범위의 해역으로 그 나라의 주권이 미친다. 영해의 범위에 대해서는 착탄거리설(과거), 3해리설, 12해리설 등 다양한 견해가 있다. 국제해양법회의는 12해리로 의견을 모았고 우리나라의 '영해 및 접속수역법'은 한반도와 그 부속도서의 육지에 접한 12해리까지를 영해로 규정하고 있다(동법 제1조).

영해 및 접속수역법

제1조(영해의 범위) 대한민국의 영해는 기선으로부터 측정하여 그 외측 12해리의 선

17) 헌재 2001. 3. 21. 99헌마139.

18) 권영성, 앞의 책, 121면.

까지에 이르는 수역으로 한다. 다만, 대통령령이 바에 따라 일정수역에 있어서는 12해리이내에서 영해의 범위를 따로 정할 수 있다.

제2조(기선) ① 영해의 폭을 측정하기 위한 통상의 기선은 대한민국이 공식적으로 인정한 대축척해도에 표시된 해안의 저조선으로 한다.

② 지리적 특수사정이 있는 수역에 있어서는 대통령령으로 정하는 기점을 연결하는 직선을 기선으로 할 수 있다.

2) 영해 관련개념

① 접속수역

접속수역이란 기선으로부터 측정하여 그 외측 24해리의 선까지에 이르는 수역에서 대한민국의 영해를 제외한 수역을 말한다(영해 및 접속수역법 제3조의 2).[19] 접속수역에서는 관세·출입국관리·위생에 관한 법규위반행위를 단속할 수 있다.

② 배타적 경제수역

'배타적 경제수역 및 대륙붕에 관한 법률'(약칭: 배타적경제수역법)은 "대한민국의 배타적 경제수역은 협약에 따라 '영해 및 접속수역법' 제2조에 따른 기선(基線)으로부터 그 바깥쪽 200해리의 선까지에 이르는 수역 중 대한민국의 영해를 제외한 수역으로 한다"라고 규정하고 있다(동법 제2조 제1항).

③ 대륙붕(大陸棚)

대륙붕은 통상 영해와 접속되어 있는 해역으로서 완만한 경사를 이루고 있는 수심 200m 이하의 해역(해상)을 말한다. 대륙붕조약이 체결되어 연안국은 그 지역에 대하여 어업이나 지하자원을 개발할 수 있는 지배권으로서의 관리권이 인정되고 있으며, 대륙붕에 관한 제네바조약(1958년 4월 29일)은 연안국에게 대륙붕에 대한 탐사와 천연자원을 개발할 권리를 부여하고 있다(동조약 제2조). 한국의 배타적경제수역법은 "대한민국의 대륙붕은 협약에 따라 영해 밖으로 영토의 자연적 연장에 따른 대륙변계(大陸邊界)의 바깥 끝까지 또는 대륙변계의 바깥 끝이 200해리에 미치지 아니하는 경우에는 기선으로부터 200해리까지의 해저지역의 해저와 그 하층토로 이루어진다. 다만, 대륙변계가 기선으로부터 200해리 밖까지 확장되는 곳에서는 협약에 따라 정한다"고 규정하고 있다(동법 제2조 제2항).

---

19) 다만, 대통령령이 정하는 바에 따라 일정수역에 있어서는 기선으로부터 24해리이내에서 접속수역의 범위를 따로 정할 수 있다.

④ 무해항행권(無害航行權)

외국선박이 연안국의 안전, 공공질서 또는 재정적 이익을 해하지 않는 한 자유로이 항해할 수 있는 국제관습법상의 권리를 말한다.

(3) 영 공

영공은 영토와 영해의 수직적 상공을 말한다. 영공의 범위에 대해서는 견해가 구구하고 상방한계에 대해서는 아직 정설이 없는 실정이다. 영공무한계설도 있으나, 지배가능한 상공에 한정되고(실효적 지배설), 우주권에 대해서는 새로운 법적 규제가 필요할 것이다.

3. 영역의 변경

(1) 영토변경의 원인

영역(영토)은 불변한 것이 아니라 때로는 변경될 수 있는데, 영토변경의 원인으로는 일반적으로는 국가간의 조약에 의한 영토의 병합(전부변경), 매매, 교환, 할양(일부변경)등이 원인이 될 수 있고 때로는 자연적 조건 또는 사실행위에 의해서도 변경이 일어날 수 있다(무주지의 선점, 화산의 폭발). 전쟁 자체는 영토변경의 원인이 아니다. 전쟁의 종료 후 강화조약 등이 영토변경의 원인이 된다.

(2) 영토변경의 효과

영토의 변경은 통치권의 지역적 범위를 변경하는 것을 의미하기 때문에 영토변경이 있을 경우에는 주민의 국적 및 그 지역의 법에 대한 법적 효과가 문제된다.

국가병합의 경우에는 피합병국의 주민은 모두 당연히 병합국의 국적을 취득하지만, 일부할양의 경우에는 그 주민의 국적은 할양조약에 의하여 결정된다. 일반적인 관례로는 주민에게 일정한 기한을 주어서 국적을 자유선택하도록 하고 있다.

할양지의 법은 영토의 변경에 의하여 당연히 효력을 상실하는 것은 아니고, 신법에 의하여 변경될 때까지 계속 효력을 가진다. 다만 이 경우에도 할양지의 법은 구영유국의 법으로서 시행되는 것이 아니고 신영유국의 법으로서 수용되어 시행되는 것이며 통치조직의 기본법으로는 신영유국법이 적용된다.

4. 북한지역의 문제(영토조항의 문제점)

(1) 문제의 제기

헌법의 영토조항에도 불구하고 북한지역에는 '조선민주주의인민공화국'이 사실상 통치하고 있어 우리 헌법은 북한지역에는 적용되지 못하고 있다. 과거에는 이러한 영토조항의 헌법적 근거로 ① 구한말영토승계론, ② 미수복지구론, ③ 유일합법정부론이 주장되었고 판례의 입장도 기본적으로 이러한 입장에 서 왔다. 그러나 1972년 개헌 이후 일련의 통일조항이 추가되고, 1990년 '남북교류협력에 관한 법률'이 제정되었으며, 1991년에는 남북한이 동시에 유엔에 가입하였으며, 1991년에는 또한 '남북 사이의 화해와 불가침 및 교류·협력에 관한 합의서'(약칭 남북합의서)까지 교환함으로써 북한을 사실상의 정부로 인정하는 현실에서 영토조항과 통일조항의 갈등을 해결하는 헌법이론이 필요한 실정이 되고 있다.

(2) 판례의 입장

대법원은 "북한이 우리의 자유민주적 기본질서에 대한 위협이 되고 있음이 분명한 상황에서 우리정부가 북한당국자의 명칭을 사용하고, 남북동포간에 자유로운 왕래와 상호교류를 제의하였으며, 남북국회회담과 같은 회담을 병행하고, 나아가 '남북 사이의 화해와 불가침 및 교류·협력에 관한 합의서'에 서명하였다는 등의 사유가 있다 하여 북한이 국가보안법상의 반국가단체가 아니라고 할 수 없다"고 판시하고 있다.[20] 헌법재판소도 "북한이 남·북한의 유엔동시가입, 소위 남북합의서의 채택·발효 및 남북교류협력에 관한 법률 등의 시행 후에도 적화통일의 목표를 버리지 않고 각종 도발을 자행하고 있으며 남·북한의 정치, 군사적 대결이나 긴장관계가 조금도 해소되고 있지 않음이 현실인 이상, 국가의 존립·안전과 국민의 생존 및 자유를 수호하기 위하여 신·구 국가보안법의 해석·적용상 북한을 반국가단체로 보고 이에 동조하는 반국가활동을 규제하는 것 자체가 헌법이 규정하는 국제평화주의나 평화통일의 원칙에 위반된다고 할 수 없다"[21]고 하여 기본적으로 유일합법정부이론, 반국가단체이론에 입각한 견해를 취하면서도 북한정권의 이중적 성격론에 입각한 변화된 모습을 보이고 있다. 즉 "현 단계에 있어서의 북한은 조국의 평화적 통일을 위한 대화와 협력의 동반자임과 동시에 대남적화노선

---

20) 대판 1992. 7. 24. 92도1148; 대판 1990. 9. 25. 90도1451 참조.
21) 헌재 1997. 1. 16. 92헌바6 등(병합).

을 고수하면서 우리 자유민주주의체제의 전복을 획책하고 있는 반국가단체라는 성격도 함께 갖고 있음이 엄연한 현실인 점에 비추어, 남북교류협력에 관한 법률 등이 공포·시행되었다 하여 국가보안법의 필요성이 소멸되었다거나 북한의 반국가단체성이 소멸되었다고는 할 수 없다"고 판시하여[22] 영토조항과 통일조항의 규범조화적 해석의 가능성을 제시하고 있다.

(3) 학설(제3조와 제4조의 해석론)

1) 우리 헌법 제3조의 문언상 휴전선 북방지역도 대한민국의 영토일 수밖에 없다는 것이 다수의 견해이다. 제3조 영토조항과 제4조 통일조항의 상충에 대해서는 영토조항과 통일조항의 관계는 일반법과 특별법의 관계에 따라 통일조항이 우선한다는 견해,[23] 영토조항과 통일조항은 구법과 신법의 관계이므로, 신법우선의 원칙에 따라 통일조항이 적용되며 비현실에 대한 현실우선원칙이 적용된다는 견해[24] 등이 있다.

2) 변화된 사실을 중시하여 대한민국의 영토를 휴전선 이남의 지역으로 보아야 한다는 견해가 있다. 일종의 헌법변천을 인정하는 견해로 볼 수 있다.[25]

3) 제3조를 통일한국의 영토조항으로 해석하자는 견해가 있다.[26] 헌법상의 영토조항은 개정을 통하여 현실에 맞도록 수정될 필요 있으나,[27] 문제는 개정시까지 우리 헌법의 영토조항을 어떻게 해석하는 것이냐에 있다고 보면서 결국 영토조항은 통일 대한민국의 영토를 선언한 것으로 해석하는 것이 타당하다고 한다.

---

22) 헌재 1997. 1. 16. 92헌바6 등(병합).

23) 계희열, 신정2판 헌법학(상), 박영사, 2005, 174면. 양 조항은 각기 그 나름대로 의미를 갖고 있고 서로 조화될 수 있다고 보면서도, 특별법조항인 통일조항이 우선하면 된다고 본다.

24) 권영성, 헌법학원론, 법문사, 1997(구저), 122면. 그러나 권 교수는 신저에서는 이러한 내용을 삭제하고 있으며, 규범조화적 해석을 시도한 견해로 보는 헌법재판소의 '북한정권의 이중적 성격론'을 상세히 소개하고 있어 구 견해를 바꾼 것으로 판단된다(권영성, 앞의 책, 124－125면).

25) 허영, 앞의 책, 198면 이하. 이제는 북한을 하나의 실제적인 통치집단으로 인정하고, 북한지역까지를 대한민국의 영토로 보려는 경직되고 비현실적인 냉전시대의 사고에서 하루 속히 탈피할 필요가 있다고 한다. 그러나 허 교수는 통일지상주의에 경도되어 성급하게 영토조항의 개헌론을 주장하는 것에도 경계를 해야 한다고 하면서, 영토조항의 역사성은 퇴영적인 성질의 것이 아니라 진보적이고 발전적인 것이기 때문에 언젠가는 북한지역까지를 우리의 영토로 통합하도록 설계한 미래지향적이고 초시대적인 청사진을 의미하는 규정으로 이해할 수 있다고 한다.

26) 홍성방, 앞의 책(상), 74면.

27) 휴전선 이남지역만을 대한민국의 영역으로 보려는 해석은 헌법의 명문규정에 반하며, 헌법문언에 충실하여 사실상 규범력을 상실한 조항에 억지로 규범력을 부여하려는 해석은 현실에 반한다고 한다.

4) 남북한관계의 특수성을 고려하여 헌법 제3조와 제4조를 해석한다면, 이 규정들은 남북한 관계의 대내적 측면과 대외적 측면을 각기 다른 차원에서 규정한 것으로 파악하면 조화로운 해석이 가능하다는 견해이다(양조항 등가론). 헌법재판소의 북한정권의 이중적 성격론과 같은 취지로 볼 수 있다. 이 설에 의하면 북한이 반국가단체인 점에서는 제3조 영토조항, 국가보안법의 적용대상이고, 북한이 통일의 대상인 점에서는 제4조 통일조항, 남북교류협력에 관한 법률이 적용될 수 있다는 것이다.[28]

영토조항과 평화적 통일방안과 상충되는 것이 아니고 오히려 이와 조화되는 것이라는 견해(최대권)와 영토조항은 한반도 전체를 영토로 하는 국가형성이라는 미래 달성하여야 할 목표를 제시하는 조항, 반면 평화통일조항은 영토조항이 제시하고 있는 목표를 재확인한 후, 이를 달성하기 위하여 현재 국가가 취해야 할 절차와 방법과 내용을 규정하고 현실적 · 구체적 · 법적 성격을 가진 조항이라는 견해[29]도 양 조항을 조화적으로 해석하려는 시도의 하나라고 할 수 있다.

5) 결 어

북한이 국제사회에서 국제법적 주체로서 활동한다고 하더라도 현행 헌법규정상 독립국가로 인정할 수는 없고, 평화통일의 대상인 점에서 불법집단으로만 보는 견해도 변화된 현실에서 타당하지 못하다. 이러한 점에서 북한정권은 이중적 성격을 가지기 때문에 제3조와 제4조를 규범조화적으로 해석하면 남북한관계는 국가와 국가 간의 관계가 아닌 특수한 관계로 파악할 수 있다.

(4) 남북한 관계의 기본성격

이상에서 본 바와 같이 남북한 관계를 순수한 국내관계로, 순수한 국제관계로 볼 수는 없다. 통일을 지향하는 (분단국가의) 특수한 관계로 볼 수 있다. 대외적으로는 남 · 북한이 각기 독립된 국제법 주체로 활동할 수 있지만, 남북한 상호간의 관계는 순수한 국제관계와는 구별되며, 국내관계와도 다른 특수성이 있다. 헌법재판소는 남북관계를 "나라와 나라 사이의 관계가 아닌 통일을 지향하는 과정에서 잠정적으로 형성되는 특수관계"로 보고 있다.[30] 과거 동서독의 경우에도 이러한 특수성을 인정한 바 있다(내독무역의 특수성에 대한 배려).

---

28) 장영수, 제7판 헌법학, 홍문사, 2012, 123면.
29) 도회근, "헌법 제3조(영토조항)의 해석", 헌법규범과 헌법현실(권영성교수 정년기념논문집), 법문사, 1999, 867면 이하.
30) 헌재 1997. 1. 16. 89헌마240.

판례 **영토조항과 북한(구 외국환거래법 제27조제1항제8호 등 위헌소원(15조3항))**

[판시사항]

1. 외국환거래법에 의하여 신고를 하여야 하는 거래 또는 행위를 하고자 하는 거주자 또는 비거주자는 그 신고를 하지 아니하고는 당해 거래 또는 행위에 관한 지급을 해서는 아니되고(법 제15조 제3항), 이를 위반하여 지급을 한 자에 대하여는 3년 이하의 징역 또는 2억 원 이하의 벌금에 처한다(법 제27조 제1항 제8호 후단)고 규정한 각 조항이 죄형법정주의가 요구하는 명확성의 원칙에 위배되는지 여부(소극)
2. 북한의 주민이나 단체가 법 제15조 제3항에서 말하는 "거주자"나 "비거주자"에 해당하는지에 관한 판단이 헌법 제3조의 영토조항과 관련이 있는 헌법적 문제인지 여부(소극)

[결정요지]

1. 가. 외국환거래의 규제절차는 원인행위, 지급 및 영수행위, 그리고 지급 및 영수방법에서 각각 이루어지고 있는데, '자본거래'에 대하여는 원인행위를 중심으로, '경상적 거래'에 대하여는 지급 및 영수행위를 중심으로 각 규제하고 있으며, 자본거래를 제한하는 일반조항은 법 제18조(자본거래의 신고 등)이고, 지급 및 영수행위를 제한하는 일반조항은 법 제15조(지급등의 허가)라고 할 수 있다. 법 제18조는 원칙적으로 외국환관리에 영향을 미칠 수 있는 자본거래에 대하여는 재정경제부장관에게 신고하도록 하고 있고, 이렇게 신고의무 있는 자본거래를 신고하지 아니하고 행한 경우에서 더 나아가 위 자본거래를 원인으로 하여 신고 없이 외국환을 '지급'한 경우는 그 위법성이 더욱 높다고 할 것인데, 이를 규율하는 것이 바로 외국환거래법(1998. 9. 16. 법률 제5550호로 제정된 것) 제27조 제1항 제8호 후단 및 제15조 제3항 중 각 미신고 외국환 지급의 금지 부분(이하 '이 사건 법률조항'이라 한다)이다. 법은 제16조에서 지급등의 방법의 신고를, 제17조에서 지급수단 등의 수출입의 신고를 각각 규정하고 있는데, 이를 위반하였을 경우 별도의 처벌규정(제28조 제1항 제2호・제3호)을 두고 있으므로 이 사건 법률조항(특히 법 제27조 제1항 제8호 후단)이 적용될 수 없고, 그 밖에 변경신고・폐지신고 등을 규정한 법 제8조 제4항, 제9조 제2항에 대하여도 이에 대응하는 처벌규정(제27조 제1항 제5호・제6호・제7호, 제29조 제1항 제1호・제3호)이나 과태료규정(제32조 제1항 제1호, 제2호)이 있으므로 이들에 대하여도 이 사건 법률조항이 적용되지 않음이 명백하다. 결국, 이 법에서 이 사건 법률조항이 적용되는 경우는 오직 당해사건과 같이 무신고 자본거래를 한 후 이를 원인으로 한 무신고 외국환의 지급 또는 영수행위가 유일한 것이다. 그러므로, 법 제15조 제3항 중 "이 법에 의하여 신고를 하여야 하는 거래 또는 행위" 및

나아가 "그 신고를 하지 아니하고는 당해 거래 또는 행위에 관한 지급등을 하여서는 아니된다" 부분이 의미하는 바는 이 법의 목적, 외국환거래 제한의 태양과 절차, 법 제15조와 제18조의 의미, 법상 신고의무규정 · 금지규정과 처벌규정의 상관관계 등에 비추어 관련 법조항 전체를 유기적 · 체계적으로 종합 판단하면 그 의미가 불명확하다고 할 수 없으므로, 죄형법정주의가 요구하는 명확성의 원칙에 위배되는 것이라고 할 수 없다.

나. 법은 거주자 개념의 중요성을 감안하여 거주자와 비거주자의 개념을 정의하고 있다. 즉, 법 제3조 제1항 제12호의 규정에 의하면 "거주자"라 함은 대한민국 안에 주소 또는 거소를 둔 개인과 대한민국 안에 주된 사무소를 둔 법인을 말하고, 동 조항 제13호의 규정에 의하면 "비거주자"라 함은 거주자 외의 개인 및 법인을 말하는데, 다만 비거주자의 대한민국 안의 지점 · 출장소 기타의 사무소는 법률상 대리권의 유무에 불구하고 거주자로 본다. 이와 같은 거주자 개념 정의는 거주성(居住性)의 기본적인 원리에 따른 것이고, 이들 조항에 포함된 단어들은 대부분 법률용어로서 서술적인 개념을 사용하고 있어 그 의미에 혼동을 초래할 정도로 불명확한 것은 없다고 할 것이므로, 죄형법정주의가 요구하는 명확성의 원칙에 위배되는 것이라고 할 수 없다.

다. 당해사건과 같이 남한과 북한 주민 사이의 외국환 거래에 대하여는 법 제15조 제3항에 규정되어 있는 "거주자 또는 비거주자" 부분 즉 대한민국 안에 주소를 둔 개인 또는 법인인지 여부가 문제되는 것이 아니라, 남북교류협력에관한법률(이하 '남북교류법'이라 한다) 제26조 제3항의 "남한과 북한" 즉 군사분계선 이남지역과 그 이북지역의 주민인지 여부가 문제되는 것이다. 즉, 외국환거래의 일방 당사자가 북한의 주민일 경우 그는 이 사건 법률조항의 '거주자' 또는 '비거주자'가 아니라 남북교류법의 '북한의 주민'에 해당하는 것이다. 그러므로, 당해사건에서 아태위원회가 법 제15조 제3항에서 말하는 '거주자'나 '비거주자'에 해당하는지 또는 남북교류법상 '북한의 주민'에 해당하는지 여부는 법률해석의 문제에 불과한 것이고, 헌법 제3조의 영토조항과는 관련이 없다.[31]

헌재 2005. 6. 30. 2003헌바114

Ⅳ. 주 권

1. 주권개념의 성립

라틴어의 superanus로부터 유래하는 주권의 개념은 보댕(Bodin)에 의하여 '국가의 절대적이고도 항구적인 권력'이라는 의미로 정립되었고, 근세국가의 성립과

31) 북한주민과 외국환 거래를 할 경우 남북교류법의 적용에 대한 결정이다.

더불어 국가권력의 최고 독립성을 의미하는 개념으로 확립되었다. 한편 옐리네크(Jellinek)는 주권개념이 '항의적 개념'(polemischer Begriff)임을 강조하였다.

2. 주권개념의 용례

국가구성의 권력적 기반으로서의 주권은 국가의사를 최종적으로 결정하는 최고성, 독립성, 절대의 권력을 가리킨다. 일반적으로 국내에 있어서는 최고의 권력이고 국외에 대하여는 독립의 권력을 의미한다. 주권개념은 다양하게 ① 국가권력의 최고·독립성, ② 통치권 내지 현실적인 국가권력, ③ 국가의사를 결정하는 근원적인 힘 등의 용례로 사용되는 경우가 있는 것처럼, 때로는 통치권, 헌법제정권력과 관련하여 사용되기도 한다.[32]

절대군주국가에서는 주권의 주체와 통치권의 행사자가 군주라는 동일인이었기 때문에 주권과 통치권을 동일한 권력으로 볼 수도 있었으나, 오늘날 주권과 통치권은 관념상 분명히 구분된다.

3. 주권이론

주권이 최종적으로 누구에게 있느냐 하는 것은 많은 논쟁의 대상이 되었는데 주요한 견해를 보면 다음과 같다.

(1) 군주주권론

군주주권론은 국왕의 권력은 절대적, 항구적인 최고권력이며 그것은 단일·불가분이며, 양도할 수 없는 권력이라고 한다. 이 입장은 중세의 왕권신수설을 대변하는 것으로서 보댕(Bodin)이 그 대표적 주장자이다. 그는 주권을 군주가 행사하는 것이 가장 자연스럽고 윤리적이라고 하였다. 지배복종계약설을 주장하는 Hobbes도 이 입장이라고 할 수 있다. 군주주권론의 제도적 의의는 군주권력의 절대화, 즉 절대군주정의 옹호에 있다.

(2) 국민주권론

국민주권론은 근세의 자연법학자들에 의해 주장된 것으로, 사회계약설에 따라 국민은 자연권을 국가권력에 전면적으로 이양한 것이 아니며 따라서 국가권력의 정당성은 국민에게 있음을 명백히 하여 주권이 국민에게 있다고 주장한다. 알투지

32) 권영성, 앞의 책, 113면.

우스(Althusius), 로크(Locke), 루소(Rousseau) 등이 주장한다. 한편 영국의 다이시(Dicey)는 '법적 주권은 의회에, 정치적 주권은 선거민단 또는 국민에게 있다'고 주장하여 의회주권론을 주장하였는데, 이는 영국적 상황 하에서의 국민주권론이라 볼 수 있다.

1) 알투지우스의 국민주권론

홉스와 마찬가지로 사회상태 이전의 자연상태를 논리적으로 상정하여 국가성립의 이론적 근거를 구하였다. 그는 원시적인 시민사회를 구성하기 위한 결합계약의 단계와 인민이 통치자에게 통치권을 위임하는 인민과 통치자 간의 통치계약의 단계를 인정하였다. 즉, 결합계약을 통하여 국가가 형성되고, 통치계약에 따라 통치자가 인민 전체의 공공복리를 위하여 통치권을 행사하게 되었다고 한다.

2) 루소의 국민주권론 - 이론적 완성자

루소는 개인적 절대주권에 반대하면서 절대주권은 오로지 전체로서의 인민에게 있다고 하면서, 인민 전체의 권력은 모든 권력의 원천이며, 전체인민이 통치자라야 한다고 하였다. 개인은 개별의사의 주체로서는 주권자에 대한 복종자로서 피치자의 지위에 있지만, 일반의사의 구성부분으로서는 주권자의 지위에 있다고 함으로써 국가에 있어서 개인의 이중적 지위를 강조하였다. 또한 일반의사와 집합의사를 구별하여, 전자는 공공의 복리를 지향하는 의사로서 초개인적 의사인 데 대하여 후자는 특수이익을 추구하는 개개인의 의사들이 우연히 합치된 개별의사의 단순한 총화에 지나지 않는다고 하였다. 주권은 일반의사 속에 존재하고, 주권적 권력은 일반의사의 작용이며 주권의 권위도 일반의사에서 유래한다고 하였다.

(3) 국가주권론

국가주권설은 주권의 주체는 군주도 국민도 아닌 독립된 단체인격을 가진 국가 그 자체라고 한다. 이 견해는 19세기 독일에서 군주주권론과 국민주권론의 대립을 지양하기 위한 타협이론으로서 국가법인설을 그 논리적 전제로 하여 제창된 것이다. 즉, 19세기 초의 특수한 역사적 상황에서 군주와 국민의 정치적 대립을 중화하기 위하여 나타난 이론이다. 따라서 이 이론은 양자로부터의 공격을 회피하기 위한 보수적 입헌군주제의 이념에서 나온 것이라 하겠다. 국가주권론은 옐리네크(Jellinek)에 의하여 체계화되고 완성되었다.

(4) 현대국가의 주권이론

이상과 같이 주권의 주체에 관해서는 견해가 다양하지만, 현대의 보편적 이데올로기는 민주주의이고, 민주주의는 '국민에 의한 통치'를 그 내용으로 하기 때문에, 현대 민주국가에 있어서의 주권의 주체는 국민이 아니면 안 된다. '국민주권'의 진정한 의미는 국가권력의 정당성이 국민에게 있고, 국가 내의 모든 통치권력의 행사를 이념적으로 국민의 의사에 귀착시킬 수 있다는 것을 뜻하는 것이라 할 수 있다. 현대의 국민주권론은 1차 대전 후 슈미트(Schmitt)를 거쳐 헬러(Heller)에 이르러 복귀하고 2차 대전 이후는 누구도 부인하기 힘든 보편적 원리가 되고 있다.

4. 주권의 특성과 한계

주권은 최고·독립성, 시원성, 자율성, 단일불가분성, 불가양성, 항구성을 가진다. 주권에도 주권한계설과 주권무한계설이 대립하나, 주권한계설이 일반적이다(헌법제정권력의 한계론 참조).

5. 통치권

(1) 통치권의 개념

주권은 국내에서 최고의 권력, 국외에 대하여 독립의 권력이며 그 속성이 절대적이고 항구적인 권력을 의미한다. 그러나 그와 같은 전통적인 견해에도 불구하고 주권의 개념은 여러 가지 뜻으로 사용되고 있다. 주권을 국가권력 그 자체로 보면 통치권과 차이가 없다. 주권과 통치권의 개념구별을 인정하지만, 이를 완전히 구분하면 주권은 공허한 것이 되고 주권의 절대성·독립성을 강조하는 경우 주권의 이양(독일), 연방국가 등의 설명이 어렵다는 견지에서 통치권을 주권의 한 내포로 이해하는 견해도 있지만,[33] 다수의 견해는 주권은 국가의사를 전반적·최종적으로 결정할 수 있는 최고권력(헌법제정권력)으로 이해하고, 통치권은 구체적인 국가목적을 수행하기 위한 현실적인 국가권력(입법권, 집행권, 사법권)을 총괄하는 것으로서 주권에서 연원된, 주권이 위임한 권력의 총괄적 지칭으로 이해하고 있다.[34]

---

33) 김철수, 앞의 책(상), 157－158면.
34) 권영성, 앞의 책, 117면.

(2) 통치권의 내용

1) 실질적 내용

통치권은 실질적으로 국가의 조직을 스스로 결정하는 권한인 자주조직권(권한고권), 국가의 그 구성원에 대한 속인적 지배권인 대인고권(영민고권), 영역 내의 모든 인과 물에 대한 지배권인 영토고권(치외법권은 예외)을 내용으로 한다. 그 밖에 국제법상 인정된 지배권으로는 피보호국에 관한 권리, 점령지에 관한 권리, 신탁통치구역에 관한 권리 등도 있다.

2) 형식적인 내용

통치권은 형식적으로 입법권, 행정권, 사법권으로 나누어진다. 권력분립의 원리에 따라 통치권의 분산 및 견제와 균형이 이루어져야 한다.

(3) 통치권과 주권과의 관계

이렇게 주권과 통치권을 본질적으로 구별할 때 양자의 특징적 구별점은 주권은 ① 국민이 그 주체이고, ② 단일 · 불가분, 자율적 권력이며, ③ 헌법제정권력[35]과 동일시되는 반면, 통치권은 ① 국가에 고유한 권력으로 통치권의 주체는 국가이고, ② 실질적으로는 자주조직권, 영토고권, 대인고권으로, 형식적으로는 입법권, 사법권, 행정권으로 가분되는 권력이며(상대적 · 제한적 권력), ③ 합법적인 통치권의 행사에는 무조건적인 복종을 요하는 권력이라는 점에서 찾을 수 있을 것이다.

6. 헌법 제1조 제2항과 국가권력

헌법은 "대한민국의 주권은 국민에게 있고 모든 권력은 국민으로부터 나온다"고 규정하고 있다(제1조 제2항). 이 조항에서 '주권'은 헌법제정권력 내지 국가의사의 최고결정권의 의미의 주권으로 이해하며, 국가권력의 최고독립성 또는 국가의사를 결정하는 원동력으로 이해하기도 한다. 이 조항에서 '모든 권력'은 주권에 의해서 조직되고 연원된 현실적 국가권력, 즉 통치권을 의미한다. 주권의 내포로서의 통치권으로 보는 견해도 있다.

---

35) 김철수 교수는 헌법제정권력은 1회 행사되면, 새헌법제정시까지 기능하지 않는데 대하여 주권은 항존하여 항시 행사되는 것이라 하여 주권과 헌법제정권력은 반드시 일치하는 것은 아니라고 한다(김철수, 앞의 책(상), 37면). 주권은 헌법제정권력+α라고 한다.

제3절 대한민국의 국가형태

Ⅰ. 국가형태의 개념

근대헌법에는 국가의 전체적 성격을 구현하는 의미를 가진 국가형태에 관한 규정을 두는 것이 원칙이다. 민주공화국, 인민공화국, 사회주의 연방공화국 등이 그 일례이다. 이와 같은 국가형태를 나타내는 용어들은 국가의 전체적 성격을 선언한 것이며 국가의 동일성과도 밀접한 관계가 있다. 국가형태가 무엇이냐 하는데 대해서는 견해가 반드시 일치하지 않고 그 용어도 다양하게 주장되지만(헌법형태, 정부형태 등), '국가의 정치적 통일의 형식과 양태, 즉 국가조직에 관한 유형적 형태' 내지 '사회공동체가 정치적인 일원체로 조직되고 통일되는 형식'이라고 정의할 수 있다.

Ⅱ. 국가형태의 분류

1. 고전적인 분류

고대 그리스의 철학자 헤로도트(Herdot)는 통치인의 수를 기준으로 국가형태를 1인통치형태, 소수통치형태, 전체국민의 통치형태로 분류했다고 알려지고 있다.

플라톤(Platon)은 일원적인 통치질서인 군주국과 자유의 원칙을 실현시키는 민주국으로 2분하였다. Platon은 국가형태는 일정한 법칙에 따라 순환한다고 주장하면서(국가형태순환론), 그 순환을 중단하기 위하여 군주국과 민주국의 장점만을 취한 혼합적 국가형태를 택해야 한다고 주장한 바 있다.

아리스토텔레스(Aristoteles)는 지배자의 수(주권의 소재)와 지배의 윤리적 성격을 기준으로 하여 주권이 1인에게 있는 군주국, 소수자에게 있는 귀족국, 국민에게 있는 민주국으로 3분하고, 이것의 타락한 형태로 폭군정, 과두정, 중우정을 대응시켰다.

마키아벨리(Machiavelli)는 혼합적 국가형태의 장점을 주장하기도 하였으나 최종적으로는 권력보유자의 수(세습적 국가권력 담당자의 유무)에 따라 공화국과 군주국으로 분류하였다.

몽테스키외(Montesquieu)는 공화국, 귀족국, 군주국, 전제국으로 4분하였다.

2. 근대적 분류(표준에 따른 분류)

(1) 옐리네크(Jellinek)의 분류(단일표준설)

옐리네크는 국가의사의 구성방법이라는 단일표준에 의해 1개인의 자연적 의사로 구성되는 군주국과 다수인의 법적 의사로 구성되는 공화국으로 국가형태를 분류하고, 군주국은 군주선거 여부에 따라 세습군주국과 선거군주국으로, 군주권력의 제한 여부에 따라 전제군주국과 제한군주국(귀족군주국, 입헌군주국, 의회주의적 군주국)으로 나누고, 공화국은 귀족공화국과 민주공화국으로 나눈 바 있다.

(2) 렘(Rehm)의 분류(복수표준설, 국체 · 정체분류설)

렘은 국가형태를 국가권력의 최고담당자를 표준으로 한 국가형태(헌법형태)와 국가권력의 최고행사자가 누구냐에 따른 통치형태(정부형태)로 구분하고 국가형태(헌법형태)는 다시 군주국, 귀족국, 계급국, 민주국으로 분류하고, 통치형태(정부형태)는 민주정과 공화정, 간접민주정과 직접민주정, 연방제와 단일제, 입헌정과 비입헌정으로 구분하였다.

(3) 국체와 정체의 구별론의 문제점

종래에는 렘의 복수표준설을 모방하여 '주권의 소재'를 기준으로 분류하는 국가형태를 국체(렘의 국가형태)라 하고, '주권의 행사방법'을 기준으로 분류하는 국가형태를 정체(렘의 통치형태)라고 하는 것이 일반적이었다. 그러나 현대적인 국민주권사상을 바탕으로 하고 있는 현실에서는 주권의 소재는 당연히 국민에게 있는 것이므로 '주권의 소재'를 기준으로 한 군주국과 공화국의 구별은 현실적인 의미가 없게 된다(영국, 일본 공화국?). 한편 정체의 분류는 통치권의 행사가 전제적이냐 제한적이냐에 따라 전제정체와 입헌정체로 나누고 있는데, 렘의 통치형태(정체)이론은 군주국인 경우에도 그 정체는 제한정체나 민주정체까지도 가능하다고 함으로써, 민주주의 혁명으로부터 군주국을 옹호하기 위한 어용이론의 성격을 가지고 있어서 문제가 된다. 실제로 오늘날 전제정체로 자처하는 정부는 거의 없으며 거의 전부가 입헌정체임을 공언하고 있다.

3. 현대적 국가형태론

이상과 같이 종래 렘의 표준 등에 따라 국가형태를 국체와 정체로 나누는 견해는 그 이론적 가치가 희박해졌다고 볼 수 있다. 현대국가는 그 조직형태뿐만 아니라 그 지배적인 가치질서라든가 헌법현실이라는 정치적 내용까지 아울러 참작할 때에만 전체적 성격을 올바르게 파악할 수 있다. 이러한 의미에서 구체적인 국가형태론에서는 그 국가를 지배하는 정치적 이념, 헌법규범, 헌법현실 등을 구별의 표준으로 하여야 한다.[36)]

(1) 군주국과 공화국

오늘날의 군주국과 공화국의 분류는 '주권의 소재 여부'에 의해서가 아니라 '군주제도의 존재 여부'에 따라 분류된다. 즉, 군주제도를 가진 나라를 군주국이라 하고 군주제도를 가지고 있지 않은 나라를 공화국이라고 한다.

(2) 전제주의 국가형태(전제정체)와 입헌주의 국가형태(제한정체)

정체는 국가권력이 제한되어 행사되는가 그렇지 않은가에 따라 전제정체와 제한정체(입헌정체)로 구분하는 것이 대표적이다. 다만 오늘날에 있어서는 전제정체와 제한정체의 구별을 국가권력이 통합되어 행사되는가 분산되어 행사되는가에 따라 분류하려는 경향이 있는데, 뢰벤슈타인(Loewenstein)이 그 대표적인 학자이다.

1) 전제정체

전제정체란 국가권력의 행사에 있어 국가의 전 권력이 1인, 1계급, 1정당 등에 집중되어 지배자가 하등의 구속을 받지 않고 그 권력을 행사할 수 있는 정치체제라고 일컬어지는데, 이에는 단일정당을 근간으로 국가가 성립되며 국민을 국가의 봉사수단화하는 전체주의 국가형태(예: 인민공화제)와 모든 국가권력이 하나의 국가기관에 집중된 권위주의 국가형태(예: 신대통령제)로 구분될 수 있다.

2) 입헌정체

입헌정체란 일반적으로 근대헌법의 특징으로 들어지는 기본권의 존중, 권력분립주의, 국민주권주의, 법치주의를 내용으로 하고 있는 헌법에 의하여 국가권력이 제한되어 행사되는 정치체제를 말하는데, 입헌정체로는 직·간접민주제, 대통령제,

---

36) 허영 교수는 국가형태의 문제를 국가와 사회의 상호관계의 문제로 파악하여, 국가의 사회에 대한 영향(output)과 사회의 국가에 대한 영향(input)의 상호관계를 기준으로 전체주의적 모델(output기능만 일방적, 공산국가), 자유주의적 모델(input에 의하여 주로 영향을 받고 output은 지극히 축소, 서구국가), 권위주의적 모델(output이 input보다 상대적으로 비중이 큼, 개발도상국), 제도적 모델(input과 output이 적절히 균형을 이룸, 일본)로 구분한다(허영, 앞의 책, 205면 이하).

의원내각제, 이원정부제, 집정부제 등이 있다.

(3) 단일국가와 연방국가 및 국가연합

1) 단일국가

단일국가는 통치권한을 배분함에 있어 통치권을 중앙에 집중·통일시키는 집권주의에 입각한 국가를 말한다.

2) 연방국가

연방국가란 통치권한을 각 지방(支分國)에 분산시키는 분권주의에 입각하고, 분할된 각 지방이 결합하여 하나의 국가적 결합체를 구성하는 국가를 말한다. 지분국이 독자적 주권을 가지는가에 대해 우리나라에서는 학설상 대립이 있다. 다수설은 지분국은 주권을 가지지 않는다는 점에서 본래의 국가와 구별되지만, 연방의 의사결정에 적극적으로 참여하고, 광범한 자주조직권을 가진다는 점에서 단순한 지방자치단체와는 구별되는 것으로 보는 반면, 소수설은 지분국이 각기의 국가적 성격을 보유하면서 결합하여 국가결합체를 형성하는 국가를 연방국가로 보고, 연방국가는 주권이 지분국에도 있고 연방정부에도 있기 때문에 주권의 복수성 내지 중첩성으로 특징지어진다고 한다.[37)]

3) 국가연합

국가연합은 국제법적으로 성립한 국가간의 연합이다. 국가연합은 국제적으로는 단일체로 나타나나 그 자체는 단일국가가 아니다. 개별구성국가의 국가성, 그리고 독자성, 그리고 통치권의 시원성은 구성국가에 유보되고 구성국가는 자유로이 탈퇴할 수 있다. 또한 국교관계수립권 등 독자적 외교권도 구성국가가 가진다. 이 점이 연방국가와 큰 차이점이다. 소연방이 해체되고 1992년 탄생한 독립국가연합(Commonwealth of Independent States), 영연방(Commonwealth of Nations), 유럽연합(European Union) 등을 국가연합의 예로 들 수 있다.

연방국가는 통일헌법, 양원제국회, 연방최고법원 등의 존재를 특징으로 하는 반면, 국가연합은 연합조약, 복수헌법, 연합의회 등이 존재하고 최고연방법원이 존재하지 아니함을 특징으로 한다.

---

37) 김철수, 앞의 책(상), 179면.

Ⅲ. 대한민국의 국가형태

1. 국가형태에 관한 헌법규정

헌법 제1조 제1항은 "대한민국은 민주공화국이다"라고 규정하여 우리나라의 국호는 대한민국이고, 국가형태는 민주공화국임을 밝히고 있다. 그러나 민주공화국이 국체냐 정체냐에 대해서는 학설이 갈리고 있으며, 민주공화국의 법적 성격과 정치적 내용에 대해서도 견해의 차이가 있다.

2. 국가형태에 관한 학설

(1) 제1설

민주공화국에 있어서 '민주'는 정체를, '공화국'은 국체를 규정한 것이고 제2항의 국민주권원리는 제1항을 구체적으로 부연한 것이라고 본다(국체 · 정체설).

(2) 제2설

민주공화국에 있어서 '민주'는 민주정체를, '공화국'은 공화정체를 의미하며, 제2항의 국민주권원리에 관한 규정이 우리나라 국체를 민주국체로 규정한 것으로 본다(정체설).

(3) 제3설

국가형태를 국체와 정체라는 두 가지 기준에 의해 분류하지 않고 '민주공화국'이라는 규정 자체를 우리나라의 국가형태에 관한 규정으로 보고 '민주'는 공화국의 정치적 내용이 민주주의적으로 형성될 것을 요구하는, 말하자면 공화국에 있어서의 그 내용에 관한 것으로 본다(국가형태설).

(4) 결 어

오늘날 국체와 정체의 구분은 모순을 보이고 있고 또한 이를 엄격히 구별할 실익도 없다는 점에서 민주공화국 자체를 우리나라의 국가형태로 보는 제3설이 타당하다(다수설).

3. 민주공화국의 법적 성격

(1) 한국헌법 구조상의 국가적 질서가 전제, 독재, 전체주의, 인민공화국 등을

부정하는 성격을 가지고 있다.

(2) 공화국은 '비군주국'을 의미한다는 점에서 우리나라에서는 어떠한 명목으로도 군주제를 도입할 수 없다.

(3) 우리나라의 국가적 질서가 '자유국가', '국민국가', '반독재국가'여야 한다는 점을 뜻하고 있다. 민주라는 표현은 현실적으로 민주적이 아닌 공화국도 존재하기 때문에 국가형태로서의 공화국을 특정한 내용에 국한시키는 의미를 가지고 있다.

4. 민주공화국의 규범성

(1) 근본규범성

헌법의 '민주공화국'조항은 헌법핵으로서 근본규범의 효력을 가지고 있으며 당연히 헌법의 다른 규정을 구속한다.

(2) 헌법개정의 한계

헌법에 있어서 헌법제정권자의 근본적인 결단을 의미하기 때문에 헌법개정절차에 의해서도 배제할 수 없는 헌법개정의 한계를 이룬다.

5. 우리 헌법상 민주공화국의 정치적 내용

현행 헌법상 민주공화국은 대의제(간접민주제)를 원칙으로 하면서 직접민주제를 가미한 혼합민주주의를 채택하고 있으며, 정당제 민주정치를 채택하고 있다. 민주주의의 상대성에 한계를 인정하는 방어적 민주주의를 채택하고 있다. 우리나라의 민주공화국으로서의 성격을 보장하기 위하여 헌법은 정당의 목적과 활동이 민주적 기본질서에 위배되는 경우에는 정당을 해산할 수 있도록 규정하고 있고(제8조 제4항), 민주공화국의 형태를 변형시키려고 할 때에는 형법, 국가보안법 등에 의해 처벌된다.

제2편

헌법의 기본원리론

제1장 헌법의 기본원리 개관

제1절 헌법의 기본원리의 의의와 기능

Ⅰ. 기본원리 · 기본질서 · 기본제도의 관계

국내의 학자들은 헌법의 기본원리와 기본질서, 기본제도를 구분해서 설명하고 있는 견해가 있는가 하면, 구분하지 않고 설명하는 견해도 있다. 김철수 교수는 먼저 헌법의 기본원리를 개관하고, 대한민국의 기본질서를 민주질서(국민주권주의, 국민의 헌법상 지위, 민주적 기본질서), 정치질서(정당제도, 선거제도), 행정질서(법치주의, 직업공무원제도), 사회 · 경제질서(사회복지주의, 사회적 시장경제주의), 국제질서(국제평화주의와 평화통일주의, 국제법존중주의)로 나누고 거기에서 기본원리 및 기본제도 등을 혼합해서 설명하고 있으며,[1] 권영성 교수는 헌법의 기본원리를 상세히 설명하고 그와 같은 차원에서 기본질서를 정치적 기본질서(민주적 기본질서), 경제적 기본질서(사회적 시장경제질서), 평화주의적 국제질서로 나누어 설명하며 기본제도에서 제도보장을 별도로 다루고 있다.[2] 계희열 교수는 헌법질서의 기초라는 주제 하에 헌법의 기본원리를 설명하고 있으며, 기본제도도 기본원리 관련 부분에서 설명하고 있다.[3]

기본원리를 '헌법질서의 전체적 형성에 있어서 그 기초 내지 지주가 되는 원리'로 파악하면 헌법질서의 핵심적인 원리가 헌법의 기본원리이기 때문에 굳이 기본질서를 나누지 않고 헌법의 기본원리를 설명하면 될 것이다. 정치적 기본질서가 민주적 기본질서라고 보는 것이나 행정질서에서 법치주의원리를 설명하는 것도 두

1) 김철수, 학설 · 판례 헌법학(상), 박영사, 2008, 183－349면.
2) 권영성, 헌법학원론, 법문사, 2010, 125면 이하.
3) 계희열, 신정 2판 헌법학(상), 박영사, 2005, 191면 이하.

원리의 전 생활영역에서의 원리성을 고려할 때 어색하기 때문이다. 또한 기본원리나 기본질서 내에서 기본제도를 설명하는 것도 제도보장의 성격상 어색하다. 따라서 기본원리와 기본질서를 구별하지 않고 기본원리 하에서 설명하며, 기본제도는 구분하여 설명하는 것이 논리적이라 생각된다.[4] 기본원리와 기본제도와의 관계에 대해서 전자가 후자보다 상대적으로 더 일반적이고 추상적이라는 데 차이가 있다고 보고, 기본제도는 기본원리를 구체화하는 것으로 이해하는 견해도 있다.[5]

Ⅱ. 헌법의 기본원리의 개념과 기능

헌법의 기본원리가 무엇인지에 대해서 우리나라에서는 명확한 설명이 없는 실정이다. 그러나 헌법의 기본원리에 대해서는 어느 정도의 묵시적 합의 내지는 공감대가 형성되어 있는 것이 사실이다. 학자들에 따라서 기본원리로 드는 내용도 다소 차이가 있다. 헌법의 기본원리에 해당하는 표현은 독일학계에서도 다양하게 나타나고 있다. 가령 헌법의 구조원리(K. Stern), 국가목적 또는 국가지침규정, 헌법질서의 기초원리(K. Hesse) 등 다양하다. 우리나라에서는 헌법의 기본원리를 "헌법의 이념적 기초가 되는 것이면서 헌법을 총체적으로 지배하는 지도원리"[6] 내지 "헌법질서의 전체적 형성에 있어서 그 기초 내지 지주가 되는 원리"[7]로 설명하고 있다.[8] Katz에 표현에 따르면 헌법의 기본원리는 '요약된 헌법'이라고 할 수 있다.

헌법의 기본원리는 헌법전문에서 집약되어 나타나 있고, 그 밖에 총강조항, 경제조항 등에서 추출되고 있다.[9]

헌법의 기본원리는 헌법조항을 비롯한 모든 법령의 해석기준, 입법이나 정책결정의 방향제시, 공무원을 비롯한 모든 국민·국가기관이 헌법을 수호하도록 할 지침, 헌법개정의 한계를 이루는 법적인 성격을 가지고 있다. 헌법의 기본원리는 형식적인 것이 아니라 실질적인 것이며 선언적인 것이 아니라 구속적인 것이다(Stern).

---

4) 장영수, 제7판 헌법학, 홍문사, 2012, 135면 이하; 이준일, 제7판 헌법학강의, 홍문사, 2019, 114면 이하.
5) 이준일, 앞의 책, 205면.
6) 권영성, 앞의 책, 125면.
7) 계희열, 앞의 책(상), 192면.
8) 그 밖에 "헌법전체에 투영된 공동체의 기본적 가치"(양건, 헌법강의, 법문사, 2019, 113면).
9) 개별적 법규정으로 나타나는 구체적인 규준(rules)만이 아니라, 원리(principles)도 법의 일부이다(R. Dworkin의 법이론).

판례 헌법의 기본원리와 기능

- "대한민국의 주권을 가진 우리 국민들은 헌법을 제정하면서 국민적 합의로 대한민국의 정치적 존재형태와 기본적 가치질서에 관한 이념적 기초로서 헌법의 지도원리를 설정하였다. 이러한 헌법의 지도원리는 국가기관 및 국민이 준수하여야 할 최고의 가치규범이고, 헌법의 각 조항을 비롯한 모든 법령의 해석기준이며, 입법권의 범위와 한계 그리고 국가정책결정의 방향을 제시한다." (제주4 · 3사건진상규명및희생자명예회복에관한특별법의결행위취소등 사건에서)

헌재 2001. 9. 27. 2000헌마238

- "헌법의 기본원리는 헌법의 이념적 기초인 동시에 헌법을 지배하는 지도원리로서 입법이나 정책결정의 방향을 제시하며 공무원을 비롯한 모든 국민 · 국가기관이 헌법을 존중하고 수호하도록 하는 지침이 되며, 구체적 기본권을 도출하는 근거로 될 수는 없으나 기본권의 해석 및 기본권제한입법의 합헌성 심사에 있어 해석기준의 하나로서 작용한다. 그러므로 이 사건 심판대상조항의 위헌 여부를 심사함에 있어서도 우리 헌법의 기본원리를 그 기준으로 삼아야 할 것이다."

헌재 1996. 4. 25. 92헌바47

판례 헌법의 기본원리 침해를 이유로 한 헌법소원

헌법소원심판 과정에서 공권력의 행사 또는 불행사가 위헌인지 여부를 판단함에 있어서 국민주권주의, 법치주의, 적법절차의 원리 등 헌법의 기본원리 위배 여부를 그 기준으로 적용할 수는 있으나, 공권력의 행사 또는 불행사로 헌법의 기본원리가 훼손되었다고 하여 그 점만으로 국민의 기본권이 직접 현실적으로 침해된 것이라고 할 수는 없고 또한 공권력행사가 헌법의 기본원리에 위반된다는 주장만으로 헌법상 기본권의 주체가 아닌 자가 헌법소원을 청구할 수도 없는 것이므로, 설사 피청구인의 불법적인 의안처리행위로 헌법의 기본원리가 훼손되었다고 하더라도 그로 인하여 헌법상 보장된 구체적 기본권을 침해당한 바 없는 국회의원인 청구인들에게 헌법소원심판청구가 허용된다고 할 수는 없다. 헌재 1995. 2. 23. 90헌마125

Ⅲ. 한국헌법의 기본원리 개관

헌법의 기본원리가 무엇이냐에 대해서는 견해가 구구하나,[10] 대체로 ① 국민주

10) 김철수 교수는 ① 국민주권주의, ② 자유민주주의와 권력분립주의, ③ 평화통일주의, ④ 문화국가주의＝전통문화의 계승발전, ⑤ 국제평화주의, ⑥ 군의 정치적 중립성 보장, ⑦ 기본권존중주의, ⑧ 복지국가주의, ⑨ 사회적 시장경제주의를 들고 있고(김철수, 앞의 책(상), 138－143면), 권영성 교수는 ① 국민주권원리, ② 자유민주주의, ③ 사회국가의 원리, ④ 문화국가의 원리, ⑤ 법치국가의 원리, ⑥ 평화국가의 원리를 들고 있으며(권영성, 앞의 책, 125－152

권주의, ② 권력분립주의, ③ 자유민주주의, ④ 법치주의, ⑤ 복지(사회)국가주의, ⑥ 문화국가주의, ⑦ 사회적 시장경제주의, ⑧ 국제평화주의, ⑨ 평화통일주의 등이 주장되고 있다. 서로 중복되는 내용을 정리하면 헌법의 기본원리는 대내적 기본원리로 민주주의원리, 법치주의의 원리, 복지국가(사회국가)의 원리, 문화국가의 원리를 들 수 있고 대외적 기본원리로 국제평화주의를 들 수 있을 것이다. 그 밖에 자연과 환경보호를 헌법의 기본원리 또는 국가목적규정으로 정해야 한다는 견해가 있다.[11] 1983년의 독일의 '국가목적/입법위임 전문가위원회'는 이를 권고한 바 있고, 1994년의 독일기본법개정에서 국가목적규정에 환경보호를 삽입한 바 있다. 우리나라에서도 신중한 논의가 요망된다.[12]

제2절 헌법의 기본원리와 국가형태

헌법의 기본원리는 부분적으로 국가형태를 규정한 헌법조문과 마찬가지로 표현되어 있다. 즉 헌법 제1조는 '대한민국은 민주공화국이다'라고 함으로써 대한민국의 국가형태를 민주공화국으로 규정하고 있다. 헌법의 기본원리로서의 민주주의는 헌법질서의 전체를 형성하는 기본원리이기 때문에 국가형태로서의 민주주의보다 넓은 개념이다. 과거에는 민주주의를 단순히 국가형태로만 이해하는 것이 보통이다.

종래 국가질서의 구조와 성격을 판단하는 가장 중요한 기준은 국가형태였다. 즉, 군주국인지, 귀족국인지, 아니면 민주국인지를 확인함으로써 그 국가의 기본적

면), 허영 교수는 근본이념으로 국민주권의 이념, 정의사회의 이념, 문화민족의 이념, 평화추구의 이념을 들고 그 실현원리로서 자유민주주의원리, 법치주의원리, 사회국가원리, 문화국가원리, 혼인가족제도, 평화통일의 원칙, 국제법존중의 원칙을 들고 있으며(허영, 앞의 책, 147-191면), 계희열 교수는 ① 국제평화주의, ② 민주주의원리, ③ 법치주의원리, ④ 사회국가의 원리, ⑤ 문화국가의 원리를 들고 있다(계희열, 앞의 책(상), 211면 이하). 그 외에도 국민주권주의(이념적·법적 기초), 자유민주주의(정치적 기본원리), 사회복지국가(경제·사회·문화의 기본원리), 국제평화주의(국제질서의 기본원리)로 나누는 견해(성낙인, 헌법학, 법문사, 2021, 132면 이하), 헌법의 근본이념으로 국민주권, 입헌주의, 기본권의 보장, 공동체의 보장을 들고 헌법의 기본원리로 국가구조원리(민주공화국가, 법치국가, 단일국가), 경제영역의 기본원리, 사회영역의 기본원리, 문화영역의 기본원리, 국제영역의 기본원리로 설명하는 견해(정종섭, 제11판 헌법학원론, 박영사, 2016, 222면 이하), 보편적인 이성법적 국가원리로 법치주의, 민주주의, 사회국가라는 세 가지 원리만으로도 충분히 합리적인 설명이 가능하고, 거기에 기초하여 국제평화주의와 문화국가원리도 설명이 가능하다고 보는 견해(이준일, 앞의 책, 114면 이하) 등이 있다.

11) 홍성방, 헌법학(중), 박영사, 2010, 308면.

12) 계희열, 앞의 책(상), 195-196면.

인 구조와 성격이 어느 정도까지 밝혀진다고 할 수 있었다. 그러나 적어도 오늘날 국가형태론의 의미가 매우 퇴색되어 민주주의를 표방하지 않는 국가를 찾기가 어렵다(민주국의 대립개념이었던 군주국과 귀족국이 완전히 몰락). 따라서 오늘날에는 국가형태의 구별보다 오히려 내부질서의 구체적 형성과 관련하여 헌법의 기본원리의 측면에 비중을 두지 않을 수 없게 되었다.[13]

제3절 헌법전문

Ⅰ. 헌법전문의 개념

헌법전문은 헌법본문 앞에 있는 서문(preamble)으로서 헌법전의 일부를 구성하며, 일반적으로 헌법의 성립유래, 제정의 목적, 제정자, 헌법의 지도이념 내지 지도원리 등을 규정하고 있다. 특히, 전문에는 헌법의 기본원리가 집약적으로 나타나 있다.

Ⅱ. 헌법전문의 입법례

제2차 세계대전 후의 헌법은 대부분의 장단의 차이는 있으나, 전문을 두고 있는 것이 원칙이다. 그러나 모든 나라가 다 헌법전문을 가지고 있는 것은 아니다. 소련(1936), 벨기에(1931), 포르투갈(1961), 이탈리아(1947), 오스트리아(1929) 헌법은 전문이 없는 헌법의 예이다. 전문이 단순한 공포문에 불과한 헌법도 있다. 이탈리아헌법이 그 예이다. 전문은 헌법의 구성부분이나, 공포문은 헌법의 구성부분이 아니라는 점에서 구별된다.

Ⅲ. 헌법전문의 법적 성격(헌법전문의 규범성 여부)

헌법전문은 헌법본문 앞에 위치하여 조문의 형태를 취하고 있지 않기 때문에 그 내용이 규범적 효력을 갖는가에 관해서는 견해의 대립이 있다

1. 부정설

전문은 헌법제정의 역사적 설명을 담은 화려한 문장에 불과하다고 하여 규범적

---

13) 장영수, 앞의 책, 137면.

성격을 부인하는 견해이다. 법실증주의자인 Anschütz, O. Mayer 등의 견해이다. 미국연방대법원의 판례의 견해이기도 하다.

2. 인정설

헌법전문은 헌법제정권력의 소재를 명시할 뿐만 아니라, 헌법의 본질적 부분을 내포하는 헌법의 기본원리를 선언한 것으로 헌법의 근본규범으로서의 성질을 가진다고 본다(통설). 헌법을 '국민의 정치적 결단'으로 이해하는 결단주의적 헌법관에서는 헌법전문에 들어 있는 정치결단적 요소를 무시하고는 헌법의 규범적 효력을 설명할 수 없다고 본다(C. Schmitt). 그리고 헌법을 '사회통합의 당위적인 가치질서'로 이해하는 통합론적 헌법관에서도 헌법전문에 들어 있는 근본이념이나 사회통합의 당위적인 방향과 목표 등을 떠나서는 헌법의 규범적 효력을 설명할 수 없다고 보아 헌법전문의 규범적인 성격을 인정한다(R. Smend, K. Hesse).[14] 독일 연방헌법재판소의 판례도 전문의 규범적 성격을 인정하고 있다.

3. 결 어

헌법전문은 헌법제정권력의 소재를 명시할 뿐만 아니라, 헌법의 본질적 부분을 내포하는 헌법의 기본원리를 선언한 것으로 헌법의 근본규범의 성질을 가진다고 보는 것이 타당하다.

Ⅳ. 한국헌법전문의 내용

▪ 전문

유구한 역사와 전통에 빛나는 우리 대한국민은 3 · 1운동으로 건립된 대한민국임시정부의 법통과 불의에 항거한 4 · 19민주이념을 계승하고, 조국의 민주개혁과 평화적 통일의 사명에 입각하여 정의 · 인도와 동포애로써 민족의 단결을 공고히 하고, 모든 사회적 폐습과 불의를 타파하며, 자율과 조화를 바탕으로 자유민주적 기본질서를 더욱 확고히 하여 정치 · 경제 · 사회 · 문화의 모든 영역에 있어서 각인의 기회를 균등히 하고, 능력을 최고도로 발휘하게 하며, 자유와 권리에 따르는 책임과 의무를 완수하게 하여, 안으로는 국민생활의 균등한 향상을 기하고 밖으로

---

14) K. Hesse는 헌법의 규범적 부분에 속하지 않지만 직접적인 법적 의의가 있으며 정치적 지도기관에 대하여 구속력이 있는 전문에 따르면 독일의 통일과 자유는 자유로운 자기결정을 통해서 완성되었다고 한다(K. Hesse, 계희열 역, 통일 독일헌법원론, 박영사, 2001, 77면).

는 항구적인 세계평화와 인류공영에 이바지함으로써 우리들과 우리들의 자손의 안전과 자유와 행복을 영원히 확보할 것을 다짐하면서 1948년 7월 12일에 제정되고 8차에 걸쳐 개정된 헌법을 이제 국회의 의결을 거쳐 국민투표에 의하여 개정한다.

1987년 10월 29일

1. 대한민국의 건국이념

"우리 대한국민은 3.1 운동으로 건립된 대한민국임시정부의 법통(法統)을 계승하고"라고 하여 대한민국정부는 대한민국임시정부의 이념과 성격을 계승한 것을 분명히 하고 있다. 여기서 법통이라 함은 법적 정통성을 의미하는 것으로 볼 수 있다. 대한민국임시정부의 입헌주의적 · 자주독립적 · 민족자결주의적 성격과 이념을 계승한 것으로 이해된다.[15)]

2. 국민주권주의(헌법제정 및 개정의 주체로서의 국민 명시)

"…… 우리 대한국민은 …… 1948년 7월 12일에 제정되고 8차에 걸쳐 개정된 헌법을 이제 국회의 의결을 거쳐 국민투표에 의해 개정한다"고 함으로써 국민이 헌법제정과 개정의 주체임을 분명히 하고 있다.

3. 민주주의원리

"자유민주적 기본질서를 더욱 확고히 하여"라고 하여 대한민국의 국가적 이념과 기본적 정치질서는 자유민주주의에 있음을 분명히 하고 있으며(國是), "불의에 항거한 4 · 19 민주이념을 계승하고"라고 하여, 불의에 항거함으로써 민주주의를 지켜낸 정신을 본받을 것을 강조하고 있다(저항권 인정의 간접적 표현). 또한 "조국의 민주개혁과 …… 사명에 입각하여"라는 표현에서 과거의 비민주적인 체제와 제도를 개혁하고 진정한 민주화를 이루어야 하는 것이 국가의 지상과제임을 분명히 하고 있다.

4. 문화민족의 이념(문화국가원리)

"유구한 역사와 전통에 빛나는 우리 대한국민은"이라는 표현은 민족의 동질성과 주체성을 확인하고 사회적 통합을 이루려는 문화국가이념의 표현이라 할 수 있으며, "정치 · 경제 · 사회 · 문화의 모든 영역에서 각인의 기회를 균등히 하고"라고

---

15) 권영성, 앞의 책, 128면.

규정하여 문화적 평등도 강조하고 있다. 유구한 역사와 전통을 강조하고 제9조의 문화국가조항에서도 "전통문화의 계승발전과 민족문화의 창달"을 강조하고 있는 형태이지만, 이것이 국수주의적 민족주의를 표현한 것은 아니며, 민족주의도 헌법의 민주주의와 결합된 민족주의일 때 헌법적 정당성을 부여받게 될 것이다.[16)]

5. 정의로운 복지국가(사회국가)의 실현

사회국가원리가 명시적으로 표현된 것은 아니지만, 사회국가의 많은 내용이 선언되고 있다. "모든 사회적 폐습과 불의를 타파하며, …… 경제 · 사회 ……의 모든 영역에서 각인의 기회를 균등히 하고 능력을 최고도로 발휘하게 하며, 자유와 권리에 따르는 책임과 의무를 완수하게 하여 안으로는 국민생활의 균등한 향상을 기하고"라고 하여 정의로운 경제질서 확립을 통한 사회국가실현의 의지를 선언하고 있다.

6. 기본권의 존중과 한계

모든 영역에서의 각인의 기회를 균등히 하고, 능력을 최고도로 발휘하게 하면서 자유와 권리에 따르는 책임과 의무도 완수할 것을 요구하고 있다. 특히, "우리들과 우리들의 자손의 안전과 자유와 행복을 영원히 확보할 것을 다짐하면서"라고 표현하고 있어 현재의 우리뿐만 아니라 우리 후손들의 안전과 자유, 복지도 고려하고 있다.

7. 평화통일의 사명과 국제평화주의의 지향

"조국의 …… 평화적 통일의 사명에 입각하여 정의 · 인도와 동포애로서 민족의 단결을 공고히 하고"라고 함으로써 조국의 평화적 통일을 민족의 지상과제로 인식하고 있음을 분명히 하고 "밖으로는 항구적인 세계평화와 인류공영에 이바지함으로써"라고 하여, 대한민국이 평화애호국가라는 것을 표방함과 동시에 국제평화주의를 선언하고 있다.[17)]

---

16) 김수갑, 헌법상 문화국가원리에 관한 연구, 고려대학교 박사학위논문, 1993.

17) 허영 교수는 헌법전문의 내용으로 ① 사회통합의 당위성(조국의 민주개혁과 평화적 통일의 사명) · 방향(자유민주적 기본질서) · 방법(모든 영역에서의 기회균등, 능력발휘, 책임과 의무의 완수) · 목표(국민생활의 균등한 향상, 세계평화, 인류공영), ② 헌법상의 인간상(사회성과 주체성을 겸비한 자주적인 인간상: 자율과 조화), ③ 헌법이 추구하는 근본이념의 표명(국민주권의 이념, 정의사회의 이념, 문화민족의 이념, 평화추구의 이념) 등으로 설명하고 있다(허영, 앞의 책, 145－146면).

Ⅴ. 헌법전문의 규범적 효력

1. 근본규범(최고규범)

헌법전문에는 헌법의 기본이념 내지 기본원리가 집약적으로 나타나 있어 헌법본문을 비롯한 모든 법령의 내용을 한정하고 그것이 타당성을 가지는 근거가 된다.

2. 헌법본문 및 모든 법령해석 기준

헌법재판소도 "헌법은 그 전문에서 기회균등을 선언하고 있는 바, 그것은 우리 헌법의 최고원리로서 국가가 입법을 하거나 법을 해석하고 집행함에 있어 따라야 할 기준"이라고 판시한 바 있다.[18)]

3. 헌법개정의 한계

헌법전문의 기본정신에 반하는 전문의 개정은 헌법개정의 한계사항이다. 다만 전문의 동일성을 침해하지 않는 범위에서 자구수정은 물론 가능하다. 헌법전문의 개정도 일반적인 헌법개정의 한계문제가 그대로 적용된다.

4. 재판규범성

헌법전문의 법적 성격을 인정하는 데는 별 어려움이 없지만, 구체적 사건에서 재판규범[19)]으로 직접 적용될 수 있는가의 문제에 대해서는 견해가 갈리고 있다.

법적 성격을 인정하면서도 재판규범의 성격을 인정하지 않는 견해(재판규범부정설)도 있지만, 재판규범성을 부정할 수 없다. 다만, 헌법전문은 재판규범으로 직접 적용할 수 있다는 견해와 재판규범성을 인정하면서도 본문 각 조항에서 구체화되어 있지 않은 권리나 각 조항에서는 불명확한 권리 또는 근본원칙위반의 국가행위에 대해서만 직접 전문위반으로 다룰 수 있다는 절충설의 대립이 있다.

최고규범성을 인정하면서도 재판규범성을 인정하지 않는 것은 모순이다. 생각건대, 헌법의 본문에 특별규정이 있는 경우에는 간접의 재판규범성을 가지고, 헌법

---

18) 헌재 1989. 1. 25. 88헌가7.

19) 재판규범의 의미를 '구체적인 사건의 재판에서 판단기준'(광의)으로 이해하면 전문도 재판규범으로 이해하여야 하며, '특정한 규정을 직접 근거로 하여 사법적 구제를 청구할 수 있는 법규범', 즉 '재판에 의해 집행할 수 있는 법규범'(협의)으로 이해할 때는 견해의 차이가 발생할 수 있다고 보면서 좁은 의미로 재판규범을 이해할 때에는 전문의 규정내용에 따라 개별적으로 판단해야 할 것이라는 견해가 있다(양건, 앞의 책, 105면).

의 본문에 특별규정이 없는 경우에는 직접적인 재판규범성을 가진다고 보는 것이 일반조항으로의 도피를 막는다는 점에서 합리적이라 생각된다.

5. 헌법전문의 규범력과 관련한 판례

헌법재판소는 헌법전문이 헌법이나 법률의 해석기준이 되고, 헌법본문과 더불어 근거조항이 된다거나 헌법전문에 배치 여부도 판단하고 있다. 그러나 전문규정을 근거로 개별적 기본권을 도출할 수 있는가와 관련해서는 부정적인 판례도 있다.

판례 헌법전문과 조세법률주의, 조세형평주의

"헌법이 그 전문에서 '…… 자유민주적 기본질서를 더욱 확고히 하여'라는 표현을 하고, 제1조에서 국민주권주의를 선언하며, 제23조 제1항에서 재산권을 보장하면서, 그 제38조에서 '모든 국민은 법률이 정하는 바에 의하여 납세의 의무를 진다.'라고 규정하고 다시 제59조에서 '조세의 종목과 세율은 법률로 정한다.'라고 규정하고 있는 것은, 바로 조세의 합법률성(合法律性)의 원칙(조세법률주의)을 천명한 것으로서…… 그리고 헌법이 과세만을 따로 떼어서 형평주의를 규정하고 있는 것은 아니지만, 헌법 전문의 '…… 각인의 기회를 균등히 하고……', '…… 안으로는 국민생활의 균등한 향상을 기하고……'라는 평등 규정에서 평등취급의 원칙, 불평등취급금지의 원칙을 그 내용으로 하는 조세의 합형평성(合衡平性)의 원칙(조세형평주의)을 표명하고 있는 것이다." 헌재 1990. 9. 3. 89헌가95

평화주의 이념

"우리 헌법은 헌법에 의하여 체결 공포된 조약은 물론 일반적으로 승인된 국제법규를 국내법과 마찬가지로 준수하고 성실히 이행함으로써 국제질서를 존중하여 항구적 세계평화와 인류공영에 이바지함을 기본이념의 하나로 하고 있다(헌법전문 및 제6조 제1항 참조)." 헌재 1991. 7. 22. 89헌가106

정당추천후보자의 우대와 선거운동의 기회균등

"구 국회의원선거법 제55조의3이 정당추천후보자에게 무소속후보자보다 더 많은 연설회를 가질 수 있도록 하고 연설회의 개최시기 등에 있어서 우월적 지위를 준 것은 결국 무소속후보자와 정당추천후보자에게 선거연설을 허용하는 기회 등의 등가성을 비교하여 볼 때 선거의 당락에 영향을 줄 수 있을 정도의 심히 불평등한 것이라고 못 볼 바 아니어서 이는 헌법 전문, 헌법 제11조 제1항의 법 앞의 평등, 제25조의 공무담임권, 제41조 제1항의 평등선거의 원칙, 제116조 제1항의 선거운동기회균등의 보장원칙에 반하는 것이다." 헌재 1992. 3. 13. 92헌마37등

조세의 기능과 '국민생활의 균등한 향상'

"현대에 있어서의 조세의 기능은 국가재정 수요의 충당이라는 고전적이고도 소극적인 목표에서 한 걸음 더 나아가, 국민이 공동의 목표로 삼고 있는 일정한 방향으로 국가사회를 유도하고 그러한 상태를 형성한다는, 보다 적극적인 목적을 가지고 부과되는 것이 오히려 일반적인 경향이 되고 있다. 이러한 조세의 유도적·형성적 기능은 우리 헌법상 '국민생활의 균등한 향상'을 기하도록 한 헌법 전문(前文)……에 의하여 그 헌법적 정당성이 뒷받침되고 있다." 헌재 1994. 7. 29. 92헌바49등

'평화적 통일의 사명'의 의미

"우리 헌법은 그 전문에서 '……우리 대한국민은…평화적 통일의 사명에 입각하여 정의·인도와 동포애로써 민족의 단결을 공고히 하고…'라고 규정하고 있고, 제4조에서는 ……자유민주적 기본질서에 입각한 평화적 통일정책을 수립하고 이를 추진한다'고 규정하고 있으며, 제66조 제3항에서는 '대통령은 조국의 평화적 통일을 위한 성실한 의무를 진다'고 규정하고 있다. 위와 같은 헌법상 통일관련 규정들은 통일의 달성이 우리의 국민적·국가적 과제요 사명임을 밝힘과 동시에 자유민주적 기본질서에 입각한 평화적 통일 원칙을 천명하고 있는 것이다. 따라서 우리 헌법에서 지향하는 통일은 대한민국의 존립과 안전을 부정하는 것이 아니고, 또 자유민주적 기본질서에 위해를 주는 것이 아니라 그것에 바탕을 둔 통일인 것이다. 그러나 평화적 통일을 위하여서는 북한과 적대관계를 지속하면서 접촉·대화를 무조건 피하는 것으로 일관할 수는 없고, 자유민주적 기본질서에 입각하여 상호 접촉하고 대화하면서 협력과 교류의 길로 나아가는 것이 평화적 통일을 위한 초석이 되는 것이며, 순수한 동포애의 발휘로서 서로 도와주고 일정한 범위 내에서 경제적, 기술적 지원과 협조를 도모하여 단일민족으로서의 공감대를 형성하는 것이야말로 헌법 전문의 평화적 통일의 사명에 입각하여 민족의 단결을 공고히 하는 방편으로서 헌법정신에 합치되는 것이다." 헌재 1990. 4. 2. 89헌가113

법정된 방법 이외의 선거관련 인쇄물 등의 배부 금지

선거와 관련하여 문서·도화 등의 배부 등의 행위를 제한하고 있는 공직선거및선거부정방지법 제93조 제1항은 탈법적인 선거운동행위를 규제하여 선거의 공정성을 확보하는 데에 그 입법목적이 있으므로, 이는 오히려 "모든 사회적 폐습과 불의를 타파"한다는 헌법 전문의 내용에 부합하는 법 조항이다.

헌재 2001. 8. 30. 99헌바92등

독립유공자와 그 유족에 대한 예우

헌법은 국가유공자 인정에 관하여 명문 규정을 두고 있지 않으나 전문(前文)에서

"3.1운동으로 건립된 대한민국임시정부의 법통을 계승"한다고 선언하고 있다. 이는 대한민국이 일제에 항거한 독립운동가의 공헌과 희생을 바탕으로 이룩된 것임을 선언한 것이고, 그렇다면 국가는 일제로부터 조국의 자주독립을 위하여 공헌한 독립유공자와 그 유족에 대하여는 응분의 예우를 하여야 할 헌법적 의무를 지닌다.

헌재 2005. 6. 30. 2004헌마859

전문의 3·1 정신 계승 규정과 개별적 기본권의 도출(한일어업협정의 위헌여부)

"헌법전문에 기재된 3.1정신"은 우리나라 헌법의 연혁적·이념적 기초로서 헌법이나 법률해석에서의 해석기준으로 작용한다고 할 수 있지만, 그에 기하여 곧바로 국민의 개별적 기본권성을 도출해낼 수는 없다고 할 것이므로, 헌법소원의 대상인 "헌법상 보장된 기본권"에 해당하지 아니한다.

헌재 2001. 3. 21. 99헌마139·142·156·160

제2장 민주주의 원리

민주주의원리가 헌법의 기본원리가 된다는 사실, 기본원리 중에서도 핵심적인 기본원리라는 사실에 대해서는 이론(異論)이 없다. 우리 헌법은 전문과 본문의 다수 규정들 가운데서 직접·간접으로 민주주의를 표방하고 있다. 여기서는 다의적인 민주주의 개념과 본질을 정리하고, 국민주권주의, 자유민주주의, 민주적 기본질서를 살펴보도록 하겠다. 정당제도나 선거제도도 민주주의원리의 중요한 구성요소이지만, 이는 헌법의 기본제도의 장에서 다루기로 한다.

제1절 민주주의의 개관

Ⅰ. 민주주의의 어원과 개념의 다의성

민주주의(Democracy)라는 말은 그리스어에 그 뿌리를 두고 있다. 민주주의는 민중을 의미하는 demos와 지배를 의미하는 cratia(kratos, kratein)가 결합하여 만들어진 합성어이다. 말 그대로 민주주의는 민중의 지배를 특징으로 하는 정치제도인 것이다.

군주제와 귀족제의 대립개념으로 민주주의를 주장할 당시에는 민중의 지배라는 것만으로도 민주주의의 특징을 충분히 나타낼 수 있었지만, 민주정치가 보편화되면서부터 민주주의 개념정의는 더욱 다양해졌다. 군주제와 귀족제가 붕괴되면서 '민주주의'라는 말은 마치 '정당성' 또는 '좋은 정치'라는 말과 같은 의미로 생각되면서, 모든 국가, 모든 정부가 민주주의를 표방하게 된 것이며 이것이 민주주의에 대한 이해에 혼란을 가중시킨 원인이 되었다.[1)]

Ⅱ. 민주주의의 본질

1. 민주주의의 개념

국내의 학설과 판례도 민주주의의 개념을 분명히 정의하는 경우는 드물다. 민주주의에 대한 전체적인 설명 없이 민주공화국, 국민주권, 민주적 기본질서 등의 해석을 통해 간접적, 부분적 견해만을 밝히는 경우가 있는가 하면 민주주의의 핵심 내지 본질에 대한 설명 없이 민주질서 또는 자유민주주의의 내용 내지 구성요소만을 밝히는 경우 등이 대부분이다.[2)]

주장하는 사람에 따라 다르고 서로 상이한 체제를 가지고 있는 나라에서도 공히 민주주의를 주장하는 것처럼 민주주의는 매우 다의적인 개념으로 사용되고 있지만, 헌법의 기본원리로서의 민주주의가 우리의 관심영역이다. 우선 그 기준은 실정헌법조문에서 찾을 수 있다. 헌법의 기본원리로서의 민주주의는 헌법에 의해 정립되어 우리의 생활현실 속에서 통용될 수 있는 것이어야 하며, 궁극적으로는 헌법재판소의 결정을 통해 확인되고 집행될 수 있는 것이어야 한다. 민주주의는 좁은 의미로는 특정한 정치원리로 파악할 수 있다.[3)] 정치원리로 파악하는 경우에도 민주주의의 본질을 정치형태 내지 정치방식으로 인식하는 견해와 실현되어야 할 정치적 목적 내지 정치적 내용으로 인식하는 견해 등의 대립이 있다.

2. 민주주의 본질에 대한 인식의 대립

(1) 민주주의를 정치형태로 보는 견해

H. Kelsen은 민주주의의 본질을 특정의 정치형태 내지 정치방식으로 인식하여 국민에 '의한' 정치를 민주주의로 보았다(by the people). 즉, '다수결의 원리'를 민주주의의 본질로 이해한다. 정치형태로서의 민주주의의 공통분모로는 국민에 의한 국민의 지배, 다수결원칙, 정치과정의 자유와 공개성이 강조된다. 민주주의의 내용이나 이념보다도 정치형태 내지 정치방식을 강조하다보니(형식적 민주주의, 가치상대주의), 국민에 의한 통치이면 이념을 묻지 않고 정당화될 수 있는 위험성이 있다.

---

1) 장영수, 제7판 헌법학, 홍문사, 2012, 143면.

2) 판례도 민주주의의 요소에 속하는 것이 무엇인지를 밝히고 있는 것이 대부분이고 민주주의의 전체적인 구조와 성격을 밝히고 있지는 않다. 민주주의와 평등원칙의 직접적 관련성이 언급되고 있는 예(헌재 2001. 2. 22. 2000헌바38), 의회민주주의와 정당의 관련성이 언급된 예(헌재 1999. 12. 23. 99헌마135) 등이 그것이다.

3) 권영성, 헌법학원론(2010년판), 법문사, 2010, 152면.

다수(다수결)의 독재의 위험성도 무시할 수 없다.

(2) 민주주의를 정치이념으로 보는 견해

M. Adler는 민주주의를 실현되어야 할 정치적 목적 또는 내용으로 파악하여 국민을 '위한' 정치가 민주주의라고 주장하였다(for the people). 무엇을 민주주의의 이념으로 규정하느냐에 대해서는 자유라고 보는 견해(자유민주주의)와 평등이라고 보는 견해(사회민주주의)의 대립이 있다. 민주주의의 본질로 정치이념 내지 목적을 강조하다보면 특정한 이념 또는 목적을 실현하기 위하여 필요한 경우에는 어떠한 수단과 방법이 동원될지라도 그것을 민주정치로 정당화할 위험성이 있다. 즉, 이러한 이념을 실현하는 경우에는 폭력적·자의적 지배일지라도 민주주의라는 이름으로 정당화될 수 있는 위험성을 지닌다.

(3) 결 어

정치방식과 정치이념을 동시 조화적으로 구현하는 형태가 이상적이라 할 수 있다. 즉, 국민에 의한 통치를 그 수단과 방법으로 하면서도 인류사회의 보편적 가치(자유, 평등 등)를 실현하는 것이 그것이다. 그러나 양자의 동시적 실현이 곤란할 때는 양자택일이 불가피한 경우도 있다. 이 경우 정치형태로 인식하는 쪽에 비중을 두는 입장을 취하는 견해는 '위험을 내포한 최선보다는 위험이 없는 차선이 안전하다'는 것을 논거로 든다.[4] 그러나 형태를 중시하는 민주주의론도 그 위험성을 무시하지 못하므로(Kelsen의 가치상대주의적 민주주의론), 일정한 한계 또한 인정되어야 한다(가치구속적 민주주의, 방어적 민주주의). 국민주권의 이념, 자유의 이념, 평등의 이념, 정의의 이념 등 민주주의의 보편적 가치를 존중하는 방식이 중요하다.

판례 민주주의와 적법절차의 중요성

"인간의 정치적 예지의 산물이라 할 민주주의는 수단 내지 절차의 존중이지 목적만을 제일의(第一義)로 하는 것이 아니다. 적법절차가 무시되는 조치라면 추구하는 목적과 관계없이 공권력의 남용이요, 자의밖에는 될 수 없으며 합헌화될 수 없다."

헌재 1993. 7. 29. 89헌마31

Ⅲ. 민주주의의 기능

민주주의의 원리가 헌법질서에서 갖는 의의는 다양하다.[5] 첫째, 국가권력을 창

---

4) 권영성, 앞의 책, 155면.

설하고 이 권력을 작용하게 하는 원리이다. 즉, 국가권력에 근거를 부여해 주는 의의를 갖는다. 모든 (국가)권력은 국민으로부터 나온다(제1조 제2항 후단). 둘째, 헌법체계에 있어서 초개인적 계속성의 창설을 가능하게 하는 기능을 한다. 즉, 민주국가에 있어서 국가권력은 특정인과 결부되지 않으며 정치과정의 질서가 특정인에게 맞도록 만들어져 있는 것이 아니다. 셋째, 헌법체계에 있어서 정치과정을 합리화하는 기능을 한다. 즉, 정치적 의사형성에 있어서 민주적 절차는 형태를 갖추지 않는 다양한 의사를 하나의 의사로 형성해 주고 확고한 규칙에 따라 결정할 수 있게 해 주며 책임의 근거를 제시하여 이 책임을 실현할 가능성을 마련해 준다. 넷째, 헌법의 체계에 있어서 국가권력을 제한하는 기능을 한다. 즉, 다양한 정치세력들이 정치과정에 참여하는 경우 상호통제와 제한이 가능하게 되고 따라서 권력의 남용을 방지하게 된다.

Ⅳ. 민주주의의 종류(유형)

1. 직접민주주의(Direct Democracy)

'민중의 지배'를 의미하는 민주주의의 어원에 가장 가까운 민주주의제도는 직접민주주의이다(순수 민주주의). 직접민주주의는 다양한 법률에 대한 승인과 거부, 즉 정부 정책을 국민들의 투표로써 결정하는 정치체제를 말한다. 그러나 오늘날 현대국가에서는 모든 국민이 직접 모든 문제를 결정할 수 없는 상황[6]이기 때문에 대표를 선출하여 그들로 하여금 결정하도록 하고 그 결정의 효과가 모든 국민에게 미치도록 하는 간접민주주의(대의민주주의)를 채택할 수밖에 없다.

그러나 그동안 국민의 자기지배라는 어의 상의 개념과 가장 가까운 직접민주주의를 민주주의의 이상적 형태로 전제하고 직접민주주의에 가장 가까운 민주주의이론을 전개하려고 노력하여 왔다.[7] 그러한 예로 동일성민주주의이론,[8] 정당국가적

5) 계희열, 신정2판 헌법학(상), 박영사, 2005, 225－227면.

6) 많은 수의 국민이 동시에 한자리에 모여 결정을 내린다는 것은 불가능할 뿐만 아니라 그 많은 더구나 전문적 지식을 요구하는 사안을 모든 국민이 참여하여 결정할 수는 없다(계희열, 221－222면).

7) 대의민주주의에 있어서 국민주권 또는 국민의 의사를 그 핵심개념으로 강조하는 이론도 이 범주에 포함시킬 수 있다.

8) 동일성민주주의론(identitäre Demokratie)이란 국민의 자기지배를 이상적인 형태로 실현시킨다면 국민이 치자이면서 동시에 피치자가 되는 경우, 즉 모든 국민의 일치된 의사(루소식으로 표현하면 일반의사)에 따라 국가질서가 구성되고 국민은 그 국가질서에 복종하는 경우에 국민의 자기지배로서의 민주주의가 이상적으로 실현된다고 보는 이론이다. C. Schmitt의 치자와

민주주의이론,[9] 평의원민주주의이론[10] 등을 들 수 있다.

2. 간접민주주의(대의민주주의)

국민이 직접 국가의 의사를 형성하지 않고, 그 대표자를 통하여 간접적으로 의사결정과정에 참여하고 그에 구속되는 국가의사 결정의 원리이다. 대의제, 대의민주주의, 대표민주제라고도 한다. 직접민주주의 내지 이를 이상적으로 생각하고 전개되는 동일성 민주주의이론, 정당국가적 민주주의적 이론, 평의원민주주의이론은 비현실적인 불가능한 전제[11]에서 출발하고 있다는 점에서 민주주의는 현실적으로 국민에 의한 직접적인 통치가 아니라 국민의 대표자를 통한 간접적인 통치, 즉 대의제민주주의(Representative Democracy)로 실현되는 것이다.

3. 자유민주주의와 사회민주주의

민주주의는 추구하는 내용에 따라 자유민주주의와 사회민주주의로 나눌 수 있다. 자유민주주의는 자유주의와 민주주의의 합성어이다. 자유주의는 이념적으로 권력을 제한하고 자유를 보장하는 데 중점이 있는 소극적 제한원리이다. 반면에 민주주의는 국민에 의한 지배 또는 국가권력이 국민에게 귀속되는 것을 특징으로 하는 적극적 구성원리이다. 자유주의와 민주주의는 일정부분 대립하는 요소가 있지만, 민주주의의 핵심적 가치인 국민주권은 자유와 권리의 출발점이기 때문에 양자를 모순관계로 볼 수 없다. 사회민주주의는 자유와 평등의 민주주의 이념 중 소홀히 취급되었던 '실질적 평등'의 적극적 실천을 이념으로 하는 민주주의의 한 유형이다. 사회민주주의는 공동체구성원 전체의 이익이나 행복을 위하여 생산수단이 개인이 아닌 공동체 구성원 전체에 의해 공유되어야 한다는 사회주의(공산주의)와는 구별된다.

피치자의 동일성이론, Rousseau의 일반의사론이 이 분야의 대표적인 이론이다.

9) Leibholz가 정당국가적 민주주의이론(parteistaatliche Demokratie)의 대표자이다. Leibholz는 오늘날 정당국가적 민주주의를 직접민주주의의 대용물로 파악하고 있다.

10) 평의원민주주의이론(Rätedemokratie)은 역사적으로 다양한 형태로 나타나지만, 그 근본사상에 따르면 입법권과 행정권이 집중되고 국민의 위임에 기속되는 평의원을 선출하며(기속위임, 직능대표제), 공무원과 법관을 언제든지 소환할 수 있도록 함으로써 국민의 진정한 자기지배를 추구한다는 것이다.

11) 직접민주주의의 비현실적인 전제로는 통일된 전체로서의 국민, 총의 등 의제개념에 의존하는 점, 국가권력에 대한 제한을 설명하기 어렵다는 점, 국민의 동질성·평등상태 등이 들어진다.

4. 참여 민주주의(Participatory democracy)

참여민주주의는 다수가 의사결정(decision making)과정에 자발적으로 참여하는 민주주의를 포괄적으로 설명하는 용어이다. 정치적 집단 내의 모든 구성원들에게 의사결정과정에서 의미 있는 기여를 할 수 있는 기회를 만들려고 노력하며, 그런 기회에 접근하는 사람들의 범위를 확장하는 방법을 찾는다.

5. 풀뿌리 민주주의(Grassroots democracy)

풀뿌리민주주의는 기존의 중앙집권적이고 엘리트 위주의 정치 행위를 지양하고, 지역에서 평범한 시민들의 자발적인 참여를 통해 권력의 획득보다는 자신이 살고 있는 지역과 실생활을 변화시키려는 참여민주주의의 형태이다. 특히 지방자치와 분권을 강조하며 이를 통해 민주정치를 실현하고자 한다.

6. 대중민주주의(Mass Democracy)

대중사회의 토대 위에서 대중을 정치의 주체로 한 민주주의를 지칭한다. 18~19세기의 개인적 민주주의에 대하여 현대의 민주주의 양태를 가리킬 때 사용된다. 20세기에 들어서자 대중의 참정권도 널리 보장되었지만 동시에 대독점자본의 지배도 강화되어, 신문 · 방송 · 교육 등 여러 수단은 대중을 일정한 방향으로 인도하고 획일적인 사상 · 감정 속으로 매몰시키는 경향을 보이고 있다. 이와 같은 상태를 비판적으로 말할 때 대중민주주의라는 말이 쓰이기도 한다.

7. 토의민주주의(숙의민주주의, 심의민주주의, Deliberative Democracy)

현대에는 대의제(representative)를 기반으로 한 의사결정구조를 가지고 있지만, 대의제의 한계가 현대사회에서 더욱 두드러졌고 특히 동성애, 낙태, 환경 문제 등 대표자들에게 모든 것을 맡길 수 없다는 사회문제들이 난무하면서 그 대안적 기제의 필요성이 증가하게 되었다. 이러한 상황에서 자유롭고 평등한 시민들 간의 이성적 토론을 통해 집단적으로 결정을 내리는 토의민주주의이론이 등장하였다(하버마스). 선출된 권력자에게 모든 것을 맡기는 형태인 위임민주주의에 반대되는 말이다. 토의민주주의는 대의제 한계를 대의제의 포기가 아닌 대의제의 보완이라는 점에서 찾으려고 한다.

8. 전자민주주의(電子民主主義, Electronic Democracy, E-democracy)

전자민주주의는 인터넷을 통해 시민이 직접 정치과정에 참여함으로써 이루어지는 민주주의를 말한다(정보화 사회와 관련).

Ⅴ. 민주주의의 구현방법

1. 국민의 정치참여를 보장하는 제도적 장치

민주주의의 보편적 가치들을 국민의 정치참여를 통하여 실현하는 정치형태가 민주주의이므로 국민의 정치참여를 실질적으로 보장하는 제도적 장치가 마련되어야 한다. 선거, 국민투표, 정치활동, 정책비판, 여론형성 등의 방법을 통해 정치참여가 가능하다. 정치적 기본권이 보장되고 선거제도, 정당제도, 지방자치제도가 정비되고 존중받는 것이 중요하다.

2. 국민의 생활철학으로서의 민주의식의 함양

민주주의가 제도적으로 성공하고 정착하기 위해서는 모든 국민이 일정한 윤리적, 도덕적 생활철학을 실천할 수 있어야 한다. 관용, 박애, 책임감, 타협정신, 공공의식 등이 필요하다('민주시민 없는 곳에 민주주의 없다').

제2절 국민주권주의

Ⅰ. 개 념

국민주권주의는 주권이 국민에게 있음을, 주권자인 국민이 최고의 결정권을 가진다는 것을 뜻한다. 헌법은 제1조 제2항에서 "대한민국의 주권은 국민에게 있고, 모든 권력은 국민으로부터 나온다"고 하여 국민주권주의를 선언하고 있다. 여기서 전단의 국민은 주권자인 전체국민을 말하고, 주권은 헌법제정권력 내지 국가의 최고결정권을 의미한다. 그리고 후단의 모든 권력은 주권에 의하여 조직화된 통치권을 의미한다.

민주주의가 국민주권에 기초하고 있다는 점에 대해서는 이론이 없다. 근대 초 절대군주제와 민주주의가 대립하고 군주주권론과 국민주권론이 투쟁하던 시기에는 국민주권론이 곧 민주주의였다(민주주의=국민주권). 그러나 오늘날 민주주의의 구체적 문제들은 국민주권의 선언보다는 오히려 국민이 실제로 주권자일 수 있도록 하는 국가질서를 어떻게 민주적으로 구성하느냐에 있다.

Ⅱ. 주권이론의 역사적 발전

역사적으로 군주주권론, 국민주권론, 국가주권론, 기타 의회주권론, 법주권론 등이 주장되었지만, 현대 민주국가에 있어서는 국민주권의 이념이 원칙적으로 배척당하는 일은 없다.

Ⅲ. 국민주권론과 인민주권론

국민주권의 이론에서는 국민의 개념을 국민(nation), 즉 주권의 주체로서의 국민과 인민(peuple), 즉 유권적 시민의 총체로서의 국민으로 구분하여, 이들을 각기 주체로 하는 국민주권론과 인민주권론을 구별하고 있다. 그러나 오늘날은 국민주권론과 인민주권론의 유기적인 조화를 정치적 구성원리의 기본틀로 하고 있는 것이 대부분이다.

구 분	국민주권론(Nation주권론)	인민주권론(Peuple주권론)
주권의 주체	전체국민(이념적 통일체)	유권적 시민의 총체(현실적 · 구체적)
주권의 행사자	유권적 시민의 총체(주권의 주체와 행사자가 반드시 분리)	유권적 시민의 총체(주권의 주체와 행사자가 일치)
정치적 구성원리	대의제의 원리(간접민주제)	직접민주제
대표와의 관계 (주권의 위임방법)	무기속위임(자유위임: 정치적 대표)	기속적 위임(강제위임)
국가의 권력구조	권력분립	권력통합(집중)
선거제도	제한 · 차등선거 가능	제한선거 불가능(제한선거는 주권의 제한으로 간주)
선거권의 성격	의무	권리

Ⅳ. 국민주권원리의 규범적 내용

1. 국민주권에 있어서 '주권'의 의미

국민주권론에서 있어서 주권이란 국가의사를 전반적 · 최종적으로 결정할 수 있는 최고의 권력 또는 권위를 말한다. 주권은 대외적 독립성, 대내적 최고성을 본질적 특성으로 하면서 시원성 · 항구성 · 단일불가분성 · 불가양성 · 자율성 등의 속성을 가진 권력이다(헌법제정권력의 본질 참조).

2. 국민주권에 있어서 '국민'의 의미

국민주권에서 국민은 주권자로서의 전체국민을 의미하는 것으로 보는 것이 다수설이나, 국민주권에서의 국민을 이념적 주권자와 현실적 주권자로 나누는 견해가 있다.[12] 즉, 이념적 주권자는 주권의 주체로서의 국민으로 전체국민을 지칭하며, 현실적 주권자는 주권행사자로서의 국민으로 유권적 시민의 총체를 지칭하는 것으로 본다(국민개념2분설). 이 견해에 따르면 전체 국민을 주권자로 파악하는 국민주권론은 전체국민이 행동통일체로서 구체적인 정치적 결정을 한다는 것을 의미하는 것이 아니라, 모든 국가권력은 전체국민을 위하여 행사되어야 한다는 국가권력의 정당성의 근거를 의미하는 정치적 · 이데올로기적 개념일 뿐이라고 한다(국민주권이념설). 이에 반하여 유권자의 총체를 주권자로 파악하는 국민주권론에서는 주권행사자로서의 국민으로서 유권적 시민의 총체(현실적 주권자)는 그 현실성 · 구체성으로 말미암아 국민이 직접 주권을 행사하는 것이 가능하며 국민주권원리는 법적 원리를 의미한다고 한다(국민주권규범설).

Ⅴ. 한국헌법상 국민주권원리의 구현

오늘날 헌법상 국민주권의 구현방법으로는 간접민주제(대의제)를 원칙으로 하고 직접민주제(국민투표제)를 보완적으로 채택하는 방식이 보편화되어 있다. 우리 헌법도 대의제를 통한 국민주권원리를 구현하기 위해 의회주의의 채택(제3장)과 더불어 국민에 의하여 직접 선출된 국민의 대표자인 대통령과 국회의원들로 하여금 국민을 대신하여 국가적 의사와 정치적 문제들을 결정하게 하는 방식을 채택하고 있다. 즉, 현행헌법은 대의제를 원칙으로 하면서도 예외적으로 직접민주제의 방식으

12) 권영성, 앞의 책, 132면.

로서 그것을 보완하고 있다. 직접민주제의 방식으로는 국민발안, 국민소환, 국민표결(국민투표)이 있지만, 우리 헌법은 국민투표만을 인정하고 있다. 즉, 헌법개정안과 국가안위에 관한 중요정책을 국민이 국민투표로써 직접 확정하는 것이 그것이다. 그 밖에 오늘날 대중적 민주주의국가에서는 정당제도도 국민주권의 원리를 구현하는 중요한 방식의 하나가 되고 있고, 이러한 헌법제도 외에 공무원선거권과 공무담임권을 비롯한 언론·출판·집회·결사의 자유와 청원권 등 일련의 정치적 기본권보장을 통해서 국민주권원리를 구현하고 있다. 그리고 민주주의와 지방분권의 사상과 결부되어 있는 지방자치제도도 국민주권원리를 구현하는데 기여하는 제도이다. 헌법은 제7조에서 "공무원은 국민 전체에 대한 봉사자이며, 국민에 대하여 책임을 진다"라고 규정하고 있는데, 이는 국민주권원리에 바탕을 둔 민주적이고 법치국가적인 공무원제도를 보장한 것이다.[13)]

판례 실질적 국민주권과 민주적인 선거제도

"헌법상의 국민주권론을 추상적으로 보면 전체국민이 이념적으로 주권의 근원이라는 전제 아래 형식적인 이론으로 만족할 수 있으나, 현실적으로 보면 구체적인 주권의 행사는 투표권 행사인 선거를 통하여 이루어지는 것이다. 실질적 국민주권을 보장하기 위하여 유권자들이 자기들의 권익과 전체국민의 이익을 위해 적절하게 주권을 행할 수 있도록 민주적인 선거제도가 마련되어야 하고, 국민 각자의 참정권을 합리적이고 합헌적으로 보장하는 선거법을 제정하지 않으면 안 된다."

헌재 1989. 9. 8. 88헌가6

제3절 자유민주주의

Ⅰ. 자유민주주의의 의의

자유민주주의는 자유주의와 민주주의가 결합된 정치원리이다. 자유주의는 자신의 인격을 독자적·자율적으로 발전시켜 나가려는 인간정신의 근원적 요구에 바탕을 둔 이념 내지 원리로서 국가권력의 간섭을 배제하고 개인의 자유와 자율을 옹호하고 존중할 것을 요구하는 사상적 입장이다. 18세기 신흥시민계급의 이데올로

13) 허영 교수는 국민주권의 이념을 실현하기 위해서 통치권을 국민의 기본권에 기속시키며 자유민주주의원리와 법치주의원리를 헌법상의 기본원리로 채택하고 이를 구체화하기 위한 여러가지 제도적인 장치를 마련하고 있다고 설명하고 있다(허영, 앞의 책, 151면).

기이다. 민주주의는 국민에 의한 지배 또는 국가권력이 국민에게 귀속되는 것을 특징으로 하는 정치원리이다.

독일 연방헌법재판소는 자유민주적 기본질서를 '모든 폭력적 지배와 자의지배를 배제하고, 그때그때의 다수의 의사와 자유 및 평등에 의거한 국민의 자기결정을 토대로 하는 법치국가적 통치질서'로 정의한다.[14] 우리 헌법재판소도 국가보안법 제7조 제1항·5항에 대한 한정합헌결정에서 "…… 자유민주적 기본질서에 위해를 준다함은 모든 폭력적 지배와 자의적 지배, 즉 반국가단체의 일인독재 내지 1당독재를 배제하고 다수의 의사에 의한 국민의 자치·자유·평등의 기본원칙에 의한 법치국가적 통치질서의 유지를 어렵게 만드는 것이고 ……"라고 판시한 바 있다.[15]

Ⅱ. 자유민주의의 구현

1. 자유민주적 기본질서의 구체적인 구성요소

독일 연방헌법재판소는 ① 인간의 존엄과 인격의 존중을 기본으로 하는 인권의 보장, ② 국민주권의 원리, ③ 권력분립의 원리, ④ 책임정치의 원리, ⑤ 행정의 합법률성, ⑥ 사법권의 독립, ⑦ 복수정당제와 정당활동의 자유 등을 자유민주적 기본질서의 내용으로 들고 있다.

우리 헌법재판소는 ① 기본적 인권의 존중, ② 권력분립, ③ 의회제도, ④ 복수정당제도, ⑤ 선거제도, ⑥ 사유재산과 시장경제를 골간으로 한 경제질서, ⑦ 사법권의 독립 등을 자유민주적 기본질서의 내용으로 들고 있다.

우리 헌법재판소는 사유재산과 시장경제를 골간으로 한 경제질서를 구성요소로 보고 있는데, 반해 독일 연방헌법재판소는 이 요소는 포함시키지 않고 있다.

2. 우리 헌법상 자유민주주의의 구현

우리 헌법에 자유민주주의가 표현된 규정은 전문과 통일조항(제4조)이다. 전문에서 "자유민주적 기본질서를 더욱 확고히 하고", 제4조에서는 "대한민국은 …… 자유민주적 기본질서에 입각한 평화적 통일정책을 수립하고 이를 추진한다"고 규정하여 자유민주주의를 우리 헌법의 기본원리의 하나로 천명하고 있다.[16] 하지만 자유

14) BVerfGE 12, 45(51).
15) 헌재 1990. 4. 2. 89헌가113. 독일 연방헌법재판소의 견해와 거의 대동소이하다.
16) 한편 위헌정당해산제도와 관련하여 "정당의 목적과 활동이 민주적 기본질서에 위배될 때에

민주주의는 앞에서 본 자유민주주의의 구성요소로 열거한 것들을 통하여 구체적으로 구현된다.

(1) 기본적 인권의 존중

인간의 존엄성을 바탕으로 하는 기본적 인권의 보장은 자유민주주의의 핵심적 요소이다. 정치적 기본권은 자유민주주의를 유지하고 실현하는 데 불가결의 요소이다.

(2) 권력분립의 원리

권력분립의 목적은 견제와 균형의 원리에 의해 권력의 남용을 막고 궁극적으로는 국민의 자유와 권리를 보장하는 데 있다.

(3) 의회제도

의회제도는 국민주권의 원리를 구현하고 권력분립에 의한 권력균형의 원리를 기초로 하는 정치제도이다.

(4) 복수정당제도

복수의 정당이 존립하고 자유로이 활동할 수 있는 복수정당제도는 자유민주주의를 위한 필수적인 정치제도이다.

(5) 민주적 선거제도

오늘날 대의민주주의 하에서 선거제도는 국가기관 선출기능, 평화적인 민주질서형성과 평화적인 정부구성기능을 담당한다. 선거제도의 정립은 민주정치의 성패를 가름하는 관건이다.

(6) 사유재산과 시장경제를 골간으로 한 경제질서

기본적으로 자유민주주의는 자유경쟁을 존중하는 자유시장 경제질서의 기반에 의해서 실현된다. 그러나 오늘날 고전적인 자유시장 경제질서가 아니라 자유시장 경제의 기반 위에서 소득의 적정한 분배, 경제력남용의 방지, 경제의 민주화를 위하여 규제와 조정이 가능한 사회적 시장경제질서가 강조된다.

는…해산된다"(제8조 제4항)는 규정을 두고 있어 여기서 민주적 기본질서와 자유민주적 기본질서의 관련성이 문제된다.

(7) 사법권의 독립

사법권의 독립이 확보되지 아니하고는 자유민주주의가 존속될 수 없다.

제4절 민주주의와 다수결원리

Ⅰ. 민주주의적 통치형태로서의 다수결원칙

1. 다수결원칙의 의의

민주주의란 쉽게 정의할 수 있는 것은 아니지만, 자유와 평등에 기초한 국민의 자기지배 형태로 이해되고 있으며, 국가의 의사결정이 국민주권의 원리에 따라 국민다수의 참가와 합의를 통해서 이루어질 것을 요구한다. 그런데 이러한 국민의 의사결정에 있어서, '전원일치'의 합의는 불가능하기 때문에 차선의 의사결정방법으로써 다수결원칙에 의하지 않을 수 없게 된다.

그리하여 오늘날 다수의 의사가 곧 국민의 의사로 간주되는 다수자의 지배가 민주주의의 통치형태로서 일반적으로 승인되고 있는 바, '다수자의 지배'란 국민의 대표를 선출하는 선거나 국민의 대표기관으로서 의사결정을 하는 의회에서 다수결방식에 의해 다수를 형성한 자, 즉 '다수자'가 현실적으로 국정을 운영하는 민주적 통치형태를 말한다. 특히 오늘날 정당국가에 있어서는 다수자의 지배로서의 민주정치는 '다수당(여당)'에 의한 통치로 나타난다.

여기서 '다수'라 함은 그 구성원의 50%+1 또는 과반수를 의미하는 단순다수(simple majority)를 지칭하지만, 중요한 사안에 관하여는 그 의결정족수를 높여 3분의 2 또는 4분의 3 이상의 찬성을 요구하는 가중(수정)다수(a qualified majority)를 채택하기도 한다.

2. 우리 헌법상 다수결원칙의 채택

헌법은 민주공화국 및 국민주권주의의 원칙을 선언하고(제1조), 다수결원칙을 각종 선거(제67조, 제41조, 제118조) 및 국회에서의 의사결정(제49조, 제53조 제4항, 제63조 제2항, 제65조 제2항 등), 그리고 헌법개정(제130조) 등에서 의사결정의 기본원리로 채택하고 있다.

3. 다수결원칙의 정당성의 근거와 한계

다수결원칙이 민주국가의 의사결정방법으로 정당하게 승인되고 현실적으로 가능하기 위해서는 일정한 전제조건이 충족되어야 한다. 단순히 현실적으로 불가피한 차선의 방법이라는 점 외에 독자적인 정당성 근거를 가져야 한다. 정당성의 근거에 대해서는 다양한 의견이 제시되고 있지만,[17] 다수가 합리적 결정을 내릴 가능성이 더 크며, 공동체가 구성원의 평등한 지위를 전제하고 있기 때문에 다수의 의사에 따르는 것이 자연스럽고 불가피하다.

민주주의 실현방법으로 등장한 다수결원칙이 민주주의를 유린하고 다수자의 독재를 야기하는 것을 막기 위해서는 다수결원칙의 정당성과 한계를 분명히 하고 이를 위한 제도적 장치를 구비하는 것이 필요하다. 이에 따라 다수결원칙은 소수자 보호와 관련하여 그 한계를 지닌다. 다수결원리의 무제한적 정당성논리는 다수자에 의한 독재와 소수자의 인권유린을 낳을 위험성이 있다. 오늘날 민주주의는 실질적 민주주의 이론의 입장에 따라 이해되고 있는 것이 일반적이다. 따라서 다수결의 원칙은 그것이 민주주의의 본질적 가치를 실현하기 위한 유용한 수단이 될 때만 긍정될 수 있고, 이는 다수결원칙에 대한 일정한 제약을 승인함으로써 가능해진다고 하겠다. 자유 · 평등 · 정의 그리고 이를 실현하기 위한 기본권을 본질적으로 침해할 수 없다. 또한 생사의 문제는 다수결에 맡길 수 없다.

Ⅱ. 다수결원칙의 전제조건

1. 의사결정에의 참가자격결정 및 참가자간의 평등한 지위의 보장

다수결원칙에 의한 의사결정은 투표를 통해 행해지는데 먼저 '누가 투표에 참가할 수 있는가'(투표참가자의 자격)가 결정되어야만 한다. 그리고 참가자간에는 참여의 균등한 기회보장과 의견의 등가치성이 인정되어야 한다. 이와 관련하여 우리

17) 다수의 지배를 '적극적 선'으로 보는 견해(Aristoteles), 다수자의 지배를 '도덕적 선'으로 보는 견해(Jefferson), 자기결정을 최소한으로 제한하는 메커니즘만이 최대한의 자유를 보장할 수 있으며, 정치적 자유를 최대한으로 보장하는 것이 단순다수결의 원칙이라는 견해(Kelsen, 가능한 한 많은 사람이 자유로워진다), 다수결이 현실적으로 가능한 한 최대한의 정치적 평등을 보장해준다는 견해(Leibholz) 등이 있다. 근대사상가들은 다수자의 지배를 개인의 '동의'(Consent)에서 일반적으로 구하고 있다. 루소는 인민이 주권자이기 위해서는 반드시 전체의사에 복종하지 않으면 안 된다는 생각을 했고, 로크는 개인적 동의가 정당한 권력의 기초를 이루며 소수자는 지배에 복종할 의무가 있다고 하였다.

헌법은 보통·평등선거의 원칙을 채택하고 있다(제41조 제1항, 제61조 제1항). 그런데 투표권자가 투표의 의무를 지는 것은 아니므로 현실에 있어서 소수만의 참가에 의하여 전체의 의사가 형성될 수도 있는바, 이를 방지하기 위하여 정족수를 규정할 뿐만 아니라 투표권자의 참가를 제공할 수 있는 여건(선거운동의 활성화, 정치적 표현의 자유의 적극 보장, 투표일의 휴무, 투표일의 법정 등) 조성이 필요하다.

2. 기본적인 동질성을 가진 투표기관의 조직

기본적인 동질성을 가진 투표권자들에 의하여 구성되는 조직체가 사전에 구성되어 있어야 하고, 그 구성원간에는 기본적인 동질성 즉 이해관계와 의견의 대립이 있더라도 최종적으로는 공동으로 무엇인가를 결정하겠다는 의식(연대감)이 필요하다. 갈등이 첨예하여 공동의식을 공유할 수 없는 경우라면 고정적 다수의 전제적 강제장치로 전락할 위험이 있다. 그러한 공동의식이 없는 사회, 예컨대 종교, 인종, 계층, 사상적 갈등이 첨예한 경우에 있어서는 다수결원칙에 의한 합의의 도출은 거의 불가능하다.

3. 견해의 다양성과 토론의 보장

다수결원칙은 투표자간의 견해가 상이하다는 것을 전제로 다양한 견해의 존재 가능성이 당해 정치체제 내에서 승인되지 않으면 아니 된다. 만약 특정의 의견이 처음부터 배제됨으로써 다수결의 형성과정에 참여할 수 없게 된다면 다수결은 그 기반을 상실하지 않을 수 없다.

그런데 우리 헌법은 방어적 민주주의를 채택하고 있으므로(제8조 제4항) 민주주의를 부정하는 민주주의의 적에게는 참여가 허용될 수 없다(민주주의의 관용의 한계; G. Radbruch). 다만 방어적 민주주의, 민주적 기본질서가 반대의견을 부당하게 억압하는 수단으로 남용되는 것은 경계하여야 한다.[18]

그리고 다수결원칙은 의견의 상이를 두고 산술적 방법만으로써 다수의 의견을 결정하는 것이 아니라 타협을 통해서 상이한 이익과 의견을 변증법적으로 통합하기 위한 장치이므로 그 전제로서 자유로운 토론과 실질적인 타협이 보장될 것이 요구된다. 특히 소수파의 의견발표의 자유가 충분하게 보장되어야만 그 결정에 대한 소수자의 자발적인 복종을 기대할 수 있다.

---

18) 헌재 1990. 4. 2. 89헌가113.

4. 의사결정(투표)방법에 대한 합의

다수결원칙을 적용하기 위하여서는 어떠한 수단과 방법으로 그 다수결원칙을 시행할 것인가 하는 점이 결정되어야 한다. 이와 관련하여 헌법은 보통, 평등, 직접, 비밀선거의 원칙을 채택하고 있다(제41조 제1항, 제67조 제1항). 그리고 의결정족수의 결정도 중요한 사항이다. 우리 헌법도 이를 규정하고 있다(제49조 등).

5. 표결된 결정의 집행

다수결원칙은 표결된 결정의 집행가능성을 전제로 한다. 이는 특히 표결에서 패배한 소수자 또는 불참자에 대하여도 그 결정을 집행할 수 있다는 점에서 의미를 가진다. 만일 다수결의 원칙에 따라 형성된 다수의 결정이 전체에 대하여 집행될 수 없다면 다수결원칙은 쓸모없는 것이 되고 만다. 이 점에서 결정을 강제로 집행할 수 있는 제도적 장치도 필요하다.

Ⅲ. 다수결원칙의 민주적 정당성

1. 다수결의 잠정성과 변경가능성

다수자와 소수자는 사후에 우연하게 결정되어야 하고, 오늘의 소수자도 언제든지 다수자가 될 수 있다는 기회균등의 보장과 가능성이 있어야 한다. 즉 다수자의 지위의 상대성과 다수자와 소수자의 전환가능성이 다수결원칙의 근거가 되는 것이다(Rotation의 원리). 특정정당이나 특정한 정치집단에게 유리한 Premium선거제도는 교체의 원리에 반한다.

2. 선 거

다수자의 변경가능성을 현실화하는 것이 선거인바, 투표권자의 선거의 자유를 보장한다는 점이 중요하다.

3. 통 제

국민의 대표제는 임기제를 통하여 국민의 심판을 받아야 하고 임기 중에도 여론 및 기관내·외의 통제를 받아야 한다. 이렇게 다수의 의사에 의해 선출된 국가기관도 부단히 통제를 받는다는 점에서 다수결원칙의 정당성의 근거를 찾을 수 있다.

4. 기본권을 통한 소수자보호

헌법은 그 자체가 '반다수결적 문서'를 의미하며, 헌법상 기본권은 다수결과정에서 패배한 소수자의 보루라고 할 수 있다. 다수결에 대해서도 헌법상의 소수자의 권리는 침해될 수 없다는 점이 다수결원칙의 유력한 정당성의 근거가 된다.

Ⅳ. 다수결원칙의 한계로서 소수자보호

이상과 같이 다수결원칙의 정당성은 그 자체의 한계를 인정하며 소수자를 보호함으로써 긍정될 수 있다. 의결방법에서의 특별의결정족수는 단순다수결에 비하여 소수자의 지위를 향상시킨다. 다수결에 의해서도 변경할 수 없는 것(기초법)으로 헌법개정한계사항, 기본권보장 등이 해당되는데, 이에 의해 소수자가 보호된다. 다수와 소수가 바뀔 수 있다는 가변성이 다수결원칙에 대한 신뢰와 복종의 기초가 되고 있다. 또한 선거방식에 있어서 비례대표제, 소수대표제, 직능대표제 등은 소수자의 지위를 향상시키기 위한 제도들이다. 복수정당제도와 야당의 보호도 소수자보호와 관련이 깊다.

의회 내에서도 ① 기관구성에 있어서 배려(국회부의장 1인, 약간의 상임위 위원장 야당에 배정), ② 임시회소집의 정족수(재적 4분의 1), ③ 법률안제출(국회의원 10인 이상), ④ 의회의 정부에 대한 견제권의 정족수 완화 등을 통하여 소수자보호를 꾀하고 있다.

행정부 내에서도 ① 연립내각에의 소수당 참여, ② 대통령의 법률안거부권, ③ 행정심판제도 등을 통하여 소수자를 보호하고 있다.

의회와 행정부에 의해 소수자가 권리를 침해당한 경우에는 궁극적으로는 법원과 헌법재판소에 의해 구제가능하다. 위헌법률심사제도, 권한쟁의심판제도, 위헌·위법인 명령·규칙심사제도 등이 구제책이 될 수 있다.

제5절 민주적 기본질서

Ⅰ. 헌법상 민주적 기본질서의 지위

우리 헌법은 전문에서 "자유민주적 기본질서를 더욱 확고히 하여"라고 하고, 제

4조에서 "대한민국은 …… 자유민주적 기본질서에 입각한 평화적 통일정책을 수립하고 이를 추진한다"라고 하고 있으며, 제8조 제4항에서는 "정당의 목적이나 활동이 민주적 기본질서에 위배될 때에는 …… 해산된다"라고 규정하고 있다. 이처럼 민주적 기본질서 내지 자유민주적 기본질서를 규정한 것은 민주주의가 우리나라의 국가의 이념과 질서임을 나타내고 있음을 보여주고 있는 것이다(정치적 공동체로서의 대한민국의 기본질서).

민주적 기본질서는 대한민국의 질서의 근간을 이루고 있다. 민주적 질서는 헌법적 가치의 최고의 방어선이다

Ⅱ. 헌법질서 · 민주적 기본질서 · 사회민주적 기본질서 · 자유민주적 기본질서의 관계

1. 기본도식

민주적 기본질서는 헌법질서의 하나로서 사회민주주의와 자유민주주의를 비롯하여 모든 민주주의를 그 내용으로 하는 포괄적인 공통분모적 상위개념이다. 그리고 사회민주주의는 자유민주주의를 전제로 하여 실질적 평등을 지향하는 민주주의의 한 유형이기 때문에, 그 개념이 자유민주주의보다 상대적으로 넓은 개념이다.

이상을 정리하면 헌법질서＞민주적 기본질서＞사회민주적 기본질서＞자유민주적 기본질서로 도식화할 수 있다.

2. 헌법질서와 민주적 기본질서

헌법질서는 헌법규범 전체에 의하여 형성되는 절차를 말하는 반면, 민주적 기본질서는 헌법질서 중 가장 기본적인 질서만을 뜻하므로 차원이 다른 개념이다. 따라서 민주적 기본질서의 위배는 당연히 헌법질서의 위반이 되지만, 헌법질서의 위반이 곧 민주적 기본질서의 위반이 되는 것은 아니다.

3. 자유민주적 기본질서와 사회민주적 기본질서

사회민주주의는 자유민주주의를 부정하거나 배격하는 것이 아니라, 사회정의와 국민복지의 실현을 위하여 자유의 체계에 적절한 제한을 가하는 민주주의로 자유민주주의를 전제로 한 개념이다. 자유민주적 기본질서는 민주적 기본질서의 가장 핵심적 내포라고 할 수 있다.

4. 민주적 기본질서와 기본권제한사유로서의 질서유지

민주적 기본질서는 헌법질서 중 기본적인 질서만을 말하는 것이고 제37조 제2항의 기본권제한 사유로서의 질서는 헌법질서뿐만 아니라 사회적 안녕 질서, 경찰상의 평온 질서 등을 포괄하는 넓은 의미의 공공질서를 의미한다.[19] 따라서 민주적 기본질서는 기본권제한사유로서의 질서에 포함되며 그중에서도 가장 근간이 되는 질서이다.

5. 정당해산사유로서의 민주적 기본질서(헌법 제8조 제4항)

(1) 자유민주적 기본질서만을 의미한다는 견해[20]

1) 현행헌법의 경우 사회민주주의의 중요한 내용이 되는 복지국가, 사회적 법치국가의 원리, 사회정의의 실현, 사회적 시장경제질서 등은 이미 여러 헌법조항에서 규정하고 있으므로 헌법 제8조 제4항의 민주적 기본질서 중에 반드시 사회민주주의를 포함시켜야 할 필연적인 이유가 없다. 국가적 성격이 경제적 질서로서의 사회민주주의까지 수용하는 것일지라도 정당의 해산사유는 그와는 별개의 문제로서 정치적 질서로서의 자유민주주의에의 위반만을 정당의 해산사유로 규정할 수 있는 것이다.

2) 정당해산의 구실을 극소화하기 위해서라도 이 민주적 기본질서는 자유민주적 기본질서만을 의미하는 것으로 제한적 해석을 하여야 한다.

3) 자유민주적 기본질서야말로 대한민국의 헌법질서에 있어서 중핵이며 어떤 경우에도 수호하지 않으면 아니 될 헌법상의 최후의 보루이다.

(2) 자유민주적 기본질서뿐만 아니라 사회민주적 기본질서까지를 포함한다는 견해[21]

1) 민주적 기본질서는 자유민주적 기본질서와 사회민주적 기본질서의 공통개념

---

19) 권영성, 앞의 책, 157면.

20) 권영성, 앞의 책, 195면. 제한적으로 해석해야 한다는 입장도 같은 견해이다(계희열, 앞의 책(상), 298면 이하; 허영, 앞의 책, 908면); 홍성방, 헌법학(상), 박영사, 2010, 114면 이하. 한편 위헌정당해산제도가 정당을 보호하는 제도라는 측면을 고려한다면, 그리고 적어도 개념적으로는 민주주의원리와 사회복지주의(사회국가원리)가 구분된다는 점을 고려한다면 자유민주적 기본질서에 국한하는 것이 타당하다는 견해도 있다(이준일, 제7판 헌법학강의, 홍문사, 2019, 224면).

21) 김철수, 학설 · 판례 헌법학(상), 박영사, 2008, 231면. 성낙인 교수는 한국헌법은 자유민주주

이지 자유민주적 기본질서만이 유일한 민주적 기본질서라 할 수 없다.

2) 민주적 기본질서는 공산주의와 전체주의의 국가질서에 대한 반대개념이지 사회적 법치주의를 배격하는 개념이 아니다. 민주적 기본질서가 곧 자유민주적 기본질서라고 하는 것은 민주주의의 이념을 자유와 평등만으로 국한하려는 사고이며 복지와 사회정의의 요청을 무시한 이론이다.

3) 우리 헌법의 민주적 기본질서는 독일 기본법상의 자유민주적 기본질서와 구별하여야 하며 자유민주주의와 사회민주주의의 복합개념인 민주적 기본질서는 자유주의와 보수주의를 배격하는 것이 아니라 부익부빈익빈을 조장하는 경제적 자유와 독점자본주의를 배격하는 것이다.

4) 우리 헌법의 현실은 자유민주주의에 대한 수정을 의미하고 있는데, 그것은 경제적 자유에 대한 규제와 조정, 권력분립에 대한 약간의 수정, 공공복리를 위한 자유와 권리의 제한 등에서 잘 나타나고 있다. 만약에 자유민주주의의 요소를 절대적으로 고집하는 경우 우리의 헌법현실은 자유민주적 기본질서에 위배된다는 논리도 성립할 수 있다.

5) 우리나라 정당의 정강정책을 보더라도 고전적 자유민주주의를 채택하고 있는 정당은 없으며 모두가 복지국가적, 사회적 법치주의를 지향하고 있음을 볼 때 우리의 민주적 기본질서는 사회민주적 기본질서를 배격하는 것이 아님이 분명하다. 그런 점에서 헌법의 가장 중요한 이념인 사회정의, 사회적 복지국가의 원리에 어긋나는 극단적인 정당(예컨대 빈익빈부익부정책을 추구하거나 경제적 평등실현을 위한 경제조정까지를 반대하는 정당)의 존립까지 보장해야 하는 것은 아니다.

(3) 자유민주주의와 사회민주주의를 내포하는 상위개념 내지 공통개념이기 때문에 정당은 자유민주주의와 나란히 또는 결합하여 사회민주주의를 추구할 수 있음은 물론 택일적으로도 그 추구가 가능하다는 견해[22)]

이 견해에 따르면 사회민주주의와 결합하지 않고 자유민주주의만을 추구하는 정당이라 하여 해산의 사유가 될 수 없으며 자유민주주의나 사회민주주의를 부정

의에 기초한 사회복지국가원리를 도입하고 있으므로, 민주적 기본질서와 자유민주적 기본질서는 서로 별개의 충돌하는 개념이 아니라 서로 융합적인 개념으로 이해하여야 한다고 하면서 오늘날 전적으로 고전적 자유주의원리에 입각하여 국가의 기본질서를 형성하고 있는 나라는 없으므로 이러한 탄력적인 해석은 불가피하다고 한다(성낙인, 제21판 헌법학, 법문사, 2021, 149−150면).

22) 안용교, 한국헌법, 고시연구사, 1989, 210−211면; 김문현, “정당해산사유 및 정당해산시 의원신분상실여부”, 고시계 제39권 제3호, 고시계사, 1994. 2, 151−153면.

하는 정당(예: 공산당)만을 위헌정당으로 본다.

(4) 결 어

헌법 제8조 제4항의 민주적 기본질서는 전체주의 정당의 존립을 배척하기 위한 것이며 그런 점에서 자유민주적 기본질서와 사회민주적 기본질서에 개방된, 말하자면 자유민주적 기본질서와 사회민주적 기본질서 중 선택을 허용하는 민주적 기본질서를 의미한다고 보는 것이 타당하다.

Ⅲ. 민주적 기본질서의 내용

민주적 기본질서는 자유민주적 기본질서를 핵심으로 한다. 자유민주주의에서도 보았듯이 헌법재판소는 "자유민주적 기본질서에 위해를 준다 함은 모든 폭력적 지배와 자의적 지배 즉 반국가단체의 일인독재 내지 일당독재를 배제하고 다수의 의사에 의한 국민의 자치, 자유·평등의 기본원칙에 의한 법치주의적 통치질서의 유지를 어렵게 만드는 것으로서 구체적으로는 기본적 인권의 존중, 권력분립, 의회제도, 복수정당제도, 선거제도, 사유재산과 시장경제를 골간으로 한 경제질서 및 사법권의 독립 등 우리의 내부체제를 파괴·변혁시키려는 것"이라고 판시하고 있다.[23] 또한 "우리 국민들의 정치적 결단인 자유민주적 기본질서 및 시장경제원리에 대한 깊은 신념과 준엄한 원칙은 현재뿐 아니라 과거와 미래를 통틀어 일관되게 우리 헌법을 관류하는 지배원리로서 모든 법령의 해석기준이 된다"고 판시하고 있다.[24]

Ⅳ. 민주적 기본질서의 규범력(법적 성격)

민주적 기본질서는 우리 헌법의 기본질서로서 헌법개정의 금지사유가 되며, 최고규범으로 모든 법해석의 기준이 된다. 그리고 모든 국가작용을 구속하고 공권력 발동의 척도와 타당성의 근거가 되며, 기본권의 내재적 한계(헌법유보)사항이다.

---

23) 헌재 1990. 4. 2. 89헌가113.
24) 헌재 2001. 9. 27. 2000헌마238등.

Ⅴ. 민주적 기본질서의 보장

1. 적극적 보장

민주적 기본질서를 형성하고 유지하기 위한 제도들을 적극적으로 수용하고 채택해야 한다. 특히 표현의 자유와 정치과정의 공개를 보장하는 것이 중요하다.

2. 소극적 보장

현실적으로 민주적 기본질서가 침해된 때에는 그 침해행위를 배제하는 장치가 마련되어야 한다. 민주적 기본질서는 국가기관, 사인, 정당에 의하여 침해될 수 있다. 정당에 의한 침해의 경우 위헌정당해산제도에 의해 정당을 해산시킬 수 있다. 집행권에 의한 침해의 경우에는 탄핵제도, 해임건의제도, 명령·규칙·처분의 심사, 징계 등의 구제수단이 강구될 수 있다. 국회에 의한 침해의 경우는 위헌법률심판제도와 헌법소원제도 등의 구제제도를 활용할 수 있다. 개인에 의한 침해의 경우에는 형법, 국가보안법 등에 의하여 처벌을 통하여 보장할 수 있다.

제3장 법치주의원리

제1절 법치주의의 의의와 기능

1. 법치주의의 의의

법치주의 내지 법치국가에 대한 명문의 규정은 없지만, 법치주의원리(법치국가원리)가 우리 헌법의 기본원리의 하나라는 데 대해서는 이론이 없다.[1] 법치주의의 내용이 시대와 국가에 따라 차이를 보이며 발전해 왔기 때문에 법치주의를 이해하는 데는 학자들에 따라 견해의 차가 존재한다. 그러나 법치주의는 '사람에 의한 통치(인치)', '폭력에 의한 통치' 또는 '덕에 의한 통치'가 아닌 '법에 의한 통치'를 그 기본내용으로 한다. 법치주의는 대체로 "국가가 국민의 자유·권리를 제한한다든가 국민에게 새로운 의무를 부과할 때에는 국민의 대표자로 구성된 국회가 제정한 법률에 근거해야 하고, 또 법률은 국민뿐만 아니라 국가권력의 담당자도 이에 구속된다는 원칙"[2]을 의미한다. K. Hesse는 법치국가(Rechtsstaat)를 '법(Recht)이 국가·국가작용 그리고 국가 내의 전체생활 등에 기준과 방식을 제공하는 국가'로 정의하고 있다.

법치주의의 내용이 시대와 국가에 따라 차이를 나타내며 변천하여 왔지만, 변치 않고 오래 지속된 내용은 ① 국가권력을 법에 구속시키고 그렇게 함으로써 국가권력을 완화하고 이를 통해 ② 개인의 자유를 보호하려는 것이다.[3]

---

1) 헌법재판소는 "우리 헌법은 국가권력의 남용으로부터 국민의 기본권을 보호하려는 법치국가의 실현을 기본이념으로 하고 있다"고 판시하여 우리 헌법이 법치국가이념에 입각하고 있다는 점을 분명히 하고 있다(헌재 1992. 4. 28. 90헌바24).
2) 김철수, 학설·판례 헌법학(상), 박영사, 2008, 274면.
3) 계희열, 신정2판 헌법학(상), 박영사, 2005, 337면.

2. 법치주의의 기능[4)]

법치주의는 국가권력을 제한하고 통제하는 기능인 소극적 기능이 본질적 기능이었다. 법을 통한 법적 안정성·예견가능성을 보장하는 것이 그것이다. Schmitt는 비정치적이고 형식적인 소극적 원리로 법치주의를 파악하고 있다. 이러한 점에서 법치국가는 자유민주주의의 불가결의 전제이다.

그러나 오늘날 과거 군주국가 시대처럼 이미 형성되어 있는 (전제적) 국가권력이 존재하지 않기 때문에 법치주의원리는 소극적 의의가 아니라 국가권력을 구성하는 적극적 의의(국가권력발동의 근거)가 중시되고 있다. 형식적 법치국가사상에서 벗어나 실질적 법치국가사상의 관철을 위해서도, 현대복지국가의 실현을 위해서도 특히 적극적 기능이 중시되고 있다.

제2절 법치주의의 이론적 발달

1. '법의 지배'(Rule of Law)이론

법치주의는 영국에서는 '법의 지배'(rule of law)의 원리로 발전하였는데, 군주주권의 절대성에 반대하여 보통법(Common Law)의 우위가 코크(Coke)에 의해 주장되고,[5)] 명예혁명에 의하여 제도적으로 확립되었으며 다이시(Dicey)에 의해 이론적으로 체계화되었다(왕권에 대한 법의 우위 → 보통법원의 우위 → 의회주권주의).

17세기 이래 영국에서는 군주세력의 약화와 의회권한의 강화 경향이 있어,[6)] 국왕의 권한은 형식적·의례적인 것에 국한되고 의회가 통치의 실질적인 중심이 되는 것으로 귀결되었다. 이를 통하여 의회주권의 형태로 나타나고 국가권력의 행사는 의회제정 법률에 근거를 요구하였다(보통법의 우위 대신에 의회제정법의 우위사상

---

4) K. Hesse는 헌법에 규정된 법치국가적 질서의 의의를 ① 그 정당성을 통하여 실질적으로 정치적 통일의 근거를 마련하고 이를 공고히 하게 함, ② 기능적으로 정치적 통일을 성립시켜줌, ③ 안정화 작용을 함으로써 동시에 계속성을 마련하는 의의를 가짐, ④ 국가생활을 합리화시키는 의의를 가짐, ⑤ 국가권력을 제한하는 의의를 가짐 등으로 정리하고 있다(계희열, 앞의 책(상), 350－351면).

5) 코크 경(Coke, E.)이 제임스 1세와 항쟁할 때 "국왕이라 할지라도 신과 법 밑에 있다"는 것을 주장하였다.

6) 1628년 권리청원, 1649년 청교도혁명, 1679년 인신보호법, 1688년 명예혁명, 1689년 권리장전, 1701년 왕위계승법.

대두·관철).

영국의 의회주권사상을 바탕으로 법치주의가 발전해 온 것에 비해, 미국의 경우는 몽테스키외(Montesquieu)의 삼권분립모델에 기초한 철저한 권력분립과 이를 통한 제한된 정부(Limited Government)의 구성을 특색으로 하고 있다. 이러한 미국의 특징은 미국에서 법원에 의한 위헌법률심사제 내지 사법권의 우위론, 적법절차(due process of law)의 이론으로 발달하였다.

2. 법치국가(Rechtsstaat)의 이론

독일에서는 경찰국가나 관료국가에 대립하는 개념으로 법치국가의 이론이 발달하였다.[7] Kant는 법치국가라는 용어는 사용하지 않았지만, 국가의 목적을 제한하고 국가를 법에 구속시켜야 한다고 하고 나아가 시민의 자유와 평등을 국가의 기초로 삼아야 한다고 주장하였다. 일반적으로 법치국가라는 용어를 처음으로 사용한 것은 몰(Robert v. Mohl, 1799－1875)이라고 알려져 있다. 몰은 법치국가를 이성국가(Verstandesstaat)로 보고 "개인의 계약으로 구성되고 그 활동이 개인의 자유를 위해 제한되는 새로운 형태의 국가로서 정확한 법률을 제정하고 신민을 보호하기 위하여 법원을 설치하는 국가"로 정의함으로써 법치국가를 고유한 국가유형, 곧 전체헌법질서와 관련된 정치적 개념으로 이해하였다.

19세기 중반 법치국가는 점차 좁은 영역으로 국한되고 형식화되기 시작하였다.[8] 바이마르공화국 시대에도 법치국가의 형식화 현상, 곧 법치국가의 핵심적 내용을 '행정의 합법률성', '법원에 의한 권리구제', '국가적 권한행사의 예측가능성'으로 보는 현상은 계속되었다. 슈미트(C. Schmitt)는 국가권력의 제한과 통제의 원리로서 시민적 자유보장과 국가권력의 상대화체계를 구성요소로 한다고 보았다. 정치적 구성부분과 비정치적 구성부분으로서의 법치국가원리를 구분하였다. 켈젠(H. Kelsen)은 법치국가를 엄격한 합법성의 체계로 보아 모든 국가를 법치국가로 보았다. 형식적 법치국가가 국민의 생명, 신체, 자유, 재산을 국민투표가 만든 법률로 보호하고자 한 것은 그 의의가 크다. 그러나 법률의 내용에 관심을 두지 않았던 것이 문제였다. 법치주의에 대한 형식적 이해는 민주주의에 대한 형식적 이해와

7) 독일에서의 법치국가사상의 발전에 대해서는 계희열, 앞의 책(상), 341면 이하 참조.

8) 법치국가란 국가의 목적이나 내용을 떠나서 국가활동의 형식을 법으로 정하는 것을 본질로 한다고 파악하는 견해(Stahl), 행정에 대한 사법적 통제를 법치국가의 본질로 이해하는 견해(Bähr), 법치국가를 '잘 정리된 행정법의 국가'라 특징지으면서 "법률우위의 원칙, 특히 행정의 법률적합성을 기반으로 하는 국가"로 이해하는 견해(Otto Mayer) 등을 대표적으로 들 수 있다(계희열, 앞의 책, 342면).

더불어 나치의 '합법적' 불법통치를 가능하게 하였다. 1949년 제정된 본 기본법은 법치국가를 실질적으로 이해하여 민주주의와 법치주의의 관련성을 강조하였다.

실질적 법치국가는 '정당한 법률'에 의해 지배되는 국가이다. 즉, 형식적 법률에 의한 나치의 불법통치를 경험한 후 법률이란 형식에 더하여 법률의 내용이 정당할 것이 요구되었다.

법률의 형식적 합법성뿐만 아니라 법 내용의 정당성까지를 요구하는 실질적 법치국가는 실질적 평등을 실현하기 위하여 경제·사회적으로 정당하다고 요구되는 내용을 충족하는 법률에의 구속을 요구하는 사회적 법치국가의 성격을 지닌다. 이러한 점에서 실질적 법치국가와 사회적 법치국가는 동일한 것으로 이해된다.

제3절 법치주의의 본질과 내용

법치주의 내지 법치국가는 국민의 자유와 권리의 보장을 궁극적 목적으로 하며, 견제와 균형의 원리를 바탕으로 권력남용을 막아 국민의 자유와 권리를 보장하고자 하는 권력분립의 원리는 법치주의의 기초이다. 법치주의는 법률의 우위, 행정의 합법률성, 법률에 의한 재판을 기본적 내용으로 한다.

판례 법치국가원리의 본질적 요소

헌법의 기본원칙인 법치국가원리의 본질적 요소는 한 마디로 표현하자면, 국가의 모든 작용은 '헌법'과 국민의 대표로써 구성된 의회의 '법률'에 의해야 한다는 것과 국가의 모든 권력행사는 행정에 대해서는 행정재판, 입법에 대해서는 헌법재판의 형태로써 사법적 통제의 대상이 된다는 것이다. 이에 따라, 입법자는 헌법의 구속을 받고, 법을 집행하고 적용하는 행정부와 법원은 헌법과 법률의 구속을 받는다. 따라서 행정부의 수반인 대통령은 헌법과 법률을 존중하고 준수할 헌법적 의무를 지고 있다.

헌재 2004. 5. 14. 2004헌나1

제4절 법치주의의 구성요소와 우리 헌법에서의 구현

1. 개 관

법치주의의 개념이해와 마찬가지로 법치주의의 구성요소가 무엇인가에 대해서는 학자에 따라서 의견이 갈리고 있다. 법치주의의 실질적 요소와 형식적 요소로 나누는 견해[9]가 있는가 하면 법치주의의 요소를 구별 없이 열거하는 견해[10]도 있다. 법치주의의 구성요소가 실질적 요소와 형식적 요소로 분명히 나누어질 수 있는지는 의문이어서 여기서는 법치주의의 구성요소를 열거하는 것으로 만족한다.

2. 기본권보장

법치주의는 국가권력을 법에 기속시켜 국민의 자유와 평등의 기본가치를 실현하는 원리이기 때문에 기본권보장은 법치주의의 직접적·본질적 내용이다. 우리 헌법 제2장(제10조~제37조)에서 각종의 기본권을 보장하고 있다.

3. 권력분립제도

권력분립원칙은 국가권력을 입법권, 사법권, 행정권으로 나누고 상호통제와 억제를 통해 권력의 균형을 이룸으로써 국가권력을 완화시켜 개인의 자유와 권리를 보호하려는 것이다(전통적인 견해). 권력분립은 자유와 권리를 보장하기 위한 전제와 수단이 되며, 그러한 한에서 법치주의의 중요한 내용이 된다.[11]

우리 헌법은 입법권은 국회에(제40조)[12], 행정권은 대통령을 수반으로 하는 정부에(제66조 제4항), 사법권은 법원에(제101조) 속하게 함으로써 권력분립의 원리를 채택하고 있다.

---

9) 계희열 교수는 실질적 요소로 인간의 존엄성과 자유 및 평등을 들고 형식적·제도적 요소로 법의 최고성, 기본권의 보장, 권력의 분립, 법률유보의 원칙, 포괄적 위임입법의 금지, 사법적 권리보장, 법적 안정성의 원칙, 과잉금지의 원칙, 법치주의와 국가긴급사태 등을 들고 있다(계희열, 앞의 책, 352면 이하). 허영 교수는 법치주의의 실질적 내용으로 자유·평등·정의의 실현원리, 국가의 구조원리를, 제도적 내용으로 기본권보장과 권력분립제도를, 절차적·형식적 내용으로서 법우선의 원칙(국가작용의 명확성·특정성·가측성·예측가능성·객관성·안정성) 등을 들고 있다(허영, 앞의 책, 155면 이하).

10) 권영성 교수는 ① 성문헌법주의, ② 기본권과 적법절차의 보장, ③ 권력분립의 확립, ④ 위헌법률심사제의 확립, ⑤ 포괄적 위임입법의 금지, ⑥ 행정의 합법률성과 사법적 통제, ⑦ 공권력행사의 예측가능성의 보장과 신뢰보호의 원칙을 들고 있고(권영성, 앞의 책, 150－151면), 김철수 교수는 ① 기본권의 보장, ② 권력의 분립, ③ 사법적 권리보장, ④ 기타(입법, 판례)를 들고 있다(김철수, 앞의 책(상), 278면 이하).

11) 오늘날과 같은 민주주의국가에서는 과거 군주국가에서와 같이 분할하고 분리할 선재하는 국가권력이 존재하지 않는다고 보고 정치적 통일체로서의 국가와 국가권력은 인간의 끊임없는 의식적 노력에 의해 항상 새롭게 형성되고 유지된다는 관점에 따르면, 현대적 권력분립의 원리가 갖는 의의는 우선적으로 국가권력의 구성과 정서에 있고 부분적으로 권력의 억제와 균형에 있다고 본다(계희열, 앞의 책, 359면).

12) 헌재 1989. 9. 29. 89헌가86.

4. 적법절차

헌법 제12조 제1항이 규정한 적법절차란 국민의 권리·의무에 관한 법률은 그 성립절차가 합법적일 뿐 아니라 법률의 목적이나 내용에 있어서도 인간의 존엄과 가치를 존중하는 헌법이념과 개인의 권리를 보호하고 실현하기 위하여 확립되어 온 여러 원칙은 물론 자연법적 정의에도 합치되어야 한다는 원리이다. 적법절차는 헌법상의 규정을 기다릴 것도 없이 법치주의의 본질적 내용이고 헌법 제12조 제1항이 특별히 적법절차를 규정하고 있는 것은 법치주의의 당연한 원리를 강조하고 주의를 불러일으키기 위한 것에 불과한 것이다.

5. 입법작용의 헌법 및 법기속

민주국가에서 법률제정권은 입법자의 권한이다. 그러나 입법자의 입법형성권은 헌법과 법의 범위 내에서 행해져야 하고 이를 유월하면 법치주의의 실질적 내용이 침해되게 된다. 입법작용의 헌법 및 법기속은 그러한 한에 있어서 '법의 최고성'과 '헌법의 우위'의 표현이다.[13]

입법작용의 헌법 및 법기속은 우리 헌법에서는 위헌법률심사제도에서 표현되고 있다. 다만, 우리나라에서는 법률이 헌법에 위반되는 여부가 재판의 전제가 된 경우에 인정되는 구체적 규범통제만 허용하고 있다.

6. 행정의 합법률성

행정의 합법률성이란 행정은 법률에 근거하여 그리고 법률에 규정된 절차에 따라 행해져야 한다는 것으로 '법률의 우위'와 '법률의 유보'의 원칙으로 나타난다.

법률의 우위는 법률의 형태로 표현된 국가의사가 다른 국가의사에 대하여 우선한다는 원칙이며, 법률의 유보는 행정권이 국민의 권리와 재산을 침해하기 위해서는 법률의 수권(근거)이 필요하다는 것이다.

판례 법률유보의 현대적 의미

"오늘날 법률유보원칙은 단순히 행정작용이 법률에 근거를 두기만 하면 충분한 것이 아니라, 국가공동체와 그 구성원에게 기본적이고도 중요한 의미를 갖는 영역, 특히 국민의 기본권실현과 관련된 영역에 있어서는 국민의 대표자인 입법자가 그

13) 홍성방, 앞의 책, 148면.

본질적 사항에 대해서 스스로 결정하여야 한다는 요구까지 내포하고 있다(의회유보원칙). 그런데 텔레비전방송수신료는 대다수 국민의 재산권 보장의 측면이나 한국방송공사에게 보장된 방송자유의 측면에서 국민의 기본권실현에 관련된 영역에 속하고, 수신료금액의 결정은 납부의무자의 범위 등과 함께 수신료에 관한 본질적인 중요한 사항이므로 국회가 스스로 행하여야 하는 사항에 속하는 것임에도 불구하고 한국방송공사법 제36조 제1항에서 국회의 결정이나 관여를 배제한 채 한국방송공사로 하여금 수신료금액을 결정해서 문화관광부장관의 승인을 얻도록 한 것은 법률유보원칙에 위반된다."[14)]

헌재 1999. 5. 27. 98헌바70

우리 헌법은 포괄적 위임입법을 금지하고(제75조), 명령·규칙·처분에 대한 위헌·위법심사제도를 규정함으로써(제107조 제2항) 행정의 합법률성의 원칙을 채택하고 있다.

판례 포괄위임금지원칙

"헌법 제75조는 법률에서 구체적으로 범위를 정하여 위임한 사항에 관하여 대통령령을 발할 수 있다고 규정하고 있다. 사실상 입법권을 백지위임하는 것과 같은 일반적이고 포괄적인 위임은 의회입법과 법치주의를 부인하는 것이 되어 행정권의 부당한 자의와 기본권행사에 대한 무제한적 침해를 초래할 것이기 때문에, 위임입법의 한계에 관한 헌법의 취지는 위와 같은 결과를 사전에 방지하고자 함에 있다고 할 것이다. 따라서 법률의 위임은 반드시 구체적 개별적으로 한정된 사항에 대하여 행하여져야 할 것이다. 다만 구체적인 범위는 각종 법령이 규제하고자 하는 대상의 종류와 성격에 따라 달라진다 할 것이므로 일률적 기준을 정할 수는 없지만, 적어도 법률의 규정에 의하여 이미 대통령령으로 규정될 내용 및 범위의 기본사항이 구체적으로 규정되어 있어 누구라도 당해 법률로부터 대통령령에 규정될 내용의 대강을 예측할 수 있으면 족하고(91헌가4 결정 참조), 이 경우에 있어 그 예측가능성의 유무는 당해 특정조항 하나만을 가지고 판단할 것이 아니고 관련 법조항 전체를 유기적·체계적으로 종합 판단하여야 하며, 각 대상법률의 성질에 따라 구체적·개별적으로 검토하여야 할 것이다(93헌가12 결정 참조)."[15)]

헌재 1995. 7. 21. 94헌마125

---

14) 이 사건은 텔레비전방송수신료의 금액에 대하여 국회가 스스로 결정하거나 결정에 관여함이 없이 한국방송공사로 하여금 결정하도록 한 한국방송공사법 제36조 제1항이 법률유보원칙에 위반되는지 여부가 문제되었는데, 헌재는 법률유보원칙에 위배된다고 보면서, 헌법불합치결정을 하고 잠정적으로 그 효력을 지속시키는 결정을 내렸다.

15) 헌법재판소는 영화법 제26조에 의한 국산영화의무상영제가 직업의 자유와 평등권을 침해하는지 여부, 영화법 제26조에서 의무상영일수의 상한을 대통령령에 위임한 것이 위임입법의 한계를 일탈한 것인지 여부, 위 국산영화의무상영제가 헌법의 경제질서에 반하거나 공연장 경영자의 행복추구권을 침해하는 것인지 여부가 다투어진 사건에서 포괄적 위임금지 원칙의 의미를 설명하고 있다. 이 사건에서 헌법재판소는 비록 위 규정이 의무상영일수의 상한이나 하한을

그 밖의 행정심판에 사법절차 준용(제107조 제3항), 행정조직법정주의(제96조, 제100조, 제114조 제6항, 제7항), 조세법률주의(제59조)를 규정하고 있다.

행정의 공정성 · 투명성 · 신뢰성을 확보하고 국민의 기본권을 보호하기 위하여 행정절차법이 시행되고 있다(1997년).

7. 사법적(司法的) 권리구제의 보장

국민의 기본권을 보장하기 위해서는 자유와 권리를 보장하는 것만으로는 부족하고 그것이 침해된 경우 독립된 법원이 이를 구제하고 보장해주는 것이 필요하다.

우리 헌법은 국가배상청구권(제29조), 손실보상청구권(제23조 제3항), 형사보상청구권(제28조), 청원권(제26조), 헌법소원심판청구권(제111조 제1항 제5호), 위헌법률심판청구권(제107조 제1항), 인신보호를 위한 사법절차적 기본권(제12조, 제16조, 제27조, 제101조, 제103조, 제109조)을 규정함으로써 위헌적 · 위법적 국가작용은 물론 합법적인 국가작용에 대해서도 이를 구제해줄 수 있는 효과적인 권리구제제도를 마련하고 있다.

8. 국가작용의 예측가능성 보장

공권력행사의 예측가능성의 보장 내지 신뢰보호의 원칙은 법적 안정성을 추구하는 자유민주주의 · 법치국가헌법의 기본원칙이다.

집행권과 사법권조직의 법률주의(제89조, 제96조, 제102조 제2항)를 규정하여 국가작용의 예측가능성을 보여주고 있고, 법률의 소급효를 금지하고 형벌불소급과 일사부재리원칙을 규정함으로써 국민의 신뢰를 보호하는 데 노력하고 있다.

판례 신뢰보호의 원칙(종합생활기록부제도개선보완시행지침 위헌확인(기각))

"헌법상의 법치국가원리의 파생원칙인 신뢰보호의 원칙은 국민이 법률적 규율이나 제도가 장래에도 지속할 것이라는 합리적인 신뢰를 바탕으로 이에 적응하여 개인의 법적 지위를 형성해 왔을 때에는 국가로 하여금 그와 같은 국민의 신뢰를 되도록 보호할 것을 요구한다. 따라서 법규나 제도의 존속에 대한 개개인의 신뢰가 그 법규나 제도의 개정으로 침해되는 경우에 상실된 신뢰의 근거 및 종류와 신뢰이익의 상실로 인한 손해의 정도 등과 개정규정이 공헌하는 공공복리의 중요성을 비교교량하여 현존상태의 지속에 대한 신뢰가 우선되어야 한다고 인정될 때에는 규범정

명시적으로 설정하고 있지는 않지만, 위와 같은 법률 규정의 취지에서 볼 때 대통령령에 규정될 내용이 연간상영일수의 일부를 대상으로 한다는 점에서 그 대강을 충분히 예측할 수 있다 할 것이므로 위임입법의 한계를 벗어난 것이라 할 수 없다고 판시한 바 있다.

립자는 지속적 또는 과도적으로 그 신뢰보호에 필요한 조치를 취하여야 할 의무가 있다. 이 원칙은 법률이나 그 하위법규 뿐만 아니라 국가관리의 입시제도와 같이 국·공립대학의 입시전형을 구속하여 국민의 권리에 직접 영향을 미치는 제도운영지침의 개폐에도 적용되는 것이다”

헌재 1997. 7. 16. 97헌마38

판례 법적 안정성과 신뢰보호원칙

“법적 안정성은 객관적 요소로서 법질서의 신뢰성·항구성·법적 투명성과 법적 평화를 의미하고, 이와 내적인 상호연관관계에 있는 법적 안정성의 주관적 측면은 한번 제정된 법규범은 원칙적으로 존속력을 갖고 자신의 행위기준으로 작용하리라는 개인의 신뢰보호원칙이다. 법적 안정성과 신뢰보호원칙에 있어서 특히 중요한 것은 시간적인 요소이다. 특정한 법률에 의하여 발생한 법률관계는 그 법에 따라 파악되고 판단되어야 하고, 개인은 과거의 사실관계가 그 뒤에 생긴 새로운 법률의 기준에 따라 판단되지 않는다는 것을 믿을 수 있어야 한다. 그러므로 법치국가적 요청으로서의 법적안정성과 신뢰보호원칙은 무엇보다도 바로 소급효력을 갖는 법률에 대하여 민감하게 대립할 수밖에 없고, 구체적으로는 어떤 법률이 이미 종료된 사실관계에 예상치 못했던 불리한 결과를 가져오게 하는 경우인가 아니면 현재 진행중이나 아직 종료되지 않은 사실관계에 작용하는 경우인가에 따라 헌법적 의미를 달리하게 된다.”

헌재 1996. 2. 16. 96헌가2 ,96헌바7, 96헌바13(병합)

헌법재판소는 명확성의 원칙을 법치주의와 신뢰보호의 원칙에서 찾고 있다.

판례 명확성의 원칙

“법률 명확성의 원칙은 법치주의와 신뢰보호의 원칙에서 비롯되는 것이며, 불명확한 법률이 무효가 되어야 하는 것은 그것이 수범자에 대하여 ‘공정한 경고’를 흠결하기 때문이다. 여기서의 수범자는 준법정신을 가진 사회의 평균적 일반인을 의미하는데, 준법정신을 가진 평균인은 애매한 법문을 자신이 해석할 수 없을 때 자신만의 판단에 의할 것이 아니라 법률전문가나 당해 법령에 보다 정통한 지식을 가진 사람 등의 의견이나 조언을 직접, 간접적으로 듣거나 참조하여 자신의 행동 여부를 결정하게 된다. 특정의 금지규정 내지 처벌규정의 내용을 파악함에 있어서 평균인의 입장에서 전문가의 조언이나 전문서적 등을 참고하여 자기의 책임하에 행동방향을 잡을 수 있고 그러한 결론이 보편성을 띠어 대부분 같은 결론에 도달할 수 있다면 명확성을 인정할 수 있고, 법률전문가 등의 조언을 구하여도 자신의 행위가 금지되는 것인지 아닌지를 도저히 정확히 예측할 수 없다면 그 규정은 불명확하여 무효가 될 수밖에 없는 것이다. 이와 같이 법령 특히 형벌법규의 내용은 일반인에게 명확한 고지가 이루어져야 하는 것이나, 다만 당해 법령의 특성에 맞추어 그 일반인이 어떤 행위를 결정할 때 통상 어느 정도 법적 전문지식에 의한 보완을 받게 된다는 점을 감안하여 명확성 여부를 판단하여야 한다." 헌재 2005. 3. 31. 2003헌바12

헌법재판소는 명확성의 원칙을 상대적인 것으로 파악하고 있다. 즉, "명확성의 원칙은 모든 법률에 있어서 동일한 정도로 요구되는 것은 아니고 개개의 법률이나 법조항의 성격에 따라 요구되는 정도에 차이가 있을 수 있으며 각각의 구성요건의 특수성과 그러한 법률이 제정되게 된 배경이나 상황에 따라 달라질 수 있다고 할 것이다. 일반론으로는 어떠한 규정이 수익적 성격을 가지는 경우에는 부담적 성격을 가지는 경우에 비하여 명확성의 요구가 완화되어 요구된다고 할 것이다"라고 판시하고 있다.[16)]

9. 과잉금지의 원칙(비례의 원칙)

과잉금지원칙은 국가권력의 행사를 통하여 이루고자 하는 목적과 그 목적을 이루기 위하여 선택하는 수단 사이의 합목적성을 뜻하는 것으로 법치국가원리의 주요 구성요소들 중의 하나이다. 비례의 원칙은 '적합성의 원칙', '필요성의 원칙', '협의의 비례원칙'을 포함한다.

과잉금지원칙은 경찰법의 영역에서 자유와 재산에 대한 제한의 한계원리로 탄생하여 그 적용영역이 계속 확장되어 왔다. 행정은 물론 입법을 비롯한 모든 국가권력의 행사에 경찰법의 영역에 한하지 않고 모든 법영역에, 나아가 자유와 재산권에 대한 제한의 경우뿐만 아니라 국가가 제공하는 급부에 대한 규정 그리고 국가기관과 행정주체들의 권한에 대한 규정에까지 적용되고 있다. 비례의 원칙을 충족했는가 여부는 국가권력행사의 정당성을 판단하는 기준으로 작용한다.

우리 헌법은 제37조 제2항에서 기본권제한입법과 관련하여 기본권제한의 목적·형식·방법 및 내용상의 한계를 분명히 함으로써 비례의 원칙을 채택하고 있다.

헌법재판소는 과잉금지원칙의 세부원칙으로 목적의 정당성, 방법(수단)의 적정성, 피해의 최소성, 법익의 균형성을 들고 있다.

10. 성문헌법주의

헌법의 개정곤란성과 더불어 형식적 의미의 헌법을 국가의 최고법규로 간주하

---

16) 헌재 2006. 2. 23. 2004헌바80; 헌재 1992. 2. 25. 89헌가104; 헌재 2002. 1. 31. 2000헌가8.

는 성문헌법주의 하에서는 헌법규정은 국가기관의 조직과 국가권력발동의 근거가 되며 국가권력을 제한하고 통제하는 기능을 수행한다. 성문헌법주의는 법치국가를 제도적으로 보장한다는 규범적 의미를 가진다.

11. 기 타

(1) 체계정당성의 원리

헌법재판소는 체계정당성의 원리도 법치주의원리에서 도출하고 있다.

판례 체계정당성의 원리

"체계정당성의 원리는 동일 규범 내에서 또는 상이한 규범 간에 그 규범의 구조나 내용 또는 규범의 근거가 되는 원칙 면에서 상호 배치되거나 모순되어서는 안 된다는 하나의 헌법적 요청이며, 국가공권력에 대한 통제와 이를 통한 국민의 자유와 권리의 보장을 이념으로 하는 법치주의원리로부터 도출되는데, 이러한 체계정당성 위반은 비례의 원칙이나 평등의 원칙 등 일정한 헌법의 규정이나 원칙을 위반하여야만 비로소 위헌이 되며, 체계정당성의 위반을 정당화할 합리적인 사유의 존재에 대하여는 입법 재량이 인정된다." 헌재 2005. 6. 30. 2004헌바40, 2005헌바24(병합)

(2) 자기책임의 원리

헌법재판소는 자기책임의 원리를 법치주의에 내재하는 원리로 파악하고 있다.

판례 자기책임의 원리

"헌법 제10조가 정하고 있는 행복추구권에서 파생되는 자기결정권 내지 일반적 행동자유권은 이성적이고 책임감 있는 사람의 자기의 운명에 대한 결정·선택을 존중하되 그에 대한 책임은 스스로 부담함을 전제로 한다. 자기책임의 원리는 이와 같이 자기결정권의 한계논리로서 책임부담의 근거로 기능하는 동시에 자기가 결정하지 않은 것이나 결정할 수 없는 것에 대하여는 책임을 지지 않고 책임부담의 범위도 스스로 결정한 결과 내지 그와 상관관계가 있는 부분에 국한됨을 의미하는 책임의 한정원리로 기능한다. 이러한 자기책임의 원리는 인간의 자유와 유책성, 그리고 인간의 존엄성을 진지하게 반영한 원리로서 그것이 비단 민사법이나 형사법에 국한된 원리라기보다는 근대법의 기본이념으로서 법치주의에 당연히 내재하는 원리로 볼 것이고 헌법 제13조 제3항은 그 한 표현에 해당하는 것으로서 자기책임의 원리에 반하는 제재는 그 자체로서 헌법위반을 구성한다고 할 것이다.

헌재 2004. 6. 24. 2002헌가27; 헌재 2003. 7. 24. 2001헌가25

제5절 형식적 법치주의와 실질적 법치주의

초기의 법치주의이론은 법률에 의한 행정을 강조하여 법률에 의한 행정이면 그 내용을 불문한다고까지 하였으나(형식적 법치주의), 그 후 법률의 남용을 겪은 후에는 법률의 내용이 정당한 것이어야 하고, 국민의 생존권을 보장할 수 있는 것이어야 한다고 하게 되었다(실질적 법치주의). 형식적 법치주의는 법치주의의 두 요소인 합법성과 정당성 중에서 국가권력 행사의 형식적 합법성만을 강조하고 실질적인 내용의 정당성을 고려하지 않아 독일 등 파쇼체제하에서 '권력의 합법화' 수단으로 이용된 바 있다. 그리하여 현대의 법치주의는 법치주의를 형식적 합법성뿐만 아니라 실질적 정당성을 중시하는 실질적 법치주의를 지향하지 않을 수 없다.

판례 실질적 법치주의와 조세법률주의

"…… 오늘날의 법치주의는 국민의 권리·의무에 관한 사항은 법률로써 정해야 한다는 형식적 법치주의에 그치는 것이 아니라 그 법률의 목적과 내용 또한 기본권 보장의 헌법이념에 부합되어야 한다는 실질적 법치주의를 의미하며 헌법 제38조, 제59조가 선언하는 조세법률주의도 이러한 실질적 법치주의를 뜻하는 것이므로 비록 과세요건이 법률로 명확히 정해진 것일지라도 그것만으로는 충분한 것이 아니고 조세법의 목적이나 내용이 기본권 보장의 헌법이념과 이를 뒷받침하는 헌법상의 제원칙에 합치되지 아니하면 아니된다."

헌재 1992. 2. 25. 90헌가69, 91헌가5, 90헌바3(병합)

제6절 법치주의의 제한

1. 국가긴급권에 의한 제한

대통령의 긴급명령권 및 긴급재정경제명령·처분권(제76조)과 계엄선포권(제77조) 등의 국가긴급권에 의하여 법률이외의 방식에 의한 제한이 인정된다. 법치주의는 그 본질상 예외를 허용하지 않는 법원리로 파악하는 견해는 대통령의 국가긴급권도 비상대권이 아니라 헌법보호의 비상수단이며, 국가긴급권에 관한 헌법규정은 법치주의의 예외를 규정한 것이 아니라 국가긴급권에 대하여도 과잉금지원칙을 적용함으로써 법치주의의 절차적·형식적 내용을 확인한 것이라고 주장한다.[17)]

2. 특별신분관계의 문제

특별신분관계의 목적을 달성하기 위하여 필요하고 합리적인 범위 내에서 일반 국민과는 다른 특별한 제한을 받는다. 그러나 법률 이외의 형식인 행정규칙 등에 의한 제한 또한 사법심사가 제한되는 전통적인 의미의 특별신분관계는 오늘날 인정될 수 없다. 합리적 제한을 인정하는 경우에도 그 제한은 법치주의가 적용되어야 한다.

제7절 법치주의와 다른 기본원리와의 관계

1. 민주주의와 법치주의의 관계

민주주의를 다수결의 원리로 동적·정치적이며 통치구조의 원리로 파악하고, 법치주의는 법기속의 원리로 정적·비정치적이며 기본권보장의 원리로 파악하는 C. Schmitt는 이론상 민주주의와 법치주의를 준별하고 있다. 그러나 오늘날은 민주주의와 법치주의는 상호보완관계에 있는 것으로 인정하고 있다. 민주주의와 법치주의는 "국가형성"의 원리라는 공통된 기능을 수행한다. 국가권력행사의 제한·통제, 정당화, 합리성제고, 계속성보장 기능을 수행한다. 동적인 "민주주의" 과정에 의해 법규범이 정립되고, 정립된 법규범은 동적인 국가작용을 통제하여 법적 안정성·예견가능성을 보장한다.

2. 사회국가원리와 법치주의의 관계

(1) 대립적 이해

과거 형식적으로 이해된 법치주의는 사회국가원리와 대립되는 것으로 이해되었다. '국가와 사회의 이원론'을 전제로 자유로운 사적 생활영역을 국가에 의한 침해로부터 보호하는 것으로 법치주의를 이해할 경우에는 국가의 적극적 급부활동을 요청하는 사회국가원리는 법치주의와 모순되는 것으로 이해될 수도 있다.

(2) 사회적 법치국가(사회국가+법치국가)

오늘날 법치주의는 더 이상 소극적 의미로만 이해되지 않는다. 이미 국가질서

17) 허영, 앞의 책, 160－161면.

전반의 광범한 민주화와 더불어 '국가와 사회의 이원론'의 기초가 붕괴되었을 뿐 아니라 법치주의의 목적인 기본권의 보장 자체가 더 이상 형식적인 자유와 평등이 아닌 실질적 자유와 평등으로 확대되고 있기 때문이다.

법치국가의 요청 안에 사회국가의 이념, 즉 사회적 정의의 요청이 결합된 형태가 독일기본법이 이야기하는 사회적 법치국가이다.[18)]

18) 장영수, 앞의 책, 217면.

제4장 사회국가원리

우리 헌법에는 사회국가라는 용어가 사용되고 있지도 않고 이에 대한 직접적 명시규정도 없지만, 사회국가원리가 우리 헌법의 기본원리가 되고 있다는 점에 대해서는 이론(異論)이 없다. 우리 헌법은 사회국가의 실현을 위한 중요한 내용들을 다수 규정하고 있다. 그러나 사회국가원리는 민주주의원리나 법치주의원리에 비해 그 구체적 형태가 아직 분명하게 확정되어 있지 않다. 사회국가의 개념과 내용에 대해서도 논의가 계속되고 있다. 사회국가원리가 이처럼 아직 분명하게 확정되지 못하고 있는 이유로 사회국가의 개념 자체가 성립된 지 별로 오래되지 않았다는 점을 드는 견해[1]가 있는가 하면, 사회국가원리의 이념인 '사회적 정의'의 구체적 내용에 대한 혼란과 더불어 사회국가적 요청이 자칫 전통적인 헌법원리인 민주주의, 법치주의의 중심내용 중 하나였던 자유의 요청과 충돌할 수 있다는 점을 드는 견해[2]도 있다.

제1절 사회국가원리의 의의

1. 사회국가(복지국가)의 개념

독일에서는 사회국가(Sozialstaat)와 복지국가(Wohlfahrtsstaat, Welfare State)를 개념상 구별하는 경향이 있지만,[3] 우리나라에서는 통상 사회복지주의라는 말에서도

---

1) 계희열, 신정2판 헌법학(상), 박영사, 2005, 375면; 허영, 전정13판 한국헌법론, 박영사, 2017, 167면.

2) 장영수, 제7판 헌법학, 홍문사, 2012, 209면.

3) 양자는 모두 사회적 곤궁과 생활의 위험(질병, 사고, 노령……)을 방지 또는 제거하려고 하고 개인의 안전과 복지를 보장하려고 한다는 점에서는 같지만, 복지국가는 이러한 보장을 전적으

볼 수 있는 바와 같이 같은 의미로 쓰이고 있는 경우가 많다.[4] 개념상 구별이 가능하지만, 우리나라에서 말하는 복지국가를 스칸디나비아식의 개념으로 보지 않고 사회국가의 의미로 보는 것이 가능하다면 양자를 같은 뜻으로 써도 무방하다고 생각된다.[5]

사회국가의 개념정의에 대해서는 의견이 분분하지만,[6] 우리 헌법재판소는 "사회국가란 한마디로, 사회정의의 이념을 헌법에 수용한 국가, 사회현상에 대하여 방관적인 국가가 아니라 경제·사회·문화의 모든 영역에서 정의로운 사회질서의 형성을 위하여 사회현상에 관여하고 간섭하고 분배하고 조정하는 국가이며, 궁극적으로는 국민 각자가 실제로 자유를 행사할 수 있는 그 실질적 조건을 마련해 줄 의무가 있는 국가이다"라고 정의하고 있다.[7] 아무튼 사회국가(복지국가)란 극단의 개인주의·자유방임주의로부터 나오는 폐해를 지양하고 모든 국민의 공공복리를 증진함을 그 주요기능으로 하는 국가라 할 수 있다.

2. 사회국가의 등장배경과 사회국가원리의 발전

(1) 사회국가의 등장배경

절대권력을 타파하고 성립된 근대 입헌주의국가(자유주의국가)는 국가권력을 최소화하고(야경국가) 정치·경제·사회 등 모든 분야에서 자유방임을 원칙으로 하였다. 특히 경제 분야에서의 자유방임주의는 근대민법의 3대 기본원리(사유재산권존중의 원칙, 사적자치의 원칙, 과실책임의 원칙)와 결합하여 자본주의의 발전을 가져오는

로 책임지려고 하는데 반해, 사회국가는 개인의 생활을 가급적 스스로 책임지도록 하려고 한다는 점에서 근본적인 차이가 있다고 설명된다(계희열, 앞의 책(상), 381면). 허영 교수는 양자의 차이를 생활의 자율적 설계와 타율적 조종, 자유의 조건과 자유의 대가라는 점에서 설명하며, 스스로의 생활질서를 스스로의 책임아래 결정할 수 있는 것이야말로 모든 자유의 핵심을 뜻하기 때문에 '자유의 조건'을 뜻하는 사회국가는 결코 복지국가와 같을 수 없다고 하고 있다(허영, 앞의 책, 152면).

4) 권영성, 헌법학원론(2010년판), 법문사, 2010, 139면.

5) 헌법재판소도 사회복지국가라는 용어를 사용하고 있다(헌재 1993. 3. 11. 92헌바33; 헌재 2002. 12. 18. 2002헌바12 등).

6) 사회국가에 대한 국내학자들의 정의를 살펴보면 "대체로 사회적·경제적 약자와 소외계층, 특히 산업사회가 성립하면서 대량으로 발생한 무산근로대중의 생존을 보호하고 정의로운 사회·경제질서를 확립하려는 국가"(계희열, 앞의 책(상), 378면), "모든 국민에게 그 생활의 기본적 수요를 충족시킴으로써 건강하고 문화적인 생활을 영위할 수 있도록 하는 것이 국가의 책임이면서, 그것에 대한 요구가 국민의 권리로서 안정되어 있는 국가"(권영성, 앞의 책, 139면), "사회적 정의의 실현과 유지를 위해 노력하는 국가, 또 이를 위한 사회적 수요를 채워주는 국가"(장영수, 앞의 책, 210면) 등 다양하다.

7) 헌재 2002. 12. 18. 2002헌마52.

원동력이 되었다. 그러나 20세기에 접어들면서 아담 스미스(Adam Smith)의 자유방임주의에서 기대한 바와 같이 시장의 자율기능에 의한 조화('보이지 않는 손의 조화')가 제대로 이루어지지 못하고 많은 사회적 문제와 모순을 드러내게 되었다.

즉, 계약의 자유는 기업주가 근로자의 임금을 착취하는 수단으로 작용하게 되고 그 결과 사회적 생산의 분배를 둘러싼 노사간의 갈등과 대립이 심화되고 근로대중의 생존을 위협하는 사회적 빈곤이 일반화되었다. 그리고 자유로운 시장경쟁체제가 유지될 수 없는 독점이 형성되고 그로 인한 부작용이 나타났으며, 시장의 자율기능장애로 인한 간헐적인 경제공황과 그로 인한 대량실업이 발생하였다. 이러한 산업사회의 모순과 문제를 해결하고 공정한 분배를 통해 평등한 사회를 건설하려는 데서 사회국가가 등장하였다.[8] 사회국가는 자본주의적 생산양식을 골간으로 하면서도 사회혁명이 아닌 사회개혁의 방법으로 광범한 사회보장과 완전고용의 실현 등을 국가적 책임으로 하는 국가로, 사회혁명의 방식을 통하여 자본주의적 생산양식을 기본적으로 부정하고 해법을 찾으려고 한 사회주의국가(공산주의국가)와 구별된다.

(2) 사회국가사상과 사회국가원리의 발전

사회국가사상은 정의로운 이상적 사회의 건설을 주장한 프랑스의 초기사회주의자 생시몽(Saint Simon)에게서 그 연원을 찾을 수 있다.[9] 사회국가의 모델이 어느 정도 구체적으로 제시된 것은 슈타인(L. von Stein)과 강단사회주의자들에 의해서였다. 특히 슈타인은 '사회적 문제'는 '사회적 행정'의 형태로 해결할 '국가적 의사와 행위'의 대상이라고 하면서 행정활동을 통해 사회국가를 실현하려고 하였다.

사회국가를 헌법적 차원에서 본격적으로 다루게 된 것은 바이마르 공화국에 들어와서였다. 1930년 헬러(H. Heller)는 시민적·자유주의적 법치국가가 '사회적 법치국가'로 계속 발전하는 경우에만 독재를 막을 수 있다고 하였다. Heller는 사회적 법치국가라는 말을 처음 사용한 것으로 알려지고 있다.[10]

---

8) 계희열, 앞의 책(상), 376면.

9) 사회국가이념을 ① 프랑스대혁명 당시의 제3의 이념, 즉 자유, 평등과 더불어 주장된 박애 내지 형제애의 이념에서 찾는 견해, ② 프랑스의 초기 사회주의학자 생시몽에서 유래하는 것으로 보는 견해, ③ 중세 또는 고대의 빈민구휼제도에서 찾는 견해 등이 대립하고 있다(장영수, 앞의 책, 211면).

10) 계희열, 앞의 책(상), 376면 이하.

3. 사회국가원리의 헌법적 수용

사회국가원리를 헌법상 기본원리로 수용하는 방법에는 세 가지가 있다. 즉, ① 사회국가조항을 두고 있는 형태(독일), ② 사회국가조항과 사회적 기본권을 두고 있는 형태(이탈리아), ③ 사회적 기본권을 두고 있는 형태(한국, 바이마르 공화국) 등이 그것이다. 우리 헌법은 사회국가원리를 명문으로 규정하고 있지는 않지만, 헌법의 전문, 사회적 기본권의 보장(제31조 내지 제36조), 경제 영역에서 적극적으로 계획하고 유도하고 재분배하여야 할 국가의 의무를 규정하는 경제에 관한 조항(제119조 제2항 이하) 등과 같이 사회국가원리의 구체화된 여러 표현을 통하여 사회국가원리를 수용하였다.[11]

4. 사회국가원리의 헌법적 의의

사회국가는 형식적 자유와 형식적 평등에 그치지 않는 실질적 자유와 평등의 기초 위에서 국가질서를 새롭게 구성하고자 하는 것이다(사회정의의 요청). 산업사회에서 발생하는 대립과 갈등을 끊임없는 사회적 접촉을 통해 극복하고 사회적 평화와 안정을 이루며 사회적 통합을 달성함으로써 현대 민주주의국가에 있어서 필수적인 정치적 통일을 형성하는 데 기여한다.[12]

사회국가는 국가의 적극적 활동(사회적 조정)에 의해 사회적 문제를 해결하고 사회적 정의를 실현하려는 것이다. 국가에 일정한 적극적 활동의 의무를 부과하며 특히, 경제적 · 사회적 약자를 보호함으로써 정의로운 사회질서를 형성하려고 한다.

제2절 사회국가조항의 법적 성격

독일에서는 사회국가(Sozialstaat)조항의 법적 성격과 관련하여 동 조항은 국민에게 아무런 기대권이나 주관적 공권을 주지 않는 일종의 내용 없는 백지개념 내지 정치적 선언에 지나지 않는다고 하는 규범적 성격을 부정하는 견해가 있으나, 동 조항은 당연히 헌법규범적 성격을 갖기 때문에 모든 규범의 해석지침으로서의 헌법규범적 효력을 나타내는 것이라는 견해가 지배적이다. 국가목적규정(Staatszielbestimmung)으로서의 효력을 가진다고 보는 견해가 많은데, 국가목적규정

11) 헌재 2002. 12. 18. 2002헌마52.
12) 계희열, 앞의 책(상), 390면.

이라 함은 법적 구속력을 가진 헌법규범으로서 국가활동에 대해 특정의 과제를 항상 준수하거나 이행하도록 명하는 것을 말한다(U. Scheuner). 규범적 성격을 부인하면 사회국가실현의 문제를 헌법적 기속에서 해방시켜 정권담당자의 임의적인 형성기능에 전적으로 맡기는 결과가 된다.[13)]

제3절 사회국가원리의 내용

사회국가의 내용이 구체적으로 무엇인가에 대해서는 여러 가지 견해가 있지만,[14)] 사회적 정의의 이념에 따라 형식적 자유와 평등이 아닌 실질적 자유와 평등을 실현하고자 하는 국가이다. 개인의 능력이나 노력을 국가가 대신할 수는 없지만, 적어도 개인의 능력이나 노력이 실질적으로 정당하게 펼쳐지고 또 평가받을 수 있는 여건을 국가가 마련해야 하는 것이 사회국가의 중요한 과제이다.

1. 생활할 만한 여건조성의무

사회국가는 국민이 실질적으로 자신의 자유와 평등을 실현시킬 수 있는 사회적 여건의 조성을 위해 노력해야 한다. 즉, 사회국가는 자유와 평등이 국민 스스로의 자율적인 생활설계에 의해서 실현될 수 있도록 생활여건을 조성해주는 이른바 사회구조의 골격적인 테두리를 말한다. 이러한 점에서 사회국가는 모든 생활수단을 국가가 일일이 급여해주는 '공산주의적 배급국가', 국민소득의 균등한 재분배를 그 본질로 하는 '분배국가', 국민의 일상이 하나에서 열까지 철저히 국가의 사회보장제도에 의해서 규율되는 것을 내용으로 하는 소위 '복지국가'와 구별된다.[15)] 이러

---

13) 계희열 교수는 사회국가원리는 정의로운 사회질서를 마련하도록 권한과 의무를 부여하는 직접적 효력을 가진 헌법지침적·수권적 성격을 가지는 한편 법적 구속력을 가진 헌법의 기본원리일 뿐만 아니라 동시에 헌법정책적으로도 적극적인 사회·경제·문화정책의 시행을 명령하는 중대한 방사력(파급력, Ausstrahlungskraft)을 가진다고 한다(계희열, 앞의 책(상), 387면).

14) 권영성 교수는 ① 산업화사회에서 발생하는 계급적 갈등을 사회개량정책을 통해 해결하려는 국가적 원리, ② 사회정의의 이념에 입각하여 사회개량을 실현하려는 국가적 원리, ③ 소극국가 내지 야경국가의 차원에 머무르는 것이 아니라 기존의 경제질서와 법체계의 테두리 안에서 새로운 질서를 형성하기 위하여 적극적으로 정책을 개발하고 개인적 생활영역에 개입하는 국가적 원리, ④ 개인적 생활에 대한 국가적 책임은 물론이고 개인의 사회에 대한 책임까지도 강조하는 국가적 원리로 내용을 설명하고 있으며(권영성, 앞의 책, 140-141면), 허영 교수는 ① 실질적 자유와 평등의 실현, ② 민주주의 및 법치주의원리와의 관계, ③ 사회국가와 복지국가의 차이를 통하여 사회국가원리의 내용을 설명하고 있다(허영, 앞의 책, 165면 이하).

한 점에서 사회국가는 타율적인 조종이 아닌 생활의 자율적 설계에 바탕을 두고 자유의 희생의 대가가 아니라 자유가 실질적으로 기능할 수 있는 조건을 확보해주는 데 그 본질이 있는 것이다. 국가에게 부과되는 생활할 만한 여건의 조성의무에는 주택·사회기반시설 등과 같은 생활의 기본적 수요에 부응하는 조치의무 외에 생활여건의 조건에 부합하는 통화·경제 및 문화정책을 펴야 하며 이들이 잘못된 방향으로 나아가는 것을 방지할 의무, 좀 더 구체적으로 실업발생예방·통화안정유지·필요한 교육시설마련·보건·여가 등에 필요한 시설제공의무 등을 들 수 있다.[16]

2. 사회적 안전

사회적 안전이란 실업·질병·노령·생업불능 또는 노동불능과 같은 위기나 긴급상황으로부터 개인을 사전예방적으로 또는 사후구제적으로 보호하기 위하여 필요한 제도들을 마련하고 유지하는 것을 말한다. 생활의 위험을 사회적으로 공평하게 분담하려는 것이다. 개인적 생활환경이나 사회의 불이익으로 인하여 개인적 또는 사회적 활동에 지장이 있는 사람들에 대해 국가가 배려하고 부조하는 것을 포함한다.

3. 사회적 평등

사회국가는 실질적 평등의 실현을 요구한다. 이러한 평등은 최대한의 기회균등과 사회적 약자를 특별히 보호하는 방향으로 실현되어야 한다. 사회적 평등은 사회적 불평등의 제거와 사회적 재분배를 요구하며 공공부조, 조세부담, 급부, 제한 및 이와 유사한 조치를 통한 사회적·경제적 약자의 보호를 요구한다.

4. 사회적 자유

사회국가는 실질적 자유의 보장을 요구한다. 자유를 실현할 수 있는 사실상의 가능성이 없다면 자유는 무가치하다. 따라서 자유를 실현할 수 있는 여건, 즉 자유의 조건의 마련이 우선적으로 중요하다. 사회적 약자에게 자유의 조건이 되는 사회적 기본권의 보장이 우선시되어야 한다. 그러나 사회적 기본권의 보장은 자유권과 충돌이 불가피하다. 사회국가에서의 자유는 무제한의 절대적 자유가 아니라

15) 허영, 앞의 책, 166－167면.
16) 계희열, 앞의 책(상), 383면.

사회국가의 원리에 의하여 제한되는 사회적 자유이다.

사회국가는 무제한의 자유로부터 발생하는 역기능을 방지할 책무를 갖는다. 사회국가의 원리는 경제력이나 개인적 종속관계의 남용 등 자유권의 폐해를 막기 위해 자유권적 기본권에 대해 일정한 한계를 제시한다. 즉, 사적자치와 계약 자유의 원칙에는 사회적으로 정당화될 수 있는 제한이 가해질 수 있다.

제4절 사회국가원리의 한계

사회국가를 실현하는 데 있어서는 정의로운 사회질서를 마련해야 한다는 목적은 확정되어 있지만, 어떻게 실현할 것인가의 방법은 개방되어 있다. 따라서 사회국가원리의 한계는 방법상의 한계라고 할 수 있다.

1. 개념본질상 한계

사회국가의 실현은 사회혁명이 아닌 사회개혁(개량)의 방법에 의하는 것이므로 사회주의국가와는 다르다.

2. 법치국가원리에 의한 한계

사회국가를 어떻게 실현할 것인가는 우선적으로 입법자의 과제이지만, 입법자는 사회적 형성과 정의로운 질서의 형성에 있어서 실질적 법치국가의 원리에 의해서 제한되지 않을 수 없다. 즉, 이러한 제한은 법치국가적인 절차적 제한만이 아니라 법치국가적 내용에 의해 제한된다. 법치국가적 절차를 무시한 사회국가화는 허용되지 않는다.

3. 기본권제한상의 한계

사회국가실현을 위하여 자유권적 기본권의 제약이 불가피한데, 기본권제한(자유권)시에도 본질적 내용은 침해가 금지된다.

4. 재정·경제력에 의한 한계

사회국가 실현에는 방대한 재원이 필요하다. 이 점에서 사회국가의 실현은 국가의 경제력에 달려 있다. 사회국가실현을 위해서는 먼저 재원마련이 필요한데, 국가는 사회정책만을 고려한 나머지 기업의욕을 저하시킬 정도의 조세제도는 사회국가실현을 오히려 어렵게 만들 수 있다.[17)]

5. 보충성원리에 의한 한계

사회국가는 경제적 · 사회적 문제의 해결은 제1차적으로 개인적 차원에서 이루어지도록 해야 하고(자율적인 생활설계의 존중), 이것이 불가능한 경우에 비로소 국가의 개입이 인정되어야 한다. 국가가 일방적으로 국민생활의 일원화 · 평준화를 강요할 수 없다.

제5절 사회국가원리와 다른 기본원리와의 관계

사회국가원리는 민주주의원리, 법치국가원리 등 헌법의 기본원리와 전혀 동떨어진 원리가 아니라 어느 면을 강조하느냐의 차이가 있는 것이고 상호보완관계에 있다고 하겠다.[18)]

제6절 우리 헌법에 있어서 사회국가원리의 구현

우리 헌법은 전문에서 사회적 폐습과 불의의 타파, 기회균등과 국민생활의 향상을 선언하고 있으며, 제10조에서는 인간으로서의 존엄과 가치 및 행복을 추구할 권리를 가짐을 규정하고 있다. 그리고 제31조에서 제36조에 이르기까지 일련의 사회적(생존권적) 기본권을 규정하고 있고(교육을 받을 권리, 근로의 권리 및 노동3권, 인간다운 생활과 사회보장을 받을 권리, 환경권, 보건권 등), 제9장 경제에서는 사회적 시장경제질서를 규정하고 있다. 그 밖에도 재산권행사의 공공복리적합의무(제23조) 등을

17) 계희열, 앞의 책(상), 389면.

18) 허영 교수는 **민주주의**가 국가의 통치활동에 참여할 수 있는 정치적인 자유와 평등을 그 내용으로 하는 것이고(자유와 평등의 통치형태적 실현수단), **법치국가**가 국가의 조직과 기능을 통한 자유와 평등의 실현을 꾀하는 것이라면(자유와 평등의 국가기능적 실현수단), **사회국가**는 국민 각자가 자율적으로 일상생활을 구현해나갈 수 있도록 사회적인 생활환경을 조성하는 것을 내용으로 한다(자유와 평등이 국민 스스로의 자율적인 생활설계에 의해서 실현될 수 있도록 생활여건을 조성해 주는 이른바 사회구조의 골격적인 테두리). 이렇게 볼 때 3자는 자유와 평등을 실현하기 위한 3면경이라고 한다(허영, 앞의 책, 166면).

규정하고 있다.

제7절 사회적 시장경제질서

1. 경제헌법

한 국가의 경제질서를 헌법에 편입시켜 규범화한 규정을 경제헌법이라고 부른다. 18, 19세기의 자유방임적 자본주의시대에는 헌법에 따로 경제조항을 두지 않았다. 즉, 경제생활은 사인에 맡기고 국가가 간섭하지 않는다는 정신의 표현이라고 할 수 있다. 그러나 자본주의가 발달하면서 그 모순이 드러나면서부터 자본주의의 수정·보완을 위하여 헌법상 경제질서에 관한 규정이 나타났다. 이러한 경향을 최초로 성문화한 것이 바로 1919년의 바이마르헌법이다.

2. 경제질서의 유형

(1) 자본주의적 자유시장경제질서

경제로부터 국가의 중립성을 보장하는 경제질서를 의미한다. 즉, 사적자치와 개인의 경제적 자유를 최대한 보장하며, 국가의 관여는 최소한의 질서유지에 국한된 경제질서로 ① 사유재산제, ② 직업선택의 자유, ③ 이윤추구의 원리, ④ 시장경제와 자율적 기구, ⑤ 노동의 상품화 등을 그 특징으로 하고 있다.

자유시장경제질서하에서 자본주의경제는 고도로 발전했지만 갖가지 모순도 드러나 그 단점을 시정하려는 노력이 나타났다.

(2) 사회주의적 계획경제질서

생산수단의 사회화와 중앙집권적 계획경제에 따라 경제적 과정에 대한 국가의 전면적인 통제가 인정되는 경제질서이다. ① 생산수단의 사회화, ② 사유재산제의 부인, ③ 직업선택의 자유 불인정, ④ 이윤추구의 불인정, ⑤ 전면적인 계획경제, ⑥ 공동생산, 공동분배 등을 그 특징으로 한다.

오늘날 치명적인 결함노출에 대하여 수정사회주의적 경제질서 내지 시장경제질서로의 전환도 시도되고 있다.

중국은 1993년 헌법개정을 통하여 "국가는 사회주의적 시장경제를 실행한다"라는 문구를 도입하였다.

(3) 사회적 시장경제질서

사유재산제의 보장과 자유경쟁을 기본원리로 하는 자유시장경제질서를 근간으로 하되, 복지와 정의실현을 위하여 사회주의적 계획경제・통제경제를 가미한 경제질서이다. 사회국가(복지국가)라고 하는 국가적 성격에 대응하는 경제질서이다.

3. 우리 헌법의 경제질서

(1) 사회적 시장경제질서의 채택

우리 헌법은 개인과 기업의 경제상의 자유와 창의를 존중함을 기본으로 하고(제119조 제1항), 균형 있는 국민경제의 성장과 안정, 적정한 소득분배의 유지, 시장의 지배와 경제력 남용의 방지, 경제주체간의 조화를 통한 경제민주화를 위하여 경제에 대해 국가의 규제와 조정을 인정하고 있으므로(제119조 제2항) 사회적 시장경제질서를 채택하고 있다. 뿐만 아니라 우리 헌법은 경제활동의 기초가 되는 사유재산권에 대해서도 재산권형성적 법률유보조항(제23조 제1항)을 통해서 그 내용과 한계를 법률로 정하게 하면서 재산권의 사회기속성을 특별히 강조하고 있다(제23조 제2항).

판례 적정한 소득의 분배 관련 판례(소득분배와 누진세)

헌법재판소는 "담세능력의 원칙은 소득이 많으면 그에 상응하여 많이 과세되어야 한다는 것, 즉 담세능력이 큰 자는 담세능력이 작은 자에 비하여 더 많은 세금을 낼 것과, 최저생계를 위하여 필요한 경비는 과세로부터 제외되어야 한다는 최저생계를 위한 공제를 요청할 뿐 입법자로 하여금 소득세법에 있어서 반드시 누진세율을 도입할 것까지 요구하는 것은 아니다. 소득에 단순비례하여 과세할 것인지 아니면 누진적으로 과세할 것인지는 입법자의 정책적 결정에 맡겨져 있다. 그러므로 이 사건 법률조항이 소득계층에 관계없이 동일한 세율을 적용한다고 하여 담세능력의 원칙에 어긋나는 것이라 할 수 없다"고 판시하여, 적정한 소득의 분배를 무조건적으로 실현할 것을 요구한다거나 정책적으로 항상 최우선적 배려를 하도록 요구하는 것은 아니라고 한다. 헌재 1999. 11. 25. 98헌마55

판례 시장의 지배와 경제력의 남용방지 관련 판례

[1] 자도소주구입명령제

"…… 헌법 제119조 제2항은 독과점규제라는 경제정책적 목표를 개인의 경제적 자유를 제한할 수 있는 정당한 공익의 하나로 명문화하고 있다. 독과점규제의 목적이 경쟁의 회복에 있다면 이 목적을 실현하는 수단 또한 자유롭고 공정한 경쟁을 가능하게 하는 방법이어야 한다. 그러나 주세법의 구입명령제도는 전국적으로 자유경쟁을 배제한 채 지역할거주의로 자리잡게 되고 그로써 지역 독과점현상의 고착화를 초래하므로, 독과점규제란 공익을 달성하기에 적정한 조치로 보기 어렵다.……”

헌재 1996. 12. 26. 96헌가18

[2] 공정거래위원회의 법위반사실 공표명령

1) 과잉금지원칙 위반여부(위반)

“공정거래법 위반행위의 내용 및 형태에 따라서는 일반공중이나 관련 사업자들이 그 위반여부에 대한 정보와 인식의 부족으로 말미암아 공정거래위원회의 시정조치에도 불구하고 위법사실의 효과가 지속되는 사례가 발생할 수 있고, 이러한 경우 조속히 법위반에 관한 중요 정보를 공개하는 등의 방법으로 일반공중이나 관련 사업자들에게 널리 경고함으로써 계속되는 공공의 손해를 종식시키고 위법행위가 재발하는 것을 방지하는 조치를 할 필요가 있다. 그러기 위해서는 일반공중이나 관련 사업자들의 의사결정에 중요하거나, 그 권리를 보호하기 위하여 실질적으로 필요하고 적절하다고 인정될 수 있는 구체적 정보내용을 알려주는 것이 보다 효과적일 것이다. 그런데 소비자보호를 위한 이러한 보호적, 경고적, 예방적 형태의 공표조치를 넘어서 형사재판이 개시되기도 전에 공정거래위원회의 행정처분에 의하여 무조건적으로 법위반을 단정, 그 피의사실을 널리 공표토록 한다면 이는 지나치게 광범위한 조치로서 앞서 본 입법목적에 반드시 부합하는 적합한 수단이라고 하기 어렵다. 나아가 ‘법위반으로 인한 시정명령을 받은 사실의 공표’에 의할 경우, 입법목적을 달성하면서도 행위자에 대한 기본권 침해의 정도를 현저히 감소시키고 재판 후 발생가능한 무죄로 인한 혼란과 같은 부정적 효과를 최소화할 수 있는 것이므로, 법위반사실을 인정케 하고 이를 공표시키는 이 사건과 같은 명령형태는 기본권을 과도하게 제한하는 것이 된다.”

2) 무죄추정의 원칙 위반여부(위반)

“공정거래위원회의 고발조치 등으로 장차 형사절차 내에서 진술을 해야할 행위자에게 사전에 이와 같은 법위반사실의 공표를 하게 하는 것은 형사절차내에서 법위반사실을 부인하고자 하는 행위자의 입장을 모순에 빠뜨려 소송수행을 심리적으로 위축시키거나, 법원으로 하여금 공정거래위원회 조사결과의 신뢰성 여부에 대한 불합리한 예단을 촉발할 소지가 있고 이는 장차 진행될 형사절차에도 영향을 미칠 수 있다. 결국 법위반사실의 공표명령은 공소제기조차 되지 아니하고 단지 고발만 이루어진 수사의 초기단계에서 아직 법원의 유무죄에 대한 판단이 가려지지 아니하였는데도 관련 행위자를 유죄로 추정하는 불이익한 처분이 된다.”

3) 양심의 자유의 위반여부(위반되지 않는다)

“헌법 제19조에서 보호하는 양심은 옳고 그른 것에 대한 판단을 추구하는 가치적 · 도덕적 마음가짐으로, 개인의 소신에 따른 다양성이 보장되어야 하고 그 형성과 변경에 외부적 개입과 억압에 의한 강요가 있어서는 아니되는 인간의 윤리적 내심영역이다. 따라서 단순한 사실관계의 확인과 같이 가치적 · 윤리적 판단이 개입될 여지가 없는 경우는 물론, 법률해석에 관하여 여러 견해가 갈리는 경우처럼 다소의 가치관련성을 가진다고 하더라도 개인의 인격형성과는 관계가 없는 사사로운 사유나 의견 등은 그 보호대상이 아니다. 이 사건의 경우와 같이 경제규제법적 성격을 가진 공정거래법에 위반하였는지 여부에 있어서도 각 개인의 소신에 따라 어느 정도의 가치판단이 개입될 수 있는 소지가 있고 그 한도에서 다소의 윤리적 도덕적 관련성을 가질 수도 있겠으나, 이러한 법률판단의 문제는 개인의 인격형성과는 무관하며, 대화와 토론을 통하여 가장 합리적인 것으로 그 내용이 동화되거나 수렴될 수 있는 포용성을 가지는 분야에 속한다고 할 것이므로 헌법 제19조에 의하여 보장되는 양심의 영역에 포함되지 아니한다." 헌재 2002. 1. 31. 2001헌바43

[3] 부당내부거래에 대한 과징금 부과

1) 이중처벌금지원칙 및 무죄추정의 원칙 위반여부(위반되지 않는다)

"행정권에는 행정목적 실현을 위하여 행정법규 위반자에 대한 제재의 권한도 포함되어 있으므로, '제재를 통한 억지'는 행정규제의 본원적 기능이라 볼 수 있는 것이고, 따라서 어떤 행정제재의 기능이 오로지 제재(및 이에 결부된 억지)에 있다고 하여 이를 헌법 제13조 제1항에서 말하는 국가형벌권의 행사로서의 '처벌'에 해당한다고 할 수 없는바, 구 독점규제및공정거래에관한법률 제24조의2에 의한 부당내부거래에 대한 과징금은 그 취지와 기능, 부과의 주체와 절차 등을 종합할 때 부당내부거래 억지라는 행정목적을 실현하기 위하여 그 위반행위에 대하여 제재를 가하는 행정상의 제재금으로서의 기본적 성격에 부당이득환수적 요소도 부가되어 있는 것이라 할 것이고, 이를 두고 헌법 제13조 제1항에서 금지하는 국가형벌권 행사로서의 '처벌'에 해당한다고는 할 수 없으므로, 공정거래법에서 형사처벌과 아울러 과징금의 병과를 예정하고 있더라도 이중처벌금지원칙에 위반된다고 볼 수 없으며, 이 과징금 부과처분에 대하여 공정력과 집행력을 인정한다고 하여 이를 확정판결 전의 형벌집행과 같은 것으로 보아 무죄추정의 원칙에 위반된다고도 할 수 없다."

2) 비례의 원칙 위반여부(위반되지 않는다)

"위 과징금은 부당내부거래의 억지에 그 주된 초점을 두고 있는 것이므로 반드시 부당지원을 받은 사업자에 대하여 과징금을 부과하는 것만이 입법목적 달성을 위한 적절한 수단이 된다고 할 수 없고, 부당지원을 한 사업자의 매출액을 기준으로 하여 그 2% 범위 내에서 과징금을 책정토록 한 것은, 부당내부거래에 있어 적극적 · 주도적 역할을 하는 자본력이 강한 대기업에 대하여도 충분한 제재 및 억지의 효과를 발휘하도록 하기 위한 것인데, 현행 공정거래법의 전체 체계에 의하면 부당지원행위가 있다고 하여 일률적으로 매출액의 100분의2까지 과징금을 부과할 수 있는 것이 아니어서, 실제 부과되는 과징금액은 매출액의 100분의 2를 훨씬 하회하는 수준에 머무르고 있는바, 그렇다면 부당내부거래의 실효성 있는 규제를 위하여 형사처벌의 가능성과 병존하여 과징금 규정을 둔 것 자체나, 지원기업의 매출액을 과징금의 상한기준으로 삼은 것을 두고 비례성원칙에 반하여 과잉제재를 하는 것이라 할 수 없다."

3) 적법절차 및 권력분립원칙의 위배여부(위반되지 않는다)

"법관에게 과징금에 관한 결정권한을 부여한다든지, 과징금 부과절차에 있어 사법적 요소들을 강화한다든지 하면 법치주의적 자유보장이라는 점에서 장점이 있겠으나, 공정거래법에서 행정기관인 공정거래위원회로 하여금 과징금을 부과하여 제재할 수 있도록 한 것은 부당내부거래를 비롯한 다양한 불공정 경제행위가 시장에 미치는 부정적 효과 등에 관한 사실수집과 평가는 이에 대한 전문적 지식과 경험을 갖춘 기관이 담당하는 것이 보다 바람직하다는 정책적 결단에 입각한 것이라 할 것이고, 과징금의 부과 여부 및 그 액수의 결정권자인 위원회는 합의제 행정기관으로서 그 구성에 있어 일정한 정도의 독립성이 보장되어 있고, 과징금 부과절차에서는 통지, 의견진술의 기회 부여 등을 통하여 당사자의 절차적 참여권을 인정하고 있으며, 행정소송을 통한 사법적 사후심사가 보장되어 있으므로, 이러한 점들을 종합적으로 고려할 때 과징금 부과 절차에 있어 적법절차원칙에 위반되거나 사법권을 법원에 둔 권력분립의 원칙에 위반된다고 볼 수 없다." 헌재 2003. 7. 24. 2001헌가25

(2) 현행헌법의 경제질서의 내용(경제조항)

우리 헌법은 제119조를 통하여 사회적 시장경제질서를 채택하고 있음을 선언하고, 제120조 이하에서 구체적인 경제조항을 두고 있다. 제120조에서 천연자원의 원칙적 국·공유화와 채취·개발 등의 특허, 국토와 자원의 보호 및 균형 있는 개발과 이용을 위한 국가계획 수립을 규정하고 있다. 제121조에서는 농지의 소작제도를 금지하고, 예외적으로 농업생산성의 제고(提高)와 농지의 합리적인 이용을 위한 임대차 및 위탁경영을 허용하고 있다. 제122조에서는 국가는 국민 모두의 생산 및 생활의 기반이 되는 국토의 효율적이고 균형있는 이용·개발과 보전을 위하여 법률이 정하는 바에 의하여 필요한 제한과 의무를 과(課)할 수 있다는 것을 규정하고 있다. 제123조에서는 농·어촌 등 지역사회의 균형있는 발전과 농·어민 및 중소기업의 자조조직(自助組織) 육성을 규정하고 있다. 제124조에서는 소비자보호, 제125조에서 대외무역의 육성을 규정하고 있다. 제126조에서는 국방상·국민경제상 긴절한 필요로 인하여 법률에 정한 경우를 제외하고는 사영기업을 국유 또는 공유로 이전하거나 그 경영을 통제 관리할 수 없다고 규정하고 있다. 제127조에서는 과학기술의 혁신과 정보 및 인력의 개발을 통하여 국민경제를 발전시키고, 국가표준제도 확립 및 자문기구 설치 등의 규정을 두고 있다.

(3) 경제에 대한 국가 개입의 한계

국가의 경제개입에도 일정한 한계가 있다. 적법절차를 지켜야 하고 개입의 형식은 국민의 대표기관인 의회에서 제정한 법률에 의할 것이 요구된다(절차적 · 제도적 한계). 개입의 내용도 헌법의 원칙에 위배되면 안 된다. 헌법 제37조 제2항에 따른 과잉금지원칙, 재산권의 본질적 내용 침해금지원칙에 위배되어서는 안 된다(내용적 한계).

제5장 문화국가원리

제1절 문화국가원리의 의의

Ⅰ. 문화국가의 개념[1)]

인간이 역사와 더불어 항상 문화를 창조하고 발전시키며 살아왔다는 점을 고려한다면 문화국가의 관념은 아주 오래전까지 거슬러 올라갈 수 있지만, 문화와 국가가 문화국가라는 말로 처음 연결된 것은 19세기 초 독일의 피히테(J.G. Fichte)에 의해서라고 알려지고 있다. 문화국가의 개념을 파악하기 위해서는 Maihofer가 지적하듯이, 우선 문화가 무엇이며, 문화와 국가의 관계는 어떠해야 하는가라는 선결문제에 대한 고찰에서부터 출발하지 않을 수 없다.[2)]

1. 문화의 개념

문화라는 말은 학문영역에 따라 매우 다양한 의미내용을 가지고 있기 때문에 문화국가의 논의는 그 대상으로서의 문화를 어떻게 파악하느냐에 따라 그 의미와 내용이 달라질 수 있다.

(1) 문화의 어원

'경작하다' 또는 '돌보다'라는 뜻을 가진 라틴어 cultura에 그 어원을 두고 있다.

---

1) 문화, 문화와 국가와의 관계, 문화국가에 대해서는 김수갑, 헌법상 문화국가원리에 관한 연구, 고려대학교 대학원 법학박사 학위논문, 1993. 8, 7면 이하; 김수갑, "문화국가를 위한 법체계 검토", 문화정책논총 제17집, 한국문화관광정책연구원, 2006. 12, 9－46면 참조.

2) Werner Maihofer, "Kulturelle Aufgaben des modernen Staates" in : Ernst Benda/Werner Maihofer/Hans－Jochen Vogel (hrsg.), Handbuch des Verfassungsrechts der Bundesrepublik Deutschland, Walter de Gruyter · Berlin · New York, 1983, S. 956ff.

즉, 토지의 경작처럼 자연 그 자체가 아니라 자연을 가꾸고 가공한다는 뜻이 있다. 문화의 개념은 점차 자연만이 아니라 인간의 정신과 영혼을 돌보고 가꾼다는 의미로 발전하게 된다.

(2) 광의의 문화개념

인류학이나 사회학적 관점에서는 문화를 비교적 넓게 정의한다. "자연에 대립하는 인간의 행동과 그 결과의 모든 것"으로 파악하는 것은 인류학적 용법이다. "사회내의 전형적인 생활양식, 가치관 및 행위양식의 총체"(U. Steiner)로 파악하는 것은 사회학적 용법의 예이다. 이처럼 넓은 의미로 문화를 파악하게 되면 헌법을 포함한 모든 법도 하나의 문화현상에 지나지 않게 된다. 이러한 확장된 문화개념에 입각한 문화국가의 추구는 국가발전의 지표로 삼을 수는 있지만, 더 이상 법적인 맥락으로 나아가는 것이 곤란하게 된다.

(3) 협의의 문화개념(법학적 개념)

법과 실무에서 관심을 갖고 보호・육성・진흥・전승하려는 문화개념은 그 범위의 한정이 필요하다. 법(특히, 공법)이 지향하는 문화국가에 있어서는 통상 좁은 의미로 문화를 파악하고 있다. U. Steiner는 문화에 대한 법학적 정의(협의)를 "국가에 대하여 특별한 관계에 있는 인간의 정신적・창조적 활동의 영역에 대한 합의 및 집합개념(Ubereinkunfts- und Sammelbegriff)"으로 내리고 있다.[3] 4가지의 중요한 영역인 교육, 학문, 예술, 종교 등이 이런 문화의 범주에 속한다. 이러한 문화적 기본권을 포함하여 문화에 관한 헌법규정을 보통 -경제헌법에 대비하여- 문화헌법이라 지칭한다.

(4) 결 어

원칙적으로 Steiner의 법학적 문화개념에 찬성하지만, 문화의 발전적 성격과 그 사회적 기능을 고려할 때 문화에는 전통적으로 문화영역에 속했던 위 영역 이외에도 국민들이 '문화적인' 것으로서 중요하게 간주하고 그에 상응하는 평가를 할 수 있는 영역에도 개방이 가능해야 한다. Dieter Grimm처럼 문화의 기능을 '공동체의 관념적 재생산'으로 보게 되면[4] 사회의 관념적 재생산이라는 기능을 수행하는

3) Udo Steiner, "Kulturauftrag im staatlichen Gemeinwesen", VVDStRL 42(1984), S. 8f.
4) Dieter Grimm, "Kulturauftrag im staatlichen Gemeinwesen", in : VVDStRL 42, 1984, S. 60.

영역들을 문화영역에 포함시킬 수 있다. 이렇게 이해할 때 방송(라디오, 텔레비전), 신문, 저작권, 문화재보호, 스포츠, 청소년보호 등을 문화영역으로 파악할 수 있는 가능성을 가지게 되며, 대항문화, 하위문화 등도 배척의 대상이 아닌 문화영역으로서 고려할 수 있게 된다. 이와 같은 영역에 있어서의 국가의 역할과 관련하여 우리가 고찰하고자 하는 문화국가의 개념은 정립될 수 있다.

2. 문화와 국가와의 관계

(1) 역사적 고찰

1) 근대이전의 시기

문화는 국가의 지배체계에 포괄적으로 종속해 있었다. 즉, 학문·예술·교육·종교 등은 각기 그 자체로서 존재의의를 갖거나 독자적인 문화적 기준에 따라 평가된 것이 아니라 철저히 지배체계에 봉사하는 수단적 존재로 기능하였다.

2) 근대(문화의 자율성과 독자성 획득기)

시민계급의 성장은 문화의 자율성과 독자성을 획득하는 계기가 되었다. 시민계급은 사회의 기능분화를 주도하였고 문화영역에서는 다른 목적을 위한 도구에서 벗어나 문화 그 자체를 위한 문화활동을 영위할 수 있는 상황을 만들어 갔다. 특히, 프랑스대혁명은 개인의 자유의 보장의 원칙에 의거하여 종래의 국가에 의한 문화간섭적 전개를 타파하고 문화의 자율성이 보장될 수 있는 결정적 계기가 되었다. 이러한 배경 속에서 문화의 개별영역들은 자율성을 획득해가면서 자신의 고유한 영역인 정신적, 미적 의미들을 발전시켜 나갔던 것이다.[5)]

3) 현대(문화적 불평등의 문제제기)

문화의 자율성획득으로 개인은 정치, 경제 분야와 더불어 문화적 영역의 자유를 누리게 되었지만, 시장경제구조의 발달은 문화영역도 상당한 정도 시장법칙에 따르지 않을 수 없게 만듦으로써, 여러 가지 문제를 야기하였다. 즉 문화활동의 자유가 시장의 수요를 충족하지 못하면 실질적인 문화활동의 가능성을 누리지 못하게 되는 결과를 가져오고 반대로 상업성 있는 문화는 확대재생산으로 양산되게 되고 그 결과로 전통문화와 건전문화보다 금전만능으로 인한 향락, 퇴폐문화의 번창에 일조했다고 할 수 있다. 그리고 문화(특히 고급문화)를 향유하기 위해서는 많은 비용이 소요되기 때문에 대다수 국민은 최소한의 문화생활에 참여하는 것조차

5) Dieter Grimm, a.a.O., S. 47ff.

현실적으로 어려운 상황이 나타나게 되었다. 이로 말미암아 국가가 자율성을 원칙적으로 존중하면서도 국민들의 폭넓은 문화생활에의 향유권을 적극적으로 보장하고 올바른 문화이념의 정립에 노력할 필요성이 존재하는데 바로 여기에서 현대적 의미에서의 문화와 국가의 상호의존성의 의미를 발견할 수 있다.

(2) 문화와 국가의 상호관련 모델(문화국가의 유형)

D. Grimm은 미국, 프랑스, 독일에 대한 역사적 고찰을 통해서 문화와 국가 간에 발생한 새로운 관계를 네 가지로 정리하고 있다.[6] 이는 문화에 대한 국가의 태도에 따른 문화국가의 유형분류로서의 의의도 아울러 가지고 있다.

1) 이원적 모델(dualistisches Modell)

이 모델은 국가와 문화의 완전한 분리의 모델이다. 이러한 모델은 오늘날 존재하지 않는다고 본다. Grimm은 초기의 미국을 그 예로 들고 있다.

2) 공리주의적 모델(utilitaristiches Modell)

이 모델은 문화적 국가목적과는 다른 국가목적을 위한 국가의 문화육성모델이다. Grimm은 계몽절대주의시대 또는 자유주의시대에 있어서도 이러한 유형을 찾아볼 수 있다고 한다.

3) 지도(指導)적 모델(dirigistisches Modell)

이 모델은 정치적 기준에 따른 문화에 대한 국가의 조종으로 나타나는데, Grimm은 나치시대의 문화에 대한 국가지배를 예로 들고 있다.

4) 문화국가적 모델(kulturstaatliches Modell)

이 모델은 문화적 목적 자체를 위한 국가의 문화육성을 목적으로 하는 국가모델이다. 이 모델은 문화국가의 개념을 창출한 프로이센의 개혁, 특히 Humboldt의 교육개혁에서 나타난다.

5) 결 어

국가가 문화영역에 전혀 간섭하지 않는 극단의 자유방임적 분리모델은 Huber가 적절히 지적하는 바와 같이 문화의 사회적 독점현상이라는 간과할 수 없는 부작용을 가져올 수 있다. 오늘날에는 문화와 국가의 완전한 분리란 있을 수 없으며 상호의존성을 갖는다는 것을 부인할 수 없다. 국가와 문화가 상호의존성을 가진다

---

6) Dieter Grimm, a.a.O., S. 58.

는 것을 전제한다 하더라도 어떠한 형태의 상호의존성인가와 관련하여 우리가 추구하는 문화국가상은 좀 더 자세한 고찰을 요한다. 첫째, 문화 자체의 목적이외에 다른 목적을 위하여 문화육성을 하는 공리주의적 모델(Huber의 표현에 나타나는 목적국가), 둘째, 정치적 기준에 따라서 문화를 조종하는 지도적 모델 등은 우리가 추구하는 문화국가와 구별된다. 문화적 목적 자체를 위한 국가의 문화육성을 목적으로 하는 문화국가적 모델이 가장 바람직한 모델이라 볼 수 있다. 그러나 프로이센의 문화국가관념이 위기시에 민족주의와 결부하여 배타적인 성격을 띠게 되어 뒷날 보수주의적, 권력국가적, 반자유주의적 그리고 반계몽주의적인 국가이데올로기에도 영향을 주었던 점을 생각할 때, 우리가 추구해야 하는 문화와 국가와의 모델은 형식상으로는 이 모델에 관련되지만 실질적으로는 문화에 대한 국가의 관여도 민주주의, 법치국가의 기반 위에서 문화에 봉사하는 목적을 가지고 이루어져야 한다. 즉 헌법질서 속에서 파악할 때만 그 진정한 의미를 가질 수 있다.

3. 문화국가의 개념

Huber는 문화와 국가의 상호관계를 중심으로 문화국가 개념의 의미를 ① 문화의 국가적 자유, ② 문화에 대한 국가의 기여(봉사), ③ 국가의 문화형성력, ④ 문화의 국가형성력, ⑤ 문화형상(문화적 산물)으로서의 국가의 다섯 가지로 나누어 분석하고 있다.[7] Huber의 말처럼 문화국가의 개념을 충분히 정의하는 가운데 문화국가의 모든 문제가 해결된다고도 말할 수 있을 것이며, 문화국가의 개념을 명확히 하는 것은 바로 문화국가의 문제의 중심으로 들어온 것이 될 것이다. 우리나라에서의 문화국가논의도 '문화의 자율성'과 국가의 '문화형성력' 내지 '문화고권'의 문제가 어떻게 잘 조화하느냐가 관건이라고 하겠다.

현실적으로 국가의 문화적 과제를 수행할 문화국가는 '문화의 자율성보장을 핵심으로 하면서 문화영역에 있어서 건전한 문화의 육성·진흥을 통해 실질적인 문화적 평등실현을 위해 책임과 의무를 다하는 국가'라고 일단 정의할 수 있겠다.

---

7) Ernst Rudolf Huber, Zur Problematik des Kulturstaats, J.C.B. Mohr, 1958, jetzt in: P. Häberle(hrsg.), Kulturstaatlichkeit und Kulturverfassungsrecht, Wissenschaftliche Buch-gesellschaft, Darmstadt, 1982, S. 122ff.

Ⅱ. 헌법체계에 있어서 문화국가

1. 헌법의 기본원리

문화국가는 우리 헌법의 기본원리를 구성한다. 헌법의 기본원리는 헌법의 이념적 기초인 동시에 헌법을 지배하는 지도원리이다. 문화국가조항이 없더라도 헌법의 기타 문화관련 조항과 헌법내재적인 국가과제로도 인정될 수 있는 원리이다. 헌법에 문화국가조항을 명시함으로써 전통적인 국가의 과제영역(정치, 경제, 사회)에 결코 뒤지지 않는 과제를 발생시키는 임무영역을 명확히 하게 될 것이라는 점에서 긍정적인 평가를 내릴 수 있을 것이다. 또한 헌법 가운데 문화국가원리를 실정화한다면 그것은 우리나라가 국가의 진력을 요구하는 분야로서 인간생존의 불가결의 조건이라는 의미에서의 정신적 영역의 보호・육성을 법과 질서의 유지와 사회복지의 유지와 같은 수준의 중요한 것으로 보고 있음을 나타내게 될 것이다. 문화국가원리는 "국민의 사회적 통합을 확보하고 인간다운 인격적 삶을 향유하기 위한 창조적이고 정신적인 기반을 조성하는 원리"로 이해된다.

제5공화국헌법은 총강에서 "국가는 전통문화의 계승발전과 민족문화의 창달에 노력하여야 한다"(제8조)는 국가목적조항을 규정하였고, 현행헌법(제9조)도 이를 계승하고 있다. 이 규정의 취지는 일단 국가의 문화육성 의무를 강조하여 문화에 대한 인식을 국가적인 과제로 선언한 것이라고 할 수 있다. 앞에서 살펴본 바와 같이 국가목적규정은 국가활동이 지향하여야 하는 원칙 내지 방향을 정해주거나 명령・지시 등을 통해서 국가기관에게 특정한 임무를 부여하는 헌법규정으로 단순한 프로그램규정이 아니고 국가권력을 구속하는 중요한 성질을 갖는다. 이 조항으로부터 우리는 문화국가를 국가과제수행의 기준이 되는 헌법의 기본원리로 파악할 수 있는 직접적인 근거를 가지게 된다.

2. 우리나라 상황에서의 특별한 의의

(1) 전통문화・민족문화의 우선적 보호강조

우리 헌법이 문화국가조항을 "민족문화"의 창달과 "전통문화"의 계승・발전을 강조하는 형태로 규정한 것은 외래문화의 영향으로 인한 우리 문화의 동질성 파괴에 대한 위기의식에서 민족이 동질성을 느낄 수 있는 과거의 문화를 북돋우고 그 문화를 미래에 이어주는 데 목적이 있다.

Huber가 적절히 지적하듯이 국가가 우선적으로 또는 제2, 제3의 순서로 기여하는 문화영역과 교육방향의 선택과 긴급성의 단계화 없이는 국가의 문화정책은 불가능할 것이다.[8] 그러나 문화의 차별화는 문화정책의 수행에 있어서 필수적인 보호의 우선순위 결정문제이지, 보호의 후순위에 놓인 문화를 무시하거나 우선순위의 문화만을 국가가 계속적으로 보호하여 일정한 방향으로 문화를 유도하고자 하는 것은 아니다. 후순위의 문화라고 하더라도 문화로 승인된 가치이기 때문에 국가의 적극적인 보호의 대상이 됨은 물론이다.

이 규정의 의미는 단순한 외래문화의 이식이 아니라 우리의 전통문화의 혈액을 이어 받으면서 필요한 외래문화를 가미하여 남의 것이 아닌 진정한 우리 신문화를 창조할 수 있는 기반을 형성한다는 의미로 해석되어야 한다.

(2) 통일문화형성의 과제

문화국가조항의 신설은 우리 민족의 통일에 대비하여 통일문화 형성에 대한 국가적 과제를 암시하고 있다는 점에도 그 의의가 있다. 우리 민족이 분단된 지 70년이 넘은 지금 상황에서 볼 때, 남・북한에는 그동안 서로 다른 체제하에서 이질적인 문화가 각기 형성되어 민족의 동질성 회복에 적지 않은 어려움이 따를 것으로 예상된다. 통일은 21세기에 국가의 가장 중요한 과제 중의 하나임은 두말할 나위가 없다. 서로가 하나의 민족임을 공감할 수 있기 위해서는 그 생활의 기반을 이루고 있는 문화의 동질성에 대한 인식이 선행되어야 한다. 이러한 점에서 국가는 문화적인 동질성 회복을 위한 "통일문화" 형성에 노력하여야 한다. 우리 헌법의 통일관계조항(전문, 제4조, 제66조 제3항, 제69조, 제92조)과 더불어 문화국가조항은 국가의 통일정책수행에 중요한 지침의 성격을 가지게 된다.

제2절 문화국가원리의 실현구조(내용)

1. 문화적 자율성의 보장

문화의 자율성을 존중한다는 것이 국가의 문화에 대한 절대적인 문화불간섭정

---

8) Ernst Rudolf Huber, a.a.O., S. 133. Huber는 국가가 모든 문화차별적인 선택을 포기한다면 상이한 문화영역은 아무런 규제 없이 성장할 자유를 가지게 되는데, 그것은 곧 문화에 참을 수 없는 불균등을 초래할 것이라고 한다. 국가의 문화정책에 있어서 '틀에 박힌 동등성'은 실제로 불가능할 뿐만 아니라 원칙적으로 잘못된 것이라고 한다.

책을 의미하지는 않으며, 문화영역에도 부담해야 할 사회적 책임이 있다. 문화적 자율성을 보장한다는 것이 무제한의 방종 내지 제멋대로의 자유를 보장한다는 것은 아니기 때문이다. 국가는 문화영역의 사회적 책임을 벗어난 현상에 대해서는 적절한 조치를 취할 의무를 부담한다. 그러나 이러한 조치도 '문화 자체'의 조성이 아니라 모든 국민이 문화생활에 동참할 수 있는 '문화풍토'의 조성이라는 관점에서 행해져야 한다.

2. 문화의 보호 · 육성 · 진흥 · 전수

문화국가란 문화의 자율성을 인정하고 이 '자율적 문화'에 국가의 능동적이고 책임있는 봉사를 결합시킬 때만 진정한 문화국가가 된다. 한편 문화국가는 모든 사람의 문화적 향유권을 적극적으로 보장하기 위해서 시설의 확충, 문화예술인에 대한 지원, 민족문화 및 전통문화의 육성 및 조장 등 다양한 영역에서 적극적인 육성 및 진흥을 하여야 한다. 그러나 이러한 국가의 노력도 '간섭이 아닌 지원의 방식'으로 행해져야 한다. 지원의 방식은 국가가 전문가집단을 위촉하고 그 결과에 따라 지원의 대상과 정도를 확정하는 방식이 타당하다.

3. 문화적 평등권의 보장

누구든지 문화활동에 참여할 수 있는 기회를 요구할 수 있다는 것과 그러한 기회를 국가와 타인에 의해서 방해받지 아니할 것 및 이미 존재하는 문화활동의 결과를 평등하게 향유하는 것을 내용으로 한다. 문화적 평등권과 관련하여 특히 문제되는 것은 평등한 문화향유권의 문제이다. 문화적 향유권은 평등권에 포함되어 있고, 또한 이미 자유권의 형태로 규정된 문화적 개별기본권에서 도출되는 문화적 참여권에도 포함되어 있다. 문화적 향유권의 실현은 사회적 기본권과 마찬가지로 '가능성의 유보'하에 있게 된다.

제3절 우리 헌법상 문화국가원리의 구현

우리 헌법은 전문에서 "유구한 역사와 전통에 빛나는 우리 대한민국은 …… 문화의 모든 영역에 있어서 각인의 기회를 균등히" 할 것을 선언하고 있으며, 제9조는 "국가는 전통문화의 계승발전과 민족문화의 창달에 노력하여야 한다"는 소위

문화국가조항을 두고 있다. 본 규정은 문화국가원리의 선언이라는 일반적인 의의 외에, 특히 우리나라에서는 저질 외래문화의 영향으로 인한 우리문화의 동질성 파괴에 대한 위기의식에서 민족이 동질성을 느낄 수 있는 문화를 북돋우고 그 문화를 미래에 이어 준다는 면과 분단상황에서 문화의 이질화현상이 심화되고 있는 상황에서 통일문화형성에 대한 국가의 노력을 강조한 규정으로서 의의가 크다고 본다. 이는 민족문화의 창달에 노력할 대통령의 책무규정(제69조)을 통해서 다시 강조되고 있다. 그리고 우리 헌법은 학문(제22조), 예술(제22조), 교육(제31조), 종교(제20조), 지식재산권(제22조 제2항) 등의 소위 문화적 기본권[9] 규정과 그 밖에 인간의 존엄과 가치,[10] 인간다운 생활을 할 권리(제34조),[11] 환경권(제35조),[12] 혼인가족제도 등을 통하여 문화국가 및 문화민족의 이념을 구현하고 있다.[13]

9) 양심의 자유(제19조)는 문화적 자율성의 기초가 된다는 점에서, 또한 언론·출판의 자유(제21조)는 문화적 표현매체라는 점에서 중요한 문화적 기본권이 된다. 헌법재판소는 "헌법은 문화국가를 실현하기 위하여 보장되어야 할 정신적 기본권으로 양심과 사상의 자유, 종교의 자유, 언론·출판의 자유, 학문과 예술의 자유 등을 규정하고 있는바, 개별성·고유성·다양성으로 표현되는 문화는 사회의 자율영역을 바탕으로 한다고 할 것이고, 이들 기본권은 견해와 사상의 다양성을 그 본질로 하는 문화국가원리의 불가결의 조건이라고 할 것이다"라고 판시하고 있다(헌재 2000. 4. 27. 98헌가16, 98헌마429(병합)).

10) 인간의 존엄은 문화적 기반 위에서 비로소 가능하다는 점에서 중요한 문화조항이다.

11) 헌법의 인간다운 생활을 할 권리는 인간다운 생활의 수준을 문화적 최저생활을 유지하도록 의무지우는 기능을 하고 있다고 볼 때, 제34조가 비록 생존권적 기본권의 원칙규정으로 들어지고 있지만 문화관련조항으로도 파악할 수 있다. 문화적 약자보호에 대한 헌법적 근거로 들어질 수 있을 것이다.

12) 도시의 경관이나 역사적 건조물 등 환경으로서 취할 수 있는 문화재는 국민과 주민의 주거환경의 문화성이라는 의미에 있어서 문화권과 연관성이 있다. 이와 관련하여 문화재 등을 통해 정신적 만족을 얻을 수 있는 권리로의 문화재 향유권을 인정할 수 있다면 이것도 중요한 문화적 기본권의 대상이 될 것이다. 그리고 현행헌법은 모든 국민이 쾌적한 주거생활을 할 수 있도록 국가에게 노력의무를 지우는 규정을 신설하고 있는데(제35조 제3항), 이 규정으로 인하여 문화적 환경에서 살 권리, 특히 쾌적한 주거환경에서 살 권리는 헌법상 환경권의 대상(문화적 환경권)으로 파악될 수 있다.

13) 전근대적인 연좌제(連坐制)를 폐지한 제13조 제3항도 개인책임을 중요시하는 문화국가원리의 당연한 표현이며, 혼인·가족제도의 보장도 문화민족의 이념을 실현하기 위한 제도라고 보는 견해가 있다(허영, 전정13판 한국헌법론, 박영사, 2017, 177면).

제4절 문화국가원리와 관련된 판례

1. 혼인 · 가족제도

혼인과 가족의 보호는 헌법이 지향하는 자유민주적 문화국가의 필수적인 전제조건이다. 개별성 · 고유성 · 다양성으로 표현되는 문화는 사회의 자율영역을 바탕으로 하고, 사회의 자율영역은 무엇보다도 바로 가정으로부터 출발하기 때문이다. 헌법은 가족제도를 특별히 보장함으로써, 양심의 자유, 종교의 자유, 언론의 자유, 학문과 예술의 자유와 같이 문화국가의 성립을 위하여 불가결한 기본권의 보장과 함께, 견해와 사상의 다양성을 그 본질로 하는 문화국가를 실현하기 위한 필수적인 조건을 규정한 것이다. 따라서 헌법은 제36조 제1항에서 혼인과 가정생활을 보장함으로써 가족의 자율영역이 국가의 간섭에 의하여 획일화 · 평준화되고 이념화되는 것으로부터 보호하고자 하는 것이다. 헌재 2000. 4. 27. 98헌가16

2. 학원의 설립 · 운영에 관한 법률에 의한 과외금지

학원의 설립 · 운영에 관한 법률 제3조[14)]와 같은 형태의 사교육에 대한 규율은, 사적인 교육의 영역에서 부모와 자녀의 기본권에 대한 중대한 침해라는 개인적인 차원을 넘어서 국가를 문화적으로 빈곤하게 만들며, 국가간의 경쟁에서 살아남기 힘든 오늘날의 무한경쟁시대에서 문화의 빈곤은 궁극적으로는 사회적 · 경제적인 후진성으로 이어질 수밖에 없다. 따라서 법 제3조가 실현하려는 입법목적의 실현효과에 대하여 의문의 여지가 있고, 반면에 법 제3조에 의하여 발생하는 기본권제한의 효과 및 문화국가실현에 대한 불리한 효과가 현저하므로, 법 제3조는 제한을 통하여 얻는 공익적 성과와 제한이 초래하는 효과가 합리적인 비례관계를 현저하게 일탈하여 법익의 균형성을 갖추지 못하고 있다. 헌재 2000. 4. 27. 98헌가16

---

14) **학원의 설립·운영에 관한 법률** 제3조(과외교습) 누구든지 과외교습을 하여서는 아니된다. 다만, 다음 각 호의 1에 해당하는 경우에는 그러하지 아니하다.

1. 학원 또는 교습소에서 기술 · 예능 또는 대통령령이 정하는 과목에 관한 지식을 교습하는 경우
2. 학원에서 고등학교 · 대학 또는 이에 준하는 학교에의 입학이나 이를 위한 학력인정에 관한 검정을 받을 목적으로 학습하는 수험준비생에게 교습하는 경우
3. 대학 · 교육대학 · 사범대학 · 전문대학 · 방송통신대학 · 개방대학 · 기술대학 또는 개별 법률에 의하여 설립된 대학 및 이에 준하는 학교에 재적중인 학생(대학원생을 포함한다)이 교습하는 경우

3. 학교보건법 제6조 제1항 제2호 위헌제청사건

학교정화구역에서 극장시설 및 영업을 금지하는 것이 직업의 자유, 표현의 자유 및 예술의 자유, 행복추구권을 침해하는 가와 관련하여 헌법재판소는 위헌으로 보면서 헌법불합치결정을 내렸다. 즉 "…… 이 사건 법률조항은 극장운영자의 표현의 자유 및 예술의 자유도 필요한 이상으로 과도하게 침해하고 있으며, 표현·예술의 자유의 보장과 공연장 및 영화상영관 등이 담당하는 문화국가형성의 기능의 중요성을 간과하고 있다. 따라서 이 사건 법률조항은 표현의 자유 및 예술의 자유를 침해하는 위헌적인 규정이다. …… 오늘날 영화 및 공연을 중심으로 하는 문화산업은 높은 부가가치를 실현하는 첨단산업으로서의 의미를 가지고 있다. 따라서 직업교육이 날로 강조되는 대학교육에 있어서 문화에의 손쉬운 접근가능성은 중요한 기본권으로서의 의미를 갖게 된다. 이 사건 법률조항은 대학생의 자유로운 문화향유에 관한 권리 등 행복추구권을 침해하고 있다. …… 이 사건 법률조항은 아동·청소년의 문화향유에 관한 권리 등 인격의 자유로운 발현과 형성을 충분히 고려하고 있지 아니하므로 아동·청소년의 자유로운 문화향유에 관한 권리 등 행복추구권을 침해하고 있다"는 취지의 결정을 내린 바 있다.[15) 헌재 2004. 5. 27. 2003헌가1

4. 문화예술진흥법 제19조 제5항 등의 위헌제청사건

문예진흥기금 모금의 모금액·모금대행기관의 지정·모금수수료·모금방법 및 관련자료 기타 필요한 사항을 대통령령에 위임하고 있는 구 문화예술진흥법 제19조 제5항 및 제19조의2 제3항이 헌법 제75조상의 포괄위임입법금지의 원칙 등에 위배되는지 여부가 다투어진 사건에서 헌법재판소는 위헌으로 결정하였다.

1. 재판관 하경철, 재판관 권 성, 재판관 김효종, 재판관 송인준의 위헌의견

특별부담금으로서의 문예진흥기금의 납입금은 그 헌법적 허용한계를 일탈하여 헌법에 위반된다.

---

15) 이 사건에서 헌법재판소는 문화국가원리의 실현과 문화정책과의 관계를 "문화국가원리는 국가의 문화국가실현에 관한 과제 또는 책임을 통하여 실현되는바, 국가의 문화정책과 밀접 불가분의 관계를 맺고 있다. 과거 국가절대주의사상의 국가관이 지배하던 시대에는 국가의 적극적인 문화간섭정책이 당연한 것으로 여겨졌다. 그러나 오늘날에 와서는 국가가 어떤 문화현상에 대하여도 이를 선호하거나, 우대하는 경향을 보이지 않는 불편부당의 원칙이 가장 바람직한 정책으로 평가받고 있다. 오늘날 문화국가에서의 문화정책은 그 초점이 문화 그 자체에 있는 것이 아니라 문화가 생겨날 수 있는 문화풍토를 조성하는 데 두어야 한다.
문화국가원리의 이러한 특성은 문화의 개방성 내지 다원성의 표지와 연결되는데, 국가의 문화육성의 대상에는 원칙적으로 모든 사람에게 문화창조의 기회를 부여한다는 의미에서 모든 문화가 포함된다. 따라서 엘리트문화뿐만 아니라 서민문화, 대중문화도 그 가치를 인정하고 정책적인 배려의 대상으로 하여야 한다"고 판시하고 있다.

첫째, 문예진흥기금의 모금대상인 시설을 이용하는 자를 공연 등을 관람한다는 이유만으로, 역사적·사회적으로 나아가 법적으로, 다른 사람들과 구분할만한 동질성 있는 특별한 집단으로 인정하는 것은 대단히 무리라고 할 것이다. 현대 문화국가에 있어서는 공연장 등의 이용이, 선택된 문화적 향수자라고 구획될 만한, 특정한 국민에게만 한정되는 것이 아니기 때문이다.

둘째, 문예진흥기금의 납입금의무를 지는 사람들이, 똑같은 일반 국민인데도, 우연히 관람기회를 갖는다고 하여 이로써 여타의 다른 국민 또는 일반 납세자보다 문화예술진흥의 목적을 달성하는 데 대하여 객관적으로 더 근접한 위치에 있다고 볼 수는 없다. 공연 등을 관람하는 것은 모든 국민에게 일상적으로 용이하게 접근이 가능하기 때문에 일반 관람자로서의 국민들 중에 누구를 특별히 문화예술의 진흥이라는 공적 과제에 더 근접한 위치에 있다고 자리매김을 하는 것은 너무나 무리한 일이다.

셋째, 공연 등을 관람하는 일부의 국민들만이 문화예술의 진흥에 집단적으로 특별한 책임을 부담하여야 할 아무런 합리적인 이유도 발견되지 아니한다. 오히려 이들은 일반납세자로서 공연 등의 관람료에 포함된 부가가치세를 부담함에도 불구하고, 세금의 부담에서 한 걸음 더 나아가, 문예진흥기금의 납입이라는 추가적인 책임과 부담까지 안고 있는 것이다.

넷째, 문예진흥기금이 공연관람자 등의 집단적 이익을 위해서 사용되는 것도 아니다. 현실적으로 문예진흥기금은 문예진흥을 위한 다양한 용도로 사용되고 있지만, 그것이 곧바로 공연관람자들의 집단적 이익을 위한 사용이라고 말할 수는 없는 것이다.

공연 등을 보는 국민이 예술적 감상의 기회를 가진다고 하여 이것을 집단적 효용성으로 평가하는 것도 무리이다. 공연관람자 등이 예술감상에 의한 정신적 풍요를 느낀다면 그것은 헌법상의 문화국가원리에 따라 국가가 적극 장려할 일이지, 이것을 일정한 집단에 의한 수익으로 인정하여 그들에게 경제적 부담을 지우는 것은 헌법의 문화국가이념(제9조)에 역행하는 것이다.

위와 같이 이 사건 문예진흥기금의 납입금 자체가 특별부담금의 헌법적 허용한계를 벗어나서 국민의 재산권을 침해하므로 위헌이라 할 것이고 그렇다면 납입금의 모금에 대하여 모금액·모금대행기관의 지정·모금수수료·모금방법 등을 대통령령에 위임한 심판대상 법조항들은 더 나아가 살펴볼 필요도 없이 위헌임을 면치 못할 것이다.

2. 재판관 윤영철, 재판관 김영일, 재판관 김경일, 재판관 전효숙의 위헌의견

심판대상 법조항들은 헌법 제75조상의 포괄위임입법금지의 원칙에 위배되어 위헌이라 할 것이다.

문예진흥기금의 모금은 공연 등을 관람하려는 수많은 국민들에게 금전적 부담을 지움으로써 국민의 문화향수권 및 재산권 등을 직접적으로 제한하게 된다. 특히 모금액 및 모금방법은 기금납입의무자, 모금대상시설과 아울러 문예진흥기금의 모금에 관한 중요하고도 본질적인 입법사항이다. 그러므로 이에 관한 사항을 하위법규에 위임함에 있어서는 위임의 구체성·명확성이 보다 엄격하게 요구된다 할 것이다.

모금액은 공연 등을 관람코자 하는 국민들에게 가장 직접적으로 영향을 미치는 입법사항이다. 따라서 입법자가 이에 관하여 법률로써 직접 규정하는 것에 어려움을 느낀다 하더라도, 적어도 모금액의 상한이나 모금액 산정의 대강의 기준이라도 스스로 정하고서 행정입법에 위임하였어야 한다. 그런데도 심판대상 법조항들은 이에 관하여 아무런 한계를 설정하지 않음으로써 모금액에 관하여 행정권의 전적인 재량에 내맡긴 것이나 다름없다.

<생략>

3. 재판관 주선회의 합헌의견도 있음

헌재 2003. 12. 18. 2002헌가2

5. 구 전통사찰보존법 제6조 제1항 제2호 등 위헌소원

[판시사항]

1. 전통사찰보존법의 입법목적, 관할 행정관청의 전통사찰 지정의 법적 성격 및 그 헌법적 보호법익
2. 전통사찰보존법에서 공용수용으로 인한 경내지 등의 소유권변동에 관한 별도의 규제조항을 두지 아니한 것이 전통사찰 소유자 등의 재산권을 침해하는 것인지 여부(소극)
3. 전통사찰의 경내지 등에 대한 모든 유형의 소유권변동이 전통사찰을 훼손할 수 있음에도 불구하고, 다른 소유권변동원인과 달리 '공용수용'으로 인한 소유권변동에 대해서는 아무런 규제를 하지 아니한 것이 평등원칙에 위반되는 것인지 여부(적극)

[결정요지]

1. 전통사찰보존법의 입법목적은 '민족문화의 유산으로서 역사적 의의를 가진 전통사찰을 보존함으로써 민족문화의 향상에 이바지하게 하는 것'으로서, '국가는 전통문화의 계승·발전과 민족문화의 창달에 노력하여야 한다.'라고 규정한 헌법 제9조에 근거하여 제정된 것이다. 관할 행정관청의 전통사찰 지정은 국가의 '보존공물(保存公物)'을 지정하는 것으로서, 헌법적 보호법익은 '민족문화유산의 존속'이다.
2. 건설부장관이 이 사건 토지를 택지개발예정지구에 편입시킴으로써 청구인의 소유권 등을 제한한 행위에 대한 근거법률은 택지개발촉진법이고, 이 사건 법률조

항을 비롯한 전통사찰보존법의 경우 헌법 제9조 소정의 '민족문화유산의 보존'에 관련된 내용만을 규율하고 있을 뿐이므로, 이 사건 법률조항이 평등원칙을 위반하였는지 여부는 별론으로 하고, 청구인의 재산권을 침해한다고 할 수는 없다.

3. 민족문화유산을 보존하는 것이 국가의 은혜적 시혜가 아니라 헌법상 의무이므로, 일단 관할 국가기관에 의하여 민족문화유산으로 지정된 전통사찰의 경우, 사정이 허락하는 한 이를 최대한 지속적으로 보존하는 것이 헌법 제9조 등의 규정 취지에 부합한다. 한편, 헌법상 명령에 근거하여 엄격한 보존방법이 규정된 전통사찰보존법을 제정함으로써 민족문화유산으로 지정된 전통사찰을 철저하게 보존하겠다는 입법자의 의사가 분명하게 표명된 이상, 그 경내지 등의 소유권변동으로 인한 전통사찰의 훼손이 불가피한 것인지 여부와 이러한 보존 및 훼손에 관한 판단 · 결정이 헌법 등에 근거하여 정당한 권한을 행사할 수 있는 관할 국가기관에 의하여 이루어지는 것인지 여부 등이 가장 본질적인 문제이고, 전통사찰을 훼손할 수 있는 경내지 등에 대한 소유권변동을 시도한 주체가 사인(私人)인지 아니면 건설부장관과 같은 제3자적 국가기관인지 여부, 또는 그 형식이 양도(혹은 강제집행)인지 아니면 공용수용인지 여부는 본질적인 문제가 될 수 없다. 이 사건 법률조항의 경우, 전통사찰을 훼손하고자 시도하는 주체가 제3자적 국가기관이고 그 형식이 공용수용이라는 우연한 사정의 유무에 따라서 전통사찰을 훼손하는 것이 불가피한 것인지 여부를 관할 국가기관이 실효성 있게 판단 · 결정할 수 있는 기회를 실질적으로 배제하는 사안과 그렇지 아니한 사안을 구별하는 중요한 차별을 행하는 것이 되어 불합리하고, 헌법 제23조를 이유로 하여 헌법 제9조의 규정을 실질적으로 무력화시키는 결과를 초래하므로, 평등의 원칙에 어긋나는 위헌적인 법률이다.

[재판관 하경철, 재판관 송인준의 반대의견]

전통사찰의 경내지의 소유권변동의 원인에 따라서 헌법 제9조 소정의 보호법익에 대한 '침해결과'가 달라지는 것은 아니다. 그러나, 공용수용은 '공공의 필요성'이 인정되는 경우에 한하여 헌법 제23조 등에 근거하여 개인의 재산권을 제한하는 것이므로, 양자의 '침해목적'은 분명히 다르고, 사적인 처분행위와 국가 권력을 토대로 하여 이루어지는 공용수용행위는 본질적으로 그 특성을 달리한다. 또한, 공공의 필요성이 인정되는 경우 개인의 재산권을 수용할 수 있도록 허용하고 있는 헌법적 이념에 따라서 택지개발촉진법 등이 별도로 마련되어 있는 마당에, 굳이 입법자에게 전통사찰 경내지 등의 소유권이 변동되는 모든 경우에 대하여 중첩적으로 '관할 행정관청'의 의견이 반드시 반영되도록 하는 규정내용을 이 사건 법률조항에 삽입할 의무는 없다. 따라서, 민족문화유산의 '문화적 가치의 본질적인 내용'이 훼손되지 않는 이상, 건설교통부장관의 경우 공공필요에 의하여 과다한 경내지 등에 대하여 관계중앙행정기관의 장과 협의를 거치는 등 일련의 절차를 거쳐서 이를 택지개발예정지구에 포함시킬 수 있고, 이러한 조치는 합헌적이다. 그렇다면, 입법자가 이 사건 법률조항에서는 사인(私人)인 주지의 처분행위에 대해서만 규제를 하고, 별도의 법률을 통하여 적정한 규제를 하고 있는 제3자적 국가기관에 의한 공공수용행위에 대해서까지 이 사건 법률조항에서 실질적으로 동일한 규제를 하지 않았다고 하여 이를 평등의 원칙에 위배되거나 합리성이 결여되었다고 볼 수는 없다.

헌재 2003. 1. 30. 2001헌바64

제6장 국제평화주의

제1절 국제평화주의의 의의

Ⅰ. 대외정책의 기본원리로서의 국제평화주의

우리들의 안전과 행복을 위해서는 국제사회의 평화와 정의가 유지되지 않으면 안 된다. 제1차, 제2차 대전 후의 현대 헌법은 평화파괴행위의 처벌, 평화주의자의 보호, 국제분쟁의 평화적 해결, 국제법의 존중 등 국제평화의 원칙을 존중하고 준수하려는 경향을 나타내고 있다. 우리 헌법도 국제평화주의를 국제질서에 관한 헌법의 원칙으로 선언하고 있다. 좁은 의미로 국제평화주의는 전쟁을 방지하고 평화를 유지하기 위한 노력을 지칭한다고 할 수 있으나, 광의로는 국제법질서의 존중, 외국인의 법적 지위보장을 포함한다. 분단국가인 우리나라에서 통일의 문제는 명확히 국제적인 문제라 볼 수는 없으나, 평화주의적 국제질서와 관련하여 다루어질 필요가 있다.

Ⅱ. 국제평화주의의 전개

1. 이론적 · 사상사적 노력

고대 그리스의 스토아철학은 자연을 다스리는 법칙이자 인간의 행위를 규율하는 도덕적 · 법적 규범인 '로고스'(logos)가 세계를 구성하는 모든 인간에게 동등하게 부여되어 있다고 주장함으로써 세계국가(오늘날의 국제공동체)의 사상을 싹트게 하였다.[1)]

---

1) 홍성방, 헌법학(상), 박영사, 2010, 229면.

자연법론자인 H. Grotius는 '전쟁과 평화의 법(De jure belli ac pacis, 1625)'을 통하여, I. Kant는 '영구평화론(Zum ewigen Frieden, 1795)'을 통하여 국제평화에 대한 사상을 전개하였다. 특히, 역사의 발전은 필연적으로 영구평화의 목표를 이성적인 상황으로서 지향한다고 생각하는 칸트는 영구평화는 유토피아적 이념이 아니라 도덕적 · 실천적 과제이며, 그 과제는 항구적인 노력을 통해서만 성취될 수 있다고 하였다.

2. 국제적 노력

1907년 Hague 평화회의에서 계약의무이행을 강제하기 위한 수단으로서의 전쟁을 금지하였다. 1919년 국제연맹이 창설되었고, 국제연맹규약은 모든 전쟁의 금지와 전쟁의 국제적 관리를 규정하고 1928년 '전쟁포기에 관한 조약(不戰條約)'을 체결하였다. 그러나 국제연맹에 있어서는 평화파괴자에 대한 군사적 제재장치가 미흡하였고 부전조약은 조약을 위반하는 전쟁을 수행하는 경우 이를 제재할 수단을 마련하지 못하여 실효성은 미약하였다.

참혹한 결과를 경험한 제2차 대전 후 전범재판(뉘른베르크 국제군사재판, 동경 극동군사재판)은 침략전쟁을 인간성에 대한 국제범죄로 규정하는 전범필벌(戰犯必罰)의 원칙에서 출발하였다.

1945년 국제연합(UN)이 창설되었다. 유엔헌장은 침략전쟁, 무력의 행사나 무력에 의한 위협을 금지할 뿐만 아니라 분쟁의 해결수단으로서의 전쟁 또는 무력에 호소하는 행위까지 금지하고 이를 집단적 안전보장체제로서 담보하고자 하였다. 제2차 대전 후 각국은 헌법에 여러 가지 형태로 국제평화주의를 규정하고 있다.

Ⅲ. (협의의) 국제평화주의에 관한 헌법규정의 유형

세계 각국이 국제평화주의를 보장하기 위하여 헌법에 규정한 내용은 다양하다. 이를 유형화하면 ① 침략전쟁의 거부를 규정하고 있는 유형(한국헌법, 1949년 독일기본법, 1946년 브라질헌법), ② 전쟁의 포기와 군비의 금지까지 규정하는 유형(1947년 일본 헌법 제9조), ③ 평화교란행위를 금지하는 유형(1949년 독일 기본법 제26조 제1항), ④ 군수물자의 생산, 수송 및 유통을 통제하는 유형(1949년 독일기본법 제26조 제2항), ⑤ 국제분쟁의 평화적 해결을 규정하는 유형(네덜란드헌법, 1931년 스페인헌법), ⑥ 양심상 병역거부권을 규정하는 유형(독일 기본법 제4조 제3항, 1963년 네덜란드헌법 제196조, 1946년 브라질 헌법 제141조 제8항), ⑦ 국제평화를 위한 주권의 제한과 주권의 부분적 이양을 규정하는 유형(1947년 이탈리아 헌법 제11조), ⑧ 영세중립국을 선언하는 유형(1955년 오스트리아 헌법) 등으로 분류할 수 있다.

제2절 우리 헌법상 국제평화주의의 구현

Ⅰ. 침략전쟁의 부인(협의의 국제평화주의)

1. 헌법규정

헌법 제5조 제1항은 “대한민국은 국제평화의 유지에 노력하고 침략적 전쟁을 부인한다”라고 규정하여 침략전쟁을 금지하고 있다. 그러나 동조 제2항은 “국군은 국가의 안전보장과 국토방위의 신성한 의무를 수행함을 사명으로 하며, 그 정치적 중립성은 준수된다”라고 규정하여 자위전쟁까지 금지하지는 않는다.

2. 침략적 전쟁의 개념

침략전쟁이란 자위전쟁에 반대되는 것으로 영토의 확장이나 채권의 확보 등의 국가목적을 위한 전쟁을 말한다. 비록 전쟁은 아니더라도 실질적으로 전쟁이라고 볼 수 있는 대외적 군사행동도 금지된다.

3. 예외적 자위전쟁의 허용

침략전쟁만 금지할 뿐이지 적의 불법적인 공격에 대하여 국민의 안전과 국가와 헌법의 계속성을 보장하기 위한 자위전쟁을 부인하는 것은 아니다. 대통령의 국군통수권(제74조 제1항), 국군의 조직과 편성의 법정주의(제74조 제2항), 국민의 국방의무(제39조 제1항), 국가안전보장회의(제91조), 군사법원에 관한 규정(제27조 제2항, 제29조 제2항, 제87조 제4항, 제110조), 선전포고 등 중요 군사사항에 대한 동의권규정(제60조 제2항)들은 모두 자위전쟁의 경우를 전제로 한 것이다.

판례 이라크 파병과 침략전쟁

[1] 서희 · 제마부대의 이라크 파병과 관련한 국무회의 의결이 헌법 제5조 제1항(침략전쟁부인)에 위반된다는 이유로 제기된 헌법소원에 대해서 헌법재판소는 “…… 국군을 외국에 파견하려면, 대통령이 국무회의의 심의를 거쳐 국회에 파병동의안 제출, 국회의 동의(헌법 제60조 제2항), 대통령의 파병결정, 국방부장관의 파병 명령, 파견 대상 군 참모총장의 구체적, 개별적 인사명령의 절차를 거쳐야 하는바, 이러한 절차에 비추어 파병은 대통령이 국회의 동의를 얻어 파병 결정을 하고, 이에 따라

국방부장관 및 파견 대상 군 참모총장이 구체적, 개별적인 명령을 발함으로써 비로소 해당 국민, 즉 파견군인 등에게 직접적인 법률효과를 발생시키는 것이고, 대통령이 국회에 파병동의안을 제출하기 전에 대통령을 보좌하기 위하여 파병 정책을 심의, 의결한 국무회의의 의결은 국가기관의 내부적 의사결정행위에 불과하여 그 자체로 국민에 대하여 직접적인 법률효과를 발생시키는 행위가 아니므로 헌법재판소법 제68조 제1항에서 말하는 공권력의 행사에 해당하지 아니한다"고 하여 각하결정을 내렸다.

헌재 2003. 12. 18. 2003헌마255 등

[2] 대통령의 자이툰부대 이라크 파병결정과 관련하여 헌법재판소는 "이 사건 파병결정은 대통령이 파병의 정당성뿐만 아니라 북한 핵 사태의 원만한 해결을 위한 동맹국과의 관계, 우리나라의 안보문제, 국·내외 정치관계 등 국익과 관련한 여러 가지 사정을 고려하여 파병부대의 성격과 규모, 파병기간을 국가안전보장회의의 자문을 거쳐 결정한 것으로, 그 후 국무회의 심의·의결을 거쳐 국회의 동의를 얻음으로써 헌법과 법률에 따른 절차적 정당성을 확보했음을 알 수 있다. 그렇다면 이 사건 파견결정은 그 성격상 국방 및 외교에 관련된 고도의 정치적 결단을 요하는 문제로서, 헌법과 법률이 정한 절차를 지켜 이루어진 것임이 명백하므로, 대통령과 국회의 판단은 존중되어야 하고 헌법재판소가 사법적 기준만으로 이를 심판하는 것은 자제되어야 한다. 이에 대하여는 설혹 사법적 심사의 회피로 자의적 결정이 방치될 수도 있다는 우려가 있을 수 있으나 그러한 대통령과 국회의 판단은 궁극적으로는 선거를 통해 국민에 의한 평가와 심판을 받게 될 것이다"고 판시하여 통치행위로 인정하고 각하결정을 내린바 있다.

헌재 2004. 4. 29. 2003헌마814, 일반사병 이라크파병 위헌확인

Ⅱ. 국제법존중주의

1. 헌법규정

우리 헌법은 제6조 제1항에서 "헌법에 의하여 체결·공포된 조약과 일반적으로 승인된 국제법규는 국내법과 같은 효력을 가진다"고 규정하여 국제법을 국내법에 수용하고 이를 존중하는 입장을 밝히고 있다.

2. 국내법과 국제법의 관계

국제법과 국내법의 관계에 대해서는 일원론과 이원론이 대립하고 있으나, 양자가 별개의 법질서로서 상호 무관계하다는 이원론보다는 양자가 하나의 통일질서를 형성한다는 일원론이 타당하다고 본다. 일원론 중에도 국제법우위론과 국내법우위

론이 있는데, 후자가 다수설이라고 할 수 있다(헌법우위설).

3. 국제법의 국내법으로의 수용방식

(1) 변형이론

국제법(조약)이 의회의 입법을 통하여 국내법으로 변화되어야만 국내법질서의 일부를 형성할 수 있다는 방식이다. 국내법과 국제법과의 관계에 관한 이원론에 근거한다. 국제법이 국내적으로 효력을 갖는 것은 국제법 그 자체가 아니라 국제법의 내용을 담은 국내법률이 있어야 한다고 한다. 변형이 무슨 법형식을 통하여 행하여지는가에 따라 그 국내적 효력 상의 순위가 정하여진다. 국제법이 법률로 변형되면 법률로서의 형식적 효력을 갖게 되는 것이다.

(2) 수용이론(편입이론)

국제법이 의회에 의한 입법적 변형 없이 국제법으로서의 성질을 그대로 가지고 그 자체로서 국내적으로 효력이 발생한다는 것이다. 국내법과 국제법이 통일된 법체계를 구성한다고 보는 일원론의 입장이다. 이 이론을 취할 경우 국제법의 국내적 효력 상의 순위는 각국의 헌법에 의하여 별도로 정해진다. 따라서 국제법이 법률제정과 동일한 의결방식으로 의회의 승인이 주어진다고 하더라도 당연히 그 국제법이 법률로서의 형식적 효력을 가지는 것은 아니다. 프랑스헌법의 경우 의회의 동의가 법률에 의해 행하여져야 한다고 규정함에도 불구하고 국내적으로 법률에 우선하는 효력을 인정하고 있다. 미국은 자기집행적 조약의 경우 수용이론을 적용하고 있다. 수용이론에 따른다고 하여 의회의 관여가 전적으로 배제되는 것은 아니라 이 경우 의회의 참가는 조약체결의 수권기능 내지 통제기능의 의미를 갖는다.

(3) 집행이론

이 이론은 수용이론과 같이 일원론에 있지만, 바로 수용(편입)되는 것이 아니라 국가의 집행명령이 있어야 가능하다는 이론이다. 동의법률은 오직 조약내용의 집행명령만을 포함할 뿐이다. 이 집행명령은 변형법률과는 달리 아무런 규범적 내용을 갖고 있지 않으며 오직 법원과 행정관청에 대하여 조약을 그 자체로서 집행할 것을 명령할 뿐이다. 이 이론에 따르면 조약내용의 국내법률로서의 변형은 일어나지 않으며 조약 그 자체로서 국내적 효력을 갖게 된다.

(4) 소 결

우리 헌법상 명확한 규정은 없다. 수용이론은 국회의 동의절차를 요구하는 헌법규정과 조화되기 어려운 점이 있다. 우리 헌법의 태도를 수용이론을 취한 것으로 해석하는 견해도 많다. 이 이론에 따르면 국회의 조약에 대한 비준동의권은 이른바 일반적 변형기능을 수행하는 것이 아니라 행정부의 조약체결에 대한 정치적 통제행위에 불과하다고 한다. 또 국회의 동의절차를 변형이론에서의 동의법률 제정과 동일한 것으로 보는 것도 무리라 생각된다. 우리 헌법의 국제법존중주의(제6조 제1항)는 헌법 제60조 제1항의 조약에 대한 국회동의조항과 관련하여 고찰할 때 집행이론으로 보는 것이 타당하다고 본다. 이렇게 볼 때 동의를 요하는 조약은 국회의 동의를, 동의를 요하지 않는 조약은 대통령의 체결·공포행위를 집행행위로 볼 수 있다.[2)]

4. 조 약

(1) 조약의 개념

헌법에 의하여 체결·공포된 조약이란 명칭여하를 불문하고[3)] 우리나라가 당사자로서 외국과 체결한 합의를 총칭한다.

(2) 조약의 체결절차

1) 성 립

대통령은 조약의 체결 및 비준권을 가진다(제73조). 조약은 대통령의 체결·서명·비준으로 성립한다. 조약의 체결은 국가를 대표하는 자들 간의 권리의무에 관한 합의를 말한다. 비준(批准)이란 조약체결권자인 국가원수가 전권대표가 서명한 조약안이 국제법상 유효함을 확인하는 행위를 말한다. 비준서의 교환은 효력요건이며, 효력발생시점은 조약의 내용으로 정한다.

2) 국회의 동의

① 국회동의의 취지

대통령이 헌법 제60조 제1항에 규정된 조약을 체결하는 경우 국회는 조약에 대

2) 김학성·최희수, 헌법학원론, 피앤씨미디어, 2019, 276면.
3) 조약(Treaty), 협약(Convention), 협정(Agreement), 규약(Covenant), 합의(Arrangement), 의정서(Protocol), Pact, Act 등 다양한 명칭이 있다.

한 동의권을 가진다. 여기서의 동의는 사전동의(事前同意)를 의미한다. 사전(事前)의 의미는 서명과 동시에 효력을 발생하는 조약은 서명 전에 동의가 이루어져야 하고, 서명 후 비준이 요구되는 조약이라면 적어도 비준 전에 이루어져야 한다. 그래야만 조약에 대한 민주적 통제가 가능하기 때문이다.

국회의 동의권은 조약의 국내법적 효과(제6조 제1항)의 인정근거가 되며, 국내 법률과 동일한 민주적 정당성을 갖게 하는 기능을 한다. 또한 조약에 관한 국민적 합의를 유도하고 대통령의 전단을 방지하기 위한 민주적 통제의 기능을 한다.

② 대상조약

모든 조약이 국회동의를 요하는 것은 아니다. 국회의 동의를 요하는 조약은 명칭과 관계없이 실질적인 판단을 요한다. 국회동의를 얻어야 하는 조약은 법률적 조약(제60조 제1항)[4]으로 기본권의 제한을 내용으로 할 수 있다. 기본조약의 실시·집행을 위하여 당사국 외무장관 간에 체결되는 고시류조약(告示類條約) 등은 국회의 동의를 요하지 않고, 기본권 제한을 내용으로 할 수 없다(명령적 조약). 조약의 종료와 폐지는 국회의 동의를 요하지 않는다.

③ 수정동의의 가능 여부

국회가 조약에 대한 동의시 수정하여 동의할 수 있는가에 대해서는 긍정설과 부정설이 대립한다. 대통령의 조약체결권의 침해와 교섭당사국간의 신뢰훼손이라는 관점에서 부정설이 타당하다. 한편 가분적 조약의 경우 가능하다는 설이 있다.[5]

④ 대통령이 국회동의 없이 조약을 비준한 경우

국내법상 효력은 부정된다고 보아야 한다. 다만, 국제법상 효력에 대해서는 조약은 국제법의 법형식이라는 관점에서 유효하다고 보는 것이 다수설이다. 국회에 의한 조약의 심의·통제기능을 중시하여 무효라는 설도 있으며, 헌법위반을 상대방이 알고 있었을 경우에만 무효(주지(周知)칙 위반)라는 절충설도 있다.

(3) 조약의 효력

우리 헌법의 태도는 국제법과 국내법이 동일한 효력을 가진다고 하나(제6조 제1항), 국

4) "국회는 상호원조 또는 안전보장에 관한 조약, 중요한 국제조직에 관한 조약, 우호통상항해조약, 주권의 제약에 관한 조약, 강화조약, 국가나 국민에게 중대한 재정적 부담을 지우는 조약 또는 입법사항에 관한 조약의 체결·비준에 대한 동의권을 가진다"(헌법 제60조 제1항).
5) 권영성, 헌법학원론, 법문사, 2010, 896면.

내법도 그것이 헌법·법률·명령·규칙 등으로 구성되어 있는 점에 비추어, 양자가 구체적으로 어떤 관계에 있는지는 명확하지가 않다. 해석상 헌법에 의하여 체결된 조약의 경우는 헌법보다는 하위라고 보는 것이 지배적이며(헌법우위설), 헌법 제60조 제1항에 열거된 조약(국회동의를 요하는 조약)은 법률과 동일한 효력을 가지는 것으로 보고, 기타의 조약(행정협정 등과 같이 조약의 기본세칙을 정하는 조약)은 국회의 동의를 요하지 않으므로 대통령령과 같은 효력을 가지는 것으로 보고 있다.

판례 세계무역기구(WTO)설립을 위한 마라케쉬협정에 따른 관세범에 대한 가중처벌

"관세법 위반범에 대한 처벌을 가중하려면 관세법이나 특정범죄가중처벌에 관한 법률을 개정하여야 함에도 불구하고, 관세법이나 특가법은 개정되지 아니한 상태에서 단지 새로운 조약에 의하여 40%의 관세율을 적용 받던 사람이 686%의 관세율을 적용 받게 되어 법정형이 10년 이상의 징역인 죄로 처벌받게 되는 것은 중대한 기본권의 침해이며 죄형법정주의에 위반된다는 주장에 관하여 보건대, '마라케쉬협정'도 적법하게 체결되어 공포된 조약이므로 국내법과 같은 효력을 갖는 것이어서 그로 인하여 새로운 범죄를 구성하거나 범죄자에 대한 처벌이 가중된다고 하더라도 이것은 국내법에 의하여 형사처벌을 가중한 것과 같은 효력을 갖게 되는 것이다. 따라서 마라케쉬협정에 의하여 관세법위반자의 처벌이 가중된다고 하더라도 이를 들어 법률에 의하지 아니한 형사처벌이라거나 행위시의 법률에 의하지 아니한 형사처벌이라고 할 수 없다." 헌재 1998. 11. 26. 97헌바65

판례 한미주둔군지위협정(헌재 1999. 4. 29. 97헌가14) – (조약)

판례 한일어업협정(헌재 2001. 3. 21. 99헌마139 등) – (조약)

판례 동맹 동반자 관계를 위한 전략대화 출범에 관한 공동성명 – (조약 아님)

[판시사항]

가. 피청구인 대통령이 2003. 11.경 합동참모의장을 통하여 미합중국 측과 합의각서를 교환하면서 전략적 유연성에 합의한 행위에 대한 권한쟁의심판청구 부분이 청구기간을 준수하였는지 여부(소극)

나. 피청구인 대통령이 피청구인 외교통상부장관에게 위임하여 2006. 1. 19.경 워싱턴에서 미합중국 국무장관과 발표한 '동맹 동반자 관계를 위한 전략대화 출범에 관한 공동성명(이하 '이 사건 공동성명' 이라 한다)이 조약에 해당하는지 여부(소극)

[결정요지]

가. 권한쟁의의 심판은 그 사유가 있은 날로부터 180일 이내에 청구하여야 하며,

이 사건에 있어서 '사유가 있은 날'은 이 사건 합의각서 교환행위가 있었던 2003. 11.경이라고 할 것이다. 따라서 이 사건 합의각서에 대한 청구 부분은, 사유가 있은 날인 2003. 11.경으로부터 180일이 지난 2006. 3. 20. 청구된 것이므로 부적법하다.

나. 조약은 '국가 · 국제기구 등 국제법 주체 사이에 권리의무관계를 창출하기 위하여 서면형식으로 체결되고 국제법에 의하여 규율되는 합의'인데, 이러한 조약의 체결 · 비준에 관하여 헌법은 대통령에게 전속적인 권한을 부여하면서(헌법 제73조), 조약을 체결 · 비준함에 앞서 국무회의의 심의를 거쳐야 하고(헌법 제89조 제3호), 특히 중요한 사항에 관한 조약의 체결 · 비준은 사전에 국회의 동의를 얻도록 하는 한편(헌법 제60조 제1항), 국회는 헌법 제60조 제1항에 규정된 일정한 조약에 대해서만 체결 · 비준에 대한 동의권을 가진다.

이 사건 공동성명은 한국과 미합중국이 상대방의 입장을 존중한다는 내용만 담고 있을 뿐, 구체적인 법적 권리 · 의무를 창설하는 내용을 전혀 포함하고 있지 아니하므로, 조약에 해당된다고 볼 수 없으므로 그 내용이 헌법 제60조 제1항의 조약에 해당되는지 여부를 따질 필요도 없이 이 사건 공동성명에 대하여 국회가 동의권을 가진다거나 국회의원인 청구인이 심의표결권을 가진다고 볼 수 없다.

헌재 2008. 3. 27. 2006헌라4

판례 한일어업협정 합의의사록

[판시사항]

1. 가. 대한민국과일본국간의어업에관한협정이 '공권력의 행사'에 해당하는지 여부(적극)

   나. "헌법전문에 기재된 3.1정신"이 헌법소원의 대상인 "헌법상 보장된 기본권"에 해당하는지 여부(소극)

   다. 영토권이 헌법소원의 대상인 기본권에 해당하는지 여부(적극)

   라. 어업 또는 어업관련업무에 종사하지 않는 자가 청구인적격이 있는지 여부(소극)

   마. 이 사건 협정으로 인하여 어업 또는 어업관련업무에 종사하는 자의 기본권이 직접 침해되었다고 볼 수 있는지 여부(적극)
2. 국회 본회의에서의 동의 의결절차가 헌법 제49조에 위반되어 국회의 의결권과 국민 개개인의 정치적 평등권을 침해하였는지 여부(소극)
3. 합의의사록을 국회에 상정하지 아니한 것이 국회의 의결권과 국민의 정치적 평등권을 침해하였는지 여부(소극)
4. 독도 등을 중간수역으로 정한 것이 영해 및 배타적경제수역에 대한 국민의 주권 및 영토권을 침해하였는지 여부(소극)
5. 65년협정에 비하여 조업수역이 극히 제한됨으로써 어획량감소로 인해 우리 어민

들에게 엄청난 불이익을 초래하여 행복추구권, 직업선택의 자유, 재산권, 평등권, 보건권 등을 침해하였는지 여부(소극)

[결정요지]

1. 가. 이 사건 협정은 우리나라 정부가 일본 정부와의 사이에서 어업에 관해 체결 · 공포한 조약(조약 제1477호)으로서 헌법 제6조 제1항에 의하여 국내법과 같은 효력을 가지므로, 그 체결행위는 고권적 행위로서 '공권력의 행사'에 해당한다.

   나. "헌법전문에 기재된 3.1정신"은 우리나라 헌법의 연혁적 · 이념적 기초로서 헌법이나 법률해석에서의 해석기준으로 작용한다고 할 수 있지만, 그에 기하여 곧바로 국민의 개별적 기본권성을 도출해낼 수는 없다고 할 것이므로, 헌법소원의 대상인 "헌법상 보장된 기본권"에 해당하지 아니한다.

   다. 국민의 개별적 기본권이 아니라 할지라도 기본권보장의 실질화를 위하여서는, 영토조항만을 근거로 하여 독자적으로는 헌법소원을 청구할 수 없다 할지라도, 모든 국가권능의 정당성의 근원인 국민의 기본권 침해에 대한 권리구제를 위하여 그 전제조건으로서 영토에 관한 권리를, 이를테면 영토권이라 구성하여, 이를 헌법소원의 대상인 기본권의 하나로 간주하는 것은 가능한 것으로 판단된다.

   라. 어업 또는 어업관련업무에 종사하지 않는 자는 이 사건 협정으로 인해 직접적으로 기본권을 침해받은 자에 해당되지 않는다 할 것이므로, 이 사건 헌법소원청구를 할 자격이 없다.

   마. 한일 양국간에 이 사건 협정이 새로이 발효됨으로 인하여, 우리나라의 어민들은 종전에 자유로이 어로활동을 영위할 수 있었던 수역에서 더 이상 자유로운 어로활동을 영위할 수 없게 된 셈이다. 이로 인해 이 사건 청구인들이 주장하는 기본권의 침해 가능성이 인정되고, 따라서 이 사건 협정은 법령을 집행하는 행위가 존재하지 아니하고 바로 법령으로 말미암아 직접 기본권이 침해되는 예외적인 경우에 해당한다.

2. 이 사건 협정의 동의 의결절차는 헌법 제49조, 국회법 제112조 제3항 위반으로 인정할 수 있는 증거가 없다.

3. 이 사건 협정의 합의의사록은 한일 양국 정부의 어업질서에 관한 양국의 협력과 협의 의향을 선언한 것으로서, 이러한 것들이 곧바로 구체적인 법률관계의 발생을 목적으로 한 것으로는 보기 어렵다할 것이므로, 합의의사록은 조약에 해당하지 아니하고, 이를 국회에 상정하지 아니한 것이 국회의 의결권과 국민의 정치적 평등권을 침해하였다고 볼 수 없다.

4. …… 이하 생략

헌재 2001. 3. 21. 99헌마139 등

(4) 위헌조약의 문제

1) 위헌조약의 분류

절차상으로도 합헌이며 실질적으로도 합헌인 진정합헌조약은 국내법은 물론이고 국제법적으로 효력을 가지는 점에는 아무런 문제도 없다. 위헌조약은 절차상으로도 위헌이고 실질적으로도 위헌인 진정위헌조약과 준위헌조약(절차상 합헌 · 실질적 위헌인 경우와 절차상 위헌 · 실질상 합헌인 경우)으로 분류할 수 있다.

2) 위헌조약의 국내법적 효력

진정위헌조약(절차상, 실질상 모두 위헌인 경우)은 국내법적 효력을 가지지 못한다. 국제법적 효력에 대해서는 논란이 있지만 무효로 보아야 한다. 절차상 합헌이나 실질상 위헌인 준위헌조약은 국제법상으로는 유효한 조약이나 헌법우위의 입장에서 볼 때 국내법적 효력을 가지지 못한다. 만약에 효력을 인정한다면 조약이 헌법을 개정하는 결과를 가져온다. 다음으로 절차상 위헌이나 실질상 합헌인 경우(비밀조약)는 국제법상 유효하다고 보는 것이 일반적이나 국내법적으로는 원칙적으로 효력을 가지지 못한다.[6)]

3) 위헌조약의 사법심사

법률과 동일한 효력을 가지는 조약은 헌법재판소가 담당하며, 헌법재판소로부터 위헌결정된 조약은 원칙적으로 그 결정이 있은 날로부터 국내적 효력을 상실한다(일반적 효력부인). 그리고 명령과 동일한 효력을 가지는 조약은 각급법원이 심사를 담당하며 각급법원이 위헌으로 결정한 조약은 당해사건에 한하여 그 적용이 배제된다(개별적 효력부인).

5. 일반적으로 승인된 국제법규

(1) 개 념

일반적으로 승인된 국제법규는 국제사회의 일반적 · 보편적 규범으로서 세계 대다수 국가가 승인하고 있는 법규범으로서 우리나라가 승인하지는 않았지만 세계 다수국가들에 의하여 승인된 조약이나 국제관습법을 포함한다. 일반적으로 승인된 국제법규의 예로는 Genocide 금지협정, 조약준수의 원칙, 외교관의 법적 지위에 관한 원칙 등을 들 수 있다.

---

6) 계희열, 신정2판 헌법학(상), 박영사, 2005, 188면.

(2) 효 력

일반적으로 승인된 국제법규의 국내법적 효력은 헌법보다는 하위에 있지만, 법률과 그 형식적 효력이 동일하다고 보아 상호 충돌할 경우에는 '신법우선의 원칙', '특별법우선의 원칙'에 의해 해결해야 한다는 견해[7]와 획일적으로 판단하기 어렵다는 견해가 대립한다.[8] 대체로 헌법보다는 하위이지만 법률보다는 상위에 있다는 견해도 있다.[9]

(3) 사법심사

일반적으로 승인된 국제법규를 법률과 동일한 효력을 가지는 것으로 본다면, 일반적으로 승인된 국제법규는 헌법재판소가 담당하며, 헌법재판소로부터 위헌결정된 일반적으로 승인된 국제법규는 원칙적으로 그 결정이 있은 날로부터 국내적 효력을 상실한다(일반적 효력부인). 그러나 명령과 같은 효력을 가지는 일반적으로 승인된 국제법규도 있다는 보는 견해에 의하면 그것에 대한 사법심사는 각급법원이 심사를 담당하며 각급법원이 위헌으로 결정한 일반적으로 승인된 국제법규는 당해사건에 한하여 그 적용이 배제된다고 하여야 한다(개별적 효력부인).

한편 일반적으로 승인된 국제법규는 세계 다수의 문명국가들이 국제사회에서 준수해야 할 규범으로 인정하는 것이므로 본질상 우리 헌법에의 위반 여부를 판단할 수 없다는 견해가 있다.[10]

판례 강제노동의 폐지에 대한 국제노동기구(ILO) 조약의 효력

"강제노동의 폐지에 관한 국제노동기구(ILO)의 제105호 조약은 우리나라가 비준한 바가 없고, 헌법 제6조 제1항에서 말하는 일반적으로 승인된 국제법규로서 헌법적 효력을 갖는 것이라고 볼 만한 근거"가 없다. 헌재 1998. 7. 16. 97헌바23

판례 국제법존중주의와 주권적 면제

[판시사항]

[1] 외국국가에 대한 재판권에 관한 국제관습법

---

7) 권영성, 앞의 책, 175면.

8) 헌법률과 같은 효력이 있는 것도 있고, 법률의 효력을 가진 것도 있으며, 법률하위의 효력을 가진 것도 있다고 한다(김철수, 앞의 책(상), 340면).

9) 계희열, 앞의 책(상), 184-185면.

10) 김학성 · 최희수, 앞의 책, 282면. 다만, 국내법으로의 편입 여부를 결정하는 의미의 규범통제 절차는 가능하고 필요하다고 한다.

[2] 우리 나라 법원의 외국국가에 대한 재판권의 유무 및 그 범위

[판결요지]

[1] 국제관습법에 의하면 국가의 주권적 행위는 다른 국가의 재판권으로부터 면제되는 것이 원칙이라 할 것이나, 국가의 사법적(私法的) 행위까지 다른 국가의 재판권으로부터 면제된다는 것이 오늘날의 국제법이나 국제관례라고 할 수 없다.

[2] 우리 나라의 영토 내에서 행하여진 외국의 사법적 행위가 주권적 활동에 속하는 것이거나 이와 밀접한 관련이 있어서 이에 대한 재판권의 행사가 외국의 주권적 활동에 대한 부당한 간섭이 될 우려가 있다는 등의 특별한 사정이 없는 한, 외국의 사법적(私法的) 행위에 대하여는 당해 국가를 피고로 하여 우리 나라의 법원이 재판권을 행사할 수 있다. 대판 1998. 12. 17. 97다39216

Ⅲ. 외국인의 법적 지위 보장

우리 헌법은 제6조 제2항에서 "외국인에 대해서는 국제법과 조약에 정한 바에 의하여 그 지위를 보장한다"고 규정하고 있다. 외국인의 보호에 관한 입법례는 상호주의와 평등주의가 있으나, 우리 헌법은 상호주의를 기본원칙으로 하고 있다.[11] 외국인에 대해서는 국제관습법상 국내체류에 허가를 받도록 하고 있으며, 또 공민권이 인정되지 않으며, 토지소유권 등이 제한되고 있다. 그러나 외국인도 인간으로서의 존엄과 가치를 가지며 재판청구권과 평등권, 전(前)국가적 자연권 등은 원칙적으로 향유한다.

Ⅳ. 평화적 통일지향

1. 헌법규정

헌법에서 천명하고 있는 평화주의는 원칙적으로 국제문제에 대한 원칙이나, 분단국인 한반도에 관한 문제에도 적용된다. 우리 헌법은 헌법전문과 제66조 제3항, 제69조 등에서 조국의 평화적 통일을 국가적 과제로 천명하면서 그 방법을 평화적인 수단에 의할 것을 규정하고 있다. 특히 현행 헌법에서는 통일정책에 관한 규정을 신설하여 자유민주적 기본질서에 입각한 평화통일정책을 수립하고 추진할 의무를 국가에게 부여하여 통일의지를 강화시키고 있다(제4조).

---

11) 평등주의가 가미된 상호주의로 보아야 한다는 견해가 있다(김학성 · 최희수, 앞의 책, 283면). 상호주의를 원칙으로 하지만, 국제법상 통상 인정되는 지위가 그 수준 이상이면 그 수준까지 보장해 주겠다는 의미라고 한다.

2. 평화통일조항과 영토조항과의 관계(국가의 구성요소 참조)

평화통일정책조항의 신설로 종래 영토조항을 둘러싼 경직된 사고(북한지역의 미수복지구논리, 반국가단체논리 등)는 수정될 필요성이 강해졌다.

3. 남북한 통일의 기본원칙

통일은 ① 평화통일의 원칙, ② 국민적 합의의 원칙, ③ 자유민주적 통일의 원칙에 입각하여 이루어져야 한다.

판례

북한이 남·북한의 유엔동시가입, 소위 남북합의서의 채택·발효 및 남북교류 협력에 관한 법률 등의 시행 후에도 적화통일의 목표를 버리지 않고 각종 도발을 자행하고 있으며 남·북한의 정치, 군사적 대결이나 긴장관계가 조금도 해소되고 있지 않음이 현실인 이상, 국가의 존립·안전과 국민의 생존 및 자유를 수호하기 위하여 신·구 국가보안법의 해석·적용상 북한을 반국가단체로 보고 이에 동조하는 반국가활동을 규제하는 것 자체가 헌법이 규정하는 국제평화주의나 평화통일의 원칙에 위반된다고 할 수 없다. 헌재 1997. 1. 16. 92헌바6등; 헌재 1997. 1. 16. 89헌마240

판례 평화통일과 남북교류협력법

[판시사항]

1. 남북교류협력에 관한 법률이 평화적 통일을 지향하는 헌법의 제반규정에 부합하는지 여부(적극)
2. 남북교류협력에 관한 법률 제9조 제3항이 평화통일을 선언한 헌법전문, 헌법 제4조, 헌법 제66조 제3항 및 기타 헌법상의 통일조항에 위배되는지 여부(소극)
3. 위 법률조항이 과잉금지의 원칙에 위배되는지 여부(소극)
4. 헌법상의 여러 통일관련 조항들로부터 국민 개개인의 통일에 대한 기본권이 도출될 수 있는지 여부(소극)
5. 1992. 2. 19. 발효된 남북기본합의서의 법률적 효력 또는 조약으로서의 성격이 있는지 여부(소극)
6. 통일부장관의 승인권에 관한 기준이나 구체적 내용 등을 대통령령 등에 위임하지 아니하는 경우 포괄위임금지의 원칙이 적용될 수 있는지 여부(소극)

[결정요지]

1. 위 법은 기본적으로 북한을 평화적 통일을 위한 대화와 협력의 동반자로 인정하

면서 남북대결을 지양하고, 자유왕래를 위한 문호개방의 단계로 나아가기 위하여 종전에 원칙적으로 금지되었던 대북한 접촉을 허용하며, 이를 법률적으로 지원하기 위하여 제정된 것으로서, 그 입법목적은 평화적 통일을 지향하는 헌법의 제반규정에 부합하는 것이다.

2. 북한주민과의 접촉이 그 과정에서 불필요한 마찰과 오해를 유발하여 긴장이 조성되거나, 무절제한 경쟁적 접촉으로 남북한간의 원만한 협력관계에 나쁜 영향을 미칠 수도 있으며, 북한의 정치적 목적에 이용되거나 국가의 안전보장이나 자유민주적 기본질서에 부정적인 영향을 미치는 통로로 이용될 가능성도 완전히 배제할 수 없으므로 통일부장관이 북한주민 등과의 접촉을 원하는 자로부터 승인신청을 받아 구체적인 내용을 검토하여 승인 여부를 결정하는 절차는 현 단계에서는 불가피하므로 남북교류협력에관한법률 제9조 제3항은 평화통일을 선언한 헌법전문, 헌법 제4조, 헌법 제66조 제3항 및 기타 헌법상의 통일조항에 위배된다고 볼 수 없다.
3. 위 법률조항은 헌법 제10조, 제14조, 제18조를 일부 제한하는 측면은 있으나, 헌법 제37조 제2항에서 규정하고 있는 국가안전보장을 위한 필요한 경우의 제한으로서, 그 입법목적의 정당성, 방법의 적절성, 피해의 최소성, 법익의 균형성 등에 비추어 볼 때 과잉금지의 원칙에도 위배되지 아니한다.
4. 헌법상의 여러 통일관련 조항들은 국가의 통일의무를 선언한 것이기는 하지만, 그로부터 국민 개개인의 통일에 대한 기본권, 특히 국가기관에 대하여 통일과 관련된 구체적인 행동을 요구하거나 일정한 행동을 할 수 있는 권리가 도출된다고 볼 수 없다.
5. 1992. 2. 19. 발효된 '남북사이의화해와불가침및교류협력에관한합의서'는 일종의 공동성명 또는 신사협정에 준하는 성격을 가짐에 불과하여 법률이 아님은 물론 국내법과 동일한 효력이 있는 조약이나 이에 준하는 것으로 볼 수 없다.
6. 헌법 제75조에서 규정하고 있는 포괄위임입법금지의 원칙이란 법률이 대통령령 등의 하위법규에 입법을 위임할 경우에는 법률로써 그 위임의 범위를 구체적으로 정하여야 하며, 일반적이고 포괄적인 입법위임은 허용되지 아니한다는 것을 뜻하는 것이므로, 통일부장관의 승인권에 관한 기준이나 구체적 내용 등을 대통령령 등에 위임하지 아니하고 있는 이 사건 법률조항에 관하여 포괄위임금지의 원칙이 적용될 여지는 없다. 헌재 2000. 7. 20. 98헌바63

제3편

헌법의 기본제도론

제1장 제도보장이론

제1절 제도보장의 개념과 의의

제도보장(제도적 보장)이란 '역사적, 전통적으로 형성된 일정한 기존의 객관적 제도 그 자체에 착안하여 그 제도의 본질적이고 핵심적인 요소를 특히 입법권의 침해로부터 객관적으로 보장하고 유지하기 위한 특정제도의 헌법적 보장'을 말한다.

제도보장이론은 직접적으로는 바이마르공화국 출범 당시에 사회주의적 질서의 채택과 같은 혁명적 개혁으로부터 전통적인 개인주의적·자유주의적 질서와 제도의 최소한을 수호하려는 것이 본래의 목적이지만, 간접적으로는 입법부의 일방적·자의적 입법으로 인한 기존제도의 폐지 등 법률만능주의 내지 법실증주의로부터 기본적 인권을 수호하려는 의도가 깔려 있다고 평가된다.[1)]

이러한 제도보장이론에 대해서는 "법률만능주의로부터 인권을 유지·수호하기 위하여 안출된 헌법이론임에도 불구하고 오늘날에는 인권과 제도의 주종관계가 역전하여 인권을 위하여 제도가 존재하는 것이 아니라 제도를 위하여 인권이 존재하는 것과 같은 이론(제도적 기본권이론)까지 제기되고 있는 실정이다. 이러한 이론에 따를 때 인권은 공동화하고 인권 대신에 제도적 의무만이 강조되어 오히려 제도적 보장이 기본권보장체계를 붕괴시키는 도구로 이용될 위험성조차 없지 아니하다"고 경고하는 견해가 있는가 하면(G. Dürig), 제도보장이론은 기본권이 주관적 권리로서 보장하는 반면에 제도보장은 객관적인 법규범을 보장한다는 견해에 기초하고 있는데, "기본권에 대해서 단지 방어권으로서 주관적 권리의 성격을 인정하는 데 그치지 않고 가치나 규범으로서 객관적 성격을 인정하는 한 제도보장이론은 의미를 상실한다"고 비판하는 견해도 있다.[2)]

1) 권영성, 헌법학원론(2010년판), 법문사, 2010, 183면.

판례 제도적 보장의 의의

제도적 보장은 객관적 제도를 헌법에 규정하여 당해 제도의 본질을 유지하려는 것으로서 헌법제정권자가 특히 중요하고도 가치가 있다고 인정되고 헌법적으로도 보장할 필요가 있다고 생각하는 국가제도를 헌법에 규정함으로써 장래의 법발전, 법형성의 방침과 범주를 미리 규율하려는데 있다. 이러한 제도적 보장은 주관적 권리가 아닌 객관적 범규범이라는 점에서 기본권과 구별되기는 하지만 헌법에 의하여 일정한 제도가 보장되면 입법자는 그 제도를 설정하고 유지할 입법의무를 지게될 뿐만 아니라 헌법에 규정되어 있기 때문에 법률로써 이를 폐지할 수 없고, 비록 내용을 제한하더라도 그 본질적 내용을 침해할 수 없다. 그러나 기본권 보장은 "최대한 보장의 원칙"이 적용됨에 반하여, 제도적 보장은 그 본질적 내용을 침해하지 아니하는 범위 안에서 입법자에게 제도의 구체적 내용과 형태의 형성권을 폭넓게 인정한다는 의미에서 "최소한 보장의 원칙"이 적용될 뿐이다.

헌재 1997. 4. 24. 95헌바48

제2절 제도보장론의 역사적 발전

제도보장이론은 원래 바이마르 헌법의 재산권규정과 관련하여 M. Wollf가 창안해 낸 것으로서 그 뒤에 C. Schmitt에 의하여 체계화된 이론이다. 바이마르헌법의 제2편 '국민의 권리와 의무'에는 개인의 권리의무를 규정한 것이 아니라 자치제도의 보장(제127조), 공무원제도(제129조 제1항)와 같이 직접적으로 기본권과 관계없는 규정도 있는 바, 이러한 규정의 헌법규범적 의미를 명확히 하기 위하여 제도보장이론이 등장한 것이라 한다.[3]

C. Schmitt는 기본권과 제도보장을 엄격히 구별하여[4] 제도보장은 국가내적 존재이며 헌법에 의하여 인정된 제도의 보장으로서 단순한 입법으로서는 그 배제가 불가능한 것이라고 설명하였다.[5] 기본권을 천부인권인 자유권을 중심으로 이해하

2) 이준일, 제7판 헌법학강의, 홍문사, 2019, 205면.

3) 김철수, 학설 · 판례 헌법학(상), 박영사, 2008, 374면.

4) 그러나 1931년 '독일헌법상의 자유권과 제도적 보장'이라는 논문에서 제도적 보장이론의 인권보충적 기능을 강조하였다.

5) C. Schmitt는 본래 공법적 제도(직업공무원제도, 지방자치제도, 학문과 교육제도의 보장(특히 대학의 자치), 예외법원의 금지)의 헌법적 보장을 제도적 보장(institutionelle Garantie)이라 부르고 사법적 제도의 보장(혼인과 가족의 보장, 친권의 보장, 재산권의 보장, 계약의 자유의 보장, 상속권의 보장)을 제도보장(Institut-Garantie)이라고 구분하였으나, 나중에는 이 구별을 포기하고 제도적 보장이라는 용어만을 사용했다. 특히 2차 대전 이후에는 공법적인 제도적

고 기본권이론을 구성한 C. Schmitt에 의하면 자유는 법률로 규율되지 않으며 법률로 규율될 수도 없다고 한다. 자유를 법률로 규율하게 되면 그 자유주의적 성격이 상실되므로 자유는 어떠한 내용의 제도적 보장도 포함할 수 없을 것이라는 것이다('자유는 제도일 수가 없다'). 이처럼 C. Schmitt는 자유와 제도가 다르다는 전제하에서 그의 제도보장론을 전개하고 있다. 그의 제도보장이론은 자유권과 구별되는 기본권의 다른 측면을 명백히 함으로써 기본권의 본질과 기능을 이해하는 데 커다란 이론적 기여를 한 것으로 평가된다.[6] 그리고 C. Schmiit의 제도보장이론은 입법자의 기본권구속성을 분명히 해주고 있다는 점에서 현대적 의미를 찾을 수 있다.

제3절 제도보장의 법적 성격

제도보장에서의 보장대상은 특정의 객관적 제도이다. 기본권이 개인의 주관적 권리를 보장대상으로 하는 점에서 제도보장과 구별된다.

제도보장은 최소한의 보장이라고 한다. 기본권은 최대한 보장이라는 점에서 제도보장과 구별된다. 제도보장의 '최소한 보장'의 의미는 헌법이 보장하는 것은 제도의 핵심인 본질의 침해만을 금지하는 것을 말한다. 즉, 헌법재판소는 "제도적 보장은 그 본질적 내용을 침해하지 아니하는 범위 안에서 입법자에게 제도의 구체적 내용과 형태의 형성권을 폭넓게 인정한다는 의미에서 '최소한 보장의 원칙'이 적용될 뿐이다"라고 판시하고 있다.[7]

기본권은 입법권 · 집행권 · 사법권을 구속하는 법규범이며, 제도보장도 또한 사법권을 직접적으로 구속하여 적용되는 재판규범이다. 그러나 제도보장규정 그 자체를 직접 근거로 하여 개인이 자신의 권리보호를 위한 헌법소원 등의 소송을 제기할 수는 없다(소권이 없다). 헌법소원제도를 가진 독일의 경우 연방헌법재판소는 개인의 주관적 권리의 침해를 헌법소원의 요건으로 요구하고 있다. 우리의 경우도 객관적 규범으로서의 제도보장규범만이 있을 때에는 헌법소원의 대상이 될 수 없다 할 것이다.[8] 그러나 제도보장규정과 함께 다른 권리보장이 헌법상 존재하는 경

보장과 사법적인 제도보장의 구분은 절대적인 것이 아닌 것으로 보아 이를 합칭하여 제도보장(Einrichtungsgarantie)이라고 부르는 경향이 있다(Bleckmann). 이하에서도 제도보장을 이러한 의미로 사용하고자 한다.

6) 계희열, 헌법학(중), 박영사, 2007, 35면.

7) 헌재 1997. 4. 24. 95헌바48; 헌재 1994. 4. 28. 91헌바15; 헌재 2006. 2. 23. 2005헌마403.

8) 김철수, 앞의 책(상), 376면.

우에는 헌법소원을 제기할 수 있다. 판례도 같은 취지로 이해된다.

제도보장이 헌법개정권력을 구속하느냐 여부와 관련해서는 견해의 대립이 있다. 종래 기본권은 헌법개정권력을 기속하지만, 제도보장은 헌법개정권력을 구속하지 않는다고 설명하는 것이 일반적이었다. 제도의 보장은 헌법에서 직접 정하고 있기 때문에 이를 폐지하거나 그 내용을 변경하고자 하는 경우에는 헌법개정의 방법을 통하여야 한다. 이러한 의미에서 제도보장은 헌법개정권력을 구속하지 못한다고 보는 견해[9]와 새로운 기본권적 기능들과 그에 상응한 객관적 측면에 의하여 논증 가능한 제도보장의 내용들은 단지 기본권의 주관적 측면과 객관적 측면의 차이에 지나지 않기 때문에 기본권이 헌법개정에 의해서도 폐지할 수 없는 것이라면 제도보장도 헌법개정에 의해 폐지될 수 없는 것으로 이해되어야 한다는 견해[10]가 있다.

참고 기본권과 제도보장의 비교

비교사항	기본권	제도보장
보장대상	권리	특정의 객관적 법규범
보장의 정도	최대한의 보장	최소한의 보장
보장의 효과	모든 국가기관 헌법개정권력을 구속	모든 국가권력구속 헌법개정권력 불구속(?)
訴權	침해시 그 구제청구 가능 (침해시 개인은 헌법소송제기)	청구 불가(訴權이 없다) 재판규범으로는 기능함

판례 경기도남양주시등33개도농복합형태의시설치등에관한법률 제8조 위헌확인(기각)

"…… 지방자치단체의 폐지・병합에 있어 그 주민을 타지방자치단체와 차별하여 헌법 제11조에서 보장한 평등권침해문제도 생길 수 있다. 또한 자치단체가 폐지・병합됨으로써 헌법 제24조 및 제25조에 보장된 그 주민의 참정권 내지 공무담임권이 침해될 수도 있다. 법률조항의 규정에 의하여 자치단체가 폐지되는 경우 이러한 주민의 기본권들의 침해는 별도의 집행행위의 매개를 거치지 않고 직접 그 법률조항의 시행에 의하여 발생할 수 있다. 이 사건 법률조항의 실시에 의하여 청구인들이 거주하여 온 영일군이 직접 폐지되고 포항시에 병합된다. 그러므로 이 사건 법률조항에 의하여 그 주민인 청구인들의 위와 같은 기본권의 침해가 별도의 집행행위의 매개를 거치지 않고 직접 발생할 수 있다. 그러므로 이 사건 법률조항의 시행으로 청구인들의 헌법상 보장된 위와 같은 기본권이 침해된다고 주장하여 제기된 이 사

9) 정종섭, 제11판 헌법학원론, 박영사, 2016, 309면.
10) 이준일, 헌법학강의, 홍문사, 206면.

건 헌법소원은 자기관련성을 갖추었다고 할 것이다.” 헌재 1995. 3. 23. 94헌마175

제4절 기본권과 제도보장의 관계

제도보장은 본래 개인의 권리가 아닌 객관적 제도를 보장하는 것을 목적으로 창안된 것이지만, 모든 제도보장은 내용과 정도에 차이가 있을 뿐 기본권보장과 직·간접으로 관련이 있으며 기본권실현에 이바지하고 있다. 제도 자체만을 보장하는 것으로 직업공무원제도와 지방자치제도 등을 예로 들기도 하지만,[11] 이들 제도의 기본권과의 직접·간접적 관련성을 부인할 수 없다. 통상 기본권이 제도보장과 관련되는 경우 그 유형을 세 가지로 나누기도 한다.

첫째, 기본권이 제도에 종속하는 유형이다(권리종속설). 이 유형은 특정제도의 보장이 기본권을 도출하는 경우이다. 복수정당제도의 보장으로 정당의 설립·가입·탈퇴의 자유가 보장되는 경우를 그 예로 들 수 있다.

둘째, 제도가 기본권에 수반하는 유형이다(제도수반설). 이 유형은 특정의 기본권을 보장하기 위한 수단으로 특정제도의 보장을 필요로 하는 경우이다. 참정권을 확보하기 위하여 민주적 선거제도의 보장이 필요한 경우를 그 예로 들 수 있다.

셋째, 기본권과 제도보장의 동시에 병존하는 유형이다(병존설). 이 유형은 특정의 기본권보장이 동시에 특정제도의 보장의 성격도 이울러 가지는 경우이다. 재산권보장이 동시에 사유재산제도의 보장의 성격을 가지는 것을 그 예로 들 수 있다.

제5절 제도보장의 예

우리 헌법상 제도보장으로는 어떠한 것인 인정되는가와 관련해서는 다양한 견해가 있으나, 대체로 ① 복수정당제도, ② 민주적 선거제도, ③ 직업공무원제도, ④ 지방자치제도, ⑤ 교육의 자주성·전문성·정치적 중립성 및 대학의 자치보장, ⑥ 혼인·가족제도의 보장, ⑦ 언론·출판·집회·결사제도의 보장, ⑧ 사유재산제도 등을 제도보장으로 보고 있다. 그 밖에 농·어민과 중소기업자의 자조조직의 존립보장,[12] 민주적 군사제도,[13] 근로자의 근로3권,[14] 종교단체의 정교분리,[15] 소

---

11) 권영성, 앞의 책, 184면. 그러나 지방자치제도는 선거권, 공무담임권과 관련되며, 직업공무원제도도 공무원의 권리(신분보장, 임금 및 연금청구권)보장과 관련이 깊다.

비자보호운동[16] 등을 제도보장으로 보는 견해도 있다. 헌법재판소는 의무교육제도도 제도보장으로 보고 있다.[17] 그러나 제도라는 이름이 붙어있지만, 특수계급제도, 소작제도는 제도의 금지에 해당하기에 제도보장의 내용에 포함될 수 없으며, 평등권(또는 재산권)의 한 내용으로 보아야 하며, 최저임금제도 근로의 권리를 실현하기 위한 기본권의 내용으로 파악하여야 한다.[18]

---

12) 김철수, 앞의 책(상), 377면; 성낙인, 제21판 헌법학, 법문사, 2021, 1003면.
13) 권영성, 앞의 책, 185면.
14) 문홍주, 제6공화국헌법, 해암사, 1987, 202면.
15) 구병삭, 제3전정판 신헌법원론, 박영사, 1996, 353면.
16) 김학성 · 최희수, 전정 4판[2020년판] 헌법학원론, 피앤씨미디어, 2020, 319면.
17) 헌재 1991. 2. 11. 90헌가27.
18) 김학성 · 최희수, 앞의 책, 319면.

제2장 정당제도

제1절 민주국가와 정당

1. 정당국가적 민주주의의 특징

보통선거 등의 실시로 대중민주주의가 실현된 오늘날에는 종전의 명망가적인 대의적 · 의회주의적 민주주의는 대중적 · 정당적 민주주의로 변화되어가고 있다. 이러한 대중민주주의국가에서 정치적 의사형성에 있어서 국민의 의사를 형성하게 하기 위한 항구적 조직이 필요하게 되는데, 이것이 정당이다. 이와 같이 정당은 오늘날 민주정치의 본질적 징표로 간주된다.

이에 대하여 라이프홀츠(G. Leibholz)는 20세기의 정당국가적 민주정치를 이제까지의 자유주의적 · 대표적 · 의회적 민주정치의 원칙적 구조와는 완전히 다른 형태로 보고 현대 정당국가적 민주주의의 특징을 다음과 같이 설명하고 있다.

첫째, 정당제민주주의에서는 주권적 국민이 정당이라는 중개체를 통해 현실적인 행동통일체가 된다. 즉, 국민은 과거에는 선거를 통한 간헐적 국정참여에서 오늘날 정당을 통하여 현실적인 행동통일체로 기능할 수 있으므로 정당은 합리화된 형태의 직접민주주의 또는 직접민주주의의 대용품이다. 둘째, 정당제민주주의 하에서는 집권당의 수중에 집행부는 물론 입법부에 대한 지배권까지도 집중된다. 즉, 국가권력의 분할이 정당을 통한 국가권력의 통합으로 나타난다. 셋째, 정당제민주주의에서는 의원의 정당에의 예속이 당연한 것으로 간주되어 무기속위임의 원칙이 명목적인 것이 되고 있다. 즉, 대표의 국민으로부터의 무기속위임의 원칙이 대표의 정당에의 기속이 강화되고 있다. 넷째, 정당제민주주의에서는 선거가 국가기관의 구성이라는 의미 외에 어느 정당에게 국가권력을 담당하게 할 것이냐 하는 정부선택을 위한 국민투표제적 성격도 아울러 가진다. 즉, 인물선거가 국민투표적 성격,

정당선택의 성격으로 변질되고 있다(plebiscite).[1)]

2. 정당에 대한 헌법의 수용단계

오늘날 정당이 민주주의원리와 더불어 헌법체계의 중심적 위치를 차지하고 있지만, 정당이 헌법에 규정되기까지는 오랜 시간이 걸렸다. H. Triepel은 정당에 대한 국가의 태도를 ① 적대시 단계, ② 무시단계, ③ 승인 및 합법화단계, ④ 헌법에의 편입단계로 고찰하고 있다.[2)]

정치비판의 금지, 절대복종을 원칙으로 하는 제 시대에 있어서는 공연한 대중적 조직형태의 성립은 불가능하며, 여기에 음모적 분파, 붕당적 파벌, 비합법적이고 충분히 조직되지 않은 사당적 형태가 형성됨에 불과하였다.[3)] 근대민주주의의 초기에도 일반의사론에 기초하여 부분이익을 추구하는 집단들을 부정적으로 평가하는 루소사상과 정당이 국가정책방향에 대하여 대안을 제시하는 것을 공권력의 고유영역을 침범하는 것으로 이해하는 관헌국가적 경향은 정당에 대해 부정적·적대적 태도를 단적으로 나타내주고 있다.[4)] 대의제하에서 의원은 전 국민의 대표이지 정당의 대표가 아니라는 사상과 의원의 자유위임사상은 이러한 사상과 전혀 무관하지 않다고 생각된다.

현대적 대중민주주의의 도래와 더불어 정당 그 자체는 정치과정의 일부로서 뿐

---

1) 그 밖에 정당국가에 있어서는 의회는 정당대리인의 집회소로 되어 원내정당(Fraktion)은 의회법의 기구에서 정당국가의 제도로 된다는 점, 의회에 대한 정부의 해산권은 새로운 총선으로 정부에 대한 신임을 묻는 국민투표의 성격을 가지게 된다는 점 등도 정당제민주주의의 특징으로 든다.

2) Heinrich Triepel, Die Staatsverfassung und die politischen Parteien, 2. Aufl., S. 1ff.; 한편 정치학자 헌팅턴(Huntington)은 정당의 발전단계를 4단계로 나누고 있다. 즉, 비록 정당이라는 이름을 사용하고는 있었지만, 정당의 구성원들은 그들만의 사적인 이익을 달성하기 위해 비공개적으로 조직된 단체로 공적 이익에 합치되지 않는 일도 추진했고, 심지어 공적인 성격에 어긋나는 목적을 추구하기 위하여 집단행동까지 자행하기도 한 단계인 '도당적 단계'(factionalism), 19세기 이후 영국에서의 선거법 개정이후 정당은 자연히 이전의 지배세력을 중심으로 하는 보수지향적 정당과 새로이 일반대중의 지지에 바탕을 둔 자유주의적 정당으로 양분된 '분극화의 단계'(polarization), 의회제도의 발전과 선거권 확장으로 국민의 지지에 따라 정권장악이 법적으로 확립된 후 국민의 지지를 창출하기 위한 결정적인 정치기능의 담당자로 등장한 '확대화의 단계'(expansion), 정당이 중요한 국가의 정책결정과 정치지향을 주도하는 핵심적인 정치제도로서 자리잡게 된 '제도화의 단계'(institutionalization)로 구분하고 있다(Samuel P. Huntington, Political Order in Changing Societies, New Haven: Yale University Press, 1968, pp. 412-414 참조).

3) 김성희, 정당론, 34면.

4) 미국의 초대 대통령인 워싱턴도 정당을 "한낱 오합지졸에 불과한 인사들이 군중을 선동하기 위해서 만들어 놓은 무뢰배들의 단체"라고 혹평하여 정당을 적대시하고 있다.

리를 내리게 되어 더 이상 정당제도 자체를 적대시하거나 금지시키려는 시도는 찾기 어렵게 되었다. 그러나 성문의 법규에 의하여 이러한 변화를 수용하기까지에는 좀 더 시간이 걸렸고 정당의 사실적 활동과 기능을 법적으로 무시하는 태도를 보이는 단계를 거쳤다. 오늘날 대부분의 나라는 정당의 존재를 승인하고 합법화하고 있으며, 제2차 대전 이후 정당을 일반결사와는 달리 헌법에 적극 수용하는 나라도 늘고 있다.[5] 서구적 민주주의국가에서 정당에 관한 규정을 헌법에 최초로 두기 시작한 것은 독일의 1947년 바덴(Baden)주 헌법을 들 수 있다. 1949년 서독 기본법은 정당조항을 규정하였으며[6], 대표적으로 헌법에 정당조항을 두고 있는 나라로는 터키, 한국, 포르투갈, 그리스, 스페인, 태국, 브라질, 코스타리카 등을 들 수 있다. 미국과 일본은 헌법에 정당조항이 없다.

3. 한국헌법에 있어서 정당규정

(1) 정당규정의 변천

우리의 건국헌법에는 정당조항은 없었지만, 국회법은 정당을 인정하고 있었으므로 승인 및 합법화단계에 속한다고 할 수 있다. 참고로 우리나라에서 헌법에 정당조항을 신설한 것은 제2공화국헌법(제3차 개헌)에서였다. 제2공화국헌법은 정당의 보호를 규정하고 위헌정당의 해산은 헌법재판소의 판결에 따르도록 하였다(제13조 제2항). 1962년의 제3공화국헌법은 정당국가적 요소들을 여기에 추가하였다. 대통령이나 국회의원 후보자는 정당의 추천을 받아야 입후보할 수 있고(제36조 제3항, 제64조 제3항), 정당이 해산되거나 탈당하는 경우 의원직을 상실하도록 하였다(제38조). 1972년 유신헌법(제4공화국헌법)에서는 국회의원의 무소속입후보를 허용하고 소위 통일주체국민회의의 대의원선거에서는 당원의 입후보를 금지시키는 등 정당국가적 경향은 약화되었다. 1980년의 제5공화국헌법은 정당에 대한 국가보조조항을 신설하였고(제7조 제3항) 정당의 추천을 받은 대통령 또는 국회의원후보자는 무소속후보자와 차별하여 우대하는 규정을 두었다(제39조 제2항). 1987년에 개정된 현행헌법은 1980년 헌법과 대동소이하나,

---

5) 법률, 명령이나 (의회의) 의사규칙 등에 정당의 존재와 기능을 인정하는 규정의 예로는 야당의 당수에게 일정한 급여를 제공하는 법률, 의회 밖의 정당 활동에 대한 권리 및 의무 규정, 공직선거에 대한 후보자를 공천하는 정당활동 규율 등을 들 수 있다.

6) 독일기본법 제21조가 정당에게 자유민주적 기본질서를 존중할 의무를 부과하고, 정당에 대한 위헌심사권을 연방헌법재판소에게 부여한 것은, 바이마르 공화국 하에서 나치당이 의회민주주의의 구조를 이용하여 정권을 장악하였으나, 집권 이후에는 의회민주주의 그 자체를 파괴해버린 것에서 교훈을 얻어 정당의 공적 기능을 제도적으로 보장하면서도 반의회주의정당에 대한 폐해를 제거하는 규정을 두고 있는 것이다.

정당의 조직과 활동뿐만 아니라 그 목적도 민주적이어야 한다고 규정하고(제8조 제2항) 위헌정당해산심판권을 헌법위원회에서 헌법재판소의 관할로 하였다(제111조 제1항 제3호).

(2) 현행헌법의 정당규정과 의의

현행헌법은 제8조에서 정당조항을 규정하고 있다. 즉, "① 정당의 설립은 자유이며, 복수정당제는 보장된다. ② 정당은 그 목적·조직과 활동이 민주적이어야 하며, 국민의 정치적 의사형성에 참여하는데 필요한 조직을 가져야 한다. ③ 정당은 법률이 정하는 바에 의하여 국가의 보호를 받으며, 국가는 법률이 정하는 바에 의하여 정당운영에 필요한 자금을 보조할 수 있다. ④ 정당의 목적이나 활동이 민주적 기본질서에 위배될 때에는 정부는 헌법재판소에 그 해산을 제소할 수 있고, 정당은 헌법재판소의 심판에 의하여 해산된다"고 규정하고 있다.

정당조항은 일반결사에 대한 특별법적 규정으로 정당에 대해서는 헌법 제8조가 제21조보다 우선적으로 적용되며, 정당설립의 자유와 복수정당제의 보장은 자유민주적 기본질서의 핵심적 구성요소로 헌법개정에 의해서도 이를 폐지할 수 없는 헌법개정금지조항으로서의 의미를 가진다.

제2절 정당의 개념과 기능

1. 정당의 어원

정당을 나타내는 영어의 political party는 정치를 나타내는 'politics'와 부분을 의미하는 'part'의 합성어이다.[7] 여기서 party의 의미는 '나누다'는 의미를 갖는 라틴어의 'pars'에서 유래한 것으로 중세초기 프랑스의 고어에 이 의미가 이어지고(partir), 이탈리아어, 독일어(partei) 등에 차용된 개념이다.[8] 이 말은 당시 '전체에서 나누어진 일부 사람들이 집단을 이루어서 정치나 사회에 자신들의 요구와 주장을 내세우는 행동이나 조직체'를 의미하는 파벌 내지 당파의 의미로 사용되어 유기체적 정치구조로서의 용어나 정치체계의 용어가 아니라, 정치인들의 단순한 집단을 의미하여 '어느 한편'과 같은 의미로 사용되었다.

7) 한자에서의 政黨이라는 말도 政治라는 용어의 '政'자와 '黨'이라는 글자가 합쳐진 명사이다.
8) Klaus von Beyme, "Partei, Faktion", in: Otto Brunner · Werner Conze · Reinhart Koselleck(hrsg.), Geschitliche Grundbegriffe – Historisches Lexikon zur politisch – sozialen Sprache in Deutschland –, Band 4, Stuttgart: Ernst Klett Verlag, 1978, S. 677.

언론의 자유나 정치적 자유가 없던 중세 이전의 군주국가에서의 신민(臣民)은 자유롭고 공명하게 평화적으로 절대군주에게 정치적 투쟁을 할 수 없었으므로 정치투쟁을 위한 집단은 자연 붕당(朋黨)이나 도당(徒黨)의 성격을 지니지 않을 수 없었다. 그러나 시민이 초석이 되는 시민민주국가가 형성되고 시민은 언론·정치적 행동의 자유를 획득하여 정정당당하게 그들의 주장을 논할 수 있었고 또 이해관계를 밝힐 수 있었다. 이것이 기초가 되어 정권을 향한 조직이 이루어졌는데 이러한 것이 근대적 정당의 효시라 할 수 있다. 아무튼 정당은 처음부터 공적인 정치제도로서 이루어진 것이 아니라 단계적 발전과정을 거쳐서 오늘날 정당과 같은 형태로 정착되게 되었다.[9]

2. 정당의 법적 개념

정당의 개념을 정치·사회학적으로가 아니라 법적으로 확정하는 것이 필요하다. 왜냐하면 정당으로 인정되는 경우 정당은 국고지원을 받게 되고 헌법재판소의 결정에 의해서만 해산되는 등 여러 가지 특권을 갖게 되기 때문이다.[10]

헌법은 "정당은 그 목적·조직과 활동이 민주적이어야 하며, 국민의 정치적 의사형성에 참여하는 데 필요한 조직을 가져야 한다"라고 규정하여 정당의 개념적 징표를 표현하고 있으며(제8조 제2항), 정당법 제2조는 이를 구체화하여 "정당이라 함은 국민의 이익을 위하여 책임있는 정치적 주장이나 정책을 추진하고, 공직선거의 후보자를 추천 또는 지지함으로써 국민의 정치적 의사형성에 참여함을 목적으로 하는 국민의 자발적 조직을 말한다"고 정의하고 있다.

정당의 개념요소를 좀 더 자세히 분설하면 다음과 같다.[11] 첫째, 헌법상 정당이 되기 위해서는 국가와 자유민주적 기본질서를 긍정하여야 한다.[12] 둘째, 정당은

9) 정당의 역사적 발달에 대해서는 김수갑, "정당의 역사적 발달", 정당과 헌법질서(심천 계희열 박사 화갑기념논문집), 박영사, 1995, 1면 이하.

10) 계희열, 신정2판 헌법학(상), 박영사, 2005, 256-257면.

11) 권영성 교수는 헌법과 정당법의 적용대상으로서의 정당의 개념요소를 ① 국가와 자유민주주의를 긍정할 것, ② 공익의 실현에 노력할 것, ③ 선거에 참여할 것, ④ 정강이나 정책을 가질 것, ⑤ 국민의 정치적 의사형성에 참여할 것, ⑥ 계속적이고 공고한 조직을 구비할 것, ⑦ 구성원들이 당원이 될 수 있는 자격을 구비할 것 등을 들고 있다(권영성, 헌법학원론(2010년판), 법문사, 2010, 189-190면).

12) 정당의 정치적 목표와 방향을 정당개념으로 요구하는 것은 가치상대주의적 민주주의와 부합되지 않기 때문에 정당개념은 우선은 형식적 개념이어야 한다는 견해에 동의한다. 그러나 정당개념이 형식성과 관련하여 자유민주적 기본질서를 긍정할 의무가 정당의 개념적 요소인가와 관련하여 논란이 있다. 정당의 개념적 요소로 보는 것이 다수의 견해이다(권영성, 앞의 책, 189면; 김철수, 학설·판례 헌법학(상), 박영사, 2008, 211면; 성낙인, 제21판 헌법학, 법문사,

국민의 이익을 위하여 책임 있는 정치적 주장이나 정책을 추진하여야 한다. 이 점에서 이익단체나 압력단체와 구별된다. 셋째, 정당은 공직선거의 후보자를 추천 또는 지지함으로써 국민의 정치적 의사형성에 참여해야 한다.[13] 넷째, 정당은 국민의 자발적 조직이므로 외국인의 정치적 조직은 정당이 될 수 없고 관권에 의해 강제적으로 조직된 정치단체는 정당이 될 수 없다. 다섯째, 정당은 그 정치적 주장이나 정책을 추진하기 위하여 반드시 일정한 정강을 가져야 한다.[14] 여섯째, 정당은 국민의 정치적 의사형성에 참여하는 단체이므로 다소 계속성과 항구성을 가져야 한다.[15] 일곱째, 정당의 등록을 정당의 개념표지 또는 성립요건으로 보려는 데 대해서는 정당의 자유를 침해할 가능성이 있기 때문에 대체로 회의적이지만(Hesse), 우리 정당법은 정당의 등록을 정당의 성립요건으로 규정하고 있다(정당법 제4조).[16]

2021, 240면). 이에 반해 자유민주적 기본질서는 개념적 요소가 아니라 헌법적 한계로 보는 견해도 있다(한수웅, 제9판 헌법학, 법문사, 2019, 201－202면). 이 견해는 자유민주적 기본질서를 정당의 개념적 요소로 보게 되면 등록사무를 담당하는 선거관리위원회에 의한 심사대상이 되어 등록이 허가로 변질될 수 있기 때문이라고 한다. 일리 있는 주장이나, 형식적 요건을 충족하고 있으면 헌법적대적 정당도 허용하고 문제가 될 경우 헌법재판소에 의하여 해산시키면 된다는 논리는 지나친 형식논리이다. 명백히 자유민주적 기본질서에 위배되는 정당은 보완의 기회(2회, 정당법 제15조)를 주고도 보완이 되지 않을 경우에는 등록을 허용하기 어렵다. 결성중인 정당으로 보아 해산을 제소하는 방법도 가능하다고 본다.

13) 즉, 정치적 의사형성에 가장 중요한 선거에 후보자를 제시하고 국민의 다수의 지지를 얻음으로써 최종적으로는 정권의 장악을 목표로 하는 정치적 집단만이 정당의 개념에 포함된다. 정치적 활동을 하지만, 선거에 참여하는 것을 포기하는 정치집단은 정당이 아니다. 다만, 선거에 참여하기는 하지만 원내의석을 차지하지 못하거나 단독 수권능력이 없다고 정당의 자격을 가지지 못하는 것은 아니다(계희열, 앞의 책, 260면).

14) 정강은 단순히 정권획득에 그치는 것이어서는 안 되며, 정치적 의사형성에 영향을 주는 국민을 위한 정강이어야 한다(김철수, 앞의 책(상), 212면). 정당의 정치적 목적은 민주적 기본질서에 반하지 않도록 설정되어야 한다(헌법 제8조 제4항, 정당법 제1조).

15) 이를 위하여 정당은 일정한 법적 기준에 따른 조직을 가져야 한다. 우리 정당법은 정당은 5 이상의 시·도당을 가져야 한다고 규정하고(제17조), 시·도당은 1천인 이상의 당원을 가져야 하며, 법정당원수에 해당하는 수의 당원은 당해 시·도당의 관할구역 안에 주소를 두어야 한다고 규정하고 있다(제18조). 독일의 정당법은 '상당한 기간 또는 계속해서', '상당한 지역'에서의 국민의 정치적 의사형성에 참여해야 한다는 정당표지를 규정하고 있다. 이러한 독일의 정당법규정에 따르면 선거에 임박하여 조직되는 선거단체는 정당의 개념에서 제외되어야 하며 지방자치단체를 중심으로 한 소규모의 지역정치단체, 소위 지방자치단체정당(Rathauspartei)은 정당의 개념에서 제외된다(Hesse, 계희열, 앞의 책(상), 261－262면).

16) 등록을 정당의 중요한 표지로 들고 있는 것에 대해서 정당의 법적 개념을 규정하는 것은 기술적으로 어렵다는 것을 감안하더라도 우리 정당법의 개념규정은 미흡하다고 비판하는 견해가 있다(계희열, 앞의 책(상), 263면).

3. 정당의 기능(공적 기능)

오늘날의 정치현실은 정당을 배제하고는 생각하기 어려울 정도로 정당의 영향력이 크다. 정당이 가지는 기능을 Neumann은 ① 대중의 다양한 의사를 형성하는 기능, ② 정부와 언론을 연결시키는 중개기능, ③ 시민에게 정치적 책임을 교육하는 기능, ④ 지도자의 선택기능 등을 들고 있다. 한편, 정당국가적 민주주의는 ① 정당수뇌부의 결정에 따라 일사불란하게 움직이는 정당조직의 성격 때문에 개개 의원들이 소신에 따라 의정활동을 하는 것이 어려우며, ② 합리적인 대화와 토론을 통한 의사결정보다 정당들의 막후협상을 통해 의회의 운영이 결정되는 것, ③ 여당과 정부가 같은 정당에 의해 구성됨으로써 정부에 대한 실질적 통제를 제대로 못하는 중대한 역기능(부정적 측면)도 나타나고 있다. 따라서 당내민주주의의 실현을 통한 정당의 민주성확보는 정당정치, 나아가 민주주의 자체의 성패를 좌우할 정도로 커다란 비중을 갖는다.[17)]

제3절 정당의 헌법상 지위와 법적 형태

1. 정당의 헌법상 지위

(1) 정당의 헌법상 지위에 관한 학설

1) 국가기관설(헌법기관설)

정당이 모든 국가기관에 사실상 영향력을 행사하고 있음을 고려할 때 정당(특히 다수당)은 국가권력의 담당자로 인식될 수 있으며, 이에 따라 헌법규정을 근거로 정당이 국가기관으로서의 성격을 가진다고 하는 설이다.[18)]

2) 사법적(私法的) 결사설

정당이 오늘날 국가의사형성에 참여하는 사실을 인정한다 하더라도 정당은 본질적으로 자유로운 사적 결사에 지나지 않는다고 보는 견해이다. 사법적 결사설은 국가기관설에 동의할 수 없는 이유들을 제시하면서 주장된다.

17) 장영수, 제7판 헌법학, 홍문사, 2012, 259면.

18) 정당을 헌법기관으로 보는 헌법기관설과 헌법기관은 아니나 법률에 의하여 설립되는 국가적 기관으로 보는 국가기관설을 분리하는 견해도 있지만(권영성, 앞의 책, 190면), 구별의 실익은 없다고 보아 국가기관설로 통일할 수 있을 것 같다.

3) 중개적 권력설(매개체설, 중간형태설, 제도보장설)

정당은 헌법상 기관은 아니나, 헌법의 보호영역으로서 정치적·사회적·제도적으로 보장되어야 하고 국가와 국민의 정치적 의사형성을 담당하는 중개적 권력이라고 보는 설이다. 이 설이 현재 다수설이라고 할 수 있다.

4) 결 어

정당을 헌법기관(국가기관)으로 보는 학설에 대해서는 ① 헌법상의 국가기관은 그 성립이 매우 엄격히 제한되어 있는데 반하여 정당은 설립의 자유가 보장될 뿐만 아니라 복수정당제가 보장되어 있다는 점, ② 다른 국가기관은 공권력을 행사하고 국가의 의사결정을 스스로 할 수 있으나 정당은 다만, 국민의 정치적 의사형성에 참여할 수 있을 뿐이라는 점, ③ 국민의 자발적인 조직인 정당은 내부조직이 국가기관과 같은 조직원칙을 따르지 않으며 사인들의 조직일 뿐이라는 점, ④ 국가기관의 소속원은 공무원의 신분인데 정당소속원은 공무원일 수 없다는 점에서 채택할 수 없다. 그리고 사법적 결사설에 대해서는 정당이 헌법생활에 참여하면서도 그 순수한 사회적 성격의 변경이 없다는 점을 납득시키기 어렵고 일반결사와 달리 정당에 대하여 특별규정을 둔 헌법의 취지를 제대로 설명할 수 없는 한계가 있다고 하겠다.

따라서 정당이 선거·국회운영·행정부의 조직 및 정책결정 등 광범위한 국정분야에서 현실적으로 수행하고 있는 정치적 역할에 비추어 볼 때, 국민의 의사와 국가의 의사를 중개하는 중개체로서의 지위를 갖는 것이라 본다(중개적 권력설, 제도보장설).

(2) 판 례

우리 헌법재판소도 다음과 같은 사건에서 보듯이 중개적 권력설에 입각하고 있다고 볼 수 있다.

판례 지방의회의원선거법 제36조 제1항에 대한 헌법소원(기탁금조항)

"헌법 제8조에 의하여 보장되는 정당제도에 있어서 정당이라 함은 국민의 이익을 위하여 책임 있는 정치적 주장이나 정책을 추진하고 공직선거의 후보자를 추천 또는 지지함으로써 국민의 정치적 의사형성에 참여함을 목적으로 하는 국민의 자발적 조직을 의미하는 것이다. 정당은 자발적 조직이기는 하지만 다른 집단과는 달리 그 자유로운 지도력을 통하여 무정형적(無定型的)이고 무질서적인 개개인의 정치적 의사를 집약하여 정리하고 구체적인 진로와 방향을 제시하며 국정을 책임지는 공권력으로까지 매개하는 중요한 공적 기능을 수행하기 때문에 헌법도 정당의 기능에 상응하는 지위와 권한을 보장함과 동시에 그 헌법 질서를 존중해 줄 것을 요구하고 있는 것이다."

헌재 1991. 3. 11. 91헌마21

판례 국회의원과 국회의장간의 권한쟁의심판 사건

"정당은 국민과 국가의 중개자로서 정치적 도관(導管)의 기능을 수행하여 주체적·능동적으로 국민의 다원적 정치의사를 유도·통합함으로써 국가정책의 결정에 직접 영향을 미칠 수 있는 규모의 정치적 의사를 형성하고 있다."

헌재 2003. 10. 30. 2002헌라1

2. 정당의 법적 형태(법적 존재형식)

정당의 법적 형태문제는 정당의 본질에 관련된 문제일 뿐 아니라 현실적으로 정당 간에 분쟁이 발생한 경우(합당이나 분당) 또는 정당내부에서 분쟁이 발생한 경우(가입·탈퇴, 간부선임, 당비징수 등)에 그 분쟁을 어떠한 절차에 의하여 해결할 것인가와 직접적으로 연관되어 있다.[19]

정당의 법적 형태에 대해서도 ① 사적·정치적 결사로 보는 견해,[20] ② 민법상의 법인격(권리능력)없는 사단으로 보는 견해,[21] ③ 헌법제도와 결사의 혼성체로 보는 견해 [22] 등이 대립한다.

정당이 헌법과 정당법에 의하여 일반결사와는 다른 특수한 지위와 기능이 부여되어 있지만, 당원들에 의하여 자발적으로 구성되는 단체로서, 법인격 없는 사법상의 사단의 일종으로 보는 것이 무난하다고 본다. 판례의 입장도 정당의 법적 형태를 법인격 없는 사단으로 보고 있다.

판례 정당의 법적 형태

"정당이나 그 지구당은 적어도 그 소유재산의 귀속관계에 있어서는 법인격 없는 사단(社團)으로 보아야 하므로, 청구인이 지구당의 당원일 뿐만 아니라 부위원장으로서 위원장의 명에 따라 지구당 소유의 플래카드를 설치·관리하는 책임자라면 청

---

19) 권영성, 앞의 책, 191면.
20) 문홍주, 제6공화국헌법, 해암사, 1987, 168면.
21) 권영성, 앞의 책, 191면.
22) 김철수, 앞의 책(상), 126면. 성낙인 교수는 정당의 법적 성격은 사적·정치적 결사 내지 법인격 없는 사단으로 볼 수밖에 없는 한계가 있지만, 이론상으로는 사적 결사와 달리 그 존립이 헌법에 의하여 보장되고 국가의 특별한 보호를 받고 있으며 공적 임무를 다하기 때문에 헌법제도와 사적 결사의 혼성태로 볼 수도 있다고 한다(성낙인, 앞의 책, 241면).

구인은 그 물건의 총유자 중 1인일 뿐만 아니라 그 물건을 적법하게 설치·관리하던 사람으로서, 그 물건에 대한 재물손괴죄가 성립하는 경우에는 그 피해자에 해당한다고 볼 수 있어 이 사건 심판청구 중 재물손괴죄 부분에 관하여 청구인적격을 갖추었다."[23)]

헌재 1993. 7. 29. 92헌마262

3. 정당조항과 일반결사조항의 관계

제8조 제1항은 "정당의 설립은 자유이며 복수정당제는 보장된다"고 규정하고 있다. 일반결사에 관한 제21조 규정이 일반법적 규정이라면 특별법적 규정이라고 할 수 있다. 정당의 설립이 사전에 국가권력에 의해 제한 받는 것은 위헌이며 다원적 사회의 필연적 결실로서 복수정당제가 보장되는 것이다. 복수정당제의 보장은 헌법개정의 한계사항이다.

판례 정당과 일반결사와의 관계(단체의 선거운동금지 사건)

"헌법이 정당에 대하여 일반결사와는 다른 특별한 보호와 규제를 하고 있는 이유는 정당이 '국민이 이익을 위하여 책임 있는 정치적 주장이나 정책을 추진하고 공직선거의 후보자를 추천 또는 지지함으로써 국민의 정치적 의사형성에 참여함을 목적으로'하여 조직된 단체이고 또 그러한 목적수행에 필요한 조직을 갖추고 있기 때문인 것으로 이해되고, 반대로 일반결사에 대하여 정당의 경우와 같은 헌법상의 보호와 규제가 없는 것은 그러한 단체는 각기 자기고유의 설립목적이 따로 있고 국민의 정치적 의사형성에 참여함을 직접 목적으로 하여 조직된 것이 아니며 또 그러한 의사형성에 참여하는 데 필요한 조직도 갖추고 있지 않기 때문인 것으로 이해된다."

헌재 1995. 5. 25. 95헌마105

제4절 정당의 권능과 의무

1. 정당의 권능

정당은 국민의 이익을 위하여 책임 있는 정치적 주장이나 정책을 추진하고, 공직선거에 후보자를 추천·지지함으로써 국민의 정치적 의사형성에 참여하는 권능을 가지며(능동적 지위), "정당은 법률이 정하는 바에 의하여 국가의 보호를 받으

---

23) 또한 결정이유에서 "정당의 지구당은 단순한 중앙당의 하부조직이 아니라 어느 정도의 독자성을 가진 단체로서 역시 법인격 없는 사단에 해당한다"고 판시하고 있다.

며, 국가는 법률이 정하는 바에 의하여 정당운영에 필요한 자금을 보조할 수 있다"(제8조 제3항)는 규정에서도 볼 수 있듯이 국가적 보호나 운영자금지원 또는 평등보호를 요구하는 등의 권능을 가지고 있으며(적극적 지위), 설립·활동·해산의 자유 등을 누리는 권능을 가진다(소극적 지위). 정당이 국가와의 관계에서 이러한 지위로 말미암아 정당은 일반결사에 비하여 ① 설립·활동·존속의 특권, ② 정치적 특권(각종후보자 추천, 선거참관인 지정권 등), ③ 재정·경제상의 특권을 누린다.

정당의 등록요건으로 "5 이상의 시·도당과 각 시·도당 1,000명 이상의 당원"을 요구하는 구 정당법 제25조 및 제27조가 청구인의 정당설립의 자유를 침해하여 위헌인지 여부가 다투어진 사건에서 헌법재판소는 정당설립의 자유는 그 성질상 등록된 정당에게만 인정되는 기본권이 아니라 청구인과 같이 등록정당은 아니지만 권리능력 없는 사단의 실체를 가지고 있는 정당에게도 인정되는 기본권이라 할 수 있고, 청구인(사회당)이 등록정당으로서의 지위를 갖추지 못한 것은 결국 이 사건 법률조항 및 같은 내용의 현행 정당법(제17조, 제18조)의 정당등록요건규정 때문이고, 장래에도 이 사건 법률조항과 같은 내용의 현행 정당법 규정에 따라 기본권제한이 반복될 위험이 있으므로, 심판청구의 이익을 인정할 수 있다고 판시하고, 정당설립의 자유는 비록 헌법 제8조 제1항 전단에 규정되어 있지만 국민 개인과 정당의 '기본권'이라 할 수 있고, 당연히 이를 근거로 하여 헌법소원심판을 청구할 수 있다고 하면서 정당설립의 자유를 다음과 같이 설명하고 있다.

판례 정당설립의 자유

"…… 정당설립의 자유는 정당설립의 자유만이 아니라 누구나 국가의 간섭을 받지 아니하고 자유롭게 정당에 가입하고 정당으로부터 탈퇴할 수 있는 자유를 함께 보장한다. 구체적으로 정당의 자유는 개개인의 자유로운 정당설립 및 정당가입의 자유, 조직형식 내지 법형식 선택의 자유를 포함한다. 또한 정당설립의 자유는 설립에 대응하는 정당해산의 자유, 합당의 자유, 분당의 자유도 포함한다. 뿐만 아니라 정당설립의 자유는 개인이 정당 일반 또는 특정 정당에 가입하지 아니할 자유, 가입했던 정당으로부터 탈퇴할 자유 등 소극적 자유도 포함한다."

헌재 2006. 3. 30. 2004헌마246

판례 정당의 후보자추천권

헌법재판소는 기초의회의원후보의 정당표방금지는 위헌이라 판시하였다. 즉, "…… 아무런 합리적 이유 없이 유독 기초의회의원 후보자만을 다른 지방선거의 후보자에 비해 불리하게 차별하고 있으므로 평등원칙에 위배된다"고 판시하였다. 이것은 정당의 기초의회의원후보자의 공천권을 인정한 것이다.

헌재 2003. 1. 30. 2001헌가4; 헌재 2003. 5. 15. 2003헌가9 · 10

2. 정당의 평등보호 관련 판례

판례 구 지방의회의원선거법상 정당추천후보자에 대해 과도한 기탁금부과(헌법불합치)

"지방의회의원선거법 제36조 제1항의 '시 · 도의회의원 후보자는 700만원의 기탁금' 부분은 너무 과다하여, 자연인의 경우는 헌법 제11조의 평등권, 제24조의 선거권, 제25조의 공무담임권 등을 침해하는 것이고, 정당의 경우는 선거에 있어서 기회균등의 보장을 받을 수 있는 헌법적 권리를 침해한 것이다."

헌재 1991. 3. 11. 91헌마21

판례 정당후보자의 무소속후보자보다 우선순위부여

"의석을 가진 정당후보자, 의석 없는 정당후보자, 무소속후보자간에 후보자기호결정에 관하여 상대적으로 차별을 두고 있다 하더라도, 이는 정당제도의 존재의의에 비추어 그 목적이 정당할 뿐만 아니라 당적유무, 의석순, 정당명 또는 후보자성명의 가, 나, 다 순 등 합리적 기준에 의하고 있으므로 위헌이라 할 수 없다."

헌재 1996. 3. 28. 96헌마9 · 77 · 84 · 90; 헌재 1997. 10. 30. 96헌마94

판례 국회의원 및 국회의원입후보 등록자와 달리 국회의원입후보예정자에 후원회금지

"정당이나 국회의원 및 국회의원입후보등록자는 이미 정치활동을 위한 경비의 지출이 객관적으로 예상되는 명확한 위치에 있는 자들인 반면, 단순한 국회의원입후보예정자는 어느 시점을 기준으로 그러한 위치를 인정할 것인지가 객관적으로 명확하지 아니한 데 따른 것으로 합리적인 이유가 있는 차별이므로 헌법상 평등원칙에 위배되지 아니한다."[24)]

헌재 1997. 5. 29. 96헌마85

2. 정당의 의무

한편 정당은 국가긍정의무, 자유민주적 기본질서 존중의무(제8조 제4항)와, 목적 · 조직과 활동의 민주화의무(당내민주화의무)(제8조 제2항), 재원의 공개의무(정치자금법 제2조 제2항, 제7장) 등을 진다(수동적 지위).

24) 2004. 3. 12. 법개정으로 대통령선거경선후보자, 국회의원선거의 후보자 및 예비후보자, 당대표경선후보자, 시 · 도지사후보자에게도 후원회를 둘 수 있도록 하였다. 2008. 2. 29. 개정으로 정당의 중앙당, 정당의 시 · 도당의 후원회 규정은 폐지하였다.

제5절 정당의 성립과 소멸

Ⅰ. 정당의 성립

1. 정당성립의 형식적 요건

(1) 법정 시·도당수 및 시·도당의 법정 당원수

정당은 5 이상의 시·도당을 가져야 한다(정당법 제17조). 시·도당은 1천인 이상의 당원을 가져야 하며, 법정 당원수에 해당하는 수의 당원은 당해 시·도당의 관할구역 안에 주소를 두어야 한다(정당법 제18조).

(2) 창당발기인 수

창당준비위원회는 중앙당의 경우에는 200명 이상의, 시·도당의 경우에는 100명 이상의 발기인으로 구성한다(정당법 제6조). 지구당의 폐지로 지구당의 분산요건과 법정 지구당 당원수도 폐지되었다.

(3) 발기인 및 당원의 자격(정당법 제22조)

16세 이상의 국민[25]은 공무원 그 밖에 그 신분을 이유로 정당가입이나 정치활동을 금지하는 다른 법령의 규정에 불구하고 누구든지 정당의 발기인 및 당원이 될 수 있다. 다만, 발기인 및 당원이 될 수 없는 사람은 1. 「국가공무원법」 제2조(공무원의 구분) 또는 「지방공무원법」 제2조(공무원의 구분)에 규정된 공무원(다만, 대통령, 국무총리, 국무위원, 국회의원, 지방의회의원, 선거에 의하여 취임하는 지방자치단체의 장, 국회 부의장의 수석비서관·비서관·비서·행정보조요원, 국회 상임위원회·예산결산특별위원회·윤리특별위원회 위원장의 행정보조요원, 국회의원의 보좌관·비서관·비서, 국회 교섭단체대표의원의 행정비서관, 국회 교섭단체의 정책연구위원·행정보조요원과 「고등교육법」 제14조(교직원의 구분)제1항·제2항의 규정에 의한 총장·학장·교수·부교

---

25) 종전의 정당법은 국회의원 선거권이 있는 자로 규정하여 18세 이상의 국민에게만 정당의 가입을 허용하고 있었으나, 공직선거법의 개정으로 18세 청소년도 국회의원, 지방자치단체의 장 및 지방의회의원 선거에 출마할 수 있게 된 바, 해당 선거에 출마하고자 하는 청소년이 정당에 가입하여 정당 추천 후보자로서 공직선거에 출마할 수 있는 길을 열어주어야 할 필요성이 있어 정당의 당원이 될 수 있는 사람의 연령을 16세 이상으로 하향하여 청소년의 참정권을 확대하고 민주주의 발전에 긍정적 효과를 미치게 하려고 개정하였다(법률 제18792호, 2022. 1. 21. 개정·시행). 참고로 영국의 노동당 15세, 독일의 기민당 16세, 사민당 14세, 프랑스와 호주의 경우 일부 정당들은 당원가입에 연령제한이 없다.

수 · 조교수인 교원을 제외한다), 2 총장 · 학장 · 교수 · 부교수 · 조교수를 제외한 사립학교의 교원, 3. 법령의 규정에 의하여 공무원의 신분을 가진 자, 4. 대한민국 국민이 아닌 자(외국인과 무국적자) 등이다. 그리고 누구든지 2 이상의 정당의 당원이 되지 못한다(정당법 제42조 제2항).

2. 정당성립의 절차적 요건

(1) 등 록

우리 정당법은 정당은 중앙당이 중앙선거관리위원회에 등록함으로써 성립한다고 규정하여 등록주의를 채택하고 있다(정당법 제4조 제1항).

등록은 확인적 성격으로 보는 견해가 통설이다. 올바른 정당제도의 육성과 질서유지를 위하여 최소한 필요한 등록제를 채택하는 것은 허용된다고 보는 것이 다수설 및 판례의 태도이다. 그러나 등록요건이 지나치게 까다로워 사실상의 허가제를 인정하는 것으로 허용되지 않는다고 본다.

판례 정당등록주의는 합헌

"이 사건 법률조항이 비록 정당으로 등록되기에 필요한 요건으로서 5개 이상의 시 · 도당 및 각 시 · 도당마다 1,000명 이상의 당원을 갖출 것을 요구하고 있기 때문에 국민의 정당설립의 자유에 어느 정도 제한을 가하는 점이 있는 것은 사실이나, 이러한 제한은 '상당한 기간 또는 계속해서', '상당한 지역에서' 국민의 정치적 의사형성 과정에 참여해야 한다는 정당의 개념표지를 구현하기 위한 합리적인 제한이라고 할 것이므로, 그러한 제한은 헌법적으로 정당화된다고 할 것이다."

헌재 2006. 3. 30. 2004헌마246

판례 정당설립의 자유의 주체

"정당설립의 자유는 그 성질상 등록된 정당에게만 인정되는 기본권이 아니라 청구인과 같이 등록정당은 아니지만 권리능력 없는 사단의 실체를 가지고 있는 정당에게도 인정되는 기본권"[26]

헌재 2006. 3. 30. 2004헌마246

---

26) 정당의 등록은 정당에 대한 국고보조 등과 관련한 일정한 법률상의 혜택을 받기 위한 조건으로 이해되어야지, 정당의 정치활동 자체가 가능하기 위한 요건으로 인정되어서는 안 된다는 주장이 있다(장영수, 제7판 헌법학, 홍문사, 2012, 266면).

판례 경찰청장은 퇴직일부터 2년 이내에는 정당의 발기인이 되거나 당원이 될 수 없도록 규정한 경찰법 제11조 제4항의 위헌여부

헌법재판소는 입법목적의 정당성은 인정되지만, 수단의 적합성 및 평등의 원칙에 위배된다고 본 사건에서 다음과 같이 판시하였다. 즉, "민주적 의사형성과정의 개방성을 보장하기 위하여 정당설립의 자유를 최대한으로 보호하려는 헌법 제8조의 정신에 비추어, 정당의 설립 및 가입을 금지하는 법률조항은 이를 정당화하는 사유의 중대성에 있어서 적어도 '민주적 기본질서에 대한 위반'에 버금가는 것이어야 한다고 판단된다. 다시 말하면, 오늘날의 의회민주주의가 정당의 존재 없이는 기능할 수 없다는 점에서 심지어 '위헌적인 정당을 금지해야 할 공익'도 정당설립의 자유에 대한 입법적 제한을 정당화하지 못하도록 규정한 것이 헌법의 객관적인 의사라면, 입법자가 그 외의 공익적 고려에 의하여 정당설립금지조항을 도입하는 것은 원칙적으로 헌법에 위반된다." 헌재 1999. 12. 23. 99헌마135

(2) 이원주의(중앙당과 시·도당의 별도 등록)

중앙당은 중앙선거관리위원회에 등록(정당법 제4조, 등록신청사항은 제12조), 시·도당의 창당에는 중앙당 또는 그 창당준비위원회의 승인이 있어야 하는데(제9조), 창당준비위원회가 창당준비를 완료한 때에는 그 대표자는 관할 선거관리위원회에 정당의 등록을 신청하여야 한다(제11조, 시·도당의 등록신청사항은 제13조). 등록신청을 받은 관할 선거관리위원회는 형식적 요건을 구비하는 한 이를 거부하지 못한다. 다만, 형식적 요건을 구비하지 못한 때에는 상당한 기간을 정하여 그 보완을 명하고, 2회 이상 보완을 명하여도 응하지 아니할 때에는 그 신청을 각하할 수 있다(제15조).

(3) 합당의 경우

정당이 새로운 당명으로 합당(신설합당)하거나 다른 정당에 합당(흡수합당)될 때에는 합당을 하는 정당들의 대의기관이나 그 수임기관의 합동회의의 결의로써 합당할 수 있다(제20조 제1항).

1) 신설합당

신설합당의 경우 정당의 대표자는 합동회의의 결의가 있은 날부터 14일 이내에 그 회의록 사본을 첨부하여 중앙선거관리위원회에 중앙당의 등록신청사항의 규정에 의한 등록신청을 하여야 한다(제20조 제1항).[27]

---

27) 신설합당의 경우 시·도당의 소재지와 명칭, 시·도당의 대표자의 성명·주소는 등록신청일부터 120일 이내에 보완할 수 있다(제20조 제2항).

2) 흡수합당

흡수합당으로 존속하는 정당의 대표자는 합동회의의 결의가 있은 날부터 14일 이내에 그 회의록 사본을 첨부하여 합당된 사유를 중앙선거관리위원회에 신고하여야 한다(제20조 제4항).

3) 합당의 효과

정당의 합당이 성립한 경우에는 그 소속 시·도당도 합당한 것으로 본다. 다만, 신설합당인 경우에는 합당등록신청일부터 3월 이내에 시·도당 개편대회를 거쳐 변경등록신청을 하여야 한다(제19조 제3항). 신설합당된 정당이 이 기간 이내에 변경등록신청을 하지 아니한 경우에는 그 기간만료일의 다음날에 당해 시·도당은 소멸된 것으로 본다(제19조 제4항). 합당으로 신설 또는 존속하는 정당은 합당 전 정당의 권리·의무를 승계한다(제19조 제5항). 합당의 경우 합당 전 정당의 당원은 합당된 정당의 당원이 된다. 이 경우 합당 전의 입당원서는 합당된 정당의 입당원서로 본다(제21조).

Ⅱ. 정당의 소멸(등록취소와 해산)

1. 정당의 등록취소

(1) 등록 취소사유

다음 사유가 발생한 경우에는 당해 선거관리위원회가 등록을 취소한다. 등록을 취소한 때에는 당해 선거관리위원회는 지체 없이 그 뜻을 공고하여야 한다.

1) 정당성립의 형식적 요건의 결여(정당법 제44조 제1항 제1호)

법정시·도당수(제17조) 및 시·도당의 법정당원수(제18조)의 요건을 구비하지 못하게 된 때. 다만, 요건의 흠결이 공직선거의 선거일 전 3월 이내에 생긴 때에는 선거일 후 3월까지, 그 외의 경우에는 요건흠결시부터 3월까지 그 취소를 유예한다.

2) 정치적 요건의 결여(정당법 제44조 제1항 제2호, 제3호)

최근 4년간 임기만료에 의한 국회의원선거 또는 임기만료에 의한 지방자치단체의 장선거나 시·도의회의원선거에 참여하지 아니한 때(제2호), 임기만료에 의한 국회의원선거에 참여하여 의석을 얻지 못하고 유효투표총수의 100분의 2 이상을 득표하지 못한 때(제3호)에는 등록을 취소한다. 이는 헌법 제8조 제2항의 취지(정치적 의사형성에 참여하는 데 필요한 조직보유)와 군소정당 난립방지라는 취지에서 그 헌법적 정당성을 인정할 수 있다.

(2) 등록취소된 정당의 잔여재산

등록이 취소된 정당의 잔여재산은 자진해산한 정당의 잔여재산과 마찬가지로 당헌이 정하는 바에 따르고, 당헌에 규정이 없으면 헌법재판소의 해산결정에 의하여 해산된 정당의 재산과 마찬가지로 국고에 귀속된다(정당법 제48조 제1항, 제2항).

2. 정당의 해산

(1) 자진해산

정당은 그 대의기관의 결의로써 해산할 수 있다. 해산한 때에는 그 대표자는 지체 없이 그 뜻을 관할 선거관리위원회에 신고하여야 한다(제45조).

(2) 강제해산

정당의 목적이나 활동이 민주적 기본질서에 위배될 때에는 정부는 헌법재판소에 그 해산을 제소할 수 있고, 정당은 헌법재판소에서 재판관 6인 이상의 찬성으로 결정, 해산된다(헌법 제8조 제4항, 제113조). 이는 '민주주의의 적에게는 자유가 없다'는 방어적 민주주의의 이념을 선언한 것인 동시에, 정당은 오로지 헌법재판소에 의해서만 강제해산될 수 있도록 한 것은 다른 결사에 비하여 정당의 존속의 특권을 보장하고 있는 것이다.

제6절 정당의 재원

Ⅰ. 정치자금의 의의와 규제의 필요성

1. 정치자금의 의의

정치인·정당 또는 그 밖의 정치단체가 정치활동을 하는 데는 정치자금이 필요한데, 정치자금법은 '정치자금'의 종류를 '당비, 후원금, 기탁금, 보조금과 정당의 당헌·당규 등에서 정한 부대수입 그 밖에 정치활동을 위하여 정당(중앙당 창당준비위원회를 포함), 공직선거에 의하여 당선된 자, 공직선거의 후보자 또는 후보자가 되고자 하는 자, 후원회·정당의 간부 또는 유급사무직원 그 밖에 정치활동을 하는 자에게 제공되는 금전이나 유가증권 또는 그 밖의 물건과 그 자의 정치활동에 소요되는 비용'으로 입법적으로 정의하고 있다(동법 제3조 제1호).

2. 정치자금 규제의 필요성

정치자금은 민주주의의 비용이지만, 정치자금을 조달하고 사용하는 과정에서 정치부패의 요인이 되기도 한다. 각국은 정치자금의 조달을 원활히 하면서도 정치적 부패를 방지하기 위한 입법을 하고 있다. 우리의 정치자금법도 정치자금법에 정하지 않는 방법으로 정치자금을 기부하거나 기부 받은 경우에는 5년 이하의 징역 또는 1천만원 이하의 벌금에 처하고, 제공된 재산상이익은 몰수 및 추징의 대상으로 하고 있다(정치자금법 제45조).

Ⅱ. 현행 정치자금법에 의한 정치자금원

1. 당 비

당비란 명목여하에 불구하고 정당의 당헌·당규 등에 의하여 정당의 당원이 부담하는 금전이나 유가증권 그 밖의 물건을 말한다(정치자금법 제3조 제3호). 정당의 회계책임자는 타인의 명의나 가명으로 납부된 당비는 국고에 귀속시켜야 한다(제4조 제2항). 정당의 회계책임자는 당비를 납부 받은 때에는 당해 연도말일(정당이 등록취소되거나 해산되는 경우에는 그 등록취소일 또는 해산일)까지 당비영수증을 당원에게 교부하고, 그 원부를 보관하여야 한다. 다만, 연간 10만원 이하의 당비를 납부한 당원이 그 당비영수증의 수령을 원하지 아니하는 경우에는 그러하지 아니하다(제5조 제1항).

2. 후원금

(1) 후원금의 개념

후원금은 정치자금법의 규정에 의하여 후원회에 기부하는 금전이나 유가증권 그 밖의 물건을 말한다.

(2) 후원회 지정권자

중앙당(중앙당창당준비위원회 포함), 국회의원(국회의원선거의 당선인 포함), 대통령선거의 후보자 및 예비후보자, 정당의 대통령선거후보자 선출을 위한 당내경선후보자, 지역선거구 국회의원선거의 후보자 및 예비후보자(후원회를 둔 국회의원의 경우 제외), 중앙당 대표자 및 중앙당 최고 집행기관의 구성원을 선출하기 위한 당내 경선후보자, 지역구지방의회의원선거의 후보자 및 예비후보자, 지방자치단체의 장 선거의 후보자 및 예비후보자(제6조)는 후원회 지정권자가 된다.

(3) 후원회 회원이 될 수 없는 자

누구든지 자유의사로 하나 또는 둘 이상의 후원회의 회원이 될 수 있다(제8조 제1항). 다만 기부의 제한(제31조 제1항)의 규정에 의하여 기부를 할 수 없는 자와 발기인 및 당원의 자격의 규정(정당법 제22조)에 의하여 정당의 당원이 될 수 없는 자는 후원회의 회원이 될 수 없다(제8조 제1항).

(4) 후원금한도

후원인이 후원회에 기부할 수 있는 후원금은 연간 2천만원을 초과할 수 없으며, 후원인이 하나의 후원회에 연간 기부할 수 있는 한도액은 ① 대통령후보자등·대통령선거경선후보자의 후원회에는 각각 1천만원, ② 제1호 외의 후원회에는 각각 500만원이다. 그리고 후원인은 1회 10만원 이하, 연간 120만원 이하의 후원금은 이를 익명으로 기부할 수 있다(제11조).

(5) 후원금모금방법

후원회는 우편·통신(전화, 인터넷전자결제시스템 등)에 의한 모금, 중앙선거관리위원회가 제작한 정치자금영수증과의 교환에 의한 모금 또는 신용카드·예금계좌 등에 의한 모금 그 밖에 이 법과 정당법 및 공직선거법에 위반되지 아니하는 방법으로 후원금을 모금할 수 있다. 다만, 집회에 의한 방법으로는 후원금을 모금할 수 없다(제14조).

3. 기탁금

기탁금은 정치자금을 정당에 기부하고자 하는 개인이 정치자금법의 규정에 의하여 선거관리위원회에 기탁하는 금전이나 유가증권 그 밖의 물건을 말한다(제3조 제5호). 기탁금을 기탁하고자 하는 개인(당원이 될 수 없는 공무원과 사립학교 교원 포함)은 각급 선거관리위원회(읍·면·동선거관리위원회를 제외)에 기탁하여야 하며, 1인이 기탁할 수 있는 기탁금은 1회 1만원 또는 그에 상당하는 가액 이상, 연간 1억원 또는 전년도 소득의 100분의 5 중 다액 이하로 한다(제22조 제1항, 제2항).

누구든지 타인의 명의나 가명 또는 그 성명 등 인적 사항을 밝히지 아니하고 기탁금을 기탁할 수 없다. 이 경우 기탁자의 성명 등 인적 사항을 공개하지 아니할 것을 조건으로 기탁할 수 있다(제22조 제3항).

중앙선거관리위원회는 기탁금의 모금에 직접 소요된 경비를 공제하고 지급 당시 보조금의 배분의 규정(제27조)에 의한 국고보조금 배분율에 따라 기탁금을 배분·지급한다. 중앙선거관리위원회가 기탁금을 배분·지급하는 때에는 1회 300만원을 초과하여 기탁한 자의 성명 등 인적 사항을 공개하여야 한다(비공개요구자 제외). 규정을 위반하여 기탁된 기탁금은 국고에 귀속한다.

판례 노동단체의 정치자금기부금지조항에 대한 헌법재판소의 위헌결정

"사용자의 이익을 대변하는 기업이나 사용자단체의 정치헌금을 허용하면서 유독 노동단체에게만 정치자금의 기부를 금지한 것은 노동단체로 하여금 정당에 영향력을 행사할 수 있는 정치활동의 영역을 다른 사회단체와 달리 차별대우하고 있다고 볼 수밖에 없다."[28)]

헌재 1999. 11. 25. 95헌마154

4. 국고보조금

(1) 보조금의 개념

"보조금"이라 함은 정당의 보호·육성을 위하여 국가가 정당에 지급하는 금전이나 유가증권을 말한다(정치자금법 제3조 제6호).

(2) 보조금의 계상(정치자금법 제25조)

1) 국가는 정당에 대한 보조금으로 최근 실시한 임기만료에 의한 국회의원선거의 선거권자 총수에 보조금 계상단가를 곱한 금액을 매년 예산에 계상하여야 한다. 이 경우 임기만료에 의한 국회의원선거의 실시로 선거권자 총수에 변경이 있는 때에는 당해 선거가 종료된 이후에 지급되는 보조금은 변경된 선거권자 총수를 기준으로 계상하여야 한다.

---

28) 위헌결정 후 2000. 2. 16. 정치자금법을 개정하여 "정치자금을 기부하고자 하는 노동조합은 정치자금의 기부를 위한 별도의 기금을 설치·관리하여야 한다"는 규정을 신설하였으나(제12조), 2004. 3. 12. 정치자금법개정으로 법인 단체의 정치자금기부행위는 일절 금지되었다. 즉, 법은 "① 외국인, 국내·외의 법인 또는 단체는 정치자금을 기부할 수 없다. ② 누구든지 국내·외의 법인 또는 단체와 관련된 자금으로 정치자금을 기부할 수 없다"고 기부제한규정을 두고 있다(제31조).

2) 대통령선거, 임기만료에 의한 국회의원선거 또는 공직선거법 제203조(동시선거의 범위와 선거일) 제1항의 규정에 의한 동시지방선거가 있는 연도에는 각 선거(동시지방선거는 하나의 선거로 본다)마다 보조금 계상단가를 추가한 금액을 제1항의 기준에 의하여 예산에 계상하여야 한다.

3) 제1항 및 제2항에 따른 보조금 계상단가는 전년도 보조금 계상단가에 통계법 제3조에 따라 통계청장이 매년 고시하는 전전년도와 대비한 전년도 전국소비자물가변동률을 적용하여 산정한 금액을 증감한 금액으로 한다.

4) 중앙선거관리위원회는 제1항의 규정에 의한 보조금(경상보조금)은 매년 분기별로 균등분할하여 정당에 지급하고, 제2항의 규정에 의한 보조금(선거보조금)은 당해 선거의 후보자등록마감일 후 2일 이내에 정당에 지급한다.

(3) 공직후보자 여성추천보조금(정치자금법 제26조)

1) 국가는 임기만료에 의한 지역구국회의원선거, 지역구시·도의회의원선거 및 지역구자치구·시·군의회의원선거에서 여성후보자를 추천하는 정당에 지급하기 위한 보조금으로 최근 실시한 임기만료에 의한 국회의원선거의 선거권자 총수에 100원을 곱한 금액을 임기만료에 의한 국회의원선거, 시·도의회의원선거 또는 자치구·시·군의회의원선거가 있는 연도의 예산에 계상하여야 한다.

2) 여성추천보조금은 제1항의 규정에 의한 선거에서 여성후보자를 추천한 정당에 대하여 일정의 기준에 따라 배분·지급한다. 이 경우 지역구시·도의회의원선거와 지역구자치구·시·군의회의원선거에서의 여성추천보조금은 제1항의 규정에 의하여 당해연도의 예산에 계상된 여성추천보조금의 100분의 50을 각 선거의 여성추천보조금 총액으로 한다.

3) 여성추천보조금은 임기만료에 의한 지역구국회의원선거, 지역구시·도의회의원선거 또는 지역구자치구·시·군의회의원선거의 후보자등록마감일 후 2일 이내에 정당에 지급한다.

(4) 공직후보자 장애인추천보조금(정치자금법 제26조의2)

1) 국가는 임기만료에 의한 지역구국회의원선거, 지역구시·도의회의원선거 및 지역구자치구·시·군의회의원선거에서 장애인후보자(후보자 중 「장애인복지법」 제32조에 따라 등록된 자를 말한다)를 추천한 정당에 지급하기 위한 보조금(이하 "장애인추천보조금"이라 한다)으로 최근 실시한 임기만료에 의한 국회의원선거의 선거권자 총수에 20원을 곱한 금액을 임기만료에 의한 국회의원선거, 시·도의회의원선

거 또는 자치구 · 시 · 군의회의원선거가 있는 연도의 예산에 계상하여야 한다.

2) 장애인추천보조금은 제1항에 따른 선거에서 장애인후보자를 추천한 정당에 대하여 다음 각 호의 기준[29)]에 따라 배분 · 지급한다. 이 경우 지역구시 · 도의회의원선거와 지역구자치구 · 시 · 군의회의원선거에서의 장애인추천보조금은 제1항에 따라 해당 연도의 예산에 계상된 장애인추천보조금의 100분의 50을 각 선거의 장애인추천보조금 총액으로 한다.

3) 장애인추천보조금은 임기만료에 의한 지역구국회의원선거, 지역구시 · 도의회의원선거 또는 지역구자치구 · 시 · 군의회의원선거의 후보자등록마감일 후 2일 이내에 정당에 지급한다.

(5) 보조금의 배분(정치자금법 제27조)

1) 경상보조금과 선거보조금은 지급 당시 국회법 제33조(교섭단체) 제1항 본문의 규정에 의하여 동일 정당의 소속의원으로 교섭단체를 구성한 정당에 대하여 그 100분의 50을 정당별로 균등하게 분할하여 배분 · 지급한다.

2) 보조금 지급 당시 제1항의 규정에 의한 배분 · 지급대상이 아닌 정당으로서 5석 이상의 의석을 가진 정당에 대하여는 100분의 5씩을, 의석이 없거나 5석 미만의 의석을 가진 정당 중 일정경우에 해당하는 정당에 대하여는 보조금의 100분의 2씩을 배분 · 지급한다.

3) 제1항 및 제2항의 규정에 의한 배분 · 지급액을 제외한 잔여분 중 100분의 50은 지급 당시 국회의석을 가진 정당에 그 의석수의 비율에 따라 배분 · 지급하고, 그 잔여분은 국회의원선거의 득표수 비율에 따라 배분 · 지급한다.

4) 선거보조금은 당해 선거의 후보자등록마감일 현재 후보자를 추천하지 아니한 정당에 대하여는 이를 배분 · 지급하지 아니한다.

---

29) 1. 장애인후보자를 전국지역구총수의 100분의 5 이상 추천한 정당이 있는 경우는 장애인추천보조금 총액의 100분의 50은 지급 당시 정당별 국회의석수의 비율에 따라, 그 잔여분은 최근 실시한 국회의원선거의 득표수 비율에 따라 배분 · 지급한다. 2. 장애인후보자를 전국지역구총수의 100분의 5 이상 추천한 정당이 없는 경우는 (1) 장애인후보자를 전국지역구총수의 100분의 3 이상 100분의 5 미만을 추천한 정당에게는 장애인추천보조금은 총액의 100분의 50을 지급하되, 그 금액의 100분의 50은 지급 당시 정당별 국회의석수의 비율에 따라, 그 잔여분은 최근 실시한 국회의원선거의 득표수 비율에 따라 배분 · 지급하며, (2) 장애인후보자를 전국지역구총수의 100분의 1 이상 100분의 3 미만을 추천한 정당에게는 장애인추천보조금은 총액의 100분의 30을 지급하되, 그 금액의 100분의 50은 지급 당시 정당별 국회의석수의 비율에 따라, 그 잔여분은 최근 실시한 국회의원선거의 득표수 비율에 따라 배분 · 지급한다. 이 경우 하나의 정당에 배분되는 장애인추천보조금은 (1)에 따라 각 정당에 배분되는 장애인추천보조금 중 최소액을 초과할 수 없다.

(6) 보조금의 용도제한 등(정치자금법 제28조)

1) 보조금은 정당의 운영에 소요되는 경비로서 다음 각 호에 해당하는 경비(1. 인건비, 2. 사무용 비품 및 소모품비, 3. 사무소 설치 · 운영비, 4. 공공요금, 5. 정책개발비, 6. 당원 교육훈련비, 7. 조직활동비, 8. 선전비, 9. 선거관계비용) 외에는 사용할 수 없다.

2) 경상보조금을 지급받은 정당은 그 경상보조금 총액의 100분의 30 이상은 정책연구소(정당법 제38조)에, 100분의 10 이상은 시 · 도당에 배분 · 지급하여야 하며, 100분의 10 이상은 여성정치발전을 위하여 사용하여야 한다.

3) 정당은 소속 당원인 공직선거의 후보자 · 예비후보자에게 보조금을 지원할 수 있으며, 여성추천보조금은 제1항의 규정에 불구하고 여성후보자의 선거경비로 사용하여야 한다.

4) 각급 선거관리위원회(읍 · 면 · 동선거관리위원회를 제외) 위원 · 직원은 보조금을 지급받은 정당 및 이의 지출을 받은 자 그 밖에 관계인에 대하여 감독상 또는 이 법의 위반 여부를 확인하기 위하여 필요하다고 인정하는 때에는 보조금 지출에 관하여 조사할 수 있다.

제7절 위헌정당해산제도

Ⅰ. 위헌정당해산조항의 성격

정당의 특권(존속의 특권)을 규정한 규정인 동시에 정당활동의 한계를 규정한 규정이다. 특히, 정당해산심판제도는 정부의 일방적인 행정처분에 의해 진보적 야당이 등록취소되어 사라지고 말았던 우리 현대사에 대한 반성의 산물로서 제3차 헌법 개정을 통해 헌법에 도입된 것이다.[30)]

Ⅱ. 정당해산의 (실질적) 요건

1. 정 당

정당해산의 대상이 되는 정당은 등록을 필한 기성의 정당을 말한다. 정당의 청년조직이나 정당훈련원, 정당출판사, 정책연구소 등과 같은 정당의 하부조직이나

30) 헌재 2014. 12. 19. 2013헌다1.

특수조직 또는 부분조직은 정당의 범위에 포함된다. 그러나 정당의 방계조직, 위장조직, 대체정당은 제21조의 일반결사에 불과하므로 제8조 제4항의 보호대상이 아니다.

문제는 창당준비위원회가 결성되어 있고 정당의 실질적 요건을 충족하였으나 등록을 마치지 않은 이른바 '결성단계에 있는 정당'은 정당해산의 대상이 되는 정당으로 볼 수 있는가이다. 결성단계에 있는 정당은 행정처분의 대상이 된다는 견해[31]가 있으나, 창당신고 후 정당법의 성립요건을 구비하고 등록절차를 준비 중인 것이라면 정당에 준하는 것으로 동일하게 취급하는 것이 타당하다고 생각한다. 왜냐하면 반대당 결성에 대한 사전방해를 방지하고 정당설립의 자유가 실질적으로 보장될 수 있을 뿐만 아니라,[32] 정당의 특권은 정당의 표지를 충족함으로써 자동적으로 발생하는 것이지 법률상 제도인 등록 여부에 의하여 좌우되는 것은 아니기 때문이다.[33]

2. 정당의 목적과 활동

정당의 목적을 인식할 수 있는 자료는 당의 강령, 기관지, 당헌, 당수나 당간부의 행동이나 연설 등을 종합적으로 고찰하여 판단한다. 정당의 기본방침에 반한 일부 구성원의 일탈행위는 해산사유가 될 수 없다. 또한 비민주적 성향은 정당정책에 명시적으로 나타나야 하며 잠재적 경향만으로는 부족하다.

3. 민주적 기본질서의 위배

정당의 목적이나 활동이 민주적 기본질서에 위배되어야 한다. 민주적 기본질서에 관해서는 학설이 대립한다. ① 자유민주적 기본질서만을 의미한다는 견해, ② 자유민주적 기본질서뿐만 아니라 사회민주적 기본질서까지를 포함한다는 견해, ③ 자유민주주의와 사회민주주의를 내포하는 상위개념 내지 공통개념이기 때문에 정당은 자유민주주의와 나란히 또는 결합하여 사회민주주의를 추구할 수 있음은 물론 택일적으로도 그 추구가 가능하다는 견해 등이 그것이다. 양자에 공통되는 민주주의의 기본원리를 의미하며 그런 점에서 자유민주적 기본질서와 사회민주적 기본질서에 개방된, 말하자면 자유민주적 기본질서와 사회민주적 기본질서 중 선택을 허용하는 민주적 기본질서를 의미한다고 보는 것이 타당하다고 본다(민주적 기

31) 김철수, 앞의 책(상), 231면. 실제로는 중앙당 결성이 저지될 것으로 보인다고 한다.
32) 권영성, 신고 헌법학연습, 법문사, 1998, 28면.
33) 김학성·최희수, 전정 4판[2020년판] 헌법학원론, 피앤씨미디어, 2020, 170－171면.

본질서 참조).[34)]

또한 민주적 기본질서의 '위배'란, 민주적 기본질서에 대한 단순한 위반이나 저촉을 의미하는 것이 아니라, 민주사회의 불가결한 요소인 정당의 존립을 제약해야 할 만큼 그 정당의 목적이나 활동이 우리 사회의 민주적 기본질서에 대하여 실질적인 해악을 끼칠 수 있는 구체적 위험성을 초래하는 경우를 가리킨다.[35)]

Ⅲ. 정당해산의 절차

1. 정당해산의 제소

(1) 제소권자

위헌정당해산의 제소권은 정부에게 있다(헌법 제8조 제4항, 헌재법 제55조). 대통령은 제소에 앞서 국무회의의 심의를 거쳐야 한다(헌법 제89조 14호). 위헌제소는 정부의 의무인가? 이와 관련하여 ① 정부의 의무이고 권한이라는 견해,[36)] ② 정당해산의 제소 여부는 정부의 자유재량이라는 견해[37)]가 대립하고 있다. 정부의 재량으로 보는 것이 다수설이다.

위헌정당해산제도는 자유민주적 기본질서의 수호를 위한 최후적・보충적 수단의 성격을 갖는다는 점과 헌법규정의 문언을 기초로 해석한다면 정부의 제소권행사 여부는 재량사항이라고 해야 할 것이다. 그러나 헌법상 위헌정당의 해산제소 여부는 정부의 전속적 권한사항으로 되어 있음에 비추어 해산제소는 엄격하고 신중하게 결정되어야 할 것이다. 자칫 해산제소권의 남용은 헌법상 정당의 특별보호의 의미를 무력화시킬 소지가 있으며, 반대로 해산제소권 불행사가 궁극적으로 민주적 기본질서를 어지럽히는 결과를 초래하여서도 안 될 것이다. 따라서 정부의 책임성이 강조된다.[38)]

(2) 정당해산의 결정

정당해산의 인용결정에는 헌법재판소 9인의 재판관 중 6인 이상의 찬성을 요한다. 정당해산제도에는 가처분제도가 인정되며,[39)] 일사부재리의 원칙도 인정된다.

34) 민주주의원리 중 민주적 기본질서 참조.
35) 헌재 2014. 12. 19. 2013헌다1.
36) 권영성, 앞의 책, 196면.
37) 김철수, 앞의 책(상), 232면; 허영, 앞의 책, 908면.
38) 성낙인, 앞의 책, 249면.
39) "헌법재판소는 정당해산심판의 청구를 받은 때에는 직권 또는 청구인의 신청에 의하여 종국결정의 선고 시까지 피청구인의 활동을 정지하는 결정을 할 수 있다"(헌법재판소법 제57조).

또한 민사소송에 관한 법령과 행정소송법을 준용한다. 헌법재판소는 정당해산심판에 대한 결정서의 등본을 정부와 당해 정당의 대표자, 국회, 중앙선거관리위원회에 통지하여야 한다.

(3) 정당등록의 말소

헌법재판소에 의하여 위헌정당으로 해산된 정당의 해산집행은 중앙선거관리위원회가 한다.

Ⅳ. 정당해산의 효과

1. 창설적 효력

해산결정의 선고를 받은 정당은 선고와 동시에 불법결사가 되며, 정당으로서의 특권을 상실한다. 중앙선거관리위원회의 해산공고는 선언적·확인적 효력밖에 없다.

2. 대체정당의 금지

정당이 헌법재판소의 결정으로 해산된 때에는 해산된 정당의 강령(또는 기본정책)과 동일하거나 유사한 것으로 정당을 창당하지 못한다(정당법 제40조). 대체정당은 해산된 정당을 대신하여 해산된 정당의 이념을 계속 추구하기 위해 만들어진 정당이기 때문에 금지된다. 대체정당은 헌법 제8조 제4항의 특권이 부여되지 않으므로 행정처분에 의해서 해산될 수 있다.

헌법재판소의 결정에 의하여 해산된 정당의 명칭과 같은 명칭은 정당의 명칭으로 다시 사용하지 못한다(제41조 제2항). 이에 비하여 중앙선거관리위원회에 의하여 등록이 취소된 정당의 명칭은 등록이 취소된 날부터 최초로 실시되는 국회의원임기만료에 의한 선거일까지 사용할 수 없다.

3. 정당재산의 국고귀속

해산된 정당의 재산은 국고에 귀속된다(제48조 제1항). 중앙선거관리위원회에 의하여 등록이 취소된 정당의 재산은 당헌의 규정에 따라 처리하고 잔여재산이 있으면 국고

가처분결정으로 위헌정당의 활동을 조속히 차단함으로써 방어적 민주주의를 실현할 수 있으나, 가처분결정을 받은 정당은 사실상 그 기능을 상실하게 되므로 가처분결정은 신중하게 이루어져야 한다. 통합진보당 사건에서 헌법재판소는 정부의 가처분신청을 본안결정의 날 기각한 바 있다(헌재 2014. 11. 19. 2013헌사907).

에 귀속되나, 헌법재판소에 의해 강제해산된 경우에는 정당의 모든 재산이 국고에 귀속된다.

4. 소속의원의 자격상실 여부

헌법재판소법이나 정당법 등 법에 규정이 없어 학설이 대립한다. 상실설[40]은 정당제 민주주의원리와 방어적 민주주의원리, 위헌정당해산제도의 실효성 확보 등을 이유로 정당구성원인 의원의 직도 상실하여야 한다고 주장하다. 반면, 비상실설[41]은 국회의원의 국민대표성과 무기속위임원칙을 중시하고, 현행법상 무소속 입후보의 허용을 근거로 무소속의원으로 남는다고 한다. 원칙적으로 의원자격을 상실하지는 않으나, 비례대표 국회의원의 경우에는 정당대표성이 강하므로 예외적으로 의원직을 상실한다고 보는 견해도 있다.

의원직 상실의 문제는 대의제 및 자유위임의 원칙, 정당제 민주주의에서의 정당기속의 강약 정도에 따라 달리 고찰될 수 있다. 독일의 경우 1952년 SRP판결에서는 해산된 SRP소속의 연방의회 또는 주의회의원은 의원자격을 상실한다고 판시하였고,[42] 그 후 연방선거법과 주선거법 등에서는 명문규정으로 상실규정을 두고 있다. 우리 헌법재판소도 통합진보당 해산결정시 의원직을 상실시킨 바 있다. 즉, "헌법재판소의 해산결정으로 정당이 해산되는 경우에 그 정당 소속 국회의원이 의원직을 상실하는지에 대하여 명문의 규정은 없으나, 정당해산심판제도의 본질은 민주적 기본질서에 위배되는 정당을 정치적 의사형성과정에서 배제함으로써 국민을 보호하는 데에 있는데 해산정당 소속 국회의원의 의원직을 상실시키지 않는 경우 정당해산결정의 실효성을 확보할 수 없게 되므로, 이러한 정당해산제도의 취지 등에 비추어 볼 때 헌법재판소의 정당해산결정이 있는 경우 그 정당 소속 국회의원의 의원직은 당선 방식을 불문하고 모두 상실되어야 한다"고 판시하였다.[43] 입법으로 명시적으로 해결하는 것이 바람직하다고 생각한다.

40) 권영성, 앞의 책, 197면; 허영, 앞의 책, 909면; 홍성방, 앞의 책(상), 146면.
41) 김철수, 앞의 책(상), 232면; 계희열, 앞의 책(상), 301면. 계교수는 상실설에 따르면 탈당하거나 제명되는 경우에도 의원직을 상실하는 것이 마땅하나 그렇게 되면 많은 문제가 제기된다고 한다.
42) BVerfGE 2, 73; 5, 392
43) 헌재 2014. 12. 19. 2013헌다1.

제3장 선거제도

제1절 대의제와 선거제도

대의제도에 바탕을 둔 통치구조 내에서 선거제도는 그 필수불가결한 조직원리를 의미한다. 대의제도는 선거를 통해서만 실현될 수 있는 통치기관의 구성원리로서 선거제도 없는 대의제도를 상상할 수 없기 때문이다.[1)]

판례 선거제도와 민주적 정당성

"민주국가에서의 국민주권의 원리는 무엇보다도 대의기관의 선출을 의미하는 선거와 일정사항에 대한 국민의 직접적 결단을 의미하는 국민투표에 의하여 결정된다. 특히 선거는 오늘날의 대의민주주의 하에서 주권자인 국민이 주권을 행사할 수 있는 가장 의미 있는 수단이며, 모든 국민이 선거권과 피선거권을 가지며 균등하게 선거에 참여할 기회를 가진다는 것은 민주국가에서 국가권력의 민주적 정당성을 담보하는 불가결의 전제이다."

헌재 2003. 9. 25. 2003헌마106

제2절 선거의 의의와 기능

Ⅰ. 선거의 의의

선거는 다수의 선거인에 의한 공무원선임행위(대표할 국가기관 선임행위)를 말하며, 선거에서 선거인이 누구를 대표자로 선택할 것인가에 대한 의사표시를 투표라

1) 몽테스키외는 그의 저서 '법의 정신'에서 민주국가에 있어서의 선거를 군주국가의 왕위계승법에 비유하고 있으며, 바두라(P. Badura)는 "민주주의는 선거를 먹고 산다"고 표현한 바 있다.

한다. 즉, 선거는 집합적 합성행위(합동행위적 다수의사의 표명)로 개별적 투표행위, 공무원임명행위(하향식 선임행위), 위임행위(특정의 공무수행을 위임) 등과 구별된다.

선거는 주권자인 국민이 그들을 대신하여 국정을 담당할 대표자를 선출하는 창설적 행위이다.[2)]

Ⅱ. 기 능

1. 국민주권을 실현하는 기능

선거제도는 국민의 참정권을 실현시킴으로써 국가권력의 창설과 국가 내에서 행사되는 모든 권력의 최후적 정당성을 국민의 정치적인 공감대에 귀착시키게 하는 통치기구의 조직원리라는 점에서 국민의 참정권과 불가분의 관계에 있다(대표자의 선출 및 국가권력 행사의 정당성 부여기능).

2. 대표자에 대한 통제기능

선거는 자유위임의 원칙에 따라 국민의 의사에 직접 구속됨이 없이 활동하는 대표자에 대해 통제의 기능도 갖는다. 즉, 임기의 한정과 선거의 주기적인 반복에 의한 정당성의 갱신을 통하여 대표에 대한 통제의 기능을 수행한다.

3. 주권의식과 민주의식의 기능

선거의 과정을 통하여 국민의 주권의식과 민주의식이 고양될 수 있으며, 또한 선거가 국가적·국민적 일체감의 조성과 통합에 기여하는 기능을 가진다.

4. 소수자 보호기능

선거는 소수자가 다수자가 될 수 있는 기회균등을 보장해 주는 제도이며 동시에 소수자를 보호하는 제도이다.

---

2) 선거를 형식적 의미만으로 이해할 경우 '국민이 선출한 대표자이니까 국민은 대표자를 무조건 따라야 한다'거나 '대표자의 잘못은 결국 그들을 선출한 국민의 책임이니 감수해야 한다'고 잘못 이해할 수 있기 때문에, 민주적 헌법국가에서는 선거가 갖는 의의 및 그 바탕이 되고 있는 국민과 대표자의 관계를 전체적으로 그리고 실질적으로 파악하는 것이 중요하다(장영수, 제7판 헌법학, 홍문사, 2012, 284면).

5. 혁명 · 쿠데타의 예방기능

선거제도는 선거를 통한 입법 · 집행부의 쇄신, 선거에 나타난 민의에 따른 정치를 통하여 지배의 장기화 방지기능도 한다. 한편, 선거는 국민의 무관심, 금력, 폭력 등의 개입으로 공정성이 상실될 경우에는 지배자의 지배를 정당화시켜 주는 도구로 타락할 우려가 있다(선거의 역기능).

판례 선거제도의 목적

"민주주의의 기본적 가치라고 할 수 있는 주권재민의 원리(헌법 제1조)가 현실적인 제도로 구체적으로 현출되는 것이 선거제도이고 선거법이다. 권력원리, 주권원리를 그 실질성과 구체성이 배제된 단편적인 자연법론에 따른 형식적 추상적 국민주권론의 입장에서만 파악하여 선거법을 다룰 것이 아니라, 유권자에게 사회발전에 부응해 갈 수 있도록 주권의 행사를 실질적으로 할 수 있게 제도와 권리를 보장하여 새로운 정치질서를 형성해 갈 수 있게 하는 것이 우리 헌법상의 국민주권을 실질화하는 것이며, 우리 헌법전문과 본문의 원칙에 부합되는 것이라는 논리 위에서 선거법을 보고 다루어야 한다." 헌재 1989. 9. 8. 88헌가6

제3절 선거인과 대표기관의 관계
- 법적 유대관계를 인정할 수 있는가? -

Ⅰ. 학 설

선거인과 당선인(대표자) 간에는 선거를 통하여 어떠한 법률관계가 형성되는가가 문제된다.

1. 무관계설

대표자의 의사결정은 선거인의 의사와 법적으로 전혀 관계없이 행해지기 때문에 의회의 의사와 국민의 의사 간에는 전혀 법적 관계가 없다고 한다.

2. 강제위임설

선거로 선출된 대표기관에게 국민의 권리를 강제위임하는 관계가 형성되는 것으로 보는 견해이다. 즉, 선거인의 지시나 명령에 강제적으로 따라야 할 관계가 선거로 형성된다고 본다. 선거인과 대표자의 관계는 국가기관 상호간의 관계의 성질을 가진다고 본다.

3. 대표위임설

국민과 대표자의 관계를 전혀 무관한 것으로 보지 않고, 또한 강제적으로 국민의 권한을 위임한 관계로도 보지 않는 설로, 이 설에도 정치적·도의적 대표설과 법적 대표설로 나뉜다. 즉, 선임된 자는 헌법에 의하여 국민대표기관으로서의 국회의 구성원이나 국가대표기관으로서의 대통령으로 지정되어 헌법에 규정된 국가권력을 헌법에 의하여 국민에 대신해서 행사하는 것이라는 헌법적 대표설[3]과 선거인과 대표자의 관계는 무기속위임을 원칙으로 하기 때문에 법적 대표관계가 아니라 대표자에게 선거인의 의사를 존중해야 할 정치적 책임을 지우는 정치적·도의적 대표설[4]이 대립한다.

Ⅱ. 소 결

오늘날은 중세기의 등족회의시대에 있었던 강제위임의 관념을 부인하는 데 이설이 없다. 또한 대표자는 국민의 의사를 국정에 반영할 최소한의 관계는 인정될 수 있기 때문에 무관계설도 타당치 못하다. 선거인과 대표자의 관계는 무기속위임[5]을 원칙으로 하기 때문에 대표자는 국민의 의사를 존중하고 국민의 의사를 국정에 반영할 정치적·도의적 의무를 진다고 볼 때 법적 대표로 보기 어렵고 정치적·도의적 대표라고 보는 것이 타당하다.

제4절 선거의 기본원칙

선거의 기본원칙은 선거 전 과정에 걸쳐 지켜져야 할 기본수칙이다. 오늘날 선거의 기본원칙으로 보통·평등·직접·비밀·자유선거의 원칙이 승인되어 있다. 현행헌법은 국민의 보통·평등·직접·비밀선거를 선거의 기본원칙으로 규정하고

3) 김철수, 학설·판례 헌법학(상), 박영사, 2008, 242면.
4) 권영성, 헌법학원론, 법문사, 2010, 202면.
5) "공무원은 국민전체에 대한 봉사자이며……"라는 헌법규정(제7조 제1항)과 "국회의원은 국가이익을 우선하여 양심에 따라 직무를 행한다"는 규정(제46조 제2항)은 무기속위임의 근거규정으로 볼 수 있다.

있다(제41조 제1항, 제67조 제1항). 이러한 선거의 기본원칙은 선거권뿐 아니라 입후보 등 피선거권에 대해서도 그리고 그 외 선거전반에 대해서 적용된다.

판례 선거의 기본원칙

"국민 각자가 근대 의회제도의 원리로서의 민주적 참정은 국가구성원으로의 개인이 정치에 참여하는 것을 의미한다. 즉 근대적 대의제도는 국가의 정치적 단위로 개인만을 인정한다. 따라서 현대 선거제도의 원리는 그 개인의 민주주의적 정치 참여의 실현을 기하는 정치원리로 국민 각자의 인격주의에 바탕을 두고 있다. 현대 선거제도를 지배하는 보통, 평등, 직접, 비밀, 자유선거의 다섯 가지 원칙은 국민 각자의 인격의 존엄성을 인정하고 그 개인을 정치적 단위로 모든 사람에게 자유로운 선거와 참여의 기회를 균등하게 헌법이 보장하는 데에 기초를 두고 있다. 이러한 선거제도의 근본원칙은 선거인, 입후보자와 정당은 물론 선거절차와 선거관리에도 적용되며, 선거법을 제정하고 개정하는 입법자의 입법형성권 행사에도 당연히 준수하여야 한다."

헌재 1989. 9. 8. 88헌가6

Ⅰ. 보통선거

보통선거란 제한선거에 대비되는 것으로 재력이나 납세액 또는 그 밖의 사회적 신분・인종・성별・교육 등을 요건으로 하지 아니하고, 일정한 연령에 달한 모든 국민에게 원칙적으로 선거권을 인정하는 제도를 말한다. 민주주의는 참정권의 주체와 국가권력의 지배를 받는 국민이 되도록 일치할 것을 요청한다. 국민의 참정권에 대한 이러한 민주주의적 요청의 결과가 바로 보통선거의 원칙이다.[6)]

그러나 합리적 이유가 있는 제한이면 허용될 수 있다(금치산자, 선거사범). 보통선거의 원칙은 선거권 및 피선거권에 대한 모든 제한을 금지하는 것은 아니지만, 보통선거원칙에 대한 예외는 원칙적으로 부득이한 경우에 한하여 제한적으로 허용되어야 하며, 제한한다 하더라도 불가피한 최소한의 정도에 그쳐야 한다.[7)] 선거시 선거인의 신분을 증명하도록 강제하는 것은 보통선거의 원칙을 침해하는 것이 아니다.[8)]

---

6) 헌재 1999. 5. 27. 98헌마214.

7) 헌재 1999. 5. 27. 98헌마214. 이미 헌법재판소는 다른 여러 결정들에서 참정권의 제한은 국민주권에 바탕을 둔 민주주의원리에 배치되는 것이기 때문에 어디까지나 최소한의 정도에 그쳐야 한다고 하면서, 민주주의는 공무담임권을 통하여 최대다수의 최대정치참여가 보장되어야 하는 것이며 그 제한은 어디까지나 예외적이고 필요부득이한 경우에 국한되어야 한다고 판시한 바 있다(헌재 1991. 3. 11. 90헌마28).

판례 보통선거의 개념

"보통선거라 함은 개인의 납세액이나 소유하는 재산을 선거권의 요건으로 하는 제한선거에 대응하는 것으로 이러한 요건뿐만 아니라 그 밖에 사회적 신분, 인종, 성별, 종교, 교육 등을 요건으로 하지 않고 일정한 연령에 달한 모든 국민에게 선거권을 인정하는 제도를 말한다." 헌재 1997. 6. 26. 96헌마89

판례 고액기탁금제도 및 높은 득표율을 요건으로 기탁금의 국고귀속

"국선법 제33조의 고액 기탁금 제도와 국선법 제34조의 높은 득표율을 요건으로 기탁금을 국고에 귀속시키는 제도는 재력의 유무에 의하여 참정권이 좌우되고, 유능하고 필요한 인물이 의회에 진출하는 길을 막는 것이 되므로 모든 선거참가인에게 보장되는 선거의 자유 및 보통선거 제도의 기본 원칙에 위반된다."

헌재 1989. 9. 8. 88헌가6(헌법불합치)

판례 보통선거와 연령제한

헌법재판소는 "…… 보통선거제도를 채용하고 있는 모든 국가들은 연령에 의한 선거권의 제한을 인정하고 있다. 이와 같이 연령에 의하여 선거권을 제한할 수밖에 없는 것은 국정 참여수단으로서의 선거권행사는 일정한 수준의 정치적인 판단능력이 전제되어야 하기 때문이다"고 하면서 선거연령을 만 19세로 한 것은 보통선거의 원칙을 침해하는 것이 아니라고 판시하였다.[9] 헌재 2001. 6. 28. 2000헌마111

Ⅱ. 평등선거

평등선거란 차등선거에 대비되는 개념으로 모든 선거권자가 행사하는 한 표 한 표가 동등한 비중, 동등한 계산가치를 가지며, 나아가 원칙적으로 동등한 결과가치를 가지는 것, 결국 선거결과에 있어서 어느 표나 동등한 영향을 미치는 선거를 말한다.

판례 평등선거의 원칙

"평등선거의 원칙은 헌법 제11조 제1항 평등의 원칙이 선거제도에 적용된 것으로

---

8) 헌재 2003. 7. 24. 2002헌마508.

9) 우리나라는 선거연령을 20세에서 19세로 낮추었다가, 2020. 1. 14. 공직선거법의 개정을 통하여 18세로 낮추었다(공직선거법 제15조 제1항). 9급 공무원의 담임연령도 18세이고, 고등학교 졸업연령과 국방의무를 담당할 연령이 18세라는 점에서 타당한 개정이다. 독일의 경우도 선거연령이 18세이며 민법상 성년시기와 병역의무의 시기와도 일치한다. 우리나라는 민법상 성년자는 19세이다(민법 제4조).

서 투표의 수적 평등, 즉 1인 1표 원칙(one man, one vote)과 투표의 성과가치의 평등, 즉 1표의 투표가치가 대표자선정이라는 선거의 결과에 대하여 기여한 정도에 있어서도 평등하여야 한다는 원칙(one vote, one value)을 그 내용으로 할 뿐만 아니라(헌재 1995. 12. 27. 95헌마224 등), 일정한 집단의 의사가 정치과정에서 반영될 수 없도록 차별적으로 선거구를 획정하는 이른바 '게리맨더링'에 대한 부정을 의미하기도 한다."

헌재 1998. 11. 26. 96헌마54; 헌재 1998. 11. 26. 96헌마74등; 헌재 1995. 12. 27. 95헌마224; 헌재 2001. 7. 19. 2000헌마91등; 헌재 2001. 10. 25. 2000헌마92 등

1. 계산가치의 평등(수적 평등)

투표가치의 평등은 일차적으로 모든 사람의 표가 형식상 같은 비중을 갖는 것, 즉 흔히 말하는 1인1표의 원칙에 따라 모든 사람에게 똑같이 한 표씩만 인정하는 것을 요구한다(1인1표주의, one man(people) one vote).[10)]

2. 성과가치의 평등 – 선거구획정의 불균등문제(one vote one value)

투표가치의 평등은 이와 같은 표면가치(산술적 계산가치)의 평등뿐만 아니라 결과가치(성과가치)의 평등도 요구한다. 결과가치의 평등이란 모든 투표자들이 행사한 하나하나의 표가 선거결과에 미치는 비중까지도 실질적으로 평등하여야 한다는 것이다. 성과가치의 평등이 문제되는 대표적인 경우가 선거구획정의 불균등이다. 모든 선거구를 같은 인구비례로 구성하는 것이 이상적이지만 사실상 불가능하기 때문에 선거구간의 어느 정도의 인구편차를 허용할 것인가가 논란된다.

(1) 각국의 사례

1) 미 국

과거 미국의 경우 1946년 연방대법원이 Colegrove v. Green 사건에서 선거구획정은 이른바 정치문제(political question)이므로 사법심사 대상에서 제외되어야 한다고 한 바 있다. 그러나 1962년 Baker v. Carr 사건에서 정치문제의 결정기준을 예로 들면서 불평등한 선거구획정과 의원정수의 배정문제는 정치문제가 아니며 헌법규정 제14조의 평등보호조항에 위배된다고 판시한 바 있다. 1964년 Wesberry

10) 1인1표주의는 절대적인 것은 아니다. 모든 사람에게 똑같이 인정된다는 전제하에서 1인2표의 경우도 평등선거에 원칙에 반하는 것이 아니기 때문이다. 정당명부식 비례대표제를 채택하는 경우 지역 국회의원 입후보자에 대한 투표 및 이와 별도로 정당에 대한 투표를 실시하는 1인2표제가 요구된다(헌재 2001. 7. 19. 2000헌마91).

v. Sanders(376 U.S. 1) 사건에서 1인1표의 원칙에 따라 3 : 1의 인구편차를 위헌이라고 판시하여 사실상의 판단기준을 제시하였다. 최근에 미국은 연방하원의원 선거에서 선거구별로 동일한 인구수를 요구하면서 절대적 평등인 0에 가깝도록 편차를 줄이기 위하여 성실히 노력하였음을 입증하지 않는다면 평등선거의 원칙에 반한다고 보고 있다.

2) 독 일

독일의 경우 연방헌법재판소는 1963년 최대선거구의 인구가 최소선거구인구의 33.33%의 편차(2 : 1)를 넘지 못하도록 하였다(BVerfGE 16, 130). 최근에 독일은 원칙적으로 상하 편차 15%를 허용한도로 하되, 상하 편차 25%를 반드시 준수해야 할 최대허용한도로 함으로써 탄력적인 입법을 하고 있다.

3) 일 본

일본의 경우도 1964년의 판결에서는 입법정책의 문제로서 파악하여 사법심사에서 제외하였으나 1976년의 최고재판소는 "구체적으로 결정된 선거구획정과 의원정수분배 하에서 선거인의 투표가치의 불평등이 국회에서 통상 고려할 수 있는 제반요소를 참작하더라도 일반적으로 합리성을 가지는 것으로 인정할 수 없는 정도에 달할 때에는 헌법위반이라고 할 수밖에 없다고 하여 사법심사의 대상이 됨을 인정하였다. 최고재판소는 1985년 중의원 의원정수 배정이 4 : 1의 차이가 나는 것을 헌법위반으로 하면서도 사정판결의 법리를 적용하여 유효라 판단, 1986년 불평등을 시정하기 위한 선거법개정이 이루어졌다. 일본도 1994. 2. 4. 법률 제3호로 제정된 중의원의원선거구획정심의회설치법 제3조 제1항에서 "각 선거구의 인구 중 가장 많은 것을 가장 적은 것으로 나누어 얻은 숫자가 2 이상이 되지 않도록 함을 기본으로 하고, 행정구획, 지세, 교통 등의 사정을 종합적으로 고려하여" 선거구를 획정하도록 규정하고 있으며, 2011년에는 인구비례 2.3 : 1인 선거구에 대하여 "위헌"이라고 판단하였다.

4) 우리 헌법재판소의 입장

① 1995년 판례

인구비율이 2 : 1을 넘으면 위헌의 가능성이 있으나, 지세, 행정구역 등 여러 요소를 고려하더라도 그 배인 4 : 1(평균인구수기준 상하 60% 편차)이 되면 위헌이다. 평균인구수란 전체인구수를 선거구수로 나눈 것이다.

② 2001년 판례

인구비율이 3 : 1(평균인구수기준 상하 50% 편차)을 초과한 것을 위헌으로 판시하면서, 현행 공직선거법의 선거구역표를 2003년 12월 31일을 시한으로 입법자가 개정할 때까지 계속 적용한다는 헌법불합치결정을 내렸다.[11)]

③ 2014년 판례

인구편차 상하 33⅓%를 넘어 인구편차를 완화하는 것은 지나친 투표가치의 불평등을 야기하는 것으로, 이는 대의민주주의의 관점에서 바람직하지 아니하고, 국회를 구성함에 있어 국회의원의 지역대표성이 고려되어야 한다고 할지라도 이것이 국민주권주의의 출발점인 투표가치의 평등보다 우선시될 수는 없다. 특히, 현재는 지방자치제도가 정착되어 지역대표성을 이유로 헌법상 원칙인 투표가치의 평등을 현저히 완화할 필요성이 예전에 비해 크지 아니하다.

또한, 인구편차의 허용기준을 완화하면 할수록 과대대표되는 지역과 과소대표되는 지역이 생길 가능성 또한 높아지는데, 이는 지역정당구조를 심화시키는 부작용을 야기할 수 있다. 같은 농·어촌 지역 사이에서도 나타날 수 있는 이와 같은 불균형은 농·어촌 지역의 합리적인 변화를 저해할 수 있으며, 국토의 균형발전에도 도움이 되지 아니한다.

나아가, 인구편차의 허용기준을 점차로 엄격하게 하는 것이 외국의 판례와 입법추세임을 고려할 때, 우리도 인구편차의 허용기준을 엄격하게 하는 일을 더 이상 미룰 수 없다.

이러한 사정들을 고려할 때, 현재의 시점에서 헌법이 허용하는 인구편차의 기준을 인구편차 상하 33⅓%(인구비율 2 : 1)를 넘어서지 않는 것으로 봄이 타당하다. 따라서 심판대상 선거구구역표 중 인구편차 상하 33⅓%의 기준을 넘어서는 선거구에 관한 부분은 위 선거구가 속한 지역에 주민등록을 마친 청구인들의 선거권 및 평등권을 침해한다.[12)]

④ 지방의회의원 선거구의 경우

광역의회, 기초의회 모두 상하 60%의 편차범위를 인정한다. 즉 최대선거구(160%) : 최소선거구(40%) = 4 : 1의 편차를 인정하고 있다. 국회의원선거에서의 편차보다 완화를 인정하는 이유로 헌법재판소는 지방의회의원선거구의 경우 "……

---

11) 헌재 2001. 10. 25. 2000헌마92 등(병합).
12) 헌재 2014. 10. 30. 2012헌마192.

선거구 획정에는 인구 외에 행정구역 · 지세 · 교통 등 여러 가지 조건을 고려하여야 하므로, 그 기준은 투표가치의 평등으로서 가장 중요한 요소인 인구비례의 원칙과 우리나라의 특수한 사정으로서 자치구 · 시 · 군의회의원의 지역대표성 및 인구의 도시집중으로 인한 농어촌 간의 극심한 인구편차 등 3개의 요소를 합리적으로 참작하여 결정되어야 할 것인바, 이러한 점에서 자치구 · 시 · 군의회의원 선거구 획정에서는 국회의원 선거구 획정에서 요구되는 기준보다 더 완화된 인구편차 허용기준을 적용하는 것이 타당하고, 인구비례 · 지역대표성 등 고려할 사정이 유사한 시 · 도의회의원 선거구 획정에서의 선례 또한 평균인구수로부터 상하 60%의 편차를 허용기준으로 삼았으므로, 이와 동일한 기준에 따르는 것이 상당하다"는 이유를 제시하고 있다.[13)]

3. 선거참여자의 평등

(1) 정당추천후보자와 무소속후보자의 차별 문제

선거참여자의 평등도 평등선거의 하나의 내용이다. 특히 무소속입후보자나 정당 이외의 단체를 정당과 차별해서는 안 된다. "정당추천후보자와 무소속후보자의 기탁금의 차등을 둔 것은 정당인과 비정당인간에 지나친 차별대우를 하는 것으로 보통 · 평등선거의 원칙에 반하고, 헌법 제11조의 평등보호규정에 위배된다."[14)] 다만, 일정률 이상을 득표한 정당에게만 비례대표제에 의한 의석을 배분하는 봉쇄조항은 합리적 제한이다(독일 연방헌법재판소 판례).

(2) 사표(死票)의 문제

선거참여자들의 투표 중 결과발생에 전혀 영향을 미치지 못하는 이른바 사표의 발생이 최대한 억제되어야 결과가치의 평등까지도 실현시키는 실질적 평등선거가 이루어질 수 있다. 사표의 발생을 최소화시킬 수 있는 비례대표선거가 평등선거의 원칙에 가장 충실하다고 평가된다.

(3) 최저투표율과 최저당선율 제도

국회의원선거에서 국민의 기권율이 높아 당선자가 유권자들에 대비하여 득표율이 아주 낮은 경우, 평등선거위반이 아닌가 하는 주장에 대해 헌법재판소는 이는

---

13) 헌재 2009. 3. 26. 2006헌마67. 광역자치단체의 경우는 헌재 2007. 3. 29. 2005헌마985.
14) 헌재 1989. 9. 8. 88헌가6.

평등선거위반이 아니라고 하였다.[15] 이러한 제도를 도입할 때 어느 정도로 지정할 것인지에 대한 명확한 헌법적 기준은 없고 입법재량에 속하는 것으로 보고 있다.

Ⅲ. 직접선거

직접선거는 간접선거에 대비되는 제도로 일반선거인이 중간선거인을 거치지 않고 대표자를 직접 선출하는 제도이다.

어떤 기관이 사후적으로 개입하여 그 기관의 재량에 따라 의원을 선출하는 것은 직접선거가 아니다. 이는 중간선거인이 개입하는 간접선거에 의하여 국민의사가 왜곡될 수 있는 위험을 막기 위한 것이며, 따라서 어떤 기관의 개입에 의해 선거의 결과가 좌우되는 것은 허용되지 않는다.

판례 1인1표제 하에서의 비례대표 의석배분방식(직접선거 및 평등선거위반)

"3. 가. 공선법은 이른바 1인 1표제를 채택하여(제146조 제2항) 유권자에게 별도의 정당투표를 인정하지 않고 있으며, 지역구선거에서 표출된 유권자의 의사를 그대로 정당에 대한 지지의사로 의제하여 비례대표의석을 배분토록 하고 있는바(제189조 제1항), 이러한 비례대표제 방식에 의하면, 유권자가 지역구후보자나 그가 속한 정당 중 어느 일방만을 지지할 경우 지역구후보자 개인을 기준으로 투표하든, 정당을 기준으로 투표하든 어느 경우에나 자신의 진정한 의사는 반영시킬 수 없으며, 후보자든 정당이든 절반의 선택권을 박탈당할 수밖에 없을 뿐만 아니라, 신생정당에 대한 국민의 지지도를 제대로 반영할 수 없어 기존의 세력정당에 대한 국민의 실제 지지도를 초과하여 그 세력정당에 의석을 배분하여 주게 되는바, 이는 선거에 있어 국민의 의사를 제대로 반영하고, 국민의 자유로운 선택권을 보장할 것 등을 요구하는 민주주의원리에 부합하지 않는다.

나. 비례대표제를 채택하는 경우 직접선거의 원칙은 의원의 선출뿐만 아니라 정당의 비례적인 의석확보도 선거권자의 투표에 의하여 직접 결정될 것을 요구하는바, 비례대표의원의 선거는 지역구의원의 선거와는 별도의 선거이므로 이에 관한 유권자의 별도의 의사표시, 즉 정당명부에 대한 별도의 투표가 있어야 함에도 현행제도는 정당명부에 대한 투표가 따로 없으므로 결국 비례대표의원의 선출에 있어서는 정당의 명부작성행위가 최종적·결정적인 의의를 지니게 되고, 선거권자들의 투표행위로써 비례대표의원의 선출을 직접·결정적으로 좌우할 수 없으므로 직접선거의 원칙에 위배된다.

다. 현행 1인1표제하에서의 비례대표의석배분방식에서, 지역구후보자에 대한 투

---

15) 헌재 2003. 11. 27. 2003헌마259·250.

표는 지역구의원의 선출에 기여함과 아울러 그가 속한 정당의 비례대표의원의 선출에도 기여하는 2중의 가치를 지니게 되는데 반하여, 무소속후보자에 대한 투표는 그 무소속후보자의 선출에만 기여할 뿐 비례대표의원의 선출에는 전혀 기여하지 못하므로 투표가치의 불평등이 발생하는바, 자신이 지지하는 정당이 자신의 지역구에 후보자를 추천하지 않아 어쩔 수 없이 무소속후보자에게 투표하는 유권자들로서는 자신의 의사에 반하여 투표가치의 불평등을 강요당하게 되는바, 이는 합리적 이유없이 무소속 후보자에게 투표하는 유권자를 차별하는 것이라 할 것이므로 평등선거의 원칙에 위배된다.

라. 공선법 제189조 제1항은 위와 같은 이유로 헌법에 위반되며, 공선법 제146조 제2항 중 "1인1표로 한다"부분은 국회의원선거에 있어 지역구국회의원선거와 병행하여 정당명부식 비례대표제를 실시하면서도 별도의 정당투표를 허용하지 않는 범위에서 헌법에 위반된다 할 것인바, 그로 인하여 유권자인 국민들의 비례대표국회의원에 대한 선거권, 무소속후보자에 대하여 투표하는 유권자들의 평등권 등의 기본권이 침해된다."[16)] 헌재 2001. 7. 19. 2000헌마91등

Ⅳ. 비밀선거

비밀선거란 공개선거에 대비되는 제도로서 선거인이 누구에게 투표하였는가를 제3자가 알지 못하게 하는 제도이다.

비밀선거를 보장하기 위한 제도로는 ① 무기명투표, ② 투표용지관급제, ③ 투표의 비밀유지와 그 침해에 대한 벌칙, ④ 투표내용에 관한 진술(증언)거부제 등을 들 수 있다.

공직선거법

제167조(투표의 비밀보장)

① 투표의 비밀은 보장되어야 한다.

② 선거인은 투표한 후보자의 성명이나 정당명을 누구에게도 또한 어떠한 경우에도 진술할 의무가 없으며, 누구든지 선거일의 투표마감시각까지 이를 질문하거나 그 진술을 요구할 수 없다. 다만, 텔레비전방송국 · 라디오방송국 · 「신문 등의 자유와 기능보장에 관한 법률」 제2조(용어의 정의)제2호의 규정에 의한 일간신문사가 선거의 결과를 예상하기 위하여 선거일에 투표소로부터 100미터 밖에서(2004.

16) 2004년 3월 12일 개정된 현행 공직선거법 제146조 제2항 단서는 국회의원선거 및 시 · 도의원선거에 있어서 지역구의원선거 및 비례대표의원선거마다 1인 1투표를 하도록 규정함으로써 1인 2표제를 실시하고 있다.

> 3. 12. 전에는 300미터) 투표의 비밀 이 침해되지 않는 방법으로 질문하는 경우에는 그러하지 아니하며 이 경우 투표마감시각까지 그 경위와 결과를 공표할 수 없다.
> ③ 선거인은 자신이 기표한 투표지를 공개할 수 없으며, 공개된 투표지는 무효로 한다.

V. 자유선거

자유선거란 강제선거에 대비되는 제도로서 투표 여부를 자기의 자유로운 선택에 맡기는 제도이다. 즉, 정당한 이유 없이 기권하는 자에 대하여 일정한 제재를 가함으로써 선거권의 행사를 의무화해서는 안 된다는 것이다. 자유선거는 선거의 비밀이 엄격하게 지켜진다는 것을 전제로 한다.

현행 헌법은 명문으로 자유선거의 원칙을 규정하고 있지는 않으나 헌법이 이미 전제하고 있는 것이다. 선거권을 의무화시키는 것은 자유선거원칙에 합치되지 않는다.[17]

판례 자유선거원칙의 헌법적 근거와 내용

"자유선거의 원칙은 비록 우리 헌법에 명시되지는 아니하였지만 민주국가의 선거제도에 내재하는 법원리인 것으로서 국민주권의 원리, 의회민주주의의 원리 및 참정권에 관한 규정에서 그 근거를 찾을 수 있다. 이러한 자유선거의 원칙은 선거의 전 과정에 요구되는 선거권자의 의사형성의 자유와 의사실현의 자유를 말하고, 구체적으로는 투표의 자유, 입후보의 자유 나아가 선거운동의 자유를 뜻한다."

헌재 1995. 4. 20. 92헌바29

판례 최저투표율 관련

"…… 최소투표율제도를 도입하게 되면 투표실시결과 그러한 최소투표율에 미달하는 투표율이 나왔을 때 그러한 최소투표율에 도달할 때까지 투표를 또 다시 실시하지 않을 수 없게 되는데, 그것을 막기 위해 선거권자들로 하여금 투표를 하도록 강제하는 과태료나 벌금 등의 수단을 채택하게 된다면 자발적으로 투표에 참가하지 않은 선거권자들의 의사형성의 자유 내지 결심의 자유를 부당하게 축소하고 그 결과로 투표의 자유를 침해하여 결국 자유선거의 원칙을 위반할 우려도 있게 된다."

---

17) 선거의 참여를 국민의 의무로 하는 입법례(이집트헌법 제62조), 투표의 의무를 규정하고 기권을 유죄로 할 수 있는 입법례(오스트리아헌법 제26조), 기권자초범자에게는 도의적 제재를 가하고, 누범자에게는 그 의무위반을 공개하는 입법례(벨기에헌법).

헌재 2003. 11. 27. 2003헌마259 · 250(병합); 헌재 1994. 7. 29. 93헌가4등;
헌재 1995. 4. 20. 92헌바29

판례 비례대표국회의원 의석배분방식 및 1인 1표제

비례대표국회의원 의석배분방식 및 1인 1표제에 대하여 권성 재판관은 자유선거 원칙에도 반한다고 보충의견을 제시하고 있다. 즉, "…… 자유선거의 원칙에 비추어 볼 때에 1인 1표제 하에서는 유권자가 지지하는 후보자와 지지하는 정당이 다를 경우 유권자는 후보자와 정당 중 어느 한 쪽에 대한 지지를 포기하지 않을 수 없게 되는데 이것은 지지하는 후보자나 정당을 위하여, 지지하지 않는 정당 측이나 후보자 측에게, 투표하지 않을 수 없도록 강제하는 것이고 경우에 따라서는 후보자와 정당 중 하나를 선택하기 어려워 투표 자체를 포기하고 말게 강제하는 것을 의미하므로 결국 유권자의 의사형성의 자유 내지 결심의 자유를 부당하게 축소하고 그 결과로 투표의 자유를 침해하는 것이 된다. 앞에서 이미 1인 1표제가 유권자의 지지의사를 왜곡한다는 점을 지적하였거니와 지지의사의 왜곡이라는 것은 결국 지지 또는 포기의 강제에 의한 결과일 뿐이므로 1인 1표제는 자유선거의 원칙에도 어긋나는 것이다."
헌재 2001. 7. 19. 2000헌마91 등(병합)

제5절 대표제와 선거구제도

Ⅰ. 대표제

1. 대표제의 의의

대표제는 특정선거구에서 대표자가 선출되는 방식이다. 다시 말하면 유권자의 투표결과를 기초로 어떻게 의회의석을 배분할 것인가의 문제이다(대표결정방식, 의원정수배분방법).

2. 대표제의 유형

(1) 다수대표제

다수대표제는 일정한 선거구의 투표자들 다수의 지지를 얻은 대표자만이 선출될 수 있게 하는 방법을 말한다. 이에는 일정한 득표수 이상(예: 과반수)을 득표할 것을 요구하는 절대적 다수대표제와 상대적 다수대표를 요구하는 상대적 다수대표제가 있다. 이는 다수당에게 유리하며 소선거구제와 결합한다. 단점으로는 사표(死

票)가 많이 발생한다.

(2) 소수대표제

소수대표제는 대표자의 선출이 그 선거구 투표자들 소수의 지지로도 가능하게 하는 제도이다. 즉 소수당도 대표자를 낼 수 있도록 하기 위한 제도이다. 그러나 소수당에게 어느 정도의 대표를 보장하는가에 대해서는 일정한 기준이 없고 소수대표를 위한 방법으로는 누적투표법, 제한연기투표법, 순서체감법, 대선거구단기비이양식투표법 등 여러 가지가 있다. 소수대표제는 대선구제와 결합한다.

(3) 비례대표제

비례대표제는 소수나 다수를 불문하고 선거의 결과 나타난 득표수에 비례하여 대표자를 선출하게 하는 것으로 수학적인 선거법이라고도 말해진다. 비례대표제의 방식에 대해서는 여러 종류가 있으나, 현대적인 비례대표제는 대부분 명부식 비례대표제를 채택하고 있다. 명부식 선거방법에는 명부에 구속되는 구속명부식과 명부에 변경을 가할 수 있는 자유명부식이 있다.

비례대표제의 장점으로는 ① 투표의 결과가치가 반영된 평등선거구현에 가장 적합한 대표제라는 점, ② 소수자보호에 유리하다는 점, ③ 사표를 최소화한다는 점 등을 들 수 있고, 단점으로는 ① 군소정당난립의 우려가 있다는 점, ② 정당지도부의 주도로 일반대중의 정치소외가 있을 수 있다는 점 등을 들 수 있다.

비례대표제의 유형으로는 동트(d'Hondt)식과 해어 니마이어(Hare/Niemeyer)식이 있다.

(4) 직능대표제

직능대표제는 지역대표제에 반대되는 것으로, 선거인을 각 직업이나 직역 또는 직종으로 나누고 그 직역을 단위로 하여 대표를 선출하는 방식이다.

Ⅱ. 선거구제도

1. 선거구의 의의

선거구란 의회의원 등 대표자를 선출하는 지역을 말한다. 선거구는 게리맨더링(Gerrymandering)의 방지를 위하여 선거구법정주의를 채택하고 있다. 그리고 선거구획정위원회를 국회에 두고 있다(위원은 명예직).

판례 선거구획정

• "선거구(選擧區)의 획정(劃定)은 사회적·지리적·역사적·경제적·행정적 연관성 및 생활권 등을 고려하여 특단의 불가피한 사정이 없는 한 인접지역이 1개의 선거구를 구성하도록 함이 상당하며, 이 또한 선거구(選擧區) 획정(劃定)에 관한 국회의 재량권의 한계이다." 헌재 1995. 12. 27. 95헌마224·239·285·373(병합)

• 특정지역의 선거인들이 자의적인 선거구 획정으로 인하여 정치과정에 참여할 기회를 잃게 되었거나, 그들이 지지하는 후보가 당선될 가능성을 의도적으로 박탈당하고 있음이 입증되어 특정지역의 선거인들에 대하여 차별하고자 하는 국가권력의 의도와 그 집단에 대한 실질적인 차별효과가 명백히 드러난 경우에는 그 선거구획정은 입법적 한계를 벗어난 것으로서 헌법에 위반된다.

• 인접지역이 아닌 인천 계양구 계양1동과 강화군을 1개의 선거구로 획정한 것은 특별한 사정이 없는 한 위헌적 요소를 지닌 불합리한 선거구 획정이나, 헌법재판소 결정의 판시내용에 따라 최대인구 선거구와 최소인구 선거구의 인구수의 비율이 4 : 1을 초과하지 아니하는 범위내에서 선거구를 조정하여 획정할 헌법적 의무를 부담하고 있었으며 시간적으로는 헌법재판소의 위헌결정이후 4개월 이내인 1996. 4. 11. 국회의원선거가 바로 실시되었어야하는 점, 이 사건 선거구란의 획정은 확정적인 것이 아니라 오로지 위 선거의 관리를 위하여 한시적으로 행해진 점 등의 입법경위를 고려하여보면 위 선거구 획정은 입법적 한계를 일탈한 자의적인 것으로서 헌법에 위반된다고 할 수 없다.

헌재 1998. 11. 26. 96헌마54

2. 선거구제의 유형[18)]

(1) 소선거구제

소선거구는 의원정수가 1인인 선거구를 말한다. 다수대표제와 결합한다. 소선거구제의 장점은 ① 양대정당제 확립, ② 안정된 정치상황 확보, ③ 선거민의 대표선택이 용이하다는 점 등을 들 수 있으며, 단점으로는 ① 사표가 많다는 점, ② 지방적 소인물의 당선가능성이 높다는 점, ③ 매수 기타 부정에 의한 부패가능성이 있다는 점을 들 수 있다.

18) 헌법재판소는 적어도 선거구의 획정에 있어서는 인구비례의 원칙을 "가장 중요하고 기본적인 기준"으로 삼아야 한다고 판시하고 있다(헌재 1995. 12. 27. 95헌마224·239·285·373(병합)).

(2) 중선거구제와 대선거구제

관례적으로 1선거구에서 2인 내지 4인을 선출하는 경우를 중선거구제라 하고, 그 이상을 선출하는 것을 대선거구제라 한다.

제6절 우리나라의 선거제도

Ⅰ. 선거권과 피선거권

1. 선거권

18세 이상의 국민은 대통령 및 국회의원의 선거권이 있다. 다만, 지역구 국회의원의 선거권은 선거인명부작성기준일 현재, 해당 국회의원 지역선거구 안에 주민등록이 되어 있거나 재외국민으로서 주민등록표에 3개월 이상 계속 올라 있고 해당 국회의원지역 선거구 안에 주민등록이 되어 있어야 한다(공직선거법 제15조 제1항).

18세 이상으로서 선거인명부작성기준일 현재 해당 지방자치단체의 관할구역에 주민등록이 되어 있거나 재외국민으로서 주민등록표에 3개월 이상 계속하여 올라 있고 해당 지방자치단체의 관할 구역에 주민등록이 되어 있거나 영주의 체류자격 취득일 후 3년이 경과한 외국인으로서 해당 지방자치단체의 외국인등록대장에 올라 있는 사람은 해당 지방자치단체의 의회의원 및 장의 선거권이 있다(공직선거법 제15조 제2항).

금치산선고를 받은 자 등 법률이 정하는 일정한 자는 선거권이 없다(제18조).

2. 피선거권

선거일 현재 5년 이상 국내 거주하고 있는 40세 이상인 국민은 대통령선거에, 18세 이상인 국민은 국회의원선거에, 18세 이상으로서 60일 이상 해당 지방자치단체의 관할 구역에 주민등록이 되어 있는 주민은 해당 지방의회의원 및 지방자치단체의 장선거에 피선거권이 있다(공직선거법 제16조).[19)]

---

19) 2019년 선거권 연령이 19세 이상에서 18세 이상으로 조정되었음에도 피선거권 연령은 25세로 유지되어 청년의 정치적 권리와 참여가 제대로 보장되지 못하고 있다는 지적이 제기되어 국회의원, 지방자치단체의 장 및 지방의회의원의 피선거권을 18세 이상으로 조정하였다(법률 제18790호, 2022. 1. 18. 개정 · 시행). 참고로 OECD 36개국 중 31개국이 국회의원(양원제 국가 중 일부 상원 제외) 피선거권을 18~21세로 정하고 있다고 한다(개정이유 참조).

금치산선고를 받은 자 등 법률이 정한 사람은 피선거권이 없다(공직선거법 제19조).

Ⅱ. 선거구역과 의원정수

1. 선거구역

대통령 및 비례대표국회의원은 전국을 단위로 하여 선거한다. 비례대표시・도의원은 시・도를 단위로 선거하며, 비례대표자치구・시・군의원은 당해 자치구・시・군을 단위로 선거한다. 지역구국회의원, 지역구지방의회의원은 당해 의원의 선거구를 단위로 하여 선거하며, 지방자치단체의 장은 당해 지방자치단체의 관할구역을 단위로 선거한다(공직선거법 제20조).

2. 의원정수

(1) 국 회

국회의 의원정수는 지역구국회의원 253명과 비례대표국회의원 47명을 합하여 300명으로 한다. 하나의 국회의원지역선거구에서 선출할 국회의원의 정수는 1인으로 한다(공직선거법 제21조).

(2) 시・도의회

지역구시・도의원정수는 그 관할구역안의 자치구・시・군[20] 수의 2배로 하되, 인구・행정구역・지세・교통, 그 밖의 조건을 고려하여 100분의 14의 범위에서 조정할 수 있다.[21] 산정된 의원정수가 19명 미만이 되는 광역시 및 도는 그 정수를 19명으로 한다. 비례대표시・도의원정수는 지역구시・도의원정수의 100분의 10으로 한다. 이 경우 단수는 1로 본다. 다만, 산정된 비례대표시・도의원정수가 3인 미만인 때에는 3인으로 한다(이상 공직선거법 제22조).

(3) 자치구・시・군의회

시・도별 자치구・시・군의회 의원의 정수는 그 관할구역안의 읍면동마다 1인

20) 하나의 자치구・시・군이 2 이상의 국회의원지역선거구로 된 경우에는 국회의원지역선거구를 말하며, 행정구역의 변경으로 국회의원지역선거구와 행정구역이 합치되지 아니하게 된 때에는 행정구역을 말한다.

21) 시와 군을 통합하여 도농복합형태의 시로 한 경우에는 시・군통합 후 최초로 실시하는 임기만료에 의한 시・도의회의원선거에 한하여 당해 시의 도의회의원의 정수는 통합 전의 시와 군마다 2인으로 한다.

으로 하며,[22] 최소정수는 7인으로 한다. 비례대표자치구·시·군의원정수는 자치구·시·군의원 정수의 100분의 10으로 한다. 이 경우 단수는 1로 본다(이상 공직선거법 제23조).

Ⅲ. 선거기간과 선거일

1. 선거기간

대통령선거는 후보자등록마감일의 다음날부터 선거일까지, 국회의원선거와 지방자치단체의 의회의원 및 장의 선거는 후보자등록마감일 후 6일부터 선거일까지가 선거기간이다. 대통령 선거는 23일, 국회의원선거와 지방자치단체의 의회의원 및 장의 선거는 14일이 선거기간으로 주어진다(공직선거법 제33조).

2. 선거일

선거일은 법으로 정해져 있다(선거일 법정주의). 임기만료로 인한 선거일은 대통령선거는 임기만료전 70일 이후 첫 번째 수요일에, 국회의원선거는 임기만료 전 50일 이후 첫 번째 수요일에, 지방의회의원 및 지방자치단체의 장의 선거는 임기만료 전 30일 이후 첫 번째 수요일에 실시한다. 선거일이 국민생활과 밀접한 관련이 있는 민속절 또는 공휴일인 때와 전일이나 그 다음일이 공휴일인 때에는 그 다음주의 수요일로 한다(공직선거법 34조).

대통령의 궐위로 인한 선거 또는 재선거는 그 선거의 실시사유가 확정된 때부터 60일 이내에 실시하되, 선거일은 늦어도 선거일 전 50일까지 대통령 또는 대통령권한대행자가 공고하여야 한다. 국회의원·지방의회의원의 보궐선거·재선거 및 지방의회의원의 증원선거는 매년 1회 실시하고 지방자치단체의 장의 보궐선거·재선거는 매년 2회 실시한다(공직선거법 제35조 제2항 제1호).

Ⅳ. 후보자

1. 후보자추천

(1) 정당의 후보자추천

정당은 선거구별로 선거할 정수 범위 안에서 그 소속당원을 후보자로 추천할

---

22) 다만 인구 1천미만의 면과 6천명 미만의 동은 인접 읍면동과 통합하여 1인으로 하고 인구 3만 이상의 읍과 5만 이상의 동은 1인을 증원한다.

수 있다. 다만, 비례대표자치구·시·군의원의 경우에는 그 정수 범위를 초과하여 추천할 수 있다. 정당이 비례대표국회의원선거 및 비례대표지방의회의원선거에 후보자를 추천하는 때에는 그 후보자 중 100분의 50 이상을 여성으로 추천하되, 그 후보자명부의 순위의 매 홀수에는 여성을 추천하여야 한다. 정당이 임기만료에 따른 지역구국회의원선거 및 지역구지방의회의원선거에 후보자를 추천하는 때에는 각각 전국지역구총수의 100분의 30 이상을 여성으로 추천하도록 노력하여야 한다. 정당이 임기만료에 따른 지역구지방의회의원선거에 후보자를 추천하는 때에는 지역구시·도의원선거 또는 지역구자치구·시·군의원선거 중 어느 하나의 선거에 국회의원지역구마다 1명 이상을 여성으로 추천하여야 한다(이상 공직선거법 제47조).

정당이 선거구별로 선거할 정수범위를 넘어 추천하거나, 비례대표국회의원선거 및 비례대표지방의회의원선거에 후보자를 추천하는 때에 여성후보자의 비율과 순위를 위반하는 경우에는 등록무효사유가 된다(공직선거법 제52조 제1항 제2호).

(2) 무소속후보자 추천(선거권자의 후보자추천)

관할선거구 안에 주민등록이 된 선거권자는 각 선거별로 정당의 당원이 아닌 자를 당해 선거구의 후보자("무소속후보자")로 추천할 수 있다. 무소속후보자의 경우 대통령선거후보자는 5 이상의 시·도에 나누어 하나의 시·도에 주민등록이 되어 있는 선거권자의 수를 700인 이상으로 한 3천500인 이상 6천인 이하, 지역구국회의원선거 및 자치구·시·군의 장 선거후보자는 300인 이상 500인 이하, 지역구시·도의원선거후보자는 100인 이상 200인 이하, 시·도지사선거후보자는 당해 시·도안의 3분의 1 이상의 자치구·시·군에 나누어 하나의 자치구·시·군에 주민등록이 되어 있는 선거권자의 수를 50인 이상으로 한 1천인 이상 2천인 이하, 지역구자치구·시·군의원선거후보자는 50인 이상 100인 이하[23]의 추천을 받아야 한다(이상 공직선거법 제48조).

판례에 의하면 무소속후보자에게만 선거권자의 추천을 받도록 한 것은 불합리한 차별이 아니며,[24] 선거권자의 기명·날인한 추천장을 첨부하도록 하면서 선거

23) 인구 1천인 미만의 선거구에 있어서는 30인 이상 50인 이하의 추천을 받아야 한다.

24) 헌법재판소는 "무소속후보자의 입후보에 선거권자의 추천을 받도록 하고 있는 것은 국민인 선거권자의 추천에 의한 일정한 자격을 갖추게 하여 후보자가 난립하는 현상을 방지하는 한편, 후보자등록 단계에서부터 국민의 의사가 반영되도록 함으로써 국민의 정치적 의사가 효과적으로 국정에 반영되도록 하기 위한 것이고, 이에 반하여 일정한 정강정책을 내세워 공직선거에 있어서 후보자를 추천함으로써 국민의 정치적 의사 형성에 참여함을 목적으로 하는 정치적 조직인 정당이 후보자를 추천하는 행위에는 정치적 의사나 이해를 집약한 정강정책을

권자의 서명이나 무인은 허용하지 아니한 것은 공무담임권의 침해로 볼 수 없다.[25]

2. 공무원 등의 입후보

(1) 선거일 전 90일까지 사직해야 하는 자

① 국가공무원과 지방공무원,[26] ② 각급선거관리위원회위원 또는 교육위원회의 교육위원, ③ 다른 법령의 규정에 의하여 공무원의 신분을 가진 자, ④ 「공공기관의 운영에 관한 법률」상 정부가 100분의 50 이상의 지분을 가지고 있는 기관(한국은행을 포함)의 상근 임원, ⑤ 「농업협동조합법」·「수산업협동조합법」·「산림조합법」·「엽연초생산협동조합법」에 의하여 설립된 조합의 상근 임원과 이들 조합의 중앙회장, ⑥ 「지방공기업법」 제2조(適用範圍)에 규정된 지방공사와 지방공단의 상근 임원, ⑦ 「정당법」상 정당의 당원이 될 수 없는 사립학교교원, ⑧ 중앙선거관리위원회규칙으로 정하는 언론인, ⑨ 특별법에 의하여 설립된 국민운동단체로서 국가 또는 지방자치단체의 출연 또는 보조를 받는 단체(바르게살기운동협의회·새마

후보자를 통하여 제시하는 의미가 포함되어 있는 것이어서 무소속후보자의 경우와 같이 선거권자의 추천을 따로 받을 필요가 없으므로 무소속후보자에게만 선거권자의 추천을 받도록 한 것이 정당후보자와 불합리한 차별을 하는 것이라고 할 수 없다"고 판시하였다(헌재 1996. 8. 29. 96헌마99).

25) 헌법재판소는 "이 사건 법률조항이 추천장에 추천인의 기명·날인(무인은 제외)을 받도록 요구하는 것은 부정한 방법에 의한 추천장 작성을 방지하여 추천의 진정성을 확보하고 궁극적으로 선거의 신뢰성과 공정성을 확보하기 위한 것이므로 그 입법목적의 정당성이 인정되며, 이와 같이 추천의 진정성을 확보하기 위하여 추천인으로 하여금 기명 후 추천인의 도장을 날인하도록 하는 방법을 채택한 것도 입법목적을 달성하기 위한 적절한 수단이라고 할 수 있다. 서명에 의한 추천을 허용할 경우에는 날인을 요구하는 경우에 비하여 추천인의 진의를 객관적으로 확인하기 어렵고 허위의 서명에 의하여 추천서를 작성하기가 용이하다. 무인의 경우에는 특별한 감정절차 없이는 기명한 사람의 무인인지 여부를 식별하기가 곤란하므로 제3자가 임의로 무인을 하거나 간격을 두고 반복적으로 무인을 하더라도 이를 분별해 내기가 어렵다. 따라서 국회의원 후보자를 추천하는 선거권자의 날인 대신에 서명이나 무인을 허용하는 것이 이 사건 법률조항의 입법목적을 효과적으로 달성할 수 있는 방법이라고 보기도 어렵다. 한편, 후보자 추천을 받기 위한 호별방문은 허용되고 있는 점, 공직선거법 제48조 제1항이 관할 선거구 안에 주민등록이 된 선거권자만 후보자를 추천할 수 있도록 하고 있기 때문에 주소지를 방문하여 추천을 받는 것이 반드시 비효율적이라고 볼 수도 없는 점, 추천을 받을 수 있는 기간은 후보등록 개시일 5일 전부터 후보등록 개시일 이후 2일까지 최대 7일이라는 점, 후보자가 되고자 하는 자뿐만 아니라 그 가족, 지지자 등 누구든지 추천을 받기 위해 추천장을 소지하고 호별방문 등을 할 수 있는 점 등에 비추어 보면, 추천인의 날인 대신에 서명이나 무인을 허용하지 아니한 것이 무소속 국회의원 후보자로 되는 것을 현저히 곤란하게 하여 공무담임권을 침해하는 정도라고 보기는 어렵다"고 판시하였다(헌재 2009. 9. 24. 2008헌마265).

26) 다만, 정당의 당원이 될 수 있는 공무원(정무직공무원을 제외)은 그러하지 아니하다.

을운동협의회·한국자유총연맹을 말하며, 시·도조직 및 구·시·군조직을 포함)의 대표자 등은 선거일 전 90일까지 그 직을 그만두어야 한다(공직선거법 제53조 제1항).[27] 그 소속기관의 장 또는 소속위원회에 사직원이 접수된 때에 그 직을 그만 둔 것으로 본다(공직선거법 제53조 제4항).

(2) 선거일 전 30일까지 사직해야 하는 경우

① 비례대표국회의원선거나 비례대표지방의회의원선거에 입후보하는 경우, ② 보궐선거 등에 입후보하는 경우, ③ 국회의원이 지방자치단체의 장의 선거에 입후보하는 경우, ④ 지방의회의원이 다른 지방자치단체의 의회의원이나 장의 선거에 입후보하는 경우에는 선거일 전 30일까지 그 직을 그만두어야 한다(공직선거법 제53조 제2항).

(3) 지방자치단체의 장의 특례

지방자치단체의 장은 선거구역이 당해 지방자치단체의 관할구역과 같거나 겹치는 지역구국회의원선거에 입후보하고자 하는 때에는 당해 선거의 선거일 전 120일까지 그 직을 그만두어야 한다. 다만, 그 지방자치단체의 장이 임기가 만료된 후에 그 임기만료일부터 90일 후에 실시되는 지역구국회의원선거에 입후보하려는 경우에는 그러하지 아니하다(공직선거법 제53조 제5항).

판례 지방자치단체의 장의 지역구 국회의원선거 입후보시 '선거일 전 120일까지' 사퇴 규정

[판시사항]

1. 지방자치단체의 장이 당해 지방자치단체의 관할구역과 같거나 겹치는 선거구역에서 실시되는 지역구 국회의원선거에 입후보하고자 하는 경우 당해 선거의 '선거일 전 120일까지' 그 직을 사퇴하도록 규정한 공직선거및선거부정방지법 제53조 제3항이 단체장의 평등권을 침해하는지 여부(소극)
2. 이 사건 조항이 단체장의 공무담임권을 침해하는지 여부(소극)

[결정요지]

1. 이 사건 조항은 일반 공무원이 공직선거에 출마하려는 경우 '선거일 전 60일까

27) 다만, 대통령선거와 국회의원선거에 있어서 국회의원이 그 직을 가지고 입후보하는 경우와 지방의회의원선거와 지방자치단체의 장의 선거에 있어서 당해 지방자치단체의 의회의원이나 장이 그 직을 가지고 입후보하는 경우에는 그러하지 아니하다(공직선거법 제53조 제1항 단서). 이 단서규정에도 불구하고 비례대표국회의원이 지역구국회의원 보궐선거 등에 입후보하는 경우 및 비례대표지방의회의원이 해당 지방자치단체의 지역구지방의회의원 보궐선거 등에 입후보하는 경우에는 후보자등록신청 전까지 그 직을 그만두어야 한다(제53조 제3항).

지' 사퇴하도록 하는 것과 달리 단체장을 '120일 전까지' 사퇴하도록 하고 있으나, 단체장은 지방자치단체의 행정기능을 총괄하며, 직원의 인사권과 주민의 복리에 관한 각종 사업의 기획·시행, 예산의 집행 등 지방자치단체의 운영에 있어서 막중한 지위와 권한을 가지므로 자신의 관할구역 국회의원선거에 입후보할 것에 대비하여 전시성 사업으로 예산을 낭비하거나 불공정한 선심행정을 행할 개연성이 다른 공무원에 비하여 상대적으로 더 높다. 단체장의 그러한 지위와 권한의 특수성을 감안할 때 이 사건 조항은 합리성을 벗어난 것이라 볼 수 없다. 또한 이 사건 조항이 국회의원과 달리 단체장에게 그러한 공직사퇴시한을 두고 있는 것은 국회의원직의 사퇴로 인한 심각한 국정공백을 우려한 것이므로 합리적 이유가 있다. 그러므로 이 사건 조항은 단체장의 평등권을 침해하지 않는다.

2. 이 사건 조항 외에 공직선거법의 다른 규정들만으로 관할지역의 지역구 국회의원선거 출마를 의식한 단체장의 선심행정 내지 부당한 법집행을 모두 예방하거나 선거의 공정성과 직무전념성이라는 이 사건 조항의 입법목적을 충분히 달성할 수 있다고 볼 수 없다. 따라서 이 사건 조항은 동 규정들과 별도로 단체장의 지위와 권한의 남용을 방지하고 입법목적을 달성하기 위하여 필요하며 헌법재판소의 종전 2003헌마106 결정[28] 중 이 부분 견해와 저촉되는 부분은 변경한다. 단체장의 지위와 권한의 특수성 그리고 지역 주민들에 대한 영향력을 고려할 때 이 사건 조항이 단체장의 공무담임권을 과도하게 제한하는 것으로 볼 수 없다.

헌재 2006. 7. 27. 2003헌마758 등

3. 기탁금

(1) 기탁금 액수

대통령선거는 3억원,[29] 지역구국회의원선거는 1천500만원, 비례대표국회의원선

28) 지방자치단체의 장으로 하여금 당해 지방자치단체의 관할구역과 같거나 겹치는 선거구역에서 실시되는 지역구 국회의원선거에 입후보하고자 하는 경우 당해 선거의 선거일 전 180일까지 그 직을 사퇴하도록 규정하고 있던 공직선거및선거부정방지법 제53조 제3항에 대하여 헌법재판소는 평등의 원칙에 위배되며, 청구인의 공무담임권을 침해한다고 결정하였고(헌재 2003. 9. 25. 2003헌마106), 2003. 10. 30. 공직선거법 개정을 통하여 선거일 전 120일까지 사직하도록 하였다. 이 조항에 대해서는 합헌결정을 내린 것이다.

29) 헌법재판소는 1995. 5. 25. 선고 92헌마269 등 결정에서 대통령선거에서 3억 원의 기탁금을 규정한 구 대통령선거법 제26조 제1항을 합헌으로 결정하였다. 그 뒤 공직선거법이 기탁금을 5억원으로 증액하였는데, 이것에 대해서는 헌법재판소가 5억 원의 기탁금은 대통령선거 입후보예정자가 조달하기에 매우 높은 액수임이 명백하며, 지지율에 못 미칠 경우 5억 원을 기꺼이 희생할 수 있는 사람이 아니라면 피선거권 행사를 못하게 될 것이어서 재산의 다과에 의하여 공무담임권 행사기회를 비합리적으로 차별하므로, 청구인의 공무담임권을 침해한다고 헌법불합치결정을 내렸다(헌재 2008. 11. 27. 2007헌마1024). 이 결정 이후 공직선거법의 개정

거는 500만원,[30] 시 · 도의회의원선거는 300만원, 시 · 도지사선거는 5천만원, 자치구 · 시 · 군의 장 선거는 1천만원, 자치구 · 시 · 군의원선거는 200만원의 기탁금을 납부하여야 하며, 기탁금은 체납처분이나 강제집행의 대상이 되지 아니한다(공직선거법 제56조 제1항, 제2항).

(2) 기탁금의 반환 등

반환하여야 할 기탁금은 관할선거구선거관리위원회가 선거일 후 30일 이내에 기탁자에게 반환한다. 반환하지 아니하는 기탁금은 국가 또는 지방자치단체에 귀속한다.

1) 대통령선거, 지역구국회의원선거, 지역구지방의회의원선거 및 지방자치단체의 장선거에서는 가. 후보자가 당선되거나 사망한 경우와 유효투표총수의 100분의 15 이상을 득표한 경우에는 기탁금 전액, 나. 후보자가 유효투표총수의 100분의 10 이상 100분의 15 미만을 득표한 경우에는 기탁금의 100분의 50에 해당하는 금액, 다. 예비후보자가 사망하거나, 당헌 · 당규에 따라 소속 정당에 후보자로 추천하여 줄 것을 신청하였으나 해당 정당의 추천을 받지 못하여 후보자로 등록하지 않은 경우에는 납부한 기탁금 전액을 반환하여야 한다(공직자선거법 제57조 제1항 제1호).[31]

2) 비례대표 국회의원선거 및 비례대표 지방의회의원선거에서는 당해 후보자명부에 올라 있는 후보자 중 당선인이 있는 때에는 기탁금 전액을 반환하여야 한다(공직자선거법 제57조 제1항 제2호).[32]

3) 기탁금에서 부담하여야 할 비용(과태료와 불법시설물 등에 대한 대집행비용)은 기탁금을 반환하는 때에 공제하되, 그 부담비용이 반환할 기탁금을 넘는 사람은 그 차액을, 기탁금 전액이 국가 또는 지방자치단체에 귀속되는 사람은 그 부담비

을 통하여 다시 3억원이 되었다.

30) 종전에 공직선거법은 국회의원선거의 기탁금은 지역구와 비례대표를 불문하고 1천500만원이었다. 이에 대하여 헌법재판소는 '비례대표국회의원선거'에 관한 부분은 정당활동의 자유 등을 침해한다고 헌법불합치결정을 내렸다(헌재 2016. 12. 29. 2015헌마509). 이 결정에 따라 2020. 3. 25. 공직선거법이 개정되어 비례대표 국회의원선거는 기탁금을 500만원으로 하는 규정이 신설되었다(제56조 제1항 2－2호).

31) 헌법재판소는 2011. 6. 30. 2010헌마542 결정에서, 기탁금의 반환기준을 어느 정도로 할 것인가는 기본적으로 입법부의 정책적 재량으로 정할 수밖에 없고 현저하게 과도하지 않는 한 존중되어야 하는데 득표율 10% 내지 15%의 기탁금의 반환기준은 합리적인 것으로 청구인의 평등권을 침해한다고 볼 수 없다고 판시하였는바, 2012. 3. 29. 2010헌마673 결정에서도 달리 판단하여야 할 새로운 사정변경이 없다고 하였다.

32) 다만, 제189조 및 제190조의2에 따른 당선인의 결정 전에 사퇴하거나 등록이 무효로 된 후보자의 기탁금은 제외한다.

용 전액을 해당 선거구선거관리위원회의 고지에 따라 그 고지를 받은 날부터 10일 이내에 납부하여야 한다(공직자선거법 제57조 제2항).[33]

(3) 기탁금 관련 판례

판례 예비후보자의 기탁금 납부 및 반환규정 위헌확인 사건

1. 예비후보자의 기탁금제도는 공식적인 선거운동기간 이전이라도 일정범위 내에서 선거운동을 할 수 있는 예비후보자의 무분별한 난립에 따른 폐해를 예방하고 그 책임성을 강화하기 위한 것으로서 입법목적이 정당하고, 예비후보자에게 일정액의 기탁금을 납부하게 하고 후보자등록을 하지 않으면 예비후보자가 납부한 기탁금을 반환받지 못하도록 하는 것은 예비후보자의 난립 예방이라는 입법목적을 달성하기 위한 적절한 수단이라 할 것이며 예비후보자가 납부하는 기탁금의 액수와 국고귀속 요건도 입법재량의 범위를 넘은 과도한 것이라고 볼 수 없으므로, 공직선거법 제57조 제1항 제1호 다목 및 제60조의2 제2항은 청구인의 공무담임권, 재산권을 침해하지 아니한다.
2. 당내 경선에 참가한 정당 소속 예비후보자는 경선에서 후보자로 선출되지 않으면 공직선거법 제57조의2 제2항에 따라 후보자로 등록될 수 없지만, 청구인과 같은 무소속 예비후보자는 후보자로 등록하는 데 아무런 법률상 장애가 없으므로, 법률상 장애로 인하여 후보자로 등록하지 못하는 자에 대해서는 기탁금을 반환하는 한편, 법률상 장애가 없음에도 스스로 후보자등록을 하지 않은 자에 대해서는 기탁금을 반환하지 않도록 하는 것이 불합리한 차별이라고 보기 어려우므로 청구인의 평등권을 침해하지 아니한다. 헌재 2010. 12. 28. 2010헌마79

판례 배우자의 선거범죄로 후보자의 당선을 무효로 하는 조항 및 기탁금과 선거비용을 반환하도록 하는 조항의 위헌여부

[판시사항]

1. 후보자의 당선을 무효로 하는 공직선거법 규정 중 '후보자의 배우자가 제257조 제1항 중 기부행위를 한 죄로 징역형 또는 300만 원 이상의 벌금형의 선고를

---

33) "공직선거법 제57조 제2항이 국회의원선거에 있어서 일정수준에 미달된 득표를 한 후보자에 대하여 그 기탁금으로부터 선거비용의 일부를 부담하게 하고 잔액에 대하여도 이를 반환하지 아니하고 국가에 귀속시키도록 규정한 것은 그와 같은 금전적 제재를 통하여 후보자의 무분별한 난립을 방지하고 나아가 당선자에게 되도록 다수표를 몰아주어 민주적 정당성을 부여하는 한편 후보자의 성실성을 담보하기 위한 것이라 할 수 있으므로 그 목적에 있어서 정당하고 합리적 이유가 있는 것이며 달리 그 기탁금의 액수가 지나치게 많다던가 기탁금 반환에 필요한 득표수를 지나치게 높게 책정하였다고 볼만한 사정도 없으므로 이를 들어 사유재산권에 대한 본질적 침해라거나 헌법상 평등원칙에 위배되는 것이라 볼 수 없다"(헌재 1997. 5. 29. 96헌마143).

받은 경우'에 관한 부분('당선무효조항')이 자기책임원칙 또는 연좌제금지에 위배되는지 여부 및 과잉금지원칙에 위배되어 청구인의 공무담임권을 침해하는지 여부(소극)

2. 당선이 무효로 된 후보자에게 반환받은 기탁금 및 보전받은 선거비용을 반환하도록 하는 공직선거법 규정 중 '제265조의 규정에 따라 배우자의 선거범죄로 당선이 무효로 된 사람'에 관한 부분('반환조항')이 과잉금지원칙에 위배되어 청구인의 재산권을 침해하는지 여부(소극)

[결정요지]

1. 헌법재판소는, '당선무효조항은 친족인 배우자의 행위와 본인 간에 실질적으로 의미 있는 아무런 관련성을 인정할 수 없음에도 불구하고 오로지 배우자라는 사유 그 자체만으로 불이익한 처우를 가하는 것이 아니라, 후보자와 불가분의 선거운명공동체를 형성하여 활동하게 마련인 배우자의 실질적 지위와 역할을 근거로 후보자에게 연대책임을 부여한 것이므로, 헌법 제13조 제3항에서 금지하고 있는 연좌제에 해당하지 아니하고, 자기책임원칙에도 위배되지 아니한다. 또한 당선무효조항이 추구하는 공익은 깨끗하고 공명한 선거라는 민주주의의 중핵을 이루는 대단히 중요한 가치인 반면 당선무효조항에 의하여 규제대상이 되는 범죄행위는 중대한 선거범죄라는 점, 위법한 선거운동이 어느 정도 선거에 영향을 미쳤다면 이에 의한 당선을 정당한 것으로 볼 수 없다는 점, 후보자의 가족 등이 선거의 이면에서 음성적으로 또한 조직적으로 역할을 분담하여 불법·부정을 자행하는 경우가 적지 않은 것이 우리 선거의 현실이라는 점 등을 고려하면, 당선무효조항은 과잉금지원칙에 위배되어 청구인의 공무담임권을 침해한다고 볼 수 없다.'라고 판단한 바 있다(헌재 2011. 9. 29. 2010헌마68). 헌법재판소의 위 선례는 타당하고 이를 변경할 특별한 사정도 없으므로, 위 선례의 견해를 그대로 유지한다.

2. 선거의 공정성을 해치는 선거 법령 위반행위에 대해서는 주권자인 국민의 정치적 의사형성과 표현의 과정인 참정권의 행사를 담보하기 위하여 일정한 제재를 가함으로써 부정선거의 소지를 차단할 필요가 있다. 공정한 선거문화를 정착시키기 위하여 선거부정에 대한 제재를 강화하는 것이 지나친 규제라 보기 어려운 점, 배우자의 형사재판에서 양형판단을 통하여 구체적 사정을 고려할 수 있는 점, 후보자의 당선무효로 기왕의 선거가 무용한 것이 되었기 때문에 국고의 낭비를 막을 필요성이 있는 점 등을 고려하면, 반환조항은 과잉금지원칙에 위배되어 청구인의 재산권을 침해하지 않는다.[34)]

헌재 2016. 9. 29. 2015헌마548

---

34) 이 사건에서 이정미, 안창호 재판관은 당선무효조항에 대하여 헌법상 자기책임원리 및 헌법 제13조 제3항의 연좌제금지에 위배된다고 하고, 후보자에게 책임이 있어 당선무효가 되었다면 기왕에 실시된 선거를 무용한 것으로 만들어 국가 등이 다시 선거를 치르는 과정에서 다

4. 당내경선(공직선거법 제57조의 2)

정당은 공직선거후보자를 추천하기 위하여 경선("당내경선")을 실시할 수 있다(제1항). 정당이 당내경선을 실시하는 경우 경선후보자로서 당해 정당의 후보자로 선출되지 아니한 자는 당해 선거의 같은 선거구에서는 후보자로 등록될 수 없다. 다만, 후보자로 선출된 자가 사퇴 · 사망 · 피선거권 상실 또는 당적의 이탈 · 변경 등으로 그 자격을 상실한 때에는 그러하지 아니하다(제2항). 정당법의 규정에 따라 당원이 될 수 없는 자는 당내경선의 선거인이 될 수 없다(제3항).

정당의 내부경선에 참여할 권리는 헌법이 보장하는 공무담임권의 내용에 포함된다고 보기 어렵다.[35]

대통령선거경선후보자가 당내경선 과정에서 탈퇴함으로써 후원회를 둘 수 있는 자격을 상실한 때에는 후원회로부터 후원받은 후원금 전액을 국고에 귀속하도록 한 정치자금법은 선거과정에서 탈퇴할 자유에 대한 침해이다.[36]

시 선거관리비용을 지출하고 후보자들의 주요 선거비용을 보전하게 되는 책임을 물어 후보자에게 기탁금 및 선거비용을 반환할 의무를 부담시키는 것이 타당하다는 의견을 제시하였다. 한편, 김이수, 강일원 재판관은 반환조항 중 반환받은 기탁금을 다시 반환하도록 하는 부분은 후보자 난립 방지를 위한 기탁금 제도의 본래 취지를 벗어나 이미 선거범죄로 처벌 받은 사람을 대상으로 다시 재산형과 같은 효과를 가지는 제재를 가하면서 무조건 기탁금 전액을 반환하도록 하여 재산권을 지나치게 제한하는 것으로, 과잉금지원칙에 위배되어 청구인의 재산권을 침해한다는 반대의견을 제시하였다.

35) 헌법재판소는 "헌법 제25조가 보장하는 공무담임권은 입법부, 행정부, 사법부는 물론 지방자치단체 등 국가, 공공단체의 구성원으로서 그 직무를 담당할 수 있는 권리를 말한다. 그런데 정당은 정치적 주장이나 정책을 추진하고 공직선거의 후보자를 추천 또는 지지함으로써 국민의 정치적 의사형성에 참여함을 목적으로 하는 국민의 자발적 조직으로서, 정당의 공직선거 후보자 선출은 자발적 조직 내부의 의사결정에 지나지 아니한다. 따라서 청구인이 정당의 내부경선에 참여할 권리는 헌법이 보장하는 공무담임권의 내용에 포함된다고 보기 어렵고, 청구인의 소속 정당이 당내경선을 실시하지 않는다고 하여 청구인이 공직선거의 후보자로 출마할 수 없는 것이 아니므로, 심판대상조항으로 인하여 청구인의 공무담임권이 침해될 여지는 없다. 당내경선 실시 여부를 정당 스스로 정할 수 있도록 하였다는 사정만으로 기성 정치인과 정치 신인을 차별하는 것으로 볼 수 없으므로, 심판대상조항으로 말미암아 청구인의 평등권이 침해될 가능성이 있다고 보기도 어렵다"고 판시하였다(헌재 2014. 11. 27. 2013헌마814).

36) 헌법재판소는 "대통령선거경선후보자가 후보자가 될 의사를 갖고 당내경선 후보자로 등록을 하고 선거운동을 한 경우라고 한다면, 비록 경선에 참여하지 아니하고 포기하였다고 하여도 대의민주주의의 실현에 중요한 의미를 가지는 정치과정이라는 점을 부인할 수 없다. 따라서 경선을 포기한 대통령선거경선후보자에 대하여도 정치자금의 적정한 제공이라는 입법목적을 실현할 필요가 있는 것이며, 이들에 대하여 후원회로부터 지원받은 후원금 총액을 회수함으로써 경선에 참여한 대통령선거경선후보자와 차별하는 이 사건 법률조항의 차별은 합리적인 이유가 있는 차별이라고 하기 어렵다. 대통령선거경선후보자로서는 여론의 동향, 정치지형의 변화, 경제 여건의 변화 등 다양한 상황변화를 이유로 하여 후보자가 되는 것을 포기할 수 있는

5. 예비후보자등록

예비후보자가 되려는 사람은 대통령선거는 선거일 전 240일, 지역구국회의원선거 및 시·도지사선거는 선거일 전 120일, 지역구시·도의회의원선거, 자치구·시의 지역구의회의원 및 장의 선거는 선거기간개시일 전 90일, 군의 지역구의회의원 및 장의 선거는 선거기간개시일 전 60일부터 관할선거구선거관리위원회에 예비후보자등록을 서면으로 신청하여야 한다(공직선거법 제60조의 2 제1항).

예비후보자등록을 신청하는 사람은 해당 선거 기탁금의 100분의 20에 해당하는 금액을 관할선거구선거관리위원회에 기탁금으로 납부하여야 한다(공직선거법 제60조의 2 제2항).

Ⅴ. 선거운동

1. 선거운동의 개념

선거운동이라 함은 공직선거에서 특정후보자를 당선되게 하거나 당선되지 못하게 하는 행위를 말한다(제58조 제1항). 공직선거법은 ① 선거에 관한 단순한 의견개진 및 의사표시, ② 입후보와 선거운동을 위한 준비행위, ③ 정당의 후보자 추천에 관한 단순한 지지·반대의 의견개진 및 의사표시. ④ 통상적인 정당 활동은 선거운동으

것이며, 그와 같은 불가피한 상황변화에도 반드시 경선에 참여할 것을 요구하거나, 애초에 반드시 경선에 참여할 사람의 경우에만 대통령선거경선후보자가 되어야 한다고 요구하기는 어렵다. 2. 선거운동에는 선거비용이 필수적으로 수반되는 것이므로, 선거운동비용의 사용을 제한하는 것은 선거운동을 제한하는 결과로 된다. 이 사건 법률조항은 대통령선거경선후보자가 적법하게 조직된 후원회로부터 기부받은 후원금을 적법하게 사용한 경우에, 당내경선에 참여하지 않았다는 사유로 이미 적법하게 사용한 선거운동비용까지 포함하여 후원금의 총액을 국고에 귀속하게 하는 것이므로 선거운동의 자유를 제한하고 있는 것이다. 대통령선거경선후보자가 적법하게 후원회를 지정하고 후원금을 기부받아 선거운동의 비용으로 사용하였음에도 사후에 경선에 참여하지 않았다고 하여 후원금 총액의 국고귀속을 요구하는 것은 선거운동의 자유에 대한 중대한 제한이라고 할 것이다. 대통령선거경선후보자는 입후보에 대비하여 선거운동을 하다가 당선가능성이 적다고 판단하거나, 정치적·경제적 사유, 건강 등 일신상의 상황변화를 이유로 하여 대통령선거경선후보자로서의 지위를 사퇴할 자유를 가진다. 그런데 대통령선거경선후보자로서 선거과정에 참여한 이들은 이 사건 법률조항으로 인하여 대통령선거경선후보자로서의 자격을 중도에서 포기할 자유에 중대한 제약을 받게 된다. 대통령선거경선후보자의 정치적 의사결정에 이와 같은 제약을 가하는 것은 법상의 대통령선거경선후보자 제도 및 후원회 제도의 목적과도 조화되기 어려운 제약으로서, 자유로운 민주정치의 건전한 발전을 방해하는 것이라고 할 것이다. 이 사건 법률조항은 정당한 사유도 없이 후원금을 선거운동비용으로 사용하는 것을 제한하는 것이고, 그로 인하여 선거운동의 자유 및 선거과정에서 탈퇴할 자유 등 국민의 참정권을 침해하는 것이다"고 판시하였다(헌재 2009. 12. 29. 2007헌마1412).

로 보지 않는 행위로 규정하고 있다(제58조 제1항 각호).

2. 선거운동의 자유

공직선거법은 누구든지 자유롭게 선거운동을 할 수 있지만, 이 법 또는 다른 법률의 규정에 의하여 금지 또는 제한되는 경우에는 그러하지 아니하다고 규정하고 있다(제58조 제3항). 이 법규정은 선거법규나 다른 법률에 의하여 금지되거나 제한되지 아니한 선거운동은 모두 허용된다는 선거운동의 자유원칙을 선언한 규정이다.

대의제민주주의 하에서 선거는 주권자인 국민이 그 정치적 의사를 조직적으로 표명하는 가장 중요한 기회이기 때문에 유권자에게 호소하는 선거운동의 자유는 최대한 보장되어야 한다. 그러나 선거의 공정성을 확보하기 위해서는 선거운동에도 일정한 규제가 필요하다.

판례 선거운동의 자유의 근거 · 내용

"선거자유의 원칙은 민주국가의 선거제도에 내재하는 법원리로서 국민주권의 원리, 대의민주주의의 원리 및 참정권에 관한 헌법규정들(제1조, 제24조, 제25조, 제41조 제1항, 제67조 제1항 등)을 근거로 하며, 그 내용으로 선거권자의 의사형성의 자유와 의사실현의 자유, 구체적으로는 투표의 자유, 입후보의 자유 나아가 선거운동의 자유가 있다. 이 중 선거운동의 자유는 널리 선거과정에서 자유로이 의사를 표현할 자유로서 표현의 자유의 한 형태이기도 하므로 언론, 출판, 집회, 결사의 자유를 보장한 헌법 제21조에 의하여도 보호받는다. 한편, 선거권이 제대로 행사되기 위하여는 후보자에 대한 정보의 자유교환이 필연적으로 요청되므로, 선거운동의 자유는 선거권 행사의 전제 내지 선거권의 중요한 내용을 이룬다. 그러므로 선거운동의 제한은 후보자에 관한 정보에 자유롭게 접근할 수 있는 권리를 제한하는 것으로서 선거권, 곧 참정권의 제한으로 파악될 수도 있다." 헌재 2006. 7. 27. 2004헌마215

3. 선거공영제

헌법은 선거운동의 원칙으로서 기회균등과 선거경비국고부담을 내용으로 하는 선거공영제를 규정하고 있다(제116조). 이를 구체화한 공직선거법은 선거운동의 자유를 규정하고 선거공영제를 확대시키고 있다.

(1) 선거의 기회균등의 원칙

헌법 제116조 제1항은 "선거운동은 …… 균등한 기회가 보장되어야 한다"라고 하여, 선거운동에 있어서 기회균등의 원칙을 강조하고 있다. 따라서 선거운동에 있어서는 각 후보자에게 시간상, 방법상, 그리고 비용 면에서 기회균등이 보장되어야 하고, 부당한 차별이 가해져서는 안 된다.

(2) 선거경비국가부담원칙

1) 대통령선거 및 국회의원선거의 관리준비와 실시에 필요한 ① 이 법의 규정에 의한 선거의 관리준비와 실시에 필요한 경비, ② 선거에 관한 계도·홍보 및 단속사무에 필요한 경비, ③ 선거에 관한 소송에 필요한 경비, ④ 선거에 관한 소송의 결과로 부담하여야 할 경비, ⑤ 선거결과에 대한 자료의 정리에 필요한 경비, ⑥ 선거관리를 위한 선거관리위원회의 운영 및 사무처리에 필요한 경비, ⑦ 예측할 수 없는 경비 또는 예산초과지출에 충당하기 위한 경비로서 ①, ② 경비의 합계금액의 100분의 1에 상당하는 금액에 해당하는 경비와 지방의회의원 및 지방자치단체의 장의 선거에 관한 사무 중 통일적인 수행을 위하여 중앙선거관리위원회 및 시·도선거관리위원회가 집행하는 경비는 국가가 부담한다(제277조 제1항).

2) 지방의회의원 및 지방자치단체의 장의 선거의 관리준비와 실시에 필요한 ① 제1항 각호의 경비, ② 선거에 관한 소청에 필요한 경비, ③ 선거에 관한 소청의 결과로 부담하여야 할 경비에 해당하는 경비는 당해 지방자치단체가 부담한다(제277조 제2항).

4. 선거운동에 대한 제한

(1) 개 관

공직선거법은 선거운동자유의 원칙을 규정하면서도 선거의 공정성을 확보하기 위하여 선거운동의 제한을 인정하고 있다. 공직선거법은 종전의 포괄적 제한·금지방식에서 개별적 제한·금지방식으로 전환하고 있는데, 현행 공직선거법상 선거운동에 관해서는 시간적, 인적, 방법적, 비용적 측면 등에서 제한이 있다.

판례 선거운동을 제한하는 법률에 대한 위헌심사기준

"선거운동은 국민주권 행사의 일환일 뿐 아니라 정치적 표현의 자유의 한 형태로서 민주사회를 구성하고 움직이게 하는 요소이므로, 선거운동의 허용범위는 아무런 제약 없이 입법자의 재량에 맡겨진 것이 아니고 그 제한입법의 위헌 여부에 대하여는 엄격한 심사기준이 적용된다." 헌재 1994. 7. 29. 93헌가4, 6(병합)

(2) 시간적 제한(선거운동기간)

1) 선거운동은 선거기간개시일부터 선거일 전일까지에 한하여 할 수 있다. 다만, ① 예비후보자 등이 선거운동을 하는 경우, ② 선거일이 아닌 때에 문자(문자 외의 음성 · 화상 · 동영상 등은 제외)메시지를 전송하는 방법으로 선거운동을 하는 경우,[37] ③ 선거일이 아닌 때에 인터넷 홈페이지 또는 그 게시판 · 대화방 등에 글이나 동영상 등을 게시하거나 전자우편[38]을 전송하는 방법으로 선거운동을 하는 경우 등은 예외로 한다(공직선거법 제59조).

2) 사전선거운동과 선거당일의 선거운동은 금지된다.[39]

판례 공직선거 예비후보자의 배우자 등의 선거운동에 관한 사건

1. 예비후보자의 배우자와 직계존 · 비속이 예비후보자의 선거운동을 위하여 예비후보자의 명함을 직접 주거나 예비후보자에 대한 지지를 호소할 수 있도록 한 공직선거법 제60조의3 제2항 제1호에 대한 심판청구는, 선거절차가 모두 끝나 주관적 권리보호의 이익이 없고, 헌법재판소가 최근에 위 조항이 평등권을 침해하지 아니한다고 결정한 바 있어 예외적으로 심판청구의 이익을 인정할 수 있는 경우도 아니어서 부적법하다.
2. 이 사건 3호 법률조항은, 명함 고유의 특성이나 가족관계의 특수성을 반영하여 단독으로 명함교부 및 지지호소를 할 수 있는 주체를 예비후보자의 배우자나 직계존 · 비속 본인에게 한정하고 있는 이 사건 1호 법률조항에 더하여, 배우자가 그와 함께 다니는 사람 중에서 지정한 1명까지 보태어 명함교부 및 지지호소를 할 수 있도록 하여 배우자 유무에 따른 차별효과를 크게 한다. 더욱이 배우자가 그와 함께 다니는 1명을 지정함에 있어 아무런 범위의 제한을 두지 아니하여,

---

37) 이 경우 컴퓨터 및 컴퓨터 이용기술을 활용한 자동 동보통신의 방법으로 전송할 수 있는 자는 후보자와 예비후보자에 한하되, 그 횟수는 5회(후보자의 경우 예비후보자로서 전송한 횟수를 포함한다)를 넘을 수 없으며, 매회 전송하는 때마다 중앙선거관리위원회규칙에 따라 신고한 1개의 전화번호만을 사용하여야 한다.

38) 전자우편은 컴퓨터 이용자끼리 네트워크를 통하여 문자 · 음성 · 화상 또는 동영상 등의 정보를 주고받는 통신시스템을 말하며, 전자우편 전송대행업체에 위탁하여 전자우편을 전송할 수 있는 사람은 후보자와 예비후보자에 한한다.

39) 선거일에 투표마감시각 전까지 선거운동을 한 자는 3년 이하의 징역 또는 600만원 이하의 벌금에 처한다. 선거운동기간 전에 공직선거법에 규정된 방법을 제외하고 선전시설물 · 용구 또는 각종 인쇄물, 방송 · 신문 · 뉴스통신 · 잡지, 그 밖의 간행물, 정견발표회 · 좌담회 · 토론회 · 향우회 · 동창회 · 반상회, 그 밖의 집회, 정보통신, 선거운동기구나 사조직의 설치, 호별방문, 그 밖의 방법으로 선거운동을 한 자는 2년 이하의 징역 또는 400만원 이하의 벌금에 처한다(공직선거법 제254조).

배우자가 있는 예비후보자는 독자적으로 선거운동을 할 수 있는 선거운동원 1명을 추가로 지정하는 효과를 누릴 수 있게 된다. 이것은 명함 본래의 기능에 부합하지 아니할 뿐만 아니라, 선거운동 기회균등의 원칙에 반하고, 예비후보자의 선거운동의 강화에만 치우친 나머지, 배우자의 유무라는 우연적인 사정에 근거하여 합리적 이유 없이 배우자 없는 예비후보자를 차별 취급하는 것이므로, 이 사건 3호 법률조항은 청구인의 평등권을 침해한다.

헌재 2013. 11. 28. 2011헌마267

판례 선거운동기간의 제한근거

"기간의 제한 없이 선거운동을 무한정 허용할 경우에는 후보자간의 지나친 경쟁이 선거관리의 곤란으로 이어져 부정행위의 발생을 막기 어렵게 된다. 또한 후보자 간의 무리한 경쟁의 장기화는 경비와 노력이 지나치게 들어 사회경제적으로 많은 손실을 가져올 뿐만 아니라 후보자 간의 경제력 차이에 따른 불공평이 생기게 되고 아울러 막대한 선거비용을 마련할 수 없는 젊고 유능한 신참 후보자의 입후보의 기회를 빼앗는 결과를 가져올 수 있다. 우리나라는 반세기 가까이 수많은 선거를 치러 왔으면서도 아직껏 우리가 바라는 이상적인 선거풍토를 이루지 못하고 금권, 관권 및 폭력에 의한 선거, 과열선거가 항상 문제되어 왔다. 이러한 상황아래 위와 같은 폐해를 방지하고 공정한 선거를 실현하기 위하여 선거운동의 기간에 일정한 제한을 두는 것만으로 위헌으로 단정할 수는 없다. 공선법 제59조 제1호(이하 '이 사건 법률조항'이라 한다)에서 정하는 선거운동의 기간제한은 제한의 입법목적, 제한의 내용, 우리나라에서의 선거의 태양, 현실적 필요성 등을 고려할 때 필요하고도 합리적인 제한이며, 예비후보자의 배우자인 청구인의 선거운동의 자유를 형해화할 정도로 과도하게 제한하는 것으로 볼 수 없다." 헌재 2005. 9. 29. 2004헌바52

판례 국회의원선거운동기간을 14일로 정한 것(합헌)

"선거운동의 기간을 제한하는 것 자체가 청구인의 정치적 기본권을 과도하게 제한하는 것이 아니라고 할 때, 선거운동의 기간을 어느 정도로 할 것인지 여부는 입법정책에 맡겨져 있다고 볼 수 있고, 그 구체적인 기간이 선거운동의 자유를 형해화할 정도로 과도하게 제한하는 것으로 볼 수 없다면 이 역시 위헌이라고 볼 수 없다." 헌재 2005. 2. 3. 2004헌마216

판례 바르게살기운동협의회의 선거기간 중 모임 금지에 관한 사건

"국민운동단체인 바르게살기운동협의회는 목적과 활동에서 정치적 성향을 지니고 있으면서 국가나 지방자치단체로부터 예산을 지원받아 사용하고, 국·공유시설을 무상으로 사용하는 등 각종 지원을 받으면서 국가나 지방자치단체의 시책에 참여하는 일이 많은 특성을 가지는데, 심판대상조항(제256조 제1항)은 다른 시기에 개최할 수도 있는 모임을 굳이 본격적인 선거운동이 이루어지는 선거기간 중에 개최하는 경우에는 그 모임을 개최하는 행위 자체가 선거에 영향을 미치는 것으로 보고, 그 모임을 개최한 자를 처벌하는 것이다. 따라서 심판대상조항은 법적으로 비난가능성이 없는 자를 형사처벌하는 것이라고 볼 수 없으므로 책임주의원칙에 위반되지 않는다. 바르게살기운동협의회가 위와 같은 특성을 가진 점, 모임 개최가 금지되는 기간이 대통령선거의 경우 23일, 국회의원 등 선거의 경우 14일 등으로 비교적 짧고 그 기간이 예정되어 있는 점, 모임 개최를 금지함으로써 얻는 관권 개입이나 탈법행위의 위험성 차단이라는 공익이 큰 점을 고려하면, 심판대상조항은 과잉금지원칙에 위반된다고 볼 수 없으며, 선거기간 중 개최되는 모임에 관하여 바르게살기운동협의회와 일반단체를 달리 취급하는 데에는 위와 같은 합리적인 이유가 있으므로, 평등원칙에 반하지 않는다. 헌재 2013. 12. 26. 2010헌가90

(3) 인적 제한

1) 기본원칙

일정한 경우를 제외하고 모든 국민은 선거운동을 할 수 있다. 따라서 선거운동을 원칙적으로 모든 국민에게 금지하면서 특정한 국민에 대해서만 그러한 금지를 해제하여 선거운동을 허용하는 것은 기본권제한에 위배된다.[40]

과거 국회의원선거법(제41조 제1항), 대통령선거법(제36조), 지방의회의원선거법(제41조), 지방자치단체의 장 선거법(제37조)에서는 "정당 · 후보자 · 선거사무장 · 선거연락사무소장 또는 선거운동원이 아닌 자는 선거운동을 할 수 없다. 다만, 후보자의 배우자, 후보자 및 그 배우자의 직계존 · 비속과 형제자매는 그러하지 아니하다"고 규정하고 있었다. 이것이 위에서 본 위헌판결의 취지에 따라 일정한 신분에 있는 자를 제외하고 모든 사람에게 선거운동을 인정하는 방향으로 바뀐 것이다.

판례 일정범위 내의 사람에 대해서만 선거운동을 허용한 구(舊) 대통령선거법(大統領選擧法)규정의 위헌(違憲) 여부

"구(舊) 대통령선거법 제36조 제1항 본문은 원칙적으로 전 국민에 대하여 선거운동을 금지한 다음 후보자의 가족, 정당이나 후보자에 의하여 선임되어 선거관리위원회에 신고된 극소수의 선거관계인들만이 선거운동을 할 수 있도록 하고 있으므로 이는 선거의 공정성 확보라는 목적에 비추어 보더라도 필요한 정도를 넘어 국민의 정치적 표현의 자유를 지나치게 제한하고 있는 것이고, 그로 인하여 선거의 공정성

---

40) 헌재 1994. 7. 29. 93헌가4 등.

이 확보된다는 보장도 없으므로, 위 법 제36조 제1항 본문 및 벌칙조항인 제162조 제1항 제1호 중 제36조 제1항 본문 부분은 입법형성권의 한계를 넘어 국민의 선거운동의 자유를 지나치게 제한함으로써 국민의 참정권과 정치적 표현의 자유의 본질적 내용을 침해하는 것이어서, 헌법 제21조 제1항, 제24조에 위배되고 헌법상의 국민주권주의 원칙과 자유선거의 원칙에도 위반되는 요소가 많다. 그러나 공익을 대표하는 사람, 직무의 성질상 정치적 중립성이 요청되는 사람 등에게는 선거운동이 허용되어서는 아니 되고, 이러한 일부 합헌적 부분까지 위헌선언을 하게 되면, 선거권이 없는 사람과 정치활동이 금지된 공무원 등 일정범위의 공익관련자들마저 선거운동을 할 수 있게 되어 오히려 선거의 공정성을 해칠 우려가 있다. 따라서 위 법 제36조 제1항 본문은 선거권이 없는 사람과 선거의 공정을 해칠 우려가 있는 일정 범위의 사람들에 대하여 선거운동을 금지하는 것은 합헌이라 할 것이고, 선거의 공정을 해칠 우려가 없는 선거권을 가진 일반국민까지 선거운동을 금지하여 이들의 선거운동의 기회를 박탈하는 것은 헌법에 위반된다. 그런데 1994. 3. 16. 법률 제4739호로 공직선거 및 선거부정방지법이 제정되었고, 위 법 제60조 제1항은 공무원 등 선거운동이 금지되는 사람들을 구체적·제한적으로 열거하고 있으므로, 구(舊) 대통령선거법 제36조 제1항 본문 및 제162조 제1항 제1호의 제36조 제1항 본문부분은, 입법자의 입법형성의 자유를 존중하는 뜻에서 합헌의 범위를 위 법 제60조 제1항에 열거한 자로 한정하여, 그 이외의 사람들에까지 선거운동을 금지하고 이를 위반한 자를 처벌하는 것은 헌법에 위반된다고 하겠다." 헌재 1994. 7. 29. 93헌가4 등

2) 선거운동을 할 수 없는 자

현행 공직선거법은 선거운동을 할 수 없는 자로 ① 대한민국 국민이 아닌 자,[41] ② 미성년자(18세 미만의 자), ③ 선거법 제18조 제1항의 규정에 의하여 선거권이 없는 자,[42] ④ 국가공무원법에 규정된 국가공무원과 지방공무원법에 규정된 지방

41) 지방자치단체의 의회의원 및 장의 선거에 있어서는 「출입국관리법」 제10조에 따른 영주의 체류자격 취득일 후 3년이 경과한 외국인으로서 같은 법 제34조에 따라 해당 지방자치단체의 외국인등록대장에 올라 있는 사람은 선거권이 있다(제60조 제1항 제1호 단서). 또한 외국인이라도 예비후보자·후보자의 배우자인 경우에는 선거운동이 허용된다(제60조 제1항 단서).

42) 공직선거법은 선거권이 없는 자로 1. 금치산선고를 받은 자, 2. 금고 이상의 형의 선고를 받고 그 집행이 종료되지 아니하거나 그 집행을 받지 아니하기로 확정되지 아니한 자, 3. 선거범(제16장 벌칙에 규정된 죄와 국민투표법 위반의 죄를 범한 자), 정치자금법 제45조(정치자금부정수수죄) 및 제49조(선거비용관련 위반행위에 관한 벌칙)에 규정된 죄를 범한 자 또는 대통령·국회의원·지방의회의원·지방자치단체의 장으로서 그 재임 중의 직무와 관련하여 형법(특정범죄가중처벌에 관한 법률 제2조에 의하여 가중 처벌되는 경우를 포함) 제129조(수뢰, 사전수뢰) 내지 제132조(알선수뢰)·특정범죄가중처벌법(알선수재)에 규정된 죄를 범한 자로서, 100만 원 이상의 벌금형의 선고를 받고 그 형이 확정된 후 5년 또는 형의 집행유예의 선고를 받고 그 형이 확정된 후 10년을 경과하지 아니하거나 징역형의 선고를 받고 그 집

공무원,[43] ⑤ 제53조(공무원 등의 입후보) 제1항 제2호 내지 제7호에 해당하는 자(제5호 및 제6호의 경우에는 그 상근직원을 포함),[44] ⑥ 예비군 중대장급 이상의 간부,[45] ⑦ 통·리·반의 장 및 읍·면·동주민자치센터에 설치된 주민자치위원회위원,[46] ⑧ 특별법에 의하여 설립된 국민운동단체로서 국가 또는 지방자치단체의 출연 또는 보조를 받는 단체(바르게살기운동협의회·새마을운동협의회·한국자유총연맹을 말함)의 상근 임·직원 및 이들 단체 등(시·도조직 및 구·시·군조직을 포함)의 대표자,[47] ⑨ 선상투표신고를 한 선원이 승선하고 있는 선박의 선장 등을 규정하고 있다(공직선거법 제60조 제1항 제1호 내지 제9호). 선거운동을 할 수 없는 자가 선거운동을 하거나 하게 한 자는 선거법에 따라 처벌을 받는다(공직선거법 제256조 제1항 제1호).

3) 단체의 선거운동금지

공직선거법은 다음 어느 하나에 해당하는 기관·단체는 그 명의 또는 그 대표의 명의로 선거운동을 할 수 없다고 규정하고 있다. 즉, ① 국가·지방자치단체, ② 제53조(공무원 등의 입후보) 제1항 제4호 내지 제6호에 규정된 기관·단체, ③ 향우회·종친회·동창회, 산악회 등 동호인회, 계모임 등 개인간의 사적모임, ④ 특별법에 의하여 설립된 국민운동단체로서 국가 또는 지방자치단체의 출연 또는

행을 받지 아니하기로 확정된 후 또는 그 형의 집행이 종료되거나 면제된 후 10년을 경과하지 아니한 자(형이 실효된 자도 포함), 4. 법원의 판결 또는 다른 법률에 의하여 선거권이 정지 또는 상실된 자로 규정하고 있다(공직선거법 제18조 제1항). 여기서 제3호에 규정된 죄와 다른 죄의 경합범에 대하여는 형법 제38조(경합범과 처벌 예)의 규정에 불구하고 이를 분리 심리하여 따로 선고하도록 하고 있다(제18조 제2항, 제3항).

43) 다만, 정당법 제22조(발기인 및 당원의 자격) 제1항 제1호 단서의 규정에 의하여 정당의 당원이 될 수 있는 공무원(국회의원과 지방의회의원외의 정무직공무원을 제외한다)은 그러하지 아니하다. 또한 공무원이 예비후보자·후보자의 배우자이거나 후보자의 직계존비속인 경우는 선거운동이 허용된다(제60조 제1항 단서).

44) 2. 각급선거관리위원회위원 또는 교육위원회의 교육위원, 3. 다른 법령의 규정에 의하여 공무원의 신분을 가진 자, 4. 「공공기관의 운영에 관한 법률」 제4조제1항제3호에 해당하는 기관 중 정부가 100분의 50 이상의 지분을 가지고 있는 기관(한국은행을 포함한다)의 상근 임원, 5. 「농업협동조합법」·「수산업협동조합법」·「산림조합법」·「엽연초생산협동조합법」에 의하여 설립된 조합의 상근 임원과 이들 조합의 중앙회장, 6. 「지방공기업법」 제2조(適用範圍)에 규정된 지방공사와 지방공단의 상근 임원, 7. 「정당법」 규정에 의하여 정당의 당원이 될 수 없는 사립학교교원. 다만, 이 사람들도 예비후보자·후보자의 배우자이거나 후보자의 직계존비속인 경우에는 선거운동이 허용된다(제60조 제1항 단서).

45) 예비군 중대장급 이상의 간부도 예비후보자·후보자의 배우자이거나 후보자의 직계존비속인 경우에는 선거운동이 허용된다(제60조 제1항 단서).

46) 이들도 예비후보자·후보자의 배우자이거나 후보자의 직계존비속인 경우에는 선거운동이 허용된다(제60조 제1항 단서).

47) 이들도 예비후보자·후보자의 배우자이거나 후보자의 직계존비속인 경우에는 선거운동이 허용된다(제60조 제1항 단서).

보조를 받는 단체(바르게살기운동협의회 · 새마을운동협의회 · 한국자유총연맹을 말함), ⑤ 법령에 의하여 정치활동이나 공직선거에의 관여가 금지된 단체, ⑥ 후보자 또는 후보자의 가족(이하 후보자등)이 임원으로 있거나, 후보자등의 재산을 출연하여 설립하거나, 후보자등이 운영경비를 부담하거나 관계법규나 규약에 의하여 의사결정에 실질적으로 영향력을 행사하는 기관 · 단체, ⑦ 2005. 8. 4 국민건강보험법에 의하여 설립된 국민건강보험공단은 삭제됨, ⑧ 구성원의 과반수가 선거운동을 할 수 없는 자로 이루어진 기관 · 단체 등이 그것이다(공직선거법 제87조 제1항). 또한 누구든지 선거에 있어서 후보자(후보자가 되고자 하는 자를 포함)의 선거운동을 위하여 연구소 · 동우회 · 향우회 · 산악회 · 조기축구회, 정당의 외곽단체 등 그 명칭이나 표방하는 목적 여하를 불문하고 사조직 기타 단체를 설립하거나 설치할 수 없다(동법 제87조 제2항).

단체의 선거운동금지규정을 위반하여 선거운동을 하거나 하게 한 자 또는 사조직 기타 단체를 설립 · 설치하거나 하게 한 자는 선거법에 따라 처벌을 받는다(공직선거법 제255조 제1항 제11호).

단체의 선거운동 제한은 변화를 겪어 왔다. 과거 단체에 의한 선거운동이 전면적으로 금지되다가 1998년의 공직선거법의 개정을 통해 노동조합 등의 선거운동이 인정되었다. 이후 시민단체의 선거운동이 노동조합과의 형평성 등과 관련하여 지속적으로 문제된 끝에 2004년 공직선거법 개정을 통해 국가, 지방자치단체 및 각종 관변단체나 향우회, 종친회, 동창회 등 사적모임 등을 제외한 대부분의 단체가 선거운동을 할 수 있도록 하였다.

참고 단체의 선거운동 금지규정의 변천

1. 1994. 3. 16. 제정 공직선거 및 선거부정방지법 제87조(단체의 선거운동 금지)
단체는 사단 · 재단 기타 명칭의 여하를 불문하고 선거기간 중에 그 명의 또는 그 대표자의 명의로 특정 정당이나 후보자를 지지 · 반대하거나 지지 · 반대할 것을 권유하는 행위를 할 수 없다.
2. 1998. 4. 30. 개정 공직선거 및 선거부정방지법 제87조(단체의 선거운동금지)
단체는 사단 · 재단 기타 명칭의 여하를 불문하고 선거기간 중에 그 명의 또는 그 대표의 명의로 특정 정당이나 후보자를 지지 · 반대하거나 지지 · 반대할 것을 권유하는 행위를 할 수 없다. 다만, 노동조합및노동관계조정법 제2조(정의)의 규정에 의한 노동조합은 그러하지 아니하다.
3. 2000. 2. 16. 개정 공직선거 및 선거부정방지법 제87조(단체의 선거운동금지)
단체는 사단 · 재단 기타 명칭의 여하를 불문하고 선거기간 중에 그 명의 또는 그 대표의 명의로 특정 정당이나 후보자를 지지 · 반대하거나 지지 · 반대할 것을 권유하는 행위를 할 수 없다. 다만, 노동조합및노동관계조정법 제2조(정의)의 규정에 의한 노동조합과 제81조(단체의 후보자등 초청 대담 · 토론회) 제1항의 규정에 의하여 후보자등 초청대담 · 토론회를 개최할 수 있는 단체는 그러하지 아니하다.

* 정당의 후보자 추천에 관한 단순한 지지 · 반대의 의견개진은 이를 선거운동으로 보지 아니하도록 하고, 후보자를 초청 대담 · 토론회를 개최할 수 있는 단체의 선거운동을 허용함(제58조 및 제87조).

4. 2004. 3. 12. 개정 공직선거 및 선거부정방지법 제87조(단체의 선거운동금지)

① 다음 각호의 1에 해당하는 기관 · 단체는 그 명의 또는 그 대표의 명의로 선거운동을 할 수 없다.

1. 국가 · 지방자치단체
2. 제53조(공무원 등의 입후보)제1항제4호 내지 제6호에 규정된 기관 · 단체
3. 향우회 · 종친회 · 동창회, 산악회 등 동호인회, 계모임 등 개인간의 사적모임
4. 특별법에 의하여 설립된 국민운동단체로서 국가 또는 지방자치단체의 출연 또는 보조를 받는 단체(바르게살기운동협의회 · 새마을운동협의회 · 한국자유총연맹을 말한다)
5. 법령에 의하여 정치활동이나 공직선거에의 관여가 금지된 단체
6. 후보자 또는 후보자의 가족(이하 이 항에서 "후보자등"이라 한다)이 임원으로 있거나, 후보자등의 재산을 출연하여 설립하거나, 후보자등이 운영경비를 부담하거나 관계법규나 규약에 의하여 의사결정에 실질적으로 영향력을 행사하는 기관 · 단체
7. 국민건강보험법에 의하여 설립된 국민건강보험공단
8. 구성원의 과반수가 선거운동을 할 수 없는 자로 이루어진 기관 · 단체

② 누구든지 선거에 있어서 후보자(후보자가 되고자 하는 자를 포함한다)의 선거운동을 위하여 연구소 · 동우회 · 향우회 · 산악회 · 조기축구회, 정당의 외곽단체 등 그 명칭이나 표방하는 목적 여하를 불문하고 사조직 기타 단체를 설립하거나 설치할 수 없다(전문개정).

5. 2005. 8. 4. 공직선거법(법명변경) 제87조(단체의 선거운동금지)

제7호 삭제(국민건강보험법에 의하여 설립된 국민건강보험공단)

판례 단체의 선거운동 금지와 관련한 판례 변화

1. 노동조합의 선거운동이 인정되기 이전 판례

"공직선거에 있어서 후보자를 추천하거나 이를 지지 또는 반대하는 등 선거활동을 함에 있어서 "정당"과 "정당이 아닌 기타의 단체"에 대하여 그 보호와 규제를 달리한다 하더라도 이는 일응 헌법에 근거를 둔 합리적인 차별이라 보아야 할 것이고, 따라서 정당이 아닌 단체에게 정당만큼의 선거운동이나 정치활동을 허용하지 아니하였다 하여 곧 그것이 그러한 단체의 평등권이나 정치적 의사표현의 자유를 제한한 것이라고는 말할 수 없는 점, 공직선거 및 선거부정방지법 제87조는 단체에 대

하여 특정 정당이나 후보자에 대한 명시적인 지지나 반대 등의 행위만 금지하고 있을 뿐 단체의 정치적 의사표현의 자유를 더 제한한 것은 아니고 위 법 제81조와 제82조에서 단체가 후보자들에 대한 객관적 평가에 접할 기회를 보장함으로써 그 자신의 정치적, 정책적인 의견개진 등에 있어서 참고로 할 정보수집의 기회를 주고 있는 점, 위 법은 유권자인 개인(국민)과 정당에 대하여도 그 선거운동의 주체·방법·기간 및 비용의 측면에서 여러가지 까다로운 규제를 하고 있는데, 개인(국민)과는 달리 선거권과 피선거권이 없으며 정당과는 달리 헌법상 그 지위와 활동에 관하여 특별한 보호나 보장을 받지 못하는 일반 단체에게 공직선거에 있어서 특정 정당이나 후보자에 대한 지지·반대 등의 선거운동을 허용한다면, 이는 개인(국민)과 정당의 선거운동에 관한 규제와의 사이에 균형이 맞지 않는 점, 오늘날 우리나라의 기존 정당들이 국민의 정치·경제·사회·문화적 욕구를 제대로 충족시켜 주지 못한다 하더라도, 그것이 곧 정당 아닌 각종 시민단체나 사회단체에게 정당과 같은 정도의 정치활동이나 선거운동을 허용할 합리적인 이유는 될 수 없는 점 등을 모두 종합하여 보면, 단체의 선거운동 금지를 규정한 위 법 제87조가 청구인들의 평등권이나 정치적 의사표현의 자유의 본질적인 내용을 침해하였거나 이를 과도하게 제한한 것이라고 보기 어렵다." 헌재 1995. 5. 25. 95헌마105

2. 노동조합의 선거운동이 인정된 이후 시민단체와의 형평성이 문제화 된 시기의 판례

"우리 헌법은 모든 국민에게 결사의 자유(제21조)를 보장하면서 결사의 한 형태인 노동조합에 관하여는 일반 단체와는 다른 특별한 보호와 규제를 하고 있다(제33조). 노동조합은 "근로자들이 자주적으로 근로조건의 유지·개선과 근로자의 경제적·사회적 지위의 향상을 도모할 목적으로" 하는 단체이고, 또 그러한 목적수행에 필요한 조직을 갖추고 있는 반면에, 헌법 제21조에서 규정하고 있는 단체는 그 설립목적이 노동조합과는 다르고 그 조직이 헌법에 규정된 것도 아니며, 그러한 조직을 형성할 의무가 있는 것도 아니다. 따라서 공직선거에 특정 정당이나 후보자를 지지·반대하거나 지지가·반대할 것을 권유하는 선거운동을 함에 있어서 "각종 단체"를 "노동조합"에 비교하여 차별취급을 한다고 하더라도, 이는 헌법에 근거를 둔 합리적인 차별로 보아야 하므로, 노동조합이 아닌 단체에 대하여 선거운동을 허용하지 아니한 것은 헌법상의 선거운동의 균등보장규정 및 평등원칙에 위반된다고 할 수 없다." 헌재 1999. 11. 25. 98헌마141

(4) 방법적 제한

현행 공직선거법은 선거운동의 방법에 대하여 다양한 제한을 규정하고 있다.

1) 합동연설회와 정당 및 후보자 등에 의한 연설회는 물론이고 선거운동을 위한 호별방문·서명운동·음식물제공·기부행위·비방 등은 금지된다(공직선거법 제106조, 제107조, 제110조).

2) 집회 등의 제한(공직선거법 제103조)

① 선거기간 중 선거구민을 대상으로 하거나 선거가 실시되는 지역 안에서 향민회·종친회 또는 동창회 모임을 개최할 수 없다. 다만, 대통령선거에 있어서는 그러하지 아니하다.

② 특별법에 따라 설립된 국민운동단체로서 국가나 지방자치단체의 출연 또는 보조를 받는 단체(바르게살기운동협의회·새마을운동협의회·한국자유총연맹을 말함) 및 주민자치위원회는 선거기간 중 회의 그 밖에 어떠한 명칭의 모임도 개최할 수 없다.

③ 누구든지 선거기간 중 선거에 영향을 미치게 하기 위하여 단합대회 또는 야유회 기타의 집회를 개최할 수 없다.

④ 선거기간 중에는 특별한 사유가 없는 한 반상회를 개최할 수 없다.

⑤ 누구든지 선거일 전 90일(선거일 전 90일 후에 실시사유가 확정된 보궐선거 등에 있어서는 그 선거의 실시사유가 확정된 때)부터 선거일까지 후보자(후보자가 되고자 하는 자를 포함한다)와 관련 있는 저서의 출판기념회를 개최할 수 없다.

3) 시민단체들의 낙선 운동

① "특정 후보자를 당선시킬 목적의 유무에 관계없이, 당선되지 못하게 하기 위한 행위일체를 선거운동으로 규정하여 이를 규제하는 것은 불가피한 조치로서 그 목적의 정당성과 방법의 적정성이 인정된다"[48]

② 낙선운동을 '후보자편의 낙선운동'과 '제3자편의 낙선운동'으로 나누면서, 양자는 조금도 다르지 않다고 보는 것이 헌법재판소의 견해이다.[49]

4) 언론기관의 후보자초청 토론·대담·토론회 개최도 허용된다(공직선거법 제82조 제1항).

5) 선거사무소 또는 선거운동을 위한 자동차·선박 등의 사용에 관해서도 일정한 제한이 있다. 문서·도화에 의한 운동에도 제약이 따른다.

6) 그 밖에 선전벽보의 수량 등 제한(제64조), 현수막(제67조), 어깨띠(제68조), 신문·방송광고(69조, 제70조, 제94조), 의정활동보고회(제111조), 여론조사 및 결과공표의 제한(제108조) 등이 규정되어 있다.

판례 선전벽보에 비정규학력의 게재를 금지하는 법규정이 헌법에 위반되는지 여부

선거운동의 선전벽보에 비정규학력의 게재를 금지하는 공직선거및선거부정방지법 제64조 제1항이 과잉금지원칙에 위반되어 선거운동의 자유를 침해하는지, 위 법률조

48) 헌재 2001. 12. 20. 2000헌바96.
49) 헌재 2001. 8. 30. 2000헌마121 등(병합).

항이 평등원칙에 위반되는지 여부에 대해서 헌법재판소는

"1. 선거운동의 선전벽보에 비정규학력의 게재를 금지하는 공직선거및선거부정방지법 제64조 제1항은 선전벽보에 비정규학력을 게재할 경우 유권자들이 후보자의 학력을 과대 평가하여 공정한 판단을 흐릴 수 있으므로 이를 방지함으로써 선거의 공정성을 확보함을 입법목적으로 하고 있는바, 그 입법목적의 정당성이 인정되고, 위 법률조항이 위와 같은 입법목적에 기여할 수 있음은 물론, 비정규학력의 게재는 그러한 게재 자체가 일반인인 유권자들에게 후보자의 실적과 능력 등을 실제 이상으로 강하게 인상지우는 효과를 가지고 있다는 점, 우리 법제가 학교교육과 기타의 교육을 다르게 규율하고 있는 점, 학교명칭의 사용을 법적으로 제한하는 법률조항(고등교육법 제18조 및 초·중등교육법 제60조)이 있는 점 등을 종합하면 위 법률조항이 피해의 최소성 요건을 갖추고 있고, 선거과정의 공정성을 확보하기 위한 공익과 제한되는 사익 사이에 법익의 균형성도 인정되므로 위 법률조항은 과잉금지원칙에 위반되지 아니한다.

2. 우리 법제는 학교교육을 특별히 규율하여 학력평가 및 능력인증에 관한 제도를 학교교육에 연계하고 있을 뿐만 아니라, 학교교육의 공공성을 중시하여 학교의 종류, 설립, 경영, 교원, 교과과정, 학력평가 및 능력인증 등에서 학교교육제도를 엄격히 관리·통제함으로써 학교교육을 학교교육 이외의 다른 교육과 구분하고 있음이 인정되므로 정규학력과 비정규학력을 구분하여 규율하고 있는 위 법률조항이 청구인을 차별하고 있는 것으로 인정하기는 어렵다"고 판시한 바 있다.

헌재 1999. 9. 16. 99헌바5

판례 자치구·시·군의 장선거에서 후보자의 방송연설을 종합유선방송만을 이용하여 실시하도록 한 것의 위헌성 여부

자치구·시·군의 장선거에서 후보자의 방송연설을 종합유선방송만을 이용하여 실시하고 지역방송국을 이용할 수 없도록 방송연설매체를 제한한 공직선거및선거부정방지법 제71조 등 규정이 후보자의 선거운동의 자유 및 평등권과 선거권자인 주민들의 알권리 및 평등권을 침해하는지 여부와 관련하여 헌법재판소는 "방송연설은 인쇄매체 등에 비하여 국민일반에게 광범위하고 강력한 영향력을 가지며 방송시기나 방송매체 등에 따라 선거권자에게 미치는 영향에 차이가 있으므로 무엇보다도 후보자 모두에게 공평한 기회가 보장되는 것이 중요하나, 무선통신시설을 이용하는 방송은 기술적으로 유한한 전파를 통하여 이루어지므로 채널의 수가 한정되어 있는데 지역방송국을 이용할 후보자들의 숫자가 많은 지역구국회의원선거와 자치구·시·군의 장선거의 경우 선거운동기간인 17일 동안 후보자 모두에게 한정된 방송시간과 채널로 공평한 기회를 보장하는 것이 사실상 어렵다. 한편 종합유선방송은 유선전기통신시설을 이용하여 수신자에게 송신하는 다채널방송으로서 채널이나 방송시간에 여유가 있어 후보자의 수가 많은 경우에도 선거운동기간에 별 차질없이 방송연설의 기회를 공평하게 제공할 수 있으며 행정구역을 중심으로 그 방송구역이 정해지고 지역정보와 공지사항 등을 송신하는 지역채널을 운용하므로 자치구·시·군의 장선거의 경우에는 종합유선방송을 이용하여 방송연설을 하더라도 선거운동을 하는데 지장이 있다고 할 수도 없다. 따라서 이 사건 법률조항이 자치구·시·군의 장선거의 후보자의 방송연설을 1일 방송시간, 방송시설 등을 고려하여 실시시기를 별도로 정할 때까지 잠정적으로 종합유선방송만을 이용하여 실시하고 지역방송국을 이용할 수 없도록 제한한 것은 선거의 공정을 기하기 위한 필요하고 합리적인 제한이라고 할 것이다." 헌재 1999. 6. 24. 98헌마153

판례 언론기관에 의한 후보자의 초청범위 등의 제한이 가능하도록 한 법규정의 위헌여부

후보자 등의 대담·토론회의 개최·보도를 언론기관의 자율에 맡김으로써 방송시간·신문의 지면 등을 고려하여 언론기관에 의한 후보자의 초청범위 등의 제한이 가능하도록 한 공직선거및선거부정방지법 제82조 제2항의 평등원칙 위반 여부와 관련하여 헌법재판소는 "법 제82조 제2항에 의하여 언론기관은 후보자의 당선가능성, 선거권자의 관심도, 유력한 주요정당의 추천을 받았는지의 여부 등을 참작하여 선거권자의 알권리를 충족함에 필요한 범위내에서 자율적인 판단에 따라 후보자 등의 일부만을 초청하여 대담·토론회를 개최하고 이를 보도할 수 있으므로, 초청받은 후보자는 초청받지 못한 후보자에 비하여 선거운동에 있어 더 유리하게 되는 결과가 초래될 수 있으나, 그러한 차별은 대담·토론회를 활성화하고 선거권자에게 선거에 관한 유용한 정보를 제공하기 위한 합리적이고 상대적인 차별이라 할 것이다"고 판시한 바 있다. 헌재 1999. 1. 28. 98헌마172

판례 공직선거 및 선거부정방지법 제77조 제3항 등 위헌확인

[판시사항]

1. 정당 또는 동일정당의 추천을 받은 후보자들에게만 2 이상의 선거구 등에 걸쳐 공동연설회를 개최할 수 있도록 한 것이 위헌인지 여부(소극)
2. 단체가 선거기간 중에 특정 정당이나 후보자를 지지·반대하거나 지지·반대할 것을 권유하는 행위를 할 수 없도록 한 것이 위헌인지 여부(소극)
3. 국회의원의 의정활동보고와 정당의 각종 집회를 선거기간개시일 전날까지 허용한 것이 위헌인지 여부(소극)
4. 정당추천 후보자에게 무소속 후보자보다 선(先)순위의 기호를 배정하도록 한 것이 위헌인지 여부(소극)

[결정요지]

1. 정당 또는 동일정당의 추천을 받은 후보자들에게만 2 이상의 선거구 등에 걸쳐 공동연설회를 개최할 수 있도록 함으로써 연설회개최방식에 관하여 약간의 차등을 두었다 하더라도, 이는 단독연설회의 중복개최로 인한 비용과 노력의 이중지출을 막고자 하는 것인데다가 단독연설회와 공동연설회를 선택적인 것으로 함으로써 연설회개최의 기회와 시간에 관하여 정당추천 후보자에게 실질적으로 별다른 특혜나 이익을 부여하는 것도 아니므로 선거운동의 기회균등원칙에 위배되거나 평등권을 침해한다고 할 수 없다.
2. 단체가 선거기간 중에 특정 정당이나 후보자를 지지·반대하거나 지지·반대할 것을 권유하는 행위를 할 수 없도록 하였다 하더라도, 단체에 의한 선거운동이 지닌 문제점, 헌법이 정당에 대하여 일반결사와는 다른 특별한 보호와 규제를 하고 있는 점, 특정 정당이나 후보자에 대한 명시적인 지지나 반대 등의 행위만 금지할 뿐 단체의 정치적 의사표현의 자유를 달리 더 제한하는 것이 아니라는 점 등에 비추어 볼 때 정당이 아닌 단체의 평등권이나 정치적 의사표현의 자유를 과도하게 제한하는 것이라 할 수 없다.
3. 선거운동의 공정을 달성하기 위하여 국회의원과 정당이 가지는 고유한 권능과 자유를 어느 정도로 제한할 것인가는 입법자의 광범위한 형성의 재량에 속하는 사항으로서, 선거기간이 개시된 후에 한하여 국회의원의 의정활동보고나 정당의 각종 집회를 금지하거나 제한하였다 하더라도 이를 통하여 국회의원이 아니거나 정당원이 아닌 예비후보자에게는 금지되어 있는 선거운동기간개시전의 선거운동을 허용하는 것이 아닌 한 명백히 자의적인 입법이라고 할 수 없다.
4. 의석을 가진 정당후보자, 의석 없는 정당후보자, 무소속후보자간에 후보자기호결정에 관하여 상대적으로 차별을 두고 있다 하더라도, 이는 정당제도의 존재의의에 비추어 그 목적이 정당할 뿐만 아니라 당적유무, 의석순, 정당명 또는 후보자 성명의 가,나,다 순 등 합리적 기준에 의하고 있으므로 위헌이라 할 수 없다.

헌재 1997. 10. 30. 96헌마94

(5) 비용적 제한(공직선거법 제121조, 제122조)

1) 선거운동의 자유의 확대에 따라 비목제한 방식에서 총액제한 방식으로 전환하고 있다(공직선거법 제119조 이하).[50]

2) 비용의 액수와 출납책임의 법정, 수입지출의 보고와 공개가 요구된다.

50) 각 선거에 있어서의 비용상한액에 대해서는 공직선거법 제123조 제1항 각호 참조.

(6) 여론 · 출구조사 등의 제한

1) 여론조사의 제한

① 여론조사의 결과공표금지

구법상에서는 선거기간개시일부터 선거일의 투표마감시각까지 그 결과를 공표하거나 인용하여 보도할 수 없도록 하였다. 현행 공직선거법은 “누구든지 선거일 전 6일부터 선거일의 투표마감시각까지 선거에 관하여 정당에 대한 지지도나 당선인을 예상하게 하는 여론조사(모의투표나 인기투표 포함)의 경위와 그 결과를 공표하거나 인용하여 보도할 수 없다”고 규정하고 있다(제108조 제1항).

② 여론조사의 실시제한

“누구든지 선거일 전 60일(선거일 전 60일 후에 실시사유가 확정된 보궐선거 등에서는 그 선거의 실시사유가 확정된 때)부터 선거일까지 선거에 관한 여론조사를 투표용지와 유사한 모형에 의한 방법을 사용하거나 후보자(후보자가 되고자 하는 자 포함) 또는 정당(창당준비위원회를 포함)의 명의로 선거에 관한 여론조사를 할 수 없다”(동법 동조 제2항).

③ 문제점과 평가

선거과열을 막는다는 취지로 법정선거운동기간이 단축되었다. 이에 따라 정당과 같은 조직기반이 없는 무소속후보자는 사실상 자기를 알릴 수 있는 기회도 제대로 확보하지 못한 상황에서 여론조사의 결과를 공표하는 것은 국민의 알권리를 차단하고 있다는 점에서 문제점이 있다. 현대적인 정보화 사회에서 국민의 알권리의 충족기회를 배제한다는 점에서 위헌의 소지가 있다고 본다.

헌법재판소는 1995. 7. 21. 92헌마177 등 결정에서 대통령선거법 제65조에 대하여 대통령선거의 중요성에 비추어 선거의 공정을 위하여 선거일을 앞두고 어느 정도의 기간 동안 선거에 관한 여론조사결과의 공표를 금지하는 것 자체는 그 금지기간이 지나치게 길지 않은 한 위헌이라고 할 수 없고, 우리나라에서의 여론조사에 관한 여건이나 기타의 상황 등을 고려할 때, 대통령선거의 공정성을 확보하기 위하여 선거일공고일로부터 선거일까지의 선거기간 중에는 선거에 관한 여론조사의 결과 등의 공표를 금지하는 것은 필요하고도 합리적인 범위 내에서의 제한이라고 할 것이므로, 이 규정이 헌법 제37조 제2항이 정하고 있는 한계인 과잉금지의 원칙에 위배하여 언론 · 출판의 자유와 알권리 및 선거권을 침해하였다고 할 수 없다고 판시하였는데, 그 후에도 헌법재판소는 위 결정이유는 공직선거및선거부정방지법 제108조에서도 그대로 타당하고, 위 결정 선고 이후에 그 이유와 결론을 달리할 만한 사정 변경이 있는 것도 아니므로 공직선거및선거부정방지법 제108조는 헌법에 위반되는 규정으로 볼 수 없다고 판시하였다.[51]

④ 입법례

미국은 선거당일에 한하여 공표금지, 프랑스는 선거일 일주일 전까지로 한정하여 일정한 시점 이후 금지, 우리나라는 구법상으로는 선거운동기간 동안 전면적으로 금지하고 있었으나, 현재는 선거일 전 6일부터 선거일의 투표마감시각까지 금지하고 있다.

2) 출구조사(exit poll)

투표의 비밀은 보장되어야 한다(공직선거법 제167조 제1항). 선거인은 투표한 후보자의 성명이나 정당명을 누구에게도 또한 어떠한 경우에도 진술할 의무가 없으며, 누구든지 선거일의 투표마감시각까지 이를 질문하거나 그 진술을 요구할 수 없다. 다만, 텔레비전방송국·라디오방송국·「신문 등의 진흥에 관한 법률」 제2조 제1호 가목 및 나목에 따른 일간신문사가 선거의 결과를 예상하기 위하여 선거일에 투표소로부터 50미터[52] 밖에서 투표의 비밀이 침해되지 않는 방법으로 질문하는 경우에는 그러하지 아니하며 이 경우 투표마감시각까지 그 경위와 결과를 공표할 수 없다(제2항). 선거인은 자신이 기표한 투표지를 공개할 수 없으며, 공개된 투표지는 무효로 한다(제3항).

Ⅵ. 선거사범의 처벌과 당선무효

1. 선거범죄

선거법적 제한을 직접·간접으로 침해하는 행위는 선거범죄가 된다.

2. 당선이 무효로 되는 선거범죄

(1) 선거비용의 초과지출로 인한 당선무효

선거비용제한액의 200분의 1 이상을 초과지출한 이유로 선거사무장, 선거사무소의 회계책임자가 징역형 또는 300만원 이상의 벌금형의 선고를 받은 때[53] 그

51) 헌재 1998. 5. 28. 97헌마362·394(병합); 헌재 1999. 1. 28. 98헌바64.

52) 2004. 3. 12. 공직선거법 개정이전에는 300미터 밖에서 실시하도록 하였다가 이후 100미터 밖으로 하였다가 현재는 50미터 밖으로 하였다.

후보자, 그리고 '정치자금법' 제49조(선거비용관련 위반행위에 관한 벌칙)의 죄를 범함으로 인하여 선거사무소의 회계책임자가 징역형 또는 300만원 이상의 벌금형의 선고를 받은 때에 그 후보자(대통령후보자, 비례대표국회의원후보자 및 비례대표지방의회의원후보자를 제외)의 당선은 무효로 한다(공직선거법 제263조).

(2) 당선인의 선거범죄로 인한 당선무효

당선인이 당해 선거에 있어 이 법에 규정된 죄와 정치자금법 제49조(선거비용관련 위반행위에 관한 벌칙)의 죄를 범함으로 인하여 징역 또는 100만원 이상의 벌금형의 선고를 받은 때에는 그 당선은 무효로 한다.

(3) 선거사무장등의 선거범죄로 인한 당선무효

선거사무장·선거사무소의 회계책임자(선거사무소의 회계책임자로 선임·신고되지 아니한 자로서 후보자와 통모하여 당해 후보자의 선거비용으로 지출한 금액이 선거비용제한액의 3분의 1 이상에 해당되는 자를 포함) 또는 후보자(후보자가 되고자 하는 자를 포함)의 직계존·비속 및 배우자가 당해 선거에 있어서 제230조(매수 및 이해유도죄) 내지 제234조(당선무효유도죄), 제257조(기부행위의 금지제한등 위반죄)제1항 중 기부행위를 한 죄 또는 정치자금법 제45조(정치자금부정수수죄)제1항의 정치자금 부정수수죄를 범함으로 인하여 징역형 또는 300만원 이상의 벌금형의 선고를 받은 때(선거사무장, 선거사무소의 회계책임자에 대하여는 선임·신고되기 전의 행위로 인한 경우를 포함)에는 그 후보자(대통령후보자, 비례대표국회의원후보자 및 비례대표지방의회의원후보자를 제외)의 당선은 무효로 한다.[54]

3. 선거사범 일정기간 피선거권 박탈(합리적 제한)

> **공직선거법**
>
> 제266조(선거범죄로 인한 공무담임 등의 제한) ① 다른 법률의 규정에 불구하고 제230조(매수 및 이해유도죄) 내지 제234조(당선무효유도죄)·제237조(선거의 자유방해죄) 내지 제255조(부정선거운동죄)·제256조(각종제한규정위반죄)제1항 및 제2항·제257조(기부행위의 금지제한등 위반죄) 내지 제259조(선거범죄선동죄)의 죄(당내 경선과 관련한 죄를 제외한다)와 「정치자금법」 제49조(선거비용관련 위

53) 다른 사람의 유도 또는 도발에 의하여 당해 후보자의 당선을 무효로 되게 하기 위하여 지출한 때에는 그러하지 아니하다.

54) 다만, 다른 사람의 유도 또는 도발에 의하여 당해 후보자의 당선을 무효로 되게 하기 위하여 죄를 범한 때에는 그러하지 아니하다.

반행위에 관한 벌칙)의 죄를 범함으로 인하여 징역형의 선고를 받은 자는 그 집행을 받지 아니하기로 확정된 후 또는 그 형의 집행이 종료되거나 면제된 후 10년간, 형의 집행유예의 선고를 받은 자는 그 형이 확정된 후 10년간, 100만 원 이상의 벌금형의 선고를 받은 자는 그 형이 확정된 후 5년간 각 다음 각 호의 어느 하나에 해당하는 직에 취임하거나 임용될 수 없다.

1. 제53조(공무원 등의 입후보)제1항 각호의 1에 해당하는 직[같은조 같은항 제5호의 경우 각 조합의 조합장 및 상근직원을 포함한다]
2. 제60조(선거운동을 할 수 없는 자)제1항 제6호 내지 제8호에 해당하는 직
3. 「공직자윤리법」 제3조제1항 제12호 또는 제13호에 해당하는 기관·단체의 임·직원
4. 「사립학교법」 제53조(학교의 장의 임면) 또는 같은 법 제53조의2(학교의 장이 아닌 교원의 임면)의 규정에 의한 교원
5. 「방송법」 제21조(위원회의 구성)의 규정에 의한 방송위원회의 위원

② 제263조(선거비용의 초과지출로 인한 당선무효) 또는 제265조(선거사무장등의 선거범죄로 인한 당선무효)의 규정에 의하여 당선이 무효로 된 자(그 기소후 확정판결전에 사직한 자를 포함한다)는 당해 보궐선거등의 후보자가 될 수 없다.

4. 각급 선거관리위원회의 선거범죄조사권 인정(공직선거법 제256조 제3항, 제272의2)

5. 선거사범의 재판 신속처리원칙

선거범과 공범재판은 1심 6월 이내, 제2심, 제3심에서는 전심의 판결의 선고가 있은 날로부터 3월 이내에 반드시 하여야 한다(공직선거법 제270조).

6. 선거범죄의 공소시효

공직선거법이 규정한 죄의 공소시효는 당해 선거일후 6개월(선거일후에 행하여진 범죄는 그 행위가 있는 날부터 6개월)을 경과함으로써 완성한다. 다만, 범인이 도피한 때나 범인이 공범 또는 범죄의 증명에 필요한 참고인을 도피시킨 때에는 그 기간은 3년으로 한다(공직선거법 제268조 제1항).

Ⅶ. 선거쟁송제도

1. 개 관

(1) 선거소청, 선거소송 및 당선소송의 세 종류가 인정된다

(2) 선거쟁송의 처리

1) 선거에 관한 소청이나 소송은 다른 쟁송에 우선하여 신속히 결정 또는 재판하여야 하며, 소송에 있어서는 수소법원은 소가 제기된 날부터 180일 이내에 처리하여야 한다.

2) 소청이나 소장을 접수한 선거관리위원회 또는 대법원이나 고등법원은 선거쟁송에 있어 선거에 관한 규정에 위반된 사실이 있는 때라도 선거의 결과에 영향을 미쳤다고 인정하는 때에 한하여 선거의 전부나 일부의 무효 또는 당선의 무효를 결정하거나 판결한다(사정판결제도).

2. 선거소청(지방자치단체선거에만 존재) – 일종의 행정심판

(1) 지방자치단체 의회의원선거 및 자치구 · 시 · 군의 장의 선거에 있어서 선거의 효력 또는 당선의 효력에 관하여 이의가 있는 선거인 · 정당 또는 후보자는 선거일로부터 14일 이내에 당해 선거구관리위원회위원장을 피소청인으로 하여 시 · 도선거관리위원회에, 시장 · 도지사선거에 있어서는 중앙선거관리위원회에 소청을 할 수 있다(공직선거법 제219조 제1항, 제2항).

(2) 소청을 접수한 시 · 도 또는 중앙선거관리위원회는 접수한 날로부터 60일 이내에 결정을 해야 한다(공직선거법 제220조 제1항).

(3) 그 결정에 불복이 있는 경우에는 선거법 제222조(선거소송) · 제223조(당선소송)의 규정에 의하여 선거 · 당선소송을 제기할 수 있다.

3. 선거소송

(1) 선거소송은 선거인과 후보자 등의 권리보호를 목적으로 하는 것이지만, 선거의 적법 · 공정한 실시를 목적으로 하는 일종의 민중소송으로서 특수한 헌법소송의 범주에 속한다(대판 1961. 4. 11. 4293선14).

(2) 대통령선거 및 국회의원선거의 경우

대통령선거 및 국회의원선거에 있어서 선거의 효력에 관하여 이의가 있는 선거인·정당 또는 후보자는 선거일로부터 30일 이내에 선거구 선거관리위원회 위원장(대통령은 중앙선거관리위원장)을 피고로 하여 대법원에 제소할 수 있다(공직선거법 제220조 제1항).

(3) 지방의회의원과 지방자치단체의 장선거의 경우

선거소청에 대한 결정에 불복이 있는 소청인은 선거구선거관리위원회 위원장을 피고로 하여 그 결정서를 받은 날로부터 10일 이내에, 또는 소청에 대한 결정이 법률상 정한 기간 내에 이루어지지 않은 경우에는 그 기간이 종료된 날로부터 10일 이내에 소송을 제기할 수 있다. 이때 시·도지사선거는 대법원에, 지방의회의원선거 및 자치구·시·군의 장(長)선거는 그 선거구를 관할하는 고등법원에 제소할 수 있다(공직선거법 제222조 제2항). 그런데 피고로 될 위원장이 궐위(闕位)된 때는 선거구선거관리위원회 위원 전원을 피고로 한다.

4. 당선소송

(1) 당선소송은 선거 자체는 유효하고 당선인의 결정만을 위법(예: 무자격, 등록일 이후의 입후보등록, 개표의 부정 또는 착오 등을 이유로)이라고 주장하는 소송이다(공직선거법 제223조).

(2) 대통령선거 및 국회의원선거의 당선소송의 경우

대통령선거 및 국회의원선거에서 정당 또는 후보자가 등록무효(제52조) 또는 피선거권 상실로 인한 당선무효(제192조)를 주장하는 경우에는 당선인을 피고로 하고, 당선인의 결정·공고·통지 및 비례대표국회의원 의석의 배분(제187~189조) 또는 당선인의 재결정 및 비례대표국회의원 의석의 재배분(제194조)의 위법을 주장하는 경우에는 그 당선인을 결정한 중앙선거관리위원회 위원장 또는 당해선거구 선거관리위원회 위원장을 각각 피고로 하여 대법원에 제소할 수 있다.

(3) 지방의회의원 및 지방자치단체장 선거의 경우

선거소청에 대한 결정에 불복이 있는 소청인 또는 당선인인 피소청인은 당선인 또는 관할선거관리위원회 위원장을 피고로 하여 그 결정서를 받은 날로부터 10일 이내에, 또는 소청에 대한 결정이 법률상 정한 기간 내에 내려지지 않은 경우에는 그 기간이 종료된 날로부터 10일 이내에 소송을 제기할 수 있다. 이때 시장·도지사선거에서는 대법원에, 지방의회의원선거 및 자치구·시·군의 장선거에서는 그 선거구를 관할하는 고등법원에 제소한다.

(4) 당선소송에서 피고가 될 당선인이 사퇴·사망하거나 피선거권의 상실 등의 사유로 당선의 효력이 상실되거나 당선이 무효가 된 때에는, 대통령선거에서는 법무부장관을, 국회의원선거·지방의회의원 및 지방자치단체의 장선거에서는 관할 고등검찰청 검사장을 피고로 한다.

5. 재정신청(제273조)

(1) 제230조(매수 및 이해유도죄) 내지 제234조(당선무효유도죄), 제237조(선거의 자유방해 죄) 내지 제239조(직권남용에 의한 선거자유방해죄), 제248조(사위투표죄) 내지 제250조(허위사실공표죄), 제255조(부정선거운동죄)제1항제1호·제10호·제11호 및 제3항, 제257조(기부행위의 금지제한 등 위반죄) 또는 제258조(선거비용부정지출등죄)의 죄에 대하여 고소 또는 고발을 한 후보자와 정당(중앙당에 한한다) 및 당해 선거관리위원회는 검사로부터 공소를 제기하지 아니한다는 통지를 받은 날부터 10일 이내에 그 검사소속의 고등검찰청에 대응하는 고등법원에 그 당부에 관한 재정을 신청할 수 있다.

(2) 제1항의 규정에 의한 재정신청에 관하여는 형사소송법 제260조(재정신청) 제2항, 제261조(검사장 또는 지청장의 처리), 제262조(고등법원의 재정결정), 제263조(공소제기의 의제), 제264조(대리인에 의한 신청과 1인의 신청의 효력, 취소) 및 제265조(공소의 유지와 지정변호사)의 규정을 적용한다.

(3) 제1항의 규정에 의한 재정신청서가 형사소송법 제260조제2항에 규정한 그 검사소속의 지방검찰청 또는 지청에 접수된 때에는 그때부터 형사소송법 제262조 제1항의 결정이 있을 때까지 공소시효의 진행이 정지된다.

(4) 제1항의 규정에 의한 재정신청에 관하여는 검사가 당해 선거범죄의 공소시효만료일전 10일까지 공소를 제기하지 아니한 때에는 그 때, 선거관리위원회가 고발한 선거범죄에 대하여 고발을 한 날부터 3월까지 검사가 공소를 제기하지 아니한 때에는 그 3월이 경과한 때 각각 검사로부터 공소를 제기하지 아니한다는 통지가 있는 것으로 본다.

6. 선거인명부에 관한 이의신청 및 불복신청

(1) 이의신청

1) 선거권자는 누구든지 선거인명부에 누락 또는 오기가 있거나 자격이 없는 선거인이 올라 있다고 인정되는 때에는 열람기간 내에 구술 또는 서면으로 당해 구·시·군의 장에게 이의를 신청할 수 있다.

2) 이의신청이 있는 때에는 구·시·군의 장은 그 신청이 있는 날의 다음날까지 심사·결정하되, 그 신청이 이유 있다고 결정한 때에는 즉시 선거인명부를 정정하고 신청인·관계인과 관할구·시·군선거관리위원회에 통지하여야 하며, 이유 없다고 결정한 때에는 그 뜻을 신청인과 관할구·시·군선거관리위원회에 통지하여야 한다(제41조).

(2) 불복신청

1) 이의신청에 대한 결정에 대하여 불복이 있는 이의신청인이나 관계인은 그 통지를 받은 날의 다음날까지 관할구·시·군선거관리위원회에 서면으로 불복을 신청할 수 있다.

2) 불복신청이 있는 때에는 관할구·시·군선거관리위원회는 그 신청이 있는 날의 다음날까지 심사·결정하되, 그 신청이 이유 있다고 결정한 때에는 즉시 관계 구·시·군의 장에게 통지하여 선거인명부를 정정하게 하고 신청인과 관계인에게 통지하여야 하며, 이유 없다고 결정한 때에는 그 뜻을 신청인과 관계 구·시·군의 장에게 통지하여야 한다(제42조).

제4장 공무원제도

제1절 공무원의 의의

통치기능은 현실적으로 공직자에 의해서 행해지기 때문에 공무원의 효율적인 공직수행을 뒷받침해 주는 합리적인 공무원제도를 마련하는 일은 현대국가에 있어서 매우 중요한 의미를 가지게 된다.

1. 공무원의 개념

일반적으로 공무원은 국가 및 공공기관에서 공무를 담당하는 자라고 정의할 수 있지만, 헌법상 공무원의 개념과 범위는 그것을 규정하고 있는 조항에 따라 동일하지가 않다.

판례 일반적인 공무원의 개념과 근로자성

"일반적으로 말하여 공무원이란 직접 또는 간접적으로 국민에 의하여 선출 또는 임용되어 국가나 공공단체와 공법상의 근무관계를 맺고 공공적 업무를 담당하고 있는 사람들을 가리킨다고 할 수 있고, 공무원도 각종 노무의 대가로 얻는 수입에 의존하여 생활하는 사람이라는 점에서는 통상적인 의미의 근로자적인 성격을 지니고 있으므로(근로기준법 제14조, 제16조, 노동조합법 제4조 등 참조) 헌법 제33조 제2항 역시 공무원의 근로자적 성격을 인정하는 것을 전제로 규정하고 있다. 그러나 공무원은 그 임용주체가 궁극에는 주권자인 국민 또는 주민이기 때문에 국민전체에 대하여 봉사하고 책임을 져야 하는 특별한 지위에 있고, 그가 담당한 업무가 국가 또는 공공단체의 공공적인 일이어서 특히 그 직무를 수행함에 있어서 공공성·공정성·성실성 및 중립성 등이 요구되기 때문에 일반근로자와는 달리 특별한 근무관계에 있는 사람이다." 헌재 1992. 4. 28. 90헌바27 등(병합)

2. 공무원의 종류와 구분

(1) 임명주체에 따른 분류(국가공무원, 지방공무원)

공무원은 임명주체 등에 따라 국가공무원과 지방공무원으로 대별된다. 국가공무원은 국가에 의하여 임용되고 국가기관에서 근무하며 국가로부터 보수를 받고 국가공무원법의 적용을 받는 반면, 지방공무원은 지방자치단체에 의하여 임용되고 지방자치단체에 근무하며 지방자치단체로부터 보수를 받고 지방공무원법의 적용을 받는다.

(2) 임용자격 · 신분보장 · 전문성 · 정치성 등을 기준으로 한 분류

공무원은 또 임용자격 · 신분보장 · 전문성 · 정치성 등을 기준으로 하여 경력직공무원과 특수경력직공무원으로 분류된다(국가공무원법 제2조, 지방공무원법 제2조).[1)]

"경력직공무원"이란 실적과 자격에 따라 임용되고 그 신분이 보장되며 평생토록 공무원으로 근무할 것이 예정되는 공무원을 말하며, 그 종류는 ① 일반직공무원,[2)] ② 특정직공무원[3)]으로 나누어진다. "특수경력직공무원"이란 경력직공무원 외의 공무원을 말하며, ① 정무직공무원,[4)] ② 별정직공무원[5)]으로 나누어진다.

(3) 고위공무원단

국가의 고위공무원을 범정부적 차원에서 효율적으로 인사관리하여 정부의 경쟁력을 높이기 위하여 고위공무원단을 구성하도록 하고 있는데, "고위공무원단"이란

---

1) 국가공무원법은 공직사회의 통합을 도모하고 합리적이고 효율적인 인사행정 체계를 구축하기 위하여 6개로 세분화된 공무원의 구분 체계에서 기능직과 계약직을 폐지하여 업무성격 중심의 4개의 구분 체계로 단순화하는 개정을 하였다(시행 2013. 12. 12. 법률 제11530호). 기능직 및 계약직을 폐지하고, 기능직은 일반직에, 계약직은 일반직 또는 별정직에 통합하였다. 현재 경력직공무원은 일반직과 특정직으로, 비경력직공무원은 정무직과 별정직 공무원으로 구별된다.

2) 기술 · 연구 또는 행정 일반에 대한 업무를 담당하는 공무원.

3) 법관, 검사, 외무공무원, 경찰공무원, 소방공무원, 교육공무원, 군인, 군무원, 헌법재판소 헌법연구관, 국가정보원의 직원과 특수 분야의 업무를 담당하는 공무원으로서 다른 법률에서 특정직공무원으로 지정하는 공무원.

4) 가. 선거로 취임하거나 임명할 때 국회의 동의가 필요한 공무원
나. 고도의 정책결정 업무를 담당하거나 이러한 업무를 보조하는 공무원으로서 법률이나 대통령령(대통령비서실 및 국가안보실의 조직에 관한 대통령령만 해당한다)에서 정무직으로 지정하는 공무원

5) 비서관 · 비서 등 보좌업무 등을 수행하거나 특정한 업무 수행을 위하여 법령에서 별정직으로 지정하는 공무원

직무의 곤란성과 책임도가 높은 직위[6)](“고위공무원단 직위”)에 임용되어 재직 중이거나 파견·휴직 등으로 인사관리되고 있는 일반직공무원·별정직공무원·계약직공무원 및 특정직공무원[7)]의 군(群)을 말한다. 행정안전부장관은 고위공무원단에 속하는 공무원이 갖추어야 할 능력과 자질을 설정하고 이를 기준으로 고위공무원단 직위에 임용되려는 자를 평가하여 신규채용·승진임용 등 인사관리에 활용할 수 있다(국가공무원법 제2조의2).

3. 공무원의 범위

위와 같이 공무원법에서는 공무원의 종류와 구분이 나누어지고 있으나, 헌법상 공무원의 개념과 범위는 그것을 규정하고 있는 조항에 따라 동일하지가 않다. 전체국민의 봉사자로서의 공무원은 넓은 의미에서의 공무원으로, 여기에는 경력직공무원·특수경력직공무원·군공무원은 물론이고 공무원의 신분을 가지고 있지는 않지만 공무를 위탁받아 이에 종사하는 공무수탁자도 포함된다. 공무원의 직무상 불법행위로 인한 국가배상청구에서의 공무원도 대체로 넓은 의미의 공무원으로 이해되고 있다. 직업공무원제도의 보장을 받는 공무원은 경력직공무원 중심의 협의의 공무원을 지칭한다.

판례 지방공기업법 제83조 중 “공사의 직원을 형법 제129조 제1항(수뢰, 사전수뢰)의 적용에 있어서 공무원으로 보는 부분”이 과잉금지의 원칙에 반하는지, 평등의 원칙에 반하는지 여부

1. 지방공사의 직원에게는 공무원에 버금가는 정도의 청렴성과 그 직무의 불가매수성(不可買收性)이 요구되고, 이 사건 법률조항은 이를 보호하고 담보하기 위한 것이므로 입법목적의 정당성이 인정되며, 위 입법목적 달성을 위하여 그 직원을 형법상의 뇌물죄 규정의 적용에 있어서 공무원으로 의제하는 형식을 취하였다 하여 이를 부적절하다고 단정할 수는 없으며, 또한, 지방공사 직원의 금품수수 관련 행위를 형법 제129조 제1항에 의하여 처벌한다 하더라도 이를 가리켜 지나치게 가혹하여 위 입법목적 달성에 필요한 정도를 넘는 과잉처벌에 해당한다

---

6) 1. 「정부조직법」 제2조에 따른 중앙행정기관의 실장·국장 및 이에 상당하는 보좌기관
2. 행정부 각급 기관(감사원은 제외한다)의 직위 중 제1호의 직위에 상당하는 직위
3. 「지방자치법」 제110조제2항·제112조제5항 및 「지방교육자치에 관한 법률」 제33조제2항에 따라 국가공무원으로 보하는 지방자치단체 및 지방교육행정기관의 직위 중 제1호의 직위에 상당하는 직위
4. 그 밖에 다른 법령에서 고위공무원단에 속하는 공무원으로 임용할 수 있도록 정한 직위

7) 특정직공무원은 다른 법률에서 고위공무원단에 속하는 공무원으로 임용할 수 있도록 규정하고 있는 경우만 해당한다.

고는 할 수 없고, 공무원의 신분이 아님에도 불구하고 그 직무의 공공적 성격으로 인하여 청렴성과 불가매수성이 요구되는 경우에 그 직무와 관련된 수재행위를 공무원의 뇌물수수 행위와 같거나 유사하게 처벌하는 사례는 우리 형사법 체계상 흔히 찾아볼 수 있다는 점에서, 이 사건 법률조항이 전체 형벌체계상 정당성을 상실하였거나 현저히 균형을 잃은 것이라고도 할 수 없다.

2. 지방공사의 공공적 성격 및 이에서 도출되는 그 인적 구성원의 청렴성 및 직무의 불가매수성이라는 측면에 비추어 볼 때 이 사건 법률조항이 지방공사 직원의 직무와 관련한 수재행위 등에 대하여 일반 사인과 달리 공무원의 수뢰죄와 동일하게 처벌한다고 하더라도 거기에는 합리적 근거가 있다.

헌재 2001. 11. 29. 2001헌바4

제2절 공무원제도의 보장과 법적 성격

우리 헌법 제7조는 "① 공무원은 국민전체에 대한 봉사자이며, 국민에 대하여 책임을 진다. ② 공무원의 신분과 정치적 중립성은 법률이 정하는 바에 의하여 보장된다"라고 하여 공무원의 법적 지위·책임·신분과 정치적 중립성 등에 관하여 규정하고 있다.

공무원제도가 헌법상의 제도로 정착한 것은 바이마르헌법부터이고, 이것을 제도적 보장의 이론으로 체계화한 것은 C. Schmitt이다. 헌법재판소도 직업공무원제도를 헌법이 보장하는 제도적 보장 중의 하나임이 분명하다는 점을 명시하고 있다.[8)]

제3절 공무원의 헌법상 지위

"공무원은 국민전체에 대한 봉사자이며, 국민에 대하여 책임을 진다"고 규정하고 있는 헌법 제7조 제1항이 공무원의 헌법상 지위를 명시하고 있다.

8) 헌재 1997. 4. 24. 95헌바48.

1. 국민전체에 대한 봉사자

(1) 국민전체에 대한 봉사자로서의 국민의 범위

국민에게 봉사하고 책임을 지는 공무원은 국가・지방공무원뿐만 아니라, 공무원신분 없이 공무를 위탁받아 이에 종사하는 모든 자를 포함하는 최광의의 공무원을 지칭한다. 공무원은 국민전체에 대한 봉사자로서 일 정당, 일 계급을 위해서 활동해서는 안 된다.

(2) 국민과 공무원의 관계

공무원에 대한 국민의 소환권이 인정되지 않는 현실에서 국민과 공무원의 관계는 엄격한 의미의 법적 대표관계이기보다는 정치적 의미의 대표관계로 보는 것이 다수설이다.[9)]

2. 국민에 대한 책임

(1) 책임의 법적 성질

국민에 대한 공무원의 책임은 국민전체에 대한 봉사자로서의 책임, 국가이념을 대표할 책임, 헌법과 법률에 따라 그 직무를 성실히 수행해야 할 책임 등을 그 내용으로 한다. 공무원의 국민에 대한 책임은 국민의 공무원파면권 등이 인정되지 않는 현실에서 원칙적으로 국민 개개인에게 법적・구체적 책임을 지는 것이 아니라 정치적・도의적 책임을 지는 것으로 보는 것이 다수설이다. 법적 책임을 지는 경우는 예외적이다.

(2) 책임을 구현하는 방법

책임을 구현하는 방법으로는 선거, 해임건의, 청원권행사(정치적 책임), 탄핵, 국가배상, 징계・변상・형사책임(법적 책임) 등이 있다. 공무원에 대한 법적 책임은 구체적 입법에 의할 때 가능하다. 구체적 입법 없이 헌법 제7조 제1항에 의해 직접 공무원의 법적 책임을 물을 수 없다.

---

9) 다만 그 관계가 단순한 노무적・사무적 관계를 의미하는 것이 아니라, 충성・성실 등을 내용으로 하는 공복적(公僕的) 봉사관계를 의미한다고 보는 견해도 있다(권영성, 헌법학원론, 법문사, 2010, 227면).

제4절 직업공무원제도

1. 직업공무원제도의 의의 및 헌법적 기능

(1) 의 의

과거 정실주의 · 엽관주의를 배제하기 위하여 공무원의 신분과 정치적 중립성을 보장하는 직업공무원제도가 인정되고 있다. 직업공무원제도는 이를 통하여 정권교체에 관계없이 공무원의 신분을 보장하고 행정의 능률성과 전문성을 보장하는 데 목적이 있다.

판례 직업공무원제도의 의의와 기능

• "우리나라는 직업공무원제도를 채택하고 있는데, 이는 공무원이 집권세력의 논공행상의 제물이 되는 엽관제도(獵官制度)를 지양하고 정권교체에 따른 국가작용의 중단과 혼란을 예방하고 일관성 있는 공무수행의 독자성을 유지하기 위하여 헌법과 법률에 의하여 공무원의 신분이 보장되는 공직구조에 관한 제도이다."

헌재 1989. 12. 18. 89헌마32 등

• "…… 위 조항의 뜻은 공무원이 정치과정에서 승리한 정당원에 의하여 충원되는 엽관제를 지양하고, 정권교체에 따른 국가작용의 중단과 혼란을 예방하며 일관성 있는 공무수행의 독자성과 영속성을 유지하기 위하여 공직구조에 관한 제도적 보장으로서의 직업공무원제도를 마련해야 한다는 것이다. 직업공무원제도는 바로 그러한 제도적 보장을 통하여 모든 공무원으로 하여금 어떤 특정 정당이나 특정 상급자를 위하여 충성하는 것이 아니라 국민전체에 대한 봉사자로서(헌법 제7조 제1항) 법에 따라 그 소임을 다할 수 있게 함으로써 공무원 개인의 권리나 이익을 보호함에 그치지 아니하고 나아가 국가기능의 측면에서 정치적 안정의 유지에 기여하도록 하는 제도이다." 헌재 1997. 4. 24. 95헌바48

• "헌법 제7조 제2항은 "공무원의 신분과 정치적 중립성은 법률이 정하는 바에 의하여 보장된다"라고 규정하고 있는바, 이는 공무원이 정당한 이유없이 해임되지 아니하도록 신분을 보장하여 국민전체에 대한 봉사자로서 성실히 근무할 수 있도록 하기 위한 것임과 동시에, 공무원의 신분은 무제한 보장되는 것이 아니라 공무의 특수성을 고려하여 헌법이 정한 신분보장의 원칙 아래 법률로 그 내용을 정할 수 있도록 한 것이며……"

헌재 1997. 11. 27. 95헌바14 등(병합); 헌재 1990. 6. 25. 89헌마220

(2) 헌법적 기능

현대 민주국가에 있어서 직업공무원제도는 민주주의와 법치주의의 실현을 위하여 중요한 기능을 수행한다. 구체적으로 첫째, 국민전체의 봉사자로서의 지위를 뒷받침한다. 둘째, 국가통치권 행사의 절차적 정당성을 확보케 한다. 셋째, 기능적 권력통제 및 국정수행의 지속성을 확보케 해준다. 넷째, 국민의 공무담임권을 실질적으로 보장(실적주의)해주는 기능을 한다.

2. 직업공무원제도의 보장대상으로서의 공무원의 범위

직업공무원제도의 보장을 받는 공무원은 일반직·특정직 등 경력직 공무원이며, 정치적 공무원(국무위원, 장·차관)은 제외된다(협의의 공무원).

판례 직업공무원제도의 보장대상으로서의 공무원

"여기서 말하는(직업공무원제도) 공무원은 국가 또는 공공단체와 근로관계를 맺고 이른바 공법상 특별권력관계 내지 특별행정법관계 아래 공무를 담당하는 것을 직업으로 하는 협의의 공무원을 말하며 정치적 공무원이라든가 임시적 공무원은 포함되지 않는 것이다." 헌재 1989. 12. 18. 89헌마32 등

판례 동장의 신분변경

직업공무원제도는 헌법이 보장하는 제도적 보장중의 하나임이 분명하므로 입법자는 직업공무원제도에 관하여 '최소한 보장'의 원칙의 한계안에서 폭넓은 입법형성의 자유를 가진다. 따라서 입법자가 洞長의 임용의 방법이나 직무의 특성 등을 고려하여 이 사건 법률조항에서 동장의 공직상의 신분을 지방공무원법상 신분보장의 적용을 받지 아니하는 별정직공무원의 범주에 넣었다 하여 바로 그 법률조항부분을 위헌이라고 할 수는 없다. 헌재 1997. 4. 24. 95헌바48

3. 직업공무원제도의 내용

(1) 헌법규정

"공무원의 신분과 정치적 중립성은 법률이 정하는 바에 의하여 보장된다"(제7조 제2항)는 헌법규정은 국민주권원리에 바탕한 민주적이고 법치국가적인 직업공무원제도를 보장한다는 규정이다.

(2) 공무원의 정치적 중립성

1) 공무원의 정치적 중립성의 의미

정당제국가에서 정치적 중립성이란 집권당의 영향으로부터의 독립과 정당에 대한 불간섭·불가담을 의미한다. 공무원법은 이를 위한 규정을 두고 있다(국가공무원법 제65조-제66조, 지방공무원법 제57조-제58조).

2) 정치적 중립이 요구되는 이유

헌법재판소는 "공무원은 국민전체에 대한 봉사자이므로 중립적 위치에서 공익을 추구하고(국민전체의 봉사자설), 행정에 대한 정치의 개입을 방지함으로써 행정의 전문성과 민주성을 제고하고 정책적 계속성과 안정성을 유지하며(정치와 행정의 분리설), 정권의 변동에도 불구하고 공무원의 신분적 안정을 기하고 엽관제로 인한 부패·비능률 등의 폐해를 방지하며(공무원의 이익보호설), 자본주의의 발달에 따르는 사회경제적 대립의 중재자·조정자로서의 기능을 적극적으로 담당하기 위하여 요구되는 것(공적 중재자설)"이라고 하면서, 공무원의 정치적 중립성 요청은 결국 위 각 근거를 종합적으로 고려하여 "공무원의 직무의 성질상 그 직무집행의 중립성을 유지하기 위하여 필요한 것"이라고 판시한 바 있다.[10]

3) 정치적 중립의 내용

공무원을 외부의 정치적 간섭으로부터 보호하기 위하여 공무원의 충원과 인사에 정치적 영향력이 미치지 못하게 하는 것, 공무원신분의 법적 보장, 정치적 활동 제한 등이 주요내용이다.

4) 정치적 중립의 한계

공무원이 국민의 한 사람으로서 누려야 할 정치적 기본권의 전부를 부정해서는 안 된다.

(3) 공무원의 신분보장

1) 공무원의 신분보장의 의미

직업공무원제도는 공무원의 신분보장을 가장 중요한 내용으로 한다. 공무원이 정권교체의 영향을 받지 아니할뿐더러 동일한 정권하에서도 정당한 이유 없이 해임 등의 불이익을 당하지 아니하는 것이 신분보장의 핵심이다. 엽관제나 정실인사

---

10) 헌재 2004. 12. 16. 2002헌마333·451(병합); 헌재 1995. 5. 25. 91헌마67.

는 공무원이 집권세력의 사병화가 될 수 있기 때문에 정권교체에도 불구하고 공무원의 신분이 보장되지 않으면 안 된다. 공무원 자신의 귀책사유 없이 공무원직을 상실시킨 것은 직업공무원제를 침해한 것으로 위헌이다.[11)]

2) 공무원의 신분보장의 내용

헌법 제7조 제2항, 국가공무원법 제68조, 제70조 제2항, 지방공무원법 제60조 등에 규정되어 있다.

① 공무원은 형의 선고·징계처분 또는 이 법에 정하는 사유에 의하지 아니하고는 그 의사에 반하여 휴직·강임 또는 면직을 당하지 않는다(1급 공무원은 예외).

② 정부조직의 개폐나 예산의 감소 등에 의하여 폐직 또는 과원이 되었을 때에는 직권면직이 가능하다.[12)]

판례 공무원의 신분보장과 관련한 판례

• "공무원이 금고 이상의 형의 선고유예를 받은 경우에는 공무원직에서 당연히 퇴직하는 것으로 규정하고 있는 이 사건 법률조항은 금고 이상의 선고유예의 판결을 받은 모든 범죄를 포괄하여 규정하고 있을 뿐 아니라, 심지어 오늘날 누구에게나 위험이 상존하는 교통사고 관련 범죄 등 과실범의 경우마저 당연퇴직의 사유에서 제외하지 않고 있으므로 최소침해성의 원칙에 반한다.

오늘날 사회구조의 변화로 인하여 '모든 범죄로부터 순결한 공직자 집단'이라는 신뢰를 요구하는 것은 지나치게 공익만을 우선한 것이며, 오늘날 사회국가원리에 입각한 공직제도의 중요성이 강조되면서 개개 공무원의 공무담임권 보장의 중요성이 더욱 큰 의미를 가지고 있다. 일단 공무원으로 채용된 공무원을 퇴직시키는 것은 공무원이 장기간 쌓은 지위를 박탈해 버리는 것이므로 같은 입법목적을 위한 것이라고 하여도 당연퇴직사유를 임용결격사유와 동일하게 취급하는 것은 타당하다고 할 수 없다. 결국, 지방공무원법 제61조 중 제31조 제5호 부분은 헌법 제25조의 공무담임권을 침해하였다고 할 것이다. 따라서 헌법재판소가 종전에 1990. 6. 25. 89헌마220 결정에서 위 규정이 헌법에 위반되지 아니한다고 판시한 의견은 이를 변경하기로 한다."

헌재 2002. 8. 29. 2001헌마788; 헌재 2003. 10. 30. 2002헌마684;
헌재 1998. 5. 28. 96헌마12

---

11) 헌재 1989. 12. 18. 89헌마32 등.

12) 헌법재판소는 직제가 폐지된 경우 직권면직이 가능하여도 면직규모나 그 대상자 선정에 합리성과 적정성이 담보되지 않으면 직업공무원제에 대한 침해가 된다고 판시하였다(헌재 2004. 11. 25. 2002헌바8).

• "범죄행위로 형사처벌을 받은 공무원에 대하여 형사처벌사실 그 자체를 이유로 신분상 불이익처분을 하는 방법과 별도의 징계절차를 거쳐 불이익처분을 하는 방법 중 어느 방법을 선택할 것인가는 입법자의 재량에 속하는 것인바, 공무원에게 부과되는 신분상 불이익과 보호하려는 공익이 합리적 균형을 이루는 한 법원이 범죄의 모든 정황을 고려하여 금고 이상의 형의 집행유예 판결을 하였다면 그 범죄행위가 직무와 직접적 관련이 없거나 과실에 의한 것이라 하더라도 공무원의 품위를 손상하는 것으로 당해 공무원에 대한 사회적 비난가능성이 결코 적지 아니함을 의미하므로 이를 공무원의 당연퇴직사유로 규정한 것을 위헌의 법률조항이라고 볼 수 없고, 집행유예와 선고유예의 차이, 금고형과 벌금형의 경중을 고려할 때 이 사건 법률조항이 집행유예 판결을 받은 자를 합리적 이유 없이 선고유예나 벌금형의 판결을 받은 자에 비하여 차별하는 것이라고도 볼 수 없다."

헌재 2003. 12. 18. 2003헌마409; 헌재 2006. 5. 25. 2004헌바12

• "구(舊) 국가보위입법회의법 부칙 제4항 그 후단에서는 "그 소속 공무원은 이 법에 의한 후임자가 임명될 때까지 그 직을 가진다"라고 규정함으로써 …… 조직의 변경과 관련이 없음은 물론 소속공무원의 귀책사유의 유무라던가 다른 공무원과의 관계에서 형평성이나 합리적 근거등을 제시하지 아니한 채 임명권자의 후임자임명이라는 처분에 의하여 그 직을 상실하는 것으로 규정하였으니, 이는 결국 임기만료되거나 정년시까지는 그 신분이 보장된다는 직업공무원제도의 본질적 내용을 침해하는 것으로서 헌법에서 보장하고 있는 공무원의 신분보장 규정에 정면으로 위반된다고 아니할 수 없는 것이다."

* 이 사건의 경우 헌법소원의 재판의 전제성과 폐지된 법률로도 권리침해가 가능하며 이 경우 헌법소원의 대상이 된다는 또 다른 논점이 있다.

헌재 1989. 12. 18. 89헌마32 등

판례 지방공무원의 전입 · 전출(합헌)

"지방공무원법 제29조의3은 "지방자치단체의 장은 다른 지방자치단체의 장의 동의를 얻어 그 소속 공무원을 전입할 수 있다"라고만 규정하고 있어, 이러한 전입에 있어 지방공무원 본인의 동의가 필요한지에 관하여 다툼의 여지없이 명백한 것은 아니나, 위 법률조항을, 해당 지방공무원의 동의없이도 지방자치단체의 장 사이의 동의만으로 지방공무원에 대한 전출 및 전입명령이 가능하다고 풀이하는 것은 헌법적으로 용인되지 아니하며, 헌법 제7조에 규정된 공무원의 신분보장 및 헌법 제15조에서 보장하는 직업선택의 자유의 의미와 효력에 비추어 볼 때 위 법률조항은 해당 지방공무원의 동의가 있을 것을 당연한 전제로 하여 그 공무원이 소속된 지방자치단체의 장의 동의를 얻어서만 그 공무원을 전입할 수 있음을 규정하고 있는 것으로 해석하는 것이 타당하고, 이렇게 본다면 인사교류를 통한 행정의 능률성이라는 입법목적도 적절히 달성할 수 있을 뿐만 아니라 지방공무원의 신분보장이라는 헌법적 요청도 충족할 수 있게 된다. 따라서 위 법률조항은 헌법에 위반되지 아니한다.

[재판관 김효종, 재판관 김경일, 재판관 송인준의 한정위헌 의견]

법률의 위헌선언권을 유일하게 갖고 있는 헌법재판소로서는 어떤 법률조항에 대하여 위헌적인 법적용 영역과 그에 상응하는 해석가능성이 존재할 경우 그러한 위헌적인 부분을 종국적으로 배제하는 결정을 선고함으로써 그 결정에 따른 기속력을 법원을 비롯한 모든 국가기관 및 지 방자치단체에게 미치도록 하는 것을 원칙으로 삼아야 하고, 그 기속력의 수범자중의 하나인 법원이 그 법률조항에 대하여 헌법재판소와 동일한 합헌적인 해석을 하고 있다고 하여 그 법률조항에 여전히 존재하고 있는 위헌적인 부분을 제거하지 않은 채 방치할 수는 없으므로, 위 지방공무원법 조항에 존재하는 위헌적 부분을 결정주문에 명시적으로 밝혀 "지방공무원법 제29조의3은 지방공무원 본인의 동의를 요하지 않는다고 해석하는 한 헌법에 위반된다"는 내용의 한정위헌결정을 선고하여야 한다.

[재판관 김영일의 헌법불합치 의견]

위 지방공무원법 조항의 문언이나 입법목적을 아무리 넓게 파악한다고 하더라도 전입대상이 되는 공무원 본인의 동의라는 요건이 내재되어 있다거나 전제되어 있는 것으로 해석하거나 적용할 수는 없는 것이고, 또한 그와 같은 해석을 도출할 만한 어떤 다른 관련규정도 찾아볼 수 없으므로 위 법률조항에 대하여는 위헌선언을 하여야 할 것이나, 지방자치단체 공무원 인사관리의 혼란 등 위헌선언으로 야기될 혼란을 방지하기 위하여, 위 조항이 헌법에 합치되도록 개정될 때까지 잠정적으로 적용할 것을 명하는 헌법불합치결정을 함이 타당하다." 헌재 2002. 11. 28. 98헌바101

(4) 실적주의

실적주의란 자격이나 능력을 기준으로 공무원을 임용하거나 승진·전보하는 원칙을 말한다. "공무원의 임용은 시험성적·근무성적 기타 능력의 실증에 의하여 행한다"(국가공무원법 제26조, 지방공무원법 제25조).

제5절 공무원의 권리와 의무(자세한 것은 행정법의 공무원법 참조)

1. 공무원의 권리

공무원도 공무원이라는 신분 이외에 한 사람의 국민이고 한 사람의 근로자로서 헌법이 보장하는 기본권을 향유한다. 또한 개별법에서 공무원의 권리를 인정하고 있다.

(1) 신분상의 권리

공무원은 형의 선고·징계처분 또는 이 법에 정하는 사유에 의하지 아니하고는 그 의사에 반하여 휴직·강임 또는 면직을 당하지 아니할 권리인 신분보유권, 법에 정한 사유가 아니고는 직위를 해제당하지 않을 권리인 직위보유권, 자신이 담당하는 직무를 방해받지 않고 자율적으로 수행할 수 있는 권리인 직무수행권을 가진다. 그 밖에 직명사용권·제복착용권, 행정쟁송권, 육아휴직권(국가공무원법 제43조 제1항 단서, 지방공무원법 제63조 제2항 제4호·제64조 제7호) 등도 공무원의 신분상 권리로 볼 수 있다.

(2) 재산상의 권리

공무원의 재산상 권리로는 보수청구권, 연금청구권, 실비변상수령권·보상수령권 등을 들 수 있다.

2. 공무원의 의무

(1) 일반적인 직무상의 의무

성실의무, 직무전념의무(직장이탈금지의무, 영리행위금지의무, 겸직금지의무), 법령준수의무, 비밀엄수의무, 복종의무, 친절·공정의 의무, 품위유지의무 등이 있다.

(2) 특정 공무원의 의무

헌법은 국군에게 국가의 안전보장과 국토방위의 의무를 지우고 있으며, 국회의원에게는 특히 청렴의무, 직무수행시 국가이익우선의무, 지위를 남용한 이권개입금지의무를 규정하고 있다.

제6절 공무원의 기본권 제한

1. 기본권제한의 이론적 근거

헌법과 법률은 공무원들에게 일반국민에게는 허용되지 아니하는 기본권제한을 인정하고 있다. 이의 근거와 관련해서는 학설이 대립된다. 공무원은 국가와 특별권력에 있기 때문이라는 특별권력(특수신분)관계설, 공무원은 국민전체에 대한 봉사자이기 때문이라는 국민전체의 봉사자설, 공무원의 직무의 성질상 제한이 인정된다는 직무성설이 그것이다. 공무원의 기본권제한의 근거에 대해서는 위 3설이 모두 고려될 수 있을 것이다.

2. 제한할 수 있는 기본권

(1) 정치활동의 제한

공무원은 정치적 중립성에 의하여 정치활동이 금지된다(정무직 공무원은 제외). 공무원은 정당이나 그 밖의 정치단체의 결성에 관여하거나 이에 가입할 수 없다. 또한 공무원은 선거에서 특정 정당 또는 특정인을 지지 또는 반대하기 위해, 투표를 하거나 하지 아니하도록 권유하거나 서명운동을 기도・주재하거나 타인에게 정당이나 그 밖의 정치단체에 가입하게 하거나 가입하지 아니하도록 권유하는 것은 금지된다.

(2) 근로3권의 제한

1) 공무원의 근로자성

공무원도 근로자성을 인정할 수 있으나 일반근로자와 다른 특수성이 있다. 공무원이 국민전체에 대한 봉사자로서 공적 업무를 담당한다면, 일반근로자는 개인적 이윤추구를 직접 목적으로 하는 사적 업무를 담당하는 차이가 있다. 보수의 성격과 관련해서도 일반근로자의 보수는 근로의 대가라는 의미를 지니지만, 공무원의 보수는 근로의 대가라는 측면 외에 공직의 효과적 수행에 대한 보상이라는 측면도 있다. 또한 공무원의 보수는 법령의 규율대상이지만, 일반근로자의 보수는 단체협약의 대상이 되는 차이도 있다.

2) 근로 3권의 제한(제33조 제2항 및 제37조 제2항의 제한)

① 공무원은 법률이 정하는 자(법정근로자)에 한하여 근로3권이 인정되는 등 기

본권이 제한되고 있다(제33조 제2항).

② 공무원의 노동운동과 기타 공무 이외의 일을 위한 집단행위를 금지[13]하면서, 예외적으로 국회규칙 · 대법원규칙 · 대통령령으로 범위를 정하는 사실상 노무에 종사하는 공무원은 여기서 제외하고 있다(국가공무원법 제66조).

③ 공무원직장협의회의 설립 · 운영에 관한 법률에 따라 근무환경개선 · 업무능률향상 및 고충처리 목적으로 6급 이하 공무원은 공무원직장협의회 설립이 가능하다.

④ 2005년 1월 27일에는 공무원의 근로조건의 개선과 사회적 지위의 향상을 기하기 위하여 공무원의 노동조합설립 및 운영, 단체교섭, 분쟁조정절차 등에 관한 사항을 규정한 '공무원노동조합설립 및 운영 등에 관한 법률'이 제정 · 공포되었다. 가입할 수 있는 공무원의 범위는 6급 이하의 일반직 공무원 등으로 한정되어 있다.

⑤ 교원의 노동조합설립 및 운영 등에 관한 법률에 따라 교원도 노동조합의 설립이 가능하다. 다만, 정치활동과 쟁의행위는 금지되고 있다.

(3) 특별권력관계에 의한 제한

그 밖에 특별권력의 목적달성을 위하여 일정한 합리적 범위에서 기본권의 일부제한이 있을 수 있다. 특별권력관계에서도 법치주의의 배제는 인정되지 않는다.

3. 기본권제한의 한계

공무원은 일반국민과 비교할 때 합리적 제한을 받는 경우가 많지만, 공무원의 기본권제한도 헌법 제37조 제2항의 기본권제한의 원칙은 지켜져야 한다. 원칙적으로 법률에 의하고, 필요최소한에 그쳐야 하며, 제한을 하더라도 그 본질적인 내용을 침해할 수 없다.

---

13) 공무행위이외의 집단행위라 함은 공무원으로서 직무에 관한 기강을 저해하거나 기타 그 본분에 배치되는 등 공무의 본질을 해치는 특정목적을 위한 다수인의 행위로서 단체의 결성단계에는 이르지 않은 상태에서의 행위를 말한다. 건설부장관주재의 정례회의시에 집단적으로 퇴장하는 행위는 그것이 기구개편에 관한 불만의 의사표시에서 비롯되었어도 국가공무원법이 금지하는 공무외의 집단행위에 해당한다(대판 1992. 3. 27. 91누9145).

제7절 공직자부패방지제도

1. 공직자부패방지제도의 연혁

종전에는 공직자의 부패행위를 방지하고 청렴한 공직풍토를 확립하기 위해 부패방지법을 근거로 하여(2001. 7. 24. 제정) 대통령소속하에 국가청렴위원회를 설치하도록 하였으나(동법 제10조), 현재는 국무총리소속하의 국민권익위원회가 공직부패방지와 국민고충처리기능을 담당하게 되었다.

2. 공직자부패방지제도의 주요내용

부패방지 및 국민권익위원회의 설치 및 운영에 관한 법률 및 공직자윤리법에 공직자부패방지를 위한 제도적 장치를 마련하고 있다.

(1) 부패방지 및 국민권익위원회의 설치 및 운영에 관한 법률의 목적

국민권익위원회를 설치하여 고충민원의 처리와 이에 관련된 불합리한 행정제도를 개선하고, 부패의 발생을 예방하며 부패행위를 효율적으로 규제함으로써 국민의 기본적 권익을 보호하고 행정의 적정성을 확보하며 청렴한 공직 및 사회풍토의 확립에 이바지함을 그 목적으로 한다(제1조).

(2) 부패행위의 정의

동법은 부패행위를 "가. 공직자가 직무와 관련하여 그 지위 또는 권한을 남용하거나 법령을 위반하여 자기 또는 제3자의 이익을 도모하는 행위, 나. 공공기관의 예산사용, 공공기관 재산의 취득·관리·처분 또는 공공기관을 당사자로 하는 계약의 체결 및 그 이행에 있어서 법령에 위반하여 공공기관에 대하여 재산상 손해를 가하는 행위, 다. 가목과 나목에 따른 행위나 그 은폐를 강요, 권고, 제의, 유인하는 행위"로 정의하고 있다(제2조 제4호).

(3) 부패행위신고 및 신고자 보상 및 보호제도

누구든지 부패행위를 알게 된 때에는 이를 위원회에 신고할 수 있으며, 신고자에게는 일정한 신분보호조치를 강구하고 있다(동법 제5장).

(4) 공직자윤리법상 제도

공직자윤리법은 고위공직자의 재산등록 및 공개(공직자윤리법 제2장), 주식의 매각 및 신탁(공직자윤리법 제2장의2 참조) 등을 규정하고 있다.

제5장 지방자치제도

제1절 지방자치의 의의

1. 지방자치의 개념

지방자치란 일반적으로 말하면 일정한 지역을 기초로 하는 단체나 일정한 지역의 주민이 자신이 선출한 기관을 통해서 그 지역의 사무를 자율적으로 처리하는 제도라고 말할 수 있다. 지방자치는 민주주의의 이념과 지방분권주의 및 자기책임성을 기초로 하여 성립한 역사적 산물로서, 통상적으로 그 개념요소에는 주민자치의 요소와 단체자치의 요소로 성립되어 있다.

2. 지방자치의 두 가지 측면(이념)

(1) 주민자치(정치적 자치, 영국)와 단체자치(법적 자치, 유럽·독일)의 비교

	주민자치	단체자치
① 기원	영국－민주주의의 발전과정에서 확립	프랑스·독일－절대적 관료국가의 형성과정에서 확립
② 사상적 기초	민주주의사상－지역주민의 자기통치를 기초	지방분권주의사상－전제군주로부터 지역단체의 자치권확보를 기초
③ 주체	국가의 지방행정관청－법인격 없음	지방자치단체－국가로부터 독립한 법인격자
④ 기관	주민기관－의결기관인 동시에 집행기관(기관통합주의)	단체기관－2원적 기관구성(의결기관과 집행기관의 구분(기관대립주의)
⑤ 사무	지방적 국가행정사무－고유(지방)사무와 위임(국가)사무의 구별이 없음	단체사무－단체의 고유사무와 국가의 위임사무를 구별

⑥ 감독	입법적 감독－국회의 법률에 의한 감독과 그 감독의 최소화	행정적 감독－중앙행정기관에 의한 행정감독과 그 감독의 강화
⑦ 수권	개별적 수권주의	포괄적 수권주의
⑧ 지방세제도	독립세주의	부과세주의

(2) 우리나라의 경우

지방자치를 ‘자기통치와 지방분권’의 제도로 보면 주민자치와 단체자치의 조화가 필요하다. 즉 주민자치와 단체자치는 서로 대립적인 제도가 아니고 오늘날 많은 나라에서 서로 보완적인 성격을 갖는 제도로서 이해되고 있으며, 그 결합의 정도와 내용은 각 나라의 사정에 따라 다소 상이하게 나타나고 있다. 우리나라의 경우도 학자들은 주민자치와 단체자치가 결합된 형태라고 설명하고 있다. 일부의 학자는 헌법 제117조 및 제118조와 관련하여 볼 때 우리제도는 대륙법계전통에 근거하여 단체자치에 입각하고 있으되, 내용상으로는 주민자치의 요소(지방의회의원의 명예직)를 가미하고 있다고 설명하기도 한다.[1)]

판례 지방자치제도의 개념과 이념

“지방자치제도라 함은 일정한 지역을 단위로 일정한 지역의 주민이 그 지방주민의 복리에 관한 사무 · 재산관리에 관한 사무 · 기타 법령이 정하는 사무(헌법 제117조 제1항)를 그들 자신의 책임 하에서 자신들이 선출한 기관을 통하여 직접 처리하게 함으로써 지방자치행정의 민주성과 능률성을 제고하고 지방의 균형 있는 발전과 아울러 국가의 민주적 발전을 도모하는 제도이다. 지방자치는 국민자치를 지방적 범위 내에서 실현하는 것이므로 지방시정에 직접적인 관심과 이해관계가 있는 지방주민으로 하여금 스스로 다스리게 한다면 자연히 민주주의가 육성 · 발전될 수 있다는 소위 ‘풀뿌리 민주주의’를 그 이념적 배경으로 하고 있는 것이다.

공업화 · 도시화 · 국제화의 추세가 가속되어 가고 있는 오늘날 우리나라처럼 국토도 협소하고 언어 · 풍속 · 문화 · 생활양식 등도 지방에 따라 현저한 차이가 없는 단일민족국가에서는 오히려 중앙집권의 강화가 바람직하다는 견해도 없지 않지만 지방자치제도는 현대 입헌민주국가의 통치원리인 권력분립 및 통제 · 법치주의 · 기본권보장 등의 제 원리를 주민의 직접적인 관심과 참여 속에서 구현시킬 수 있어 바로 자율과 책임을 중시하는 자유민주주의 이념에 부합되는 것이므로 국민(주민)의 자치의식과 참여의식만 제고된다면 권력분립원리의 지방차원에서의 실현을 가져다 줄 수 있을 뿐 아니라(지방분권) 지방의 개성 및 특징과 다양성을 국가전체의 발전

1) 류지태, 제2보정판 행정법신론, 신영사, 1997, 621면.

으로 승화시킬 수 있고, 나아가 헌법상 보장되고 있는 선거권·공무담임권(피선거권) 등 국민의 기본권의 신장에도 크게 기여할 수 있는 제도라고 할 것이다."

헌재 1991. 3. 11. 91헌마21

제2절 지방자치의 본질

1. 지방자치의 본질

(1) 고유권설과 자치위임설

지방자치의 본질에 관해서는 고유권설(또는 독립설)과 자치위임설(또는 전래설)이 서로 대립하고 있다. 고유권설은 국가존립이전부터 지역단체가 갖는 자연법적인 선국가적(또는 전국가적)인 권리를 지방자치권으로 파악하고 있다. 자치위임설은 국가만이 통치권을 갖는다는 전제하에서 지방자치권은 국가의 이러한 통치권으로부터 전래된 것으로서 국가통치권의 일부가 지방자치단체에게 이양된 것이라고 보는 것이다. 일반적인 견해는 자치위임설이다. 근대국가이론과 민주주의 국가 관념에 따르면 지방자치단체와 국가 간의 법 관계는 헌법에 의하여 그 근거가 주어진다. 국가권력의 단일성은 오늘날 다툼이 없다. 이것은 국가의 헌법영역, 국가영역 내에서 국가로부터 나오지 않는 고권은 있을 수 없음을 의미한다. 국가만이 배타적으로 권력을 독점함을 뜻한다. 이러한 점에서 자치위임설이 설득력이 있다고 생각된다. 이러한 논쟁은 국가와 사회의 이원론과도 관련된다.[2)]

(2) 간접국가행정 또는 국가행정과의 대비로서의 지방자치행정?

양자는 시각의 차이에 기인하는데, 간접국가행정으로 보는 경우는 지방자치단체의 국가에의 종속을, 국가행정의 대비개념으로 파악하는 입장은 행정하는 주체의 고유한 존재의미를 강조한 데 불과하다. 국가행정과 지방자치행정 간의 관계는 양영역의 엄격한 구분으로 특징지을 것이 아니라 영속적인 통합과정으로 특징지어야 할 것이다(홍정선).

2. 지방자치제의 법적 성격

자치고유권설 또는 기본권보장설에 의하면 지방자치단체는 국가의 기원과는 별

---

2) 허영, 전정13판 한국헌법론, 박영사, 2017, 850면.

개의 자연적 창조물이며 지방자치단체의 자치권은 개인이 국가에 대하여 가지는 천부적 자연권과 같은 권리의 일종이라고 파악하지만, C. Schmitt 이래 지방자치의 법적 성격은 제도보장으로 이해되고 있다. 즉, 지방자치제는 역사적·전통적으로 형성된 제도의 일종으로서 그 본질적 내용을 입법에 의하여 폐지하거나 유명무실한 것이 되게 해서는 안 된다는 보장을 말한다.

판례 제도보장의 법적 성격

"헌법 제117조, 제118조가 제도적으로 보장하고 있는 지방자치의 본질적 내용은 '자치단체의 보장, 자치기능의 보장 및 자치사무의 보장'이라고 할 것이나, 지방자치제도의 보장은 지방자치단체에 의한 자치행정을 일반적으로 보장한다는 것뿐이고 특정자치단체의 존속을 보장한다는 것은 아니므로, 마치 국가가 영토고권을 가지는 것과 마찬가지로, 지방자치단체에게 자신의 관할구역 내에 속하는 영토, 영해, 영공을 자유로이 관리하고 관할구역 내의 사람과 물건을 독점적, 배타적으로 지배할 수 있는 권리가 부여되어 있다고 할 수는 없다." 헌재 2006. 3. 30. 2003헌라2

제3절 지방자치의 기능

1. 민주주의실현기능

'풀뿌리의 민주정치'(grass－roots democracy)'에의 참여의 기회를 확보함으로써 민주주의의 기초를 굳건히 하며, 그 참가의 기회를 통하여 주민을 정치적으로 훈련하고 민주주의를 배워 익히게 하는 데 그 중요한 목적이 있다(민주주의의 훈련장, 민주주의의 실험실). 브라이스(J. Bryce)는 "지방자치의 실시는 민주주의의 최량의 학교이며 그의 성공에 대한 최량의 보증이다"라고 하고 있다.[3)]

2. 권력분립의 기능

지방자치는 권력분립원리를 지방차원에서 실현시키는 소위 수직적 권력분립을 제도화하여 지방분권에 기여한다. 중앙과 지방의 권력균형을 이루게 하며 지방자치의 핵심영역을 중앙권력의 침해로부터 보호한다.

3) "지방자치제도는 민주정치의 요체이며 현대의 다원적 복합사회가 요구하는 정치적 다원주의를 실현시키기 위한 제도적 장치로서 지방의 공동관심사를 자율적으로 처결함과 동시에 주민의 자치역량을 배양하여 국민주권주의와 자유민주주의 이념구현에 이바지함을 목적으로 하는 제도이다"(헌재 1991. 3. 11. 91헌마21).

3. 지역발전 및 사회통합기능

지방자치는 지역주민에게 친근하며 지역의 실정에 맞는 행정을 확보하고, 지방자치의 실시를 통하여 주민의 공공심의 계발, 즉 주민의 협동심을 길러주며 남과 함께 일하는 방법과 습관을 길러준다는 점에서 사회통합기능도 수행한다.

4. 기본권실현기능

지방자치를 통한 각종의 정치참여는 직접적으로 선거권과 공무담임권 등의 기본권을 신장하는 기능을 한다. 지역 간의 균등발전은 거주・이전의 자유, 평등권의 신장에도 기여한다. 이러한 기본권의 실현기능의 관점에서 지방자치를 제도보장만으로 이해하는 종래의 태도의 문제점을 지적하는 견해가 있다.[4)]

5. 보충성실현기능

개인과 사회, 국가와의 관계에 있어서 문제해결에 가장 가까이에 있는 당사자가 우선적으로 해결하고자 하는 것이다. 따라서 사회는 개인에 대해서 보충적이고, 국가는 사회의 기능에 대해 보충적으로 작용하게 된다. 지방자치에 있어서도 그 근본기능은 지방자치단체가 주도적 지위에서 스스로 해결하도록 하려는 것이며, 이에 따라 보충적으로만 국가의 개입이 인정되는 것이다

제4절 지방자치의 유형

지방자치도 직접민주제형과 간접민주제형으로 대별될 수 있다. 스위스의 주민총회형처럼 직접민주제형도 있으나, 대부분의 나라에서는 간접민주제형을 채택하고 있다. 간접민주제형도 지방의원은 주민이 직선하고 단체장은 지방의회가 선출하는 의원내각제형과 지방의원과 단체장을 주민이 직선하는 수장형(대통령제형)으로 나누어질 수 있다. 우리나라는 지방의원과 단체장을 모두 주민이 직선으로 선출하는 수장형을 채택하고 있다.

---

4) 허영, 앞의 책, 854면.

제5절 지방자치의 헌법적 보장의 성질과 내용

지방자치제도는 제도보장으로서 제도의 본질적 내용은 입법에 의해서도 훼손될 수 없다. 지방자치제도의 헌법적 보장은 한마디로 국민주권의 기본원리에서 출발하여 주권의 지역적 주체로서의 주민에 의한 자기통치의 실현으로 요약할 수 있고, 이러한 지방자치의 본질적 내용인 핵심영역은 어떠한 경우라도 입법 기타 중앙정부의 침해로부터 보호되어야 한다는 것을 의미한다. 다시 말하면 중앙정부와 지방자치단체 간의 권력의 수직적 분배는 서로 조화가 요청되고 그 조화과정에서 지방자치의 핵심영역은 침해되어서는 안 된다.[5)]

첫째, 헌법이나 법률이 국가나 그 밖의 공공단체의 사무로서 유보하지 않는 한, 지방자치단체는 지방적 공공사무에 대한 포괄적인 자치권을 가진다(전권한성의 보장). 지방자치단체는 자치입법권, 자주조직권, 자치행정권, 자치재정권 등을 가진다. 지방자치단체의 이러한 권한은 예시적이다.

둘째, 적어도 자치사무에 관한 한 지방자치단체는 국가의 지시나 후견적 감독을 받음이 없이 법의 테두리 안에서 자주적으로 처리할 수 있음을 의미한다(자기책임성의 보장). 자치사무에는 합법성 여부에 대한 감독만이 허용된다.

셋째, 참정권(선거권, 공무담임권)이 보장되어야 하고, 지방자치에 의해 어느 지역이나 거의 비슷하게 동질적인 생활환경을 보장하도록 헌법상의 거주이전의 자유가 실질적인 의미에서 보장되도록 하여야 한다.

제6절 지방자치단체에 대한 국가적 관여(감독·통제) -지방자치제의 한계-

지방자치도 국가적 법질서의 테두리 안에서 인정되는 것으로서 어느 정도 국가적 관여는 불가피하다. 중앙정부의 효율성과 지방정부의 자주성을 조화시키는 것이 중요하다.

국가의 관여의 유형은 ① 관여의 주체 면에서 보면 입법기관에 의한 관여, 행정기관에 의한 관여, 사법기관에 의한 관여로, ② 관여의 수단 면에서 보면 권력

5) 헌재 1998. 4. 30. 96헌바62.

적 관여와 비권력적 관여, 사전예방적 관여와 사후교정적 관여로, ③ 관여의 방법면에서 보면 입법적 관여, 행정적 관여, 사법적 관여로 나눌 수 있다.

제7절 우리 헌법상 지방자치제

Ⅰ. 한국에서의 지방자치제도의 역사적 발전 개관

우리나라의 지방자치는 1948년의 제헌헌법과 그것을 구현하기 위한 1949년 지방자치법의 법적인 보장에 근거하고 시작되었으나, 1950년 6.25사변으로 인하여 지방의회(시 · 읍 · 면의회)의 구성은 1952년에야 이루어졌다. 1956년에는 시 · 읍 · 면장과 의원 및 서울특별시 · 도의회의원의 선거가 있었고 1960년의 제3차 지방선거에서는 서울특별시장과 도지사의 선거도 있었다. 그러나 1961년 5.16군사 쿠데타에 의해 지방의회가 해산되었고, '지방자치에 관한 임시조치법'에 의해 사실상 지방자치는 중단되었으며, 나아가 1972년의 제4공화국헌법(유신헌법)은 지방의회는 통일이 이루어질 때까지 구성하지 않는 것으로 규정하였다(부칙 제10조). 1980년의 5공화국헌법은 지방의회를 법률이 정하는 바에 따라 지방자치단체의 재정자립도를 감안하여 순차적으로 실시한다고 규정하여(부칙 제10조) 다시금 지방자치실시의 의지를 나타내었으나, 실시되지는 못하였다. 1987년의 6공화국헌법은 지방자치의 실시(지방의회의 구성시기)에 붙여졌던 단서 규정을 삭제하여 지방자치는 새로운 국면에 다다르게 되었다. 그리고 1988년 지방자치법이 전문개정(제7차)되었으며, 이 법에서는 지방의회의 구성시기를 명시하였다. 비록 그 기한을 지키지 못하여 몇 차례 법개정의 과정을 겪었지만, 1991년 비로소 지방의회(기초의회 및 광역의회)가 구성되어 5.16이후 중단되었던 지방자치가 부활되었다. 지방자치법은 지방자치단체장도 주민이 직접 선출하도록 규정하고 있으며, 법에 정한 선거시기를 넘긴 후에 1994년 3월 개정 지방자치법에서는 1995년 6월 30일 이내로 실시하도록 규정을 두었고 이에 따라 자치단체의 장선거가 실시되어 실질적인 지방자치시대가 열리게 되었다.

Ⅱ. 지방자치단체의 개념 · 구성요소 · 종류

1. 지방자치단체의 개념

지방자치단체란 지방자치의 주체를 의미하는데, 이는 국가로부터 부여된 지방적 행정을 담당하는 단체를 말한다. 좀 더 자세히는 일정한 지역을 기초로 하고 국가로부터 자치권을 부여받아 지방적 사무를 그 권한과 책임 하에 처리하는 법인격을 가진 지방자치의 주체를 말한다.

2. 지방자치단체의 구성요소

지방자치단체는 인적 구성요소로서 주민, 지역적 구성요소로서 구역, 권력적 구성요소로서 자치권(자치고권), 기능적 구성요소로서 고유사무 등을 들 수 있다.

3. 지방자치단체의 종류

지방자치단체의 종류는 법률로 정한다(헌법 제117조 제2항). 지방자치단체는 담당사무의 일반성 여부에 따라 보통지방자치단체와 특별지방자치단체로 구성된다. 보통지방자치단체는 다시 상급지방자치단체(광역자치단체)인 특별시, 광역시, 특별자치시, 도, 특별자치도[6]와 하급지방자치단체(기초자치단체)인 시・군・구[7]로 구성된다(지방자치법 제2조 제1항). 상급지방자치단체와 하급지방자치단체는 각각 대등한 법인이며 상・하 복종관계에 있지 않다. 특별시, 광역시, 특별자치시, 도, 특별자치도는 정부의 직할로 하고, 시는 도의 관할 구역 안에, 군은 광역시, 특별자치시나 도의 관할 구역 안에 두며, 자치구는 특별시와 광역시, 특별자치시의 관할 구역 안에 둔다. 특별시・광역시 및 특별자치시가 아닌 인구 50만 이상의 시에는 자치구가 아닌 구를 둘 수 있고, 군에는 읍・면을 두며, 시와 구(자치구를 포함)에는 동을, 읍・면에는 리를 둔다(지방자치법 제2조 제3항).

현행의 시와 군을 통합한 지역(통합시)이나 인구 5만 이상의 도시형태를 갖춘 지역이 있는 군 등을 도농 복합형태의 시로 할 수 있다(지방자치법 제7조 제2항).[8]

---

6) 2005년 7월 27일 제주도 주민투표 결과에 따라 제주도내 시·군을 폐지하여 제주도를 도 단일 광역자치체제로 개편하고, 그에 따른 제주도의 하부행정체제 구축, 제주도의회 의원정수 및 지역선거구 설정 등을 규정한 제주도행정체제등에 관한 특별법이 제정(2006. 1. 11)되고 2006년 2월 21일에는 제주특별자치도 설치 및 국제자유도시조성을 위한 특별법이 제정되었다.

7) 지방자치단체인 구(이하 "자치구"라 한다)는 특별시와 광역시의 관할 구역 안의 구만을 말하며, 자치구의 자치권의 범위는 법령으로 정하는 바에 따라 시・군과 다르게 할 수 있다(지방자치법 제2조 제2항).

8) 그 밖에 인구 2만 이상의 도시 형태를 갖춘 2개 이상의 지역의 인구가 5만 이상인 군(이 경우 군의 인구가 15만 이상으로서 대통령령으로 정하는 요건을 갖추어야 한다), 국가의 정책으로 인하여 도시가 형성되고, 제115조에 따라 도의 출장소가 설치된 지역으로서 그 지역의 인구가 3만 이상이고, 인구 15만 이상의 도농 복합형태의 시의 일부인 지역도 도농형태의 시로 할 수 있다(지방자치법 제7조 제2항 제3, 4호).

보통지방자치단체 외에 특정한 목적을 수행하기 위하여 필요하면 따로 특별지방자치단체를 설치할 수 있다. 특별지방자치단체의 설치·운영에 관하여 필요한 사항은 대통령령으로 정한다(지방자치법 제2조 제3항, 제4항). 특별지방자치단체로 지방자치단체조합을 들 수 있는데, 지방자치단체조합은 하나 또는 둘 이상의 사무를 공동으로 처리할 필요가 있을 때 규약을 정하여 그 지방의회의 의결을 거쳐 시·도는 행정안전부장관의, 시·군 및 자치구는 시·도지사의 승인을 받아 지방자치단체조합을 설립할 수 있다(지방자치법 제159조 제1항).[9]

그 밖에 지방자치단체의 장이나 지방의회의 의장은 상호 간의 교류와 협력을 증진하고, 공동의 문제를 협의하기 위하여 1. 시·도지사, 2. 시·도의회의 의장, 3. 시장·군수·자치구의 구청장, 4. 시·군·자치구의회의 의장의 구분에 따라 각각 전국적 협의체를 설립할 수 있다(지방자치법 제165조 제1항). 나아가 전국적 협의체가 모두 참가하는 지방자치단체 연합체를 설립할 수 있다(지방자치법 제165조 제2항).

Ⅲ. 지방자치단체의 기관

1. 개 관

보통지방자치단체의 경우 의결기관으로서 지방의회, 집행기관으로서 지방자치단체의 장이 있다. 지방자치단체의 교육·과학 및 체육에 관한 사무를 분장하기 위하여 별도의 기관을 두며 그 기관의 조직과 운영에 관하여 필요한 사항은 따로 법률로 정하도록 하고 있다(지방자치법 제121조 제1항 제2항). '지방교육자치에 관한 법률'은 지방자치단체의 교육·과학·기술·체육 그 밖의 학예("교육·학예"라 함)에 관한 사무는 특별시·광역시 및 도("시·도"라 함)의 사무로 한다고 하며(동법 제2조), 종전에는 시·도의회에 교육·학예에 관한 의안과 청원 등을 심사·의결하기 위하여 상임위원회(교육위원회)를 두도록 하였으나, 교육위원회 및 교육의원 제도가 2014년 6월 30일에 폐지됨에 따라 시·도의회의 교육·학예에 관한 사무를 심사하는 상임위원회가 시·도의회 의원으로만 구성되고 있다.

그리고 교육·학예에 관한 사무의 집행기관으로 교육감을 두며(지방교육자치에 관한 법률 제18조), 시·도의 교육·학예에 관한 사무를 분장하기 위하여 1개 또는 2개 이상의 시·군 및 자치구를 관할구역으로 하는 하급교육행정기관으로서 교육지원청을 둔다

9) 다만, 지방자치단체조합의 구성원인 시·군 및 자치구가 2개 이상의 시·도에 걸치는 지방자치단체조합은 행정안전부장관의 승인을 받아야 한다(지방자치법 제159조 제2항 단서). 그리고 지방자치단체조합은 법인으로 한다(동조 제3항).

(지방교육자치에 관한 법률 제34조). 교육지원청에는 교육장을 둔다(동법 34조 제3항).

판례 지방교육자치의 이념

"지방교육자치도 지방자치권 행사의 일환으로서 보장되는 것이므로, 중앙권력에 대한 지방적 자치로서의 속성을 지니고 있지만, 동시에 그것은 헌법 제31조 제4항이 보장하고 있는 교육의 자주성·전문성·정치적 중립성을 구현하기 위한 것이므로, 정치권력에 대한 문화적 자치로서의 속성도 아울러 지니고 있다. 이러한 '이중의 자치'의 요청으로 말미암아 지방교육자치의 민주적 정당성요청은 어느 정도 제한이 불가피하게 된다. 지방교육자치는 '민주주의·지방자치·교육자주'라고 하는 세 가지의 헌법적 가치를 골고루 만족시킬 수 있어야만 하는 것이다. '민주주의'의 요구를 절대시하여 비정치기관인 교육위원이나 교육감을 정치기관(국회의원·대통령 등)의 선출과 완전히 동일한 방식으로 구성한다거나, '지방자치'의 요구를 절대시하여 지방자치단체장이나 지방의회가 교육위원·교육감의 선발을 무조건적으로 좌우한다거나, '교육자주'의 요구를 절대시하여 교육·문화분야 관계자들만이 전적으로 교육위원·교육감을 결정한다거나 하는 방식은 그 어느 것이나 헌법적으로 허용될 수 없다."

헌재 2000. 3. 30. 99헌바113

2. 지방의회

지방자치단체에는 주민의 대표기관으로 의회를 둔다. 지방의회는 의결기관이며 합의제기관으로 매년 2회 정기적으로 집회를 갖는다(지방자치법 제44조 제1항).

지방의회의 권한으로는 의결권(조례 등), 행정사무감사·조사권, 질문권, 자율권 등이 있다.

지방의원의 임기는 4년이다. 2003년 이전에는 지방자치법은 지방의원을 명예직으로 하되 일정의 비용을 지급할 수 있도록 하였는데, 2003. 7. 18. 법 개정을 통하여 명예직을 삭제하였다. 현재는 ① 의정 자료를 수집하고 연구하거나 이를 위한 보조 활동에 사용되는 비용을 보전(補塡)하기 위하여 매월 지급하는 의정활동비, ② 본회의 의결, 위원회의 의결 또는 의장의 명에 따라 공무로 여행할 때 지급하는 여비, ③ 지방의회의원의 직무활동에 대하여 지급하는 월정수당 등의 비용을 지급한다(지방자치법 제33조 제1항). 비용의 지급기준은 대통령령으로 정하는 범위에서 해당 지방자치단체의 의정비심의위원회에서 결정하는 금액 이내로 하여 지방자치단체의 조례로 정하며, 의정비심의위원회의 구성·운영 등에 관하여 필요한 사항은 대통령령으로 정한다(동조 제2항, 제3항).

판례 지방의원과 국회의원의 차이점(정치자금에 관한 법률 제3조 제8호 등 위헌확인)

[판시 사항]

1. 국회의원은 개인 후원회를 구성할 수 있도록 하면서 시·도의원에 대해서는 후원회 구성을 금지한 정치자금에 관한 법률 제5조 제1항이 평등의 원칙에 위반되는지 여부(소극)
2. 국회의원의 의정활동 홍보우편물에 대해서는 우편요금을 감액할 수 있도록 하면서, 시·도의원은 우편요금 감액대상에서 제외한 우편법시행규칙 제85조 제1호 마목이 평등의 원칙에 위반되는지 여부(소극)

[결정 요지]

1. 국회의원이 국민의 대표로서 그 활동범위가 국정 전반에 걸치고 정치를 전업으로 하는데 반해 시·도의원은 그 활동범위가 해당 시·도의 지역사무에 국한되고 무보수 명예직으로서 정치는 비전업의 부업에 지나지 않는다. 같은 정치활동이라 하더라도 그 질과 양에서 근본적인 차이가 있고 그에 수반하여 정치자금을 필요로 하는 정도나 소요자금의 양에서도 현격한 차이가 있으므로 국회의원에 대해서는 개인후원회를 허용하면서 시·도의원에게는 이를 금지하였다 하여 평등의 원칙에 위반된다고 할 수 없다. 또 국회의원이 후원회를 둔 경우 당해 국회의원이 대표자로 있는 지구당은 별도의 후원회를 둘 수 없도록 한 것은 후원회조직을 일원화함으로써 정치자금의 모집과 사용을 투명화하고 공정성을 기하려는데에 그 입법목적이 있다 할 것이고, 이 경우 국회의원의 후원회로 일원화한 것은 지구당이 국회의원의 책임하에 그를 중심으로 운영되고 있는 현실(판례집 12-1, 725면)을 반영한 결과라고 할 것이므로 이 또한 자의적인 차별로서 평등의 원칙에 위반되는 것이라고 할 수 없다.
2. 국회의원의 의정활동 관련 우편물에 대해 따로 감액규정을 두는 것은, 다량의 우편물 발송자의 편의를 도모하고 우편송달을 원활화하려는 우편요금감액제도의 취지외에, 홍보우편물의 발송에 따른 국회의원의 재정부담을 덜어 줌으로써 그 의정활동을 지원하고 이러한 우편물이 간접적으로는 국민의 알 권리와도 관련이 있다는 점이 고려된 것이다. 또 국회의원이 그 선거구를 떠나 국회가 있는 서울에서 주로 정치활동을 수행하는 데에 비해 시·도의원은 당해 시·도의 관할구역안에서 거주하고 있어 선거구의 주민과 일상적으로 접촉할 수 있으므로 우편을 통하여 의정활동을 지역구 주민에게 알려야 할 필요성 역시 국회의원의 경우가 월등히 크다고 할 것이어서 우편요금 감액대상에 국회의원만 포함시키고 시·도의원을 제외한 것 역시 평등의 원칙에 위반된다고 할 수 없다.

헌재 2000. 6. 1. 99헌마576

3. 지방자치단체의 장

특별시에 특별시장, 광역시에 광역시장, 특별자치시에 특별자치시장, 도와 특별자치도에 도지사를 두고, 시에 시장, 군에 군수, 자치구에 구청장을 둔다(지방자치법 제93조). 지방자치단체의 장은 집행기관으로서 임기는 4년이며 계속재임은 3기[10]에 한한다.

지방자치단체의 장은 당해 지방자치단체를 대표하고, 그 사무를 통할하며 소속 직원을 지휘·감독한다. 그러나 지방자치단체의 장이 국가사무를 수임·처리하는 경우에는 국가의 지방행정기관으로서의 지위에 있다.

지방자치단체의 장은 통할·대표권, 자치사무의 관리·집행권, 소속직원에 대한 지휘·감독권, 규칙제정권, 임시회요구권, 지방의회의결에 대한 재의요구권, 지방의회에 대한 의안 발의권, 선결처분권, 주민투표부의권 등의 권한을 가진다.

지방자치법

제109조(지방자치단체의 장의 선결처분권)

① 지방자치단체의 장은 지방의회가 성립되지 아니한 때(의원이 구속되는 등의 사유로 제64조에 따른 의결정족수에 미달하게 될 때를 말한다)와 지방의회의 의결사항 중 주민의 생명과 재산보호를 위하여 긴급하게 필요한 사항으로서 지방의회를 소집할 시간적 여유가 없거나 지방의회에서 의결이 지체되어 의결되지 아니할 때에는 선결처분을 할 수 있다.

② 제1항에 따른 선결처분은 지체 없이 지방의회에 보고하여 승인을 받아야 한다.

③ 지방의회에서 제2항의 승인을 받지 못하면 그 선결처분은 그때부터 효력을 상실한다.

④ 지방자치단체의 장은 제2항이나 제3항에 관한 사항을 지체 없이 공고하여야 한다.

4. 지방자치단체의 권능

지방자치단체는 주민의 복리에 관한 사무를 처리하고 재산을 관리하며 '법령의 범위 안에서' 자치에 관한 규정을 제정할 수 있다(헌법 제117조 제1항). 그러므로 지방자치단체의 권능을 자치입법권·자치행정권·자치재정권으로 나눌 수 있다.

---

10) "지방자치단체 장의 계속 재임을 3기로 제한한 규정의 입법취지는 장기집권으로 인한 지역발전저해 방지와 유능한 인사의 자치단체장 진출확대로 대별할 수 있는 바, 그 목적의 정당성, 방법의 적절성, 피해의 최소성, 법익의 균형성이 충족되므로 헌법에 위반되지 아니 한다"(헌재 2006. 2. 23. 2005헌마403).

판례 지방자치권은 기본권인가?

"지방자치권은 지방자치단체 자체에 부여된 것으로서 헌법에 의하여 보장된 개인의 주관적 공권으로 볼 수 없고 이로써 그 구성원인 주민에게 달리 어떠한 기본권적인 권리가 보장되는 것으로 볼 수도 없다. 따라서 이로써 진해 시민들은 청구인들 개인의 어떠한 기본권이 침해될 가능성을 인정할 수 없다."[11)]

헌재 2006. 8. 31. 2006헌마266

(1) 자치입법권

1) 조례제정권

① 조례제정권의 근거

헌법은 "지방자치단체는 주민의 복리에 관한 사무를 처리하고 재산을 관리하며, 법령의 범위안에서 자치에 관한 규정을 제정할 수 있다"고 규정하여 자치입법권의 근거를 명시하고 있고(제11조 제1항), 지방자치법은 "지방자치단체는 법령의 범위 안에서 그 사무에 관하여 조례를 제정할 수 있다. 다만, 주민의 권리 제한 또는 의무 부과에 관한 사항이나 벌칙을 정할 때에는 법률의 위임이 있어야 한다"고 규정하여 조례제정권의 근거와 한계를 다시 구체화하고 있다. 조례제정권은 헌법이 직접 보장하는 지방자치권에 바탕을 두고 있으며, 지방자치법은 이를 확인하는 규정이다. 국가의 사무를 제외한 모든 사무는 법률의 수권이나 위임이 없을지라도 법령에 위배되지 아니하는 한 조례로써 규정할 수 있다.

판례 조례에 대한 법률의 위임의 정도

"조례의 제정권자인 지방의회는 선거를 통해서 그 지역적인 민주적 정당성을 지니고 있는 주민의 대표기관이고 헌법이 지방자치단체에 포괄적인 자치권을 보장하고 있는 취지로 볼 때, 조례에 대한 법률의 위임은 법규명령에 대한 법률의 위임과 같이 반드시 구체적으로 범위를 정하여 할 필요가 없으며 포괄적인 것으로 족하다."

헌재 1995. 4. 20. 92헌마264,279(병합)

---

11) 위 사건은 부산 및 진해 지역에 세워진 항만의 명칭을 "신항"으로 정한 항만법 등 관련법령에 의하여 진해시민들인 청구인들의 기본권이 침해될 가능성이 인정되는지가 다투어진 사건으로 헌법재판소는 "항만의 명칭은 단순히 항만 해상구역의 명칭에 불과할 뿐으로 항만 인근 주민들의 권리관계나 법적 지위에 어떠한 영향을 주는 것이 아니다. 구체적으로 진해시의 관할구역에 세워진 이 사건 항만의 명칭을 "신항(영문명칭: Busan New Port)"으로 결정하였다고 하여 진해시에 거주하는 청구인들에 대하여 어떠한 기본권이나 법률상 지위를 변동시키거나 기타 불이익한 영향을 준다고 볼 수 없다"고 하면서 지방자치권은 기본권이 아니라고 하였다.

② 조례제정사항

필요적 조례사항(지방자치법 제39조 제1항) 외에 국가의 전권에 속하지 아니하는 사항에 관하여 조례를 정할 수 있는 사항인 임의적 조례사항이 있다.

③ 조례의 효력

(ⅰ) 지역 안에서만 효력(지역적 효력)을 가지나, 국법질서에 모순될 수 없다(형식적 효력). '법령의 범위 안에서'가 문제되고 있다.

(ⅱ) 구체적 문제점

i) 국회는 지방자치에 관한 그 입법권능을 전부 위임할 수 있는가?

본질적인 사항은 국회 자신이 해야 한다(본질사항유보설).

ii) 주민의 자유와 재산을 침해하거나 제한하는 조례제정은 특별한 법률의 위임을 요한다(지방자치법 제22조 단서). 위임은 법규명령에 대한 위임과는 달리 포괄적인 위임도 가능하다는 것이 헌법재판소의 입장이다.

iii) 조례에 의한 규제가 지역적으로 상이한 것이 평등의 원칙에 어긋나는가?

헌법이 지방자치제를 보장하고 있는 불가피한 결과이다.

④ 조례제정권의 한계

(ⅰ) 사항적 한계-"지방자치단체의 사무 내"

법령에 규정된 지방자치단체의 자치사무를 처리하기 위하여 필요한 경우에는 조례를 제정할 수 있다. 지방자치단체가 조례를 제정할 수 있는 사항은 지방자치단체의 고유사무인 자치사무와 개별 법령에 의하여 자치단체에 위임된 이른바 단체위임사무에 한하고, 국가사무로서 지방자치단체의 장에 위임된 이른바 기관위임사무에 관한 사항은 조례제정의 범위 밖이라고 할 것이다.[12] 그러나 기관위임사무에 있어서도 그에 관한 개별법령에서 일정한 사항을 조례로 정하도록 위임하고 있는 경우에는 위임조례를 정할 수 있다는 것이 대법원 판례이다.[13]

---

12) 대판 1992. 7. 28. 92추31; 대판 1999. 4. 13. 98추40.

13) "지방자치법 제15조, 제9조에 의하면, 지방자치단체가 자치조례를 제정할 수 있는 사항은 지방자치단체의 고유사무인 자치사무와 개별법령에 의하여 지방자치단체에 위임된 단체위임사무에 한하는 것이고, 국가사무가 지방자치단체의 장에게 위임된 기관위임사무는 원칙적으로 자치조례의 제정범위에 속하지 않는다 할 것이고, 다만 기관위임사무에 있어서도 그에 관한 개별법령에서 일정한 사항을 조례로 정하도록 위임하고 있는 경우에는 위임받은 사항에 관하여 개별법령의 취지에 부합하는 범위 내에서 이른바 위임조례를 정할 수 있다"(대판 2000. 5. 30. 99추85).

(ii) 법적 한계–"법령의 범위안"

i) 개 설

'법령의 범위안'이란 대체로 법령에 위반할 수 없다는 점에 대해서는 이론이 있을 수 없다. 그러나 경우에 따라서는 법령의 근거를 필요로 한다는 의미를 포함하느냐에 관해서는 특히 지방자치법 제22조 단서(주민의 권리의무에 관한 사항과 벌칙의 법률유보)의 해석을 둘러싸고 논쟁이 있다. 즉 '법령의 범위안'과 관련하여서는 법령우위의 원칙과 법률유보의 원칙의 문제가 고찰되어야 한다.

ii) 법령우위의 원칙

(ㄱ) 일반론: 조례의 효력은 국가의 법령보다 하위에 있으므로, 국가의 법령에 위배될 수 없다. 여기에서 '법령'이라 함은 법률과 그것을 구체화한 명령(위임명령 · 집행명령), 즉 형식적 의미의 법규명령을 의미한다. 조례는 위와 같은 의미의 법령에 정면으로 저촉할 수 없음은 물론이며, 법령이 정한 이상으로 주민에게 불리한 내용을 담아서는 안 된다고 할 수 있다. 법령우위의 원칙에 위배하는 조례는 무효이다.[14] 국가의 법령이 특정의 구체적 사항에 대하여 이미 규정을 두고 있는 경우에는 조례로써 이에 저촉되는 규정을 둘 수 없다.

(ㄴ) 동일한 사항이지만 법률과 다른 목적으로 규정하는 조례: 법률이 규정하고 있는 사항과 동일한 사항이지만 법률과 다른 목적으로 규정하는 조례는 위법한 것이라 할 수 없다는 견해[15]가 있다. 다만, 주민의 권리제한과 의무부과 및 벌칙에 관한 조례는 지방자치법 제22조 단서규정으로 볼 때 법률의 위임이 없으면 위법이라 할 수 있다.

(ㄷ) 국법의 침묵(법률공백) 분야에서의 조례

㉠ 법률폐지분야 국가의 입장에서 전국에 걸쳐 통일적 규제를 할 필요성이 없어 폐지하였으나, 지역의 특수사정으로 인한 규제까지를 금지하는 취지로 폐지하지 않은 것이라면 다시 조례로 규율할 수 있다는 견해도 있으나, 주민의 권리제한 · 의무부과와 관련되어 있는 영역의 규제는 지방자치법 제22조 단서와 관련하여 조례로 규율할 수 없다고 할 것이다.

㉡ 법률미비분야 어떠한 영역에 법률이 존재하지 아니하거나 규제의사가 아직 성숙되지 아니하여 입법을 하고 있지 않은 상태에서 조례로 규율하는 것이

---

14) 대판 1964. 5. 5. 63다874; 대판 1983. 3. 22. 82누348; 대판 1981. 12. 2. 82누213 참조.
15) 권영성, 헌법학원론(2010년판), 법문사, 2010, 250면.

허용될 수 있는가의 문제이다. 이와 관련하여 "법령에 규정이 없더라도 국가의 전권에 속하지 아니하는 사무에 관하여 일반적으로 재량에 의하여 조례로써 정할 수 있다"는 견해, 조례에 의한 규제를 금지하는 취지가 아니면 조례를 제정하는 것은 가능하다는 견해, 법률이 국가사무로 유보하고 있지 아니한 경우에도 전국에 걸쳐 획일적으로 규율해야 할 사항과 그 영향이 미치는 범위가 전국 또는 국민전체에 걸친다고 생각되는 사항에 관해서는 지방자치단체가 그것을 규제할 권능을 가지지 않는다는 견해 등이 있다. 생각건대 주민의 권리제한이나 의무를 부과하지 아니하는 경우에는 각 지역의 특수성을 고려하여 국가의 입법미비를 이유로 지방자치단체의 자치권에 근거한 조례제정을 막을 수는 없다고 본다. 청주시행정정보공개조례안에 대한 대법원 판결도 같은 입장이라고 할 수 있다.

판례 청주시 행정정보조례안

"정보공개조례안이 국가위임사무가 아닌 자치사무 등에 관한 정보만을 공개대상으로 하고 있다고 풀이되는 이상 반드시 전국적으로 통일된 기준에 따르게 할 것이 아니라 지방자치단체가 각 지역의 특성을 고려하여 자기 고유사무와 관련된 행정정보의 공개사무에 관하여 독자적으로 규율할 수 있다고 보여지므로 구태어 국가의 입법미비를 들어 이러한 지방자치단체의 자주적인 조례제정권의 행사를 가로막을 수는 없다"고 판시하고 있다. 대판 1992. 6. 23. 92추17

(ㄹ) **초과조례**: 법률이 어떤 사항에 대하여 어느 정도까지 규제조치를 두고 있을 경우에 조례로써 동일사항에 대하여 동일한 목적으로 그 법률이상의 엄격한 규제조치를 정할 수 있는가 하는 점이다. 이에 대하여 법률의 기규제대상영역(旣規制對象領域)에 대해서는 법률의 규제대상으로 충분하다는 이론, 즉 조례가 법률의 선점영역을 침해하는 것으로 허용될 수 없다는 선점이론(先占理論)과 법률이 전국적으로 일률적인 기준을 두어 균등한 규제를 실시하고자 하는 취지(最大規制立法)라면 조례로 엄격규제하는 것은 허용되지 않지만, 법률이 최소한의 규제를 정하고 있다는 취지로 해석될 때(最小規制立法)는 지방자치단체가 그 지역의 특수한 사정을 고려할 필요가 있다고 인정할 때에는 이를 허용할 수 있다고 하는 수정선점이론(修正先占理論)이 있다.

자치권을 헌법적 차원에서 보장하고 있는 헌법정신에 입각하여 지방자치에 관한 부분은 '고유의 자치사무영역'으로 보아 국가의 입법정책 여하에 관계없이 지방자치단체에 유보함이 타당하다고 본다. 즉 지방자치고유의 사무에 대해서는 국가의 법률은 최소한의 규제입법으로 보아 고유의 사무에 대해서 법률의 규제가 존재하는 경우에도 지방자치단체가 필요하다고 인정할 때는 조례로써 법률보다 엄격한 규제를 할 수 있다고 본다. 다만 주민의 권리제한과 의무부과에 관한 사항은 지방자치법 제15조 단서 규정에 따라 법률의 위임은 필요하다고 본다. 그러나 공해 및 환경행정의 분야에서 이러한 조례가 일부주민의 권리제한 및 의무부과와 관련이 되더라도 '주민의 건강보호에 필요한 한' 법률의 위임이 없더라도 헌법위반은 아니라고 본다.[16] 판례의 입장은 인정하는 경우와 인정하지 않는 경우로 나뉘고 있다. 인정하는 판례로는 다음의 광주광역시 동구의 '저소득주민생계보호지원조례안'판결이 있고 인정하지 않는 판례로는 수원시의 '자동차차고지확보 등에 관한 조례안'판결이 있다.

판례 초과조례 인정여부

[인정판례]

"생활보호법과 그 목적 및 취지를 같이 하는 것이나, 보호대상자의 선정기준 및 방법, 보호의 내용을 생활보호법의 그것과는 다르게 규정함과 동시에 생활보호법 소정의 자활보호대상자 중에서 사실상 생계유지가 어려운 자에게 생활보호법과는 별도로 생계비를 지원하는 것이라는 점에서 생활보호법과 다른 점이 있고, 이 사건 조례안에 의하여 생활보호법 소정의 자활보호대상자 중 일부에 대하여 생계비를 지원한다고 하여 생활보호법이 의도하는 목적과 효과를 저해할 우려는 없다고 보여 지며, 비록 생활보호법이 자활보호대상자에게는 생계비를 지원하지 아니하도록 규정하고 있다고 할지라도 그 규정에 의한 자활보호대상자에게는 전국에 걸쳐 일률적으로 동일한 내용의 보호만을 실시하여야 한다는 취지로 보이지 아니하고, 각 지방자치단체가 그 지방의 실정에 맞게 별도의 생활보호를 실시하는 것을 용인하는 취지라고 보아야 할 것이므로, 이 사건 조례안의 내용이 생활보호법의 규정과 모순·저촉되는 것이라고 할 수 없다." 대판 1997. 4. 25. 96추244

[부정판례]

"차고지확보 대상을 자가용자동차 중 승차정원 16인 미만의 승합자동차와 적재정량 2.5t 미만의 화물자동차까지로 정하여 자동차운수사업법령이 정한 기준보다 확대하고, 차고지확보 입증서류의 미제출을 자동차등록거부사유로 정하여 자동차관리법령이 정한 자동차등록기준보다 더 높은 수준의 기준을 부과하고 있는 차고지확보제도에 관한 조례안은 비록 그 법률적 위임근거는 있지만 그 내용이 차고지 확보기준

16) 안용규, 한국헌법, 고시연구사, 1989, 247면; 서원우, "조례제정권의 범위와 한계", 고시계, 1993. 3, 192면.

및 자동차등록기준에 관한 상위법령의 제한 범위를 초과하여 무효이다."

대판 1997. 4. 25. 96추251

(ㅁ) 추가조례: 국가의 법령과 동일한 목적으로 규제하는 조례로서 그 규제대상만을 추가하여 적용범위를 확대하여 규율하는 조례를 추가조례라 한다. 일본에서는 '横出し條例'라 부르고 있다. 대체로 초과조례에 대한 입장과 같다고 볼 수 있으나, 급부행정 분야에서는 국가법령에 위반되지 아니하는 한도 안에서 상당한 정도로 허용될 수 있다고 생각한다.

iii) 법률유보의 원칙

(ㄱ) 개 관: 지방자치단체의 조례제정에도 법률유보의 원칙이 적용되는가 하는 문제는 입법권과 구분되는 행정권의 행사에 있어서 국가가 어느 범위에서 입법권의 산물인 법률에 의해 부여된 권한을 가지고 통제를 하는가 하는 측면에서 제기되는 것이다. 따라서 만일 지방자치단체의 조례제정을 행정작용의 하나로 보게 되면, 자치입법권도 행정권과 마찬가지로 유보원칙의 지배하에 있다고 보아야 하므로 조례제정을 따로 분리하여 특별히 논할 필요가 없다. 이에 대하여 조례제정을 행정작용으로 보는 것은 모순이며 조례제정권의 근거는 직접 헌법에서 유래하는 것이고 그것은 법률과 병행하는 중요한 법원이 되고 있다는 이른바 준법률설이 강력히 대두되고 있다. 그러나 조례제정을 행정작용의 일종으로 보든 아니면 준법률적 성격으로 보든 간에 명령에 대한 위임과는 달리 조례에 대해서는 법률에 의한 개괄적 위임이 허용된다고 보는 것이 일반적이다.

(ㄴ) 헌법과 관련한 한계문제

㉠ 조례와 주민의 권리의무에 관한 사항(지방자치법 제22조 단서의 해석문제)

지방자치법은 제22조 본문에서 지방자치단체가 법령의 범위 안에서 그 사무에 관한 조례를 제정할 수 있도록 하고 있으나, 단서에서는 주민의 권리제한 또는 의무부과에 관한 사항이나 벌칙을 정할 때에는 법률의 위임이 있어야 한다고 규정하고 있다. 이러한 제22조의 단서조항의 해석과 관련하여 견해가 갈리고 있다(종전에는 지방자치법 제15조).

a. 위헌론 조례로 주민의 권리제한 또는 의무부과에 관한 사항이나 벌칙을 정할 때에는 법률의 위임이 있어야 한다는 것은 헌법 제117조 제1항의 '법령의 범위 안에서'를 '법령의 위임에 의하여'로 해석할 때에만 가능한 것인데, 양자는 다르다는 것을 지적하면서 헌법규정의 표현인 '법령의 범위 안에서'가 하위법인 지방자치법에서는 '법령의 위임 하에서'로 표현되고 있는 것은 헌법의 취지를 제약하는

것이며, 만일 그 대상이 고유사무인 경우에도 이를 그대로 적용한다면 조례제정권이 침해되는 것으로 해석되어 위헌의 문제가 있다고 하고 있다.[17] 이와 관련하여 조례의 준법률성(準法律性)을 강조하는 입장에서는 자치사무에 관한 한 지방자치단체는 개별적 수권 없이 주민의 권리제한, 의무부과가 가능함을 이유로 동조 단서조항의 위헌성을 주장함이 일반적이다. 그러나 조례제정을 행정작용의 일종으로 보는 입장에서도 동 단서조항에 대해 위헌의 우려를 표시할 수도 있다. 즉 주민의 권리의무에 관한 사항을 개별적인 법률의 위임이 있는 경우에 한하여 조례로써 정할 수 있게 함은, 헌법이 지방자치단체에 대하여 포괄적인 자치권을 부여한 취지(권한의 일반성 및 자기책임의 원칙)에 반하는 감이 없지 않다고 하고 있다.[18] 한편 지방자치단체의 조례는 자치사무에 관한 한 법률과 동등한 효력을 지닐 수 있기 때문에 위헌이라는 견해도 있다.[19]

b. 합헌론 헌법 제117조 제1항은 지방자치의 제도보장으로서 그 본질적 내용인 자치입법권의 보장을 규정한 것으로 보아야 한다고 한다. 그러나 헌법규정상의 표현인 '법령의 범위안'이란 법령에 반할 수 없다는 의미와 경우에 따라서는 법령의 근거를 필요로 한다는 의미도 갖는다고 하면서 지역주민의 기본권제한의 경우에는 지방자치법 제22조 단서의 표현대로 법률유보에 의해 법령의 근거나 위임을 필요로 한다는 취지로 해석하고 있다. 즉 기본권제한의 원리 역시 어떠한 경우에도 국법상 포기될 수 없는 헌법상의 최상위의 명령이라고 보아야 하기 때문에, 이러한 명령은 지방자치단체의 자치권을 포함하여 국가의 어떠한 작용영역에서도 적용되어야 함은 당연하다고 한다.[20]

c. 소 결 생각건대 헌법상 기본권제한의 원리는 지방자치입법에도 적용되어야 한다는 관점에서 합헌설이 타당하다고 본다. 다만, 중앙정부의 권한이 대폭 지방자치단체에게 이양되고 지방자치단체의 사무가 자치사무로 되는 상황 하에서는 장차 이 규정은 삭제되어야 한다고 본다.

㉡ 죄형법정주의와 조례 조례로 벌칙을 정함에 있어서는 법률에 위임이 있

17) 박윤흔, "법령과 조례와의 관계", 고시계, 1992. 11, 41−44면.

18) 김남진, "조례와 법률유보원칙과의 관계", 고시연구, 1993. 5, 161면. 김교수는 입법론적으로는 주민의 권리제한에 관한 사항만 법률유보조항으로 정함이 바람직하다고 하고 있다.

19) 석종현, "지방의회의 지위와 권한", 현대법의 이론과 실제(김철수교수화갑기념논문집), 박영사, 1993, 606면.

20) 홍정선, "조례와 침해유보−지방자치법 제15조 단서의 합헌론", 고시계, 1993. 4, 108면 이하 참조. 한편 침해조례인 때에는 법률유보가 적용되기 때문에 지방자치법 제15조 단서(현 제22조 단서)는 당연한 규정이라고 보는 견해도 있다(이기우, 지방자치행정법, 법문사, 1991, 227면).

어야 한다(지방자치법 제22조 단서). 개정된 지방자치법은 조례의 실효성을 보장하기 위한 규정으로 "지방자치단체는 조례로써 조례위반행위에 대하여 1천만 원이하의 과태료를 정할 수 있다"고 규정하고 있다(제27조 1항, 종전에는 20조 제1항). 1994. 3. 16. 개정 전의 지방자치법은 "시 · 도는 당해 지방자치단체의 조례로써 3월 이하의 징역 또는 금고, 10만 원이하의 벌금, 과료 또는 50만 원이하의 과태료의 벌칙을 정할 수 있다"(제20조)고 규정하고 있었는데, 이 조항은 기초자치단체(시, 군, 자치구)의 경우에는 조례에 의해 이러한 벌칙을 정할 수 없도록 하고 있는 것이 문제되었고, 또한 본 조는 주로 벌칙의 한도만을 규정하고 있는바, 어떠한 행위에 대해서 이러한 벌칙이 적용되는지 그 구성요건의 문제는 법률의 위임 없이도 가능한 것인가 하는 것이 문제되었다.

결국 개정된 지방자치법 제27조(종전 제20조)는 기초자치단체나 광역자치단체를 구분하지 않고 과태료를 부과할 수 있도록 했고, 형벌로서의 징역, 금고, 벌금, 과료 등은 부과할 수 없고 과태료만을 부과할 수 있도록 함으로써 죄형법정주의에 위배된다는 논쟁은 일단 진정되었다고 볼 수 있다. 그러나 개정된 지방자치법이 형벌규정을 삭제하고 과태료부과의 근거와 한도를 정한 것은 자치권의 실효성확보라는 차원에서 보면 문제가 있다는 비판[21]과 과태료가 1천만 원까지로 인상된 것은 지나치다는 비판도 제기되는 등 현행법상 벌칙에 관한 조례의 제정범위에 관해서는 아직도 문제를 안고 있다.

판례 죄형법정주의와 처벌법규의 위임

"죄형법정주의(罪刑法定主義)와 위임입법의 한계의 요청 상 처벌법규를 위임하기 위하여는 첫째, 특히 긴급한 필요가 있거나 미리 법률로써 자세히 정할 수 없는 부득이한 사정이 있는 경우에 한정되어야 하며, 둘째, 이러한 경우일지라도 법률에서 범죄의 구성요건은 처벌대상행위가 어떠한 것일 것이라고 이를 예측할 수 있을 정도로 구체적으로 정하여야 하며, 셋째, 형벌의 종류 및 그 상한과 폭을 명백히 규정하여야 한다."

헌재 1995. 10. 26. 93헌바62

(ㄷ) 기타 헌법과 관련한 한계문제

㉠ 재산권법정주의와 조례　헌법 제23조는 "모든 국민의 재산권은 보장된다. 그 내용과 한계는 법률로 정한다"고 규정하고 있는바, 종래 재산권의 내용과 한계는 법률의 전속사항이라 하여 조례로써는 규제할 수 없다는 견해가 유력하였

---

21) 김원주, "지방자치단체의 자치입법제정권", 공법연구 제18집, 1990, 107면. 김교수는 자치입법권은 헌법 제40조(입법권)의 예외로서 직접 헌법 제117조 제1항에 의해서 보장되고 있는 것이며, 실효성을 담보하는 최소한도의 형벌은 내재적으로 인정된다고 한다.

다. 즉 재산권의 제한은 국회가 입법절차에 따라 제정한 형식적 의미의 법률에 의해서만 가능하고, 행정명령 또는 조례에 의한 재산권의 제한은 허용되지 않는다는 것이 그것이다. 그러나 조례가 주민의 직선에 의한 의회입법으로서 준법률적 성질이 있고 또한 재산권은 공공의 복지에 의한 사회적 제약을 받는 한편, 재산권이 강한 경제적 자유라는 점에서 조례에 의한 재산권의 규제와 보장을 인정할 수 있다는 견해도 있다.[22] 또한 자연보호조례 등을 통하여 건전하고 쾌적한 지역사회의 형성을 위하여 주민의 재산권의 행사까지도 조례로써 규제할 수 있을 것이라는 견해[23]와 원칙적으로는 조례로 제약할 수 없다는 설이 타당하지만, 지방자치단체의 특수한 자연적 · 사회적 사정에 의해 재산권의 행사 방법이나 태양을 최소한도로 규제하고 조정하는 것은 행정상의 손실보상을 전제로 하여 가능하다는 견해[24] 등이 있다.

생각건대 재산권의 내용과 한계는 전국적으로 획일적으로 정하는 것이 공공복리를 위해서나 국가전체질서의 관점에서도 바람직하다. 그러나 조례로 법률에 저촉되는 재산권의 내용과 한계는 규정할 수 없지만, 법률에 규정이 없는 사항이나 법률에 저촉되지 않는 범위에서 지방자치단체의 특수한 사정을 감안하여 재산권의 행사방법이나 태양을 (손실보상을 전제로) 최소한도로 규제하는 것은 가능하다고 본다.

㉡ 조세법률주의와 조례 헌법 제59조는 "조세의 종목과 세율은 법률로 정한다"고 규정하고 있다. 한편 지방세법 제3조는 "지방자치단체는 지방세의 세목, 과세객체, 과세표준, 세율 기타 과세징수에 필요한 사항을 정함에 있어서는 조례로 하여야 한다"라고 규정하고 있다. 이 점과 관련하여 조례로 정하도록 한 것이 조세법률주의를 규정한 헌법 제59조에 위반되는 것이 아닌가 하는 의문이 들 수도 있다. 지방세의 기준세율은 지방세법에 규정되어 있고 다만 그 세율의 범위 내에서 지방자치단체의 조례로서 구체적인 세율을 결정하도록 하였으므로 헌법이 요구하는 조세법률주의에 반하지 않는다고 보는 견해, 지방자치단체는 그 자치권의 내용으로 재정권을 가지고 있으며 헌법 제59조의 법률에는 조례도 포함하고 있으므로, 지방세법은 지방자치단체의 자치권에 내재하는 재정권의 발동을 조정 · 규율하는 것에 불과하다는 견해, 조세법률주의는 국세에 관한 것이고 지방세에 대하여는 조세조례주의가 예정하는 바로서 지방세법의 성질은 각지방자치단체가 조례를 제

22) 구병삭, 신헌법원론, 박영사, 1996, 1013－1018면. 일본에서의 다수설이며 판례의 입장이라고 한다.
23) 서원우, 앞의 논문, 184면.
24) 김원주, 앞의 논문, 108면.

정하는 데 필요한 통일적 표준법이라는 견해 등은 모두 헌법위반은 아니라고 한다.

생각건대 지방자치단체가 그의 재정을 전적으로 조세법률주의에 의해 마련된 국가의 재정에 의존한다는 것은 헌법이 보장한 지방자치단체의 자치권을 무의미하게 할 뿐만 아니라 재정자립도를 어렵게 할 염려가 있다는 점에서 지방자치단체가 조례로써 지방세의 부과와 징수에 관한 필요한 세부사항을 정하는 것은 조세입법권의 침해가 아니라 지방자치단체의 자치권에 속하는 자율과세권의 행사라고 볼 것이다.[25)]

⑤ 조례제정권의 사법적 통제

(i) 기관소송

지방자치법

제107조(지방의회의 의결에 대한 재의요구와 제소) ① 지방자치단체의 장은 지방의회의 의결이 월권이거나 법령에 위반되거나 공익을 현저히 해친다고 인정되면 그 의결사항을 이송받은 날부터 20일 이내에 이유를 붙여 재의를 요구할 수 있다.

② 제1항의 요구에 대하여 재의한 결과 재적의원 과반수의 출석과 출석의원 3분의 2 이상의 찬성으로 전과 같은 의결을 하면 그 의결사항은 확정된다.

③ 지방자치단체의 장은 제2항에 따라 재의결된 사항이 법령에 위반된다고 인정되면 대법원에 소(訴)를 제기할 수 있다. 이 경우에는 제172조제3항을 준용한다.

제172조(지방의회 의결의 재의와 제소) ① 지방의회의 의결이 법령에 위반되거나 공익을 현저히 해친다고 판단되면 시·도에 대하여는 주무부장관이, 시·군 및 자치구에 대하여는 시·도지사가 재의를 요구하게 할 수 있고, 재의요구를 받은 지방자치단체의 장은 의결사항을 이송받은 날부터 20일 이내에 지방의회에 이유를 붙여 재의를 요구하여야 한다.

② 제1항의 요구에 대하여 재의의 결과 재적의원 과반수의 출석과 출석의원 3분의 2 이상의 찬성으로 전과 같은 의결을 하면 그 의결사항은 확정된다.

③ 지방자치단체의 장은 제2항에 따라 재의결된 사항이 법령에 위반된다고 판단되면 재의결된 날부터 20일 이내에 대법원에 소를 제기할 수 있다. 이 경우 필요하다고 인정되면 그 의결의 집행을 정지하게 하는 집행정지결정을 신청할 수 있다.

④ 주무부장관이나 시·도지사는 재의결된 사항이 법령에 위반된다고 판단됨에도 불구하고 해당 지방자치단체의 장이 소(訴)를 제기하지 아니하면 그 지방자치단체의 장에게 제소를 지시하거나 직접 제소 및 집행정지결정을 신청할 수 있다.

⑤ 제4항에 따른 제소의 지시는 제3항의 기간이 지난 날부터 7일 이내에 하고,

---

25) 김성호, "지방의회의 입법권에 관한 고찰(2. 완)", 지방자치 통권 제13호, 1994, 89면.

> 해당 지방자치단체의 장은 제소지시를 받은 날부터 7일 이내에 제소하여야 한다.
> ⑥ 주무부장관이나 시·도지사는 제5항의 기간이 지난 날부터 7일 이내에 직접 제소할 수 있다.
> ⑦ 제1항에 따라 지방의회의 의결이 법령에 위반된다고 판단되어 주무부장관이나 시·도지사로부터 재의요구지시를 받은 지방자치단체의 장이 재의를 요구하지 아니하는 경우(법령에 위반되는 지방의회의 의결사항이 조례안인 경우로서 재의요구지시를 받기 전에 그 조례안을 공포한 경우를 포함한다)에는 주무부장관이나 시·도지사는 제1항에 따른 기간이 지난 날부터 7일 이내에 대법원에 직접 제소 및 집행정지결정을 신청할 수 있다.
> ⑧ 제1항에 따른 지방의회의 의결이나 제2항에 따라 재의결된 사항이 둘 이상의 부처와 관련되거나 주무부장관이 불분명하면 행정안전부장관이 재의요구 또는 제소를 지시하거나 직접 제소 및 집행정지결정을 신청할 수 있다.

대법원의 심판대상은 '재의결된 사항인 조례안'이 아니라, 지방의회의 '재의결' 자체가 되고 대법원은 판결주문에서 "재의결은 효력이 없다"고 신고한다. 다만 판결이유에서는 "조례안이 법령에 위반된다"고 한다. 대법원의 위법결정은 당해 조례를 무효로 만든다.

(ii) 법원의 위헌·위법심사에 의한 조례에 대한 간접적 통제

위법한 조례에 근거하여 발해진 행정처분에 의하여 권리침해를 받은 자가 그 처분에 대해 항고소송을 제기할 경우, 법원은 헌법 제107조 제2항의 명령·규칙에 대한 위헌·위법심사권에 의거하여 해당조례의 위헌·위법 여부를 심사할 수 있다. 이 때 법원은 조례를 무효화할 수는 없고 당해 사건에의 적용을 배제하는 데 그친다(개별적 효력).

(iii) 조례를 직접 대상으로 한 항고소송의 인정 여부

조례 자체를 처분으로 볼 수 있는 경우(집행행위를 매개하지 않는 경우)에는 조례를 항고소송의 대상으로 삼을 수 있다. 이 때 피고는 지방의회가 아니라 지방자치단체장이 된다.[26] 시·도의 교육에 관한 조례의 경우는 시·도 교육감이 피고가 된다.

두밀분교폐교사건에서 대법원은 두밀분교를 폐지하기로 한 조례의 무효확인을 구하는 원고들의 예비적 청구의 적법성을 인정하면서, "공립초등학교 분교의 폐지

---

26) 대판 1996. 9. 20. 95누8003. 지방자치단체의 의사를 외부에 표시할 권한이 없는 지방의회가 아니라 조례로서의 효력을 발생시키는 공포권이 있는 지방자치단체의 장이라고 한다.

는 지방의회가 이를 폐지하는 내용의 개정조례를 의결하고 교육감이 이를 공포하여 효력이 발생함으로써 완결되고, 그 조례 공포 후 교육감이 하는 분교장의 폐쇄, 직원에 대한 인사이동 및 급식학교의 변경 지정 등 일련의 행위는 분교의 폐지에 따르는 사후적인 사무처리에 불과하므로 이를 독립하여 항고소송이 되는 행정처분으로서의 폐교처분이라 할 수 없다. …… 경기도 의회의 두밀분교통폐합에 관한 조례는 재량권의 범위를 일탈한 것이라거나 분교학생들의 공교육을 받을 권리 또는 의무교육을 받을 권리를 침해한 것이라 볼 수 없다"고 판시한 바 있다.[27)]

(ⅳ) 헌법소원

조례제정행위도 공권력작용에 해당되므로 헌법재판소법 제68조 제1항에 의한 헌법소원이 가능하다. 즉, 조례에 의해 기본권이 직접, 현재 침해당한 경우에는 헌법소원이 가능하다. 헌법재판소의 위헌결정은 당해 조례 자체를 무효로 한다. 재판의 전제성은 필요없다.

2) 규칙제정권

지방자치단체의 장은 법령 또는 조례가 위임한 범위 안에서 그 권한에 속하는 사무에 관하여 규칙을 제정할 수 있다(지방자치법 제23조).

(2) 자치행정권

자치단체는 주민의 복리에 관한 사무를 처리하며 주민의 편의와 복리증진을 위하여 노력하여야 한다. 지방자치법 제9조 제1항은 "지방자치단체는 관할구역의 자치사무와 법령에 따라 지방자치단체에 속하는 사무를 처리한다"고 규정하고 있다. 전자는 자치사무이며 후자는 단체위임사무이다. 그 밖에 국가 등이 지방자치단체의 장에게 위임한 기관위임사무가 있다. 기관위임사무는 성질상 국가의 사무이며, 기관위임사무를 처리하는 자치단체의 장은 위임행정주체의 기관의 지위에 있게 되고 그 처리의 효과는 위임행정주체에 귀속된다.

1) 자치사무처리권

자치단체는 관할구역의 자치사무를 처리한다. 자치사무는 자치단체의 존립목적이 되는 사무이며, 지방자치단체가 자신의 의사와 책임 하에 처리한다. 주민의 복리증진에 관한 사무가 자치사무의 핵심이다. 자치사무에 대한 국가적 감독은 소극

---

27) 대판 1996. 9. 20. 95누7994.

적인 합법성감독만 허용된다.

2) **단체위임사무처리권**

단체위임사무란 법령에 의하여 국가나 상급단체로부터 단체에 위임된 사무를 말한다. 단체위임사무에 대한 국가의 감독은 소극적인 합법성 감독 외에 합목적성의 감독도 허용된다. 사무처리를 위한 소요경비는 위임한 행정주체가 부담한다. 단체위임사무는 업무 자체가 자치단체로 이관된 것이어서 사무처리의 효과는 자치단체에 귀속된다. 단체위임사무의 예로는 시·군의 국세징수사무, 국유하천의 점용료 징수사무, 예방접종사무, 보건소 운영, 농촌지도소 운영, 생활보호사무 등을 들 수 있다.

3) **기관위임사무처리권**

전국적으로 이해관계가 있는 사무로서 국가 또는 도 등 광역자치단체로부터 지방자치단체의 집행기관에 위임된 사무이다. 사무를 위임받은 집행기관은 국가의 하급행정기관으로서의 지위를 가진다. 소요경비는 전액 위임행정주체가 부담한다. 기관위임사무의 예로는 가족관계등록·주민등록·병사, 대통령 및 국회의원선거, 경찰, 지적 등을 들 수 있다. 자치단체는 지방자치단체의 사무가 아닌 기관위임사무에 관하여 권한쟁의를 청구할 수 없다.

(3) 자치재정권

자치단체가 지방재정에 대하여 갖는 고유한 자치권을 자치재정권(재정고권)이라고 한다. 지방재정이란 자치단체의 수입·지출활동과 자치단체의 자산과 부채를 관리·처분하는 모든 활동을 말한다(지방재정법 제2조). 자치단체는 재산을 관리하며 재산을 형성하고 유지할 권한을 가진다. 이를 위하여 수익을 위한 기본재산 유지, 공기업 경영, 특별기본재산 적립, 주민에게 조세부과, 공공시설을 설치하여 사용료 등을 징수한다.

Ⅳ. 주민의 권리와 의무

1. 주민의 권리

(1) 선거권과 피선거권

국민인 주민(18세 이상)은 법령으로 정하는 바에 따라 그 지방자치단체에서 실시하는 지방의회의원과 지방자치단체의 장의 선거에 참여할 권리를 가진다(지방자치법 제17조 제3항). 선거일 현재 계속하여 60일 이상(공무로 외국에 파견되어 선거일 전 60일 후에 귀국한 자는 선거인명부작성기준일부터 계속하여 선거일까지) 해당 지방자치단체의 관할구역에 주민등록이 되어 있는 주민으로서 18세 이상의 국민은 그 지방의회의원 및 지방자치단체의 장의 피선거권이 있다(공직선거법 제16조 제3항).

판례 피선거권 관련

1. "…… 농업협동조합・수산업협동조합・축산업협동조합・산림조합・엽연초생산협동조합・인삼협동조합의 조합장에 대한 부분은 국민의 참정권을 제한함에 있어서 합리성 없는 차별대우의 입법이라 할 것이므로 헌법에 위반 된다."
   * 이들 조합장들에게 지방의회의원입후보 제한 및 겸직금지를 규정한 지방의회의원선거법과 지방자치법의 규정의 위헌성이 다투어진 사건이다.

   헌재 1990. 3. 11. 90헌마28

2. "…… 이 사건 법률조항 부분은 주민등록만을 요건으로 주민투표권의 행사 여부가 결정되도록 함으로써 '주민등록을 할 수 없는 국내거주 재외국민'을 '주민등록이 된 국민인 주민'에 비해 차별하고 있고, 더 나아가 '주민투표권이 인정되는 외국인'과 '주민투표권이 인정될 여지가 있는 외국국적동포'와의 관계에서도 차별을 행하고 있는바, 그와 같은 차별에 아무런 합리적 근거도 인정될 수 없으므로 국내거주 재외국민인 이 사건 청구인들의 헌법상 기본권인 평등권을 침해하는 것으로 위헌이다."
   * 주민투표법 제5조 헌법불합치사건(2008. 12. 31.)

   헌재 2007. 6. 28. 2004헌마643

(2) 공공시설이용권

주민은 법령으로 정하는 바에 따라 소속 지방자치단체의 재산과 공공시설을 이용할 권리와 그 지방자치단체로부터 균등하게 행정의 혜택을 받을 권리를 가진다(지방자치법 제17조 제2항).

(3) 조례의 제정・개폐청구권

주민은 지방자치단체의 조례를 제정하거나 개정하거나 폐지할 것을 청구할 수 있다. 조례의 제정・개정 또는 폐지청구의 청구권자・청구대상・청구요건 및 절차 등에 관한 사항은 따로 정한다(지방자치법 제19조 제1항, 제2항).

18세 이상의 주민은 특별시 및 인구 800만 이상의 광역시・도 청구권자 총수의 200분의 1, 인구 800만 미만의 광역시 · 도, 특별자치시, 특별자치도 및 인구 100만 이상의 시 청구권자 총수의 150분의 1, 인구 50만 이상 100만 미만의 시 · 군 및 자치구 청구권자 총수의 100분의 1, 인구 10만 이상 50만 미만의 시 · 군 및 자치구 청구권자 총수의 70분의 1, 인구 5만 이상 10만 미만의 시 · 군 및 자치구 청구권자 총수의 50분의 1, 인구 5만 미만의 시 · 군 및 자치구 청구권자 총수의 20분의 1의 범위 안에서 당해 지방자치단체의 조례로써 정하는 청구권자 이상이 연대 서명하여야 한다(주민조례발안에 관한 법률 제5조 제1항).[28]

지방의회는 주민청구조례안이 수리된 날부터 1년 이내에 주민청구조례안을 의결하여야 한다. 다만, 필요한 경우에는 본회의 의결로 1년 이내의 범위에서 한 차례만 그 기간을 연장할 수 있다(주민조례발안에 관한 법률 제13조 제1항).

(4) 감사청구권

주민감사를 청구하기 위해서는 당해 지방자치단체의 조례가 정하는 18세 이상의 주민은 (시 · 도는 300명, 인구 50만 이상의 대도시는 200명, 그 밖의 시 · 군 및 자치구는 150명 이내에서 그 지방자치단체의 조례로 정하는 수 이상의 18세 주민이 연대 서명하여) 시 · 도에 있어서는 주무부장관에게, 시 · 군 · 구에서는 시 · 도지사에게 당해 지방자치단체와 그 장의 권한에 속하는 사무의 처리가 법령에 위반되거나 공익을 현저히 해한다고 인정되는 경우에는 감사를 청구할 수 있다(지방자치법 제21조 제1항).

(5) 주민소송권

지방자치단체가 법을 어겨 재무 · 회계행위를 할 경우 주민은 감사를 청구한 뒤 해당 자치단체장을 상대로 주민소송을 제기할 수 있다(지방자치법 제22조).

(6) 주민투표권

지방자치단체의 장은 주민에게 과도한 부담을 주거나 중대한 영향을 미치는 지방자치단체의 주요 결정사항 등에 대하여 주민투표에 부칠 수 있다. 주민투표의 대상 · 발의자 · 발의요건, 그 밖에 투표절차 등에 관한 사항은 따로 법률로 정한다(지방자치법 제18조).

---

28) 1. 법령을 위반하는 사항, 2. 지방세 · 사용료 · 수수료 · 부담금의 부과 · 징수 또는 감면에 관한 사항, 3. 행정기구를 설치하거나 변경하는 것에 관한 사항이나 공공시설의 설치를 반대하는 사항은 청구대상에서 제외한다(주민조례발안에 관한 법률 제4조).

판례

- "지방자치단체의 폐치는 국회의 입법에 의해 이루어지므로 앞으로 기초지방자치단체인 청구인들 시, 군이 필연적으로 폐치됨을 전제로 자치권한 침해를 다투는 청구는 아직 존재하지 않고, 입법자가 아닌 피청구인들에 의해 이루어질 수도 없는 행위를 대상으로 하므로 부적법하다." 헌재 2005. 12. 22. 2005헌라5

- "…… 지방자치법 제13조의 2와 이에 근거한 주민투표법이 정하는 주민투표권은 그 성질상, 선거권, 공무담임권, 국민투표권과는 다른 것이어서 이를 법률이 보장하는 참정권이라고 할 수 있을지언정 헌법이 보장하는 참정권이라고 할 수는 없다." 헌재 2005. 10. 4. 2005헌바848

(7) 주민소환권

1) 취 지

임기 중인 선출직 공직자를 유권자들의 투표에 의해 해임할 수 있는 제도로, 지방자치단체의 인사권을 주민이 가지는 제도이다. 일반적으로 주민소환은 선거에 의해 선출된 공직자에 대해 일정 수 이상의 유권자가 서명하여 해임을 청구하면 주민투표를 거쳐 해임시킬 수 있다. 이러한 면에서 주민소환제는 선출직 지방 공직자의 부패를 견제하는 강력한 제도적 장치라고 볼 수 있다. 지방자치법은 주민은 그 지방자치단체의 장 및 지방의회의원(비례대표지방의회의원은 제외)을 소환할 권리를 가진다고 규정하고 투표 청구권자 · 청구요건 · 절차 및 효력 등에 관한 사항은 따로 법률로 정하도록 하고 있다(제25조). 이렇게 하여 만들어진 법이 주민소환에 관한 법률(주민소환법)이다.

2) 주요내용

우리나라는 2006년 5월 주민소환 관련법이 국회를 통과하여 2007년 7월부터 시행되었다. 주민소환법에 따르면 특별시장 · 광역시장 · 도지사는 당해 지방자치단체의 주민소환투표청구권자[29] 총수의 100분의 10 이상, 시장 · 군수 · 자치구의 구청장은 당해 지방자치단체의 주민소환투표청구권자 총수의 100분의 15 이상, 지역선거 시 · 도의회의원 및 지역선거구 자치구 · 시 · 군의회의원은 당해 지방의회의원의 선거구 안의 주민소환투표청구권자 총수의 100분의 20 이상의 주민의 서명으로 주민투표가 가능하고 소환 대상자는 유권자(주민소환투표권자) 3분의 1 이상

29) 주민소환투표청구권자는 전년도 12월 31일 현재 주민등록표 및 외국인등록표에 등록된 19세 이상의 주민과 외국인이다(주민소환법 제3조 제1항, 제7조 제1항).

투표, 과반의 찬성이 나오면 해임되도록 규정하고 있다(주민소환법 제22조 제1항). 그러나 법의 남용으로 인한 혼란을 막기 위해 취임 뒤 1년 이내, 남은 임기 1년 이내, 그리고 같은 사람은 1년 이내에 다시 소환청구를 할 수 없도록 되어 있다(동법 제8조).

주민소환투표대상자는 주민소환투표안을 공고한 때부터 주민소환투표결과를 공표할 때까지 그 권한행사가 정지되며, 부단체장이 그 권한을 대행한다(동법 제21조).

주민소환투표사무의 관리는 장 및 의원선거를 담당하는 선거관리위원회가 관리한다(동법 제2조).

주민소환투표의 효력에 이의가 있는 해당 주민소환투표대상자 또는 주민소환투표권자(주민소환투표권자 총수의 100분의 1 이상의 서명을 받아)는 결과 공표된 날로부터 14일 이내에 관할 선거관리위원회위원장을 피소청인으로 하여 소청을 제기할 수 있고 소청의 결과에 불복이 있는 경우에는 그 결정서를 받은 날로부터 10일 이내에 소를 제기할 수 있다(동법 제24조).

기타 주민소환투표의 운동방법에 대해서도 규정하고 있다(동법 제19조).

2. 주민의 의무

주민은 법령이 정하는 바에 의하여 그 소속 지방자치단체의 비용을 분담하고 명예직 수락의무를 진다(동법 제14조).

제6장 기타의 제도보장

제1절 군사제도

Ⅰ. 헌법상 군사조항(군사헌법)

군사에 관한 헌법조항을 통칭하여 군사헌법이라 한다. 우리 헌법은 국군의 사명과 정치적 중립성(제5조 제2항), 국군통수권과 국군의 조직과 편성의 법정주의(제74조), 군사에 관한 부서제도(제82조), 문민통제의 원칙(제87조 제4항), 군대의 파견·외국군대의 주류에 대한 국회동의권(제60조 제2항), 군사에 관한 중요사항의 국무회의 심의사항(제89조 제6호) 규정 등을 두고 있다.

Ⅱ. 군의 개념과 범위 및 국군의 헌법상 지위

1. 군의 개념과 범위

헌법은 국군, 군인 등의 표현을 사용하고 있지만, 국군은 대한민국의 군을 말한다. 군의 개념은 다의적이며, 그 성격·내용·범위 등이 헌법조항이나 법률조항에 따라 동일하지 않다

최협의로 파악하면 사회적 세력으로 정착한 고급장교단으로서 군부엘리트 집단을 지칭하며, 협의로는 직업군인집단을 지칭한다. 광의로는 군대(army), 즉, 무력집단으로서의 육·해·공의 3군을 지칭한다. 최광의로는 3군은 물론이고 군사력과 관계가 있는 그 밖의 예비군과 민방위대 등도 포함한다.[1]

국군조직법은 군의 구성원인 군인은 "전시와 평시를 막론하고 군에 복무하는

1) 권영성, 헌법학원론(2010년판), 법문사, 2010, 258면.

자"라고 정의하고 있다(제4조 제1항). 국군에는 군인 외에 군무원(문관)도 있다. 군인과 군무원을 합쳐 군공무원이라고 한다.

2. 국군의 헌법상 지위

군인은 공무원으로서 국민 전체에 대한 봉사자로서의 지위를 가지며(제7조 제1항), 국가안전보장과 국토방위의무의 수행자로서의 지위를 가진다(제5조 제2항, 제39조). 그리고 특히 정치적 중립성이 요구된다(제7조 제2항, 제5조 제2항).

Ⅲ. 군사에 관한 헌법상 원칙

1. 국가 및 헌법수호의 원칙

국군은 국가안보와 국방의 제1차적 의무수행의 주체이다. 헌법은 "국군은 국가의 안전보장과 국토방위의 신성한 의무를 수행함을 사명으로 하며, 그 정치적 중립성은 준수된다"고 규정하여(제5조 제2항) 국군의 사명과 정치적 중립성을 보장하고 있다.

2. 국민군의 원칙

군은 주권자인 국민의 병역의무와 납세의무를 이행함으로써 조직되고 유지되는 기구이다. 우리 헌법은 "모든 국민은 법률이 정하는 바에 의하여 국방의 의무를 진다"고 규정하여(제35조) 국민개병주의를 채택하고 있다.

3. 평화지향의 원칙

"대한민국은 국제평화의 유지에 노력하고 침략적 전쟁을 부인한다"고 규정하여(제5조 제1항), 국제평화주의의 핵심인 침략전쟁을 부인하고 있다. 또한 국제협조주의 관점에서 국군의 해외파병, 외국군의 국내주류를 인정하고 있다(제60조 제2항).

4. 문민우위의 원칙

문민우위(civilian supremacy) 또는 문민통제(civilian control)의 원칙이라 함은 군사에 관한 최고결정권자는 군인이 아니라 문민(민간정치인)이어야 하고, 군은 문민에 의한 국가정책결정에 복종할 뿐 아니라 군사에 관한 사항도 문민에 의하여 통제되어야 하는 원칙을 말한다.

헌법은 현역군인의 국무총리 · 국무위원의 겸직을 금지하고, 국군통수권행사에 관하여 국회의 동의권을 규정하여 의회통제를 강화하고 있으며, 군사에 관한 중요사항의 국무회의 심의 및 군사에 관한 행위에 국무총리와 관계국무위원의 부서제도를 통하여 이 원칙을 구현하고 있다. 문민통제의 원칙은 간접적으로 비군사적·민간적 영역의 군사화 방지를 의미한다.

5. 정치적 중립의 원칙

군은 무력보유기구이기 때문에 정치적 중립성을 가져야 한다. 따라서 군의 전문직업주의를 극대화하고, 정치권에서도 군을 동원하거나 이용해서는 안 된다.

6. 민주군정의 원칙

군사에 관한 결정과 집행도 법치국가원리의 틀 속에서 이루어져야 한다. 헌법은 국군통수권의 행사에 대한 국회의 동의권, 군정작용의 국정감사·조사대상, 국방예산에 대한 국회의 심의·확정 등을 통하여 이를 구현하고 있다.

7. 병정통합의 원칙

군정은 양병작용으로 국군을 편성·조직하고 병력을 취득·관리하는 작용이며, 군령은 용병작용으로 군을 현실적으로 지휘·명령·통솔하는 작용이다. 병정통합주의(군정·군령 일원주의)는 군정과 군령을 모두 일반행정기관이 관장하게 함으로써 정부에 의한 군의 통제를 가능하게 하는 제도로 오늘날 민주국가의 군사원칙이다. 병정분리주의(군정·군령 이원주의)는 군령을 담당하는 군령기관과 군정을 담당하는 군정기관을 분리시키는 제도로 용병작전에는 신속한 면이 있지만, 결과적으로 군의 정치화를 초래하여 군국주의로 흐를 위험성을 내포하고 있다(프로이센과 구일본제국의 군제).

Ⅳ. 국군의 조직과 통수

1. 국군의 조직

(1) 국민개병주의

"모든 국민은 법률이 정하는 바에 의하여 국방의 의무를 진다"고 규정하여(제39조) 국민개병주의를 채택하고 있다.

(2) 국군의 조직과 편성의 법정주의

"국군의 조직과 편성은 법률로 정한다"고 규정하여(제74조 제2항), 국군의 조직 · 편성의 법정주의를 채택하고 있다.

2. 국군의 통수

대통령은 국군통수권을 가진다. 군국주의화를 방지하기 위하여 군정과 군령을 모두 대통령에게 귀속시키는 병정통합주의를 채택하고 있다.

대통령은 헌법과 법률이 정하는 바에 의하여 국군을 통수한다(제74조 제1항). 대통령은 선전포고 · 강화권(제73조), 국군의 해외파견권(제60조), 계엄선포권(제77조) 등을 가진다. 국군통수권에는 국군지휘권(작전지휘권 포함), 국군편성권, 국군교육권, 국군규율권을 포함한다.

Ⅴ. 군사에 대한 통제

1. 법치군정의 원칙

대통령은 헌법과 법률이 정하는 바에 의하여 국군을 통수하며, 국군의 조직과 편성은 법률로 정하도록 하고 있다(헌법 제74조).

2. 국회의 군정통제권

헌법은 국회로 하여금 여러 가지 수단을 통하여 군사에 관한 통제제도를 마련하고 있다. 즉, ① 선전포고, 국군의 외국에의 파견 또는 외국군대의 대한민국 영역안에서의 주류에 대한 동의권(제60조 제2항). ② 군정에 대한 국정감사 · 조사권(제61조), ③ 국방예산에 대한 심의 · 확정권(제54조 제1항), ④ 계엄해제요구권(제77조 제4항) 등이 그것이다.

3. 국무총리, 국무위원의 문민원칙

군인은 현역을 면한 후가 아니면 국무총리로 임명될 수 없으며(제86조 제3항), 현역을 면한 후가 아니면 국무위원으로 임명될 수 없다(제87조 제4항).

4. 정부내부의 통제

국가안전보장회의를 통한 자문, 국무회의 심의, 부서제도도 내부적 통제제도로서 기능한다.

Ⅵ. 군사와 기본권

1. 군사목적상 제한되는 국민의 기본권

(1) 군사적 부담

군사목적을 위하여 근로동원, 징발 등이 가능하고, 예외적으로 국방상 사영기업의 국·공유화가 가능하다(제126조).

(2) 근로3권 제한

법률이 정하는 주요방위산업체에 종사하는 근로자의 단체행동권은 법률이 정하는 바에 의하여 이를 제한하거나 인정하지 아니할 수 있다(제33조 제2항).

(3) 표현의 자유 및 알 권리의 자유 제한

군사기밀보호법 등에 의하여 국민의 표현의 자유와 알권리가 제한될 수 있다. 헌법재판소는 "군사기밀이라 함은 비공지의 사실로서 관계기관에 의하여 적법절차에 따라 군사기밀로 분류표시 또는 고지된 군사관련 사항이어야 할 뿐만 아니라 아울러 그 내용이 누설될 경우 국가의 안전보장에 명백한 위험이 초래된다고 할 수 있을 정도로 그 내용자체가 실질적인 비밀가치를 지닌 비공지의 사실에 한하는 것이라고 한정해석되어야 할 것이다"고 판시하여 병합주의를 취하고 있다.[2)]

(4) 비상계엄하의 기본권 제한

비상계엄이 선포된 때에는 법률이 정하는 바에 의하여 영장제도, 언론·출판·집회·결사의 자유, 정부나 법원의 권한에 관하여 특별한 조치를 할 수 있다(제77조 제3항).

2. 군인에 관한 기본권의 특례

(1) 재판청구권의 제한

군인은 군사재판을 관할하기 위하여 특별법원으로 설치된 군사법원의 재판을 받는다(제110조 제1항). 그리고 비상계엄하의 군사재판은 군인·군무원의 범죄나 군사에 관한 간첩죄의 경우와 초병·초소·유독음식물공급·포로에 관한 죄 중 법률이 정한 경우에 한하여 단심으로 할 수 있다. 다만, 사형을 선고한 경우에는 그러하지

---

2) 헌재 1992. 2. 25. 89헌가104.

아니하다(제110조 제4항).

(2) 국가배상청구권의 제한

헌법은 "군인 · 군무원 · 경찰공무원 기타 법률이 정하는 자가 전투 · 훈련등 직무집행과 관련하여 받은 손해에 대하여는 법률이 정하는 보상외에 국가 또는 공공단체에 공무원의 직무상 불법행위로 인한 배상은 청구할 수 없다"고 규정하여 군인 · 군무원 등의 국가배상에 있어서 이중배상을 금지하고 있다(제29조 제2항). 국가배상법에서도 이를 규정하고 있다(제2조 단서). 군인 · 군무원 등에 대한 이중배상금지 규정은 제3공화국 대법원에서 위헌결정을 받은 사항을 유신헌법에서 헌법에 규정하여 위헌논의를 차단한 채 현재에 이르고 있어 논란이 계속되고 있다.[3]

(3) 상이군인 등의 취업기회우선특례

헌법은 "국가유공자 · 상이군경 및 전몰군경의 유가족은 법률이 정하는 바에 의하여 우선적으로 근로의 기회를 부여받는다"다고 규정하여 특례를 인정하고 있디(제32조 제6항).

(4) 병역의무이행으로 인한 불이익처우 금지

헌법은 "누구든지 병역의무의 이행으로 인하여 불이익한 처우를 받지 아니한다"고 규정하고 있다(제39조 제2항). 이 조항의 의미에 관하여는 논란이 있을 수 있겠으나, 병역의무 이행을 직접적 이유로 차별적 불이익을 가하거나, 또는 병역의무를 이행한 것이 결과적, 간접적으로 그렇지 아니한 경우보다 오히려 불이익을 받는 결과를 초래하여서는 아니 된다는 것이 그 일차적이고도 기본적인 의미이다. 따라서 병역의무 그 자체를 이행하느라 받는 불이익은 헌법 제39조 제1항, 기타 헌법원칙에 대한 위반 여부의 문제로 될 수 있을 뿐 헌법 제39조 제2항과 무관하다. 즉 병역의무 이행의 일환으로 병역의무 이행 '중'에 입는 불이익은 '병역의무의 이행으로 인한' 불이익에 해당하지 않는다.[4]

판례 한의사전문의제도 도입시 일반군의관 복무를 수련과정으로 인정하지 않는 규정

위 규정은 병역의무이행과는 상관없이 위 규정 시행 당시 수련과정 이수 중이 아닌 자를 모두 특례에서 배제하고 있으므로, 위 규정에 의한 불이익 내지 차별은 병

---

3) 기본권 부분의 국가배상청구권을 참조.
4) 헌재 1999. 2. 25. 97헌바3; 헌재 2007. 5. 31. 2006헌마627.

역의무이행으로 인하여 초래되는 것이 아니라 수련기간 이수중이 아니라는 사유에서 생기는 것일 뿐이다. 헌재 2001. 3. 15. 2000헌마96등

판례 병역의무 이행에 따른 혜택과 헌법 제39조 제2항

헌법 제39조 제2항은 병역의무 이행으로 인한 불이익한 처우를 금지할 뿐 병역의무 이행으로 인한 적극적 보상을 국가에 강제하는 것은 아닌바, 병역의무 이행 경력 중 일부를 공무원 경력에 포함시켜 공무원 초임호봉 획정에 산입하도록 하는 것은 국가가 그에 상당한 혜택을 주는 것으로서 그 자체로 헌법 제39조 제2항에 위반되지 아니한다. 헌재 2016. 6. 30. 2014헌마192

판례 변호사법상 군법무관복무자의 개업지역 제한(위헌)

변호사법 제10조 제2항[5]은 직업선택의 자유를 제한함에 있어서 비례의 원칙에 벗어난 것이고, 합리적인 이유없이 변호사로 개업하고자 하는 공무원을 차별하고 있으며, 병역의무의 이행을 위하여 군법무관으로 복무한 후 개업하는 경우에는 병역의무의 이행으로 불이익한 처우를 받게 되어 헌법 제11조 제1항, 제15조, 제37조 제2항, 제39조 제2항에 각 위반된다.[6] 헌재 1989. 11. 20. 89헌가102

(5) 군무이외의 집단행위의 제한

군인은 ① 노동단체의 결성, 단체교섭 및 단체행동, ② 군무에 영향을 주기 위한 목적의 결사 및 단체행동, ③ 집단으로 상관에게 항의하는 행위, ④ 집단으로 정당한 지시를 거부하거나 위반하는 행위, ⑤ 군무와 관련된 고충사항을 집단으로 진정 또는 서명하는 행위 등의 집단행위를 하여서는 아니 된다(군인의 지위 및 복무에 관한 기본법 제31조). 군인의 지위 및 복무에 관한 기본법제정으로 종전의 군인복무규율은 폐지되었다(2016. 6. 26.).

---

5) 종전 변호사법 제10조 제2항은 "판사·검사·군법무관 또는 변호사의 자격이 있는 경찰공무원으로서 판사·검사·군법무관 또는 경찰공무원의 재직기간이 통산하여 15년에 달하지 아니한 자는 변호사의 개업신고전 2년이내의 근무지가 속하는 지방법원의 관할구역 안에서는 퇴직한 날로부터 3년간 개업할 수 없다. 다만, 정년으로 퇴직하거나 대법원장 또는 대법관이 퇴직하는 경우에는 그러하지 아니하다"고 규정하고 있었다.

6) 헌법재판소는 "위 법률의 조항이 병역의무의 이행으로 군법무관으로 복무한 자에게도 적용될 때에는 다음의 문제가 제기된다. 즉 사법연수원을 수료하고 즉시 개업하는 변호사의 경우 개업지를 선택함에 있어 아무런 제한을 받지 아니하나, 병역의무의 이행을 위하여 군법무관으로 복무한 자는 전역후 변호사로 개업함에 있어 개업지의 제한을 받게 된다. 군법무관으로의 복무 여부가 자신의 선택에 의하여 정해지는 경우와는 달리 병역의무의 이행으로 이루어지는 경우, 이는 병역의무의 이행으로 말미암아 불이익한 처우를 받게 되는 것이라 아니할 수 없어 이의 금지를 규정한 헌법 제39조 제2항에 위반된다"고 판시하였다.

제2절 교육제도

Ⅰ. 헌법의 교육조항과 교육제도

교육은 가정·학교·사회에서 이루어지는 바람직한 인간형성의 과정이며 사회발전을 꾀하는 사회개조의 수단이다. 교육은 과거에는 일부 상위계층의 특권인 시절도 있었으나, 현대에는 교육의 불평등해소라는 공교육제도가 강조되고 있다.

교육제도는 교육에 관한 법제, 교육의 이념과 기본방침 등에 관한 법체계를 의미한다. 우리 헌법은 교육에 관한 기본조항인 제31조에서 "모든 국민은 능력에 따라 균등하게 교육을 받을 권리를 가진다"고 규정하여(제1항) 사회적 기본권으로서 교육을 받을 권리를 규정하고 있다. 교육제도보장과 관련해서는 "교육의 자주성·전문성·정치적 중립성 및 대학의 자율성은 법률이 정하는 바에 의하여 보장된다"고 규정하여(제4항) 교육의 기본원칙을 명시하고 있다. 한편 "학교교육 및 평생교육을 포함한 교육제도와 그 운영, 교육재정 및 교원의 지위에 관한 기본적인 사항은 법률로 정한다"고 규정하여(제6항) 교육제도 등의 법률주의를 명시하고 있다.

Ⅱ. 교육제도의 유형

교육제도는 교육과정의 기본계획은 중앙정부가 수립하고 시행하는 중앙집권형(프랑스), 교육에 관한 제반 제도를 수립하고 시행하는 것을 주(지방)에게 맡기는 지방분권형(미국, 영국), 교육과정의 기본계획은 중앙정부가 수립하고 구체적인 세부내용은 지역이나 학교에서 작성하도록 하는 형태인 절충형으로 분류해 볼 수 있다.

Ⅲ. 교육의 기본원칙

1. 교육의 목적

교육의 목적은 국민 개개인의 타고난 소질을 계발하여 인격을 완성하게 하고, 자립생활을 할 능력을 증진시킴으로써 인간다운 생활을 누릴 수 있게 하는 데에 있다.[7] 미성년자인 학생에 대한 교육은 한 인격체의 형성을 목표로 삼고 있다. 그런데 이 목표는 학부모와 학교 측의 공동과제에 속하고, 이 과제의 실현에는 양

7) 헌재 1991. 7. 22. 89헌가106.

교육주체의 효율적인 협력관계가 요청된다. 학부모의 교육권과 교육제도에 관한 국가의 책임은 상호간에 조화와 조정을 필요로 한다.[8)]

2. 교육의 자주성

교육의 자주성이란 교육이 정치권력이나 기타의 간섭 없이 그 전문성과 특수성에 따라 독자적으로 교육 본래의 목적에 기하여 조직·운영·실시되어야 한다는 의미에서의 교육의 자유와 독립을 말한다.[9)] 교육의 자주성을 확보하기 위해서는 교사의 교육시설설치자, 교육감독권자로부터의 자유, 교육내용에 대한 교육행정기관의 권력적 개입 배제, 교육관리기구의 공선제 등이 실현되어야 한다. 사학의 경우 재단으로부터의 독립이 중요하다.

판례 교육의 자주성과 교원의 면직

교육의 자주성과 교원의 지위는 국민의 교육을 받을 권리를 침해할 경우에는 그에 따른 제약을 받을 수밖에 없으며, 근무성적이 극히 불량한 때를 사립학교 교원의 면직사유로 한 사립학교법 제58조 제1항 제2호는 교원으로서의 의무 내지 책임에 대응하여 최소한의 자질과 근무를 확보하기 위하여 필요한 사항을 규정한 것으로서 그 개념이 불명확하여 헌법 제31조 제4항의 교육의 자주성 등을 침해한다고 할 수 없다. 헌재 1997. 12. 24. 95헌바29등

3. 교육의 전문성

교육정책의 수립이나 그 집행은 가급적 교육전문가가 담당하거나 적어도 그들의 참여하에 이루어져야 함을 의미한다.

판례 교원직무의 특수성

"교원의 직무가 갖는 특성은 다음의 두 가지 점에서 나타난다. 첫째, 교원의 수업활동과 학생지도에 필요한 기술과 능력은 해당분야에 대한 최신의 연구결과에 대한 식견과 정보뿐 아니라 인간의 성장과 발달, 행동심리, 정신건강과 위생, 학생의 욕구에 관한 고도의 지식을 필요로 하는 정신적 활동이므로 교원 자신이 장기간에 걸친 교육과 훈련을 받지 않고서는 그 직업이 요구하는 소양과 지식을 갖출 수 없는 점이다. 둘째, 교원은 다른 전문직인 의사·변호사 또는 성직자와 같이 고도의 자율성과 사회적 책임성을 아울러 가져야 한다는 사회적·윤리적 특성이 있다는 점이다."

8) 헌재 1999. 3. 25. 97헌마130.
9) 헌재 2002. 3. 28. 2000헌마283등.

헌재 1991. 7. 22. 89헌가106

4. 교육의 정치적 중립성

교육의 정치적 중립성이란, 교육이 특정 정파적 이해관계나 영향력으로부터 떨어져 중립적인 입장에서 이루어져야 한다는 것으로, 교육이 국가나 정치권력으로부터 부당하게 간섭을 받아서도 안 되고, 교육이 그 본연의 기능을 벗어나서 정치영역에 개입해서도 안 된다는 것을 뜻한다. 왜냐하면 교육은 그 본질상 이상적이고 비권력적인 것임에 반하여, 정치는 현실적이고 권력적인 것으로서 교육과 정치는 일정한 거리를 유지하는 것이 바람직하기 때문이다. 나아가 교육의 정치적 중립성을 보장하기 위하여는, 교육내용의 정치적 중립성이나 교사의 정치적 중립성뿐만 아니라 교육을 운영하고 감독하는 교육행정의 정치적 중립성도 요구된다 할 것이다.[10]

Ⅳ. 교육제도 등의 법정주의

1. 교육제도법정주의

교육제도법정주의는 교육의 물적 기반이 되는 교육제도의 기본적 사항은 법률로 정한다는 의미이다(제31조 제6항). 헌법재판소는 '교육제도 법률주의'는 "…… 국가의 백년대계인 교육이 일시적인 특정 정치세력에 의하여 영향을 받거나 집권자의 통치상의 의도에 따라 수시로 변경되는 것을 예방하고 장래를 전망한 일관성이 있는 교육체계를 유지·발전시키기 위한 것이며 그러한 관점에서 국민의 대표기관인 국회의 통제하에 두는 것이 가장 온당하다는 의회민주주의 내지 법치주의 이념에서 비롯된 것이다. 이는 헌법이 한편으로는 수학권을 국민의 기본권으로서 보장하고 다른 한편으로 이를 실현하는 의무와 책임을 국가가 부담하게 하는 교육체계를 교육제도의 근간으로 하고 있음을 나타내는 것이라고 할 수 있는 것이다"라고 판시하였다.[11]

교육제도에 관한 기본법으로는 교육기본법, 초·중등교육법, 고등교육법, 사립학교법, 평생교육법, 교육공무원법 등이 있다.[12]

---

10) 헌재 2008. 6. 26. 2007헌마1175; 헌재 2011. 12. 29. 2010헌마285.

11) 헌재 1992. 11. 12. 89헌마88; 헌재 1991. 2. 11. 90헌가27.

12) "교육법정주의는 교육제도와 교원의 지위를 행정권력에 의한 부당한 침해로부터 보호하고, 국민의 균등한 교육을 받을 기본권을 실효성 있게 보장하기 위하여 교육제도 및 교원지위에 관한 기본적인 사항을 법률로 정하도록 한 것이지만, 입법자가 교육제도와 교원의 지위를 정하

2. 교육재정 법정주의

국가 · 지방자치단체가 교육활동을 지원하기 위한 재원을 확보 · 배분 · 평가하는 일련의 활동의 법정주의를 말한다. 헌법상 교육재정법정주의에 근거하여 제정된 법률로는 교육세법, 지방교육양여금법, 지방교육재정교부금법 등이 있다.

3. 교원의 지위 법정주의

교원의 지위란 교원의 직무의 중요성 및 그 직무수행능력에 대한 인식의 정도에 따라서 그들에게 주어지는 사회적 대우 또는 존경과 교원의 근무조건 · 보수 및 그 밖의 물적 급부 등을 모두 포함하는 의미이다.[13] 이와 같은 교원의 지위법정주의도 의회민주주의 내지 법치주의 이념에서 비롯된 것이다. 헌법 제31조 제6항이 규정한 교원지위 법정주의는 단순히 교원의 권익을 보장하기 위한 규정이라거나 교원의 지위를 행정권력에 의한 부당한 침해로부터 보호하는 것만을 목적으로 한 규정이 아니고, 국민의 교육을 받을 기본권을 실효성 있게 보장하기 위한 것까지 포함하여 교원의 지위를 법률로 정하도록 한 것이다.[14]

판례 교원의 지위 법정주의에서의 기본적인 법정사항

"교원의 지위에 관한 '기본적인 사항'은 다른 직종의 종사자들의 지위에 비하여 특별히 교원의 지위를 법률로 정하도록 한 헌법규정의 취지나 교원이 수행하는 교육이라는 직무상의 특성에 비추어 볼 때 교원이 자주적 · 전문적 · 중립적으로 학생을 교육하기 위하여 필요한 중요한 사항이라고 보아야 한다. 그러므로 입법자가 법률로 정하여야 할 기본적인 사항에는 무엇보다도 교원의 신분이 부당하게 박탈되지 않도록 하는 최소한의 보호의무에 관한 사항이 포함된다."

헌재 2003. 12. 18. 2002헌바14 등(병합)

교원에 대한 예우와 처우를 개선하고 신분보장을 강화함으로써 교원의 지위를 향상시키고 교육 발전을 도모하는 것을 목적으로 '교원지위향상을 위한 특별법'이

는 법률을 제정함에 있어서는 국민의 균등한 교육을 받을 권리를 효율적으로 보장하기 위한 규정과 함께 교원의 신분보장 등 교원의 권리에 관한 사항이 반드시 규정되어야 한다"(헌재 1991. 7. 22. 89헌가106; 헌재 1998. 7. 16. 95헌바19등; 헌재 1999. 3. 25. 97헌마130; 헌재 2000. 3. 30. 99헌바14; 헌재 2000. 4. 27. 98헌가16등; 헌재 2001. 1. 18. 99헌바63; 헌재 2001. 2. 22. 99헌바93).

13) 헌재 1991. 7. 22. 89헌가106.

14) 헌재 1998. 7. 16. 96헌바33등(병합).

1991. 5. 31. 제정되었다. 이 법은 2016. 2. 3. '교원의 지위 향상 및 교육활동 보호를 위한 특별법'으로 법명이 바뀌었다.

한편 교원의 근로자로서의 지위와 관련하여 헌법재판소는 과거에 교원에게 노동3권 박탈도 본질적 침해가 아니라고 판시한 바 있지만,[15] 1999년 1월 제정된 교원의 노동조합설립 및 운영 등에 관한 법률은 교원들에게도 노동조합을 결성할 수 있고 단체교섭과 단체협약을 체결할 수 있음을 규정하고 있다(제4조, 제6조). 그러나 교원의 경우는 정치활동은 금지되고 파업·태업 등 쟁의행위는 할 수 없도록 하고 있다(제3조, 제8조).

Ⅴ. 대학의 자치

1. 대학자치의 의의

대학의 자치란 대학의 본연의 임무인 연구와 교육활동을 수행함에 있어서 필요한 사항, 즉 교수의 인사나 시설, 운영 등에 관한 사항은 대학의 자율에 맡긴나는 것을 말한다. 대학이 자금을 제공하는 국가권력이나 설립자 등을 비롯한 외부의 세력에 압력을 받게 되면, 학문활동이 외부적 가치판단의 영향하에 놓이게 되어 대학이 제 기능을 수행하지 못하게 된다. 그러므로 대학의 자치는 학문의 자유를 실효적으로 보장하기 위한 수단으로서의 성격을 가진다.[16]

2. 대학자치의 헌법상 근거

우리의 현행 헌법은 교육을 받을 권리를 규정한 제31조 제4항에서 대학의 자치규정을 신설하고 있으나, 대학의 자치는 학문의 자유에 근거하여 당연히 인정되는 것으로 보아 학문의 자유를 규정한 제22조를 헌법적 근거조항으로 보아야 한다.[17] 즉, 대학의 자유는 "학문의 자유"(제22조)의 내용이고, "대학자치조항"(제31조 제4항)은 대학의 자유의 근거규정이 아니라, 주의규정에 불과하다. 한편, 헌법 제31조 제4항에서 찾

15) 헌재 1991. 7. 22. 89헌가106.

16) 헌법재판소는 "헌법 제31조 제4항이 규정하고 있는 교육의 자주성, 대학의 자율성 보장은 대학에 대한 공권력 등 외부세력의 간섭을 배제하고 대학인 자신이 대학을 자주적으로 운영할 수 있도록 함으로써 대학인으로 하여금 연구와 교육을 자유롭게 하여 진리탐구와 지도적 인격의 도야라는 대학의 기능을 충분히 발휘할 수 있도록 하기 위한 것으로서 이는 학문의 자유의 확실한 보장수단이자 대학에 부여된 헌법상의 기본권이다"라고 하여 대학의 자치보장의 헌법적 의의를 설명하고 있다(헌재 1992. 10. 1. 92헌마68 등).

17) 권영성, 앞의 책, 273-274면; 허영, 앞의 책, 452면; 계희열, 앞의 책, 371면.

는 견해도 있으며,[18] 헌법재판소도 명문으로 규정한 제31조 제4항을 근거로 하고 있다.[19]

3. 대학자치의 주체

종래의 지배적인 견해는 대학의 자치의 주체는 교수회이며 교수회가 학사, 인사, 재정, 시설운영 등을 자주적으로 결정한다고 하였다(교수회주체설). 한편, 학생의 자치권과 관련하여 대학자치의 주체는 "학문연구자"인 교수이고, 학생은 대학이라는 영조물이 제공하는 역무의 소비자일 뿐이라고 하여 주체성을 부인하는 견해가 있는가 하면, 학생도 대학의 구성원인 학문연구자이므로 당연히 대학자치의 주체가 되나, 일정한 한계가 인정될 뿐이라는 설이 있다. 후자가 타당하다. 오늘날은 원칙적으로 교수회의 주체성을 인정하면서도 학생회도 학생회 운영 등에는 학생의 자치를 인정하고 있으며, 널리 대학구성원주체설도 주장되고 있다.

4. 대학자치의 내용

(1) 인사의 자치(인사의 자율권)

대학이 대학교수 및 교직원의 인사를 외부의 영향을 받지 않고 자주적으로 결정할 수 있는 것을 말하며, 대학의 자치의 핵심이다.

1) 교수재임용제도

교수재임용제의 성격이 기속행위인가, 재량행위인가 여부가 문제된다. 교수재임용제도는 대학교수의 신분보장 및 대학의 자율성과 학문의 자유에 직결되는 문제이므로 임용기간이 만료된 대학교수에 대한 재임용의무는 해당교수가 연구능력 및 연구성과에 특별한 하자가 없는 한 재임용해야 할 의무가 있는 기속행위라고 보아야 할 것이다(기속행위설).[20] 따라서 현행 교육공무원법과 사립학교법은 임용기간,

18) 김철수, 학설 · 판례 헌법학(상), 박영사, 2008, 945－946면.

19) 헌재 1992. 10. 1. 92헌마68.

20) 기속행위설은 재임용행위는 특단의 사유가 없는 한 교원의 지위가 여전히 유지된다는 것을 의미하는 확인적 행위가 되고, 재임용탈락사실의 통보는 교수의 지위를 박탈하는 창조적 의미를 갖게 된다고 한다. 이에 반하여 임용기간이 만료된 자를 임용할 것인지는 임용권자의 판단에 따른 재량행위라고 보는 재량행위설은 재임용행위는 교원의 지위를 새롭게 부여하는 창설적 행위가 되고 재임용탈락사실의 통보는 단순한 사실의 확인 · 통지에 불과하여 이에 대한 무효확인소송은 제기할 수 없게 되며 교수재임용에 관하여 법률은 재임용의 실시여부만을 규정하면 족하다고 한다. 대법원은 교수재임용행위를 재량행위로 보고 있는 것 같다(대판 1989. 6. 27. 88누9640). 헌법재판소도 재량행위로 보고 있는 결정을 낸 바 있으며(헌재 1993. 5.

재임용거부사유, 이의제기절차 등에 관하여 대통령령 또는 학교법인의 정관에 맡기거나 침묵하고 있는 바, 이는 헌법 제31조 제6항에서 정한 교원지위법정주의에 위반되는 것이다. 헌법재판소는 교수재임용제를 합헌이라고 본다.[21)]

2) 사립학교의 총장선출권

사립학교의 총장선출권과 관련하여 대법원은 "총장선임권은 사립학교법 제53조 제1항의 규정에 의하여 학교법인에게 부여되어 있는 것이고 달리 법률 또는 당해 법인 정관의 규정에 의하여 교수들에게 총장선임권 또는 그 참여권을 인정하지 않고 있는 이상, 헌법상의 학문의 자유나 대학의 자율성 내지 대학의 자치만을 근거로 교수들이 사립대학의 총장선임에 실질적으로 관여할 수 있는 지위에 있다거나 학교법인의 총장선임행위를 다툴 확인의 이익을 가진다고 볼 수 없다"고 보고 있다.[22)]

3) 국립대학교 교수들의 총장선출권

국립대학 총장의 후보자 선정방식으로 '대학의 장 임용추천위원회[23)]에서의 선정'을 규정한 교육공무원법 제24조가 대학의 자율권을 침해하는가 여부가 다투어진 사건에서 헌법재판소는 국립대학 교수나 교수회에 대학의 자율과 관련한 기본권 주체성을 인정하고 교수나 교수회에게 헌법 제31조 제4항의 대학의 자율의 보장내용에 포함되는 헌법상의 기본권인 국립대학의 장 후보자 선정에 참여할 권리를 인정하면서, 대학의 자율도 헌법상의 기본권이므로 기본권제한의 일반적 법률유보의 원칙을 규정한 헌법 제37조 제2항에 따라 제한될 수 있고, 대학의 자율의

---

13. 91헌마190), 또한 교수재임용제에 관한 현행법의 규정이 교원지위법정주의에 반하지 않는다고 판시한 바 있으나, 이 후 "교수재임용거부사유는 교원이 자신의 입장을 진술할 기회, 재임용을 거부했을 때 불복절차를 마련하지 않고 이를 전적으로 학교정관에 위임한 구 사립학교법 제53조의 2 제3항은 교원지위법정주의에 위반한다"(헌재 2003. 2. 27. 2000헌바26)고 입장을 변경한 바 있다.

21) "교수재임용제도는 청구인의 주장과 같이 연임이 보장되어 자동적으로 재임용되어 임기가 계속되도록 되어 있는 것이 아니며 나아가 대통령이 청구인을 당연히 재임용하지 아니하면 안되는 연임보장규정이라고 해석할 수 없어 이 점에 대한 청구인의 주장은 이유가 될 수 없다" (헌재 1993. 5. 13. 91헌마190).

22) 대판 1996. 5. 31. 95다26971.

23) 교육공무원법 제24조 제4항은 "추천위원회의 구성·운영 등에 필요한 사항은 대통령령으로 정하되, 위원의 일정 비율 이상은 여성으로 한다"고 규정하고 있는데, 동법시행령은 임용추천위원회 위원은 해당 대학의 교직원, 학생 및 해당 대학 외의 인사 중 해당 대학이 정하는 바에 따라 10명 이상 50명 이하의 위원으로 구성하되, 외부 위원은 전체 위원의 4분의 1 이상이 되어야 하고, 여성위원의 비율은 100분의 20 이상으로 하도록 규정하고 있다(동법시행령 제12조의3 제1항, 제2항).

구체적인 내용은 법률이 정하는 바에 의하여 보장되며, 또한 국가는 헌법 제31조 제6항에 따라 모든 학교제도의 조직, 계획, 운영, 감독에 관한 포괄적인 권한 즉, 학교제도에 관한 전반적인 형성권과 규율권을 부여받았다고 할 수 있고, 다만 그 규율의 정도는 그 시대의 사정과 각급학교에 따라 다를 수밖에 없는 것이므로 교육의 본질을 침해하지 않는 한 궁극적으로는 입법권자의 형성의 자유에 속하는 것이라 할 수 있다고 보고 있다. 나아가 교육공무원법 규정들이 대학의 자유를 제한하고 있다고 하더라도 그 위헌 여부는 입법자가 기본권을 제한함에 있어 헌법 제37조 제2항에 의한 합리적인 입법한계를 벗어나 자의적으로 그 본질적 내용을 침해하였는지 여부에 따라 판단되어야 할 것이라고 하면서 대학의 장 임용추천위원회에서의 선정은 원칙적인 방식이 아닌 교원의 합의된 방식과 선택적이거나 혹은 실제로는 보충적인 방식으로 규정되어 있는 점, 대학의 장 후보자 선정과 관련하여 대학에게 반드시 직접선출 방식을 보장하여야 하는 것은 아니며, 다만 대학교원들의 합의된 방식으로 그 선출방식을 정할 수 있는 기회를 제공하면 족하다고 할 것인데, 교육공무원법 제24조 제4항은 대학의 장 후보자 선정을 위원회에서 할 것인지, 아니면 교원의 합의된 방식에 의할 것인지를 대학에서 우선적으로 결정하도록 하여 이를 충분히 보장하고 있는 점, 또한 이 규정은 개정 전 교육공무원임용령 제12조의3 제4항과 동일한 내용으로서 청구인들이 속한 각 대학은 개정 전 위 시행령에 근거하여 직선제의 방식으로 대학의 장 후보자를 선출해 온 점을 고려하면, 이전의 시행령의 내용을 그대로 담고 있는 교육공무원법 제24조 제4항이 대학에게 총장 후보자 선출에 있어서 새로운 제한을 추가하거나 가중한 것이라고 볼 수 없으므로 위 규정이 매우 자의적인 것으로서 합리적인 입법한계를 일탈하였거나 대학의 자율의 본질적인 부분을 침해하였다고 볼 수 없다고 판시하였다.[24)]

4) 사립학교 교원이 선거범죄로 100만 원 이상의 벌금형을 선고받아 그 형이 확정되면 당연퇴직되도록 한 것은 청구인의 연구·활동내용이나 그러한 내용을 전달하는 방식을 규율하는 것은 아니므로 청구인의 교수의 자유를 침해하지 아니한다.[25)]

---

24) 헌재 2006. 4. 27. 2005헌마1047 등. 이 사건에서는 또한 국립대학에서 총장이 임명되지 못하는 경우에 대통령이 교육인적자원부장관의 제청으로 총장을 임용하는 것과 국가의 예산과 공무원이라는 인적 조직에 의하여 운용되는 국립대학에서 선거관리를 공정하게 하기 위하여 중립적 기구인 선거관리위원회에 선거관리를 위탁하도록 하는 것은 입법한계를 일탈하였거나 대학의 자율의 본질적인 부분을 침해하였다고 볼 수 없다고 판시하였다.

25) 헌재 2008. 4. 24. 2005헌마857.

(2) 관리 · 운영의 자치(관리운영의 자율권)

연구와 교육의 내용 및 그 방법과 대상, 교과과정의 편성 등에 관한 자주적 결정권을 말하며, 시설의 관리에 관한 자주적 결정권을 의미한다. 대학의 가택권, 질서유지권, 징계권이 우선되어야 한다. 근거로 특수신분관계론을 들 수 있다. 대학의 자치와 경찰권과의 관계가 특히 문제된다(일본 동경대 popolo 극단사건).

판례 교육인적자원부장관의 학칙시정요구 건

1. 교육인적자원부장관의 대학총장들에 대한 이 사건 학칙시정요구는 고등교육법 제6조 제2항, 동법시행령 제4조 제3항에 따른 것으로서 그 법적 성격은 대학총장의 임의적인 협력을 통하여 사실상의 효과를 발생시키는 행정지도의 일종이지만, 그에 따르지 않을 경우 일정한 불이익조치를 예정하고 있어 사실상 상대방에게 그에 따를 의무를 부과하는 것과 다를 바 없으므로 단순한 행정지도로서의 한계를 넘어 규제적 · 구속적 성격을 상당히 강하게 갖는 것으로서 헌법소원의 대상이 되는 공권력의 행사라고 볼 수 있다.
2. 이 사건 학칙시정요구는 각 해당대학의 총장들을 상대로 한 공권력의 행사이므로 원칙적으로 그 위헌확인을 구할 자기관련성을 가지는 자는 시정요구를 받은 대학의 총장들이라 할 것이고, 대학의 교수회나 그 소속 교수인 청구인들에게 자기관련성이 인정되려면 위 시정요구가 청구인들의 기본권을 직접적이고 법적으로 침해하고 있음이 인정되어야 한다. 그런데 청구인들이 이 사건 학칙시정요구와 관련을 갖는 것은 시정요구의 내용이 학칙 중 교수회의 지위를 의결기구로 정한 것을 심의기구나 자문기구로 개정하라는 것이어서, 이에 따라 학칙이 개정된다면 교수회와 그 구성원인 교수들의 학칙제정 등 학교운영에 대한 참여권이 제한되는 영향을 받는다는 점인바, 청구인들이 시정요구에 의하여 받는 영향이 적지 않다 하더라도 그 영향은 시정요구의 대상이 교수회의 지위 내지 성격에 관한 것이라는 점에 의하여 간접적 · 반사적 관계로 미치는 것일 뿐, 시정요구가 청구인들에 대하여 어떠한 권리 · 의무를 부담시키는 등으로 법적 지위의 변동을 직접 초래하는 것은 아니므로 청구인들에게는 위 학칙시정요구에 대하여 헌법소원을 청구할 자기관련성이 인정되지 않는다.
3. 고등교육법 제6조 제1항은 학칙의 제정 및 개정권을 학교의 장에게 부여하고 있는 규정으로서, 청구인들을 규율대상으로 하는 것이 아니고 청구인들의 기본권을 직접적이고 법적으로 침해한다고 볼 수도 없으므로 청구인들에게는 그 위헌확인을 구할 자기관련성이 없다. 헌재 2003. 6. 26. 2002헌마337 등

판례 법학전문대학원 설치 인가주의 건(법학전문대학원 설치 예비인가 배제결정 취소 등)

법학전문대학원의 인가기준, 정원 등을 정한 이 사건 법률 제5조 제2항, 제6조 제1항, 제7조 제1항이 법학전문대학원을 설치하고자 하는 대학의 자율성과 일반 국민의 직업선택의 자유를 침해하는지 여부가 다투어진 사건에서 헌법재판소는 "이 사건 법률 제5조 제2항, 제6조 제1항, 제7조 제1항은 수급상황에 맞게 법조인력의 배출규모를 조절하고 이를 통해 국가인력을 효율적으로 운용하고자 함에 그 목적이 있는바, 위 조항에 의한 인가주의 및 총입학정원주의는 이러한 목적을 달성함에 있어 적절한 수단이며, 현재 법학전문대학원 설치인가를 받지 못한 대학이 법학전문대학원을 설치할 수 있는 기회를 영구히 박탈당하는 것은 아니며 학사과정운영을 통해 법학교육의 기회를 유지할 수 있으므로 위 조항들이 피해최소성의 원칙에 위배되지도 아니한다. 또한 위 조항들로 인해 각 대학 및 국민이 입는 불이익이 인력 배분의 효율성, 질 높은 법학교육의 담보, 양질의 법률서비스 제공에 의한 사회적 비용절감, 법조직역에 대한 국민의 신뢰회복 등의 공익에 비해 결코 크다고 할 수 없으므로 법익의 균형성 요건도 충족한다. 따라서 이 사건 법률조항은 대학의 자율성과 국민의 직업선택의 자유를 침해하지 아니한다"고 판시하였다.

헌재 2009. 2. 26. 2008헌마370, 2008헌바147(병합)

(3) 학사관리의 자치(학사자율권)

대학은 학생의 선발, 학점의 인정, 학위수여 등 학사관리 전반에 관하여 자주적인 결정을 가지는 것을 말한다.

1) 학생의 선발의 자율권

판례 학생선발권과 수학능력미달

"대학입학지원자가 모집정원에 미달한 경우라도 대학이 정한 수학능력이 없는 자에 대하여 불합격처분을 한 것은 교육법 제111조 제1항에 위반되지 않는다."

대판 1983. 6. 28. 83누193

판례 학생선발권의 주체(총장)

"학생선발권은 대학총장에게 부여된 권한이지 청구인들과 같은 재학생에게 인정되는 기본권으로는 볼 수 없고, 직업선택의 자유는 특정인을 타인과의 경쟁으로부터 특별히 보호하기 위한 기본권일 수는 없으므로 설사 이 사건 공고들로 인해 장차 청구인들이 교사임용시험에서 상대적으로 치열한 경쟁을 예상해야 한다고 하더라도, 그것은 사실상의 불이익에 불과할 뿐, 거기서 직업선택의 자유에 대한 침해의 문제가 생길 여지는 없다.

또한, 이 사건 공고들에 따른 편입학은 비록 재학생들에게 다소 수강환경의 불편을 초래할 수는 있을지언정 진리의 탐구와 관련된 활동 그 자체를 방해하는 것은 아니라고 할 것이므로, 이 사건 공고들이 청구인들의 학문의 자유를 침해할 여지가 있다고 볼 것은 아니며, 행복추구권은 국민이 행복을 추구하기 위하여 필요한 급부를 국가에게 적극적으로 요구할 수 있는 것을 내용으로 하는 것이라기보다는 국민이 행복을 추구하기 위한 활동을 국가권력의 간섭 없이 자유롭게 할 수 있다는 포괄적인 의미의 자유권적 성격을 가지는바, 이 사건 공고들이 청구인들의 행동의 자유를 제한하지 않는 이상, 행복추구권의 침해 문제도 발생할 여지가 없다.

나아가 헌법 제31조 제1항에 의해서 보장되는 교육을 받을 권리는 교육영역에서의 기회균등을 내용으로 하는 것이지, 자신의 교육환경을 최상 혹은 최적으로 만들기 위해 타인의 교육시설 참여 기회를 제한할 것을 청구할 수 있는 기본권은 아니므로, 기존의 재학생들에 대한 교육환경이 상대적으로 열악해질 수 있음을 이유로 새로운 편입학 자체를 하지 말도록 요구하는 것은 교육을 받을 권리의 내용으로는 포섭할 수 없다.

마지막으로, 청구인들은 이 사건 공고들이 고등교육법시행령 제29조 제2항 제3호를 위반한 것이라고 주장하고 있으나, 위 조항에 의해 막바로 교육대학교 재학생들에게 가령 '학칙에서 정한 입학생 또는 편입생 정원 범위 내에서만 수업을 받을 권리' 등이 부여된다든가 기타 법률상 이익이 인정되는 것은 아니므로, 결국 청구인들은 위 조항의 위반 여부에 관하여 단지 사실적·반사적 이익을 가지는 데 그치는 것으로 볼 것이다."

헌재 2003. 9. 25. 2001헌마814·815·816·817·818·819(병합)

2) 학생의 전형의 자율권

판례 외교관공무원 자녀에 대한 특별전형에서의 가산점

"해외근무자들의 자녀를 대상으로 한 교육법시행령 제71조의 2 제4항 소정의 특별전형에서 외교관공무원의 자녀에 대해서만 획일적으로 과목별 실제 취득점수에 20%의 가산점을 부여하여 합격사정을 함으로써, 실제 취득점수에 의하면 충분히 합격할 수 있는 원고 들에 대하여 불합격처분을 하였다면 위법하다."

대판 1990. 8. 28. 89누8255

3) 성적평가에 평가에 있어서 자율권

판례 채점기준의 자유재량성

"채점기준은 답안채점위원의 전문적 지식과 학문적 양식에 따른 자유재량에 속하는 것이다."

대판 1979. 6. 12. 79누13

4) 그 밖에 학점의 인정과 학위의 수여에 대한 자율권, 학생의 징계와 포상 등을 자주적으로 결정하는 권리를 가진다.

(4) 대학자치와 경찰권

대학의 문제에 경찰권이 어느 정도 개입할 수 있는가가 문제되나, 자유롭고 창조적인 연구와 교육활동을 위해서는 대학이 자주적인 가택권과 질서유지권 및 징계권을 가져야 한다.

학내문제에 대해서는 대학이 1차적으로 대처해야 한다(연구와 교육의 차원에서). 대학의 대처능력에 한계가 있을 때에 비로소 경찰개입이 이루어질 수 있지만, 한계판단권은 대학에 있다고 보아야 한다.

(5) 대학자치의 한계와 제한

대학자치도 제도보장의 성격을 가지므로 제도내적 법률유보의 적용을 받는다. 다만, 본질적 내용침해금지는 적용된다. 학문연구기관인 대학의 자주적 운영의 보장이 핵심이다.

대학에 있어 교수의 인사나 시설, 운영 등에 관한 사항은 대학의 자율에 맡긴다.

Ⅵ. 평생교육의 진흥

헌법은 국가에게 평생교육진흥의무를 지우고 있다(제35조 제1항). 학교교육 및 평생교육을 포함한 교육제도와 그 운영, 교육재정 및 교원의 지위에 관한 기본적인 사항은 법률로 정한다(제35조 제2항).

헌법과 교육기본법에 규정된 평생교육의 진흥에 대한 국가 및 지방자치단체의 책임과 평생교육제도와 그 운영에 관한 기본적인 사항을 정함을 목적으로 제정된 평생교육법은 “평생교육”을 학교의 정규교육과정을 제외한 학력보완교육, 성인 문자해득교육, 직업능력 향상교육, 인문교양교육, 문화예술교육, 시민참여교육 등을 포함하는 모든 형태의 조직적인 교육활동으로 정의하고 있다(제2조 제1호).

평생교육관련제도로는 방송통신교육, 개방대학, 학점은행제 등이 실시되고 있으며 관련 법률로는 평생교육법[26] 이외에 산업교육진흥법 등이 있다.

26) 평생교육법의 제정으로 사회교육법, 독학에 의한 학위취득에 관한 법률 등은 폐지되었다.

Ⅶ. 지방교육자치제

1. 의의와 법적 근거

지방교육자치제란 교육・학예 등에 관한 사무를 자치단체의 일반행정조직과 구별되는 별도의 기구를 통하여 독립적으로 운영하게 하는 제도이다. 지방자치법은 지방자치단체의 교육・과학・기술・체육 그 밖의 학예에 관한 사무를 분장하기 위하여 별도의 기관을 두도록 하고 있으며 그 기관의 조직과 운영에 필요한 사항은 별도의 법률로 정한다고 규정하고 있다(제121조). 이에 따라 '지방교육자치에 관한 법률'은 교육의 자주성 및 전문성과 지방교육의 특수성을 살리기 위하여 지방자치단체의 교육・과학・기술・체육 그 밖의 학예에 관한 사무를 관장하는 기관의 설치와 그 조직 및 운영 등에 관한 사항을 규정하고 있다(제1조).

지방교육자치에 관한 법률은 지방자치단체의 교육・과학・기술・체육 그 밖의 학예에 관한 사무는 특별시・광역시 및 도의 사무로 한다고 규정하여(제2조), 지방교육자치를 광역자치단체에만 인정하고 있다.

2. 지방교육자치기구

교육・학예에 관한 중요사항을 심의・의결하는 의결기관으로 시・도의회의 교육상임위원회와 집행기관으로 시・도 교육감이 있다.

(1) 시・도의회 상임위원회

종전에는 별도로 교육위원회가 있었지만, 현재는 시・도의회 내의 상임위원회[27]가 지방자치단체의 교육・학예에 관한 사무를 심의하고 의결한다. 시・도의회의 상임위원회는 시・도의회에 제출할 조례안이나 예산안 등에 대한 심의권과 의결권 등을 가지고 있다.

(2) 교육감

1) 집행기관으로서의 교육감

특별시・광역시・도의 교육・학예에 관한 사무의 집행기관이다. 임기는 4년이며 계속재임은 3기에 한한다(지방교육자치에 관한 법률 제21조). 국가행정사무 중 시・도에 위임하여 시행

---

27) 위원회는 조례로 정하도록 하고 있는데(지방자치법 제56조 제1항), 각 자치단체는 교육위원회를 설치하고 있다.

하는 사무로서 교육·학예에 관한 사무는 교육감에게 위임하여 행한다(제19조).[28]

교육감은 교육·학예에 관한 조례안의 작성 및 제출에 관한 사항, 예산안의 편성 및 제출에 관한 사항, 결산서의 작성 및 제출에 관한 사항 등을 관장한다(제20조).

2) **교육감의 보조기관**

교육감 소속하에 국가공무원으로 보하는 부교육감 1인(인구 800만명 이상이고 학생 150만명 이상인 시·도는 2인)을 둔다(제30조).

3) **하급교육행정기관**

시·도의 교육·학예에 관한 사무를 분장하기 위하여 1개 또는 2개 이상의 시·군 및 자치구를 관할구역으로 하는 하급교육행정기관으로서 교육지원청을 두되, 교육지원청에는 교육장을 둔다. 교육장은 시·도의 교육·학예에 관한 사무 중 1. 공·사립의 유치원·초등학교·중학교·고등공민학교 및 이에 준하는 각종 학교의 운영·관리에 관한 지도·감독, 2. 그 밖에 조례로 정하는 사무를 위임받아 분장한다(제34조, 제35조).

(3) **교육재정**

교육·학예에 관한 경비는 1. 교육에 관한 특별부과금·수수료 및 사용료, 2. 지방교육재정교부금, 3. 해당지방자치단체의 일반회계로부터의 전입금, 4. 유아교육지원특별회계에 따른 전입금, 5. 제1호부터 제4호까지 외의 수입으로서 교육·학예에 속하는 수입 등의 재원(財源)으로 충당한다(제36조).

제3절 혼인·가족제도

Ⅰ. 헌법규정

우리 헌법은 "혼인과 가족생활은 개인의 존엄과 양성의 평등을 기초로 성립되고 유지되어야 하며, 국가는 이를 보장한다"고 하여 혼인·가족제도 내지 혼인·가족생활의 권리를 규정하고 있다(제36조 제1항).

---

28) 다만, 법령에 다른 규정이 있는 경우에는 그러하지 아니하다.

Ⅱ. 혼인·가족생활에 관한 헌법규정의 의의와 법적 성격

1. 의 의

재래의 가부장제에 대한 개혁을 선언하고, 개인의 존엄과 양성의 평등에 입각한 민주적 혼인·가족제도를 보장하고, 혼인·가족생할의 권리를 기본권으로 인정한 데 그 의의가 크다.

2. 법적 성격

제36조 제1항의 법적 성격과 관련해서는 ① 제도적 보장과 주관적 방어권의 성격을 가진다는 견해,[29] ② 생존권적 성격과 제도보장의 성격을 가진다는 견해,[30] ③ 헌법차원의 원칙규범임과 동시에 제도보장에 관한 규정으로 보는 견해[31], ④ 문명적인 가족관계를 정립하겠다는 헌법적 결단의 표현이라고 하는 견해[32] 등 다양한 의견이 제시되고 있다. 생각건대 혼인가족제도의 보장과 더불어 혼인·가족생활에 관한 권리를 보장한 규정으로 이해하는 것이 옳다고 본다. 기본권의 성격도 가진다고 볼 때, 혼인·가족생활의 자유라는 자유권적 측면과 국가에 대한 적극적인 급부를 요구할 수 있는 사회권적 측면의 양 측면을 가지고 있다고 본다.

판례 혼인·가족제도의 법적 성격

"헌법 제36조 제1항은 '혼인과 가족생활은 개인의 존엄과 양성의 평등을 기초로 성립되고 유지되어야 하며, 국가는 이를 보장한다'라고 규정하고 있는데, 헌법 제36조 제1항은 혼인과 가족생활을 스스로 결정하고 형성할 수 있는 자유를 기본권으로서 보장하고, 혼인과 가족에 대한 제도를 보장한다. 그리고 헌법 제36조 제1항은 혼인과 가족에 관련되는 공법 및 사법의 모든 영역에 영향을 미치는 헌법원리 내지 원칙규범으로서의 성격도 가지는데, 이는 적극적으로는 적절한 조치를 통해서 혼인과 가족을 지원하고 제3자에 의한 침해 앞에서 혼인과 가족을 보호해야 할 국가의 과제를 포함하며, 소극적으로는 불이익을 야기하는 제한조치를 통해서 혼인과 가족

---

29) 헌재 2002. 8. 29. 2001헌바82.

30) 김철수, 앞의 책(상), 1206면.

31) 권영성, 앞의 책, 279면.

32) 허영, 앞의 책, 178-179면. 허영 교수는 혼인과 가족생활에 관한 규정은 우리 헌법의 근본원리의 하나인 문화민족의 이념에 알맞은 문명적인 가족관계를 실현하기 위한 것으로 이 규정을 제도보장적 이론에 따라 설명하거나 기본권적 성격에 관한 논의는 무의미하다고 한다.

을 차별하는 것을 금지해야 할 국가의 의무를 포함한다."

헌재 2002. 8. 29. 2001헌바82

3. 헌법상 보장되는 혼인 · 가족생활의 내용

(1) 혼인의 자유와 민주적 혼인제도

1) 혼인형성의 자유

혼인결정의 자유는 혼인여부, 시기, 상대방 결정의 자유를 포함한다. 결혼퇴직제는 혼인의 자유를 침해하여 위헌이다. 동성동본 금혼제도도 헌법불합치 결정을 받았다.[33)]

다만, 미성년자의 혼인에 친권자 또는 후견인의 동의를 요하는 것과 중혼을 금지하는 것, 합리적 범위 내의 근친혼을 금지하는 것 등은 합리적 제한이다.

동성 간의 혼인을 인정할 것인가에 대해서는 많은 논란이 있다. 아일랜드는 2015년 헌법개정을 통하여 동성 간의 결혼을 헌법으로 보장한 대표적인 나라이다.[34)] 미국의 경우에는 연방헌법에 혼인에 대한 규정은 없지만, 연방대법원은 동성혼인의 권리도 헌법상 보장되는 근본적 권리라고 인정한 바 있다.[35)] 독일의 경우 종전 연방헌법재판소는 동성 간의 결합은 헌법 제6조 제1항의 혼인에 포함되지 않는다고 보면서도, 입법을 통해 동성 간 결합에 대하여 혼인과 동등 내지 유사한 보호를 하는 것은 기본법의 혼인보호조항에 위반되는 것은 아니라고 판시하였다.[36)] 우리나라에서는 혼인은 남녀의 합의를 말하므로 동성 간의 생활공동체는 헌법이 보호하는 혼인에 포함되지 않는다는 견해,[37)] 헌법 제36조 제1항의 '양성'이라는 법문은 혼인이 남녀 간의 결합이어야 한다는 전제이므로 동성혼인을 인정하지 않는 것은 헌법에 위반되지 않는다고 하면서 동성혼인을 인정하려면 헌법개정이 필요하다는 견해[38)] 등은 대체로 부정적으로 보는 입장이다. 헌법재판소도 "헌법

---

33) 헌재 1997. 7. 16. 95헌가6 등(병합).

34) "성별에 관계없이 두 사람이 법률에 따라 혼인관계를 맺을 수 있다"(아일랜드 헌법 제42조 제4항).

35) Obergefell v. Hodges, 576 U.S. 644(2015). 그 밖에 네덜란드, 벨기에, 캐나다 등이 동성커플의 혼인을 인정하는 나라들이다.

36) BVerfGE 105, 313(Rn. 79, 88, 90). 이에 따라 독일에서는 2001년 동성동반자법(Gesetz über die Eingetragene Lebenspartnerschaft)이 제정되어 동성간의 결합에 대해 규율하고 있어 혼인대체제도를 인정하는 예라고 할 수 있다.

37) 김학성 · 최희수, 전정 4판[2020년판] 헌법학원론, 피앤씨미디어, 2020, 753−754면. 동성커플의 '행복추구 및 평등'을 '동반자관계를 긍정하는 법률'을 통해 보호하려는 접근이 세계적 조류지만, 동성혼은 자연법질서에 반하는 것으로 동시에 헌법이 보호하는 '혼인 및 가정'을 파괴하는 것으로 허락될 수 없다고 한다. 이들이 행복추구권을 추구하는 것은 별개의 문제라고 한다.

제36조 제1항에서 규정하는 '혼인'이란 양성이 평등하고 존엄한 개인으로서 자유로운 의사의 합치에 의하여 생활공동체를 이루는 것으로서 법적으로 승인받은 것을 말하므로, 법적으로 승인되지 아니한 사실혼은 헌법 제36조 제1항의 보호범위에 포함된다고 보기 어렵다"고 판시한 예에서도 보듯이 혼인은 양성을 전제한 것으로 보고 있다. 한편 혼인에 있어서 '법적 승인'의 의미를, 법률에 의해 구체화된 합법성의 테두리 내에서 이루어진 혼인만을 의미하는 것으로 이해해서는 안 된다고 하면서 국가가 용인하는 특정형태의 결합만을 혼인으로 보게 되어 혼인의 자유를 출발점으로 하는 혼인헌법의 근본정신을 훼손할 우려가 있다는 견해도 있다.[39]

2) 혼인관계유지의 자유

간통죄의 경우 성적 자기결정권의 제한이라는 논의가 있다. 혼인의 순결, 일부일처제를 보호하는 공익적인 요구가 커 아직은 합헌이라는 것이 종래의 판례의 태도였지만,[40] 2015년 헌법재판소는 간통죄를 규정한 형법 제241조는 과잉금지원칙에 위배하여 국민의 성적 자기결정권 및 사생활의 비밀과 자유를 침해하는 것으로서 헌법에 위반된다고 결정하였다.[41] 혼인관계유지의 자유에는 일정한 경우에 혼인의 해소가 인정되지 않으면 안 된다. 즉, 일정한 요건과 절차에 따라 이혼이 허용된다.

판례 성적 자기결정권

"성적자기결정권은 각인 스스로 선택한 인생관 등을 바탕으로 사회공동체 안에서 각자가 독자적으로 성적 관을 확립하고, 이에 따라 사생활의 영역에서 자기 스스로 내린 성적 결정에 따라 자기책임 하에 상대방을 선택하고 성관계를 가질 권리를 의미하는 것이다. 비록 여성의 입장에서도 그 상대 남성이 설혹 결혼을 약속하면서 성행위를 요구한다고 하더라도 혼전 성관계를 가질 것인지 아닌지는 여성 스스로 판단하고 그에 따르는 책임도 스스로 지는 것이 원칙이다. 그리고 이러한 남녀간의 성문제는 기본적으로 개인간의 은밀한 사생활의 영역에 속하는 것이어서 범죄적인 측

38) 정종섭, 제11판 헌법학원론, 박영사, 2016, 250면. 그러나 동성간에 사실상 결합·생활하거나 성행위를 하는 것은 행복을 추구하기 위한 일반적 행동의 자유권과 성적 자기결정의 자유에 의하여 보장되는 것이므로 이를 제한하는 경우에는 헌법 제37조 제2항에 근거한 정당화가 있지 않으면 안 된다고 한다.

39) 김하열, 헌법강의, 박영사, 2018, 735면.

40) 헌재 2008. 10. 30. 2007헌가17 등; 헌재 2001. 10. 25. 2000헌바60; 헌재 1993. 3. 11. 90헌가70; 헌재 1990. 9. 10. 89헌마82.

41) 헌재 2015. 2. 26. 2009헌바17·205, 2010헌바194, 2011헌바4, 2012헌바57·255·411, 2013헌바139·161·267·276·342·365, 2014헌바53·464, 2011헌가31, 2014헌가4(병합).

면보다는 도덕 · 윤리적인 측면이 강하게 드러나는 점을 부인할 수는 없다."

헌재 2002. 10. 31. 99헌바40, 2002헌바50(병합)

3) 민주적 혼인제도

헌법이 보장하는 혼인제도는 개인의 존엄이 보장되고 양성평등을 기초로 성립되는 민주적 혼인제도이다. 입법으로도 이러한 민주적 혼인제도가 형해화될 수 있는 내용을 담아서는 안 된다.

(2) 개인의 존엄과 양성평등에 기초한 가족생활

1) 부부관계

부부관계는 기본적으로 부부평등의 원칙하에 유지되어야 한다. 부부에게는 동거 · 부양의무, 일상가사대리권, 공동친권이 인정되며, 부부별산제도 인정된다.

2) 친자관계

자녀에 대한 교육과 양육은 양친의 자연적 권리인 동시에 의무이다. 어린이에 대한 양육과 교육의 문제는 국가적 공동체도 응분의 책임을 져야 한다.

판례 부모의 자녀교육권의 위치

"자녀의 양육과 교육에 있어서 부모의 교육권은 교육의 모든 영역에서 존중되어야 하며, 다만, 학교교육에 관한 한, 국가는 헌법 제31조에 의하여 부모의 교육권으로부터 원칙적으로 독립된 독자적인 교육권한을 부여받음으로써 부모의 교육권과 함께 자녀의 교육을 담당하지만, 학교 밖의 교육영역에서는 원칙적으로 부모의 교육권이 우위를 차지한다."

헌재 2000. 4. 27. 98헌가16 등(병합)

3) 호주제의 위헌성

헌법재판소는 "호주제는 당사자의 의사나 복리와 무관하게 남계혈통 중심의 가의 유지와 계승이라는 관념에 뿌리박은 특정한 가족관계의 형태를 일방적으로 규정 · 강요함으로써 개인을 가족 내에서 존엄한 인격체로 존중하는 것이 아니라 가의 유지와 계승을 위한 도구적 존재로 취급하고 있는데, 이는 혼인 · 가족생활을 어떻게 꾸려나갈 것인지에 관한 개인과 가족의 자율적 결정권을 존중하라는 헌법 제36조 제1항에 부합하지 않는다"고 판시하였다.[42]

---

42) 헌재 2005. 2. 3. 2001헌가9등.

4. 혼인 · 가족생활에 관한 헌법규정의 효력

대국가적 효력을 가지므로 국가권력을 구속한다. 따라서 제36조 제1항에 위반되는 법률은 무효이고 집행과 사법도 이 조항에 위배될 때에는 헌법위반으로 무효가 된다. 혼인가족생활은 양성의 평등에 기초하므로 사인 간에도 적용된다.

5. 혼인 · 가족생활의 권리의 제한과 그 한계

혼인 · 가족생활의 권리는 제도보장과 기본권의 성격을 아울러 가지고 있다. 이렇게 본다면 입법에 의하여 제도의 내용이 형성될 수 있지만, 제도의 본질적인 내용이 침해되어서는 안 된다. 그리고 제37조 제2항에 따라 법률유보에 의한 제한이 가능하지만, 제한하더라도 그 본질적인 내용은 침해할 수 없다.

판례 중혼의 취소청구권자에서 직계비속을 제외한 것(헌법불합치)

"중혼의 취소청구권자를 규정한 이 사건 법률조항은 그 취소청구권자로 직계존속과 4촌 이내의 방계혈족을 규정하면서도 직계비속을 제외하였는바, 직계비속을 제외하면서 직계존속만을 취소청구권자로 규정한 것은 가부장적 · 종법적인 사고에 바탕을 두고 있고, 직계비속이 상속권 등과 관련하여 중혼의 취소청구를 구할 법률적인 이해관계가 직계존속과 4촌 이내의 방계혈족 못지않게 크며, 그 취소청구권자의 하나로 규정된 검사에게 취소청구를 구한다고 하여도 검사로 하여금 직권발동을 촉구하는 것에 지나지 않은 점 등을 고려할 때, 합리적인 이유 없이 직계비속을 차별하고 있어, 평등원칙에 위반된다." 헌재 2010. 7. 29. 2009헌가8

판례 이혼으로 인한 재산분할시 상속세 인적공제액을 초과하는 재산에 대한 증여세부과(위헌)

이혼시의 재산분할제도는 본질적으로 혼인 중 쌍방의 협력으로 형성된 공동재산의 청산이라는 성격에, 경제적으로 곤궁한 상대방에 대한 부양적 성격이 보충적으로 가미된 제도라 할 것이어서, 이에 대하여 재산의 무상취득을 과세원인으로 하는 증여세를 부과할 여지가 없으며, 설령 증여세나 상속세를 면탈할 목적으로 위장이혼하는 것과 같은 경우에 증여와 동일하게 취급할 조세정책적 필요성이 있다 할지라도, 그러한 경우와 진정한 재산분할을 가리려는 입법적 노력없이 반증의 기회를 부여하지도 않은 채 상속세 인적공제액을 초과하는 재산을 취득하기만 하면 그 초과부분에 대하여 증여세를 부과한다는 것은 입법목적과 그 수단간의 적정한 비례관계를 벗어난 것이며 비민주적 조세관의 표현이다. 그러므로 이혼시 재산분할을 청구하여 상속세 인적공제액을 초과하는 재산을 취득한 경우 그 초과부분에 대하여 증여세를 부과하는 것은, 증여세제의 본질에 반하여 증여라는 과세원인 없음에도 불구하고 증여세를 부과하는 것이어서 현저히 불합리하고 자의적이며 재산권보장의 헌법이념에 부합하지 않으므로 실질적 조세법률주의에 위배된다.

이혼시의 재산분할청구로 취득한 재산에 대하여 증여세를 부과하는 주된 입법목적은, 배우자의 사망으로 상속받는 재산에 대하여 상속세를 부과하는 것과 과세상 형평을 유지한다는 데 있다고 하나, 이혼과 배우자의 사망은 비록 혼인관계의 종료를 가져온다는 점에서 공통점이 있다 하더라도 그로 인한 재산관계, 신분관계는 여러 가지 면에서 차이가 있다. 그러므로 증여세의 상속세 보완세적 기능을 관철하는 데에만 집착한 나머지 배우자상속과 이혼시 재산분할의 재산관계의 본질적이고도 다양한 차이점을 무시하고 이를 동일하게 다루는 것은, 본질적으로 다른 것을 같게 다룸으로써 자신의 실질적 공유재산을 청산받는 혼인당사자를 합리적 이유없이 불리하게 차별하는 것이므로 조세평등주의에 위배된다.

헌재 1997. 10. 30. 96헌바14

판례 종합부동산 세대별 합산과세 및 부부자산소득합산과세(위헌)

• "특정한 조세 법률조항이 혼인이나 가족생활을 근거로 부부 등 가족이 있는 자를 혼인하지 아니한 자 등에 비하여 차별 취급하는 것이라면 비례의 원칙에 의한 심사에 의하여 정당화되지 않는 한 헌법 제36조 제1항에 위반된다 할 것인데, 이 사건 세대별 합산규정은 생활실태에 부합하는 과세를 실현하고 조세회피를 방지하고자 하는 것으로 그 입법목적의 정당성은 수긍할 수 있으나, 가족 간의 증여를 통하여 재산의 소유 형태를 형성하였다고 하여 모두 조세회피의 의도가 있었다고 단정할 수 없고, 정당한 증여의 의사에 따라 가족 간에 소유권을 이전하는 것도 국민의 권리에 속하는 것이며, 우리 민법은 부부별산제를 채택하고 있고 배우자를 제외한 가족의 재산까지 공유로 추정할 근거규정이 없고, 공유재산이라고 하여 세대별로 합산하여 과세할 당위성도 없으며, 부동산 가격의 앙등은 여러 가지 요인이 복합적으로 작용하여 발생하는 것으로서 오로지 세제의 불비 때문에 발생하는 것만이 아니며, 이미 헌법재판소는 자산소득에 대하여 부부간 합산과세에 대하여 위헌 선언한 바 있으므로 적절한 차별취급이라 할 수 없다.

또한 부동산실명법상의 명의신탁 무효 조항이나 과징금 부과 조항, 상속세 및 증여세법상의 증여 추정규정 등에 의해서도 조세회피의 방지라는 입법목적을 충분히 달성할 수 있어 반드시 필요한 수단이라고 볼 수 없다."

헌재 2008. 11. 13. 2006헌바112, 2007헌바71 · 88 · 94, 2008헌바3 · 62, 2008헌가12(병합)

• "부부간의 인위적인 자산 명의의 분산과 같은 가장행위 등은 상속세 및 증여세법상 증여의제규정 등을 통해서 방지할 수 있고, 부부의 공동생활에서 얻어지는 절

약가능성을 담세력과 결부시켜 조세의 차이를 두는 것은 타당하지 않으며, 자산소득이 있는 모든 납세의무자 중에서 혼인한 부부가 혼인하였다는 이유만으로 혼인하지 않은 자산소득자보다 더 많은 조세부담을 하여 소득을 재분배하도록 강요받는 것은 부당하며, 부부 자산소득 합산과세를 통해서 혼인한 부부에게 가하는 조세부담의 증가라는 불이익이 자산소득합산과세를 통하여 달성하는 사회적 공익보다 크다고 할 것이므로, 소득세법 제61조 제1항이 자산소득합산과세의 대상이 되는 혼인한 부부를 혼인하지 않은 부부나 독신자에 비하여 차별취급하는 것은 헌법상 정당화되지 아니하기 때문에 헌법 제36조 제1항에 위반된다." 헌재 2002. 8. 29. 2001헌바82

판례 공동사업합산과세제도

"거주자 1인과 그와 대통령령이 정하는 특수관계에 있는 자가 사업소득이 발생하는 사업을 공동으로 경영하는 사업자 중에 포함되어 있는 경우에는 당해 특수관계자의 소득금액은 그 지분 또는 손익분배의 비율이 큰 공동사업자의 소득금액으로 본다."고 규정한 부분(구 소득세법 제43조 제3항)이 포괄위임입법금지원칙 위반여부, 특수관계자 간의 공동사업에 있어 배우자와 가족을 차별하여 헌법 제36조 제1항에 위반되는지 여부, 헌법상 비례의 원칙에 위반되는지 여부가 다투어진 사건에서 헌법재판소는 포괄위임입법금지원칙[43]과 헌법 제36조 제1항에 위반되지는 않는다[44]

43) "이 사건 법률조항에서 포괄위임의 문제가 되고 있는 '특수관계자'의 의미를 이 사건 법률조항의 입법목적을 고려하여 이해할 경우, 대통령령에 정해질 특수관계자는 '공동사업을 가장한 소득의 위장 분산에 있어 이해가 상충되지 않는 관계' 또는 더 구체적으로 '당사자 쌍방의 이해관계가 대부분 서로 일치하여 공동사업의 소득 분산에 있어서도 이를 자유로이 좌우하여 조세부담을 경감시키기 쉬운 관계'로 파악하는 것이 그다지 어려운 것이 아니며, 특히 우리의 사회통념상 이러한 관계에 있을 것이 유력한 '친족 및 그와 유사한 관계에 있는 자'가 특수관계자의 개념에 포함될 것 또한 예측하기 어렵지 않다. 더불어 여러 조세법령의 입법형식에서 보여지 듯 특수관계자의 범위를 대통령령에 위임한 경우가 많은데, 이것은 경제현실의 변화에 즉응한 공정한 과세를 하고 조세회피행위에 적절히 대처하기 위한 조세입법정책상의 강한 필요에 따른 것으로 이러한 입법형식은 인정될 수 있다. 따라서, 이 사건 법률조항은 포괄위임입법금지원칙에 위반되지 않는다"고 판시하였다.

44) "이 사건 법률조항이 정한 공동사업합산과세제도는 공동사업이라는 특정한 사업형태에 대한 소득세 조세규율에 있어 조세회피방지라는 목적을 위해 특수한 관계에 있는 자들을 예외적으로 규율하는 것으로 이러한 관계 속에 배우자나 가족이 들어간다 하여도 이것이 혼인이나 가족관계를 결정적 근거로 한 차별 취급이라고 볼 수 없으며 단지 합리적인 조세제도 운용에 있어 파생된 부수적인 결과물이다. 또한, 공동사업은 이것을 영위하는 것처럼 가장하여 소득 분산을 기도할 개연성이 높고 그 입증이 쉽지 않으므로 이러한 특성을 고려하여 입법자는 공동사업을 위장하여 소득분산을 추구할 개연성이 높은 집단의 조세회피행위에 대처하기 위한 입법정책상의 강한 필요에 따라 이들을 달리 취급하도록 규정한 것이며 그러한 집단을 선정함에 있어 혼인이나 가족관계를 특별히 차별 취급하려는 것이 아니라 위장 분산의 개연성이 높고 그 입증이 쉽지 않을 것으로 예상되는 여러 집단 중의 하나로 규정한 것으로 이 사건 법률조항은 헌법 제36조 제1항에 위반되지 않는다"고 판시하였다.

고 보면서 비례의 원칙에는 위반된다고 판시하고 있다. 즉, "이 사건 법률조항은 일률적으로 특수관계자의 사업소득을 지분이나 손익분배의 비율이 큰 공동사업자의 소득금액으로 의제함으로써 조세회피행위의 방지라는 입법목적을 달성하는데 있어 필요 이상의 과도한 방법을 사용하였다. 즉, 실질적으로 사업소득이 누구에게 귀속되었는가와 상관없이 이 사건 법률조항을 일률적으로 적용하게 됨으로 과세 대상의 실질이나 경제적 효과가 납세자에게 발생한 것으로 볼 수 없는 상황에서도 실질조사나 쟁송 등을 통해 조세회피의 목적이 없음을 밝힘으로써 그 적용을 면할 수 있는 길을 열어두지 않고 있으며 이는 일정한 외관에 의거하여 가공의 소득에 대해, 또는 소득이 귀속되지 않은 자에 대한 과세로서 조세행정의 편의만을 위주로 제정된 불합리한 법률이다. 또한, 이러한 입법 형식을 정당화 시켜줄 수 있는 다른 입법목적이나 조세정책적 필요성이 있다고 보이지도 않는다. 비록 공동사업을 가장한 소득의 위장 분산에 대한 개별 구체적 사정 등을 과세관청에서 실질적으로 조사하여 파악하기 어렵다 하여도 추정의 형식을 통해 그 입증 책임을 납세자에게 돌릴 수 있으며 이러한 것이 조세행정상 과세관청의 부담을 특별히 가중시킨다고 볼 수 없는 반면, 반증의 기회를 제공하지 않음으로써 납세자에게 회복할 수 없는 피해를 초래할 가능성이 높아 이를 통해 달성하려는 입법 목적과 사용된 수단 사이의 비례관계가 적정하지 아니하다"고 판시하였다. 헌재 2006. 4. 27. 2004헌가19

판례 성전환자에 대한 호적상 성별 기재의 정정 허용 여부[45)]

[1] 종래에는 사람의 성을 성염색체와 이에 따른 생식기 · 성기 등 생물학적인 요소에 따라 결정하여 왔으나 근래에 와서는 생물학적인 요소뿐 아니라 개인이 스스로 인식하는 남성 또는 여성으로의 귀속감 및 개인이 남성 또는 여성으로서 적합하다고 사회적으로 승인된 행동 · 태도 · 성격적 특징 등의 성 역할을 수행하는 측면, 즉 정신적 · 사회적 요소들 역시 사람의 성을 결정하는 요소 중의 하나로 인정받게 되었으므로, 성의 결정에 있어 생물학적 요소와 정신적 · 사회적 요소를 종합적으로 고려하여야 한다.

[2] 성전환증을 가진 사람의 경우에도, 남성 또는 여성 중 어느 한쪽의 성염색체를 보유하고 있고 그 염색체와 일치하는 생식기와 성기가 형성 · 발달되어 출생하지만 출생 당시에는 아직 그 사람의 정신적 · 사회적인 의미에서의 성을 인지할 수 없

45) 호적상 여성으로 등재되어 있으나, 성장기부터 여성에 대한 불일치감과 남성으로의 귀속감을 나타내면서 성인이 된 후에는 오랜 기간 동안 남성으로서 살다가 성전환수술을 받아 남성의 외부 성기와 신체 외관을 갖춘 사람이 호적정정 및 개명 신청을 한 사안에서, 사회통념상 남성으로 평가될 수 있는 성전환자에 해당함이 명백하므로 호적정정 및 개명을 허가할 여지가 충분히 있다고 보아, 성전환자에 대한 호적정정을 허용할 근거가 없다는 등의 이유로 이를 불허한 원심결정을 파기한 사례이다. 그 밖에 대법원은 성전환자가 강간죄의 객체인 '부녀'에 해당한다고 판시하였다(대판 2009. 9. 10. 2009도3580).

으므로, 사회통념상 그 출생 당시에는 생물학적인 신체적 성징에 따라 법률적인 성이 평가될 것이다. 그러나 출생 후의 성장에 따라 일관되게 출생 당시의 생물학적인 성에 대한 불일치감 및 위화감·혐오감을 갖고 반대의 성에 귀속감을 느끼면서 반대의 성으로서의 역할을 수행하며 성기를 포함한 신체 외관 역시 반대의 성으로서 형성하기를 강력히 원하여, 정신과적으로 성전환증의 진단을 받고 상당기간 정신과적 치료나 호르몬 치료 등을 실시하여도 여전히 위 증세가 치유되지 않고 반대의 성에 대한 정신적·사회적 적응이 이루어짐에 따라 일반적인 의학적 기준에 의하여 성전환수술을 받고 반대 성으로서의 외부 성기를 비롯한 신체를 갖추고, 나아가 전환된 신체에 따른 성을 가진 사람으로서 만족감을 느끼고 공고한 성정체성의 인식 아래 그 성에 맞춘 의복, 두발 등의 외관을 하고 성관계 등 개인적인 영역 및 직업 등 사회적인 영역에서 모두 전환된 성으로서의 역할을 수행함으로써 주위 사람들로부터도 그 성으로서 인식되고 있으며, 전환된 성을 그 사람의 성이라고 보더라도 다른 사람들과의 신분관계에 중대한 변동을 초래하거나 사회에 부정적인 영향을 주지 아니하여 사회적으로 허용된다고 볼 수 있다면, 이러한 여러 사정을 종합적으로 고려하여 사람의 성에 대한 평가 기준에 비추어 사회통념상 신체적으로 전환된 성을 갖추고 있다고 인정될 수 있는 경우가 있다 할 것이며, 이와 같은 성전환자는 출생시와는 달리 전환된 성이 법률적으로도 그 성전환자의 성이라고 평가받을 수 있을 것이다.

[3] [다수의견] 성전환자의 경우에는 출생시의 성과 현재 법률적으로 평가되는 성이 달라, 성에 관한 호적의 기재가 현재의 진정한 신분관계를 공시하지 못하게 되므로, 현재 법률적으로 평가되는 성이 호적에 반영되어야 한다. 현행 호적법에는 출생시 호적에 기재된 성별란의 기재를 위와 같이 전환된 성에 따라 수정하기 위한 절차 규정이 따로 마련되어 있지 않다. 그러나 진정한 신분관계가 호적에 기재되어야 한다는 호적의 기본원칙과 아울러, 첫째 성전환자도 인간으로서의 존엄과 가치를 향유하며 행복을 추구할 권리와 인간다운 생활을 할 권리가 있고 이러한 권리들은 질서유지나 공공복리에 반하지 아니하는 한 마땅히 보호받아야 한다는 점, 둘째 호적법이 성전환자의 호적상 성별란 기재를 수정하는 절차규정을 두지 않은 이유는 입법자가 이를 허용하지 않기 때문이 아니라 입법 당시에는 미처 그 가능성과 필요성을 상정하지 못하였기 때문이라는 점, 셋째 호적법 제120조에 의한 호적정정사유 중 호적의 기재가 법률상 허용될 수 없는 경우를 해석함에 있어서 호적 기재 후의 법령의 변경 등 사정의 변경에 의하여 법률상 허용될 수 없음이 명백하게 된 경우를 반드시 배제하여야 할 필요가 있다고 보기 어려울 뿐 아니라, 호적법 제120조에 의한 호적정정 절차를 둔 근본적인 취지가 호적의 기재가 부적법하거나 진실에 반하는 것이 명백한 경우에 그 기재 내용을 판결에 의하지 아니하고 간이한 절차에 의하여 사실에 부합하도록 수정할 수 있도록 함에 있다는 점을 함께 참작하여 볼

때, 구체적인 사안을 심리한 결과 성전환자에 해당함이 명백하다고 증명되는 경우에는 호적법 제120조의 절차에 따라 그 전환된 성과 호적의 성별란 기재를 일치시킴으로써 호적기재가 진정한 신분관계를 반영할 수 있도록 하는 것이 호적법 제120조의 입법 취지에 합치되는 합리적인 해석이라는 점을 종합하여 보면, 성전환자에 해당함이 명백한 사람에 대하여는 호적정정에 관한 호적법 제120조의 절차에 따라 호적의 성별란 기재의 성을 전환된 성에 부합하도록 수정할 수 있도록 허용함이 상당하다. 성전환자에 해당함이 명백한 사람에 대하여 호적법 제120조에서 정한 절차에 따라 성별을 정정하는 호적정정이 허가되고 그에 따라 전환된 성이 호적에 기재되는 경우에, 위 호적정정 허가는 성전환에 따라 법률적으로 새로이 평가받게 된 현재의 진정한 성별을 확인하는 취지의 결정이므로 호적정정허가 결정이나 이에 기초한 호적상 성별란 정정의 효과는 기존의 신분관계 및 권리의무에 영향을 미치지 않는다고 해석함이 상당하다. 대결 2006. 6. 22. 2004스42

판례 성전환자의 성별정정(성전환자가 혼인 중에 있거나 미성년자인 자녀가 있는 경우)

[1] [다수의견] 성전환수술에 의하여 출생 시의 성과 다른 반대의 성으로 성전환이 이미 이루어졌고, 정신과 등 의학적 측면에서도 이미 전환된 성으로 인식되고 있다면, 전환된 성으로 개인적 행동과 사회적 활동을 하는 데에까지 법이 관여할 방법은 없다. 그러나 성전환자가 혼인 중에 있거나 미성년자인 자녀가 있는 경우에는, 가족관계등록부에 기재된 성별을 정정하여, 배우자나 미성년자인 자녀의 법적 지위와 그에 대한 사회적 인식에 곤란을 초래하는 것까지 허용할 수는 없으므로, 현재 혼인 중에 있거나 미성년자인 자녀를 둔 성전환자의 성별정정은 허용되지 않는다.

[2] 가족관계등록부상 남성으로 등재되어 있는 갑이 을과 혼인을 하여 미성년자인 자녀 병을 두고 있었는데 심한 성정체성 장애 때문에 수차례 정신과 치료를 받아오다가 결국 성전환수술 등을 받았고 이에 가족관계등록부상의 성별란 정정을 신청한 사안에서, 성전환자가 혼인 중에 있거나 미성년자인 자녀가 있는 경우에는 가족관계등록부에 기재된 성별을 정정하여 배우자나 미성년자인 자녀의 법적 지위와 그에 대한 사회적 인식에 곤란을 초래하는 것까지 허용할 수는 없으므로, 현재 혼인 중에 있거나 미성년자인 자녀를 둔 성전환자의 성별정정은 허용되지 않는다.

대결 2011. 9. 2. 2009스117

제2부

통치구조론

제1편 통치구조의 원리와 형태론

제2편 통치작용론

제3편 통치기구론

제1편

통치구조의 원리와 형태론

제1장 통치구조의 기본이념
제2장 통치구조의 구성원리
제3장 통치형태론

제1장 통치구조의 기본이념

통치구조[1]를 어떻게 파악하는가도 헌법을 보는 시각에 따라 달라질 수 있다. 전통적인 견해는 민주주의의 통치구조를 역사적 과정에서 확립된 입헌주의에 입각한 통치방식으로 이해하여 통치구조는 국민의 자유·권리를 수호(보호)하기 위해 국가권력의 행사를 헌법에 의해 규율(제한)하려는 메커니즘으로 파악하고 있다. '국민의 기본권실현을 위한 국가권력의 제도적·기능적 제동장치', '민주공화제의 구현과 기본권보장을 실현하기 위한 수단이고 제도적 장치'로 파악하는 것이 그 예이다.[2]

민주주의는 그 최상의 가치지표인 국민의 기본권보장을 목적으로 하는 바, 그 실현을 위한 국가의 권력구조는 기본권에서 정당성과 그 한계를 발견한다.

Ⅰ. 통치구조의 기본권기속성

결코 국가는 국민의 의사와는 무관한 독자적 완성물로서 스스로 자기목적을 추구하는 강제기구로 이해될 수 없으며, 민주적 통치구조 내의 모든 권능행사는 언제나 기본권적 가치실현에 초점을 두어야 한다. 헌법재판소는 '긴급재정경제명령 등 위헌 확인사건'에서 긴급재정경제명령은 국가긴급권의 일종으로서 고도의 정치적 결단에 의하여 발동되는 행위이고 그 결단을 존중하여야 할 필요성이 있는 행위라는 의미에서 이른바 통치행위에 속한다고 할 수 있다고 보면서, 다음과 같이

1) 통치라는 용어가 군림하여 다스린다는 의미를 가진 전근대적인 용어로 국민주권주의 하에서는 적절하지 못한 용어라는 비판이 있다. 이러한 관점에서 통치구조론을 국가권력규범론으로, 통치기구를 '국가권력조직·행사'로 사용하는 견해(정재황, 제6판 신헌법입문, 박영사, 2016, 570면).

2) 헌법관에 따른 통치기구의 이해에 대해서는 허영, 전정13판 한국헌법론, 박영사, 2017, 661-676면 참조.

국가작용의 기본권기속성을 인정하고 있다.

판례 국가작용의 기본권기속성

"통치행위를 포함하여 모든 국가작용은 국민의 기본권적 가치를 실현하기 위한 수단이라는 한계를 반드시 지켜야 하는 것이고, 헌법재판소는 헌법의 수호와 국민의 기본권 보장을 사명으로 하는 국가기관이므로 비록 고도의 정치적 결단에 의하여 행해지는 국가작용이라고 할지라도 그것이 국민의 기본권침해와 직접 관련되는 경우에는 당연히 헌법재판소의 심판대상이 된다." 헌재 1996. 2. 29. 93헌마186

한편, 이 사건에서는 국회가 이 사건 긴급명령을 발한 대통령에 대하여 헌법 제65조에 의한 탄핵소추의결을 하지 아니한 것이 청구인의 헌법상 기본권을 침해하는 것인지 여부도 다투어졌으나, 헌법재판소는 다음과 같은 이유로 각하하였다.

"부작위위헌확인소원은 기본권보장을 위하여 헌법상 명문으로 또는 헌법의 해석상 특별히 공권력 주체에게 작위의무가 규정되어 있어 청구인에게 그와 같은 작위를 청구할 헌법상 기본권이 인정되는 경우에 한하여 인정되는 것인바, 헌법 제65조 제1항은 국회의 탄핵소추의결이 국회의 재량행위임을 명문으로 밝히고 있고 헌법해석상으로도 국정통제를 위하여 헌법상 국회에게 인정된 다양한 권한 중 어떠한 것을 행사하는 것이 적절한 것인가에 대한 판단권은 오로지 국회에 있다고 보아야 할 것이며, 나아가 청구인에게 국회의 탄핵소추의결을 청구할 권리에 관하여도 아무런 규정이 없고 헌법해석상으로도 그와 같은 권리를 인정할 수 없으므로, 국회에게 대통령의 헌법 등 위배행위가 있을 경우에 탄핵소추의결을 하여야 할 헌법상 작위의무가 있다 할 수 없어 국회의 탄핵소추의결 부작위에 대한 위헌확인소원은 부적법하다." 헌재 1996. 2. 29. 93헌마186

Ⅱ. 통치권의 민주적 정당성

결단주의적 헌법관에서는 치자와 피치자의 동일성의 원리를 통치권력의 정당성의 요건으로 보고 있다. 통합론적 헌법관에서는 민주적 통치권력의 창설과 그 귀착이 국민의 합의(Konsens: 기본권)에 기초하여야 정당성을 취득한다고 본다. 통치권의 창설과 존속은 언제나 국민적 합의에 근거하여야 한다는 통치권의 민주적 정당성이 요구된다. 통치권의 민주적 정당성은 성립과 존속 및 행사가 궁극적으로 국민의 합의에 근거하여야 하며 나아가 통치기관이 행사하는 통치권의 크기는 그 기관에게 인정되는 민주적 정당성의 크기에 상응하는 것이어야 한다. 따라서 국민의 직접선거에 의하여 선출된 통치기관은 간접선거에 의해 선출된 통치기관보다 민주적 정당성이 더 크다고 보아야 한다.[3)]

Ⅲ. 통치권행사의 절차적 정당성

1. 통치권행사의 방법과 과정의 정당성

민주적 정당성을 갖춘 통치권은 그 행사방법과 과정의 측면에서도 정당성을 갖출 것이 요구된다. 이는 통치권행사의 남용 · 악용을 방지하기 위한 효율적 통제수단의 제도화가 요구된다는 뜻이다.

2. 통치권의 기본권기속성과의 관계

통치권행사의 절차적 정당성은 통치권의 기본권기속성의 실효성확보를 위한 불가결한 제도적 장치이다.

3. 절차적 정당성을 확보하는 방안

통치권의 민주적 정당성을 확보하는 방안으로는 국가작용을 기능에 따라 나누어 서로 다른 국가기관에 귀속시키는 권력분립과 적법절차와 구제를 요구하는 법치주의의 확립이 대표적이다.

3) 허영, 앞의 책, 681－682면.

■ **사례: 통치권의 민주적 정당성 관련(2006년 제48회 사법시험 문제)**

대법원장 甲은 임기 만료된 대법관들 중 乙을 헌법재판소 재판관으로, 丙을 중앙선거관리위원회 위원으로 각 지명하고, 대통령에게 乙과 丙의 후임자로 법관 丁과 戊를 대법관 후보자로 임명 제청하였다. 이에 시민단체는 이러한 권한들을 포함하는 대법원장의 국가기관구성권이 너무 광범위하여, 우리 헌법의 기본원리에 맞지 않으므로 헌법개정이 필요하다는 취지의 성명을 발표하였다. 위 시민단체가 주장 가능한 논거를 제시하고, 이를 평가하시오(20점).

■ **쟁점**

1. 민주적 정당성 위배문제
2. 권력분립원리의 위배문제

제2장 통치구조의 구성원리

통치구조의 구성원리 내지 조직원리가 무엇이냐에 대해서는 학자에 따라 차이가 있지만, 통치조직의 이념적 기초가 국민주권주의이고, 이념적 가치는 기본권보장에 있으며, 통치조직 역시 법치주의에 준거해야 함을 부인할 수 없다. 따라서 통치조직의 구성원리로 국민주권주의, 기본권보장주의, 법치주의 등을 들 수 있으나, 이러한 것들은 이미 헌법의 기본원리에서 상세히 다루었다. 문제는 통치조직의 구체적 제도화의 원리로서 중요한 것은 대의제(국민대표주의)와 권력분립주의를 들지 않을 수 없다. 그리고 정부형태와 국가기관은 통치조직의 원리의 면보다 통치조직의 형태의 면으로 파악하여 다루는 것이 타당하다고 본다.

제1절 대의제(국민대표주의)

Ⅰ. 대의제의 의의와 기능

1. 개념과 필요성

대의제란 주권자인 국민이 직접 국가의사를 결정하지 아니하고 그들이 선출한 대표자로 하여금 결정케 함으로써 간접적으로 참여하는 기관구성 및 의사결정의 원리 또는 제도를 의미한다. 직접민주제가 가장 이상적인 통치원리이나, 현대국가에서는 현실적인 여건으로 말미암아 대부분 간접민주제인 대의제를 채택하고 있다.

2. 대의제의 개념적 징표

(1) 치자와 피치자의 분리사고

1) 기관구성권과 정책결정권의 분리

국민대표제란 치자와 피치자를 구별하여 피치자에게 국가기관을 구성하는 권한과 통제권을 유보하고 치자에게 국가의사나 정책을 결정할 수 있는 권한과 책임을 부여하는 통치기관의 구성원리이다.

2) 국가의사와 국민의사의 불일치

국민대표에 있어서는 대표기관이 내린 결정(국가의사)은 국민의 의사로 간주한다. 국가의사와 국민의사가 일치하는 것이 이상적이라 할 수 있으나, 대의제는 대의기관의 의사결정이 국민의 합의에 의하여 정당화될 수 있도록 노력하는 의사결정의 메커니즘이지 국가의사와 국민의사가 항상 일치한다는 정치적 환상에서 출발하는 제도가 아니다.[1] 다만 국민의사와 다른 국가의사는 선거 등을 통하여 정당성을 박탈할 수 있음에 대의제의 본질이 있다.

3) C. Schmitt에 있어서의 대의제

치자와 피치자의 동일성을 전제로 국민의 자기통치를 주장하는 C. Schmitt적 민주주의 철학과 대의제는 이념적으로 조화되기 어렵다. Schmitt도 이 점은 시인하고 있으며, 동일성이론과 대의제 모두를 정치적 형성원리로 인정하지만 대의제는 자기통치가 실현될 수 없는 경우의 불완전한 보충원리로 생각하고 있다.

(2) 자유위임(무기속위임)

국민대표는 그것이 정당성의 원리에 기초를 두고 있다는 점에서 의사대리를 본질로 하는 민법상 대리나 대표와는 구별되는 개념이다. 국민대표는 전체를 위한 독자적인 의사결정을 그 내용으로 하는 반면 민법상의 대리나 대표는 부분을 위한 의사전달이나 의사실현을 그 내용으로 하는 점에서 차이가 있다. 따라서 국민대표는 강제적 위임(명령위임)과는 이념적으로 조화되기 어렵다. 즉 대표는 직무를 수행함에 있어 자신을 선출한 주권적 국민의 지시나 명령에 구속되지 아니하고 오로지 양심에 따라 독립하여 행동하며 부분이익보다는 전체이익이 우선하여야 한다.

---

1) 허영, 앞의 책, 703면. 허영 교수는 대의제는 국가의사와 국민의사의 일치가능성을 높이기 위한 input채널을 제도적으로 보장함으로써 민주적 정당성을 위한 메커니즘으로 파악한다.

대표자가 국민에 대해서 지는 책임은 정치적 책임(통설)이고 이 책임은 차기선거에서 평가받게 된다. 대의제하에서는 현실적인 국민의 경험적 의사가 국가의사로 되는 것이 아니라 대표자가 생각하는 추정적인 국민의 의사가 국가의사가 된다. 즉, 추정적인 국민의사가 경험적인 국민의사보다 우선함을 의미한다.

판례 대의제 및 자유위임관련 판례

국회 내 정당간의 의석분포를 결정할 권리 내지 국회구성권이 헌법소원으로 다툴 수 있는 국민의 기본권인지 여부[2)]

"대의제 민주주의하에서 국민의 국회의원 선거권이란 국회의원을 보통·평등·직접·비밀선거에 의하여 국민의 대표자로 선출하는 권리에 그치며, 국민과 국회의원은 명령적 위임관계에 있는 것이 아니라 자유위임관계에 있으므로, 유권자가 설정한 국회의석분포에 국회의원들을 기속시키고자 하는 내용의 "국회구성권"이라는 기본권은 오늘날 이해되고 있는 대의제도의 본질에 반하는 것이어서 헌법상 인정될 여지가 없고, 청구인들 주장과 같은 대통령에 의한 여야 의석분포의 인위적 조작행위로 국민주권주의라든지 복수정당제도가 훼손될 수 있는지의 여부는 별론으로 하고 그로 인하여 바로 헌법상 보장된 청구인들의 구체적 기본권이 침해당하는 것은 아니다."

헌재 1998. 10. 29. 96헌마186

판례 전국구국회의원 의석계승 미결정 위헌확인 사건[3)]

"구(舊) 국회의원선거법 제143조 제2항은 전국구의원의 궐원이 생겼을 때 그 의석에 대한 승계결정을 하는 절차 및 의무를 규정하고 있는바, 위 조○형이 청구인

---

2) 이 사건은 1996. 4. 11. 실시된 국회의원선거 결과 신한국당은 139석, 새정치국민회의는 79석, 자유민주연합은 50석, 민주당은 15석의 의석을 각 획득하였고, 무소속 당선자가 16명이었다. 그런데 같은 해 4. 27.부터 5. 4.에 걸쳐 자유민주연합 소속 김○남 당선자, 민주당 소속 이○택, 최○철, 황○선 당선자들은 각 그 소속 정당을 탈당하였고, 같은 해 4. 24.부터 5. 20.에 걸쳐 무소속의 김○천 당선자를 비롯하여 11명의 당선자들이 신한국당에 입당하였다. 청구인들은 1996. 4. 11. 실시된 제15대 국회의원선거에 참여하여 투표한 대한민국 국민들로서, 제15대 국회의원선거의 결과 집권당인 신한국당이 139석을 획득하는 데 그쳐 소위 여소야대의 상황에 이르자 신한국당의 의석수를 인위적으로 과반수가 넘도록 조작하기 위하여 무소속 김○천 등 11명의 국회의원 당선자를 공권력에 의한 협박과 회유로 신한국당에 입당시키는 한편, 김○남 등 4명의 국회의원 당선자를 각 그 소속정당으로부터 탈당시켰는바, 피청구인(대통령)의 이러한 행위는 청구인들의 국회구성권을 침해한 것임과 동시에 국민주권주의, 복수정당제도를 침해한 것으로서 위헌이라고 하면서 그 취소를 구하여 1996. 5. 22. 이 사건 헌법소원을 청구한 것이다.

3) 이 사건은 구(舊) 국회의원선거법상 전국구의원이 소속정당을 탈당한 경우 그 정당의 차순위 후보자에 대하여 전국구의원 의석계승결정을 하지 않은 것이 헌법에 위반되는 공권력의 불행사인지 여부가 다투어진 사건으로 일명 강부자 사건이라고도 한다. 1992. 3. 24. 실시된 제14대 국회의원총선거 결과 청구인정당의 전국구후보자 제7순위인 청구외 정○현까지 전국구의

정당을 탈당하였어도 전국구의원에 궐원이 생긴 경우가 아니므로, 위 조○형이 청구인정당을 탈당할 당시 시행되던 구(舊) 국회의원선거법 제143조 제2항은 청구인들에게 적용될 규정이 아니고, 따라서 위 규정으로 인하여 청구인들의 권리가 침해되었음을 이유로 위 규정에 대한 위헌확인을 구하는 예비적 청구는 자기관련성이 없는 법률규정에 대한 헌법소원심판청구이어서 부적법하다."[4)]

[재판관 김양균의 반대의견]

"지역구의원의 경우는, 헌법의 자유위임의 원칙상 법률의 규정으로도 의원직을 상실시킬 수 없으나, 헌법의 실질적 국민주권주의와 선거권 · 공무담임권 · 정당조항 · 지역구의석비례전국구의원 선출제도 등을 종합할 때, 전국구의원이 임의로 소속 정당을 탈당하였을 경우에는 그 (전국구의원의) 의원직은 상실되어야 하고, 그 소 속 정당의 차순위 후보가 이를 계승함으로써 국민의 지역구의원 선거에 의해 표출된 정당의 지지도에 상응하는 의석수가 그대로 유지되도록 하여야 하며, 그러한 제도적 장치가 마련되어 있지 않다면 국회는 (헌법해석상) 이러한 내용의 입법을 하여야 할 작위의무(헌법상의 입법의무)를 위배하고 있는 것이라고 할 것이고 이로 인하여 차순위 전국구국회의원 후보자인 청구인 강부자는 자신의 공무담임권을 현실적으로 침해받고 있다고 할 것이므로 위 입법부작위는 헌법에 위반하거나 합치되지 않는다고 판단된다."

헌재 1994. 4. 28. 92헌마153

원으로 당선됨으로써 전국구의원 7인을 보유하게 되었다. 그런데 같은 해 6. 11. 청구인정당 소속 전국구의원이던 청구외 조○형이 청구인정당을 탈당하였다. 이에 청구인정당은 위와 같은 경우가 구 국회의원선거법 제143조 제2항에 규정한 전국구의원의 궐원인 때에 해당한다고 판단하여, 1992. 7. 14. 피청구인에게 전국구의원 의석승계결정을 신청하였다. 피청구인은 같은 해 7. 25. 구 국회의원선거법 및 국회법상 전국구의원으로 당선된 국회의원이 소속정당을 탈당한 경우 그 국회의원의 신분이 상실되는 규정이 없고, 피청구인이 전국구의원 궐원에 따른 의석승계결정을 하기 위하여는 구 국회의원선거법 제143조 제2항 및 제3항에 의한 국회의장의 전국구의원 궐원통지가 있어야 하는데 그 통지가 없다는 회신을 하고, 청구인들이 신청한 의석승계결정을 하지 않았다. 이에 청구인정당은 피청구인의 의석승계결정을 거쳐 전국구의원 7명을 보유할 권리를 침해당하였고, 그 전국구후보자 제8순위자인 청구인 강○자는 동 청구인의 공무담임권을 침해하였다 하여, 같은 해 7. 22. 피청구인이 청구인 강○자에게 전국구의석의 승계결정을 아니하고 방치한 부작위의 위헌확인을 구하고, 아울러 동 부작위가 위헌으로 확인되는 경우 헌법재판소법 제75조 제5항의 규정에 따라 위와 같은 부작위의 근거가 된 구 국회의원선거법 또는 동법의 해당규정들에 대한 위헌확인을 구하고, 예비적으로 청구인정당은 구 국회의원선거법 제143조 제2항이 헌법 제8조 제3항 및 제41조 제3항에 의한 국가의 보호를 받을 비례대표제에 관한 정당의 권리(전국구의원을 보유할 권리)를 침해하는 헌법위반의 법률이라 하여 그 위헌확인을 구하고, 그리고 청구인 강○자는 구 국회의원선거법 제143조 제2항이 헌법 제25조와 제41조 제3항에 정한 전국구의원으로서의 공무담임권을 침해하는 헌법위반의 법률이라 하여 그 위헌확인을 구하는 이 사건 헌법소원심판을 각 청구한 것이다.

4) 그 후 법이 개정되어 전국구 국회의원이 소속정당을 탈당하면 의원직을 상실하도록 하는 규정을 두었다.

판례 당론에 배치되는 활동을 한 국회의원에 대한 상임위원회 강제사 · 보임행위[5)]

가. 정당은 국민과 국가의 중개자로서 정치적 도관(導管)의 기능을 수행하여 주체적 · 능동적으로 국민의 다원적 정치의사를 유도 · 통합함으로써 국가정책의 결정에 직접 영향을 미칠 수 있는 규모의 정치적 의사를 형성하고 있다. 이와 같은 정당의 기능을 수행하기 위해서는 무엇보다도 먼저 정당의 자유로운 지위가 전제되지 않으면 안 된다. 즉, 정당의 자유는 민주정치의 전제인 자유롭고 공개적인 정치적 의사형성을 가능하게 하는 것이므로 그 자유는 최대한 보장되지 않으면 안 되는 것이다.

나. 현대의 민주주의가 종래의 순수한 대의제 민주주의에서 정당국가적 민주주의의 경향으로 변화하고 있음은 주지하는 바와 같다. 다만, 국회의원의 국민대표성보다는 오늘날 복수정당제하에서 실제적으로 정당에 의하여 국회가 운영되고 있는 점을 강조하려는 견해와, 반대로 대의제 민주주의 원리를 중시하고 정당국가적 현실은 기본적으로 국회의원의 전체국민대표성을 침해하지 않는 범위내에서 인정하려는 입장이 서로 맞서고 있다. 국회의원의 원내활동을 기본적으로 각자에 맡기는 자유위임은 자유로운 토론과 의사형성을 가능하게 함으로써 당내민주주의를 구현하고 정당의 독재화 또는 과두화를 막아주는 순기능을 갖는다. 그러나 자유위임은 의회내에서의 정치의사형성에 정당의 협력을 배척하는 것이 아니며, 의원이 정당과 교섭단체의 지시에 기속되는 것을 배제하는 근거가 되는 것도 아니다. 또한 국회의원의 국민대표성을 중시하는 입장에서도 특정 정당에 소속된 국회의원이 정당기속 내지는 교섭단체의 결정(소위 '당론')에 위반하는 정치활동을 한 이유로 제재를 받는 경우, 국회의원 신분을 상실하게 할 수는 없으나 "정당내부의 사실상의 강제" 또는 소속 "정당으로부터의 제명"은 가능하다고 보고 있다. 그렇다면, 당론과 다른 견해를 가진 소속 국회의원을 당해 교섭단체의 필요에 따라 다른 상임위원회로 전임(사 · 보임)하는 조치는 특별한 사정이 없는 한 헌법상 용인될 수 있는 "정당내부의 사실상 강제"의 범위내에 해당한다고 할 것이다.

다. 또한 오늘날 교섭단체가 정당국가에서 의원의 정당기속을 강화하는 하나의 수단으로 기능할 뿐만 아니라 정당소속 의원들의 원내 행동통일을 기함으로써 정당의 정책을 의안심의에서 최대한으로 반영하기 위한 기능도 갖는다는 점에 비추어 볼 때, 국회의장이 국회의 의사(議事)를 원활히 운영하기 위하여 상임위원회의 구성원인 위원의 선임 및 개선에 있어 교섭단체대표의원과 협의하고 그의 "요청"에 응하는 것은 국회운영에 있어 본질적인 요소라고 아니할 수 없다. 피청구인은 국회법 제

---

5) 이 사건은 국회의장인 피청구인이 국회의원인 청구인을 그 의사에 반하여 국회 보건복지위원회에서 사임시키고 환경노동위원회로 보임한 행위가 권한쟁의심판의 대상이 되는지 여부가 다투어진 것이다(국회의원과 국회의장간의 권한쟁의). 제16대 국회의 제2기 원구성이 완료되고 청구인이 보건복지위원회에 다시 배정된 상태이지만 헌법적 해명의 필요성이 있어 심판의 이익이 있다고 판시한 사례이다.

48조 제1항에 규정된 바에 따라 청구인이 소속된 한나라당 "교섭단체대표의원의 요청"을 서면으로 받고 이 사건 사·보임행위를 한 것으로서 하등 헌법이나 법률에 위반되는 행위를 한 바가 없다.

라. 요컨대, 피청구인의 이 사건 사·보임행위는 청구인이 소속된 정당내부의 사실상 강제에 터 잡아 교섭단체대표의원이 상임위원회 사·보임 요청을 하고 이에 따라 이른바 의사정리권한의 일환으로 이를 받아들인 것으로서, 그 절차·과정에 헌법이나 법률의 규정을 명백하게 위반하여 재량권의 한계를 현저히 벗어나 청구인의 권한을 침해한 것으로는 볼 수 없다고 할 것이다.

[재판관 권 성의 반대의견]

오늘날 대의제 민주주의에 있어서 국회의원의 국민대표성이 정당국가적 현실에 의하여 사실상 변질되고 의원의 정당에의 예속이 일반적인 경향이라고 하더라도, 이러한 현상이 헌법규범상의 대의제 민주주의를 보충하는 현실의 한 모습에 그치는 정도를 넘어서서, 대의제 민주주의 원리를 부정하고 그 틀을 뛰어 넘는 원칙의 변화를 의미한다면 이것은 결단코 용납될 수 없는 일이다. 그러므로, 대표적으로 이 사건과 같이 양자의 이념이 충돌하는 경우에는 자유위임을 근본으로 하는 대의제 민주주의 원리를 우선시켜야만 한다. 국회 본래의 사명인 입법을 위한 심의·표결에 관한 한, 본회의에 있어서든 상임위원회에 있어서든, 국회의원이 양심에 따라 독립하여 표결하는 권한은 불가침·불가양의 권한이라 할 것이다. 한나라당 교섭단체대표의원의 요청에 따른 피청구인의 이 사건 사·보임행위는 우선 청구인이 국민의 대표인 국회의원으로서 상임위원회에서 '건강보험의 재정통합' 여부라는 중요한 쟁점, 즉 국민건강보험법중개정법률안에 관하여 심의·표결할 권한을 침해하였음이 명백하다. 또한, 국회법 제48조는 상임위원의 '개선'은 교섭단체대표의원의 요청이 있는 경우 국회의장이 이를 할 수 있는 것으로 규정하고 있고 그 외 특별한 요건을 규정하지 않고 있으나, 그렇다고 하더라도 일반적이고 내재적인 한계는 법률해석상 당연히 있다고 보아야 한다. 따라서 본인이 계속 동 위원회에서 활동하기를 원하고 있다면 국회법 제48조 제6항과 같은 사유, 즉 "의원이 기업체 또는 단체의 임·직원 등 다른 직을 겸하게 되어 그 직과 직접적인 이해관계를 가지는 상임위원회의 위원으로 계속 활동하는 것이 공정을 기할 수 없는 현저한 사유가 있다고 인정하는 때"나 기타 "그 위원회와 관련하여 위법하거나 부당한 행위를 한 사실이 인정되는 경우"가 아닌 한 본인의 의사에 반하여 강제로 위원회에서 사임시킬 수는 없다고 보아야 할 것이다. 그렇다면 피청구인의 청구인에 대한 이 사건 사·보임행위는 국회 보건복지위원회에서 국민건강보험법중개정법률안에 대하여 심의·표결할 청구인의 권한을 침해하고, 아울러 특별한 사정이 없는 한 동 위원회의 상임위원으로서 2년의 임기 동안 활동할 수 있는 청구인의 권한을 역시 침해한 것이라고 할 것이다.

헌재 2003. 10. 30. 2002헌라1

3. 대의제의 기능

대의제는 국민에 의하여 선출된 국민의 대표자가 합의의 과정을 거쳐 국가의사나 국가정책을 결정하는 원리이다. 따라서 국민에 의하여 선출된 대표자가 국민을 대신하여 국가의사를 결정한다는 기능(대의기능), 대표자는 합의과정을 거쳐 국가의사를 결정한다는 기능(합의기능)이 중요하며, 나아가 대의기능은 민주적인 공직선거제도와 책임정치의 구현에 기여하며, 합의기능은 공개정치의 실현과 이성적 토론이 전제된 다수결원리를 존중하는 정치문화의 신장에 기여한다(파생적 기능).

Ⅱ. 대의제의 법적 성격

1. 학 설

(1) 법정대표설

옐리네크(G. Jellinek)가 주장한 설로 법적 효과설이라고도 한다. 옐리네크에 의하면 국민은 선거를 통하여 의회를 조직하는 제1차 국가기관이고 의회는 국민의 의사를 대신하여 표시하는 제2차 국가기관이므로 양자는 법적으로 하나의 통일체를 형성하는 것이라고 한다. 2차 기관인 의회(국민의 법정대표)의 의사는 제1차 기관인 국민의 의사로 간주되는 법적 효과를 발생시킨다는 것이다.[6)]

(2) 헌법적 대표설

대표기관의 권한은 위임으로부터 오는 것이 아니라, 헌법에서 직접 나온다는 설이다.[7)] 헌법 제1조 제2항의 "모든 권력은 국민으로부터 나온다"는 규정과 헌법 제46조 제2항의 "국회의원은 국가이익을 우선하여 양심에 따라 직무를 행한다"는 헌법규정을 통하여 의원과 국민은 법적으로 무관계한 것이 아니라 헌법적 의미에서 의원은 국민의 대표자라고 한다.

---

6) 법적 대표관계를 인정하는 학설로는 이 밖에 법적 위임관계설이 주장되고 있다. 이 설은 주권 내지 입법권은 국민에게만 있고 일반국민은 선거에 의해 그 권한을 의회에 위임하여 의회로 하여금 입법권 기타의 권한을 행사하게 함으로써 간접적으로 입법권을 행사하게 된다고 한다. 이 설은 의회는 국민의 위임에 의한 국민의 법적 대표관계이며 명령적 위임관계를 인정한다.

7) 김철수, 학설·판례 헌법학(하), 박영사, 2009, 1468면; 정재황, 제6판 신헌법입문, 박영사, 2016, 574면.

(3) 정치적 대표설(법적 대표관계 부정설)

이 설은 국민과 의회의 법적 대표관계를 부인하는 설이다. 대표기관은 국민전체의 이익을 위하여 공정하고 성실하게 직무를 수행하여야 할 정치적·도의적 의무를 지는 데 불과하므로 그 대표관계는 정치적 대표관계라고 한다.[8)]

2. 소 결

정치적 대표설이 타당하다. 국민과 의원 간에 권리·의무관계가 존재하지 아니하고 대표자가 국민의 의사에 반하는 정책결정을 하더라도 국민에 대하여 법적 책임을 지지 않는다는 점에서 법적 대표관계를 인정하는 견해는 받아들일 수 없다. 헌법적 대표설은 헌법이 없는 영국의 경우에는 제대로 설명하기 어렵고, 자유위임의 근거를 헌법에서 찾고 있으나 자유위임의 원리를 대의제원리 자체에서 찾을 수 있다는 점에서 정치적 대표설과 실제상 큰 차이가 없다.

Ⅲ. 대의제의 현대적 의의

1. 대의제의 변용

오늘날 대의제는 위기적 상황에 직면하고 있다. 첫째, 의회주의의 본질인 다수결원리가 다수파의 독선과 독주를 초래하고 있다(공개적 토론의 소외현상). 둘째, 정당정치의 발달로 인한 고전적인 국민대표원리가 약화되고 무기속위임의 원칙을 위협하는 현상이 증대되고 반대로 정당에 의한 기속이 강화되고 있다. 셋째, 행정국가화 경향에 따라 의회의 위상이 저하되고 있다. 넷째, 엘리트정치의 타락현상으로 국민의 직접참정욕구도 증대하고 있다. 그 밖에 전문성을 요하는 사안이 확대됨에도 불구하고 대표자의 자질 내지 전문성이 부족하다는 점과 정치적 무관심도 대의제의 문제점으로 지적되고 있다. 이러한 점에서 고전적 대의제의 보완이 요청되고 있다. 이를 현대적 유형의 대의제, 반직접민주제로 표현하기도 한다.

---

8) 법적 대표관계를 부정하는 학설은 그 밖에 정당대표설, 사회적 대표설 등이 있다. 정당대표설은 오늘날 정당국가화경향하에서는 국민의 보편의사는 정당에 의하여 형성되므로 정당이 국민의 대표기관으로 등장하고 의회는 국민의 대표기관의 지위에서 물러나고 있다고 한다 (Leibholz). 사회적 대표설에 의하면 의원은 현실적으로 선거구·이익집단·정당 등을 대변하고 있으므로 의원이 전체국민의 의사를 대표한다는 고전적 대표관념은 현실적 기초를 결여하고 있다고 하면서 대표란 의회가 국민간의 복잡한 이해관계를 가능한 충실하게 반영한다고 하는 사회학적 의미를 포함하는 개념으로 이해한다.

2. 현대적 구현형태

대의제의 위기 내지 문제점에 대해서는 대표성을 충분히 반영할 수 있는 선거제도와 정치제도의 확충, 정당의 민주화와 정책정당화, 의원이 자신의 소신에 따라 활동하도록 교차투표 등의 인정을 통하여 보완이 필요하다. 특히 국민발안, 국민투표, 국민소환과 같은 직접민주제를 가미하고, 정당민주주의와 조화를 이루는 제도적 개선이 요구된다.

Ⅳ. 우리 헌법상의 대의제도

1. 대의제의 원칙

대법원은 1992년 2월 26일 전북 완주군이 완주군 의회를 상대로 낸 의회규칙개정재의결취소 등 청구소송에서 '의회대표제를 채택하고 있는 현행 지방자치제도하에서 주민이 본회의에 직접 참여, 심의안건에 대해 발언할 수 있도록 규칙을 개정한 것은 대의제의 원리에 어긋난다'고 판시하였다.[9]

현행헌법이 채택하고 있는 대의제도는 고전적인 형태의 경직된 대의제도가 아니고 정당국가의 이념은 물론이고 직접민주주의적인 여러 요소와도 그 조화와 공존이 가능한 현대적 유형의 대의제도이다.[10]

우리 헌법상 제46조 제2항은 "국회의원은 국가이익을 우선하여 양심에 따라 직무를 행한다"고 규정하여 국회의원의 자유위임관계에 관해서 명문규정을 두고 있다. 그 밖에 "공무원은 국민전체에 대한 봉사자이며, 국민에 대하여 책임을 진다"라고 규정한 공무원의 지위와 책임 규정(제76조 제1항), "국회의원은 국회에서 직무상 행한 발언과 표결에 관하여 국회외에서 책임을 지지 아니한다"라고 규정한 국회의원의 면책특권규정(제45조)도 헌법상 자유위임의 근거조항이 된다.

2. 직접민주제의 가미

(1) 한국헌법에서의 직접민주제의 변천사

현행 헌법은 대의제에 기초한 간접민주제를 원칙으로 하고, 직접민주제는 다만 헌법개정안에 대한 국민투표제와 대통령이 부의한 국가안위에 관한 중요정책에 대

9) 대판 1993. 3. 26. 92추109.
10) 허영, 앞의 책, 724면.

한 국민투표제만을 규정하고 있을 뿐이다. 국민발안제와 국민소환제를 인정하지 않고 있다.

우리헌정사에 있어서 이승만 정권하에서 국회의원에 대한 소환운동을 벌인 적은 있지만, 국민소환권이 인정된 적은 없다. 그러나 지방자치 차원에서는 지방자치단체장을 소환할 수 있는 주민소환제가 인정되고 있다(주민소환에 관한 법률). 이 제도에 의한 주민소환권은 헌법상 권리인가 법률상 권리인가가 논의될 수 있지만, 헌법재판소가 주민투표권과 마찬가지로 법률상 권리로 보고 있다.[11]

우리 헌정사에 있어서 국민발안제는 도입된 적이 있었다. 즉, 1954년 제2차 개정헌법 제7조의2에서는 "대한민국의 주권의 제약 또는 영토의 변경을 가져올 국가안위에 관한 중대사항은 국회의 가결을 거친 후에 국민투표에 부하여 민의원의원선거권자 3분지2이상의 투표와 유효투표 3분지2이상의 찬성을 얻어야 한다. 전항의 국민투표의 발의는 국회의 가결이 있은 후 1개월이내에 민의원의원선거권자 50만인이상의 찬성으로써 한다"고 규정하여 국민투표발의에 민의원의원선거권자 50민인이상의 찬성을 요구하였고, 제98조 제1항은 "헌법개정의 제안은 대통령, 민의원 또는 참의원의 재적의원 3분지1이상 또는 민의원의원선거권자 50만인이상의 찬성으로써 한다"고 규정하여 헌법개정안에 대한 국민발안제가 인정되었다. 전자인 국민투표의 발의권은 1963년 6차 개헌(제3공화국헌법)에서 폐지되었으며, 후자인 헌법개정안에 대한 국민발안제는 제3공화국까지 유지되다가[12] 1972년 제7차 개헌(유신헌법)에서 폐지되었다.

(2) 현행 헌법상의 직접민주제

1) 국가안위에 관한 중요정책에 대한 국민투표권

"대통령은 필요하다고 인정할 때 외교·국방·통일·기타 국가안위에 관한 중요정책을 국민투표에 붙일 수 있다"(제72조). 이는 부의권자인 대통령이 부의에 재량을 가지는 임의적 국민투표이다. 헌법재판소는 제72조의 정책국민투표에 신임을 묻거나 정책에 연계한 신임을 묻는 국민투표는 포함되지 않고 이를 할 수 없다고 보고 노무현대통령에 대한 탄핵심판에서 신임투표를 제안한 대통령의 행위는 위헌이라고 판단하였다.[13]

---

11) 헌재 2001. 6. 28. 2000헌마735.

12) 제3공화국헌법(제5차 개헌)은 "헌법개정의 제안은 국회의 재적의원 3분의 1이상 또는 국회의원선거권자 50만인이상의 찬성으로써 한다"고 규정하고 있었다(제119조 제1항).

13) "국민투표는 직접민주주의를 실현하기 위한 수단으로서 '사안에 대한 결정' 즉, 특정한 국가정

2) 헌법개정안에 대한 국민투표권

헌법개정안은 국회가 의결한 후 30일 이내에 국민투표에 붙여 국회의원 선거권자 과반수의 투표와 투표자 과반수의 찬성이 있어야 한다(제130조 제2항).

3) 주민투표권과 주민소환제

헌법에 규정된 제도는 아니지만, 지방자치법에서는 "지방자치단체의 장은 지방자치단체의 폐치·분합 또는 주민에게 과도한 부담을 주거나 중대한 영향을 미치는 지방자치단체의 주요 결정사항 등에 대해서는 주민의 의사를 물을 수 있"도록 하는 주민투표제를 채택하고 있다(지방자치법 제13조 제2항 및 주민투표법). '주민소환에 관한 법률'은 지방자치단체의 장을 일정한 요건 하에 주민이 소환할 수 있음을 규정하고 있다. 헌법재판소는 주민투표권과 주민소환권은 법률상의 권리로 보고 있다.

제2절 권력분립주의

Ⅰ. (고전적) 권력분립의 의의

1. 개 념

권력분립주의란 국가작용을 그 기능(성질) 면에서 입법·집행·사법으로 나누어 이들 각 작용을 각기의 다른 구성을 가진 독립기관인 입법부·집행부·사법부에 귀속시켜 이들 기관상호간에 견제와 균형을 통하여 국가권력의 집중과 남용을 방지하고 국민의 자유와 권리를 보호하기 위한 자유주의적 정치조직원리를 말한다. 권력분산과 견제·균형을 통한 기본권보호원리이다.

책이나 법안을 그 대상으로 한다. 따라서 국민투표의 본질상 '대표자에 대한 신임'은 국민투표의 대상이 될 수 없으며, 우리 헌법에서 대표자의 선출과 그에 대한 신임은 단지 선거의 형태로써 이루어져야 한다. 대통령이 자신에 대한 재신임을 국민투표의 형태로 묻고자 하는 것은 헌법 제72조에 의하여 부여받은 국민투표부의권을 위헌적으로 행사하는 경우에 해당하는 것으로, 국민투표제도를 자신의 정치적 입지를 강화하기 위한 정치적 도구로 남용해서는 안 된다는 헌법적 의무를 위반한 것이다. 물론, 대통령이 위헌적인 재신임 국민투표를 단지 제안하였을 뿐 강행하지는 않았으나, 헌법상 허용되지 않는 재신임 국민투표를 국민들에게 제안한 것은 그 자체로서 헌법 제72조에 반하는 것으로 헌법을 실현하고 수호해야 할 대통령의 의무를 위반한 것이다"라고 판시하였다(헌재 2004. 5. 14. 2004헌나1).

2. 특성(본질적 속성)

(1) 자유주의적 정치조직원리

권력의 합리적 분할에 그치는 것이 아니라 개인의 자유와 권리의 확보가 중요한 이념이다. 권력분립의 원리가 종래 법치국가를 실현시키기 위한 가장 핵심적인 수단으로 인식되어 온 것도 이 원칙이 시원적으로 자유실현의 수단으로 창안된 제도이기 때문이다.[14)]

(2) 소극목적의 원리

적극적으로 국가활동의 능률을 증진시키기 위한 원리가 아니라, 소극적으로 권력남용을 방지하기 위한 원리이다. 권력분립의 원리는 국가 각 기관의 분리라는 조직상의 요청 외에 겸직의 금지와 장기집권의 배제까지도 그 내용으로 한다.[15)]

(3) 회의적이고 비관적인 인간관에 기초한 원리

"권력은 부패한다. 절대권력은 절대적으로 부패한다"(Acton경), "권력 그 자체는 선도 악도 아닌 하나의 수단에 불과하지만 자제력이 없는 권력은 악이다"(K. Jaspers)란 말에서도 나타나듯이 권력분립원리는 권력을 잡은 자에 대한 불신에서 이를 제한하기 위한 원리이다(권력분립론의 사상적 배경).

(4) 중립적 원리 및 권력균형의 원리

권력분립원리는 권력 자체를 순화시키고 중화시키는 원리이며, 정치집단간에 세력균형을 유지하기 위한 권력균형의 원리이다.

(5) 기술적이고 중성적 원리

권력분립원리는 다른 조직원리인 군주제나 공화제와도 결부될 수 있는 원리라는 뜻이다. 권력분립주의는 민주주의라든가 군주주의와 같은 일정한 신조와 가치를 내포하는 자기목적적 원리는 아니며, 국가형성의 수단에 불과하다. 권력분립주의는 자유주의적 요소이기 때문에 민주주의와 반드시 결부되는 것은 아니다.[16)]

그러나 오늘날 국가권력의 분립원칙은 전제정부에 대한 입헌정부의 특징으로

---

14) 허영, 앞의 책, 726면.
15) 권영성, 헌법학원론(2010년판), 법문사, 2010, 746면.
16) 김철수, 앞의 책(하), 1474면.

파악되고 있다.

Ⅱ. 권력분립의 이론적 발전

1. J. Locke의 2권분립론

로크는 '시민정부2론'에서 명예혁명 후의 영국의 정치상황을 이론적으로 분석하여 권력은 기능적으로 입법권, 집행권, 동맹권, 대권의 네 가지로 구성되며, 이 중에서 입법권은 의회에 있고 나머지는 군주에게 주어진 권한이라고 밝히면서 2권분립론을 주장하였다. 의회에 주어진 입법권이, 군주에게 주어진 입법권 및 동맹권에 대해서 상대적 우위를 차지한다고 보아 입법권우위의 권력분립론이다. 사법권에 대한 언급이 없으며, 권력 분립을 주장하기는 하였으나, 권력의 견제와 균형에 대해서는 침묵하고 있다. 로크의 사상은 영국에 영향을 주어 입헌군주제 및 의원내각제형성에 영향을 주었다.

2. Montesquieu의 3권분립론

몽테스키외는 '법의 정신'에서 3권분립에 대한 이론을 주장하였다. 국가 권력은 귀족 및 인민의 대표로 구성된 입법기관과 국민에 의해 선발된 자가 행사하는 비상설의 사법기관 또 군주가 행사하는 행정권 등 권력이 세 부분으로 분립할 것을 주장하였다.

몽테스키외는 엄격한 3권분립을 통하여 기관의 분리와 기관 간의 견제와 균형의 확립을 통하여 국민의 자유와 권리를 보장하려는 데 초점을 맞춘 것이 특색이다. 사법권을 독립시켜 법의 제정과 집행 그리고 사법기능 분립을 통해 국민의 기본권 보장을 최우선의 과제로 삼았다. 몽테스키외의 엄격한 3권분립론은 미국에 영향을 미쳐 대통령제로 발전하였다.

Ⅲ. 권력분립의 유형

입법부와 집행부의 관계를 기준으로 입법부우위형, 집행부우위형, 분립형, 균형형으로 나눌 수 있으며, 사법부와 입법부를 기준으로 입법부위형, 사법부우위형, 균형형으로 나눌 수 있다.

Ⅳ. (고전적) 권력분립론의 위기

봉건적 신분사회의 제한군주제를 전제로 한 몽테스키외적인 3권분립론은 봉건사회의 몰락과 자유민주주의적 평등사회의 등장으로 현실성이 약화된 면도 있지만, 오늘날 고전적인 권력분립론은 여러 가지 요인으로 인하여 그 의미가 다소 변하거나 약화되는 경향이 있다.

첫째, 현대사회는 다양한 이익집단들이 활동하고 있고 이들의 활동은 정치적 사회적 영역에 있어서 영향력을 강화시키고 있다. 이들의 활동 영역의 확대로 인하여 권력분립론의 기능은 한계를 맞고 있다.

둘째, 정당정치의 확립으로 말미암아 정당을 중심으로 권력의 통합현상이 나타나고 있다. 국가의 대부분의 정책들이 집권정당을 중심으로 이루어지고 있는 실정이다.

셋째, 사회국가 내지 복지국가이념의 실현을 위한 요청으로 국가적 기능의 확대, 특히 행정부의 기능이 비대해지는 현상이 나타난다. 행정입법의 증대와 처분적 법률의 출현도 그러한 현상의 일례이다.

넷째, 국제긴장에 따른 비상사태의 항구화와 그에 따른 방위기구의 확대 · 강화 현상이 나타난다.[17] 국가비상사태에 대비하기 위해 비상적 권한 등을 집행권자에 넘겨줌으로써 이를 악용한 독재화 경향 등을 문제점으로 꼽을 수 있다.

다섯째, 위헌법률심사제도의 강화 등 사법국가화 경향도 현대국가를 사법부 중심의 국가로 변모시킴으로써 권력 분립의 한계점으로 작용하고 있다.

Ⅴ. 권력분립주의의 현대적 변용

1. 기본시각

고전적인 권력분립론은 시대상황이 많이 변했고 사회구조가 달라졌을 뿐 아니라, 통치질서를 이해하는 헌법관에도 변화가 생겨 통치조직의 원리로서의 권력분립론의 재검토가 필요하게 되었다.

그러나 권력을 분립시켜 상호 견제와 균형의 원리를 통하여 궁극적으로는 국민의 자유와 권리를 보장하려는 권력분립론의 근본이념은 오늘날에도 결코 포기할

---

17) C. Rossiter는 위기정부(Crisis Government)론에서 현대는 위기가 일시적인 것이 아니라 항구화하고 있음을 지적하고 있다.

수 없다. 따라서 권력분립론의 재구성은 고전적 권력분립론의 전면적 폐지가 아니라 합리적 재구성이라는 시각에서 이루어져야 한다. 권력의 기계적, 수평적, 조직상의 분리에서 권력의 수직적, 기능적, 적극적 분립의 관점이 강조되고 있다.

2. 현대적 권력분립이론(기능적 권력분립론)

(1) K. Loewenstein의 동태적 3분설

뢰벤슈타인은 전통적 권력 분립이론이 국가기능의 분할을 통해 재구성되어야 한다고 주장한다. 즉, 그는 국가기능을 정책결정, 정책집행, 정책통제의 세 기능으로 나누어야 한다는 동태적 권력 분립론을 주장하고 있다.

첫째, 정책 결정이란 국가의 중요한 정책을 결정하는 기능을 말하며, 이것은 대내적으로는 국가적 공동체가 당면하고 있는 기본적인 정치적 선택, 즉 정치체제나 정부형태의 결정, 다양한 이데올로기의 조정이라든가 대외적으로 외교문제를 결정하는 것 등을 포함하며 여기에는 국민의 의사가 반영되어야 한다고 주장한다.

둘째, 정책집행이란 결정된 정책을 구체적으로 집행하는 기능을 말하며 이를 위해서 국회는 법률을 제정하고, 집행부는 이를 실천하고 사법부는 이를 감시하는 기능을 수행하게 된다. 여기에서 집행부와 사법부는 상호 분리된 것이 아니라 정책집행을 위해 서로 협력한다고 한다.

셋째, 정책통제는 국가의 공권력을 억제하고 통제하는 기능으로서 뢰벤슈타인은 이 기능이 기능적 권력 분립의 핵심이라고 말한다. 국가 공권력을 통제하는 방법으로는 여러 가지가 나타날 수 있는데, 여론에 의한 권력통제, 이익집단의 활동으로 인한 정부통제, 정부에 대한 의회의 통제, 의회 및 정부에 대한 사법부의 통제, 연방제 정부에 있어서 연방정부와 지방정부의 권력 분립 등 권력통제를 위한 모든 활동 등을 권력 통제 기능이라고 한다.

(2) W. Kägi의 포괄적 권력분립론

캐기 역시 국가기능에 따른 권력분립론을 주장하고 있다. 그는 '권력의 분립과 통합'을 포괄적인 질서개념으로 이해하고 이를 자유질서를 구축하는 원리로 파악하려고 한다. 중앙정부와 지방정부의 권력분립, 여당과 야당의 권력분립, 군사권력과 민간권력의 권력분립, 의회의 양원제, 헌법제정 · 개정권과 입법권의 이원화, 집행부 내부의 권력분립 등을 주장한다.

Ⅵ. 우리 헌법상의 권력분립주의

우리나라는 제2공화국의 의원내각제를 제외하고 대체로 대통령 우위의 권력분립제를 채택하여 왔다.

1. 권력의 분립

(1) 수평적 권력분립

수평적 권력분립이란 전통적 권력분립의 방법으로 국가기관의 권력을 일렬로 늘어놓고 입법권은 국회에(제40조), 집행권은 대통령을 수반으로 하는 정부에(제66조), 사법권은 법관으로 구성된 법원(제101조 제1항)에 부여하는 권력분립방법(기관의 독립)을 말한다. 겸직금지의무(제43조, 제83조, 제112조)[18]도 인적 독립으로 수평적 권력분립의 요소이다.

수평적 권력분할의 예외로 대통령에게는 긴급명령과 긴급재정경제명령을 발포할 수 있는 권한, 국가안위에 관한 중요정책을 국민투표에 붙일 수 있는 권한, 법률안을 제출할 수 있는 권한이 부여되어 있으며, 국회에게는 국무총리·국무위원의 해임건의권, 국회의장의 법률공포권이 부여되어 있다.

(2) 수직적 권력분립

수직적 권력분립이란 단순히 국가기관들이 권한을 나누어 갖는 데 그치는 것이 아니라 구조적인 측면에서 권한을 나누어 갖는 것을 의미한다. 구조적 측면에서의 수직적 권력분립은 지방자치제채택, 기관내부에서의 관할권의 배분 등을 예로 들 수 있다. 임기제(제42조, 제70조, 제98조, 제105조, 제112조, 제114조)도 시간적 권력분립으로 수직적 권력분립의 예로 들 수 있다.

2. 권력 상호간의 견제와 균형

(1) 기관구성에 있어서 견제와 균형

대통령이 대법원장·대법관·헌법재판소장·국무총리·감사원장을 임명함에 있어 국회의 동의를 얻게 하고, 헌법재판소와 중앙선거관리위원회의 구성을 국회·대통령·대법원장의 합동행위에 의하게 하고 있다. 그리고 정부조직법과 헌법재판소법 및 법원조직법을 국회로 하여금 제정하도록 하고 있다.

---

18) 국회의원의 겸직금지의무는 법률유보사항이다.

(2) 기능 면에서의 견제와 균형

첫째, 대통령의 조약의 체결 · 비준이나 선전포고, 국군의 해외파견 등의 권한을 가지나 국회가 동의권을 가지도록 하였다. 또한 대통령의 사면권행사에 국회의 동의를 얻도록 하였고 긴급명령이나 긴급재정경제명령을 행사함에 있어서도 국회의 승인을 얻도록 하고 있다.

둘째, 법률의 제정은 국회의 권한이지만, 정부에게도 법률안제출권을 부여하고 있으며, 예산안의 심의 · 확정권은 국회에게 있지만 예산안의 제출권은 정부에게 주어져 있다.

셋째, 탄핵은 국회의 소추와 헌법재판소의 결정에 의해서 이루어지며, 법률의 위헌심판은 법원의 제청과 헌법재판소의 결정에 의해서 이루어진다. 정당의 위헌심판도 정부의 제소와 헌법재판소의 결정에 의해서 이루어진다.

3. 권력의 통제

(1) 국회의 타 국가기관에 대한 통제

국회는 탄핵소추권, 국정감사 · 조사권, 해임건의권, 긴급명령 등에 대한 승인권, 계엄해제요구권, 대법원장 · 헌법재판소장 · 대법관 · 국무총리 · 감사원장 임명에 대한 동의권, 헌법재판소재판관 일부 선출권 등으로 타 국가기관을 통제한다.

(2) 정부의 타 국가기관에 대한 통제

대통령은 법률안거부권, 예산안편성권, 국민투표부의권 등으로 국회를 통제한다. 또한 대법원장 및 대법관 임명권, 사면 · 감형 · 복권, 사법부예산편성권, 긴급권 등으로 법원을 통제한다. 헌법재판소장과 헌법재판소재판관 임명권, 예산편성권 등을 통하여 헌법재판소를 통제한다.

(3) 법원의 타 국가기관에 대한 통제

법원은 명령 · 규칙 · 처분의 위헌위법심사권, 행정재판을 통하여 정부를 통제한다. 또한 법률에 대한 위헌심판제청권, 선거재판을 통하여 국회를 통제한다.

(4) 헌법재판소의 타 국가기관에 대한 통제

위헌법률심판을 통하여 국회를, 권한쟁의심판을 통하여 정부 등을, 탄핵심판을 통하여 정부와 법원을 통제한다.

제3장 **통치형태론**

제1절 정부형태 일반론

1. 정부형태의 의의

(1) 통치형태와 정부형태

통치형태는 모든 통치기관의 구성원리를 종합한 틀로 이해할 때는 정부형태뿐만 아니라 대의제, 선거제도, 공직제도 등을 포함하는 것으로 이해할 수도 있지만(허영), 통치구조의 형태는 현실적으로 정부형태 또는 정부제도로 나타난다.

(2) 정부형태의 개념

권력분립의 원리가 국가권력구조에서 어떻게 적용되고 있는가? 즉 권력분립의 구조적, 조직적 실현형태를 말한다.

(3) 정부형태의 범위와 결정기준

1) 정부형태의 범위

정부형태의 범위는 가장 좁은 의미로 파악하면 대통령을 제외한 행정부의 형태를 의미하며, 좁은 의미로는 행정부의 형태로 파악한다. 반면 사법부는 본질상 독립을 전제로 하고 행정부와 입법부의 상호관계로 정부형태를 파악하기도 하고(넓은 의미), 가장 넓게는 국가의 형태 자체로 파악하기도 한다.

2) 정부형태의 결정기준

다양한 견해가 있으나, 정부형태의 결정기준은 국가권력의 배분행사관계를 의미하므로 특히 정치권력인 입법부와 행정부의 권력관계에 의하여 결정된다(다수설).

(4) 정부형태의 선택

정부형태의 선택은 주권자인 국민이 최종적으로 결정할 문제이다.

2. 정부형태의 분류

각국의 구체적 정치전통 및 사회구조에 따른 상이한 헌법현실의 차이로 다양한 정부형태가 존재한다.

(1) 전통적인(기본적인) 정부형태로는 대통령제와 의원내각제가 있고, 새로운 정부형태로는 이원정부제, 의회정부제(집정부제, 인민회의제) 등이 있다.

(2) K. Loewenstein의 정부형태 분류

1) 분류기준

뢰벤슈타인은 통치구조의 문제는 곧 권력통제의 문제라고 하면서 정부형태(정치체제)는 ① 권력이 통제되고 있는가? ② 정치권력의 현실적 행사과정이 민주적인가 여부를 기준으로 전제주의적 정부형태와 입헌주의적 정부형태로 구분한다.

2) 유 형

① 전제주의적 정부형태

국가권력이 일 개인, 일 계급 또는 일 정당에 집중되고 집권자가 아무런 구속과 제한도 받지 아니하고 자의적으로 권력을 행사하는 통치방식이다. 전체주의, 권위주의 정부형태로 다시 구분할 수 있다.

(i) 전체주의 정부형태

전체주의는 개인주의에 대립하는 개념이다. 부분 또는 개인에 대한 전체의 선행성과 우위성이 강조되는 통치원리로 개인보다는 민족이나 국가 등 전체적인 것이 강조됨으로써 민족적 또는 국가적 전체주의로 전개된다. 개인은 민족이나 국가를 위한 봉사수단이다. 개인적 자유의 부정, 모든 사회집단의 해체 내지 통제, 적법절차의 무시, 프라이버시 부정, 이데올로기 강조 등이 특징으로 나타난다(인민회의제, 나치즘, 파시즘).

(ii) 권위주의 정부형태

전체주의는 "전체"와 관련된 이념을 강조하나, 권위주의는 집권세력이 국민 위에 군림하고 근거 없이 복종이 사회적으로 승인된다. 절대군주제, 나폴레옹의 국민투표황제, 신대통령제 등을 그 예로 들 수 있다.

② 입헌주의적 정부형태

국민의 자유와 권리를 보장하기 위하여 국가권력의 분리·독립, 상호견제와 균형이 유지되는 정부형태이다. 직접민주제(스위스), 대통령제, 의원내각제 등을 들 수 있다.

제2절 대통령제

1. 대통령제의 개념

엄격한 권력분립에 입각하여 국회로부터 독립한 대통령이 독자적으로 행정권을 행사하는 정부형태를 의미한다. 대통령중심제 또는 대통령책임제라고도 한다. 이 제도는 미국에서 시작된 것이다.

2. 유 형

(1) 고전적 대통령제

엄격한 권력분리론에 입각한 미국의 대통령제를 고전적인 대통령제라고 한다. 권력분립의 원리에 기초를 두고 입법부·행정부·사법부, 특히 입법부와 행정부 상호간에 견제(牽制)와 균형(均衡)에 충실하고 있다. 미국식 대통령제도 재임시의 대통령의 역할 등에 따라 그 유형을 달리 부르기도 한다. 강한 대통령 재임시 집행부가 의회에 대해서 우위를 점하는 해밀턴(Hamilton)형(능률성>정통성), 무능한 대통령 재임시 의회가 집행부에 대하여 우위를 점하는 매디슨(Madison)형(능률성<정통성), 대통령과 의회가 균형을 이루는 제퍼슨(Jefferson)형(능률성=정통성)으로 나누는 것이 그것이다.[1)]

(2) 의원내각제 유사의 대통령제

대통령제에 의원내각제의 요소를 가미한 형태의 대통령제이다.

1) 권영성, 헌법학원론(2010년판), 법문사, 2010, 777면.

(3) 신대통령제

권력분립의 불충분성과 통제의 제도적 장치가 미비된 대통령제로 비민주적 · 사이비 민주주의의 정부형태이다(K. Loewenstein이 명명). 뢰벤슈타인은 이집트의 나세르 정권, 이승만의 한국정부, 월남의 고딘디엠 정권, 폴란드의 필수츠키 정권 등을 신대통령제의 예로 들고 있다.

(4) 準 · 半대통령제

Duverger, Beyme, Beloff 등이 주장한다. 개념이 명확치 않으나, Beyme는 반대통령제를 "군주제국가의 군주와 같은 대통령제"라고 하며, 듀베르제는 준대통령제를 "집행권이 대통령과 수상에게 나누어지나 대통령의 권위적 지위가 보장된 대통령제"로 표현한다.

3. 대통령제의 특성

(1) 본질원리

대통령제는 입법부와 행정부의 상호독립성의 원리, 입법부와 행정부의 상호견제 · 균형의 원리를 본질로 한다.

(2) 특 성

1) 성립 · 존속의 독립

① 행정부는 그 성립 또는 조직에 있어서 입법부인 국회로부터 독립해 있는 것이 원칙이다. 즉, 행정부의 수장인 대통령은 국민에 의하여 선출되며 정부는 대통령의 자유의사에 따라 조직되는 것이 원칙이다. ② 행정부는 그 존속이나 지위에 있어 국회로부터 독립되어 있다. 즉, 대통령의 국회해산권이 없는 대신 국회의 대통령불신임권을 인정하지 아니한다. 행정부는 자연히 대통령을 중심으로 운영되고 적어도 대통령의 임기 동안은 동일정권이 유지된다. 대통령제에 있어서 내각(cabinet)은 법적으로는 대통령의 단순한 보조기관이나 자문기관에 지나지 않는다. 이런 의미에서 미국의 대통령은 명실상부한 독임제(獨任制) 행정부 수장이다.

2) 기능상 독립

대통령제는 분립(separation)의 원리에 따라 국회와 행정부의 조직이나 작용에 있어서 가능한 한 양자를 분리시키고 있다. ① 국회의원과 행정부 공무원의 겸임이 인정되지 않는 것이 원칙이다. ② 행정부의 법률제안권이 없고 행정부 공무원의 국회에의 출석발언권도 인정되지 않는 것이 원칙이다.

3) 견제와 균형

대통령제하에서는 국회와 행정부 양자 간의 견제(checks)와 균형(balances)이 강조된다. 미국의 대통령제하에서는 대통령이 법률안거부권을 가지는 대신, 국회의 상원은 조약의 비준과 고급공무원 임명에 대한 동의권을 가지며, 또 일반적으로 국회는 행정기관의 설치와 활동에 관한 법률제정, 예산심의, 국정조사, 탄핵 등을 통하여 행정부를 견제하고 있다.

4. 대통령제의 (일반적) 장 · 단점

(1) 장 점

첫째, 대통령이 의회의 신임 여부에 관계없이 재직할 수 있으므로 적어도 대통령의 임기 동안은 성국이 안정될 수 있다. 둘째, 국회나 일반 국민의 행정부에 대한 경솔하고도 부당한 간섭을 막을 수 있다. 셋째, 법률안거부권을 통하여 졸속입법을 방지하고 소수자이익을 보호하는 기능을 한다. 즉, 다수파의 횡포를 방지할 수 있다.

(2) 단 점

첫째, 이 제도가 18세기의 권력분립주의에 의한 국회와 행정부 간의 독립과 견제를 그 원리로 삼고 있기 때문에 법상 동격의 지위에 있는 양자 사이의 대립 및 억제로 인한 시간적 · 경제적 낭비를 가져와 정책을 신속히 시행할 수 없고, 국내외적으로 국가활동의 확대가 요구되는 현대국가의 요청을 만족시킬 수 없다. 둘째, 민주정치가 발달하지 못하고 정당정치가 무르익지 못한 후진국가에서는 정부 독선 또는 대통령 독재를 가져올 염려가 있다(신대통령제). 셋째, 국정운영의 책임이 대통령과 국회에 나누어져 민주정치의 기본원리인 책임정치의 원리가 확립되지 못한다는 점 등이다.

5. 미국의 대통령 선출방식

미국의 대통령 선출 방식은 독특하다. 선거인단이 대통령을 선출하는 형식상 간접선거이지만, 내용면에서는 국민 직접선거의 특징을 지닌다. 선거는 약 1년 동안 진행되며 크게 정당별 경선과 본선거로 구분할 수 있다.

민주당과 공화당의 두 정당은 경선 과정에서 대의원 선거를 거쳐 대통령 후보를 선정한다. 즉, 민주·공화당 각각의 대선 후보 선출을 위한 주(州)별 코커스(Caucus: 당원대회) 또는 프라이머리(primary: 예비선거)를 통하여 전당대회에서 대통령 후보를 지명할 대의원을 뽑고, 여기서 뽑힌 대의원들은 7~8월 열리는 전당 대회에 참석해 대통령 후보를 선출한다.

후보가 확정되면 본격적인 선거 운동을 시작하면서 본 선거에 들어선다. 본 선거는 선거인단 선거와 대통령 선거로 구성된다. 선거인단 선거에서는 일반 유권자가 원하는 대통령 후보에게 투표하며, 선거인단은 대통령 선거에서 해당 주의 선거 결과를 반영해 대통령을 선출한다. 선거인단 선거에서는 대부분 주가 '승자독식제'(winner takes all)를 채택하고 있다. 승자독식제란 '이긴 사람이 다 가진다'라는 뜻으로, 한 표라도 더 많은 표를 확보한 후보에게 모든 선거인을 몰아주는 방식이다. 이 때문에 공식 대통령 선거 전에 미리 당선자를 알 수 있다는 점에서 선거인단 선거가 사실상의 대통령 선거라고도 할 수 있다. 국민들은 11월 첫째 월요일이 속한 주의 화요일에 대통령 선거인단을 뽑는다. 선거인단은 주별로 상원의원(100명)과 하원의원(435명) 수를 합한 만큼이며 여기에 특별행정구역인 워싱턴DC의 선거인단 3명을 더해 총 538명이다. 이 대통령 선거인단 선거에서 사실상 차기 대통령이 결정되는데, 총 선거인단 538명 중 과반수인 270명을 얻으면 당선된다. 선거인단 선출이 끝나면 12월에 대통령 선거가 진행된다. 선거인단은 해당 주의 유권자 투표 결과에 맞춰 투표하며, 총 선거인단 538명 중 과반인 270명 이상을 확보하면 대통령에 당선된다. 선거인단 투표함은 1월에 개표하며 선출된 대통령과 부통령은 1월 20일 취임식을 하고 공식적으로 임기를 시작한다.

제3절 의원내각제

1. 개 념

집행부가 대통령과 내각으로 이원적으로 구성하되, 의회에 의해 구성되고 그에 대해 책임을 지는 내각중심으로 국정이 운영되는 정부형태를 의미한다. 의원내각제는 17세기부터 18세기에 걸쳐 영국에서 점진적으로 생성·발전한 것으로 19세기 말경에 제도적으로 확립되었다.

2. 유 형

(1) 고전적 의원내각제

고전적 의원내각제는 입법부우위형 의원내각제로 불린다(강한 의회, 약한 정부형). 프랑스 제3 · 4공화국의 의원내각제가 이에 속한다. 대통령은 양원에서 간선으로 선출되었고 정부는 행정권이 대통령과 내각에 분배되는 2원적 구성이었다. 정부의 의회해산권이 사실상 폐지되다보니 정부는 불가항력적으로 의회에 복종하게 되는 의회우위의 의원내각제가 만들어졌다.

(2) 통제된 의원내각제

통제된 의원내각제는 집행부우위형 의원내각제로 불린다(강한 정부, 약한 의회형). 독일 기본법의 의원내각제가 이에 해당한다. 독일은 연방의회가 건설적 불신임투표에 의하지 아니하고는 정부를 불신임할 수 없도록 하고 있다. 즉, 연방의회에서 재적과반수 찬성으로 새로운 차기수상을 선출하지 않고서는 현 수상에 대한 불신임결의를 할 수 없도록 하고 있다. 정국의 불안정을 예방하기 위한 목적의 제도이다.

(3) 내각책임제(수상정부제)

실질적인 행정권을 담당하는 내각이 의회(특히 하원) 다수당의 신임에 따라 조직되고 또한 존속하는 의회중심주의의 권력분립 형태를 말한다. 영국의 의원내각제를 내각책임제, 수상정부제라고도 한다. 영국의 의원내각제는 선거의 성격이 의회선거에서 수상선거로 변질되었고, 수상의 각료인선권 독점과 실질적인 의회해산권의 확립으로 인한 수상권한의 강화 등이 내각우위의 내각책임제로 변질되었다.

3. 특 성

(1) 본질원리

의원내각제에서는 입법부와 행정부에 관한 한, 대통령제에서와 같은 엄격한 권력분립의 원리가 적용되지 않는다. 오히려 '권력의 융화' 또는 '융화를 통한 의존'의 원리에서 국회(하원)가 내각을 조직 · 해산하는 권한을 가짐으로써 내각에 대한 국회(하원)의 법적 우위성을 인정하는 데 그 특징이 있다.

(2) 특 성

1) 성립 · 존속의 의존

내각수반(수상)이 의회에 의하여 선출되고, 내각이 의회에 대하여 연대하여 정치적 책임을 진다. 정부불신임권과 의회해산권에 의해 입법부와 행정부 간 권력적 균형이 유지된다.

2) 집행부의 이원화

대통령(왕)은 국가원수로서 의례적 · 형식적 권한을 가지며, 행정권은 의회의 다수당에 의하여 구성되는 내각에 속하므로 행정부의 이원적 구조가 나타난다.

3) 기능상의 공화와 협조

법적으로는 입법부와 집행부가 분리 독립되어 있지만 정치적으로는 두 기관이 밀접한 공화 · 협조관계를 유지한다. 정부가 의원들로 구성되기 때문에 각료와 의원의 겸직이 가능하며 정부도 법률안제출권을 가지며, 정부의 각료가 의회에 출석하여 발언할 수 있다.

4) 기타의 제도적 특성

부서제도, 국무회의의 의결기관성도 의원내각제의 특성이다.

4. 의원내각제의 (일반적) 장 · 단점

(1) 장 점

첫째, 입법부와 행정부가 일체적이기 때문에 양부 간 마찰을 피할 수 있고 능률적이고 적극적인 국정수행이 가능하다(신속하고 능률적인 국정수행). 둘째, 행정부가 입법부에 대하여 책임을 지기 때문에 책임정치가 실현되며 국민의 요구에 민감하게 반응하게 된다(책임정치의 구현). 셋째, 의회해산권과 정부불신임권으로 대립을 신속히 해소할 수 있다(의회와 내각의 충돌시 신속한 해결). 넷째, 수상의 지위가 의회 원내 구성에 의해 견제될 수 있고 국민적 요구에 민감하게 반응하기 때문에 독재를 방지할 수 있다.[2)]

---

2) 의원내각제가 성공하기 위한 조건으로 1. 안정된 복수정당제, 2. 국민간의 동질성과 단합, 3. 언론과 정치적 자유의 완전한 보장, 4. 문민정치의 전통과 군부의 정치적 중립성의 고수, 5. 직업공무원제의 정착, 6. 지방자치제의 확립, 7. 정치인과 국민의 정치의식수준의 고도화를 드는 견해가 있다(권영성, 앞의 책, 772면).

(2) 단 점

첫째, 다수 정당이 난립하는 경우에는 정국의 불안정을 가져올 우려가 있다. 둘째, 입법부와 행정부를 한 정당이 독점할 경우에 정당정치에 치우칠 우려가 있으며, 다수당의 횡포를 견제할 견제장치가 없다. 다수당의 횡포의 경우에 소수자의 이익이 침탈된다. 셋째, 입법부가 정권 획득을 위한 장소가 되어 정쟁이 격화될 우려가 있다.

제4절 이원정부제(이원집정부제)

1. 개 념

의원내각제의 요소와 대통령제의 요소를 절충한 정부형태, 즉 평상시에는 하원에 책임을 지는 수상이 행정권을 행사하나 위기시에는 대통령이 전권을 행사하는 정부형태이다.

2. 채택배경과 채택국가

이원정부제를 채택하는 배경으로는 지배적 정치세력이 형성되지 아니하고 복수의 정치세력이 권력적 균형을 유지하기 위하여 정치권력을 분점하는 경우와 대통령제나 의원내각제의 실패의 경험을 들고 있다. 바이마르 공화국, 오스트리아, 핀란드 등에서 발달한 것으로 현대적 유형으로는 프랑스 제5공화국을 들 수 있다. 변형된 대통령중심제 내지는 대통령중심의 절충형(프랑스 제5공화국, 핀란드(1919))과 변형된 의원내각제 내지는 의원내각제 중심의 절충형(오스트리아)으로 유형을 분류하기도 한다.

3. 특 색

대통령은 의회에서 독립하여 국민에 의해 직선되며 독자적으로 권한을 행사한다. 수상은 원내다수당의 지도자가 된다. 대통령은 외교·국방·국가안보·국가긴급권 등을 가지며 수상은 일반법률의 집행권과 일반행정에 관한 사항을 관장하여 권한의 분할행사가 이루어진다(집행권의 이원화).

내각은 의회에 대하여 책임을 지나, 의회해산권은 대통령에게 있다. 국가긴급시

대통령은 부서 없이도 행정권을 행사한다.

4. 이원정부제의 (일반적) 장 · 단점

(1) 장 점

평상시에는 의원내각제로 운영되므로 의회와 행정부의 대립에서 오는 마찰을 회피할 수 있으며, 위기시에는 국민이 직접 선출한 대통령이 직접 통치함으로써 신속한 국정처리를 할 수 있다.

(2) 단 점

국가비상시의 국가긴급권 행사, 수상해임권, 의회해산권 등 대통령의 권한이 강해지는 경우에는 대통령이 의회에 책임을 지지 아니하므로 독재화의 우려가 있다. 또한 대통령이 위기를 빙자하여 비상대권을 남용하는 경우 의회의 권한이 축소되어 국민주권주의에 충실하지 못하다는 비판이 있다. 남용되었던 바이마르공화국의 비상대권조항은 '넝마조항'이라는 조롱의 대상이 된 바 있다.

5. 우리나라에의 도입 여부

우리나라에서는 1980년 개헌논의과정에서 6인위원회안(김철수, 양건, 장을병 등)에서 이원정부제가 주장된 바 있다. 그러나 남북대치의 우리상황을 고려할 때 외교 · 국방의 권한을 보유하고 있는 대통령이 위기적 상황을 빙자하여 독재화의 우려가 있다는 인식도 강하다.

제5절 의회정부제

1. 개 념

학설이 구구하나 집행부에 대한 의회의 절대적 우위로 나타나는 정부형태, 즉 정부의 성립과 존속이 전적으로 의회에 종속하는 정부형태이다. 회의제 정부형태라고도 불린다.

2. 특 색

집행부는 의회에 의하여 선임되고 의회에 대해서 연대책임을 부담하며 의회해산시 집행부는 퇴진한다(의회가 국가권력구조의 정점에 위치). 국가원수가 없는 것이 특징이며, 있다 하더라도 명목적·의례적 지위를 가진다. 의회는 상시 개회하고 선거민에만 책임을 진다. 또한 복잡한 권력장치가 없는 것이 특징이다. 양원제 의회도 성립하기 어려우며 법률에 대한 위헌심사도 성립되기 어려운 특징이 있다.

3. 유 형

의회정부제의 유형으로는 의회에서 선출되는 7인으로 집행부가 구성되는 스위스의 민주적 의회정부제(집정부제), 프랑스 혁명기의 국민공회제, 과거 소련과 그 위성국가의 인민회의제 등을 든다.

제6절 우리나라의 정부형태

1. 정부형태의 변천

제1공화국은 대통령제를 채택하였으나, 의원내각제를 가미한 대통령제였다. 제2공화국은 비교적 순수한 의원내각제를 채택하였다. 1960년 헌법은 국무총리와 국무위원의 과반수가 국회의원일 것을 규정하고 있었다. 5.16 이후 군사정부는 국가재건최고회의에 의한 통치로 회의제 정부형태라고 할 수 있다. 제3공화국은 비교적 권력분립적인 대통령제를 채택하였으며 정당국가적 경향을 지향하였다. 제4공화국의 유신헌정기에는 대통령에게 권한이 집중·강화된 영도적 대통령제였다. 국무위원과 국회의원의 겸직을 허용하여 권력의 통합적 운영이 행해졌다. 제5공화국은 대통령제를 채택하면서도 대통령에게 국정의 최고조정자의 지위를 인정하여 강력한 대통령제, 신대통령제적 요소가 강하였다. 현행헌법상의 정부형태는 의원내각제적 요소가 가마된 비교적 권력분립적인 대통령제를 채택하고 있다.

2. 현행헌법상 정부형태

(1) 대통령제적 요소

① 대통령이 국가원수이자 행정수반으로서의 지위를 가지는 집행부의 일원성, ② 대통령의 국민에 의한 직선, ③ 대통령의 법률안거부권, ④ 대통령의 국회에 대한 무책임 등은 대통령제적 요소이다.

(2) 의원내각제적 요소

① 국무총리제도, ② 국무총리와 국무위원에 대한 해임건의제도, ③ 국회의원과 국무위원의 겸직허용, ④ 정부의 법률안제출권, ⑤ 행정부구성원의 국회출석발언권, ⑥ 부서제도 등은 의원내각제적 요소이다.

제2편

통치작용론

제1장 입법작용

제1절 입법작용의 의의와 본질

Ⅰ. 입법의 개념

통치작용은 국가기능을 의미하고 그것은 현실적으로 통치권력으로 나타난다. 통치작용은 입법, 집행, 사법작용으로 나뉜다. 입법작용 내지 입법권을 헌법은 국회에 원칙적으로 부여하고 있다. 즉, 헌법 제40조는 "입법권은 국회에 속한다"고 규정하고 있다. 여기서 입법의 개념과 관련해서는 학설이 대립한다.

1. 실질설

형식여하를 불문하고 "국가기관이 일반적 추상적 규범을 정립하는 작용"으로 이해한다.[1)]

2. 형식설

내용에 관계없이 "국회가 제정한 특수한 법형식인 법률을 제정하는 작용"으로 이해한다.

1) 다만, 실질설을 취하는 경우에도 법규사항(국민의 권리의무에 관한 사항)에 한정하는 견해가 있으나, 그 내용이 반드시 국민의 권리·의무와 직접 관계가 있는 것에 한정되지 않고 일반적 추상적 법규범을 의미하는 것으로 이해하는 것이 다수설이다. 즉, 행정조직법정주의 규정(헌법 제96조) 및 '대법원과 각급 법원의 조직을 법률로 정한다'(헌법 제102조 제3항)는 규정 등은 그 예이다.

3. 결 어

실질적으로 입법을 이해하는 것이 일반적이다. 이렇게 이해할 때 실질적 의미의 입법은 의회에게만 독점적 제정권한이 있는 것은 아니고 그 법규범의 형식도 법률에 한정되지 않는다. 형식설에 의하면 법률제정작용 이외의 실질적 의미의 입법작용(헌법개정, 행정입법, 자치법규 등)은 존재할 여지가 없게 되며, 국회뿐만 아니라 다른 기관도 '법률' 외의 다른 형태로 입법을 할 수 있게 되므로 의회입법의 원칙에 모순된다. 한편, 형식설을 취하는 견해는 '입법권은 국회에 속한다' 함은 형식적 의미의 입법권이 국회에 속한다는 것을 의미하고, 나아가 국회가 입법권을 완결적으로 행사한다는 것을 뜻한다고 한다. 즉, 법률제정은 국회만이 할 수 있고 다른 기관은 형식적 의미의 법률은 제정할 수 없다는 것을 뜻한다고 한다.[2)]

실질설에 따르면 헌법 제40조의 규정은 '헌법에 특별한 규정이 없는 한 실질적 의미의 입법권은 국회에 속한다'는 국회중심입법의 원칙을 선언한 것으로 보게 된다. 헌법이 다른 기관에 부여한 실질적 의미의 입법은 국회입법원칙의 예외로 보게 된다. 형식설이 이러한 것을 예외로 보는 것은 논리 모순이다. 또한 형식적 의미의 법률은 국회가 단독으로 의결한다는 국회단독의결의 원칙을 규정한 것이다.

Ⅱ. 국회가 행사하는 입법권의 범위

1. 법률제정권

(1) 법률의 개념

국회가 헌법이 규정하는 입법절차에 따라 심의 · 의결하고 대통령이 서명 · 공포함으로써 효력을 발생하는 법규범(Gesetz)을 말한다.

(2) 법률의 성질

1) 법률은 본질적 특성으로 민주성과 법치국가성을 가진다. 국민의 대표기관인 국회에서 민주적 절차에 따라 제정되어야 한다(민주적 정당성). 또한 법치국가원리상 법률은 명확성, 합리성, 안정성, 일반성, 추상성을 가진다.

2) 사회국가의 원리, 즉 개인의 생존배려를 위하여 예외적으로 개별성, 구체성이 인정되기도 한다(처분적 법률).

---

2) 김철수, 학설 · 판례 헌법학(하), 박영사, 2008, 1530면.

(3) 법률의 형태와 체계

1) 일반적 법률(규범적 법률)

일반적(불특정 다수인에게 적용)이고 추상적(불특정 사례에 반복적으로 적용)인 내용을 가진 법률, 즉 집행이나 사법을 매개로 하여 비로소 구체적이고 개별적인 사건에 적용되거나 현실적으로 국민에게 권리나 의무를 발생하게 하는 법률을 말한다. 근대 시민국가에서는 권력분립과 법치주의원리의 고수를 위하여 일반적 법률만이 인정되고 처분적 법률은 바람직한 현상으로 보지 않았다. 입법이 일반성과 추상성을 요하는 취지는 ① 실질적 법치국가원리 – 법적 안정성・예견가능성의 보장, ② 공평성 – 법률은 원칙적으로 행정작용・사법작용을 매개로 하여 국민의 구체적인 권리의무에 영향을 미쳐야 한다는 점에서 찾을 수 있다.

2) 처분적 법률(조치적 법률)

① 개 념

다수설은 처분적 법률을 "행정집행이나 사법재판을 매개로 하지 아니하고 직접 국민에게 권리나 의무를 발생하게 하는 법률(자동집행적 법률)"이라고 정의하고 있다. 처분적 법률은 일정한 범위의 국민을 대상으로 하는 어떠한 처분이나 조치 등 구체적이고 개별적인 사항을 내용으로 하며, 개별인법률, 개별사건법률, 한시법률의 3 유형이 있다고 설명한다. 즉, 다수설은 처분적 법률과 개별적 법률을 동일시하고 있다고 보인다. 헌법재판소도 국가보위입법회의법 부칙 제4항 후단이 규정하고 있는 "…… 그 소속 공무원은 이 법에 의한 후임자가 임명될 때까지 그 직을 가진다"라는 내용은 행정집행이나 사법재판을 매개로 하지 아니하고 직접 국민에게 권리나 의무를 발생하게 하는 법률, 즉 법률이 직접 자동집행력을 갖는 처분적 법률의 예에 해당한다고 판시하고 있어 이러한 입장에 있다고 할 수 있다. 한편, 처분적 법률을 특정의 구체적 목적을 실현하기 위해서 특정의 사람이나 특정의 사항을 대상으로 제정되는 법률이라고 보아 지동집행력을 갖는 집행적 법률과 구별하는 견해도 있다. 그리고 처분적 법률은 행정집행을 매개하지 않는 법률이라고 보면서 사법재판을 매개하지 않는 사법적 법률과 구별하기도 한다.

현대 사회(복지)국가에서는 생존과 복지의 보장과 비상적 위기상황을 대처하기 위하여 처분적 법률의 필요성도 증대하고 있다.

② 처분적 법률의 유형

(i) 개별인법률

일정범위의 국민만을 대상으로 하는 법률을 말한다(예: 부정선거관련자처벌법, 부정축재처리법 등).

(ii) 개별사건법률

개별적·구체적인 상황 또는 사건을 대상으로 하는 법률을 말한다(예: 긴급금융조치법).

(iii) 한시법률

시행기간이 한정되어 있는 법률을 말한다(예: 재외국민취적·호적정정 및 호적정리에 관한 임특법).

③ 처분적 법률과 관련한 헌법재판소 판례

판례 국가보위입법회의법 부칙 제4조 후단의 성격[3]

"국가보위입법회의법 부칙 제4항 후단이 규정하고 있는 "…… 그 소속 공무원은 이 법에 의한 후임자가 임명될 때까지 그 직을 가진다"라는 내용은 행정집행이나 사법재판을 매개로 하지 아니하고 직접 국민에게 권리나 의무를 발생하게 하는 법률, 즉 법률이 직접 자동집행력을 갖는 처분적 법률의 예에 해당하는 것이며 따라서 국가보위입법회의의 의장 등의 면직발령은 위 법률의 후속조치로서 당연히 행하여져야 할 사무적 행위에 불과하다고 할 것이다." 헌재 1989. 12. 18. 89헌마32 등

판례 뉴스진흥에 관한 법률 제10조 등 위헌 확인[4]

"2. 뉴스통신진흥에 관한 법률 제10조 등은 청구인 회사(뉴스통신사)와 서로 경업관계에 있는 연합뉴스사를 국가기간뉴스통신사로 지정하고 이에 대하여 재정지원 등 혜택을 부여함을 그 내용으로 하는바, 그 혜택의 범위에서 제외된 청구인

---

3) 이 사안에서 본인의 귀책사유 등을 묻지 않고 단지 후임자가 임명될 때까지 그 직을 가진다는 법규정은 직업공무원제도에 반한다고 위헌 결정을 내린 바 있다. 또한 이 사건에서는 이미 폐지된 법률(실효된 법률)이라도 헌법재판소법 제68조 제2항의 헌법소원심판청구인들의 침해된 법익을 보호하기 위하여 그 위헌 여부가 가려져야 할 필요가 있는 때에는 심판의 대상이 된다고 판시한 바 있다.

4) 심판대상조항은 상법상의 주식회사에 불과한 연합뉴스사를 주무관청인 문화관광부장관의 지정절차도 거치지 아니하고 바로 법률로써 국가기간뉴스통신사로 지정하고, 법이 정하는 계약조건으로 정부와 뉴스정보 구독계약을 체결하게 하며, 정부가 위탁하는 공익업무와 관련하여 정부의 예산으로 재정지원을 할 수 있는 법적 근거를 법률로써 창설하고 있는바, 이는 특정인에 대해서만 적용되는 '개인대상법률'로서 처분적 법률에 해당한다고 하였다.

회사의 경우 영업활동이 부당하게 축소되므로 그러한 범위에서 기본권에 대하여 직접 법적인 제한을 받는 것으로 보아야 한다.

3. 헌법은 처분적 법률로서 개인대상법률 또는 개별사건법률의 정의를 따로 두고 있지 않음은 물론, 처분적 법률의 제정을 금하는 명문의 규정도 두고 있지 않은바, 특정규범이 개인대상 또는 개별사건 법률에 해당한다고 하여 그것만으로 바로 헌법에 위반되는 것은 아니다. 따라서 연합뉴스사를 위한 심판대상조항의 차별적 규율이 합리적인 이유로 정당화되는 경우에는 이러한 처분적 법률도 허용된다." 헌재 2005. 6. 30. 2003헌마841

판례 5 · 18민주화운동 등에 관한 특별법의 성격[5)]

"특별법 제2조는 제1항에서 "1979년 12월 12일과 1980년 5월 18일을 전후하여 발생한…… 헌정질서파괴행위에 대하여……공소시효의 진행이 정지된 것으로 본다."라고 규정함으로써, 특별법이 이른바 12 · 12 사건과 5 · 18 사건에만 적용됨을 명백히 밝히고 있으므로 다른 유사한 상황의 불특정다수의 사건에 적용될 가능성을 배제하고 오로지 위 두 사건에 관련된 헌정질서파괴범만을 그 대상으로 하고 있어 특별법 제정당시 이미 적용의 인적범위가 확정되거나 확정될 수 있는 내용의 것이므로 개별사건법률임을 부인할 수는 없다." 헌재 1996. 2. 16. 96헌가2 등

판례 세무대학설치법폐지법률의 성격[6)]

"이 사건 폐지법은 세무대학설치의 법적 근거로 제정된 기존의 세무대학설치법을

5) 이 사건에서 헌법재판소는 5.18특별법을 개별사건법률로 보면서도 "개별사건법률은 원칙적으로 평등원칙에 위배되는 자의적 규정이라는 강한 의심을 불러일으키는 것이지만, 개별법률금지의 원칙이 법률제정에 있어서 입법자가 평등원칙을 준수할 것을 요구하는 것이기 때문에 특정규범이 개별사건법률에 해당한다 하여 곧바로 위헌을 뜻하는 것은 아니며, 이러한 차별적 규율이 합리적인 이유로 정당화될 수 있는 경우에는 합헌적일 수 있다. 이른바 12 · 12 및 5 · 18 사건의 경우 그 이전에 있었던 다른 헌정질서파괴범과 비교해 보면, 공소시효의 완성여부에 관한 논의가 아직 진행 중이고, 집권과정에서의 불법적 요소나 올바른 헌정사의 정립을 위한 과거청산의 요청에 미루어 볼 때 비록 특별법이 개별사건법률이라고 하더라도 입법을 정당화할 수 있는 공익이 인정될 수 있으므로 위 법률조항은 헌법에 위반되지 않는다"고 판시한 바 있다.

6) 이 사건에서 헌법재판소는 1. 고등학교 학생인 청구인들의 경우, 세무대학 진학을 목표로 공부를 해 왔다는 사실만으로는 아직 세무대학에서 학업할 수 있는 자격을 확정적으로 부여받았다고 볼 수 없어 청구인적격(자기관련성)이 인정될 수 없으므로 이들의 심판청구는 부적법하다고 판시하고, 세무대학은 세무공무원 채용환경의 변화 및 정부기능 간소화 등 주변여건의 변화에 따라 기존 세무공무원의 교육기관으로 통합 · 전환해야 할 필요가 있어서 이를 폐지한 것이다. 이와 같은 상황은 입법자의 차별취급을 정당화할 수 있을 정도로 중요한 성질의 것이다. 따라서 세무대학과 마찬가지로 국비로 운영되는 경찰대학과 달리 이 사건 폐지법으로 세무대학만을 폐교한다고 하더라도 이와 같이 차별취급하는 합리적이고 실질적인 이유가 있는 것이므로, 이 사건 폐지법이 청구인들의 평등권을 침해한다고 볼 수 없다고 판시하였다.

폐지함으로써 세무대학을 폐교하는 법적 효과를 발생하는 것이므로, 동법은 세무대학과 그 폐지만을 규율목적으로 삼는 처분법률의 형식을 띤다. 그러나 이와 같은 처분법률의 형식은 폐지대상인 세무대학설치법 자체가 이미 처분법률에 해당하는 것이므로, 이를 폐지하는 법률도 당연히 그에 상응하여 처분법률의 형식을 띨 수밖에 없는 필연적 현상이다. 한편 어떤 법률이 개별사건법률 또는 처분법률의 성격을 띠고 있다고 해서 그것만으로 헌법에 위반되는 것은 아니다."

헌재 2001. 2. 22. 99헌마613

판례 보훈기금법 부칙 제5조의 성격

"원호대상자정착직업재활조합 서울목공분조합("분조합")의 자산은 헌법 제23조 제1항에 의하여 보장되는 재산권의 객체가 된다. 만약 보훈기금법 시행 전에 대한민국이 이 사건 분조합의 재산에 관한 처분권 내지 소유권을 적법절차에 따라 정당하게 취득하였다면, 보훈기금법 부칙 제5조는 대한민국에 귀속된 이 사건 분조합 자산의 회계와 관리청을 지정하기 위하여 제정된 정부 내부의 행정절차적인 규정으로 해석할 수 있고, 이와 같이 해석하는 한 보훈기금법 부칙 제5조는 이 사건 분조합원들의 재산권을 침해한 것이 아니다. 그러나 보훈기금법 시행 전에는 여전히 이 사건 분조합원이 분조합 자산에 관한 소유권을 합유하고 있었다면, 보훈기금법 부칙 제5조는 이 사건 분조합 또는 분조합원의 사유재산을 박탈하여 보훈기금에 귀속시키기 위한 개별적 처분법률이고, 보훈기금법의 어디에도 이 사건 분조합의 자산을 수용하기 위하여 헌법이 정한 요건과 절차를 규정하고 있지 아니하여, 보훈기금법 부칙 제5조는 국민의 재산권을 보장하는 헌법 제23조 제1항, 제3항에 위반된다."

헌재 1994. 4. 28. 92헌가3

판례 '한나라당 대통령후보 이명박의 주가조작 등 범죄혐의의 진상규명을 위한 특별검사의 임명 등에 관한 법률' 제2조의 성격[7)]

"우리 재판소는, 특정한 법률이 이른바 처분적 법률에 해당한다고 하더라도 그러한 이유만으로 곧바로 헌법에 위반되는 것은 아니라는 점을 수차 밝혀 왔다. 즉 우리 헌법은 처분적 법률로서의 개인대상법률 또는 개별사건법률의 정의를 따로 두고 있지 않음은 물론, 이러한 처분적 법률의 제정을 금하는 명문의 규정도 두고 있지 않으므로 특정한 규범이 개인대상 또는 개별사건법률에 해당한다고 하여 그것만으로 바로 헌법에 위반되는 것은 아니다. 다만 이러한 법률이 일반국민을 그 규율대상

7) 청구인들은 이 사건 법률 제2조가 특별검사에 의한 수사대상을 특정인에 대한 특정 사건으로 한정한 것은 이른바 처분적 법률로서 입법권의 한계를 벗어난 것이고, 수사 대상을 규정하고 있는 방식이나 내용이 적법절차의 원칙, 명확성의 원칙, 과잉금지의 원칙 등을 위반하여 청구인들의 평등권, 신체의 자유, 공정한 재판을 받을 권리를 침해하였다고 주장하였다.

으로 하지 아니하고 특정 개인이나 사건만을 대상으로 함으로써 차별이 발생하는바, 그 차별적 규율이 합리적인 이유로 정당화되는 경우에는 허용된다고 할 것이다(헌재 1996. 2. 16. 96헌가2등; 헌재 2001. 2. 22. 99헌마613; 헌재 2005. 6. 30. 2003헌마841 등 참조). …… 결국 특별검사에 의한 수사의 실시와 그 대상을 규정하고 있는 이 사건 법률 제2조에 의한 차별취급은 합리적인 이유가 있어 정당화된다 할 것이므로, 청구인들의 평등권이 침해된 것으로 볼 수 없다."

헌재 2008. 1. 10. 2007헌마1468

④ 처분적 법률의 한계(위헌성 여부)

(ⅰ) 권력분립원리에 모순되는 것이 아닌가?

다수설은 극단적인 처분적 법률(예: K를 사형에 처한다, L을 대통령으로 임명한다는 식의 법률)이 아닌 한 사회국가의 요청상 부득이한 것으로 받아들인다.

판례 보안관찰처분대상자에게 출소 후 신고의무를 부과하고 그 의무위반행위를 형사처벌하는 보안관찰법 제6조 제1항 전문 규정의 위헌여부 사건

"…… 이 사건조항은 보안관찰처분대상자 모두에게 적용되는 일반적, 추상적 법률규정으로서 법률이 직접 출소 후 신고의무를 부과하고 있다고 하더라도 처분적 법률 내지 개인적 법률에 해당한다고 볼 수 없으므로 권력분립주의에 위반되지 아니한다."

헌재 2003. 6. 26. 2001헌가17 등

판례 증거의 조사 없이 법원으로 하여금 피고인에 대하여 형을 선고하도록 규정한 반국가행위자의 처벌에 관한 특별조치법 제7조 등에 대한 위헌제청 사건

"또한 특조법 제7조 제7항 본문은 나아가 헌법 제101조 제1항에 의해 부여된 법원의 사법권을 과도하게 제약하고 있다. 사법(司法)의 본질은 법 또는 권리에 관한 다툼이 있거나 법이 침해된 경우에 독립적인 법원이 원칙적으로 직접 조사한 증거를 통한 객관적 사실인정을 바탕으로 법을 해석・적용하여 유권적인 판단을 내리는 작용이라 할 것이다. 그런데 특조법 제7조 제7항이 특정 사안에 있어 법관으로 하여금 증거조사에 의한 사실판단도 하지말고, 최초의 공판기일에 공소사실과 검사의 의견만을 듣고 결심하여 형을 선고하라는 것은 입법에 의해서 사법의 본질적인 중요부분을 대체시켜 버리는 것에 다름 아니어서 우리 헌법상의 권력분립원칙에 어긋나는 것이다. 우리 헌법은 권력 상호간의 견제와 균형을 위하여 명시적으로 규정한 예외를 제외하고는 입법부에게 사법작용을 수행할 권한을 부여하지 않고 있다. 그런데도 입법자가 법원으로 하여금 증거조사도 하지 말고 형을 선고하도록 하는 법률을 제정한 것은 헌법이 정한 입법권의 한계를 유월하여 사법작용의 영역을 침범한 것이라고 할 것이다.

따라서 특조법 제7조 제7항 본문은 사법권의 법원에의 귀속을 명시한 헌법 제101조 제1항에도 위반된다." 헌재 1996. 1. 25. 95헌가5

(ii) 평등의 원칙에 위반되는 것이 아닌가?

다수설은 오늘날의 평등은 실질적·상대적 평등을 의미하므로 합리적인 이유가 있는 처분적 법률은 허용되는 것으로 본다.

판례 5.18 특별법

"…… 위 법률조항은 헌정질서파괴범죄자들에 대하여 국가가 실효적으로 소추권을 행사할 수 있는 기간을 다른 일반국민들에 대한 시효기간과 동일하게 맞춤으로써, 그 범죄행위로 인하여 초래되었던 불평등을 제거하겠다는 것에 불과하여, 위 범죄행위자들을 자의적으로 차별하는 것이 아닐 뿐만 아니라, 오히려 실질적 정의와 공평의 이념에 부합시키는 조치라고 할 수 있다." 헌재 1996. 2. 16. 96헌가2 등

⑤ 처분적 법률에 대한 사법심사

우리나라가 구체적 규범통제를 취하고 있는 상황에서 처분적 법률에 대한 위헌심사를 바로 인정하기는 어렵다. 따라서 처분적 법률에 의해서 직접 기본권이 침해되고 현재 침해되는 경우에 법규헌법소원을 제기할 수 있다. 법령을 직접 소송물로 하는 소송유형이 없기 때문에 보충성원칙의 예외가 인정된다.

(4) 법률의 내용

1) 법규사항

국민의 권리·의무와 관련되는 사항을 말한다(예: 죄형법정주의, 재산권의 내용과 한계).

2) 입법사항(법률조항)

법규사항은 아니지만, 헌법이나 법률이 형식적 의미의 법률로써 규정하도록 하고 있는 사항을 말한다(예: 행정조직법정주의).

(5) 법률의 제정절차(입법절차, 입법과정)

1) 제 안

법률안은 정부와 국회의원 10인 이상이 제안할 수 있다. 정부가 제안하는 것을 제출이라 하고, 의원이 제안하는 것을 발의라 하여 구별하기도 한다.[8] 정부에게

법률안제출권을 인정하는 것은 의원내각제적 요소이다. 정부가 법률안을 제출할 때에는 국무회의의 심의를 거쳐야 한다. 정부는 매년 1월 31일까지 당해 연도에 제출할 법률안에 대한 계획을 국회에 통지하여야 한다(국회법 제5조의 3). 정부제출법률안의 경우는 의원입법과 달리 정부의 입법계획수립절차에 따라 입안되는 경우가 많아 체계적이고 효율적인 면이 있다. 정부제출법률안은 통상 관계기관과의 협의과정 – 당정협의 – 입법예고 – 규제심사 – 법제처의 심사 – 차관회의 및 국무회의의 심의 – 대통령서명 · 국무총리 및 관계 국무위원의 부서 – 국회제출(대통령 명의) 등의 순서를 거친다.

의원발의법률안에는 국회의원 10인 이상의 발의로 제출하는 법률안이 원칙이지만(국회법 제79조 제1항), 위원회에 의해서 제출되는 법률안도 인정된다. 위원회에서 제안하는 의안은 입법실무상 '위원회안'과 '위원회제출대안'으로 구분한다. 위원회안은 위원회가 그 소관에 속하는 사항에 관하여 독자적으로 의안을 입안하여 제출하는 것을 말하며, 위원회제출대안은 원안의 취지를 변경하지 아니하는 범위에서 그 내용의 대폭적인 수정이나 체계를 다르게 하여 원안을 대신할 만한 안으로 제출하는 것을 말한다.

2) 법률안의 심의와 의결

① 상임위원회 회부

국회의장은 법률안이 제출되면 이를 의원에게 배부하고, 본회의에 보고한 후 소관 상임위원회에 회부하여 심사하게 한다. 폐회 · 휴회 등으로 보고할 수 없을 때는 본회의 보고를 생략할 수 있다(국회법 제81조 제1항). 의장은 소관위원회에 법률안을 회부하는 경우에 그 법률안이 다른 위원회의 소관사항과 관련이 있다고 인정할 때에는 관련위원회를 명시하고 의견제시할 기간을 정하여 관련위원회에도 회부한다. 관련위원회의 의견은 소관 위원회의 결정을 기속하지 않고 그 심사를 함에 참고의견으로 활용될 뿐이지만, 관련위원회 회부제도는 법률안심사에 있어서 효율성을 높일 수 있는 제도로서 소관 상임위원회는 관련위원회의 의견제시기간 전까지는 당해 안건의 심사를 종료해서는 안 된다. 관련위원회의 의견제시가 있는 경우에는 소관위원회는 당해 안건 심사보고시에 관련위원회의 의견을 의무적으로 기재하여야 하며(국회법 제66조), 당해 안건에 대한 위원장의 본회의 심사보고시 그 내용도 보고한다(국회법 제67조 제1항). 또한 기획재정부 소관에 속하는 재정관련 법률안과 상당한 규모의 예산

---

8) 정재황, "국회의 입법과정", 고시계, 제49권 제2호, 고시계사, 2004. 2, 5면.

또는 기금상의 조치를 수반하는 법률안을 심사하는 소관위원회는 미리 예산결산특별위원회와의 협의를 거쳐야 하며, 소관위원회는 기획재정부 소관에 속하는 재정 관련 법률안을 예산결산특별위원회와 협의하여 심사함에 있어서 예산결산특별위원장의 요청이 있는 때에는 연석회의를 열어야 한다(국회법 제83조의2 제1항, 제3항).

② 상임위원회 심사

제출된 법률안은 소관 상임위원회에서 실질적인 심의가 이루어진다(상임위원회중심주의). 일반적으로 상임위원회에서는 제안자의 취지 설명과 위원회 전문위원의 검토의견을 들은 후 대체토론, 축조심사, 찬반토론, 표결의 순서로 법률안을 심사한다. 상임위원회의 의결은 재적위원 5분의 1 이상의 출석으로 개회하고, 재적위원 과반수의 출석과 출석위원 과반수의 찬성으로 의결한다(국회법 제54조). 위원회는 공청회를 열어 이해관계자와 전문가의 의견을 들을 수 있으며, 필요시에는 청문회를 개최할 수 있고, 특정한 안건을 심사하기 위하여 소위원회나 상설소위원회를 둘 수도 있다. 안건이 예산상의 조치를 수반하는 경우에는 정부의 의견을 청취해야 하고, 법률안에 대한 각 위원회에서의 심의가 완료되면 법률안은 법제사법위원회에 회부되어 자구에 대한 심사를 받도록 되어 있다.

위원회에서 본회의에 부의할 필요가 없다고 결정된 의안은 본회의에 부의하지 아니한다(Pigeonhole). 그러나 위원회의 결정이 본회의에 보고된 날로부터 폐회 또는 휴회 중의 기간을 제외한 7일 이내에 의원 30인 이상의 요구가 있는 경우에는 본회의에 부여하여야 한다(국회법 제87조 제1항). 이를 위원회의 해임(Discharge of Committee)이라 한다.

③ 본회의 심의 · 의결

법제사법위원회의 체계 · 자구심사를 거친 법률안은 본회의에 상정되어 심사보고, 질의 · 토론을 거쳐 재적의원 과반수의 출석과 출석의원 과반수의 찬성으로 의결된다. 위원장은 소관위원회에서 심사를 마친 안건이 본회의에서 의제가 된 때에는 위원회의 심사경과 및 결과와 소수의견 및 관련위원회의 의견 등 필요한 사항을 본회의에 보고한다(국회법 제67조 제1항). 본회의에서 법률안에 대한 수정동의를 하기 위해서는 그 안을 갖추고 이유를 붙여 의원 30인 이상의 찬성자와 연서하여 미리 의장에게 제출하여야 한다. 그러나 예산안에 대한 수정동의는 의원 50인 이상의 찬성이 있어야 한다(국회법 제95조 제1항). 법률안에 대한 국회 본회의 의결은 재적의원 과반수의 출석과 출석의원 과반수의 찬성으로 한다(국회법 제109조 제1항). 표결방법으로는 의장은 안건에 대한 이의의 유무를 물어서 이의가 없다고 인정한 때에는 가결되었음을 선포할 수 있다. 그러나 이의가 있을 때에는 전자투표에 의한 기록표결로 가부를 결정한다. 다만, 투표기기의 고장 등 특별한 사정이 있을 때에는 기립표결로 가부를 결정할 수 있다(국회법 제112조).

④ 전원위원회 심사

위원회의 심사를 거치거나 위원회가 제안하는 의안 중 정부 조직에 관한 법률안, 조세, 국민에게 부담을 주는 법률안 등 주요 의안에 대해서는 당해 안건의 본회의 상정 전이나 상정 후 재적의원 4분의 1 이상의 요구가 있으면 의원 전원으로 구성되는 전원위원회의 심사를 거치게 된다. 다만, 의장은 주요의안의 심의 등 필요하다고 인정하는 경우 각 교섭단체대표의원의 동의를 얻어 전원위원회를 개최하지 않을 수 있다(국회법 제63조의 2 제1항). '전원위원회'란 위원회중심주의로 인하여 본회의의 법안심의가 형식화되는 것을 보완하기 위하여 2000년 2월 16일 개정된 국회법에서 도입된 제도이다. 전원위원회는 재적위원 5분의 1 이상의 출석으로 개회하고 재적위원 4분의 1 이상의 출석과 출석위원 과반수의 찬성으로 의결한다. 전원위원회 심사의 예는 2004년 12월 9일 '국군부대의 이라크파병 연장동의안'을 들 수 있다.

3) 법률안의 정부이송 및 대통령의 공포

① 법률안의 정부 이송

국회에서 의결된 법률안은 공포를 위하여 정부에 이송된다. 법률안이 정부에 이송되어 오면 법제처는 국무회의의 상정안건의 작성요령에 따라 법률공포안을 작성하여 국무회의에 상정한다. 국무회의의 심의를 마치면 대통령이 서명하고 국무총리 및 관계 국무위원이 부서를 하면 법률안은 성립되며, 정부 이송 15일 이내에 대통령이 공포하지 않거나 재의 요구를 하지 않은 경우 그 법률안은 법률로서 확정된다.

② 대통령의 거부권 행사

다만, 법률안에 이의가 있을 경우 대통령이 정부 이송 15일 이내에 이의서를 붙여 국회로 환부하고, 그 재의를 요구할 수 있다(환부거부). 일부거부와 수정거부는 부인된다. 재의 요구된 법률안에 대해서는 국회가 재적의원 과반수의 출석과 출석의원 3분의 2 이상의 찬성으로 전과 같은 의결을 하면 그 법률안은 법률로서 확정된다. 대통령은 확정된 법률이 정부로 이송된 후 지체 없이 공포하여야 한다.

③ 대통령의 공포

대통령은 법률안이 정부에 이송된 지 15일 이내에 공포해야 한다. 정부 이송 15일 이내에 대통령이 공포하지 않거나 재의 요구를 하지 않은 경우 및 재의의결이 있는 경우 그 법률안은 법률로서 확정되는데, 확정된 이후 5일 이내에 대통령이 공포하지 않을 경우 국회의장이 공포한다. 공포된 법률은 특별한 규정이 없으면 공포한 날로부터 20일을 경과함으로써 효력이 발생한다(주지기간). 공포는 관보에 게재하는데, 관보에 게재된 시기를 어느 때로 볼 것인가와 관련해서는 관보일부오전영시설(官報日附午前零時說), 최초구매가능시설(통설)이 대립한다.

2. 헌법개정의 심의 · 의결권

대통령도 헌법개정의 발의권이 있지만, 국회도 국회재적의원 과반수의 발의로 헌법의 개정을 제안할 수 있다(헌법 제128조 제1항). 제안된 헌법개정안은 대통령이 20일 이상의 기간 이를 공고하여야 하며(헌법 제129조), 국회는 헌법개정안이 공고된 날로부터 60일 이내에 의결하여야 하며, 국회의 의결은 재적의원 3분의 2 이상의 찬성을 얻어야 한다. 헌법개정안은 국회가 의결한 후 30일 이내에 국민투표에 붙여 국회의원선거권자 과반수의 투표와 투표자 과반수의 찬성을 얻어야 확정되며, 대통령은 즉시 이를 공포하여야 한다(헌법 제130조 제1항, 제2항, 제3항). 헌법개정안에 대하여 국회는 수정의결을 할 수 없다. 수정의결은 공고제도에 반하기 때문이다. 헌법개정안에 대한 국회의결은 기명투표방식으로 한다(국회법 제112조 제4항). 책임소재를 분명히 하기 위한 것으로 설명되나, 비밀선거의 원칙과 관련해서 문제가 있다고 생각한다.

3. 조약의 체결 · 비준에 대한 동의권

국회는 헌법 제60조 제1항에 열거된 조약의 체결 · 비준에 대해서 동의권을 가진다. 조약의 체결 · 비준에 대한 국회의 동의권은 효력발생요건이다. 여기서 동의는 사전동의라야 한다. 그래야만 대통령의 조약체결 · 비준에 대한 국회의 적절한 통제수단이 된다.

4. 국회규칙제정권

국회는 법률에 저촉되지 아니하는 범위안에서 의사와 내부규율에 관한 규칙을 제정할 수 있다(헌법 제64조 제1항). 국회의 국회규칙제정권은 국회의 자율권을 보장하기 위한 것이다.

Ⅲ. 입법권의 한계

법률제정권을 포함한 국회의 입법에 관한 권한도 헌법의 틀 안에서 행사되어야 하며, 입법권의 한계를 벗어난 법률은 무효이다.

1. 합헌성원칙에 의한 한계

(1) 헌법의 명문규정에 의한 한계

헌법의 명문규정에 위배된 입법이 되어서는 안 된다. 헌법은 소급입법에 의한 처벌과 참정권의 제한을 금지하고 있다(헌법 제13조). 소급효금지원칙은 법적 안정성과 기득권의 보호에 그 이념이 있다. 시혜적 소급입법이란 국민에게 이익이 되는 소급입법으로, 이 경우는 국민의 권리를 제한하거나 의무를 부과하는 경우와 달리 보다 입법자에게 광범위한 형성의 자유가 인정된다.[9]

(2) 헌법의 기본원리 · 기본제도 · 기본질서에 의한 한계

법률은 헌법의 기본원리인 국민주권주의, 법치주의 등에 위배해서는 안 되며, 자유민주적 기본질서, 사회적 시장경제질서 등의 헌법의 기본질서 그리고 복수정당제도 등 헌법의 기본제도에 위배되거나 이를 부정하는 것이어서는 안 된다.

(3) 기본권제한의 일반원칙

법률로써 기본권을 제한하는 경우에도 헌법 제37조 제2항의 기본권제한의 일반원칙에 따라야 하며, 과잉금지원칙 등을 존중해야 하며, 기본권의 본질적 내용을 침해해서는 안 된다.

과잉금지의 원칙이란 국가가 국민의 기본권을 제한하는 내용의 입법을 함에 있어서 준수하여야 할 기본원칙 내지 입법활동의 한계를 말한다. 입법의 정당성이 평가될 수 있고, 국민의 수인의무가 발생하는 준거가 된다. 원칙의 세부내용으로는 ① 목적의 정당성, ② 방법의 적정성, ③ 피해최소성의 원칙(협의), ④ 법익균형성이 들어지고 있다.

2. 국제법상의 일반원칙에 의한 한계

헌법 제6조 제1항 국제법존중주의에 위배되어서는 안 된다.

---

9) 헌재 1995. 12. 28. 95헌마196.

3. 입법재량의 기속성에 의한 한계

국회는 헌법에 위반되지 않는 범위 내에서 입법형성의 자유(입법재량권)를 가지지만, 재량을 남용해서는 안 된다는 한계이다.

국회의 입법재량은 헌법에 기속되는 기속재량으로 ① 적법절차의 원칙, ② 비례와 공평의 원칙, ③ 과잉금지의 원칙, ④ 자의금지원칙, ⑤ 신뢰보호의 원칙, ⑥ 명확성의 원칙에 위배되어서는 안 된다.[10)]

Ⅳ. 입법권에 대한 통제

1. 국회의 자율적 통제

법률안 제출의 경우 국회의원 10인 이상의 찬성을 요하고, 법률안심의는 우선 소관 상임위원회의 심의를 거치도록 하며 헌법개정안은 국회 재적의원 3분의 2 이상의 찬성과 기명투표로 한다.

2. 대통령에 의한 통제

대통령은 법률안 거부권, 헌법개정제안권, 법률안제안권, 조약체결권 등을 가지고 국회의 입법권을 통제하고 있다.

3. 법원과 헌법재판소에 의한 통제

(1) 위헌법률심판에 의한 통제

우리나라는 구체적 규범통제제도를 취하고 있기 때문에 법률이 헌법에 위반되는 여부가 재판의 전제가 되어야만 한다. 이 경우 각급 법원은 직권 또는 당사자의 신청에 따라 헌법재판소에 위헌법률심판을 제청하여 그 심판에 따라 재판한다(헌법 제107조 제1항). 제5공화국헌법은 "법률이 헌법에 위반되는 여부가 재판의 전제가 된 경우에 법원은 법률이 헌법에 위반되는 것으로 인정할 때에는 헌법위원회에 제청하여 그 결정에 의하여 재판한다"고 규정하여 현행헌법의 법원의 제청권과 차이가 있다(법원의 합헌결정권의 인정 여부).

10) 권영성, 헌법학원론(2010년판), 법문사, 2010, 809면 이하.

(2) 입법에 대한 헌법소원심판

1) 법규헌법소원

헌법재판소법 제68조 제1항의 헌법소원은 국가의 공권력의 행사·불행사에 의하여 기본권이 침해된 경우에 제기할 수 있는데, 여기서 공권력에는 당연히 입법권도 포함된다. 그러나 일반성·추상성을 가진 통상의 입법은 집행의 구체적 매개에 의해서 집행되며 집행에 의해서 매개되는 경우 헌법소원의 보충성원칙에 따라 행정소송을 거쳐야 하고 행정소송을 거치는 경우 법원의 재판이 되어 법원의 재판을 제외하고 있는 규정에 따라 헌법소원을 제기하기가 원칙적으로 불가능하다. 따라서 법규헌법소원은 별도의 구체적 집행행위를 기다리지 아니하고 기본권을 침해하는 법률(자동집행적 법률, 처분적 법률)만이 대상이 된다.[11]

헌법재판소도 "헌법소원심판의 청구사유를 규정한 헌법재판소법 제68조 제1항 본문에 규정된 공권력 가운데는 입법권도 당연히 포함된다고 할 것이므로 법률에 대한 헌법소원도 가능하다. 다만, 모든 법률이 다 헌법소원의 대상이 되는 것은 아니고, 그 법률이 별도로 구체적 집행행위를 기다리지 아니하고 현재 직접적으로 헌법상 보장된 기본권을 침해하는 경우에 한정됨을 원칙으로 한다"고 판시하고 있다.[12]

2) 위헌심사형헌법소원

당사자가 위헌법률심판제청의 신청을 하였으나, 당해재판부가 기각한 경우에는 30일 이내에 헌법소원을 제기할 수 있다(헌법재판소법 제68조 제2항).

이의 성격을 헌법소원으로 보는 견해도 있지만, 헌법재판소나 다수의 견해는 실질적으로는 위헌법률심판으로 보고 있다. 따라서 재판의 전제성이 요구된다.

3) 입법의 부작위에 대한 헌법소원

입법부작위에 대한 헌법재판소의 재판관할권은 극히 한정적으로 인정할 수밖에

---

11) "법령자체에 의한 기본권침해가 문제되어 법령자체에 대한 헌법소원심판청구를 하였을 때에는 이른바 헌법재판소법 제68조 제1항 단서 소정의 보충성의 예외적인 경우에 해당한다"(헌재 1989. 3. 17. 88헌마1).

12) 헌재 1989. 3. 17. 88헌마1; 헌재 1990. 10. 8. 89헌마89. 또한 "법규 때문에 기본권의 침해를 받았다하여 헌법소원의 형태로 그 위헌여부의 심판을 구하는 법규에 대한 헌법소원은 구체적인 소송사건에서 전제된 경우도 아니고 단순히 어느 법규가 위헌인가의 여부에 대한 의문이 있어 제기하는 추상적 규범통제제도와는 근본적으로 다른 것으로서 자기관련성, 현재성, 그리고 직접성의 요건을 갖추게 되면 그것만으로 적법한 소원심판청구로 되어 허용이 된다"고 판시하고 있다(헌재 1991. 3. 11. 90헌마28).

없다.[13] 헌법에서 기본권보장을 위해 법령에 명시적인 입법위임을 하였음에도 입법자가 이를 이행하지 않을 때, 그리고 헌법 해석상 특정인에게 구체적인 기본권이 생겨 이를 보장하기 위한 국가의 행위의무 내지 보호의무가 발생하였음이 명백함에도 불구하고 입법자가 전혀 아무런 입법조치를 취하고 있지 않은 경우가 여기에 해당될 것이며, 이때에는 입법부작위가 헌법소원의 대상이 된다고 봄이 상당할 것이다.[14]

입법자가 입법의무를 지고 있다고 하여서 그 불이행의 모든 경우가 바로 헌법을 위반한 경우라고는 단정할 수 없다. 즉 입법자에게는 형성의 자유 또는 입법재량이 인정되므로 입법의 시기 역시 입법자가 자유로이 결정할 수 있음이 원칙이라 할 것이다. 그러나 입법자는 헌법에서 구체적으로 위임받은 입법을 거부하거나 자의적으로 입법을 지연시킬 수는 없는 것이므로, 가령 입법자가 입법을 하지 않기로 결의하거나 상당한 기간 내에 입법을 하지 않는 경우에는 입법재량의 한계를 넘는 것이 된다.[15]

헌법재판소는 헌법이 명시적 입법의무를 규정하였음에도 입법의 부작위로 인하여 기본권이 침해된 경우(진정입법부작위)에는 입법부작위에 대한 헌법소원을 제기할 수 있지만, 법령이 제정되었으나 그것이 불완전·불충분하여 그 보충을 요하는 경우(부진정입법부작위)에는 부작위를 이유로 한 헌법소원을 제기할 수 없다는 입장이다. 부진정입법부작위의 경우 법규헌법소원의 요건을 갖춘 경우는 법규헌법소원은 가능할 수 있다. 그리고 재판이 전제된 경우 위헌법률심판이나 위헌심사형헌법소원의 제기는 가능하다.

판례 입법부작위 위헌확인

[판시사항]

국군으로 추정되는 자들에 의하여 1949. 12. 24. 경북 문경군 석달동 및 1950. 11.부터 1951. 3. 사이 전남 함평군 월야면, 해보면, 나산면에서 발생한 민간인 학살사건(이하, '문경학살사건' 또는 '함평학살사건'이라 한다)에 대하여 국회가 진상규명 및 피해보상을 하지 않고 있는 입법부작위의 위헌확인을 구하는 헌법소원을 각하한 사례

13) 입법의무가 없는 경우 입법의 부작위, 즉 단순입법부작위에 대해서는 소구청구권이 인정되지 않는다.
14) 헌재 1989. 3. 17. 88헌마1.
15) 헌재 1994. 12. 29. 89헌마2.

[결정요지]

1. 입법부작위가 헌법소원의 대상이 되려면, 가. 헌법에서 기본권보장을 위해 법률에 명시적으로 입법위임을 하였음에도 불구하고 입법자가 이를 이행하지 않고 있는 경우 또는 나. 헌법 해석상 특정인의 기본권을 보호하기 위한 국가의 입법의무가 발생하였음이 명백함에도 불구하고 입법자가 아무런 입법조치를 취하지 않고 있는 경우이어야 한다.
2. 가. 헌법은 국가배상법을 제정할 입법위임규정을 두고 있으나 문경학살사건 및 함평학살사건에 관한 특별법과 같은 법률을 제정해야 할 명시적인 입법위임은 두고 있지 않다.

   나. 헌법 제10조 제2문은 "국가는 개인이 가지는 불가침의 기본적 인권을 확인하고 이를 보장할 의무를 진다."고 규정하고 있는데, 국가는 국민의 기본권을 침해하지 않고 이를 최대한 보호해야 할 의무를 가지며 만약 국가가 불법적으로 국민의 기본권을 침해하는 경우 그러한 기본권을 보호해주어야 할 행위의무를 진다.

   그런데 비록 문경학살사건 및 함평학살사건으로 인한 피해가 매우 중대하고 피해자의 범위도 넓어 상당한 특수성이 있지만, 이미 수사제도 및 국가배상법제가 마련되어 있는 이상, 그 외에 청구인들이 주장하는바 이 사건의 진상규명이나 피해자들에 대한 배상을 위한 국가의 입법의무가 헌법해석상 새로이 발생하였다고 할 수는 없다.
3. 헌법 제11조 제1항의 평등원칙은 입법자에게 헌법적으로 구체적인 입법의무를 부과하는 것은 아니며 입법자가 평등원칙에 반하는 입법을 하게 되면 이로써 피해를 입은 자는 당해 법률조항을 대상으로 평등원칙의 위반여부를 다툴 수 있다는 것이 헌법재판소의 판례이므로, 이 사건과 같은 입법부작위 헌법소원에서 평등권 침해 주장은 이유가 없다.
4. 그렇다면 형사소송법상 국가 공권력에 의한 살인행위에 대한 공소시효와 국가배상법상의 청구기간이 너무 짧거나 불완전하여 문경학살사건 및 함평학살사건과 같은 특수한 경우 효과적인 수사가 이루어질 수 없고, 손해배상청구권이 제대로 행사될 수 없는 것을 이유로 다투는 것, 즉 그 불완전한 법규정 자체를 대상으로 하여 그것이 헌법위반이라는 적극적인 헌법소원심판을 청구하는 것은 별론으로 하고, 문경학살사건 및 함평학살사건에 대한 진상조사, 피해배상 등을 위한 특별법을 제정하지 아니한 부작위가 헌법에 위반된다는 헌법소원 청구는 부적법하다.

헌재 2003. 5. 15. 2000헌마192 · 508(병합)

4. 여론과 정당을 통한 통제

악법제정에 대해서는 시민불복종운동의 전개, 정당한 대체입법의 청원권 행사, 여론과 당정협의 등에 의하여 입법에 대한 통제를 가할 수 있다.

제2장 집행작용

제1절 집행작용의 의의와 본질

집행은 협의로는 법률의 집행작용(행정)을 의미하지만, 광의로는 고도의 정치성을 띤 행위로 사법심사의 대상에서 제외되는 통치행위가 포함되는가 문제된다. 우리 헌법은 "행정권은 대통령을 수반으로 하는 정부에 속한다"라고 규정하고 있다(제66조 제4항). 여기서의 '정부'란 입법부와 사법부에 대응하는 넓은 개념으로서의 집행부를 일컫는다 할 것이다.[1]

1. 행정의 개념

행정은 복잡다기하여 한마디로 정의하기가 쉽지 않다.[2] 학문에 따라 행정을 정의하는 것도 차이가 있으나, 행정이라고 지칭되는 국가활동이 존재함을 부인할 수 없다면 불완전하나마 그것의 의미를 정의하는 것을 포기할 수도 없다. 법학, 특히 행정법학에서는 행정을 실질적 의미와 형식적 의미로 정의하고 있다.

(1) 실질설

실질설은 국가작용의 성질을 기준으로 행정과 입법·사법을 구별하고 행정을 정의하려고 한다. 실질설에도 소극적으로 행정을 정의하려는 견해와 적극적으로 행정을 정의하려는 견해가 있다. 국가작용 중 입법과 사법을 제외한 것이 행정이라고 정의하는 견해를 소극설, 공제설(控除說)이라고 한다. 이에 대하여 적극설의

---

1) 헌재 2021. 1. 28. 2020헌마264 등.
2) 독일의 공법학자 포르스트호프(E. Forsthoff)는 "행정은 묘사할 수는 있으나 정의할 수는 없다"고 표현한 바 있다.

견해로는 입법·사법과 구별되는 성질상의 차이가 행정에 존재한다고 보고 그러한 적극적 표지를 찾으려고 노력한다. '국가가 법질서 아래에서 국가목적을 실현하기 위하여 행하는 작용'이 행정이라고 한다든지(목적실현설), 현실적 결과실현이라는 점에서 행정개념의 적극적 표지를 구하여 행정이란 '공익상 필요한 결과의 실현을 목적으로 하는 기술적·정신적·법률적 사무의 전체', '공익의 사실상의 실현을 목적으로 하는 작용' 또는 '법 아래에서 법의 기속(羈束)을 받으면서 사법 이외의 일체의 국가목적을 현실적·구체적으로 실현하기 위하여 통일적으로 수행되는 계속적 형성활동'을 의미한다고 하는 견해(결과실현설, 양태설)[3] 등이 그것이다.

(2) 형식설

형식설은 국기기관이 분장하고 있는 형식적 권한을 기준으로 행정부에 의하여 행하여지는 일체의 작용을 행정으로 파악한다.

(3) 결 어

헌법 제66조 제4항의 "행정권은 대통령을 수반으로 한 정부에 속한다"는 규정은 실질설에 따라 "헌법에 다른 규정이 없는 경우에는 행정권은 정부에 속한다"는 집행부 집행의 원칙을 선언한 것으로 보는 것이 타당하다. 헌법은 헌법정책상의 이유로 실질적 의미의 집행작용의 일부를 국회·법원과 헌법재판소(사법행정)·지방자치단체(자치행정) 등의 관할로 하고 있는데 이는 행정권의 예외라고 설명할 수 있다. 형식설은 행정기관이 담당하는 작용을 행정으로 보므로 이러한 작용은 행정이 아니라고 보게 된다. 따라서 이를 행정권의 예외로 보는 것은 논리모순이다.

2. 행정의 특성

입법과 행정의 구별에서 입법은 일반적, 추상적 규범정립작용이라는 점에서, 법규범을 개별적, 구체적으로 집행하여 국가목적을 실현하는 작용인 행정과는 구별된다. 한편 사법은 당사자 간에 구체적인 법률상 분쟁을 전제로 하여 소제기가 된 경우 무엇이 법인가를 판단, 선언함으로써 분쟁을 해결하는 작용이다. 사법과 행정의 구별은 사법은 법의 기속을 받으며 당사자의 소제기를 기다려 행하여지는 수동적 작용인 점에서 적극적 형성활동인 행정과 구별된다.

---

3) 일본의 다나카 지로(田中二郎)는 "법 아래서 법의 규제를 받으면서 현실적 구체적으로 국가목적의 적극적 실현을 향하여 행하여지는 전체로서의 통일성을 가진 계속적 형성활동"으로 행정을 정의하고 있다.

제2절 정부가 행사하는 행정권의 범위

현행 헌법상 집행부가 행사할 수 있는 집행권의 구체적인 범위는 실질적 의미의 집행작용 중에서 헌법이 다른 국가기관의 소관으로 하고 있는 것을 제외한 집행에 관한 권한이다. 대통령과 정부소속기관인 국무총리・국무위원・행정각부의 장에 의하여 행사된다.

제3절 행정권에 대한 통제

책임행정을 구현하기 위하여 사전적・사후적 제어장치가 마련되어야 한다.

1. 외부적・타율적 통제

행정의 자율적 통제가 아닌 외부적・타율적 통제는 주로 행정의 민주적 정당성을 확보하기 위해서 행하여진다.

(1) 국민에 의한 통제

국민은 ① 청원(파면 등), ② 국가배상, ③ 행정쟁송, ④ 헌법소원, ⑤ 민중통제 등을 통해 행정을 통제할 수 있다. 민중통제란 국민이 선거나 여론 또는 시민참여 등을 통한 직・간접통제방식을 말한다.

(2) 국회에 의한 통제

국회는 ① 법률제정이나 조약체결・비준 동의로써 정책결정과 집행과정에 관여하고 통제하고, ② 예산안의 심의・긴급명령 등에 대한 승인권・기채동의권과 지출승인권, ③ 국정감사・조사권, ④ 탄핵소추권・해임건의권, ⑤ 국무총리・국무위원에 대한 국회출석요구권 등을 통하여 행정을 통제한다.

(3) 법원 및 헌법재판소에 의한 통제

1) 법원은 행정작용으로 인해 국민의 권익이 침해된 경우에 소송절차를 통한 구제 및 위헌・위법인 행정입법의 심사권을 통하여 행정을 통제할 수 있다.

2) 헌법재판소는 탄핵심판, 권한쟁의심판, 헌법소원심판을 통하여 행정을 통제할 수 있다. 검사의 불기소처분에 대한 헌법소원은 청구인의 평등권과 재판절차진

술권 침해시 제기할 수 있다. 그리고 수사기관의 내사종결처리에 대하여 헌법소원의 제기가 가능한가와 관련하여 헌법재판소는 “진정에 기한 내사사건의 종결처리는 구속력이 없는 진정사건에 대한 수사기관의 내부적 사건처리방식에 지나지 않기 때문에 헌법소원의 대상이 되는 ‘공권력의 행사’라 할 수 없다”고 판시하였다.[4)]

(4) 옴부즈맨에 의한 통제

1) 옴브즈맨제도란?

의회에서 임명된 옴브즈맨(Ombudsman)이 의회의 위임을 받아 집행부의 업무수행과 관련된 비리나 민원 등을 독립적으로 조사·보고하여 그 시정을 권고함으로써 국민의 기본권을 보장하는 제도이다. 이는 정부의 독주를 막기 위한 일종의 행정감찰관제도로, 1809년 스웨덴 정부에서 처음 시작되었다.

2) 옴부즈맨 제도의 법적 성격

옴부즈맨이 행사하는 권한은 복합적이나 의회에서 임명하는 것은 그 독립성을 보장하기 위한 것이며, 권리구제의 효과를 가져오더라도 그 성질을 사법작용으로 볼 수 없다. 기본적으로는 입법작용이다.[5)]

3) 옴부즈맨제도의 기능

옴부즈맨제도는 권리구제의 경제성·효율성·편의성의 장점이 있으나, 다른 권리구제기관(헌법재판소·법원·검찰)의 권한이 중복된다는 단점이 있다.

4) 한국에서의 도입가능성

군사부문이나 개인정보보호분야 등 특수한 분야에서 부분도입을 주장하는 견해가 있다.[6)] 종전 옴부즈맨 제도의 유사 예로 국민고충처리위원회가 들어지고 있었다. 현재 국민고충처리위원회는 국무총리행정심판위원회, 국가청렴위원회(종전 부패방지위원회)와 함께 국민권익위원회로 흡수되었다.

2. 내부적·자율적 통제

집행부 스스로 하는 통제로서 행정입법, 임면권, 행정심판, 지휘·감독권의 활용과 직업공무원제의 확립 및 행정절차의 확립도 자율적 행정통제의 중요한 수단이다. 그 밖에 공직윤리의 확립도 내부적 통제수단이 된다.

---

4) 헌재 1990. 12. 26. 89헌마277.
5) 권영성, 헌법학원론(2010년판), 법문사, 2010, 825면.
6) 권영성, 앞의 책, 826면.

제3장 사법작용

제1절 사법작용의 의의와 본질

1. 사법의 개념

실질설과 형식설의 대립이 있으나, 입법과 행정에서와 마찬가지로 실질설에 의해 사법을 정의를 내리면 "구체적인 법적 분쟁이 발생한 경우에 당사자로부터의 쟁송의 제기를 기다려 독립적 지위를 가진 기관이 제3자적 입장에서 무엇이 법인가를 판단하고 선언함으로써 법질서를 유지하기 위한 작용(성질설)"으로 이해된다.

2. 사법의 개념적 징표

사법은 첫째, 반드시 구체적인 법적 분쟁의 발생을 전제로 한다(사건성). 둘째, 당사자로부터의 쟁송제기가 있는 경우에만 발동이 가능하다(수동성). 이 점에서 능동적인 행정과 구별된다. 셋째, 무엇이 법인가를 판단하고 선언하는 작용이다(법선언성). 넷째, 법질서를 유지하려는 현상유지적인 소극작용이다(절차의 특수성). 이 점에서 새로운 질서형성을 위한 적극작용인 행정과 구별된다. 다섯째, 독립적 지위를 가진 기관이 제3자적 입장에서 수행해야 할 작용이다(판단의 독립성).

제2절 법원이 행사하는 사법권의 범위

"사법권은 법관으로 구성된 법원에 속한다"(제101조 제1항)는 의미는 실질적 의미의 사법은 헌법에 다른 규정이 없는 한 법원이 담당한다는 법원사법의 원칙을 의미하는 것으로 이해된다(실질설).

헌법은 헌법정책적으로 실질적 의미의 사법에 관한 권한의 일부를 대통령(사면·감형·복권 등), 정부(행정심판·징계), 국회(의원징계 등), 헌법재판소(위헌법률심판권·위헌정당해산심판권·탄핵심판권·권한쟁의심판권·헌법소원심판권) 등에 부여하고 있다.

법원의 소관사항으로 되어 있으나, 사법규칙의 제정권, 헌법재판소 재판관·중앙선거관리위원회 위원의 지명권, 민사의 비송사건은 물론 등기·가족관계등록·공탁·경매(강제집행)·법인의 감독·신탁·감정업무 등 사법행정, 수사·체포·구금 등 형사에 있어서 사법경찰 등은 재판작용이 아니므로, 실질적 의미의 사법에 해당되지 않는다.

1. 민사재판권

사인간의 사생활적인 분쟁을 해결하기 위한 사법작용이다. 민사재판권은 판결절차(협의의 민사소송)와 강제집행절차로 대별된다. 또한 넓은 의미의 민사소송에는 통상절차 이외에도 특별절차(가사소송·독촉절차·집행보전절차·공시최고절차·파산절차 등)와 등기·경매 등도 포함한다.

2. 형사재판권

협의의 형사재판(소송)은 "공소의 제기로부터 재판의 확정에 이르기까지"의 일련의 절차를 말한다(공판절차). 광의의 형사재판은 수사·공판·집행절차를 포함한다.

3. 행정재판권

(1) 행정소송의 의의

행정법규의 적용에 관련된 분쟁을 판정하기 위한 정식의 소송절차를 말한다. 행정심판과 더불어 행정쟁송의 하나이다.

(2) 행정소송과 행정심판의 구별

1) 쟁송사항의 범위

행정소송은 위법한 처분에 대해서 제기할 수 있으나, 행정심판은 법률문제 외에 공익문제, 즉 당·부당도 대상이 된다.

2) 판정기관

행정소송은 독립적 지위를 가진 법원이 담당하며, 행정심판은 행정청(행정심판위원회)이 담당한다.

3) 판정절차

행정소송은 정식쟁송으로 원칙적으로 구두변론주의에 의한다.

(3) 행정소송의 본질(유형)

행정소송이 행정작용이냐 사법작용이냐의 문제이다.

1) 행정제도국가형

공·사법체계의 명확한 구분이 인정되고 독립적인 행정법원을 가지고 있는 프랑스, 독일 같은 나라의 유형이다.

2) 사법제도국가형

코먼로 국가(영·미)처럼 공·사법의 구별이 뚜렷하지 않은 경우 일반법원에서 관장한다.

3) 소 결

오늘날 양자는 접근하고 있다. 영미는 행정위원회를 중심으로 공법이라는 새로운 법체계가 등장하고 있고, 대륙법계는 과거 집행권의 권위를 위한 행정소송의 열기주의에서 개괄주의로 전환하고 있다.

4) 우리나라

행정소송도 일반법원의 관할이라는 점에서 기본적으로는 사법제도국가형이다. 그러나 행정소송의 특수성도 인정하고 있다. 첫째, 지방법원급인 행정법원을 설치하고－고등법원－대법원의 3심제를 채택하고 있다. 종전에는 고등법원이 제1심법원인 2심제였다. 둘째, 행정심판의 임의적 전치절차를 인정하고 있다. 종전에는 필수적 전치주의를 채택한 바 있다. 셋째, 행정심판의 임의적 전치화에 따라 취소소송의 제기기간도 처분 등이 있음을 안 날로부터 90일(종전 60일)이내, 처분이 있은 날로부터 1년(종전 180일) 이내에 제기하도록 하여(행정소송법 제20조) 제소기간을 한정하고 있다. 넷째, 직권심리주의를 가미하고 있다. 이러한 점에서 우리나라의 행정소송의 유형을 혼합형, 절충형으로 보는 견해도 있다.[1)]

---

1) 류지태, 제2 보정판 행정법신론, 신영사, 1997, 442면.

(4) 독립적 행정법원 설치 여부

대법원의 하급심으로 행정법원을 설치할 수 있는가의 문제이다. 부정설은 헌법에 명문규정이 없다는 것을 이유로 한다. 이에 반해 긍정설은 제107조 제2항의 해석상 대법원의 하급심으로서 행정법원의 설치가 가능하다고 한다. 법원조직법의 개정을 통하여 입법적으로 해결하고 있다. 다만, 특별법원인 행정법원을 예외법원으로 볼 것인가, 특수법원으로 볼 것인가에 대해서는 견해의 대립이 있다.

특수법원이란 특정사안을 다루나 헌법과 법률에 의하여 신분과 자격이 보장된 법관으로 구성되고 그 재판에 대하여 상고가 인정되는 법원을 말하며, 예외법원은 헌법에 규정된 법관자격을 가지지 아니한 자가 재판을 담당하거나 그 재판에 대한 대법원에 상고가 인정되지 않는 법원이다. 예외법원은 헌법이 인정한 군사법원을 제외하고는 위헌이며, 특수법원은 현행헌법 하에서 설치가능하다(예: 행정법원, 특허법원, 노동법원, 조세법원 등).

4. 가사재판권

주로 신분법분야에서 발생하는 가사에 관한 분쟁(혼인 · 이혼 · 인지 · 입양 · 친생자관계 · 파양 등)을 해결하기 위한 사법기능을 말한다. 가사에 관한 소송도 민사소송의 유형에 속하지만, 그 분쟁의 특수성을 고려하여 그 소송절차는 가사소송법이 따로 정하고 가사사건의 심리와 재판은 가정법원의 전속관할이다.

5. 특허재판권

특허법 · 실용신안법 · 디자인보호법 · 상표법 등 산업재산권에 관한 법률 영역에서 발생하는 법적 분쟁을 해결하기 위한 사법기능이다. 고등법원급의 전문적인 특허법원을 설치해서 특허재판의 제1심을 관할하게 하고, 특허재판이 갖는 기술적 특성을 감안하여 기술심리관을 두어 특허재판절차의 심리에 참여하게 하고 있다(1998. 3. 1.부터).

종전에는 특허청의 심판과 항고심판을 받은 다음에 대법원의 법률심판을 받는 3단계의 특허쟁송심급구조로 되어 있었는데, 헌법재판소는 이러한 특허쟁송절차에 대하여 헌법불합치결정을 하면서 1998년 3월 1일까지만 유효하도록 하였다.[2] 심판대상법조항은 법관에 의한 사실확정 및 법률적용의 기회를 박탈한 것으로 법관

2) 헌재 1995. 9. 28. 92헌가11, 93헌가8 · 9 · 10(병합).

에 의한 재판을 받을 권리의 본질적 내용을 침해하는 것이다. 그러나 헌법재판소의 결정선고 이전에 합헌적으로 개정되었기 때문에 입법자의 합헌적인 의사를 존중하기 위하여 개정법률이 시행되는 1998년 3월 1일까지는 현행법을 그대로 적용하였으나 현재는 고등법원급인 특허법원이 설립되어 있다.

6. 헌법재판권

헌법재판권은 헌법소송을 처리하기 위한 기능이다. 일명 국사소송(國事訴訟)이라고도 한다. 협의의 헌법소송은 위헌법률심판을 지칭하며, 광의의 헌법소송에는 위헌법률심판 외에 명령 · 규칙심사, 탄핵심판, 정당해산심판, 권한쟁의심판, 헌법소원심판, 선거소송심판을 포함한다. 헌법재판권 중 법원의 권한으로 하고 있는 것은 선거소송에 관한 재판권과 명령 · 규칙심사권, 위헌법률심판제청권(합헌결정권)이 있다.

제3절 사법권의 한계

사법을 실질적 의미로 파악할 때 헌법에 별도의 규정이 없는 한 사법에 관한 권한은 원칙적으로 법원이 행사하여야 한다(법원사법의 원칙). 그러나 법원의 사법권행사에는 실정법상, 국제법상, 권력분립상, 사법본질상 일정한 한계가 있다.

1. 실정법상의 한계

헌법이 다른 국가기관의 권한으로 규정하고 있거나, 사법심사의 대상에서 제외하고 있는 사항이다.

(1) 헌법재판소의 권한사항으로 되어 있는 위헌법률심판, 탄핵심판, 정당해산심판, 권한쟁의심판, 헌법소원심판 등은 헌법재판소의 권한이다(제111조 제1항).

(2) 국회의원의 자격심사 · 제명 · 징계는 법원에 제소할 수 없도록 하고 있다(제64조 제4항). 그러나 지방의회의원의 경우는 사법심사의 대상이 된다.[3)]

(3) 비상계엄하의 군사재판은 군인 · 군무원의 범죄나 군사에 관한 간첩죄의 경우와 초병 · 초소 · 유독음식물공급 · 포로에 관한 죄중 법률이 정한 경우에 한하여 단심으로 할 수 있다. 다만, 사형을 선고한 경우에는 그러하지 아니하다(제110조 제4항).

---

3) 서울고판 1993. 2. 18. 92구3672.

2. 국제법상의 한계

(1) 국제법상 외교특권

체류국법의 적용을 받지 아니하고 본국법에 따르는 국제법상의 특권을 누리는 자에 대하여 우리나라의 재판권행사가 불가능하다. 외교관계에 관한 비엔나협약 제29조는 형사재판권 면제, 일정한 경우를 제외하고 민사재판권 면제를 규정하고 있다. 외교사절과 그 가족 및 수행원, 국제기구의 직원, 군함의 승무원, 책임있는 지휘관을 가진 군대의 경우도 외교특권이 인정되고 있다. 주한미군에 대해서는 원칙적으로 미치나, 지나치게 자제하고 있다. SOFA협정의 불평등성이 문제되고 있다.

우리나라의 영토 내에서 행하여진 외국의 사법적 행위(私法的 行爲)에 대해서 헌법재판소는 "주권적 활동에 속하는 것이거나 이와 밀접한 관련이 있어서 이에 대한 재판권의 행사가 외국의 주권적 활동에 부당한 간섭이 될 우려가 있다는 등의 특별한 사정이 없는 한, 외국의 사법적 행위에 대하여는 당해 국가를 피고로 하여 우리나라의 법원이 재판권을 행사할 수 있다"고 판시하였다.[4)]

(2) 조 약

조약은 법률과 동일한 효력을 가지는 것은 헌법재판소에서 위헌심판의 대상이 되며, 명령과 동일한 효력을 가지는 조약은 각급법원에서 위헌·위법심사권을 가진다. 그러나 권력분립상의 한계로 설명하겠지만, 통치행위성을 주장하기도 한다.

(3) 국제사법재판(國際司法裁判)

남북한이 유엔에 동시에 가입함으로써 우리나라와 북한은 국제사법재판에서 당사자능력을 갖게 되었다. 우리나라와 그 밖의 국제사법재판 당사자간의 법적 분쟁은 국제사법재판소가 관할권을 가지므로 그에 관하여 한국의 사법부가 사법권을 행사할 수 없다.

3. 권력분립상의 한계

권력분립상 한계는 헌법정책적 내지 법리적, 현실적 한계로 가장 심각한 논란의 대상이 된다.

---

4) 대판 1998. 12. 17. 97다39216.

(1) 통치행위

1) 개 념

통치행위란 일반적으로 국가통치의 기본에 관한 고도의 정치성을 띤 국가행위로, 사법부에 의한 법률적 판단의 대상으로 하기에는 부적당하다 하여 사법심사권의 적용범위에서 제외되는 행위를 말한다. 영국의 act of state, 프랑스의 acte de gouvernement, 미국의 political questions, 독일의 Regierungsakt 등이 이에 해당하는 개념이다. 그러나 각국에서의 통치행위나 정치문제의 개념은 동일한 것이 아니며, 그것을 사법심사의 대상에서 제외하는 이유 또한 일치하지 않는다. 특히, 통치행위와 정치문제의 구별과 관련하여 통치행위는 행위의 주체를 강조하려는 경우에 국한하고 행위의 주체보다는 행위의 내용을 강조하려는 경우에는 정치문제라는 개념을 더 많이 사용한다고 하면서 구별의 실익은 통치행위의 개념을 되도록 좁게 이해함으로써 국가의 원수 내지 국정의 최고책임자가 행하는 최고의 정치결단적 국정행위만을 통치행위로 평가해서 그에 대한 사법적 통제를 배제하고, 다른 통치기관이 행하는 정치적인 내용의 국정행위는 되도록 사법적 통제의 대상에 포함시키려는 데 있다고 하는 견해가 있다.[5] 이러한 견해는 통치행위에 대한 사법기능의 한계를 줄여 나가려는 노력의 한 표현이다.

2) 연혁적 고찰

통치행위론은 군주대권 · 국왕면책론 · 의회주권 · 3권분립 등 다양한 이념과 사상을 바탕으로 오랜 시일에 걸쳐 학문적으로 확립된 개념으로 나라에 따라 차이가 있다. 전제군주국가에서 전제군주의 자의적인 권력행사를 합리화하기 위한 전근대적 이론으로, 독재정권의 독재권력의 유지를 위한 도구이론으로서 악용된 예도 간과할 수 없다.

① 프랑스

프랑스는 행정재판제도가 발달하여 집행부의 모든 행위가 국참사원(conseil d'Etat)의 심리대상이 된다. 의회의 내부적 행위, 의회와 정부와의 관계, 외교관계, 선전포고, 강화조약의 체결, 영전의 수여 등의 행위는 국참사원이 심리하기에 부적당하다는 이유로 심판을 거부하면서 통치행위관념이 구성되었다. 최근에는 통치행위의 축소 경향이 나타나고 있다. 대통령의 비상대권발동, 국민회의 해산, 법률안

---

5) 허영, 전정13판 한국헌법론, 박영사, 2017, 1071면.

의 국민투표에의 회부 등이 전형적인 통치행위 사항이다.

② 독 일

2차 세계대전 전에는 행정소송열기주의를 채택하여 통치행위가 문제되지 않았으나, 2차 세계대전 후 행정소송개괄주의를 채택하면서(기본법 제19조), 헌법재판소 판단의 한계로서 통치행위에 관한 논의가 전개되었다. 독일의 통설은 통치행위(Regierungsakte)를 인정하는 입장이며, 연방헌법재판소도 1972년 동서독통일조약과 관련하여 "사법자제의 원칙이 목적으로 하는 것은 헌법이 그 밖의 헌법기관에게 보장한 자유로운 정치적 형성의 영역에 개입하지 않으려는 것"라고 하여 통치행위의 관념은 인정하면서도 사법자제의 원칙이 연방헌법재판소의 헌법해석권을 침해하거나 약화시키려는 것이 아니라고 하면서 동서독통일조약의 합헌성 여부를 심사하였다.[6]

③ 영 국

영국에서는 의회, 국왕, 국가의 행위를 사법심사가 부적합한 행위로 보고 있다. 의회의 행위(act of parliament)의 경우, '각 의원은 그 의회의 행위에 있어서 유일한 재판관'이라는 원칙에서, 국왕의 행위(royal prerogative) 및 국가의 행위(act of state) 경우 왕권절대주의의 사고에서 '국왕은 불법을 행할 수 없다'는 원칙에서 사법심사가 부정되었다. 후자의 국왕의 행위(국왕대권)에 대해서는 민주주의의 발전에 따라 사법심사가 배제되는 영역의 폭이 점차 축소되어 오늘날에는 1957년 제정된 국왕소추법(the Crown Proceeding Act)에서 국왕대권에 대한 유보조항을 설정하여 사법심사배제의 원칙이 대폭 수정되었다.

④ 미 국

미국은 연방대법원의 판례를 통하여 통치행위이론이 정립되었다. 미국에서의 정치문제(political question)이론은 사법부의 자제라는 우회적인 방식으로 발전된 이론이다. Marbury v. Madison 사건(1803)은 헌법재판이라는 개념 자체를 낳은 유명한 판결이었으며, Luther v. Borden 사건(1849)에서는 로드 아일랜드주에서 일어난 반란사건으로 발생한 2개의 주정부 간의 정당성 다툼이었는데, 대법원은 어느 정부가 적법한 정부인가를 결정하는 권한은 의회에 있다고 하여 통치행위(정치문제)를 인정하였다. 정치문제이론은 선거구인구획정문제를 사법심사의 대상으로 판단한 Baker v. Carr 사건(1962)에서처럼 연방대법원은 사법적극주의의 맥락에서 통치행위의 인정범위를 축소시켜 나가고 있다.

---

6) BVerfGE 36, 1.

⑤ 일 본

일본도 독일과 마찬가지로 행정소송개괄주의를 채택함에 따라 통치행위문제가 제기되었다. 부정설도 있으나, 다수설은 통치행위를 긍정하는 입장이다. 중의원해산, 중대한 외교적 행위, 장관의 임면 등이 통치행위의 예로 제시된다. 최고재판소 또한 미일안보조약의 위헌심사가 문제된 '砂川사건'(1959)에서 '국가존립의 기초에 극히 중대한 관계가 있는 고도의 정치성'을 갖는 행위이므로, '국회의 고도의 정치적 내지 자유재량적 판단'에 맡겨지며 '당연무효라고 인정되지 않는 한 사법심사권의 범위 밖'이라고 판시하고 있다.

3) 통치행위의 이론적 근거

① 내재적 한계설

독립적이고 정치적 책임을 지지 않는 사법부가 심사하기에 부적합하여 최종적인 판단은 집행부나 국회 또는 국민에게 일임하는 것이 적당하다는 견해이다.

② 권력분립설

권력분립의 원리상 입법 · 집행 · 사법작용이 분리되어 있고, 통치행위는 집행부의 전속적 권한이기 때문에 사법심사의 대상이 되지 않는다는 견해이다.

③ 자유재량행위설

통치행위는 행정행위인데, 자유재량행위로 보아 사법심사가 배제된다는 견해이다.

④ 사법부자제설

심사할 수 있으나 정치문제에 사법부가 간여하게 되면 사법부가 정치화한다는 우려에서 사법심사를 포기하는 해악을 감수한다는 견해이다. 헌법정책적 고려에서 주장되는 견해이다.

⑤ 통치행위독자성설

통치행위는 고도의 정치성을 띠고 있기 때문에 사법권 판단의 밖에 있는 행위로, 그 자체가 독자적인 정치행위라고 한다.

4) 한국에서의 통치행위의 인정 여부

① 부정설

법치주의와 행정소송의 개괄주의가 인정되는 현실에서 통치행위 관념을 인정할 수 없다고 한다.

② 긍정설

판례 · 학설은 이론적 또는 현실적인 이유에서 통치행위를 인정하고 있는 입장이다. 다만 법치주의 관점에서 통치행위를 인정하는 범위는 제한적으로 보고 있다.

③ 결 어

법리적 차원에서는 부정론이 타당할 수 있지만, 합목적적인 면을 고려할 때 정치적 비판의 대상으로 유보하여 두는 것이 권력분립의 정신이라든가 사법권의 본질에 비추어 타당하다고 하는 헌법정책적 입장이 다수이며, 통치행위의 범위를 축소하는 것이 일반적이다.

통치행위를 인정하는 경우에도 그 범위에 대해서는 다양한 의견이 있다. 절대적 통치행위와 상대적 통치행위로 구분하여 상대적 통치행위는 사법심사가 가능하다고 보는 견해가 그것이다.[7] 또한 통치행위에 의하여 기본권이 침해된 경우에는 헌법소원의 제기는 가능하다. 헌법재판소는 같은 취지의 결정을 내린 바 있다. 통치행위는 법령으로부터의 자유일 뿐이지 헌법으로부터의 자유(헌법상의 제원칙)일 수는 없는 것이다.

판례 통치행위에 대한 사법심사 – 대통령의 긴급재정경제명령

대통령의 긴급재정경제명령은 국가긴급권의 일종으로서 고도의 정치적 결단에 의하여 발동되는 행위이고 그 결단을 존중하여야 할 필요성이 있는 행위라는 의미에서 이른바 통치행위에 속한다고 할 수 있으나, 통치행위를 포함하여 모든 국가작용은 국민의 기본권적 가치를 실현하기 위한 수단이라는 한계를 반드시 지켜야 하는 것이고, 헌법재판소는 헌법의 수호와 국민의 기본권 보장을 사명으로 하는 국가기관이므로 비록 고도의 정치적 결단에 의하여 행해지는 국가작용이라고 할지라도 그것이 국민의 기본권 침해와 직접 관련되는 경우에는 당연히 헌법재판소의 심판대상이 된다. 헌재 1996. 2. 29. 93헌마186

판례 통치행위에 대한 사법심사 – 외국에의 국군 파견결정

1. 외국에의 국군의 파견결정은 파견군인의 생명과 신체의 안전뿐만 아니라 국제사회에서의 우리나라의 지위와 역할, 동맹국과의 관계, 국가안보문제 등 궁극적으로 국민 내지 국익에 영향을 미치는 복잡하고도 중요한 문제로서 국내 및 국제정치관계 등 제반상황을 고려하여 미래를 예측하고 목표를 설정하는 등 고도의 정치적 결단이 요구되는 사안이다. 따라서 그와 같은 결정은 그 문제에 대해 정

---

7) 권영성, 헌법학원론(2010년판), 법문사, 2010, 850면.

치적 책임을 질 수 있는 국민의 대의기관이 관계분야의 전문가들과 광범위하고 심도 있는 논의를 거쳐 신중히 결정하는 것이 바람직하며 우리 헌법도 그 권한을 국민으로부터 직접 선출되고 국민에게 직접 책임을 지는 대통령에게 부여하고 그 권한행사에 신중을 기하도록 하기 위해 국회로 하여금 파병에 대한 동의여부를 결정할 수 있도록 하고 있는바, 현행 헌법이 채택하고 있는 대의민주제 통치구조 하에서 대의기관인 대통령과 국회의 그와 같은 고도의 정치적 결단은 가급적 존중되어야 한다.

2. 이 사건 파견결정이 헌법에 위반되는지의 여부 즉 국가안보에 보탬이 됨으로써 궁극적으로는 국민과 국익에 이로운 것이 될 것인지 여부 및 이른바 이라크전쟁이 국제규범에 어긋나는 침략전쟁인지 여부 등에 대한 판단은 대의기관인 대통령과 국회의 몫이고, 성질상 한정된 자료만을 가지고 있는 우리 재판소가 판단하는 것은 바람직하지 않다고 할 것이며, 우리 재판소의 판단이 대통령과 국회의 그것보다 더 옳다거나 정확하다고 단정짓기 어려움은 물론 재판결과에 대하여 국민들의 신뢰를 확보하기도 어렵다고 하지 않을 수 없다.
3. 이 사건 파병결정은 대통령이 파병의 정당성뿐만 아니라 북한 핵 사태의 원만한 해결을 위한 동맹국과의 관계, 우리나라의 안보문제, 국·내외 정치관계 등 국익과 관련한 여러 가지 사정을 고려하여 파병부대의 성격과 규모, 파병기간을 국가안전보장회의의 자문을 거쳐 결정한 것으로, 그 후 국무회의 심의·의결을 거쳐 국회의 동의를 얻음으로써 헌법과 법률에 따른 절차적 정당성을 확보했음을 알 수 있다. 그렇다면 이 사건 파견결정은 그 성격상 국방 및 외교에 관련된 고도의 정치적 결단을 요하는 문제로서, 헌법과 법률이 정한 절차를 지켜 이루어진 것임이 명백하므로, 대통령과 국회의 판단은 존중되어야 하고 헌법재판소가 사법적 기준만으로 이를 심판하는 것은 자제되어야 한다. 이에 대하여는 설혹 사법적 심사의 회피로 자의적 결정이 방치될 수도 있다는 우려가 있을 수 있으나 그러한 대통령과 국회의 판단은 궁극적으로는 선거를 통해 국민에 의한 평가와 심판을 받게 될 것이다. 헌재 1996. 2. 29. 93헌마186

(2) 조 약

조약에 대한 사법심사가 가능한지에 관하여는 긍정설과 부정설이 대립되고 있지만, 조약이 법률과 같은 효력을 갖는다는 전제 하에서 조약에 대한 위헌심사는 가능한 것으로 보는 것이 국내 헌법학계의 지배적 견해이다.

(3) 국회의 자율권에 속하는 사항

국회의 내부적 규율과 의원의 자격심사 및 징계, 의결정족수와 투표의 계산 등 국회의 자율에 속하는 사항에 대해서는 사법심사가 배제된다고 보는 것이 다수설·판례이다.

국회의원에 대한 제명처분에 대한 헌법소원은 가능한가가 문제되나, 헌법은 법원에의 제소만을 금지하고 있을 뿐, 제명처분은 국민의 공무원선임권·공무담임권을 근본적으로 박탈하는 것이기 때문에 헌법소원은 가능하다고 본다.[8)]

(4) 행정청의 자유재량행위

종래 행정행위를 법에 엄격히 기속되는 기속행위와 재량이 인정되는 재량행위로 나누는 견해가 일반적이다. 재량행위도 기속재량과 자유재량으로 나누기도 하는데, 기속재량이란 '무엇이 법의 의미인가'의 재량(합법성의 판단에 관한 재량)이며 자유재량이란 '무엇이 합목적인가'의 재량(합목적성의 판단에 관한 재량)이다. 통상 기속재량행위를 위반하면 위법이지만, 자유재량행위를 위반하면 부당이 된다. 종전에는 자유재량행위 위반은 부당의 문제가 될 뿐 사법심사의 대상이 되지 않는다는 견해도 있었으나, 오늘날에는 자유재량행위도 그 한계를 일달·남용한 경우에는 위법으로 심사가능하다는 견해가 다수설이다. 재량권을 벗어난 경우인지 또 남용한 경우인지는 심리의 결과 비로소 판단될 수 있는 것이므로 재유재량행위도 사법적 심사의 대상이 된다.

판례 재량권의 일탈·남용

"행정주체가 행정계획을 입안·결정함에 있어서 이익형량을 전혀 행하지 아니하거나 이익형량의 고려대상에 마땅히 포함시켜야 할 사항을 누락한 경우 또는 이익형량을 하였으나 정당성·객관성이 결여된 경우에는 그 행정계획결정은 재량권을 일탈·남용한 것으로 위법하게 된다." 대판 2000. 3. 23. 98두2768

(5) 특별권력관계에서의 처분(명령·강제·징계 등)

전통적으로 특별권력관계란 '법률의 규정 또는 당사자의 동의에 따른 특별한 법률상의 원인에 근거하여 공법상의 특정목적에 필요한 범위 내에서, 포괄적으로 당사자 일방이 타방을 지배하고 타방이 이에 복종하는 것을 내용으로 하는 관계'라고 정의되었다. 법률규정 또는 당사자의 동의에서 합리적으로 추측할 수 있는 한도 내에서 법치주의원리의 적용이 배제되고, 일방은 타방에 대하여 명령·강제·징계할 수 있는 권능을 갖는다는 이론이다. 이러한 전통적인 이론에 의하면

8) 같은 취지로는 권영성, 앞의 책, 852면 참조.

특별권력관계에서의 명령·강제·징계 등에 대해서는 사법상 구제가 어려워 사법권의 한계로 볼 수 있었다. 그러나 오늘날은 이러한 전통적인 의미의 특별권력관계이론은 부인되고 있다. 특별한 행정목적 하에 합리적 제한은 인정될 수 있지만, 법치주의가 배제되는 것이 아니고 법치주의의 틀 속에서 예외가 인정될 수 있다는 것이다.[9] 판례도 "농지개량조합과 그 직원과의 관계는 사법상의 근로계약관계가 아닌 공법상의 특별권력관계이고, 그 조합의 직원에 대한 징계처분의 취소를 구하는 소송은 행정소송사항에 속한다",[10] "가해자와 피해자가 모두 군인으로서 특별권력관계에 복무하고 있다고 하여 국가배상법의 적용을 배제한다고 볼 수 없다"[11]는 판시에서도 보듯이 특별권력관계의 개념은 사용하면서도 법치주의의 적용의 배제를 인정하는 전통적인 특별권력관계이론은 부정하는 것으로 판단된다.

(6) 행정소송상의 이행판결(의무화소송)

이행판결이라 함은 이행의 소가 제기된 경우에 청구를 인용한다는 뜻의 판결, 즉 원고가 주장하는 피고의 의무이행을 명하는 판결이다. 확인판결·형성판결과는 달리 기판력 외에 집행력이 발생한다.

부정설은 법원은 행정기관이나 행정감독기관이 아니므로 행정처분의 취소나 무효확인의 판결만을 명할 수 있을 뿐, 행정청을 대신하여 스스로 구체적 처분을 하거나 처분을 명할 수 없다고 한다. 행정의 부작위에 대해서는 현재 행정소송법은 부작위위법확인소송만 인정하고 의무화소송(이행판결)은 인정하고 있지 않다. 권력분립원리상 사법부가 집행부를 대신하여 처분을 하거나 처분을 명할 수 없다고 하겠다. 우리 행정소송법은 부작위위법확인소송 인정을 인정하면서 재처분의무와 간접강제제도를 인정하고 있다. 일부견해는 무명항고소송의 형태로 의무화소송을 인정하는 견해도 있다.

---

9) 특별권력관계의 인정 여부와 관련하여 종래 학설이 대립된다. 즉, 법치주의의 적용을 받지 않는 특별권력은 인정될 수 없다는 견해(형식적 부정설), 종래 특별권력관계로 불리던 것들을 개별적으로 분석하여 그 관계를 일반권력관계나 비권력관계로 환원시킴으로써 특별권력관계를 실질적으로 부정하는 견해(실질적 부정설), 특별권력관계를 법적 지위의 본질적인 사항과 관련되는 기본관계(외부관계)와 그렇지 않은 경영관계(내부관계)로 나누어 경영관계에 한하여 사법심사가 배제된다는 견해(기본관계·경영관계론, 내부·외부구별설), 복무병역관계나 수형자관계와 같이 한정된 범위 내에서 여전히 특별권력관계를 긍정하는 견해(제한적 긍정설) 등이 그것이다.

10) 대판 1995. 6. 9. 94누10870.

11) 대판 1966. 11. 22. 66다1800.

판례 이행판결의 허부

"토지소유자가 토지에 대한 행정청의 토지등급설정 및 수정처분의 시정을 구하는 것은 동인이 원하는 행정처분을 하도록 명하는 이행판결을 구하는 것이어서 행정소송에서 허용되지 아니한다." 대판 1988. 8. 19. 86누223

판례 의무이행소송의 허용 여부

의무이행소송의 성격은 취소소송이나 확인의 소인 부작위위법확인소송과는 본질적으로 다르고, 소송요건, 본안 요건, 판결의 효력, 집행 방법 등에 있어서도 본질적으로 구별되는 별도의 소송유형이라는 점, 행정청의 1차적 판단권이 존중되어야 한다는 권력분립적 요청, 법치행정의 요청 및 국민의 효율적인 권리구제의 요청, 사법권의 정치화·행정화를 막고 부담을 경감하여야 한다는 사법자제적 요청, 국가 주도의 발전과정과 행정권의 역할에 대한 고려, 행정기관과 법원의 수용태세 등을 고려하여 현행 행정소송법에 도입되지 않은 입법경위 등을 종합하면, 행정소송법 제4조가 의무이행소송을 항고소송의 하나로 규정하지 아니한 것은 의무이행소송에 대한 입법행위가 없는 경우(입법권의 불행사)에 해당하는 것이지, 항고소송의 유형을 불완전·불충분하게 규율하여 입법행위에 결함이 있는 경우(입법권 행사의 결함)라고 보기 어렵다. 따라서 이 사건 헌법소원심판청구 중 행정소송법 제4조에 대한 청구부분은 실질적으로 입법이 전혀 존재하지 않는 의무이행소송이라는 새로운 유형의 항고소송을 창설하여 달라는 것으로 헌법재판소법 제68조 제2항에 의한 헌법소원에서 허용되지 않는 진정입법부작위에 대한 헌법소원심판청구이므로 부적법하다.

헌재 2008. 10. 30. 2006헌바80

4. 사법본질상의 한계

(1) 구체적 사건성

구체적 사건성이란 법적 권리 또는 의무의 존부 및 범위 등에 관한 분쟁, 즉 법적 분쟁의 존재를 의미한다. 법적 분쟁이 아닌 학설상의 논쟁 등에 대해서까지 사법적으로 판단을 내릴 필요는 없기 때문에 사법작용은 법적 분쟁만을 대상으로 하는 것이다.

(2) 당사자적격

당사자적격(當事者適格)이란 재판을 청구할 수 있는 자격을 의미한다. 법적 분쟁이 존재한다 하더라도 그 분쟁에 관하여 법적 이해관계를 가진 자가 아니면 소송을 제기할 수 없으며, 제3자에 의한 소송의 제기는 원칙적으로 배제되는 것이다.

(3) 소의 이익

소(訴)의 이익(利益)은 사법적 판단을 통해 당사자가 얻을 수 있는 이익을 의미한다. 법적 분쟁이 존재하더라도 그 분쟁에 대한 사법적 판단을 통해 당사자의 권리보호에 실질적으로 도움이 되는 바가 없다면 사법적 판단 자체가 불필요하다고 할 수 있기 때문에, 소의 이익도 사법작용의 한계요소로 인정된다. 당사자가 소송을 수행할 실질적인 이익이 없으면 무익한 소로서 각하되는 것이 원칙이다.

판례 헌법소원에서 주관적 권리보호이익의 결여와 예외적 심판이익의 인정

• 심판청구가 주관적인 권리보호의 이익을 결여하고 있다 하더라도 헌법소원은 개인의 주관적 권리구제의 기능뿐만 아니라 객관적인 헌법질서의 보장기능도 수행하는 것이므로, 기본권 침해행위가 이미 종료되어서 이를 취소할 여지가 없기 때문에 헌법소원이 주관적 권리구제에 별 도움이 되지 않는 경우에도 그러한 침해행위가 앞으로도 반복될 위험이 있거나 당해분쟁의 해결이 헌법질서의 수호·유지를 위하여 긴요한 사항이어서 그 해명이 헌법적으로 중대한 의미를 지니고 있는 경우에는 헌법소원의 이익을 인정하여야 할 것인바, 특례법 제4조 제1항이 정작 위헌인 경우에도 그로 인한 불기소처분이 어차피 취소될 수 없다는 이유로 이에 대한 헌법적 해명을 하지 아니한다면, 향후 교통사고 피해자는 헌법소원을 제기할 수 없고, 교통사고 가해자는 그에게 유리한 위 법률조항에 대한 헌법소원이나 위헌여부확인심판의 제청신청도 할 리 없으며, 법원이 직권으로 위헌법률심판제청을 하는 경우도 기대하기 어려워져 결국 앞으로는 위헌적인 위 법률조항에 의한 위헌적 불기소처분을 방지할 수 있는 길은 영영 없게 되어, 불기소처분으로 인한 교통사고 피해자들의 평등권과 형사피해자의 재판절차상의 진술권 등의 기본권이 침해될 것이 예상되므로, 이에 대한 헌법적 해명이 필요하다고 할 것이다. 헌재 1997. 1. 16. 90헌마110

• 청구인들에 대한 침해행위는 이미 종료되어 이 사건 신체수색에 대하여 위헌확인을 하더라도 청구인들에 대한 권리구제는 불가능한 상태여서 주관적 권리보호의 이익은 이미 소멸되었다 할 것이나, 이 사건 이후에 이 사건 신체수색의 근거가 된 구 피의자유치및호송규칙이 개정되었지만 현재에도 전국의 일선 경찰서에서 유치장에 수용되는 피의자들에 대한 신체검사가 빈번하게 이루어지고 있고, 개정된 규칙에 의하더라도 정밀신체검사의 요건을 자의적으로 해석하여 청구인들에 대한 이 사건 신체수색과 동일 또는 유사한 조치로 인한 기본권 침해행위가 여러 사람에 대하여, 그리고 반복하여 일어날 위험이 여전히 있다고 보여지므로 심판청구의 이익이 인정된다. 헌재 2002. 7. 18. 2000헌마327

(4) 사건의 성숙성

사건의 성숙성이란 법적 분쟁이 현재 해결이 가능하고 필요한 문제로 성숙되어 있어야 한다는 것을 가리킨다. 즉, 현재의 분쟁에 관하여 심사할 것이고 장래의 문제를 심사하지 아니한다는 원칙이다. 그러나 장래의 불명확·불안정을 제거하는 이익도 제소요건이 되는 경우가 있으므로 이 점은 법원의 본안심리에서 고려되어야 할 것이다. 판례는 국민투표실시 전에 국민투표의 무효확인을 구하는 소는 부적법하다고 한다.[12)]

영미법상의 Mootness법리란 적정하게 성립된 소송의 전 과정을 통하여 대립하는 소송당사자간에 현재의 쟁송이 존재할 것이 요구되어 대립하는 소송당사자간에 처음 존재한 현실의 쟁송이 그 후 사정의 변화로 소멸한 경우에는 법원은 당해소송을 사법판단에 적합하지 않다고 보아 각하하여야 한다는 법리를 말한다.

5. 사법권에 대한 통제

(1) 외부적 통제

1) 국민에 의한 통제

사법의 민주적 정당성 제고, 사법의 관료화와 폐쇄성으로 인한 사법불신 해소 방안으로 국민의 재판참여가 논의된다.

① 배심제

(i) 배심제의 의의

일단의 비법률전문가인 일반시민이 법률전문가인 직업법관과는 따로이 사건의 사실문제에 관한 판단권을 행사하는 제도이다.

(ii) 허용 여부

사법과정의 민주성확보, 법관의 관료화억제, 인권보장에 기여, 국민에게 친숙한 재판이 되게 하는 유효한 제도로 도입에 긍정적인 견해가 있다.[13)] 일반적으로 사실문제에만 관여하게 하는 것은 국민의 권리를 침해하는 것이 아니라고 보고 있다.[14)]

---

12) 대판 1975. 3. 25. 70추1.
13) 권영성, 앞의 책, 856면.
14) 허영, 앞의 책, 400면.

② 참심제

(i) 참심제의 의의

비법률전문가인 비직업적 법관과 법률전문가인 직업적 법관이 합동하여 재판부를 구성하고, 이 재판부가 사실문제와 법률문제를 판단하며 유무죄 여부와 양형을 결정하는 제도이다.

(ii) 허용 여부

독일의 경우는 합헌으로 보고 있으며, 일본의 경우는 합헌론과 위헌론의 대립이 있으나, 우리나라에서는 현행헌법과 법원조직법에 따르면 도입은 허용되지 않는다고 보고 있다.

③ "국민의 형사재판참여에 관한 법률"에 따른 국민참여재판

특정한 범죄에 대해 형사재판을 하는 경우, 비법관인 국민 중에서 선정된 일정수의 배심원이 심리에 관여한 판사와 함께 양형에 관해 토의하고 의견을 개진할 수 있는 형사재판참여제도가 실시되고 있다(2008. 1. 1.부터 시행).

④ 법관의 선거제와 국민심사제

미국의 몇 개주에서는 주민이 주법원의 법관을 선출하는 예가 있다. 우리나라의 경우 제2공화국 헌법에서는 법관선거인단에 의한 대법원장과 대법관선출제도를 규정하고 있었다. 이 제도는 5.16 군사쿠데타로 실시되지는 못하였다.

일본의 경우 "…… 최고재판소의 재판관의 임명은 그 임명 후 처음으로 실시되는 중의원의원 총선거시에 국민의 심사에 붙이며, …… 전항의 경우에 있어서 투표자의 다수가 재판관의 파면을 가하다고 인정하는 때에는 그 재판관을 파면한다"는 규정에서 보듯이(일본헌법 제79조), 법관에 대한 국민심사제를 인정하고 있다.

⑤ 판례평석

판례평석은 당해사건의 재판에 대한 사후평가, 유사한 미래사건의 재판에 대한 사전적 통제의 의미를 가진다.

2) 입법부에 의한 통제

국회는 사법에 관한 입법권 행사, 법원 예산에 대한 심의·확정권, 법관에 대한 탄핵소추권, 대법원장과 대법관에 대한 임명동의권을 통하여 사법부를 통제할 수 있다.

3) 집행부에 의한 통제

대통령은 대법원장과 대법관에 대한 임명권을 가지며, 사면 · 감형 · 복권에 관한 권한을 가진다. 이를 통하여 사법부를 통제할 수 있다.

4) 헌법재판소에 의한 통제

헌법재판소는 법관에 대한 탄핵심판, 권한쟁의심판, 헌법소원심판 등을 통하여 법원을 통제할 수 있다.

(2) 심급제와 공개제에 의한 통제

1) 심급제

심급제의 목적은 소송절차를 신중하게 함으로써 공정한 재판을 확보하는 데 있다. 원칙적으로 3심제를 채택하고 있다. 그러나 3심제는 헌법적 요청이라고 보기 어렵다. 특허재판은 2심제이고 선거재판은 대상에 따라 1심제와 2심제로 운영된다. 비상계엄하의 군사재판은 사형을 제외하고 단심제이다.

2) 공개제

재판의 공개제는 재판의 공정성확보(여론의 감시), 소송당사자의 인권보장, 재판에 대한 신뢰확보 등을 목적으로 인정된다. 여기서 공개의 의미는 일반공개를 의미한다. 즉, 불특정다수인에 대한 공개이어야 한다. 공개의 대상은 심리와 판결이다. 다만, 심리는 국가의 안전보장 또는 안녕질서를 방해하거나 선량한 풍속을 해할 염려가 있을 때에는 법원의 결정으로 공개하지 않을 수 있다(제109조). 판결은 항상 공개하여야 한다.

제3편

통치기구론

제1장 국 회

제1절 의회주의

Ⅰ. 의회주의의 의의

1. 의회 및 의회주의

의회는 정기적으로 국민에 의하여 공선(公選)된 의원들로 구성되는 합의체의 국가기관이다.[1] 의회주의(Parlamentarismus)는 의회가 다수결의 원리에 따라 입법이나 그 밖의 정책 등을 결정함으로써 의회를 중심으로 국정이 운용되는 정치방식으로 자유민주주의 국가의 불가결의 정치원리이다.

2. 의회주의의 기능

의회는 국민대표기관으로서의 기능을 해야 하고(대표기능성), 의회의 많은 의견을 자유로운 토론과 타협을 통하여 합의체의 다수로서 결정하는 데(합의기능성) 그 본질이 있다.

국민의 다양한 의사와 이해관계를 수렴하여 국가정책결정과정에 반영하는 기능, 정치교육적 기능, 집행부의 감시 · 비판 · 통제기능은 의회주의의 주요한 기능이다.[2]

---

1) 우리나라는 국회라는 용어를 사용하고 있다. 의회는 영국의 Parliament에서 유래된 것으로 보는 것이 일반적이다(Parliament의 보통명사화). 미국에서는 Congress라는 단어를 사용하고 있고, 독일의 경우에도 의회(Parlament)라는 용어가 있음에도 불구하고 기본법에서 하원격인 연방의회(Bundestag), 상원격인 연방참사원(Bundesrat)으로 표현되고 있다.

2) Badgehot는 선거기능, 표출기능, 교육기능, 정보제공기능, 입법기능 등을 의회의 기능으로 분석하고 있다.

판례 **의회주의의 의의와 본질**

심의와 표결을 통한 국회 의사결정의 원리인 의회주의 이념의 핵심은 국민을 대표하는 의원들이 국정에 관하여 자유로이 의견을 개진하는 심의(제안 · 질의 · 토론) 과정을 거친 후 표결에 따라 국정에 관한 의사결정을 한다는 데 있다. 그런데 의회주의 이념이 제대로 실현되기 되기 위해서는 자유로운 질의와 토론, 소수의견의 존중과 반대의견에 대한 설득이 전제되어야 한다. 따라서 질의 · 토론 과정에서 소수파의 토론 기회를 박탈하거나 또는 아예 토론절차를 열지 아니한 채 표결을 진행하여 결론을 내리게 된다면, 다양한 견해에 입각한 의안의 심의 및 타협은 불가능하고, 결과적으로 의회주의 이념에 입각한 국회의 기능은 형해화될 수밖에 없다.

따라서 국회가 법률을 제정함에 있어서도 전체 국회의원을 구성원으로 하는 회의에서 심의절차를 거친 이후의 표결에 의하여 다수결로 결정해야 하는 것이고, 이러한 의사결정과정은 국회의 의사를 국민의 의사로 간주하는 대의효과(代議效果)의 실질적인 요건이라 할 것이다. 그러므로 국회의 심의절차는 표결절차와 마찬가지로 국회에 의한 의사결정절차에서 생략할 수 없는 핵심절차이며, 의회주의 이념을 기초로 하는 국회 입법절차의 본질적인 부분이라 할 것이다. 헌재 2009. 10. 29. 2009헌라8

Ⅱ. 의회주의의 기원

의회주의의 기원과 관련하여 ① 대표관념은 중세의 등족회의에서, 민주정치의 관념은 고대의 민회(그리스)에서 찾는 견해, ② 영국의 모범의회(Model Parliament)에서 찾는 견해가 있다. 영국 의회제의 기원은 모범의회에서 찾는 견해가 일반적이나, 이도 중세적 등족회의의 연장선상에 존재하는 것이라고 보면 큰 차이는 없다.

참고 영국에서의 의회의 생성 · 발전과정

1. 현인회의(Witenagemot)

중세 앵글로 색슨시대에 국왕의 보좌를 위해 현인들로 구성된 국왕의 자문기관

2. 대회의(Magnum Council)

○ 행정부에 대립한 입법기관으로서의 현재 의회는 노르만인의 정복(1066)이후 봉건제도를 기초하여 현인회의에 대치해서, 봉건제후로 구성된 궁정회의 성격을 가지는 대회의(大會議)에서 직접 발달한 것임

○ 귀족적 집회로서 1213년 John왕에 의해 처음 소집(구성은 1215년의 마그나 카르타에 명시)

○ 귀족, 승려 등 특권신분층의 집합체로서 일반시민의 회의체는 인정되지 아니함. 그 후 귀족, 승려의 대표 외에 기사와 도시시민대표를 참가시키게 되어

시민적 요소가 포함되게 됨

3. 모범의회(Model Parliament)

○ 에드워드 1세 때인 1295년에 널리 각 계층과 도시 시민대표를 참석시킨 가장 완비된 의회가 개최되어 이를 모범의회라 칭하게 됨

○ 중세 등족회의의 연장선상에 있었지만, 도시의 대표를 다수 출석시켰다는 점에서 오늘날 서민원(하원)의 선구가 됨

4. 양원제의 확립

○ 3부회로 구성되었으나, 각각의 계층 간에 이해관계의 대립을 둘러싼 약간의 이합이 행해져 14세기에 들어와서는 3부회는 2부회로 통합되기 시작하여 16세기 튜더왕조시대에는 귀족원(House of Lords)과 서민원(House of Commons)의 양원제로 발전하기 시작함

5. 튜더·스튜어트왕조기에 걸친 절대군주와의 투쟁

○ 찰스 1세가 전제정치를 실시하고 의회의 승인 없이 과세를 하였으며 청교도에 대한 종교적 압박을 가중

○ 의회가 권리청원(1628)을 제정함(찰스 1세 마지못해 승인)

○ 권리청원의 주요내용: ① 의회의 승인 없이 과세할 수 없다. ② 개인 집에 병사를 숙박시킬 수 없다. ③ 국민은 법의 보호를 받아야 한다. ④ 평화시에 계엄을 선포할 수 없다.

6. 의회제의 시련

○ 권리청원은 왕권에 대한 법적 구속력을 가지는 것은 아니었음

○ 결국 찰스 1세에 의해 1629년에서 1640년까지 11년간은 의회가 개최되지 않은 채 전제정치가 행해짐

7. 청교도혁명(일명 잉글랜드 내전(English Civil War))

○ 스코틀랜드와 벌인 주교전쟁[3](1639, 1640)에 의해 내란이 촉발되었는데, 찰스 1세는 주교전쟁을 치르기 위한 자금을 조달하기 위해 1640년 11년 만에 의회를 소집함

○ 찰스 1세와 하원 사이의 긴장 고조. 찰스 1세는 1642년 1월 4일 5명의 하원 의원들을 체포하려다 실패함. 의회파와 왕당파의 전쟁발발

○ 크롬웰이 인솔한 의회파가 왕당파를 물리치고 공화 정치를 시행(찰스 1세 처형, 크롬웰 호국경 취임)

○ 1660년 크롬웰이 죽자 왕정으로 되돌아감

8. 1688년 명예혁명

○ 제임스 2세는 1685년 왕위에 오른 후 노골적인 가톨릭 편중 정책시행

---

3) 1639년 찰스 1세가 장로교가 국교인 스코틀랜드에 대해 잉글랜드의 국교인 성공회의 예배를 강요하자 스코틀랜드와 잉글랜드가 벌인 전쟁을 주교전쟁이라 한다.

- 영국 내 불만세력과 빌렘(네덜란드의 오라녜 공 빌렘, 윌리암 3세)이 힘을 합침. 세력을 잃은 제임스 2세는 프랑스로 도주
- 제임스 2세의 국외탈출을 왕위 포기로 간주하고 권리선언에 따라 왕위를 윌리엄 3세와 메리에게 공동으로 이양
- 권리장전(1689)
- 의회 주권에 기초를 둔 입헌왕정이 수립

9. 입헌군주제의 승리

10. 의원내각제의 확립

- 명예혁명 후 윌리암 3세의 시대(1689－1702)는 영국헌법상 의회가 그 권리를 왕권에 대하여 가시화시키기 위하여 유리한 상황이 전개됨
- 윌리암 3세는 외국인으로서 정통의 왕위승계권을 갖지 않고 계약에 의해 즉위하였기 때문에 전통적인 보수적 경향의 영국국민의 감정에서 볼 때 거리가 있었음
- 윌리암 3세가 영국국왕에 즉위한 목적은 가톨릭교도의 전제군주인 프랑스의 루이 14세의 프랑스에 대항하기 위하여 영국을 중심으로 유럽의 신교국을 단결시키는 데 있었으며 그의 관심은 대외정책에 있었음
- 윌리암 3세는 대외정책을 수행하기 위하여 당시 서로 대립하는 토리와 휘그의 양당에서 동수의 대신을 임명. 그 후 양당대신간의 대립을 가져와 당시 의회의 다수당을 차지하고 있던 휘그당으로부터 대신을 임명하여 내각을 구성, 그의 정책에 대한 의회의 지지를 얻는 방법을 취함. 그리하여 윌리암 3세 시대에 내각이 의회에 예속된다고 하는 영국헌법상의 중요한 관습인 의원내각제의 기원을 찾을 수 있음
- 국왕은 1707년 이후로 한 번도 법률재가 거부의 대권을 행사하지 못함

11. 하원의 우위

Ⅲ. 의회의 발전

1. 참여형 의회기

군주의 자문기관으로서의 역할을 수행하였다.

2. 입헌주의 의회기

시민혁명을 통하여 입헌정치가 실현된 시기에 의회는 헌법상 독립된 국가정책 결정기관이었다.

3. 의회민주주의 확립기

보통선거가 확립된 시기이다.

4. 의회민주주의의 위기기

사회국가, 적극국가의 요청에 상응한 집행권의 강화, 정당정치의 확립과 정당의 과두화, 의회의 구조적 결함과 부패, 계급적 대립의식의 심화 등의 원인으로 오늘날 의회주의의 위기가 논해지고 있다.

Ⅳ. 의회주의의 기본원리

1. 국민대표의 원리

의회는 국민의 대표이다. 의회와 의회민주주의는 오늘날 대중민주주의, 정당민주주의의 발전에 따라 국민대표 원리의 변질이 나타나고 있다.

2. 공개와 이성적 토론의 원리

의회주의는 공개와 이성적 토론에 의해서 운영되는 원리이다. 공개는 의사결정의 공정성을 담보하고 정치적 야합과 부패에 대한 방부제의 역할을 한다. 이성적 토론은 소수의견의 존중과 반대의견에 대한 설득이 전제될 때 가능하다. 그러나 이러한 공개와 이성적 토론의 원리는 위원회, 정당, 교섭단체 등이 중심이 되어 밀실에서 결정되는 경우가 있어 변질되고 있다.

3. 다수결의 원리

다수결은 3인 이상의 집단에서 볼 수 있는 의사결정원리이다. 상대주의적 철학을 기초로 하고 있다. 다수결은 결정의 정당성을 부여해주고, 복잡한 쟁점을 정리해주는 기능을 한다. 아울러 인격적 자율성을 신장하는 기능도 가진다. 오늘날 단순한 수적 다수를 무기로 날치기와 같은 다수결의 횡포도 나타나고 있다.

4. 정권교체의 원리

의회주의는 주기적인 선거를 통하여 다수가 소수가 되기도 하고 소수가 다수가 될 수도 있는 가능성이 보장되어야 한다. 그래야만 책임정치를 구현할 수 있다.

Ⅴ. 의회주의의 위기

1. 위기의 원인

20세기 이후에는 행정국가화, 정당국가화의 대두와 더불어 의회의 지위가 상대적으로 약화되는 현상이 나타났을 뿐만 아니라, 의회제도 자체가 일정한 한계를 안고 있다는 비판이 대두되기 시작하였으며, 심지어 의회제도의 위기라는 주장도 적지 않다.[4)]

2. 위기의 극복방안

(1) 대의기관의 정당성 강화

의회가 진정한 국민의 대표로서 정당성을 확보·강화함으로써 강력한 국민적 지지기반을 가질 수 있을 때 비로소 의회의 기능을 제고하는 것도 가능하다. 이를 위해서는 정확한 대표관계를 형성하고 유지하는 것이 중요하기 때문에, 선거제도의 정비를 통하여 선거의 공정성과 정확성을 확보하고, 선거의 실질적 주체가 되는 정당의 민주성을 확보하는 것이 필요할 것이다.

(2) 의회의 전문성 강화

본회의 중심에서 위원회 중심으로 의회의 운영방식이 바뀐 것이라든가, 전문위원제도의 도입, 국회예산정책처(국회법 제22조의2), 국회입법조사처(국회법 제22조의3)의 설치 등을 통해 의회의 전문성을 강화하려는 노력은 많은 진전을 보이고 있다. 그러나 아직도 구체적인 운용에 있어서는 전문성을 충분히 살리지 못하는 예가 적지 않다.

(3) 직접민주제적 요소의 도입을 통해 대의제를 보완

그러나 이러한 제도개혁을 통해서도 의회의 기능에는 일정한 한계가 있을 수밖에 없다. 예컨대 의회의 민주성을 아무리 강화해도 국민의 의사와 의회의 의사 사이에는 일정한 거리가 항상 존재할 수밖에 없는 것이다. 그것은 대의제 자체가 안고 있는 한계라고도 할 수 있을 것이다. 이런 문제에 대해서는 직접민주제적 요소

4) 의회주의의 위기의 원인으로 1. 국민적 동질성 상실과 계층간의 갈등, 2. 정당국가적 경향으로 인한 의회기능의 약화, 3. 국가적 과제의 증가로 인한 의회역량의 한계, 4. 선거제도의 결함으로 인한 의원의 자질저하, 5. 의회의 운영방식과 의사결정의 비효율성 등이 들어지기도 한다.

의 도입을 통해 대의제를 보완하는 방안이 적극적으로 고려되어야 할 것이다. 굳이 국민투표 또는 국민발안이나 국민소환과 같은 거창한 제도가 아니더라도 국민의 직접적인 참여와 통제를 좀 더 활성화시키는 다양한 대안들이 개발되어야 한다.

제2절 국회의 헌법상 지위

Ⅰ. 서 언

국회의 헌법상의 지위는 각 국가의 정치형태에 따라 동일하지 않다. 즉, 단일국가와 연방국가, 경성헌법과 연성헌법, 대통령제와 의원내각제하에서의 국회의 지위의 차이가 존재한다. 그러나 어느 국가를 막론하고 국회가 국민의 대표기관이고, 입법기관이며 또한 국정의 통제기관이라는 점에서는 공통점이 있다. 또한 국회는 대의기관 중 유일한 합의체기관이다.

판례 국회의 헌법상 지위

헌법 제1조 제2항에서 국민주권주의를 선언하고 있는 우리 헌법은 국민주권주의의 실현수단으로서 대의민주주의의 원리를 채택하여, 국민의 선거와 위임에 의하여 국가기관을 구성하고, 그와 같이 구성된 국가기관에 국가권력을 배분하고 있다. 그리하여 헌법은 국민에 의하여 선출된 대표들로서 구성되는 국회에는 국민의 대표기관 · 입법기관 · 국정통제기관으로서의 지위와 권한을 부여하고 있다.

국회에 이와 같은 국정의 중요한 권한을 부여하는 것은 국회가 국민에 의하여 선출된 대표로 구성된 기관이라는 점, 의회주의 이념에 따른 심의(審議)를 본질로 하는 기관이라고 하는 점에 기초하고 있다. 그리하여 국회를 구성하는 국회의원들 역시 각자 국민의 대표라고 할 수 있지만, 국회에서의 심의와 표결을 통하여 국회의 의사결정에 참여하게 되는 것이고, 이와 같이 국회의원들의 심의와 표결을 거쳐 이루어진 국회의 의사결정은 국가작용의 근거와 기준이 된다.

헌재 2009. 10. 29. 2009헌라8

Ⅱ. 국민대표기관으로서의 지위

국회는 대의제도의 이념이 가장 직접적으로 표현된 통치기관이다. 국민대표의 법적 성격은 앞에서 살펴본 바와 같이 자유위임원리에 따르는 대의제하에서 정치적 대표로 보는 것이 다수의 견해이다. 대의의 이념을 전제로 한 개념형식이기 때문에 엄격한 법적 대리 또는 법적 대표관계가 성립된 것을 뜻하지는 않는다. 대의제도와 의회주의의 본질을 바르게 이해하는 경우 국회의 국민대표기관성이 특별히 문제될 것은 없다는 입장에서 무의미한 논쟁이라는 견해도 있다.[5)]

국회의 국민대표기관으로서의 지위와 관련하여 현실적 의미를 갖는 것은 국회의 대표성 약화의 문제라고 할 수 있을 것이다. 국회의 기능이 상대적으로 저하될 뿐만 아니라 국회의 활동이 국민의사로부터 멀어지는 경향이 나타나면서 국회의 민주적 정당성 자체가 약화되고 있는 것이다. 오늘날 정당국가화 경향으로 인하여 정당기속이 증대하고 있는 현실도 국회의 국민대표기관성이 약화되는 요인이 되고 있다.

이러한 문제를 해결하기 위해서는 국회의 구성과 활동의 민주성이 강화되어야 한다. 즉, 한편으로는 선거제도의 개혁을 통해서 국민의 의사에 부합하는 선거결과가 담보될 수 있도록 하여야 하며, 다른 한편으로는 국회 스스로가 국민의 의사를 최대한 수렴하여 반영하려는 보다 적극적인 노력이 동반되어야 한다.

Ⅲ. 입법기관으로서의 지위

국회는 흔히 입법부로 지칭된다. 국회가 헌법상 담당하는 역할은 매우 다양하지만, 그중에서도 가장 본질적인 것은 입법기관으로서의 역할이기 때문이다. 헌법 제40조는 "입법권은 국회에 속한다"고 규정하여 국회중심입법의 원칙을 선언하고 있다.

국민의 권리와 의무사항, 국가의 통치조직 및 통치작용에 관한 기본적이고 본질적인 사항은 국회의 법률로 규정되어야 한다(본질성이론).

그러나 현대에는 입법부가 법률의 제정에서 주도적인 역할을 하지 못하고, 오히려 정부가 입법과정에서 주도적 역할을 하게 되는 경우가 드물지 않다. 집행부가 주요입법의 대부분을 제안하고 또 입법과정을 실질적으로 주도함으로 인하여 국회가 통법부(通法府)로 전락하였다는 지적이 드물지 않으며, 국회가 제정하는 법률의 성격도 그 대강만을 정하고 세부적인 것은 행정입법인 명령·규칙에 위임하는 경향이 강해지고 있다. 이러한 현상의 원인은 정당국가화로 인하여 정부와 여당이 함께 움직이는 현상이 두드러지고 있다는 점, 행정국가화에 따른 행정입법의 양적 및 질적 증대로 인하여 법질서 내에서 법률이 차지하는 비중 자체가 감소하

5) 허영, 전정 13판 한국헌법론, 박영사, 2017, 932면.

였다는 점에서 찾을 수 있다. 국회의 입법기능의 위축은 국회의 전문성 약화와 본질적으로 관련이 있다.

국회의 전문성을 강화하기 위해서는 국회 내의 전문위원제도를 활성화하고, 국회와 국회 밖의 전문가집단의 유기적 연계를 강화함으로써 국회 활동의 전문성을 강화하는 것이 필요하다. 행정입법에 대한 국회의 통제를 강화하는 것도 같은 맥락에서 긍정적으로 검토될 수 있다.

Ⅳ. 국정통제기관으로서의 지위

국가작용을 입법, 집행, 사법으로 나누어 각기 다른 국가기관이 담당하도록 하는 권력분립원칙 자체가 일정한 통제의 측면을 가지고 있다.

오늘날에는 행정국가화 경향에 따라 집행부가 비대해지는 현상이 일반화되고 있다. 집행부의 인적·물적 조직과 전문성이 입법부와 사법부를 압도하는 현상이 나타나고 있는 것이다. 이에 대한 효율적인 대응을 위해서도 정부에 대한 통제의 필요성은 더욱 강조될 수밖에 없으며, 국회의 국정통제는 사법부에 의한 행정통제와 더불어 행정국가화에 대한 균형추로서도 중요한 의미를 갖는 것이다.

물론 국회가 정부에 대한 통제기능만을 담당하는 것은 아니며, 사법부에 대한 통제기능도 수행한다. 예컨대 법관 및 헌법재판소 재판관에 대하여 국회가 탄핵소추를 의결할 수 있고, 국정감사권 및 국정조사권을 통하여 사법행정에 대하여 통제하는 것도 가능하다. 하지만 국회의 국정통제의 핵심은 역시 정부에 대한 통제기능이라고 보아야 할 것이다.

특히 행정부와 입법부가 공화·협조체제에 바탕하고 있는 의원내각제에서보다 독립성의 원리에 바탕을 두고 있는 대통령제하에서 국정통제기관으로서의 의회의 역할이 중요하다.

Ⅴ. 최고기관의 하나로서의 지위

국가최고기관은 권력분립상 독립된 기능이 부여되고 있는 입법부, 집행부, 사법부의 최고기관을 말한다. 현행헌법상 국가최고기관으로는 입법부로서의 국회, 집행부의 최고기관으로서의 대통령, 사법부의 최고기관으로서 대법원과 헌법재판소가 있다.

의회제 정부형태 하에서는 의회가 유일한 최고기관이라고 할 수 있지만, 우리 헌법상으로는 유일한 최고기관은 아니며 최고기관 중의 하나로 볼 수 있다.

Ⅵ. 기 타

정치지도자양성기관으로서의 지위,[6] 합의체의 국가의사결정기관으로서의 지위[7]를 국회의 헌법상 지위로 언급하는 견해도 있다.

제3절 국회의 구성과 운영

Ⅰ. 국회의 구성원리

1. 양원제

(1) 개 념

양원제는 몽테스키외(Montesquieu), 브라이스(Bryce) 등에 의해 주장된 것으로 국회를 두 개의 상호 독립한 합의체기관으로 구성하고 상호독립해서 활동하되 원칙적으로 두 합의체기관의 일치된 의사만을 국회의 의사로 간주하는 국회의 구성원리이다.

(2) 양원제의 입헌군주제 · 연방제와의 연혁적 연관성

양원제는 입헌군주제의 이원적 신분사회의 대의에 보다 유리하다(영국). 또한 연방국가인 미국에서처럼 지방의 대표로서의 상원의 의미를 생각할 때 연방국가의 구조적 특성을 반영한 원리이다.

단일국가에서 양원제채택은 이론적 이유보다 단원제의회의 경솔 · 전제 · 부패 등을 방지한다는 실천적 이유에 기인한다(터키, 일본, 프랑스).

(3) 양원제의 유형

제2원(상원)의 성격에 따라 크게 ① 보수적 양원제와 ② 민주적 양원제로 분류하기도 한다.[8] 보수적 양원제는 귀족원 · 서민원형(영국, 네덜란드)이라고도 할 수 있다. 민주적 양원제도 양원을 모두 국민이 직접선거하는 지역대표형(한국 제2공화국, 일본, 민의원 · 참의원형)과 상원을 직능대표로 구성하는 직능대표형(아일랜드,

6) 최대권, 헌법학－법사회학적 접근, 박영사, 1989, 318－319면.
7) 허영, 앞의 책, 934면.
8) 권영성, 헌법학원론(2010년판), 법문사, 2010, 875면.

1946년의 바이에른 주 헌법, 민의원 · 직능원형), 상원을 지방의 대표로 구성하는 연방형(미국, 스위스, 독일, 민의원 · 지방원형)으로 나누어 볼 수 있다.

그 밖에 양원의 지위의 균형 여부에 따라 균형형과 불균형형으로 분류하기도 하나, 이러한 유형분류에 대해서는 양원의 권한이 완전히 수평적인 균형을 이루기는 어렵고, 양원간의 권한관계는 정도의 차이는 있어도 현실적으로 언제나 불균형관계일 수밖에 없다는 점으로 양원간의 권한불균형관계를 양원제의 제도적 징표로 보는 견해는 이러한 분류를 하나의 공리(空理)에 불과하다는 비판이 있다.[9)]

우리나라 2공화국의 양원제는 민주형인 동시에 단일국형의 양원제이며, 독일의 양원제는 민주형 · 연방형이라고 할 수 있다. 독일의 경우는 연방의회(Bundestag)와 연방참사원(Bundesrat)으로 구성되나, 연방참사원은 국민이 선거한 의원으로 구성된 의회가 아니라 독일연방공화국을 구성하는 16개주의 정부각료 또는 그들이 파견한 행정공무원으로 구성(68명)되고 있는 일종의 주 대표기구라는 점에서 전통적 양원제와는 차이가 있다.

(4) 양원제의 장 · 단점

1) 장 점

① 심의를 신중히 하여 경솔을 방지하며, ② 상원을 직능대표로 하여 하원을 견제하고, ③ 정부와 하원이 충돌하였을 때 상원이 중재적 역할을 담당하게 되고, ④ 상원이 원로원 구실을 함으로써 급진적인 개혁을 방지한다는 점을 장점으로 든다.

2) 단 점

① 의결의 지연과 비용이 과다하게 드는 점, ② 국회의 책임소재가 불분명하다는 점이 단점으로 들어진다.

(5) 양원제에 있어서 양원의 상호관계

1) 양원의 기본관계

양원의 기본관계는 조직독립의 원칙, 의결독립의 원칙, 의사일치의 원칙, 동시활동의 원칙으로 요약된다. 즉, 양원은 조직과 권한 및 활동에서 서로 독립적이며, 양원의 의견이 일치하는 경우에만 의회의 의결로 한다. 양원은 동시에 개회하고 폐회한다.

---

9) 허영, 앞의 책, 936면. 허교수는 양원제를 ① 신분형 양원제, ② 민주형 양원제, ③ 연방형 양원제, ④ 단일국형 양원제로 분류하고 있다.

2) 양원의 구성과 권한관계

대부분의 나라에서는 하원이 우월한 지위에 있는데, 미국은 건국 당시 지방분권주의가 강했기 때문에 각 지방을 대표하는 상원이 하원보다 우월한 지위를 갖는다. 대통령의 권한대행순위에 있어서도 부통령을 겸직하게 되어 있는 상원의장이 하원의장보다 순위가 앞선다. 또한 상원만이 공무원임명동의권, 조약비준동의권, 탄핵심판권, 부통령결정권 등을 행사한다. 하원은 임기가 2년으로써 각주의 인구비례에 따라 각주의 주민에 의해 선출되고 상원의원은 임기가 6년으로서 각주에서 2명씩 주민에 의해 선출된다. 상원의원은 2년마다 3분의 1씩 개선한다.

2. 단원제

(1) 개 념

단원제는 루소(Rousseau), 시예스(Sieyès) 등에 의해 주장된 것으로 국회를 하나의 합의기관으로 구성하는 원리이다. 의회정치의 경험이 많지 않은 나라에서 선호하는 경향이 있다.

(2) 단원제의 사상적 유래

동일사항에 관해서 국민의 총의는 둘이 있을 수 없으므로 국민의 대표기관은 하나여야 한다는 이론적 근거를 가지고 있다. 시예스는 "제2원이 제1원과 같은 결정을 한다면 제2원은 무용한 존재이고, 반대로 제2원이 제1원과 다른 결정을 한다면 제2원은 유해한 존재이다"라고 하여 그를 단원제의 사상적 유래로 평가하기도 한다. 1791년 프랑스헌법의 단원제는 시예스의 사상적 영향을 받았다.

(3) 단원제의 장 · 단점

1) 장 점

① 신속한 국정처리가 가능하고 비용이 경감된다는 점, ② 책임소재가 분명하다는 점, ③ 국민의사를 직접적으로 반영할 수 있다는 점 등이 장점으로 들어진다.

2) 단 점

① 경솔한 의결의 우려가 있고, ② 정부와 국회의 충돌이 있을 때 해결이 곤란하고, ③ 의회의 정부에 대한 횡포가 우려된다는 점 등이 단점으로 들어진다.

3. 양원제와 단원제의 제도적 허실

양원제와 단원제의 장단점은 지극히 상대적이다. 양원제와 단원제의 제도적 허실을 따질 때는 언제나 획일적인 단정을 피하고 해당국가의 정치풍토를 먼저 살펴보는 것이 필요하다.[10]

4. 우리헌정사에 있어서 국회의 구성원리의 변천

현행헌법은 국회를 단원제로 구성하고 있다. 1948년 제헌헌법 당시부터 단원제 국회로 시작되었고, 1952년의 헌법개정으로 양원제가 도입되었으나 실제 양원제로 국회가 구성되었던 것은 1960년 제2공화국 당시였고, 1962년 헌법에서 단원제로 복귀한 이래 현행헌법에 이르기까지 단원제를 유지하고 있다.

현행헌법상 국회는 국민의 보통·평등·직접·비밀선거에 의해 선출된 200인 이상의 국회의원들로 구성되도록 하고 있다(제41조 제1항, 제2항). 따라서 국회의원의 선거가 곧 국회의 구성이라고 할 수 있으며, 국회의원선거에 관한 구체적인 사항은 헌법의 위임 하에(제41조 제3항) 공직선거법이 정하고 있다. 즉, 국회의원선거의 선거권과 피선거권, 선거구, 의원정수, 선거제도의 유형(지역구에서의 소선거구 다수대표제와 전국구에서의 비례대표제의 혼용), 선거의 절차 및 선거운동, 투표와 개표, 당선인 결정, 재선거와 보궐선거, 선거소송 등이 모두 공직선거법에 의해 규율되고 있다

국회의원선거에 의하여 국회가 구성될 경우, 새로운 국회는 국회의원들의 임기개시와 더불어 시작된다. 현행법상 국회의원선거는 임기만료일 전 50일 이후 첫 번째 수요일에 실시한다(공직선거법 제34조). 따라서 4월 9일에서 4월 15일 사이의 수요일에 실시하며, 국회의원의 임기는 5월 30일 시작하여 4년 후인 5월 29일 만료된다.

공직선거법에 의하면 1선거구 1대표선출(소선거구제)의 원칙에 따라 지역구 국회의원은 선거구에서 1명씩 선출되고 비례대표국회의원은 정당추천명부에 따라 비례대표제에 의해 선출된다.

Ⅱ. 국회의 내부조직

1. 의장과 부의장

의장 1인과 부의장 2인은 국회재적의원 과반수로 선출되며 임기는 2년이다. 의

10) 허영, 앞의 책, 937면.

장의 사고가 있을 경우에는 의장이 지정하는 부의장이 직무를 대리한다(국회법 제12조). 국회의원총선거 후 최초의 임시집회공고에 관하여 사무총장이 의장의 직무를 대행한다(동법 제14조). 개원국회의 의장직무는 최다선의원이, 최다선의원이 2인 이상인 경우에는 그중 연장자가 대행한다(동법 제18조). 과거에는 최연장자가 대행하였다.

원구성이 지연되는 문제점을 해소하기 위하여 국회법은 국회의원총선거 후 최초의 임시회는 의원의 임기개시 후 7일 이내에 집회, 의장단구성시기를 총선 후 최초의 임시회 집회일에, 그리고 처음 선출된 의장단의 임기가 만료되는 후반기의 경우 전반기 임기만료일 전 5일로 법정하였다(제5조, 제15조).

2. 위원회

(1) 위원회제도의 의의

위원회는 국회 본회의의 의안심의에 앞서 의안을 예비적으로 심사하고 의안의 본회의상정 여부를 결정함으로써 본회의의 의사진행을 촉진시키기 위해서 구성된 소수의원들의 합의체기관이다.

국회법은 국회운영에 있어서 '상임위원회중심주의'와 '본회의결정주의'를 채택하고 있기 때문에 위원회가 실질적으로 국회의 기능을 대행한다. 따라서 위원회는 '소국회', '소입법부'로 불리기도 한다.

판례 위원회 중심주의

상임위원회(Standing Committee)를 포함한 위원회는 의원 가운데서 소수의 위원을 선임하여 구성되는 국회의 내부기관인 동시에 본회의의 심의 전에 회부된 안건을 심사하거나 그 소관에 속하는 의안을 입안하는 국회의 합의제기관이다. 위원회의 역할은 국회의 예비적 심사기관으로서 회부된 안건을 심사하고 그 결과를 본회의에 보고하여 본회의의 판단자료를 제공하는 데 있다. 우리나라 국회의 법률안 심의는 본회의 중심주의가 아닌 소관 상임위원회 중심으로 이루어진다. 소관 상임위원회에서 심사·의결된 내용을 본회의에서는 거의 그대로 통과시키는 이른바 "위원회 중심주의"를 채택하고 있는 것이다(헌재 2000. 2. 24. 99헌라1). 오늘날 의회의 기능에는 국민대표기능, 입법기능, 정부감독기능, 재정에 관한 기능 등이 포함된다. 의회가 이러한 본연의 기능을 수행함에 있어서는 국민대표로 구성된 의원 전원에 의하여 운영되는 것이 이상적일 것이나, 의원 전원이 장기간의 회기동안 고도의 기술적이고 복잡다양한 내용의 방대한 안건을 다루기에는 능력과 시간상의 제약이 따른다. 이러한 한계를 극복하기 위한 방안으로 위원회제도가 창설된 것이다. 그리하여 상임위원회의 구성과 활동은 의회의 업적과 성패를 실질적으로 결정짓는 변수가 되고 있다고 평가되고 있다. 헌재 2003. 10. 30. 2002헌라1

(2) 위원회제도의 순기능과 역기능

1) 순기능

위원회제도는 의안처리의 전문성·효율성을 제고하고, 의회운영에 있어서 탄력성을 부여해준다.

2) 역기능

반면 위원회제도는 유관행정기관과 밀착으로 대정부견제기능을 약화시킬 수 있다는 점, 로비스트, 압력단체의 활동이 용이하여 의안처리의 공정성을 해칠 우려가 있다는 점, 당리당략적인 의사방해를 용이하게 한다는 점, 국회의원들에게 폭넓은 국정심의의 기회를 박탈할 수 있어 본회의의 형식화가 이루어질 수 있다는 점, 전문분야만의 이해를 고집하여 국정전반의 입장을 등한시할 수 있다는 비판을 받을 수 있다.

(3) 위원회의 종류

1) 상임위원회(Standing Commitee)

소관사항에 관한 입법, 기타의 의안을 예비적으로 심의하는 상설적 위원회이다. 현재 17개의 상임위원회[11)]가 있고, 그 밑에 소위원회가 있다. 의장은 어느 상임위원회에도 속하지 아니하는 사항은 국회운영위원회와 협의하여 소관 상임위원회를 정한다(동법 제37조 제2항). 상임위원회의 위원 정수(定數)는 국회규칙으로 정한다. 다만, 정보위원회의 위원 정수는 12명으로 한다(제38조).

국회의장을 제외한 국회의원은 둘 이상의 상임위원회위원이 되지만, 각 교섭단체의 대표위원은 국회운영위원회위원회 및 정보위원회 위원이 된다(법 제39조). 임기는 2년, 다만 정보위원회 위원은 임기 동안 재임한다(법 제48조). 위원장은 임시의장의 예에 준하여 국회본회의에서 선거하며 교섭단체별로 간사 1인을 둔다.

11) 1. 국회운영위원회, 2. 법제사법위원회, 3. 정무위원회, 4. 기획재정위원회, 5. 교육위원회, 6. 과학기술정보방송통신위원회, 7. 외교통일위원회, 8. 국방위원회, 9. 행정안전위원회, 10. 문화체육관광위원회, 11. 농림축산식품해양수산위원회, 12. 산업통상자원중소벤처기업위원회, 13. 보건복지위원회, 14. 환경노동위원회, 15. 국토교통위원회, 16. 정보위원회, 17. 여성가족위원회(국회법 제37조 제1항).

2) 특별위원회(Special Commitee)

① 특별위원회의 유형

(ⅰ) 일반특별위원회

본회의 의결로 설치되는 일시적인 위원회가 있다.

> **국회법**
>
> **제44조(특별위원회)** ① 국회는 둘 이상의 상임위원회와 관련된 안건이거나 특히 필요하다고 인정한 안건을 효율적으로 심사하기 위하여 본회의의 의결로 특별위원회를 둘 수 있다.
>
> ② 제1항에 따른 특별위원회를 구성할 때에는 그 활동기간을 정하여야 한다. 다만, 본회의 의결로 그 기간을 연장할 수 있다.
>
> ③ 특별위원회는 활동기한의 종료 시까지 존속한다. 다만, 활동기한의 종료 시까지 제86조에 따라 법제사법위원회에 체계·자구 심사를 의뢰하였거나 제66조에 따라 심사보고서를 제출한 경우에는 해당 안건이 본회의에서 의결될 때까지 존속하는 것으로 본다.
>
> ④ 제2항에도 불구하고 특별위원회 활동기간 중 연속하여 3개월 이상 회의가 열리지 아니하는 때에는 본회의의 의결로 특별위원회의 활동을 종료시킬 수 있다.
>
> ⑤ 특별위원회는 활동기간을 연장할 필요가 있다고 판단되는 경우 활동기간 종료 15일 전까지 특별위원회의 활동에 관한 중간보고서 및 활동기간 연장 사유를 국회운영위원회에 제출하여야 한다.
>
> ⑥ 특별위원회는 활동기간 종료(제3항 단서 또는 제4항에 해당하는 경우에는 해당 안건이 본회의에서 의결된 날을 말한다) 후 15일 이내에 활동결과보고서를 국회운영위원회에 제출하여야 한다. 국회운영위원회는 이를 심사한 후 국회 인터넷 홈페이지 등에 게재하는 방법으로 공개하여야 한다.

(ⅱ) 국회법상 특정임무가 명시된 특별위원회

국회법에 구성 및 소관 등이 특정되어 있는 상설특별위원회로는 예산결산특별위원회, 윤리특별위원회, 인사청문특별위원회가 있다. 예산결산특별위원회와 윤리특별위원회는 상설기관이다. 윤리특별위원회심의에 자문하기 위하여 윤리심사자문위원회를 두도록 하고 있다.

> **국회법**
>
> **제45조(예산결산특별위원회)** ① 예산안, 기금운용계획안 및 결산(세입세출결산과 기

> 금결산을 말한다. 이하 같다)을 심사하기 위하여 예산결산특별위원회를 둔다.
> ② 예산결산특별위원회의 위원 수는 50명으로 한다. 이 경우 의장은 교섭단체 소속 의원 수의 비율과 상임위원회 위원 수의 비율에 따라 각 교섭단체 대표의원의 요청으로 위원을 선임한다.
> ③ 예산결산특별위원회 위원의 임기는 1년으로 한다. 다만, 국회의원 총선거 후 처음 선임된 위원의 임기는 선임된 날부터 개시하여 의원의 임기 개시 후 1년이 되는 날까지로 하며, 보임되거나 개선된 위원의 임기는 전임자 임기의 남은 기간으로 한다.
> ④ 예산결산특별위원회의 위원장은 예산결산특별위원회의 위원 중에서 임시의장 선거의 예에 준하여 본회의에서 선거한다.
> ⑤ 예산결산특별위원회에 대해서는 제44조제2항 및 제3항을 적용하지 아니한다.
> ⑥ 예산결산특별위원회 위원장의 선거 및 임기 등과 위원의 선임에 관하여는 제41조제3항부터 제5항까지, 제48조제1항 후단 및 제2항을 준용한다.
>
> **제46조(윤리특별위원회)** ① 의원의 자격심사·징계에 관한 사항을 심사하기 위하여 제44조 제1항에 따라 윤리특별위원회를 구성한다.
> ② 삭제
> ③ 윤리특별위원회는 의원의 징계에 관한 사항을 심사하기 전에 제46조의2에 따른 윤리심사자문위원회의 의견을 청취하여야 한다. 이 경우 윤리특별위원회는 윤리심사자문위원회의 의견을 존중하여야 한다.
> ④ 삭제
> ⑤ 삭제
> ⑥ 윤리특별위원회의 운영 등에 관하여 이 법에서 정한 사항 외에 필요한 사항은 국회규칙으로 정한다.
>
> **제46조의2(윤리심사자문위원회)** ① 의원의 겸직 및 영리업무 종사와 관련된 의장의 자문과 의원 징계에 관한 윤리특별위원회의 자문에 응하게 하기 위하여 윤리특별위원회에 윤리심사자문위원회(이하 이 조에서 "자문위원회"라 한다)를 둔다.
> ⑤ 의원은 자문위원회의 자문위원이 될 수 없다.

인사청문특별위원회는 헌법에 의하여 그 임명에 국회동의를 요하는 대법원장·헌법재판소장·국무총리·감사원장 및 대법관과 국회에서 선출하는 헌법재판소재판관 및 중앙선거관리위원회 위원에 대한 임명동의안 또는 의장이 각 교섭단체 대표의원과 협의하여 제출한 선출안 등을 심사하기 위하여 둔다. 이에 관한 법률로는 인사청문회법이 있다.

모든 국무위원과 방송통신위원회위원장, 대통령이 직접 임명하거나 대법원장이 지명하는 헌법재판소 재판관 및 중앙선거관리위원회 위원에 대해서도 소관 상임위원회의 인사청문회를 거치도록 하고 있다(국회법 제65조의 2 제2항).

3) 연석회의(Joint Commitee)

연석회의는 위원회간 협의로 열리는 위원회이다. 법적 의미에서 독립위원회가 아니다. 의견을 교환할 수는 있으나, 표결은 할 수 없다. 의견조정기구의 성격을 가진다.

> **국회법**
>
> 第63조(연석회의) ① 소관 위원회는 다른 위원회와 협의하여 연석회의(連席會議)를 열고 의견을 교환할 수 있다. 다만, 표결은 할 수 없다.
>
> ② 연석회의를 열려는 위원회는 위원장이 부의할 안건명과 이유를 서면에 적어 다른 위원회의 위원장에게 요구하여야 한다.
>
> ③ 연석회의는 안건의 소관 위원회의 회의로 한다.
>
> ④ 세입예산안과 관련 있는 법안을 회부받은 위원회는 예산결산특별위원회 위원장의 요청이 있을 때에는 연석회의를 열어야 한다.

4) 전원위원회

전원위원회는 위원회중심주의가 보편화됨에 따라 본회의에서의 안건심사가 형식화되는 문제점을 최소화시키기 위하여 도입된 것이다. 전원위원회는 전체 국회의원이 그 구성원이 된다는 점에서 본회의와 유사한 점도 있으나 의사진행방식의 효율성을 위해 의사정족수를 완화시키는 등의 특징을 가지고 있다는 점에서 본회의와 구별된다(국회법 제63조의2).

전원위원회는 각 위원회의 심의를 거쳤거나 각 위원회가 제안한 의안 가운데 특히 주요한 의안(정부조직, 조세, 국민에게 부담을 지우는 법률안 등)을 본회의에서 의결되기 전에 의원전원이 다시 심의할 수 있도록 하기 위한 기구로서 재적의원 4분의 1 이상의 요구가 있을 경우 소집된다(국회법 제63조의 2). 전원위원회 위원장은 국회의장이 지명하는 부의장이 맡으며 의안을 심의·의결하되 의안을 최종적으로 확정하지 못하고 수정안을 의결할 수 있을 뿐이다(국회법 제63조의 2).

5) 소위원회

> **국회법**
>
> 第57조(소위원회) ① 위원회는 소관 사항을 분담·심사하기 위하여 상설소위원회를

둘 수 있고, 필요한 경우 특정한 안건의 심사를 위하여 소위원회를 둘 수 있다. 이 경우 소위원회에 대하여 국회규칙으로 정하는 바에 따라 필요한 인원 및 예산 등을 지원할 수 있다.
② 상임위원회는 소관 법률안의 심사를 분담하는 둘 이상의 소위원회를 둘 수 있다.
③ 소위원회의 위원장은 위원회에서 소위원회의 위원 중에서 선출하고 이를 본회의에 보고하며, 소위원회의 위원장이 사고가 있을 때에는 소위원회의 위원장이 소위원회의 위원 중에서 지정하는 위원이 그 직무를 대리한다.
④ 소위원회의 활동은 위원회가 의결로 정하는 범위에 한정한다.
⑤ 소위원회의 회의는 공개한다. 다만, 소위원회의 의결로 공개하지 아니할 수 있다.
⑥ 소위원회는 폐회 중에도 활동할 수 있으며, 법률안을 심사하는 소위원회는 매월 3회 이상 개회한다. 다만, 국회운영위원회, 정보위원회 및 여성가족위원회의 법률안을 심사하는 소위원회의 경우에는 소위원장이 개회 횟수를 달리 정할 수 있다.
⑦ 소위원회는 그 의결로 의안 심사와 직접 관련된 보고 또는 서류 및 해당 기관이 보유한 사진·영상물의 제출을 정부·행정기관 등에 요구할 수 있고, 증인·감정인·참고인의 출석을 요구할 수 있다. 이 경우 그 요구는 위원장의 명의로 한다.
⑧ 소위원회에 관하여는 이 법에서 다르게 정하거나 성질에 반하지 아니하는 한 위원회에 관한 규정을 적용한다. 다만, 소위원회는 축조심사(逐條審査)를 생략해서는 아니 된다.
⑨ 예산결산특별위원회는 제1항의 소위원회 외에 심사를 위하여 필요한 경우에는 이를 여러 개의 분과위원회로 나눌 수 있다.

(4) 위원회의 운영과 직무

위원회는 본회의의 의결이 있거나, 의장 또는 위원장이 필요하다고 인정할 때, 재적의원 4분의 1의 요구가 있을 때 개회한다(국회법 제52조). 재적의원 5분의 1 이상의 출석으로 개의하고, 일반의결정족수로 의결한다.

오늘날의 국회운영은 위원회중심주의를 넘어서 소위원회중심주의로 나아가는 경향을 보이고 있다(국회법 제57조). 그러나 소위원회의 경우에는 위원회와 달리 비공개로 의사가 진행되는 예가 많고, 속기록 작성이 의무화되지 않고 있는 등의 문제점으로 인하여 개선의 필요성이 지적되고 있다.[12]

12) 이에 대하여 자세한 것은 차진아, 입법의 의의와 기능에 부합하는 입법절차형성의 방향, 인권과 정의 2008. 6, 101-122(117)면 참조.

3. 원내교섭단체(Fraktion)

정당의 소속의원이 정당단위로 하거나 다른 교섭단체에 속하지 아니하는 의원 20인 이상으로 교섭단체를 구성할 수 있다(국회법 제33조 제1항 단서).

원내대표(구 원내총무)가 교섭단체의 대표이다.

판례 교섭단체의 개념과 기능

교섭단체(Negotiation Group)는 원칙적으로 국회에 일정수 이상의 의석을 가진 정당에 소속된 의원들로 구성되는 원내의 정당 또는 정파를 말한다. 정당은 국민의 정치적 의사형성을 목적으로 하는 국민의 자발적 조직이다. 따라서, 원내에 의석을 확보한 정당은 정당의 정강정책을 소속의원을 통하여 최대한 국정에 반영하고 소속의원으로 하여금 의정활동을 효율적으로 할 수 있도록 권고·통제할 필요가 있다. 법은 국회에 20인 이상의 소속의원을 가진 정당은 하나의 교섭단체가 되며, 국회내 상임위원회의 구성은 교섭단체 소속의원수의 비율에 의하여 각 교섭단체대표의원의 요청으로 의장이 선임 및 개선한다고 규정하고 있어(제33조 제1항, 제48조 제1항), 국회운영에 있어 교섭단체의 역할을 제도적으로 보장하고 있다. 교섭단체는 정당국가에서 의원의 정당기속을 강화하는 하나의 수단으로 기능할 뿐만 아니라 정당소속 의원들의 원내 행동통일을 기함으로써 정당의 정책을 의안심의에서 최대한으로 반영하기 위한 기능도 갖는다. 헌재 2003. 10. 30. 2002헌라1

판례 교섭단체 내 정책연구위원 배정과 소수정당의 평등권

국회법은 정당과 원내교섭단체간의 일체성을 인정하여, 국회에 20인 이상의 소속의원을 가진 정당은 하나의 교섭단체로 보고, 국회의원은 둘 이상의 교섭단체에 소속될 수 없으며, 국회의원의 소속 정당이 변경된 경우에는 지체 없이 의장에게 보고하도록 하고 있다. 따라서 교섭단체에 정책연구위원을 둔다는 국회법 제34조 제1항 규정은 교섭단체를 구성한 정당에게 정책연구위원을 배정한다는 것과 실질적으로 다를 바 없다고 할 것인바, 이 규정은 교섭단체 소속의원과 그렇지 못한 의원을 차별하는 것인 동시에, 교섭단체를 구성한 정당과 그렇지 못한 정당도 차별하고 있다고 할 것이다. 그렇다면 국회의원 20인 이상을 확보하지 못하여 교섭단체를 구성하지 못한 청구인은 이 사건 규정으로 인하여 자신의 기본권을 침해받을 가능성이 있다.

국회의 역할 중 가장 중요한 것은 국민의 요구와 기대를 수렴하여 입법화하는 일이다. 그런데 국민의 의사를 수렴하여 정책을 수립하고 이를 법률안으로 구체화하는 일은 국회의원 개개인보다 그들의 결사체인 정당 등 교섭단체가 하는 것이 더 적절하고 효율적일 것이다. 나아가 원내에서도 법률안을 발의하는 데에는 의원 10인 이상의 찬성이 있어야 하는 점, 이를 심의하기 위한 의사일정에 관하여 교섭단체 간의 타협과 조정이 필요한 점, 법률안 심의는 주로 본회의가 아닌 소관 상임위원회 중심으로 이루어지는데 상임위원회 수가 17개에 달하는 점, 법안이 의결되기 위하여는 재적의원 과반수의 출석과 출석의원 과반수의 찬성을 필요로 하는 점 등을 고려하여 볼 때, 일정수 이상의 소속의원을 가진 교섭단체가 입법활동을 주도할 가능성이 높다. 이러한 상황에서 국회 입법활동의 활성화와 효율화를 이루기 위하여는 우선적으로 교섭단체의 전문성을 제고시켜야 하며, 교섭단체가 필요로 하는 전문인력을 공무원 신분인 정책연구위원으로 임용하여 그 소속의원들의 입법활동을 보좌하도록 할 필요성이 발생하므로 교섭단체에 한하여 정책연구위원을 배정하는 것은 입법재량의 범위 내로서 그 차별에 합리적인 이유가 있다 할 것이다.

헌재 2008. 3. 27. 2004헌마654

판례 교섭단체 구성여부에 따른 정당보조금 배분의 차등과 소수정당의 평등권

입법자는 정당에 대한 보조금의 배분기준을 정함에 있어 입법정책적인 재량권을 가지므로, 그 내용이 현재의 각 정당들 사이의 경쟁상태를 현저하게 변경시킬 정도가 아니면 합리성을 인정할 수 있다. 정당의 공적기능의 수행에 있어 교섭단체의 구성 여부에 따라 차이가 나타날 수밖에 없고, 이 사건 법률조항이 교섭단체의 구성 여부만을 보조금 배분의 유일한 기준으로 삼은 것이 아니라 정당의 의석수비율과 득표수비율도 함께 고려함으로써 현행의 보조금 배분비율이 정당이 선거에서 얻은 결과를 반영한 득표수비율과 큰 차이를 보이지 않고 있는 점 등을 고려하면, 교섭단체를 구성할 정도의 다수 정당과 그에 미치지 못하는 소수 정당 사이에 나타나는 차등지급의 정도는 정당 간의 경쟁상태를 현저하게 변경시킬 정도로 합리성을 결여한 차별이라고 보기 어렵다. 헌재 2006. 7. 27. 2004헌마655

Ⅲ. 국회의 운영

국회의 운영은 헌법과 법률에 별도의 규정이 없는 한, 국회가 자율적으로 결정한다.

1. 입법기(의회기)

국회가 동일의원들로 구성되는 시기(임기개시일)로부터 그 임기가 만료되거나 국회가 해산되기까지의 시기를 말한다.

2. 회 기

회기는 입법기 내에서 국회가 의안처리를 위하여 집회한 날로부터 폐회일까지의 국회의 활동기간을 말한다.

(1) 정기회

국회의 정기회(=정기국회)는 매년 정기적으로 국회가 소집되는 것을 말한다. 헌법 제47조 제1항에 따라 정기회는 매년 1회 열리며, 그 날짜는 국회법 제4조에 따라 매년 9월 1일로 정해져 있다.[13]

정기회의 가장 중요한 업무는 예산안의 심의·확정이라고 할 수 있다. 헌법 제54조 제2항에 따라 정부는 회계연도마다 예산안을 편성하여 회계연도 개시 90일 전까지 국회에 제출하고, 국회는 회계연도 개시 30일 전까지 이를 의결하여야 한다. 즉, 정기회가 열리기 전까지 예산안이 국회에 제출되고, 국회는 이를 정기회 기간중에 심의·확정하여야 하는 것이다.

물론 정기회 기간 중에도 법률안의 제안이나 기타 대정부질문 등이 가능하다. 종전의 국회법 제93조의2 제2항에서는 "정기회 기간 중에 위원회 또는 본회의에 상정하는 법률안은 다음 연도의 예산안처리에 부수하는 법률안에 한한다. 다만, 긴급하고 불가피한 사유로 위원회 또는 본회의 의결이 있는 경우에는 그러하지 아니하다"라고 규정하고 있었는데 현재 국회법은 제2항의 규정을 삭제하였다.

(2) 임시회

국회의 임시회(=임시국회)는 정기회의 기간 이외의 시점에 국회의 활동이 필요할 때 국회가 소집되는 것을 말한다. 2월, 4월, 6월의 1일에는 임시회가 소집되는 것이 원칙이며(국회법 제5조의2 제2항 제1호 본문), 그 밖에 대통령 또는 국회의 재적의원 4분의 1 이상의 요구로 임시회가 소집될 수 있다(헌법 제47조 제1항).

국회의원총선거 후 최초의 임시회는 의원의 임기개시 후 7일에 집회하며, 처음 선출된 의장의 임기가 만료되는 때가 폐회중인 경우에는 늦어도 임기만료일 전 5일까지 집회한다. 그러나 그 날이 공휴일인 때에는 그 다음날에 집회한다(국회법 제5조 제3항). 대통령이 임시회의 집회를 요구할 때에는 기간과 집회요구의 이유를 명시하여야 한다(헌법 제47조 제3항). 유신헌법과 제5공화국헌법은 대통령요구에 의한 임시회는 정부가 제

13) 그러나 그 날이 공휴일인 경우에는 그 다음날에 집회한다(국회법 제4조 단서).

출한 안건에 한하여 처리하며, 국회는 대통령이 집회요구시에 정한 기간에 한하여 개회한다는 제한규정을 두었지만(제82조 제5항), 현행헌법은 이를 폐지하였다.

(3) 휴 회

휴회는 회기 중 의결로 일정한 기간을 정하여 활동을 정지하는 것을 말한다. 휴회일수도 회기에 산입된다.

휴회 중 대통령의 요구가 있을 때, 의장이 긴급한 필요가 있다고 인정할 때, 국회 재적의원 4분의 1 이상의 요구가 있는 때에는 회의를 재개한다(국회법 제8조 제2항).

Ⅳ. 국회의 의사절차원칙과 정족수

1. 국회의 의사절차원칙

(1) 의사공개의 원칙

헌법은 제50조에서 국회의사의 공개원칙을 규정하고 다만 출석의원 과반수의 찬성이 있거나 의장이 국가안전보장을 위하여 공개하지 않을 수 있도록 하였다. 여기서 공개는 일반공개(불특정다수인에게 공개)를 의미한다.

공개의 내용은 ① 방청의 자유, ② 국회의사록의 공표, ③ 보도의 자유, ④ 중개방송의 자유 등을 포함한다.

공개의 원칙의 적용범위와 관련하여 본회의에 한하는가 위원회에도 적용되는가가 문제된다. 위원회에도 적용된다는 설[14]과 본회의에만 적용된다는 설[15]이 있으나, 위원회에도 적용된다고 본다.[16] 공개의 원칙은 의회주의의 기본원리로서 책임정치 실현의 전제이기 때문이다. 정보위원회의 회의는 공개하지 아니한다. 다만, 공청회 또는 제65조의2에 따른 인사청문회를 실시하는 경우에는 위원회의 의결로 이를 공개할 수 있다(국회법 제54조의2 제1항). 헌법은 비공개회의의 내용의 공포에 대해서는 법률이 정하는 바에 의하도록 하고 있으며(제50조 제2항), 국회법은 "공개하지 아니한 회의의 내용은 공표되어서는 아니 된다. 다만, 본회의 의결 또는 의장의 결정으로 제1항 단서의 사유(의장이 비밀 유지나 국가안전보장을 위하여 필요하다고 인정한 부분)가 소멸되었다고 판단되는 경우에는 공표할 수 있다"고 규정하고 있다(국회법 제118조 제4항).

---

14) 권영성, 앞의 책, 889면; 허영, 앞의 책, 949면.
15) 김철수, 학설·판례 헌법학(하), 박영사, 2008, 1555면.
16) 헌재 2000. 6. 29. 98헌마443 등(병합).

판례 의사공개의 원칙의 의미

헌법 제50조 제1항은 "국회의 회의는 공개한다"라고 하여 의사공개의 원칙을 규정하고 있는바, 이는 단순한 행정적 회의를 제외하고 국회의 헌법적 기능과 관련된 모든 회의는 원칙적으로 국민에게 공개되어야 함을 천명한 것으로서, 의사공개원칙의 헌법적 의미, 오늘날 국회기능의 중점이 본회의에서 위원회로 옮겨져 위원회중심주의로 운영되고 있는 점, 국회법 제75조 제1항 및 제71조의 규정내용에 비추어 본회의든 위원회의 회의든 국회의 회의는 원칙적으로 공개되어야 하고, 원하는 모든 국민은 원칙적으로 그 회의를 방청할 수 있다. 헌재 2000. 6. 29. 98헌마443등

판례 국회법 제55조 제1항(방청허가규정)[17]의 위헌 여부

국회법 제55조 제1항은 위원회의 공개원칙을 전제로 한 것이지, 비공개를 원칙으로 하여 위원장의 자의에 따라 공개여부를 결정케 한 것이 아닌바, 위원장이라고 하여 아무런 제한없이 임의로 방청불허 결정을 할 수 있는 것이 아니라, 회의장의 장소적 제약으로 불가피한 경우, 회의의 원활한 진행을 위하여 필요한 경우 등 결국 회의의 질서유지를 위하여 필요한 경우에 한하여 방청을 불허할 수 있는 것으로 제한적으로 풀이되며, 이와 같이 이해하는 한, 위 조항은 헌법에 규정된 의사공개의 원칙에 저촉되지 않으면서도 국민의 방청의 자유와 위원회의 원활한 운영간에 적절한 조화를 꾀하고 있다고 할 것이므로 국민의 기본권을 침해하는 위헌조항이라 할 수 없다. 헌재 2000. 6. 29. 98헌마443등

판례 국회예산결산특별위원회 계수조정소위원회 방청허가불허 위헌확인, 국회상임위원회 방청불허행위의 위헌 여부

예산결산특별위원회의 계수조정소위원회는 예산의 각 장·관·항의 조정과 예산액 등의 수치를 종합적으로 조정·정리하는 소위원회로서, 예산심의에 관하여 이해관계를 가질 수밖에 없는 많은 국가기관과 당사자들에게 계수조정 과정을 공개하기는 곤란하다는 점과, 계수조정소위원회를 비공개로 진행하는 것이 국회의 확립된 관행이라는 점을 들어 방청을 불허한 것이고, 한편 절차적으로도 계수조정소위원회를 비공개로 함에 관하여는 예산결산특별위원회 위원들의 실질적인 합의 내지 찬성이 있었다고 볼 수 있으므로, 이 사건 소위원회 방청불허행위를 헌법이 설정한 국회 의사자율권의 범위를 벗어난 위헌적인 공권력의 행사라고 할 수 없다.

피청구인들은 의원들의 국정감사활동에 대한 시민연대의 평가기준의 공정성에 대한 검증절차가 없었고, 모니터 요원들의 전문성이 부족하며, 평가의 언론공표로 의원들의 정치적 평판 내지 명예에 대한 심각한 훼손의 우려가 있어 청구인들의 방청

---

17) 제55조(위원회에서의 방청 등) ① 위원회에서는 의원이 아닌 자는 위원장의 허가를 받아 방청할 수 있다.

을 허용할 경우 원활한 국정감사의 실현이 불가능하다고 보아 전면적으로 또는 조건부로 방청을 불허하였는바, 원만한 회의진행 등 회의의 질서유지를 위하여 방청을 금지할 필요성이 있었는지에 관하여는 국회의 자율적 판단을 존중하여야 하는 것인즉, 피청구인들이 위와 같은 사유를 들어 방청을 불허한 것이 헌법재판소가 관여하여야 할 정도로 명백히 이유없는 자의적인 것이라 보기 어렵다.[18)]

헌재 2000. 6. 29. 98헌마443등

(2) 회기계속의 원칙

1) 의 의

국회에 제출된 법률안 기타의 의안은 회기 중에 의결되지 못한 이유로 폐기되지 아니한다는 원칙이다(헌법 제51조). 이는 매회기마다 독립된 별개의 국회가 아니라, 임기 중에는 일체성과 동일성을 가지는 국회로서 존재한다는 것을 의미한다. 미국, 프랑스, 한국 등이 회기계속의 원칙을 채택하고 있다.

회기불계속의 원칙은 의원들이 불요불급한 안건들을 제출하는 것을 방지하는 효과를 가져올 수 있다는 장점을 갖고 있으나, 자칫 의사진행이 원활하지 않은 경우에는 동일한 안건을 회기마다 계속 새롭게 제출하고 심사해야 하는 번거로움이 야기될 수 있다.

2) 회기계속의 원칙의 예외

우리 헌법은 의원의 임기만료나 해산시에는 회기계속의 원칙의 예외를 인정하고 있다(헌법 제51조 단서). 이는 선거에 의한 국민대표주의의 본질상 입법기관 자체의 변경, 국회구성원이 달라지는 것이므로 불계속이 당연하다고 생각된다.

(3) 일사부재의의 원칙

1) 의 의

한 회기에 있어서 부결된 동일안건은 회기 중에 다시 제출하지 못한다는 원칙이다.

---

18) 헌재 2000. 6. 29. 98헌마443등 결정에서 국회 예산결산특별위원회 계수조정소위원회의 회의에 대한 시민단체 방청불허, 그리고 국정감사에 대한 시민단체 방청불허에 대한 심사의 결과 국회가 의사과정을 비공개로 결정한 것이 합헌이라는 결정을 내린 것에 대해서는 의사공개원칙의 의미와 비중을 지나치게 가볍게 평가했다는 비판이 적지 않다. 이에 관하여는 장영수, 알권리와 의사공개의 원칙, 헌법실무연구 제4권, 2003. 12, 204－225면 참조.

2) 원칙의 취지

일사부재의의 원칙은 소수파에 의한 의사진행방해(filibuster)를 막기 위한 것이다. 일사부재의 원칙을 경직되게 적용하는 경우에는 국정운영이 왜곡되고 다수에 의해 악용되어 다수의 횡포를 합리화하는 수단으로 전락할 수도 있으므로, 일사부재의 원칙은 신중한 적용이 요청된다고 할 것이다.[19)]

3) 일사부재의의 원칙이 적용되지 않는 경우

동일한 의안이라도 사정변경으로 말미암아 목적·방법·수단이 변경되면, 동일의안으로 볼 수 없으므로 재의가 가능하다.

① 일단 의제가 된 의안일지라도 철회되어 의결에 이르지 아니한 것은 아직 그에 관한 국회의 의사가 확정되지 않았으므로 다시 발의할 수 있다.

② 동일의안이라 할지라도 전회기에서 의결한 것은 다음 회기에 다시 발의·심의할 수 있다.

③ 동일인물에 대한 해임건의안일지라도 그 후 새로이 발생한 사유 때문이라면 동일사안의 재의라고 할 수 없다.

④ 위원회의 의결은 국회 자체의 결정이 아니므로 이것을 본회에서 다시 심의할지라도 동일사안의 재의가 아니다(다수설).

판례 재적의원 과반수 출석수에 미달한 전자투표의 효력과 일사부재의 원칙

헌법 제49조 및 국회법 제109조에서는 의결정족수에 관하여 …… 의결을 위한 출석정족수와 찬성정족수를 병렬적으로 규정하고 있다. 나아가 '재적의원 과반수의 출석'과 '출석의원의 과반수의 찬성'이라는 규정의 성격이나 흠결의 효력을 별도로 구분하여 규정하고 있지도 아니한다. 따라서 표결이 종료되어 '재적의원 과반수의 출석'에 미달하였다는 결과가 확인된 이상, '출석의원 과반수의 찬성'에 미달한 경우와 마찬가지로 국회의 의사는 부결로 확정되었다고 보아야 한다.

…… 전자투표에 의한 표결의 경우에는 국회의장의 투표종료선언에 의하여 투표결과가 집계됨으로써 안건에 대한 표결절차는 실질적으로 종료되는 것이므로, 투표의 집계결과 출석의원 과반수의 찬성에 미달한 경우는 물론 재적의원 과반수의 출석에 미달한 경우에도 국회의 의사는 부결로 확정되었다고 볼 수밖에 없다.

한편 우리 헌법은 헌법개정안에 투표한 유권자의 수가 유권자 총수의 과반수에 미달한 경우 헌법개정안에 대한 국민투표는 부결된 것으로 보고(제130조 제2항), 주

19) 헌재 2009. 10. 29. 2009헌라8.

민소환에 관한 법률은 단체장이나 지방의원에 대한 주민소환투표의 경우에 소환요건 충족인원인 3분의 1 이상의 투표수에 미달한 경우 주민소환이 부결된 것으로 보는바(제22조 제1항), 이러한 규정과의 균형상으로도 국회에서의 의결에 있어서 표결절차가 종료될 때 재적의원 과반수의 출석에 미달한 경우에도 부결된 것으로 보아야 한다고 해석하여야 한다.

이와는 달리 투표가 종료되었다고 하더라도 재적의원 과반수의 출석에 미달한 이상, 국회의 의사가 유효하게 성립되지 않았다고 보는 견해에 의하면, 재적의원 과반수 출석요건을 충족할 때까지는 몇 번이고 재표결을 할 수 있다는 결론에 이르게 된다. 그러나 이는 국회의사의 단일화 및 회의의 능률성・효율성 보장이라는 국회법 제92조(일사부재의)의 입법취지에 정면으로 배치되는 것이라고 하지 않을 수 없다.

또한 국회법은 재투표 사유로서 '투표의 수가 명패의 수보다 많을 때'에 한정하여 규정하고 있으므로(국회법 제114조 제3항 참조), 투표가 종료되었으나 재적의원 과반수의 출석에 미달한 경우까지 표결불성립의 개념을 인정하여 무제한적으로 재표결을 허용하는 것은 재투표의 사유를 제한하려는 국회법의 취지에도 맞지 않는다.

결국 이 사건에서 방송법안에 대한 투표가 종료되어 재적의원 과반수의 출석에 미달되었음이 확인된 이상, 방송법안에 대한 국회의 의사는 부결로 확정되었다고 보아야 할 것이다. 그렇다면 피청구인이 이미 존재하는 국회의 방송법안에 대한 확정된 부결의사를 무시하고 재표결을 실시하여 그 표결결과에 따라 방송법안의 가결을 선포한 것은 일사부재의 원칙에 위배하여 청구인들의 표결권을 침해하였다고 봄이 상당하다.[20]

헌재 2009. 10. 29. 2009헌라8 등

2. 정족수

(1) 정족수의 의의

정족수란 다수인으로 구성되는 회의체에서 회의를 진행하고 의사를 결정하는 데 소요되는 출석자의 수를 말한다. 정족수에는 의안을 심의하기 위하여 요구되는 국회의원의 수(국회의원들이 몇 명 이상 출석해야 하는지에 관한 숫자)를 말하는 의사정족수와 의안에 대한 의결을 하는 데 필요한 숫자 내지 의안에 찬성하는 국회의원의 수를 말하는 의결정족수로 구분된다.

20) 이 결정에서는 재적의원 과반수 출석수는 국회 의결의 성립요건이므로 이에 미달한 전자투표는 부결이 아니라 불성립으로 보아야 한다는 취지의 반대의견(재판관 이강국, 재판관 이공현, 재판관 김희옥, 재판관 이동흡의 의견)이 있었다.

(2) 일반정족수

일반정족수에 대해서는 헌법 제49조가 "국회는 헌법 또는 법률에 특별한 규정이 없는 한 재적의원 과반수의 출석과 출석의원 과반수의 찬성으로 의결한다. 가부동수인 때에는 부결된 것으로 본다"라고 규정하고 있다(일반의결정족수). 국회법 제73조 제1항은 국회 본회의의 의사정족수와 관련하여 "본회의는 재적의원 5분의 1 이상의 출석으로 개의한다"고 명시하고 있다.

(3) 특별정족수

현행헌법상 국회의 의결에 관하여 특별정족수가 정해져 있는 경우는 다음과 같다.

① 헌법개정안의 의결(제130조 제1항: 재적의원 3분의 2 이상의 찬성)

② 국회의원의 제명처분(제64조 제3항: 재적의원 3분의 2 이상의 찬성)

③ 탄핵소추의결(헌법 제65조 제2항: 대통령 – 재적의원 과반수의 발의와 재적의원 3분의 2 이상의 소추의결 / 기타 – 재적의원 3분의 1 이상의 발의와 재적의원 과반수의 소추의결)

④ 국무총리・국무위원해임건의(제63조 제2항: 재적의원 3분의 1 이상의 발의와 재적의원 과반수의 찬성)

⑤ 계엄의 해제요구(제77조 제5항: 재적의원 과반수의 찬성)

⑥ 거부된 법률안의 재의결(제53조 제4항: 재적의원 과반수 출석과 출석의원 3분의 2 이상의 찬성) 등.

제4절 국회의 권한

Ⅰ. 서 언

국회의 권한은 정부형태라든가 의회의 헌법상의 지위 등과 함수관계가 있다. 국회의 권한을 분류하는 방식에도 견해의 차이가 존재한다. 국회의 권한은 그 성질이나 내용을 기준으로 분류하는 경우(입법, 재정, 국정통제, 헌법기관구성에 관한 권한)와 권한행사의 형식을 기준으로 분류하는 경우(의결권, 동의권, 승인권, 통고권, 통제권)가 있다. 통상 실질적 분류방법을 따른다. 실질적 분류에 들어가서도 국회의 권한을 입법에 관한 권한, 재정에 관한 권한, 국정통제에 관한 권한, 국회내부사항에 관한 권한으로 분류하는 학자들[21]이 있는가 하면, 이를 국회의 기능이라는 측면에서 입법기능, 재정기능, 통제기능, 인사기능, 자율기능으로 나누는 예[22]도 있다.

Ⅱ. 입법에 관한 권한(입법기능) – 국회의 가장 고전적이고 본질적인 권한

1. 국회가 행사하는 입법권의 범위

실질적 의미의 입법권한 중에서 헌법이 정책적으로 다른 기관에 부여한 것을 제외하고 ① 법률제정권, ② 헌법개정의 발의 · 의결권, ③ 조약의 체결 · 비준에 대한 동의권, ④ 국회규칙제정권 등이다.

2. 헌법개정에 관한 권한

헌법개정안의 의결은 수정의결을 할 수 없으며, 기명투표로 한다(책임감을 고취).

3. 법률제정권

법률의 제정절차 – 입법작용 참조.

4. 조약의 체결 · 비준에 대한 동의권

(1) 국회동의권의 제도적 취지

제60조 제1항은 대통령이 일정한 조약을 체결 · 비준하려면 국회의 동의를 얻도록 하고 있다. 조약체결 · 비준권은 대통령의 권한이지만, 중요조약에 대하여 국회동의를 요하는 취지는 우선 대통령의 자의적인 대외적 대표권행사를 민주적으로 통제하는 의미를 가진다. 또한 헌법에 의해 조약이 체결 · 공포되면 국내법과 동일

21) 그러나 구체적인 내용서술에 들어가서는 이를 다시 상이한 기준으로 구체화하기도 한다. 입법권, 재정권, 국정통제권, 국회내부사항에 관한 자율적 권한을 분류하는 견해(성낙인, 제21판 헌법학, 법문사, 2021, 465면 이하), 입법에 관한 권한, 재정에 관한 권한, 헌법기관구성에 관한 권한, 국정통제에 관한 권한, 국회의 자율권으로 분류하는 견해(권영성, 헌법학원론(2010년판), 법문사, 2010, 892면 이하; 홍성방, 헌법학(하), 박영사, 2010, 123면 이하), 입법권, 헌법개정에 관한 권한, 중요조약체결 · 비준에 대한 동의권, 행정입법에 관한 권한, 재정에 관한 권한, 대정부견제권, 탄핵소추권, 국정감사권과 국정조사권, 중요공무원선임권과 임명동의권, 자율권으로 분류하는 견해(김철수, 학설 · 판례 헌법학(하), 박영사, 2008, 1586면 이하) 등이 있다.

22) 허영, 전정13판 한국헌법론, 박영사, 2017, 952면 이하.

한 효력을 가지므로(제6조 제1항), 국민의 대표기관인 국회의 동의권은 조약의 국내법상의 효력 발생을 정당화시켜주는 기능을 한다.

(2) 동의대상 조약

1) 헌법 제60조 제1항

제60조 제1항은 "상호원조 또는 안전보장에 관한 조약, 중요한 국제조직에 관한 조약, 우호통상항해조약, 주권의 제약에 관한 조약, 강화조약, 국가나 국민에게 중대한 재정적 부담을 지우는 조약, 입법사항에 관한 조약은 국회의 동의를 얻어야 한다"고 규정하고 있다. 어업조약은 5공화국헌법에는 동의대상조약이었으나, 현행헌법에서 삭제되었다.

2) 열거규정인가? 예시규정인가?

제60조 제1항은 열거규정인가, 예시규정인가를 놓고 견해의 대립이 있다. 우리 헌법은 미국이나 일본과 같이 모든 조약에 대하여 의회의 동의를 얻도록 규정하고 있지 않아 특정조약의 국회동의 여부가 다툼의 여지가 많을 수 있어도 국회의 동의를 요하는 조약의 범위는 열거적 의미로 보아야 한다는 견해[23]가 있는가 하면, 제60조 제1항의 조약은 예시적인 규정으로 명칭여하와 관계없이 국가공동체의 본질적인 사항과 국민에게 중대한 재정적 부담을 주는 조약 등은 국회동의를 요한다고 보는 견해도 있다. 큰 실익은 없다고 본다. 왜냐하면 국민에게 '중요한' 재정적 부담을 주는 조약, '중요한' 국제조약 등의 예에서 보듯이 엄격한 열거로 해석하기에는 한계가 있어 실질에 의해서 판단해야 한다. 이러한 점에서는 예외규정이라고 보는 것이 더 타당하다고 생각한다. 남북기본합의서는 국회의 동의 없이 체결되었으나, 조약성과 통치행위성 여부는 별론으로 하더라도 국민의 재정적 부담을 주는 것이기에 국회 동의가 필요한 것이었다고 생각한다.

3) 단순한 행정협정 등

단순한 행정협정, 비자협정, 무역조약, 어업조약, 문화협정, 국가승인 등은 국회의 동의대상으로 명시되어 있지 않아 논란이 될 수 있으나, 제60조를 예시규정으로 보면 명칭여하를 불문하고 실질적으로 판단하여 동의 여부를 판단하여야 할 것이다. 조약의 이행으로 정부 간 체결되는 각종 '고시류조약'(告示類條約)[24] 등은 국

---

23) 김학성·최희수, 헌법학원론, 피앤씨미디어, 2020, 926면; 권영성, 앞의 책, 894면; 정종섭, 제11판 헌법학원론, 박영사, 2016, 1147면.

24) 고시류조약이란 모(母)조약의 실시·집행을 위하여 보충적으로 체결되는 시행약정(imple-

회동의를 요하지 않는다고 본다. 단순한 행정협정도 국회의 동의가 필요하지 않다고 보지만, 다만 한미행정협정(SOFA)은 국회의 동의를 얻어 1967년부터 발효되었다. 명칭은 행정협정이지만, 제60조 제2항의 '외국군대의 대한민국영역 안에서의 주류에 관한 사항에 대한 국회동의의 의미로도 이해할 수 있다.

(3) 국회동의의 시기

조약의 체결 · 비준에 대한 동의는 사전동의를 말한다. 사전동의의 의미와 관련해서는 대통령의 외교행위에 대한 민주적 통제목적을 달성하기 위해서는 기명조인 전에 동의를 받아야 한다는 견해[25]와 체결 후 비준 전이면 동의가 가능하다는 견해 등이 대립되고 있다. 체결과 비준은 분리해서 이해할 것이 아니라 통합적으로 이해되어야 한다. 확정된 조약안에 대한 구속적 동의의 표시가 이루어지기 전에 행해져야 한다. 서명 이후 비준 전이면 동의가 가능하다.

(4) 국회동의의 효력

국회의 동의가 조약의 효력발생요건인가가 문제된다. 조약은 서명 · 비준으로 효력이 발생하며, 대통령의 정치적 책임은 별론으로 하더라도 국회의 동의가 없어도 당해 조약의 효력에는 영향이 없다고 보는 견해도 있지만, 조약의 민주적 통제의 관점에서 본다면 국회의 동의 없는 경우에는 국내법상 효력을 인정할 수 없다.

(5) 국회의 수정동의권

국회가 동의권을 행사할 때 조약의 원안을 수정하여 동의할 수 있는가가 문제된다. 수정동의는 대통령의 조약체결권을 침해하는 것이며 수정을 가하는 경우 조약의 불승인 또는 신조약의 제의라고 보는 부정설[26]이 있는가 하면, 전면적인 불승인권을 가지기 때문에 부분적인 승인을 의미하는 수정도 가능하다는 긍정설[27]이

---

menting arrangement)이나 모조약의 일부 내용을 수정하기 위한 각서교환(exchange of notes) 등에 대해서는 복잡한 국내절차를 취하는 것이 적당하지 아니하므로, 관계부처와 협의를 거쳐 외교통상부장관이 체결절차를 취하고 그중 특정한 것에 대하여는 그 내용을 관보에 고시할 수 있는데, 이렇게 체결된 조약을 실무편의상 부르는 말이다(외교통상부, 알기 쉬운 조약업무, 2006. 3, 38면). 고시류조약의 법적 근거에 대해서는 모조약에서 근거를 찾는 견해, 성문법인 정부조직법에서 근거를 찾는 견해, 헌법재판소에 의해 인정된 바 있는 헌법관습에서 근거를 찾는 견해, 명시되지 않은 불문헌법에서 근거를 찾는 견해 등이 주장되고 있다(이규창, "고시류조약의 법적 제문제에 관한 고찰", 법조, 통권 제745호(2021), 법조협회, 218면 이하).

25) 권영성, 앞의 책, 895면.

26) 이준일, 제7판 헌법학강의, 홍문사, 2019, 893면.

27) 안용교, 한국헌법, 고시연구사, 1989, 806면.

대립한다. 조약의 동의권은 일괄 승인인가 일괄부결인가의 권한으로 보아야 한다. 즉 부정설이 타당하다고 생각한다. 다만, 가분적인 성질의 조약에 대해서는 일부승인 내지 일부부결이 예외적으로 인정된다고 보는 견해[28]도 있다. 한편, 설령 수정동의가 된다 해도 그것은 어디까지나 국내법적 효력의 문제에 국한되며, 국제법적 효력에 영향을 미치지 않기 때문에 이러한 논쟁은 실익이 없다는 견해도 있다.[29]

(6) 조약의 종료에 대한 국회의 동의

조약의 체결·비준에 대한 동의권이 조약의 종료에 대한 동의도 포함하는가가 문제된다. 동의가 필요없다는 견해가 지배적이다. 즉, 대통령은 단독으로 조약을 종료시킬 수 있다. 미국에서 카터 행정부가 자유중국과의 조약폐기를 일방적으로 통보한 사건이 문제된 바 있다. 이 사건에서 연방지방법원은 위헌무효로 판시하였으나, 연방항소심은 대통령은 조약에 대한 단독적인 파기권을 갖는다고 판시하였다.[30]

5. 국회규칙제정권

(1) 헌법규정

"국회는 법률에 저촉되지 아니하는 범위 안에서 의사와 내부규율에 관한 규칙을 제정할 수 있다"(제64조 제1항).

(2) 취 지

국회규칙제정권을 인정하는 것은 권력분립의 취지 아래 국회의 자주성과 독립성을 존중하기 위한 것이다. 국회의 자율적인 법규범이다.

(3) 국회규칙의 효력

국회규칙은 법률에 저촉되지 아니하는 범위 안에서 제정되어야 하므로 그 형식적 효력은 명령·규칙과 동일한 효력을 가진다. 다른 통치기관의 규칙과 마찬가지로 그 규율대상이나 효력이 그 기관 내에 한정하는 것이 원칙이지만, 국회방청규칙처럼 국회에 들어가는 외부인에게도 효력이 미치는 경우도 있다.

---

28) 권영성, 앞의 책, 896면.
29) 허영, 앞의 책, 186면.
30) Goldwater v. Cater(444 U.S. 996[1979]).

Ⅲ. 재정에 관한 권한(재정기능)

1. 재정민주주의(재정의회의결주의)

재정은 행정작용에 속하나, 그것이 국민의 재산과 권리에 미치는 영향 때문에 현행 헌법은 재정에 관한 중요사항은 반드시 국회의 의결을 거치도록 하고 있다. 국회의 재정에 관한 권한은 재원을 조달하는 재정권력작용(조세), 조달된 재원을 관리・운영하는 재정관리작용(예산), 집행된 재정(세출, 세입)을 심사・감독하는 재정심사・감독작용(결산)으로 분류할 수 있다.[31]

2. 조세법률주의(제59조) – 조세입법권

(1) 조세법률주의의 의의

1) 개 념

조세의 부과와 징수는 반드시 국민의 대표인 의회가 만든 법률로 하여야 한다는 원칙을 말한다. 우리 헌법은 "모든 국민은 법률이 정하는 바에 의하여 납세의 의무를 진다"고 규정하고(제38조), "조세의 종목과 세율은 법률로 정한다"고 규정하여(제59조), 이 원칙을 선언하고 있다. 납세의무의 법률유보도 조세법률주의와 불가분의 사상적 연관성을 가진다.

2) 사상적 기초

영미법에서는 "대표 없이는 과세 없다"(No Taxation without Representation)라는 원칙이 왕의 권한을 억제하는 방안으로 사용되었는데, 미국의 독립운동도 식민지의 이익을 대변하는 대표를 선출하지 못하게 하면서 납세를 강제한 것이 그 기폭제가 되었다 할 것이다.

3) 제도적 의의

'법률에 의한 행정 원칙'을 재정영역에 적용을 통해 공평과세의 원칙을 실현함으로서 국민의 재산권을 보장하기 위함이다.

판례 조세법률주의의 의미(실질적 법치주의)

조세행정에 있어서의 법치주의의 적용은 조세징수로부터 국민의 재산권을 보호하

---

31) 김학성・최희수, 앞의 책, 928면.

고 법적 생활의 안전을 도모하려는데 그 목적이 있는 것으로서, 과세요건법정주의와 과세요건명확주의를 그 핵심적 내용으로 하는 것이지만 오늘날의 법치주의는 국민의 권리·의무에 관한 사항은 법률로써 정해야 한다는 형식적 법치주의에 그치는 것이 아니라 그 법률의 목적과 내용 또한 기본권 보장의 헌법이념에 부합되어야 한다는 실질적 법치주의를 의미하며 헌법 제38조, 제59조가 선언하는 조세법률주의도 이러한 실질적 법치주의를 뜻하는 것이므로 비록 과세요건이 법률로 명확히 정해진 것일지라도 그것만으로는 충분한 것이 아니고 조세법의 목적이나 내용이 기본권 보장의 헌법이념과 이를 뒷받침하는 헌법상의 제원칙에 합치되지 아니하면 아니된다.

헌재 1992. 2. 25. 90헌가69등

(2) 조세법률주의의 내용

1) 조 세

① 조세의 개념과 구별개념

국가 또는 지방자치단체(과세주체)가 그 재원을 확보(목적)하기 위하여 반대급부 없이 일반국민으로부터 강제적으로 부과·징수하는 금전적인 부담(과징금)을 조세라 한다. 조세의 개념을 분설하면서 기타 개념과 구별할 수 있다. 첫째, 조세는 국가와 지방자치단체가 부과하는 것이다. 따라서 공공단체가 공공사업에 필요한 경비를 충당하기 위하여 부과되는 공과금과 그 밖의 단체가 부과하는 조합비·회비는 조세가 아니다. 둘째, 조세는 국가 또는 지방자치단체의 경비충당을 위한 재정수입을 조달할 목적으로 부과되는 것이다. 따라서 위법행위에 대한 제재를 주목적으로 하는 벌금·과료·과태료 등은 조세와 구별된다. 셋째, 반대급부 없이 부과·징수한다는 점에서 반대급부를 전제로 하는 사용료·수수료 등과 구별된다. 넷째, 일반국민으로부터 부과·징수한다는 점에서 특정공익사업과 이해관계가 있는 자로부터 부과·징수하는 부담금과 구별된다. 다섯째, 과세권을 발동하여 강제적으로 부과·징수한다는 점에서 그렇지 아니한 사업수입, 재산수입 등 사법적 수입(전매품판매대금, 철도요금)과 구별된다. 여섯째, 조세는 원칙적으로 금전납부이다. 현행 세법은 상속세의 물납을 인정하고 있지만, 이것은 그 물건의 교환가치에 주안점을 둔 것이므로 그 물건의 사용가치에 주안점을 두는 공공수용과는 구별된다.

② 종 류

첫째, 조세는 과세의 주체에 따라 국세와 지방세로 대별될 수 있는데, 국세는 국세기본법, 국세징수법이 주로 규율하며 지방세는 지방세법이 주로 규율한다.

둘째, 세수의 용도가 특정되어 있는가에 따라 보통세와 특별세(교육세, 농어촌특별세, 지방교육세 등)로 나누어진다.

셋째, 타 주체에게 전가될 수 있는가에 따라 직접세와 간접세(법률상의 납세의무자에게 부과된 조세가 다른 자에게 전가될 것으로 예정하고 있는 조세)로 나누어진다.

넷째, 납세의무자의 인적 사항이 고려되는가에 따라서 인세와 물세로 나누어진다.

다섯째, 과세대상을 측정하는 단위가 무엇인가에 따라서 종가세와 종량세로 나누어진다. 종가세는 과세대상을 화폐단위로 측정하는 조세로 과세표준이 금액으로 표시되고 세율은 백분비로 표시된다. 종량세는 과세대상을 화폐이외의 단위로 측정하는 조세로 과세표준이 수량으로 표시되고 세율은 금액으로 표시된다(인지세, 석유류에 대한 개별소비세).

여섯째, 다른 조세에 부가되는가에 따라서 독립세와 부가세(다른 조세에 부과되는 조세, 교육세, 농어촌특별세, 지방교육세 등)로 나누어진다.

판례 지방세에 대한 국세우선원칙을 규정하였던 개정 전 국세기본법 제35조 제2항과 국세기본법 부칙 제5조 위헌결정사건

가. 헌법재판소는 1990. 9. 3. 선고, 89헌가95 결정에서 체납처분의 목적이 된 부동산 등에 저당권 등의 설정등기가 경료된 경우 국세의 납부기한 “으로부터 1년” 전에 저당권 등의 설정을 등기하지 않는 한, 국세를 우선하여 징수한다는 내용의 규정인 개정전 국세기본법 제35조 제1항 제3호 중 “으로부터 1년”이라는 부분이 관련 헌법규정에 위반된다고 판시한 적이 있고, 이제 이와 달리 판단하여야 할 필요가 있다고 인정되지 아니하는 바, 한편 담보목적의 가등기가 경료된 경우에 관하여 위 규정과 그 형식, 취지가 거의 동일한 내용을 규정한 개정전 국세기본법 제35조 제2항은 “담보가등기권리는 국세기본법……의 적용에 있어서는 이를 저당권으로 본다”라고 규정한 가등기담보등에 관한 법률 제17조 제3항이 시행됨에 따라 위 제35조 제1항 제3호의 규정으로 그 적용이 통일되었다 할 것이므로, 결국 위 제35조 제2항 중 “으로부터 1년” 부분도 역시 헌법에 위반된다고 할 것이다.

나. 위 “가”항의 헌법재판소 결정이 1990. 9. 3. 선고됨으로써 그 때부터 위헌선고된 위 법조항부분은 그 효력이 상실되었다 할 것이므로 위 선고일 이후에는 저당권자 등은 저당권 등 목적물의 소유자에 대한 국세의 납부기한이 저당권 등 설정등기일 이후에 도달하였다면 저당권자 등의 피담보채권은 국세에 우선하여 변제받을 수 있게 되었다 할 것인데, 위 각 위헌규정을 개정하여 1991. 1. 1.부터 시행하게 된 개정 국세기본법은 동 부칙 제5조에서 동 개정법률 시행전에 개정법률 소정의 “법정기일”이 도래한 조세채권에 대하여는 이미 효력이 상실된 종전 규정을 적용하도록 경과규정을 두고 있는 관계로 결국은, 위 위헌결정의 효력에 의하여 우선변제

권을 갖게 된 일정한 범위의 저당권자 등의 권리가 사후법인 이 사건 심판대상규정인 개정법률 부칙 제5조의 규정에 의하여 박탈당하는 결과가 되었다고 할 것이므로 위 부칙 규정 중 “종전의 제35조 제1항 제3호” 부분은 소급입법에 의하여 재산권을 박탈당하지 아니한다는 헌법 제13조 제2항의 규정에 위반되는 규정임이 명백하다고 할 것이고, 위 규정부분에 통일된 “종전의 제35조 제2항” 부분도 역시 헌법에 위반되는 규정이라고 할 것이다. 헌재 1993. 9. 27. 92헌가5

③ 조세유사적 부담으로서의 부담금, 특별부담금

(i) 부담금

부담금이란 공익사업경비를 그 사업에 이해관계를 가진 사람에게 부담시키기 위하여 과하는 공법상의 금전급여의무를 말한다. 다만, 특정한 의무이행을 담보하기 위한 예치금 또는 보증금의 성격을 가진 것은 제외된다. 경비의 일부를 부담시키는 경우는 특히 분담금이라고도 한다. 부담금은 조세와 구별되나 부과와 징수는 법률로 한다.

부담금은 공법상의 금전급부의무라는 점에서는 조세 또는 수수료·사용료와 비슷하다. 그러나 부담금은 특정 공익사업의 경비에 충당하기 위한 것이나, 조세는 국가 또는 지방자치단체의 일반수입을 목적으로 하고, 또한 부담금은 해당 사업과 특별한 관계가 있는 자에게만 과하는 것인 반면에, 조세는 국민 또는 주민일반에 과하는 점에서 양자는 구별된다.[32] 수수료·사용료 등은 해당 사업의 개개의 이용행위에 대한 대가·반대급부의 성질을 가지는 데 대하여, 부담금은 사업 자체의 경영에 소요되는 경비의 부담이라는 성질을 가진다. 따라서 부담금은 사업 자체에 특별한 이해관계를 가지는 사람에게 과하여지는 데 대하여, 사용료는 이용자에게 과하여지는 점에서 양자는 구별된다.

부담금에는 사업의 종류에 따라 도시계획부담금·도로부담금·하천부담금·농지개량부담금이 있고 원인에 따라 수익자부담금·원인자부담금·손상자부담금이 있다. 이러한 부담금은 법인세법 및 소득세법상 공과금의 한 종류로 보아 강제성 여부에 따라 손금산입 여부를 결정하게 된다.

(ii) 특별부담금

i) 의 의

특별부담금은 특별한 과제수행을 위해 특정집단에게 부과된 재정충당의 의무가

---

32) 헌재 2004. 7. 15. 2002헌바42.

반대급부의 성질을 지니지 않은 공법상의 금전납부의무를 말한다. 특별부담금은 반대급부의 성질을 지니지 않은 점에서 조세와 유사하나 특별한 과제수행을 위해 특별과제와의 근접성을 지닌 인적 집단에 부과된다는 점에서 일반적 재정수용의 충당을 위하여 담세능력에 따라 징수되는 조세와 구별된다. 특별부담금은 통상의 부담금과 달리 반대급부가 반드시 주어지지 않는다는 데 특색이 있다. 특별부담금은 일반예산에 편입되지 않고 특수기금으로 관리·지출된다.

헌법재판소는 특별부담금은 국민의 재산권, 평등권을 제한하고 있으므로 법률유보원칙에 따라 부과와 징수는 법률로 하며 과잉금지원칙이 적용됨은 물론이라고 판시하고 있다.[33)]

ii) 특별부담금의 종류

(ㄱ) **재정조달목적부담금:** 재정조달 및 충당을 목적으로 하는 것으로 헌법재판소 판례에 의하면 공영방송사업의 재정충당을 위한 부담금(시청료), 학교시설확보를 위한 부담금(학교용지부담금), 관광진흥기금확보를 위해 카지노사업자에게 부과된 부담금, 광역교통시설사업의 재원확보를 위한 대도시권 광역교통시설부담금, 국민체육진흥법에 따라 회원제로 운영하는 골프장 시설의 입장료에 대한 부가금, 영화발전기금 마련을 위한 영화상영관 입장권에 대한 부담금 등이 이에 속한다.

(ㄴ) **정책실현목적부담금:** 국가의 특정한 목적달성을 유도하기 위한 것으로 폐기물부담금, 수질개선부담금, 개발제한구역훼손부담금, 장애인고용부담금, 수도권과밀해소 및 지역균형발전을 위한 과밀부담금 등이 이에 해당한다.

iii) 특별부담금의 정당화 요건

헌법재판소는 조세이외의 추가적인 재정부담인 특별부담금의 정당화요건으로 4가지를 제시하고 있다. 즉, 특별부담금의 납부자는 첫째, 동질성을 지녀 특정집단이라고 이해할 수 있는 사람이어야 하고(집단적 동일성), 둘째, 부담금의 부과를 통하여 수행하고자 하는 특정한 경제적·사회적 과제와 특별히 객관적으로 밀접한 관련성이 있어야 하며(객관적 근접성), 셋째, 과제수행에 관하여 조세외적 부담을 져야 할 책임이 인정될 만한 집단이어야 하고(집단적 책임성), 넷째, 부담금이 부담금납부의무자의 집단적 이익을 위하여 사용될 경우에는 그 부담의 정당성이 더욱 제고된다(집단적 효율성)는 점을 밝히고 있다.[34)]

---

33) 헌재 1999. 10. 21. 97헌바84.

34) 헌재 2003. 12. 18. 2002헌가2.

2) 법률주의

① 법률주의의 입법례

조세법률주의와 관련하여 1년세주의와 영구세주의가 있다. 1년세주의는 그해 국가나 지방자치단체가 조세를 부과·징수하기 위해서 의회가 그에 관한 법률을 연도마다 제정해야 하는 방식이고, 영구세주의는 의회가 일단 조세에 관한 법률을 제정하면 폐지되거나 개정되기까지는 계속 부과·징수할 수 있는 방식이다. 우리나라는 매년 각 부처에서 예산을 계획하고 국회를 거쳐 통과해도 부과와 징수는 조세법을 만들어놓고 그 조세법에 의해 계속 징수한다는 점에서 영구세주의를 채택하고 있다.

② 법률의 의미

조세법률주의에서 법률은 국회제정의 법형식인 형식적 의미의 법률(Gesetz)을 의미한다. 다만, 법률보충적인 명령·규칙을 포함한다. 과세대상을 대통령령에 규정한 경우 위임이 없는 경우 무효이며 위임에 의한 경우는 합헌이다. 조세법률주의는 입법은 물론 집행에서도 엄격하게 해석·적용되어야 한다.

3) 법률에 의한 규제대상

헌법 제59조는 “조세의 종목과 세율은 법률로 정한다”고 규정하고 있다. 조세법률주의는 조세의 종목과 세율뿐만 아니라 과세남용의 우려가 있는 사항을 법률로 정하여야 한다는 취지로 이해하여 동규정을 예시규정으로 본다. 따라서 납세의무자·과세물건·과세표준·과세절차 등의 경우에도 적용된다(통설·판례).

4) 조세법률주의의 내용(조세법률의 원칙)

① 과세요건법정주의

과세의 모든 요건(내용, 부과, 징수)은 법률로 정해져야 한다는 것을 말한다. 조세를 감면하는 것도 법률로 정해져야 한다. 법률주의는 법률의 집행에 있어서 행정편의적인 확장해석이나 유추해석을 허용하지 않는다.[35]

판례 조세법률주의의 해석

조세법률주의의 원칙은 조세요건과 부과징수절차는 국민의 대표기간인 국회가 제정한 법률로서 이를 규정하여야 하고 그 법률의 집행에 있어서도 이를 엄격하게 해

---

35) 헌재 1996. 8. 29. 95헌바41.

석, 적용하여야 하며 행정편의적인 확장해석이나 유추적용은 허용되지 않음을 의미하는 것이므로, 법률의 위임이 없이 명령 또는 규칙 등의 행정입법으로 조세요건과 부과징수절차에 관한 사항을 규정하거나 또는 법률에 규정된 내용을 함부로 유추, 확장하는 내용의 해석규정을 마련하는 것은 조세법률주의의 원칙에 위반된다.

대판 1982. 11. 23. 82누221

② 과세요건명확주의

과세요건명확주의란 '법률의 명확성원칙'의 조세영역에 대한 표현으로, 과세요건, 절차, 효과를 법률로 정함에 있어서 명확하게 일의적으로 규정해야 한다는 것을 말한다.

판례 지방세법상 재산세의 중과세대상으로서의 '고급오락장' 및 '기타 사치성재산'

[결정요지]

1. 위 법 제188조 제1항 제2호 (2)목 중 "고급오락장용 건축물" 부분은 "고급오락장"의 개념이 지나치게 추상적이고 불명확하여 고급오락장용 건축물이 무엇인지를 예측하기가 어렵고, 과세관청의 자의적인 해석과 집행을 초래할 염려가 있으므로 헌법 제38조, 제59조에 규정된 조세법률주의에 위배된다.
2. 위 법 제188조 제3항은 고급오락장용 건축물이 무엇인지가 재산세 중과세요건의 핵심적 내용을 이루는 본질적이고도 중요한 사항임에도 불구하고 그 기준과 범위를 구체적으로 확정하지 않고 단순히 "고급오락장용 건축물의 구분과 한계는 대통령령으로 정한다"라고 불명확하고 포괄적으로 규정함으로써 실질적으로는 중과세 여부를 행정부의 자의에 맡기고 있을 뿐만 아니라, 입법목적, 지방세법의 다른 규정 또는 기타 관련 법률을 살펴보더라도 고급오락장용 건축물의 기준과 범위를 예측해 내기가 어려우므로 헌법 제75조상의 포괄위임입법금지원칙에 위배된다.
3. 위 법 제234조의16 제3항 제2호 중 "기타 사치성 재산으로 사용되는 토지" 부분은 "기타 사치성 재산"의 개념이 지나치게 추상적이고 불명확하여 기타 사치성 재산으로 사용되는 토지가 무엇인지를 예측하기가 어렵고, 그 입법연혁과 입법목적을 살펴보더라도 '기타 사치성 재산'의 기준과 범위를 합리적이고 객관적으로 예측해 내기가 어려워서 과세관청의 자의적인 해석과 집행을 초래할 염려가 있으므로 헌법 제38조, 제59조에 규정된 조세법률주의에 위배된다.
4. 위 법 제234조의15 제2항 단서 제5호 중 "기타 사치성 재산으로 사용되는 토지로서 대통령령으로 정하는 토지" 부분은 종합토지세를 중과세하는 마당에 '기타 사치성 재산으로 사용되는 토지'의 기준과 범위를 스스로 좀더 구체적으로 확정한 다음 하위법규에 위임하였어야 함에도 불구하고 기타 사치성 재산용 토지의

기준과 범위를 어떻게 규정할 것인지의 문제를 행정부의 재량과 자의에 맡겨버린 것이며, 입법목적, 지방세법의 다른 규정 또는 기타 관련법률을 살펴보더라도 그 기준과 범위를 객관적·합리적으로 예측하기 어렵고, 행정입법에 전적으로 위임할 수 밖에 없는 불가피성도 없으므로 헌법 제75조상의 포괄위임입법금지원칙에 위배된다. 헌재 1999. 3. 25. 98헌가11 등

판례 상속재산의 가액을 상속개시 당시의 '현황'에 의하도록 한 상속법규정

"원칙적으로 조세의 부과·징수는 국민의 납세의무에 기초하는 것으로서 재산권의 침해가 되지 않으나, 상속재산의 가액은 상속개시 당시의 현황에 의한다는 구 상속세법 제9조 제1항이 조세법률주의에 위반되고, 이로 인한 자의적인 과세처분권 행사에 의하여 납세의무자의 사유재산에 관한 이용·수익·처분권이 중대한 제한을 받게 되는 경우에는 예외적으로 재산권의 침해가 될 수 있는 것이므로, 이러한 측면에서 위 제9조 제1항은 헌법상 재산권보장의 원칙에 반한다고 할 수 있다."

헌재 1997. 12. 24. 96헌가19등; 헌재 2001. 6. 28. 99헌바54

판례 조세범처벌법상의 '법에 의한 정부의 명령사항'이 명확성원칙에 위반여부

"조세범처벌법 제13조 제1호는 범죄의 구성요건이 추상적이고 모호할 뿐 아니라, 그 적용범위가 너무 광범위하고 포괄적이어서 통상의 판단능력을 가진 국민이 무엇이 법률에 의하여 금지되는지를 예견하기 어렵다고 할 것이므로 죄형법정주의의 명확성의 원칙에 위반된다." 헌재 2007. 5. 31. 2006헌가10

판례 중과세대상인 법인의 비업무용토지의 '비업무용'이 명확성원칙에 위반여부

"법인의 비업무용 토지"의 일상적 의미, 심판대상규정의 입법목적, 민법·상법·법인세법 등 관련규정의 내용, 취득세중과세제도의 전문성·기술성 등 제반 사정에 비추어 볼 때 국민으로서도 심판대상규정의 위임에 따라 대통령령으로 정하게 될 "법인의 비업무용 토지"에 관한 기준과 범위의 대강을 어느 정도 예측할 수 있다고 봄이 상당하고, 따라서 심판대상규정이 가지고 있는 개념의 불명확성이나 위임의 포괄성이 조세법률주의 및 포괄위임입법금지의 원칙상 수긍할 수 없을 정도로 심대한 것으로는 보기 힘들고, ……" 헌재 2000. 4. 27. 2000헌바15 등

판례 지프형 승용자동차에 대한 특별소비세 부과 사건

1. 지프(JEEP)의 사전적 의미, '지프형' 승용자동차에 대한 법원의 판례 및 실무의 해석, 자동차관리법 및 같은 법 시행규칙 등 관련 법령을 종합하여 볼 때, '지프형의 것'이란 4륜구동 장치를 갖추고 본네트형으로서 험로에서 주행이 용이한 후레임 구조를 가진 자동차라는 의미로 분명하게 해석되므로 과세관청의 자의적

인 해석과 집행을 초래할 염려가 있을 정도로 지나치게 추상적이고 불명확한 규정이라고 볼 수 없어, 구 특별소비세법 제1조 제2항 제3호 중 '지프형의 것' 부분이 과세요건명확주의 내지 명확성원칙에 위배되지 아니한다.

2. 구 특별소비세법 제1조 제2항 제3호에서 '지프형의 것'을 포함하는 승용자동차를 특별소비세 과세물품으로 규정한 후 같은 조 제5항은 과세물품의 세목을 대통령령으로 정하도록 규정하고 있고, 그 위임에 따른 구 특별소비세법 시행령 제1조 별표1에서는 이와 관련하여 '지프형 자동차(국가기관 또는 지방자치단체가 구입하는 것으로서 당해 기관의 장이 증명하는 것을 제외한다)'라고만 규정하고 있는바, '지프형' 승용자동차는 구 특별소비세법 제1조 제2항 제3호에 의해서 확정적으로 과세물품에 포함된 것이지 같은 조 제5항의 위임에 따른 시행령 규정에 의해서 과세물품에 포함된 것이 아니므로, 이 사건 법률조항들이 포괄위임금지원칙에 위배되지 아니한다. 헌재 2013. 7. 25. 2012헌바92

③ 불소급의 원칙(소급과세 금지원칙)

소급과세금지의 원칙이란 조세를 납부할 의무가 성립한 소득·재산 또는 거래에 대하여 그 성립이후의 새로운 세법에 의하여 소급하여 과세하지 않는다는 원칙을 말한다.

④ 엄격해석의 원칙

조세법규의 해석에 있어 유추해석이나 확장해석은 허용되지 않는다.[36)]

(3) 조세법률주의의 한계

1) 입법권의 일반적인 한계

국민의 재산권 내지 경제활동과 불가분의 관계에 있기 때문에 법률제정권의 일반적인 한계가 준수되어야 한다. 납세의무의 중요한 사항 내지 본질적 사항은 법률로 정해져야 한다.

2) 조세평등의 원칙

조세분야에도 평등의 원칙이 지켜져야 한다. 담세능력을 무시한 획일적인 세율책정, 형평을 잃은 불공평한 조세제도는 한계를 일탈한 것이 된다.

3) 조세법의 특수성 또는 입법기술상의 제약에 따른 한계

조세법의 규율대상인 경제적 현상은 천차만별이고 생성·변화가 무상하기 때문

36) 헌재 1996. 8. 29. 95헌바41.

에 법률로 조세에 관한 모든 사항을 빠짐없이 완결적으로 규율하기는 곤란하다.[37)] 그러나 명령으로 규정될 내용 및 범위의 기본사항은 수권법률에서 예측이 가능해야 한다.

(4) 조세법률주의의 예외

1) 조례에 의한 지방세의 세목규정(지방세의 특례)

① 법규정

법률은 지방세에 관하여 지방자치단체의 과세권의 근거와 지방세의 종류를 직접 규정하면서도(지방자치법 제135조, 지방세법 제1조), 지방세의 부과와 징수에 필요한 사항은 지방자치단체가 조례로써 정하도록 위임하고 있다(지방세법 제3조).

② 위헌여부

지방자치단체의 관할구역 내에서 지방자치단체가 준법률에 해당하는 조례로써 지방세의 세목만을 정하는 것은 위헌이라 할 수 없다는 견해[38)]와 지방세법이 정하는 위임의 범위 내에서 지방자치단체가 조례로써 지방세의 부과와 징수에 관한 필요한 사항을 정하는 것은 조세입법권의 침해가 아니라, 지방자치권에 속하는 자율과세권의 행사라고 보는 견해[39)]처럼 합헌설이 지배적이다. 판례도 자치권에 기하여 제정된 지방자치단체의 조례로써 소유권보존등기에 대한 등록세의 면제대상이 되는 아파트의 범위를 종전보다 축소하여 정한 것은 조세법률주의의 취지에 위반되는 것이라고 볼 수 없다고 판시하고 있다.[40)]

2) 조약에 의한 협정관세율

관세법에서는 조약에 의한 협정관세율을 정할 수 있도록 위임하고 있다(관세법 제3조). 국회의 동의를 얻은 조약은 국내법(법률)과 같은 효력을 가지므로 협정세율은 조세법률주의에 위배되지 않는다.

3) 긴급재정경제처분 · 명령에 의한 예외

다수설은 조세법률주의의 예외로 보고 있으나,[41)] 대통령의 긴급재정경제명령은 지체 없이 국회의 승인을 얻어야 하고, 승인을 얻지 못한 때에는 그때부터 효력을

---

37) 헌재 1989. 7. 21. 89헌마38.
38) 권영성, 앞의 책, 902면.
39) 허영, 앞의 책, 966면.
40) 대판 1989. 9. 29. 88누11957.
41) 권영성, 앞의 책, 902면.

상실하고, 긴급재정경제명령으로 개정·폐지되었던 법률은 당연히 효력을 회복하기 때문에 조세입법권의 예외라고 보기는 어렵다는 견해[42]가 있다. 이 견해는 국가긴급권의 본질을 헌법보호의 비상수단으로 이해하는 경우 그것은 오히려 조세입법권을 보호하기 위한 불가피한 수단이라고 한다.

(5) 조세법 관련 중요 판례

• 조세평등주의는 특정의 납세의무자를 불리하게 차별하는 것을 금지할 뿐만 아니라 합리적 이유없이 특별한 이익을 주는 것도 허용하지 아니한다(헌재 1995. 10. 26 94헌마242).

• 상속(증여)세를 자진신고하지 않은 경우 세무서가 상속(증여)재산을 상속(증여) 당시의 가액이 아닌 세금부과당시의 가액으로 평가, 세금을 부과하도록 규정한 개정전의 구 상속세법(제9조 제2항 본문)은 위헌이다(헌재 1992. 12. 24. 90헌바21).

• 다른 담보물권보다 후에 성립된 조세채권일지라도 그 조세채권이 우선된다는 구 국세기본법 제35조 제1항 3호는 헌법 제59조에 위반된다고 선언하면서, 조세법률주의는 조세의 부과징수 등 집행에 있어서도 요청되는 것이라고 판시하였다(헌재 1990. 9. 3. 89헌가95).

• 토지초과이득세법이 기준시가 등 시가산정의 기준, 방법을 전적으로 대통령령에 위임하고 있는 것, 미실현이득을 과세대상으로 삼은 것은 헌법 제38조 및 제59조의 조세법률주의, 위임입법의 범위에 관한 제75조에 위반된다고 하면서 헌법불합치결정을 내렸다(헌재 1994. 7. 29. 92헌바49·52(병합)).

• 실질소유자와 명의자가 다른 경우 명의신탁제도를 이용한 조세회피 내지 조세포탈을 방지하기 위해 이를 증여의제로 규정한 상속세법 제32조의 2의 위헌여부에 대한 헌법소원에서 헌법재판소는 "조세회피의 목적 없이 실정법상의 제약이나 제3자의 협력거부 또는 기타 사정으로 인하여 실질소유자와 명의자를 다르게 한 것이 명백한 경우에는 이를 증여로 보지 않는다고 합헌적 법률해석을 한다면 헌법에 위반되지 않는다"고 한정합헌결정을 내렸다(헌재 1989. 7. 21. 89헌마38).

• 국민건강보험료는 조세와 근본적으로 성격을 달리하는 공과금으로 조세법률주의가 적용되지 않는다(헌재 2007. 4. 26. 2005헌바51).

42) 허영, 앞의 책, 967면.

3. 조세평등주의(조세평등의 원칙, 공평과세의 원칙)

(1) 의 의

조세평등주의는 평등원칙의 조세법적 표현이다. 이러한 조세평등주의는 같은 것은 같게, 다른 것은 다르게 취급함으로써 조세법의 입법과정이나 집행과정에서 조세정의를 실현하려는 원칙이다.[43] 조세평등주의(조세평등의 원칙, 공평과세의 원칙)는 조세법률주의와 밀접한 연관을 갖고 있다. 법률의 일반성은 평등의 요청을 과세대상에 대하여 적용시키는 것이라고 할 수 있기 때문이다. 조세법률의 일반성을 통하여 과세기준이 특정인이나 특정집단, 특정사안에 대해서만 선별적으로 적용되지 않고 불특정다수인 내지 불특정다수의 사안에 대해 (적어도 동일한 요건을 충족시키는 한) 똑같이 적용되어야 한다는 것이다.

이처럼 조세에 있어서 평등의 요청이 특별히 강조되는 것은 그것이 조세의 정당성을 인정하는 데 결정적인 의미를 갖기 때문이다. 모든 국민에게 공평한 부담으로 부과된 조세에 대해서는 그 정당성을 쉽게 인정할 수 있지만, 특정인이나 특정집단에게 유리하게 부과된 조세, 또는 그 반대로 특정인이나 특정계층에 대해 불합리하게 중과세를 하는 것은 조세정의에 반하는 것이라고 할 수밖에 없다.

(2) 응능과세의 원칙

조세의 평등을 주장할 경우에는, 그것이 형식적 평등이 아니라 실질적 평등을 지향하고 있다는 점도 아울러 강조되어야 한다. 조세는 모든 사람에게 무조건 똑같이 부과될 수 없으며, 납세자의 경제적 능력에 따라 차등을 두어 부과되는 것이 오히려 실질적 평등에 부합되기 때문이다. 따라서 조세평등의 원칙은 납세자들의 실질적인 담세능력을 고려하는 응능과세의 원칙(das Prinzip der Besteuerung nach der Leistungsfähigkeit)을 내포한다.

또한 조세평등을 더욱 적극적으로 생각할 경우에는, 과세에 있어서의 평등뿐만 아니라 조세를 통한 평등의 실현을 강조하기도 한다. 예컨대 조세를 통해 부를 재분배하려는 시도가 이런 맥락에서 이해될 수 있다. 상속세와 증여세의 세율을 높게 책정함으로써 부의 세습을 막고자 하는 것이나, 재산세와 소득세를 누진과세함으로써 시장에 의한 분배결과를 교정하여 부의 집중을 최소화하고자 하는 노력이 이러한 사상에 기초한 것이다.

---

43) 헌재 1989. 7. 21. 89헌마38 참조.

그러나 이와 같이 조세를 통해 부를 재분배하려는 시도에 대해서도 일정한 헌법적 한계는 그어져야 한다. 일차적으로 지적될 수 있는 것은, 그러한 시도도 민주적·법치국가적 절차에 기초한 것이어야 하며, 이를 철저하게 준수하여야 할 필요가 있다는 점이다. 또한 아무리 의도가 실질적 평등을 통해 사회적·경제적 약자를 배려하기 위한 것이라 할지라도 그것이 경제활동에 대한 지나친 부담이 되어서는 안 될 것이다. 예컨대 고소득자 및 기업에 대한 지나친 누진과세는 자칫 이들이 외국으로 도피하게끔 만들 우려조차 있는 것이다.

판례 조세평등주의의 의미

우리 헌법은 제11조 제1항에서 "모든 국민은 법 앞에 평등하다. 누구든지 성별·종교 또는 사회적 신분에 의하여 정치적·경제적·사회적·문화적 생활의 모든 영역에 있어서 차별을 받지 아니한다"라고 규정하고 있다. 조세평등주의는 위 헌법규정에 의한 평등의 원칙 또는 차별금지의 원칙의 조세법적 표현이라고 할 수 있다. 따라서 국가는 조세입법(租稅立法)을 함에 있어서 조세의 부담이 공평하게 국민들 사이에 배분되도록 법을 제정하여야 할 뿐만 아니라, 조세법의 해석·적용에 있어서도 모든 국민을 평등하게 취급하여야 할 의무를 진다. 이러한 조세평등주의의 이념을 실현하기 위한 법 제도의 하나가 바로 국세기본법 제14조에 규정한 실질과세의 원칙이라고 할 수 있다. 또한 이러한 조세평등주의는 정의의 이념에 따라 "평등한 것은 평등하게", 그리고 "불평등한 것은 불평등하게" 취급함으로써 조세법의 입법과정이나 집행과정에서 조세정의(租稅正義)를 실현하려는 원칙이라고 할 수 있다.

헌재 1989. 7. 21. 89헌마38

판례 담세능력에 따른 과세의 원칙(응능부담의 원칙)

헌법 제38조에 규정된 국민의 납세의무는 조세공평주의에 따라 개인의 재력에 상응한 공정하고 평등한 과세를 내용으로 하는 것이어야 한다. 조세공평주의는 헌법 제11조 제1항이 규정하고 있는 법앞에 평등의 원칙을 세법의 영역에서 구현한 것으로서 정의의 이념에 따라 '평등한 것을 평등하게, 불평등한 것을 불평등하게' 취급함으로써 조세의 부과와 징수과정에서 조세정의를 실현하려는 원칙이다. 이러한 조세공평주의의 원칙에 따라 과세는 개인의 경제적 급부능력을 고려한 것이어야 하고, 동일한 담세능력자에 대하여는 원칙적으로 평등한 과세가 있어야 한다(담세능력 존중의 원칙). 또 나아가 특정의 납세의무자를 불리하게 차별하는 것이 금지될 뿐 아니라 합리적 이유 없이 특별한 이익을 주는 것도 허용되지 아니한다. 조세란 공공경비를 국민에게 강제적으로 배분하는 것으로서 납세의무자 상호간에는 조세의 전가관계가 있으므로 특정인이나 특정계층에 대하여 정당한 이유 없이 면세·감세 등의 조세우대조치를 하는 것은 다른 납세자에게 그만큼 과중과세를 하는 결과가 되기 때문이다.

헌재 1995. 6. 29. 94헌바39

판례 수평적 조세정의와 수직적 조세정의

조세평등주의라 함은 헌법 제11조 제1항에 규정된 평등원칙의 세법적 구현으로서, 조세의 부과와 징수를 납세자의 담세능력에 상응하여 공정하고 평등하게 할 것을 요구하며 합리적인 이유없이 특정의 납세의무자를 불리하게 차별하거나 우대하는 것을 허용하지 아니한다." "조세평등주의가 요구하는 담세능력에 따른 과세의 원칙(또는 응능부담의 원칙)은 한편으로 동일한 소득은 원칙적으로 동일하게 과세될 것을 요청하며(이른바 '수평적 조세정의'), 다른 한편으로 소득이 다른 사람들간의 공평한 조세부담의 배분을 요청한다(이른바 '수직적 조세정의').

헌재 1999. 11. 25. 98헌마55

판례 조세의 유도 · 조정적 기능과 조세평등주의

- 오늘날 조세는 국가의 재정수요를 충족시킨다고 하는 본래의 기능 외에도 소득의 재분배, 자원의 적정배분, 경기의 조정 등 여러 가지 기능을 가지고 있으므로, 국민의 조세부담을 정함에 있어서 재정 · 경제 · 사회정책 등 국정전반에 걸친 종합적인 정책판단을 필요로 할 뿐만 아니라, 과세요건을 정함에 있어서 극히 전문기술적인 판단을 필요로 한다. 조세법규를 어떠한 내용으로 규정할 것인지에 관하여는 입법자가 국가재정, 사회경제, 국민소득, 국민생활 등의 실태에 관하여 정확한 자료를 기초로 하여 정책적, 기술적인 판단에 의하여 정하여야 하는 문제이므로, 이는 입법자의 입법형성적 재량에 기초한 정책적, 기술적 판단에 맡겨져 있다고 할 수 있다. 따라서 조세법 분야에 있어서 소득의 성질의 차이 등을 이유로 하여 그 취급을 달리하는 것은 그 입법목적 등에 비추어 자의적이거나 임의적이 아닌 한 그 합리성을 부정할 수 없고 조세평등주의에 위반하는 것이라고 볼 수 없다.

  헌재 2001. 12. 20. 2000헌바54

- 구체적인 조세관계에서 납세자들을 동일하게 대우할 것인지 혹은 달리 대우할 것인지의 문제는 입법자가 우선적으로 결정하게 된다. 그런데 이러한 결정을 함에 있어서 입법자는 그 조세관계에서 고려하여야 할 제반 요소들을 교량하여 이에 적합한 합리적 조치를 하여야만 평등의 원칙에 부합할 수 있다. 입법자는 조세법의 분야에서도 광범위한 형성의 자유를 가지며 예컨대 재정정책적, 국민경제적, 사회정책적, 조세기술적 제반 요소들에 대한 교량을 할 수 있는 것이나, 다만 납세의무자들간에 차별 혹은 동등대우를 함에 있어서 합리적인 이유가 없고 정의의 관념에 합치할 수 없는 조치를 하였다고 인정될 때에는 조세공평주의에 반하여

위헌이 된다고 할 것이다. 헌재 1995. 6. 29. 94헌바39

(3) 실질과세의 원칙

조세법에 내재하는 조리(條理)로 법적 형식과 경제적 실질이 상이한 때에는 경제적 실질에 따라 과세한다는 원칙을 말한다. 실질과세의 원칙은 헌법상 원칙이 아니라 조세평등주의로부터 도출된 법률상의 원칙이다.[44] 실질과세의 원칙에 위배된다고 하여 바로 위헌이 되는 것은 아니고 조세정의나 조세평등에 위배될 때 비로소 위헌이 된다. 조세평등주의 위반여부는 주로 자의금지심사원칙이 적용된다.

4. 예산심의 · 확정권

(1) 예산의 의의와 법적 성질

1) 개 념

예산(Budget)은 '한 회계연도에 있어서 국가의 세입 · 세출의 예정준칙을 정한 것으로 국회의 의결에 의하여 성립하는 법형식 내지 법규범'을 말한다. 형식적으로는 의결로써 성립하는 법규범의 일종이며, 실질적으로는 일회계연도에 있어서 세입과 세출의 예정계획이다.

2) 예산의 법적 성질

① 예산의 존재형식

예산을 법률의 형식으로 하는 예산법률주의는 미국, 영국, 프랑스, 독일 등 국

44) 소득세법 제7조 제1항은 "소득의 귀속이 명목뿐이고 사실상 그 소득을 얻은 자가 따로 있는 경우에는 국세기본법 제14조 제1항에 의하여 사실상 그 소득을 얻은 자에게 이 법을 적용하여 소득세를 부과한다"고 규정하고, 제2항은 "이 법 중 소득에 관한 규정은 그 명칭 여하에 불구하고 국세기본법 제14조 제2항에 의하여 실질 내용에 따라 이를 적용한다"고 각 규정하고 있다. 위 규정들은 세법상의 실질주의 내지 실질과세의 원칙을 규정하고 있는 것으로 해석되고 있다. 그리고 국세기본법 제16조는 국세의 과세표준의 조사와 결정은 원칙적으로 납세의무자가 세법에 의하여 비치 · 기장한 장부와 이에 관계되는 증빙자료에 의하여야 한다라고 규정하여, 과세관청이 국세를 징수하고자 할 때에는 반드시 납세자에게 세액 및 그 산출근거 등을 명시한 납세고지서를 발부하여야 한다고 규정하고 있는 국세징수법 제9조와 함께 근거과세의 원칙을 선언하고 있다. 이와 같은 근거과세원칙은 실질과세원칙과 함께 과세관청의 과세에 있어서의 자의를 배제하고 객관적, 합리적인 과세를 담보하여 과세의 형평을 도모함과 아울러 납세의무자에게 불복청구상의 편의를 제공하여 국민의 재산권을 보장하고자 하는 원칙이다. 결국, 실질과세원칙 및 근거과세원칙은 위에서 본 바와 같은 의미에서의 조세평등주의 및 실질적 조세법률주의를 실현하기 위한 법원칙의 하나로서 규정된 것이라 할 수 있다(헌재 1995. 11. 30. 91헌바1 등).

가에서 채택하고 있는 입법례이다. 영 · 미에서는 정부가 제출한 예산안을 국회가 세출법률(appropriation)로 성립시킨다.

예산안 그 자체로 성립하는 예산비법률주의는 일본, 스위스 등 소수의 국가에서 채택하고 있다. 우리 헌법은 예산과 법률을 구별하고 있어 예산비법률주의를 채택하고 있다. 예산은 법률은 아니나 별개의 법형식의 하나이다.

② 예산의 성질(본질)

예산을 법률과 구별하기 때문에 예산의 법규범성이 특히 문제된다.

(i) 법규범설

일반법규범과는 구별되나, 비법률의 형식으로 존재하는 국가재정작용의 준칙규범으로서의 성질을 가지는 국법의 한 형식이라는 견해이다(법형식설: 통설).

(ii) 법규범부인설

국가원수의 훈령이라는 견해(훈령설)와 국회가 정부의 행위에 대한 사전 승인이라는 견해(승인설)는 법규범성을 부인하는 견해이다.

판례 예산의 법적 성질

예산은 일종의 법규범이고 법률과 마찬가지로 국회의 의결을 거쳐 제정되지만 법률과 달리 국가기관만을 구속할 뿐 일반국민을 구속하지 않는다. 국회가 의결한 예산 또는 국회의 예산안 의결은 헌법재판소법 제68조 제1항 소정의 '공권력의 행사'에 해당하지 않고 따라서 헌법소원의 대상이 되지 아니한다.

헌재 2006. 4. 25. 2006헌마409

(2) 예산과 법률과의 관계

1) 예산과 법률의 구별

예산과 법률은 모두 국회에서 심의 · 의결하고, 의결정족수도 일반의결정족수를 따른다는 점에서 공통점이 있지만, 다음과 같은 차이점이 있다.

참고 법률과 예산의 차이점

비교사항	법률	예산
① 존재형식	법률의 형식	예산
② 제정절차 1) 제출권자 2) 제출시기 3) 심의권 4) 거부권 5) 공포여부	 정부와 국회의원 제한 없음 수정의 자유 있음 공포요(효력요건)	 정부만이 제출 회계연도개시 90일 전[45] 증액 · 새 비목설치(정부동의)[46] 없음 관보에 공고(효력요건 아님)
③ 효력 1) 시간적 효력 2) 인적 효력	 영속적(개폐시까지) 국민과 국가기관을 구속	 일회계연도(예외: 계속비) 국가기관만 구속(세출예산)

2) 예산과 법률의 상호간의 관계

① 상호불가변경관계

법률과 예산은 서로 별개의 법형식이고 설립절차 및 규율대상이 다르므로 법률로 예산의 변경이 불가하며, 예산으로 법률의 변경도 불가하다.

② 상호구속관계

예산에는 지출이 계상되어 있어도 지출의 근거가 되는 법률이 없으면 지출행위를 할 수 없다. 반면 법률에 의하여 경비의 지출이 인정되더라도 예산에 계상되어 있지 않다면 지출행위를 할 수 없다. 세입예산이 계상되어 있더라도 세입의 근거가 되는 법률이 없으면 징수할 수 없고, 예산에 계상되어 있지 않더라도 법률이 있으면 징수할 수 있다.

③ 기능상의 연계성에 입각한 제도

예산의 뒷받침이 없는 법률이나, 집행의 근거법이 없는 예산은 각기 제 기능을 다할 수 없기 때문에 기능상의 연계성에 입각한 제도를 마련하고 있다. 첫째, 예산상의 조치가 수반되는 법률안의 경우 예산명세서를 첨부하도록 하고 있다(국회법 제79조 제2항). 둘째, 세목 또는 세율과 관계있는 법률의 제정 · 개정을 전제로 하여 미리 제출된 세입예산안을 국회가 심사할 수 없도록 하고 있다(국회법 제84조 제8항). 셋째, 국회의 예산안 심의시 새비목의 설치를 정부동의 없이는 할 수 없도록 하고 있다(헌법 제57조).

45) 예외: 추가경정예산.
46) 삭감은 자유이다.

3) 예산과 법률의 불일치와 조정

① 불일치의 원인

예산과 법률이 존재형식, 성립시기, 성립절차를 달리 하기 때문에 불일치가 발생할 수 있다.

② 불일치의 조정

(i) 사전예방적 조정

예산편성과 법률안 제출시 불일치를 예방하기 위하여 국회출석·발언권 등을 활용할 수 있다.

(ii) 불일치 발생시 조정

예비비·추가경정예산을 활용하거나 법률의 시행기일의 연기 및 법률의 시행을 유보할 수 있다. 지체 없이 필요한 법률 제정 등을 통하여 불일치를 조정할 수 있다.

(3) 예산의 성립절차

1) 예산안의 편성·제출

① 정부의 배타적 권한

예산안의 편성·제출은 정부의 배타적 권한으로 정부는 국무회의 심의를 거쳐 회계연도개시 90일 전까지 예산안을 제출하여야 한다(헌법 제54조 제2항). 이처럼 제출기한을 한정하는 것은 예산심의기간의 부족으로 인한 예산심의의 부실화와 준예산의 성립을 방지하기 위함이다. 국가재정법은 예산안 제출을 회계연도개시 120일 전까지 제출하도록 그 시기를 앞당기고 있다(국가재정법 제33조).

② 예산편성의 원칙

(i) 예산1년주의

예산은 1회계연도마다 편성한다(1월 1일~12월 31일).

(ii) 총계예산주의

국가의 총수입과 총지출을 계상하여 편성한다.

(iii) 단일예산주의

국가의 세입·세출을 단일회계로 통일하여 편성한다.

(ⅳ) 예산구분주의

예산을 성질과 기능에 따라 장 · 관 · 항으로 구분하여 편성한다.

③ 헌법상 독립기관(특히, 사법부)의 예산의 독립 문제

국회, 대법원, 헌법재판소, 감사원, 중앙선거관리위원회의 세출예산을 감액할 때에는 국무회의에서 당해 독립기관의 장의 의견을 구하여야 하며, 정부가 독립기관의 세출예산요구액을 감액한 때에는 그 규모 및 이유, 감액에 대한 독립기관의 장의 의견을 국회에 제출하여야 한다(국가재정법 제40조 제2항).

2) 예산안의 심의 · 수정 · 의결

① 예산안의 심의

예산안의 심의에는 ⅰ) 정부의 시정연설의 청취, ⅱ) 상임위원회의 예비심사, ⅲ) 예산결산특별위원회의 종합심사, ⅳ) 국회본회의에서의 의결 확정의 단계를 거친다.

② 예산안의 수정

예산안을 수정하려면 의원 50인 이상의 동의를 요한다. 국회는 예산안에 대하여 폐지나 삭감 같은 소극적 수정은 가능하나(단 법률상 지출의무의 경우는 예외), 증액 또는 새 비목을 설치하는 적극적 수정은 할 수 없다. 적극적 수정이 필요할 경우 정부의 동의가 필요하다(헌법 제57조). 미국, 일본의 경우는 국회의 적극적 수정권(동의불요)이 있다.

조약이나 법률로 확정된 금액(법률비)과 채무부담행위(의무비)로서 전년도에 이미 의결을 얻은 금액은 삭감할 수 없다.

③ 예산안의 의결(성립 · 확정)

국회는 정부가 제출한 예산안을 회계연도 개시 30일 전까지 의결하여야 한다(헌법 제54조 제2항). 일반의결정족수에 따른다. 예산안은 국회의 의결로써 예산으로 성립한다. 국회법에 따르면 위원회는 예산안, 기금운용계획안, 세입예산안 부수법률안의 심사를 매년 11월 30일까지 마치도록 하며(국회법 제85조의3 제1항), 심사를 마치지 못한 때에는 그 다음날에 위원회에서 심사를 마치고 바로 본회의에 부의된 것으로 본다(동법 제85조의3 제2항).

3) 정부에 이송 및 관보에의 공고

국회가 의결한 예산안은 정부에 이송되어 대통령이 서명하고, 국무총리 및 관

계국무위원의 부서와 함께 공고한다. 예산의 공고는 효력발생요건이 아니다.

(4) 예산의 내용과 종류

1) 예산의 내용

예산은 예산총칙, 세입·세출예산(예비비 포함), 계속비, 명시이월비, 국고채무부담행위로 구성되어 있다(국가재정법 제19조). 헌법은 예산 중 계속비와 예비비만 규율하고 있다.

2) 예산의 종류

본예산과 추가경정예산, 확정예산과 준예산(임시예산), 일반회계예산(총예산)과 특별회계예산, 경상회계예산과 자본회계예산 등으로 구분된다.

(5) 예산의 효력

1) 시간적·인적·지역적 효력

예산은 일회계연도(1월 1일~12월 31일) 내에서만 효력을 가지며(예외: 계속비), 예산(세출)은 관계국가기관만을 구속한다. 통치권이 미치는 범위 내에서 효력을 가진다. 외국의 공관에서 행해지는 수입·지출에 대하여도 효력이 미친다.

2) 형식적·실질적 효력

① 형식적 효력

예산으로 법률을, 법률로써 예산을 변경할 수 없는 효력이다. 예산의 변경은 추가경정예산으로 하는 것이 원칙이다(예외: 긴급재정경제처분·명령).

② 실질적 효력

국회의 의결을 얻으면 법적 효력이 발생하여 정부의 재정행위를 구속한다. 세입예산의 경우 영구세주의 하에서 구속력이 희박하다. 세입예산이 계상되어도 세입의 근거가 되는 세법이 없으면 징수가 불가하다. 세출예산은 지출금액과 지출시기에 대한 구속력이 있으며, 지출목적 이외의 사용이 금지되며, 사업별로 계정한 장·관·항의 이용(移用)도 금지된다(예산회계법 제36조).

(6) 예산과 관련된 (재정)제도

1) 준예산제도(헌법 제54조 제2항)

준예산제도란 국회가 새로운 회계연도가 개시될 때까지 예산안을 의결하지 못한 때에 예산안이 의결될 때까지 일정한 범위 내에서 전년도 예산에 준하여 지출하게 하는 제도(임시예산)이다. 전년도 예산에 준하여 집행하는 범위는 ① 헌법이나 법률에 의하여 설치된 기관 또는 시설의 유지·운영, ② 법률상 지출의무의 이행, ③ 이미 예산으로 승인한 사업의 계속의 경우 등이다. 지출기한은 국회에서 예산안이 의결될 때까지이다. 준예산으로 집행된 예산은 성립된 예산의 집행으로 간주한다(예산회계법 제34조 제2항).

2) **계속비**(헌법 제55조 제1항)

한 회계연도를 넘어 계속 지출할 필요가 있을 때에 연한과 총액을 정하여 계속비로 국회의 의결을 얻는 경우를 의미한다. 계속비는 예산1년주의의 예외로 사업목적·경비총액·연한(5년) 및 각 연도의 지출금액에 대해 의결을 얻은 범위 내에서의 지출에 대해서는 별도의 국회의결 없이 상호 융통하여 지출할 수 있다.

3) **예비비**(헌법 제55조 제2항)

예비비는 예측할 수 없는 예산외의 지출 또는 예산초과지출에 충당하기 위하여 총액으로 국회의 의결을 얻어 성립한 예산을 의미한다. 사용의 구체적 목적이 미정되어 있다는 점이 특징이다. 예비비제도가 남용될 경우 재정민주주의의 공동화가 우려될 수 있다.

예비비지출은 차기국회의 승인을 얻어야 한다. 정부는 예비비 사용총괄표 작성과 다음 회계연도개시 120일 전까지 국회에 제출 및 승인을 요청한다(제40조 제4항).

예비비지출이 차기국회에서 승인을 받지 못한 경우, 지출자의 법적 및 정치적 책임은 별론으로 하고 지출행위의 효력에는 영향이 없다.

4) **추가경정예산**(헌법 제56조)

① 의 의

예산성립 후에 생긴 사유로 인하여 이미 성립된 예산에 변경을 가할 필요가 있는 때에 정부가 편성하여 국회의 의결로 성립하는 예산이다.

② 특 성

본예산 성립 후의 예산의 변경방법이며, 예산안제출의 시기제한의 예외이다.

③ 내 용

추가예산(초과지출)과 경정예산(항목변경)이 있다. 추가경정예산의 제출시기는 예산성립 후 사유에 의한 변경의 필요시 수시로 할 수 있다. 추가경정예산안의 심의·확정은 본예산 심의·확정절차와 동일하다.

5. 결산심사권

국회는 예산집행결과에 대한 적부심사권을 가진다. 일종의 사후심사권이다. 국회의 결산심사권에 관한 명문규정은 없으나, 예산의 심의·확정권은 당연히 그 집행에 관한 결산심사권을 포함한다. 이러한 관점에서 헌법은 감사원이 매년 세입·세출의 결산의 결과를 대통령과 차년도국회에 보고하도록 규정하고 있다(헌법 제99조).

의장은 예산안과 결산에 관한 보고서를 첨부하여 이를 예산결산특별위원회에 회부하고 그 심사가 끝난 후 본회의에 부의한다. 결산의 심사 결과 위법하거나 부당한 사항이 있는 경우에 국회는 본회의 의결 후 정부 또는 해당 기관에 변상 및 징계조치 등 그 시정을 요구하고, 정부 또는 해당 기관은 시정 요구를 받은 사항을 지체 없이 처리하여 그 결과를 국회에 보고하여야 한다(국회법 제84조 제2항).

결산은 소관 상임위원회에 회부하고, 소관 상임위원회는 예비심사를 하여 그 결과를 의장에게 보고하고 의장이 예산결산특별위원회에서 심사함이 원칙이나, 국가정보원에 대한 결산은 정보위원회에서 심사하며, 정보위원회의 심사는 예산결산특별위원회의 심사로 본다(국회법 제84조 제4항).

6. 기타 재정행위에 대한 권한

(1) 기채동의권

정부가 국채를 모집하려 할 때에는 미리 국회의 의결을 얻도록 하고 있다(헌법 제58조). 국채는 국고의 세입을 보충하기 위해 국가가 부담하는 재정상의 채무를 말한다. 국가의 채무는 결국 국민의 부담이기 때문에 국회의 동의를 받도록 하는 것이다. 기채할 때마다 또는 개괄적인 예정총액에 대해서 일시에 미리 의결(동의)을 받아야 한다.

(2) 예산외 국가의 부담이 될 계약체결에 대한 동의권

예산외에 국가의 부담이 될 계약을 체결하려 할 때에는 미리 국회의 의결을 얻게 하는 제도이다(헌법 제58조). 예산외 국가의 부담이 될 계약은 사법상의 계약으로, 2회계연도 이상에 걸쳐 채무를 부담하는 계약을 의미한다(예: 외국인의 장기고용계약, 장기대차계약). 공법상의 계약은 조약이나 법률에 근거하여 체결되기 때문에 여기서 계약은 사법상 계약이다. 이 역시 결국은 국민의 부담이 되기 때문에 국회의 의결을 얻도록 하고 있는 것이다. 동의방법은 계약을 체결하기 전에 미리 국회의 의결

(동의)을 얻어야 한다.

(3) 재정적 부담을 지우는 조약의 체결·비준에 대한 동의권

국민에게 중대한 재정적 부담을 지우는 조약은 국회의 동의 사항이다(헌법 제60조 제1항). 대통령의 조약의 체결·비준권에 대한 국회의 동의권의 한 유형이다.

(4) 긴급재정경제처분 및 명령권에 대한 승인권

대통령은 중대한 재정경제상의 위기에 있어서 긴급재정경제처분을 발하고, 이에 관하여 법률의 효력을 가지는 명령을 발했을 때에는 지체 없이 국회에 보고하고 그 승인을 받아야 한다(제76조 제1항, 제3항). 국가의 재정·경제적 위기시의 긴급한 조치의 필요와 국가의 재정행위에 대한 민주적 통제라는 두 요청을 조화시키고 있다.

(5) 기금에 대한 국회통제권

기금이란 특정한 사업을 계속적이고 탄력적으로 수행하기 위하여 예산회계법에 따라 세입·세출예산 외로 운영할 수 있도록 조성된 자금을 말한다. 기금의 관리·운영에 관한 기본법으로는 기금관리기본법이 있다.

Ⅳ. 헌법기관구성에 관한 권한(인사기능)

1. 의 의

헌법이 헌법상의 기관을 구성함에 있어 국회의 관여(직접선출, 임명동의)를 인정한 경우에 국회가 헌법기관구성에 관여하는 권한이다.

2. 제도적 가치

구체적인 경우에 따라 차이는 있으나, 일반적으로는 민주적 대의기관의 관여를 통해 기관창설의 민주성·정당성을 부여하고, 자의적인 임명권에 대한 통제로서의 의미와 헌법기관의 권위부여 및 정치적 중립성을 보장하는 의미를 가진다(특히 사법부 구성에 관여).

3. 내용(종류)

(1) 대통령선출권

헌법은 대통령을 직선으로 선출하도록 하면서(헌법 제67조 제1항), 선거결과 최고득표자가 2

인 이상인 때에는 국회에서 선출하도록 하고 있다. 국회재적의원 과반수가 출석한 공개회의에서 다수표를 얻은 자를 당선자로 한다(헌법 제67조 제2항). 국회에서의 대통령선출의 취지는 절차 및 경제성을 확보하고, 국민의 대표기관의 관여를 통하여 간접적 정당성을 부여하고자 하는데 있지만, 국회와 집행부와의 엄격한 권력분립을 전제로 대통령의 독립을 본질로 하는 대통령제의 정부형태와 모순된다는 문제점도 있다. 이와 관련하여 결선투표제 도입의 필요성을 검토할 수 있다.

(2) 헌법기관구성원 선출권

1) 헌법재판소재판관 일부선출권

국회는 3인의 헌법재판소재판관을 선출한다(헌법 제111조 제3항). 국회에서 선출하는 3인, 대법원장이 지명한 3인을 포함하여 9인의 재판관을 대통령이 임명한다.

2) 중앙선거관리위원회 위원의 일부선출권

중안선거관리위원회는 대통령이 임명하는 3인, 국회에서 선출하는 3인, 대법원장이 지명하는 3인으로 구성하며, 위원장은 위원 중에서 호선한다(헌법 제114조 제2항).

(3) 헌법기관구성에 대한 동의권

1) 국무총리임명에 대한 동의권

국회는 대통령의 국무총리임명에 대한 동의권을 가진다(헌법 제88조 제1항). 국회의 임명동의는 사전에 이루어져야 한다. 과거에 임명동의 전 서리제도는 위헌적인 관행이었다.

2) 대법원장과 대법관임명에 대한 동의권

국회는 대법원장과 대법관임명에 대한 동의권을 가진다(헌법 제104조 제1항, 제2항). 국민의 대의기관에 의한 동의는 사법의 민주적 정당성, 사법의 독립성 보장, 사법부의 권위 부여의 의미를 가진다.

3) 헌법재판소장 임명에 대한 동의권

헌법재판소장은 국회의 동의를 얻어 재판관 중에서 대통령이 임명한다(헌법 제111조 제4항).

(4) 감사원장임명에 대한 동의권

감사원장은 국회의 동의를 얻어 대통령이 임명한다(헌법 제98조 제2항).

Ⅴ. 국정통제에 관한 권한(통제기능)

1. 국정통제권 일반론

(1) 의의와 기능

국정통제권이란 의회가 다른 국가기관들을 감시·비판하고 견제할 수 있는 권한이다. 정당제도의 발달, 행정국가화 경향 등으로 의회의 전통적인 지위인 국민대표기관으로서의 지위와 입법기관으로서의 지위가 변질되고 있는 현실에서 새롭게 강조되는 기능이 바로 통제기능이다.

국회의 국정통제권은 정부형태 또는 권력구조의 여하에 따라 상이하게 나타난다. 상대적이기는 하지만, 미국과 같은 대통령제는 행정부와 입법부의 엄격분립원칙에 따라 의회의 국정통제권은 미약한 편이고, 영국과 같은 의원내각제국가에서는 행정부의 구성과 진퇴가 의회에 의존하는 관계로 의회가 강력한 국정통제권을 가지고 있다고 하겠다.

국민의 가장 중심적인 대의기관으로서 국회가 국민의 여론을 배경으로 국정전반에 대한 통제권을 행사하는 것이 민주적 정당성이 있고, 효율적이라고 하겠다.

(2) 국정통제권의 유형

국정통제권은 ① 사전통제와 사후통제, ② 직접통제와 간접통제, ③ 일반적 통제와 개별적 통제로 분류될 수 있다.[47] 여기서 일반적 통제란 법률제정권(입법권)을 통한 통제를 지칭하며, 개별적 통제는 고전적 국정통제권으로서 탄핵소추권, 국정감사·조사권, 해임건의권, 국회출석요구·질문권, 기타 동의·승인권 등을 지칭한다.

넓은 의미에서 볼 때, 국회의 권한은 대부분 국정통제의 기능을 수행한다고 보아도 지나치지 않을 것이다. 그러나 좁은 의미의 국정통제권(즉 국정통제를 목적으로 창설된 권한)과 넓은 의미의 국정통제권(즉 권한의 본질은 다른 기능에 있으나 부수적으로 국정통제적 기능도 수행할 수 있는 권한)은 구별될 수 있을 것이다.

좁은 의미의 국정통제권에 속하는 것을 유형화하면, 첫째, 국정감사·조사권은 정부의 활동에서 나타나는 문제점들을 조사·감사함으로써 통제하는 것이다. 둘째, 정부의 활동에 대한 각종 동의권, 승인권을 통해 국정을 통제하는 것으로서 긴급

47) 허영 교수는 ① 고전적·사법적 통제기능(탄핵소추권), ② 조사적 통제기능(국정감사·조사권), ③ 정책적 통제기능(기타 통제적 권한)으로 분류하고 있다(허영, 앞의 책, 974면).

명령과 긴급재정경제처분 및 그 명령에 대한 승인권, 계엄해제요구권, 일반사면에 대한 동의권, 국방 및 외교정책에 관한 동의권이 이에 속한다. 셋째, 집행부 구성원에 대한 직접적인 인적 통제에 해당되는 것으로는 국무총리·감사원장 등에 대한 임명동의와 검찰총장 등에 대한 인준절차, 국무총리·국무위원 등에 대한 해임건의, 대통령·국무총리·행정각부의 장 등에 대한 탄핵소추 등을 들 수 있다.

2. 탄핵소추권

(1) 탄핵제도 일반론

1) 탄핵제도의 의의

일반사법절차에 따라 소추하거나 징계절차로써 징계하기 곤란한 고위직 행정공무원이나 법관 등 신분이 보장된 공무원이 직무상 중대한 비위를 범한 경우에 이들을 의회가 소추하여 처벌하거나 파면시키는 제도이다.

2) 탄핵제도의 성질

① 형사재판의 성질을 가지는 경우

영국이나 프랑스 제5공화국의 탄핵제도는 형사재판의 성질을 가진다. 프랑스 제5공화국헌법은 파면 이외에 다시 징역·금고 또는 벌금과 같은 형벌까지를 선고할 수 있다고 규정하고 있다(제68조 제2항).

② 징계적 처벌의 성질을 가지는 경우

미국·독일·우리나라는 탄핵제도가 징계처분의 성질을 가지고 있다. 즉, 단지 파면에 그치는 경우이다. 우리 헌법 제65조 제4항이 "탄핵결정은 공직으로부터 파면함에 그친다"라고 하고 있다.

3) 탄핵제도의 연혁

탄핵제도는 그리스와 로마에서 기원하였고, 근대적 의미의 탄핵제도는 14세기 말 에드워드 3세 치하의 영국에서 출발하였다. 탄핵제도가 법적 형태를 갖춘 것은 영국에서 1805년 멜빌(Melville)사건에서부터이다. Melville사건은 D.H. Melville경이 해사고등법원장 재직 중의 독직죄(high crimes and misdemeaners)의 혐의로 탄핵을 받은 바, 하원에서 찬부가 공히 216표가 되어 의장이 찬성 쪽을 택함으로써 탄핵소추가 의결되고 Melville이 그 법원장직을 사임한 사건을 말한다. 그러나 1806년 상원에서의 탄핵심판은 과반수로 Melville의 무죄를 선고하였다.

미국 헌법시행 후 여러 건의 탄핵소추(클린턴, 트럼프 포함)가 있었다. 공직자가 파면된 경우도 있지만(4건), 1974년 제37대 대통령인 닉슨은 탄핵소추발의가 하원에서 있자, 의결 전에 대통령직을 사임한 바 있다. 클린턴과 트럼프대통령은 탄핵심판이 상원에서 부결된 바 있다.

우리나라에서는 노무현대통령에 대한 탄핵소추가 국회에서 발의되었으나 헌법재판소에서 기각된 바 있으며, 박근혜 대통령은 헌법재판소에서 탄핵심판이 인용되어 파면된 바 있다.

4) 탄핵제도의 정치적 가치

① 유용론

탄핵제도는 고위공직자의 비행을 자제시키는 효과가 있으며, 공분발산의 합법적 수단으로 비상수단에 호소하는 것을 방지하는 효과도 있다는 점에서 유용한 제도라고 한다.

② 무용론

대통령제에서 거의 운용되고 있지 않다는 점, 의원내각제국가에서는 내각불신임제도에 의해 목적을 달성할 수 있다는 점을 들어 심리적·사회적 효과를 가질 뿐이라고 한다.

③ 결 어

탄핵제도는 국민주권주의의 원리를 구현하는 것이고, 제도적으로는 집행부와 사법부에 대한 감시·통제기능 외에 헌법수호기능까지 수행하는 점에서 긍정적으로 평가되어야 한다.

판례 헌법 제65조의 탄핵심판절차의 본질

헌법 제65조는 행정부와 사법부의 고위공직자에 의한 헌법위반이나 법률위반에 대하여 탄핵소추의 가능성을 규정함으로써, 그들에 의한 헌법위반을 경고하고 사전에 방지하는 기능을 하며, 국민에 의하여 국가권력을 위임받은 국가기관이 그 권한을 남용하여 헌법이나 법률에 위반하는 경우에는 다시 그 권한을 박탈하는 기능을 한다.

즉, 공직자가 직무수행에 있어서 헌법에 위반한 경우 그에 대한 법적 책임을 추궁함으로써, 헌법의 규범력을 확보하고자 하는 것이 바로 탄핵심판절차의 목적과 기능인 것이다. 헌재 2004. 5. 14. 2004헌나1

(2) 우리 헌법상의 탄핵제도

1) 국회의 탄핵소추권

① 탄핵소추기관

탄핵소추기관은 국회가 된다. 헌법은 탄핵의 소추기관과 심판기관을 분리하여 소추는 국회의 권한으로 심판은 헌법재판소의 권한으로 하고 있다. 양원제국가인 미국은 하원을 소추기관으로 한다.

② 탄핵소추의 대상자

(i) 헌법규정

헌법은 대통령·국무총리·국무위원·행정각부의 장, 헌법재판소의 재판관[48]과 법관, 중앙선거관리위원회 위원, 감사원장·감사위원, 기타 법률이 정한 공무원을 탄핵대상자로 명문화하고 있다(제65조 제1항).

(ii) 기타 법률이 정한 공무원

'기타 법률이 정한 공무원'은 개별입법으로 결정될 것이지만, 대체로 검찰총장을 비롯한 검사·각 처장·정부위원·각 군 참모총장·고위 외교관·정무직 또는 별정직고급공무원이 이에 포함될 것이다.[49] 현재 개별법이 탄핵대상자로 규정하고 있는 예로는 검사, 경찰청장, 각급선거관리위원회 위원, 방송통신위원회 위원장, 고위공직자범죄수사처의 처장, 차장, 수사처검사 등이다.

참고 개별법에 의한 탄핵대상자

[1] 검찰청법

"검사는 탄핵 또는 금고 이상의 형을 받거나 징계처분에 의하지 아니하면 파면·정직·감봉의 처분을 받지 않는다"고 규정하여(제37조) 검사를 탄핵대상자에 포함시키고 있다.

[2] 경찰청법 제11조 제6항은 경찰청장을 탄핵대상자에 포함시키고 있다.

[3] 방송통신위원회의 설치 및 운영에 관한 법률 제6조 제5항은 위원장을 탄핵대상자에 포함시키고 있다.

---

48) 국회의원은 탄핵대상자가 아닌 것이 자기가 자기를 탄핵하는 모순에 해당하기 때문이라면, 헌법재판소 재판관을 탄핵대상자로 포함시킨 것은 특이하다고 평가하고 있는 견해가 있다(정종섭, 앞의 책, 1120면). 독일은 연방헌법재판소 재판관을 탄핵의 대상에서 제외하고 있다.

49) 권영성, 앞의 책, 916면. 탄핵제도의 목적과 기능에 비추어 볼 때, 고위직 외교관, 공정거래위원장, 국세청장, 국가정보원장도 포함시켜야 한다는 견해도 있다(정종섭, 앞의 책, 1120면).

[4] 선거관리위원회법 제9조는 탄핵결정으로 파면된 때를 위원의 해임사유로 규정하고 있다(제9조 제2호).

(iii) 권한대행자의 경우

탄핵소추대상자의 권한을 대행하는 자도 탄핵대상이 될 것인가가 문제될 수 있다. 권한대행자의 직무가 원래의 탄핵소추대상자의 직무와 동일하다는 점에서는 긍정하는 것이 타당하다.

대통령 권한대행자에 대한 탄핵의 경우 탄핵소추발의 및 의결의 정족수는 대통령의 경우에 준하여 판단할 것인가가 문제된다. 그가 행한 직무행위의 성질에 따라 결정될 것이다.

③ 탄핵소추의 사유

헌법은 "직무집행에 있어서 헌법이나 법률에 위반한 때"를 탄핵사유로 규정하고 있다(제65조 제1항). 다소 포괄적으로 규정하고 있는 탄핵사유에 대해서는 몇 가지 검토가 필요한 부분이 존재한다.

(ⅰ) '직무집행과 관련'된 것이어야 한다.

ⅰ) 전직(前職)의 직무행위를 포함하는가?

탄핵소추의 목적이 공직으로부터 추방함에 있으므로 현직뿐만 아니라 전직의 공무수행에 있어서의 위헌・위법행위도 탄핵사유가 된다고 보는 긍정설은 "공무원의 위헌・위법행위는 전직에서의 것일지라도 고위공무원직과 상용될 수 없기 때문이다"라는 논리를 주장한다.[50] 한편, 탄핵은 징계처분의 성질을 가지는 것이므로 전직시의 위법행위에 관하여는 그자가 공직으로부터 사퇴함과 동시에 그 탄핵소추의 사유가 소멸된 것으로 보는 부정설도 있다.[51] 현재 부정설이 다수설이다. 현재 탄핵대상자의 지위에 있는 자가 행한 전직도 소추대상직이면 탄핵소추를 할 수 있다고 보는 입장도 있다. 임명에 있어서 국회의 동의가 필요한 공직자가 동의를 받기 전 서리의 직임으로 한 직무집행행위도 탄핵대상에 포함된다.

ⅱ) 직무행위와 관련 없는 사생활에 관한 사항은 탄핵대상이 될 수 없다.

---

50) 김철수, 앞의 책(하), 1625면.
51) 권영성, 앞의 책, 917면. 다만 탄핵소추절차가 개시된 이후에 탄핵소추를 면탈하게 하기 위하여 임명권자가 그 자를 전직시킬 경우에는 현직중의 행위로 보고 있다.

판례 '직무상 행위'의 의미

"헌법 제65조에 규정된 탄핵사유를 구체적으로 살펴보면, '직무집행에 있어서'의 '직무'란, 법제상 소관 직무에 속하는 고유 업무 및 통념상 이와 관련된 업무를 말한다. 따라서 직무상의 행위란, 법령 · 조례 또는 행정관행 · 관례에 의하여 그 지위의 성질상 필요로 하거나 수반되는 모든 행위나 활동을 의미한다.

헌재 2004. 5. 14. 2004헌나1

판례 대통령의 직무상 행위의 범위

대통령의 직무상 행위는 법령에 근거한 행위뿐만 아니라, '대통령의 지위에서 국정수행과 관련하여 행하는 모든 행위'를 포괄하는 개념으로서 예컨대 각종 단체 · 산업현장 등 방문행위, 준공식 · 공식만찬 등 각종 행사에 참석하는 행위, 대통령이 국민의 이해를 구하고 국가정책을 효율적으로 수행하기 위하여 방송에 출연하여 정부의 정책을 설명하는 행위, 기자회견에 응하는 행위 등을 모두 포함한다.

헌재 2004. 5. 14. 2004헌나1

iii) 직무관련행위는 원칙적으로 재직 중 행위에 한정된다.

따라서 취임 전이나 퇴직 후의 행위는 원칙적으로 탄핵소추의 사유가 되지 아니한다.

판례

대통령당선 후 취임시까지의 기간에 이루어진 대통령의 행위는 탄핵소추사유가 될 수 없다.

헌재 2004. 5. 14. 2004헌나1

(ii) '헌법과 법률'에 위배한 경우라야 한다

i) 헌법과 법률의 의미

이 때의 헌법은 형식적 의미의 헌법뿐만 아니라 헌법적 관행도 포함된다. 법률이란 형식적 의미의 법률뿐만 아니라 법률과 동등한 효력을 가지는 국제조약 · 일반적으로 승인된 국제법규 또는 긴급명령을 포함한다(통설).

판례 '헌법이나 법률에 위배한 때'의 의미

헌법은 탄핵사유를 "헌법이나 법률에 위배한 때"로 규정하고 있는데, '헌법'에는 명문의 헌법규정뿐만 아니라 헌법재판소의 결정에 의하여 형성되어 확립된 불문헌법도 포함된다. '법률'이란 단지 형식적 의미의 법률 및 그와 등등한 효력을 가지는 국제조약, 일반적으로 승인된 국제법규 등을 의미한다.

헌재 2004. 5. 14. 2004헌나1

ii) 탄핵사유는 헌법과 법률을 위배한 경우라야 한다

해임건의의 사유는 정치적 무능력, 정책결정의 과오, 단순한 부도덕, 부하직원의 과실도 포함한다는 점에서 탄핵사유와 구별된다.

iii) 탄핵소추의 사유는 '위법한 행위'라야 한다

위법행위란 헌법과 법률위반의 행위를 말한다. 위법행위에는 고의나 과실에 의한 경우뿐만 아니라 법의 무지로 인한 경우도 포함된다(다수설). 탄핵소추가 징계처분의 성질을 가지기 때문이다.

iv) 탄핵사유가 되는 위헌・위법행위는 중대한 경우여야 하는가?

위배행위가 있음으로써 충분하다는 설, 위법행위가 명백하고도 중대함을 요한다고 보는 설 등이 있을 수 있으나, 우리 헌법재판소는 '중대한 법 위반'이 있어야 함을 전제로 하여 대통령과 그 밖의 공직자를 구별하는 입장을 취하고 있다.

판례 탄핵사유의 중대성 여부(노무현대통령에 대한 탄핵심판사건)

15. '법위반이 중대한지' 또는 '파면이 정당화되는지'의 여부는 그 자체로서 인식될 수 없는 것이므로, '법위반이 어느 정도로 헌법질서에 부정적 영향이나 해악을 미치는지의 관점'과 '피청구인을 파면하는 경우 초래되는 효과'를 서로 형량하여 탄핵심판청구가 이유 있는지의 여부 즉, 파면여부를 결정해야 한다.

    한편, 대통령에 대한 파면결정은, 국민이 선거를 통하여 대통령에게 부여한 '민주적 정당성'을 임기 중 다시 박탈하는 효과를 가지며, 직무수행의 단절로 인한 국가적 손실과 국정 공백은 물론이고, 국론의 분열현상 즉, 대통령을 지지하는 국민과 그렇지 않은 국민간의 분열과 반목으로 인한 정치적 혼란을 가져올 수 있다. 따라서 대통령에 대한 파면효과가 이와 같이 중대하다면, 파면결정을 정당화하는 사유도 이에 상응하는 중대성을 가져야 한다. 대통령을 제외한 다른 공직자의 경우에는 파면결정으로 인한 효과가 일반적으로 적기 때문에 상대적으로 경미한 법위반행위에 대해서도 파면이 정당화될 가능성이 큰 반면, 대통령의 경우에는 ……

    '대통령을 파면할 정도로 중대한 법위반이 어떠한 것인지'에 관하여 일반적으로 규정하는 것은 매우 어려운 일이나, 대통령의 직을 유지하는 것이 더 이상 헌법수호의 관점에서 용납될 수 없거나 대통령이 국민의 신임을 배신하여 국정을 담당할 자격을 상실한 경우에 한하여, 대통령에 대한 파면결정은 정당화되는 것이다.

16. 이 사건에서 인정되는 대통령의 법위반이 헌법질서에 미치는 효과를 종합하여 본다면, 대통령의 구체적인 법위반행위에 있어서 헌법질서에 역행하고자 하는 적극적인 의사를 인정할 수 없으므로, 자유민주적 기본질서에 대한 위협으로 평가될 수 없다.

따라서 파면결정을 통하여 헌법을 수호하고 손상된 헌법질서를 다시 회복하는 것이 요청될 정도로, 대통령의 법위반행위가 헌법수호의 관점에서 중대한 의미를 가진다고 볼 수 없고, 또한 대통령에게 부여한 국민의 신임을 임기 중 다시 박탈해야 할 정도로 국민의 신임을 저버린 경우에 해당한다고도 볼 수 없으므로, 대통령에 대한 파면결정을 정당화하는 사유가 존재하지 않는다.

헌재 2004. 5. 14. 2004헌나1

④ 탄핵소추의 절차

(i) 탄핵소추의 발의

대통령에 대한 탄핵소추는 국회재적의원 과반수, 그 외 대상자는 3분의 1의 발의가 있어 한다. 탄핵소추의 발의가 있은 때에는 국회의장은 본회의에 보고하고, 본회의는 의결로 법제사법위원회에 회부하여 조사하게 할 수 있다(국회법 제130조 제1항). 조사의 여부를 국회의 재량으로 규정하고 있으므로, 사건에서 국회가 별도의 조사를 하지 않았다 하더라도 헌법이나 법률을 위반하였다고 할 수 없다.[52)]

그러나 본회의가 법제사법위원회에 회부하기로 의결하지 아니할 때에는 본회의에 보고된 때로부터 24시간 이후 72시간 이내에 무기명 투표에 의해 탄핵소추 여부를 결정한다. 이 기간 내에 표결하지 아니하면 그 탄핵소추안은 폐기된 것으로 본다(국회법 제130조).

(ii) 탄핵소추의 의결

대통령에 대한 탄핵소추의결은 국회재적의원 3분의 2, 그 외 대상자는 과반수의 찬성이 있어야 한다. 본회의에서의 탄핵소추의결은 피소추자의 성명・직위・탄핵소추사유를 표시한 '소추의결서'로써 하여야 한다(국회법 제133조). 무기명투표로 한다(국회법 제130조 제2항).

국회법 제130조 제2항을 탄핵소추에 관한 특별규정인 것으로 보아, '탄핵소추의 경우에는 질의와 토론 없이 표결할 것을 규정한 것'으로 해석할 여지가 있기 때문에, 국회의 자율권과 법해석을 존중한다면 이러한 법해석이 자의적이거나 잘못되었다고 볼 수 없다.[53)]

국회의 탄핵소추의결은 재량행위에 해당하기 때문에, 대통령의 위헌행위가 있더라도 국회가 탄핵소추를 의결해야 할 헌법상 의무가 있는 것은 아니다.

---

52) 헌재 2004. 5. 14. 2004헌나1.
53) 헌재 2004. 5. 14. 2004헌나1.

판례 국회가 대통령의 긴급재정경제명령의 위법성과 관련하여 대통령을 탄핵소추 의결을 할 의무가 있는지 여부

헌법 제65조 제1항은 국회의 탄핵소추의결이 국회의 재량행위임을 명문으로 밝히고 있고 헌법해석상으로도 국정통제를 위하여 헌법상 국회에게 인정된 다양한 권한 중 어떠한 것을 행사하는 것이 적절한 것인가에 대한 판단권은 오로지 국회에 있다고 보아야 할 것이며, 나아가 청구인에게 국회의 탄핵소추의결을 청구할 권리에 관하여도 아무런 규정이 없고 헌법해석상으로도 그와 같은 권리를 인정할 수 없으므로, 국회에게 대통령의 헌법 등 위배행위가 있을 경우에 탄핵소추의결을 하여야 할 헌법상 작위의무가 있다 할 수 없어 국회의 탄핵소추의결 부작위에 대한 위헌확인 소원은 부적법하다. 헌재 1996. 2. 29. 93헌마186

국무총리와 국무위원에 대한 탄핵소추의결정족수는 국무총리·국무위원에 대한 해임건의 의결정족수와 같기에 국무총리나 국무위원의 해임건의가 받아들여지지 않는 경우에는 탄핵소추할 수도 있을 것이라는 견해도 있다.[54]

(iii) 소추의결서의 송달과 효과

탄핵소추가 의결되었을 때에는 의장은 지체 없이 소추의결서 정본(正本)을 법제사법위원장인 소추위원에게 송달하고, 그 등본(謄本)을 헌법재판소, 소추된 사람과 그 소속 기관의 장에게 송달한다. 소추의결서가 송달되었을 때에는 소추된 사람의 권한 행사는 정지되며, 임명권자는 소추된 사람의 사직원을 접수하거나 소추된 사람을 해임할 수 없다(국회법 제134조).

(iv) 탄핵소추의 철회

헌법재판소에서 탄핵심판절차가 개시된 이후에 국회가 자신의 의결로 탄핵소추를 철회할 수 있는가가 문제된다. 명문규정이 없지만, 헌법재판소법은 탄핵심판의 경우에는 형사소송의 법령을 준용할 수 있기 때문에(헌법재판소법 제40조 제1항), 제1심 판결의 선고 전까지 공소를 취소할 수 있다는 형사소송법 제255조를 준용하여 헌법재판소결정 전까지 국회는 탄핵소추를 철회할 수 있다고 보아야 한다. 철회는 최소한 의결정족수 이상이 요구된다.

판례 국회의 탄핵소추절차에 적법절차원칙을 직접 적용할 수 있는지 여부

적법절차원칙이란, 국가공권력이 국민에 대하여 불이익한 결정을 하기에 앞서 국민은 자신의 견해를 진술할 기회를 가짐으로써 절차의 진행과 그 결과에 영향을 미

54) 김철수, 앞의 책(하), 1627면.

칠 수 있어야 한다는 법원리를 말한다. 그런데 이 사건의 경우, 국회의 탄핵소추절차는 국회와 대통령이라는 헌법기관 사이의 문제이고, 국회의 탄핵소추의결에 의하여 사인으로서의 대통령의 기본권이 침해되는 것이 아니라, 국가기관으로서의 대통령의 권한행사가 정지되는 것이다. 따라서 국가기관이 국민과의 관계에서 공권력을 행사함에 있어서 준수해야 할 법원칙으로서 형성된 적법절차의 원칙을 국가기관에 대하여 헌법을 수호하고자 하는 탄핵소추절차에는 직접 적용할 수 없다고 할 것이고, 그 외 달리 탄핵소추절차와 관련하여 피소추인에게 의견진술의 기회를 부여할 것을 요청하는 명문의 규정도 없으므로, 국회의 탄핵소추절차가 적법절차원칙에 위배되었다는 주장은 이유 없다. 헌재 2004. 5. 14. 2004헌나1

⑤ 탄핵소추의 효과

피소추자는 소추의결서가 본인에게 송달된 때로부터 헌법재판소의 탄핵심판이 있을 때까지 그 권한행사가 정지된다(헌법 제65조 제3항, 국회법 제134조 제2항). 이는 공적 직무의 권위를 보호하기 위한 것이다.[55]

이 기간 중에 직무행위를 하는 것은 위헌·무효가 된다. 소추의결서가 송달되면 임명권자는 피소추자의 사직원을 접수하거나 해임할 수 없다(국회법 제134조 제2항). 이는 탄핵제도를 유명무실하게 하는 것을 방지하기 위한 것이다. 그러나 파면은 탄핵의 목적을 달성하였다고 보기 때문에 탄핵소추를 받은 자가 결정선고 이전에 파면되면 탄핵심판청구를 기각하여야 한다(헌법재판소법 제53조 제2항).

2) 헌법재판소의 탄핵심판권

① 탄핵심판기관

(i) 입법례

양원제국가인 영국과 미국은 상원이 탄핵심판기관이며, 독일, 이탈리아, 한국처럼 헌법재판소를 두고 있는 나라는 헌법재판소를 심판기관으로 하고 있다. 일본처럼 독립된 탄핵법원을 두고 있는 나라도 있다.

(ii) 우리나라에서의 탄핵심판기관의 변천

제헌헌법은 탄핵재판소, 1960년 헌법은 헌법재판소, 1962년 헌법은 탄핵심판위원회, 1972년 헌법 및 1980년 헌법은 헌법위원회, 현행헌법은 헌법재판소를 탄핵심판기관으로 하고 있다.

---

55) 김철수, 앞의 책(하), 1627면. 탄핵소추의 경우는 유죄추정의 원칙이 적용된다는 점도 이유로 들기도 한다(권영성, 앞의 책, 918면).

② 탄핵심판의 개시

소추위원(국회법제사법위원장)이 소추의결서의 정본을 헌법재판소에 제출하면 탄핵심판청구의 효력이 발생한다.

③ 탄핵심판의 절차

(i) 심리공개주의와 구두변론주의 원칙

심판의 변론과 결정의 선고는 공개한다. 다만, 서면심리와 평의(評議)는 공개하지 아니한다(헌법재판소법 제34조 제1항). 탄핵의 심판은 정당해산의 심판 및 권한쟁의의 심판과 마찬가지로 구두변론에 의한다(헌법재판소법 제30조 제1항).[56]

(ii) 탄핵심판의 대상

소추의결서에 기재된 사항이 심판의 대상이 된다.

(iii) 심판절차의 정지

피청구인에 대한 탄핵심판 청구와 동일한 사유로 형사소송이 진행되고 있는 경우에는 재판부는 심판절차를 정지할 수 있다(헌법재판소법 제51조).

판례 탄핵소추의결서에 기재되지 아니한 소추사유

헌법재판소는 사법기관으로서 원칙적으로 탄핵소추기관인 국회의 탄핵소추의결서에 기재된 소추사유에 의하여 구속을 받는다. 따라서 헌법재판소는 탄핵소추의결서에 기재되지 아니한 소추사유를 판단의 대상으로 삼을 수 없다. 그러나 탄핵소추의결서에서 그 위반을 주장하는 '법규정의 판단'에 관하여 헌법재판소는 원칙적으로 구속을 받지 않으므로, 청구인이 그 위반을 주장한 법규정 외에 다른 관련 법규정에 근거하여 탄핵의 원인이 된 사실관계를 판단할 수 있다. 또한, 헌법재판소는 소추사유의 판단에 있어서 국회의 탄핵소추의결서에서 분류된 소추사유의 체계에 의하여 구속을 받지 않으므로, 소추사유를 어떠한 연관관계에서 법적으로 고려할 것인가의 문제는 전적으로 헌법재판소의 판단에 달려있다. 헌재 2004. 5. 14. 2004헌나1

판례 소추사유의 변경 또는 추가의 허용여부

소추의결서에 기재되지 아니한 새로운 사실을 탄핵심판절차에서 소추위원이 임의로 추가하는 것은 허용되지 아니한다. 2004. 3. 11. 대통령의 '총선과 재신임의 연계

---

56) 위헌법률의 심판과 헌법소원에 관한 심판은 서면심리에 의한다. 다만, 재판부는 필요하다고 인정하는 경우에는 변론을 열어 당사자, 이해관계인, 그 밖의 참고인의 진술을 들을 수 있다(헌법재판소법 제30조 제2항).

발언' 부분은 국회 탄핵소추의결서에 적시되지 않은 사실로서 국회의 탄핵의결 이후 소추의원 의견서에 추가된 소추사유이므로, 판단의 대상으로 삼지 않기로 한다.

헌재 2004. 5. 14. 2004헌나1

(ⅳ) 국회의 임기가 만료되면 탄핵심판절차는 중단해야 하는가?

명문규정이 없어 다툼이 있을 수 있다. 독일연방헌법재판소법은 "절차의 개시와 진행은 ……연방의회의 해산 또는 의회의 임기만료 등으로 영향을 받지 아니한다"(제51조)고 명문규정을 두고 있다. 위헌·위법한 직무행위자를 공직으로부터 추방한다는 탄핵제도의 취지에 비추어 볼 때 심판절차는 계속 진행되는 것이 타당하다(회기계속의 원칙과 구별).

④ 탄핵의 결정

(ⅰ) 탄핵결정의 정족수

재판관 3분의 2 이상의 찬성으로 한다.

(ⅱ) 탄핵결정의 효과

ⅰ) 일반적 효과(주된 효력)

탄핵의 주된 효과는 공직으로부터 파면이다. 선고와 동시에 파면된다(창설적 효력). 탄핵결정으로 민사상 책임이나 형사상의 책임이 면제되는 것은 아니다(헌법재판소법 제54조 제1항). 따라서 탄핵의 결정은 일사부재리의 원칙이 적용되지 않는다.

ⅱ) 일정기간의 공직취임금지

탄핵결정에 의하여 파면된 사람은 결정 선고가 있은 날부터 5년이 지나지 아니하면 공무원이 될 수 없다(헌법재판소법 제54조 제2항).

ⅲ) 사 면

명문규정은 없으나, 탄핵제도의 유명무실화를 방지하기 위해서 사면할 수 없다고 보아야 한다. 미국은 사면금지규정이 있다(미연방헌법 제2조 제2항 1호).

3. 국정감사 및 조사권(제61조)

(1) 국정감사·조사권의 의의

1) 개 념

국정조사권은 국회가 그 권한을 유효·적절하게 행사하기 위하여 특정사안에 대하여 조사를 할 수 있는 권한을 말한다. 국정감사권은 국회가 매년 정기적으로 국정 전반에 대하여 감사할 수 있는 권한이다. 국정감사권은 한국헌법의 특유한 제도이다.

2) 연혁 및 입법례

① 기 원

명예혁명에 의해 법의 지배의 원리와 의회주권의 확립을 바탕으로 영국의회가 1689년 아일랜드전쟁의 패인(아일랜드 가톨릭교도들의 폭동진압 실패)을 조사・책임 소재를 규명하기 위하여 특별위원회를 구성하여 활동한 것에서 기원한 것이라고 알려져 있다.

② 입법례

바이마르헌법에서 명문화된 이후 프랑스, 독일, 일본헌법 등에 규정되었다. 미국 연방헌법에는 국정조사권에 관한 명문의 규정이 없으나, 학설과 판례는 의회의 보조적 권능으로 인정해 오고 있다. 영국이 기원이나 강한 정부 약한 의회의 영국식 내각책임제하에서 의회조사권은 약화된 상태이다.

③ 우리나라의 경우

제1공화국부터 제3공화국까지는 국정감사권이 헌법에 규정되어 있었으나, 제4공화국 헌법은 국정감사권을 폐지하였고 국정조사권도 국회법상에만 규정하고 있었다. 제5공화국 헌법은 국정조사권만 헌법에 다시 규정하였다. 현행헌법에서는 "국회는 국정을 감사하거나 특정한 국정사안에 대하여 조사할 수 있으며, 이에 필요한 서류의 제출 또는 증인의 출석과 증언이나 의견의 진술을 요구할 수 있다"고 규정하여(제61조 제1항) 국회에 국정감사 및 조사권을 인정하고 있다. 국정감사권을 다시 부활하였고, 제5공화국 헌법에 규정되었던 '재판과 진행 중인 범죄수사・소추에 간섭할 수 없다'는 규정도 삭제하였다. 국정감사 및 조사에 관련한 법률로는 '국정감사 및 조사에 관한 법률', '국회에서의 증언・감정 등에 관한 법률'이 있다.

(2) 국정감사 · 조사권과 감사원감사와의 관계

1) 국정조사와 국정감사와의 관계-시기, 기간, 대상의 차이

비교	국정감사	국정조사
공통점	본질, 주체, 행사방법, 한계, 효과면 대동소이	
차이점	국정 전반을 대상으로 하여 정기적으로 행하는 '정례일반국정조사'	특정한 사안을 대상으로 수시로 행하는 '부정기적 특정국정조사'

2) 국정감사 · 조사와 감사원감사의 관계

비교	국정감사 · 조사	감사원감사
1) 목적	국회의 본래적 기능수행에 필요한 자료와 정보를 수집하고 국정통제	국가의 재원이 법률에 정한 목적 · 방법 · 절차 등에 따라 정당하게 집행되었는지, 그리고 행정이 본래의 기능대로 운영되고 있는가를 파악 개선방안 제시
2) 기능	병렬적 지위에 있는 집행부와 사법부의 비판 · 통제	행정부 내에서의 내부적 통제
3) 내용	중요정책결정이나 국정운영방향	회계감사와 직무감찰
4) 대상	입법, 사법, 행정 등 국정의 모든 분야	예산집행 등 회계에 관한 사항과 공무원의 직무상 비위감찰

(3) 국정감사 · 조사의 법적 성질

1) 보조적 권한(권능)설

국회가 독자적인 기능을 수행하는 권한이 아니라 의회가 보유하는 헌법상의 권한들을 유효 · 적절하게 행사하는 데 필요한 보조적 권한으로 보는 견해이다(기능적 이론).

2) 독립적 권한(권능)설

입법권, 예산심의권, 국정통제권과 더불어 의회의 4대 권한(기능) 중의 하나로 이해하는 견해이다. 루소의 국민주권사상과 시예스의 대의민주주의사상이 혼합되어 의회주권 내지 최고기관성에서 국정조사권을 당연한 것으로 보는 입장이다.

3) 결 어

현재 보조적 권한설이 다수설이다. 국정감사권은 독립적 권한으로, 국정조사권은 보조적 권한으로 이해하는 견해도 있다.[57] 한편, 국정조사권을 고전적 측면인 통제적 기능의 관점에서는 독립적 권한이며, 기능적 관점에서는 보조적 권한으로, 또한 국민의 기본권적인 시각에서는 국정상황에 대한 국민의 알권리를 충족시키는 역할을 하므로, 그 본질은 보는 시각에 따라 상이하여 구별의 실익이 없다고 하는 견해도 있다.[58]

(4) 국정감사 · 조사권의 내용

1) 주 체

국정감사 · 조사권의 주체는 국회이다. 국회본회의, 상임위원회, 특별위원회가 국정감사 · 조사권을 가진다.

2) 시기 · 방법 · 장소

① 시 기

(i) 국정감사

종전 국정감사 및 조사에 관한 법률(약칭: 국감국조법)은 "국회는 국정전반에 관하여 소관 상임위원회별로 매년 9월 10일부터 20일간 감사를 행한다. 다만, 본회의의 의결에 의하여 그 시기를 변경할 수 있다"고 규정하고 있었는데, 개정 국감국조법은 "국회는 국정전반에 관하여 소관 상임위원회별로 매년 정기회 집회일 이전에 감사시작일부터 30일 이내의 기간을 정하여 감사를 실시한다. 다만, 본회의의 의결로 정기회 기간 중에 감사를 실시할 수 있다"고 규정하고 있다(국감국조법 제2조 제1항).

(ii) 국정조사

국회재적의원 4분의 1 이상의 요구로 수시로 실시될 수 있다. 본회의는 의결로써 조사위원회의 활동기간을 연장 또는 단축할 수 있다.

② 방 법

국정감사 · 조사를 하는 구체적인 방법은 예비조사, 보고 · 서류제출 · 중인 등의 출석요구, 청문회의 개최, 동행명령, 벌칙과 고발 등에 관해서는 국감국조법에 상

57) 김철수, 앞의 책(하), 1629면.
58) 허영, 앞의 책, 978면.

세히 규정되어 있다.

(i) 보고·서류제출·증인 등의 출석요구

위원회, 소위원회 또는 반[59]은 감사 또는 조사를 위하여 그 의결로 감사 또는 조사와 관련된 보고 또는 서류 등의 제출을 관계인 또는 그 밖의 기관에 요구하고, 증인·감정인·참고인의 출석을 요구하고 검증을 할 수 있다. 다만, 위원회가 감사 또는 조사와 관련된 서류 등의 제출 요구를 하는 경우에는 재적위원 3분의 1 이상의 요구로 할 수 있다(국감국조법 제10조 제1항).

(ii) 청문회의 개최

위원회(소위원회 또는 반을 포함)는 증거의 채택 또는 증거의 조사를 위하여 청문회를 열 수 있다(국감국조법 제10조 제3항). 청문회는 미국에서 발달한 제도이다, 우리나라도 1988년 청문회제도를 도입하였다(5공청문회, 한보청문회 등). 청문회는 공개가 원칙이다.

(iii) 동행명령제

국정감사나 국정조사를 위한 위원회는 증인이 정당한 이유 없이 출석하지 아니하는 때에는 그 의결로 해당 증인에 대하여 지정한 장소까지 동행할 것을 명령할 수 있다. 동행명령을 할 때에는 위원회의 위원장이 동행명령장을 발부한다(국회에서의 증언·감정 등에 관한 법률(약칭: 국회증언감정법) 제6조 제1항, 제2항). 동행명령장은 국회사무처 소속 공무원으로 하여금 이를 집행하도록 한다(국회증언감정법 제6조 제5항).[60]

증인이 모욕적인 언행으로 국회의 권위를 훼손하고, 동행명령을 거부하거나, 허위의 진술이나 감정한 경우는 국회모독죄 또는 위증죄로 처벌된다(국회증언감정법 제13조－제14조).

(iv) 특별검사제의 도입

i) 미국의 특별검사제

대통령을 비롯한 고위공직자의 비위 또는 비행에 관하여 방증자료를 수집하고 기소하기까지 독자적으로 수사를 할 수 있는 독립수사기구이다. 워터게이트 사건

---

59) 감사 또는 조사를 하는 위원회는 위원회의 의결로 필요한 경우 2명 이상의 위원으로 별도의 소위원회나 반을 구성하여 감사 또는 조사를 하게 할 수 있다(국감국조법 제5조 제1항).

60) 동행명령장에는 해당 증인의 성명·주거, 동행명령을 하는 이유, 동행할 장소, 발부연월일, 그 유효기간과 그 기간을 경과하면 집행하지 못하며 동행명령장을 반환하여야 한다는 취지와 동행명령을 받고 거부하면 처벌된다는 취지를 기재하고 위원장이 서명·날인하여야 한다. 이 경우 해당 증인의 성명이 분명하지 아니한 때에는 인상, 체격, 그 밖에 해당 증인을 특정할 수 있는 사항으로 표시할 수 있으며, 주거가 분명하지 아니한 때에는 주거기재를 생략할 수 있다(국회증언감정법 제6조 제3항).

이 직접적 계기가 되어 1978년 정부윤리법에 명문화되었다. 위헌논의에 대해서 연방대법원은 합헌으로 결정한 바 있다(8:1).

ii) 우리나라에서의 특별검사제

재정신청시 공소유지담당변호사를 일명 특별검사[61]라 하지만, 이는 미국이나 국회법상의 특별검사제와는 다르다. 우리나라에서 그동안 실시된 특검수사는 한국조폐공사 노동조합 파업 유도 및 전(前) 검찰총장 부인에 대한 옷 로비 의혹사건 진상규명을 위한 특별검사(1999), 이용호 게이트 특검(2001년), 대북송금 특검(2003년), 노무현 대통령 측근 비리 의혹 특검(2004년), 러시아 유전 개발사업 특검(2005년), 삼성비자금 특검(2008년), BBK 특검(2008년), 스폰서 검사 특검(2010년), 디도스 특검(2012년), 내곡동 사저 특검(2012년), 최순실 국정농단 의혹 특검(2016년), 드루킹 댓글조작 특검(2018) 등이 있다.

③ 장 소

국정감사·조사의 장소는 위원회의 정하는 바에 따라 국회 또는 감사·조사대상현장이나 기타의 장소에서 할 수 있다(국감국조법 제11조).

④ 절차의 공개 여부

국정감사·조사는 공개를 원칙으로 한다. 다만, 위원회는 그 의결로 달리 정할 수 있다(국감국조법 제12조).

3) 국정감사·조사의 대상기관

① 국정감사대상기관

국감국조법은 국정감사대상기관으로 i) 정부조직법 기타 법률에 의하여 설치된 국가기관, ii) 지방자치단체 중 특별시·광역시·도(감사범위는 국가위임사무와 국가보조금 등 예산을 지원하는 사업에 한함), iii) 공공기관의 운영에 관한 법률 제4조에 따른 공공기관, 한국은행, 농업협동조합중앙회, 수산업협동조합중앙회, iv) i) ii) iii) 외의 지방행정기관, 지방자치단체, 감사원법에 따른 감사원의 감사대상기관(본회의가 특히 필요하다고 의결한 경우) 등을 명시하고 있다(국감국조법 제7조).

② 국정조사대상기관

국정조사대상기관은 본회의가 의결서로 승인한 조사계획서에 기재된 기관이 된다.

61) 권○○ 양 사건(부천서 성고문 사건) 때 조영황 변호사가 1호이다.

4) 국정감사 · 조사의 범위

① 국정감사의 경우

국정감사는 국정전반을 대상으로 한다. 구체적인 조사범위는 법률의 제정 · 개정 · 폐지에 관한 사항과 행정입법 · 자치입법 · 각종 규칙 등의 위헌 · 위법 여부 등에 관한 사항을 다루는 입법에 관한 사항, 예산과 결산, 조세, 국유재산 등의 변동을 다루는 재정에 관한 사항, 일반행정작용의 적법성 여부 및 그 타당성을 다루는 행정에 관한 사항, 법원과 헌법재판소 등 사법기관의 예산운용, 재판의 신속한 처리 여부, 법관의 유효적절한 배치, 법관과 헌법재판소 재판관에 대한 탄핵소추 등을 다루는 사법행정에 관한 사항, 국회의 규칙, 국회의 운영, 의원의 징계와 자격심사, 청원이나 진정을 처리하기 위하여 필요한 사항을 다루는 국회내부에 관한 사항으로 나누어 볼 수 있다.

② 국정조사 경우

특정의 국정사안에 한정된다.

(5) 국정감사 · 조사권의 한계

1) 한계 유형의 분류

국정감사 · 조사권의 한계를 크게 절대적 한계와 상대적 한계로 분류하는 경우가 있다. 절대적 한계는 성질상 전혀 감사 · 조사의 대상이 될 수 없는 사항을 말하며, 순수한 사생활, 재판작용, 국회의 권한과 무관한 사항 등이 이에 해당한다. 상대적 한계는 이론상 감사 · 조사의 대상이 될 수 있지만, 감사 · 조사에 의한 이익과 피감사 · 조사사항(또는 증인)이 입게 되는 불이익을 형량한 결과 자제가 적절하다는 한계를 말한다. 중대한 국가이익, 사생활불가침 등 기본권보장상의 한계가 이에 해당한다.

그 밖에 권력분립적 한계, 기능적 한계(국회기능과 무관한 감사 등 금지), 기본권적 한계(타인의 기본권침해금지), 규범조화적 한계(국가안위에 직결되는 사항에 대한 한계)로 나누는 견해[62]도 있다. 여기서는 편의상 권력분립상의 한계, 기본권보장상의 한계, 국가이익상의 한계로 나누어 설명하고자 한다.[63]

62) 허영, 앞의 책, 980면 이하.
63) 권영성, 앞의 책, 928면 이하.

2) 권력분립상의 한계

① 행정작용에 대한 간섭

국회가 국정감사·조사를 하는 경우에도 권력분립원칙상 국회가 스스로 구체적인 행정처분을 행하거나, 스스로 취소하는 것은 물론이고 집행부에 정치적인 압력을 가하는 것은 허용되지 않는다. 국정감사·조사의 결과 행정처분의 위법이 밝혀졌다고 하더라도 국회가 행정청을 대신하여 당해 행정처분의 취소를 명할 수 없다. 국회는 감사 또는 조사 결과 위법하거나 부당한 사항이 있을 때에는 그 정도에 따라 정부 또는 해당 기관에 변상, 징계조치, 제도개선, 예산조정 등 시정을 요구하고, 정부 또는 해당 기관에서 처리함이 타당하다고 인정되는 사항은 정부 또는 해당 기관에 이송한다(국감국조법 제16조 제2항).

② 사법권독립의 침해

(i) 법원에 계속 중인 사건에 대한 국정감사·조사

견해의 대립이 있으나, 법원에 계속 중인 재판내용에의 개입을 위한 감사·조사나 법관의 소송지휘·재판절차를 대상으로 하는 감사·조사는 허용될 수 없다는 것이 통설이다. 법원과 동일한 목적을 가지거나(유무죄 증거) 사실상 재판에 간여하는 것(소송지휘의 당부)이 아니면 가능하다는 제한적 긍정설도 있다. 국감국조법도 "감사 또는 조사는 개인의 사생활을 침해하거나 계속 중인 재판 또는 수사 중인 사건의 소추(訴追)에 관여할 목적으로 행사되어서는 아니 된다"고 한계를 명시하고 있다(제8조 후단).

(ii) 판결의 내용이나 소송절차의 당·부당에 대한 국정감사·조사

견해의 대립이 있으나, 법관의 독립, 법관의 자유심증주의를 침해하기 때문에 허용될 수 없다. 다만, 법원과 병행하여 동일사건을 다른 목적(탄핵소추, 해임건의)을 위하여 독자적으로 감사·조사하는 것은 무방하다.

(iii) 확정된 판결에 대한 국정감사·조사의 가능 여부

유사한 법적 문제에 대한 법관의 자유로운 심증형성에 영향을 미치기 때문에 부정설이 타당하다.

③ 수사·소추 등 검찰사무에 대한 간섭

검찰사무는 행정작용이지만, 준사법적 성질을 보유한다. 국정감사·조사가 가능하지만, 소추에 간여할 목적이 아닌 정치적 목적(탄핵소추, 해임건의 등)을 위해서는

가능하다. 국감국조법도 "감사 또는 조사는 개인의 사생활을 침해하거나 계속 중인 재판 또는 수사 중인 사건의 소추(訴追)에 관여할 목적으로 행사되어서는 아니 된다"고 한계를 명시하고 있다(제8조 후단).

현행헌법이 구헌법의 "현재 진행 중인 범죄수사·소추에 간섭할 수 없다"는 규정을 삭제한 이유는 국정감사·조사를 막는 이유로 이 조항이 자주 인용되었던 것도 한 이유라고 하겠다.

④ 지방자치단체의 고유사무(자치사무)에 대한 간섭

지방자치단체의 고유사무(자치사무)에 대한 감사·조사는 인정되지 않는다. 그러나 고유사무와 단체위임사무의 구별이 점차 희미해져가고 있는 상황을 고려할 때, 지방자치단체에 대한 국정감사·조사는 가급적 자제될 필요가 있다. 국감국조법도 감사의 대상기관으로서의 지방자치단체 중 특별시·광역시·도에 대한 감사범위는 국가위임사무와 국가가 보조금 등 예산을 지원하는 사업으로 한다는 점을 명시하고 있다(제7조 제2호). 또한 지방자치단체에 대한 감사는 둘 이상의 위원회가 합동으로 반을 구성하여 할 수 있도록 규정하고 있다(제7조 의2).

⑤ 감사원의 준사법적 감사행위에 대한 간섭

감사원의 업무도 국회의 국정감사·조사의 대상이 되지만, 변상책임의 판정, 징계처분과 문책요구 등 준사법적 판단작용은 감사원의 독립기관성에 비추어 국정감사·조사의 대상에서 제외된다.[64] 그러나 이러한 감사원의 준사법적 기능은 법원이나 검찰업무와는 차이가 있고 독립된 행정위원회 등이 가지는 준사법적 기능의 본질적인 구별도 어렵기 때문에 한계를 인정할 실익이 없다는 견해[65]도 있다.

3) 기본권보장상의 한계

국정과 관계없는 개인의 사생활사항에 대해서는 이를 감사·조사할 수 없다(국감국조법 제8조). 다만, 사생활이라도 국가작용과 관련이 있는 사항(정치자금의 출처나 용도, 선거에 관여한 사회적 조직과 활동 등) 등은 감사·조사가 가능하다.

국정감사·조사가 이루어지는 경우에도 사생활보호의 이념 하에 의원 등의 정당한 이유 없는 비밀누설이 금지되어야 한다. 그리고 증인의 변호인 대동이 허용되어야 하며, 질문사항이 특정되어야 하고 불이익한 진술이 강요될 수 없다. 또한 양심의 자유와 관련하여 정치적 신조나 직무상 비밀에 대한 증언이 강제되어서는

64) 권영성, 앞의 책, 929면.
65) 성낙인, 앞의 책, 531면.

안 된다. 그 밖에 인신에 관한 실체적 권리와 인신보호를 위한 사법절차적 기본권도 마땅히 존중되어야 한다.

4) 국가이익상의 한계

국가기밀 등과 같이 국익과 관련된 중요한 사항에 대하여는 국정감사·조사권 발동이 자제되어야 한다. 국회의 국정감사·조사권은 우리 헌법이 추구하는 모든 가치체계를 균형 있게 실현시킴으로써 자유민주주의 통치질서를 확고히 뿌리내리게 하는 것이어야 하기 때문에 헌법적 가치를 균형 있게 조화시킬 수 있는 방향으로 행사되어야 한다.[66]

국회로부터 공무원 또는 공무원이었던 사람이 증언의 요구를 받거나, 국가기관이 서류 등의 제출을 요구받은 경우에 증언할 사실이나 제출할 서류 등의 내용이 직무상 비밀에 속한다는 이유로 증언이나 서류 등의 제출을 거부할 수 없다. 다만, 군사·외교·대북 관계의 국가기밀에 관한 사항으로서 그 발표로 말미암아 국가 안위에 중대한 영향을 미칠 수 있음이 명백하다고 주무부장관(대통령 및 국무총리의 소속기관에서는 해당 관서의 장)이 증언 등의 요구를 받은 날부터 5일 이내에 소명하는 경우에는 그러하지 아니하다. 국회가 소명을 수락하지 아니할 경우에는 본회의의 의결로, 폐회 중에는 해당 위원회의 의결로 국회가 요구한 증언 또는 서류 등의 제출이 국가의 중대한 이익을 해친다는 취지의 국무총리의 성명(聲明)을 요구할 수 있다. 국무총리가 성명 요구를 받은 날부터 7일 이내에 그 성명을 발표하지 아니하는 경우에는 증언이나 서류 등의 제출을 거부할 수 없다(국회증언감정법 제4조).

(6) 국정감사·조사결과의 처리

1) 처리절차

감사 또는 조사를 마쳤을 때에는 위원회는 지체 없이 그 감사 또는 조사 보고서를 작성하여 의장에게 제출하여야 한다. 조사보고서에는 증인 채택 현황 및 증인신문 결과를 포함한 감사 또는 조사의 경과와 결과 및 처리의견을 기재하고 그 중요근거서류를 첨부하여야 한다. 보고서를 제출받은 의장은 이를 지체 없이 본회의에 보고하여야 한다(국감국조법 제15조). 국회는 본회의 의결로 감사 또는 조사 결과를 처리한다(제16조 제1항).

66) 허영, 앞의 책, 981면.

2) 처 리

국회는 감사 또는 조사 결과 위법하거나 부당한 사항이 있을 때에는 그 정도에 따라 정부 또는 해당 기관에 변상, 징계조치, 제도개선, 예산조정 등 시정을 요구하고, 정부 또는 해당 기관에서 처리함이 타당하다고 인정되는 사항은 정부 또는 해당 기관에 이송한다(제2항). 정부 또는 해당 기관은 시정요구를 받거나 이송 받은 사항을 지체 없이 처리하고 그 결과를 국회에 보고하여야 한다. 국회는 처리결과 보고에 대하여 적절한 조치를 취할 수 있다(제4항).

국회는 소관 위원회의 활동기한 종료 등의 사유로 처리결과보고에 대하여 조치할 위원회가 불분명할 경우 의장이 각 교섭단체 대표의원과 협의하여 지정하는 위원회로 하여금 이를 대신하게 하여야 한다(제5항).

3) 현대적 의의

오늘날 국정감사·조사권은 국정통제로서의 기능도 하고 있지만 국민의 알권리를 충족해준다는 점에서 그 의의를 찾을 수 있다.

4. 계엄해제요구권과 긴급재정경제처분·명령 및 긴급명령에 대한 승인권

국회가 재적의원 과반수의 찬성으로 계엄의 해제를 요구한 때에는 대통령은 이를 해제하여야 한다(헌법 제77조 5항). 판례는 "계엄령이 선포된 후에 국회의 계엄해제요구가 있는 경우에도 대통령이 이를 해제하지 아니하면 해제의 효력이 발생하지 아니한다"고 판시하였다.[67)]

긴급재정경제처분 또는 명령을 발한 때나 긴급명령을 발한 때에는 지체 없이 국회에 보고하여 그 승인을 얻어야 한다. 승인을 얻지 못한 때에는 그 처분 또는 명령은 그때부터 효력을 상실한다(헌법 제77조 제3항, 제4항).

5. 국방·외교정책에 대한 동의권

국회는 상호원조 또는 안전보장에 관한 조약, 중요한 국제조직에 관한 조약, 우호통상항해조약, 주권의 제약에 관한 조약, 강화조약, 국가나 국민에게 중대한 재정적 부담을 지우는 조약 또는 입법사항에 관한 조약의 체결·비준(헌법 제60조 제1항), 선전포고, 국군의 외국에의 파견 또는 외국군대의 대한민국 영역 안에서의 주류(헌법 제60조 제2항)에 대한 동의권을 헌법상 인정받고 있다.

---

67) 대판 1955. 1. 18. 4287형상113.

판례 대통령이 외교통상부장관에게 위임하여 워싱턴에서 미합중국 국무장관과 발표한 동맹 동반자 관계를 위한 전략대화 출범에 관한 공동성명이 조약에 해당하는지 여부

조약은 '국가·국제기구 등 국제법 주체 사이에 권리의무관계를 창출하기 위하여 서면형식으로 체결되고 국제법에 의하여 규율되는 합의'인데, 이러한 조약의 체결·비준에 관하여 헌법은 대통령에게 전속적인 권한을 부여하면서(헌법 제73조), 조약을 체결·비준함에 앞서 국무회의의 심의를 거쳐야 하고(헌법 제89조 제3호), 특히 중요한 사항에 관한 조약의 체결·비준은 사전에 국회의 동의를 얻도록 하는 한편(헌법 제60조 제1항), 국회는 헌법 제60조 제1항에 규정된 일정한 조약에 대해서만 체결·비준에 대한 동의권을 가진다.

이 사건 공동성명은 한국과 미합중국이 상대방의 입장을 존중한다는 내용만 담고 있을 뿐, 구체적인 법적 권리·의무를 창설하는 내용을 전혀 포함하고 있지 아니하므로, 조약에 해당된다고 볼 수 없으므로 그 내용이 헌법 제60조 제1항의 조약에 해당되는지 여부를 따질 필요도 없이 이 사건 공동성명에 대하여 국회가 동의권을 가진다거나 국회의원인 청구인이 심의표결권을 가진다고 볼 수 없다.

헌재 2008. 3. 27. 2006헌라4

6. 일반사면에 대한 동의권

대통령은 국가원수로서 사면권을 갖는다(헌법 제79조 제1항). 하지만 사면권 중에서도 일반사면은 특정한 범죄유형에 속하는 사람 모두를 사면하는 것이기 때문에 사실상 국회가 입법으로 법률의 적용에 대하여 '일반적 효력을 갖는' 예외를 인정한 것과 마찬가지가 된다. 따라서 대통령이 일반사면을 자의적으로 행사할 경우에는 사실상 입법권을 침해하는 결과가 될 수 있다.

헌법은 이러한 문제점을 막고, 대통령의 자의적 사면권행사를 통제하기 위하여 일반사면에는 국회의 동의를 요하는 것으로 명시하고 있다(헌법 제79조 제2항).

7. 국무총리·국무위원에 대한 해임건의권(제63조)

(1) 개념과 제도적 의의

국회가 국무총리 또는 국무위원의 해임을 대통령에게 건의할 수 있는 제도이다. 국무총리임명동의권과 더불어 집행부의 독선과 전제를 간접적으로 견제하기 위한 정치적 통제이다. 법적 구속력이 없는 건의는 국회의 대의기관의 본질상 당연한 것으로 헌법의 규정유무와 상관없이 어떠한 사항이든 할 수 있으므로 해임건의제는 사실상 무의미하거나,[68] 무의미한 전시적(展示的)인 통제수단에 불과하다는 견해[69]도 있다.

(2) 국회의 정부(내각)불신임제도의 변천

- 연대책임제
  - 대통령제(제1차 개정헌법)
  - 의원내각제(제3차 개정헌법)
- 개별적 책임제
  - 해임의결(제헌, 2차, 7차, 8차 개정헌법)
  - 해임건의(5차, 9차 개정헌법)

(3) 법적 성격

국무총리·국무위원에 대한 해임건의제도는 의원내각제적 요소로서 정치적 책임추궁제도이다. 그리고 현재 우리나라는 연대책임제가 아니라 개별적 책임제도를 취하고 있다.

(4) 내 용

1) 대 상

해임건의의 대상은 국무총리 또는 국무위원이다. 헌법에 명시되지 않은 정부위원 등은 제외된다.

2) 사 유

해임건의 사유는 특별한 제한은 없다. 정치적 책임추궁의 성격상 탄핵사유보다 광범위하고 포괄적이다. 직무집행에 있어서 위헌·위법행위는 물론이고, 정책의 수립과 집행에 있어서 중대한 과오를 범한 경우, 부하직원의 과오나 범법행위에 대한 정치적 책임을 추궁하는 경우, 대통령을 잘못 보좌하는 경우, 무능력 등 다양하다. 해임건의권의 행사에 횟수의 제한은 없다. 직무집행에 있어서 위헌·위법행위만이 탄핵사유인 것과 구별된다.

---

68) 권영성, 앞의 책, 932면.
69) 허영, 앞의 책, 985면.

3) 절 차

해임건의는 국회재적의원 3분의 1 이상의 발의에 의하여 국회재적의원 과반수의 찬성이 있어야 한다(헌법 제63조 제2항). 본회의에 보고된 때로부터 24시간 이후 72시간 이내에 무기명투표로 표결한다. 기간 내에 표결이 없으면 폐기된 것으로 간주한다(국회법 제112조 제7항).

4) 제한규정 없음

구헌법은 총리에 대한 해임의결은 임명동의 후 1년 이내에 행사를 제한하고 있었으나(구헌법 제99조 제1항), 현행헌법은 이러한 제한을 삭제하였다.

(5) 효 과

해임건의는 해임의결제도와 달리 대통령을 법적으로 구속하지는 않는다. 국무총리에 대한 해임건의가 있을 때 국무위원의 해임 여부가 문제될 수 있는데, 국무총리의 해임건의가 당연히 국무위원 전원의 해임을 결과하는 것은 아니다(개별적 책임제).

8. 국무총리 · 국무위원 등의 국회출석요구 및 질문권(제62조 제2항)

(1) 의 의

국회(본회, 위원회)가 국무총리 등의 출석을 요구하여 국정처리상황의 보고, 의견진술 및 질문에 답변하게 하는 제도이다. 제헌헌법 이래 줄곧 인정되어 왔다.

(2) 성격 및 제도적 의의

의원내각제적 요소로서, 집행부와 국회가 긴밀한 공화 · 협조관계를 유지하고 국회의 집행부통제의 실효를 거두기 위한 제도이다.

(3) 출석요구권

1) 요구권자

국회의 본회의와 위원회가 요구권자이다.

2) 요구대상

국무총리 · 국무위원 또는 정부위원이다(헌법 제62조). 국회법은 대법원장, 헌법재판소장, 중앙선거관리위원회위원장, 감사원장에게도 확대하고 있다(국회법 제121조 제4항).

3) 요구절차

① 본회의의 경우

의원 20인 이상의 이유명시한 서면에 의한 발의와 본회의 의결로 요구한다.

② 위원회의 경우

위원회의 의결로 의장을 경유하여 요구한다(국회법 제121조 제1항, 제2항).

③ 질문요지서

질문요지서는 질문시간 48시간 전에 정부에 도달토록 송부하여야 한다. 대정부 질문은 20분을 초과할 수 없고, 보충질문은 5분을 초과할 수 없다. 의제별로 총질문시간제를 채택하고 있다.

(4) 효 과

1) 출석 · 답변의무

정부는 국회의 요구가 없어도 필요한 경우 국회 본회의나 그 위원회에 출석하여 국정처리상황을 보고하거나 의견을 진술할 수 있지만(제62조 제1항), 국회의 요구가 있는 경우에는 반드시 출석 · 답변하여야 한다.

2) 대리출석

국무총리 · 국무위원이 출석요구를 받은 때에는 국무위원 또는 정부위원으로 출석 · 답변하게 할 수 있는 제도이다. 제7차 개정 헌법부터 인정되고 있다. 정부위원은 정부조직법에 규정되어 있다. 즉, 국무조정실의 실장 및 차장, 부 · 처 · 청의 처장 · 차관 · 청장 · 차장 · 실장 · 국장 및 차관보와 제29조제2항 · 제34조제3항 및 제37조제2항에 따라 과학기술정보통신부 · 행정안전부 및 산업통상자원부에 두는 본부장은 정부위원이 된다(정부조직법 제10조).

3) 불출석의 효과

해임건의 또는 탄핵사유에 해당될 수 있다.

(5) 질문권

1) 질문의 개념

여기서 질문(質問)은 의원이 국정의 전반 또는 일부에 대하여 정부에 설명을 요구하며 입장을 묻는 것을 말한다. 질문은 의사로서 독립적인 성질을 가지고 질문요지서를 제출하여 정부에 송부하는 등 일정한 절차가 필요하다. 질문과 구별되는 용어 중 질의(質疑)는 의제가 된 안건에 대하여 의문이 있는 사항을 물어서 밝히는 것으로, 질의는 안건심의절차에 포함되어 별도의 절차없이 의안이 의제로 상정되면 할 수 있다.

2) 대정부질문권

정부에 대한 질문(대정부질문)은 본회의는 회기 중 기간을 정하여 국정전반 또는 국정의 특정분야를 대상으로 정부에 대하여 질문하는 것을 말한다(국회법 제122조의 2 제1항). 대정부질문은 일문일답의 방식으로 하되, 의원의 질문시간은 20분을 초과할 수 없다[70] 이 경우 질문시간에는 답변시간이 포함되지 아니한다(제2항). 국회법은 매 짝수월(8월 · 10월 및 12월을 제외) 1일에 임시회를 집회하도록 규정하고 있는데(국회의원 총선거가 있는 월의 경우는 제외), 그 임시회의 회기 중 1주는 정부에 대한 질문을 하도록 하여 대정부질문제도를 활성화하고 있다.[71]

의제별 질문의원수는 의장이 각 교섭단체대표의원과 협의하여 정한다(제4항). 질문을 하고자 하는 의원은 미리 질문의 요지를 기재한 질문요지서를 구체적으로 작성하여 의장에게 제출하여야 하며, 의장은 늦어도 질문시간 48시간 전까지 질문요지서가 정부에 도달되도록 송부하여야 한다(제7항).

3) 긴급현안질문권

긴급현안질문은 회기 중 현안이 되고 있는 중요한 사항을 대상으로 정부에 대하여 질문하는 것이다. 의원은 20인 이상의 찬성으로 질문할 것을 의장에게 요구할 수 있다(국회법 제122조의3 제1항). 긴급현안질문을 요구하는 의원은 그 이유와 질문요지 및 출석을 요구하는 국무총리 또는 국무위원을 기재한 질문요구서를 본회의 개의 24시간 전까지 의장에게 제출하여야 한다(제2항). 의장은 질문요구서가 접수된 때에는 그 실시 여부와 의사일정을 국회운영위원회와 협의하여 정한다. 다만, 의장은 필요한 경우 본회의에서 그 실시 여부를 표결에 부쳐 정할 수 있다(제3항). 긴급현안질문시간은 총 120분으로 한다. 다만, 의장은 각 교섭단체대표의원과 협의하여 이를 연장할 수 있다(제5항). 긴급현안질문을 할 때의 의원의 질문은 10분을 초과할 수 없다. 다만, 보충질문은 5분을 초과할 수 없다(제6항).

---

70) 다만, 시각장애 등 신체장애를 가진 의원이 대정부질문을 하는 경우, 의장은 각 교섭단체 대표의원과 협의하여 별도의 추가 질문시간을 허가할 수 있다(국회법 제122조의2 제3항).

71) 국회법 제5조의2 제2항 제1호, 제3호 참조.

4) 대정부서면질문권

의원이 구두질문권 외에 정부에 서면으로 질문하려고 할 때에는 질문서를 의장에게 제출하여야 한다. 의장은 질문서가 제출된 때에는 지체없이 이를 정부에 이송한다. 정부는 질문서를 받은 날로부터 10일 이내에 서면으로 답변하여야 한다. 그 기간 내에 답변하지 못할 때에는 그 이유와 답변할 수 있는 기한을 국회에 통지하여야 한다(국회법 제122조).

Ⅵ. 국회내부사항에 관한 자율권(자율기능)

1. 자율권 일반

(1) 의 의

의회가 타기관의 간섭 없이 헌법·법률·의회규칙에 따라 그 의사와 내부사항에 관하여 독자적인 결정을 할 수 있는 권한이다.

(2) 이론적 근거와 기능

국회의 자율권은 다른 국가기관의 개입이나 간섭을 받지 않아야 한다는 권력분립적 요청, 의회의 기능을 유효·적절하게 행사하려면 의사와 내부사항에 관한 의회의 자주적 결정을 존중해야 한다는 요청 및 의회 내의 다수파의 횡포로부터 소수자를 보호하기 위해 내부의 자율성에 관한 의회규칙이 필요하다는 기능자치의 요청에 따라서 인정된다. 권력분립의 원칙을 기초로 국민대표기관성 내지 의회주의사상에서 유래하는 국회의 당연한 권능이라고 보고 있다. 국회의 자율권은 국회가 가지는 입법·재정·통제·인사기능의 실효성을 높이기 위한 불가결한 전제조건이다.[72)]

2. 자율권의 구체적인 내용

(1) 국회규칙제정권

헌법 제64조는 "국회는 헌법과 법률에 저촉되지 아니하는 범위 안에서 의사와 내부규율에 관한 규칙을 제정할 수 있다"고 규정하여 국회의 규칙제정권을 보장하고 있다. 국회규칙은 국회의 의사와 내부규율에 관한 사항을 정한 것으로 법률하

---

72) 허영, 앞의 책, 987면.

위의 규범이다. 국회규칙의 성질에 대해서는 자주법설과 국회법의 시행규칙설이 대립된다. 국회규칙은 헌법기관의 자주성과 자율성을 보장하기 위해 헌법에서 직접 근거지어진 국회 고유의 자주법으로 보아야 한다.

국회의 권한 수행을 위한 기술적, 절차적인 사항을 규율하는 것을 내용으로 한다. 국회규칙은 본회의 의결 또는 의장의 발의와 운영위원회의 동의로 자율적으로 제정된다.

국회규칙의 효력에 대해서는 의사진행에 관한 사항은 제3자효가 인정된다. 다만, 국민의 권리의무에 관한 사항은 모법의 구체적 위임이 있어야만 한다. 내부사항에 관한 사항은 행정규칙에 준하는 효력을 갖는다.

(2) 의사자율권

국회는 헌법과 국회법이 정하는 바에 따라 집회·휴회·폐회·회기 등을 자주적으로 결정할 수 있다. 의사결정 과정의 적법성 여부도 자율적으로 판단한다.

(3) 조직자율권

국회는 자율적으로 의장·부의장을 선출하고 상임위원회를 구성하며 사무총장 및 사무직원을 임명한다.

(4) 질서자율권

질서자율권은 내부경찰권과 의원(議院)가택권으로 나누어 볼 수 있다. 내부경찰권이란 국회내부의 질서를 유지하기 위해서 의원을 포함하여 원내에 있는 모든 자에 대하여 발할 수 있는 의장의 명령·강제권을 말한다. 의원가택권이란 국회의 의사에 반하는 국회진입을 금지할 수 있는 권한이다. 질서유지권은 국회의 권한이지만, 구체적으로는 의장의 경호권과 질서유지권으로 나타난다.

(5) 신분자율권

1) 의원의 자격심사

국회는 의원의 자격을 심사할 수 있다(헌법 제46조 제2항). 자격심사란 의원의 자격유무에 대한 국회의 심사절차를 말한다. 자격이란 의원의 피선자격의 유무, 겸직으로 인한 자격상실의 사유 기타 의원으로서의 자격보유요건을 말한다. 징계의 대상이 되는 의원의 품위와 구별된다. 의원이 다른 의원의 자격에 대하여 이의가 있을 때에는 30인 이상의 연서로 자격심사를 의장에게 청구할 수 있다. 심사내용은 피선자격,

금지된 직에의 겸직유무 등이다. 의원의 자격심사는 윤리특별위원회의 예심을 거쳐 본회의에서 재적의원 3분의 2 이상의 찬성이 있어야 한다. 피심의원이 사망하거나 사직하게 되어 의원의 신분을 상실하게 되면 자격심사청구는 실효되며, 의원의 임기종료로 자격심사청구는 폐기된다. 그러나 청구의원이 사망 또는 사직한다고 하여도 자격심사청구는 폐기되지 않는다. 자격상실결정에 대해서는 소급효는 없으며, 법원에 제소가 금지된다(헌법 제64조 제4항).

2) 의원에 대한 징계

① 개 념

의원의 징계란 국회의원이 원내질서를 문란하게 하거나 국회의 품위와 위신을 손상시키는 경우에 국회가 당해의원에게 과하는 제재를 말한다.

② 징계사유

징계사유는 국회법 제155조에 열거되어 있다.[73] 징계사유는 헌법상 청렴의무와 직권남용금지의무를 위반하는 행위를 하였을 때, 국회법상의 각종 의무위반, 국정감사 및 조사에 관한 법률과 공직자윤리법에서 정한 징계사유에 해당하는 경우 등이 있다.

---

73) 국회법상의 징계사유는 1. 헌법 제46조 제1항(청렴의무) 또는 제3항(지위남용금지의무)을 위반하는 행위를 하였을 때, 2. 국회법 제29조의 겸직 금지 규정을 위반하였을 때, 3. 국회법 제29조의2의 영리업무 종사 금지 규정을 위반하였을 때, 4. 국회법 제54조의2 제2항(정보위원회위원 및 소속공무원의 직무상 국기기밀누설금지의무)을 위반하였을 때, 5. 국회법 제102조를 위반하여 의제와 관계없거나 허가받은 발언의 성질과 다른 발언을 하거나 이 법에서 정한 발언시간의 제한 규정을 위반하여 의사진행을 현저히 방해하였을 때, 6. 국회법 제118조 제3항을 위반하여 게재되지 아니한 부분을 다른 사람에게 열람하게 하거나 전재 또는 복사하게 하였을 때, 7. 국회법 제118조 제4항을 위반하여 공표 금지 내용을 공표하였을 때, 8. 국회법 제145조 제1항에 해당되는 회의장의 질서를 어지럽히는 행위를 하거나 이에 대한 의장 또는 위원장의 조치에 따르지 아니하였을 때, 9. 국회법 제146조를 위반하여 본회의 또는 위원회에서 다른 사람을 모욕하거나 다른 사람의 사생활에 대한 발언을 하였을 때, 10. 국회법 제148조의2를 위반하여 의장석 또는 위원장석을 점거하고 점거 해제를 위한 제145조에 따른 의장 또는 위원장의 조치에 따르지 아니하였을 때, 11. 국회법 제148조의3을 위반하여 의원의 본회의장 또는 위원회 회의장 출입을 방해하였을 때, 12. 정당한 이유 없이 국회 집회일부터 7일 이내에 본회의 또는 위원회에 출석하지 아니하거나 의장 또는 위원장의 출석요구서를 받은 후 5일 이내에 출석하지 아니하였을 때, 13. 탄핵소추사건을 조사할 때 「국정감사 및 조사에 관한 법률」에 따른 주의의무를 위반하는 행위를 하였을 때, 14. 「국정감사 및 조사에 관한 법률」 제17조에 따른 징계사유에 해당할 때, 15. 「공직자윤리법」 제22조에 따른 징계사유에 해당할 때, 16. 「국회의원윤리강령」이나 「국회의원윤리실천규범」을 위반하였을 때 등을 들고 있다(국회법 제155조 각호).

③ 징계의 종류

국회법은 징계의 종류로 i) 공개회의에서의 경고, ii) 공개회의에서의 사과, iii) 30일(영리업무 종사 금지 규정 위반 행위를 한 의원에 대한 징계는 90일) 이내의 출석정지,[74] iv) 제명(除名) 등을 규정하고 있다(제163조 제1항).

④ 징계의 절차와 효과

국회는 의원이 징계사유에 해당하는 행위를 하였을 때에는 윤리특별위원회의 심사를 거쳐 그 의결로써 징계할 수 있다.[75] 윤리특별위원회는 징계대상자와 관계 의원을 출석하게 하여 심문할 수 있다(국회법 제159조). 의원은 자기의 징계안에 관한 본회의 또는 위원회에 출석하여 변명하거나 다른 의원으로 하여금 변명하게 할 수 있다. 이 경우 의원은 변명이 끝난 후 회의장에서 퇴장하여야 한다(제160조). 징계에 관한 회의는 공개하지 아니한다. 다만, 본회의나 위원회의 의결이 있을 때에는 그러하지 아니하다(제158조).

징계로 제명된 사람은 그로 인하여 궐원된 의원의 보궐선거에서 후보자가 될 수 없다(제164조).

3) 사직허가권

국회는 의결로 사직을 허가한다(국회법 제135조). 의원사직의 건은 본회의에서 토론 없이 표결한다. 폐회 중에는 의장이 이를 허가할 수 있다.

3. 자율권의 한계

국회에 자율권이 인정되어도 무제한적일 수 없다. 특히 사법권의 개입과 관련되어 자율권행사를 어디까지 보장할 것인가가 문제된다.

(1) 자격심사, 징계처분과 사법심사

의원에 대한 자격심사나 징계처분에 대해서는 법원에 사법심사를 구할 수 없다. 즉, 국회의 소속 의원에 대한 자격상실결정과 징계처분에 대해서는 헌법규정상 법원에 제소가 허용되지 않는다(제64조 제4항). 문제는 헌법재판소에 권리구제를 위하여 헌

74) 출석정지기간에 해당하는 동안 「국회의원수당 등에 관한 법률」에 따른 수당·입법활동비 및 특별활동비는 2분의 1을 감액한다(국회법 제163조 제1항 제3호).

75) 국회법상 의장석 또는 위원장석을 점거하고 점거 해제를 위한 의장 또는 위원장의 조치에 따르지 아니하였을 때에는 윤리특별위원회의 심사를 거치지 아니하고 그 의결로써 징계할 수 있다(국회법 제155조 제1항 단서).

법소원을 제기할 수 있는가이다. 헌법에 명문규정은 없지만, 제명을 제외한 국회의 자격심사나 징계처분에 대해서는 국회의 자율권을 존중하는 차원에서 헌법소원청구는 허용될 수 없다. 헌법이 법원에 제소를 금지하고 있는 취지는 국회 내의 문제는 국회 스스로 해결하는 것이 권력분립정신에 부합한다고 보기 때문이다. 그러나 제명은 국회의원직을 박탈하는 것으로 공무담임권의 중대한 제한으로 헌법소원을 통해 이러한 권리구제가 허용되어야 한다.[76]

(2) 법률제정 등에 관한 의사절차와 사법심사

1) 문제제기

헌법재판소의 위헌법률심판권이 국회의 법률제정 등 의사절차의 적부에도 미치는가의 문제이다. 즉, 헌법·국회법에 규정된 회의정족수·의결정족수에 관한 규정 또는 의사진행절차에 관한 규정에 위반하여 법안 등을 의결한 경우에 그 위헌·위법성 여부, 국회가 회기를 연장한 경우에 회기연장의 의결이 적법한가의 여부, 부적법하게 연장된 회기에서 의결된 법률의 유효성 여부에 대해서 사법심사가 가능한가의 문제이다.

2) 학 설

① 심사부정설

헌법재판소는 국회의 자율성을 존중한다는 관점에서 법률제정 등의 의사절차에 관한 사실을 심리할 수 없으며, 그 무효·유효를 판단할 수 없다는 견해이다.

② 심사긍정설

법치주의를 관철하려는 관점에서는 모든 법률문제의 적부를 판단할 권한을 가진다는 견해이다. 국회의 자율권도 헌법과 국회법에 위배되면, 사법심사의 대상이 된다는 견해이다.

③ 절충설

권력분립원리와 국회의 자율성 존중의 원칙에 비추어 원칙적으로 심사부정설이 타당하지만, 그 위반이 명백하고 현저한 잘못이 있고 그것이 의사결정에 직접적 영향을 미쳤다고 인정될 때에만 사법심사를 인정하는 견해이다.[77]

---

76) 권영성, 앞의 책, 939면; 김학성·최희수, 앞의 책, 975면.
77) 허영, 앞의 책, 991면; 권영성, 앞의 책, 941면.

④ 결 어

절충설과 마찬가지로 권력분립과 국회의 자율권존중의 관점에서 원칙적으로 사법심사를 부정하는 것이 타당하지만, 입법절차상의 하자가 중대하고 명백한 경우, 국민의 기본권을 명백히 침해하는 경우에는 사법심사가 가능하다(다수설).[78)]

참조판례

1. 독일판례

국회의 의사절차, 회의운영, 의사결정의 형식적・실질적 요건 등은 원칙적으로 사법심사의 대상이 될 수 없으나, 명백하고 현저한 의사절차상의 잘못이 있고 그것이 국회의 의사결정에 직접적인 영향을 미쳤다고 인정할 충분한 근거가 있는 경우에는 헌법재판의 과정에서 그에 대한 심사가 가능하다.

BVerfGE 62, 1; BVerfGE 80, 188

2. 헌법재판소 판례(국회의원과 국회의장간의 권한쟁의)

[판시사항]

1. 국회의원과 국회의장이 권한쟁의심판의 당사자가 될 수 있는지 여부(적극)
2. 야당의원들에게 개의일시를 통지하지 않음으로써 출석의 기회를 박탈한 채 본회의를 개의, 법률안을 가결처리한 경우 야당의원들의 법률안 심의・표결권의 침해 여부(적극)
3. 위와 같은 법률안 가결선포행위의 위헌 여부(인용의견이 과반수에 이르지 아니하여 기각된 예)

[결정요지]

1. 가. 헌법재판소법 제62조 제1항 제1호가 국가기관 상호간의 권한쟁의심판을 "국회, 정부, 법원 및 중앙선거관리위원회 상호간의 권한쟁의심판"이라고 규정하고 있더라도 이는 한정적, 열거적인 조항이 아니라 예시적인 조항이라고 해석하는 것이 헌법에 합치되므로 이들 기관외에는 권한쟁의심판의 당사자가 될 수 없다고 단정할 수 없다.

나. 헌법 제111조 제1항 제4호 소정의 "국가기관"에 해당하는지 여부는 그 국가

78) 헌법재판소는 "국회는 국민의 대표기관이자 입법기관으로서 의사(議事)와 내부규율 등 국회운영에 관하여 폭넓은 자율권을 가지므로 국회의 의사절차나 입법절차에 헌법이나 법률의 규정을 명백히 위반한 흠이 있는 경우가 아닌 한 그 자율권은 권력분립의 원칙이나 국회의 위상과 기능에 비추어 존중되어야 한다. 국회의 자율권의 범위 내에 속하는 사항에 관한 국회의 판단에 대하여 다른 국가기관이 개입하여 그 정당성을 가리는 것은 바람직하지 않고, 헌법재판소도 그 예외는 아니다"라고 하여 국회의 자율권 존중원칙을 천명하고 있다(헌재 1998. 7. 14. 98헌라3).

기관이 헌법에 의하여 설치되고 헌법과 법률에 의하여 독자적인 권한을 부여받고 있는지, 헌법에 의하여 설치된 국가기관 상호간의 권한쟁의를 해결할 수 있는 적당한 기관이나 방법이 있는지 등을 종합적으로 고려하여야 할 것인바, 이러한 의미에서 국회의원과 국회의장은 위 헌법조항 소정의 "국가기관"에 해당하므로 권한쟁의심판의 당사자가 될 수 있다.

다. 우리 재판소가 종전에 이와 견해를 달리하여 국회의원은 권한쟁의심판의 청구인이 될 수 없다고 한 의견은 이를 변경한다.

[재판관 황도연, 재판관 정경식, 재판관 신창언의 반대의견]

우리 재판소는 종전에 관여재판관 전원의 일치된 의견으로 국회의원이나 교섭단체는 권한쟁의심판의 청구인이 될 수 없다고 한 바 있는데, 그간 위 결정을 변경하여야 할 특별한 사정변경이 있었다고 볼 수도 없고, 이 사건 권한쟁의심판 청구에 위 결정과는 다른 법리가 적용되어야 할 사유가 있다고 보기도 어려우므로 위 결정은 그대로 유지되어야 한다.

2. 국회의장이 야당의원들에게 본회의 개의일시를 국회법에 규정된 대로 적법하게 통지하지 않음으로써 그들이 본회의에 출석할 기회를 잃게 되었고, 그 결과 법률안의 심의·표결과정에 참여하지 못하게 되었다면 이로써 야당의원들의 헌법에 의하여 부여된 법률안 심의·표결의 권한이 침해된 것이다.

[재판관 김용준, 재판관 김문희, 재판관 이영모의 의견]

이 사건 법률안은 재적의원의 과반수인 국회의원 155인이 출석한 가운데 개의된 본회의에서 출석의원 전원의 찬성으로 의결처리되었고, 그 본회의에 관하여 일반국민의 방청이나 언론의 취재를 금지하는 조치가 취하여지지도 않았음이 분명한바, 그렇다면 이 사건 법률안의 가결선포행위는 입법절차에 관한 헌법의 규정을 명백히 위반한 흠이 있다고 볼 수 없으므로 이를 무효라고 할 수 없다.

[재판관 이재화, 재판관 조승형, 재판관 고중석의 의견]

의회민주주의와 다수결원리의 헌법적 의미를 고려할 때, 헌법 제49조는 단순히 재적의원 과반수의 출석과 출석의원 과반수에 의한 찬성을 형식적으로 요구하는 것에 그치지 않고, 국회의 의결은 통지가 가능한 국회의원 모두에게 회의에 출석할 기회가 부여된 바탕위에 재적의원 과반수의 출석과 출석의원 과반수의 찬성으로 이루어져야 함을 뜻하는 것으로 해석하여야 하는바, 헌법 제49조를 구체화하는 국회법규정에 위배하여 야당의원들에게 본회의 개의일시를 알리지 않음으로써 출석가능성을 배제한 가운데 본회의를 개의하여, 여당의원들만 출석한 가운데 그들만의 표결로 법률안을 가결선포한 행위는 야당의원들의 헌법상의 권한을 침해한 것임과 아울러 헌법 제49조에 명백히 위배되는 것이다.

헌재 1997. 7. 16. 96헌라2

3. 대법원 판례(국민투표법위반)

국회가 적법하게 통과하였다 하여 정부에 이송하고 국무회의가 의결하고 대통령이 승인 공포했으면 실질상 입법의 전과정에 걸쳐 적법히 통과하였다고 인정되므로 삼권분립의 원칙으로 보아 법원이 헌법상 동 위인 입법부의 자율권에 개입해서는 안 된다. 즉 구 헌법(1962. 12. 26. 개정헌법) 제102조가 정한 법원의 법령조사권으로써는 입법부 스스로가 국회를 통과하였다고 결정하여 정부에 이송, 국무회의의 의결, 대통령의 공포가 있으면 국회통과의 과정에 흠이 있더라도 법원이 이를 뒤엎을 수 없다.

대판 1972. 1. 18. 71도1845

(3) 원내에서의 의원의 범죄와 사법심사

1) 의원의 범죄행위

의원이 국회 내에서 행한 직무상 발언표결에 대해서는 면책특권이 인정되나, 의원이 원내에서 행한 폭행, 상해 및 공무집행방해의 행위에 대해서는 면책특권이 인정되지 아니한다.

2) 국회의 고발 여부

원내의 범죄행위는 면책특권이 인정되지 않으므로 국회의 고발이 없더라도 기소할 수 있으며, 재판권이 이에 미친다고 하는 견해(고발불요설), 원내의 모든 범죄행위는 국회의 자율권을 존중하여 국회의 고발 없이는 검사가 기소할 수 없고 재판권도 이에 미치지 못한다는 견해(고발필요설),[79] 원내에서 '직무와 관련된 범법행위'에 대하여는 국회의 자율성을 존중하는 의미에서 국회의 고발이 있어야 하지만, '직무와 무관한 폭행·상해·모욕 등의 행위는 국회의 고발이 필요 없고 법원에 의한 사법적 심사의 대상이 된다고 하는 견해(절충설)가 대립한다. 절충설이 타당하다고 본다.

---

79) 국회가 최종적으로 책임질 문제를 타 국가기관에게 의존케 하는 것은 바람직하지 않으며, 고발불요설을 취할 경우 국회의 자율성이 훼손될 수 있고 대표성에도 심각한 타격을 줄 수 있기 때문에 국회의 고발이 요구된다고 한다(김학성·최희수, 앞의 책, 976－977면; 권영성, 앞의 책, 941면).

제5절 국회의원의 지위와 특권

Ⅰ. 국회의원의 헌법상 지위

1. 국정의 중심체인 국회의 구성원으로서의 지위

국회의원은 합의제 국가기관인 국회의 구성원으로서의 관직(Amt)을 보유한다. 국회의원은 이러한 지위에서 국회의 운영 및 활동에 관한 권한과 그 밖의 권리를 가지며 의무를 부담한다.

국회가 아닌 국회의원 자신이 국가기관성을 가지는가에 대해서는 논란이 있다. 의원 자신은 헌법기관인 국회의 기관은 아니며, 기관관리자로서의 지위를 가질 따름이라고 하여 부정하는 견해[80]와 국회의원은 헌법기관인 국회의 구성원인 지위와 그 자신도 헌법에 의하여 부여된 권한과 의무를 가지는 헌법기관인 지위를 인정하여 의원이 가지는 양 지위를 이중적 지위로 파악하여 의원의 헌법기관성을 인정하는 견해[81]로 나뉜다. 초기의 헌법재판소 판례는 국회의원 개인의 국가기관성을 부정하였으나, 현재는 국회의원의 국가기관성을 인정하고 있다.

판례 날치기 통과에 대한 국회의원들의 헌법소원심판청구부인

(국회의원의 질의 · 토론 · 표결권은 권한이지 권리가 아니다)

헌법소원은 기본권의 주체로서의 국민에 한정되며, 국민의 기본권을 보호 내지 실현할 책임과 의무를 지는 국가기관이나 그 일부는 헌법소원을 청구할 수 없다. 국회의원이 국회 내에서 행하는 질의권, 토론권 및 표결권 등은 입법권 등 공권력을 행사하는 국가기관인 국회의 구성원으로서의 지위에 있는 국회의원에게 부여된 권한이지 국회의원 개인에게 헌법이 보장하는 권리, 즉 기본권을 인정한 것이라고 할 수 없다. 헌재 1995. 2. 23. 90헌마125

판례 국회의원이 국회의장을 상대로 제기한 권한쟁의심판의 경우

국회는 국민의 대표기관이자 입법기관으로서 폭넓은 자율권을 가지고 있다. 그러나 국회의장인 피청구인이 국회의원인 청구인의 헌법 및 법률상 보장된 법률안 심의 · 표결권을 침해하였다는 이유로 권한쟁의심판이 청구된 피청구인의 이 사건 사 · 보임행위는 헌법재판소가 심사할 수 없는 국회내부의 자율에 관한 문제라고 할

---

80) 김철수, 앞의 책(하), 1563면.

81) 허영, 앞의 책, 994면.

수 없다. 헌재 2003. 10. 30. 2002헌라1; 헌재 1997. 7. 16. 96헌라2

2. 국민대표로서 지위

국회의 구성원인 국회의원을 국민의 대표기관으로 본다는 점에서는 이론이 없다. 다만, 그 대표의 법적 성격에 대해서는 정치적 대표설과 법적 대표설이 대립하지만, 정치적 대표라고 보는 것이 다수설이다. 국회의원은 광의의 공무원으로서 국민전체에 대한 봉사자로서 국민에 대한 책임을 부담한다. 국회의원은 선거구민의 의사에 의해서 선출되지만, 일단 국회의원에 당선된 이상 자기선거구민의 대표가 아니고 전체국민의 대표로서 행동한다(무기속위임).

3. 정당구성원(대표)으로서의 지위

국회의원은 오늘날 정당국가적 상황 하에서는 정당의 구성원으로서의 지위도 가진다. 의원의 정당에의 기속이 강화되면서 국민대표성과 충돌하는 현상도 나타나게 된다. 이처럼 국회의원은 국민대표로서의 지위와 정당의 대표자로서의 지위도 아울러 가지지만, 국가의 이익과 정당의 이익이 충돌할 때에는 국민대표로서의 지위가 앞선다. 헌법은 국회의원의 국가이익우선의무를 규정하고 있다(제46조 제2항).

판례 국회의원의 국민의 대표자로서의 지위와 정당의 대표자로서의 지위의 충돌(자유위임의 현대적 의의와 정당기속의 한계)

현대의 민주주의가 종래의 순수한 대의제 민주주의에서 정당국가적 민주주의의 경향으로 변화하고 있음은 주지하는 바와 같다. 다만, 국회의원의 국민대표성보다는 오늘날 복수정당제하에서 실제적으로 정당에 의하여 국회가 운영되고 있는 점을 강조하려는 견해와, 반대로 대의제 민주주의 원리를 중시하고 정당국가적 현실은 기본적으로 국회의원의 전체국민대표성을 침해하지 않는 범위 내에서 인정하려는 입장이 서로 맞서고 있다. 국회의원의 원내활동을 기본적으로 각자에 맡기는 자유위임은 자유로운 토론과 의사형성을 가능하게 함으로써 당내민주주의를 구현하고 정당의 독재화 또는 과두화를 막아주는 순기능을 갖는다. 그러나 자유위임은 의회내에서의 정치의사형성에 정당의 협력을 배척하는 것이 아니며, 의원이 정당과 교섭단체의 지시에 기속되는 것을 배제하는 근거가 되는 것도 아니다. 또한 국회의원의 국민대표성을 중시하는 입장에서도 특정 정당에 소속된 국회의원이 정당기속 내지는 교섭단체의 결정(소위 '당론')에 위반하는 정치활동을 한 이유로 제재를 받는 경우, 국회의원 신분을 상실하게 할 수는 없으나 "정당내부의 사실상의 강제" 또는 소속 "정당으로부터의 제명"은 가능하다고 보고 있다. 그렇다면, 당론과 다른 견해를 가진 소속 국회의원을 당해 교섭단체의 필요에 따라 다른 상임위원회로 전임(사·보임)하는 조치는 특별한 사정이 없는 한 헌법상 용인될 수 있는 "정당내부의 사실상 강제"의 범위내에 해당한다고 할 것이다. 헌재 2003. 10. 30. 2002헌라1

Ⅱ. 국회의원의 신분상의 지위

1. 의원자격의 발생과 소멸

(1) 의원자격의 발생

1) 학 설

취임승낙시설, 당선결정시설, 임기개시설이 대립되나 임기개시일에 의원의 자격이 발생한다는 임기개시설이 다수설이다.

2) 임기개시

① 총선의 경우

임기만료로 인한 총선의 경우 임기만료일의 다음날이 임기개시일이다(공직선거법 제14조 제2항). 국회해산에 의한 경우는 총선 후 최초의 집회일을 임기개시일로 본다.

② 보궐선거의 경우

당선된 날이 임기개시일이다.

③ 전국구 승계의 경우

승계일, 즉 중앙선거관리위원회가 승계를 결정·통고한 날이 임기개시일이다.

(2) 의원자격의 소멸

1) 임기만료

임기만료는 의원자격의 당연·강제상실사유이다.

2) 당선무효·선거무효의 판결의 확정

당선무효·선거무효의 판결의 확정도 의원자격의 당연·강제상실사유이다(공직선거법 제222조 이하).

3) 형사사건의 유죄확정

형사사건의 유죄확정도 당연·강제상실사유이다.

4) 사 직

임의 · 특정행위(본회의 의결 · 의장의 허가)에 의한 상실사유이다(국회법 제135조).

5) 퇴 직

겸직금지위반, 임기개시일 이후에 해직된 직의 권한 행사, 피선거권의 상실은 당연 · 강제상실사유이다(국회법 제136조).

6) 제 명

국회의 제명의결(재적 3분의 2 이상 찬성)에 의한 상실사유이다(국회법 제163조 제1항 제4호).

7) 자격심사

강제 · 특정행위(자격유무의 의결)에 의한 상실사유이다(국회법 제138조).

8) 당적변경과 소속정당의 강제해산

지역구의원의 당적변경은 의원자격 상실사유가 아니다(자유위임). 비례대표(전국구)의원 또는 당선인이 소속정당의 합당 · 해산 또는 제명 외의 사유로 당적을 이탈 · 변경하거나 둘 이상의 당적을 가지고 있을 때에는 그 당선을 무효로 한다(공직선거법 제192조 제4항).[82] 철새정치인 추방, 정당명부식 비례대표제란 성격을 고려한 규정이나, 의원의 국민대표성의 관점에서의 비판도 있다.[83] 공직선거법은 당적변경과 탈당을 구별하지 않고 학계에서도 탈당과 당적변경을 구별하지 않고 있는 것이 일반적이다. 이에 대하여 탈당과 당적변경을 구별하여, 정당의 옷을 벗는 데 그치는 탈당의 경우에는 의원직 상실로 이어질 필요가 없으나, 다른 정당으로 옷을 갈아입는 당적변경의 경우에는 의원직이 상실되어야 한다고 주장하는 견해가 있다.[84]

위헌정당해산의 경우, 명문규정은 없지만, 헌법재판소는 소속정당의 의원직을 상실시키고 있다(방어적 민주주의).

2. 임기와 겸직금지

(1) 임 기

국회의원의 임기는 4년으로 한다(헌법 제42조). 보궐선거로 인한 경우는 전임자의 잔임

82) 다만 비례대표국회의원이 국회의장으로 당선되어 「국회법」 규정에 의하여 당적을 이탈한 경우에는 그러하지 아니하다(동조 제4항 단서).

83) 허영, 앞의 책, 995면; 한수웅, 앞의 책, 1208면.

84) 김학성 · 최희수, 앞의 책, 979면.

기간으로 한다. 임기제도의 의미는 정당성의 갱신에 있다.

(2) 겸직금지

헌법은 "국회의원은 법률이 정하는 직을 겸할 수 없다"고 규정하고 있다(제43조). 현행 국회법은 의원은 국무총리 또는 국무위원 직 외의 다른 직을 겸할 수 없다고 규정하고 있다.[85] 의원이 당선 전부터 겸직할 수 없는 직을 가진 경우에는 임기개시일 전까지(재선거 · 보궐선거 등의 경우에는 당선이 결정된 날의 다음날까지를 말한다) 그 직을 휴직하거나 사직하여야 한다.[86]

Ⅲ. 국회의원의 특권

1. 일반론

(1) 개념과 제도적 의의

국민의 대표기관인 합의제의사결정기관의 구성원으로서의 국회의원이 국민의 대표자로서의 직책을 완수하고 헌법상 권한을 적절하게 행사할 수 있도록 의원의 직무수행을 특별보호하기 위한 제도로 국회의원의 특권이 인정되고 있다. 즉, 국회의원의 특권은 국회가 대의기관으로서의 기능을 원활하게 수행하기 위하여 인정된다.

(2) 연 혁

영국에서 의회제도의 발달과정에서 국왕 및 외부로부터 의회의 자주성 · 독립성을 보장하기 위해 제도화된 후 미국 등 각국의 헌법에서 채택되고 있다.

(3) 특권의 종류

불체포특권(제44조), 면책특권(제45조)이 대표적이나, 이외에 세비와 편익을 제공받을 권리를 포함시키는 견해도 있다.[87]

---

85) 다만, 1. 공익 목적의 명예직, 2. 다른 법률에서 의원이 임명 · 위촉되도록 정한 직, 3. 「정당법」에 따른 정당의 직은 겸할 수 있다(국회법 제29조 제1항).

86) 다만, 1. 「공공기관의 운영에 관한 법률」 제4조에 따른 공공기관(한국은행을 포함)의 임직원, 2. 「농업협동조합법」, 「수산업협동조합법」에 따른 조합, 중앙회와 그 자회사(손자회사를 포함)의 임직원, 3. 「정당법」 제22조 제1항에 따라 정당의 당원이 될 수 있는 교원 중 어느 하나의 직을 가진 경우에는 임기개시일 전까지 그 직을 사직하여야 한다(국회법 제29조 제2항).

87) 김철수, 앞의 책(하), 1572면.

2. 의원의 발언 · 표결에 대한 면책특권

(1) 의 의

1) 개 념

면책특권 또는 발언 · 표결의 자유란 국회의원이 국회에서 그 직무상 행한 발언과 표결에 관하여 국회 외에서 책임을 지지 아니하는 특권을 말한다.

2) 연혁 및 입법례

영국에서 하원이 전제군주의 대권(royal prerogative)과의 항쟁과정에서 발전하여, 명예혁명의 결과인 권리장전에 명문화되었고(제9조), 미국 연방헌법이 최초로 헌법전에 수용하였으며(제1조 제8항 제1호), 그 후 각국헌법에 규정되었다.

3) 제도적 의의

권력분립의 원리에 입각하여 의원의 자유토론과 직무의 독립성을 보장하고, 특히 정당국가에서는 야당의 지위를 보호함으로써 의회의 기능을 활성화하기 위해 모든 외적인 간섭을 배제하는 제도이다. 특히, 집행부를 비판 또는 반대하는 의원에게 의의가 있는 제도이다.

(2) 법적 성격

1) 의원(議員)의 특권인가? 국회의 특권인가?

의원의 특권으로 보는 견해,[88] 국회의 특권으로 보는 견해,[89] 의원의 특권인 동시에 국회의 특권으로 보는 견해[90] 등이 있다. 의원이 특권을 포기할 수 있는가와 관련이 있다고 설명되기도 하나, 의원활동에 대한 특별한 보호는 결과적으로 국회의 기능과 활동을 보호하는 것이 되므로 의원이 임의로 포기할 수 없다는 점에서 논쟁의 실익은 없다.[91]

2) 직무상 특권

국회의원의 직무상 행한 발언과 표결에 관해서만 인정되는 특권이다. 직무와

88) 허영, 앞의 책, 1001면. 국회의원의 직무상 특권으로 보고 있다.
89) 김철수, 앞의 책(하), 1572면. 국회의원 개인의 특권이 아니라, 국회 자체의 특권이므로 의원은 이를 포기할 수 없다고 한다.
90) 권영성, 앞의 책, 947면. 의원 개인의 의정활동을 보장하기 위한 것이면서 의회 자체의 권위와 그 정상적 기능수행을 보장하기 위한 것으로서 의회구성원으로서의 의원의 특권이라고 한다.
91) 허영, 앞의 책, 1001면.

무관한 발언 표결에는 적용되지 않는다.

3) 책임면제(Indemnität)의 특권

국회의원의 발언이나 표결이 범죄의 성립요건이나 민사상 불법행위의 요건을 충족한다 하더라도 처벌이나 손해배상이 면제되는 특권이다.

4) 인적 처벌조각사유

일정한 신분(의원)을 가진 자의 범죄이기 때문에 소추할 수 없는 소송법상의 특권이다. 처벌조각사유란 범죄가 성립함에도 불구하고 형벌권의 발생이 저지되는 일정한 사유를 말한다. 그 사유가 특히 범인의 일신상의 사정에 기인하는 때에는 인적 처벌조각사유라 한다(친족상도례, 외교관의 행위 등).

5) 영구면책의 특권

면책특권은 회기가 지난 후는 물론 의원의 임기만료 후에도 책임을 추궁할 수 없는 특권이다. 이 점에서 회기 중에만 인정되는 의원의 불체포특권과 구별된다.

6) 법적 책임의 면제

일체의 책임면제가 아닌 법적 책임(민·형사, 행정법적)만을 면제하는 특권이다.

7) 합리적 차별

의원의 면책특권은 의원에게만 인정되는 특권인바, 대의기관의 책임 있는 의정활동을 보장하기 위한 것으로 합리적인 이유가 있어 평등의 원칙에 위반되지 않는다.

(3) 면책특권의 내용

1) 면책의 주체

① 국회의원

면책특권의 주체는 국회의원이다.

② 겸직의원의 경우

국무위원을 겸직하고 있는 의원의 경우 면책특권의 주체가 될 수 있는가와 관련하여서는 논란이 있다. 의원자격에서 행한 발언과 표결에 대해서만 면책이라는 설[92]과 의원인 국무총리·국무위원 등의 경우에는 이를 구분하기가 어렵기 때문에 어떤 자격에서 행한 발언인지를 불문하고 면책된다고 보는 설[93]이 대립한다. 면책

92) 권영성, 앞의 책, 948면; 허영, 앞의 책, 1005면.

특권은 일신전속적 성질을 지니므로 국무총리나 국무위원이 의원직을 겸하고 있어도 의원자격이 아닌 국무총리나 국무위원의 자격에서 한 발언과 표결에 대해서는 면책특권이 인정되지 않는다고 보아야 한다(다수설).

③ 교사·방조자(教唆·幇助者)

의원이 아닌 자의 교사·방조는 면책특권의 보호를 받지 못한다. 민·형사상의 책임을 부담한다. 의원의 면책특권은 책임을 면제시킬 뿐 위법성을 조각하는 것은 아니기 때문이다.

④ 지방의회의원

지방의회의원에게는 면책특권이 인정되지 않는다.

⑤ 외국의 입법례

입법례에 따라서는 영국처럼 의사절차에 참가한 증인·청원인에게도 면책을 인정하는 예도 있으며, 미국의 경우 초기에는 부인하다가 일정범위의 보조인의 행위에 대해서도 면책특권을 인정한 판례가 있다.[94]

2) 면책대상행위

면책의 대상이 되는 행위는 '국회에서 행한 직무상 발언·표결행위'이다.

① 국 회

국회는 본회의와 위원회 등을 의미하나, 국회의사당이라는 장소적·물리적 개념이 아니고, 국회의 직무와 관련된 '국회의 본회의와 위원회가 개최되고 있는 장소'의 의미로 해석된다.

② 직무상 행위

직무상 행위는 직무집행 그 자체는 물론 직무와 관련이 있는 선후의 행위와 직무행위와 부수된 행위를 포함한다.

판례 유성환 의원의 대정부질문원고의 사전누출사건(소위 '國是'사건)

유성환 의원의 대정부질문원고 사전배포와 관련하여 서울 형사지법은 직무상의 발언을 좁게 해석하여 면책 특권의 적용을 부인하는 결론을 내렸지만, 고등법원과 대법원은 면책특권을 인정하고 있다. 대법원은 "국회의원의 면책특권의 대상이 되는

93) 김철수, 앞의 책(하), 1578면.
94) Grabel v. U.S, 408 U.S 606(1972).

행위는 직무상의 발언과 표결이라는 의사표현행위 자체에 국한되지 아니하고 이에 통상적으로 부수하여 행하여지는 행위까지 포함하고, 그와 같은 부수행위인지 여부를 결국 구체적인 행위의 목적, 장소, 태양 등을 종합적하여 개별적으로 판단할 수 밖에 없다. 원고의 내용이 공개회의에서 행할 발언내용이고(회의의 공개성), 원고의 배포시기가 당초 발언하기로 예정된 회의 시작 30분 전으로 근접되어 있으며(시간적 근접성), 원고배포의 장소 및 대상이 국회의사당내에 위치한 기자실에서 국회출입기자들만을 상대로 한정적으로 이루어지고(장소 및 대상의 한정성), 원고배포의 목적이 보도의 편이를 위한 것(목적의 정당성) 이라면, 국회의원이 국회본회의에서 질문할 원고를 사전에 배포한 행위는 면책특권의 대상이 되는 직무부수행위이다."

대판 1992. 9. 22 91도3317

③ 발언과 표결

발언과 표결은 의원의 대의적 의사표현행위를 포괄하는 개념이다. 발언은 의제와 관련된 일체의 의사표시를 말하며, 표결은 의제에 관한 찬·반의 의사표시를 말한다. 의제에 관한 의사표시나 그 찬·반의 의사결정은 구두에 의해 이루어지건 또는 서면에 의한 것이든 제한이 없으며, 의사표시로 추론되는 행동까지도 발언이나 표결의 범주에 포함될 수 있다.

판례 대정부질문 및 질의

면책특권의 대상이 되는 행위는 국회의 직무수행에 필수적인 국회의원의 국회 내에서의 직무상 발언과 표결이라는 의사표현행위 자체에만 국한되지 않고 이에 통상적으로 부수하여 행하여지는 행위까지 포함되므로, 국회의원이 국회의 위원회나 국정감사장에서 국무위원·정부위원 등에 대하여 하는 질문이나 질의는 국회의 입법활동에 필요한 정보를 수집하고 국정통제기능을 수행하기 위한 것이므로 면책특권의 대상이 되는 발언에 해당함은 당연하고, 또한 국회의원이 국회 내에서 하는 정부·행정기관에 대한 자료제출의 요구는 국회의원이 입법 및 국정통제 활동을 수행하기 위하여 필요로 하는 것이므로 그것이 직무상 질문이나 질의를 준비하기 위한 것인 경우에는 직무상 발언에 부수하여 행하여진 것으로서 면책특권이 인정되어야 한다.

대판 1996. 11. 8. 96도1742

3) 면책의 효과

면책의 효과는 '국회 밖에서 책임을 지지 않는다'는 것이다.

① 국회 외에서의 책임면제

면책특권은 국회 외에서의 책임을 면제하는 특권이다. 따라서 국회 내에서의 책임추궁은 가능하다. 국회법상의 징계책임까지 면책되는 것은 아니다.

② 법적 책임의 면책

면책특권은 민·형사책임, 행정상의 법적 책임을 면제하는 특권이다. 따라서 정치적·도의적 책임추궁은 가능하다. 즉, 선거인의 정치적 탄핵, 정당의 제명은 가능하다.

③ 영구면책

책임을 지지 않는다는 것은 국회의원의 신분을 상실한 후에도 책임추궁은 불가능하다는 의미이다.

(4) 면책특권의 한계

1) 원내에서의 발언내용을 다시 원외에서 발표하거나 출판한 경우

원내의 발언과 표결일지라도 그를 다시 원외에서 발표·출판하는 것은 면책특권의 대상이 아니다(다수설). 그러나 공개회의의 회의록을 그대로 공개·배포하는 것은 보도의 자유로서 보호된다. 그러나 취소된 발언 등을 악의로 유포시키는 경우까지 책임이 면제되지는 않는다.

2) 원내의 발언이나 면책되지 아니하는 행위

정규의 절차에 따르지 아니한 사담(私談)이나 야유·폭력행위 등도 면책특권으로 보호될 수 없다. 독일기본법은 "중상적 모욕(Verleumderische Beleidigung)"의 경우는 면책특권을 배제하도록 하고 있다(제46조 제1항). 독일의 경우에도 중상적 모욕에 해당되어 실제로 국회의원의 면책특권이 제한된 예는 찾기 어려우며, 이를 폭넓게 인정할 경우에는 면책특권의 위축이 문제될 수 있을 것이다.

판례 면책특권의 한계

헌법 제45조에서 규정하는 국회의원의 면책특권은 국회의원이 국민의 대표자로서 국회 내에서 자유롭게 발언하고 표결할 수 있도록 보장함으로써 국회가 입법 및 국정통제 등 헌법에 의하여 부여된 권한을 적정하게 행사하고 그 기능을 원활하게 수행할 수 있도록 보장하는 데 그 취지가 있다. 이러한 면책특권의 목적 및 취지 등에 비추어 볼 때, 발언 내용 자체에 의하더라도 직무와는 아무런 관련이 없음이 분명하거나, 명백히 허위임을 알면서도 허위의 사실을 적시하여 타인의 명예를 훼손하는 경우 등까지 면책특권의 대상이 될 수는 없지만, 발언 내용이 허위라는 점을 인식하지 못하였다면 비록 발언 내용에 다소 근거가 부족하거나 진위 여부를 확인하기 위한 조사를 제대로 하지 않았다고 하더라도, 그것이 직무 수행의 일환으로 이루어진 것인 이상 이는 면책특권의 대상이 된다. 대판 2007. 1. 12. 2005다57752

3. 불체포특권

(1) 의 의

1) 개 념

국회의원이 현행범인 경우를 제외하고는, 회기 중 국회의 동의 없이 체포 또는 구금되지 아니하며, 회기 전에 체포 또는 구금된 경우에 국회의 요구가 있으면 회기 중 석방되는 특권이다.

2) 연혁 및 입법례

영국에서 하원의 전제군주의 대권과 대항하는 과정에서 주장되어 제임스 1세의 치하에서 법적으로 보장(Privilege of Parliament Act, 1603년)되었다. 그 후에도 1641년 찰스 1세가 스스로 군대를 인솔하고 의회에 들어가 반대파의원 5명을 체포하는 등 군주에 의한 의원의 불법체포·구금이 사라진 것은 아니었다. 이는 1649년 청교도혁명 발발의 원인이 되었다. 불체포특권을 최초로 명문화한 것은 미국 연방헌법이다.

3) 제도적 의의

불체포특권은 집행부의 불법·부당한 억압으로부터 의회의 자주적 활동을 보장하는 데 그 주된 의의가 있다. 특히, 회기 중 의원의 신체의 자유를 강화하여 의원활동을 보장하려는 것이다. 불체포특권은 권위주의 체제의 국가에서 더욱 의의가 크다.

(2) 법적 성격

1) 국회의 특권인가? 의원의 특권인가?

면책특권에서 살펴본 바와 같이 의원활동에 대한 특별한 보호는 결과적으로 국회의 기능과 활동을 보호하는 것이 되므로 의원이 임의로 포기할 수 없다는 점에서 의원이 포기할 수 있는가를 전제로 하는 논쟁은 실익이 없다.

2) 형사책임의 면제가 아닌 회기 중에 체포되지 아니하는 일시적 특권

불체포특권은 면책특권과 달리 책임을 면제하는 특권이 아니라, 회기 중에 한

해서 인정되는 체포의 일시적 유예를 받는 특권이다. 다만, 계엄이 선포된 경우에는 전 계엄기간 동안 불체포특권이 인정된다(계엄법 제13조).

3) 소추장애사유가 아니다

불체포특권은 대통령의 형사상특권처럼 재직 중 소추가 금지되는 특권이 아니라, 수사기관이 수사하거나 법원이 재판하는 데 아무런 장애를 주지 않는 특권이다.

4) 합리적 차별

의원의 불체포특권도 의원에게만 인정되는 특권인바, 대의기관의 책임 있는 의정활동을 보장하기 위한 것으로 합리적인 이유가 있어 평등의 원칙에 위반되지 않는다.

(3) 불체포특권의 내용

1) 불체포특권의 원칙

① 회기 중에 체포 · 구금할 경우

국회의원은 회기 중 국회의 동의 없이 체포 · 구금되지 않는다(헌법 제44조 제1항).

여기서 회기 중은 집회일로부터 폐회일까지의 기간을 말한다(휴회 중을 포함). 본회의의 회기 중을 의미한다. 위원회중심주의지만 폐회중의 위원회활동기간에는 불체포특권이 인정되지 않는다. 독일은 '임기 중의 특권'으로 '불소추권'까지 포함하고 있다.

체포 · 구금은 의원의 신체의 자유를 구속하는 일체의 처분을 의미한다. 형사소송법상의 강제처분은 물론 행정상의 강제처분인 보호조치나 감호 · 격리처분(경찰관 직무집행법)까지 포함한다(통설). 다만 의원을 불구속 수사 또는 형사소추하거나 판결 확정 후의 자유형을 집행하는 것은 무방하다.

국회동의는 일반의결정족수에 따라 과반수의 출석과 출석 과반수로 의결한다. 국회는 체포 · 구금에 대한 동의권을 행사할 때 재량이 있는가를 둘러싸고 견해의 대립이 있다. 범죄의 혐의가 농후하고 증거인멸이나 도주의 우려가 있는 등 체포 · 구금의 이유가 명백하고 정당한 경우에는 동의를 거부할 수 없다는 기속설과 동의를 하느냐 마느냐는 국회의 자유라는 재량설이 대립한다. 국회기능보장의 필요성에서 재량설 타당하다고 본다(다수설).

국회는 조건부 · 기한부 동의를 할 수 있는가와 관련하여는 긍정설과 부정설이 대립하나, 동의이후의 판단은 법원에 맡기는 것이 타당하다는 관점에서 부정설이 타당하다고 본다.

국회의 동의절차는 국회법에 따라 판사의 체포동의요구서를 갖춘 정부의 체포동의요구가 있을 경우 본회의 의결로 한다(제26조).

② 회기 전에 체포·구금된 경우

회기 전에 체포·구금된 경우에도 국회의 요구가 있으면 석방하여야 한다(헌법 제44조 제2항).

여기서 회기전이란 회기가 시작되기 이전을 말한다. 폐회중은 물론 전회기중을 포함한다. 현행범으로 체포된 경우가 아닌 한 체포된 사유는 불문하며, 전회기중 동의를 얻어 체포된 경우도 포함한다(통설).

체포·구금은 의원의 신체의 자유를 구속하는 일체의 처분을 의미한다. 형사소송법상의 강제처분은 물론 행정상의 강제처분인 보호조치나 감호·격리처분(경찰관직무집행법)까지 포함한다(통설).

국회는 일반의결정족수에 따라 석방을 요구할 수 있다. 현행범의 경우는 석방을 요구할 수 없다. 석방요구 절차는 의원 20인 이상의 석방요구 발의로 본회의의 의결로써 한다. 국회의 석방요구가 있으면 회기 중 당연히 석방한다.

2) 불체포특권의 예외

① 현행범의 경우

현행범은 "범죄의 실행중이거나 실행직후인 자"를 말한다(형사소송법 제211조). 현행범인을 불체포특권에서 제외하는 것은 형사정의의 실현이 더 중요하다고 보기 때문이다. 국회 안에서는 의원인 현행범인은 의회의 자율권을 존중한다는 의미에서 의장의 명령 없이 체포할 수 없다(국회법 제150조).

준현행범인에게도 불체포특권을 인정할 것인가가 문제된다. 준현행범은 여기서 말하는 현행범의 범주에 포함되지 않는다고 보는 견해는 준현행범은 불체포특권을 누릴 수 있다고 본다.[95] 현행범뿐만 아니라 현행범으로서 체포될 수 있었으나 체포되지 않은 경우에는 다음날까지도 체포할 수 있다는 독일의 입법례(기본법 제46조 제2항 2문)의 입장에서는 불체포특권에서는 준현행범도 현행범과 같이 다루고 있는 입장이라고 볼 수 있을 것 같다.

95) 권영성, 앞의 책, 952면. 현행범으로 간주되는 형소법 제211조 제2항의 준현행범은 국회의원의 국민대표성과 그 헌법상 기능에 비추어 제외된다고 한다(구저).

② 폐회 중, 즉 국회의 회기가 종료한 경우

불체포특권은 회기 중에만 누리는 특권이므로 폐회 중에는 보장되지 않는다(회기한정의 원칙).

③ 국회의 체포동의가 있거나, 석방요구가 없는 경우

회기 중에는 국회동의 없이 체포 · 구금될 수 없고, 회기 전에 체포 · 구금된 경우에는 국회의 석방요구가 있으면 석방해야 하는 특권이므로 국회의 체포동의가 있거나 석방요구가 없으면 누릴 수 없는 특권이다.

(4) 불체포특권의 한계

1) 의회주의 내지 의회민주주의의 확립과 불체포특권

집행부에 대한 의회우위가 유지되고 있는 경우에 불체포특권의 존재의의가 희박해지며, 자칫 의원의 과잉보호를 결과할 수도 있는 위험을 초래한다(이른바 '방탄국회').

2) 불체포특권의 남용 · 악용의 방지

체포의 동의나 석방요구를 행사할 때 국회의 원활한 기능을 위해 꼭 필요한 경우에 한정하여 남용을 없도록 함이 바람직하다.

3) 불체포특권과 사법절차

불체포특권은 회기 중 체포 · 구금되지 않는 특권일 뿐, 수사 · 재판절차의 진행과는 무관하다.

Ⅳ. 국회의원의 권한 · 권리 및 의무

1. 국회의원의 권한

(1) 국회의 운영과 활동에 관한 권한

1) 임시국회 소집요구권

국회 재적의원 4분의 1 이상의 찬성으로 임시집회를 요구할 수 있다(제47조 제1항).

2) 의사상의 권한

① 발의권

국회의 의제로 될 수 있는 의안을 제출할 수 있는 권한으로 일반의안은 10인

이상, 특별의안은 개별규정에 따른다.

② 질문권

의원이 정부에 대한 질문으로, 의제와 관계없이 국정전반에 대해 할 수 있으며 서면(일반질문) 또는 구두(긴급질문)로 질문요지서를 의장에게 제출하여 행사한다.

③ 질의권

의원이 현재 의제로 되어 있는 의안에 대해서 의의를 묻는 것으로, 구두로 함이 원칙이다.

④ 토론권

의원이 의제로 되어 있는 의안에 대하여 찬·반의 토론을 할 수 있으나, 위원회의 심사를 거친 안건은 의결로써 토론을 생략할 수도 있다.

⑤ 무제한토론권

소위 '국회선진화법'의 일환으로 합법적 의사진행방해수단으로 미국 상원이 채택하고 있는 필리버스터(filibuster)에 해당하는 무제한토론을 신설하였다.

무제한토론은 재적의원 3분의 1 이상의 요구로 가능하며, 요구서를 의장에게 본회의 개의 전까지 제출하여야 하고, 이 경우 의장은 해당 안건에 대하여 무제한토론을 실시하여야 한다(국회법 제106조의 2 제1항). 무제한토론은 재적의원 5분의 1 이상이 출석하지 아니한 때에도 유지된다.

무제한토론은 재적의원 3분의 1 이상의 요구와 재적의원 5분의 3 이상의 찬성으로 종료되며, 무제한토론 중 회기가 종료되는 때에는 무제한토론은 종료된 것으로 본다.

무제한토론이 종료되었거나 종료된 것으로 보는 안건에 대하여는 무제한토론을 요구할 수 없다.

⑥ 표결권

표결이란 안건에 대한 찬반의 의사표시를 표명하여 회의체의 의사를 결정하는 방법을 말한다. 의원이 본회의·위원회 등에서 표결에 참가하는 권한으로 표결의 방법으로는 i) 이의의 유무를 묻는 방법, ii) 기립의 방법, iii) 기명·무기명투표의 방법, iv) 거수의 방법(위원회에 한함) 등이 있다(국회법 제112조 참조).

날치기 표결을 방지하기 위해서 의장이나 위원장의 표결선포 및 표결결과의 선포는 의장석이나 위원장석에서 하도록 하고 있다. 또한 회의장에 있지 아니한 의원은 표결에 참가할 수 없다. 서면이나 위임에 의한 대리표결은 허용되지 않는다.

기록표결은 투표자와 찬반결과가 회의록에 기록되는 표결을 말하며, 비기록표결은 회의록에 표결결과만 기록되고 찬반의원의 성명은 기록되지 않는 표결방법이다. 기록표결방법으로는 기명, 전자, 호명 투표가 있으며, 비기록표결방법으로는 무기명, 기립, 거수, 이의유무표결 등이 있다.

국회에서의 표결은 전자투표에 의한 기록표결을 원칙으로 한다. 다만, 투표기기의 고장 등 특별한 사정이 있을 때에는 기립표결로 가부를 결정할 수 있다. 헌법개정안은 기명투표로 한다. 중요한 안건으로 의장의 제의나 또는 본회의 의결이 있거나, 재적의원 5분의 1 이상의 요구가 있을 때에는 기명·호명 또는 무기명투표를 할 수 있다.

환부된 법률안, 인사에 관한 안건, 국회에서 실시하는 각종 선거, 국무총리나 국무위원에 대한 해임건의안에 대한 의결은 무기명투표로 한다. 거수는 위원회에서만 허용된다(국회법 제71조).

판례 국회의원의 법률안 심의·표결 권한의 헌법적 근거

국회의원의 법률안 심의·표결권은 의회민주주의의 원리, 입법권을 국회에 귀속시키고 있는 헌법 제40조, 국민에 의하여 선출되는 국회의원으로 국회를 구성한다고 규정하고 있는 헌법 제41조 제1항 및 국회의결에 관하여 규정한 헌법 제49조로부터 당연히 도출되는 헌법상의 권한이다. 그리고 이러한 국회의원의 법률안 심의·표결권은 헌법기관으로서의 국회의원 각자에게 모두 보장되는 것 또한 의문의 여지가 없다.

헌재 1997. 7. 16. 96헌라2; 헌재 2000. 2. 24. 99헌라1; 헌재 2009. 10. 29. 2009헌라8

판례 표결권의 헌법적 의의와 성질

국회의원이 다른 국회의원으로부터 표결권을 위임받아 행사하는 행위 및 권한을 위임받지 아니한 채 다른 국회의원의 표결권을 행사하는 행위는 모두 허용되지 않는다. 전자투표시스템에 의한 표결방식의 경우에도, 개별 의원들의 투표단말기는 표결절차 내에서는 투표함과 같은 역할을 하는 것이기 때문에 이를 직접 조작하여 교정하는 행위는 오로지 해당 국회의원의 전속적인 권한에 속하므로, 자신에게 사용권한이 없는 투표단말기를 사용하여 투표하는 행위는 그 동기나 경위가 무엇이든 국회법에 위배되어 다른 국회의원의 헌법상 권한인 법률안 표결권을 침해하는 것이다.

헌재 2009. 10. 29. 2009헌라8

판례 국회의원의 심의·표결 권한이 국회의장이나 다른 국회의원이 아닌 국회 외부의 국가기관에 의하여 침해될 수 있는지 여부

국회의 동의권이 침해되었다고 하여 동시에 국회의원의 심의·표결권이 침해된다고 할 수 없고, 또 국회의원의 심의·표결권은 국회의 대내적인 관계에서 행사되고 침해될 수 있을 뿐 다른 국가기관과의 대외적인 관계에서는 침해될 수 없는 것이므로, 국회의원들 상호간 또는 국회의원과 국회의장 사이와 같이 국회 내부적으로만 직접적인 법적 연관성을 발생시킬 수 있을 뿐이고 대통령 등 국회 이외의 국가기관과 사이에서는 권한침해의 직접적인 법적 효과를 발생시키지 아니한다. 그렇다면 정부가 국회의 동의 없이 예산 외에 국가의 부담이 될 계약을 체결하였다 하더라도 국회의 동의권이 침해될 수는 있어도 국회의원인 청구인들 자신의 심의·표결권이 침해될 가능성은 없다. 헌재 2008. 1. 17. 2005헌라10

(2) 수당과 여비를 받을 권리

의원은 법률이 정하는 바에 의하여 수당과 여비를 받을 권리가 있다(국회법 제30조, 국회의원수당 등에 관한 법률). 수당과 여비에 대한 성격과 관련하여는 수당설[96]과 보수설[97]이 대립한다. 생활보장의 의미를 가지는 보수설이 타당하다고 본다.[98]

(3) 국유교통수단의 무료이용권

의원이 국유의 철도, 선박과 항공기를 무료로 이용할 수 있는 권리로서, 폐회중에는 공무의 경우에 한한다(국회법 제31조). 의원의 직무(의정)활동을 지원하기 위한 것으로 신분상의 특권으로 볼 수 없다.[99]

2. 국회의원의 의무

(1) 헌법상의 의무

헌법이 공무원은 국민전체에 대한 봉사자로서의 의무를 규정하고 있는데(제7조 제1항), 국회의원도 광의의 공무원으로서 이 의무를 진다. 그 밖에 헌법은 국회의원에게 "법률이 정하는 직을 겸할 수 없다"고 하여 겸직금지의무를 규정하고 있으며(제43조), 청렴의무(제46조 제1항), 국가이익우선의무(제46조 제2항), 지위남용금지의무(제46조 제3항)를 규정하고 있다.

96) 국회의원수당 등에 관한 법률은 "이 법은 국민에게 봉사하는 국회의원의 직무활동과 품위유지에 필요한 최소한의 실비를 보전하기 위한 수당 등에 관한 사항을 규정함을 목적으로 한다"고 규정하여(제1조), 의원의 직무에 소요되는 비용의 변상이라는 관점에서 접근하고 있다.
97) 김철수, 앞의 책(하), 1580면.
98) 독일연방헌법재판소도 의원의 세비를 보수로 보고 있다(BVerfGE 40, 296ff.).
99) 허영, 앞의 책, 998면.

판례 주식백지신탁제도와 국회의원의 의무

이 사건 법률조항은 국회의원으로 하여금 직무관련성이 인정되는 주식을 매각 또는 백지신탁하도록 하여 그 직무와 보유주식 간의 이해충돌을 원천적으로 방지하고 있는바, 헌법상 국회의원의 국가이익 우선의무, 지위남용 금지의무 조항 등에 비추어 볼 때 이는 정당한 입법목적을 달성하기 위한 적절한 수단이다. 나아가 이 사건 법률조항은 국회의원이 보유한 모든 주식에 대해 적용되는 것이 아니라 직무관련성이 인정되는 금 3천만 원 이상의 주식에 대하여 적용되어 그 적용범위를 목적달성에 필요한 범위 내로 최소화하고 있는 점, 당사자에 대한 사후적 제재수단인 형사처벌이나 부당이득환수, 또는 보다 완화된 사전적 이해충돌회피수단이라 할 수 있는 직무회피나 단순보관신탁만으로는 이 사건 법률조항과 같은 수준의 입법목적 달성효과를 가져올 수 있을지 단정할 수 없다는 점에 비추어 최소침해성원칙에 반한다고 볼 수 없고, 국회의원의 공정한 직무수행에 대한 국민의 신뢰확보는 가히 돈으로 환산할 수 없는 가치를 지니는 점 등을 고려해 볼 때, 이 사건 법률조항으로 인한 사익의 침해가 그로 인해 확보되는 공익보다 반드시 크다고는 볼 수 없으므로 법익균형성원칙 역시 준수하고 있다. 따라서 이 사건 법률조항은 당해사건 원고의 재산권을 침해하지 아니한다.[100] 헌재 2012. 8. 23. 2010헌가65

(2) 국회법상의 의무

국회법이 정하는 의무에는 ① 품위유지의 의무(제25조), ② 본회의·위원회의 출석의무(제155조), ③ 의사에 관한 법령준수의무(제102조, 제147조), ④ 회의장질서준수의무(제146조), ⑤ 의장의 경호권존중의무(제155조) 등이 있다.

---

100) 이 사건에서 헌법재판소는 연좌제금지규정 위반여부와 평등원칙 위반여부에 대해서도 모두 소극적으로 판시하였다. 즉, "2. 이 사건 법률조항이 매각 또는 백지신탁의 대상이 되는 주식의 보유한도액을 결정함에 있어 국회의원 본인뿐만 아니라 본인과 일정한 친족관계가 있는 자들의 보유주식 역시 포함하도록 하고 있는 것은 본인과 친족 사이의 실질적·경제적 관련성에 근거한 것이지, 실질적으로 의미 있는 관련성이 없음에도 오로지 친족관계 그 자체만으로 불이익한 처우를 가하는 것이 아니므로 헌법 제13조 제3항에 위배되지 아니한다(연좌제금지 위반여부). 3. 이 사건 법률조항이 매각 또는 백지신탁의 대상으로 부동산을 제외하고 있는 것은, 주식과 부동산 간의 환가성·개인생활과의 연관성·변동성 등의 차이를 종합적으로 고려한 합리적인 차별이라 할 것이므로 평등원칙에 위배되지 아니한다(평등원칙 위반여부)"고 판시하였다.

제2장 정부(집행부)

제1절 정부일반론

Ⅰ. 정부의 의의

1. 정부의 개념

정부의 개념은 상대적이고 다의적으로 파악될 수 있다.

(1) 광의의 정부

정부는 광의로는 국가 그 자체, 즉 모든 통치기구(Government)를 의미하는 것으로 파악할 수 있다. 국가보안법 제2조 제1항에서의 정부는 이러한 의미로 파악될 수 있다.

(2) 협의의 정부

협의로는 입법부·사법부에 대응한 집행부(the Executive)를 의미한다. 우리 헌법상의 정부는 이러한 의미로 파악된다.

(3) 최협의의 정부

최협의로는 집행부에서 대통령을 제외한 내각을 지칭하는 의미로 파악될 수 있다.

(4) 경제주체로서의 국고(Fiskus)

정부는 때로는 경제주체로서의 국고를 의미하기도 한다. 이를 최협의로 파악하는 견해도 있다. 예를 들어 국가재정법 제7조 제1항[1])에서의 정부는 이러한 의미로 파악된다.

2. 헌법 제4장 '정부'의 개념

우리 헌법 제4장의 '정부'는 입법부 · 사법부에 대응한 집행부를 의미한다. 또한 "행정권은 대통령을 수반으로 하는 정부에 속한다"는 헌법 제66조 제4항에서의 행정권은 협의의 행정권(법률집행권)과 통치행위를 포함한다.

Ⅱ. 현행 헌법상 정부의 범위 · 구조

1. 헌법상 정부의 범위

우리 헌법상의 정부는 대통령제에서의 정부로 대통령과 행정부를 포함한다. 미국식의 일원적 정부와는 달리, 우리 헌법은 정부구조를 집행기능이원주의를 채택해서 정치적 집행기능은 대통령의 전속관할로 남겨두고, 고유한 행정기능은 국무총리에 의해 통할되는 좁은 의미의 행정부에 맡기고 있다. 그러나 대통령은 국무회의를 통해서 고유한 행정기능에도 관여하는 2원적 정부구조(이원정부제와는 다른 대통령제의 변형에서 나타나는 행정부조직의 한 모형이라 함)를 채택하고 있다고 하면서, 실질적 권한은 없으면서 대통령을 대신한 책임만을 지는 국무총리제의 폐지를 주장하는 견해도 있다.[2)]

2. 헌법 제4장 정부의 구조

제1절 —— 대통령
제2절 —— 행정부
  제1관 —— 국무총리와 국무위원
  제2관 —— 국무회의
  제3관 —— 행정각부
  제4관 —— 감사원

---

1) "정부는 재정운용의 효율화와 건전화를 위하여 매년 해당 회계연도부터 5회계연도 이상의 기간에 대한 재정운용계획(이하 "국가재정운용계획"이라 한다)을 수립하여 회계연도 개시 120일 전까지 국회에 제출하여야 한다."
2) 허영, 전정13판 한국헌법론, 박영사, 2017, 1007면.

제2절 대 통 령

Ⅰ. 대통령의 지위 일반론

1. 정부형태와 대통령의 지위

미국형 대통령제하에서 대통령은 국가원수와 집행부수반의 지위를 겸한다. 대통령은 국민에 의해 선출되며 임기 중 의회에 대하여 책임을 지지 않는다. 신대통령제하에서의 대통령은 타 헌법기관에 대해 우위를 가지며 이에 대한 유효한 견제수단이 없다. 의원내각제하에서는 대통령은 의회에서 간선되며 형식적, 의례적 지위를 가지는 것이 보통이다. 회의제(의회정부제)하에서 대통령은 명목상 지위를 가지는 것이 보통이다.

2. 한국헌법상 대통령의 지위 변천사

1948년 건국헌법에서 현행헌법까지 제3차 개헌의 의원내각제를 제외하고는 대통령제를 채택하였으나, 그 공통된 특성은 미국형대통령제를 변형한 변형된 대통령제로 대통령의 절대적 또는 상대적 우월적 지위이다.

Ⅱ. 대통령의 헌법상 지위

1. 지위의 분류

대통령의 헌법상 지위는 특정국가에 따라서 다르며, 그 경우에도 학자들의 접근방법에 따라 차이가 있다. 우리나라 학자들은 대통령의 헌법상 지위를 다음과 같이 분류하고 있다.

(1) **김철수 교수**[3]: a. 국가원수로서의 지위, b. 국가의 한 주권행사기관으로서의 지위, c. 행정권의 수반으로서의 지위, d. 국가수호자로서의 지위

(2) **권영성 교수**[4]: a. 국민대표기관으로서의 지위
b. 국가원수로서의 지위
a) 대외적으로 국가를 대표할 지위

3) 김철수, 헌법학(하), 박영사, 2009, 1709－1712면.
4) 권영성, 헌법학원론(2010년판), 법문사, 2010, 962－964면.

b) 국가와 헌법의 수호자로서의 지위
c) 국정의 통합·조정자로서의 지위
d) 헌법기관구성자로서의 지위

c. 집행부수반으로서의 지위
a) 집행의 최고책임자로서의 지위
b) 집행부조직자로서의 지위
c) 국무회의의장으로서의 지위

(3) 허 영 교수[5]: a. 국가원수로서의 지위, b. 국정의 최고책임자로서의 지위, c. 행정수반으로서의 지위, d. 대의기관으로서의 지위, e. 기본권보장기관으로서의 지위

2. 국가의 원수으로서의 지위

국가원수란 국가를 상징하고 대표하는 국가기관이다. 대통령은 국가원수로서의 지위에서 국가의 대표자, 국가수호자, 국정조정자, 국가기관구성자로서의 지위를 가진다. 허영 교수는 이 지위를 대외적인 국제관계에서 국가를 대표하는 지위(외교적 권한)로 보며, 국정의 최고책임자로서의 지위를 국내에서 배타적인 통치권을 행사하는 지위로 보며, 국가원수로서의 지위와 국정의 최고책임자로서의 지위를 동일시하는 것을 옳지 않다고 보고 있다.[6]

3. 행정부의 수반으로서의 지위

대통령은 국민에 의해서 직접 선출되는데, 그 임기 중(5년 단임) 국회의 탄핵소추를 받지 않는 한 아무런 정치적 책임도 지지 않는 집행부 최고책임자로서의 지위를 가진다. 행정부수반으로서의 지위는 입법부나 사법부의 수반과 동등한 병렬적 지위이다. 대통령은 행정부수반으로서의 지위에서 정부의 조직권자로서 국무총리를 국회의 동의를 얻어 임명하고, 국무총리의 제청으로 국무위원을 임명한다. 또한 정부의 최고책임자로서 행정에 관한 최종결정권과 집행권을 가지며, 행정부의 모든 구성원을 지휘하고 감독할 수 있다.

---

5) 허영, 앞의 책, 1008–1010면.
6) 허영, 앞의 책, 1008면. 국가의 원수라는 말은 대외적인 국제관계에서 국가를 대표한다는 뜻이지, 자유민주적 통치구조를 가지고 있는 헌법질서 아래에서 대통령은 대내적인 관계에서는 국정의 최고책임자일 수는 있어도 국가원수일 수는 없다고 한다.

4. 국민대표기관으로서의 지위

대통령은 국민의 직선에 의해서 선출되는 국민대표기관으로서의 지위를 가진다. 국회와 대통령 모두 국민의 대표기관이지만, 그 차이를 의회는 다원적 집단이익의 대표이고 대통령은 통일적 국가이익의 대표로 파악하는 견해[7]가 있는가 하면, 의회는 부분보다는 전체를, 추정적·잠재적인 국민의사를 존중하는 것이어야 하고, 대통령은 단독의사결정기관이기 때문에 대통령선거에서 나타나는 경험적·가시적인 국민의사를 도외시할 수 없다는 견해[8]가 있다.

Ⅲ. 대통령의 신분상 지위

1. 대통령의 선거와 임기

(1) 선거(헌법 제67조, 제68조)

1) 선거원칙

대통령은 국민의 보통·평등·직접·비밀선거에 의하여 선출한다. 대통령에게 민주적 정당성을 부여하기 위해 직선제를 채택하고 있다.

2) 선출방법

① 경선의 경우

(i) 원 칙

상대적 다수대표제를 채택하고 있다. 한 표라도 많이 얻은 다수 득표자가 선출된다. 이 점에서 프랑스식의 결선투표제를 채택하지 않아 선출된 대통령의 민주적 정당성의 문제가 발생할 수 있다는 비판이 있다.

(ii) 최고득표자가 2인 이상인 경우

국회에서 간선제로 선출한다. 국회의 공개회의에서 다수표를 얻은 자를 대통령으로 선출한다(제67조 제2항). 이 경우를 예외적 국회간선제로 보지 않고 국회에서의 결선투표로 보는 견해가 있지만,[9] 국회와 대통령의 엄격한 독립을 본질로 하는 대통령제에 반하고 대의의 대의가 되어 민주적 정당성이 약하다는 비판을 받고 있다.

---

7) 권영성, 앞의 책, 962면.
8) 허영, 앞의 책, 1010면.
9) 허영, 앞의 책, 816면.

② 단독후보인 경우

무투표당선을 배제하고, 선거권자총수의 3분의 1 이상의 득표를 요구하고 있다.

3) 피선자격

국회의원 피선거권이 있고, 선거일 현재 40세에 달할 것을 요구한다(제67조 제4항). 그리고 선거일 현재 5년 이상 국내거주를 요구한다(공직선거법 제16조 제1항, 1997년 개정). 국내거주요건 5년은 5공화국헌법에서는 규정이 있었으나, 현행헌법에서는 삭제되고 공직선거법에 규정하고 있다.

4) 선거시기

① 임기만료의 경우

임기만료 70일 내지 40일 전에 후임자를 선거한다(제68조 제1항). 임기만료일 전 70일 이후 첫 번째 목요일에 대통령선거를 실시한다고 선거일을 법정화하고 있다(공직선거법 제34조 제1항).

② 궐위된 경우와 당선자의 사망 · 자격상실 등 재선거의 경우

사유가 발생한 날로부터 60일 이내에 실시하되 선거일은 선거일 전 29일에 대통령 또는 대통령권한대행자가 공고한다(공직선거법 제35조 제1항).

5) 선거소송

선거의 효력에 관한 선거소송과 당선의 효력에 관한 당선소송이 있는바, 대법원의 전속관할로 되어 있으며, 제소된 날로부터 1년 이내에 처리하도록 하고 있다.

참고 대통령선거제도에 관한 입법례와 한국에서의 변천사

1. 외국의 입법례

(1) 미국: 간선(선거인단수의 과반수 획득)의 4년 임기, 1차에 한하여 중임허용
  * winner takes all(승자독식)방식
  * 형식적 간선제

(2) 독일: 연방회의(Bundesversammlung)에서 선출
  * 절대적 다수득표제(과반수)를 채택, 5년의 임기에 1차에 한하여 재임허용(기본법 제54조)
  * 연방회의(Bundesversammlung)는 연방의회(Bundestag)의 의원과 비례대표의 원칙에 따라서 각주의 의회가 선거한 동수의 의원으로 조직하며 연방의회 의장이 소집(임기만료 30일 전에 소집)

(3) 프랑스: 국민에 의한 직선으로 절대적 다수득표제(유효투표의 과반수), 7년의 임기
(4) 이탈리아: 양원합동회의의 재적 3분의 2 이상의 절대적 다수득표제(3차 투표 후에는 절대다수(재적과반수)로 당선자 결정)

2. 한국에서의 대통령선거변천사
(1) 직선: 제1차 · 제5차 · 제9차 개정헌법
(2) 간선
 1) 국회에서 간선: 제헌헌법 및 제3차 개정헌법(예외적 간선, 제5차 · 제9차 개헌)
 2) 통일주체국민회의에서 간선: 제7차 개정헌법(유신헌법)
 3) 대통령선거인단에서 간선: 제8차 개정헌법(제5공화국 헌법)

(2) 임 기

장기집권을 방지하고 정권의 평화적 교체를 위한 제도적 장치로, 임기를 5년 단임으로 하고(제70조), 중임변경 및 임기연장에 관한 헌법개정은 개정안 제안 당시의 대통령에게는 효력이 없다고 규정하고 있다(제128조 제2항). 5년 단임의 임기에 대해서는 선거의 기관창설기능과 심판기능이란 2가지 기능 중에서 심판기능을 박탈함으로써 민주적 정당성을 결여하고 있다고 비판되고 있다.

역대 헌법상 대통령의 임기는 건국헌법은 4년, 제2공화국헌법은 5년, 제3공화국헌법은 4년, 제4공화국헌법은 6년, 제5공화국헌법은 7년이었다.

2. 대통령의 권한대행

헌법은 "대통령이 궐위되거나 사고로 인하여 직무를 수행할 수 없을 때에는 국무총리, 법률로 정한 국무위원의 순서로 그 권한을 대행한다"고 규정하고 있다(제71조).

(1) 사 유

1) 궐위(闕位)의 경우

대통령의 사망 · 탄핵심판에 의한 파면 · 자격상실 · 사임 등으로 대통령이 재위하지 않게 된 경우를 말한다.

2) 사고(事故)인 경우

대통령이 대통령직에 있지만, 일정한 사유로 직무를 수행할 수 없는 경우를 말

한다. 탄핵소추의 의결, 신병, 해외여행 등이 그 예이다.

(2) 권한대행자

1) 국무총리

헌법상 당연히 1차적 권한대행권자이다.

2) 국무위원

법률(정부조직법)이 정하는 순서에 따라 2차적 권한대행권자이다.

3) 역대 헌법의 대통령권한대행자(1순위)

제헌헌법에는 부통령, 제2공화국헌법에는 참의원 의장, 제3공화국헌법부터 현행 헌법까지는 국무총리가 1순위 대통령권한대행자이다.

(3) 권한대행의 범위

궐위의 경우를 제외하고는 현상유지에 국한해야 한다는 설[10]과 대통령직의 잠정적 관리자의 성격상 잠정적 · 현상유지적 작용에만 국한한다는 설[11]이 대립한다. 궐위된 경우도 60일 이내에 후임자를 선출해야 하기 때문에 현상유지적 작용에 한한다고 보는 것이 타당하다고 본다.

(4) 문제점

1) 부통령을 두지 않는 문제점

미국식 대통령제처럼 부통령을 두고 있지 않아 민선에 의하지 아니한 자의 권한대행이라는 민주적 정당성에 결함을 초래한다는 비판이 있다.

2) 사고인 경우의 문제점

① 직무를 수행할 수 없는 경우인가를 누가 결정할 것인가?

제1차적으로는 대통령 자신이 결정하겠지만, 대통령이 정신장애 등으로 이를 결정할 수 없을 때에는 법으로 규정해 둘 필요가 있다. 프랑스에서는 대통령의 유고와 궐위를 확인하고 선언할 권한을 헌법평의회(헌법원)가 가지고 있는데(프랑스 헌법 제7조), 이를 참고할 필요가 있다.

---

10) 권영성, 앞의 책, 973－974면.
11) 김철수, 앞의 책(하), 1724면; 허영, 앞의 책, 1012면.

② 권한대행기간은?

헌법에 명문규정이 없기 때문에 해석상 문제의 여지가 있다. 대통령이 합리적인 의사결정을 하기 어려울 정도로 건강상태가 악화된 경우(의식불명 · 정신질환 등)가 현실적으로 문제가 되겠지만, 국무회의의 심의를 거쳐 결정할 수밖에 없다. 이 경우는 통치질서 전체에 심각한 영향을 미치는 헌법장애상태인 동시에 국가비상사태로 발전할 수 있기 때문에 이러한 상황에 대비하여 민주적 정당성을 갖춘 부통령제가 필요하다.[12)]

③ 권한대행의 범위

앞에서 본 바와 같이 궐위와 사고를 구별하지 않고 현상유지에 한한다고 보는 것이 타당하다고 생각한다.

3. 대통령의 형사상 특권

(1) 헌법규정

"대통령은 내란 또는 외환의 죄를 범한 경우를 제외하고는 재직 중 형사상 소추를 받지 아니한다"(제84조).

(2) 제도적 취지

국가원수인 대통령의 권위를 유지하게 하고 그 직무수행을 원활하게 하기 위하여 인정된다.

(3) 구체적 해석론

1) '재직 중'의 '형사상'의 특권

대통령의 재직 중 형사상 특권이므로, 퇴직 후의 소추 및 재직 중의 민사상의 소추는 가능하다. 그리고 행정상의 책임, 탄핵소추는 허용된다.

2) '형사상 소추'란?

원래 형사소송법상의 공소의 제기를 의미하지만, 헌법 제84조의 그것은 기소에 그치지 않고 체포 · 구금 · 압수 · 수색 · 검증도 포함하며, 피고인으로서뿐만 아니라 증인으로서도 구인당하지 아니함을 원칙으로 한다.

---

12) 허영, 앞의 책, 1013면.

3) 공소시효의 문제

① 내란 · 외환죄의 경우

재직 중에도 소추할 수 있으므로 공소시효는 진행된다. 1995년 12월 21일에 제정 · 공포된 '헌정질서파괴범죄의 공소시효 등에 관한 특별법' 제3조는 헌정질서파괴범죄와 집단살해에 해당하는 범죄에는 형사소송법의 공소시효조항을 적용하지 아니한다고 규정하고, '5.18민주화운동 등에 관한 특별법' 제2조는 1979년 12월 12일과 1980년 5월 18일을 전후하여 발생한 헌정질서파괴범죄행위에 대하여는 국가의 소추권행사에 장애사유가 존재한 기간으로 보아 공소시효의 진행이 정지된 것으로 본다고 규정하고 있었다. 이들 특례법의 위헌 여부에 관하여 헌법재판소는 "이른바 12.12 및 5.18 사건의 경우 그 이전에 있었던 다른 헌정질서파괴범과 비교해보면, 공소시효의 완성 여부에 관한 논의가 아직 진행 중이고, 집권과정에서의 불법적 요소나 올바른 헌정사의 정립을 위한 과거청산의 요청에 미루어 볼 때 비록 특별법이 개별사건법률이라고 하더라도 입법을 정당화할 수 있는 공익이 인정될 수 있으므로 위 법률조항은 헌법에 위반되지 않는다"고 판시하였다.[13)]

② 내란 · 외환죄 이외의 형사범죄

대통령의 재직 중 소추할 수 없는 범죄로 공소시효는 재직기간 동안 정지된다.[14)]

4) 형사상 특권의 대상이 되는 범죄가 기소된 경우

검찰은 '공소권 없음'을 이유로 불기소처분하여야 한다. 만약 잘못 공소제기가 된 경우에 법원은 '피고인에 대하여 재판권이 없는 때'에 해당하여 공소기각의 판결을 하여야 한다(형사소송법 제327조 제1호). 한편 국회의원의 발언 · 표결에 대한 면책특권이 인정되는 행위에 대한 기소에 대해서는 법원은 '공소제기의 절차가 법률의 규정에 위반하여 무효인 때'의 이유로 공소기각의 판결을 하여야 한다(형사소송법 제327조 제2호).

4. 대통령의 책무와 의무

(1) 성실한 직무수행의 의무

대통령은 국가의 원수로서, 그리고 집행부의 수반으로서 대통령의 직무를 성실

---

13) 헌재 1996. 2. 16 96헌가2, 96헌바7 · 13(병합).
14) 헌재 1995. 1. 20. 94헌마246.

하게 수행하여야 할 헌법상의 의무를 진다. 헌법 제69조는 이와 관련하여 헌법의 준수의무, 국가보위의 의무, 조국의 평화적 통일에 노력할 의무, 국민의 자유와 복리의 증진에 노력할 의무, 민족문화의 창달에 노력할 의무를 취임선서를 통해 확인하도록 요구하고 있다. 또한 헌법 제66조 제2항에 의하여 국가의 독립·영토의 보전·국가의 계속성과 헌법을 수호할 의무가 부과되고 있다.

이와 같은 대통령의 헌법상 의무는, 대통령만의 의무라기보다는 모든 국가기관의 의무라고 이해될 수 있는 것이다. 다만 대통령은 국가원수로서 모든 국가기관을 대표하는 위치에 있으므로 취임선서 등을 통해 국민 앞에서 이와 같은 의무를 선언하는 것이다.

판례 대통령의 '성실한 직책수행의무'와 '헌법을 수호해야 할 의무'와의 관계

대통령(노무현)탄핵사건에서 헌법재판소는 "헌법 제69조는 대통령의 취임선서의무를 규정하면서, 대통령으로서의 '직책을 성실히 수행할 의무'를 언급하고 있다. 비록 대통령의 '성실한 직책수행의무'는 헌법적 의무에 해당하나, '헌법을 수호해야 할 의무'와는 달리 규범적으로 그 이행이 관철될 수 있는 성격의 의무가 아니므로 원칙적으로 사법적 판단의 대상이 될 수 없다고 할 것이다"고 판시하였다.

헌재 2004. 5. 14. 2004헌나1

(2) 겸직금지의 의무

현행헌법 제83조는 대통령이 "국무총리·국무위원·행정각부의 장 기타 법률이 정하는 공사의 직"을 겸할 수 없다고 명시하고 있다.

대통령이 대통령직 이외의 국무총리, 국무위원 등의 공직을 겸하지 못하도록 하는 것은 국가원수로서의 품위를 유지하도록 하는 목적 이외에도 대통령이 정부관직을 겸함으로써 국정을 자의적으로 전단하는 것을 방지하려는 목적을 가지고 있다.[15] 결국 수평적 권력분립의 관점에서 대통령이 입법부나 사법부의 공직을 겸하는 것이 금지됨은 물론이고, 집행부 내부의 권력분립을 위해서도 대통령이 집행부의 다른 공직을 겸하지 못하도록 요구하고 있는 것이다.

또한 대통령이 사적으로 일정한 직위를 갖는 것도 – 그것이 비영리의 명예직일 경우를 제외하면 – 허용되기 곤란하다. 대통령의 권한이 막강한 만큼, 그 권한행사의 객관성과 공정성을 확보하기 위하여 겸직이 금지되는 것이다.

15) 실제로 독재국가의 경우에는 대통령이 국방부장관이나 육군참모총장 등을 겸직함으로써 실질적인 권력집중을 확인시키는 경우가 드물지 않았다.

5. 전직대통령에 대한 예우

전직대통령의 신분과 예우에 관하여 법률로 정하도록 함으로써(헌법 제85조), 전직 대통령에 대하여 일정한 신분보장과 예우를 보장하고 있다. '전직대통령의 예우에 관한 법률'이 제정되어 있다. 직전 대통령은 국가원로자문회의 의장이 된다(헌법 제90조). 현재 '국가원로자문회의법'은 폐지되었다.

전직대통령은 본인과 일정한 범위의 유족에 대해서는 연금이 지급되고, 그 외에 경호·경비·교통·체신의 편의와 사무실 등이 제공되며 가료의 특혜가 제공된다. 그러나 ① 재직 중 탄핵결정을 받아 퇴임한 경우, ② 금고 이상의 형이 확정된 경우, ③ 형사처분을 회피할 목적으로 외국정부에 망명을 요청한 경우, ④ 대한민국의 국적을 상실한 경우는 예우가 박탈된다.

Ⅳ. 대통령의 권한

1. 권한의 분류

(1) 헌법상 지위에 대응한 분류

대통령의 헌법상 지위를 국가원수로서의 지위와 행정부수반으로서의 지위로 나누는 것이 일반적이므로 이에 따라 권한을 분류하는 방법이다.

1) 국가원수로서의 지위에서의 권한

국가대표자로서 대통령은 ① 조약체결·비준권, ② 선전포고 및 강화권, ③ 외교사절의 신임·접수·파견권, ④ 외국 승인권 등을 가지며, 국가의 수호자로서 ① 위헌정당해산제소권, ② 긴급재정경제명령·처분권 및 긴급명령권, ③ 계엄선포권 등을 가지며, 국정조정자로서 ① 헌법개정 발의권, ② 임시국회 소집요구권, ③ 영전수여권, ④ 사면권, ⑤ 국군통수권, ⑥ 국민투표부여권 등을 가지며, 국가기관구성자로서 ① 대법원장·대법관, ② 헌법재판소장, ③ 국무총리, 감사원장 임명권, ④ 헌법재판소 재판관 9인, 중앙선거관리위원회 위원 3인 임명권을 가진다.

2) 행정부 수반으로서의 지위에서의 권한

대통령은 행정부수반으로서의 지위에서 ① 법령의 집행권, ② 행정의 지휘·감독권, ③ 일반공무원 임면권, ④ 대통령령 발포권, ⑤ 국무회의 소집·주재권, ⑥ 법률안 거부권 등을 가진다.

(2) 권한의 실질적 성질에 따른 분류

학자에 따라서 분류방법에 약간의 차이가 있다. 김철수 교수는 ① 헌법개정과 국민투표에 관한 권한, ② 헌법기관구성에 관한 권한, ③ 국회에 관한 권한, ④ 입법에 관한 권한, ⑤ 사법에 관한 권한, ⑥ 행정에 관한 권한, ⑦ 긴급권으로 분류하고 있고,[16] 권영성 교수는 ① 대통령의 비상대권적 권한, ② 헌법기관구성에 관한 권한, ③ 집행에 관한 권한, ④ 국회와 입법에 관한 권한, ⑤ 사법에 관한 권한으로 분류하고 있으며,[17] 허영 교수는 ① 외교적 권한, ② 통치적 권한, ③ 조직적 권한, ④ 정책적 권한으로 분류하고 있다.[18]

2. 대통령의 비상적 권한

(1) 긴급권 일반

헌법총론(일반이론)의 헌법의 보호(수호)에서 다루었으므로 이를 참고하기 바란다.

(2) 긴급재정경제명령 · 처분권

1) 개념과 성격

① 개 념

중대한 재정 · 경제상의 위기를 극복하기 위하여 긴급한 조치가 필요할 때 최소한의 재정 · 경제상의 긴급처분을 하거나 이에 관하여 법률의 효력을 가진 명령을 발하는 권한을 말한다(헌법 제76조 제1항).

② 성 격

긴급재정 · 경제처분은 처분형으로 재정의결 내지 재정의회주의에 대한 예외이다. 긴급재정 · 경제명령은 법률적 효력을 부여하는 긴급적 입법으로 국회입법원칙과 재정의회주의의 예외이다. 긴급재정 · 경제명령은 긴급재정 · 경제처분의 실효성을 뒷받침하기 위해 발해진다.

---

16) 김철수, 앞의 책(하), 1725면 이하.
17) 권영성, 앞의 책, 975면 이하.
18) 허영, 앞의 책, 1014면 이하.

2) 발동요건

① 실질적 요건

(ⅰ) 상황요건

내우・외환・천재・지변 또는 중대한 재정・경제상의 위기상황이 발생한 경우에 발동될 수 있다. 상황요건의 판단권자는 대통령이다. 대통령의 판단에 대해서는 사후에 국회통제의 대상이 된다(승인 여부).

(ⅱ) 목적요건

국가의 안전보장 또는 공공의 안녕질서를 유지하기 위한 소극목적으로만 발동될 수 있으며, 공공복리실현, 현상개선 등의 적극목적을 위해서 행사될 수 없다.

(ⅲ) 필요성요건

긴급한 조치가 필요한 경우에 발동할 수 있다. 필요성유무에 관한 판단권은 제1차적으로 대통령에게 있다.

(ⅳ) 긴급요건

국회의 집회를 기다릴 여유가 없을 때 발동될 수 있다. 국회가 폐회중이거나 집회에 필요한 3일간을 기다릴 여유조차 없는 경우가 이에 해당한다(국회법 제5조 참조). 국회의 집회가 불가능할 때 발해지는 긴급명령과 차이가 있다.

② 절차적 요건

국무회의의 심의를 거쳐야 하며, 문서로서 발하며 국무총리와 관계국무위원의 부서가 있어야 한다. 또한 공포를 요한다. 긴급재정경제처분을 한 때에는 지체 없이 국회에 보고하여 그 승인을 얻어야 한다.

3) 내 용

오로지 재정・경제사항만을 내용으로 할 수 있으며, 정치・사회・문화적 사항을 내용으로 할 수 없다. 긴급재정・경제처분은 행정(재정)처분의 형식, 즉 개별적・구체적 내용의 처분 또는 조치의 방식으로, 긴급재정・경제명령은 입법의 형식, 즉 일반적・추상적 내용의 입법조치의 형식으로 발동된다.

4) 효 력

① 국회의 승인을 얻은 경우

국회의 승인은 대통령의 긴급권의 발동이라는 통치행위에 대한 국회의 통제로서, 승인은 곧 대통령에 대한 정치적 책임을 면제하는 정치행위이며, 긴급재정·경제명령에 대해서는 확정적인 법률적 효력을 부여하는 입법행위의 성격을 가진다.

긴급재정·경제처분은 애당초 국회의 의결을 거쳐 행한 재정처분의 효력을 가지며, 긴급재정·경제명령은 국회가 직접 제정한 법률과 동일한 효력(명령으로 법률을 개정 또는 폐지하는 것 가능)을 가진다.

② 국회의 승인을 얻지 못한 경우

국회의 불승인은 대통령의 발동행위의 부적합(정치적 판단)과 그로 인한 법률적 효력의 배제를 의미한다. 승인을 받지 못한 경우는 승인을 받지 못한 날로부터 효력을 상실하고(장래효), 개·폐되었던 법률은 그때부터 당연히 회복된다.

5) 통 제

① 사전적 통제(기관 내의 통제)

국무회의 심의 및 부서 등을 통한 기관 내 통제방식이다.

② 사후적 통제(기관간의 통제)

(i) 국회에 의한 통제(정치적·대의적 통제)

긴급권발동 후 지체 없이 국회에 보고하고 승인을 받아야 한다(불승인의 효과). 국회의 승인에는 수정승인권이 인정되는가에 대해서는 인정설과 부정설이 대립하나 부정설이 타당하다. 승인의 정족수와 관련해서는 명문의 규정이 없어 견해의 대립이 있다. 계엄의 해제요구의 정족수와 균형을 유지해야 한다는 관점에서 재적과반수설을 주장하는 견해도 있지만,[19] 규정이 없을 때 적용하는 것이 일반의결정정족수이기 때문에 일반의결정족수설이 타당하다고 생각한다.

(ii) 사법적 통제

긴급재정·경제처분권은 행정처분의 성격을 가지므로 법원이 위헌·위법 여부를 심사한다. 긴급재정·경제명령은 법률의 효력을 가지므로 헌법재판소의 위헌법률심사 및 헌법소원의 대상이 된다. 법원은 위헌심판제청권을 가진다. 다만 통치행위 주장가능성이 존재한다. 사법부 통제는 국회의 승인 여부와는 관계없이 이루어진다. 이 점에서 정치적·대의적 통제인 국회의 통제와는 차이가 있다.

---

19) 권영성, 앞의 책, 979면.

판례 대통령의 긴급재정경제명령에 대한 헌법소원

대통령의 긴급재정경제명령은 국가긴급권의 일종으로서 고도의 정치적 결단에 의하여 발동되는 행위이고 그 결단을 존중하여야 할 필요성이 있는 행위라는 의미에서 이른바 통치행위에 속한다고 할 수 있으나, 통치행위를 포함하여 모든 국가작용은 국민의 기본권적 가치를 실현하기 위한 수단이라는 한계를 반드시 지켜야 하는 것이고, 헌법재판소는 헌법의 수호와 국민의 기본권 보장을 사명으로 하는 국가기관이므로 비록 고도의 정치적 결단에 의하여 행해지는 국가작용이라고 할지라도 그것이 국민의 기본권 침해와 직접 관련되는 경우에는 당연히 헌법재판소의 심판대상이 된다. 헌재 1996. 2. 29. 93헌마186

참고 긴급재정처분과 긴급재정명령의 발동사

1) 6.25 당시
2) 5.16 후의 화폐개혁
3) 1972년의 "경제안정과 성장에 관한 긴급명령"(8.3조치)
4) 1993년 8월 12일의 "금융실명거래 및 비밀보장에 관한 긴급재정경제명령"
* 1997년 12월 31일 "금융실명 및 비밀보장에 관한 법률"로 대치됨

(3) 긴급명령권

1) 개 념

긴급명령이란 통상적인 입법절차로써는 대체할 수 없는 국가의 안위에 관계되는 중대한 교전상태와 같은 국가 비상사태를 맞아 국가를 보위하기 위하여 긴급입법적 조치가 필요하고 국회의 집회가 불가능한 때에 법률의 효력을 가지는 명령을 발하는 권한이다(헌법 제76조 제2항).

2) 성 격

① 긴급입법제도

긴급명령은 국회의 집회가 불가능한 때에 비상사태를 극복하기 위하여 대통령이 발하는 긴급입법으로서 법률과 동일한 효력을 가지는 명령이다. 따라서 긴급명령은 국회입법원칙의 예외이다.

② 계엄과의 비교

첫째, 긴급명령은 국가안위에 관계되는 중대한 교전상태에서 발해지며, 계엄은 전시・사변 또는 이에 준하는 국가비상사태에서 발해진다. 둘째, 긴급명령은 경찰

력이 동원되나 계엄은 병력이 동원된다. 셋째, 긴급명령은 국회의 집회가 불가능한 경우에 행해지나 계엄은 국회의 집회여부와 무관하다. 넷째, 긴급명령은 국회에 보고하고 승인을 얻어야 하는 대신 국회가 해제를 요구할 수 없지만, 계엄은 국회에 통고하되 승인을 얻을 필요가 없는 대신 국회는 해제를 요구할 수 있다. 다섯째, 긴급명령은 기본권의 제한에 대한 명시규정이 없으나, 계엄은 영장제도, 언론・출판・집회・결사의 자유에 대한 특별한 조치가 가능하다는 규정이 있다.

참고 긴급명령과 긴급조치(1972년 헌법), 비상조치(1980년 헌법), 비상명령(바이마르 헌법), 비상대권(프랑스 제5공화국헌법)과의 차이점

긴급명령은 비상사태가 발생하고 국회에 의한 신속한 대응입법을 기대할 수 없는 경우(국회가 폐회중인 때)에 이에 대응수단으로서 법률의 효력을 가진 명령의 발포가 인정되지만, 위의 다른 것들은 비상사태가 발생한 경우에 국회에 의한 신속한 대응입법을 기대할 수 있는 경우(국회가 개회중인 경우)에도 비상사태를 극복하기 위하여 법률의 효력을 가진 조치는 물론 헌법적 효력을 가진 조치까지 할 수 있다.

3) 발동요건

① 실질적 요건

(i) 상황요건

국가의 안위에 관계되는 중대한 교전상태가 있어야 한다. 여기서 교전상태는 정규전뿐만 아니라 비정규전을 포함한 대규모의 무력충돌을 포함한다. 외국과의 전쟁이나 이에 준하는 사태 또는 내란을 포함한다.

(ii) 목적요건

국가를 보위하기 위한 소극적 목적으로 발동되며, 공공복리의 실현, 집권의 위헌적 연장, 국력신장, 통일촉진, 복리증진 등의 적극적 목적으로는 발동이 불가능하다.

(iii) 필요성요건

'긴급한 조치가 필요한 경우'에 발동된다. 긴급한 조치가 필요하다는 것은 그러한 조치가 없으면 국가안전을 방어하는 목적달성이 불가능한 것을 말한다. 필요성 유무에 대한 판단권은 제1차적으로 대통령이 보유한다. 다만 그 판단은 객관성이 있어야 한다.[20]

(iv) 긴급요건

국회의 집회가 불가능한 경우에 발해진다(집회불능요건, 국회의 기능마비요건). 국회의 집회불능은 국회의 기능마비로 인한 집회의 법률상·사실상 불가능이지 시간적 불능을 의미하는 것이 아닌 점에서 긴급재정경제명령의 발동요건과 다르다. 국회의 개회·휴회·폐회중임을 묻지 않고 또는 국회의 집회가 불가능하게 된 원인도 따지지 않는다. 다만, 긴급명령을 발하기 위해서 인위적으로 국회폐쇄 등 불능원인을 만드는 것은 포함되지 않는다.[21] 국회의원의 과반수가 집회에 불응하는 경우도 포함된다.[22]

② 절차적 요건

긴급명령은 국무회의의 심의를 거쳐야 하고, 국가안전보장에 관련사항일 때는 심의에 앞서 국가안전보장회의의 자문을 요한다. 긴급명령은 문서의 형식으로 하며, 국무총리와 관계국무위원의 부서가 있어야 한다. 대통령은 긴급명령을 발한 경우 지체 없이 국회에 보고하여 승인을 요청하여야 한다(제76조 제3항). 대통령은 긴급명령을 발한 후 국회에 보고하여 승인을 요청하였다는 사실과 국회의 승인 여부를 지체 없이 공포하여야 한다(제76조 제5항).

4) 내 용

긴급명령은 긴급재정경제명령과 달리 국정전반에 대하여 포괄적인 내용을 담을 수 있다. 구체적 조치와 관련하여 몇 가지 문제점이 논의되고 있다.

첫째, 긴급명령으로 헌법개정을 할 수 있는가의 문제이다. 법률대위명령인 긴급명령의 성격상 불가능하다(다수설).

둘째, 긴급명령으로 국회를 해산할 수 있는가의 문제이다. 헌법은 국회의 존립을 전제로 긴급명령권을 규정하고 있으므로 긴급명령의 전후는 물론 중에도 국회해산은 불가능하다.

셋째, 긴급명령으로 국회·헌법재판소·법원의 권한에 관하여 특별한 조치를 할 수 있는가의 문제이다. 국회는 긴급명령의 대상이 되지 아니한 사항에 대해서는 여전히 입법권과 정부통제권을 보유하며, 헌법재판소도 긴급명령의 위헌제청이 있는 경우에 심사할 수 있고, 법원도 위헌제청권이 있는 관계로 특별한 조치를 할

20) 헌재 1996. 2. 29. 93헌마186.
21) 허영, 앞의 책, 1019면.
22) 권영성, 앞의 책, 978면. 국회가 휴회 중인 경우에는 이에 해당되지 않는다고 한다.

수 없다.

넷째, 긴급명령으로 군정을 실시할 수 있는가의 문제이다. 군정이 가능한 대통령의 계엄선포권을 따로 규정하고 있으므로, 긴급명령으로는 군정을 실시할 수 없다.

5) 효 력

① 국회의 승인을 얻은 경우

형식은 명령이지만, 실질적으로는 법률과 동일한 효력을 가진다. 따라서 긴급명령으로 권리를 제한하거나 의무를 부과할 수 있다. 그리고 기존의 법률을 폐지할 수 있고 그 적용을 정지할 수도 있다. 일단 유효하게 성립한 긴급명령을 폐지・개정 또는 정지시키려면 국회를 통과한 법률 또는 유효하게 성립한 긴급명령에 의해서만 가능하다. 헌법침해는 허용되지 않는다. 긴급명령의 헌법보호기능상 당연한 이치이다.

② 국회의 승인을 얻지 못한 경우

긴급명령은 국회의 승인을 얻지 못한 경우 이후부터 효력을 상실한다(장래효). 긴급명령에 의하여 폐지되거나 개정된 법률도 국회의 승인을 얻지 못한 경우에는 다시 효력을 회복한다.

6) 통 제

① 사전적 통제(기관 내의 통제)

국무회의의 심의 및 국무총리 및 관계 국무위원의 부서제도를 통한 기관 내 통제방식이다.

② 사후적 통제(기관간의 통제)

긴급재정・경제명령의 통제를 참고하길 바란다.

(4) 계엄선포권(헌법 제77조)

1) 개념과 성격

① 개 념

계엄(martial law, Belagerungszustand, etat de siege)이란 전시・사변 또는 이에 준하는 국가비상사태에 있어서(상황요건), 병력으로서(수단요건), 군사상의 필요가 있거나 공공의 안녕질서를 유지할 필요가 있을 때(목적요건), 대통령이(주체), 법률이 정하는 바에 의하여, 그 지역 내의 정부나 법원의 권한과 기본권의 일부에 대하여 예외적 조치를 취할 수 있는 법제도를 말한다.

② 성 격

첫째, 계엄은 대표적인 비상집행적 긴급권이다. 긴급입법형인 긴급명령과 긴급재정경제명령과 구별된다. 둘째, 계엄은 현상유지적 소극목적으로 발동될 수 있고, 적극적인 공공복지 증진 및 정권창출 등의 목적으로 발동될 수 없다. 셋째, 계엄은 사후진압적 긴급권으로 사전예방적 긴급권이 아니다. 넷째, 계엄은 오랜 역사를 지닌 고전적(전통적) 국가긴급권이다.

2) 발동요건

① 실질적 요건

(i) 상황요건

계엄은 전시·사변 또는 이에 준하는 국가비상사태가 발생하였을 때 발동될 수 있다. 여기서 전시란 전쟁시(국가간의 무력 충돌)를 말하고, 사변이란 국토를 참절하거나 국헌을 문란하게 할 목적을 가진 무장반란집단의 폭동을 말하며, 이에 준하는 국가비상사태란 전시 또는 사변에 해당하지 아니하는 것으로 무장 또는 비무장의 집단 또는 군중에 의한 사회질서교란상태와 자연적 재난으로 인한 사회질서교란 상태를 말한다.[23] 사후진압적 조치로서의 성격상 앞으로 발생할 가능성은 포함되지 않는다. 상황의 판단권자는 대통령이다. 다만, 국회의 사후통제의 대상이 된다.

(ii) 수단요건

계엄은 병력동원이 필수적이다. 이 점에서 경찰력을 동원하는 긴급명령과 차이가 있다.

(iii) 목적요건

계엄은 군사상의 필요(군사계엄)에 응하거나 공공의 안녕질서를 유지할 필요(행정계엄)가 있을 때 발동될 수 있다. 여기서 군사상의 필요는 군대의 안전을 위한 군작전상의 필요를 말하며, 공공의 안녕질서의 유지는 사회적 안전이나 평온과 같은 공안질서의 유지를 말한다.

(iv) 준법요건

계엄도 법률이 정하는 절차와 방법에 따라야 한다.

23) 권영성, 앞의 책, 987면.

② 절차적 요건

(ⅰ) 대통령이 계엄을 선포하려면 국무회의의 심의를 거쳐야 한다(제89조 제5호). 해제의 경우에도 국무회의 심의를 거쳐야 한다. 문서로 하며, 국무총리와 관계 국무위원이 부서하여야 한다. 계엄을 선포한 경우 국회에 통고하여야 한다.

(ⅱ) 국방부장관 또는 행정안전부장관은 계엄선포의 요건에 해당하는 사유가 발생한 때에는 국무총리를 거쳐 대통령에게 계엄의 선포를 건의할 수 있다(계엄법 제2조 제6항).

(ⅲ) 계엄의 선포의 경우에 이유·종류·시행일시·시행지역 및 계엄사령관을 공고하여야 한다(동법 제3조).

(ⅳ) 국회가 폐회 중이면 지체 없이 임시회의 집회를 요구하여야 한다(계엄법 제4조 제2항).

3) 내 용

① 선포권자

계엄의 선포권자는 오로지 대통령이다. 구계엄법상의 임시계엄과 추인제도를 폐지하였다.

② 지휘·감독권자

계엄의 원칙적 지휘·감독권자는 국방부장관이다(계엄법 제6조). 다만, 전국을 계엄지역으로 한 경우와 대통령이 직접 지휘·감독할 필요가 있는 경우에는 대통령의 지휘·감독을 받는다(계엄법 제6조).

③ 계엄의 종류와 변경

(ⅰ) 종 류

계엄은 경비계엄과 비상계엄으로 구분된다(헌법 제77조 제2항, 법 제2조 제1항).

ⅰ) 비상계엄

전시·사변 또는 이에 준하는 국가비상사태에 있어서 적과 교전상태에 있거나 사회질서가 극도로 교란되어 행정기능과 사법기능의 수행이 현저히 곤란한 경우에, 군사상의 필요에 응하거나 공공의 안녕질서를 유지하기 위하여 선포하는 계엄이다.

ⅱ) 경비계엄

전시·사변 또는 이에 준하는 국가비상사태에 있어서 사회질서가 교란되어 일반행정기관만을 가지고는 치안을 확보할 수 없는 경우에 공공의 안녕질서를 유지하기 위하여 선포하는 계엄이다.

(ii) 종류의 변경

국무회의의 심의를 거쳐서, 계엄의 종류·지역·계엄사령관을 변경할 수 있다(계엄법 제2조 제4항, 제5항).

4) 계엄의 효력

① 경비계엄의 효력

경비계엄이 선포되면 계엄지역 내의 군사에 관한 행정사무와 사법사무를 계엄사령관이 관장한다(계엄법 제7조 제2항). 경비계엄의 경우 정부·법원의 권한이나, 기본권에 관한 특별한 조치는 할 수 없다.

② 비상계엄의 효력

(i) 관 할

비상계엄이 선포되면 계엄지역 내의 모든 행정사무와 사법사무를 계엄사령관이 관장한다(계엄법 제7조 제1항). 사법사무에 재판작용이 포함되는가가 문제되나, 재판작용을 포함한 사법행정사무를 의미한다(다수설).

(ii) 특별조치

i) 정부나 법원에 대한 특별조치

비상계엄의 경우에는 정부나 법원의 권한에 관한 특별한 조치를 할 수 있다. 그러나 국회나 헌법재판소의 권한에 대해서는 특별한 조치를 할 수 없다.

ii) 기본권에 관한 특별한 조치

비상계엄이 선포된 경우 법률이 정하는 바에 의하여 영장제도·언론·출판·집회·결사의 자유에 관하여 특별한 조치를 할 수 있다(헌법 제77조 제3항). 문제는 계엄법은 비상계엄지역에서 계엄사령관은 헌법에 규정하지 않은 거주·이전의 자유와 단체행동에 대하여 특별한 조치를 할 수 있고(계엄법 제9조 제1항), 법률에서 정하는 바에 따라 동원(動員) 또는 징발을 할 수 있으며, 필요한 경우에는 군수(軍需)로 제공할 물품의 조사·등록과 반출금지를 명할 수 있으며(제9조 제2항), 작전상 부득이한 경우에는 국민의 재산을 파괴 또는 소각(燒却)할 수 있도록 규정하고 있다(제9조 제3항). 이러한 계엄법 제9조에 대해서 위헌논의가 있다. 위헌설은 기본권제한은 확대해석해서는 안 되며, 남용·악용을 줄이기 위해서는 헌법규정을 한정적 열거규정으로 본다.[24] 합헌설은 헌법규정을 예시적 규정으로 보고 있다.[25] 기본적인 신체의 자유가 제한될 수 있는 상황에서 거주·이전의 자유의 제한 등은 당연히 포함될 수 있다는 것이 예상될 수 있다. 그러한 점에서 헌법의 규정은 예시규정으로 보는 것이 타당하다고 생각한다.

(iii) 군사법원의 관할

i) 일반인의 범죄사건

비상계엄이 선포된 경우에 일반인의 범죄사건은 계엄법에 정한 특정한 죄[26]를 범한 사람에 대한 재판은 군사법원이 한다.[27] 특정한 범죄이외에는 민간법원이 관할권을 가진다. 다만, 비상계엄지역 내에 법원이 없거나, 교통이 차단된 경우에는 모든 범죄를 군사법원의 관할 하에 둔다(계엄법 제10조 제2항).

ii) 군사재판의 단심제 원칙

비상계엄하의 군사재판은 군인·군무원의 범죄나 군사에 관한 간첩죄의 경우와 초병·초소·유독음식물공급·포로에 관한 죄 중 법률이 정한 경우에 한하여 단심으로 할 수 있다. 다만, 사형을 선고한 경우에는 그러하지 아니하다(헌법 제110조 제4항).

iii) 계엄선포이전의 사건에 대한 군사법원의 관할권 문제

비상계엄하의 군사법원은 계엄선포 이후에 발생한 범죄에 관해서만 관할권을 가지는가, 아니면 계엄선포이전의 사건에 대해서도 관할권을 가지는가가 문제된다. 계엄선포 전후를 불문하고 군사법원이 관할권을 가진다는 것이 대법원 판례의 태도이다. 즉, "비상계엄하의 군법회의 재판권에 관한 구 계엄법 제16조는 동법 제15조의 경우를 제외하고는 범죄시일이 계엄선포의 전후임을 막론하고 일반인에게도 적용된다"고 판시하였고,[28] 또한 "계엄법 제16조는 거기서 열거된 범죄를 범한 자를 비상계엄지역 내에서 재판하는 경우에는 그 범행자가 군인, 군속이던 아니던

24) 권영성, 앞의 책, 990면; 허영, 앞의 책, 1022면.

25) 김철수, 앞의 책(하), 1750면; 김학성·최희수, 전정 4판[2020년판] 헌법학원론, 피앤씨미디어, 2020, 1024면.

26) 군사법원이 관할하는 범죄는 1. 내란(內亂)의 죄, 2. 외환(外患)의 죄, 3. 국교(國交)에 관한 죄, 4. 공안(公安)을 해치는 죄, 5. 폭발물에 관한 죄, 6. 공무방해(公務妨害)에 관한 죄, 7. 방화(放火)의 죄, 8. 통화(通貨)에 관한 죄, 9. 살인의 죄, 10. 강도의 죄, 11. 「국가보안법」에 규정된 죄, 12. 「총포·도검·화약류 등의 안전관리에 관한 법률」에 규정된 죄, 13. 군사상 필요에 의하여 제정한 법령에 규정된 죄 등이다(계엄법 제10조 제1항).

27) 다만, 계엄사령관은 필요한 경우에는 해당 관할법원이 재판하게 할 수 있다(계엄법 제10조 제1항 단서).

28) 대결 1964. 7. 21. 64초3.

간에 또 그 범행일시가 비상계엄선포의 전이건 후이건 간에 모두 군법회의가 그 재판권을 행사함을 원칙으로 한다는 것을 규정한 것으로서 소급입법금지의 원칙에 위배된다고 할 수 없다"고 판시한 바 있다.[29]

5) 계엄해제의 효과

계엄이 해제되면 해제된 날로부터 모든 행정사무와 사법사무는 평상상태로 복귀하고 계엄당시 군사법원에 계속 중이던 재판사건의 관할은 비상계엄의 해제와 동시에 이관하게 된다. 다만 대통령이 필요하다고 인정할 때에는 군사법원의 재판권을 1개월 이내에 한하여 연기할 수 있다(계엄법 제12조 제2항). 재판권 1개월 연기조항에 대해서는 위헌론[30]과 합헌론(판례)이 대립한다. 대법원은 합헌으로 보고 있다.[31] 그러나 1개월 연기조항은 정당한 재판을 받을 권리와 민간인은 원칙적으로 군사재판을 받지 않는다는 규정에 위반된다고 생각한다.

그리고 계엄기간 중의 포고령위반범죄는 계엄이 해제된 후에도 계엄실시 중의 계엄포고령에 따라 처벌되며, 계엄해제는 형이 범죄 후 법령의 개폐로 폐지된 것에 해당되지 않는다. 대법원 판례도 같은 취지로 판시하고 있다.[32]

6) 통 제

① 사전적 통제(기관 내의 통제)

계엄을 선포하려면 국무회의의 심의, 문서와 부서, 선포라는 기관 내 절차적 통제를 받는다. 또한 계엄선포의 경우에 선포의 이유·종류·시행일시·시행지역 및 계엄사령관을 공고하도록 하고 있다.

---

29) 대결 1979. 12. 7. 79초70.

30) 김철수, 앞의 책(하), 175면; 허영, 앞의 책, 1023면; 김학성·최희수, 앞의 책, 1025면.

31) "…… 구 계엄법(1949. 11. 24 법률 제67호) 제23조 제2항에서 계엄해제시의 대통령의 조치에 의하여 비상계엄해제의 효력중 군법회의에 계속중인 재판사건의 재판권이 일반법원에 속하게 되는 효력만이 1개월 이내의 기간안에 단계적으로 발생할 수 있음을 규정한 것은 국가비상사태가 평상상태로 회복되었음에도 불구하고 국민의 군법회의재판을 받지 않을 권리를 일시적으로 제한한 것임은 분명하지만 그렇다고 하여 그 규정이 국민의 군법회의재판을 받지 않을 권리자체를 박탈하는 것이라거나 그 권리의 본질적 내용을 침해하는 것이라고 할 수는 없을 뿐만 아니라 비상계엄지역내의 사회질서는 정상을 찾았으나 일반법원이 미쳐 기능회복을 하지 못하여 군법회의에 계속중인 재판사건을 넘겨받아 처리할 수 있는 태세를 갖추지 못하고 있는 경우와 같은 상황에 대처하기 위한 것으로 보여 합목적성이 인정되는 바이므로 헌법의 위임범위를 넘어선 것으로서 헌법 제52조나 제26조 제2항에 위배되는 것이라고 할 수는 없다"(대판 1985. 5. 28. 81도1045, 다수의견).

32) 대판 1982. 9. 14. 82도1847.

② 사후적 통제(기관간의 통제)

(i) 국회에 의한 통제

대통령은 계엄을 선포한 후 지체 없이 국회에 통고하여야 한다. 또한 본래 평상사태로 회복되면 대통령은 계엄을 해제하고 이를 공고하여야 하고(계엄법 제11조 제1항), 국방부장관이나 행정안전부장관이 계엄의 목적이 달성되었음을 이유로 국무총리를 거쳐 계엄의 해제를 건의하면 국무회의의 심의를 거쳐 해제하여야 하지만(계엄법 제11조 제3항), 국회가 재적 과반수의 찬성으로 계엄의 해제를 요구하면 대통령은 국무회의의 심의를 거쳐 지체 없이 해제하여야 한다(법적 구속력). 계엄해제요구를 위반할 경우 탄핵사유가 되며 국민의 저항권을 발생시킬 수 있다. 그러나 대통령이 요구를 받고도 계엄을 해제하지 않으면 해제의 효력은 발생하지 않는다.[33] 국회는 그 밖에 입법을 통하여 계엄당국을 통제할 수 있고, 국정감사·조사권, 탄핵소추권 등의 대정부견제권 등을 행사하여 계엄을 통제할 수 있다.

계엄 시행 중 국회의원은 현행범인인 경우를 제외하고는 체포 또는 구금되지 아니한다(계엄법 제13조). 회기중 특권인 불체포특권의 예외이다. 계엄 하에서도 국회의 기능 제한을 금지하는 취지이다.

(ii) 사법적 통제

대통령의 계엄선포행위에 대한 사법통제가 가능할 것인가가 문제된다.

i) 학 설

계엄선포를 통치행위로 보아 사법심사의 대상에서 제외하는 견해,[34] 계엄선포행위 그 자체와 그에 기한 개별적·구체적 행위를 구별하여, 개별적·구체적 행위(포고령·개별적 처분)에 대해서는 사법심사를 인정하는 견해,[35] 국회에 통고하여야 하고 그 요건이 헌법과 법률에 구체적으로 규정되어 있으며, 국민의 기본권에 중대한 영향을 미치는 것으로 상대적 통치행위로 사법심사의 대상이 된다는 견해[36] 등이 있다.

---

33) 대판 1955. 1. 18. 4287형상113.
34) 종래의 대법원 판례(대판 1979. 12. 7. 79초70; 대판 1980. 8. 26. 80도1278; 대판 1982. 9. 14. 82도1847).
35) 구병삭, 제3전정판 신헌법원론, 박영사, 1996, 989-990면.
36) 권영성, 앞의 책, 992면. 허영 교수도 헌법재판소가 도입된 이상 계엄의 선포행위 그 자체도 사법적 통제가 가능해야 한다고 주장한다(허영, 앞의 책, 1023면).

ii) 판 례

대법원은 계엄선포의 요건구비나 당·부에 대한 사법심사를 부정한 바 있다. 즉, "대통령의 계엄선포행위는 고도의 정치적·군사적 성격을 띠는 행위라고 할 것이어서, 그 선포의 당·부당을 판단할 권한은 헌법상 계엄의 해제요구권이 있는 국회만이 가지고 있다 할 것이고, 그 선포가 당연 무효라면 모르되, 사법기관인 법원이 계엄선포의 요건구비나 선포의 당·부당을 심사하는 것은 사법권의 내재적인 본질적 한계를 넘어서는 것이 되어 적절한 바가 못된다"고 판시하고 있다.[37] 그 밖에 여러 사건에서 같은 취지의 판례를 내고 있다.[38]

iii) 결 어

계엄선포행위 자체에 대한 사법심사는 어렵지만, 계엄사령관의 계엄포고령이나 구체적 처분은 사법심사의 대상이 되어야 한다고 본다. 그리고 계엄선포나 계엄에 의한 특별조치로 기본권이 침해된 경우에는 헌법소원을 제기할 수 있다.

3. 국민투표부의권(헌법 제72조)

(1) 의의와 법적 성격

헌법 제72조는 "대통령이 필요하다고 인정할 때에는 외교·국방·통일 기타 국가안위에 관한 중요정책을 국민투표에 붙일 수 있다"고 하여 대통령에게 국민투표부의권을 부여하고 있다.

오늘날 민주주의국가에서는 원칙적으로 대의제에 의해 국정이 운영되고 있다. 즉 국정운영은 국민에 의해 선출된 국회 또는 대통령 등에 의해 행해진다. 그러나 대통령의 국민투표부의권은 대통령이 국회와 국민대표기관의 의결에 구속되지 않고 직접 주권자인 국민의 의사를 묻는 제도로 대의제의 예외로서 직접민주제를 인정하는 것이다. 나아가 대통령은 국민투표부의권을 통해 국민들의 의사를 물어봄으로써 더욱 확실하게 민주적 정당성을 확보할 수 있다는 점에서, 대통령이 국회에 비해 우월적 지위를 갖고 있다고 해석되기도 한다. 국민투표권은 대의제의 대체수단이 아니라 보완수단이기 때문에 입법권이나 헌법개정권을 찬탈하는 방법으

37) 대결 1979. 12. 7. 79초70.

38) "계엄선포요건의 존부는 사법심사의 대상이 되지 못하는 것이므로 비상계엄이 요건 없이 선포된 무효의 계엄이라는 논지는 채용할 수 없다"(대판 1982. 9. 14. 82도1847; 대판 1981. 2. 10. 80도3147; 대판 1981. 4. 28. 81도874; 대판 1981. 5. 26. 81도1116; 대판 1981. 9. 22. 81도1833 등 참조).

로 악용되어서는 안 된다.

헌법개정안에 대한 국민투표(제130조 제2항)가 필수적 국민투표라면, 제72조의 국민투표는 임의적 국민투표이다.

(2) 연 혁

1) 국가의 중요정책에 대한 국민투표제의 연혁

제2차 개헌(사사오입개헌)에서 최초로 국민투표제의 헌법적 근거가 마련되었다. 즉 "주권의 제약 또는 영토의 변경을 가져올 국가안위에 관한 중요사항"에 대한 국민투표제를 규정하였다(제7조의 2). 제7차 개헌(유신헌법)에서 그 대상을 외교 · 국방 · 통일 기타 국가안위에 관한 '국가의 중요정책'이라고 함으로써, 이를 좀 더 포괄적으로 규정하고 이것이 현행헌법까지 계승되고 있다.

2) 우리나라에서의 국민투표사

우리나라에서는 현재까지 총 6회의 국민투표를 실시하였다. 모두가 헌법개정과 관련된 국민투표였다. 4회는 순수한 헌법개정국민투표였지만, 2회는 헌법개정과 신임투표를 결부시킨 복합적 성격의 국민투표였다. 1969년의 3선개헌(제6차 개헌)과 1975년 2월 12일의 유신헌법과 박대통령의 신임에 관한 국민투표(소위 제2차 유신국민투표)가 복합적 국민투표의 예라고 할 수 있다. 특히 야당은 제2차 유신국민투표를 위헌으로 규정하고 대법원에 '국민투표정지가처분'을 신청하였으나, 대법원은 동 가처분신청이 법적인 근거가 없다는 이유로 각하하였고 국민투표에서는 98.3%의 지지를 획득하였다.

(3) 국민투표의 대상

1) 국가안위에 관한 중요정책

제72조 국민투표의 대상은 외교 · 국방 · 통일 기타 국가안위에 관한 중요정책이다. 외교 · 국방 · 통일 등은 예시규정이다. 무엇이 국가안위에 관한 중요정책인가의 판단과 회부 여부는 대통령의 재량이다.

2) 신임투표도 가능한가?

국민투표는 크게 정책투표(Referendum)와 신임투표(Plebiszit)로 나누어질 수 있다. 정책투표는 중요한 제도의 도입이나 변경 등과 같은 정책의 결정을 국민투표에 의해 확정하도록 하는 것이고, 신임투표는 정치권력에 대한 국민의 신임 여부 및 그에 따른 정치권력자의 진퇴를 국민투표로 결정하는 것이다.

두 가지 모두 국민주권이라는 측면에서만 볼 때에는 많은 장점을 가지고 있다고 할 수 있다. 그러나 현대 민주국가들은 국민투표에 대해 상당히 소극적이다. 예컨대 나치의 뼈아픈 경험을 안고 있는 독일처럼 연방영역의 변경이라는 특수한 사안(독일기본법 제29조) 이외에는 헌법상 국민투표제도를 두지 않고 있는 경우도 있다. 더구나 신임투표제도에 대해서는 대부분의 국가들이 부정적이다. 그것은 신임투표가 안고 있는 문제점 때문이라고 할 수 있다.

대통령에 대한 신임투표가 인정될 경우에는 그것이 대통령의 독선 내지 독재를 정당화하는 역할을 하게 될 수 있다. 또한 신임투표는 야당에 의해 남용될 소지도 있다. 대통령제는 의회의 내각불신임권과 내각의 의회해산권이 인정되는 의원내각제 정부형태와는 달리 대통령의 임기 중 국정의 안정적 수행이 보장되는 정부형태이다. 그런데 신임투표제도를 도입할 경우에는 야당이 대통령에 대한 정치공세의 수단으로 신임투표의 실시를 수시로 요구하게 될 수 있다. 그로 인하여 국정의 안정적 수행에 방해를 받게 되면, 대통령제의 중요한 장점 하나가 유명무실해질 수도 있는 것이다.

바로 이와 같은 문제점 때문에 현대의 민주국가들은 신임투표제도에 대해 부정적이며, 우리 헌법 제72조도 국가안위에 관한 중요 '정책'에 대해서만 국민투표를 시행할 수 있도록 함으로써 정책투표임을 분명히 하고 있다.

결국 헌법 제72조에 의한 국민투표는 정책투표이며, 신임투표가 아니다. 또한 국가안위에 관한 중요정책이라 하더라도 이를 국민투표에 붙일 것인지의 여부는 대통령의 판단에 맡겨진 것이며, 의무적으로 국민투표에 붙여야 하는 것은 아니다.

이와 관련하여 두 가지 사건이 문제된 바 있다. 하나는 신임투표를 실시하겠다는 2003년 노무현 대통령의 발언과 관련하여 그 위헌성 여부가 논란된 것이며, 다른 하나는 2004년 신행정수도의 건설과 관련하여 수도의 이전에 관하여 대통령이 의무적으로 국민투표를 실시했어야 하는지의 여부가 헌법적으로 문제되었던 사건이다.

먼저, 신임투표의 실시는 결국 현행헌법상 위헌이라는 견해가 지배적인 것으로 보인다. 그 결과 2003년 노무현 대통령이 공언했던 신임투표실시는 결국 관철되지 못했으며, 이에 관하여 헌법재판소도 신임투표의 시행이 구체적으로 추진되지 않았기 때문에 문제되지 않는다는 결론[39]을 내린 바 있으며, 노무현 대통령탄핵사건

---

39) 헌재 2003. 11. 27. 2003헌마694등 참조. 이 사건에서 대통령이 국회 본회의에서 행한 시정

에서 재신임 국민투표를 제안한 행위가 헌법에 위반된다는 결정하였다.[40]

그리고 수도이전에 관한 국민투표의 실시에 관하여는 – 그것이 정치적으로 바람직하다고 평가되는 것과는 별도로 – 이를 대통령의 의무로 보기는 곤란하다는 견해가 지배적이다. 헌법 제72조의 문구는 명백하게 "대통령이 필요하다고 인정할 때" 대통령이 "국민투표에 붙일 수 있다"고 규정하고 있기 때문이다. 이와 관련하여 헌법재판소는 '신행정수도의 건설을 위한 특별조치법'에 대한 헌법소원심판에서 소수의견으로 헌법 제72조에 따른 국민투표권 침해를 인정한 바 있으나, 다수의견은 이를 인정하지 않았다.[41]

3) 국민입법의 가능성?

국민이 구체적이고 세부적인 입법까지도 국민투표로써 결정할 수 있는가가 문제된다. 대의제의 원리에 모순될 뿐만 아니라 기술적으로도 어려운 점이 많다는

연설에서 정책과 결부하지 않고 단순히 대통령의 신임 여부만을 묻는 국민투표를 실시하고자 한다고 밝힌 것이 헌법소원의 대상이 되는 "공권력의 행사"에 해당하는지 여부가 다투어졌는데, 헌법재판소는 "헌법재판소법 제68조 제1항은 "공권력의 행사 또는 불행사"로 인하여 헌법상 보장된 기본권을 침해받은 자가 헌법소원을 청구할 수 있다고 규정하고 있으므로, 헌법소원의 대상이 되려면 "공권력의 행사 또는 불행사"에 해당하여야 하는바, 피청구인인 대통령의 발언내용 및 이를 전후한 여러 사정들을 종합하여 볼 때, 피청구인의 발언의 본의는 재신임의 방법과 시기에 관한 자신의 구상을 밝힌 것에 불과하며, 정치권에서 어떤 합의된 방법을 제시하여 주면 그에 따라 절차를 밟아 국민투표를 실시하겠다는 것이어서 이는 법적인 절차를 진행시키기 위한 정치적인 사전 준비행위 또는 정치적 계획의 표명일 뿐이다"라고 하여 각하하고 있다.

40) 1969년 헌법개정을 신임에 연계시켰던 프랑스의 드골 대통령이 헌법개정안의 부결과 함께 대통령직을 사임했던 예가 있으며, 국내에서도 유신체제의 도입을 위한 1972년의 헌법개정안을 박정희 대통령이 자신에 대한 신임과 연계시켰던 예가 있다. 물론 이런 식의 신임투표도 결코 긍정적으로 평가될 수 있는 것은 아니다. 예컨대 여소야대의 상황에서 발생되는 대통령의 국정운영상의 어려움을 국민투표로 해결하겠다는 식의 발상 자체가 의회주의에 기초한 대의제의 본질에 반하는 것이며, 만일 대통령이 국회를 견제하는 수단으로 국민투표를 이용하게 된다면, 그것은 대통령의 독재화로 연결될 수도 있기 때문이다. 이 때문에 헌법재판소는 대통령이 헌법상 국민에게 자신의 신임을 국민투표의 형식으로 물을 수 없을 뿐만 아니라, 특정 정책을 국민투표에 붙이면서 이에 자신의 신임을 결부시키는 것도 위헌적인 행위로서 헌법상 허용되지 않는다는 입장을 취하고 있다(헌재 2004. 5. 14. 2004헌나1). 그러나 현행 헌법 제72조의 규정에 따라 중요한 정책을 국민투표에 붙이면서 이에 대한 평가가 곧 정권에 대한 심판 내지 신임 여부를 판가름하게 된다고 언급하는 것 자체가 위헌이라고 보기는 어려울 것이다.

41) 헌재 2004. 10. 21. 2004헌마554등 참조. 이 결정의 다수의견은 수도에 관한 사항이 관습헌법에 속한다고 인정하면서 관습헌법의 개정을 위해서는 법률이 아닌 헌법의 개정이 필요하다는 이유로 「신행정수도의 건설을 위한 특별조치법」의 위헌성을 인정한 바 있다. 그러나 이러한 논거에는 적지 않은 법리적 문제점이 있다. 이에 관하여는 장영수, 신행정수도건설을위한 특별조치법 위헌확인결정의 찬반논쟁(반대론), 고시계 2004. 12, 86–102면 참조.

견해가 지배적이나,[42] 실질적 국민주권주의의 관점에서 가능하다고 보는 견해도 있다.[43]

4) 헌법개정안

국민투표의 대상에 헌법개정안이 포함될 수 있는가가 문제된다. 헌법개정을 위한 특별한 절차가 헌법에 별도로 규정되어 있기 때문에 헌법개정안은 포함될 수 없다.

(4) 국민투표결과의 구속력

국민투표의 회부 여부는 정치적 재량이나, 일단 회부한 경우에는 그 결과에 대통령은 구속된다.

(5) 국민투표의 방법

찬반투표로 결정하는 것이 일반적이다. 구체적인 사항은 국민투표법에 규정되어 있다.

4. 헌법기관구성에 관한 권한

(1) 대법원 구성권

대통령은 국회의 동의를 얻어 대법원장을 임명하고 대법원장의 제청으로 국회의 동의를 얻어 대법관을 임명한다(제104조).

(2) 헌법재판소 구성권

대통령은 헌법재판소 재판관 9인을 임명한다. 다만, 재판관 중 3인은 국회에서 선출한 자를, 3인은 대법원장이 지명하는 자를 임명한다. 헌법재판소장은 재판관 중에서 국회의 동의를 얻어 임명한다(제111조 제2항, 제3항, 제4항).

(3) 중앙선거관리위원회 구성권

중앙선거관리위원회는 1960년 4·19혁명을 촉발시켰던 3·15 부정선거의 경험에 대한 반성에 기초하여 선거의 공정한 관리를 위한 중립적인 기구로 만들어진 것이다. 따라서 중앙선거관리위원회 위원의 임명에 있어서는 대통령도 9인의 위원

42) 권영성, 앞의 책, 995면; 김철수, 앞의 책(하), 1726면; 허영, 앞의 책, 1015면.
43) 구병삭, 앞의 책, 942면.

중 3인을 임명하는 자격을 가질 뿐이다. 그 밖에 국회가 3인의 위원을 선출하고 대법원장이 3인을 지명하도록 하고 있다(제114조 제2항 제1문). 중잉선거관리위원회 위원장은 위원들 중에서 호선한다(제114조 제2항 제2문).

(4) 감사원 구성권

대통령은 국회의 동의를 얻어 감사원장을 임명하며 감사원장의 제청으로 감사위원을 임명한다(제98조 제2항, 제3항).

5. 집행에 관한 권한

실질적 의미의 집행에 관한 권한은 헌법에 다른 규정이 없는 한 원칙적으로 대통령(을 수반으로 하는 정부)이 행사한다.

(1) 집행에 관한 최고결정권과 최고지휘권

대동령은 집행부의 수반으로서 집행에 관한 최고걸정권과 최고지휘권을 가진다.

(2) 법률집행권

집행부의 수반으로서 법률의 집행을 그 제1차적 임무로 한다. 법률을 집행함에 있어서 필요한 경우에는 위임명령과 집행명령을 발할 수 있다.

(3) 외교적 권한(대외적 활동에 관한 권한)

대통령은 대외적으로 많은 외교적 권한을 행사하는데, 이는 국가원수로서의 지위에서 나오는 권한으로 볼 수 있다. 대통령은 조약을 체결하고 비준할 권한을 가진다. 다만, 중요조약은 사전에 국회의 동의를 얻어야 한다(제60조 제1항). 또한 외교사절의 신임·접수 또는 파견권을 가지며, 외국에 대한 선전포고 및 강화 등의 권한을 가진다. 선전포고 및 강화에는 국회의 동의를 요한다. 아울러 대통령은 국군의 해외파견, 외국군대의 국내주류허용권을 가진다. 이는 국회동의를 얻어야 한다.

(4) 정부구성권

대통령은 국회의 동의를 얻어서 국무총리를 임명하며(제86조 제1항), 국무총리의 제청으로 국무위원을 임명한다(제87조 제1항). 대통령제 정부형태를 취하면서도 부통령을 두지 않고 국무총리를 두고 있을 뿐만 아니라 국무총리의 임명에 대하여 국회의 동의를 얻도록 한 것은 대통령제하에서는 이질적인 제도라고 하겠다. 행정각부의 장은 국무위원 중에서 국무총리의 제청으로 대통령이 임명한다.

(5) 공무원임면권

1) 의의와 취지

대통령이 헌법과 법률에 따라 공무원을 임면하는 권한이다(제78조). 임면은 임명과 면직을 말한다. 임명에는 보직 · 전직 · 휴직 · 징계처분 등이 포함된다(통설). 공무원임면권은 적극적으로는 임면권의 근거이며, 소극적으로는 대통령의 공무원임면권행사의 제한(남용방지)을 목적으로 한다. 대통령의 공무원임면권을 넓게 이해할 경우에는 모든 공무원에 대한 임면을 포괄할 수 있지만, 집행부의 소속공무원에 대한 임면권을 의미한다고 보는 것이 일반적이다. 국회의 경우 선거에 의해 국회의원이 임명되며 국회 사무처의 직원에 대한 임명도 국회의 자율권에 속하는 것으로 인정된다. 사법부의 경우에도 대법원장이나 대법관, 헌법재판소장과 헌법재판소 재판관 등 헌법이 정한 경우를 제외하고는 사법부의 독립이라는 원칙에 따라 대통령의 관여가 배제되는 것으로 이해되어야 한다.

2) 제 한

① 임명에 있어서의 제한

(i) 임명에 일정한 자격을 요하는 경우

시험을 통한 선발과 같이 일정한 자격이 요구되는 공무원(법관 · 검사 · 교육공무원 등)은 그러한 자격이 구비되어야 임명할 수 있다.

(ii) 일정한 기관의 제청을 요하는 경우

국무위원은 국무총리의 제청으로, 감사위원은 감사원장의 제청으로, 대법관은 대법원장의 제청으로 임명한다.

(iii) 국회의 동의를 요하는 경우

국무총리 · 감사원장 · 대법원장 및 대법관 · 헌법재판소장은 국회의 동의를 얻어 임명한다.

(iv) 국무회의심의를 요하는 경우

검찰총장 · 합동참모의장 · 각 군 참모총장 · 국립대학교 총장 · 대사 기타 법률이 정하는 공무원은 국무회의 심의를 거쳐 임명한다(제89조 제16호).

(v) 인사청문회를 거쳐야 하는 경우

일정한 직위의 공무원에 대해서는 국회의 인사청문회를 거친 후에 임명하여야 한다(국회법 제65조의2).[44]

(vi) 의무적 · 형식적 임명권

대통령은 헌법재판소 재판관을 임명할 때, 3인은 국회에서 선출한 자를, 3인은 대법원장이 지명한 자를 포함하여 9인의 임명권을 가진다.

② 면직에 있어서의 제한

임기제가 보장되는 공무원에 대해서는 위법행위 등을 이유로 한 해임이나 파면이 아니라면 면직할 수 없으며, 직업공무원제에 의하여 신분보장이 되는 공무원의 경우에도 일정한 면직사유(탄핵, 형벌, 징계처분 등)가 존재할 경우만 면직이 가능하다. 국무위원에 대한 국회의 해임건의는 대통령을 법적으로 구속하지는 못한다.

(6) 국군통수권

1) 의 의

대통령이 헌법과 법률이 정하는 바에 의하여 국군을 통수하는 권한이다(제74조 제1항). 국군통수권은 국가형태와 정부형태에 따라 그 구체적 내용은 상이하다.

2) 국가원수로서의 지위에서 나오는 권한인가? 집행부수반의 지위에서 나오는 권한인가?

대통령제국가에서는 국가원수가 군통수권자인 것이 통례이며, 군통수권은 '국가와 헌법의 수호자' 내지 '국정의 최고책임자'로서의 지위에서 대통령이 보유해야 할 권한이다. 현행헌법상의 국군통수권은 군령권과 군정권을 포괄하는 광의의 개념으로 파악한다면 국가원수로서의 지위에서 나오는 권한이다.[45]

---

44) "② 상임위원회는 다른 법률에 따라 다음 각 호의 어느 하나에 해당하는 공직후보자에 대한 인사청문 요청이 있는 경우 인사청문을 실시하기 위하여 각각 인사청문회를 연다.

1. 대통령이 임명하는 헌법재판소 재판관, 중앙선거관리위원회 위원, 국무위원, 방송통신위원회 위원장, 국가정보원장, 공정거래위원회 위원장, 금융위원회 위원장, 국가인권위원회 위원장, 고위공직자범죄수사처장, 국세청장, 검찰총장, 경찰청장, 합동참모의장, 한국은행 총재, 특별감찰관 또는 한국방송공사 사장의 후보자
2. 대통령당선인이 「대통령직 인수에 관한 법률」 제5조 제1항에 따라 지명하는 국무위원 후보자
3. 대법원장이 지명하는 헌법재판소 재판관 또는 중앙선거관리위원회 위원의 후보자"(국회법 제65조의2 제2항).

45) 권영성, 앞의 책, 1000면. 한편 이러한 견해는 대통령의 헌법수호에 관한 권한이 집행부의 수반이 아닌 국가원수로서의 권한이라는 견지에서 출발한 것이기 때문에 그 전제 자체가 부정

3) 내 용

① 통수(統帥)

통수의 의미는 국군의 최고지휘자, 즉 군의 최고사령관을 말한다. 국군통수권의 대상인 국군은 광의의 군으로서 대한민국의 군대를 말한다.

② 군정 · 군령의 기본관계

병정통합주의(군정 · 군령일원주의)와 병정분리주의(군정 · 군령이원주의)가 있으나, 우리나라는 병정통합주의를 취하고 있다. 즉 군의 지휘와 작전에 관한 명령권인 군령권(용병작용, 협의의 통수권)과 군의 편성 · 조직 · 유지 · 관리에 관한 정부의 권한인 군정권(양병작용)이 모두 대통령에게 귀속하는 주의이다.

③ 군사재판권(국군통수권에 군사재판권이 포함되는가?)

군사재판권이 국군통수권에 포함되는가는 군사재판권의 법적 성격과 관련되는 문제이다. 군사재판권을 국군통수권의 보조권능으로 보는 설과 특수재판기능으로 보는 설이 대립하고 있으나, 특수재판기능설이 통설이다. 현행헌법에 있어서 군사재판권은 대통령의 국군통수권 중에 포함되는 것은 아니다(헌법 제110조 참조).

④ 국군통수권에 기초한 그 밖의 군사권

대통령은 국군통수권에 기초하여 선전포고 및 강화권, 국군의 해외파견권, 외국군대의 국내주류허용권, 계엄선포권 등을 가진다.

4) 국군통수권행사의 방법과 그 민주적 통제

① 법치군정의 원칙

대통령은 헌법과 법률이 정하는 바에 의하여 국군을 통수하며, 국군의 조직 · 편성은 법률로 정한다(국군조직의 법정주의). 이에 관한 법률로 국군조직법과 군인사법이 있다.

② 자위목적의 원칙

국군통수권을 침략전쟁을 위해 행사할 수 없다(제5조 제1항). 오로지 자위목적으로만 행사할 수 있다.

될 때에는 성립되기 어렵다면서 집행부의 수반으로서 군사행정에 관한 책임자이기도 함을 확인한 것으로 이해하는 견해도 있다(장영수, 제7판 헌법학, 홍문사, 2012, 1070－1071면).

③ 국회동의

일정한 군사활동에 대해서는 국회의 동의를 얻어야 한다(제60조).

④ 국무회의심의와 부서

군사와 관련한 특정한 사항은 국무회의 심의사항으로 되어 있으며(제89조 제2호, 제5호, 제6호, 제16호), 대통령의 국군통수권의 행사는 국무총리와 관계 국무위원(국방부장관)의 부서를 요한다.

⑤ 국가안전보장회의의 자문

국가안전보장에 관련되는 대외정책·군사정책과 국내정책의 수립에 관하여는 국무회의의 심의에 앞서 국가안전보장회의의 자문이 요구된다(제91조 제1항).

⑥ 그 밖에 국정감사·조사권, 국방예산의 심의·확정권, 결산심사권 등에 의한 통제를 받는다.

(7) 재정에 관한 권한

정부의 광범위한 집행작용에는 이에 상응하는 재정적 수요가 따른다. 그 점에서 집행부의 활동에 관한 대통령의 권한 가운데서도 재정에 관한 권한은 특별한 의미와 비중을 가진다. 대통령의 재정에 관한 권한은 예산안 제출권과 그 밖에 재정에 관한 권한으로 나눌 수 있다. 재정수요에 따라서 예산을 편성하고 그에 기초하여 국가의 재정적 수입을 확보하는 권한과 편성된 예산에 따라서 재정을 지출하면서 집행활동을 전개하는 권한이 그것이다. 대통령의 재정에 관한 권한은 국민의 재정적 부담을 전제로 하는 것이므로 국민의 대표기관인 국회의 통제를 받게 된다.

대통령의 재정에 관한 권한에 속하는 것으로는 예산안의 편성 및 제출권(제54조 제2항), 추가경정예산안의 편성 및 제출권(제56조), 준예산의 집행권(제54조 제3항), 예비비의 지출권(제55조 제2항), 국채모집권(제58조), 긴급재정·경제처분권 및 긴급재정·경제명령권(제76조 제1항) 등이 있다.

(8) 영전수여권

대통령은 법률이 정하는 바에 의하여 훈장 기타의 영전을 수여한다(제80조). 영전수여는 국무회의의 심의를 거쳐야 하며, 서훈에 관한 법률로는 상훈법이 있다. 훈장 및 포상은 이를 받은 자에게만 효력이 있으며, 어떠한 특권도 이에 따르지 않는다(제11조 제3항).

영전수여는 국가원수로서의 지위에서 나오는 권한인가, 집행부의 수반의 지위에서 나오는 권한인가가 문제되지만, 영전의 성격에 따라 국가를 대표하여 대통령이 행사하는 경우와 집행부수반으로서의 자격에서 행하는 경우가 나누어질 수 있다.

6. 국회와 입법에 관한 권한

(1) 국회에 관한 권한

1) 임시회의 집회요구권

대통령은 임시회의 소집을 요구할 수 있다(47조 제1항). 임시회의 소집요구는 국무회의의 심의를 거쳐야 하며, 기간과 집회요구의 사유를 명시하여야 한다(동조 제3항). 특히 대통령이 긴급명령 등을 발하거나 계엄을 선포한 경우에 국회가 휴·폐회중이면, 이를 지체 없이 보고 또는 통보하기 위하여 국회임시회의 집회를 요구하여야 한다.

2) 국회출석·발언권

대통령은 국회에 출석하여 발언하거나 서한으로 의견을 표시할 수 있다(제81조). 국회출석·발언권은 대통령의 권한이므로 국회 측에서 대통령의 출석을 요구하거나 서한에 의한 의견표시를 요구할 수 없다.

(2) 헌법개정에 관한 권한

대통령은 헌법개정안을 발의할 수 있으며(제128조 제1항), 제안된 헌법개정안은 대통령이 20일 이상의 기간 이를 공고하여야 한다(제129조). 헌법개정안이 국민투표로 확정되면 대통령은 즉시 이를 공포하여야 한다(제130조 제3항). 헌법개정안의 공고·공포권은 권한이자 의무이다.

(3) 법률제정에 관한 권한

1) 법률안제출권

대통령은 정부의 수반으로서 법률안을 제출할 권한을 가진다(제52조). 정부의 법률안제출권은 의원내각제적 요소이다. 국회에 대한 집행부의 우월성의 단면을 보여주는 것이기도 하다.

대통령의 법률안제출행위는 국가기관간의 내부적 행위에 불과하고 국민에 대하여 직접적인 법률효과를 발생시키는 행위가 아니므로 헌법재판소법 제68조에서 말하는 공권력의 행사에 해당되지 아니한다.[46]

2) 법률안거부권

① 법률안거부권의 개념

법률안거부권(veto power)이란 국회가 의결하여 정부에 이송한 법률안에 대하여 대통령의 이의가 있을 때 국회에 재의를 요구할 수 있는 권한을 말한다. 법률안재의요구권이라고도 한다.

② 법률안거부권의 제도적 취지

(i) 견제적 기능

법률안거부권은 엄격한 권력분립원리에 근거한 미국 대통령제하에서 국회의 경솔·부당한 입법을 방지하고, 권력 상호간의 억제와 균형을 실천하는 장치로서의 의의가 크다. 우리 헌법처럼 변형된 대통령제하에서 법률안제출권까지 있어 자칫 남용의 우려도 있다.

(ii) 심사적 기능

국회제정법률에 대한 집행권자의 실질적 심사권을 통한 헌법수호에 그 제도적 의의가 존재한다.

(iii) 소수자의 이익보호 및 위헌법률의 사전예방적 기능

국회 다수파의 횡포를 방지함으로써 소수자의 이익을 보호하고 위헌법률의 사전예방적 기능을 담당한다.

③ 법률안거부권의 법적 성격

법률안거부권이 법률의 완성에 대하여 어떠한 성격을 가지는가의 문제이다. 이와 관련해서는 정지조건설, 해제조건설, 취소권설, 공법의 특별한 제도설이 대립하나, 법률완성에 대한 조건부의 정지적 거부권으로 보는 것이 타당하다.[47] 따라서 대통령은 국회의 재의결 전에는 언제나 이를 철회할 수 있고 국회도 이를 번복할 수 있다.

참조판례 법률안거부권의 법적 성격(서울특별시 학생인권조례 재의요구 철회사건)

[판시사항]

1. 교육·학예에 관한 시·도의회의 의결사항에 대하여 서울특별시교육감이 재의요

---

46) 헌재 1994. 8. 31. 92헌마174.

47) 김철수, 앞의 책(하), 1730면; 권영성, 앞의 책, 1006면.

구를 하였다가 철회한 것이, 교육부장관의 재의요구 요청권한을 침해하는지 여부(소극)

2. 서울특별시교육감이 조례안 재의요구를 철회하자, 조례안을 이송받고 20일이 경과한 이후 교육부장관이 조례안 재의요구 요청을 한 경우, 서울특별시교육감이 재의요구를 하지 않은 부작위, 서울특별시교육감이 조례를 공포한 행위가 교육부장관의 재의요구 요청권한을 침해하는지 여부(소극)

[결정요지]

1. '지방교육자치에 관한 법률' 제28조 제1항 제1문은 교육·학예에 관한 시·도의회의 의결이 법령에 위반되거나 공익을 현저히 저해한다고 판단될 때에는 그 의결사항에 대하여 교육감에게 재의요구 권한이 있음을, 제2문은 청구인에게 재의요구 요청 권한이 있음을 각각 규정하고 있다. 따라서 교육·학예에 관한 서울특별시의회의 의결이 법령에 위반되거나 공익을 현저히 저해한다고 판단될 때, 청구인이 서울특별시교육감에게 재의요구를 하도록 요청할 수 있는 일반적인 권한은 인정된다.

그런데 서울특별시교육감 권한대행이 이 사건 조례안에 대하여 2012. 1. 9.에 한 재의요구는 서울특별시교육감의 독자적인 재의요구 권한에 근거한 것이다. 교육감의 재의요구 권한은 교육·학예에 관한 지방자치단체의 장인 교육감과 지방의회 사이의 상호 견제와 균형을 위한 것이며, 청구인의 재의요구 요청 권한은 국가와 지방자치단체 사이의 권한 통제 또는 국가의 지도·감독을 위한 것으로, 교육·학예에 관한 시·도의회의 의결사항에 대한 교육감의 재의요구 권한과 청구인의 재의요구 요청 권한은 중복하여 행사될 수 있는 별개의 독립된 권한이다.

서울특별시교육감은 청구인이 이 사건 조례안에 대한 재의요구 요청 권한을 행사하지 않은 상태에서 이 사건 조례안에 대한 재의요구를 철회하였다. '지방교육자치에 관한 법률' 제28조 제1항은 교육감에게 시·도의회 등의 의결에 대한 재의요구 권한이 있다는 점만 규정하고 있고 재의요구를 철회할 권한이 있다는 점에 대하여는 명시적인 규정을 두고 있지 않음은 청구인의 주장과 같다. 그러나 조례안에 대한 교육감의 재의요구 권한은 조례안의 완성에 대한 조건부의 정지적인 권한에 지나지 않으므로, 시·도의회의 재의결 전에는 언제든지 재의요구를 철회할 수 있다고 보아야 한다. 이런 법리에 따라 대통령이 1956. 10. 15. 귀속재산처리특별회계법(1956. 11. 1. 법률 제404호로 공포됨)에 대한 재의요구를 철회하고, 1964. 12. 31. 탄핵심판법(1964. 12. 31. 법률 제1683호로 공포됨)에 대한 재의요구를 철회한 전례도 있다. 이 사건에서도 서울특별시교육감은 청구인의 요청에 따라 재의요구를 한 것이 아니고, 자신의 독자적인 권한으로 재의요구를 한 것이므로 이를 철회할 권한이 있다고 보아야 한다.

따라서 피청구인이 2012. 1. 20. 이 사건 조례안 재의요구를 철회한 행위가 헌법과 '지방교육자치에 관한 법률'에 따른 청구인의 재의요구 요청 권한을 침해하였거나 침해할 현저한 위험이 있다고 볼 수 없다.

2. 지방교육자치에 관한 법률 제28조 제1항과 헌법이 지방자치를 보장하는 취지 등을 종합하여 보면, 교육부장관의 재의요구 요청과 관계없이 교육감이 재의요구를 할 수 있는 기간은 '시・도의회의 의결사항을 이송 받은 날부터 20일 이내'이다. 이 기간이 지난 뒤의 재의요구 요청은 부적법하므로, 부적법한 재의요구 요청이 있다고 하여 서울특별시교육감이 조례안에 대하여 재의요구를 하여야 할 헌법이나 법률상의 작위의무가 있다고 볼 수 없다. 또한 재의요구가 철회된 이상, 처음부터 재의요구가 없었던 것과 같게 되므로, 서울특별시교육감은 조례안을 공포할 권한이 있다. 그렇다면 서울특별시교육감이 조례안 재의요구를 하지 않은 부작위 및 서울특별시교육감이 조례를 공포한 행위는 교육부장관의 재의요구 요청권한을 침해하지 아니한다. 헌재 2013. 9. 26. 2012헌라1

④ 법률안거부권의 행사요건

(i) 실질적 요건

i) 헌법에 규정은 없으나, 정당한 이유가 있고 객관적으로 납득할 수 있는 경우라야 한다(예: i. 법률안이 헌법에 위반된다고 판단되는 경우, ii. 법률안이 국가적 이익에 반하는 것을 내용으로 하는 경우, iii. 법률안이 집행이 불가능한 경우, iv. 법률안이 집행부에 대한 부당한 정치적 공세를 내용으로 하는 경우 등).

ii) 정당한 이유가 없는 법률안거부권의 남용은 탄핵사유가 된다.

(ii) 절차적 요건

i) 법률안이 정부로 이송되어 온 날로부터 15일 이내에, ii) 국무회의의 심의를 거쳐, iii) 그 법률안에 이의서를 첨부하여, iv) 국회로 환부하여 재의를 요구한다(제53조 제1항).

⑤ 법률안거부권의 유형

(i) 환부거부(direct veto)

환부거부란 국회가 의결하여 정부에 이송한 법률안을 지정된 기일 안에 대통령의 이의서를 첨부하여 국회에 환부하고 재의를 요구하는 것을 말한다(제53조 제2항).

일부거부(item veto)와 수정거부가 인정되는가가 문제되나, 헌법은 이를 금지하고 있다(헌법 제53조 제3항). 일부거부는 법률안의 유기적 연관성을 파괴하고 수정거부는 거부권의 소극적 성격에 반하여 부정하는 것이 타당하다.[48]

---

48) 권영성, 앞의 책, 1007면.

(ii) 보류거부(pocket veto)

i) 개 념

환부거부가 허용되는 기간 내에 국회가 회기만료로 폐회케 되는 경우 대통령이 그 법률안을 국회에 환부하지 않고 그대로 보류시킴으로써 폐기시키는 것을 말한다.

ii) 우리 헌법상 인정 여부

국회의원의 임기가 만료되어 폐회된 경우에만 예외적으로 인정된다는 설(부분긍정설)[49]이 있으나, 미국처럼 회기불계속의 원칙에 따라 운영되는 회기제도 하에서는 의의가 있으나, 우리처럼 회기계속의 원칙을 취하는 경우에는 의의가 없다. 따라서 보류거부는 인정되지 않는다.[50]

⑥ 법률안거부권의 통제

(i) 국회의 재의결

재의의 요구가 있을 때에는 국회는 재의에 붙이고, 재적의원과반수의 출석과 출석의원 3분의 2 이상의 찬성으로 전과 같은 의결을 하면 그 법률안은 법률로서 확정된다(제53조 제4항).

(ii) 국회의장의 법률공포권

확정된 법률안이 정부로 이송되어 5일 이내에 대통령이 공포하지 않는 경우에는 국회의장이 이를 공포한다.

3) 법률안공포권

국회에서 의결된 법률안은 정부에 이송되어 15일 이내에 대통령이 공포한다(제53조 제1항). 법률의 집행권자인 행정부수반의 지위에서 서명·공포한다. 대통령이 15일 이내에 공포나 재의의 요구를 하지 아니한 때에도 그 법률안은 법률로서 확정된다(제53조 제5항).

법률은 특별한 규정이 없는 한 공포일로부터 20일을 경과함으로써 효력이 발생한다(제53조 제7항). 법령의 공포일은 해당 법령을 게재한 관보 또는 신문이 발행한 날로

49) 권영성, 앞의 책, 1007－1008면.

50) 김철수, 앞의 책(하), 1732면. 국회폐회 중에도 대통령의 법률안의 환부를 인정하고 있고(헌법 제53조 제2항 후문), 대통령이 15일 이내에 공포나 재의의 요구를 하지 아니한 경우 그 법률안은 법률로 확정된다고 규정하고(제53조 제5항) 있기 때문에 보류거부가 인정되지 않는다고 한다. 미국 헌법과 같이 명문으로 보류거부를 인정하고 있는 경우(미국연방헌법 제1조 section 7)와 달리 우리 헌법에서는 헌법을 확장해석할 필요가 없다고 한다.

한다(법령 등 공포에 관한 법률 제12조). 그러나 법령 등 공포에 관한 법률에 의할 때, 국민의 권리제한 또는 의무부과와 직접 관련되는 법률은 긴급히 시행할 특별한 사유가 있는 경우를 제외하고는 공포일로부터 적어도 30일이 경과한 날로부터 시행한다(동법 제13조의2).

(4) 행정입법에 관한 권한

1) 행정입법의 의의

① 개 념

대통령이 법률에서 구체적으로 범위를 정하여 위임받은 사항과 법률을 집행하기 위하여 필요한 사항에 관하여 대통령령을 발할 수 있는 권한이다.

② 행정입법의 필요성

19세기의 시민적 법치주의 하에서의 위임입법금지론은 20세기의 사회적 법치국가 하에서는 위임입법한계론으로 변질되었다. 즉 시민적 법치국가에서 사회적 법치국가(복지국가)의 변천은 국가기능의 확대와 입법기능의 전문성 · 기술성 · 기동성을 요구하게 되었고, 위기정부 내지 비상사태가 항구화되는 상황하에서 신속 적절한 대응입법이 요구되었다. 이러한 현실 하에서 위임입법의 필요성이 공감을 받게 되었다. 다만 그 한계를 밝히는 것이 법학에서 중요한 과제가 되었다.

2) 행정입법의 유형(종류)

① 본래의 행정입법과 자치입법

본래의 행정입법이란 중앙행정기관(대통령 · 국무총리 · 행정각부의 장)이 제정하는 법규명령과 행정규칙을 말하고, 자치입법이란 지방자치단체가 법령의 범위 안에서 제정하는 조례 · 규칙 · 교육규칙 등을 말한다.

② 법규명령과 행정규칙(행정명령)

(i) 법규명령

행정기관이 헌법에 근거하여 국민의 권리 · 의무사항(법규사항)에 관해 일반적 효력(국가기관과 대국민적 효력: 양면적 구속력)을 가지는 법규적 명령을 말한다.

(ii) 행정규칙(행정명령)

행정기관이 헌법상 근거를 요하지 아니하고 그 고유의 권한으로써 일반국민의 권리 · 의무와 직접 관계가 없는 비법규사항을 규정하는 것으로 행정조직의 내부에서만 효력을 가질 뿐(일면적 구속력) 대외적 구속력을 가지지 않는 비법규적 규칙

을 말한다

(iii) 행정규칙론의 재검토(행정법 참조)

법규개념의 확대와 특별권력관계의 부인으로 행정규칙의 법규성을 예외적으로 인정하는 이론이 증대하고 있다(법률구체화적 행정규칙, 재량준칙). 형식적 행정규칙(실질적 법규명령)과 형식적 법규명령(실질적 행정규칙)의 문제도 논의의 대상이 되고 있다.

③ 대통령령 · 총리령 · 부령

행정입법은 내용에 따라 법규명령과 행정규칙으로, 발령기관을 기준으로 대통령령 · 총리령 · 부령으로 구분된다.

④ 위임명령과 집행명령

위임명령은 개별적 수권규정(授權規定)에 의하여 위임된 사항에 관하여 발동되는 명령이다. 집행명령은 개별적 수권규정이 없더라도 법령의 범위 내에서 그 시행을 위한 세부적 사항에 관하여 직권으로 발동되는 명령이다.

3) 대통령령의 내용

① 위임명령

(i) 의의와 근거

대통령이 법률에서 구체적으로 범위를 위임받은 사항을 정하는 법규명령이다(제75조). 위임명령은 헌법적 근거와 법률의 위임을 요한다. 법률의 위임에 의하지 아니하고 직접 헌법의 수권에 의한 위임명령은 인정되지 아니한다. 입법권의 백지위임을 의미하기 때문이다.

(ii) 성 질

i) 법률종속명령

위임명령은 모법에 위반할 수 없으며, 모법의 개정 · 소멸과 운명을 같이한다.

ii) 보충명령

법률이 위임한 사항에 관한 한 법률을 대신하는 것이며, 실질적으로 법률의 내용을 보충하는 것이다.

iii) 법규명령이란 점에서는 집행명령과 같지만, 위임명령은 법률이 위임한 범위 안에서 법률이 직접 규정하지 아니한 새로운 입법사항도 규정할 수 있으므로 집행명령과 구별된다.

(iii) 위임의 범위와 한계

위임명령은 그 위임이 개별적 · 구체적으로 이루어져야 한다. 우리 헌법은 '구체적인 범위를 정하여' 위임하도록 규정하고 있다(제75조).

i) 일반적 · 포괄적 위임의 금지

위임방식에는 범위나 사항을 일반적이고 포괄적으로 위임하는 일반적 위임과, 사항과 범위를 구체적으로 정하여 위임하는 특정적 위임이 있다. 흔히 일반적 위임은 국회의 입법기능을 무시하는 결과를 가져오므로 허용되지 않고, 법률이나 상급명령에서 위임한 범위 안에서 규정되는 특정적 위임만 허용된다. 행정입법에의 위임과 달리 조례에 대한 법률의 위임은 반드시 개별적 · 구체적일 필요가 없으며 포괄적 위임도 가능하다는 것이 헌법재판소의 견해이다.

ii) 국회전속적 입법사항의 위임금지

예를 들어 국적취득의 요건(제2조 제1항), 조세의 종목과 세율(제59조), 지방자치단체의 종류(제117조) 등은 헌법이 국회전속적 입법사항으로 규정하고 있기 때문에 위임이 금지된다.

iii) 복위임의 금지

위임받은 사항을 전혀 규정하지 아니하고 그대로 다시 위임하는 것은 금지된다. 이는 수권법의 내용을 변경하는 것이기 때문이다. 위임사항을 하위명령에 그대로 다시 위임하는 것은 허용되지 않으나, 위임사항가운데 특정한 사항만을 다시 위임하는 것은 허용된다.

iv) 처벌법규의 위임문제

죄형법정주의와 관련하여 논의된다.

(ㄱ) 범죄행위의 설정: 처벌의 대상이 될 행위, 즉 범죄의 구성요건은 반드시 법률로 정해야 한다는 견해와 법률이 기준을 설정한 후에 구체적 행위를 위임한 경우에는 가능하다는 설(대판 1969. 2. 18. 68도1809)의 대립이 있다.

(ㄴ) 양형(처벌의 수단과 정도): 법률이 최고한도를 정한 후에 위임은 가능하다고 본다.

(ㄷ) 헌법재판소의 견해: 헌법재판소는 '복표발행, 현상 기타 사행행위단속법'(제9조 및 제5조)에 대한 부분위헌결정에서 벌칙규정의 위임의 한계와 조건을 제시하고 있다.[51] 즉 ⅰ. 특히 위임을 해야 할 긴급한 필요가 있거나 법률에서 자세히 정할

수 없는 부득이 한 경우에만 한정해서 위임할 것, ii. 예측할 수 있을 정도로 법률에서 구성요건을 구체적으로 규정할 것, iii. 형벌의 종류 및 그 상한과 폭을 명백히 규정할 것 등을 제시하고 있다.

(iv) 위임명령의 효력

법률종속적 명령으로 법률하위의 효력을 가지며, 모법(법률)이 효력을 소멸하면 자법(대통령령)은 당연히 효력을 상실하는 것이 종속법의 특성이다.

② 집행명령

(i) 의의와 근거

대통령이 법률을 집행하기 위하여 필요한 사항에 관하여 발하는 법규명령이다. 헌법의 근거가 있어야 하나, 법률의 위임 없이 행정권의 당연한 권능으로 발령할 수 있다. 법률의 집행은 집행부의 고유권한이지만, 법률집행에 있어서 통일성·형평성 등을 기하기 위하여 법률집행에 관한 일반적 준칙을 정할 필요가 있다. 법률의 시행세칙으로서의 일반준칙이 바로 집행명령이다.

(ii) 성 질

집행명령 역시 법률종속명령으로 법률하위의 효력을 가지며, 모법과 운명을 같이한다. 또한 집행명령도 국민의 권리·의무에 대한 사항을 규율하고 대외적 구속력을 가지는 법규명령으로 행정규칙과는 구별된다.

(iii) 한 계

집행명령은 특정의 법률이나 상위명령을 시행하기 위하여 필요한 구체적 절차와 방법 등을 규정하는 것이므로 새로운 입법사항(특히 국민의 권리와 의무)은 규정할 수 없다.

4) 행정입법의 통제

① 집행부 내부의 자율적 통제

행정감독적 통제와 행정입법의 절차적 통제(입법예고, 공청회), 법제처의 법령안 심사 등을 통한 통제이다.

51) 헌재 1991. 7. 8. 91헌가4.

② 국회에 의한 통제

(i) 직접적 통제

법률을 개정·제정함으로써 통제할 수 있다. 그리고 행정입법의 성립과 발효에 국회의 동의나 승인을 요하는 경우의 통제가 있을 수 있는데, 우리나라의 경우 일반사면의 경우를 제외하고는 직접적 통제는 없다. 일반사면은 대통령령으로 하도록 되어 있는데 일반사면은 국회동의 사항이다.

(ii) 간접적 통제

국정감사·조사, 질문권, 해임건의권, 탄핵소추 등의 통제방식이다. 중앙행정기관의 장은 법률에서 위임한 사항이나 법률을 집행하기 위하여 필요한 사항을 규정한 대통령령·총리령·부령·훈령·예규·고시 등이 제정·개정 또는 폐지되었을 때에는 10일 이내에 이를 국회 소관 상임위원회에 제출하여야 한다. 다만, 대통령령의 경우에는 입법예고를 할 때(입법예고를 생략하는 경우에는 법제처장에게 심사를 요청할 때를 말한다)에도 그 입법예고안을 10일 이내에 제출하여야 한다(국회법 제98조의 2 제1항).

(iii) 사법적 통제

i) 법원의 위헌·위법인 명령·규칙심사권에 의한 통제

명령·규칙 또는 처분이 헌법이나 법률에 위반되는 여부가 재판의 전제가 된 경우에는 대법원은 이를 최종적으로 심사할 권한을 가진다(제107조 제2항). '명령·규칙의 위헌·위법판결 공고제'가 인정되고 있다(행정소송법 제6조).

ii) 헌법재판소의 헌법소원심판권에 의한 통제

행정입법에서 직접 기본권을 침해하는 경우에 법령헌법소원이 인정된다(법무사법 시행규칙 사건).

7. 사법에 관한 권한

(1) 위헌정당해산제소권

헌법은 "정당의 목적이나 활동이 민주적 기본질서에 위배될 때에는 정부는 헌법재판소에 그 해산을 제소할 수 있고, 정당은 헌법재판소의 심판에 의하여 해산된다"고 규정하고 있다(제8조 제4항). 헌법상 위헌정당해산제소권은 정부의 권한으로 되어 있으나, 정부는 대통령을 수반으로 하므로 대통령의 권한에 해당한다. 대통령은 국무회의를 거치고(제89조 제14호) 국무총리 및 관계 국무위원(법무부장관)의 부서를 받아서(제82조)

제소한다. 헌법재판소가 당해 정당을 위헌정당이라고 결정하면, 정부는 일사부재리의 원칙에 따라 동일 사유로 당해 정당을 다시 제소할 수 없다. 위헌제소는 정부의 의무인가? 이와 관련하여 ① 정부의 의무이고 권한이라는 견해,[52] ② 정당해산의 제소 여부는 정부의 자유재량이라는 견해[53]가 대립하고 있다. 정부의 재량으로 보는 것이 다수설이다. 위헌정당해산제도는 자유민주적 기본질서의 수호를 위한 최후적·보충적 수단의 성격을 갖는다는 점과 헌법규정의 문언을 기초로 해석한다면 정부의 제소권행사 여부는 재량사항이라고 해야 할 것이다.

(2) 사면권

1) 사면권의 의의

협의로 사면권은 형사소송법이나 그 밖의 형사법규의 절차에 의하지 아니하고 형의 선고의 효과 또는 공소권을 소멸시키거나 형집행을 면제시키는 국가원수의 권한이다. 광의로는 협의의 사면은 물론 감형과 복권까지 포함한다. 헌법은 "대통령은 법률이 정하는 바에 의하여 사면·감형 또는 복권을 명할 수 있다"고 규정하고 있다(제79조 제1항). 사면은 사법부의 판단을 변경하는 것이란 점에서 권력분립의 예외를 인정하는 것이기 때문에 엄격한 기준과 요건에 따라서만 행사되어야 한다.

2) 절 차

사면은 필요적 절차로 국무회의의 심의를 거쳐야 하며, 일반사면의 경우 국회의 동의를 얻어야 한다(제79조 제2항).

3) 사면권의 종류·내용

① 협의의 사면권

(i) 개 념

범죄인에 대한 소추권이나 재판의 효력을 제한하는 것을 내용으로 하는 은사권(恩赦權)이다.

(ii) 종류 및 내용

i) 일반사면(大赦)

범죄의 종류를 지정하여 그에 대한 공소권이나 형의 선고의 효력을 소멸시키는

---

52) 권영성, 앞의 책, 196면.
53) 김철수, 앞의 책(하), 1739면; 허영, 앞의 책, 1037면.

것으로, 대통령령으로써 하되 국무회의의 심의를 거치고 국회의 동의를 얻어야 한다. 특별한 규정이 없는 한 일반사면으로 형의 선고는 그 효력을 상실하고(형의 실효), 형의 선고를 받지 아니한 자에 대해서는 그 공소권이 상실된다.

ii) 특별사면(特赦)

이미 형의 선고를 받은 특정인에 대하여 형의 집행을 면제하는 것(예외적으로 사면 후의 언도효력을 상실), 특별사면은 대통령의 명(命)으로써 한다. 일반적으로 특사는 검찰총장이 상신신청하고 법무부장관이 상신하여 대통령이 사면장을 교부하는 방식으로 행한다. 특별사면에 의해서는 형의 집행이 면제된다.

② 감형권

(i) 개 념

형의 선고를 받은 자에 대하여 선고받은 형을 경감하거나 형의 집행을 감경시켜주는 권한이다.

(ii) 종류 및 내용

i) 일반감형은 죄 또는 형의 종류를 정하여 일반적으로 행하는데, 국무회의의 심의를 거쳐 대통령령으로 한다(국회동의 불요).

ii) 특별감형은 법무부장관의 상신으로 국무회의의 심의를 거쳐 대통령의 명(命)으로써 한다.

③ 복권권

(i) 개 념

죄를 범하여 형의 선고를 받은 자가 그 형의 선고의 부수적 효력으로서 다른 법령에 의하여 자격이 상실 또는 정지된 경우에 그 상실 또는 정지된 자격을 회복시켜 주는 것으로, 복권은 자격이 상실 또는 정지된 자 중에서 형의 집행이 종료하거나 집행을 면제받은 자에 대해서만 행해진다(사면법 제6조).

(ii) 종류 및 내용

일반복권은 죄 또는 형의 종류를 정하여 일반적으로 행하는데, 국무회의 심의를 거쳐 대통령령으로써 한다(국회동의 불요). 특별복권은 특정한 자에 대하여 한다. 법무부장관의 상신으로 국무회의의 심의를 거쳐 대통령의 명(命)으로써 한다.

4) 효 과

형의 언도에 의한 기성의 효과는 사면·감형·복권으로 인하여 변경되지 아니한다(동법 제5조 제2항).

5) 사면권의 한계

헌법이나 사면법에서도 사면사유가 구체적으로 규정되어 있지 않지만, 사면권의 행사에도 일정한 한계가 있는가가 논의된다. 사면은 권력분립원칙의 예외를 인정하는 것이므로 엄격한 요건 하에 이루어져야 하며 일정한 헌법적 한계를 지닌다고 본다. 그 한계에 대해서는 여러 가지 유형이 논의되고 있다. 즉 첫째, 국가이익과 국민화합의 차원에서 행사되어야 하고 정치적으로 남용되거나 당리당략적 차원에서 행사되어서는 안 된다(목적상 한계). 둘째, 자기 자신을 사면할 수 없으며, 사법권의 본질적 내용을 침해하는 사면권의 행사는 인정될 수 없다(사법본질 및 권력분립상 한계). 셋째, 탄핵을 무력화시키는 사면을 할 수 없으며, 국회가 일반사면에 대한 동의 여부를 심리함에 있어 대통령이 제안하지 아니한 죄의 종류를 추가할 수 없다(대상의 한계).

6) 사면권 행사에 대한 사법심사

① 사법심사 가능성

대통령의 사면권행사가 헌법적 한계를 일탈한 경우 사법심사가 가능한가의 문제이다.

(i) 부정설

대통령의 사면권행사는 고도의 정치성을 띤 통치행위의 일종으로 보기도 하고, 권력분립과 무관한 제도로 법으로부터의 자유로운 행위로 보아 사법심사의 대상이 되지 않는다고 본다.

(ii) 긍정설

사면제도는 헌법 및 법률에 의하여 법제도화가 되어 있는 법적 행위이므로 법적 판단에서 자유로울 수는 없으며, 자유재량행위라 할지라도 그것이 남용·유월되어 행사되는 경우에는 위법한 것이 되어 사법심사의 대상이 된다는 입장이다.

(iii) 결 어

사면권은 성질상 사법심사의 대상이 되지 않는다는 견해도 있지만, 우리 헌법재판소의 결정에서도 나타나듯이 비록 고도의 정치적 결단에 의해서 행해지는 국가작용이라 할지라도 그것이 국민의 기본권침해와 직접 관련되는 경우에는 당연히 심판대상이 될 수 있다고 보아야 한다. 그래야만 대통령의 사면권행사의 남용을 막을 수 있다. 독일 연방헌법재판소는 4 : 4의 결정으로 사면결정은 사법심사의 대상이 되지 않는다는 결정을 내린 바 있다.[54)]

판례 통치행위(대통령긴급재정경제명령)의 헌법재판 대상성

대통령의 긴급재정경제명령은 국가긴급권의 일종으로서 고도의 정치적 결단에 의하여 발동되는 행위이고 그 결단을 존중하여야 할 필요성이 있는 행위라는 의미에서 이른바 통치행위에 속한다고 할 수 있으나, 통치행위를 포함하여 모든 국가작용은 국민의 기본권적 가치를 실현하기 위한 수단이라는 한계를 반드시 지켜야 하는 것이고, 헌법재판소는 헌법의 수호와 국민의 기본권 보장을 사명으로 하는 국가기관이므로 비록 고도의 정치적 결단에 의하여 행해지는 국가작용이라고 할지라도 그것이 국민의 기본권 침해와 직접 관련되는 경우에는 당연히 헌법재판소의 심판대상이 된다.

헌재 1996. 2. 29. 93헌마186

② 사법심사의 구체적 방법

사면권행사에 대해서도 사법심사가 가능하다고 보면 어떠한 방법으로 사법심사를 할 수 있느냐의 문제이다.

(i) 권한쟁의심판이 가능한가?

헌법재판소의 탄핵결정에 대하여 대통령이 사면권을 행사한 경우, 국회는 탄핵소추권을, 헌법재판소는 탄핵심판권을 침해당했다는 이유로 대통령과의 권한쟁의심판을 청구할 수 있는가 문제된다.

국회의 탄핵소추를 기초로 하여 헌법재판소의 탄핵결정이 내려진 이상 국회의 탄핵소추권이 침해될 위험이 없으므로 국회는 권한쟁의심판을 청구할 수 없다. 또한 헌법재판소는 자신의 관련된 분쟁을 심판자로서 스스로 결정할 수 없기 때문에 권한쟁의심판의 당사자가 될 수 없다. 이상에서 볼 때 법리상 대통령의 사면권행사에 대하여 국회와 헌법재판소는 권한쟁의심판을 청구할 수 없다.

(ii) 헌법소원심판청구가 가능한가?

일반국민이나 다른 사면대상자가 기본권침해를 이유로 헌법소원을 제기할 수

54) BVerfGE 25, 352ff.; BVerfGE 45, 187.

있는지가 문제된다.

일반국민은 기본권침해의 자기관련성이 인정될 수 없기 때문에 헌법소원을 제기할 수 없다. 헌법재판소도 과거 '전두환, 노태우 전대통령에 대한 특별사면 위헌확인사건'에서 "헌법재판소법 제68조 제1항에 의하면 헌법소원심판은 공권력의 행사 또는 불행사로 인하여 헌법상 보장된 기본권을 침해받은 자가 청구하여야 한다고 규정하고 있는바, 여기에서 기본권을 침해받은 자라 함은 공권력의 행사 또는 불행사로 인하여 자기의 기본권이 현재 그리고 직접적으로 침해받은 자를 의미하며 단순히 간접적, 사실적 또는 경제적인 이해관계가 있을 뿐인 제3자는 이에 해당하지 않는다는 것이 우리재판소의 확립된 판례이다(헌재 1993. 3. 11. 91헌마233; 헌재 1993. 7. 29. 89헌마123; 헌재 1994. 6. 30. 92헌마61). 이 사건의 경우, 청구인들은 대통령의 특별사면에 관하여 일반국민의 지위에서 사실상의 또는 간접적인 이해관계를 가진다고 할 수는 있으나 대통령의 청구외인들에 대한 특별사면으로 인하여 청구인들 자신의 법적이익 또는 권리를 직접적으로 침해당한 피해자라고는 볼 수 없으므로, 이 사건 심판청구는 자기관련성, 직접성이 결여되어 부적법하다"고 판시하였다.[55]

다른 한편 사면대상자들보다 가벼운 죄를 범한 자들이 평등권 침해를 이유로 헌법소원을 제기하는 것이 가능한지가 문제된다. 이 경우는 사면대상자들에 대한 사면권행사의 위헌 여부를 다투는 것이 아니라 자신들을 사면하지 않은 것에 대한 위헌 여부를 다투는 것이다. 따라서 기본권침해의 자기관련성을 인정할 수 없다. 즉 사면대상자들에 대한 사면권행사가 평등권을 침해하여 위헌으로 결정나더라도 사면대상에서 제외된 자들이 사면받는 사태가 발생하는 것은 아니기 때문이다.[56] 이 점에서 법리상 헌법소원심판청구도 불가능하다고 본다.

(iii) **사면권을 행사한 대통령에 대한 탄핵소추가 가능한가?**

공무원이 직무를 집행함에 당하여 헌법과 법률에 위반되는 행위가 있을 경우 탄핵소추사유가 된다. 대통령이 사면권을 헌법적 한계를 벗어나서 행사한 경우 그

55) 헌재 1998. 9. 30. 97헌마404.

56) 헌법재판소는 '비교집단에게 혜택을 부여하는 법규정에 있어서 평등권침해의 자기관련성이 인정되는 요건'과 관련하여 "법률에 대한 헌법소원심판청구는 당해 법률에 의하여 청구인 자신의 기본권이 침해될 가능성이 없는 경우, 즉 자기관련성이 없는 경우에는 허용되지 않는 것이지만 평등권의 침해를 주장하는 헌법소원사건에서는 비교집단에게 혜택을 부여하는 법규정이 위헌이라고 선고되어 그러한 혜택이 제거된다면 비교집단과의 관계에서 청구인들의 법적 지위가 상대적으로 향상된다고 볼 여지가 있는 때에는 청구인들이 그 법규정의 직접적인 적용을 받는 자가 아니라고 할지라도 그들의 자기관련성을 인정할 수 있다"고 판시하였다(헌재 2001. 11. 29. 2000헌마84).

러한 대통령의 행위는 위헌적인 행위이므로 국회는 재적의원과반수의 발의와 재적의원 3분의 2 이상의 찬성으로 탄핵소추를 발의할 수 있다. 그러나 "대통령을 탄핵하기 위해서는 대통령의 법 위배 행위가 헌법질서에 미치는 부정적 영향과 해악이 중대하여 대통령을 파면함으로써 얻는 헌법 수호의 이익이 대통령 파면에 따르는 국가적 손실을 압도할 정도로 커야 한다. 즉, '탄핵심판청구가 이유 있는 경우'란 대통령의 파면을 정당화할 수 있을 정도로 중대한 헌법이나 법률 위배가 있는 때를 말한다"는 헌법재판소의 결정[57]을 고려할 때 인용가능성은 쉽지 않을 것이다. 그럼에도 불구하고 대통령의 사면권행사에는 중요한 견제수단으로 작용할 수 있다.

7) 사면권 행사와 정보공개

사면·감형·복권의 대상인 자에 대한 정보는 정보공개의 대상이 되는지가 문제된다. 이와 관련하여 대법원은 사면대상자들의 사면실시건의서와 그와 관련된 국무회의 안건자료에 관한 정보는 공공기관의 정보공개에 관한 법률상의 비공개사유에 해당되지 않는다고 결정한 바 있다.[58]

판례 대통령의 사면권의 성격과 사면에 관한 정보 공개

구 공공기관의 정보공개에 관한 법률(2004. 1. 29. 법률 제7127호로 전문 개정되기 전의 것, 이하 '구 정보공개법'이라 한다) 제7조 제1항 제6호는 비공개대상정보의 하나로 '당해 정보에 포함되어 있는 이름·주민등록번호 등에 의하여 특정인을 식별할 수 있는 개인에 관한 정보'(이하 '개인식별정보'라 한다)를 규정하면서, 같은 호 단서 (다)목으로 '공공기관이 작성하거나 취득한 정보로서 공개하는 것이 공익 또는 개인의 권리구제를 위하여 필요하다고 인정되는 정보'는 제외된다고 규정하고 있는데, 여기에서 '공개하는 것이 공익을 위하여 필요하다고 인정되는 정보'에 해당하는지 여부는 비공개에 의하여 보호되는 개인의 사생활 보호 등의 이익과 공개에 의하여 보호되는 국정운영의 투명성 확보 등의 공익을 비교·교량하여 구체적 사안에 따라 신중히 판단하여야 할 것이다(대법원 2003. 3. 11. 선고 2001두6425 판결, 2003. 12. 12. 선고 2003두8050 판결 등 참조).

원심은 그 채택 증거를 종합하여 그 판시와 같은 사실을 인정한 다음, 원고가 공개를 청구한 사면대상자들의 사면실시건의서와 그와 관련된 국무회의 안건자료를 공개할 경우 비록 당사자들의 사생활의 비밀 등이 침해될 염려가 있다고 하더라도, 사면실시 당시 법무부가 발표한 사면발표문 및 보도자료에 이미 이 사건 정보의 당사자들 상당수의 명단이 포함되어 있는 점, 대통령이 행하는 사면권 행사가 고도의

57) 헌재 2017. 3. 10. 2016헌나1.
58) 대판 2006. 12. 7. 2005두241.

정치적 행위라고 하더라도, 위 정보의 공개가 정치적 행위로서의 사면권 자체를 부정하려는 것이 아니라 오히려 사면권 행사의 실체적 요건이 설정되어 있지 아니하여 생길 수 있는 사면권의 남용을 견제할 국민의 자유로운 정치적 의사 등이 형성되도록 위 정보에의 접근을 허용할 필요성이 있는 점, 이 사건 정보의 당사자들이 저지른 범죄의 중대성과 반사회성에 비추어 볼 때 이 사건 정보를 공개하는 것은 사면권 행사의 형평성이나 자의적 행사 등을 지적하고 있는 일부 비판적 여론과 관련하여 향후 특별사면행위가 보다 더 국가이익과 국민화합에 기여하는 방향으로 이루어질 수 있게 하는 계기가 될 수 있다는 점 등에 견주어 보면, 이 사건 정보의 공개로 얻는 이익이 이로 인하여 침해되는 당사자들의 사생활의 비밀에 관한 이익보다 더욱 크다고 할 것이므로 정보공개법 제7조 제1항 제6호 소정의 비공개사유에 해당되지 않는다고 판단하였다. 위 법리와 기록에 비추어 보면, 이러한 원심의 판단은 수긍이 가고, 거기에 상고이유와 같은 구 정보공개법 제7조 제1항 제6호에 관한 법리오해 등의 위법이 없다. 대판 2006. 12. 7. 2005두241

8. 대통령의 권한행사방법과 그 통제

(1) 권한행사의 원칙

1) 독자적 행사의 원칙

대통령은 그의 권한에 속하는 모든 사항을 그의 권한과 책임 하에 처리한다.

2) 권한행사의 절차적 정당성의 원칙

대통령의 권한행사를 헌법과 법률에 규정된 절차와 방식에 따르게 하고, 그 밖의 기관에 의하여 통제를 받도록 하고 있다.

(2) 권한행사의 방법

대통령제하에서 대통령권한에 대한 통제는 탄핵을 제외하고는 직접적인 통제수단이 별로 없다. 그리고 탄핵제도 또한 쉽게 이용할 수 있는 제도가 아니기 때문에 대통령의 권한 행사 '방식'에 대한 헌법상 요청이 특별한 의미를 갖는다.

1) 일반론

대통령 권한행사의 공통의 요건으로 문서주의와 부서가 요구된다. 문서주의와 부서를 결하면 행위의 부존재 내지 불완전으로 평가 받게 된다. 그 밖에 대통령의 권한행사에 특수적·개별적 요건이 요구되는 경우가 있다. 이들 요건을 결하면 요구된 목적에 따라 흠결의 효과를 달리 하게 된다.

2) 문서주의

헌법은 "대통령의 국법상 행위는 문서로써 하며……"라고 규정하여(제82조 전단) 문서주의를 명시하고 있다. 대통령의 국법상 행위란 대통령의 공식적인 권한행사를 의미한다. 권한행사의 문서주의는 권한행사내용의 명확성을 통한 예측가능성과 법적 안정성을 보장하는 데 그 중요한 취지가 있다. 그 밖에 권한행사의 증거를 남기고 권한행사의 신중성을 확보한다는 의미도 내포하고 있다.

문서에 의하지 아니한 대통령의 국법상 행위는 행위의 부존재로서 원칙적으로 법적 효력이 발생하지 아니한다.

3) 부서제도

① 의 의

부서(副書)란 대통령의 서명에 이어 국무총리와 관계국무위원이 서명하는 것을 의미한다. 헌법은 "대통령의 국법상 행위는 문서로써 하며, 이 문서에는 국무총리와 관계 국무위원이 부서한다. 군사에 관한 것도 또한 같다"고 규정하고 있다(제82조).

② 법적 성격

(i) 보필책임설

부서제도는 대통령의 전제를 방지하고 부서권자의 보필책임과 책임의 소재를 명백하게 하는 성질을 가진다고 한다(다수설). 부서제도는 책임소재확인기능과 기관내통제수단으로 기능한다(허영).

(ii) 물적 증거설

부서는 대통령의 국무행위에 참여하였다는 물적 증거의 성질을 가질 뿐이라는 견해이다.

(iii) 결 어

부서제도는 대통령의 독단을 방지하고, 국무총리와 관계국무위원의 책임소재를 분명히 하는 데 그 의미가 있다고 본다.

③ 내 용

(i) 부서권자

국무총리는 대통령의 모든 국법행위에 모두 부서를 하며, 관계 국무위원은 그 사무를 주관하는 행정각부의 장인 국무위원을 의미하며, 자기 소관업무에 관해서 부서를 한다.

(ii) 부서를 거부할 수 있는가?

부서의 성격을 어떻게 파악하느냐에 따라 거부권을 인정할 수 있다. 이론상으로 보필책임설에 의하면 부서를 거부할 수 있다고 볼 수 있고 물적 증거설에 의하면 부서를 거부할 수 없다고 볼 수 있다. 대통령제하에서 현실적으로 대통령의 의사를 거부하기 어려운 점에서 실효성 있는 통제수단이라고 말하기는 어렵다.

④ 부서가 없는 대통령의 국법상 행위의 효력

(i) 무효설

부서를 유효요건으로 보는 경우 부서가 없는 대통령의 국법상 행위는 무효로 보게 된다.[59)]

(ii) 유효설

부서를 적법요건으로 보는 경우 부서가 없는 대통령의 국법상 행위는 위법이나 국법상 효력에는 영향을 주지 않으며, 다만 대통령의 탄핵사유가 될 뿐이라고 한다.[60)]

(iii) 결 어

헌법규정을 정면으로 위반하는 경우까지 그 효력을 인정할 수 없으며, 법치주의와 대통령 권한행사에 민주적 통제의 관점에서 무효설이 타당하다고 한다.

4) 국무회의 심의

① 심의대상과 취지

헌법은 중요한 국정의 거의 모든 사항을 국무회의 심의대상으로 규정하고 있다.[61)] 이러한 취지는 국정의 통일과 원활, 정책결정의 신중을 기하기 위한 것이다.

---

59) 김철수, 앞의 책(하), 1768면; 허영, 앞의 책, 1043면.
60) 권영성, 앞의 책, 1023면.
61) 1. 국정의 기본계획과 정부의 일반정책, 2. 선전·강화 기타 중요한 대외정책, 3. 헌법개정안·국민투표안·조약안·법률안 및 대통령령안, 4. 예산안·결산·국유재산처분의 기본계획·국가의 부담이 될 계약 기타 재정에 관한 중요사항, 5. 대통령의 긴급명령·긴급재정경제처분 및 명령 또는 계엄과 그 해제, 6. 군사에 관한 중요사항, 7. 국회의 임시회 집회의 요구, 8. 영전수여, 9. 사면·감형과 복권, 10. 행정각부간의 권한의 획정, 11. 정부안의 권한의 위임 또는 배정에 관한 기본계획, 12. 국정처리상황의 평가·분석, 13. 행정각부의 중요한 정책의 수립과 조정, 14. 정당해산의 제소, 15. 정부에 제출 또는 회부된 정부의 정책에 관계되는 청원의 심사, 16. 검찰총장·합동참모의장·각군참모총장·국립대학교총장·대사 기타 법률이 정한 공무원과 국영기업체관리자의 임명, 17. 기타 대통령·국무총리 또는 국무위원이 제

② 불심의의 효과

국무회의 심의사항으로 되어 있는 것을 심의하지 않은 대통령의 국법상 행위의 효력에 대해서는 심의사항을 유효요건으로 보느냐 적법요건으로 보느냐에 따라 결론을 달리한다. 적법요건으로 보는 견해는 위법행위이지만 효력에는 영향이 없다고 보면서 대통령의 탄핵사유가 될 뿐이라고 한다(유효설).[62] 이에 반해 유효요건으로 보는 견해는 국무회의 심의를 결여한 대통령의 국법상 행위는 무효라고 한다(무효설).[63] 법치주의의 실현과 권한의 민주적 통제의 관점에서 무효설이 타당하다고 본다.

③ 심의결과의 대통령에 대한 구속력

국무회의의 심의를 거쳤을 경우 그 심의가 대통령을 법적으로 구속하느냐와 관련해서는 심의기관의 성격상 대통령을 법적으로 구속하지 않는다고 보는 것이 통설이다. 국무회의를 의결기관으로 보면 구속력이 인정될 것이지만, 헌법은 심의기관성을 명시하고 있다.

5) 자문회의의 자문

헌법은 국가안전보장에 관련되는 대외정책·군사정책과 국내정책의 수립에 관하여 국무회의의 심의에 앞서 대통령의 자문에 응하기 위하여 국가안전보장회의를 두도록 규정하고 있다(제91조 제1항). 국가안전보장회의는 대통령이 주재하는 필수적 자문기관이다. 국무회의심의에 앞서 자문하는 선의(先議)기관이다. 그러나 대통령은 그 자문의 결과에 구속되지 않는다.

국가안전보장회의 이외에도 현행 헌법은 국가원로자문회의(제90조), 민주평화통일자문회의(제92조), 국민경제자문회의(제93조), 국가과학기술자문회의(제127조 제3항) 등에 관한 규정을 두고 있다. 이들은 임의적 자문기관으로 통제기관으로서의 역할을 크게 기대하기는 어렵다.

6) 국회의 동의 또는 승인

대통령의 권한행사를 실제로 통제할 수 있는 절차는 국회의 동의 및 승인 등의 절차라고 할 수 있다. 국회의 동의 및 승인절차는 권력분립의 원리가 지향하는 견제와 균형을 위한 것으로 이를 거치지 않은 대통령의 권한행사는 그 효력이 인정

출한 사항 등이 국무회의 심의사항으로 규정되어 있다(제89조).

62) 권영성, 앞의 책, 1048면

63) 김철수. 앞의 책(하), 1053면; 허영, 앞의 책, 1049면.

될 수 없다.

① 현행헌법상 국회의 동의 또는 의결을 얻어야 하는 경우

예산안의 확정(제54조), 계속비 및 예비비의 설치(제55조 제1항, 제2항 전단), 추가경정예산안의 확정(제56조), 국채의 모집 또는 예산 외에 국가에 부담이 될 계약의 체결(제58조), 상호원조 또는 안전보장에 관한 조약, 중요한 국제조직에 관한 조약, 우호통상항해조약, 주권의 제약에 관한 조약, 강화조약, 국가나 국민에게 중대한 재정적 부담을 지우는 조약 또는 입법사항에 관한 조약의 체결·비준(제60조 제1항), 선전포고, 국군의 외국에의 파견 또는 외국군대의 대한민국 영역안에서의 주류(제60조 제2항), 일반사면(제79조 제2항), 국무총리의 임명(제86조 제1항), 감사원장의 임명(제98조 제2항), 대법원장 및 대법관의 임명(제104조 제1항 및 제2항), 헌법재판소장의 임명(제111조 제4항) 등이 있다.

② 현행헌법상 국회의 승인을 얻어야 할 경우

예비비의 지출(제55조 제2항 후단, 차기국회의 승인), 긴급재정·경제처분 및 그에 관한 명령, 긴급명령권의 발동(제76조 제3항)이 있다.

(3) 권한행사에 대한 통제

1) 기관 내 통제

대통령의 권한행사에 대한 권한 내 통제방식으로는 국무회의의 심의, 부서, 국무총리의 제청권 및 해임건의권 등이 있다.

2) 기관외부적 통제

① 국민에 의한 통제

여론, 저항권, 선거 및 국민투표확정 등을 통한 간접적 통제가 가능하다.

② 정당에 의한 통제

정당, 특히 야당에 의한 대통령소속 정당에 대한 통제를 기대할 수 있지만, 모두 간접적 통제이다.

③ 국회에 의한 통제

국회의 동의나 의결 또는 승인에 의한 통제가 실효적이다. 이는 권력분립원리의 견제와 균형의 요청에 의한 통제이다.

④ 법원과 헌법재판소에 의한 통제

현행법상 대통령이 권한행사 방식을 위반한 경우에는 그 위헌성에 대한 통제방법이 활용될 수 있다. 대통령이 제정한 명령과 행정처분은 법원의 명령·처분심사권에 의하여 통제를 받을 수 있다(제107조 제2항).[64] 헌법재판소는 탄핵심판, 정당해산심판, 권한쟁의심판, 헌법소원심판, 대통령이 체결한 조약, 긴급명령, 긴급재정경제명령에 대한 위헌여부심판을 통하여 대통령의 권한행사를 통제할 수 있다.

그러나 현행헌법상 대통령의 책임을 직접 물을 수 있는 유일한 통제수단은 헌법 제65조 및 헌법재판소법 제48조 이하의 규정에 따른 탄핵제도이다. 즉 헌법상 요구되는 절차규정의 위반은 헌법 제65조 제1항의 "직무집행에 있어서 헌법이나 법률을 위배한 때"에 해당된다. 그러나 헌법 제65조 제2항 단서에 규정된 대통령의 탄핵소추를 위하여는 국회재적의원 과반수의 발의와 국회재적의원 3분의 2 이상의 찬성이 있어야 하므로 현실적인 관철가능성은 높지 않다.

제3절 행 정 부

Ⅰ. 국무총리

1. 국무총리의 지위일반

(1) 비교법적 고찰

1) 대통령제의 경우

국무총리를 두지 않고 부통령을 두는 것이 원칙이다. 미국의 경우 국무장관은 집행에 있어서 대통령을 보좌하는 보좌기관에 지나지 않는다. 국무총리 또는 유사기관을 두는 경우에도 이는 단순한 대통령의 보좌기관에 불과하다.

2) 의원내각제의 경우

수상 또는 국무총리는 의원내각제의 본질적 요소이다. 의원내각제하에서의 국무총리(수상)는 행정권의 담당자로서 행정수반의 지위를 가지며 국정운영에 대해 국회에 대해 책임을 진다. 고전적 의원내각제에서는 수상은 내각을 대표하는 '동료

64) 대통령의 처분이나 부작위는 행정심판의 대상이 되지 않으며, 대통령의 처분에 대한 행정소송에 있어 피고는 관계장관이다.

중의 제1인자'로 영국의 내각책임제(수상정부제)에서는 내각을 영도하는 '유일한 제1인자'로 평가 받기도 한다.[65)]

(2) 한국헌법사에 있어서 국무총리의 지위 변천

우리 헌법상 국무총리제를 채택하지 않았던 헌법은 제2차 개정헌법(사사오입개헌)이 유일하다. 제2차 개정헌법에서는 국무총리제를 폐지하고, 국무위원에 대한 개별적 불신임제를 채택하였다. 4.19혁명 이후 제3차 개정헌법(제2공화국 헌법)에서는 고전적 의원내각제의 수상과 같은 국무총리제를 채택하였다. 제3차 개헌헌법시의 국무총리를 제외하고는 대통령제하의 국무총리제로 국무총리제도 자체가 비판을 받아왔다. 의회에 대한 국무총리의 책임은 제1차 개정헌법에서는 연대책임제를 규정하였으나, 나머지는 개별책임제를 규정하였다. 개별책임제의 경우에도 건국헌법, 제2차, 제5차, 제8차 개정헌법은 해임의결제를 채택하였고, 제5차 개정헌법과 제9차 개정헌법은 해임건의제를 채택하였다.

2. 국무총리의 헌법상 지위

(1) 집행부의 제2인자로서의 지위

이 지위에서 ① 정부구성관여권(국무위원・행정각부장관 임명의 제청, 국무위원해임건의)을 가지며, ② 국무회의의 부의장으로서의 지위를 가진다.

(2) 대통령보좌기관으로서의 지위(대통령을 포괄적으로 보좌)

국무총리는 독자적인 정치적 결정권을 행사하지 못하고 집행에 관하여 대통령을 보좌하는 기관이다. 다만 국무총리는 대통령을 포괄적으로 보좌하는 지위를 가지므로 대통령을 부분적(관계적)으로 보좌하는 국무위원과 차이가 있다.

이 지위에서 대통령의 권한대행자 되며(헌법상 당연히 제1차적 권한대행), 대통령의 모든 국법상의 행위에 부서할 책임이 있다.

(3) 국무회의 부의장으로서의 지위

국무총리는 국무회의의 심의에 있어서는 대통령 및 국무위원들과 법적으로 대등한 지위에 있지만, 국무회의의 운영에 있어서는 부의장으로서 국무위원들보다 우월적 지위를 가진다고 하겠다.

---

65) 영국의 수상(the Prime Minister)의 공식명칭은 '제1재무위원'(First Lord of the Treasury)이다.

(4) 대통령 다음가는 최고 행정기관으로서의 지위

1) 상급행정관청

국무총리는 정부조직 내에서 대통령 다음에 위치하는 상급행정기관으로서 하급행정기관을 지휘·감독한다. 행정각부와의 관계에서는 상급행정관청으로서의 지위를 보유한다. 국무총리는 행정각부를 통할할 권한을 보유한다. 국무총리의 업무수행과 관련하여 국무총리 소속으로 규정된 기관으로는 법제처, 국가보훈처, 공정거래위원회, 금융위원회, 국민권익위원회가 있다.

2) 독임제 행정관청

국무총리는 독임제 행정관청으로서 소관사무를 처리하며 총리령을 발할 수 있다.

판례 국무총리의 헌법상 지위

우리 나라의 정부형태는 약간의 의원내각제적 요소도 있기는 하나 기본적으로는 대통령제(또는 대통령중심제)로서 행정권 행사에 관한 최고·최후의 결정권자는 대통령이라고 해석되는 점, 국무총리의 권한 중에는 국무위원 및 행정각부의 장 임명제청권(헌법 제87조 제1항, 제94조), 대통령의 국법상 행위에 관한 문서에의 부서권(헌법 제82조) 등 대통령의 권한행사에 대하여 다소의 견제적 기능을 할 수 있다고 보여지는 것이 있기는 하나, 우리 헌법이 대통령제 정부형태를 취하면서도 국무총리 제도를 둔 주된 이유가 부통령제를 두지 않았기 때문에 대통령 유고시의 그 권한대행자가 필요하고 또 대통령제의 기능과 능률을 높이기 위하여 대통령을 보좌하고 그 의견을 받들어 정부를 통할·조정하는 보좌기관이 필요하다는 데 있었던 점과 대통령에게 법적 제한 없는 국무총리해임권이 있는 점(헌법 제78조, 제86조 제1항 참조) 등을 고려하여 총체적으로 보면, 우리 헌법상 국무총리의 지위의 바탕은 그가 대통령의 첫째 가는 보좌기관인 점에 있다고 보여진다. 헌재 1994. 4. 28. 89헌마86

3. 국무총리의 신분상의 지위

(1) 임 명

국무총리는 대통령이 국회의 동의를 얻어 임명한다(제86조 제1항). 이때 국회의 동의는 임명 이전에 행해져야 하는 사전적 동의라는 데 이견이 없다. 또한 국회 인사청문절차를 거쳐야 한다. 국무총리는 집행부의 구성원으로서 대통령을 보좌하며, 대통령의 명을 받아 행정각부를 통할하는 위치에 있지만(헌법 제86조 제2항), 대통령의 권한남용을 통제하는 역할도 부분적으로 수행하기 때문에 대통령이 일방적으로 임명하지 않고 국회의 동의를 얻어 임명하도록 하고 있는 것이다.

(2) 소위 '국무총리서리'

그동안 국회의 임명동의를 아직 받지 못한 상태에서 국무총리서리의 자격으로 이미 국정에 관여하는 예가 드물지 않았었는데, 헌법 제86조 제1항 위반이라는 논쟁이 있었다. 제4공화국헌법 이래 관행적으로 지속되어 오다가 현행헌법 하에서는 김영삼 정부 하에서 사라졌다가 김대중 정부에서 다시 행해진 바가 있었다. 이에 대해 권한쟁의심판이 제기된 바 있으나 기각된 바 있다.[66] 국회의 동의는 사전동의를 의미하기 때문에 국무총리서리의 임명은 헌법규정에 어긋난다. 그 필요성도 크지 않으며, 국무총리임명에 국회의 통제를 무력하게 만들 수 있기 때문에 위헌이라고 생각한다.[67]

판례 국무총리서리제도의 합헌성 여부

[재판관 조승형, 재판관 고중석의 의견]

대통령이 헌법에 정한 바에 따라 국회에 국무총리 임명동의요청을 한 다음 국회가 그 사정으로 임명동의안을 처리해 주지 아니한 특별한 사정이 있는 경우에 국무총리서리를 임명한 것은, 대통령이 국회에 국무총리 임명동의안을 제출하지 않거나 그 동의안이 부결된 상태에서 국무총리서리를 임명한 경우와는 달리, 실질적으로 국회의 동의를 얻어야 할 국무총리를 임명한 것이 아니라 그 명칭이나 형식에 관계없이 행정부 구성권자인 대통령이 헌법 제87조 제1항, 정부조직법 제23조에 따라 국무총리가 사고로 인하여 직무를 수행할 수 없을 때에 국무위원을 임명하여 국무총리 직무대행자를 지명할 수 있는 것에 준하여 국회가 임명동의안을 의결할 때까지

66) 헌재 1998. 7. 14. 98헌라1. 비록 재판관들 사이에 견해의 대립은 있었지만, 다수의견은 국무총리서리를 두는 것 자체가 무조건 위헌이 된다고 보지는 않았던 것이다. 한시적으로 국무총리 직무대행자를 임명한 것에 불과하다는 의견, 국무총리 직무대행체제가 법적으로 완비되어 있어 헌법에 위반함이 없이도 국정공백을 방지할 수 있음에도 불구하고 헌법상, 법률상의 근거가 전혀 없는 국무총리서리를 임명하였으므로 이를 국정공백의 방지라는 명분으로 정당화할 수 없다는 견해, 국무총리서리 임명행위는 헌법 제86조 제1항의 흠을 보충하는 합리적인 해석범위 내의 행위이므로 헌법상의 정당성이 있다는 견해의 대립이 있었다.

67) 행정각부를 직접 통할할 권한을 갖고 있는 대통령이 국무총리서리에게 자신의 권한을 위임하여 국무총리서리로서의 직무를 수행하도록 하는 것이 무조건 위헌이라고 보기는 어렵다고 보면서도, 헌법상 국무총리에게 부여되는 권한, 특히 대통령에 대한 일정한 견제 내지 통제의 의미를 담고 있는 권한 즉 대통령의 국법상 행위에 대한 국무총리의 부서권(제82조), 국무위원의 임명에 관한 국무총리의 제청권(제87조 제1항) 및 국무위원에 대한 해임건의권(제87조 제3항) 등은 총리서리가 행사할 수 없다고 보는 견해도 있다(장영수, 앞의 책, 1190－1191면).

한시적으로 국무총리 직무대행자를 임명한 것에 불과하다고 할 것이므로 그 임명절차에 하자가 있다고 하더라도 이 사건 국무총리서리 임명행위가 직접적으로 헌법 제86조 제1항에 의한 국회의 국무총리 임명동의권이나 그 임명동의안에 관한 청구인들의 심의 · 표결권을 침해하였거나 침해할 현저한 위험이 있는 경우에 해당한다고 볼 수 없다.

[재판관 김문희, 재판관 이재화, 재판관 한대현의 반대의견]

(1) 헌법 제86조 제1항은 "국무총리는 국회의 동의를 얻어 대통령이 임명한다." 고 명시하여 대통령이 국무총리를 임명함에 있어서는 "반드시 사전에" 국회의 동의를 얻어야 함을 분명히 밝히고 있다. 이는 법문상 다른 해석의 여지없이 분명하고, 이에 더하여 헌법이 국무총리의 임명에 관하여 규정하고 있는 국회동의제도의 취지를 고려하여 보면 국무총리 임명은 대통령의 단독행위에 국회가 단순히 부수적으로 협력하는 것에 그치지 아니하고 국회가 대통령과 공동으로 임명에 관여하는 것이라고 보아야 한다. 그러므로 국회의 동의는 국무총리 임명에 있어 불가결한 본질적 요건으로서 대통령이 국회의 동의 없이 국무총리를 임명하였다면 그 임명행위는 명백히 헌법에 위배되고, 이러한 법리는 국무총리 대신 국무총리"서리"라는 이름으로 임명하였다고 하여 달라지는 것이 아니다.

(2) 정부조직법 제23조는 국무총리가 "사고"로 인하여 직무를 수행할 수 없을 때 직무대행자가 국무총리의 직무를 대행하도록 하고 있는데, 여기서의 "사고"는 국무총리가 직무를 행할 수 없는 일반적인 경우 즉, "사고"와 "궐위"를 포괄하는 넓은 개념으로 해석하는 것이 타당하다. 이 사건의 경우 국무총리의 사퇴로 인하여 국무총리의 직무를 수행할 사람이 없어 국정공백이 우려되었다면 정부조직법에 따라 국무총리 직무대행자를 지명함으로써 이 사건 임명동의안의 처리시까지 국정공백을 방지할 수도 있었다. 이와 같이 국무총리 직무대행체제가 법적으로 완비되어 있어 헌법에 위반함이 없이도 국정공백을 방지할 수 있음에도 불구하고 헌법상, 법률상의 근거가 전혀 없는 국무총리서리를 임명하였으므로 이를 국정공백의 방지라는 명분으로 정당화할 수 없다.

[재판관 이영모의 반대의견]

(1) 국무총리의 궐위는 대통령으로 하여금 새 행정부 구성을 할 수 없게 하고 있는데도 헌법은 궐위된 국무총리의 직무를 누가, 어떤 방법으로 수행하는지에 관하여 아무런 규정을 하지 않고 있다. 헌법제정자는 이와 같은 특수한 경우를 예상하지 못하였고, 이러한 헌법규정의 흠 때문에 대통령의 국무총리서리 임명이 헌법에 합치되는지 여부는 해석에 의하여 가려볼 수밖에 없다. 그런데 이 사건의 경우와 같은 조건을 갖춘 특수한 경우에 한하여 대통령은 국무총리 임명동의안을 국회가 표결할 때까지 예외적으로 서리를 임명하여 총리직을 수행하게 할 수 있고, 대통령의 이 국

무총리서리 임명행위는 헌법 제86조 제1항의 흠을 보충하는 합리적인 해석범위내의 행위이므로 헌법상의 정당성이 있다.

(2) 정부조직법 제23조에는 국무총리가 '사고'로 직무를 수행할 수 없는 경우에 직무대행을 하는 규정을 두고 있을 뿐, '궐위'된 경우에 관한 규정은 없다. '사고'와 '궐위'의 개념은 대통령(헌법 제71조), 국회의장(국회법 제12조, 제16조), 대법원장(법원조직법 제13조 제3항), 헌법재판소장(헌법재판소법 제12조 제4항)의 경우에 이를 구분하여 규정하고 있으므로 사고의 개념에 궐위를 포함시키는 해석론은 옳다고 볼 수 없다. 신임 대통령의 취임으로 국무총리와 국무위원은 모두 사직서를 제출한 상태이고 국회는 국무총리 임명동의안을 처리하지 못하고 있는 경우에 사직서를 제출한 종전의 국무총리가 총리의 직무를 수행하거나 국무위원이 그 직무를 대행하여야만 헌법과 정부조직법의 관계조항에 부합한다는 견해는, 현실과 실질적인 면을 도외시한 것이다. 헌재 1998. 7. 14. 98헌라1

(3) 국무총리의 문민원칙

헌법은 군인은 현역을 면한 후가 아니면 국무총리로 임명할 수 없도록 하여 문민원칙을 천명하고 있다(제86조). 이는 군벌정치나 군국주의화를 방지하고 문민우위의 원칙을 확립하기 위한 규정이다.

(4) 국회의원의 겸직 여부

헌법은 '국회의원은 법률이 정하는 직을 겸할 수 없다'(제43조)고 규정하고 있는바, 법률에 겸직을 금지하는 규정이 없다. 반면 국회법 제39조 제4항은 '국무총리·국무위원 등의 직을 겸한 의원은 상임위원을 사임할 수 있다'는 규정이 있는 바, 이는 겸직을 전제로 한 규정으로 볼 수 있다. 현실적으로도 겸직하고 있다.

(5) 국무총리의 해임

국무총리의 해임은 대통령의 정치적 재량에 맡겨지고 있다. 다만 국회는 국회재적의원 3분의 1 이상의 발의에 의하여 국회재적의원 과반수의 찬성이 있으면 국무총리 또는 국무위원의 해임을 대통령에게 건의할 수 있다(제63조).

(6) 국무총리의 직무대행

정부조직법은 "국무총리가 사고로 직무를 수행할 수 없는 경우에는 기획재정부장관이 겸임하는 부총리, 교육부장관이 겸임하는 부총리의 순으로 직무를 대행하고, 국무총리와 부총리가 모두 사고로 직무를 수행할 수 없는 경우에는 대통령의 지명이 있으면 그 지명을 받은 국무위원이, 지명이 없는 경우에는 제26조 제1항에 규정된 순서[68]에 따른 국무위원이 그 직무를 대행한다"고 규정하고 있다(동법 제22조).

4. 국무총리의 권한

(1) 대통령의 권한대행권

대통령이 궐위되거나 사고로 인하여 직무를 수행할 수 없을 때에는 국무총리, 법률이 정한 국무위원의 순서로 그 권한을 대행한다(제71조). 국무총리는 대통령권한대행의 제1순위자이다, 그러나 부통령제를 두지 않아 민주적 정당성에 문제가 있다는 지적이 많다.

(2) 행정부구성 관여권

1) 국무위원 및 행정각부장관의 임명제청권

국무총리는 국무위원의 임명제청권을 가지며, 국무위원 중에서 행정각부의 장 임명제청권을 가진다(제87조 제1항, 제94조).

국무총리의 제청절차를 위반한 임명의 효력에 대해서는 제청을 적법요건으로 보아 위법하나 효력에는 영향이 없고 탄핵사유가 될 뿐이라는 위헌유효설[69]도 있으나, 헌법위반을 정당화할 수 없으므로 제청을 유효요건으로 보는 위헌무효설[70]이 타당하다고 생각한다. 다만 국무총리의 제청은 대통령을 구속하지 못한다고 보는 데 이견이 없다.

국무총리가 해임된 경우 그가 제청한 국무위원은 사임해야 하는지가 논란이 될 수 있지만, 사임이 불필요하다고 본다. 임용권자는 대통령이기 때문이다.

2) 국무위원의 해임건의권

국무총리는 국무위원의 해임을 대통령에게 건의할 수 있다(제87조 제3항). 국무총리의 국

---

68) 1. 기획재정부, 2. 교육부, 3. 과학기술정보통신부, 4. 외교부, 5. 통일부, 6. 법무부, 7. 국방부, 8. 행정안전부, 9. 문화체육관광부, 10. 농림축산식품부, 11. 산업통상자원부, 12. 보건복지부, 13. 환경부, 14. 고용노동부, 15. 여성가족부, 16. 국토교통부, 17. 해양수산부, 18. 중소벤처기업부의 순이다.

69) 권영성, 앞의 책, 1034면. 허영 교수도 국무총리는 대통령의 포괄적 보좌기관으로 대통령은 국무총리의 제청에 기속되지 않으며 국무총리의 제청 없이 국무위원과 행정각부의 장을 임명한 경우에도 그 임명행위가 당연 무효로 되는 것은 아니라고 한다. 국무총리의 제청권이 대통령의 조직적 권한에 대한 기관내 통제수단으로서 거의 형식적인 의미밖에 갖지 못하고 실효성이 없는 것은 이 때문이라고 한다(허영, 앞의 책, 1042면).

70) 김철수, 앞의 책(하), 1764－1765면.

무위원 해임건의권은 대통령에 대한 법적 구속력이 없다.

(3) 국무회의에서의 심의 · 의결권(국정심의권)

국무총리는 국무회의의 구성원으로서, 그 부의장으로서 정부의 권한에 속하는 중요한 정책의 심의에 참가할 권한을 가지며, 심의가 의결의 형식으로 정리될 경우에는 의결에 참가할 권한을 가진다(제88조 제3항, 제89조). 국무회의의 구성원으로서 가지는 심의 · 의결권은 1인1표주의이다.

(4) 부서권

대통령의 모든 국법행위에 국무총리는 부서한다(제82조). 부서제도는 앞에서 본 바와 같이 대통령의 전횡을 방지하고 국무총리와 국무위원의 책임소재를 명백히 하려는 데 있다.

국무총리가 부서를 거부할 수 있는지가 문제되나, 부서를 보필책임으로 보는 한 거부할 수 있다고 본다. 부서제도의 실제효과가 미흡하더라도 기관 내 통제수단으로서의 성격을 가지며, 국회도 부서의 결과에 대한 책임추궁이 가능하다.

부서없는 국법상 행위의 효력에 대해서도 무효설과 유효설이 대립하나, 앞에서 살펴본 바와 같이 헌법위반을 정당화할 수 없기 때문에 무효설이 타당하다고 생각한다.

(5) 행정각부의 통할권

국무총리는 대통령의 명을 받아 행정각부를 통할(지휘 · 감독)할 권한을 가진다(제86조 제2항). 정부의 2인자이자 상급행정관청의 지위에서 인정된다. 국무총리는 대통령의 명을 받아 각 중앙행정기관의 장을 지휘 · 감독하며, 중앙행정기관의 장의 명령이나 처분이 위법 또는 부당하다고 인정될 경우에는 대통령의 승인을 받아 이를 중지 또는 취소할 수 있다(정부조직법 제18조). 법률로써 국무총리의 통할을 받지 않은 중앙행정기관을 설치하더라도 헌법에 반하지 않는다.[71)]

판례 국무총리의 행정각부 통할권과 대통령직속의 국가안전기획부 설치의 합헌성

헌법 제86조 제2항은 그 위치와 내용으로 보아 국무총리의 헌법상 주된 지위가 대통령의 보좌기관이라는 것과 그 보좌기관인 지위에서 행정에 관하여 대통령의 명을 받아 행정각부를 통할할 수 있다는 것을 규정한 것일 뿐, 국가의 공권력을 집행

---

71) 헌재 1994. 4. 28. 89헌마221.

하는 행정부의 조직은 헌법상 예외적으로 열거되어 있거나 그 성질상 대통령의 직속기관으로 설치할 수 있는 것을 제외하고는 모두 국무총리의 통할을 받아야 하며, 그 통할을 받지 않은 행정기관은 법률에 의하더라도 이를 설치할 수 없음을 의미한다고는 볼 수 없을 뿐만 아니라, 헌법 제94조, 제95조 등의 규정취지에 비추어 정부의 구성단위로서 그 권한에 속하는 사항을 집행하는 모든 중앙정부기관이 곧 헌법 제86조 제2항 소정의 "행정각부"라고 볼 수도 없다. 국가가 정보기관을 대통령직속으로 하느냐 여부는 기본적으로 입법정책의 영역에 속하는 것으로서 당해 국가의 헌법이념에 위배되지 않는 한 위헌이라 할 수 없는 것인데, 국가안전기획부법은 그 목적, 직무범위, 통제방법 등의 관점에서 헌법이 요구하는 최소한의 요건을 갖추고 있다고 보아야 할 것이므로, 국무총리의 관할을 받지 않는 대통령직속기관인 국가안전기획부의 설치근거와 직무범위 등을 정한 행정조직법 제14조와 국가안전기획부법 제4조 및 제6조의 규정은 헌법에 위배된다 할 수 없다.

헌재 1994. 4. 28. 89헌마221

(6) 총리령제정권

국무총리는 그 소관사무에 관하여 법률이나 대통령령의 위임 또는 직권으로 발하는 명령을 발할 수 있다(제95조). 상위법령의 위임을 근거로 하여 위임사항을 정하는 법규명령이 위임명령이다. 헌법에서 표현하고 있는 직권명령이 무엇을 의미하는가에 대해서는 견해의 대립이 있다. 행정규칙(행정명령)으로 보는 견해,[72] 행정규칙·집행명령의 근거규정으로 보는 견해,[73] 집행명령으로 이해하는 견해[74]가 그것이다. 행정규칙은 특별한 근거 없이도 행정청이 제정할 수 있으므로 여기서 직권명령은 집행명령으로 보는 것이 옳다고 본다.

또한 총리령과 부령의 효력관계가 문제된다. 국무총리도 그 고유사무에 대해서는 행정각부와 동등한 독임제행정관청으로서 총리령은 부령과 형식적 효력이 같다는 동위설[75]과 행정각부의 상급관청으로서 행정각부를 통할하기 때문에 총리령이

---

72) 문홍주, 앞의 책, 553-554면. 국민의 권리의무에 관한 사항을 정할 수 없다고 한다.

73) 허영, 앞의 책, 1044면.

74) 권영성, 앞의 책, 1036면; 김철수, 앞의 책(하), 1769면. 김교수는 권교수와 달리 국민의 권리·의무에 관한 사항은 헌법상 법률의 위임에 의한 위임명령으로써만 규정될 수 있을 뿐이라고 하면서, 법률의 위임에 의한 것이 아닌 직권명령은 직권으로 발하는 집행명령이기 때문에 국민의 권리·의무에 관한 사항을 규정할 수 없다고 한다. 그러나 집행명령도 법규명령으로서 법규사항, 즉 국민의 권리·의무에 관한 사항을 규정할 수 있다고 보아야 한다. 다만 위임명령은 위임의 범위 안에서 새로운 입법사항을 정할 수 있는 반면 집행명령은 모법에 없는 새로운 입법사항을 정할 수 없다는 차이가 있을 뿐이다. 집행명령은 모법을 집행하기 위한 시행세칙을 정하는 것이며 그런 범위에서는 권리의무에 관한 사항을 규정할 수 있다.

75) 권영성, 앞의 책, 1038면; 허영, 앞의 책, 1044면. 그러나 권교수는 실질적으로는 총리령이 부

우위라는 설[76]이 대립한다. 그러나 양설의 설명에서도 보듯이 큰 실익이 있는 논쟁은 아니라고 본다.

(7) 국회출석 · 발언권

국무총리는 국회나 그 위원회에 출석하여 국정처리상황을 보고하거나 의견을 진술하고 질문에 응답할 수 있다(제62조 제1항). 국회나 그 위원회의 요구가 있을 때에는 국무총리 · 국무위원 또는 정부위원은 출석 · 답변하여야 하며, 국무총리 또는 국무위원이 출석요구를 받은 때에는 국무위원 또는 정부위원으로 하여금 출석 · 답변하게 할 수 있다(제62조 제2항).

Ⅱ. 국무위원

1. 국무위원의 지위

국무위원은 국무회의의 구성원으로서 집행부의 핵심적 위치에 있는 헌법상의 기관이다. 현행헌법은 국무위원에 대하여 그 임명방법, 역할 및 해임 등에 관한 규정을 두고 있으나, 국무회의의 구성원으로서의 역할 이외에는 개개의 국무위원들에 대한 특별한 권한을 명시하고 있지는 않다.

현행헌법상 국무위원은 국무회의의 구성원이며(제87조 제2항 후단, 제88조 제2항), 국정에 관하여 대통령을 보좌하는 역할을 한다(제87조 제2항 전단). 집행부의 민주적 정당성은 대통령의 선거를 통해 부여된 것이기 때문에 국무총리와 마찬가지로 국무위원들도 독자적인 정당성을 갖지 못하므로 대통령에 대한 보좌역할에 한정되고 있는 것이다.

국무위원의 선임은 국무총리의 제청을 받아 대통령이 임명하는 방식으로 행해지며(제87조 제1항), 그 수는 15인 이상 30인 이하이다(제88조 제2항). 또한 군인은 현역을 면한 후에 국무위원이 될 수 있으며(제87조 제4항), 현행법상 국무위원(또는 국무총리)과 국회의원의 겸직은 가능하다. 대통령은 국무위원의 해임 여부에 대한 재량권을 가지고 있으며, 국회의 해임건의(제63조)가 있는 경우에도 그 건의에 법적으로 구속되지는 않는다.

령보다 존중된다고 볼 수 있다고 하며, 허교수는 규범논리적으로는 효력상 우열의 차이는 없으나 국무총리는 그의 행정감독권을 통하여 부령이 위법 또는 부당하다고 인정될 때에는 대통령의 승인을 얻어 이를 고치게 할 수는 있을 것이나(정부조직법 제18조) 이는 행정감독권의 행사이지 규범효력의 우열문제는 아니라고 한다.

76) 김철수, 앞의 책(하), 1769면. 우열에 관한 규정이 없는 현실에서 동위로 보는 것이 합리적일 것 같으나, 총리령이 실질적으로 상위로 보아야 한다고 한다.

2. 국무위원의 권한

헌법 및 정부조직법에 따라 국무위원의 권한으로 인정되는 것으로는 대통령의 권한대행권(제71조), 국무회의의 소집요구권(정부조직법 제12조 제3항) 및 국무회의에서의 심의·의결권(제88조 및 제89조), 부서권(제82조), 국회에의 출석·발언권(제62조 제1항) 등이 있다. 또한 대통령과 국회에 대하여 책임을 지는 점에서는 국무총리와 유사하다.

Ⅲ. 국무회의

1. 국무회의의 헌법상 지위

(1) 비교법적 고찰

국무회의의 형태와 성격은 정부형태에 따라 차이가 있다. 의원내각제하에서는 의결기관으로서의 지위를 가지며, 헌법상 기관이며 필요적 기관이다. 대통령제하에서의 국무회의(각료회의)는 대통령의 단순한 자문기관의 성격을 가지며, 관례 또는 편이에 따라 설치되는 임의기관이다.

(2) 헌법상 국무회의의 지위변천

1) 대통령제하에서 국무회의

제1공화국에서의 국무원은 의결기관으로 규정하였으며 특히 제1차 개헌에서 연대책임을 규정하였다. 제5차 개헌(제3공화국) 이후의 국무회의는 심의기관성을 명시하고 있다.

2) 의원내각제에서의 내각

제3차 개정헌법(제2공화국헌법)은 비교적 순수의원내각제를 취하고 있어서 내각은 의원내각제에서의 내각과 같은 지위를 가졌다.

(3) 현행 헌법상의 국무회의

단순한 자문기관이 아니고 정부의 권한에 속하는 중요정책을 심의하는 기관으로서, 헌법상의 필수기관이며, 최고의 정책심의기관이며, 독립된 합의제기관이다.

1) '헌법상'의 기관

현행헌법상 국무회의는 헌법기관으로서 법률로 폐지할 수 없다. 미국 대통령제에서의 국무원과 차이가 있다.

2) 정부의 '정책'기관

국무회의는 정부의 중요정책을 심의·결정하는 기관이다. 결정된 사항을 집행하는 집행기관은 아니다.

3) '심의'기관

국무회의는 자문기관도 아니고 의결기관도 아닌 중간적 성격의 심의기관이다. 심의를 반드시 경유하여 한다는 점에서는 의결기관에 유사하지만, 심의의 결과가 대통령을 구속하지 못한다는 점에서는 자문기관과 유사하다.

4) 정부최고·독립의 합의제기관

국무회의는 합의제기관으로 정부에서는 국무회의가 최고기관이다. 정부에 설치된 기관이지만 심의와 관련해서는 대통령으로부터 독립한 기관이다. 합의제기관으로 구성원은 모두 동위적 위치에서 토론하고 발언하며 투표권을 행사한다. 대통령은 의장으로서의 의사운영상의 권한만을 가진다.

국무회의는 합의제기관이지만 행정사무에 관해 국가의 의사를 결정하고, 자신의 이름으로 그 의사를 외부 국민에 대해 표시·집행할 수 있는 권한을 가진 행정관청은 아니다. 이 점에서 합의제 행정관청인 감사원과 차이가 있다.

5) 대통령의 회의체보좌기관

국무회의는 대통령의 회의체보좌기관으로 다른 단독형보좌기관과 차이가 있다.

2. 국무회의의 구성

국무회의는 대통령을 비롯한 국무총리와 15인 이상 30인 이하의 국무위원으로 구성한다(제88조 제2항). 대통령은 의장으로서 국무회의를 소집하고 그 회의를 주재한다(정부조직법 제12조 제1항). 의장유고시에는 부의장인 국무총리가 그 직무를 대행하고 부의장도 유고시에는 기획재정부장관이 겸임하는 부총리, 교육부장관이 겸임하는 부총리 및 제26조 제1항에 규정된 순서에 따라 국무위원이 그 직무를 대행한다(정부조직법 제12조 제2항).

국무회의에는 국무조정실장·법제처장·국가보훈처장 기타 법률이 정하는 공무원(대통령비서실장·국가정보원장·국무총리비서실장 등)이 출석하여 발언할 수 있다(정부조직법 제13조).

3. 국무회의의 심의

(1) 심의사항(기능)

헌법은 국무회의의 심의사항으로 광범위하고 포괄적인 정책을 심의대상으로 규정하고 있다. 즉 반드시 심의를 거쳐야 하는 정책심의사항을 16개 항목에 걸쳐 자세히 열거하고 있고(제89조 제1호-제16호), 그 외에도 국무회의의 구성원이 제출한 사항도 심의대상이 되도록 하고 있다(제89조 제17호).

이 점에서 대통령제하의 자문기관으로서의 성격을 가지는 그것과 분명히 구분되지만, 심의결과가 대통령을 법적으로 구속하지 않는다는 점에서 의원내각제하에서 의결기관으로서의 성격을 가지는 그것과도 구별된다. 양자의 중간적 성격을 가지는 심의기관이라 할 수 있다.

(2) 심의의 효과[77)]

1) 심의를 결한 행위의 효력

심의를 거치지 아니하고 행한 대통령의 국법상 행위의 효력의 문제이다.

① 무효설

심의를 유효요건으로 보며, 심의 자체가 하나의 기관 내 통제수단일 뿐만 아니라 통치권행사의 절차적 정당성을 확보하기 위한 통치구조상의 메커니즘으로 파악한다. 무효설이 타당하다고 생각한다.

② 유효설

심의를 적법요건으로 보아 이를 결한 대통령의 국법행위는 위법으로 탄핵사유가 될 뿐 행위의 효력에는 영향이 없다는 견해이다.

2) 심의결과의 구속력

국무회의 심의결과가 대통령을 구속하는가? 다시 말하면 대통령이 심의결과에 반대되는 조치를 취할 수 있는가의 문제이다.

① 구속설

심의결과를 채택하여 집행할 의무는 없으나, 채택하여 집행할 경우에는 심의결과와 다르게 그 권한을 행사할 수 없다는 견해이다.

---

77) 대통령의 권한에서 설명하였다.

② 비구속설

국무회의는 의결기관이 아니기 때문에 대통령은 국무회의의 심의결과와 다른 정치적 결정을 할 수 있다는 견해이다. 심의기관이라는 국무회의의 성격상 비구속설이 타당하다(다수설).

Ⅳ. 행정각부

1. 행정각부의 성격과 기능

행정각부는 대통령을 수반으로 하는 행정부의 구성단위로서, 국무회의의 심의를 거쳐 대통령이 결정한 정책과 그 밖의 행정부의 권한에 속하는 사항을 집행하는 중앙행정기관이다.

행정각부에 의하여 집행부의 정책은 구체적으로 실천된다.

2. 행정각부의 설치 · 조직과 직무범위

현재 행정각부의 설치 및 조직에 관한 기본법률은 정부조직법이다. 현재 행정각부는 1. 기획재정부, 2. 교육부, 3. 과학기술정보통신부, 4. 외교부, 5. 통일부, 6. 법무부, 7. 국방부, 8. 행정안전부, 9. 문화체육관광부, 10. 농림축산식품부, 11. 산업통상자원부, 12. 보건복지부, 13. 환경부, 14. 고용노동부, 15. 여성가족부, 16. 국토교통부, 17. 해양수산부, 18. 중소벤처기업부가 있다(정부조직법 제26조 제1항).

3. 행정각부의 지위

(1) 행정관청

행정각부는 대통령이나 국무총리의 단순한 보좌기관이 아니며, 그들의 하위에 있는 행정관청이다.

(2) 국무위원과 행정각부의 장과의 관계

행정각부의 장은 국무위원 중에서 국무총리의 제청으로 대통령이 임명한다(제94조).

행정각부장관과 국무위원은 비록 동일인이라도 그 지위는 다르다.

1) 국무위원은 심의기관인 국무회의의 구성원인데 대하여, 행정각부의 장은 이미 결정된 정책을 구체적으로 집행하는 행정관청이라는 점에서 차이가 있다.

2) 국무위원으로서의 지위는 법적으로 대통령이나 국무총리와 동위의 국무회의

의 구성원의 지위에 있는데 대하여, 행정각부의 장은 대통령과 국무총리의 지휘·감독을 받는다는 점에서 차이가 있다.

3) 국무위원은 사무의 한계가 없는데 대하여, 행정각부의 장에게는 각각 그 부(部)에 국한되는 사무의 한계가 있다는 점 등에서 그 법적 지위는 서로 다른 것이다.

4. 행정각부 장으로서의 권한

(1) 독임제행정관청으로서의 권한

행정각부의 장은 소관사무를 통할하고 소속직원을 지휘·감독하며, 소관사무에 관하여 지방행정기관의 장을 지휘·감독하고 그 직무의 관리와 처리를 위하여 행정처분을 할 권한을 가진다.

(2) 부령발포권

행정각부의 장은 소관사무에 관하여 법률이나 대통령의 위임 또는 직권으로 부령을 발할 수 있다. 그러나 법제처·국가보훈처 등은 국무총리의 소속기관이므로 부령을 발할 수 없고 총리령으로 한다. 부령에는 위임명령·집행명령·행정규칙(행정명령)의 세 종류가 있다.

판례

- 법률 또는 대통령령으로 규정할 사항이 부령으로 규정되었다고 하면 그 부령은 무효이다. 대판 1962. 1. 25. 4294민상9

- 모법의 위임에 의하여 제정된 부령은 그 효력의 우월에 있어 차이가 없으나, 동위의 법령사이에 서로 모순·충돌하는 점이 있는 경우에는 후법우선의 원칙에 다를 수밖에 없다. 대판 1982. 4. 30. 82노530

(3) 정책·재정·인사권

행정각부의 장은 소관사무에 관하여 정책을 개발하고 법령을 제정·개폐하는 안과 예산안을 작성하고, 소속공무원에 대한 임명제청권(5급 이상 공무원)과 임용권(6급 이하 공무원)을 가진다(국가공무원법 제32조). 또한 소관사무에 대한 행정감독 및 처분권을 가진다.

Ⅴ. 대통령의 자문기관

1. 의 의

(1) 개 념

대통령이 국정의 중요사항에 관하여 수시로 또는 국무회의의 심의에 앞서 자문에 응하기 위하여 설치된 기관이다.

(2) 제도적 의의

대통령제 정부형태에 있어서 권력집중을 다소나마 완화하고, 국가원로와 전문가의 전문적 경험과 식견을 국정에 반영시키려는 목적으로 설치한다.

2. 자문기관의 종류

(1) 국가원로자문회의

국정의 중요한 사항에 관한 대통령의 자문에 응하기 위하여 국가원로로 구성된 국가원로자문회의는 임의적 자문기관이다(제90조). 의장은 직전 대통령이 된다. 직전 대통령이 없을 때에는 대통령이 지명한다. 국가원로자문회의의 조직·직무범위 기타 필요한 사항은 법률로 정한다. 1988년 국가원로자문회의법이 제정되었으나, 1989년 비판 속에 폐지되었다. 제5공화국헌법상에는 '국정자문회의'가 있었다.

(2) 국가안전보장회의

국가안전보장에 관련되는 대외정책·군사정책과 국내정책의 수립에 자문하기 위하여 국가안전보장회의를 둔다(제91조). 국가안전보장회의는 필수적 자문기관으로 국무회의의 심의에 앞서 자문하는 전심, 선의(先議)기관이다.

대통령이 그 자문을 거치지 않고 국무회의의 심의에 부의한 경우에도 자문기관의 성격상 그 효력과 적법성에는 영향이 없다. '국가안전보장회의법'이 제정되어 있다.

(3) 민주평화통일자문회의

평화통일정책의 수립에 관한 대통령의 자문에 응하기 위하여 민주평화통일자문회의를 둘 수 있다(제92조). 5공화국헌법상에는 '평화통일정책자문회의'가 있었다. 현재

'민주통일자문회의법'이 제정되어 있다.

(4) 국민경제자문회의

국민경제의 발전을 위한 중요정책의 수립에 관하여 대통령의 자문에 응하기 위해 국민경제자문회를 둘 수 있다(제93조). 현행헌법에서 신설된 임의적 자문기관이다.

(5) 국가과학기술자문회의

헌법 제127조는 제1항에서 "국가는 과학기술의 혁신과 정보 및 인력의 개발을 통하여 국민경제의 발전에 노력하여야 한다"라고 규정하고, 동조 제3항에서 "대통령은 제1항의 목적을 달성하기 위하여 필요한 자문기구를 둘 수 있다"라고 규정하고 있다. 국가과학기술자문회의는 헌법상 기관이 아니라는 점에서 다른 자문기관과 차이가 있다. 명칭이 헌법에 나와 있지 않은 자문기관이다.

Ⅵ. 감사원

1. 연혁과 입법례

(1) 연 혁

제1공화국헌법은 국가감사기능을 회계감사와 직무감찰로 구분하여 회계감사는 심계원에서, 직무감찰은 감찰위원회(1955~1960까지는 사정위원회)에서 관장하였다.

제2공화국헌법 하에서 개정된 정부조직법은 비록 헌법상 필수기관은 아니지만 공무원의 직무상 비위를 감찰하기 위하여 감찰위원회를 부활시켜, 기존의 심계원은 대통령 소속하에, 감찰위원회는 국무총리 소속하에 두었다.

제3공화국헌법에서는 두 기구를 통합하여 감사원으로 하고 대통령 소속하에 두었고 현재에 이르고 있다.

(2) 입법례(감사기구의 유형)

입법부 소속하에 두는 유형인 입법부형의 예로는 미국의 회계검사원(General Accounting Office), 영국의 회계검사원 등을 들 수 있다. 집행부의 소속하에 두는 집행부 유형의 예로는 우리나라, 2차대전 전의 독일, 프랑스, 일본을 들 수 있다. 한편 입법부·집행부·사법부의 어느 쪽에도 예속시키지 아니하고 독립된 기관으로 설치하는 독립형의 유형으로는 현재의 독일, 프랑스, 일본을 들 수 있다. 일본의 회계검사원은 "천황·내각·의회로부터 독립"하여 오로지 국민을 위한 감사기관으로 기능하도록 하고 있다.

2. 감사원의 헌법상의 지위

감사원은 국가의 세입·세출의 결산, 국가 및 법률이 정한 단체의 회계검사와 행정기관 및 공무원의 직무에 관한 감찰을 하기 위하여 대통령 소속 하에 설치되는 헌법상의 기관이다(헌법 제97조).

감사원의 역할은 회계검사와 직무감찰이 주된 것이니만큼, 감사원이 기능을 올바르게 수행할 수 있기 위해서는 무엇보다 독립성과 중립성이 강조된다. 그렇기 때문에 감사원의 헌법상 지위와 관련해서는 비록 대통령의 소속 하에 있지만, 헌법상의 필수적 기관이며, 독립된 기관이라는 점이 강조된다.

첫째, 대통령 소속 하에 있는 기관이다. 감사원은 조직상으로 볼 때 행정부에 속하며, 따라서 대통령의 소속 하에 있는 것이다. 그러나 대통령의 직속 하에 있기 때문에 – 비록 대통령의 영향력 행사를 완전히 피하기는 어렵겠지만 – 국무총리나 행정각부 장관을 비롯한 다른 집행부 내의 고위공직자들의 영향력으로부터는 어느 정도 벗어날 수 있다.

둘째, 헌법이 예정하고 있는 필수적 기관이다. 물론 감사원이 회계검사 및 직무감찰에 관한 권한을 독점하는 것은 아니다. 국회의 국정감사권 및 국정조사권이 유사한 목적을 위해 행사될 수 있으며, 집행부 내의 다른 국가기관들도 내부감찰권을 행사할 수 있다. 하지만 그로 인하여 감사원의 역할이 퇴색되는 것은 아니며, 감사원의 감사기능이 효율성을 확보함으로써 국가작용 전반의 객관성과 공정성의 향상에 기여할 수 있기 때문에 헌법이 감사원을 헌법상의 필수적 기관으로 정하고 있는 것이다.

셋째, 외부의 압력을 벗어나 독립적으로 업무를 수행하는 독립기관이다. 감사원법 제2조 제1항에서 "감사원은 대통령에 소속하되 직무에 관하여는 독립의 지위를 가진다"고 규정하고 있으며, 제2조 제2항에서 "감사원 소속 공무원의 임면, 조직 및 예산의 편성에 있어서는 감사원의 독립성이 최대한 존중되어야 한다"고 규정하고 있는 것도 이러한 맥락에서 이해될 수 있다.

그 밖에 감사원의 경우 업무처리의 신속성과 능률성보다는 신중성과 공정성이 더 요구된다는 점을 들면서 합의제기관으로서의 성격을 강조하기도 한다(합의제관청).

3. 감사원의 구성

감사원은 원장을 포함한 5인 이상 11인 이하의 감사위원으로 구성된다(헌법 제98조 제1항). 감사원장은 국회의 동의를 얻어 대통령이 임명하고, 그 임기는 4년으로 하며, 1차에 한하여 중임할 수 있다. 감사위원은 원장의 제청으로 대통령이 임명하고, 그 임기는 4년으로 하며, 1차에 한하여 중임할 수 있다(헌법 제98조 제2항, 제3항).

감사원장의 임명에 국회의 동의를 요구하고 있는 것은 대통령의 자의적 인사권 행사를 통제함으로써 감사원이 일정한 정치적 중립성을 확보할 수 있도록 하는 데 그 의미가 있다고 할 수 있다. 그리고 감사위원의 임명에 있어서도 감사원장의 제청을 받아서 임명하도록 함으로써 역시 대통령의 자의적 인사권을 통제할 수 있는 최소한의 장치가 마련되고 있는 것이다.

그 밖에 감사원장의 직무대행, 감사위원의 자격 및 신분보장 등에 관하여는 감사원법에서 상세한 내용을 규정하고 있다. 감사원장이 사고로 인하여 직무를 수행할 수 없을 때에는 최장기간 재직한 감사위원이 그 직무를 대행한다(동법 제4조 제3항).

4. 감사원의 권한

감사원의 권한은 크게 네 가지로 나누어진다. 결산 및 회계검사와 관련된 권한, 직무감찰권, 감사결과의 처리에 관한 권한, 그리고 감사원규칙제정권이 그것이다.

(1) 결산 및 회계검사에 관한 권한

결산 및 회계검사에 관한 권한으로는 국가의 결산검사권과 회계검사권, 법률이 정한 단체의 회계검사권이 있다. 감사원은 세입·세출의 결산을 매년 검사하여 대통령과 차년도 국회에 그 결과를 보고하여야 한다(헌법 제99조, 감사원법 제21조). 감사원의 회계검사의 대상범위에 관하여는 감사원법 제22조와 제23조에서 상세하게 규정하고 있다.

(2) 직무감찰에 관한 권한

직무감찰에 관한 권한은 감사원법 제24조에서 규정하고 있는데, 입법부와 사법부에 소속된 공무원을 제외한 집행부 소속 공무원만을 대상으로 하며, 공무원의 비위에 대한 감찰뿐만 아니라, 행정활동의 적정성에 대한 평가를 의미하는 행정감찰까지 포함한다.

(3) 감사결과의 처리에 관한 권한

감사원은 감사결과의 처리에 관한 권한으로서 변상책임의 판정, 징계요구, 시정 등의 요구, 법령·제도·행정의 개선요구 및 이에 관한 권고를 할 수 있으며, 그 밖에 감사원에 대하여 재심의(再審議) 청구가 있을 경우에는 이를 처리한다(감사원법 제31조-제40조).

(4) 감사원규칙제정권

감사원규칙제정권은 감사원의 업무상의 자율성을 확보하기 위하여 인정되는 것으로서, 감사원은 감사에 관한 절차, 감사원의 내부규율과 감사사무처리에 관한 규칙을 제정할 수 있다(감사원법 제52조). 감사원규칙제정권은 다른 헌법기관(국회, 대법원, 헌법재판소, 중앙선거관리위원회)의 규칙제정권처럼 헌법에 근거하는 것이 아니라 법률에 근거하고 있어, 감사원규칙이 법규명령인지 행정규칙인지가 대립되고 있다. 법규명령은 헌법에 근거해야 한다고 보면 헌법에 근거하지 않은 감사원규칙은 행정규칙의 성격을 가진다고 본다.[78)]

Ⅶ. 선거관리위원회

1. 제도적 의의

선거의 관리는 그 성질상 행정업무에 해당된다. 그렇기 때문에 외국의 경우에는 선거관리를 일반 행정기관이 담당하는 것이 일반적이며, 우리나라의 경우에도 제1공화국 당시에는 내무부(현재의 행정안전부)에서 선거관리를 담당하였다.

그러나 1960년 4·19 혁명을 촉발시키는 계기가 되었던 3·15 부정선거의 경험 등에 비추어서 1960년 제2공화국헌법부터는 부정선거에 대한 반작용으로 선거관리위원회를 독립된 헌법상의 필수기관으로 구성한 것이다.

선거관리위원회가 입법부로서의 국회와 집행부로서의 정부, 그리고 사법부로서의 법원과 헌법재판소와 같은 국가최고기관인지가 논란될 수 있다. 선거관리위원회는 기술적인 이유로 제도적 독립을 확보한 것에 지나지 않는다는 견해도 있지

---

78) 권영성, 앞의 책, 1058면; 홍성방, 헌법학(하), 박영사, 2010, 240면. 헌법은 일정한 행정입법의 형식을 인정하고 있으나 그것은 제한적인 것은 아니라고 보아 감사원규칙을 법규명령으로 보는 견해(박윤흔, 행정법(상), 1994, 246-247면)가 있으며, 법령에 기하여 그 내용을 보완하거나 그 구체적 사항에 관하여 규정하는 법규범이 정립되어도 그것이 국회입법에 대한 실질적 침해는 아니라는 관점에서 법규명령으로 보아도 문제가 없다는 견해도 있다(김동희, 행정법 I, 박영사, 1991, 132면).

만, 대의제하에서 선거의 중요성을 고려할 때 최고기관의 하나로 볼 수 있다.

2. 선거관리위원회의 헌법상 지위

선거관리위원회는 선거와 국민투표의 공정한 관리 및 정당에 관한 사무를 처리하기 위하여 설치된 헌법상의 독립된 합의제기관이다(제114조 제1항).

선거관리위원회의 역할은 선거의 공정한 관리를 중심으로 이와 관련된 업무들을 객관적이고 공정하게 처리하는 데 있다. 그렇기 때문에 선거관리위원회의 헌법상 지위와 관련하여서는 중립성과 공정성이 무엇보다 강조된다.

첫째, 독립된 헌법상의 기관이다. 부정선거의 경험에 기초하여 공정한 선거관리를 위하여 만들어진 국가기관이기 때문에, 공정성의 전제로서 국회나 대통령 등 어느 국가기관에도 종속되지 않는 독립성이 가장 중요하게 여겨진 것이다.

둘째, 헌법상의 필수기관이다. 따라서 국회가 입법을 통해 선거관리위원회를 폐지하는 것은 가능하지 않으며, 선거관리위원회의 폐지를 위해서는 헌법의 개정이 있어야만 한다.

셋째, 합의제기관이므로 직무에 관한 의결과정에서 위원장과 위원들은 법적으로 동등한 위치에서 토의하고 결정하는 것이 원칙이다.

3. 선거관리위원회의 조직과 구성

중앙선거관리위원회는 대통령이 임명하는 3인, 국회에서 선출하는 3인과 대법원장이 지명하는 3인의 위원으로 구성하며, 위원장은 위원 중에서 호선한다(제114조 제2항).

중앙선거관리위원회 위원의 임기는 6년이며, 정당에 가입하거나 정치에 관여할 수 없다. 또한 중앙선거관리위원회 위원은 탄핵 또는 금고 이상의 형의 선고에 의하지 아니하고는 파면되지 아니한다(제114조 제3항-제5항).

4. 선거관리위원회의 권한과 의무

(1) 선거와 국민투표의 관리

선거관리위원회의 가장 본질적인 임무는 선거와 국민투표의 관리이다. 즉, 선거관리위원회는 선거 및 국민투표에 있어서 선거운동(또는 국민투표운동) 및 투표와 개표, 당선자의 확정(또는 국민투표 결과의 확인)에 이르는 전체적 과정을 객관적이고 공정하게 관리하여야 할 권한과 책임을 가지고 있는 것이다.

각급 선거관리위원회는 선거인명부의 작성 등 선거사무와 국민투표사무에 관하여 관계 행정기관에 필요한 지시를 할 수 있으며(제115조 제1항, 선거관리위원회법 제16조 제1항), 선거사무를 위하여 인원·장비의 지원 등이 필요한 경우에 행정기관에 대하여는 지시 또는 협조요구를, 공공단체 및 은행법 제2조의 규정에 의한 금융기관(개표사무 종사원을 위촉하는 경우에 한한다)에 대하여는 협조요구를 할 수 있다(선거관리위원회법 제16조 제2항). 이러한 지시를 받거나 협조요구를 받은 행정기관·공공단체 등은 우선적으로 이에 응하여야 한다(제115조 제2항, 선거관리위원회법 제16조 제3항).

판례 지방선거관리사무의 법적 성격: 국가사무인가?, 지방사무인가?

지방의회의원과 지방자치단체장을 선출하는 지방선거는 지방자치단체의 기관을 구성하고 그 기관의 각종 행위에 정당성을 부여하는 행위라 할 것이므로 지방선거사무는 지방자치단체의 존립을 위한 자치사무에 해당하고, 따라서 법률을 통하여 예외적으로 다른 행정주체에게 위임되지 않는 한, 원칙적으로 지방자치단체가 처리하고 그에 따른 비용도 지방자치단체가 부담하여야 한다. 다만 국가적 통일성을 유지하기 위하여 국가의 관여가 필요하거나 특정 사안이 해당 지방자치단체의 문제에 그치지 않고 국가 전체의 문제와 직결되는 등의 경우에는 지방자치단체의 독자성을 보장하는 범위 내에서 필요에 따라 국가가 관여할 수 있다.

그런데 지방선거사무는 지방자치단체의 자치사무에 해당하지만, 지방선거는 주민의 대의기관을 구성하는 민주적 방법인 동시에 대표기관으로 하여금 민주적 정당성을 획보케 함으로써 대의민주주의를 실현하기 위한 불가결한 수단이라 할 것인 바, 선거와 투표에 대한 관리가 공정하게 이루어지도록 하기 위해서는 선거와 투표관리 등의 집행업무 담당기관을 일반행정기관과는 별도의 독립기관으로 구성하여 지방선거를 관리하도록 할 필요가 있고, 이에 이 사건 지방선거사무도 국가기관인 구·시·군 선거관리위원회가 담당하고 있다. 한편, 구 지방자치법이나 지방재정법에 비추어 보면, 지방자치단체의 사무를 다른 기관이 맡아 하고 있는 경우에도 그 비용은 원칙적으로 당해 지방자치단체가 부담하여야 할 것이므로 이 사건의 경우와 같이 지방선거의 선거사무를 구·시·군 선거관리위원회가 담당하는 경우에도 그 비용은 지방자치단체가 부담하여야 하고, 이에 피청구인 대한민국국회가 지방선거의 선거비용을 지방자치단체가 부담하도록 공직선거법을 개정한 것은 지방자치단체의 자치권한을 침해한 것이라고 볼 수 없다. 헌재 2008. 6. 26. 2005헌라7

판례 중앙선거관리위원회 위원장이 대통령에게 한 '대통령의 선거중립의무 준수요청 조치'와 '대통령의 선거중립의무 준수 재촉구 조치'의 법적 근거와 성격 및 대통령의 기본권 주체성

1. 적법요건에 대한 판단

가. 헌법 제115조와 공직선거법 제5조, 공직선거법 제272조의2 제5항의 내용을 살펴볼 때 이들 규정은 이 사건 조치의 근거조항이라고 할 수 없으며, 이 사건 조치는 선거관리위원회법 제14조의2에 근거한 것이라고 볼 수밖에 없고, 청구인의 과거 발언이 공직선거법을 위반하였다고 확인한 후 재발방지를 촉구하는 내용이 주를 이루고 있으므로 위 조항에 열거된 행위유형 중 '경고'에 해당한다고 봄이 상당하다(법적 근거).

나. 선거관리위원회법 제14조의2의 '경고'는 선거법 위반행위에 대한 제재적 조치의 하나로서 법률에 규정된 것이므로 피경고자는 이러한 경고를 준수하여야 할 의무가 있고, 피경고자가 경고를 불이행하는 경우 선거관리위원회 위원·직원에 의하여 관할 수사기관에 수사의뢰 또는 고발될 수 있으므로(위 조항 후문), 위 '경고'가 청구인의 법적 지위에 영향을 주지 않는다고는 할 수 없다. 중앙선거관리위원회 위원장이 중앙선거관리위원회 전체회의의 심의를 거쳐 대통령의 위법사실을 확인한 후 그 재발방지를 촉구하는 내용의 이 사건 조치를 청구인인 대통령에 대하여 직접 발령한 것이 단순한 권고적·비권력적 행위라든가 대통령인 청구인의 법적 지위에 불리한 효과를 주지 않았다고 보기는 어렵다(탄핵소추사유는 근본적으로 청구인의 행위가 이 사건 법률조항에 위반되었다는 점이 되지만, 이 사건 조치에 의하여 청구인의 위법사실이 유권적으로 확인됨으로써 탄핵발의의 계기가 부여된다). 청구인이 이 사건 조치를 따르지 않음으로써 형사적으로 처벌될 가능성은 없다고 하더라도, 이 사건 조치가 그 자체로 청구인에게 그러한 위축효과를 줄 수 있음은 명백하다고 볼 것이고, 나아가 이 사건 조치에 대하여 법원에서 소송으로 구제받기는 어렵다는 점에서 헌법기관인 피청구인이 청구인의 위 발언내용이 위법이라고 판단한 이 사건 조치는 최종적·유권적인 판단으로서 기본권 제한의 효과를 발생시킬 가능성이 높다고 할 것이다(공권력의 행사인가 여부).

다. 2002헌마106 사건에서의 서울특별시 선거관리위원회 위원장의 중지촉구는 장래에 개최될 예정인 대담·토론회에 관하여 서울특별시 선거관리위원회가 사전에 공직선거법 위반에 해당될 것이라는 법적 평가를 한 후 그러한 의견을 오마이뉴스에 표명하면서 만일 그 위반행위를 하는 경우 위 선거관리위원회가 취할 수 있는 조치를 통고한 것인 데 반하여, 이 사건 조치는 청구인의 과거의 행위가 위법임을 유권적으로 확인하고 이를 청구인에게 통지하면서 그 재발방지를 촉구한 것이다. 결국 선례상의 중지촉구는 권고적·비권력적 행위인 공명선거 협조요청에 불과하여 피통고자에 대하여 직접적인 법률효과를 발생시키지 않는 것이지만, 이 사건 조치는 위법행위에 대한 유권적인 판단 및 그에 대한 경고를 함으로써 청구인의 기본권을 실질적으로 제한하고 있으므로, 위 선례의 판시가 이 사건에 적용된다고 볼 수 없다(권고적 · 비권력적 행위인 공명선거 협조요청과의 구별)

라. 청구인인 대통령의 기본권 주체성여부(적극)

…… 대통령도 국민의 한사람으로서 제한적으로나마 기본권의 주체가 될 수 있는 바, 대통령은 소속 정당을 위하여 정당활동을 할 수 있는 사인으로서의 지위와 국민 모두에 대한 봉사자로서 공익실현의 의무가 있는 헌법기관으로서의 지위를 동시에 갖는데 최소한 전자의 지위와 관련하여는 기본권 주체성을 갖는다고 할 수 있다.

헌재 2008. 1. 17. 2007헌마700

(2) 정당사무의 관리

선거관리와 직결되어 있으며, 선거관리에 못지않은 정치적 중립성과 공정성이 요구되는 영역이 정당사무의 관리에 관한 사항이라고 할 수 있다. 그렇기 때문에 현행법상 정당사무의 관리에 관한 사항도 선거관리위원회의 권한과 책임에 맡겨 놓고 있는 것이다.

정당법은 정당의 설립과 관련한 사항을 선거관리위원회에서 관리하도록 규정(정당법 제7조, 제11조, 제16조)하고 있을 뿐만 아니라, 선거관리위원회가 정당에 대하여 보고 또는 자료 제출 등을 요구(정당법 제36조)할 수 있으며, 정당으로부터 정기보고를 받으며(정당법 제35조), 등록취소 등에 관한 사항을 담당(정당법 제44조－제47조)하는 등 정당사무에 대한 광범위한 권한과 책임을 부여하고 있다.

또한 정치자금법에 따른 정치자금의 배분과 관련하여서도 정치자금의 기탁(정치자금법 제22조), 기탁된 정치자금의 배분(정치자금법 제23조), 정당에 대한 국고보조금의 지급(정치자금법 제25조 제3항, 제27조 제5항) 등을 선거관리위원회에 맡기고 있다.

(3) 선거에 관한 계도

선거관리위원회는 소극적인 선거관리에 그치지 않고, 적극적으로 올바른 선거의 시행을 위한 계도활동을 담당한다.

이와 관련하여 선거관리위원회법 제14조는 "각급선거관리위원회는 선거권자의 주권의지의 앙양을 위하여 상시계도를 실시하여야"하며, "선거 또는 국민투표가 있을 때에는 각급선거관리위원회는 그 주관 하에 문서 · 도화 · 시설물 · 신문 · 방송 등의 방법으로 투표방법 · 기권방지 기타 선거 또는 국민투표에 관하여 필요한 계도를 실시하여야 한다"고 규정하고 있다.

(4) 규칙제정

헌법은 "중앙선거관리위원회는 법령의 범위 안에서 선거관리·국민투표관리 또는 정당사무에 관한 규칙을 제정할 수 있으며, 법률에 저촉되지 아니하는 범위 안에서 내부규율에 관한 규칙을 제정할 수 있다"고 규정하고 있다(제114조 제6항).

선거관리위원회의 규칙제정권은 선거관리위원회의 활동을 효율적으로 전개하기 위한 중요한 조건의 하나이며, 선거관리위원회의 자율성을 확보하기 위한 전제이기도 하다.

제3장 법원(사법부)

헌법 제101조 제1항은 "사법권은 법관으로 구성된 법원에 속한다"고 규정하여 사법권을 법원에 맡기고 있다.

제1절 법원의 조직과 지위

Ⅰ. 법원의 조직

헌법 제101조 제2항은 법원은 최고법원인 대법원과 각급법원으로 조직된다고 하고 대법원과 각급법원의 조직은 법률로 정하도록 규정하고 있는데, 이에 관한 법률이 법원조직법이다.

1. 법원조직법에 따른 법원의 종류

법원조직법은 법원을 대법원 · 고등법원 · 특허법원 · 지방법원 · 가정법원 · 행정법원 · 회생법원의 7종류로 한다고 규정하고 있다(동법 제3조 제1항). 그리고 지방법원과 가정법원은 그 사무의 일부를 처리하게 하기 위하여 그 관할구역 내에 지원과 가정지원, 시법원 또는 군법원 및 등기소를 둘 수 있도록 하고 있다(동법 제3조 제2항).

2. 군사법원법에 의한 특별법원

군사법원은 헌법이 인정한 특별법원이다. 군사재판의 상고심은 대법원이 관할한다. 그리고 비상계엄하에서의 군사재판은 군인 · 군무원의 범죄, 군사에 관한 간첩죄의 경우와 초병 · 유독음식물공급 · 포로에 관한 죄 중 법률이 정하는 경우에 한해서 단심으로 할 수 있다. 다만, 사형을 선고하는 경우에는 단심으로 할 수 없다(제110조 4항).

Ⅱ. 법원의 지위

법원, 특히 대법원은 ① 주권행사기관으로서의 지위, ② 최고기관의 하나로서의 지위(유일한 최고기관은 아님), ③ 국민의 기본권보장기관으로서의 지위, ④ 최고·최종심으로서의 지위, ⑤ 위헌법률심사제청기관으로서의 지위(헌법수호기관으로서의 지위), ⑥ 최고사법행정기관으로서의 지위, ⑦ 중립적 권력으로서의 지위(사법권의 비정치적 권력성)를 가진다.

판례 상고의 제한과 재판청구권

- 상소심에서 재판을 받을 권리를 헌법상 명문화한 규정이 없고 상고문제가 일반법률에 맡겨진 우리의 법제에서는 헌법 제27조에서 규정한 재판을 받을 권리에 모든 사건에 대해 상고법원의 구성법관에 의한, 상고심절차에 의한 재판을 받을 권리까지도 포함된다고 단정할 수 없을 것이고, 모든 사건에 대해 획일적으로 상고할 수 있게 하느냐 않느냐는 특단의 사정이 없는 한 입법정책의 문제라고 할 것이다. 헌재 1992. 6. 26 90헌바25

- "법률에 의한 재판을 받을 권리"라 함은 법관에 의한 재판을 받되 법에 정한 대로의 재판, 즉 절차법이 정한 절차에 따라 실체법이 정한 내용대로 재판을 받을 권리를 보장하는 취지로서 자의와 전단에 의한 재판을 배제한다는 것이므로 여기에서 곧바로 상고심재판을 받을 권리가 생겨난다고 보기 어렵다.
  재판제도 이용의 효율화의 측면에서나, 사익에 관한 분쟁해결방식인 민사소송에 있어서 얻어질 이익과 지출하여야 할 비용·노력과의 비례균형 유지의 요청, 신속·저렴하게 처리되어야 할 소액사건절차 특유의 요청들을 함께 고려할 때 현행 소액사건 상고제한제도가 결코 합리성 없다거나 입법자의 위헌적 차별이라고 할 수 없다. 헌재 1995. 10. 26 94헌바28

- 헌법이 대법원을 최고법원으로 규정하였다고 하여 대법원이 곧바로 모든 사건을 상고심으로서 관할하여야 한다는 결론이 당연히 도출되는 것은 아니며, "헌법과 법률이 정하는 법관에 의하여 법률에 의한 재판을 받을 권리"가 사건의 경중을 가리지 않고 모든 사건에 대하여 대법원을 구성하는 법관에 의한 균등한 재판을 받을 권리를 의미한다거나 또는 상고심 재판을 받을 권리를 의미하는 것이라고 할 수는 없다. 또한 심급제도는 사법에 의한 권리보호에 관한 한정된 법 발견 자

원의 합리적인 분배의 문제인 동시에 재판의 적정과 신속이라는 서로 상반되는 두가지의 요청을 어떻게 조화시키느냐의 문제로 돌아가므로 원칙적으로 입법자의 형성의 자유에 속하는 사항이다. 그러므로 상고심절차에관한특례법 제4조 제1항 및 제3항과 제5조 제1항 및 제2항은 비록 국민의 재판청구권을 제약하고 있기는 하지만 위 심급제도와 대법원의 기능에 비추어 볼 때 헌법이 요구하는 대법원의 최고법원성을 존중하면서 민사, 가사, 행정 등 소송사건에 있어서 상고심 재판을 받을 수 있는 객관적인 기준을 정함에 있어 개별적 사건에서의 권리구제보다 법령해석의 통일을 더 우위에 둔 규정으로서 그 합리성이 있다고 할 것이므로 헌법에 위반되지 아니한다. 헌재 1997. 10. 30. 97헌바37

제2절 사법권의 독립

Ⅰ. 서 언

1. 사법권독립의 의의

사법권의 독립은 형식적으로는 권력분립의 차원에서 사법부를 입법부와 집행부로부터 조직상 그리고 운영상 분리·독립하게 한다는 것을 지칭하지만(법원의 독립의 면), 실질적으로는 사법권을 행사하는 법관이 구체적 사건을 재판함에 있어서 누구의 지시나 명령에도 구속당하지 아니하고 독자적으로 심판한다는 원리를 말한다(법관의 독립의 면).

사법권의 독립은 관방사법을 부인하여 민주사법의 실현을 통해 '공정하고 정당한 재판을 확보'하기 위한 제도이며, 이념적으로 국민의 자유와 권리(기본권)의 보장에 있다.

2. 연 혁

재판권도 군주의 수중에 있었던 중세의 관방사법(官房司法, kabinettsjustiz)하에서는 군주의 자의적 재판에 의해 시민의 자유·권리가 부인되었다. 사법권의 독립은 이론적 차원에서는 근대의 자유주의적 정치조직원리로서의 권력분립론(특히 몽테스키외의 3권분립론)에서 주장되었다. 몽테스키외는 '법의 정신'에서 "재판권이 입법권 및 집행권에서 분리되어 있지 않으면 자유는 존재하지 않는다. 만약에 재판권이 입법권과 결합하게 되면 시민의 생명과 자유에 대한 권력의 사용이 자의적으로 되고 말 것이다. 왜냐하면 재판관이 입법자로 될 것이기 때문이다. 만약에 재판권이 집행권에 결합되면 재판관은 압제자의 힘을 가질 수 있을 것이다"라고 주장하여 사법권독립의 중요성과 필요성을 역설하고 있다. 사법권의 독립은 입헌민주주의와 법치국가의 초석이며(뢰벤슈타인), 시민적 법치국가의 가장 중요한 조직적 징표(슈미트)로 평가 받고 있다.

3. 입법례

사법권의 독립은 몽테스키외 등의 이론이 1776년 버지니아 권리장전이나, 1789년의 프랑스 인권선언에서 성문화되고, 그 후 민주적인 헌정제도가 보편화되면서 민주헌법의 기본원리로 공인되고 있다.

4. 사법권독립의 기능변천

연혁적으로 사법권의 독립은 군권(君權) 내지 집행권으로부터의 사법간섭을 배제하는 기능을 나타내고 있지만, 현대 자유민주주의 통치구조에서는 간섭배제의 소극기능 외에 타기관에 대한 통제적 성격을 가지는 적극적 기능도 중요시되고 있다. 즉 통치권행사의 절차적 정당성확보에 기여하고 있다.[1)]

Ⅱ. 법원(사법부)의 독립(조직상의 독립)

1. 의 의

법원의 독립이란 사법부의 조직과 운영의 면에서 다른 권력(입법부, 집행부)으로부터의 독립을 말한다. 공정한 재판을 행함으로써 국민의 자유와 재산을 보호함을 사명으로 하는 법원은 입법부와 행정부로부터 독립되지 않으면 안 된다.

2. 입법부(국회)로부터의 독립

(1) 내 용

의회와 법원은 조직·구성·운영·기능면에서 상호 독립적이어야 한다. 대법원은 규칙제정권을 통하여 내부규율과 사무처리를 자율적으로 할 수 있어야 한다(제108조). 이는 국회의 입법권으로부터 사법권의 독립·자율성을 보장하기 위한 것이다. 의원과 법관은 상호 겸직이 금지되며, 국회의 국정조사·감사권도 사법권독립

---

1) 허영, 전정 13판 한국헌법론, 박영사, 2017, 1075－1076면.

상 그 행사에 일정한 한계가 있다.

(2) 한 계

법치주의의 요청상 법원조직 및 재판의 법률주의를 채택하고 있으며, 법관임명의 국회동의, 법원예산의 국회의 심의·확정권 등의 헌법정책상의 한계가 인정되고 있다.

3. 집행부(정부)로부터의 독립

(1) 내 용

집행부로부터의 독립은 법원독립의 본질적 요소이다. 사법권의 독립이 관방사법에 대한 투쟁과정에서 형성된 것을 생각하면 쉽게 이해할 수 있다. 법원조직과 법관자격의 법률주의를 취하고 있는 것도 이에 대한 보장책이라고 할 수 있다.

(2) 한 계

상호권력간의 통제에서 오는 권력분립상의 한계가 있으며, 대통령의 실질적 법관임명권, 법원예산의 정부편성권, 국가긴급권을 통한 간여 등 헌법정책상의 한계가 있다.

Ⅲ. 법관의 독립

1. 의 의

법관의 독립은 직접 재판을 담당하는 법관의 내외의 간섭으로부터 독립을 의미한다. 법관의 독립은 실질적으로 재판에 있어서의 간섭배제를 목적으로 한다. 법관의 독립은 직무상의 독립과 신분상의 독립으로 나눌 수 있다. 직무상의 독립을 재판상의 독립,[2] 물적 독립,[3] 법원의 기능상의 독립[4]으로 부르기도 하며, 신분상의 독립은 인적 독립이라도 불린다.

2) 권영성, 헌법학원론(2010년판), 법문사, 2010, 1067면.
3) 김철수, 헌법학(하), 박영사, 2009, 1926면.
4) 허영, 앞의 책, 1077면.

2. 법관의 직무상의 독립

(1) 의 의

법관의 직무상의 독립은 법관이 재판을 행함에 있어서 일체의 외부작용으로부터 독립하여 '헌법과 법률에 의하여 양심에 따라서만 재판'함을 의미한다(제103조).

(2) 헌법과 법률 및 양심에 따른 심판

1) 헌법과 법률에 의한 심판

여기서 헌법은 헌법전뿐만 아니라 헌법적 관습까지 포함한다.

법률은 재판의 종류에 따라 차이가 있다. 형사재판의 경우는 죄형법정주의의 요청 상 형식적 의미의 법률을 의미한다. 예외적으로 법률과 동일한 효력을 가지는 국회동의 조약, 긴급명령·긴급재정경제명령은 포함된다. 민사재판·행정재판의 경우는 실체법은 형식적 의미의 법률뿐만 아니라 일체의 성문법과 이에 저촉되지 않는 불문법(관습법, 조리)을 포함한다. 그러나 절차법에 관한 한 형사·민사·행정재판 등 일체의 재판은 형식적 법률에 따라야 한다.

헌법과 법률에 의하여 심판하도록 한 것은 법질서의 통일성 유지와 재판의 정당성을 보장하기 위한 것이다.

법관은 규범상호 간의 저촉 여부를 심사해서 상위법우선의 원칙과 신법우선의 원칙, 그리고 특별법우선의 원칙 등에 따라 재판하여야 한다. 다만 법률에 대한 위헌결정권만은 헌법재판소에 있기 때문에 법관은 법률의 위헌 여부를 헌법재판소에 제청하여 그 결정에 따라 재판한다.

2) 양심에 따른 재판

법관의 독립에서의 양심은 헌법 제19조(양심의 자유)에서의 양심과 구별된다. 양심의 자유에서 양심은 주관적, 개인적, 윤리적, 도덕적인 양심인 반면, 헌법 제103조의 양심은 법관으로서의 양심으로 법조적(법리적) 양심, 직업적 양심, 논리적 양심, 객관적 양심이다. 윤리적·도덕적 양심과 법리적 양심의 충돌시 법관은 후자를 우선시켜야 한다.

(3) 심판에 있어서의 독립

법관이 '독립하여 심판한다'는 의미는 모든 외부작용으로부터의 독립과 기관 내로부터의 독립을 포함한다.

1) 타 기관으로부터 독립

법관은 재판을 함에 있어서 다른 국가기관의 지시·명령을 받지 않으며, 이를 위하여 법관 자신도 정치적 활동이나 이권문제에 개입할 수 없다.

2) 소송당사자로부터의 독립

재판을 함에 있어서 검찰기관(형사사건), 행정관청(행정재판)은 소송절차를 통하지 아니하고는 법관의 재판에 일체의 간섭을 할 수 없다. 그리고 공정한 재판을 위하여 법관의 제척·기피·회피제도가 인정되고 있다.

3) 사회적·정치적 세력으로부터 독립

절대적 독립설, 상대적 독립설이 대립된다. 국민의 재판비판은 그것이 법관의 법해석 또는 사실인정에 이용된 법제의 시비를 논의의 대상으로 하는 학리적 비판이나 사법민주화를 위한 비판은 가능하나, 법관의 전속적 권한에 속하는 사실인정이나 법적용인 유·무죄의 판단 그 자체를 대상으로 하는 비판은 할 수 없다.

4) 사법부내부로부터의 독립

대법원은 사법행정에 관하여 하급법원을 감독할 권한이 있지만, 재판작용에 대해서는 대법원장이나 상소심법원장 또는 소속법원장은 지휘·명령을 할 수 없다. "상급심 법원에서의 판단은 해당 사건에 관하여 하급심을 기속한다"는 법원조직법 제8조의 규정은 심급제를 인정한 당연한 결과이지, 사법부 내부로부터의 독립을 해하는 것이 아니다.

3. 신분상의 독립(인적 독립)

(1) 의 의

법관의 신분상의 독립은 재판을 담당하는 법관의 자격, 임기, 신분을 보장하는 것을 말하며 인적 독립이라고도 한다. 법관의 신분보장을 함으로써 법관의 직무상(재판상) 독립을 보장하는 것을 의미하기 때문에, 신분상의 독립은 결국 재판상의 독립을 확보하기 위한 전제가 된다.

판례 법관의 지위와 신분보장

[판시사항]

1980년 국가보위비상대책위원회에서 추진한 정화계획에 의하여 의사에 반하여 해직된 공무원들의 보상 등을 정한 '1980년 해직공무원의 보상 등에 관한 특별조치법'에서 보상대상자에서 제외되는 "차관급(次官級) 상당 이상의 보수를 받은 자"(제2조 제2항 제1호)에 법관을 포함시키는 것이 헌법에 위반되는지 여부

[결정요지]

…… 모든 공무원의 신분(보장)은 헌법 제7조 제2항에 의하여 법률이 정하는 바에 의하여 보장되고 있고, 법관도 공무원이므로 당연히 그 신분이 보장되고 있음에도 헌법이 별도의 규정(제106조)을 두어 특별히 가중 보장하고 있는 것은, 법관은 일반공무원에 비하여 그 신분이 더욱 두텁게 보장되어야 하기 때문이다. 이론상으로 보면 법관도 공무원이고 공무원에 대한 신분보장규정은 법관에게도 그대로 적용될 이치이므로 헌법이 법관에 대하여 따로 신분보장규정을 두고 있는 것은 일반공무원에 비하여 가중 보장하고자 하는 취지라고 해석할 수 있으나, 연혁적으로 보면 법관에 대한 신분보장규정이 공무원에 대한 신분보장 규정보다 먼저 있었던 것이며 법관에 대하여서는 제헌헌법(제80조)때부터 헌법이 직접적으로 보장규정을 두고 있는 것이다.

법관은 헌법 자체에 의하여 두텁게 그 신분이 보장되고 있는 것이며 헌법개정에 따라 보장내용에 다소의 변동에 있었으나 적어도 징계절차를 거치지 않고 면직할 수 있음을 규정한 경우는 전혀 없으며, 국회에서 법원조직법을 개정한다고 하더라도 헌법상의 위 한계를 일탈할 수 없음은 물론이다.

…… 법관에 대하여 헌법이 직접적으로 그 신분보장규정을 두고 있는 이유는 사법권의 독립을 실질적으로 보장함으로써 헌법 제27조에 의하여 보장되고 있는 국민의 재판청구권이 올바로 행사될 수 있도록 하기 위한 것임은 의문의 여지가 없다. 헌법 제27조 제1항이 규정하고 있는 국민의 재판청구권의 보장내용은, 헌법과 법률이 정한 자격과 절차에 의하여 임명되고(헌법 제104조, 법원조직법 제41조 내지 제43조), 물적 독립(헌법 제103조)과 인적 독립(헌법 제106조, 법원조직법 제46조)이 보장된 법관에 의한 재판을 받을 권리를 의미하며(헌법재판소 1992.6.26. 선고, 90헌바25 결정 참조), 사법권의 독립은 재판상의 독립 즉 법관이 재판을 함에 있어서 오직 헌법과 법률에 의하여 그 양심에 따라 할 뿐 어떠한 외부적인 압력이나 간섭도 받지 않는다는 것 뿐만 아니라 그 수단으로서 법관의 신분보장도 차질없이 이루어져야 함을 의미하는 것이다. 특히 신분보장은 법관의 재판상의 독립을 보장하는데 있어서 필수적인 전제로서 정당한 법절차에 따르지 않은 법관의 파면이나 면직처분 내지 불이익처분의 금지를 의미하는 것이다.

…… 유신헌법은 실질적으로 3권을 통합한 권력집중의 통치형태를 규정하고 있었지만 그러한 유신헌법하에서도 법관의 신분을 박탈하는데 있어서는 최소한 법관징계위원회의 징계절차가 필요하게 되어 있었다는 것은 나름대로 사법권의 실질적 독립을 보장하기 위한 제도적 장치였다고 할 수 있는 것이다. 법관이 다른 국가기관

특히 행정부에 의하여 함부로 그 지위가 박탈될 수 있다거나 기타 불이익한 처분을 받을 수 있게 된다면 법관은 행정부의 압력을 배제하기 어려울 것이며 실질적으로 행정부에 예속하게 되어 소신있는 재판업무의 수행이 불가능하게 되는 것이다. 따라서 법관의 신분보장은 그의 직무인 재판상의 독립을 유지하는데 있어서 필수불가결의 조건으로서 사법권의 독립을 보장하는 중요한 구성요소라고 하지 않을 수 없는 것이다.

모든 직업공무원의 신분은 보장되어야 하지만 그 중에서도 시비선악을 가리는 판관인 법관은 더욱 두텁게 그 신분이 보장되어야 하는 것이며 그것이 헌법이 법관에 대하여 일반적인 공무원 신분보장규정과는 별도로 제헌 헌법 당시부터 그 신분보장규정을 두고 있는 이유인 것이다. 따라서 특조법의 해석 및 그 적용에 있어서도 위와 같은 법관의 특수 지위를 고려에 넣지 않을 수 없는 것이다.

이 사건 심판의 대상이 되고 있는 규정은 법원장과 같은 중책을 수행하는 법관이었던 신청인들을 종전의 직위에 복귀시키는 문제와 관련된 규정이 아니고 보상을 해주는 문제와 관련된 규정이기 때문에 그 사례에 해당되는 법관의 인원수로 볼 때 예산사정을 운위할 것은 못되는 것은 물론 인사질서에 문제가 야기될 여지도 없고 따라서 그에 따른 파장도 거의 없다고 할 것이므로 질서유지·공공복리 등 공익을 앞세워 그들의 희생을 강요할 명분과 이유는 없다고 할 것이다. 오히려 장래에 법관의 신분이 함부로 박탈됨과 같은 사태의 재발을 영구히 봉쇄하기 위하여서도 특조법 제2조 제2항의 비적용대상에서 적어도 법관은 제외되어야 헌법의 법관 신분 보장규정 취지에 합당할 것이다. 만일 법관의 위 비적용대상에 포함된다면 법관의 신분을 직접 가중적으로 보장하고 있는 헌법의 규정취지에 정면으로 배치되게 될 것이며, 직업공무원으로서 그 신분이 보장되고 있는 일반직 공무원과 비교하더라도 그 처우가 차별되고 있는 것이라 할 수 있는 것이어서 평등권의 보장규정에도 저촉된다고 할 것이다.

헌재 1992. 11. 12. 91헌가2

(2) 내 용

1) 인사의 독립

법관의 임용·임기·보직 등 법관인사가 객관적이고 공정하여야 한다. 법관의 인사방법과 관련하여 입법례로는 세습제(대혁명 이전의 프랑스), 선거제(국민, 법관, 의회 등의 선거),[5] 정부임명제, 법원에 의한 자율적 임명제 등이 있다. 현행 헌법상 법관의 인사를 보면 대법원장은 국회의 동의를 얻어 대통령이 임명하며, 대법관은 대법원장의 제청으로 국회의 동의를 얻어 대통령이 임명한다. 대법원장과 대법관이 아닌 법관은 대법관회의의 동의를 얻어 대법원장이 임명한다(제104조).

5) 제2공화국 헌법은 대법관선거제를 규정하고 있었다.

2) 법관자격제 및 법률주의

법관의 자격은 법률로 정하도록 하고 있다(제101조 제3항). 대법원장과 대법관은 15년 이상 판사·검사·변호사의 직에 있던 자와 변호사의 자격이 있는 자로서 일정한 기관에서 법률에 관한 사무에 종사하거나 공인된 대학의 법률학 조교수 이상의 직에 있던 자로서 40세 이상의 자 중에서 임용한다. 판사는 인사위원회의 심의를 거치고 대법관회의의 동의를 받아 대법원장이 임명한다(법원조직법 제41조 제3항).

3) 법관의 임기제와 정년제

대법원장의 임기 6년으로 중임할 수 없다. 대법관의 임기는 6년으로 하며, 법률이 정하는 바에 의하여 연임할 수 있다. 대법원장과 대법관이 아닌 법관의 임기는 10년으로 하며, 법률이 정하는 바에 의하여 연임할 수 있다(제105조 제1항–제3항). 법관의 임기제는 법관의 보수화와 관료화를 방지하는 데 목적이 있다. 반면 사법권 독립의 저해요인이 될 수도 있다는 비판이 있다.

판례 근무평정조항 및 연임결격조항과 헌법위반여부

[판시사항]

1. 판사의 근무성적평정에 관한 사항을 대법원규칙으로 정하도록 위임한 구 법원조직법 제44조의2 제2항('근무평정조항')이 포괄위임금지원칙에 위배되는지 여부 (소극)
2. 근무성적이 현저히 불량하여 판사로서 정상적인 직무를 수행할 수 없는 경우에 연임발령을 하지 않도록 규정한 구 법원조직법 제45조의2 제2항 제2호('연임결격조항')가 명확성원칙에 위배되는지 여부 (소극)
3. 이 사건 연임결격조항이 사법의 독립을 침해하는지 여부 (소극)

[결정요지]

1. 입법권이 사법권에 간섭하는 것을 최소화하여 사법의 자주성과 독립성을 보장한다는 측면과 사법권의 적절한 행사에 요구되는 판사의 근무와 관련하여 내용적·절차적 사항에 관해 전문성을 가지고 재판 실무에 정통한 사법부 스스로 근무성적평정에 관한 사항을 정하도록 할 필요성에 비추어 보면, 판사의 근무성적평정에 관한 사항을 하위법규인 대법원규칙에 위임할 필요성을 인정할 수 있다. 또한 관련조항의 해석과 판사에 대한 연임제 및 근무성적평정제도의 취지 등을 고려할 때, 이 사건 근무평정조항에서 말하는 '근무성적평정에 관한 사항'이란 판사의 연임 등 인사관리에 반영시킬 수 있는 것으로 사법기능 및 업무의 효율성을 위하여 판사의 직무수행에 요구되는 것, 즉 직무능력과 자질 등과 같은 평

가사항, 평정권자 및 평가방법 등에 관한 사항임을 충분히 예측할 수 있으므로 이 사건 근무평정조항은 포괄위임금지원칙에 위배된다고 볼 수 없다.

2. 이 사건 연임결격조항의 입법목적과 관련조항의 해석 및 용어의 사전적 의미 등을 종합하면, 이 사건 연임결격조항에서 말하는 '근무성적이 현저히 불량한 경우'란 판사의 직무수행에 관한 평가 결과가 뚜렷이 드러날 정도로 나쁜 경우로 충분히 해석할 수 있으며, 그 내용이 불명확하여 수범자인 판사에게 예측가능성을 제공하지 못하거나 법 집행자에게 자의적인 법해석이나 법집행을 허용하고 있다고 할 수 없으므로 명확성원칙에 위배되지 아니한다.
3. 이 사건 연임결격조항은 직무를 제대로 수행하지 못하는 판사를 그 직에서 배제하여 사법부 조직의 효율성을 유지하기 위한 것으로 그 정당성이 인정된다. 판사의 근무성적은 공정한 기준에 따를 경우 판사의 사법운영능력을 판단함에 있어 다른 요소에 비하여 보다 객관적인 기준으로 작용할 수 있고, 이를 통해 국민의 재판청구권의 실질적 보장에도 기여할 수 있다. 나아가 연임심사에 반영되는 판사의 근무성적에 대한 평가는 10년이라는 장기간 동안 반복적으로 실시되어 누적된 것이므로, 특정 가치관을 가진 판사를 연임에서 배제하는 수단으로 남용될 가능성이 크다고 볼 수 없다. 근무성적평정을 실제로 운용함에 있어서는 재판의 독립성을 해칠 우려가 있는 사항을 평정사항에서 제외하는 등 평정사항을 한정하고 있으며, 연임 심사과정에서 해당 판사에게 의견진술권 및 자료제출권이 보장되고, 연임하지 않기로 한 결정에 불복하여 행정소송을 제기할 수 있는 점 등을 고려할 때, 판사의 신분보장과 관련한 예측가능성이나 절차상의 보장이 현저히 미흡하다고 볼 수도 없으므로, 이 사건 연임결격조항은 사법의 독립을 침해한다고 볼 수 없다.

[재판관 김이수, 재판관 이진성, 재판관 강일원의 이 사건 근무평정조항에 대한 별개의견]

이 사건 근무평정조항은 헌법 제108조에서 허용한 대법원규칙의 제정범위에 속하는 것이며, 이 부분에 관하여 대법원규칙과 저촉되는 내용을 규정하고 있는 법률 규정이 존재하지 않으며, 오히려 법률은 근무성적평정에 관한 사항을 대법원규칙으로 정하도록 명시적으로 확인하고 있을 뿐이므로, 이 사건 근무평정조항에 대한 포괄위임금지원칙 위반 여부를 심사할 필요가 없다. 헌재 2016. 9. 29. 2015헌바331

법관의 정년은 법률로 정하도록 되어 있는데(제105조 제4항), 대법원장과 대법관의 정년은 70세, 판사의 정년은 65세로 한다(법원조직법 제45조 제4항). 정년제는 법관의 노쇠화 방지를 목적으로 한다.

판례 법관의 신분보장과 법관정년제

[판시사항]

법관의 정년을 규정하고 있는 법원조직법 제45조 제4항이 청구인의 평등권, 직업 선택의 자유 내지 공무담임권을 침해하거나 헌법 제106조의 법관 신분보장 규정에 위배되는지 여부(소극)

[결정요지]

1. 법관은 국가의 통치권인 입법·행정·사법의 주요 3권 중 사법권을 담당하고 그 권한을 행사하는 국가기관이고, 다른 국가기관이나 그 종사자와는 달리 헌법과 법률에 의하여 그 양심에 따라 독립하여 심판하는 기관으로서, 법관 하나 하나가 법을 선언·판단하는 독립된 기관이며, 그에 따라 사법권의 독립을 위하여 헌법에 의하여 그 신분을 고도로 보장받고 있다. 따라서, 법관의 정년을 설정함에 있어서, 입법자는 위와 같은 헌법상 설정된 법관의 성격과 그 업무의 특수성에 합치되도록 하여야 할 것이다.
   그런데 이 사건 법률조항은 법관의 정년을 직위에 따라 대법원장 70세, 대법관 65세, 그 이외의 법관 63세로 하여 법관 사이에 약간의 차이를 두고 있는 것으로, 헌법 제11조 제1항에서 금지하고 있는 차별의 요소인 '성별', '종교' 또는 '사회적 신분' 그 어디에도 해당되지 아니할 뿐만 아니라, 그로 인하여 어떠한 사회적 특수계급제도를 설정하는 것도 아니고, 그와 같이 법관의 정년을 직위에 따라 순차적으로 낮게 차등하게 설정한 것은 법관 업무의 성격과 특수성, 평균수명, 조직체 내의 질서 등을 고려하여 정한 것으로 그 차별에 합리적인 이유가 있다고 할 것이므로, 청구인의 평등권을 침해하였다고 볼 수 없다.
2. 또한, 이 사건 법률조항과 같이 법관의 정년을 설정한 것은 법관의 노령으로 인한 정신적·육체적 능력 쇠퇴로부터 사법이라는 업무를 제대로 수행함으로써 사법제도를 유지하게 하고, 한편으로는 사법인력의 신진대사를 촉진하여 사법조직에 활력을 불어넣고 업무의 효율성을 제고하고자 하는 것으로 그 입법목적이 정당하다. 그리고 일반적으로 나이가 들어감에 따라 인간의 정신적·육체적 능력이 쇠퇴해 가게 되는 것은 과학적 사실이고, 개인마다 그 노쇠화의 정도는 차이가 있음도 또한 사실이다. 그런데, 법관 스스로가 사법이라는 중요한 업무수행 감당능력을 판단하여 자연스럽게 물러나게 하는 제도로는 사법제도의 유지, 조직의 활성화 및 직무능률의 유지향상이라는 입법목적을 효과적으로 수행할 수 없고, 어차피 노령에 따른 개개인의 업무감당능력을 객관적으로 측정하기 곤란한 마당에, 입법자가 법관의 업무 특성 등 여러 가지 사정을 고려하여 일정한 나이를 정년으로 설정할 수밖에 없을 것이므로, 그 입법수단 역시 적절하다고 하지 않을 수 없다. 또한 이 사건 법률조항이 규정한 법관의 정년은 60세 내지

65세로 되어 있는 다른 국가공무원의 정년보다 오히려 다소 높고, 정년제를 두고 있는 외국의 법관 정년연령(65세 내지 70세)을 비교하여 보아도 일반법관의 정년이 지나치게 낮다고 볼 수도 없다. 그렇다면, 이 사건 법률조항은 직업선택의 자유 내지 공무담임권을 침해하고 있다고 할 수 없다.

3. 그리고, 헌법규정 사이의 우열관계, 헌법규정에 대한 위헌성판단은 인정되지 아니하므로, 그에 따라 헌법 제106조 법관의 신분보장 규정은 헌법 제105조 제4항 법관정년제 규정과 병렬적 관계에 있는 것으로 보아 조화롭게 해석하여야 할 것이고, 따라서, 정년제를 전제로 그 재직 중인 법관은 탄핵 또는 금고 이상의 형의 선고에 의하지 아니하고는 파면되지 아니하며, 징계처분에 의하지 아니하고는 정직, 감봉 기타 불리한 처분을 받지 아니한다고 해석하여야 하고, 그러한 해석하에서는 헌법 제105조 제4항에 따라 입법자가 법관의 정년을 결정한 이 사건 법률조항은 그것이 입법자의 입법재량을 벗어나지 않고 기본권을 침해하지 않는 한 헌법에 위반된다고 할 수 없고, 위에서 본 바와 같이 그 입법 자체가 평등권, 직업선택의 자유나 공무담임권 등 기본권을 침해하였다고 볼 수 없어, 결국 신분보장 규정에도 위배된다고 할 수 없다.

헌재 2002. 10. 31. 2001헌마557

4) 법관의 신분보장

① 파면 및 불리한 처분의 제한

법관은 탄핵 또는 금고 이상의 형의 선고에 의하지 않고는 파면되지 아니하며, 징계처분에 의하지 아니하고는 정직·감봉 기타 불리한 처분을 받지 아니한다(제106조 제1항).

법관의 징계를 위하여 대법원에 법관징계위원회를 두며, 법관의 징계에 관한 사항은 따로 법률로 정한다(법원조직법 제48조). 이에 따라 법관징계법이 제정되어 있다.

판례 법관의 징계사유와 명확성원칙과 과잉금지원칙 등 위반여부

[판시사항]

1. 법관에 대한 징계사유로 '법관이 그 품위를 손상하거나 법원의 위신을 실추시킨 경우'를 규정한 구 법관징계법 제2조 제2호가 명확성원칙에 위배되는지 여부(소극)
2. '품위 손상', '위신 실추'라는 불명확한 개념을 전제로 한 구 법관징계법 제2조 제2호가 위 개념의 추상성, 포괄성으로 말미암아 법관의 표현의 자유를 과도하게 제한하여 과잉금지원칙에 위배되는지 여부(소극)
3. 법관에 대한 징계처분 취소청구소송을 대법원의 단심재판에 의하도록 한 구 법관징계법 제27조가 헌법상 재판청구권을 침해하는지 여부(소극)

4. 구 법관징계법 제27조가 징계처분 취소청구소송에 있어서 법관을 다른 전문직 종사자와 차별취급하여 평등권을 침해하는지 여부(소극)

[결정요지]

1. 입법취지, 용어의 사전적 의미, 유사 사례에서의 법원의 법률해석 등을 종합하여 보면, 구 법관징계법 제2조 제2호의 '법관이 그 품위를 손상하거나 법원의 위신을 실추시킨 경우'란 '법관이 주권자인 국민으로부터 수임받은 사법권을 행사함에 손색이 없는 인품에 어울리지 않는 행위를 하거나 법원의 위엄을 훼손하는 행위를 함으로써 법원 및 법관에 대한 국민의 신뢰를 떨어뜨릴 우려가 있는 경우'로 해석할 수 있고, 위 법률조항의 수범자인 평균적인 법관은 구체적으로 어떠한 행위가 여기에 해당하는지를 충분히 예측할 수 있으므로, 구 법관징계법 제2조 제2호는 명확성원칙에 위배되지 아니한다.
2. 구 법관징계법 제2조 제2호가 '품위 손상', '위신 실추'와 같은 추상적인 용어를 사용하고 있기는 하나, 수범자인 법관이 구체적으로 어떠한 행위가 이에 해당하는지를 충분히 예측할 수 없을 정도로 그 적용범위가 모호하다거나 불분명하다고 할 수 없고, 법관이 사법부 내부 혁신 등을 위한 표현행위를 하였다는 것 자체가 위 법률조항의 징계사유가 되는 것이 아니라, 표현행위가 이루어진 시기와 장소, 표현의 내용 및 방법, 행위의 상대방 등 제반 사정을 종합하여 볼 때 법관으로서의 품위를 손상하거나 법원의 위신을 실추시킨 행위에 해당하는 경우에 한하여 징계사유가 되는 것이므로, 구 법관징계법 제2조 제2호는 그 적용범위가 지나치게 광범위하거나 포괄적이어서 법관의 표현의 자유를 과도하게 제한한다고 볼 수 없어 과잉금지원칙에 위배되지 아니한다.
3. 구 법관징계법 제27조는 법관에 대한 대법원장의 징계처분 취소청구소송을 대법원에 의한 단심재판에 의하도록 규정하고 있는바, 이는 독립적으로 사법권을 행사하는 법관이라는 지위의 특수성과 법관에 대한 징계절차의 특수성을 감안하여 재판의 신속을 도모하기 위한 것으로 그 합리성을 인정할 수 있고, 대법원이 법관에 대한 징계처분 취소청구소송을 단심으로 재판하는 경우에는 사실확정도 대법원의 권한에 속하여 법관에 의한 사실확정의 기회가 박탈되었다고 볼 수 없으므로, 헌법 제27조 제1항의 재판청구권을 침해하지 아니한다.
4. 구 법관징계법 제27조는 법관에 대한 징계처분 취소청구소송을 다른 전문직 종사자와 달리 대법원의 단심재판에 의하도록 하여 법관을 차별취급하고 있으나, 법관에 대한 징계의 심의·결정이 준사법절차(법관징계법 제14조, 제16조)를 거쳐서 이루어지는 점, 법관에 대한 징계의 경우 파면·해임·면직 등 신분관계 자체를 변경시키는 중한 징계처분이 존재하지 않는 점, 법관은 독립적으로 사법권을 행사하는 자로서 그 지위를 조속히 안정시킬 필요가 있는 점, 법관에 대한 징계처분 취소청구소송은 피징계자와 동일한 지위를 가진 법관에 의하여 이루어

질 수밖에 없는 점 등을 고려하면, 이러한 차별취급에는 합리적인 근거가 있으므로, 구 법관징계법 제27조는 헌법상 평등권을 침해하지 아니한다.

[재판관 이동흡, 재판관 목영준의 구 법관징계법 제27조 부분에 대한 보충의견]

법관에 대한 징계처분 취소청구소송을 대법원의 단심 재판에 의하도록 한 구 법관징계법 제27조는 위헌법률이라고 하기는 어려우나, 피징계자인 법관의 재판청구권을 실질적으로 보장하기 위해서는 대법원장의 법관징계위원회 위원 임명권한을 제한하거나 법관에 대한 징계처분 취소청구소송을 2심제에 의하는 등으로 입법에 의하여 이를 개선하는 노력을 기울여야 한다. 헌재 2012. 2. 23. 2009헌바34

② 강제퇴직의 제한

중대한 심신상의 장해로 직무를 수행할 수 없는 경우에만 강제퇴직이 가능하다(제106조 제2항). 법관이 중대한 신체상 또는 정신상의 장해로 직무를 수행할 수 없을 때에는, 대법관인 경우에는 대법원장의 제청으로 대통령이 퇴직을 명할 수 있고, 판사인 경우에는 인사위원회의 심의를 거쳐 대법원장이 퇴직을 명할 수 있다(법원조직법 제47조).

③ 파견근무의 제한

대법원장은 다른 국가기관으로부터 법관의 파견근무 요청을 받은 경우에 업무의 성질상 법관을 파견하는 것이 타당하다고 인정되고 해당 법관이 파견근무에 동의하는 경우에는 그 기간을 정하여 이를 허가할 수 있다(법원조직법 제50조). 과거에 청와대나 국가정보원 등에 법관이 파견되는 경우가 많았으나, 이는 권력분립원리에 위배될 소지가 많고 법원의 신뢰확보에도 문제가 많아 제도적 개선이 이루어졌다. 법원조직법에 따르면 법관은 대통령비서실에 파견되거나 대통령비서실의 직위를 겸임할 수 없으며, 법관으로서 퇴직 후 2년이 지나지 아니한 사람은 대통령비서실의 직위에 임용될 수 없도록 하고 있다(법원조직법 제50조의 2).

④ 법관의 보수(報酬)

법관의 보수는 그 직무와 품위에 상응하도록 법률로 정한다(법원조직법 제46조 제2항, 법관의 보수에 관한 법률).

⑤ 법관의 정치적 중립 · 겸직의 제한

법관이 직무상의 독립을 유지하고 신분보장을 받으려면 법관도 정치적 중립성을 지키는 것이 중요하다. 법원조직법은 법관은 재직 중 1. 국회 또는 지방의회의 의원이 되는 일, 2. 행정부서의 공무원이 되는 일, 3. 정치운동에 관여하는 일, 4. 대법원장의 허가 없이 보수를 받는 직무에 종사하는 일, 5. 금전상의 이익을 목적으로 하는 업무에 종사하는 일, 6. 대법원장의 허가를 받지 아니하고 보수의 유무에 상관없이 국가기관 외의 법인·단체 등의 고문, 임원, 직원 등의 직위에 취임하는 일, 7. 그 밖에 대법원규칙으로 정하는 일 등을 할 수 없도록 금지사항을 규정하고 있다(법원조직법 제49조).

제3절 사법의 절차

Ⅰ. 심급제

1. 심급제를 인정하는 이유

법원의 재판이 심급구조를 갖게 되는 것은 소송절차를 신중하게 함으로써 공정한 재판을 확보하려는 데 목적이 있으며, 또한 다수의 법원에서 내려지는 재판의 통일성을 확보하기 위한 불가피한 선택이다. 그러나 3심제를 취할 것인지, 아니면 2심제나 4심제를 취할 것인지는 입법정책의 문세라고 할 수 있다.[6)]

2. 3심제의 원칙

(1) 3심제는 헌법상 보장인가?

헌법은 "법원은 최고법원인 대법원과 각급법원으로 조직된다"고 규정하고 있다(제101조 제2항). 이 규정은 대법원하의 1심급 이상의 하급법원의 설치 내지 헌법상 대법원을 포함한 2심급제 이상을 보장한다는 의미를 내포할 수 있지만, 3심제가 헌법상 반드시 인정되어야 하는 것은 아니다. 따라서 현행법상의 3심제 원칙은 헌법상의 원칙이 아닌 법원조직법상의 원칙이다.

(2) 3심제 원칙

법원조직법은 사건의 경중에 따라서 제1심을 지방법원 단독판사가 관할하는 사건과 지방법원 합의부에서 관할하는 사건으로 나누고 있다(제32조 제1항). 단독판사가 관할하는 사건의 경우에는 지방법원(지원)단독부 → 지방법원(본원)합의항소부 → 대법원의 단계로 3심이 이루어지며, 합의부 관할사건의 경우에는 지방법원합의부 → 고등법원 → 대법원의 단계로 3심이 이루어진다.[7)]

---

6) 심급을 많이 둘 경우에는 보다 정밀한 심사가 가능할 수 있으나, 소송의 신속성 및 경제성을 희생시켜야 할 것이며, 심급을 적게 둘 경우에는 오판을 걸러내기가 그만큼 어려워질 것이다.
7) 행정법원은 합의부에서 심판을 담당하므로, 제2심은 고등법원이 된다.

(3) 3심제의 예외

현행법상 법원의 심판은 3심제가 원칙이지만, 법률의 규정에 의해 2심제 또는 단심제가 적용되는 예외적인 경우도 있다.

2심제가 적용되는 경우로는 특허소송과 지방자치단체 선거의 일부를 들 수 있다. 특허소송은 특허심판원에 의한 심판을 전제로 하여 고등법원급의 특허법원이 제1심을, 대법원이 제2심을 담당한다(법원조직법 제28조의 4). 그리고 지방자치단체 선거 중에서 기초자치단체장 선거와 기초의회의 의원선거, 광역의회의 지역구의원선거는 시·도 선관위에의 선거소청을 전제로 고등법원이 제1심을 담당하고 대법원이 제2심이 된다(공직선거법 제222조 제2항, 제223조 제2항).

단심제가 적용되는 경우로는 대통령선거, 국회의원선거, 시·도지사선거, 비례대표 시·도의원선거의 선거소송과 비상계엄 하의 군사재판이 있다. 대통령과 국회의원의 선거소송은 선거소청 없이 바로 대법원에 제소하여 단심으로 판결을 내리게 되며(공직선거법 제222조 제1항, 제223조 제1항), 시·도지사선거, 비례대표 시·도의원선거의 경우에는 중앙선거관리위원회에 대한 선거소청을 거쳐서 대법원이 선거소송을 담당한다(공직선거법 제222조 제2항, 제223조 제2항). 그리고 (사형선고를 제외한) 비상계엄 하의 군사재판은 군사법원에 의한 단심으로 결정된다(헌법 제110조 제4항).

Ⅱ. 재판공개의 원칙

1. 취 지

재판공개의 원칙은 비밀재판을 배척함으로써, 재판의 공정성을 확보하고 소송당사자의 인권보호와 재판에 대한 국민의 신뢰성을 확보하기 위하여 인정된다. 재판을 공개하는 것은 재판의 전체적 과정을 투명하게 함으로써 재판과정에 외부의 영향력이 침투하지 못하도록 할 수 있기 때문이다.

이와 관련하여 헌법 제27조 제3항에서는 형사피고인에게 신속한 공개재판을 받을 권리를 인정하고 있을 뿐만 아니라, 헌법 제109조는 재판의 심리와 판결을 공개하도록 요구하고 있다.

2. 재판공개의 원칙의 내용

(1) 공개의 대상

법원의 모든 활동을 공개하도록 요구하는 것은 아니다. 재판의 심리와 판결을 공개하여야 한다. 재판의 심리(審理)란 소송 사건에 관하여 법관이 판결에 필요한 사실관계 및 법률관계를 조사하는 것을 말한다. 예컨대 법정에서 원고와 피고가 질문을 받고, 증거를 제시하며, 변론을 전개하는 과정이 모두 심리에 해당되는 것이다. 판결(判決)은 심리의 결과에 따라 사건의 실체에 대하여 법관이 내리는 판단을 판결문으로 작성하고 이를 선고함으로써 사건에 대하여 법적 구속력을 갖는 결론을 내리는 것이다. 따라서 심리와 판결에 해당되지 않는 법원의 작용, 예컨대 소송법상의 결정이나 명령을 모두 공개하여야 하는 것은 아니다.

(2) 공개의 의미

재판공개의 원칙에서 공개의 의미는 일반공개를 의미한다. 불특정다수인(사건과 관계없는 일반인)에게 공개하는 것을 의미하며 사건의 이해관계인인 특정인에게 대한 공개를 의미하는 것이 아니다. 재판에 관한 보도의 자유는 공개에 포함된다.

(3) 공개의 범위

공개의 대상은 심리와 판결이며, 공판준비절차나 합의(평의)과정은 공개대상이 아니다.

3. 재판공개의 예외

헌법 제109조 단서는 공개재판의 원칙에 대한 예외를 규정하고 있다. 즉 재판의 심리가 국가의 안전보장 또는 안녕질서를 방해하거나 선량한 풍속을 해칠 염려가 있을 때, 법원의 결정으로 공개하지 아니할 수 있도록 규정하고 있다(제109조 단서). 심리만을 비공개로 할 수 있을 뿐이고, 판결은 언제나 공개되어야 한다. 판결 자체가 비공개로 될 경우에는 사법의 객관성과 공정성을 심각하게 해칠 우려가 있을 뿐만 아니라 국민의 사법에 대한 불신을 증폭시킬 수 있기 때문에 판결의 비공개는 인정하지 않고 있는 것이다.

예외의 인정이 꼭 필요할 정도의 중대성을 가지고 있는 경우에만 정당화될 수 있으며, 그 판단에는 비례성원칙이 적용되어야 할 것이다.

재판공개의 원칙을 위반한 경우 재판은 당연무효가 되지 않으나 상소이유가 된다. 형사소송법에 의하면 공판의 공개에 관한 규정의 위반은 항소이유가 되며(동법 제361조의 5 제9호), 민사소송법에도 변론공개의 원칙은 절대적 상고이유가 된다고 규정하고 있다(동법 제424조 제5호). 그 외 법원의 재판에 대해서는 헌법소원을 금지하고 있는 우리 헌법재판소법의 규정(동법 제68조 제1항)에도 불구하고 이 경우만은 헌법소원이 가능하도록 합헌적 법률해석의 필요성을 인정하려는 견해도 있다.[8)]

Ⅲ. 법정질서의 유지

공정한 재판과정을 확보하기 위해서 공개재판의 원칙이 인정되고 있으나, 이로 인하여 법정의 질서가 문란해진다면 이는 공정한 재판과정을 위하여 바람직하지 않은 현상이다. 따라서 공정한 재판과 재판의 권위를 유지하기 위해서는 법정질서를 유지하는 것이 요구된다.

법원조직법은 재판장이 법정 내의 질서를 유지할 수 있는 권한과 책임을 가지고 있음을 확인하고 있으며, 재판장은 법정의 존엄과 질서를 해칠 우려가 있는 사람의 입정(入廷) 금지 또는 퇴정(退廷)을 명할 수 있고, 그 밖에 법정의 질서유지에 필요한 명령을 할 수 있도록 규정하고 있다(제58조). 또한 누구든지 법정 안에서는 재판장의 허가 없이 녹화, 촬영, 중계방송 등의 행위를 하지 못하며(제59조), 재판장은 법정에서의 질서유지를 위하여 필요하다고 인정할 때에는 개정 전후에 상관없이 관할 경찰서장에게 경찰공무원의 파견을 요구할 수 있고(제60조), 법원은 직권으로 법정 내외에서 법정의 질서유지에 필요한 명령 또는 녹화 등의 금지를 위반하는 행위를 하거나 폭언, 소란 등의 행위로 법원의 심리를 방해하거나 재판의 위신을 현저하게 훼손한 사람에 대하여 결정으로 20일 이내의 감치(監置)에 처하거나 100만원 이하의 과태료를 부과할 수 있다(제60조 제1항).

제4절 법원의 권한

Ⅰ. 법적 쟁송에 관한 권한

법원의 중심적인 권한은 사법권이다. 그러나 현행헌법은 사법권을 법원과 헌법

---

8) 허영, 앞의 책, 1101면.

재판소에 분장시키고 있기 때문에 헌법 제101조 제1항의 규정에도 불구하고 법원이 사법권 전체를 담당하는 것은 아니며, 법원의 관할에 속하는 소송에 관한 재판권으로 한정된다. 현행법상 법원의 관할에 속하는 소송으로는 민사소송, 형사소송, 행정소송, 선거소송이 있다.[9)]

법적 분쟁이 발생하고 당사자로부터 쟁송의 제기가 있으면 국가는 이를 해결할 의무가 있다.

Ⅱ. 명령 · 규칙심사권

1. 의 의

헌법은 "명령 · 규칙 또는 처분이 헌법이나 법률에 위반되는 여부가 재판의 전제가 된 경우에는 대법원은 이를 최종적으로 심사할 권한을 가진다"고 규정하여(제107조 제2항) 법원에게 명령 · 규칙심사권을 부여하고 있다.

법원은 재판의 대상이 되는 사건에 적용할 명령 · 규칙이 헌법이나 법률에 위반되는지의 여부가 재판의 전제가 될 경우에는 이를 심사할 권한을 가지며, 무효라고 판단될 경우에는 그 적용을 배제할 수 있다.

법원에게 이와 같은 명령 · 규칙에 대한 위헌 · 위법 심사권을 인정한 것은 한편으로는 법질서의 통일성을 확보하기 위한 것이고, 다른 한편으로는 위헌 · 위법한 명령 · 규칙의 적용으로 인한 기본권의 침해를 막기 위한 것이라고 할 수 있다. 이러한 점에서 명령 · 규칙심사권은 헌법보장과 법률보장의 기능, 기본권보장의 기능, 통제기능을 수행한다.

2. 명령 · 규칙심사권의 내용

(1) 명령 · 규칙심사권의 주체

대법원 · 고등법원 · 지방법원 · 가정법원 · 행정법원 · 특허법원 · 군사법원 · 회생법원 등 모든 법원이 명령 · 규칙심사권의 주체가 된다. 대법원은 최종적 심사권을 보유할 뿐이다. 대법원의 심판권은 대법관 전원의 3분의 2 이상의 합의체에서 행사하며, 대법원장이 재판장이 된다(법원조직법 제7조 제1항).[10)]

---

9) 사법권의 범위 참조.

10) 대법관 3명 이상으로 구성된 부(部)에서 먼저 사건을 심리(審理)하여 의견이 일치한 경우에 한정하여 그 부에서 재판할 수 있는데, 1. 명령 또는 규칙이 헌법에 위반된다고 인정하는 경우, 2. 명령 또는 규칙이 법률에 위반된다고 인정하는 경우는 제외한다(법원조직법 제7조 제1

헌법재판소가 명령 · 규칙심사권을 갖는가(헌법 제107조 제2항은 헌법재판소의 심사권을 배제하는가)와 관련해서는 논란이 있다. 대법원은 헌법 제107조 제2항의 문구에 따라 헌법재판소가 위헌법률에 대한 심사권만을 가지며, 명령 · 규칙에 대한 심사권을 가지지 못한다고 보았다. 반면에 헌법재판소는 명령 · 규칙의 제정과 개정도 공권력의 행사에 해당되므로 명령 · 규칙에 의하여 기본권이 직접 침해된 경우에는 헌법소원의 대상이 되므로 헌법재판소가 심판권을 가진다고 보았다. 이 문제에 관한 헌법학계의 지배적 견해는 헌법 제107조 제2항이 대법원에게 명령 · 규칙의 위헌 · 위법성을 '최종적으로' 심사할 권한이 있다고 인정한 것은 각급 법원의 심사권을 전제로, 대법원이 이를 최종적으로 심사할 권한이 있음을 밝힌 것으로 이해하고 명령 · 규칙에 대한 헌법소원심판을 정당한 것으로 인정하고 있다. 특히 법무사법시행규칙에 관한 헌재 1990. 10. 15. 89헌마178 결정의 경우처럼 대법원규칙에 의한 기본권침해가 문제될 때에는 헌법소원심판을 인정해야 할 필요성이 더욱 크다.

판례 명령 · 규칙의 위헌 · 위법성에 대한 대법원의 '최종적' 심사권과 명령 · 규칙에 대한 헌법소원

헌법 제107조 제2항은 "명령 · 규칙 또는 처분이 헌법이나 법률에 위반되는 여부가 재판의 전제가 된 경우에는 대법원은 이를 최종적으로 심사할 권한을 가진다."라고 규정하고 있고, 법원행정처장이나 법무부장관은 이 규정을 들어 명령 · 규칙의 위헌여부는 대법원에 최종적으로 심사권이 있으므로 법무사법시행규칙의 위헌성 여부를 묻는 헌법소원은 위 헌법규정에 반하여 부적법하다고 주장한다. 그러나, 헌법 제107조 제2항이 규정한 명령 · 규칙에 대한 대법원의 최종심사권이란 구체적인 소송사건에서 명령 · 규칙의 위헌여부가 재판의 전제가 되었을 경우 법률의 경우와는 달리 헌법재판소에 제청할 것 없이 대법원의 최종적으로 심사할 수 있다는 의미이며, 헌법 제111조 제1항 제1호에서 법률의 위헌여부심사권을 헌법재판소에 부여한 이상 통일적인 헌법해석과 규범통제를 위하여 공권력에 의한 기본권침해를 이유로 하는 헌법소원심판청구사건에 있어서 법률의 하위법규인 명령 · 규칙의 위헌여부심사권이 헌법재판소의 관할에 속함은 당연한 것으로서 헌법 제107조 제2항의 규정이 이를 배제한 것이라고는 볼 수 없다. 그러므로 법률의 경우와 마찬가지로 명령 · 규칙 그 자체에 의하여 직접 기본권이 침해되었음을 이유로 하여 헌법소원심판을 청구하는 것은 위 헌법 규정과는 아무런 상관이 없는 문제이다. 그리고 헌법재판소법 제68조 제1항이 규정하고 있는 헌법소원심판의 대상으로서의 "공권력"이란 입법 · 사법 · 행정 등 모든 공권력을 말하는 것이므로 입법부에서 제정한 법률, 행정부에서 제정한

항 제1호, 제2호). 즉 대법관 전원의 3분의 2이상의 합의체에서 하여야 한다.

시행령이나 시행규칙 및 사법부에서 제정한 규칙 등은 그것들이 별도의 집행행위를 기다리지 않고 직접 기본권을 침해하는 것일 때에는 모두 헌법소원심판의 대상이 될 수 있는 것이다. 헌재 1990. 10. 15. 89헌마178

(2) 명령 · 규칙심사권의 대상

심사대상은 명령 · 규칙이다. 명령은 대통령령 · 총리령 · 부령 등 모든 행정기관이 발령하는 법규명령을 말한다. 규칙은 국가기관에 의해 정립되고 규칙이라는 명칭을 가진 법규범을 말한다. 헌법상 법규명령과 동일한 효력을 가지는 규칙으로는 국회규칙 · 대법원규칙 · 헌법재판소규칙 · 중앙선거관리위원회규칙이 있다. 감사원규칙의 법규명령 인정 여부에 대해서는 논란이 있다. 지방자치단체가 제정한 규칙도 포함된다. 헌법에 명시되지 않은 조례도 명령 · 규칙 심사권의 대상이 된다.[11] 법률과 동일한 효력을 가지는 긴급명령과 긴급재정경제명령은 제외된다. 또한 법률과 동일한 효력을 가진 조약(예: 제60조 제1항의 조약)은 제외되며, 명령과 같은 효력을 가지는 조약은 포함된다(고시류조약 등).

행정규칙은 내규로서의 성질을 가진 비법규로서 제외된다는 것이 종래의 다수설이다.

계엄령은 형식적으로는 명령의 범주에 속하지만, 실질적으로 상대적 통치행위의 일종이다. 그 사법적 심사 여부는 별도로 검토되어야 한다.

판례 헌법 제107조 제2항의 규칙과 조례 · 규칙

조례 제정권의 범위를 벗어나 국가사무를 대상으로 한 무효인 서울특별시행정권한위임조례의 규정에 근거하여 구청장이 건설업영업정지처분을 한 경우, 그 처분은 결과적으로 적법한 위임 없이 권한 없는 자에 의하여 행하여진 것과 마찬가지가 되어 그 하자가 중대하나, 지방자치단체의 사무에 관한 조례와 규칙은 조례가 보다 상위규범이라고 할 수 있고, 또한 헌법 제107조 제2항의 "규칙"에는 지방자치단체의 조례와 규칙이 모두 포함되는 등 이른바 규칙의 개념이 경우에 따라 상이하게 해석되는 점 등에 비추어 보면 위 처분의 위임 과정의 하자가 객관적으로 명백한 것이라고 할 수 없으므로 이로 인한 하자는 결국 당연무효사유는 아니라고 봄이 상당하다. 대판 1995. 7. 11. 94누4615

---

11) 대판 1996. 9. 20. 95누7994.

판례 헌법 제107조 제2항과 행정규칙

"명령 또는 규칙이 법률에 위반한 경우에는 대법원 전원의 2/3이상의 합의체에서 심판하도록 규정한 법원조직법 제7조 제1항 제2호에서 말하는 명령·규칙이라 함은 국가와 국민에 대하여 일반적 구속력을 가지는 이른바 법규로서의 성질을 가지는 명령 또는 규칙을 의미한다고 할 것인바, 수산업에 관한 어업면허사무취급규정(수산청훈령 제434호)은 행정기관 내부의 행정기관 내부의 행정사무처리기준을 정한 것에 불과하고 이른바 법규로서의 성질을 가지는 명령 또는 규칙이라 볼 수 없으므로 위 규정을 무효라고 판단한 이 사건 재심대상판결이 대법원 전원합의체에서 이루어진 것이 아니라 하더라도 법률에 의하여 구성되지 아니한 판결이라고 할 수 없다."

대판 1990. 2. 27. 88재누55

판례 헌법 제107조와 계엄령-재판권쟁의에 대한 재정신청

"당연무효로 판단할 수 없는 계엄에 대하여는 계엄의 선포가 옳고 그른 것은 국회에서 판단하는 것이고 법원에서 판단할 수 없다고 해석하는 것이 상당하다."

대결 1964. 7. 21. 64초3

(3) 심사요건

명령·규칙이 헌법과 법률에 위반되는 여부가 '재판의 전제'가 된 경우에만 심사할 수 있다(구체적 규범통제). 재판의 전제가 되지 않는 경우에는 심사할 수 없다(추상적 규범통제의 부인). 재판의 전제란 명령·규칙의 위헌·위법 여부에 따라 당해사건을 담당한 법원이 다른 내용의 재판을 하게 됨을 말한다.

(4) 심사의 기준

명령·규칙심사권의 심사기준은 헌법과 법률에 위반 여부이다. 여기서 헌법과 법률의 의미는 형식적 의미의 헌법과 법률뿐만 아니라 실질적 의미의 헌법과 법률을 포함한다. 헌법적 관습, 법률과 같은 효력을 가지는 긴급명령, 긴급재정경제명령, 조약도 포함된다. 위반은 위법, 즉 명령·규칙이 헌법이나 법률에 위반한 위법을 심사한다(합법성 심사).

(5) 심사의 범위

명령·규칙의 제정·공포절차상의 하자를 심사하고(형식적 효력의 심사), 명령·규칙의 내용상의 하자(규정내용의 위반)를 실질적으로 심사한다. 합헌성과 합법성의 심사에 그치고 합목적성의 심사는 할 수 없다.

(6) 심사의 절차

1) 위헌 · 위법결정

대법관 전원의 3분의 2 이상 출석하고 대법원장이 재판장이 되는 전원합의체에서 출석 대법관의 과반수 찬성으로 결정한다(법원조직법 제7조). 행정소송에 관한 대법원의 판결에서 명령 · 규칙이 헌법과 법률에 위반된다는 것이 확정된 경우에는 위헌 · 위법판결공고제를 채택하고 있다(행정소송법 제6조).

2) 합헌 · 합법의 결정

대법관 3인으로 구성된 부에서 결정할 수 있다.

3. 위헌 · 위법한 명령 · 규칙의 효력

(1) 개별적 효력의 부인

명령 · 규칙이 헌법이나 법률에 위반된다고 인정되는 경우, 법원은 이러한 명령 · 규칙을 당해사건에 적용하는 것을 거부할 수 있을 뿐 이에 대하여 무효를 선언할 수 없다. 이 점에서 헌법재판소에서 법률이 헌법에 위반된다고 인정된 경우의 효력(일반적 효력의 부인)과 차이가 있다.

개별적 효력의 부인에 그치는 이유는 법원의 본래 임무는 법의 적용이며 법령의 심사가 아니므로 명령(규칙)을 무효화하는 것은 법원의 권능을 일탈하는 것이기 때문이다(권력분립상의 한계).

(2) 위헌 · 위법인 명령 · 규칙에 의해 행해진 행정행위의 효력

위헌 · 위법인 명령 · 규칙에 의해 행해진 행정행위(행정처분)는 그 하자에 따라서 무효 또는 취소될 수 있으나, 자동으로 무효가 되는 것은 아니다.

판례 위헌 · 위법한 명령 · 규칙에 근거한 행정처분의 효력

위 규칙 중 교육감의 학교법인 임원취임의 승인취소권을 피고에게 위임한 부분은 조례로 규정하여야 할 사항을 규칙으로 규정한 것이어서 무효이고,……(중략)……또한 헌법 제107조 제2항의 '규칙'에는 지방자치단체의 조례와 규칙이 모두 포함되는 등 이른바 규칙의 개념이 경우에 따라 상이하게 해석되는 점 등에 비추어 보면, 이 사건 임원취임의 승인취소처분에 관한 권한위임 과정의 하자가 객관적으로 명백하다고 할 수는 없으므로 이는 결국 당연무효 사유는 아니라고 봄이 상당하다 할 것이다. 대판 1997. 6. 19. 95누8669

Ⅲ. 위헌법률심판제청권

1. 개 념

법률이 헌법에 위반되는 여부가 재판의 전제가 된 경우에 법원이 헌법재판소에 위헌심판을 제청하는 권한이다.

2. 성 격

법원이 위헌법률심판제청권을 가지는데, 여기에는 법률의 합헌결정권 내지 합헌판단권이 포함되는지가 문제된다.

(1) 긍정설

긍정설은 ① 사법권의 본질상 법률의 효력에 대한 심사권은 법관의 고유권한이라는 점, ② 위헌법률심판제청서에 법원이 위헌이라고 해석되는 이유를 기재하도록 하고 있는 점(헌법재판소법 제43조 제4호), ③ 법원이 당사자의 위헌법률심판제청신청을 기각한 경우에 헌법재판소법 제68조 제2항의 헌법소원을 인정하고 있는 점 등을 논거로 들고 있다.

③과 관련하여 헌법재판소는 반드시 합헌판단에 기한 기각결정만을 의미하는 것은 아니고 재판의 전제성을 결여하는 경우의 기각결정도 포함하는 것으로 해석되므로, 이 조항을 합헌결정권을 인정하는 근거로 볼 수 없다는 견해를 취하고 있다.[12)]

(2) 부정설

부정설은 ① 구헌법상의 '법률이 헌법에 위반되는 것으로 인정할 때'의 문구가 삭제되었다는 점, ② 구헌법 당시 하급법원의 위헌심사제청에 대한 대법원의 실질적 심사권을 부여한 규정(불송부결정권)이 삭제되었다는 점을 들어 법원의 법률의 합헌결정권을 부인하고 있다.

(3) 결 어

긍정설이 다수설이다. 법규범에 대한 독자적 해석권은 법원의 고유권한이며, 남소방지, 소송경제의 관점에서도 합헌결정권을 인정하는 것이 타당하다. 그러나 조

12) 헌재 1993. 7. 29. 90헌바35.

금이라도 위헌의 여지가 있는 경우에는 법원은 단순히 합헌결정을 할 것이 아니라 위헌제청을 해야 한다.[13)]

3. 내 용

(1) 주 체

모든 법원이 위헌법률심판제청권의 주체가 된다. 직권에 의한 제청뿐만 아니라 당사자의 신청에 의한 제청결정도 할 수 있으나, 제청할 권한은 당해사건을 담당하는 법원의 권한이다

(2) 제청의 요건

1) 구체적 규범통제

법률이 헌법에 위반 여부가 '재판의 전제'가 된 경우에만, 제청권을 행사할 수 있다. 추상적 규범통제는 부인된다.

2) 재판의 전제성의 의미

헌법재판소 판례는 재판의 전제성을 ① 사건이 법원에 계속 중이어야 하고, ② 위헌 여부가 문제되는 법률이 당해 소송사건의 재판과 관련하여 적용되어야 하며, ③ 법률이 헌법에 위반되는 여부에 따라 다른 내용의 재판을 하게 되는 경우를 말한다고 판시하고 있다. 여기서 '다른 내용의 재판'이란 당해사건의 재판의 결론이나 주문에 영향을 주거나, 재판의 결론을 이끌어내는 이유를 달리하는 데 관련이 있거나, 재판의 내용과 효력에 관한 법률적 의미가 전혀 달라지는 경우를 말한다.

3) 재판의 전제성 외에 구체적 사건성 · 당사자적격 · 소의 이익 등의 요건을 구비하여야 한다.

4. 제청의 대상

위헌법률심판제청의 대상은 법률이다. 여기서 법률은 형식적 의미의 법률 외에 실질적 의미의 법률도 포함한다. 헌법 제60조 제1항의 조약, 긴급명령, 긴급재정 · 경제명령도 포함된다.

위헌심판의 대상이 되는 법률은 위헌판결시를 기준으로 하여 효력을 가지고 있는 법률로 공포되기 전이나, 폐지된 법률은 원칙적으로 위헌심사의 대상이 안 된

---

13) 권영성, 앞의 책, 1100면.

다. 그러나 헌재는 폐지된 법률의 경우에도 권리보호의 이익이 있는 경우 그 대상성을 인정하고 있다.

5. 제청의 기준

위헌법률심판제청권의 기준은 헌법이다. 여기서의 헌법도 형식적 의미의 헌법과 실질적 의미의 헌법을 포함한다.

6. 제청의 절차

(1) 제 청

당해법원은 직권으로 제청할 수 있으며(헌법재판소법 제41조), 소송당사자의 제청신청에 따라 법원의 결정으로 제청할 수 있다. 법원의 제청결정에는 항고할 수 없다(헌법재판소법 제41조 제4항). 만약 법원이 당사자의 제청신청을 기각한 경우에는 헌법재판소법 제68조 제2항의 헌법소원(위헌심사형헌법소원)을 제기할 수 있다.

(2) 대법원 경유

하급법원이 제청할 경우 대법원을 경유하여야 한다(헌법재판소법 제41조 제5항). 구헌법에서 인정되었던 대법원의 불송부결정권은 삭제되었기 때문에 대법원의 경유는 형식적인 절차로 보아야 한다.

7. 제청의 효과

(1) 재판의 정지

법원의 위헌법률심판제청이 있는 경우, 당해사건은 법률에 대한 위헌 여부의 결정이 있을 때까지 정지된다. 다만 법원이 긴급하다고 인정하는 경우에는 종국재판 외의 소송절차는 진행이 가능하다(헌법재판소법 제42조 제1항).

(2) 헌법재판소의 심판권한과 의무

헌법재판소는 제청된 법률 또는 법률조항의 위헌 여부만을 결정한다. 다만 법률조항의 위헌결정으로 인하여 해당 법률 전부를 시행할 수 없다고 인정될 때에는 그 전부에 대하여 위헌결정을 할 수 있다(헌법재판소법 제45조).

8. 당사자의 위헌제청신청의 취하

위헌제청 후, 당사자가 신청을 취하한 경우 대법원은 즉시 위헌심판제청취소결정을 내리고 그 정본을 헌법재판소에 송부하여야 하며, 헌법재판소는 정본이 도착하는 대로 소의 이익이 없다는 이유로 각하하게 된다(구체적 규범통제).

5.18 헌법소원에서 소청구인이 취하하자 헌재가 이례적으로 심판종료선언을 내린 바 있다.

Ⅳ. 법원의 규칙제정권

1. 개 념

대법원이 법률에 저촉되지 아니하는 범위 안에서 소송에 관한 절차, 법원의 내부규율과 사무처리에 관한 규칙을 제정하는 권한이다.

2. 제도적 의의

대법원의 통제권과 감독권을 강화하고 실효성을 확보하는 데 있으며, 법원의 내부규율, 사무처리규칙의 제정을 법원이 스스로 결정함으로써 사법권의 독립요청에 부합한다.

3. 규칙제정권의 내용

(1) 대 상

규칙제정권의 대상은 소송법의 보충법규로서 소송에 관한 절차를 규정하며, 내부규율과 사무처리사항을 그 내용으로 한다.

(2) 범 위

법률종속법규로서 법률에 저촉되지 않는 범위에서 제정할 수 있다. 위반시 명령 · 규칙심사의 대상이 된다.

판례 소송비용에 관한 사항의 대법원규칙에의 위임조항의 위헌성 여부[14]

[판시사항]

2. 소송을 대리한 변호사에게 당사자가 지급하였거나 지급할 보수는 대법원규칙이 정하는 금액의 범위 안에서 소송비용으로 인정한다고 규정한 민사소송법 제109조 제1항이 헌법 제108조를 위반하는지 여부(소극)

[결정요지]

2. 헌법 제108조는 "대법원은 법률에서 저촉되지 아니하는 범위 안에서 소송에 관한 절차, 법원의 내부규율과 사무처리에 관한 규칙을 제정할 수 있다."고 규정하고 있는바, 이는 위 조항에서 열거하고 있는 사항에 대해서는 대법원이 법률에 저촉되지 않는 한 법률에 의한 명시적인 수권이 없이도 이를 규칙으로 정할 수 있다는 의미이다(헌재 1995. 12. 28. 91헌마114 참조). 한편, 헌법상 입법권에 관하여는 특별한 제한이 없으므로 국회가 입법권을 행사함에 있어서 그 내용은 물론 그 규율의 형식 또한 선택할 수 있는데, 헌법이 위임입법의 형태로 제75조와 제95조에서 열거하고 있는 대통령령, 총리령 또는 부령 등의 행정입법은 예시적인 것으로 보아야 한다(헌재 2004. 10. 28. 99헌바91). 따라서 법률은 헌법 제108조에서 열거하고 있는 사항은 물론, 위 조항에서 열거하고 있지 않은 사항에 대해서도 이를 대법원규칙에서 정하도록 위임할 수 있으므로, 소송비용에 관한 사항이 소송에 관한 절차에 관련된 사항인지 여부와 관계없이 심판대상조항이 이를 대법원규칙에 위임하였다 하여 이것이 헌법 제108조에 위반된다고 볼 수는 없다.

[재판관 김이수, 재판관 이진성, 재판관 강일원의 포괄위임금지원칙 위반 여부에 관한 별개의견]

헌법 제75조와 달리 헌법 제108조는 법률의 위임을 요구하지 않고 '법률에 저촉되지 아니하는 범위 안에서' 소송절차 등에 관하여 대법원규칙을 제정할 수 있도록 하고 있으므로, 대법원규칙에는 법률에 저촉되지 않는 한 법률에 명시적인 위임규정이 없더라도 소송절차에 관한 행위나 권리를 제한하는 규정을 둘 수 있다. 헌법 제108조가 대법원의 규칙제정권을 인정하면서 법률의 위임을 요구하지 않는 것은 권력분립의 정신에 비추어 사법의 자주성과 독립성을 보장하기 위한 것이고, 소송절차 등에 관한 사항에 대하여 재판실무에 정통한 사법부에서 직접 정하는 것이 전문성과 효율성을 더 살릴 수 있다는 점을 고려한 것이다. 이러한 헌법 제108조의 규정

14) 헌법재판소는 이 밖에도 심판대상조항 중 '당사자가 지급하였거나 지급할 보수' 부분이 명확성원칙을 위반하는지 여부, 심판대상조항이 포괄위임금지원칙을 위반하는지 여부, 심판대상조항이 재판청구권을 침해하는지 여부, 심판대상조항이 평등원칙을 위반하는지 여부에 대해 모두 소극적으로 판시하고 있다.

상 국회가 소송절차 등에 관한 사항을 법률로 규정하면서 구체적 내용은 대법원규칙으로 정하도록 위임한다면, 이는 헌법이 인정하는 대법원의 규칙제정권을 확인하는 것에 불과하므로, 대법원규칙에 입법권한을 위임한 법률조항에 대해서는 포괄위임금지원칙 위반 여부를 심사할 필요가 없다. 헌재 2016. 6. 30. 2013헌바370 등

(3) 절차와 공포

1) 절 차

대법원규칙제정은 대법원의 대법관회의 의결사항이다(법원조직법 제17조 제2호).

2) 공 포

법원행정처장이 15일 이내에 관보에 공포한다(대법원규칙의 공포에 관한 규칙 제54조).

3) 효력발생

특별한 규정이 없는 한 공포한 날로부터 60일을 경과함으로써 효력이 발생한다(동규칙 제6조).

4. 대법원규칙의 효력

(1) 법률하위의 효력

대법원규칙은 법률에 저촉되지 아니하는 범위 안에서 제정하는 법률종속적 법규명령이다.

(2) 통 제

대법원의 통제권과 감독권을 강화하고 실효성을 확보하기 위해 명령·규칙심사, 헌법소원 등이 인정된다.

Ⅴ. 법정질서유지권(법정경찰권)

1. 개 념

법정의 존엄과 질서를 해할 우려가 있는 자의 입정을 금지하거나 퇴정을 명하며, 기타 법정의 질서유지에 필요한 명령을 발할 수 있는 권한이다(법원조직법 제58조).

2. 인정취지

재판의 공정성을 확보하기 위해서는 법원의 권위가 존중되고 법정의 질서가 유지되어야 하기 때문에 인정된다.

3. 재판장의 소송지휘권과의 차이점

법정질서유지권은 소송사건의 내용과는 직접 관계가 없다는 점에서 재판장의 소송지휘권과 구별된다.

4. 법정질서유지권의 주체

법원의 권한이지만, 신속·적정하고 수시로 행사되어야 하는 특수성 때문에 법정을 대표하는 재판장이 행사하도록 하고 있다.

5. 내 용(법원조직법 제58조 – 제60조)

(1) 법정의 존엄과 질서를 해할 우려가 있는 자의 입정을 금지하거나 퇴정을 명할 수 있다.

(2) 기타 재판장의 허가 없이 녹화·촬영·중계방송 등의 행위금지, 경찰관의 파견요청(파견된 경찰관은 재판장의 지휘를 받음) 등의 법정의 질서유지에 필요한 명령을 발할 수 있다.

6. 법정질서문란행위에 대한 제재

(1) 감치 또는 과태료부과

위반자나 폭언·소란 등의 행위로 법원의 심리를 방해하거나 재판의 위신을 현저하게 손상한 자에 대하여 20일 이하의 감치 또는 1천만 원 이하의 과태료를 부과할 수 있다(병과할 수 있음). 이는 사법행정상의 질서벌이다.

(2) 감치는 경찰서의 유치장·교도소 또는 구치소에 유치함으로써 집행, 감치에 처하는 재판에 대하여는 이의신청 또는 항고 및 특별항고를 할 수 있다(법원조직법 제61조). 감치는 형벌이 아닌 질서벌로서 검사의 기소 없이 이루어진다는 점에서 법정모독죄와 상이하다. 감치기간 중에는 삭발을 하거나 노역장에 유치할 수 없다.

7. 법정질서유지권의 한계

(1) 시간적 한계

개정중이거나 이에 밀착한 전후시간이 아니면 행사할 수 없다.

(2) 장소적 한계

법정과 법관이 직무를 수행하는 장소에서만 행사가 가능하다.

(3) 인적 한계

소송관계인과 법정 내에 있는 자(방청인, 검사, 법원서기 등)에게 효력이 미친다.

제4장 헌법재판소

제1절 헌법재판제도

Ⅰ. 헌법재판제도의 의의와 기능

1. 헌법재판의 의의

헌법재판은 형식적으로 이해할 때에는 "헌법재판기관이 하는 재판"으로 이해할 수 있다. 형식적 개념은 헌법재판의 정당한 몫, 사법권한의 배분에 관한 탐구에 도움이 되지 못한다. 이러한 문제는 헌법정책적 또는 정치적 판단에 맡겨지게 된다. 헌법재판의 내용과 성질을 기준으로 정의하는 실체적인 측면에서는 "헌법운용 과정에서 헌법의 규범내용이나 헌법문제에 대한 다툼이 생긴 경우에 이를 유권적으로 해결하여 국가 공권력 작용이 헌법을 준수하게 하고 국민의 기본권을 보호하게 하는 재판"으로 정의할 수 있을 것이다.[1)] 실체적인 개념은 방향을 제시하지만 그 기준, 경계와 범위가 불명확한 난점이 있다.

한편 헌법재판을 위헌법률심판을 의미하는 협의의 헌법재판과 위헌법률심판 이외에도 권한쟁의심판, 탄핵심판, 헌법소원심판, 선거소송, 위헌정당해산심판 등을 총칭하는 광의의 헌법재판으로 나누기도 한다.

---

1) 실체적인 의미에서 헌법재판을 "헌법재판은 헌법을 운용하는 과정에서 헌법의 규범내용이나 헌법문제에 대한 다툼이 생긴 경우에 이를 유권적으로 해결함으로써 헌법의 규범적 효력을 지키고 헌정생활의 안정을 유지하려는 헌법의 실현작용"으로 정의하는 견해가 있는가 하면(허영, 전정13판 한국헌법론, 박영사, 2017, 875면), "사법기관이 헌법적 분쟁을 헌법을 기준으로 하여 심판함으로써 헌법을 실현하고 관철하는 국가작용"이라고 정의하면서 '심사기준'의 관점에서는 헌법을 심사기준으로 하는 재판이며, 그 '목적'의 관점에서 볼 때는 헌법을 실현하고 관철하는 재판이라고 하는 견해도 있다(한수웅, 제9판 헌법학, 법문사, 2019, 1378면).

2. 헌법재판의 기능

헌법재판의 주요기능은 국가의 최고법인 헌법의 질서를 수호하고 법질서의 통일성을 유지하며, 궁극적으로는 국민의 기본권을 보장하는 데 있는 것이다. 그 밖에 헌법규범의 권위적 해석을 통한 민주주의의 이념을 구현하는 기능, 소수자의 주장을 밝힐 수 있는 기회를 주어 공권력행사의 정당성을 확보케 함으로써 다수의 전제와 횡포로부터 소수자를 보호하는 기능, 정치적 갈등을 사법절차에 따른 해결을 통한 정치적 평화유지기능 등을 헌법재판의 기능으로 드는 견해도 있다. 연방제국가의 경우 연방과 지방 간의 관할분쟁 · 조정을 통한 연방제를 유지하는 기능도 헌법재판의 기능으로 설명된다.

Ⅱ. 헌법재판의 법적 성격

헌법재판은 일반 사법재판(司法裁判)과 본질적으로 차이가 있는 것인가, 어떤 다른 특성이 있는가와 관련된 문제이다.

1. 사법작용설

헌법재판은 헌법규범에 대한 해석작용을 그 본질로 하는 사법적 법인식작용인 만큼 다른 법해석작용과 마찬가지로 전형적인 사법작용에 지나지 않는다고 보는 견해이다. 헌법해석과 일반 법률해석을 동일시하는 법실증주의 입장과 Savigny의 해석법학적 사상을 바탕으로 주장하는 견해이다. 이 견해는 헌법의 규범구조적 특질을 무시하고 있다는 비판을 받는다.

2. 정치작용설

헌법재판의 대상이 되는 분쟁은 법적 분쟁이 아닌 정치적 분쟁이므로 그 해결방법은 사법작용이 아니라 정치적 작용일 수밖에 없다는 견해이다. 헌법을 '정치적 결단'이라고 보는 입장에 서서 '정치적 결단으로서의 헌법은 사법작용의 대상으로서 적당치 못하다'는 사상에 바탕을 두고 있다. "사법적 형태의 정치적 결단"이라고 보는 C. Schmitt의 견해이다. 이 견해는 헌법의 규범적 성격을 도외시 하고 있다는 비판을 받는다.

3. 입법작용설

헌법재판에 있어서 헌법해석은 일반 법률의 해석과는 달리 헌법을 보충하고 그 내용을 형성하는 기능을 가지므로 일종의 입법작용이라는 설이다. 미국연방대법원의 판례에서 나타난다.

이 견해에 대해서는 헌법재판소에 내재하는 입법기능은 헌법재판의 효과일 수는 있어도 그것이 결코 헌법재판의 본질과 성격 그 자체일 수는 없다는 비판이 있다.

4. 제4의 국가작용설

헌법재판은 국가의 통치권행사가 언제나 헌법정신에 따라 행해질 수 있도록 입법·행정·사법 등의 국가작용을 통제하는 기능이기 때문에 제4의 국가작용이라는 설이다. 사법작용적인 법인식기능과 정치작용적인 합목적성의 판단기능이 함께 공존하는 헌법재판에서는 법리적인 설득력과 정치적인 타당성이 적절한 균형관계를 유지함으로써 법리적인 관점에서나 정치적인 관점에서나 수긍될 수 있는 해결책이 모색되어야 한다고 한다.[2] 이 견해에 대해서는 '또 다른 정치작용' 내지 '각색된 정치작용'이라는 비판이 있다.

5. 소 결

헌법재판은 헌법에 관하여 다툼이 있는 경우 당사자의 심판청구에 기초하여 무엇이 법(헌법)인가를 유권적으로 결정하는 것이므로 기본적으로 사법작용이라는 점을 부정할 수 없다. 그러나 헌법이 다른 법에 비하여 규범성이외에 정치성·이념성도 강하게 띠고 있기 때문에 헌법재판을 '정치적' 사법이라고 표현하는 경우가 많다. 무엇이 법인가를 판단하고 선언하는 사법작용이라는 점에서는 헌법재판은 일반재판과 동일성을 가지지만, 헌법문제에 관한 분쟁, 헌법 그 자체의 해석이 쟁점이 되므로 일반재판과는 구별되는 특성을 지니고 있다.

헌법재판의 사법작용으로서의 성격은 모든 심판유형에 공통적으로 타당하지만, 헌법재판이 규범통제절차에서는 소극적인 입법작용으로서의 성격도 지니고 있고, 정당해산심판, 탄핵심판의 경우에는 정치적 사법작용으로서의 성격이 강하게 작용할 수 있다.[3]

---

2) 허영, 앞의 책, 880-881면.
3) 김하열, 헌법강의, 박영사, 2018, 917면.

Ⅲ. 헌법재판에 있어서 소극주의와 적극주의

헌법재판기관이 선택하여야 할 헌법해석의 방향과 태도의 문제, 즉 사법적 심사방식의 문제에 있어서 그 사법철학 내지 헌법재판적 철학으로서 사법소극주의와 사법적극주의가 논의되고 있다.

1. 사법소극주의(judicial Passivism)

(1) 의 의

입법부와 집행부의 의사결정은 그것이 국민의 법의식이나 정서에 근본적으로 배치되거나 기존의 판례에 명백하게 위반되는 것이 아니라면 존중되어야 한다는 의미에서 사법부가 그에 관한 가치판단을 자제하는 것이 바람직하다는 사법철학이다.

(2) 이론적 근거

사법소극주의의 이론적 근거로는 ① 사법부 구성의 비민주성(국민에 의한 선출직이 아님), ② 사법부의 비전문성(사법부가 정치·경제적 쟁점에 전문적 지식의 부족), ③ 고전적 권력분립론(사법의 정치화 방지), ④ 합헌성추정의 강조(국민의 대표기관인 입법부의 의사를 존중하고, 삼권분립의 원리에 따라 입법부에서 제정한 법률은 일단 합헌성이 있는 것으로 추정) 등을 들고 있다.[4)]

(3) 한계(비판)

사법부가 헌법으로부터 부여받은 사법심사권을 포기하는 것으로 그것 자체가 위헌이며, 심사회피 내지 심사거부는 그 자체가 어느 쪽의 입장을 대변하거나 기정사실화하는 것이 된다는 비판이 있다.

2. 사법적극주의(judicial Activism)

(1) 의 의

사법부도 역사발전과 진보적인 사회정책형성에 기여하여야 하고 그러기 위해서는 선례에 지나치게 기속될 것이 아니라 헌법규범을 시대적 변화에 적응할 수 있

---

4) 권영성, 헌법학원론(2010년판), 법문사, 2010, 1118면.

도록 탄력적으로 해석함으로써 입법부나 집행부의 행위를 적극적으로 판단하는 것이 바람직하다고 인식하는 사법철학이다.

(2) 이론적 근거

사법적극주의의 이론적 근거로는 ① 사법부 구성은 비민주적이나 심사에서는 원내다수파의 횡포를 방지하는 역할을 수행할 수 있다는 점(사법적 심사의 민주성), ② 사법기관이 국민의 기본권을 적극적으로 확인하고 적용하여야만 기본권조항이 살아 숨쉬는 권리장전이 될 수 있다는 점, ③ 양심적 역할과 국민의사의 대변 등을 들고 있다.

(3) 한계(비판)

최고법원은 최종적 법정일 뿐 초실정법적 기구가 될 수 없다는 비판이 있다.

3. 결 론

사법소극주의와 사법적극주의는 각자 타당한 견해를 포함하고 있기 때문에 구체적 사건에서 소극적 측면과 적극적 측면을 적절히 조화하는 것이 바람직하다.

위헌결정이 빈번해지면서 '선출되지 않은 권력'인 사법부가 입법부의 역할을 약화시키고 사실상의 정책 결정자로의 역할을 수행할수록, '정치의 사법화', '사법통치'라는 비판에 직면하게 되는 면도 있다. 그러나 '헌법재판'이라는 제도는 사법부가 위헌결정이라는 방식으로 다른 국가권력의 작용(특히 입법권)을 견제하도록 고안된 제도인데, 위헌결정을 내리지 않는다는 것은 제도가 작동하지 않음을 의미한다. 결국 헌법재판 기구는 해당 사회의 맥락 속에서 조직의 정당성과 결정의 생존이라는 목표를 위해서 사회적으로 용인되는 범위 내의 '적절한 사법적극주의'를 구사할 수밖에 없다.[5)]

Ⅳ. 헌법재판권의 한계

1. 한계긍정설

헌법재판의 기능상 당연히 내재적 한계를 내포하고 있다는 견해이다(권영성). 즉 헌법 자체가 자율성을 인정하고 있는 사항(예: 의회의 행위), 절대적 통치행위(헌

---

5) 임재성, 한국 헌법재판소의 전략적 사법적극주의, 서울대학교 대학원 사회학과 박사학위논문, 2018, 170면.

법이 엄격한 요건을 규정하고 있지 아니한 고도의 정치적 행위)에 대해서는 헌법재판권의 한계가 존재한다는 견해이다.

2. 한계부정설

모든 국가작용이 그 규제와 통제의 대상이 되는 것이 마땅하다는 견해이다. 헌법재판의 한계긍정의 논리는 헌법재판의 기능을 높이기 위한 제도적·방어적 수단에 불과한 것으로 헌법재판의 제도본질적 내용일 수 없고, 그것은 오로지 헌법재판의 기능과 실효성을 높이기 위한 정치적 고려의 산물이라고 한다(허영).

Ⅴ. 헌법재판제도의 유형

헌법재판제도는 담당기관을 기준으로 하면 일반법원으로부터 독립된 헌법법원이 헌법재판을 담당하는 헌법법원형(헌법재판소형)[6]과 일반법원으로 하여금 헌법재판을 담당하게 하는 일반법원형(사법형),[7] 특수한 성격을 가진 기관으로 하여금 헌법재판을 담당하게 하는 특수기관형(정치기관형)[8]으로 나눌 수 있다.

재판사항을 기준으로 하면 ① 위헌법률심사제, ② 정당해산심판제, ③ 탄핵심판제, ④ 권한쟁의심판제, ⑤ 헌법소원심판제, ⑥ 선거소송심판제 등으로 나누어 볼 수 있다.

제2절 헌법재판소의 헌법상 지위

Ⅰ. 우리 헌정사에 있어서 헌법재판기관의 지위변천

1. 건국헌법(제1공화국)

1948년 건국헌법에서는 헌법위원회에서 위헌법률심사를 담당하도록 하였다. 헌법위원회는 5인의 대법관과 5인의 국회의원으로 구성되고 위원장은 부통령이 맡았다. 탄핵재판은 탄핵재판소가, 권한쟁의는 대법원이 담당하였다. 헌법의 규정상 헌법위원회는 법원편(제5장)에서 탄핵재판소는 국회편(제3장)에서 규정하였다.

---

6) 독일, 오스트리아, 한국의 헌법재판유형이다.
7) 미국, 일본, 한국의 제3공화국의 헌법재판유형이다.
8) 프랑스의 헌법원(헌법평의회), 그리스의 특별최고법원, 우리나라의 4, 5공화국의 헌법위원회가 이 유형에 속한다.

헌법위원회는 10여년간 운영되었지만, 6건을 심사하는 데 그쳤다. 그중 농지개혁법(제18조 제1항 후단 및 제24조 제1항 후단)과 비상사태하의 범죄처벌에 관한 특별조치령(제9조 제1항)에 대하여 위헌결정을 내렸다.

2. 1960년 헌법(제2공화국)

제2공화국에서는 상설적 기구로 헌법재판소제도를 도입하였다(제8장). 헌법재판소는 심판관 9인으로 구성하였는데, 대통령·대법원·참의원이 각각 3명씩 선출하였고 임기는 6년으로 2년마다 3인씩 선임하도록 하였다(동 헌법 제83조의 3, 제83조의 4). 헌법재판소는 법률의 위헌여부심사, 헌법에 관한 최종적 해석, 국가기관간의 권한쟁의, 정당의 해산, 탄핵심판, 대통령·대법원장과 대법관의 선거에 관한 소송 등을 관장하였다(제83조의 3). 그러나 헌법재판소법이 제정된 지 1개월 만에 5.16이 발생하여 헌법재판소는 구성되지 못하여 활동하지 못하였다.

참고 제2공화국의 헌법재판소와 현행헌법의 헌법재판소의 비교

	제2공화국 헌법재판소	현행 헌법재판소
헌법소원	없음	있음
선거소송	헌재가 관장	법원이 관장
권한쟁의심판	국가기관상호간의 권한쟁의	국가기관상호간, 국가기관과 지방자치단체간, 지방자치단체 상호간

3. 1962년 헌법(제3공화국)

제3공화국헌법은 헌법재판에 관한 포괄적인 권한을 갖는 헌법재판전담기관을 두는 대신에 대법원에게 위헌법률심판권(동 헌법 제102조 제1항)과 위헌정당의 해산소송에 관한 권한(동 헌법 제103조)을 부여하였다.

반면 탄핵심판에 관한 권한은 대법원장을 위원장으로 하고, 대법원판사 3인과 국회의원 5인으로 구성되는 탄핵심판위원회가 관할하도록 하였다.[9] 탄핵결정에서는 구성원 6인 이상의 찬성이 요구되었다. 탄핵결정의 효과는 역시 공직으로부터 파면함에 그치도록 하였지만, 이에 의하여 민사상이나 형사상의 책임이 면제되지는 않도록 하였다(동 헌법 제62조 제1항-제4항).

제3공화국은 대법원이 위헌법률심판권을 담당하였던 사법형을 채택하였다. 그

9) 다만, 대법원장을 심판할 경우에는 국회의장이 위원장이 된다.

러나 당시에 대법원의 위헌법률심판권이 활발하게 이용되었던 것은 아니었으며, 대법원이 국가배상법 제2조 제1항 단서(군인, 군무원 등에 대한 국가배상청구권의 제한)에 대하여 위헌판결을 내렸을 때 정부와 대법원 사이에 심각한 갈등이 빚어지기도 하였다. 그 결과 제4공화국헌법에서는 위헌결정을 받았던 국가배상법조항을 헌법에 규정하여 위헌논의를 차단하였다.

4. 1972년 헌법(제4공화국)

제4공화국헌법(유신헌법) 하에서는 대통령 · 국회 · 대법원장이 각각 3인씩 지명하는 9인의 위원으로 헌법위원회가 구성되었으며, 이러한 헌법위원회가 위헌법률심판, 탄핵심판, 위헌정당해산심판을 담당하였다(동 헌법 제109조 제1항－제3항). 유신헌법 당시의 헌법위원회는 제1공화국의 헌법위원회와 명칭은 같지만, 그 구성방식이나 권한범위, 활동의 내용 등에서 많은 차이가 있다. 유신헌법상의 헌법위원회는 제1공화국의 헌법위원회와 비교할 때 그 권한이 확대되었지만 1건도 권한행사가 없었던 '휴면기관'이었다.

헌법위원회는 위원 7인 이상의 출석으로 심리하도록 하였고, 법률의 위헌결정 · 탄핵의 결정 또는 정당해산의 결정을 할 때에는 위원 6인 이상의 찬성으로, 그 이외의 결정은 출석위원 과반수의 찬성으로 행하도록 하였다(동 헌법 제111조 제1항, 헌법위원회법 제9조).

위헌결정이 내려진 법률은 역시 결정이 있는 날로부터 효력을 상실하도록 하였으며, 형벌에 관한 조항만을 예외적으로 소급하여 효력을 상실하도록 하였다(헌법위원회법 제18조 제1항).

5. 1980년 헌법(제5공화국)

제5공화국헌법 하에서의 헌법재판제도는 제4공화국 하에서의 헌법재판제도와 기본적으로 같았다. 헌법위원회에서 위헌법률심판, 탄핵심판, 정당해산심판을 담당하도록 하고 있었던 점도 그러하며, 헌법위원회의 구성방식이나 임기도 달라지지 않았다. 또한 헌법위원회의 의결정족수조차 달라진 점이 없었다(동 헌법 제112조－제114조).[10]

법원은 법률이 헌법에 위반되는 것으로 인정할 때에만 헌법위원회에 그 심사를 제청할 수 있도록 규정하였다(동 헌법 제108조 제1항). 제5공화국 당시의 헌법위원회에서도 위헌법률심판이 1건도 없었다.

---

10) 다만 법률이 정하는 바에 따라 연임이 가능하다는 명문의 규정이 첨부되었다는 점이 헌법규정상의 변화이고(동 헌법 제113조 제1항 후단), 위원의 자격과 관련하여 헌법위원회법에서 15년 이상 판사, 검사, 변호사 또는 법률학조교수 이상의 직에 있던 자로 하여금 헌법위원회의 위원이 될 수 있도록 한 것도 변화이다(1982년 헌법위원회법 제3조 제1항).

6. 현행헌법상의 헌법재판제도

1987년 헌법개정을 통해 도입된 헌법재판소는 독일의 헌법재판소를 모델로 하여 위헌법률심판, 헌법소원심판, 권한쟁의심판, 탄핵심판, 위헌정당해산심판 등에 관하여 포괄적이고 강력한 권한을 갖는 기관으로 구성되었다.

그러나 현행헌법상의 헌법재판소에는 추상적 규범통제가 인정되지 않고 있으며, 헌법의 최종적 해석에 관한 권한이 배제되고 있다. 그리고 헌법소원의 대상에서 법원의 판결이 빠져 그 권한범위가 상대적으로 독일보다 약하다는 비판이 있다. 그러나 4, 5공화국의 헌법위원회와 달리 헌법재판소가 많은 결정을 내고 있어 헌법규범의 활성화에 크게 기여하고 있다.

Ⅱ. 헌법재판소의 헌법상 지위

1. 헌법재판기관으로서의 지위

헌법재판을 담당하며, 헌법재판에 관하여 최종심판기관으로서의 지위를 가진다.

2. 헌법보장기관으로서의 지위

기관의 구성이 정치적인 것으로 정치적 심판기관의 성격이 전혀 없는 것은 아니지만, 헌법재판소는 정치적 헌법보장기관이라기보다는 사법적 헌법보장기관으로 보는 것이 타당하다.

3. 주권행사기관으로서의 지위

헌법재판소의 권한 등은 고도의 정치적 심판권으로서 주권의 한 내용을 이루고 있다. 이것은 국가에 있어서 최고결정권 · 최종심판권의 하나이다.

4. 기본권보장기관으로서의 지위

헌법재판소는 헌법소원심판, 위헌법률심판 등을 통하여 기본권구제를 위한 최종 · 최고기관의 지위를 가진다.

정당해산심판 · 탄핵심판 · 권한쟁의심판은 직접적으로는 국가권력의 남용과 자의적인 공권력 행사를 통제하는 작용이지만, 이들 심판은 권력에 대한 통제기능을 통하여 간접적으로 기본권의 보장에 기여한다.

5. 기 타

헌법재판소는 헌법재판을 통하여 권력을 통제하고 순화하는 기능을 수행하는 권력의 통제·순화기관으로서의 지위를 가지며, 국가의 최고기관의 하나로서의 지위를 가진다.

제3절 헌법재판소의 구성과 조직

Ⅰ. 헌법재판소의 구성

헌법재판소는 법관의 자격을 가진 9인의 재판관으로 구성되며, 재판관은 대통령이 임명한다. 이 때 9인의 재판관 중 3인은 국회에서 선출하는 자를, 3인은 대법원장이 지명하는 자를 임명한다. 헌법재판소장은 국회의 동의를 얻어 재판관 중에서 대통령이 임명한다(제111조).

Ⅱ. 헌법재판소의 조직

헌법재판소의 조직과 운영 기타 필요한 사항은 법률로 정한다(제113조 제3항). 자세한 내용은 헌법재판소법에 규정되어 있다.

1. 헌법재판소의 장

국회의 동의를 얻어 재판관 중에서 대통령이 임명한다. 헌법재판소장은 헌법재판소를 대표하고, 헌법재판소의 사무를 통할하며 소속 공무원을 지휘·감독한다(헌법재판소법 제12조 제3항). 재판소장이 궐위되거나 사고로 인하여 직무를 수행할 수 없을 때에는 다른 재판관이 헌법재판소규칙이 정하는 순서에 의하여 그 권한을 대행한다(동조 제4항).[11] 헌법재판소장의 대우와 보수는 대법원장의 예에 준한다(동법 제15조 제1항). 임기규정이 없으나

11) **헌법재판소장의 권한대행에 관한 규칙** 제2조(일시 유고 시의 대행) 헌법재판소장이 일시적인 사고로 인하여 직무를 수행할 수 없을 때에는 헌법재판소 재판관 중 임명일자 순으로 그 권한을 대행한다. 다만, 임명일자가 같을 때에는 연장자 순으로 대행한다.
제3조(궐위 시 등의 대행) ① 헌법재판소장이 궐위되거나 1개월 이상 사고로 인하여 직무를 수행할 수 없을 때에는 헌법재판소 재판관 중 재판관회의에서 선출된 사람이 그 권한을 대행한다. 다만, 그 대행자가 선출될 때까지는 제2조에 해당하는 사람이 헌법재판소장의 권한을 대행한다.

대법원장에 준하는 지위를 인정하고 있기 때문에 6년을 명시할 필요가 있다.

2. 헌법재판소 재판관

헌법재판소에는 재판관 9인 모두를 상임재판관으로 구성한다. 재판관은 심판권과 심리권, 표결권을 가지며 재판관회의의 구성원이 된다. 재판관의 대우와 보수는 대법관의 예에 준한다(동법 제15조 제1항). 재판관의 임기는 6년이고 법률이 정하는 바에 의하여 연임할 수 있다(동법 제7조 제1항). 재판관의 정년은 70세로 한다(동법 제7조 제2항).

또한 헌법재판소 재판관은 정당에 가입하거나 정치에 관여할 수 없으며, 탄핵 또는 금고 이상의 형의 선고에 의하지 아니하고는 파면되지 않는다(제112조).

3. 재판관회의

헌법재판소는 합의제 심판기관이며, 헌법재판소장이 대외적으로 헌법재판소를 대표하기는 하지만, 대통령이 집행부를 통할하는 것처럼 헌법재판소를 통할하는 것은 아니다. 그렇기 때문에 헌법재판소의 중요한 업무는 재판관회의에서 결정되는 것이 원칙이다.

재판관회의는 재판관 전원으로 구성하며, 헌법재판소장이 의장이 된다. 재판관회의는 재판관 7인 이상의 출석과 출석인원 과반수의 찬성으로 의결하며, 의장은 의결에 있어 표결권을 가진다. 특히 1. 헌법재판소규칙의 제정과 개정, (헌법재판소법) 제10조의2의 규정에 따른 입법의견의 제출에 관한 사항, 2. 예산요구, 예비금 지출과 결산에 관한 사항, 3. 사무처장 · 사무차장 · 헌법연구관 및 3급 이상 공무원의 임면에 관한 사항, 4. 특히 중요하다고 인정되는 사항으로서 헌법재판소장이 부의하는 사항은 재판관회의의 의결을 거쳐야 한다(헌법재판소법 제16조 제1항–제4항).

4. 헌법재판소의 보조기관

(1) 사무처

헌법재판소는 행정사무를 처리하기 위한 보조기관으로 사무처를 두고 있으며, 사무처장과 사무차장 이하 실 · 국 · 과를 두어 구체적인 업무를 담당하고 있다(헌법재판소법 제17조).

사무처공무원은 헌법재판소장이 임면한다. 다만, 3급 이상의 공무원의 경우에는 재판관회의의 의결을 거쳐야 한다. 또한 헌법재판소장은 다른 국가기관에 대하여 그 소속공무원을 사무처공무원으로 근무하게 하기 위하여 헌법재판소에의 파견근무를 요청할 수 있다(동법 제18조 제4항, 제5항).

(2) 헌법연구관 등

헌법재판소의 전문성 강화 및 원활한 재판업무의 보조를 위하여 가장 중요한 조직의 하나가 연구관제도라고 할 수 있다. 헌법연구관은 헌법재판소장의 명을 받아 사건의 심리 및 심판에 관한 조사·연구에 종사하며(헌법재판소법 제19조 제3항), 헌법연구관의 임기는 10년으로 하되 연임할 수 있고, 정년은 60세로 한다(동법 제19조 제7항).

헌법연구관을 신규임용하는 경우에는 3년의 기간 헌법연구관보로 임용하여 근무하게 한 후 그 근무성적을 참작하여 헌법연구관으로 임용한다. 다만, 경력 및 업무능력 등을 참작하여 헌법재판소규칙이 정하는 바에 따라 헌법연구관보 임용을 면제하거나 그 기간을 단축할 수 있다. 헌법연구관보도 헌법재판소장이 재판관회의의 의결을 거쳐 임용한다(동법 제19조의2 제1항, 제2항).

또한 헌법재판소에 헌법연구위원을 둘 수 있다. 헌법연구위원은 사건의 심리 및 심판에 관한 전문적인 조사·연구에 종사한다. 헌법연구위원은 3년 이내의 범위에서 기간을 정하여 임명한다(동법 제19조의 3).

아울러 헌법 및 헌법재판 연구와 헌법연구관, 사무처 공무원 등의 교육을 위하여 헌법재판소에 헌법재판연구원을 둔다(동법 제19조의 4).

(3) 소장비서실과 재판관비서관 등

헌법재판소장은 대외적으로 헌법재판소를 대표하는 등의 업무가 많으므로 비서실을 두어 그 업무를 보조하게 하고 있다. 또한 헌법재판소 재판관들에 대해서도 비서관을 배정하여 재판관의 명을 받아 헌법재판소의 업무와 관련한 여러 사무를 담당하도록 하고 있다(헌법재판소법 제20조).

제4절 헌법재판소의 심판절차(일반)

Ⅰ. 심판의 주체

1. 재판부와 재판장

현행헌법 및 헌법재판소법상 헌법소송에 있어서 심판의 주체는 헌법재판소이다. 헌법재판소법상 특별한 예외규정이 있는 경우를 제외하고는 헌법재판소의 심판은 재판관 전원으로 구성되는 재판부에서 관장하며, 헌법재판소장이 재판부의 재판장이 된다(헌법재판소법 제22조). 헌법재판소는 재판관 7인 이상의 출석으로 사건을 심리한다(심리정족수: 헌법재판소법 제23조 제1항).

2. 지정재판부

헌법소원의 경우는 사전심사를 위하여 재판관 3인으로 구성되는 지정재판부를 둘 수 있다(헌법재판소법 제72조).

3. 재판관의 제척 · 기피 · 회피사유

법원에 의한 재판과 유사하게 일정한 경우에는 재판관에 대한 제척 · 기피 · 회피가 인정되고 있다(헌법재판소법 제24조 제1항, 제2항). 제척사유에 해당되지는 않지만 재판관에게 심판의 공정을 기대하기 어려운 사정이 있는 경우에는 당사자는 기피신청을 할 수 있다. 다만, 변론기일에 출석하여 본안에 관한 진술을 한 때에는 그러하지 아니하며, 당사자는 동일한 사건에 대하여 2인 이상의 재판관을 기피할 수 없다(동법 제24조 제3항, 제4항). 또한 재판관은 제척 또는 기피의 사유가 있는 때에는 재판장의 허가를 얻어 스스로 재판에 관여하는 것을 회피할 수 있다(동법 제24조 제5항).[12)]

Ⅱ. 심판의 청구

1. 심판청구의 주체 내지 그 대리인(당사자와 소송대리인)

헌법재판소에 심판을 청구할 경우에는 심판청구의 주체가 누구인지가 문제되는데, 청구의 주체는 심판유형에 따라 달라질 수 있다. 그러나 헌법재판소법 제25조는 이와 관련한 일반규정을 두고 있다.

(1) 정부가 당사자인 경우

각종 심판절차에 있어서 정부가 당사자(참가인을 포함한다)인 때에는 법무부장관이 이를 대표하며, 각종 심판절차에 있어서 당사자인 국가기관 또는 지방자치단체는 변호사 또는 변호사의 자격이 있는 소속직원을 대리인으로 선임하여 심판을 수행하게 할 수 있다고 명시함으로써 심판청구의 주체 내지 그 대리인에 관한 규정

---

12) 당사자의 제척 및 기피신청에 관한 심판에는 민사소송법 제44조, 제45조, 제46조 제1항 · 제2항 및 제48조의 규정을 준용한다(헌법재판소법 제24조 제6항).

을 두고 있다(헌법재판소법 제25조 제1항, 제2항).

(2) 사인이 당사자인 경우(변호사강제주의)

각종 심판절차에 있어서 사인이 당사자가 되는 경우에는 변호사강제주의가 규정되어 있다(헌법재판소법 제25조 제3항).

1) 변호사강제주의가 적용되는 재판

유의하여야 할 것은 변호사강제주의가 적용되는 것은 '당사자인 사인'이 있는 경우이므로 그러한 심판절차로는 헌법재판소의 여러 심판절차들 중 헌법소원심판과 탄핵심판의 경우가 있으므로 이들 헌법심판절차에만 변호사강제주의가 적용될 것이라는 점이다(헌재 1990. 9. 3. 89헌마120 · 212(병합); 김철수).[13)]

2) 변호사강제주의의 위헌논란

변호사강제주의에 대해서는 평등권에 위배되고 국민의 재판청구권을 부당히 제한하는 것으로 위헌이라는 요지의 헌법소원이 제기된 바 있으나, 헌법재판소는 '변호사강제주의는 법률지식이 없는 당사자를 보호하고 승소가능성이 없는 사건을 변호사를 통해 소거시키게 함으로써 헌법재판을 효율적으로 운영하게 하고 변호사의 관여로 재판관의 관료적인 편견과 부당한 권위의식 또는 자의를 막고 신중한 심리를 하도록 감시 · 견제하는 작용을 하며, 헌법재판소법 제70조에 국선대리인이라는 대상조치가 별도로 마련되어 있는 이상 재판을 받을 권리의 본질적 내용의 침해라고 볼 수 없다'는 이유를 들어 합헌으로 결정한 바 있다(헌재 1990. 9. 3. 89헌마120 · 212(병합)).

한편 변호사강제주의는 헌법소송의 무료원칙에 위반되며(독일의 경우도 헌법소원에 적용 안 됨), 헌법재판소가 국선변호인신청을 받아들이는 경우가 적은 것을 들어 이 판례를 비판하는 견해가 유력하다.[14)]

---

13) 사인이 헌법소송의 당사자가 되는 경우는 현실적으로 헌법소원심판에 국한된다. 따라서 헌법소원심판 이외의 경우에는 변호사강제주의가 현실적으로 문제되지 않는다. 그러나 헌법재판소는 "헌법재판소법 제 25조 제3항에 의한 변호사강제주의의 규정은 여러가지 헌법재판의 종류 가운데 사인이 당사자로 되는 심판청구인 탄핵심판청구와 헌법소원심판청구에 있어서 적용된다고 보아야 할 것인데……"(헌재 1990. 9. 3. 89헌마120등)라고 판시하고 있다. 그러나 헌법재판소는 노무현 대통령에 대한 탄핵사건에서 "국회의 탄핵소추절차는 국회와 대통령이라는 헌법기관 사이의 문제이고, 국회의 탄핵소추의결에 의하여 사인으로서의 대통령의 기본권이 침해되는 것이 아니라, 국가기관으로서의 대통령의 권한행사가 정지되는 것이다"라고 판시하고 있다(헌재 2004. 5. 14. 2004헌나1).

14) 김철수, 학설 · 판례 헌법학(하), 박영사, 2008, 2051면.

판례 변호사 강제주의의 합헌성 여부

변호사강제주의는 재판업무에 분업화 원리의 도입이라는 긍정적 측면 외에도, 재판을 통한 기본권 실질적 보장, 사법의 원활한 운영과 헌법재판의 질적 개선, 재판심리의 부담경감 및 효율화, 사법운영의 민주화 등 공공복리에 그 기여도가 크다 하겠고, 그 이익은 변호사선임 비용지출을 하지 않는 이익보다는 크다고 할 것이며, 더욱이 무자력자에 대한 국선대리인제도라는 대상조치가 별도로 마련되어 있는 이상 헌법에 위배된다고 할 수 없다. 사인이 헌법소송의 당사자가 되는 경우는 현실적으로 헌법소원심판에 국한된다. 따라서 헌법소원심판 이외의 경우에는 변호사강제주의가 현실적으로 문제되지 않는다.[15] 헌재 1990. 9. 3. 89헌마120등 결정

2. 심판청구의 방식

헌법재판소에의 심판청구는 심판사항별로 정하여진 청구서를 헌법재판소에 제출함으로써 한다. 다만, 위헌법률심판에 있어서는 법원의 제청서, 탄핵심판에 있어서는 국회의 소추의결서의 정본으로 이에 갈음한다(헌법재판소법은 제26조 제1항). 청구서에는 필요한 증거서류 또는 참고자료를 첨부할 수 있다(헌법재판소법 제26조 제2항).

헌법재판소가 청구서를 접수한 때에는 지체 없이 그 등본을 피청구기관 또는 피청구인에게 송달하여야 한다. 그리고 위헌법률심판의 제청이 있은 때에는 법무부장관 및 당해 소송사건의 당사자에게 그 제청서의 등본을 송달한다(헌법재판소법 제27조). 청구서 또는 보정서면의 송달을 받은 피청구인은 헌법재판소에 답변서를 제출할 수 있다. 그 답변서에는 심판청구의 취지와 이유에 대응하는 답변을 기재한다(헌법재판소법 제29조).

재판장은 심판청구가 부적법하나 보정할 수 있다고 인정하는 경우에는 상당한 기간을 정하여 보정(補正)을 요구하여야 하며, 이러한 보정서면은 청구서와 같은 방식으로 송달되어야 한다. 재판장의 요구에 따른 보정이 있는 경우에는 처음부터 적법한 심판청구가 있은 것으로 보며, 재판장이 기간을 정하여 보정을 요구한 보정기간은 헌법재판소법 제38조의 규정에 의한 심판기간에 산입되지 않는다(헌법재판소법 제28조).

---

15) 사인이 헌법소송의 당사자가 되는 경우는 현실적으로 헌법소원심판에 국한된다. 따라서 헌법소원심판 이외의 경우에는 변호사강제주의가 현실적으로 문제되지 않는다. 그러나 헌법재판소는 "헌법재판소법 제25조 제3항에 의한 변호사강제주의의 규정은 여러 가지 헌법재판의 종류 가운데 사인이 당사자로 되는 심판청구인 탄핵심판청구와 헌법소원심판청구에 있어서 적용된다고 보아야 할 것인데……"(헌재 1990. 9. 3. 89헌마120등)라고 판시하고 있다. 그러나 헌법재판소는 노무현 대통령에 대한 탄핵사건에서 "국회의 탄핵소추절차는 국회와 대통령이라는 헌법기관 사이의 문제이고, 국회의 탄핵소추의결에 의하여 사인으로서의 대통령의 기본권이 침해되는 것이 아니라, 국가기관으로서의 대통령의 권한행사가 정지되는 것이다"라고 판시하고 있다(헌재 2004. 5. 14. 2004헌나1).

Ⅲ. 헌법재판의 심리

1. 심리의 정족수

재판부는 재판관 7인 이상의 출석으로 사건을 심리한다(동법 제23조 제1항).

2. 심리의 방식

탄핵심판·정당해산심판·권한쟁의심판은 구두변론에 의한다(헌법재판소 제30조 제1항). 위헌법률심판과 헌법소원심판은 서면심리에 의하되, 재판부는 필요하다고 인정하는 경우에는 변론을 열어 당사자, 이해관계인, 그 밖의 참고인의 진술을 들을 수 있다(동조 제2항). 서면심리는 합목적성심사가 아닌 합법성 여부만을 심사한다. 즉 법률의 형식적 합법성(성립·발효절차)과 실질적 합법성(내용)만을 심사한다.

Ⅳ. 헌법재판의 심판

1. 심판의 원칙

(1) 공개주의

구두변론의 경우 심판의 변론과 결정의 선고는 공개한다. 그러나 서면심리와 평의는 공개하지 아니한다(헌법재판소법 제34조 제1항). 또한 심리는 국가의 안전보장 또는 안녕질서나 선량한 풍속을 해할 염려가 있을 때에는 헌법재판소의 결정으로 공개하지 아니할 수 있다(동법 제34조 제2항, 법원조직법 제57조 제1항).

(2) 일사부재리의 원칙

헌법재판소는 이미 심판을 거친 동일한 사건에 대하여는 다시 심판할 수 없다(헌법재판소법 제39조).

(3) 심판비용 국가부담원칙

헌법재판소의 심판비용은 국가부담으로 한다. 다만, 당사자의 신청에 의한 증거조사의 비용은 헌법재판소규칙으로 정하는 바에 따라 그 신청인에게 부담시킬 수 있다.

헌법재판소는 헌법소원심판의 청구인에 대하여 헌법재판소규칙으로 정하는 공

탁금의 납부를 명할 수 있다(헌법재판소법 제37조 제1항, 제2항).[16)]

2. 심판의 기간

헌법재판소는 심판사건을 접수한 날부터 180일 이내에 종국결정의 선고를 하여야 한다. 다만, 재판관의 궐위로 7명의 출석이 불가능한 경우에는 그 궐위된 기간은 심판기간에 산입하지 아니한다(헌법재판소법 제38조). 그러나 헌법재판소는 이 규정을 훈시규정으로 보고 있다.

3. 증거조사와 조회

재판부는 사건의 심리를 위하여 필요하다고 인정하는 경우에는 직권 또는 당사자의 신청에 의하여 증거조사[17)]를 할 수 있다(헌법재판소법 제31조). 또한 재판부는 결정으로 다른 국가기관 또는 공공단체의 기관에 심판에 필요한 사실을 조회하거나, 기록의 송부나 자료의 제출을 요구할 수 있다. 다만, 재판·소추 또는 범죄수사가 진행 중인 사건의 기록에 대하여는 송부를 요구할 수 없다(동법 제32조).

4. 심판의 지휘와 심판정의 질서유지

재판장은 심판정의 질서와 변론의 지휘 및 평의의 정리(整理)를 담당하며, 심판정의 질서유지와 용어의 사용에 관하여는 「법원조직법」 제58조부터 제63조까지의 규정을 준용한다(헌법재판소법 제35조).

5. 타 법령의 준용

헌법재판소의 심판절차에 관하여는 이 법에 특별한 규정이 있는 경우를 제외하고는 헌법재판의 성질에 반하지 아니하는 한도에서 민사소송에 관한 법령을 준용한다.

탄핵심판에는 형사소송에 관한 법률을, 권한쟁의심판 및 헌법소원심판에는 행정소송법을 함께 준용한다. 이 경우 형사소송에 관한 법령 또는 「행정소송법」이

---

16) 헌법재판소는 1. 헌법소원의 심판청구를 각하하는 경우, 2. 헌법소원의 심판청구를 기각하는 경우에 그 심판청구가 권리의 남용이라고 인정되는 경우 헌법재판소규칙으로 정하는 바에 따라 공탁금의 전부 또는 일부의 국고 귀속을 명할 수 있다(동조 제3항).

17) 1. 당사자 또는 증인을 신문(訊問)하는 일, 2. 당사자 또는 관계인이 소지하는 문서·장부·물건 또는 그 밖의 증거자료의 제출을 요구하고 영치(領置)하는 일, 3. 특별한 학식과 경험을 가진 자에게 감정을 명하는 일, 4. 필요한 물건·사람·장소 또는 그 밖의 사물의 성상(性狀)이나 상황을 검증하는 일 등이 증거조사의 예이다.

민사소송에 관한 법령에 저촉될 때에는 민사소송에 관한 법령은 준용하지 아니한다(헌법재판소법 제40조).

Ⅴ. 헌법재판의 종국결정

1. 결정의 정족수

법률의 위헌결정·탄핵의 결정·정당해산의 결정·헌법소원의 인용결정을 하는 경우와 종전에 헌법재판소가 판시한 헌법 또는 법률의 해석적용에 관한 의견을 변경하는 경우에는 재판관 6인 이상의 찬성을 얻어야 하며(7인 이상의 출석), 그 외의 결정은 종국심리에 관여한 재판관의 과반수의 찬성으로 한다(헌법재판소법 제23조 제2항).

2. 결정의 요식(결정서)

재판부가 심리를 마쳤을 때에는 종국결정을 하며, 종국결정을 할 때에는 1. 사건번호와 사건명, 2. 당사자와 심판수행자 또는 대리인의 표시, 3. 주문(主文), 4. 이유, 5. 결정일 등의 사항을 적은 결정서를 작성하고 심판에 관여한 재판관 전원이 이에 서명날인하여야 한다(헌법재판소법 제38조 제2항). 그리고 심판에 관여한 재판관은 결정서에 의견을 표시하여야 한다(동조 제3항).

3. 결정의 형식

위헌법률심판 부분을 참조.

4. 결정서의 송달과 결정의 공시

종국결정이 선고되면 서기는 지체 없이 결정서 정본을 작성하여 당사자에게 송달하여야 하며, 종국결정은 헌법재판소규칙으로 정하는 바에 따라 관보에 게재하거나 그 밖의 방법으로 공시한다(헌법재판소법 제36조 제4항, 제5항).

5. 헌법재판에 있어서 가처분

(1) 가처분제도의 의의

가처분은 본안결정의 실효성을 확보하기 위하여 잠정적으로 임시의 지위를 정하는 것을 주된 내용으로 하는 가구제(假救濟)제도이다. 이는 본안결정 이전에 회복하기 어려운 손해가 발생함으로써 본안결정이 내려지더라도 실효성을 갖지 못하게 되는 사태를 방지하는 데에 그 취지가 있다. 이 가처분제도는 긴급한 상황하에서 헌법질서에 응급조치를 취하는 역할을 하며, 본안심판 시까지 정치적 충돌을 방지하거나 완화시키는 기능도 한다.[18]

독일 연방헌법재판소법(제32조)은 일반소송절차의 하나로 가처분을 규정하고 있는 반면에, 우리 헌법재판소법은 정당해산심판(동법 제57조)과 권한쟁의심판(동법 제65조)에 대해서만 가처분에 관한 규정을 두고 있다. 명문규정이 없는 헌법소원심판에 가처분결정을 인정할 수 있는가에 대해서는 논란이 있지만, 헌법재판소는 긍정하고 있다.

(2) 현행법상 가처분의 허용 여부

우리 법은 헌법소원심판, 탄핵심판, 위헌법률심판에서는 가처분에 관한 명문의 규정이 없으므로, 이들 심판절차에서 가처분이 허용되는지가 문제된다.

위헌법률심판의 경우에는 법원의 위헌법률심판제청이 있으면 재판절차가 정지되므로 역시 가처분제도의 필요성이 크지 않고(헌법재판소법 제42조 제1항), 탄핵심판의 경우에는 국회의 탄핵소추의 효과로서 탄핵심판대상자의 직무집행이 정지되므로 별도의 가처분제도를 인정할 필요성이 크지 않다(헌법 제65조 제3항, 헌법재판소법 제50조). 결국 가처분제도가 실질적으로 문제되는 것은 헌법소원심판이라고 할 수 있다.

헌법재판소는 사법시험령 제4조 제3항 효력정지 가처분신청 사건의 결정에서 "헌법재판소법은 정당해산심판과 권한쟁의심판에 관해서만 가처분에 관한 규정을 두고 있을 뿐, 다른 헌법재판절차에 있어서도 가처분이 허용되는가에 관하여는 명문의 규정을 두고 있지 않다. 그러나 위 두 심판절차 이외에 동법 제68조 제1항 헌법소원심판절차에 있어서도 가처분의 필요성은 있을 수 있고, 달리 가처분을 허용하지 아니할 상당한 이유를 찾아볼 수 없으므로 위 헌법소원심판청구사건에서도 가처분이 허용된다"고 하였다.[19]

생각건대 법 제40조에 의하여 민사소송법상의 가처분 규정(민사집행법 제300조 이하)이나 행정소송법상의 집행정지 규정(제23조) 등은 그 성질에 반하지 아니하는 한 헌법재판에 있어서의 모든 가처분에 준용된다고 보아야 할 것이다.

---

18) 한편 법원이 법률의 위헌 여부의 심판을 헌법재판소에 제청한 때에는 당해 소송사건의 재판은 헌법재판소의 위헌 여부의 결정이 있을 때까지 정지된다고 규정하고, 탄핵소추의 의결을 받은 자는 헌법재판소의 심판이 있을 때까지 그 권한행사가 정지된다고 규정하고 있으나, 이들은 사전적인 보전조치로서의 가처분과는 구별된다.

19) 헌재 2000. 12. 8. 2000헌사471(사법시험 응시횟수 제한 효력정지 가처분 사건).

판례 권한쟁의심판의 가처분결정

[판시사항]

1. 권한쟁의심판의 가처분 요건
2. 권한쟁의심판에서 가처분신청을 인용한 사례

[결정요지]

1. 권한쟁의심판에서의 가처분결정은 피청구기관의 처분 등이나 그 집행 또는 절차의 속행으로 인하여 생길 회복하기 어려운 손해를 예방할 필요가 있거나 기타 공공복리상의 중대한 사유가 있어야 하고 그 처분의 효력을 정지시켜야 할 긴급한 필요가 있는 경우 등이 그 요건이 되고, 본안사건이 부적법하거나 이유없음이 명백하지 않은 한, 가처분을 인용한 뒤 종국결정에서 청구가 기각되었을 때 발생하게 될 불이익과 가처분을 기각한 뒤 청구가 인용되었을 때 발생하게 될 불이익에 대한 비교형량을 하여 행한다.
2. 이 사건 진입도로에 관한 피신청인의 도시계획입안과 지정·인가처분의 효력을 정지시키는 가처분결정을 하였다가 신청인에게 불리한 종국결정을 하였을 경우, 처분의 상대방에게는 공사지연으로 인한 손해가 발생하고 또 골프연습장을 이용하려는 잠재적 수요자의 불편이 예상된다는 점 외에 다른 불이익은 없는 반면, 가처분신청을 기각하였다가 신청인의 청구를 인용하는 종국결정을 하였을 경우, 피신청인의 직접처분에 따른 처분의 상대방의 공사진행으로 교통불편을 초래하고 공공공지를 훼손함과 동시에 이의 원상회복을 위한 비용이 소요되는 등의 불이익이 생기게 되므로, 종국결정이 기각되었을 경우의 불이익과 가처분신청을 기각한 뒤 결정이 인용되었을 경우의 불이익을 비교형량할 때 이 사건 가처분신청은 허용함이 상당하다. 헌재 1999. 3. 25. 98헌사98

판례 헌법소원심판에서 가처분의 허용 문제(사법시험령 제4조 제3항 효력정지 가처분신청)

• 헌법재판소법은 정당해산심판과 권한쟁의심판에 관해서만 가처분에 관한 규정(같은 법 제57조 및 제65조)을 두고 있을 뿐, 다른 헌법재판절차에 있어서도 가처분이 허용되는가에 관하여는 명문의 규정을 두고 있지 않다. 그러나 위 두 심판절차 이외에 같은 법 제68조 제1항 헌법소원심판절차에 있어서도 가처분의 필요성은 있을 수 있고, 달리 가처분을 허용하지 아니할 상당한 이유를 찾아볼 수 없으므로 위 헌법소원심판청구사건에서도 가처분이 허용된다고 할 것이다.

그러므로 헌법재판소법 제40조 제1항에 따라 준용되는 행정소송법 제23조 제2항의 집행정지규정과 민사소송법 제714조의 가처분규정에 비추어 볼 때, 이와 같은 가처분결정은 헌법소원심판에서 다투어지는 '공권력 행사 또는 불행사'의 현상을 그

대로 유지시킴으로 인하여 생길 회복하기 어려운 손해를 예방할 필요가 있어야 하고 그 효력을 정지시켜야 할 긴급한 필요가 있어야 한다는 것 등이 그 요건이 된다 할 것이므로, 본안심판이 부적법하거나 이유없음이 명백하지 않는 한, 위와 같은 가처분의 요건을 갖춘 것으로 인정되고, 이에 덧붙여 가처분을 인용한 뒤 종국결정에서 청구가 기각되었을 때 발생하게 될 불이익과 가처분을 기각한 뒤 청구가 인용되었을 때 발생하게 될 불이익에 대한 비교형량을 하여 후자의 불이익이 전자의 불이익보다 크다면 가처분을 인용할 수 있는 것이다.

헌재 2000. 12. 8. 2000헌사471

• 헌법재판소법 제40조 제1항에 따라 준용되는 행정소송법 제23조 제2항의 집행정지규정과 민사소송법 제714조의 가처분규정에 의하면, 법령의 위헌확인을 청구하는 헌법소원심판에서의 가처분은 위헌이라고 다투어지는 법령의 효력을 그대로 유지시킬 경우 회복하기 어려운 손해가 발생할 우려가 있어 가처분에 의하여 임시로 그 법령의 효력을 정지시키지 아니하면 안될 필요가 있을 때 허용되고, 다만 현재 시행되고 있는 법령의 효력을 정지시키는 것일 때에는 그 효력의 정지로 인하여 파급적으로 발생되는 효과가 클 수 있으므로 비록 일반적인 보전의 필요성이 인정된다고 하더라도 공공복리에 중대한 영향을 미칠 우려가 있을 때에는 인용되어서는 안 될 것이다.

헌재 2002. 4. 25. 2002헌사129

(3) 가처분신청

1) 신청 또는 직권

이미 계속중이거나 장래 계속될 본안소송의 청구인적격이 있는 자는 가처분신청을 할 수 있다. 헌법재판소는 본안절차가 헌법재판소에 계속 중인 경우에는 직권으로도 가처분을 명할 수 있다(헌법재판소법 제57조, 제65조, 제40조, 행정소송법 제23조 제2항).

한편 가처분사건이 각하되거나 기각된 후에는 아무런 사정변경이 없음에도 동일한 사유로 가처분신청을 하는 것은 허용되지 아니한다.

2) 신청방식과 신청기간

가처분의 신청 및 가처분신청의 취하는 서면으로 하여야 하고, 다만 가처분신청의 취하는 변론기일 또는 심문기일에서 말로 할 수 있다(헌법재판소 심판 규칙 제50조 제1항). 가처분신청서에는 신청의 취지와 이유를 기재하여야 하며, 주장을 소명하기 위한 증거나 자료를 첨부하여야 한다(동조 제2항).

가처분신청에 특별한 기간제한은 없으며 본안심판 청구가 허용되는 기간 내이거나 본안청구가 계속중인 이상 신청할 수 있다. 본안심판이 종결되었거나 본안심판절차가 충분하게 진행되어 본안결정을 내릴 수 있는 정도에 이른 시점에서의 가처분신청은 할 수 없다고 본다. 변호사강제주의(법 제25조 제3항)가 가처분절차에도 적용됨은 물론이다.

3) 가처분신청사건의 접수 및 송달

가처분이 신청되면 별건의 가처분신청사건으로 접수하여(사건부호 '헌사') 특별사건부(가처분신청사건부)에 등재한다. 가처분신청사건 기록은 본안사건이 먼저 접수된 때에는 본안사건의 주심재판관에게 신속히 배당하여 본안소송사건 기록에 첨철한다.

가처분의 신청이 있는 때에는 신청서의 등본을 피신청인에게 바로 송달하여야 한다(심판 규칙 제50조 제3항).

(4) 가처분의 적법요건

1) 당사자

당사자능력이 있어야 함은 물론 본안인 헌법재판의 당사자적격이 있는 자만이 당사자가 될 수 있다. 다만 국무총리서리 임명행위의 효력정지 및 직무집행정지 가처분사건에서 보듯이 본안의 피청구인(대통령)과 가처분의 피신청인(자연인 김종필)이 같지 아니할 수도 있다.[20] 여기 신청권자에는 본안재판의 소송참가인은 포함되지만 심판절차에서 의견진술권만을 가진 이해관계인은 포함되지 아니한다.

2) 본안심판과의 관계

먼저 가처분을 하기 위해서는 본안사건이 헌법재판소의 관할에 속하여야 한다. 그리고 가처분은 본안심판이 헌법재판소에 계속 중일 때 신청할 수 있음이 원칙이지만 본안심판이 계속되기 전이라 하더라도 신청할 수 있다. 만일 본안심판 계속 중에만 가처분을 신청할 수 있다고 한다면 가처분제도의 실효성을 감소시킬 우려가 있기 때문이다. 본안재판의 소송물의 범위를 초과하여 가처분을 신청하는 것은 허용되지 않는다.

3) 권리보호이익

본안결정이 적시에 선고될 수 있는 경우에는 가처분의 실체적 요건의 하나인 긴급성이 결여된 경우라고 볼 수 있으므로 권리보호이익이 인정되지 않는다. 또

20) 헌재 1998. 7. 14. 98헌사31.

본안심판사건이 법적으로 아직 성숙되지 아니하였거나 다른 방법으로 가처분의 신청목적을 달성할 수 있는 경우에도 마찬가지로 권리보호이익이 없다고 본다. 권리보호이익이 없더라도 사정변경이 있으면 권리보호이익이 다시 생길 수 있음은 물론이다.

(5) 가처분의 실체적 요건

1) 본안심판의 승소가능성 여부

본안심판의 승소가능성은 원칙적으로 고려의 대상이 되지 않는다. 본안심판이 쉽게 해결되기 어려운 헌법적 문제를 내포하고 있는 경우가 많기 때문이다. 그러나 본안심판이 명백히 부적법하거나 명백히 이유없는 경우에는 가처분을 명할 수 없다.[21]

2) 가처분 사유

행정소송법 제23조 제2항과 민사집행법 제300조 제2항을 고려해 볼 때 가처분 사유는 다음과 같다.

① 중대한 불이익의 방지

여기서 중대한 불이익은 침해행위가 위헌으로 판명될 경우 발생하게 될 회복하기 어려운 현저한 손해 또는 회복 가능하지만 중대한 손해를 포함한다. 급박한 위험을 막기 위한 사유(민사집행법 제300조 제2항 단서)는 회복하기 어려운 현저한 손해의 한 내용으로 볼 수 있다.

② 긴급성의 존재

가처분신청은 본안심판결정이 중대한 손실을 방지하기에 적절한 시간 내에 내려질 것을 기대할 수 없을 때에만 인용될 수 있다. 다시 말한다면 가처분으로 규율하고자 하는 현상이 이미 발생하였거나 시간적으로 매우 근접해 있음을 요한다.

③ 헌법재판소 결정례

헌법재판소는 권한쟁의심판의 가처분 요건으로서, “피청구기관의 처분 등이나 그 집행 또는 절차의 속행으로 인하여 생길 회복하기 어려운 손해를 예방할 필요가 있거나 기타 공공복리상의 중대한 사유가 있어야 하고 그 처분의 효력을 정지시켜야 할 긴급한 필요가 있는 경우”라고 판시하였다.[22]

---

21) 헌재 1999. 3. 25. 98헌사98; 헌재 2000. 12. 8. 2000헌사471(사법시험 응시횟수 제한 효력정지 가처분 사건).

그리고 헌법소원심판의 가처분 요건으로, "헌법소원심판에서 다투어지는 '공권력의 행사 또는 불행사'의 현상을 그대로 유지시킴으로 인하여 생길 회복하기 어려운 손해를 예방할 필요가 있어야 하고 그 효력을 정지시켜야 할 긴급한 필요가 있어야 한다"라고 판시하였다.[23)]

3) 가처분의 필요성: 이익형량

가처분결정을 위해서는 가처분신청을 인용할 경우 후에 본안심판이 기각되었을 때 발생하게 될 불이익과, 가처분신청을 기각할 경우 후에 본안심판이 인용되었을 때 발생하게 될 불이익을 형량하여 그 불이익이 적은 쪽을 선택하여야 한다.

가처분결정은 어디까지나 잠정적이고 예외적인 조치이기 때문에 이익형량에 있어 가처분사유를 엄격하고 제한적으로 해석·적용하여야 할 것이다. 특히 법규범의 효력을 정지시키거나 헌법재판소가 통치기능의 영역으로 개입하게 되는 경우 가처분결정은 더욱 더 신중하여야 할 것이다. 또한 이익형량을 함에 있어서는 단지 청구인의 이해관계만이 아니라 문제가 될 수 있는 모든 이해관계를 고려해야 한다.[24)]

사법시험 제1차 시험에 4회 이상 응시한 자에 대하여 일정한 응시자격제한을 규정하고 있는 사법시험령 제4조 제3항의 효력정지가처분신청 사건에서, 동 법률조항이 효력을 유지하면 신청인들은 곧 실시될 차회 사법시험에 응시할 수 없어 합격기회를 봉쇄당하는 돌이킬 수 없는 손해를 입게 되어 이를 정지시켜야 할 긴급한 필요가 인정되는 반면, 효력정지로 인한 불이익은 별다른 것이 없다고 하여 그 가처분을 인용하는 결정을 하였다.[25)]

---

22) 헌재 1999. 3. 25. 98헌사98.

23) 헌재 2000. 12. 8. 2000헌사471(사법시험 응시횟수 제한 효력정지 가처분 사건).

24) 헌법재판소는 공원 내의 골프연습장 설치와 관련하여 피신청인이 한 공원구역 외의 진입도로에 관한 지정·인가처분이 신청인의 권한을 침해하였다고 주장하며 그 권한침해 확인과 처분의 무효확인을 구하는 권한쟁의심판의 직접처분 효력정지 가처분신청 사건에서, 가처분결정을 하였다가 신청인에게 불리한 본안결정을 하였을 경우 처분 상대방에게는 공사지연으로 인한 손해가 발생하고 또 골프연습장을 이용하려는 잠재적 수요자의 불평이 예상된다는 점 외에 다른 불이익이 없는 반면, 가처분신청을 기각하였다가 신청인의 청구를 인용하는 종국결정을 하였을 경우 피청구인의 직접처분에 따른 처분 상대방의 공사진행으로 교통불편을 초래하고 공공용지를 훼손함과 동시에 이의 원상회복을 위한 비용이 소요되는 등의 불이익이 생기게 되므로, 종국결정에서 청구가 기각되었을 경우의 불이익과 가처분신청을 기각한 뒤 청구가 인용되었을 때의 불이익을 비교형량할 때 가처분을 인용함이 상당하다고 결정하였다(헌재 1999. 3. 25. 98헌사98).

25) 헌재 2000. 12. 8. 2000헌사471(사법시험 응시횟수 제한 효력정지 가처분 사건). 한편 군사법원법에 따라 재판을 받는 미결수용자의 면회 횟수를 주 2회로 정하고 있는 군행형법시행령

(6) 가처분심판의 절차

1) 구두변론의 여부

가처분결정은 구두변론 없이도 할 수 있다. 탄핵의 심판, 정당해산의 심판 및 권한쟁의의 심판은 구두변론에 의하도록 규정하고 있는 헌법재판소법 제30조 제1항은 가처분의 신속성, 잠정성 등에 비추어 가처분절차에는 적용되지 않는다. 특별히 긴급을 요하는 경우에는 당사자나 기타 이해관계인의 의견진술 기회도 주지 아니하고 바로 결정하여도 무방할 것이다.[26)]

2) 증거조사 및 자료제출요구

재판부는 가처분심판의 심리를 위하여 필요하다고 인정하는 경우에는 당사자의 신청 또는 직권에 의하여 증거조사를 할 수 있다(헌법재판소법 제31조 제1항). 또한 재판부는 결정으로 다른 국가기관 또는 공공단체의 기관에 대하여 심판에 필요한 사실을 조회하거나, 기록의 송부나 자료의 제출을 요구할 수 있다(동법 제32조).

3) 심판정족수

가처분 신청에 대하여도 재판관 7인 이상의 출석으로 사건을 심리하고, 종국심리에 관여한 재판관 과반수의 찬성으로 결정을 한다(헌법재판소법 제23조 제1항, 제2항).

헌법소원심판사건에서 지정재판부가 가처분 결정을 할 수 있는지가 문제된다. 지정재판부는 헌법소원심판사건에서 3인의 재판관의 일치된 의견으로 각하결정만을 할 수 있을 뿐이므로(헌법재판소법 제72조 제3항), 가처분 기각결정 내지 인용결정은 할 수 없다고 보는 견해도 있으나,[27)] 지정재판부가 가처분신청을 이유없다고 기각한 사례가 있다.[28)]

제43조 제2항에 대한 효력정지가처분 사건에서는, 동 미결수용자들의 면회의 권리를 행형법 시행령의 적용을 받아 매일 1회 면회할 수 있는 피구속자와 비교하여 합리적인 이유없이 차별한다면, 군행형법시행령의 적용을 받는 자들은 이로 인하여 인간으로서의 행복추구권이나 피고인으로서의 방어권 행사에 회복하기 어려운 손상을 입게 되는 반면, 위 규정에 대한 가처분신청이 인용된다하여 공공복리에 중대한 영향을 미칠 우려는 없다고 보아 가처분을 인용하였다(헌재 2002. 4. 25. 2002헌사129).

26) 헌법재판소는 국무총리서리 임명행위의 효력정지 및 직무집행정지 가처분신청 사건(98헌사31)과 감사원장서리 임명행위의 효력정지 및 직무집행정지 가처분신청 사건(98헌사43)에서 변론절차를 연 바가 있고, 공원구역의 진입도로에 대한 지정인가처분의 효력정지 가처분신청 사건(98헌사98)에서는 준비절차를 실시하였다.

27) 다만 민사소송상 실무는 보전처분에는 실체적 확정력이 없기 때문에 각하와 기각을 엄격히 구별하지 아니하고 가처분신청을 각하하는 대신에 기각하는 예가 대부분이다.

28) 헌재 1997. 12. 16. 97헌사189; 헌재 1997. 12. 23. 97헌사200.

(7) 가처분결정

1) 가처분결정의 내용

헌법재판소는 가처분신청의 목적을 달성함에 필요한 처분을 할 수 있다(헌법재판소법 제40조, 민사집행법 제305조). 현재의 법적 상태를 규율하는 가처분뿐만 아니라 새로운 법적 상태를 형성하는 가처분도 허용된다. 사안에 따라 구체적인 내용이 달라지겠지만 적극행위 가처분과 소극행위 가처분으로 나누어 볼 수 있는데, 적극행위 가처분으로는 예를 들어 입학허가명령(독일 연방헌법재판소의 결정례)을 들 수 있고, 소극행위 가처분으로는 효력정지 내지 행위금지의 가처분, 방해금지의 가처분, 절차정지의 가처분 등을 들 수 있다.

헌법재판소는 청구인의 신청목적에는 구속되지만 청구인의 신청취지에는 구속되지 않는다(민사집행법 제305조 참조).

2) 가처분결정의 형식

가처분신청이 적법하고 이유가 있을 때에는 인용결정하고, 부적법하거나 이유가 없을 때에는 기각결정한다(민사집행법 제301조, 제281조 참조). 가처분결정에도 이유를 기재하여야 한다(헌법재판소법 제36조 제2항 제4호). 기각결정의 경우 '신청인들의 신청은 이유 없으므로 주문과 같이 결정한다'라는 형태로 간략하게 이유를 기재하는 것이 통상의 실무이다.

가처분의 본질은 본안재판 시까지 현상을 유지하거나 잠정적으로 임시의 지위를 정하는 데에 있으므로 가처분결정에는 원칙적으로 "종국결정 선고 시까지"라는 문구가 들어가야 할 것이다. 이러한 경우 본안재판에 대한 결정이 있으면 가처분결정은 당연히 실효된다.

3) 가처분인용결정의 주문례

헌법재판소는 사법시험 응시자격을 제한하고 있는 사법시험령 제4조 제3항에 대한 효력정지 가처분신청 사건에서, "사법시험령 제4조 제3항 본문의 효력은 헌법재판소 2000헌마262 헌법소원심판청구사건의 종국결정 선고 시까지 이를 정지한다"라고 하였다.[29)]

---

29) 헌재 2000. 12. 8. 2000헌사471(사법시험 응시횟수 제한 효력정지 가처분 사건).

4) 가처분결정의 효력

① 확정력

가처분결정에 대해 확정력을 부인하는 견해도 있으나 이를 긍정하는 것이 타당하다.

② 형성력

가처분결정이 선고되면 피청구인에 의한 별도의 행위를 필요로 하지 아니하고도 본안결정이 있을 때까지 가처분결정의 내용대로 법률관계를 형성하는 효력을 가진다.

③ 기속력

가처분결정은 당해 사건에 관하여 당사자인 피청구인을 기속한다. 따라서 피청구인은 동일한 내용의 새로운 처분을 할 수 없다. 또한 가처분은 모든 국가기관을 기속하며 주문에 달리 정함이 없는 한 본안사건에 대한 결정이 있을 때까지 기속력을 가진다.

(8) 가처분결정 이후의 절차

가처분신청에 대한 결정을 한 때에는 결정서 정본을 신청인에게 바로 송달하여야 하고, 가처분신청에 대하여 답변서를 제출한 피신청인, 의견서를 제출한 이해관계기관이 있을 때에는 이들에게도 결정서 정본을 송달하여야 한다(심판규칙 제51조 제1항).

가처분 인용결정이나 기각결정에 대하여 민사집행법상의 이의신청이 준용될 것인지에 관하여는 다툼이 있을 수 있다.[30]

가처분 인용결정 후 본안사건 결정 전 가처분사유가 소멸되었다고 인정될 경우에는 민사집행법 제301조, 제288조 제1항(소위 사정변경에 의한 보전처분취소), 제307조(특별사정에 의한 가처분취소), 행정소송법 제24조 제1항을 유추적용하여 당사자의 신청이나 직권으로 가처분을 취소할 수 있다고 할 것이다.

가처분결정에 "종국결정의 선고 시까지"라는 문구가 들어 있지 아니한 경우 본안을 기각할 때에는 가처분결정도 직권으로 취소하여야 할 것이다.

---

30) 독일 연방헌법재판소법 제32조 제3항은 가처분이 변론을 거치지 아니한 채 결정으로 명하여지거나 기각된 때에는 이의를 신청할 수 있고(다만, 헌법소원심판절차에서 청구인은 이의를 신청할 수 없다), 연방헌법재판소는 이의에 대하여 변론을 거쳐 재판하도록 규정함으로써 이 문제에 대해 입법적으로 해결하고 있다.

6. 종국결정의 효력

헌법재판소의 종국결정에는 여러 가지 효력이 있다. 심판의 종류별로 특수하게 문제되는 것들은 각 해당 부분에서 자세히 다루게 된다. 여기서는 모든 심판절차에서 공통적으로 문제가 되는 자기구속력과 형식적·내용적·실체적 확정력, 헌법재판소법이 특별히 규정한 기속력, 또한 취소결정의 형성력과 헌법재판의 집행력 문제에 대해 검토한다.

(1) 자기구속력(불가변력)

헌법재판소가 한 번 종국결정을 선고하면 스스로 이를 취소하거나 변경할 수 없다. 이것을 자기구속력이라고 한다. 불가변력(不可變力)이라고도 한다. 자기구속력은 심판의 종류나 주문의 유형에 관계없이 모든 종국결정이 갖는 효력이다. 다만, 결정에 잘못된 계산이나 기재, 그 밖에 이와 비슷한 잘못이 있음이 분명한 경우 헌법재판소는 직권으로 또는 당사자의 신청에 따라 경정결정을 할 수 있다(민사소송법 제211조 제1항). 한편, 재심은 별개의 재판절차를 통해 종전결정을 변경하는 것이므로 자기구속력과 무관하다.

(2) 형식적 확정력(불가쟁력)

헌법재판은 그 자체로 최종심이므로, 헌법재판소의 종국결정에 대하여는 불복할 수 없다. 이것을 형식적 확정력이라고 한다. 불가쟁력(不可爭力)이라고도 한다. 형식적 확정력도 모든 종국결정이 갖는 효력이다.

(3) 내용적 확정력

종국결정이 선고되면, 그 종국결정에서 판단한 내용대로 법률관계가 확정된다. 이것을 내용적 확정력이라고 한다. 내용적 확정력도 모든 종국결정이 갖는 효력이다. 심판절차종료선언도 내용적 확정력이 있다. 심판절차종료선언이 선고되면, 당해 심판절차가 종료되었음이 확정되며, 당사자나 헌법재판소는 이에 관해 더 이상 다른 주장이나 판단을 할 수 없다. 내용적 확정력은 당사자와 헌법재판소 모두에 대해 발생한다. 자기구속력은 헌법재판소에 대해서만 발생하고, 형식적 확정력은 당사자 사이에서만 발생하는 효력이다.

종국결정이 심판대상의 실체관계(법률관계)에 관한 판단을 포함하는 경우에는 그 실체관계가 종국결정에서 판단한 내용대로 확정되는 효력이 생기는데, 이것을

'실체적 확정력'이라고 부른다. 실체적 확정력을 '기판력'이라고도 한다. 기판력은 내용적 확정력의 일종이다.

(4) 기판력(실체적 확정력)

1) 의 의

종국결정이 심판대상의 실체관계(법률관계)에 대해 판단한 경우에는, 당해 법률관계를 종국결정에서 판단한 내용대로 확정하는 효력이 생긴다. 이를 실체적 확정력 또는 기판력(旣判力)이라고 한다. 기판력은 재판절차에서만 문제된다. 재판 외에서 당사자들 사이에 당해 법률관계에 관해 다른 주장을 하거나, 새로운 법률관계를 형성하는 것은 별개 문제이다.

기판력도 당사자와 헌법재판소 모두에게 발생한다. ① 당사자에 대하여는 동일한 법률관계에 대해 동일한 심판청구를 반복할 수 없음을 뜻하고(중복청구의 금지), ② 헌법재판소에 대하여는 이미 판단한 동일한 사항에 대하여 다시 판단할 수 없음을 뜻한다(일사부재리). 한편 당사자가 기판력에 저촉되는 심판청구를 하면서 종전결정의 취소를 동시에 구하는 경우에는 기판력과 형식적 확정력이 동시에 문제된다(예: 헌재 1996. 1. 24. 96헌아1).

2) 기판력의 범위

기판력은 한 번 심판의 대상이 되었던 법률관계를 종국결정에서 판단한 내용대로 확정하는 효력인데, 이 효력은 일정한 시점을 기준으로(시간적 범위), 일정한 범위의 사람에 대하여(주관적 범위), 일정한 사항에 관하여(객관적 범위)만 발생한다.

① 시간적 범위

기판력은 당사자가 소송자료를 제출할 수 있었던 마지막 시점을 기준으로 발생한다. 즉 기판력은 당사자가 마지막으로 소송자료를 제출할 수 있었던 시점의 법률관계를 확정하는 효력이다. 변론주의가 적용되는 절차에서 그 시점은 변론종결시이고, 서면심리가 적용되는 절차에서는 선고시가 그 기준시점이다.

기준시점 이후의 법률관계는 기판력을 받지 않는다. 따라서 그 이후 새로운 사유가 발생한 경우 당사자는 법률관계의 변동을 주장할 수 있으며, 이 경우 헌법재판소는 기판력위반을 이유로 각하할 수 없다.

② 주관적 범위

기판력은 동일한 당사자 사이에서만 발생한다. 즉 당사자가 아닌 제3자에 대하여는 기판력이 미치지 않는다.

헌법소원심판과 정당해산심판에서는 변론종결 후의 승계인이 문제된다. 헌법소원심판의 종국결정의 기판력은 결정선고 후에 청구인이 침해되었다고 주장하는 기본권(재산권)을 승계한 제3자에게도 미친다(민사소송법 제218조 제1항). 일반승계(상속·합병 등)와 특정승계(매매·증여 등)를 모두 포함한다. 정당해산심판의 종국결정의 기판력은 변론을 종결한 뒤의 승계인(합당 후 존속하는 정당)에게도 미친다(민사소송법 제218조 제1항). 피청구인정당이 변론종결 후 분당한 경우에는 분당 후 존속하는 모든 정당에 기판력이 미친다.

한편 권한쟁의심판의 당사자는 '국가기관을 담당하는 개인'이 아니고 '국가기관' 자체이므로, 국가기관을 담당하는 자연인이 교체된 경우 기판력은 그 후임자에게도 미친다.

③ 객관적 범위(주문)

기판력은 결정의 주문에 포함된 것에 한하여 발생한다(민사소송법 제216조 제1항). 결정이유에는 기판력이 없다. 예컨대 헌법소원심판에서 피청구인의 처분이 청구인의 평등권을 침해했다는 이유로 취소결정을 한 경우, 취소결정의 기판력은 '피청구인의 처분이 청구인의 평등권을 침해해 취소되었다'는 점에 관해서만 발생하며, 헌법재판소가 평등권침해라고 본 이유(예컨대 당해 사건의 평등심사에 엄격한 심사기준을 적용했다는 점, 입법목적이 정당하지 않다는 점 등)에 대하여는 기판력이 미치지 않는다.

3) 기판력이 인정되는 결정

① 본안결정

본안결정(기각결정과 인용결정)은 실체관계에 관한 판단을 포함하므로 언제나 기판력을 갖는다. 다만 헌법재판소법은 따로 일사부재리를 규정하고 있을 뿐 아니라(제39조), 위헌결정, 헌법소원의 인용결정, 권한쟁의심판의 결정 등 주요 결정들에 대해 기속력을 특별히 규정하고 있으므로, 헌법재판에서 본안결정의 기판력이 문제되는 경우는 많지 않다.

② 본안전결정

심판절차종료선언은 기판력을 갖지 않는다. 그러나 각하결정은 기판력을 갖는다는 것이 판례이다. 따라서 각하결정이 있은 후 적법요건의 흠결을 보완하지 않은 채 다시 같은 내용의 심판청구를 하면, 헌법재판소는 당해 적법요건에 대해 다시 심사하지 않고 기판력위반을 이유로 심판청구를 각하하는 결정을 한다(헌재 1993. 6. 29. 93헌마123). 대법원도 소송판결에 기판력을 인정하는 판시를 한 바 있다.[31] 그런데 각하결정의 기판력이 '당해 사건이 적법요건을 갖추지 못해 부적법하다는 점'에 관해 발생하는 것인지, '각하결정에서 판시한 적법요건을 흠결했다는 점'에 관해 발생하는 것인지가 문제된다. 헌법재판소는 후자로 보는 것 같다.

4) 기판력과 일사부재리

헌법재판소는 이미 심판을 거친 동일한 사건에 대하여는 다시 심판할 수 없는데(헌법재판소법 제39조), 이를 '일사부재리(一事不再理)'라고 한다. 일사부재리를 위반한 심판청구는 부적법하여 각하된다.[32]

① 일사부재리의 요건

일사부재리는 '동일한 사건'에 대하여만 인정되는 효력이다. '동일한 사건'이라고 하기 위하여는 다음 3가지 요건이 갖추어져야 한다. 즉 ⅰ) 전후의 심판절차가 같은 종류일 것, ⅱ) 당사자가 동일할 것, ⅲ) 심판대상이 동일할 것 등이 요구된다.[33] 심판절차가 같은 종류라는 것은 위헌법률심판·헌법소원심판·권한쟁의심판·탄핵심판·정당해산심판 등 5가지를 기준으로 한 것이다. 다만 '헌법재판소법 제68조 제1항의 헌법소원'과 '헌법재판소법 제68조 제2항의 헌법소원' 사이에는 일사부재리위반 문제가 발생하지 않는다.[34]

판례 일사부재리 효력의 범위

선행사건과 후행사건의 심판유형이 다른 경우–국가보안법 제19조 위헌제청

"법무부장관 및 서울지방검찰청 검사장은, 이 사건은 헌법재판소가 1992. 4. 14. 결정을 선고한 90헌마82 사건과 동일한 사건이므로 일사부재리의 원칙(헌법재판소법 제39조)에 따라 각하되어야 한다고 주장한다. 살피건대, 이 사건 심판대상 법률조항은 구법 제19조 중 신·구법 제3조·제5조·제8조·제9조의 죄에 관한 구속기간연장부분이 고 위 90헌마82사건의 심판대상 법률조항은 신법 제19조(구법 제19조와 같다) 전부로서 양자의 심판대상 법률조항이 일부 중복되기는 하나, 90헌마82사건은 헌법재판소법 제68조 제1항에 의한 헌법소원심판청구사건이고 이 사건은 같은 법 제41조 제1항에 의한 위헌법률심판제청사건으로서 심판청구의 유형이 상이하므로 위 두 사건이 동일한 사건이라고 할 수 없다. 따라서 이 사건 심판청구를 동일

---

31) 참가신청을 각하한 판결이 참가요건을 갖추지 못해 부적법하다는 점에 대해 기판력은 갖는다고 한 판례(대판 1992. 5. 26. 91다4669).

32) 헌재 1995. 2. 23. 94헌마105.

33) 헌재 1997. 8. 21. 96헌마48.

34) 헌재 1997. 6. 26. 96헌가8.

한 사건의 중복청구로 보아 헌법재판소법 제39조의 일사부재리에 위반된다는 위 주장은 받아들일 수 없다." 헌재 1997. 6. 26. 96헌가8 등

선행사건과 후행사건의 심판유형이 동일하고 청구인과 심판대상조항도 동일한데 헌법소원의 계기가 된 당해 소송사건만 상이한 경우

"헌법재판소는 종전 사건(99헌바81등, 2002헌바17등)에서 이 사건 보상규정이 헌법에 위반되지 아니한다고 결정하였으나, 청구인 정○택(2002헌바17등 사건의 청구인 정○택과 동일인이다)을 제외하고는, 종전 사건의 당사자들과 이 사건의 당사자들이 다르므로 동일사건이라고 할 수 없다. 그리고 청구인 정○택의 경우 종전 사건(2002헌바17등 사건)의 당해 사건은 충북 ○○읍 소재 ○○저수지에 대한 양식어업면허기간 연장 불허가에 관한 손실보상청구사건이고 이 사건의 당해 사건은 충주호에 대한 양식어업면허기간 연장 불허가에 관한 손실보상청구사건이어서 당해 사건의 내용이 다르므로 헌법재판소법 제39조의 동일사건이라고 볼 수 없다. 따라서 이 사건 보상규정에 대한 심판청구는 헌법재판소법 제39조의 일사부재리의 원칙에 위배되지 아니한다고 할 것이다."[35] 헌재 2006. 5. 25. 2003헌바115 등

② 일사부재리와 기판력의 관계

기판력과 일사부재리의 관계에 관하여는 소송법에서 여러 학설이 있다. 헌법재판의 성질상 기판력이 있는지 여부가 문제되는 종국결정이 있으므로(예: 위헌법률심판과 법 제68조 제2항의 헌법소원심판에서 한 합헌결정), 일사부재리 조항은 기판력과 별도로 독자적인 의미를 갖는다.

5) 기속력

헌법재판소법은 위헌법률심판・권한쟁의심판 및 헌법소원심판에서 종국결정의 기속력에 관하여 규정하고 있다(동법 제47조 제1항, 제67조 제1항, 제75조 제1항).

① 기속력의 내용

헌법재판소의 종국결정이 '모든 국가기관을 기속한다'는 것은 모든 국가기관이 헌법재판소가 결정한 취지에 따라 행동할 법적 의무를 진다는 의미이다. 재판절차에서뿐 아니라 재판 외에서도 그렇게 행동해야 한다. 그 결과 관계기관은 헌법재판소가 종국결정에서 위헌 또는 위법이라고 판단한 것을 제거해야 할 실체법적 의무를 지게 된다. 이것이 기판력과 다른 점이다. 기판력은 재판절차에서만 문제된

35) 이에 대하여는 관여 재판관 6인이 찬성하였고, 재판관 조대현의 별개의견, 재판관 김경일, 재판관 송인준의 반대의견, 재판관 권 성의 반대의견이 있다.

다. 따라서 기속력은 단순히 기판력의 주관적 범위를 확장하는 것이 아니다.

기속력의 구체적 내용은 심판의 종류에 따라 달라진다.

② 기속력이 인정되는 재판

기속력은 재판에 참여하지 않은 제3자에게 실체법적 의무를 부과하는 것이기 때문에 법률에 명시적 근거가 있는 경우에만 인정할 수 있다. 민사소송법과 형사소송법은 기속력에 관한 규정이 없으며, 행정소송법은 취소판결에 대하여만 기속력을 규정하고 있다(행정소송법 제30조). 헌법재판에서 기속력이 인정되는 종국결정은 위 3가지, 즉 위헌법률심판의 위헌결정, 권한쟁의심판의 결정, 헌법소원심판의 인용결정에 한한다.

③ 기속력의 범위

(i) 주관적 범위

기속력의 주관적 범위는 모든 국가기관과 지방자치단체로 확대된다.

(ii) 객관적 범위

기속력을 결정의 주문에 관하여만 인정할 것이냐, 이유에 대해서도 인정할 것이냐를 두고 학설이 대립하고 있다. 이유포함설[36]에 의하면 '주문을 직접적으로 뒷받침하고 있는 핵심적 결정이유'에도 기속력이 미친다고 한다. 헌법재판소는 결정이유에 대하여도 기속력이 미치는 것으로 보고 있다. 검사의 불기소처분을 취소한 헌법재판소의 결정이 있은 후 검사가 고소사건을 재기하여 수사해 종전과 같은 이유를 들어 다시 불기소처분을 하자 또 다시 헌법소원을 청구한 사안에서, 헌법재판소는 주문뿐 아니라 결정이유에도 기속력이 미침을 분명히 판시하였다.[37] 대법원도 행정소송에서 취소판결의 기속력이 주문뿐 아니라 위법사유에 관한 이유 중의 판단에도 미치는 것으로 보고 있다.[38] 한편 기속력은 결정주문에 한정된다는 반대견해가 있다.[39]

---

36) 허영, 앞의 책, 904면; 이준일, 제7판 헌법학강의, 홍문사, 2019, 1025면. 이교수는 헌법재판이 논증작용으로서 다양한 논거의 제시와 이에 대한 평가가 이루어진다는 점을 고려할 때 결정이유에까지도 기속력이 미친다고 한다.

37) 헌재 1993. 11. 25. 93헌마113. 이 사건에서 헌법재판소는 새로 한 불기소처분의 당부에 대한 실체적 판단을 하지 않고, 기속력위반을 이유로 당해 불기소처분을 취소하였다.

38) 대판 2001. 3. 23. 99두5238.

39) 정종섭, 헌법소송법, 박영사, 2009, 181면. 불분명한 구분으로 기속력의 범위를 정하는 것은 구구한 판단을 초래하여 헌법재판의 한계나 권력분립의 원리에 비추어 볼 때도 부정설이 타당하다고 한다.

④ 기속력위반의 효과

기속력에 반하는 처분은 당연무효이다.[40] 다만, 위헌결정의 기속력을 위반한 법원의 재판은 당연무효로 볼 것이 아니고, 상소나 헌법소원을 통해 취소될 수 있다고 보아야 한다. 헌법재판소는 기속력에 반하는 처분에 대해 헌법소원이 청구된 경우에 일반적으로 이를 취소하는 결정을 한 바 있다.[41] 또한 한정위헌결정의 기속력을 위반한 대법원 판결을 취소한 사례가 있다.[42]

한편 국가기관이나 지방자치단체가 기속력에 반하는 처분을 한 때에는 그 자체로 위법행위가 된다. 따라서 징계·탄핵 등 그에 따른 법적 책임을 져야 한다. 또한 그로 인해 손해를 입은 사람은 요건을 갖추어 손해배상(또는 국가배상)을 청구할 수 있다.

6) 취소결정의 형성력

헌법소원심판과 권한쟁의심판에서 인용결정을 하는 경우 헌법재판소는 피청구인의 처분을 취소하는 결정을 할 수 있다(헌법재판소법 제66조 제2항, 제75조 제3항). 이 경우 취소결정은 처분시에 소급하여 처분의 효력을 소멸시키며, 제3자에 대하여도 효력이 있다(대세효). 다만, 권한쟁의심판에서 한 취소결정은 그 처분의 상대방에 대하여 이미 생긴 효력에는 영향을 미치지 않는다(동법 제67조 제2항).

7) 집행력

헌법재판소법은 종국결정의 집행에 관하여 특별히 규정하고 있지 않다. 다만 정당해산심판에서 해산결정의 집행을 중앙선거관리위원회가 정당법의 규정에 의해서 하도록 규정하고 있다(동법 제60조). 그런데 정당법이 규정하는 것은 정당의 등록말소와 해산공고(정당법 제47조), 잔여재산의 국고귀속(정당법 제48조 제2항) 등 정당해산에 따른 후속절차에 관한 것뿐이다. 헌법재판에서 집행력이 문제되는 경우는 헌법소원심판과 권한쟁의 심판뿐이다. 위헌법률심판에서 위헌결정이 선고되면 당해 법률조항이 즉시 효력을 상실하고(동법 제47조 제2항), 탄핵심판에서 파면결정이 선고되면 피소추자가 당해 공직으로부터 파면되며, 정당해산심판에서 해산결정이 선고되면 그 정당은 즉시 해산된다(동법 제59조). 따라서 이들 심판절차에서는 집행이 특별히 문제되지 않는다.

헌법소원의 인용결정이나 권한쟁의심판의 결정의 집행력은 기속력을 통해 간접

40) 대판 1990. 12. 11. 90누3560.
41) 기속력에 위반한 검사의 불기소처분을 다시 취소하였다(헌재 1993. 11. 25. 93헌마113).
42) 헌재 1997. 12. 24. 96헌마172.

적으로 확보된다. 즉 기속력을 위반한 행위는 그 자체로 위법한 행위이고, 위반행위를 한 국가기관은 손해배상·징계·탄핵 등 위법행위에 따르는 법적 책임을 져야 하므로, 기속력은 집행력을 간접적으로 확보하는 효과가 있다.

이들 결정에 있어서 행정소송법상 간접강제[43]의 준용 여부가 문제된다. 간접강제가 특별히 헌법재판의 성질에 반한다고 생각되지 않는다. 또한 거부처분에 대한 취소결정뿐 아니라, 공권력의 불행사에 대해 위헌확인결정을 한 경우에도 위 규정들을 유추·적용할 수 있다고 본다. 또한 권한쟁의심판에서 피청구인의 부작위에 대한 심판청구를 인용한 경우에도 위 규정들이 유추·적용될 수 있다고 본다.

7. 헌법재판에서의 재심

(1) 재심의 개념 및 허용 여부

재심이란 확정된 종국결정에 중대한 사유가 발생한 경우에 그 결정의 취소와 재심판을 구하는 비상적 불복방법이다. 이는 법적 안정성이라는 법익과 당사자의 권리구제라는 구체적 타당성 사이의 조화를 위한 제도이다.

헌법재판소법은 헌법재판소의 결정에 대한 재심의 허용 여부에 관하여 별도의 명문규정을 두고 있지 아니하다. 그러므로 헌법재판소의 결정에 대하여 재심을 허용할 수 있는가 하는 점에 관하여 논의가 있을 수 있으나, 헌법재판은 그 심판의 종류에 따라 그 절차의 내용과 효과가 동일하지 아니하기 때문에 재심의 허용 여부 내지 허용 정도 등은 심판절차의 종류에 따라서 개별적으로 판단될 수밖에 없을 것이다.[44]

(2) 위헌심사형 헌법소원심판 및 위헌법률심판

헌법재판소는 "만약 법 제68조 제2항에 의한 헌법소원사건에서 선고된 헌법재판소의 결정에 대하여 재심에 의한 불복방법이 허용된다면, 종전에 헌법재판소의 위헌결정으로 효력이 상실된 법률 또는 법률조항이 재심절차에 의하여 그 결정이 취소되고 새로이 합헌결정이 선고되어 그 효력이 되살아날 수 있다거나 종래의 합헌결정이 후일 재심절차에 의하여 취소되고 새로이 위헌결정이 선고될 수 있는바,

---

43) 행정소송법에 의하면, 거부처분에 대해 취소판결이 선고된 때에는 당해 행정청은 판결의 취지에 따라 다시 이전의 신청에 대한 처분을 해야 하며(동법 제30조 제2항), 이를 이행하지 않을 경우 제1심 수소법원은 당사자의 신청에 의하여 결정으로써 상당한 기간을 정하고 행정청이 그 기간 내에 이행하지 않는 때에는 그 지연기간에 따라 일정한 배상을 할 것을 명하거나 즉시 손해배상을 할 것을 명할 수 있다(동법 제34조 제1항).

44) 헌재 1995. 1. 20. 93헌아1.

이러한 결과는 그 문제된 법률 또는 법률조항과 관련되는 모든 국민의 법률관계에 이루 말할 수 없는 커다란 혼란을 초래하거나 그 법적 생활에 대한 불안을 가져오게 할 수도 있다. 결국 위헌법률심판을 구하는 헌법소원에 대한 헌법재판소의 결정에 대하여는 재심을 허용하지 아니함으로써 얻을 수 있는 법적 안정성의 이익이 재심을 허용함으로써 얻을 수 있는 구체적 타당성의 이익보다 훨씬 높을 것으로 쉽사리 예상할 수 있고, 따라서 헌법재판소의 이러한 결정에는 재심에 의한 불복방법이 그 성질상 허용될 수 없다고 보는 것이 상당하다"라고 하였다.[45] 이와 같은 논리는 위헌법률심판이나 법 제68조 제1항에 의한 법령소원의 경우에도 같다고 할 것이다.

또한 위헌법률심판제청신청인은 위헌법률심판사건의 당사자라고 할 수 없으므로 위헌법률심판사건에서 행하여진 재판에 대하여 재심을 청구할 수 있는 지위 내지 적격을 갖지 못한다.[46]

(3) 권리구제형 헌법소원심판

헌법재판소는 "법 제68조 제1항에 의한 헌법소원 중 행정작용에 속하는 공권력 작용을 대상으로 하는 권리구제형 헌법소원에 있어서는 사안의 성질상 헌법재판소의 결정에 대한 재심은 재판부의 구성이 위법한 경우 등 절차상 중대하고도 명백한 위법이 있어서 재심을 허용하지 아니하면 현저히 정의에 반하는 경우에 한하여 제한적으로 허용될 수 있을 뿐"이라고 하였다.

그런데 권리구제형 헌법소원심판절차에서는 직권주의가 적용되고 사전구제절차를 모두 거친 뒤에야 비로소 헌법소원심판을 청구할 수 있다고 하는 사정 등을 고려할 때, 이러한 헌법소원심판절차에서 선고된 헌법재판소의 결정에 대하여는 민사소송법 제422조 제1항 제9호(현행 민소법 제451조) 소정의 "판단유탈"은 재심사유가 되지 아니한다고 판시하였다.[47] 그러나 그 후 헌법재판소는 위 판례를 변경하여 '헌법재판소의 결정에 영향을 미칠 중대한 사항에 관하여 판단을 유탈한 때'를 재심사유로 허용하는 것이 헌법재판의 성질에 반한다고 볼 수는 없다고 하여 판단유탈도 재심사유로 허용되어야 한다고 판시하였다.[48]

---

45) 헌재 1992. 6. 26. 90헌아1.
46) 헌재 2004. 9. 23. 2003헌아61.
47) 헌재 1995. 1. 20. 93헌아1; 헌재 1998. 3. 26. 98헌아2(행정작용에 속하는 공권력 작용을 대상으로 한 권리구제형 헌법소원에 있어서 판단유탈이 헌법재판소 결정에 대한 재심사유가 되는지 여부(소극, 재판관 5명의 반대의견이 있으나 판례변경을 위한 정족수에 이르지 못하여 재판관 4명의 의견만으로 종전의 견해를 유지한 사례).

(4) 탄핵심판, 정당해산심판, 권한쟁의심판

이들 심판에서의 헌법재판소 인용결정의 효력은 당해 피청구인에게만 미치고, 법적 안정성이라는 법익보다는 재심을 허용함으로써 얻을 수 있는 구체적 타당성이라는 법익이 더 크다고 보이기 때문에 재심을 허용하는 것이 바람직하다고 보인다.

(5) 재심의 청구와 심판절차

재심청구서에는 '재심청구인 및 대리인의 표시', '재심할 결정의 표시와 그 결정에 대하여 재심을 청구하는 취지', '재심의 이유'를 기재하여야 하고, 재심의 대상이 되는 결정의 사본을 붙여야 한다(심판규칙 제53조).

재심청구기간은 민사소송법의 규정을 준용하여, 결정확정 후 재심사유를 안 날로부터 30일 내에 제기하여야 하고 결정이 확정된 후 5년을 경과한 때에는 청구를 하지 못한다고 보아야 한다.

재심의 심판절차에는 그 성질에 어긋나지 아니하는 범위 내에서 재심 전 심판절차에 관한 규정을 준용한다(심판규칙 제52조).

제5절 헌법재판소의 권한

Ⅰ. 위헌법률심판권

1. 위헌법률심판의 개념 · 연혁 · 성질

(1) 개 념

헌법재판기관이 의회가 의결한 법률이 헌법에 위반되는가 여부를 심사하고, 그 법률이 헌법에 위반되는 것으로 인정하는 경우에 그 효력을 상실하게 하거나 그 적용을 거부하는 제도이다.

(2) 연 혁

사상적 배경은 대체로 중세 자연법사상과 근본법사상까지 거슬러 올라가나, 미국의 경우는 이러한 법사상에다 미국 특유의 법률문화와 정치시상이 가미되어 위

48) 헌재 2001. 9. 27. 2001헌아3(불기소처분취소(재심)사건).

헌법률심사제가 발달하였다. 즉, 미국 연방대법원의 1803년 Marbury v. Madison 사건에서 그 기원을 찾을 수 있다.

(3) 성 질

1) 구체적 규범통제

헌법재판소가 법률조항의 위헌 여부를 심사하기 위해서는 문제된 법률조항이 헌법에 위반되는지 여부가 구체적 사건의 해결을 위한 재판의 전제로 된 경우에만 인정된다.

우리나라는 독일과 같은 헌법재판소제도를 채택하고 있으나, 추상적 규범통제 제도는 인정하고 있지 않다.

2) 사후・교정적 위헌심사

법률이 시행된 이후에 위헌심사가 이루어지는 사후적 규범통제이다. 현행 위헌심사제는 사후심사제이지만, 헌법재판소는 현재성요건을 완화하여 법률이 시행되기도 전에도 예외적으로 인정하고 있다.

판례 공포 후 시행 전 단계에서의 위헌심사

경기도남양주시등33개도농복합형태의시설치등에관한법률 제4조위헌확인

"(1) 법규범이 일반적 효력을 발생하기 전이라도 공포되어 있는 경우에 그 법규범에 대하여 헌법소원을 제기할 수 있는가. 이와 관련하여 우리 재판소는 서울대학교 신입생선발입시안에 대한 헌법소원에서 "현재 고등학교에서 일본어를 배우고 있는 청구인들은 서울대학교 대학별 고사의 선택과목에서 일본어가 제외되어 있는 그 입시요강으로 인하여 94학년도 또는 95학년도에 서울대학교 일반계열 입학을 지원할 경우 불이익을 입게 될 수도 있다는 것을 현재의 시점에서 충분히 예측할 수 있는 이상 기본권침해의 현재성을 인정하여 헌법소원심판청구의 이익을 인정하는 것이 옳다."고 판시하였다(헌재 1992. 10. 1. 선고, 92헌마68,76(병합) 결정 참조).

이 사건 법률은 1994.8.3. 법률 제4774호로 공포되었고 1995. 1. 1.부터 시행된다. 이 사건 법률이 시행되면 즉시 중원군은 폐지되고 충주시에 흡수되므로, 이 사건 법률이 효력발생하기 이전에 이미 청구인들의 권리관계가 침해될 수도 있다고 보여지고 현재의 시점에서 청구인들이 불이익을 입게 될 수도 있다는 것을 충분히 예측할 수 있으므로 기본권침해의 현재성이 인정된다.

(2) 법률 또는 법률조항 자체가 헌법소원의 대상이 될 수 있으려면 그 법률 또는 법률조항에 의하여 구체적인 집행행위를 기다리지 아니하고 직접・현재 자기의 기본권을 침해받아야 하는 것을 요건으로 하고, 여기서 말하는 기본권의 침해의 직접

성이란 집행행위에 의하지 아니하고 법률 그 자체에 의하여 자유의 제한, 의무의 부과, 권리 또는 법적 지위의 박탈이 생긴 경우를 뜻한다(헌재 1992. 11. 12. 선고, 91헌마192 결정 참조).

이 사건의 경우, 다른 집행행위의 매개 없이 이 사건 법률조항 자체에 의하여 중원군이 폐지되어 충주시에 편입되므로 그로 인한 기본권침해의 직접성은 인정된다고 보아야 할 것이다."

헌재 1994. 12. 29. 94헌마201

판례 국회의결 후 공포 전 단계에서의 위헌심사

재외동포의 출입국과 법적 지위에 관한 법률 제2조 제2호 위헌확인

"법률안은 대통령이 거부권을 행사하지 않는 한 정부에 이송된 후 15일 이내에 공포하여야 하고 만일 공포하지 않는다면 법률로서 확정되는 바(헌법 제53조 제5항), 법률안이 거부권 행사에 의하여 최종적으로 폐기되었다면 모르되, 그렇지 아니하고 공포되었다면 법률안은 그 동일성을 유지하여 법률로 확정되는 것이라고 보아야 한다. 나아가, 우리 재판소가 위헌제청 당시 존재하지 아니하였던 신법의 경과규정까지 심판대상을 확장하였던 선례(헌재 2000. 8. 31. 97헌가12, 판례집 12-2, 167, 172)에 비추어 보면, 심판청구 후에 유효하게 공포·시행되었고 그 법률로 인하여 평등권 등 기본권을 침해받게 되었다고 주장하는 이상 청구 당시의 공포 여부를 문제삼아 헌법소원의 대상성을 부인할 수는 없다."

헌재 2001. 11. 29. 99헌마494

2. 위헌법률심사제의 이론적 근거

위헌법률심판제도는 헌법의 최고법규성에 근거하고 있는 제도이다. 헌법의 최고규범성을 확인하는 중요한 제도로서 법규범의 통일성을 유지하여 법체계의 정당성을 부여하는 기능을 한다. 국민의 대표기관인 입법부에 의해 제정된 법률 또는 법률조항에 대하여 다른 헌법기관인 헌법재판소가 '헌법'을 기준으로 하여 위헌 여부를 심사하는 것은 권력분립원칙에도 부합한다. 위헌법률심판제도는 법률 또는 법률조항에 의한 기본권 침해로부터 국민의 기본권 보장을 확보할 수 있는 중요한 제도이다.

3. 위헌법률심사제의 유형

(1) 심사기관의 성격을 기준으로 한 분류

법률의 헌법에 위반 여부를 심사하는 기관이 어디인가를 중심으로 유형을 분류하면 일반법원의 최고법원에서 위헌심사를 담당하는 일반법원형(사법형), 헌법재판

을 담당하는 별개의 법원을 따로 설치하는 헌법법원형(헌법재판소형), 사법적 성격과 정치적 성격을 아울러 가지는 특수한 기관이 담당하는 특수기관형 등으로 분류할 수 있다.

(2) 심사작용의 내용을 기준으로 한 분류

1) 사전예방적 위헌심사제

법률이 공포되기 이전에 합헌성을 심사하고 위헌으로 판정되면 그 공포와 시행을 유보하는 유형이다. 프랑스 제5공화국 헌법의 헌법원(헌법평의회)에 의한 법률·조약·의회의사규칙 등에 대한 사전합헌성 심사제를 그 예로 들 수 있다.

2) 사후교정적 위헌심사제

① 구체적 규범통제

(i) 개 념

구체적 소송사건을 심리·판단함에 있어 법률의 위헌 여부가 문제되는 경우에 법률의 합헌성을 심사하는 제도이다.

(ii) 유 형

일반법원형은 위헌이라고 판단한 법률을 당해사건에 적용을 거부하는 데 그친다(개별적 효력의 부인). 이에 반해 헌법법원형은 위헌으로 판정된 법률을 폐지하는 효력을 가진다(일반적 효력의 부인).

② 추상적 규범통제

(i) 개 념

구체적 소송사건과는 관계없이 법률 그 자체의 위헌 여부를 추상적으로 심사하고, 위헌으로 판단되면 법률의 효력을 상실하게 하는 제도로 일정한 조건을 구비한 제소권자에게 위헌심사청구권을 부여한다. 헌법법원형에서 행해지는 것이 통례이다. 특히 독일기본법은 연방정부 및 란트정부와 연방의회의 3분의 1 이상의 의원은 연방법이나 주법이 기본법에 적합한가에 관하여 연방헌법재판소의 해석을 구할 수 있다(독일 기본법 제93조 제1항).

(ii) 장·단점

헌법수호가 강화되나, 남소의 폐단이 따르고, 헌법재판소가 정쟁장소화가 될 우려가 있다.

4. 위헌법률심판기관

우리나라의 경우 일반법원으로부터 독립한 헌법재판소를 두고 헌법재판을 담당하게 하는 헌법법원형을 취하고 있다. 다만 헌법재판소구성에 있어서 국회·정부·법원의 관여를 인정하는 것, 즉 대통령이 국회선출의 3인, 대법원장이 지명하는 3인을 포함하여 9인을 임명하는 것은 헌법수호작용상 정치적 중립성을 보장하는 의미가 있다. 헌법 제111조 제2항은 헌법재판소는 법관의 자격을 가진 9인의 재판관으로 구성한다고 규정하고 있다. 이는 단순히 9인의 재판관으로 헌법재판소를 구성한다는 의미가 아니라 다양한 가치관과 헌법관을 가진 9인의 재판관으로 구성된 합의체가 헌법재판을 담당함으로써, 헌법재판에서 헌법의 해석에 관한 다양한 견해가 제시되고 그 견해들 간의 경쟁 기능이 충분히 발휘될 수 있도록 하기 위한 것이다.[49]

5. 위헌법률심판의 요건

(1) 실질적 요건

구체적 규범통제상 위헌법률심판이 이루어지기 위해서는 "재판의 전제성"을 갖추어야 한다.

1) 재 판

재판이라 함은 판결·결정·명령 등 그 형식여하와 본안에 관한 재판이거나 소송절차에 관한 재판이거나를 불문하며, 종국재판뿐만 아니라 중간재판도 포함한다. 즉 영장발부에 관한 재판(형사소송법 제201조에 의한 지방법원판사의 영장발부에 관한 재판)도 포함한다.[50] 또한 심급을 불문한다.

2) 전제성

재판의 전제성이 충족되기 위해서는 구체적 사건성, 당사자적격, 소의 이익 등 사법권발동의 요건을 충족해야 할 뿐만 아니라, 헌법재판소는 세 가지 조건을 충

49) 헌재 2014. 4. 24. 2012헌마2. 또한 헌법재판소는 "헌법 제111조 제3항은 재판관 중 3인은 국회에서 선출하는 자를 임명한다고 규정하고 있는바, 이는 국민의 대표기관인 피청구인으로 하여금 최고헌법기관인 헌법재판소의 구성에 관여하도록 함으로써 민주적 정당성을 부여함과 동시에 권력의 균형을 꾀하고자 하는 데에 그 근본적 의의가 있는 것이다"라고 판시하였다(헌재 2014. 4. 24. 2012헌마2).
50) 헌재 1993. 3. 11. 90헌가70.

족할 것을 요구하고 있다.

① 헌법재판소판례에 의한 재판의 '전제성'의 인정기준

헌법재판소는 여러 사건에서 일관되게 재판의 '전제성' 인정기준으로 i) 사건이 법원에 계속 중이어야 하고, ii) 위헌 여부가 문제되는 법률이 당해 소송사건의 재판과 관련하여 적용되어야 하며, iii) 법률이 헌법에 위반되는 여부에 따라 다른 내용의 재판을 하게 되는 경우일 것을 요구하고 있다. 여기서 '다른 내용의 재판'이란 당해사건의 재판의 결론이나 주문에 영향을 주거나, 재판의 결론을 이끌어내는 이유를 달리하는 데 관련이 있거나, 재판의 내용과 효력에 관한 법률적 의미가 전혀 달라지는 경우를 말한다고 판시하고 있다.[51] 대법원의 판례에는 "판결주문이 달라질 경우여야만 한다"고 하여 헌법재판소보다 좁게 해석하는 경우가 있다.[52]

② 재판의 전제성 여부에 관한 판단

재판의 전제성 여부에 대한 판단은 헌법재판소가 독자적인 심사를 하기보다는 특단의 사정이 없는 한 제청법원의 법률적 견해를 존중하여야 할 것이다. 다만 법원의 견해가 명백히 유지될 수 없을 때에 한하여 헌법재판소가 직권으로 조사할 수 있다.[53] 따라서 재판의 전제성에 대한 판단자료가 없다 하더라도 제청법원의 견해가 명백히 잘못되었다는 정황이 보이지 않는 한 적법성이 인정된다.[54]

판례 재판의 전제성에 대한 제청법원의 판단과 헌법재판소의 직권조사

위헌법률심판이나 헌법재판소법 제68조 제2항의 규정에 의한 헌법소원심판에 있어서 위헌여부가 문제되는 법률이 재판의 전제성 요건을 갖추고 있는지의 여부는 헌법재판소가 별도로 독자적인 심사를 하기보다는 되도록 법원의 이에 관한 법률적 견해를 존중해야 할 것이며, 다만 그 전제성에 관한 법률적 견해가 명백히 유지될 수 없을 때에만 헌법재판소는 이를 직권으로 조사할 수 있다 할 것이다.

헌재 1993. 5. 13. 92헌가10등; 헌재 1997. 9. 25. 97헌가4

판례 재판의 전제성의 소멸과 심판의 이익의 예외적 인정

위헌심판제청된 법률조항에 의하여 침해된다는 기본권이 중요하여 동 법률조항의

51) 헌재 1992. 12. 24. 92헌가8; 헌재 1994. 2. 24. 91헌가3; 헌재 2002. 11. 28. 2001헌가28; 헌재 2015. 12. 23. 2015헌가27; 헌재 2016. 11. 24. 2014헌바401.
52) 대판 1997. 2. 11. 96부7.
53) 헌재 1993. 5. 13. 92헌가10 등(병합).
54) 헌재 1995. 11. 30. 94헌가2.

위헌 여부의 해명이 헌법적으로 중요성이 있는데도 그 해명이 없거나, 동 법률조항으로 인한 기본권의 침해가 반복될 위험성이 있는데도 좀처럼 그 법률조항에 대한 위헌심판의 기회를 갖기 어려운 경우에는 위헌제청 당시 재판의 전제성이 인정되는 한 당해소송이 종료되었더라도 예외적으로 객관적인 헌법질서의 수호·유지를 위하여 심판의 필요성을 인정하여 적극적으로 그 위헌 여부에 대한 판단을 하는 것이 헌법재판소의 존재이유에도 부합하고 그 임무를 다하는 것이 된다.

헌재 1993. 12. 23. 93헌가2; 헌재 2005. 12. 22. 2003헌가8

③ 당해재판이 행정소송인 경우와 재판의 전제성

행정소송에는 대표적으로 행정처분을 취소해달라는 취소소송과 무효임을 확인해달라는 무효소송이 있는데, 취소소송에는 제소기간이 있고 무효확인소송에는 제소기간이 없다. 무효와 취소의 구별에 대해서는 판례는 중대명백설을 취하고 있다. 중대명백설은 하자가 중대하고 명백한 경우에는 무효이고, 중대하나 명백하지 않은 경우 취소사유에 그친다는 이론이다. 특히 취소소송의 제소기간이 지난 뒤 제기된 무효확인소송에서 처분의 근거법률규정이 위헌이라고 주장하면서 제청신청을 하는 경우 재판의 전제성이 있는가 문제된다. 헌법재판소는 법률이 헌법에 위반된다는 사정은 헌법재판소의 위헌결정이 있기 전에는 객관적으로 명백한 것이라고 할 수 없으므로 특별한 사정이 없는 한 이러한 하자는 행정처분의 취소사유에 해당할 뿐 당연무효 사유는 아니라고 하여 재판의 전제성을 부정하고 있다.[55]

판례 행정소송과 재판의 전제성(구 하천법 제33조제4항 위헌소원)

[판시사항]

1. 당해소송의 행정처분취소 청구(예비적 청구)가 부적법하여 각하되는 경우에 재판의 전제성을 인정할 수 있는지 여부(소극)
2. 쟁송기간이 경과하거나 적법한 전심절차를 거치지 아니한 후에 행정처분의 무효확인 청구(주위적 청구)를 하고, 그 행정처분의 근거법률이 위헌이라고 다투는 경우에 재판의 전제성을 인정할 수 있는지 여부(소극)

[결정요지]

1. 법원에서 당해 소송사건에 적용되는 재판규범 중 위헌제청신청대상이 아닌 관련 법률에서 규정한 소송요건을 구비하지 못하였기 때문에 부적법하다는 이유로 소각하 판결을 선고하고 그 판결이 확정되거나, 소각하판결이 확정되지 않았더라도 당해 소송사건이 부적법하여 각하될 수밖에 없는 경우에는 당해 소송사건에

55) 헌재 2005. 3. 31. 2003헌바113.

관한 재판의 전제성 요건이 흠결되어 부적법하다. 그런데 이 사건 청구의 당해 소송 중 행정처분에 대한 취소청구 부분은 제소기간이 경과하였거나(1999. 2. 6.자 부과처분) 적법한 전심절차를 거치지 않았기 때문에(2000. 1. 29.자 징수처분) 부적법하여 각하를 면할 수 없으므로, 이 부분에 대한 헌법소원은 재판의 전제성 요건을 흠결하여 부적법하다.

2. 대법원 및 헌법재판소의 판례에 비추어 볼 때 구 하천법 제33조 제4항이 위헌이라고 섣불리 단정할 수 없을 뿐만 아니라, 설사 위헌이라고 하더라도 국회에서 헌법과 법률이 정한 절차에 의하여 제정·공포된 법률이 헌법에 위반된다는 사정은 헌법재판소의 위헌결정이 있기 전에는 객관적으로 명백한 것이라고 할 수 없으므로 특별한 사정이 없는 한 이러한 하자는 행정처분의 취소사유에 해당할 뿐 당연무효 사유는 아니라 할 것이고, 이는 이 사건의 당해 사건에서도 마찬가지라고 보아야 할 것이므로, 이 부분에 대한 헌법소원도 재판의 전제성 요건을 충족하지 못하여 부적법하다.

[재판관 권 성, 재판관 이상경의 반대의견]

행정처분상에 존재하는 하자가 그 행정처분의 효력에 관하여 무효사유인지 취소사유인지는 법원의 법률행위해석의 문제로서 법원판단의 몫이고 그것이 법원의 판단에 의하여 무효가 될 가능성이 존재한다면 재판의 전제성을 인정하여 본안판단을 하여야 할 것인바, 이 사건 처분은 이와 같은 가능성이 있다고 보여지므로 재판의 전제성을 인정하여 본안판단을 하여야 한다. 헌재 2005. 3. 31. 2003헌바113

(2) 형식적(절차적) 요건－법원의 제청

1) 제청의 주체

당해 사건을 담당하는 법원이 직권 또는 당사자의 신청에 의한 결정으로 제청을 하여야 위헌법률심판이 이루어질 수 있다(헌법재판소법 제41조 제1항). 제청의 주체는 법관이 아닌 법원(군사법원 포함)이다.

2) 제청과 재판의 정지

법원이 법률의 위헌 여부 심판을 헌법재판소에 제청[56)]한 때에는 당해 소송사건의 재판은 헌법재판소의 위헌 여부의 결정이 있을 때까지 정지[57)]된다. 다만, 법원

56) 법원의 제청서에는 ① 제청법원의 표시, ② 사건 및 당사자의 표시, ③ 위헌이라고 해석되는 법률 또는 법률의 조항, ④ 위헌이라고 해석되는 이유, ⑤ 당해 사건이 형사사건인 경우 피고인의 구속 여부 및 그 기간, ⑥ 당해 사건이 행정사건인 경우 행정처분의 집행정지 여부, ⑦ 기타 필요한 사항 등이 기재되어야 한다(헌법재판소법 제43조, 헌법재판소심판규칙 제54조). 그 밖에 제청서에는 필요한 증거서류 또는 참고자료를 첨부할 수 있다(법 제26조 제2항).

57) 재판정지기간은 「형사소송법」 제92조 제1항·제2항 및 「군사법원법」 제132조 제1항·제2항

이 긴급하다고 인정하는 경우에는 종국재판 외의 소송절차를 진행할 수 있다(동법 제42조 제1항).

3) 제청신청의 기각과 위헌소원

법률의 위헌 여부 심판의 제청신청이 기각된 때에는 그 신청을 한 당사자는 헌법재판소에 헌법소원심판을 청구할 수 있다. 이 경우 당사자는 당해 사건의 소송절차에서 동일한 사유를 이유로 다시 위헌 여부 심판의 제청을 신청할 수 없다(헌법재판소법 제68조 제2항). 위를 위헌소원 또는 위헌심사형 헌법소원이라고 한다. 위헌소원은 헌법소원이라기보다는 위헌법률심판의 성격을 가진다고 보는 것이 다수설과 판례의 견해이다. 위헌소원이 청구되더라도 재판은 정지되지 않는다. 따라서 법원재판이 확정되고 나서 헌법재판소가 위헌결정을 하는 경우가 있고 이에 대비하여 재심제도가 마련되어 있다(동법 제75조 제7항).

4) 제청권자의 위헌성에 대한 의심

담당 법원은 제청권자로서 문제되는 법률의 위헌성에 대한 의심이 존재하는지 여부에 대해 판단한다. 위헌성에 대한 의심은 합리적인 의심으로도 족하다. 이것은 제청에 있어서 당해 법률에 대해 법원이 위헌의 확신이 있을 필요가 없으며, 합헌의 확신이 있을 때를 제외하고는 법원이 당해 법률에 대해 위헌법률심판을 제청하여야 하는 것을 의미한다.

판례 위헌성에 대한 의심의 정도: 합리적인 위헌의 의심

헌법 제107조 제1항, 헌법재판소법 제41조, 제43조 등의 규정취지는 법원은 문제되는 법률조항이 담당법관 스스로의 법적 견해에 의하여 단순한 의심을 넘어선 합리적인 위헌의 의심이 있으면 위헌여부심판을 제청을 하라는 취지이고, 헌법재판소로서는 제청법원의 이 고유판단을 될 수 있는 대로 존중하여 제청신청을 받아들여 헌법판단을 하는 것이다. 헌재 1993. 12. 23. 93헌가2

6. 위헌법률심판의 대상

위헌법률심판의 대상은 법률이다. 형식적 의미의 법률은 물론 그와 동일한 효력이 있는 긴급명령, 긴급재정경제명령, 조약 같은 실질적 의미의 법률을 포함한다.

의 구속기간과 「민사소송법」 제199조의 판결 선고기간에 산입하지 아니한다(헌법재판소법 제42조 제2항).

(1) 법 률

1) 현행법률

위헌법률심판제청 대상인 법률은 원칙적으로 국회가 제정한 형식적 의미의 법률로써 공포되고 위헌심판시를 기준으로 효력이 있는 법률이다. 제정 당시에는 합헌이었으나, 후발적 사정으로 위헌이 되는 경우나 제정 당시부터 위헌(시원적 위헌)인 법률이 대상이 된다.

위헌법률심판제청 당시 공포는 되었으나 시행되지 않은 법률은 위헌법률심판의 대상이 될 수 없으며,[58] 헌법재판소가 이미 위헌으로 결정한 법률도 위헌법률심판의 대상이 될 수 없다.[59]

2) 폐지된 법률과 개정전 법률

① 긍정설

폐지되거나 개정된 법률에 의하여 권리가 침해되고, 그것이 비록 과거의 것이라 할지라도 그 결과로 인하여 발생한 국민의 법익침해와 그로 인한 법률상태는 재판시까지 계속되고 있는 경우가 있을 수 있는 것이며, 그 경우에는 헌법소원에 의한 권리보호의 이익이 존재하며, 이때 폐지된 법률의 위헌 여부가 문제로 제기되는 경우 그 위헌심판은 헌법재판소가 할 수밖에 없다고 한다. 즉 폐지된 법률도 그 위헌 여부가 관련 소송사건의 재판의 전제가 되어 있다면 예외적으로 위헌법률심판의 대상이 된다고 한다.[60]

② 부정설

법률의 위헌결정에 의하여 일반적으로 그 효력이 상실되는 우리나라의 법제 하에서 이미 효력이 상실된 법률에 대해서는 새삼스럽게 그 효력을 상실시킬 실익이 없다고 한다. 이 사안과 유사한 것으로서 개정된 법률조항에 대한 심판대상성에 대해서 법률개정으로 재판의 전제성이 흠결되었음에도 불구하고 과거 법률에 대한 위헌판단을 하는 것은 법적 안정성을 해하고 입법권자의 입법형성권을 침해하여 권력분립주의의 원칙을 문란케 하는 결과를 초래한다는 견해도 있다.[61]

---

58) 헌재 1997. 9. 25. 97헌가4.
59) 헌재 1989. 9. 29. 89헌가86.
60) 헌재 1994. 6. 30. 92헌가18.
61) 헌재 1989. 7. 14. 88헌가5, 8, 89헌가44(병합) 결정 중 재판관 한병채의 반대의견.

③ 결 어

학설·판례의 견해는 원칙적으로 폐지된 법률은 위헌법률심판의 대상이 될 수 없지만, 예외적으로 폐지된 법률이 재판의 전제가 되는 경우에는 대상이 된다고 보는 입장이라고 하겠다.

판례 구법의 위헌여부가 신법이 소급 적용되기 위한 전제요건인 경우(사회보호법 제5조의 위헌심판제청)

"(1) 법 제5조에 대한 위헌여부의 심판이 제청되어 헌법재판소에서 심리하던 중 법이 일부개정되어 심사대상이 되었던 법 제5조의 규정은 …… 변경되었고, 신법 부칙 제1조에 따르면 신법은 공포한 날로부터 효력을 발생하고, 부칙 제4조에는 개정법률 시행당시 재판이 계속 중인 감호사건에 대하여는 개정법률 규정을 적용하도록 되어 있다.

(2) ……상습범 등에 대한 보안처분의 하나로서 신체에 대한 자유의 박탈을 그 내용으로 하는 보호감호처분은 형벌과 같은 차원에서의 적법한 절차와 헌법 제13조 제1항에 정한 죄형법정주의의 원칙에 따라 비로소 과해질 수 있는 것이라 할 수 있고, 따라서 그 요건이 되는 범죄에 관한 한 소급입법에 의한 보호감호처분은 허용될 수 없다고 할 것이다.

그렇다면 비록 신법이 그 부칙 제4조에서 신법시행 당시 이미 재판이 계속중인 감호사건에 대하여는 신법을 적용하여 처리하도록 규정하고 있지만, 이와 같이 신법이 구법당시 재판이 계속중이었던 사건에까지 소급하여 적용될 수 있는 것은 실체적인 규정에 관한 한 오로지 구법이 합헌적이어서 유효하였다는 것을 전제로 하고 다시 그 위에 신법이 보다 더 피감호청구인에게 유리하게 변경되었을 경우에 한하는 것이다.

신체의 자유는 자유민주주의 헌법 아래에서 가장 근본적인 국민의 기본권이기 때문에 이와 같은 자유권을 현저히 침해하는 법률에 대한 해석은 엄격히 하여야 할 것이며, 만일 이와 같은 법률에 위헌성이 있다고 인정된다면 비록 그 법률이 합헌적으로 개정되었다고 하더라도 이로써 종전의 위헌성이 치유되는 것은 아니라고 봄이 법치주의의 원칙상 마땅하다 하겠다.

(3) …… 법률이 개정된 결과 신법이 소급적용됨으로써 구법이 더 이상 적용될 소지가 없는 경우에는 구법에 대한 위헌제청은 제청대상의 소멸로 말미암아 부적법하게 되었다고 할 수 있다. 그러나 이 사건의 경우와 같이 비록 구법이 개정되었다고 하더라도 법원이 당해 소송사건을 재판함에 있어서는 행위시에도 처분의 적법한 근거 법률이 있어야 하므로, 구법이 위헌이었느냐의 문제와 신·구법 중 어느 법률의 조항이 더 피감호청구인에게 유리하느냐의 문제가 판단된 뒤에 비로소 결정될

수 있는 것이다. 따라서 이러한 경우에는 구법에 대한 위헌여부의 문제는 신법이 소급적용될 수 있기 위한 전제문제이기도 하거니와, ……헌법재판소로서는 위 법률의 조항에 대한 위헌여부를 심판하지 않을 수 없는 것이다."

[재판장 이시윤의 보충의견]

헌법재판소는 되도록 재판의 전제성에 관한 법원의 법률적 견해를 존중해야 할 뿐만 아니라 구(舊) 사회보호법 제5조 제1항의 위헌여부는 이 사건 본안 판단에 영향이 없는 문제이나 일반적이고도 중요한 의미가 있는 경우이므로 당해 사건 재판의 전제성의 예외에 해당된다.

[재판관 한병채의 반대의견]

심판의 대상인 구법 제5조 제1항의 규정이 신법에 의하여 개정되어 종전보다 유리한 신법을 소급적용 하도록 되었다면 구법에 대한 위헌심판은 그 전제성이 없어졌고 판단의 필요성이 없어 부적법하다.

[재판관 김양균의 반대의견]

제청법원은 위헌심판제청 이후의 법률의 개정으로 인하여 본건 피감호청구인에 관한 한 구법에 대한 위헌심판을 기다릴 필요없이 신법에 따라 보호감호청구사건의 처리가 가능하므로 위헌판단의 필요성이 없어 이건 위헌심판제청은 부적법하다.

[재판관 최광률의 반대의견]

다수의견은 위헌법률심판의 전제요건이라고 할 수 있는 "심판의 필요성"을 간과하여 불필요한 헌법판단을 하고 있다. … 이 사건의 경우에 있어서 재범의 위험성 요건을 누락하였던 구법 제5조 제1항 제1호가 폐지된 현시점에서는, 그 법조에 대한 위헌판단은 제청법원에 계속중인 당해사건의 재판에 있어서 직접적이고 절대적으로 필요한 헌법판단이 아니라고 생각된다. ……더구나 신법은 부칙 제4조에서 신법시행당시 재판계속중인 사건에 대하여도 신법을 적용하도록 규정하였으므로, 신법시행당시 구법 제5조 제1항으로 보호감호청구된 자에 대하여도 재범의 위험성이 없으면 보호감호를 선고할 수 없게 하였다. 헌재 1989. 7. 14. 88헌가5 등

판례 부칙에 의한 구법의 효력지속의 경우(국가보위에관한특별조치법 제5조제4항 위헌제청)

"폐지된 법률도 그 위헌 여부가 관련 소송사건의 재판의 전제가 되어 있다면 당연히 헌법재판소의 위헌심판의 대상이 된다. 더구나 특별조치법이 폐지되었다고는 하나 앞서 2항에서 설명한 바와 같이 특별조치법 폐지법률 부칙 제2항(명령 등에 관한 경과조치)에 의하여 '국가보위에관한특별조치법 제5조 제4항에 의한 동원대상지역내의토지수용·사용에관한특별조치령'은 아직 그 효력을 지속하고 있고 그 한도에서 특별조치법도 살아있는 법률이나 같다. 그리고 제청신청인은 특별조치법 제5조

제4항 및 특별조치령 제29조에 의하여 수용당한 원래의 자기소유 토지에 관하여 특별조치법 제5조 제4항이 위헌임을 이유로 하여 대한민국을 상대로 소유권이전등기말소청구소송을 제기한 것이므로 특별조치법 제5조 제4항의 위헌 여부는 위 소송재판에서의 승패 여부의 전제가 된다. 왜냐하면 상위법인 특별조치법 제5조 제4항의 위헌 여부는 하위법인 특별조치령의 위헌 여부 및 효력 유무의 전제가 되고 특별조치법 제5조 제4항에 대하여 위헌결정이 되면 자동적으로 이 위헌법률조항에 근거한 특별조치령도 위헌·무효가 되고 아울러 위헌무효인 특별조치령에 근거한 수용처분도 위헌무효가 될 수 있기 때문이다(위헌 법령에 기한 행정처분의 무효 여부는 당해 사건을 재판하는 법원이 위헌성의 정도 등에 따라 판단할 사항이다). 따라서 특별조치법 제5조 제4항은 당연히 위헌여부심판의 대상이 되어야 한다."

헌재 1994. 6. 30. 92헌가18

(2) 입법의 부작위

국회가 언제 어떠한 입법을 할 것인가 하지 않을 것인가의 판단은 원칙적으로 국회의 재량이다(입법자의 형성의 자유). 그러나 ① 헌법의 명문상 일정한 입법을 해야 할 것이 규정되어 있는 경우, ② 헌법해석상 그러한 결론이 도출될 경우는 국회는 그러한 입법을 해야 할 의무를 지며 입법의 부작위는 위헌이 된다(진정입법부작위, 부진정입법부작위).

입법의 부작위에 대한 위헌소송이 가능한가가 문제된다. ① 권력분립의 원칙에 위반하여 인정할 수 없다는 설(통설), ② 현행법상 무명항고소송의 일종으로 인정된다는 설, ③ 새로운 입법조치가 필요하다는 설, ④ 위헌확인소송이 가능함은 물론 제한된 범위 내에서 입법의 청구가 가능하다는 설(권영성), ⑤ 변형결정의 하나로 입법촉구결정을 내리는 것을 생각할 수 있다는 설(김철수) 등이 대립한다,

권리구제형헌법소원의 경우 입법의 부작위를 다툴 수 있고, 국가배상청구소송에서도 입법의 부작위의 위헌성을 다툴 수 있는 것은 별론으로 하고 입법부작위는 위헌법률심판의 대상이 되지 못한다고 생각한다. 왜냐하면 위헌법률심판은 법률의 존재를 전제로 법률의 위헌 여부를 판단하는 것이기 때문이다.

(3) 긴급명령 · 긴급재정경제명령

법률과 동일한 효력을 가지므로(헌법 제76조 제1항, 제2항), 위헌법률심판의 대상이 된다.[62]

---

62) 헌재 1996. 2. 29. 93헌마186.

(4) 조 약

국회동의를 얻은 법률과 동일한 효력의 조약은 위헌법률심판의 대상이 된다(심사긍정설).[63] 조약의 통치행위성을 인정하는 견해도 있다.

(5) 헌법규정(헌법률)

1) 학 설

헌법규범 중에서 근본규범이 아닌 헌법률은 위헌심판의 대상이 된다는 견해가 있다.[64] 헌법핵에 위반되는 헌법률은 위헌적인 것으로 무효라고 한다. 유엔헌장과 같은 헌법률과 같은 효력을 가진 것은 위헌법률심판의 대상이 된다고 한다.

2) 판 례

판례는 헌법규정의 위헌법률심판대상설을 부정적으로 본다. 제5공화국 헌법 부칙 제6조 제3항에 관한 헌법소원심판에서 헌법재판소는 재판의 전제성이라는 제소요건 불비를 이유로 판단하지 않은 바도 있지만,[65] 국가배상법 제2조 제1항 등 위헌소원심판에서 명백히 헌법규정 자체의 위헌법률심판 대상성을 부인하였다.[66]

판례 헌법규정의 위헌법률심판의 대상성

- 헌법 제111조 제1항 제1호, 제5호 및 헌법재판소법 제41조 제1항, 제68조 제2항은 위헌심사의 대상이 되는 규범을 '법률'로 명시하고 있으며, 여기서 '법률'이라고 함은 국회의 의결을 거쳐 제정된 이른바 형식적 의미의 법률을 의미하므로 헌법의 개별규정 자체는 헌법소원에 의한 위헌심사의 대상이 아니다.

  헌재 1995. 12. 28. 95헌바3; 헌재 1996. 6. 13. 94헌바20; 헌재 1996. 6. 13. 94헌마118등

- 헌법은 전문과 각 개별조항이 서로 밀접한 관련을 맺으면서 하나의 통일된 가치체계를 이루고 있는 것으로서, 헌법의 제규정 가운데는 헌법의 근본가치를 보다 추상적으로 선언한 것도 있고, 이를 보다 구체적으로 표현한 것도 있으므로 이념적·논리적으로는 헌법규범상호간의 우열을 인정할 수 있는 것이 사실이다. 그러나 이때 인정되는 헌법규범상호간의 우열은 추상적 가치규범의 구체화에 따른 것

63) 헌재 2001. 9. 27. 2000헌바20(국제통화기금조약 제9조 제3항 등 위헌소원); 헌재 1999. 4. 29. 97헌가14('대한민국과 아메리카합중국간의 상호방위조약 제4조에 의한 시설과 구역 및 대한민국에서의 합중국군대의 지위에 관한 협정' 제2조 제1의 (나)항 위헌제청).
64) 김철수, 앞의 책(하), 2062면.
65) 헌재 1989. 12. 18. 89헌마32.
66) 헌재 1995. 12. 28. 95헌바3. 같은 취지의 판례 헌재 1996. 6. 13. 94헌마118.

으로서 헌법의 통일적 해석에 있어서는 유용할 것이지만, 그것이 헌법의 어느 특정규정이 다른 규정의 효력을 전면적으로 부인할 수 있을 정도의 개별적 헌법규정 상호간에 효력상의 차등을 의미하는 것이라고는 볼 수 없다.

헌재 1995. 12. 28. 95헌바3; 헌재 1996. 6. 13. 94헌바20; 헌재 1996. 6. 13. 94헌마118등

(6) 관습법

관습법이 위헌법률심판의 대상이 될 수 있는가와 관련하여 헌법재판소는 긍정하고 있다

판례 상속에 관한 관습법 위헌소원

[판시사항]

1. "여호주가 사망하거나 출가하여 호주상속이 없이 절가된 경우, 유산은 그 절가된 가(家)의 가족이 승계하고 가족이 없을 때는 출가녀(出家女)가 승계한다."는 구 관습법이 헌법재판소법 제68조 제2항에 의한 헌법소원심판의 대상이 되는지 여부(적극)
2. 이 사건 관습법이 평등원칙에 위배되는지 여부(소극)

[결정요지]

1. 민법 시행 이전의 "여호주가 사망하거나 출가하여 호주상속이 없이 절가된 경우, 유산은 그 절가된 가(家)의 가족이 승계하고 가족이 없을 때는 출가녀(出家女)가 승계한다."는 구 관습법은 민법 시행 이전에 상속 등을 규율하는 법률이 없는 상황에서 절가된 가(家)의 재산분배에 관하여 적용된 규범으로서, 비록 형식적 의미의 법률은 아니지만 실질적으로는 법률과 같은 효력을 갖는다. 그렇다면 법률과 같은 효력을 가지는 이 사건 관습법도 헌법소원심판의 대상이 되고, 단지 형식적 의미의 법률이 아니라는 이유로 그 예외가 될 수는 없다.

[재판관 이진성, 재판관 김창종, 재판관 조용호의 각하의견]

관습법은 형식적 의미의 법률과 동일한 효력이 없으므로 헌법재판소의 위헌법률심판이나 헌법재판소법 제68조 제2항에 따른 헌법소원심판의 대상이 될 수 없다. 관습법의 승인, 소멸은 그것에 관한 사실인정이 전제되어야 하고, 법원(法院)이 관습법을 발견하고 법적 규범으로 승인되었는지 여부를 결정할 뿐 아니라 이미 승인된 관습법의 위헌, 위법 여부는 물론 그 소멸 여부에 대하여도 판단하고 있으므로 관습법에 대한 위헌심사는 법원이 담당하는 것이 타당하다. 이 사건에서 적용된 구 관습법은 민법의 시행으로 인하여 이미 폐지된 것으로서 청구인은 구 관습법의 위헌성을 다투는 형식을 취하고 있으나, 실제로는 폐지된 구 관습법에 의하여 이미 정리된

재산분배의 사실관계를 다투는 것에 불과하여 만약 헌법재판소가 이 사건에서 이미 폐지된 구 관습법을 위헌이라고 선언한다면 그것은 실제로는 헌법재판소법 제68조 제1항에 의하여 금지된 재판소원을 인용하는 것과 다를 것이 없다. 따라서 이 사건 관습법은 헌법소원심판의 대상이 되지 않아 이 사건 헌법소원심판청구를 모두 각하하여야 한다.

[각하의견에 대한 재판관 조용호의 보충의견]

관습법은 헌법상 근거를 가진 것이 아닐 뿐만 아니라 국회가 관여한 바도 없기 때문에 관습법에 대한 위헌심사는 헌법이 예정하고 있는 것이 아니다. 관습법을 헌법재판소의 위헌심사의 대상으로 한다면, 나아가 '법의 일반 원칙'인 조리(條理)도 위헌심사의 대상이 된다고 보아야 할 것인데, 이러한 결과가 우리 헌법이 예정한 헌법재판소의 규범통제기능에 속하지 아니함은 분명하다. 민법 제1조는 민사관계를 규율하는 기준·원칙과 그 순서를 정하고 있는 것이지, 관습법에 대하여 법률과 같은 효력을 인정하는 취지가 아니다. 법의 존재형식 내지 인식근거로서 법원(法源)은 헌법에서 선언되어야 하나 우리 헌법은 관습법에 관하여 아무런 언급도 하고 있지 않다.

2. 본안에 관한 판단(생략)

헌재 2016. 4. 28. 2013헌바396 등

(7) 명령·규칙

명령·규칙이 헌법이나 법률에 위반되는지 여부가 재판의 전제가 되는 경우 (대)법원의 명령·규칙심사권의 대상이 되나(헌법 제107조 제2항), 위헌법률심판의 대상이 될 수 없다.[67)]

헌법 제107조 제2항의 "규칙"에는 지방자치단체의 조례와 규칙이 모두 포함된다.[68)]

(8) 유신헌법의 긴급조치

1972년 헌법(유신헌법)은 제53조는 "대통령은 천재·지변 또는 중대한 재정·경제상의 위기에 처하거나, 국가의 안전보장 또는 공공의 안녕질서가 중대한 위협을 받거나 받을 우려가 있어, 신속한 조치를 할 필요가 있다고 판단할 때에는 내정·외교·국방·경제·재정·사법 등 국정전반에 걸쳐 필요한 긴급조치를 할 수 있다"고 규정하여(제1항), 국가긴급권으로서 긴급조치를 규정하였다. 이 긴급조치는 국

67) 헌재 1996. 10. 4. 96헌가6; 헌재 2000. 1. 27. 96헌바95등.
68) 대판 1995. 7. 11. 94누4615.

민의 자유와 권리를 잠정적으로 정지하는 긴급조치를 할 수 있고, 정부나 법원의 권한에 관하여 긴급조치를 할 수 있었으며(동조 제2항), 긴급조치는 사법적 심사의 대상이 되지 아니하는(제4항) 막강한 조치였다.

대법원은 긴급조치와 관련하여 "…… 대통령이 긴급조치를 한 때에는 지체 없이 국회에 통고하여야 한다고 규정하고 있을 뿐, 사전적으로는 물론이거니와 사후적으로도 긴급조치가 그 효력을 발생 또는 유지하는 데 국회의 동의 내지 승인 등을 얻도록 하는 규정을 두고 있지 아니하고, 실제로 국회에서 긴급조치를 승인하는 등의 조치가 취하여진 바도 없다. 따라서 유신헌법에 근거한 긴급조치는 국회의 입법권 행사라는 실질을 전혀 가지지 못한 것으로서, 헌법재판소의 위헌심판대상이 되는 '법률'에 해당한다고 할 수 없고, 긴급조치의 위헌 여부에 대한 심사권은 최종적으로 대법원에 속한다"고 하면서 유신헌법 제53조에 근거한 '대통령 긴급조치 제1호'가 헌법에 위배되어 무효이며, 위헌 · 무효인 대통령 긴급조치 제1호 제5항, 제1항, 제3항을 적용하여 공소가 제기된 이 사건 공소사실 중 각 긴급조치 위반의 점에 대하여 면소를 선고한 '원심판결 중 유언비어 날조 · 유포로 인한 긴급조치 위반' 부분에 법리오해의 위법이 있다는 이유로, 원심판결 및 제1심판결 중 이 부분을 파기하고 직접 무죄를 선고한 바 있다.[69)]

그러나 헌법재판소는 "최소한 법률과 동일한 효력을 가지는 이 사건 긴급조치들의 위헌 여부 심사권한도 헌법재판소에 전속한다"고 보면서, 긴급조치 제1호, 제2호가 입법목적의 정당성이나 방법의 적절성을 갖추지 못하고, 참정권, 표현의 자유, 영장주의 및 신체의 자유, 법관에 의한 재판을 받을 권리 등을 침해하고, 긴급조치 제9호가 입법목적의 정당성이나 방법의 적절성을 갖추지 못하고, 참정권, 표현의 자유, 집회 · 시위의 자유, 영장주의 및 신체의 자유, 학문의 자유 등을 침해한다고 판시하였다.[70)]

판례 유신헌법상 긴급조치에 대한 위헌심사권한이 헌법재판소에 전속하는지 여부(구 헌법 제53조 등 위헌소원)

[판시사항]

1. 유신헌법을 부정 · 반대 · 왜곡 또는 비방하거나, 유신헌법의 개정 또는 폐지를 주장 · 발의 · 제안 또는 청원하는 일체의 행위, 유언비어를 날조 · 유포하는 행위 등을 전면적으로 금지하고, 이를 위반하면 비상군법회의 등에서 재판하여 처벌

69) 대판 2010. 12. 16. 2010도5986.
70) 헌재 2013. 3. 21. 2010헌바132 등.

하도록 하는 것을 주된 내용으로 한, 유신헌법 제53조에 근거하여 발령된 대통령긴급조치 제1호(1974. 1. 8. 대통령긴급조치 제1호로 제정되고, 1974. 8. 23. 대통령긴급조치 제5호로 해제된 것, 이하 '긴급조치 제1호'라 한다), 대통령긴급조치 제2호(1974. 1. 8. 대통령긴급조치 제2호로 제정된 것, 이하 '긴급조치 제2호'라 한다), '국가안전과 공공질서의 수호를 위한 대통령긴급조치'(1975. 5. 13. 대통령긴급조치 제9호로 제정되고, 1979. 12. 7. 대통령공고 제67호로 해제된 것, 이하 '긴급조치 제9호'라 한다. 이하 이들 모두를 지칭할 때는 '이 사건 긴급조치들'이라 한다)에 대한 위헌심사권한이 헌법재판소에 전속하는지 여부(적극)
2. 이 사건 긴급조치들에 대한 위헌 심사의 준거규범(현행헌법)
3. 예외적으로 이 사건 긴급조치들이 무죄판결이 확정되었거나 재심청구가 기각된 당해 사건 재판의 전제성이 있는지 여부(적극)
4. 긴급조치 제1호, 제2호가 입법목적의 정당성이나 방법의 적절성을 갖추지 못하고, 참정권, 표현의 자유, 영장주의 및 신체의 자유, 법관에 의한 재판을 받을 권리 등을 침해하는지 여부(적극)
5. 긴급조치 제9호가 입법목적의 정당성이나 방법의 적절성을 갖추지 못하고, 참정권, 표현의 자유, 집회・시위의 자유, 영장주의 및 신체의 자유, 학문의 자유 등을 침해하는지 여부(적극)

[결정요지]

1. 헌법 제107조 제1항, 제2항은 법원의 재판에 적용되는 규범의 위헌 여부를 심사할 때, '법률'의 위헌 여부는 헌법재판소가, 법률의 하위 규범인 '명령・규칙 또는 처분' 등의 위헌 또는 위법 여부는 대법원이 그 심사권한을 갖는 것으로 권한을 분배하고 있다. 이 조항에 규정된 '법률'인지 여부는 그 제정 형식이나 명칭이 아니라 규범의 효력을 기준으로 판단하여야 하고, '법률'에는 국회의 의결을 거친 이른바 형식적 의미의 법률은 물론이고 그 밖에 조약 등 '형식적 의미의 법률과 동일한 효력'을 갖는 규범들도 모두 포함된다. 따라서 최소한 법률과 동일한 효력을 가지는 이 사건 긴급조치들의 위헌 여부 심사권한도 헌법재판소에 전속한다.
2. 가. 유신헌법 일부 조항과 긴급조치 등이 기본권을 지나치게 침해하고 자유민주적 기본질서를 훼손하였다는 반성에 따른 헌법 개정사, 국민의 기본권의 강화・확대라는 헌법의 역사성, 헌법재판소의 헌법해석은 헌법이 내포하고 있는 특정한 가치를 탐색・확인하고 이를 규범적으로 관철하는 작업인 점에 비추어, 헌법재판소가 행하는 구체적 규범통제의 심사기준은 원칙적으로 헌법재판을 할 당시에 규범적 효력을 가지는 현행헌법이다.

   나. 국가긴급권의 행사라 하더라도 헌법재판소의 심판대상이 되고, 긴급조치에 대한 사법심사 배제조항을 둔 유신헌법 제53조 제4항은 입헌주의에 대한 중대한

예외일 뿐 아니라, 현행헌법이 반성적 견지에서 사법심사배제조항을 승계하지 아니하였으므로, 현행헌법에 따라 이 사건 긴급조치들의 위헌성을 다툴 수 있다.

3. 당해 사건에서 무죄판결이 선고되거나 재심청구가 기각되어 원칙적으로는 재판의 전제성이 인정되지 아니할 것이나, 긴급조치의 위헌 여부를 심사할 권한은 본래 헌법재판소의 전속적 관할 사항인 점, 법률과 같은 효력이 있는 규범인 긴급조치의 위헌 여부에 대한 헌법적 해명의 필요성이 있는 점, 당해 사건의 대법원판결은 대세적 효력이 없는 데 비하여 형벌조항에 대한 헌법재판소의 위헌결정은 대세적 기속력을 가지고 유죄 확정판결에 대한 재심사유가 되는 점, 유신헌법 당시 긴급조치 위반으로 처벌을 받게 된 사람은 재판절차에서 긴급조치의 위헌성을 다툴 수조차 없는 규범적 장애가 있었던 점 등에 비추어 볼 때, 예외적으로 헌법질서의 수호·유지 및 관련 당사자의 권리구제를 위하여 재판의 전제성을 인정함이 상당하다.

4. 5(생략)

헌재 2013. 3. 21. 2010헌바132 등

판례 헌법재판소의 위헌심판대상인 '법률'의 의미 및 소위 유신헌법 제53조에 근거한 '대통령 긴급조치' 위헌 여부의 최종적 심사기관(=대법원)

대통령긴급조치위반·반공법위반

[판시사항]

[1] 폐지 또는 실효된 형벌 관련 법령이 당초부터 위헌·무효인 경우 그 법령을 적용하여 공소가 제기된 피고사건에 대하여 법원이 취하여야 할 조치(=무죄의 선고) 및 이 경우 면소를 선고한 판결에 대하여 상소가 가능한지 여부(적극)

[2] 고도의 정치성을 띤 국가행위인 이른바 '통치행위'가 사법심사의 대상이 되는지 여부

[3] 헌법재판소의 위헌심판대상인 '법률'의 의미 및 소위 유신헌법 제53조에 근거한 '대통령 긴급조치' 위헌 여부의 최종적 심사기관(=대법원)

[4] 소위 유신헌법 제53조에 근거한 '대통령 긴급조치 제1호'가 헌법에 위배되어 무효인지 여부(=적극)

[5] 위헌·무효인 대통령 긴급조치 제1호 제5항, 제1항, 제3항을 적용하여 공소가 제기된 이 사건 공소사실 중 각 긴급조치 위반의 점에 대하여 면소를 선고한 '원심판결 중 유언비어 날조·유포로 인한 긴급조치 위반' 부분에 법리오해의 위법이 있다는 이유로, 원심판결 및 제1심판결 중 이 부분을 파기하고 직접 무죄를 선고한 사례

[판결요지]

[1] 재심이 개시된 사건에서 범죄사실에 대하여 적용하여야 할 법령은 재심판결

당시의 법령이므로, 법원은 재심대상판결 당시의 법령이 변경된 경우에는 그 범죄사실에 대하여 재심판결 당시의 법령을 적용하여야 하고, 폐지된 경우에는 형사소송법 제326조 제4호를 적용하여 그 범죄사실에 대하여 면소를 선고하는 것이 원칙이다. 그러나 법원은, 형벌에 관한 법령이 헌법재판소의 위헌결정으로 인하여 소급하여 그 효력을 상실하였거나 법원에서 위헌 · 무효로 선언된 경우, 당해 법령을 적용하여 공소가 제기된 피고사건에 대하여 같은 법 제325조에 따라 무죄를 선고하여야 한다. 나아가 형벌에 관한 법령이 재심판결 당시 폐지되었다 하더라도 그 '폐지'가 당초부터 헌법에 위배되어 효력이 없는 법령에 대한 것이었다면 같은 법 제325조 전단이 규정하는 '범죄로 되지 아니한 때'의 무죄사유에 해당하는 것이지, 같은 법 제326조 제4호의 면소사유에 해당한다고 할 수 없다. 따라서 면소판결에 대하여 무죄판결인 실체판결이 선고되어야 한다고 주장하면서 상고할 수 없는 것이 원칙이지만, 위와 같은 경우에는 이와 달리 면소를 할 수 없고 피고인에게 무죄의 선고를 하여야 하므로 면소를 선고한 판결에 대하여 상고가 가능하다.

[2] 입헌적 법치주의국가의 기본원칙은 어떠한 국가행위나 국가작용도 헌법과 법률에 근거하여 그 테두리 안에서 합헌적 · 합법적으로 행하여질 것을 요구하고, 이러한 합헌성과 합법성의 판단은 본질적으로 사법의 권능에 속한다. 다만 고도의 정치성을 띤 국가행위에 대하여는 이른바 통치행위라 하여 법원 스스로 사법심사권의 행사를 억제하여 그 심사대상에서 제외하는 영역이 있을 수 있으나, 이와 같이 통치행위의 개념을 인정하더라도 과도한 사법심사의 자제가 기본권을 보장하고 법치주의 이념을 구현하여야 할 법원의 책무를 태만히 하거나 포기하는 것이 되지 않도록 그 인정을 지극히 신중하게 하여야 한다.

[3] 헌법 제107조 제1항, 제111조 제1항 제1호의 규정에 의하면, 헌법재판소에 의한 위헌심사의 대상이 되는 '법률'이란 '국회의 의결을 거친 이른바 형식적 의미의 법률'을 의미하고, 위헌심사의 대상이 되는 규범이 형식적 의미의 법률이 아닌 때에는 그와 동일한 효력을 갖는 데에 국회의 승인이나 동의를 요하는 등 국회의 입법권 행사라고 평가할 수 있는 실질을 갖춘 것이어야 한다. 구 대한민국헌법(1980. 10. 27. 헌법 제9호로 전부 개정되기 전의 것, 이하 '유신헌법'이라 한다) 제53조 제3항은 대통령이 긴급조치를 한 때에는 지체 없이 국회에 통고하여야 한다고 규정하고 있을 뿐, 사전적으로는 물론이거니와 사후적으로도 긴급조치가 그 효력을 발생 또는 유지하는 데 국회의 동의 내지 승인 등을 얻도록 하는 규정을 두고 있지 아니하고, 실제로 국회에서 긴급조치를 승인하는 등의 조치가 취하여진 바도 없다. 따라서 유신헌법에 근거한 긴급조치는 국회의 입법권 행사라는 실질을 전혀 가지지 못한 것으로서, 헌법재판소의 위헌심판대상이 되는 '법률'에 해당한다고 할 수 없고, 긴급조치의 위헌 여부에 대한 심사권은 최종적으로 대법원에 속한다.

[4] 구 대한민국헌법(1980. 10. 27. 헌법 제9호로 전부 개정되기 전의 것, 이하

'유신헌법'이라 한다) 제53조에 근거하여 발령된 대통령 긴급조치(이하 '긴급조치'라 한다) 제1호는 그 발동 요건을 갖추지 못한 채 목적상 한계를 벗어나 국민의 자유와 권리를 지나치게 제한함으로써 헌법상 보장된 국민의 기본권을 침해한 것이므로, 긴급조치 제1호가 해제 내지 실효되기 이전부터 유신헌법에 위배되어 위헌이고, 나아가 긴급조치 제1호에 의하여 침해된 각 기본권의 보장 규정을 두고 있는 현행 헌법에 비추어 보더라도 위헌이다. 결국 이 사건 재판의 전제가 된 긴급조치 제1호 제1항, 제3항, 제5항을 포함하여 긴급조치 제1호는 헌법에 위배되어 무효이다. 이와 달리 유신헌법 제53조에 근거를 둔 긴급조치 제1호가 합헌이라는 취지로 판시한 대법원 1975. 1. 28. 선고 74도3492 판결, 대법원 1975. 1. 28. 선고 74도3498 판결, 대법원 1975. 4. 8. 선고 74도3323 판결과 그 밖에 이 판결의 견해와 다른 대법원 판결들은 모두 폐기한다.

[5] 생략

대판 2010. 12. 16. 2010도5986

7. 위헌법률심판의 기준

(1) 헌 법

1) 원칙적 기준

위헌법률심판은 법률이 헌법에 위반 여부를 심판하는 것으로 심사의 기준은 헌법이다. 개별헌법조항뿐만 아니라 헌법전문, 부칙을 포함한 형식적 의미의 헌법으로서의 전체 헌법전과 여기서 도출되는 헌법의 기본원리나 헌법원칙들도 심사기준이 된다.

2) 관습헌법(헌법적 관습)

헌법상의 관례나 관행도 심판의 기준이 된다는 견해[71]와 성문헌법국가에서는 헌법적 관행이 곧 위헌심판의 기준이 된다고 보기는 어려울 것이나, 이것이 헌법핵을 이루거나 자연법규범이 되는 경우에는 기준이 될 수 있다는 견해(예외적 포함설)가 대립한다. 헌법재판소는 "우리나라는 성문헌법을 가진 나라로서 기본적으로 우리 헌법전(憲法典)이 헌법의 법원(法源)이 된다. 그러나 성문헌법이라고 하여도 그 속에 모든 헌법사항을 빠짐없이 완전히 규율하는 것은 불가능하고 또한 헌법은 국가의 기본법으로서 간결성과 함축성을 추구하기 때문에 형식적 헌법전에는 기재되지 아니한 사항이라도 이를 불문헌법(不文憲法) 내지 관습헌법으로 인정할 소지가 있다. 특히 헌법제정 당시 자명(自明)하거나 전제(前提)된 사항 및 보편적 헌법

71) 권영성, 앞의 책, 1150면.

원리와 같은 것은 반드시 명문의 규정을 두지 아니하는 경우도 있다. 그렇다고 해서 헌법사항에 관하여 형성되는 관행 내지 관례가 전부 관습헌법이 되는 것은 아니고 강제력이 있는 헌법규범으로서 인정되려면 엄격한 요건들이 충족되어야만 하며, 이러한 요건이 충족된 관습만이 관습헌법으로서 성문의 헌법과 동일한 법적 효력을 가진다"고 하여 관습헌법을 인정하고 있다.

(2) 자연법과 정의

1) 학 설

입법에 있어서 존중되어야 함은 물론이지만, 위헌법률심판의 기준이 될 수 있는가에는 의문을 표시하는 견해가 있는가 하면,[72] 헌법규범의 상위에 존재하는 자연법을 인정하는 경우는 기준이 될 수 있다고 하며, 헌법정신이나 헌법가치를 중시하는 것도 자연법론의 입장이라는 견해가 있다. 후자는 실정헌법규범이 자연법에 위배되는 경우 자연법과 정의의 원칙도 기준이 된다고 한다.[73]

2) 판 례

우리나라의 경우 헌법이 제정되기 전 구민법상의 처의 무능력제도를 남녀평등이라는 자연법원리를 도입하여 위법임을 판결한 예가 있다.[74] 독일 연방헌법재판소는 헌법에 선행하고 헌법제정권자도 구속하는 초실정법적 규범의 존재를 시인하고, 실정법률을 그에 비추어 심사할 수 있다고 판시하였다.[75]

8. 위헌법률심판의 범위와 관점

(1) 합헌성 심사

위헌법률심판의 대상이 되는 법률의 합헌성 여부를 심사한다. 합목적성의 심사가 아니라, 합헌성심사에 있어서는 법률의 형식적 합헌성뿐만 아니라 실질적 합헌성 여부도 판단하여야 한다. 다만 합헌성 판단에 있어서는 합헌성 추정의 원칙을 존중하여야 한다는 견해도 있다.[76]

---

72) 권영성, 앞의 책, 1151면.
73) 김철수, 앞의 책(하), 2068면.
74) 대판 1947. 9. 2. 4280민상88.
75) BVerfGE 1, 14ff.
76) 권영성, 앞의 책, 1151면.

(2) 판단의 범위

헌법재판소는 제청된 법률조항의 위헌 여부를 결정한다. 당해사건에서 그 효력에 의문이 제기된 법률 또는 법률조항에 한정되지만, 일부조항으로 당해 법률 전부를 시행할 수 없다고 인정할 때에는 그 법률 전부에 대하여 위헌결정을 할 수 있다(헌법재판소법 제45조 단서).[77)]

한편 제청법원이 심판대상을 제한하지 않고 법률조항의 전부에 대해서 심판을 청구하는 경우가 많은데, 헌법재판소는 결정의 이유에서 심판대상을 제한하고 제한된 대상에 대해서 판단한다.[78)]

심판대상이 된 법률조항이 위헌으로 선언될 경우 위헌인 법률조항과 나머지 법률조항이 극히 밀접한 관계에 있어 양자가 분리될 수 없어 일체를 형성하는 경우, 나머지 법률조항을 심판대상으로 삼을 수 있다.

헌법재판소는 심판청구이유, 당해사건 재판과의 관련 정도, 이해관계인의 의견 등을 종합하여 직권으로 심판대상을 변경할 수 있다(심판대상의 변경).[79)]

(3) 판단(심사)의 관점

제청인이 제청이유로서 제시한 헌법규정이나 헌법원칙 또는 침해된 기본권에 한정되지 아니하고 모든 헌법적 관점을 동원하여 심리할 수 있다.

헌법재판소는 주세법상 자도소주구입명령제에 대한 위헌여부사건에서 "심판대상인 주세법규정이 주류판매업자에 미치는 기본권제한적 효과에 한하지 아니하고, 그 외의 관련자인 주류제조업자나 소비자에 대한 심판대상규범의 효과까지 헌법적 관점에서 심사하여야 한다"고 하여 이를 긍정하고 있다.[80)]

9. 위헌법률심판의 결정

(1) 결정의 정족수

법률에 대한 위헌결정을 하려면 재판관 6인 이상의 찬성이 있어야 한다(헌법 제113조 제1항). 각하결정 등 기타결정은 재판관 과반수로 결정한다.

---

77) 헌재 1996. 12. 26. 94헌바1.
78) 헌재 2000. 6. 29. 99헌가16.
79) 헌재 1999. 10. 21. 97헌바26.
80) 헌재 1996. 12. 26. 96헌가18.

(2) 결정의 형식(유형)

1) 결정유형의 분류론

위헌법률심판에 대한 종국결정은 형식적 요건의 흠결로 본안판단에 들어갈 수 없는 각하결정과 본안에 대한 합헌결정 및 위헌결정이 있다. 다만 헌법재판소는 변형결정을 인정하고 있다. 학자들이 결정의 유형을 분류하는 데 약간의 견해차가 있다. 대표적인 학자들의 결정유형 분류를 살펴본다.

김 철 수	권 영 성	허 영
1) 합헌결정 가. 단순합헌결정 나. 위헌불선언결정 2) 위헌결정 3) 변형결정 가. 헌법불합치결정 나. 입법촉구결정 다. 한정합헌결정 라. 일부위헌·한정위헌·적용위헌결정 마. 조건부위헌결정	1) 합헌결정 가. 단순합헌결정 나. 위헌불선언결정 2) 위헌결정 가. 단순위헌결정 나. 일부위헌결정 3) 변형결정 가. 헌법불합치결정 나. 입법촉구결정 다. 한정합헌·한정위헌결정	1) 합헌결정 2) 위헌결정 3) 변형결정 가. 위헌불선언결정 나. 한정합헌결정 다. 한정위헌결정 라. 일부위헌결정 마. 조건부위헌결정 바. 헌법불합치결정 사. 부분위헌결정

2) 합헌결정(단순합헌)

① 주문형식

우리 헌법재판소는 "법률은 헌법에 위반되지 아니한다"라는 형식으로 주문을 쓴다. 독일기본법은 "기본법에 합치한다"는 선언을 하고, 오스트리아는 제청신청을 기각하는 선고를 하는 방식을 취한다. 단순합헌결정을 위헌불선언결정과 구별하면 적어도 5인 이상의 합헌의견이 있을 때에만 가능하다. 합헌의견 4인, 위헌의견 5인 경우 과거 헌법재판소는 "법률은 위헌으로 선언할 수 없다"는 위헌불선언결정 형식으로 선고한 바 있다(토지거래허가제). 위헌불선언결정은 합헌결정과 차이가 없기 때문에 헌법재판소는 1993년 해직공무원법과 관련한 사건에서 합헌결정으로 주문을 쓴 바 있으며, 5.18 특별법사건이래로 합헌 4인, 위헌 5인인 경우 위헌불선언결정 양식을 사용하지 않고 합헌결정의 주문을 쓰고 있다. 위헌불선언결정을 별도로 인정할 것인가에 대해서는 견해의 대립이 있다.[81]

81) 성낙인 교수는 실질적인 법적 효과가 동일하다 하더라도 단순합헌결정과 위헌불선언결정과의 분명한 차이를 부각시켜주는 것이 유익하다고 한다. 헌법재판관 과반수가 위헌의견을 제시하

② 합헌결정의 기속력

합헌결정의 기속력에 대해서는 견해의 대립이 있지만, 헌법재판소는 간통죄사건에서도 보듯이 이미 합헌으로 결정한 법률에 대해서도 적법한 위헌제청으로 인정하고 있어 합헌결정의 기속력을 인정하지 않고 있다.[82)]

3) 위헌결정(단순위헌)

① 주문형식

법률이 헌법에 위반된다고 판단된 경우 "법률은 헌법에 위반된다"는 주문형식을 사용한다.

② 위헌결정의 효력

(i) 원칙적 장래효와 예외적 소급효

위헌으로 결정된 법률 또는 법률의 조항은 그 결정이 있는 날로부터 효력을 상실한다(헌법재판소법 제47조 제2항). 즉 당해 사건에 대한 적용만이 배제되는 것이 아니라 그 법률(조항)의 효력이 일반적으로 소멸되는 것이다(일반효 내지 대세효). 이러한 위헌결정의 효력은 구체적 규범통제의 성격과 잘 맞지 않는다고 볼 수 있는 측면도 있으나, 헌법질서의 객관성과 통일성 및 소송경제를 위해 필요하다고 인정될 수 있다.

형벌에 관한 법률 또는 법률의 조항은 소급하여 그 효력을 상실한다. 다만, 해당 법률 또는 법률의 조항에 대하여 종전에 합헌으로 결정한 사건이 있는 경우에는 그 결정이 있는 날의 다음날로 소급하여 효력을 상실한다(동법 제47조 제3항). 위헌으로 결정된 법률 또는 법률의 조항에 근거한 유죄의 확정판결에 대하여는 재심을 청구할 수 있으며, 이 재심에 대하여는 형사소송법을 준용한다(동법 제47조 제4항, 제5항).

(ii) 기속력

헌법재판소에 의한 법률에 대한 위헌결정은 법원 기타 국가기관 및 지방자치단체를 기속한다(헌법재판소법 제47조 제1항). 위헌결정의 기속력은 헌법의 최고규범성에서 직접 도출되는 것으로서, 실질적 법치주의를 실현시키는 중요한 요소가 된다.

구체적으로 위헌결정의 효력이 미치는 범위에 관하여는 논란의 여지가 있지만, 결정의 주문 이외에 결정의 중요이유(결정요지)도 기속력을 갖는다고 이해하는 것

고 있다는 사실은 민주주의의 다수결원리에 비추어 장차 입법자들이 충분히 참고할 수 있는 기회가 되어야 한다고 한다(성낙인, 제21판 헌법학, 법문사, 2021, 823면).

82) 헌재 1993. 3. 11. 90헌가70.

이 타당하다.

위헌결정의 기속력과 관련하여 헌법재판소의 결정이 스스로를 기속할 수 있는지를 문제 삼기도 하나, 일사부재리의 원칙이 인정되는 만큼(동법 제39조) 헌법재판소도 당해사건에 대한 결정을 번복할 수는 없다고 보아야 할 것이다. 다만 판례의 변경이 가능하므로, 사후에 유사한 사건에서 다른 결정을 내리는 것은 가능할 것이다.

4) 변형결정

① 의 의

변형결정이 무엇을 의미하느냐에 대해서는 학자들의 견해차가 있다. 독일에서는 위헌법률이 소급하여 효력을 상실하게 되므로, 법적 안정성과 입법부의 입법형성의 자유를 존중하기 위하여 그 소급무효를 제한하기 위한 형식의 판결도 선고되고 있는데 이를 변형결정이라고 한다. 현행 우리나라의 헌법재판소법은 일반법규는 즉시무효(장래효), 형벌법규는 소급무효라는 제도를 규정하고 있지만, 헌법재판소와 다수설은 변형결정도 불가피하다고 한다. 넓은 의미에서는 합헌결정과 위헌결정 외의 결정을 모두 변형결정이라고 할 수 있다.

② 허용 여부

(i) 적극설

법적 안정성과 국회의 입법권의 존중의 필요성을 그 근거로 하고, 또 복잡다양한 헌법상황에 비추어 유연하고 신축성있는 판단을 해야 할 필요성을 논거로 한다.

(ii) 소극설

헌법재판소법 제45조 제1항의 문언에 비추어볼 때 위헌 여부를 명백히 결정해야 할 의무가 있고, 위헌결정의 장래효를 규정한 동법 제47조 제2항에 따르면 위헌결정의 효력발생을 일시적으로 유보시키는 변형결정은 인정될 수 없으며, 동법 제47조 제1항의 문언에 따르면 위헌결정만이 기속력을 가진다는 점, 독일의 법제에서 채택하고 있는 형식이라도 우리의 법제에서는 맞지 않는다는 점 등을 논거로 한다.

판례 변형결정의 구속력 인정근거

- 헌법재판소의 법률에 대한 위헌결정에는 단순위헌결정은 물론, 한정합헌, 한정위헌결정과 헌법불합치결정도 포함되고 이들은 모두 당연히 기속력을 가진다.
  즉, 헌법재판소는 법률의 위헌여부가 심판의 대상이 되었을 경우, 재판의 전제가 된 사건과의 관계에서 법률의 문언, 의미, 목적 등을 살펴 한편으로 보면 합헌으로, 다른 한편으로 보면 위헌으로 판단될 수 있는 등 다의적인 해석가능성이 있을 때 일반적인 해석작용이 용인되는 범위내에서 종국적으로 어느 쪽이 가장 헌법에 합치되는가를 가려, 한정축소적 해석을 통하여 합헌적인 일정한 범위내의 의미내용을 확정하여 이것이 그 법률의 본래적인 의미이며 그 의미 범위 내에 있어서는 합헌이라고 결정할 수도 있고, 또 하나의 방법으로는 위와 같은 합헌적인 한정축소 해석의 타당영역 밖에 있는 경우에까지 법률의 적용범위를 넓히는 것은 위헌이라는 취지로 법률의 문언자체는 그대로 둔 채 위헌의 범위를 정하여 한정위헌의 결정을 선고할 수도 있다.

위 두 가지 방법은 서로 표리관계에 있는 것이어서 실제적으로는 차이가 있는 것이 아니다. 합헌적인 한정축소해석은 위헌적인 해석 가능성과 그에 따른 법적용을 소극적으로 배제한 것이고, 적용범위의 축소에 의한 한정적 위헌선언은 위헌적인 법적용 영역과 그에 상응하는 해석 가능성을 적극적으로 배제한다는 뜻에서 차이가 있을 뿐, 본질적으로는 다 같은 부분위헌결정이다.

헌재 1992. 2. 25. 89헌가104

• 헌법재판소의 또 다른 변형결정의 하나인 헌법불합치결정의 경우에도 개정입법시까지 심판의 대상인 법률조항은 법률문언의 변화없이 계속 존속하나, 헌법재판소에 의한 위헌성 확인의 효력은 그 기속력을 가지는 것이다.

헌재 1997. 12. 24. 96헌마172등

③ 유 형

(i) 위헌불선언결정(위헌 5인, 합헌 4인)

앞에서 설명한 바와 같이 "헌법에 위반된다고 선언할 수 없다"는 주문형식이다. 국토이용관리법 제31조의 2의 토지거래허가제의 위헌여부심판 등에서 위헌불선언결정이 사용된 적이 있으나, 실질적으로는 합헌이나 다름없으며, 헌법재판소는 5.18특별법 위헌여부심판이래로 이 경우 위헌불선언결정을 포기하고 합헌결정의 주문을 쓰고 있다.

(ii) 헌법불합치결정

i) 개 념

비록 위헌성이 인정되는 법률이라고 하더라도 국회의 입법권을 존중하고자, 그리고 위헌결정의 효력을 즉시 발생시킬 때 오게 될 법률의 공백을 막아 법적 안정성을 유지하고자 하는 목적에서 입법자에게 법률의 위헌성을 제거할 의무를 부과하고, 입법자의 입법개선이 있기까지 위헌적 법률의 적용을 중지하거나 잠정적인 적용을 허용하는 결정유형이다.

헌법불합치결정은 위헌결정의 일종이지만, 단순위헌결정과 다른 점은 헌법불합치결정만으로는 합헌적 질서가 회복되지 않고 국회의 입법적 보충이 필연적으로 요구된다. 국회입법의 매개는 헌법불합치결정의 본질적 징표이다. 따라서 헌법불합치결정에는 광의의 입법개선촉구결정을 동반한다.

ii) 주문형식

"…… 법률(조항)은 헌법에 합치되지 아니한다", "법률(조항)은 0000년 00월말 시한으로 입법자가 개정할 때까지 효력을 지속한다."

iii) 헌법불합치결정의 사유

헌법재판소는 헌법불합치결정을 할 수 있는 사유로 i. 위헌결정을 통하여 법적 공백이나 혼란을 초래할 우려가 있는 경우(법적 안정성), ii. 수혜적 법률이 평등원칙에 위반되는 경우, iii. 합헌부분과 위헌부분의 경계가 불분명하여 입법형성권을 존중하여야 할 경우, iv. 이미 헌법합치적 결정이 있는 경우 등을 제시하고 있다.

(ㄱ) 위헌결정을 통하여 법적 공백이나 혼란을 초래할 우려가 있는 경우: 헌법재판소는 법적 안정성의 관점에서 법치국가적으로 용인하기 어려운 법적 공백과 그로 인한 혼란을 방지하기 위하여, 입법자가 합헌적인 방향으로 법률을 개선할 때까지 일정 기간 동안 위헌적인 법규정을 존속케 하고 또한 잠정적으로 적용하게 할 필요에서 헌법불합치결정을 한다.

판례 한국방송공사법상 TV 수신료금액결정규정의 헌법불합치결정(한국방송공사법 제35조 등 위헌소원)

"수신료금액의 결정은 납부의무자의 범위 등과 함께 수신료에 관한 본질적인 중요한 사항이므로 국회가 스스로 행하여야 하는 사항에 속하는 것임에도 불구하고 한국방송공사법 제36조 제1항에서 국회의 결정이나 관여를 배제한 채 한국방송공사로 하여금 수신료금액을 결정해서 문화관광부장관의 승인을 얻도록 한 것은 법률유보원칙에 위반된다. 수신료 수입이 끊어지면 한국방송공사의 방송사업은 당장 존폐의 위기에 처하게 될 것이고 이는 우리 사회에 엄청난 파장을 미치게 됨은 물론 방송의 자유와 국민의 알 권리에 심각한 훼손을 입히게 되는 반면, 수신료부과 자체는 위헌성이 있는 것이 아니어서 위 조항의 잠정적용으로 인한 기본권침해의 정도는 상대적으로 크지 않다고 할 것이므로 단순위헌결정을 하여 바로 그 효력을 상실시키는 대신 빠른 시일내에 헌법위반상태의 제거를 위한 입법촉구를 하되 그 때까지는 위 조항의 효력이 지속되도록 한다."[83] 헌재 1999. 5. 27. 98헌바70

(ㄴ) **수혜적 법률이 평등원칙에 위반되는 경우:** 수혜적 법률의 경우 평등권의 위반 여부만이 문제되는 바, 이러한 수혜적 법률이 평등원칙에 위반되는 경우가 불합치결정을 하는 대표적인 사유에 속한다. 예컨대 일정한 범위의 수혜자에게 혜택을 부여하는 법률이 수혜대상으로부터 청구인을 배제한 것이 평등원칙에 위반된다는 주장으로 법률에 대한 헌법소원이 제기된 경우, 이러한 수혜적 법률규정에 대해 위헌선언을 한다면 이미 존재하는 혜택마저도 상실시키는 결과를 초래하므로, 헌법재판소는 불합치결정을 하고 입법자에게 그 위헌성을 제거할 의무를 지우는 것이다. 수혜적 법률이 평등권에 위반된다고 판단되는 경우 그것이 어떠한 방법으로 치유되어야 하는가에 관하여는 여러 가지 선택가능성(수혜적 법률에 의하여 부여된 혜택의 박탈, 수혜대상의 확대 또는 수혜대상범위의 재확정 등) 중 무엇을 선택하는가는 입법자에게 맡겨진 과제이다.

판례 월남전에 참전한 자가 생전에 고엽제후유증환자로 등록신청을 하지 아니하고 사망한 경우 그 유족에게 유족등록신청자격을 부인하는 것이 평등원칙을 위반하는 것인지 여부(고엽제후유의증 환자 지원 등에 관한 법률 제8조 제1항 제1호 등 위헌확인)

"이 사건의 경우 헌법재판소가 위헌결정 또는 단순한 헌법불합치결정만을 선고할 경우 이 사건 법률조항은 헌법재판소가 결정을 선고한 때부터 더 이상 적용할 수 없게 된다. 이 경우 그나마 일정한 범위의 유족에게 유족등록신청의 길을 열어 놓고 있는 근거규정이 효력을 잃게 됨으로써 상당한 법적 공백이 생기게 된다. 그러므로 이 사건 법률조항의 요건에 맞아 유족등록신청을 할 수 있는 자에게는 이 규정을 잠정적으로 적용할 수 있게 하여야 한다. 따라서 입법자는 이 결정에 따라 조속한 시일 내에 이 사건 법률조항을 헌법에 합치하는 내용으로 개정하여 청구인들과 같은 유족에게 등록신청의 기회를 주어야 하고 그 개정시까지 이 사건 법률조항의 효력은 잠정적으로 존속한다."[84]

헌재 2001. 6. 28. 99헌마516

---

83) 헌재 1996. 10. 21. 97헌바26(도시계획법 제6조위헌소원: 도시계획을 시행하기 위해서는 계획구역 내의 토지소유자에게 행위제한을 부과하는 법규정이 반드시 필요한데, 헌법재판소가 위헌결정을 통하여 당장 법률의 효력을 소멸시킨다면, 토지재산권의 행사를 제한하는 근거규범이 존재하지 않게 됨으로써 도시계획이라는 중요한 지방자치단체행정의 수행이 수권규범의 결여로 말미암아 불가능하게 된다. 도시계획은 국가와 지방자치단체의 중요한 행정으로서 잠시도 중단되어서는 안 되기 때문에, 이 사건 법률조항을 입법개선시까지 잠정적으로 적용하는 것이 바람직하다고 판단된다); 헌재 2004. 3. 25. 2002헌바104(형사소송법 제214조의2 제1항 위헌소원: 구속적부심사청구권의 근거규정의 전면적 효력 상실을 막기 위하여 헌법불합치결정을 하고 그 계속적용을 명한 사례) 등도 참조.

84) 헌재 1997. 8. 21. 94헌바19("퇴직금"에 관하여는 아무런 범위나 한도의 제한없이 질권이나 저당권에 우선하여 그 변제를 받을 수 있다는 규정: "퇴직금의 전액이 아니고 근로자의 최저

(ㄷ) 합헌부분과 위헌부분의 경계가 불분명하여 입법형성권을 존중하여야 할 경우: 법률의 합헌부분과 위헌부분의 경계가 불분명하여 헌법재판소의 단순위헌결정으로는 적절하게 구분하여 대처하기가 어렵고, 다른 한편으로는 권력분립의 원칙과 민주주의원칙의 관점에서 입법자에게 위헌적인 상태를 제거할 수 있는 여러 가지의 가능성을 인정할 수 있는 경우에는, 자유권의 침해에도 불구하고 예외적으로 입법자의 형성권이 헌법불합치결정을 정당화하는 근거가 될 수 있다.

판례 지적측량 업무를 비영리법인만 대행할 수 있도록 규정한 지적법 제41조 제1항의 헌법불합치결정이유

"이 사건 법률조항의 경우 초벌측량의 대행을 비영리법인(사실상 재단법인 대한지적공사)에게만 대행하도록 하는 "전담대행체제"가 위헌이라는 것이지 비영리법인에게 초벌측량의 대행을 할 수 없다는 것이 아니다. 또한 초벌측량의 대행을 모든 지적기술자에게 허용하는 이른바 경쟁체제를 택하는 경우에 대행자가 법인인지 또는 개인인지 여부에 따라, 같은 법인인 경우에도 소속 지적기술자의 수나 자본금의 크기, 개인의 경우에는 그 자격의 차이 등 합리적인 기준에 따라 대행할 수 있는 초벌측량의 범위를 제한할 수는 있다 할 것이고 이는 입법자가 입법형성의 범위내에서 자유롭게 정할 수 있는 것이다. 그러므로 입법자가 합헌적인 방향으로 이 법률조항을 개선할 때까지 일정 기간 동안 이를 존속케 하고 또한 잠정적으로 적용하게 할 필요가 있다." 헌재 2002. 5. 30. 2000헌마81

(ㄹ) 이미 헌법합치적 결정이 있는 경우

판례 심판대상법률조항이 법정선고전에 합헌적으로 개정된 경우의 헌법불합치결정(특허법 제186조 제1항 위헌제청)

"헌법재판소는 특허쟁송제도와 관련된 강한 법적 안정성의 요구와 이미 확인된 입법자의 합헌적인 의사를 존중하여 입법자가 마련한 합헌적인 제도가 유효하게 시

생활을 보장하고 사회정의를 실현할 수 있는 적정한 범위내의 퇴직금채권을 다른 채권들보다 우선변제함은 퇴직금의 후불임금적 성격 및 사회보장적 급여로서의 성격에 비추어 상당하다고 할 것인데 이 "적정한 범위"의 결정은 그 성질상 입법자의 입법정책적 판단에 맡기는 것이 옳다고 생각되는 점과 근로자의 퇴직금보장을 위한 각종 사회보험제도의 활용, 그 제도에 의한 대체 내지 보완이나 그 제도들과의 조화 등도 제반사정을 감안해야 하는 입법자의 사회정책적 판단영역인 점 등을 종합해 보면, 헌법재판소로서는 이 사건 법률조항 중 "퇴직금"부분에 대하여 바로 위헌선언을 할 것이 아니라 헌법불합치의 선언을 한 다음, 입법자로 하여금 조속한 시일내에 담보물권제도의 근간을 해치지 아니하는 범위내에서 질권 또는 저당권에 의하여 담보된 채권에 우선하여 변제받을 수 있는 근로자의 퇴직금채권의 "적정한 범위"를 확정하도록 하여 근로자를 보호하는 한편 그때까지는 위에서 본 이 사건 법률조항 중 "퇴직금" 부분의 위헌성 때문에 그 부분의 적용을 중지하도록 함이 상당하다")도 참조.

행될 수 있을 때까지는 비록 위헌성이 내포되어 있기는 하나 현행제도를 그대로 유지하는 것이 오히려 여러 가지 충격과 혼란을 방지하고 과학기술자들의 권리를 두텁게 보호하는 효과적인 방안이 될 것이라고 판단되므로 심판대상 법률조항에 대하여 헌법불합치를 선언함에 그친다."[85) 헌재 1995. 9. 28. 92헌가11

iv) 헌법불합치결정의 효력

(ㄱ) **위헌법률의 형식적 존속과 입법자의 입법개선의무:** 위헌결정의 경우 당해 법률은 그 효력을 바로 상실하게 되지만, 불합치결정의 경우 위헌적 법률은 형식적이나마 계속 존속하게 된다. 그 이유는 헌법재판소가 위헌결정을 통하여 위헌적 법률을 제거함으로써 스스로 합헌적 상태를 실현하는 것보다는, 위헌적 상태의 제거는 입법자가 맡아서 하는 것이 권력분립원칙과 민주주의원칙에 비추어 바람직하기 때문이다. 이러한 의미에서 불합치결정은 위헌적 상태를 조속한 시일 내에 제거해야 할 입법자의 입법개선의무를 수반하게 되며, 따라서 입법자에 대한 입법촉구를 포함하게 된다.

(ㄴ) **위헌법률의 원칙적 적용중지:** 헌법불합치결정은 법률의 위헌성을 확인하는 결정으로서 위헌결정의 일종이므로, 헌법불합치결정이 선언된 법률은 그 적용이 중지된다. 이 적용 중지는 절차중지(판단중지)의 형태로 나타난다. 이는 법치국가적 요청의 당연한 귀결로서, 헌법재판소가 어떠한 결정유형으로 법률의 위헌성을 확인하였든 간에 모든 국가기관은 위헌법률의 적용과 집행을 통하여 스스로 위헌적 행위를 해서는 아니 된다. 그러므로 헌법불합치결정의 경우에도 위헌법률은 적용되어서는 아니 되며, 행정관청과 법원은 원칙적으로 그들에게 계류된 절차를 개선입법이 있을 때까지 중지하여야 한다.

법적용기관은 개선입법이 있을 때까지 계속된 절차를 중지하고 입법자의 입법개선을 기다려 개정된 법률을 적용하여야 한다. 개선입법은 소급 적용된다.

(ㄷ) **위헌법률의 예외적·잠정적 적용:** 헌법재판소는 헌법불합치 선언된 법

85) 종전의 특허쟁송제도는 특허심판을 거치면 대법원에 상고하는 1심제였는데, 이것에 대한 위헌심판중에 특허법이 고등법원과 대법원의 2심제로 바뀌었다. 이와 관련하여 헌법재판소는 "특허청의 심판절차에 의한 심결이나 보정각하결정은 특허청의 행정공무원에 의한 것으로서 이를 헌법과 법률이 정한 법관에 의한 재판이라고 볼 수 없으므로 특허법 제186조 제1항은 법관에 의한 사실확정 및 법률적용의 기회를 박탈한 것으로서 헌법상 국민에게 보장된 "법관에 의한" 재판을 받을 권리의 본질적 내용을 침해하는 위헌규정이다"라고 보면서, 헌법불합치결정을 하였고, 합헌적인 개정법률이 시행될 때까지는 이를 잠정적으로 그대로 계속 적용할 것을 명함과 동시에, 헌법불합치선언이 당해사건 등에 미칠 효과로 인한 법률적 혼란과 충격을 막기 위하여 이 사건 위헌여부심판제청의 당해사건을 포함한 모든 특허 및 의장쟁송사건에 대하여 위 심판대상 법률조항의 적용을 명하였다.

률의 잠정적용을 예외적으로 허용하고 있다. 위헌인 법률의 적용은 허용될 수 없지만, 법적 공백이나 혼란을 초래할 우려가 있는 경우나 종래의 법적 상태보다 더욱 헌법질서에서 멀어지는 법적 상태의 발생을 방지하기 위하여, 불합치결정의 시점과 개정법률의 발효시점 사이의 기간 동안 위헌법률의 잠정적인 적용을 명할 수 있다.[86)]

이러한 경우에는 헌법재판소는 결정주문에서 위헌법률인 구법을 잠정적으로 적용하도록 명시하게 된다.

(ㄹ) **개정법률의 소급적용:** 헌법불합치결정은 위헌결정의 일종이므로, 헌법재판소가 헌법불합치결정을 하는 경우에도 그 결정의 소급효가 인정되는 범위는 위헌결정의 경우와 같다. 그러나 헌법재판소의 헌법불합치결정은 입법자의 개선입법을 통해서 비로소 그 실질적 내용과 효력을 갖게 되므로, 헌법불합치결정의 소급효력은 개선입법의 소급효력을 의미한다.

불합치결정에 있어서는 헌법재판소가 위헌적 상태의 제거를 입법자에게 일임하므로, 입법자가 헌법재판소를 대신하여 합헌적 상태를 소급하여 회복시키는 것이다. 따라서 개정된 법률이 소급적용되는 범위는 위헌결정에서 소급효가 인정되는 범위와 같다.

(ㅁ) **형벌규정에 대한 헌법불합치결정:** 형벌조항에 대해 헌법불합치결정을 할 수 있는가에 대해서는 견해의 대립이 있다. 헌법재판소는 '적용중지' 헌법불합치결정[87)]과 '잠정적용' 헌법불합치결정[88)] 모두를 선고한 바 있다. 학설에 따라서는 '적용중지' 헌법불합치결정은 매우 신중하게 행해져야 하고, '잠정적용' 헌법불합치결정은 어떠한 경우에도 허용되어서는 안 된다는 견해가 있다.[89)] '적용중지' 헌법불합치결정은 위헌으로 처벌받지 않을 사람을 입법개선시까지 기다리라는 것이 되어 부당하므로 신중하게 이루어져야 하며, '잠정적용' 헌법불합치결정은 위헌인 형

---

86) 헌재 2006. 2. 23. 2004헌마675(제2차 국가유공자 가산점 사건); 헌재 2007. 6. 28. 2004헌마644(재외국민 선거권 사건); 헌재 1999. 5. 27. 98헌바70 등(텔레비젼방송수신료 사건).

87) 헌재 2004. 5. 27. 2003헌가1(학교보건법 제6조 제1항 본문 제2호 중 '극장' 부분 가운데 초·중등교육법 제2조에 규정한 각 학교에 관한 부분은 헌법에 합치하지 아니한다. 법원 기타 국가기관 및 지방자치단체는 입법자가 개정할 때까지 이 부분 법률조항의 적용을 중지하여야 한다).

88) 헌재 2009. 9. 24. 2008헌가25('집회 및 시위에 관한 법률'(2007. 5. 11. 법률 제8424호로 전부 개정된 것) 제10조 중 "옥외집회" 부분 및 제23조 제1호 중 "제10조 본문의 옥외집회" 부분은 헌법에 합치되지 아니한다. 위 조항들은 2010. 6. 30.을 시한으로 입법자가 개정할 때까지 계속 적용된다).

89) 김학성·최희수, 전정 4판[2020년판] 헌법학원론, 피앤씨미디어, 2020, 1193면.

벌규정을 잠정적용하게 하는 것으로 위헌법률의 제거라는 규범통제의 본지에 어긋나며, 기본권보장에 대한 중대한 침해가 되기 때문에 어떠한 경우에도 허용될 수 없다고 한다. 타당한 견해라 생각된다.

헌법재판소는 집시법 제10조 중 '옥외집회' 부분에 대하여 '잠정적용' 헌법불합치결정을 내린 바 있지만,[90] 대법원은 형벌규정에 대한 헌법불합치결정을 단순위헌결정으로 취급하여 무죄를 선고하였다.[91] 대법원은 헌법불합치결정의 위헌결정으로서의 성격을 우선시하여 '적용중지' 헌법불합치결정[92]이든 '잠정적용' 헌법불합치결정이든 무죄를 선고하고 있어 형벌규정에 대한 헌법불합치결정에 대해 부정적인 견해를 가지고 있다고 평가할 수 있다.

(ㅂ) 개선입법의 기한을 경과한 경우: 헌법재판소가 헌법불합치결정의 주문에서 밝힌 개선입법의 기한을 경과한 때에는 그 위헌법률의 효력은 상실된다.

(iii) 입법촉구결정

i) 개 념

좁은 의미의 입법촉구결정은 "아직은 위헌이라고 볼 수 없지만" 머지않아 위헌이 될 가능성이 클 경우 채택되는 결정유형이다. 아직까지 우리 헌법재판소는 이러한 결정유형을 낸 바 없다.

ii) 헌법불합치결정과의 차이

헌법불합치결정은 "지금도 이미 위헌이지만" 위헌결정으로 인한 법적 공백을 방지할 필요에서 채택되는 결정유형이다.

(iv) 한정합헌결정

i) 개 념

해석여하에 따라서는 위헌이 되는 부분을 포함하고 있는 법령의 의미를 헌법의 정신에 합치하도록 한정적으로 해석하여 위헌판단을 회피하는 결정형식이다. 헌법합치적 법률해석의 대표적인 예이다.

---

90) 헌재 2009. 9. 24. 2008헌가25.

91) 대판 2011. 6. 23. 2008도7562(업무방해 · 집회 및 시위에 관한 법률위반).

92) 대판 2009. 1. 15. 2004도7111(학교보건법위반). 이 사건에서 대법원은 형벌에 관한 법률조항에 대하여 위헌결정이 선고되는 경우 그 법률조항의 효력이 소급하여 상실되고, 당해 사건뿐만 아니라 위헌으로 선언된 형벌조항에 근거한 기존의 모든 유죄확정판결에 대해서까지 전면적으로 재심이 허용된다는 헌법재판소법 제47조 제2항 단서, 제3항의 규정에 비추어 볼 때, 헌법불합치결정의 전면적인 소급효가 미치는 형사사건에서 법원은 헌법에 합치되지 않는다고 선언된 법률조항을 더 이상 피고인에 대한 처벌법규로 적용할 수 없다고 하였다.

ii) 주문형식

"'…… 이러한 해석 하에', 또는 '…… 것으로 해석하는 한' 헌법에 위반되지 않는다"는 형식으로 선고된다. 위헌결정의 일종으로 재판관 6인 이상의 찬성을 요하며, 당해법률은 합헌으로 선언되어 법조문은 그대로 유지된다.

iii) 결정례

(ㄱ) 군사기밀보호법 제6조, 제7조 제10조: "동법 제2조 제1항 소정의 군사기밀이 비공지의 사실로서 적법절차에 따라 군사기밀로서의 표지를 갖추고 그 누설이 국가의 안전보장에 명백한 위험을 초래한다고 볼 만큼의 실질적 가치를 가진 경우에 한하여 적용된다고 할 것이므로 그러한 해석하에 헌법에 위반되지 아니한다"(헌재 1992. 2. 25. 89헌가104).

(ㄴ) 국가보안법 제7조 제1항 및 제5항(찬양·고무 등 죄): "각 그 소정의 행위가 국가의 존립·안전을 위태롭게 하거나 자유민주적 기본질서에 위해를 줄 경우에 적용된다고 할 것이므로, 이러한 해석히에 헌법에 위반되지 아니한다"(헌재 1990. 6. 25. 90헌가11).

(ㄷ) 도로교통법 제50조 제2항 및 제111조 제3호(사고발생시의 조치(신고의무)): "피해자의 구호 및 교통질서의 회복을 위한 조치가 필요한 상황에만 적용되는 것이고, 형사책임과 관련되는 상황에는 적용되지 아니하는 것으로 해석하는 한 헌법에 위반되지 아니한다"(헌재 1990. 8. 27. 89헌가118).

iv) 한 계

한정합헌은 i. 법문의 의미가 변질되지 않는 범위 내에서 허용되어야 하며, ii. 입법자의 명백한 의지·입법목적을 상실시키는 합헌적 해석은 금지된다.

v) 법적 성격

법률이나 법조문은 그대로 유지된다는 점에서 질적 일부위헌으로 보기도 한다.

(v) 한정위헌결정

i) 개 념

불확정개념이나 다의적인 해석가능성이 있는 조문에 대하여 한정축소해석을 통하여 얻어진 일정한 합헌적 의미를 넘어선 확대해석은 헌법에 위반되어 채택할 수 없다는 결정형식이다.

ii) 주문형식

"……로 해석하는 한 헌법에 위반된다." 이 결정 역시 위헌결정으로서 재판관 6인 이상의 찬성을 요한다.

iii) 법적 성격

법률이나 법조문은 그대로 유지된다는 점에서 질적 일부위헌으로 보기도 한다.

iv) 결정례

(ㄱ) "민법 제764조의 '명예회복에 적당한 처분'에 사죄광고를 포함시키는 것은 헌법에 위반된다"(헌재 1991. 4. 1. 89헌마160).

(ㄴ) "정기간행물의 등록 등에 관한 법률 제7조 제1항은 제9호 소정의 제6조 제3항 제1호 및 제2호의 규정에 의한 해당시설을 자기소유이어야 하는 것으로 해석하는 한 헌법에 위반된다"(헌재 1992. 6. 26. 90헌가23).

v) 헌법재판소의 한정위헌판단이 법원 등 그 밖의 국가기관을 구속하는가?

대법원은 "한정위헌결정의 경우에는 법률이나 법률조항의 문언은 전혀 달라지지 않은 채 존속하고 있는 것이므로 헌법재판소의 한정위헌결정은 법률 또는 법률조항의 의미, 내용과 그 적용범위를 정하는 법률해석으로 이해하여야 한다. 그런데 법령의 해석·적용권한은 법원에 전속하는 것이다. 따라서 헌재의 한정위헌결정은 헌법재판소의 '법률해석에 관한' 견해를 일응 표명한 데 불과한 것이고, 법원에 전속된 법령의 해석·적용권한에 어떠한 영향을 미칠 수도 없고, 기속력도 사질 수 없는 것이다"고 판시하였다.[93)]

그러나 헌법재판소는 헌법재판소의 한정위헌결정에 따르지 아니한 위 대법원결정을 취소하고, 양도세부과처분도 함께 취소하였다. 이 사건에서 헌법재판소법 제68조 제1항 본문(법원의 재판을 헌법소원의 대상에서 제외한다는)에 대하여 '헌법재판소에 의하여 위헌으로 결정된 법령을 적용하여 국민의 기본권을 침해한 법원의 재판에 대하여까지 헌법소원을 허용하지 않고 있는 한도에서 위헌이라고 결정(한정위헌결정)함으로써 법원의 재판도 예외적으로 헌법소원의 대상이 된다고 판시하였다.

(vi) 일부위헌결정

i) 개 념

법률의 일부로서의 법조문 또는 법조문의 일부에 무효선언하는 결정이다. 일부

93) 대판 1996. 4. 9. 95누11405.

무효의 대상은 독립된 법조문일 수도 있고, 법조문 중 특정의 항일 수도 있으며, 일정한 문 혹은 문의 일부분일 수도 있다.

ii) 종 류

(ㄱ) **양적 일부무효(통상의 일부무효, 허영 교수의 부분위헌결정):** 무효선언으로 법조문의 일부가 삭제되는 효과가 있다. 위헌결정의 한 형식이다.

(ㄴ) **질적 일부무효:** 법문은 그대로 둔 채 그 법조문의 적용례에 대해서만 위헌선언하는 형식이다. 실질적으로 한정위헌결정과 동일하므로 한정위헌결정으로 통일하는 것이 타당하다고 본다.

iii) 결정례

(ㄱ) **통상의 일부무효(양적 일부무효):** ㉠ "소송촉진에 관한 특례법 제6조 제1항 중 '다만 국가를 상대로 하는 재산권의 행사에 관하여는 가집행선고를 할 수 없다'라는 부분은 헌법에 위반된다"(헌재 1989. 1. 25. 88헌가7).

㉡ "국세기본법 제56조 제2항 중 괄호내인 [결정의 통지를 받지 못한 경우에는 제81조 단서의 결정기간이 경과한 날] 부분은 헌법에 위반된다"(헌재 1992. 7. 23. 90헌바2).

㉢ "국세기본법 제35조 제1항 제3호 중 [으로부터 1년]이라는 부분은 헌법에 위반된다"(헌재 1990. 9. 3. 89헌가95).

(ㄴ) **질적 일부무효(허영 교수의 일부위헌결정, 김철수 교수의 적용위헌):** ㉠ "국유재산법 제5조 제2항을 동법의 국유재산 중 잡종재산에 대하여 적용하는 것은 헌법에 위반된다"(헌재 1991. 5. 13. 89헌가97).

㉡ "화재로 인한 재해보상과 보험가입에 관한 법률 제5조의 [특수건물]부분에 동법 제2조 제3호 가목 소정의 [4층 이상의 건물]을 포함시키는 것은 헌법에 위반된다"(헌재 1991. 6. 3. 89헌마204).

(vii) 조건부위헌결정

i) 결정례

"국회의원선거법 제55조의 3의 규정 중 [정당연설회에 당해 지역구후보자를 연설원으로 포함시킨 부분]과 이 법 제56조의 규정 중 [정당이 후보자를 추천한 지역구마다 2종의 소형인쇄물을 따로 더 배부할 수 있도록 한 부분]은 당해 지역구에서 정당이 그와 같은 정당연설회를 개최하거나 소형인쇄물을 제작·배부하는 경우에는, 무소속후보자에게도 각 그에 준하는 선거운동의 기회를 균등하게 허용하지 아니하는 한 헌법에 위반된다"(헌재 1992. 3. 13. 92헌마37 등) – 새로운 유형의 합헌적 법률해석.

ii) 비 판

합헌적 법률해석의 한계를 일탈했다고 비판되고 있다.[94] 오히려 문제된 부분을 위헌선언하는 것이 바람직하다(통상의 일부무효, 허영교수의 부분위헌결정)

(3) 결정서와 위헌결정의 공시

재판부가 심리를 마쳤을 때에는 종국결정을 한다. 종국결정을 할 때에는 1. 사건번호와 사건명, 2. 당사자와 심판수행자 또는 대리인의 표시, 3. 주문(主文), 4. 이유, 5. 결정일 등의 사항을 적은 결정서를 작성하고 심판에 관여한 재판관 전원이 이에 서명날인하여야 한다. 심판에 관여한 재판관은 결정서에 의견을 표시하여야 한다. 종국결정이 선고되면 서기는 지체 없이 결정서 정본을 작성하여 당사자에게 송달하여야 한다. 종국결정은 헌법재판소 심판 규칙으로 정하는 바에 따라 관보에 게재하거나 그 밖의 방법으로 공시한다(헌법재판소법 제36조 제1항-제5항). 헌법재판소는 결정일부터 14일 이내에 결정서 정본을 제청한 법원에 송달한다. 이 경우 제청한 법원이 대법원이 아닌 경우에는 대법원을 거쳐야 한다(동법 제46조).

(4) 위헌결정의 효력

1) 위헌결정의 기속력

법률의 위헌결정은 각급법원과 국가기관·지방자치단체에 미칠 뿐만 아니라(헌법재판소법 제47조 제1항), 자기 구속력이 있어 이를 취소·변경할 수 없으므로 헌법재판소의 결정에 대한 헌법소원심판청구는 불가능하다. 기속력은 법원 기타 모든 국가기관, 지방자치단체에 대한 효력이므로 원칙적으로 당사자에게만 미치는 기판력과는 구별된다.

2) 일반적 효력의 부인

당해사건에서 적용을 배제하는 개별적 효력의 배제가 아니라, 위헌으로 결정된 법률 또는 법률조항은 그 효력을 상실시키는(원칙적 장래효, 예외적 소급효) 일반적 효력의 부인에 있다(객관적 규범통제).

3) 위헌결정의 효력발생시기

① 위헌결정의 효력발생시기(원칙적 장래효, 예외적 소급효)

위헌으로 결정된 법률 또는 법률의 조항은 그 결정이 있는 날부터 효력을 상실

94) 허영, 앞의 책, 901면.

한다(헌법재판소법 제47조 제2항). 즉 장래효를 가진다. 그러나 형벌에 관한 법률 또는 법률의 조항은 소급하여 그 효력을 상실한다. 다만, 해당 법률 또는 법률의 조항에 대하여 종전에 합헌으로 결정한 사건이 있는 경우에는 그 결정이 있는 날의 다음날로 소급하여 효력을 상실한다(동법 제47조 제3항).[95]

위헌법률은 처음부터 법률일 수 없다는 소급무효의 이론이 논리적이지만, 이 이론을 관철할 경우 법적 생활의 안정을 해칠 위험이 있기 때문에 헌법정책적으로 장래효를 원칙으로 인정하고 있다.

② 소급효의 인정 여부와 그 범위 여하

형사사건을 제외한 그 밖의 법률조항의 경우 소급효가 인정되지 않으므로 인하여 논란이 되고 있다. 즉 장래효만 인정하고 소급효를 부정하면 위헌결정을 얻어낸 당사자라도 기본권을 침해하는 공권력작용이 있었던 당시에는 법률이 유효했던 것으로 되어 구제가 되지 못하는 문제가 발생한다. 헌법재판소는 헌법재판소법 제47조 제2항에도 불구하고 구체적 규범통제의 실효성을 보장한다는 견지에서 예외적으로 소급효를 인정하고 있다.[96]

(i) 소급효가 인정되어야 할 사건의 범위

헌법재판소는 i) 법원의 제청이나 헌법소원의 청구를 통하여 헌법재판소에 법률에 대한 위헌결정의 계기를 부여한 당해사건, ii) 위헌결정이 있기 전에 이와 동종의 사안으로 헌법재판소에 위헌심판제청을 하였거나 법원에 위헌법률심판제청을 한 경우의 당해사건, iii) 따로 위헌제청은 아니하였으나 당해 법률 또는 법률조항이 재판의 전제가 되어 법원에 계속 중인 사건, iv) 위헌결정 이후에 이와 동일한 이유로 제소된 일반사건 등에 소급효를 인정하고 있다.

(ii) 소급효가 인정되어야 할 경우

i) 당사자의 권리구제를 위한 구체적 타당성의 요청은 현저한 반면, ii) 소급효를 인정하여도 법적 안정성을 침해할 우려가 없고, iii) 나아가 구법에 의하여 형성된 그 밖의 기득권자의 이득이 해쳐질 사안이 아닌 경우로서, iv) 소급효의 부인이 오히려 정의와 형평 등 헌법적 이념에 심히 배치되는 때에는 소급효가 인정되어야 한다.

---

95) 위헌으로 결정된 법률 또는 법률의 조항에 근거한 유죄의 확정판결에 대하여는 재심을 청구할 수 있다(동법 제47조 제4항).

96) 헌재 1993. 5. 13. 92헌가10 등.

Ⅱ. 탄핵심판권

1. 탄핵제도의 개념과 기능

(1) 탄핵제도의 개념

탄핵제도는 일반적인 사법절차나 징계절차로써 소추 또는 징계하기 어려운 고위공직자나 법관(헌법 제106조 제1항) 또는 선거관리위원회 위원 등과 같이 신분이 보장된 공무원(헌법 제114조 제5항)이 직무상 중대한 잘못을 범한 경우에 이를 의회가 소추하여 파면하는 제도이다.

(2) 탄핵제도의 기능

헌법 제65조는 행정부와 사법부의 고위공직자에 의한 헌법위반이나 법률위반에 대하여 탄핵소추의 가능성을 규정함으로써, 그들에 의한 헌법위반을 경고하고 사전에 방지하는 기능을 하며, 국민에 의하여 국가권력을 위임받은 국가기관이 그 권한을 남용하여 헌법이나 법률에 위반하는 경우에는 다시 그 권한을 박탈하는 기능을 한다.

즉, 공직자가 직무수행에 있어서 헌법에 위반한 경우 그에 대한 법적 책임을 추궁함으로써, 헌법의 규범력을 확보하고자 하는 것이 바로 탄핵심판절차의 목적과 기능인 것이다.[97)]

2. 한국헌법상의 탄핵제도

우리 헌법도 1948년의 건국헌법 이래로 탄핵제도를 계속 존치시키고 있다. 다만 탄핵심판기관은 계속 변경되어 왔는데, 건국헌법 당시의 탄핵재판소, 제2공화국의 헌법재판소, 제3공화국의 탄핵심판위원회, 유신헌법 당시와 제5공화국의 헌법위원회, 현행헌법에서의 헌법재판소로 변화되어 왔다.

그러나 실제 탄핵소추안이 발의되어 국회를 통과하여 대통령에 대한 헌법재판소의 탄핵심판이 행해졌던 것은 2004년의 노무현대통령 탄핵사건과 2017년의 박근혜 대통령 탄핵사건 두 건이다.

97) 헌재 2004. 5. 14. 2004헌나1(대통령(노무현)탄핵).

3. 탄핵제도의 유형

탄핵제도는 탄핵의 효과를 기준으로 형사재판적 탄핵제도[98]와 징계적 탄핵제도[99], 탄핵심판기관의 성격과 기준에 따라 정치적 탄핵심판[100]과 사법적 탄핵심판[101]으로 나눌 수 있다.

현행법상의 탄핵제도는 형사재판적 탄핵제도가 아닌 징계적 성질의 탄핵제도이며, 정치적 탄핵심판이 아닌 사법적 탄핵심판의 성격을 갖는다.

4. 탄핵심판절차

(1) 탄핵소추의 대상자와 탄핵소추사유와 소추절차

대통령・국무총리・국무위원・행정각부의 장・헌법재판소 재판관・법관・중앙선거관리위원회 위원・감사원장・감사위원・기타 법률이 정한[102] 공무원이 그 직무집행에 있어서 헌법이나 법률을 위배한 때에는 국회는 탄핵의 소추를 의결할 수 있다. 탄핵소추는 국회재적의원 3분의 1 이상의 발의가 있어야 하며, 그 의결은 국회재적의원 과반수의 찬성이 있어야 한다. 다만, 대통령에 대한 탄핵소추는 국회재적의원 과반수의 발의와 국회재적의원 3분의 2 이상의 찬성이 있어야 한다. 탄핵소추의 의결을 받은 자는 탄핵심판이 있을 때까지 그 권한행사가 정지된다(헌법 제65조).

탄핵소추권에 대해서는 국회의 권한에서 살펴보았다.

(2) 심리의 방식과 절차

1) 탄핵심판의 개시

탄핵심판에서는 국회 법제사법위원회의 위원장이 소추위원이 된다. 소추위원은

98) 형사재판적 탄핵제도는 영국에서 발전된 형태로서 탄핵소추가 되면 탄핵심판을 일종의 형사소송절차로 진행시키고 이를 통해 탄핵대상자의 위법행위에 대한 형벌까지 부과하는 것이다.

99) 징계적 탄핵제도는 탄핵심판을 통해 탄핵대상자가 공직에서 파면되어야 할 것인지의 여부만을 판단한다. 그 밖에 민・형사상의 책임은 별도의 소송을 통해서 물을 수 있지만, 탄핵심판에서는 그 부분에 대해서 판단하지 않는 것이다.

100) 정치적 탄핵심판은 예컨대 미국이나 영국의 경우 탄핵은 하원에서 소추하여 상원에서 결정하는 것처럼, 탄핵심판이 정치인들로 구성된 의회에 의한 정치적 심판으로 행해지는 것을 말한다. 물론 이러한 정치적 탄핵심판은 정치인들에 대한 신뢰 내지 민주정치의 공고한 제도화에 대한 신뢰가 전제되어야 할 것이다.

101) 사법적 탄핵심판은 헌법재판소나 법원과 같은 사법기관이 사법적인 기준에 따라 탄핵심판을 행하는 것을 말한다.

102) 검찰청법 제37조는 검사를, 경찰법 제11조 제6항은 경찰청장을 탄핵의 대상으로 규정하고 있다.

헌법재판소에 소추의결서의 정본을 제출하여 탄핵심판을 청구하며, 심판의 변론에서 피청구인을 신문할 수 있다(헌법재판소법 제49조). 피청구인에 대한 탄핵심판 청구와 동일한 사유로 형사소송이 진행되고 있는 경우에는 재판부는 심판절차를 정지할 수 있다(동법 제51조 제1항).

2) 변론주의

탄핵심판절차의 진행과 관련해서는 구두변론을 원칙으로 하며(헌법재판소법 제30조 제1항), 헌법재판소법에 구체적 규정이 없는 경우에는 형사소송법 및 민사소송법의 규정을 준용한다(동법 제40조).

3) 증거조사

현행 헌법재판소법은 탄핵심판절차와 관련하여 별도의 증거조사나 신문 등에 관한 규정을 두고 있지 않다. 따라서 일반심판절차에서 정하고 있는 헌법재판소법 제31조와 제32조의 규정이 탄핵심판의 경우에도 적용된다. 2004년의 노무현대통령에 대한 탄핵심판에서도 헌법재판소는 일반심판절차에 따른 증거조사와 자료제출요구 등을 통해 절차를 진행시킨 바 있다.

(3) 심리의 범위

탄핵심판에서는 탄핵소추된 고위공무원의 헌법·법률을 위반한 직무행위가 있는지를 국회의 소추사유에 따라 판단하는 심리가 이루어진다. 헌법재판소는 탄핵소추의결서에 기재되지 아니한 소추사유를 판단의 대상으로 삼을 수 없다고 한다. 다만 탄핵소추의결서에서 그 위반을 주장하는 법규정의 판단에 관하여 헌법재판소는 원칙적으로 구속을 받지 않으므로 청구인이 그 위반을 주장한 법규정 외에 다른 법규정에 근거하여 탄핵의 원인이 된 사실관계를 판단할 수 있다고 한다.[103)]

5. 헌법재판소의 탄핵결정

(1) 탄핵의 결정

탄핵심판사건은 다른 헌법소송과 마찬가지로 9인의 재판관 전원으로 구성되는 재판부에서 담당하며, 헌법재판소장이 재판장이 된다. 재판부는 7인 이상의 재판관이 출석하여 사건을 심리하며, 헌법재판소의 탄핵결정에는 재판관 9인 중 6인 이상의 찬성이 필요하다. 탄핵결정에 대하여 이와 같이 가중된 의결정족수를 요구하는

103) 헌재 2004. 5. 14. 2004헌나1.

것은 탄핵결정이 미치는 파급효를 고려하여 신중하게 판단하도록 하는 것이다.

탄핵심판에 있어서도 심판에 관여한 재판관은 결정서에 의견을 표시하여야 한다(헌법재판소법 제36조 제3항). 종래 헌법재판소법 제36조 제3항에서는 법률의 위헌심판, 권한쟁의심판 및 헌법소원심판에 관여한 재판관에 대해서 결정서에 의견을 표시하도록 하고 있었고, 그 결과 탄핵심판과 정당해산심판에 대해서는 소수의견의 표시에 관한 명시적 규정이 없음으로 인하여 2004년의 노무현대통령에 대한 탄핵심판결정 당시에 이것이 논란이 된 바 있다. 결국 헌법재판소는 결정문에서 소수의견을 명시하지 않았으나, 이후 2005년 7월 29일의 법개정을 통하여 모든 헌법재판에 대하여 소수의견을 표시하도록 하였다. 헌법재판제도의 발전과 관련하여 바람직하다.

(2) 결정의 효과

1) 공직으로부터 파면효과

헌법재판소에 의한 탄핵결정은 그 대상자를 공직으로부터 파면(징계적 탄핵심판)하는 데 그친다(헌법 제65조 제4항 1문, 헌법재판소법 제53조 제1항). 그러나 탄핵의 결정을 받음으로써 민·형사상의 책임까지 면제되는 것은 아니다(헌법 제65조 제4항 2문, 헌법재판소법 제54조 제1항).

2) 공직취임금지

탄핵결정으로 파면된 공직자는 결정선고일로부터 5년이 경과하지 아니하면 공무원이 될 수 없다(헌법재판소법 제54조 제2항). 탄핵결정은 헌법과 법률에 위배되는 불법행위를 전제로 법적 책임을 물어서 파면하는 것이기 때문에, 정치적 책임을 물어서 해임한 경우와는 달리 일정 기간 공직취임을 금지시키는 현행법의 태도는 합리적 이유가 있다고 할 수 있다.

3) 대통령의 사면권 행사가 가능한가?

탄핵을 받아 공직으로부터 파면된 고위공직자를 대통령이 사면할 수 있는가가 문제된다. 명문으로 금지하고 있는 미국과 달리 우리나라는 명문규정이 없지만, 탄핵결정에 대한 사면은 인정될 수 없다고 보아야 할 것이다.[104] 국회의 탄핵소추와 헌법재판소의 탄핵결정을 통해 탄핵대상자에 대한 정치적·법적 책임이 명백해진 경우에 대통령이 이를 사면하는 것은 탄핵제도의 실효성을 현저하게 약화시킬 것이기 때문이다.

104) 정종섭, 헌법소송법, 2009, 418면; 허영, 헌법소송법론, 2009, 271면.

Ⅲ. 정당해산심판권

1. 정당해산의 의의와 성격

헌법 제8조 제4항은 "정당의 목적이나 활동이 민주적 기본질서에 위배될 때에는 정부는 헌법재판소에 그 해산을 제소할 수 있고, 정당은 헌법재판소의 심판에 의하여 해산된다"고 하여 위헌정당해산제도를 규정하고 있다.

위헌정당해산제도는 두 가지 의미를 가지고 있다. 하나는 방어적 민주주의[105]를 구체화하는 규정이며, 다른 하나는 정당에 대한 특권을 보장한다는 의미이다. 즉 정당해산제도는 정당에 대하여 일반 결사와 달리 엄격한 요건과 절차에 의해서만 해산되도록 한다는 정당보호라는 의미와, 정당이 정당 활동의 자유라는 미명으로 헌법을 공격하여 파괴하는 것을 방지한다는 헌법보호라는 의미를 가진다. 따라서 정당해산제도는 정당 존립의 특권을 보장함(정당의 보호)과 동시에, 정당 활동의 자유에 관한 한계를 설정한다(헌법의 보호)는 이중적 성격을 가진다.[106]

과거 헌법상의 위헌정당해산제도가 없는 가운데 1959년 진보당이 행정조치로 강제해산된 예가 있었다. 이 사건을 계기로 1960년 헌법[107]에서 독일기본법 제21조 제2항의 위헌정당의 해산에 관한 규정을 모델로 하여 위헌정당해산제도를 헌법에 명문으로 인정하였다. 2014년 통합진보당이 헌법재판소에 의하여 해산되어 처음으로 우리나라에서도 위헌정당해산사례가 나타났다.[108]

판례 진보당 사건

진보당의 강령·정책은 헌법의 전문, 제5조, 제8조, 제18조, 제84조의 각 규정에 비추어볼 때 위헌이라 할 수 없고, 평화통일에 관한 주장 역시 헌법 제13조의 언론자유의 한계를 일탈하지 아니하는 한 이를 위법이라 할 수 없다.

대판 1959. 2. 27. 4291형상559

---

105) 바이마르의 가치상대주의적 민주주의에 대한 반성을 계기로 일정한 범위에서 민주주의의 가치구속성을 인정하여야 한다는 생각이 자유민주적 기본질서가 독일(서독) 기본법에 규정된 것이다. 이러한 자유민주적 기본질서에 대한 보호를 중심으로 이른바 방어적 민주주의의 이론이 독일연방헌법재판소의 판례와 학설에 의해 발전되었다.

106) 헌재 2014. 2. 27. 2014헌마7.

107) 1960년 헌법 제13조 제2항, 제83조의3 제4호.

108) 헌재 2014. 12. 19. 2013헌다1.

2. 정당해산의 요건[109)]

(1) 해산대상으로서의 정당의 개념

해산의 대상이 되는 정당은 정당법에 따라 등록을 마친 기성정당에 한하는 것으로 보는 것이 다수설이다. 그러나 등록되지 않은 정당의 정치적 활동을 인정하는 입장에서 볼 때에는 비등록정당을 포함하는 것으로 넓게 이해될 필요가 있다. 설립단계에 있으나 단지 등록을 하지 않은 이른바 준정당도 위헌정당해산심판의 대상이 된다고 보아야 한다. 집권여당에 의한 반대당 탄압을 막는 효과도 기할 수 있다.

(2) 정당의 목적과 활동

정당의 목적과 활동의 위헌성은 정당의 당헌이나 강령, 정당간부의 활동 등에 비추어서 판단하여야 한다. 즉 정당의 전체적 성격을 판단하여야 하며, 정당의 일부 당원 또는 일부 추종자들의 일탈행동이 정당의 위헌성을 판단하는 기준이 되어서는 곤란하기 때문이다.

(3) 민주적 기본질서에의 위배

1) '민주적 기본질서'의 의미와 내용

헌법은 전문에서 '자유민주적 기본질서'를 그리고 제8조 제4항에서는 '민주적 기본질서'를 규정하고 있다. 이와 관련하여 민주적 기본질서와 자유민주적 기본질서를 같은 것으로 이해할 것인가, 아니면 민주적 기본질서는 자유민주적 기본질서와 사회민주적 기본질서를 포함하는 상위개념으로 이해되어야 하는가에 관하여 논란이 있다. ① 자유민주적 기본질서만을 의미한다는 견해, ② 자유민주적 기본질서뿐만 아니라 사회민주적 기본질서까지를 포함한다는 견해, ③ 자유민주주의와 사회민주주의를 내포하는 상위개념 내지 공통개념이기 때문에 정당은 자유민주주의와 나란히 또는 결합하여 사회민주주의를 추구할 수 있음은 물론 택일적으로도 그 추구가 가능하다는 견해 등이 그것이다. 정당해산의 구실을 넓혀서는 안 된다는 취지에서 자유민주적 기본질서만을 의미하는 견해도 일리가 있으나 위헌정당해산제도는 전체주의적 정당을 배제한다는 점에서 자유민주주의와 사회민주주의를 동시에 또는 택일적으로 선택이 가능하다고 보는 것이 타당하다고 생각한다.[110)111)]

---

109) 자세히는 헌법총론의 위헌정당해산제도를 참고할 것.

민주주의의 핵심으로서의 민주적 기본질서는 되도록 좁게 해석되어야 한다. 즉 그것 없이는 민주주의가 도대체 불가능하다고 말할 수 있는 최소한의 요소에 국한되어야 하는 것이다. 그리고 그 밖의 문제에 대해서는 민주주의의 기초가 되는 다원주의 및 관용의 원리에 따라 – 상호 대립·충돌과 타협·조정을 통하여 발전되는 – 다양한 견해와 이해관계가 허용되어야 한다.[112)]

2) 민주적 기본질서에 대한 '위배'

민주적 기본질서의 '위배'란, 민주적 기본질서에 대한 단순한 위반이나 저촉을 의미하는 것이 아니라, 민주사회의 불가결한 요소인 정당의 존립을 제약해야 할 만큼 그 정당의 목적이나 활동이 우리 사회의 민주적 기본질서에 대하여 실질적인 해악을 끼칠 수 있는 구체적 위험성을 초래하는 경우를 가리킨다.[113)]

3. 정당해산의 절차와 집행

(1) 정당해산의 제소

위헌정당해산의 제소권은 정부에게 있다(헌법 제8조 제4항). 그러나 특정 정당이 위헌의 소지가 있다고 판단될 때에 정부가 의무적으로 제소를 해야 하는 것은 아니다. 정치적 논쟁과정 속에서 자연스럽게 도태시킬 수 있다고 판단될 때에는 오히려 위헌정당으로 제소하기보다는 민주적 정치과정과 국민의 판단에 맡기는 것이 나을 수 있기 때문이다.

(2) 정당해산의 결정

정당해산의 결정은 헌법재판소에서 9인의 재판관 중 6인 이상의 찬성으로 행해진다(헌법 제113조 제1항, 헌법재판소법 제23조 제2항 제1호). 위헌정당의 해산결정은 창설적 효력을 가지며(헌법재판소법 제59조), 위헌

---

110) 헌법총론의 위헌정당해산제도 부분을 참조할 것.

111) 자유민주적 기본질서와 관련하여 헌법재판소는 "국가의 존립·안전을 위태롭게 한다 함은 대한민국의 독립을 위협 침해하고 영토를 침략하며 헌법과 법률의 기능 및 헌법기관을 파괴 마비시키는 것으로 외형적인 적화공작 등일 것이며, 자유민주적 기본질서에 위해를 준다 함은 모든 폭력적 지배와 자의적 지배 즉 반국가단체의 일인독재 내지 일당독재를 배제하고 다수의 의사에 의한 국민의 자치, 자유·평등의 기본원칙에 의한 법치주의적 통치질서의 유지를 어렵게 만드는 것이고, 이를 보다 구체적으로 말하면 기본적 인권의 존중, 권력분립, 의회제도, 복수정당제도, 선거제도, 사유재산과 시장경제를 골간으로 한 경제질서 및 사법권의 독립 등 우리의 내부체제를 파괴·변혁시키려는 것으로 풀이할 수 있을 것이다"라고 판시하고 있다(헌재 1990. 4. 2. 89헌가113).

112) 장영수, 제7판 헌법학, 홍문사, 2012, 278면.

113) 헌재 2014. 12. 19. 2013헌다1.

정당이 아니라는 결정에 대해서는 다시 제소할 수 없다(헌법재판소법 제39조).

(3) 해산결정의 집행

헌법재판소의 해산결정이 있으면 그 결정은 피청구인인 정당과 국회, 정부, 중앙선거관리위원회에 송달된다(헌법재판소법 제58조 제2항). 통지를 받은 선거관리위원회는 해산결정을 받은 정당의 등록을 말소하고 그 뜻을 지체없이 공고하여야 한다(헌법재판소법 제60조, 정당법 제47조).

4. 정당해산의 효과

(1) 창설적 효력

헌법재판소의 위헌정당 해산결정은 창설적 효력을 가지며(헌법재판소법 제59조), 중앙선거관리위원회의 해산공고는 선언적·확인적 효력만을 갖는다.

(2) 대체정당의 금지, 유사명칭의 금지 등

헌법재판소의 결정으로 정당이 해산된 경우에는 그 정당의 대표자 및 간부는 해산된 정당의 강령(또는 기본정책)과 동일하거나 유사한 정당을 창당하지 못한다(정당법 제40조).

또한 헌법재판소의 결정에 의하여 해산된 정당의 명칭과 같은 명칭은 정당의 명칭으로 다시 사용하지 못한다(정당법 제41조 제2항).

(3) 정당재산의 귀속

헌법재판소의 결정에 의해 해산된 정당의 잔여재산은 국고에 귀속한다(정당법 제48조 제2항).

(4) 소속의원의 자격상실 여부

헌법재판소의 결정에 의해 해산된 정당의 소속의원들이 의원직을 상실하는지의 여부에 관하여는 견해의 대립이 있다. 국회의원들이 국민에 의해 직접 선출되었다는 점을 강조하면서 그 민주적 정당성을 중요시하는 학자들은 정당이 해산된 이후에도 무소속의원으로 남는다는 견해를 펼치고 있다.[114] 그러나 위헌정당해산제도는 민주적 기본질서에 대한 직접적이고 심각한 위협의 존재를 인정하고 그에 대한 강력한 대책으로 마련된 것이기 때문에 비록 위헌정당해산요건의 인정은 엄격해야 하지만, 일단 위헌정당해산의 요건을 갖춘 경우에는 강력한 제재수단이 동원되는

114) 계희열, 신정2판 헌법학(상), 박영사, 2005, 301면; 김철수, 헌법학(상), 박영사, 2008, 232면.

것이다. 따라서 정당활동의 실질적 주체가 되었던 국회의원들의 의원직이 계속 유지된다고 보기는 어렵다.[115)116)]

헌법재판소는 통합진보당에 대한 해산심판에서 "헌법재판소의 해산결정으로 정당이 해산되는 경우에 그 정당 소속 국회의원이 의원직을 상실하는지에 대하여 명문의 규정은 없으나, 정당해산심판제도의 본질은 민주적 기본질서에 위배되는 정당을 정치적 의사형성과정에서 배제함으로써 국민을 보호하는 데에 있는데 해산정당 소속 국회의원의 의원직을 상실시키지 않는 경우 정당해산결정의 실효성을 확보할 수 없게 되므로, 이러한 정당해산제도의 취지 등에 비추어 볼 때 헌법재판소의 정당해산결정이 있는 경우 그 정당 소속 국회의원의 의원직은 당선 방식을 불문하고 모두 상실되어야 한다"고 판시하여 상실설을 취하고 있다[117)]

Ⅳ. 권한쟁의심판권

1. 권한쟁의심판의 의의와 유형

(1) 의 의

권한쟁의심판은 국가기관 상호간, 국가기관과 지방자치단체간, 또는 지방자치단체 상호간에 헌법적 권한이나 의무의 존부 또는 범위, 내용에 관하여 다툼이 발생한 경우에 제3의 독립된 기관인 헌법재판소가 이를 유권적으로 심판함으로써 그 분쟁을 해결하는 제도이다. 권한쟁의심판제도는 국가기관과 지방자치단체 등이 상호간의 권한의 존부와 범위 및 한계를 명확히 함으로써 국가기능의 원활한 수행을 도모하고 권력 상호간의 견제와 균형을 유지시켜 헌법질서를 보호하려는 데 그 제도의 목적이 있다.[118)]

(2) 권한쟁의심판제도의 유형

비교법적으로 볼 때, 권한쟁의는 다양한 유형으로 나누어질 수 있다. 예컨대 독일의 경우에는 ① 헌법기관 사이의 권한쟁의(연방헌법재판소법 제13조 제5호, 제63조 – 제67조) 이외에도 ② 연방과 주

115) 권영성, 헌법학원론(2010년판), 법문사, 2010, 197면; 허영, 헌법이론과 헌법, 박영사, 2003, 253면.

116) 독일의 경우에도 연방헌법재판소가 사회주의제국당에 대한 위헌판결(SRP – Urteil)과 공산당에 대한 위헌판결(KPD – Urteil)시 위헌으로 해산된 정당에 소속된 연방의회 및 주의회 의원들의 의원직상실을 선언한 바 있으며, 이후 연방선거법과 주선거법 가운데 의원직상실에 관한 명문규정을 두어 이 문제를 입법적으로 해결하였다.

117) 헌재 2014. 12. 19. 2013헌다1.

118) 헌재 1995. 2. 23. 90헌라1.

사이의 연방국가적 권한쟁의(연방헌법재판소법 제13조 제7호, 제68조-제70조)도 인정되고 있다.

현행법상 권한쟁의심판은 당사자에 따라 ① 국가기관 상호간의 권한쟁의, ② 국가기관과 지방자치단체 사이의 권한쟁의, ③ 지방자치단체 상호간의 권한쟁의로 나누어진다(헌법 제111조 제1항 제4호, 헌법재판소법 제62조 제1항). 이러한 현행법에 따른 권한쟁의의 유형분류는 국가기관 이외에 지방자치단체를 당사자로 인정하는 것에 따른 것이다. 이에 대해서는 지방자치단체의 권한범위가 헌법적으로 정해지지 않고 있는 상황에서 지방자치단체를 '헌법적 권한의 존부 및 범위'에 관한 다툼을 대상으로 하는 '헌법재판'인 권한쟁의심판의 당사자로 인정하는 데에는 문제가 있다는 지적이 있다.[119] 독일의 경우 지방자치단체는 기관소송의 당사자가 될 뿐이고, 권한쟁의의 당사자로 인정되지 않는다는 점을 참고할 필요가 있다.

(3) 우리 헌정사에 있어서 권한쟁의심판제도

우리 헌정사에서는 1960년 제2공화국헌법이 처음으로 헌법재판소를 설치하고 국가기관 간의 권한쟁의심판을 헌법재판소의 관장사항으로 규정하면서 이 제도를 처음으로 도입하였으나, 제2공화국은 실제로 헌법재판소는 설치하지 못한 결과 권한쟁의심판제도도 실현되지 못하였다. 그 후의 헌법에서는 권한쟁의심판제도를 규정하지 않다가, 현행 헌법에서 헌법재판소는 '국가기관 상호간, 국가기관과 지방자치단체 간 및 지방자치단체 상호간의 권한쟁의에 관한 심판'을 관장한다고 규정하였다(헌법 제111조 제1항 제4호). 이러한 현행 헌법에서의 권한쟁의심판은 제2공화국헌법이 채택했던 권한쟁의심판보다 심판의 범위를 확대하였다. 즉 당시에 채택했던 국가기관 상호간의 권한쟁의뿐 아니라, 국가기관과 지방자치단체간, 지방자치단체 상호간의 권한쟁의심판까지 심판범위를 넓혀서 규정하고 있다.

(4) 권한쟁의심판과 기관소송

행정소송법 제3조 제4호가 정하는 기관소송은 국가 또는 공공단체의 기관 상호간에 권한의 존부 또는 그 행사에 관한 다툼이 있을 때에 제기하는 소송이다. 이러한 기관소송에 관하여 법원의 관할을 인정하고 있으나, 헌법과 헌법재판소법상 국가기관 상호간의 권한쟁의는 헌법재판소가 관할하게 되어 있고 헌법재판소의 관장사항으로 되는 것은 법원의 기관소송의 대상에서 제외하여(행정소송법 제3조 제4호 단서) 헌법재판소의 관할에 우선권을 두고 있다. 따라서 국가기관 상호간의 권한쟁의심판과 행정소

119) 장영수, 앞의 책, 1283면.

송법상의 기관소송과는 관할충돌의 문제는 발생하지 않는다.

그 결과 법원은 공공단체 내의 기관 상호간의 권한분쟁에 관한 기관소송만을 관장한다. 즉 현행법에 의하면 공공단체인 지방자치단체 내에서 지방자치단체의 장과 지방의회 사이의 기관소송(지방자치법 제107조 제3항 및 제172조 제3항)과 교육감과 교육위원회간 또는 교육·학예에 관한 시·도의회간의 기관소송(지방교육자치법 제28조 제3항)만이 인정되고 있다.

2. 청구의 요건

(1) 당사자(권한쟁의심판의 당사자능력)

1) 법규정

헌법은 국가기관 상호간, 국가기관과 지방자치단체간 및 지방자치단체 상호간의 권한쟁의에 관한 심판을 인정하고 있다(헌법 제111조 제1항 제4호). 한편 헌법재판소법은 1. 국가기관 상호간의 권한쟁의심판으로 국회, 정부, 법원 및 중앙선거관리위원회 상호간의 권한쟁의심판을, 2. 국가기관과 지방자치단체간의 권한쟁의심판으로 가. 정부와 특별시·광역시·특별자치시·도 또는 특별자치도 간의 권한쟁의심판, 나. 정부와 시·군 또는 지방자치단체인 구("자치구")간의 권한쟁의심판을, 3. 지방자치단체 상호간의 권한쟁의심판으로 가. 특별시·광역시·특별자치시·도 또는 특별자치도 간의 권한쟁의심판, 나. 시·군 또는 자치구 상호간의 권한쟁의심판, 다. 특별시·광역시·특별자치시·도 또는 특별자치도 간의 시·군 또는 자치구간의 권한쟁의심판으로 분류하고 있다(헌법재판소법 제62조).

2) 국가기관 상호간의 권한쟁의심판

헌법재판소법 제62조가 국가기관 상호간의 권한쟁의심판의 당사자로 국회, 정부, 법원 및 중앙선거관리위원회를 규정하고 있다. 이 규정이 열거규정인가 예시규정인가가 문제된 바 있다. 헌법재판소는 종래 열거규정으로 보았으나,[120] 현재는 판례를 변경하여 예시규정으로 보아 국회의원이나 국회의장 등 그 외의 국가기관의 경우에도 당사자가 될 수 있다고 보고 있다.

판례 헌법재판소법 제62조 1항이 한정적 열거규정인가?, 아니면 예시규정인가?

헌법재판소법 제62조 제1항 제1호가 국가기관 상호간의 권한쟁의심판을 "국회,

120) 종전 헌법재판소는 헌법재판소법 제62조 제1항 제1호의 규정을 한정적 열거규정으로 해석하여 국회의원이나 교섭단체의 권한쟁의심판 당사자능력을 부인한 바 있다(헌재 1995. 2. 23. 90헌라1).

정부, 법원 및 중앙선거관리위원회 상호간의 권한쟁의심판"이라고 규정하고 있더라도 이는 한정적, 열거적인 조항이 아니라 예시적인 조항이라고 해석하는 것이 헌법에 합치되므로 이들 기관외에는 권한쟁의심판의 당사자가 될 수 없다고 단정할 수 없다. 헌재 1997. 7. 16. 96헌라2

판례 "국가기관"에 해당하는지 여부에 대한 판단기준

헌법 제111조 제1항 제4호 소정의 "국가기관"에 해당하는지 여부는 ① 그 국가기관이 헌법에 의하여 설치되고 ② 헌법과 법률에 의하여 독자적인 권한을 부여받고 있는지, ③ 헌법에 의하여 설치된 국가기관 상호간의 권한쟁의를 해결할 수 있는 적당한 기관이나 방법이 있는지 등을 종합적으로 고려하여야 할 것인바, 이러한 의미에서 국회의원과 국회의장은 위 헌법조항 소정의 "국가기관"에 해당하므로 권한쟁의심판의 당사자가 될 수 있다. 헌재 1997. 7. 16. 96헌라2

한편 헌법재판소는 국가인권위원회와 대통령간의 권한쟁의심판에서 법률에 의하여 설치된 국가인권위원회의 당사자적격을 부인하고 있다.[121)]

판례 법률에 의하여 설치된 국가기관인 청구인에게 권한쟁의심판의 당사자능력이 인정되는지 여부

"권한쟁의심판은 국회의 입법행위 등을 포함하여 권한쟁의 상대방의 처분 또는 부작위가 헌법 또는 법률에 의하여 부여받은 청구인의 권한을 침해하였거나 침해할 현저한 위험이 있는 때 제기할 수 있는 것인데, 헌법상 국가에게 부여된 임무 또는 의무를 수행하고 그 독립성이 보장된 국가기관이라고 하더라도 오로지 법률에 설치근거를 둔 국가기관이라면 국회의 입법행위에 의하여 존폐 및 권한범위가 결정될 수 있으므로 이러한 국가기관은 '헌법에 의하여 설치되고 헌법과 법률에 의하여 독자적인 권한을 부여받은 국가기관'이라고 할 수 없다. 즉, 청구인이 수행하는 업무의 헌법적 중요성, 기관의 독립성 등을 고려한다고 하더라도, 국회가 제정한 국가인권위원회법에 의하여 비로소 설립된 청구인은 국회의 위 법률 개정행위에 의하여 존폐 및 권한범위 등이 좌우되므로 헌법 제111조 제1항 제4호 소정의 헌법에 의하여 설치된 국가기관에 해당한다고 할 수 없다. 결국, 권한쟁의심판의 당사자능력은 헌법에 의하여 설치된 국가기관에 한정하여 인정하는 것이 타당하므로, 법률에 의하여

121) 헌재 2010. 10. 28. 2009헌라6. 이 결정에 대해서는 국가인권위원회가 독립성을 가지는 점, 권한쟁의심판에서는 법률상 권한침해도 판단대상이 된다는 점에서 문제가 있다는 지적이 있다(정재황, 헌법입문, 박영사, 2016, 782면). 그러나 헌법재판소는 '헌법에 의하여 설치되고 헌법과 법률에 의하여 독자적인 권한을 부여받은 국가기관'을 권한쟁의심판의 당사자로 보고 있다.

설치된 청구인에게는 권한쟁의심판의 당사자능력이 인정되지 아니한다."[122)]

헌재 2010. 10. 28. 2009헌라6

3) 국가기관과 지방자치단체간의 권한쟁의심판

헌법 제111조 제1항 제4호는 "국가기관과 지방자치단체 상호간"의 권한쟁의심판을 규정하고 있고, 헌법재판소법 제62조 제1항 제2호에서 "국가기관과 지방자치단체간의 권한쟁의심판"의 당사자인 국가기관으로 "정부"만을 규정하고 있기 때문에, 여기서의 "정부"가 한정적 열거규정인지, 예시적인 규정인지, 정부를 국회, 정부, 법원과 같은 다른 국가기관을 지칭하는 광의의 정부로 확장해석할 수 있는 것인지가 논란이 되고 있다. 헌법재판소는 제62조 제1항 제2호가 "국가기관측 당사자로 '정부'만을 규정하고 있지만, 이 규정의 '정부'는 예시적인 것이므로 대통령이나 행정각부의 장 등과 같은 정부의 부분기관뿐 아니라 국회도 국가기관과 지방자치단체 간 권한쟁의심판의 당사자가 될 수 있다고 판시하고 있다.[123)] 헌법재판소는 기초자치단체(강남구)와 국회 및 구선거관리위원회(강남구선거관리위원회) 간,[124)] 광역자치단체(서울특별시)와 국회 간,[125)] 기초자치단체(강남구)와 행정자치부장관 간[126)]의 권한쟁의심판에서 그 당사자능력을 인정하고 있다.[127)]

판례 기관위임사무와 지방자치단체의 권한쟁의심판 당사자 적격

지방자치단체는 헌법 또는 법률에 의하여 부여받은 그의 권한, 즉 지방자치단체의 사무에 관한 권한이 침해되거나 침해될 우려가 있는 때에 한하여 권한쟁의심판을 청구할 수 있다고 할 것인데, 도시계획사업실시계획인가사무는 건설교통부장관으로부터 시·도지사에게 위임되었고, 다시 시장·군수에게 재위임된 기관위임사무로서 국가사무라고 할 것이므로, 청구인의 이 사건 심판청구 중 도시계획사업실시계획

122) 조대현, 김종대, 송두환 재판관은 "권한쟁의심판에 관한 헌법 및 헌법재판소법의 관련 규정, 권한쟁의심판과 기관소송의 관계 등에 비추어, 비록 법률에 의해 설치된 국가기관이라고 할지라도 그 권한 및 존립의 근거가 헌법에서 유래하여 헌법적 위상을 가진다고 볼 수 있는 독립적 국가기관으로서 달리 권한침해를 다툴 방법이 없는 경우에는 헌법재판소에 의한 권한쟁의심판이 허용된다고 보아야 할 것인바, 청구인은 바로 이 경우에 해당하므로 권한쟁의심판청구의 당사자 능력이 마땅히 인정되어야 한다"는 반대의견을 제시하고 있다.

123) 헌재 2008. 6. 26. 2005헌라7.

124) 헌재 2008. 6. 26. 2005헌라7.

125) 헌재 2005. 12. 22. 2004헌라3.

126) 헌재 2002. 10. 31. 2002헌라2.

127) 한편 종합부동산세법 제정행위에 대해 강남구 등의 기초자치단체가 국회를 상대로 제기한 권한쟁의심판청구에 대해 청구기간의 도과를 이유로 부적법각하결정을 내렸으나, 국회의 당사자능력을 부인하지는 않았다(헌재 2006. 5. 25. 2005헌라4).

인가처분에 대한 부분은 지방자치단체의 권한에 속하지 아니하는 사무에 관한 것으로서 부적법하다고 할 것이다. 이 사건의 쟁점은 피청구인이 재결청의 지위에서 행정심판법 제37조 제2항의 규정에 따라 행한 직접처분이 청구인의 권한을 침해하는가 여부이다. 따라서 이 사건은 지방자치단체인 청구인(성남시)과 국가기관인 재결청으로서의 피청구인(경기도지사) 사이의 권한쟁의 사건이라고 할 것이다.

헌재 1999. 7. 22. 98헌라4

4) 지방자치단체 상호간의 권한쟁의심판

지방자치단체 상호간의 권한쟁의심판은 ① 특별시·광역시·특별자치시·도 또는 특별자치도 상호간, ② 시·군 또는 자치구 상호간, ③ 특별시·광역시·특별자치시·도 또는 특별자치도와 시·군 또는 자치구 간에 제기될 수 있다. 권한쟁의가 '지방교육자치에 관한 법률' 제2조의 규정에 의한 교육·학예에 관한 지방자치단체의 사무에 관한 것인 때에는 교육감이 당사자가 된다(헌법재판소법 제62조 제2항).

판례 지방자치단체장의 당사자능력

권한쟁의 심판청구는 헌법과 법률에 의하여 권한을 부여받은 자가 그 권한의 침해를 다투는 헌법소송으로서 이러한 권한쟁의심판을 청구할 수 있는 자에 대하여는 헌법 제111조 제1항 제4호와 헌법재판소법 제62조 제1항 제3호가 정하고 있는바, 이에 의하면 지방자치단체의 장은 원칙적으로 권한쟁의 심판청구의 당사자가 될 수 없다. 다만 지방자치단체의 장이 국가위임 사무에 대해 국가기관의 지위에서 처분을 행한 경우에는 권한쟁의 심판청구의 당사자가 될 수 있다. 그런데 이 사건 ○○ 주식회사에 대한 피청구인 순천시장의 과세처분은 지방자치단체의 권한에 속하는 사항에 대하여 지방자치단체사무의 집행기관으로서 한 과세처분에 불과하므로 피청구인 순천시장은 이 사건 지방세 과세 권한을 둘러싼 다툼에 있어 권한쟁의 심판청구의 당사자가 될 수 없고, 청구인 광양시장 또한 마찬가지이다. 따라서 청구인 광양시장의 피청구인들에 대한 심판청구와 청구인 광양시의 피청구인 순천시장에 대한 심판청구는 모두 당사자능력을 결한 청구로서 부적법하다.

헌재 2006. 8. 31. 2003헌라1

5) 제3자 소송담당의 허용 여부

권한쟁의심판의 청구인이 될 수 있는 기관의 부분기관이 그 소속기관을 위하여 자신의 이름으로 권한쟁의심판을 청구하는 제3자 소송담당이 허용되는지 여부에 대해서는 견해가 대립되고 있는데,[128] 헌법재판소는 제3자 소송담당을 허용하지 않고 있다. 즉 헌법재판소는 국회의원이 '국회'의 조약체결·비준에 대한 동의권침해를 주장하는 권한쟁의심판청구를 각하하고 있다.[129]

판례 제3자 소송담당의 허용여부

권한쟁의심판의 청구인은 청구인의 권한침해만을 주장할 수 있도록 하고 있을 뿐, 국가기관의 부분기관이 자신의 이름으로 소속기관의 권한을 주장할 수 있는 '제3자 소송담당'의 가능성을 명시적으로 규정하고 있지 않은 현행법 체계에서 국회의 구성원인 청구인들은 국회의 '예산 외에 국가의 부담이 될 계약'의 체결에 있어 동의권의 침해를 주장하는 권한쟁의심판을 청구할 수 없다.

헌재 2008. 1. 17. 2005헌라10

(2) 피청구인의 처분 또는 부작위의 존재(심판청구의 대상)

헌법재판소법 제61조 제3항은 심판청구는 피청구인의 처분 또는 부작위(不作爲)가 헌법 또는 법률에 의하여 부여받은 청구인의 권한을 침해하였거나 침해할 현저한 위험이 있는 경우에만 할 수 있다고 규정하고 있다.

헌법재판소는 여기서의 '처분'을 행정처분보다 넓은 개념으로 보고 있다 즉 "처분은 입법행위와 같은 법률의 제정 또는 개정과 관련된 권한의 존부 및 행사상의 다툼, 행정처분은 물론 행정입법과 같은 모든 행정작용 그리고 법원의 재판 및 사법행정작용 등을 포함하는 넓은 의미의 공권력처분을 의미하는 것으로 보아야 한다"고 판시하였다.[130]

'부작위'에 대해서도 헌법재판소는 일정한 요건을 설정하고 있다. 즉 "피청구인의 부작위에 의하여 청구인의 권한이 침해당하였다고 주장하는 권한쟁의심판은 피청구인에게 헌법상 또는 법률상 유래하는 작위의무가 있음에도 불구하고 피청구인이 그러한 의무를 다하지 아니한 경우에 허용된다"고 판시하였다.[131] 입법부작위에 대한 권한쟁의심판도 입법자의 민주적 정당성 및 이에 기초한 형성의 자유에 대한 존중에 비추어 볼 때 입법부작위에 대한 헌법소원이 인정되는 경우[132]와 마찬가지로 헌법상 구체적인 입법의무가 인정될 수 있는 경우에만 인정되어야 할 것

---

128) 이에 대하여 자세한 것은 허영, 헌법소송법론, 2009, 309면 참조.

129) 국회동의권은 결국 의원의 권한(표결권)으로 행사된다는 점 등에서 이 판례이론은 문제가 있다는 견해가 있다(정재황, 앞의 책, 782면).

130) 헌재 2006. 5. 25. 2005헌라4.

131) 헌재 1998. 7. 14. 98헌라3.

132) 헌재 1989. 3. 17. 88헌마1.

이다.[133)]

또한 여기서 "처분"이란 법적 중요성을 지닌 것에 한하므로, 청구인의 법적 지위에 구체적으로 영향을 미칠 가능성이 없는 행위는 "처분"이라 할 수 없어 이를 대상으로 하는 권한쟁의심판청구는 허용되지 않는다.[134)]

판례 법률제정행위의 심판대상성

헌법재판소법 제61조 제2항에 따라 권한쟁의심판을 청구하려면 피청구인의 처분 또는 부작위가 존재하여야 한다. 여기서의 처분은 입법행위와 같은 법률의 제정과 관련된 권한의 존부 및 행사상의 다툼, 행정처분은 물론 행정입법과 같은 모든 행정작용 그리고 법원의 재판 및 사법행정작용 등을 포함하는 넓은 의미의 공권력 처분을 의미하는 것으로 보아야 할 것이므로, 법률에 대한 권한쟁의심판도 허용된다고 봄이 일반적이나 다만, '법률 그 자체'가 아니라 '법률제정행위'를 그 심판대상으로 하여야 할 것이다. 헌재 2006. 5. 25. 2005헌라4

판례 국회의장의 법률안가결선포행위의 심판대상성

국회의장이 야당의원들에게 본회의 개의일시를 국회법에 규정된 대로 적법하게 통지하지 않음으로써 그들이 본회의에 출석할 기회를 잃게 되었고, 그 결과 법률안의 심의·표결과정에 참여하지 못하게 되었다면 이로써 야당의원들의 헌법에 의하여 부여된 법률안 심의·표결의 권한이 침해된 것이다. 헌재 1997. 7. 16. 96헌라2

판례 건설교통부장관이 경부고속철도 제4-1공구 역의 이름을 "천안아산역(온양온천)"으로 결정한 것이 권한쟁의심판의 대상이 되는 처분인지 여부(아산시와 건설교통부장관간의 권한쟁의)

청구인의 권한에 부정적인 영향을 주어서 법적으로 문제되는 경우에는 사실행위나 내부적인 행위도 권한쟁의심판의 대상이 되는 처분에 해당한다고 할 것이므로, 피청구인의 이 사건 결정은, 그것이 행정소송의 대상이 되는 처분인지 여부는 별론으로 하고, 권한쟁의심판의 대상이 되는 처분에 해당한다고 할 것이다.

헌재 2006. 3. 30. 2003헌라2

---

133) 허영, 헌법소송법론, 박영사, 2009, 317면.

134) 헌재 2005. 12. 22. 2004헌라3. 정부가 법률안을 제출하였다 하더라도 그것이 법률로 성립되기 위해서는 국회의 많은 절차를 거쳐야 하고, 법률안을 받아들일지 여부는 전적으로 헌법상 입법권을 독점하고 있는 의회의 권한이다. 따라서 정부가 법률안을 제출하는 행위는 입법을 위한 하나의 사전 준비행위에 불과하고, 권한쟁의심판의 독자적 대상이 되기 위한 법적 중요성을 지닌 행위로 볼 수 없다고 한다.

판례 행정자치부장관이 울산광역시 동구 등에 대하여 한 통보행위 등의 조치가 업무연락 또는 단순한 견해의 표명 등에 해당하여 권한쟁의심판의 대상이 되는 처분에 해당하지 않는다고 판단한 사례(처분의 법적 중요성의 요구)

행정자치부장관이 '행정부시장・부지사 회의'를 개최하여 행정자치부에서 작성한 표준안대로 복무조례를 개정할 것을 울산광역시 동구 및 북구에 요청한 것은 각 지방자치단체가 참고할 수 있도록 표준안을 제시한 것에 불과하여 단순한 업무협조 요청에 불과하고, 「징계업무처리지침」 및 「병・연가불허지시」를 통보한 것도 상호 협력의 차원에서 조언・권고한 것이거나 단순히 '업무연락'을 한 것이지, 각 지방자치단체를 법적으로 규제하는 강제적・명령적 조치를 취한 것이라 보기 어려우며, 기자회견을 통해 '총파업가담자에 대한 처벌과 정부의 방침에 소극적으로 대처하는 지방자치단체에 대하여 특별교부세 지원중단 등의 행정적・재정적 불이익 조치를 취할 것'이라는 것을 주된 내용으로 하는 담화문을 발표한 것 또한 단지 파업의 대응 방침을 천명한 것으로 단순한 견해의 표명에 지나지 않는다 할 것이다. 이러한 행위들은 권한쟁의심판의 대상이 되는 처분이라 할 수 없으므로, 이를 대상으로 한 권한쟁의심판청구는 부적법하다. 헌재 2006. 3. 30. 2005헌라1

판례 강남구와 강남구선거관리위원회 및 국회 등 간의 권한쟁의

[판시사항]

1. 피청구인 강남구선거관리위원회의 청구인 서울특별시 강남구에 대한 지방자치단체 선거관리경비 산출 통보행위가 권한쟁의심판의 대상이 되는 처분에 해당하는지 여부(소극)
2. 피청구인 국회가 2005. 8. 4. 법률 제7681호로 공직선거법 제122조의2를 개정하여 지방선거비용을 해당지방자치단체에게 부담시킨 행위가 지방자치단체인 청구인들의 지방자치권을 침해하는 것인지 여부(소극)

[결정요지]

1. 피청구인 강남구선거관리위원회가 2006년 지방선거를 앞두고 강남구의회가 다음해 예산을 편성할 때 지방선거에 소요되는 비용을 산입하도록 예상되는 비용을 미리 통보한 행위는 청구인 서울특별시 강남구의 법적 지위에 어떤 변화도 가져온다고 볼 수 없으므로 권한쟁의 심판의 대상이 되는 처분에 해당한다고 볼 수 없다.[135)]

135) 피청구인 강남구선거관리위원회는 공직선거법 제277조 제2항에 따라 2006년 지방선거를 앞두고 지방선거를 원활하게 치르도록 하기 위해 강남구의회가 다음해 예산을 편성할 때 지방선거에 소요되는 비용을 산입할 수 있도록 예상되는 비용을 미리 통보하였다. 이러한 통보행위가 권한쟁의심판청구의 대상이 되는 처분에 해당하기 위해서는 이것이 청구인 서울특별시 강남구에 새로운 의무를 부과한다거나 법적 지위에 어떤 변화를 초래하여야 한다. 그런

2. 지방의회의원과 지방자치단체장을 선출하는 지방선거는 지방자치단체의 기관을 구성하고 그 기관의 각종 행위에 정당성을 부여하는 행위라 할 것이므로 지방선거사무는 지방자치단체의 존립을 위한 자치사무에 해당하고, 따라서 법률을 통하여 예외적으로 다른 행정주체에게 위임되지 않는 한, 원칙적으로 지방자치단체가 처리하고 그에 따른 비용도 지방자치단체가 부담하여야 한다. 다만 국가적 통일성을 유지하기 위하여 국가의 관여가 필요하거나 특정 사안이 해당 지방자치단체의 문제에 그치지 않고 국가 전체의 문제와 직결되는 등의 경우에는 지방자치단체의 독자성을 보장하는 범위 내에서 필요에 따라 국가가 관여할 수 있다.
그런데 지방선거사무는 지방자치단체의 자치사무에 해당하지만, 지방선거는 주민의 대의기관을 구성하는 민주적 방법인 동시에 대표기관으로 하여금 민주적 정당성을 확보케 함으로써 대의민주주의를 실현하기 위한 불가결한 수단이라 할 것인 바, 선거와 투표에 대한 관리가 공정하게 이루어지도록 하기 위해서는 선거와 투표관리 등의 집행업무 담당기관을 일반행정기관과는 별도의 독립기관으로 구성하여 지 방선거를 관리하도록 할 필요가 있고, 이에 이 사건 지방선거사무도 국가기관인 구·시·군 선거관리위원회가 담당하고 있다. 한편, 구 지방자치법이나 지방재정법에 비추어 보면, 지방자치단체의 사무를 다른 기관이 맡아하고 있는 경우에도 그 비용은 원칙적으로 당해 지방자치단체가 부담하여야 할 것이므로 이 사건의 경우와 같이 지방선거의 선거사무를 구·시·군 선거관리위원회가 담당하는 경우에도 그 비용은 지방자치단체가 부담하여야 하고, 이에 피청구인 대한민국국회가 지방선거의 선거비용을 지방자치단체가 부담하도록 공직선거법을 개정한 것은 지방자치단체의 자치권한을 침해한 것이라고 볼 수 없다.

[재판관 김종대, 재판관 목영준의 반대의견]

우리 헌법은 선거관리를 위한 특별한 헌법기관인 선거관리위원회를 설치하고, 그 구성과 직무범위를 헌법과 법률을 통해 규율함으로써, 지방선거관리사무에 대하여 선거관리위원회가 전권을 행사할 뿐 지방자치단체는 물론 다른 국가기관이 개입할 여지를 완전히 배제하고 있다. 이와 같이 지방선거관리사무에 대하여 헌법기관이자 국가기관인 선거관리위원회가 전적인 권한과 책임을 가짐으로써 지방자치단체는 해

데 청구인 서울특별시 강남구의 선거비용 부담은 공직선거법에서 그렇게 정하고 있기 때문에 발생하는 것이지 피청구인 강남구선거관리위원회가 이 사건 통보행위를 하였기 때문에 새롭게 발생한 것은 아니다. 또한 피청구인 강남구선거관리위원회의 선거비용 통보행위는 미래에 발생할 선거비용을 다음 연도 예산에 반영하도록 하기 위해 미리 안내한 것에 불과하며, 이 통보행위 자체만으로 청구인 서울특별시 강남구가 2006년 예산편성 권한을 행사하는데 법적 구속을 받게 된 것은 아니다. 따라서 청구인 서울특별시 강남구의 법적 지위에 어떤 변화도 가져오지 않는 피청구인 강남구선거관리위원회의 이 사건 통보행위는 권한쟁의 심판의 대상이 되는 처분에 해당한다고 볼 수 없고, 청구인 서울특별시 강남구의 지방재정권을 침해하거나 침해할 가능성도 없다고 하였다.

당 단체장 및 지방의회의원을 선출하는데 있어서 아무런 결정 및 관여를 할 수 없는 점에 비추어 볼 때, 지방선거관리사무를 지방자치단체의 자치사무에 포함시킬 수는 없다. 지방선거관리사무는 국가의 권한과 책임하에 이루어지는 국가사무라고 할 것인바, 피청구인 국회가 공직선거법 규정을 개정하여 지방선거관리비용을 해당 지방자치단체에게 부담시킨 것은 지방자치단체의 지방재정권을 침해한 것으로서 무효이다.

헌재 2008. 6. 26. 2005헌라7

(3) 권한의 존부 또는 범위에 관한 다툼의 존재

권한의 존부 또는 범위 자체에 관한 청구인과 피청구인 사이의 다툼이 있어야만 권한쟁의심판을 청구할 수 있다.

(4) 청구인의 헌법상 또는 법률상 권한을 침해하거나 침해할 현저한 위험이 있을 것(청구사유)

권한쟁의심판의 청구를 위해서는 피청구인의 처분 또는 부작위가 청구인의 헌법상 또는 법률상 권한을 침해하거나 침해할 현저한 위험이 있어야 한다(헌법재판소법 제61조 제2항). 여기서 권한은 헌법상 권한뿐만 아니라 법률상 권한도 포함된다. 권한의 '침해'는 현실적인 침해를 말하며, '침해할 현저할 위험'은 침해할 개연성이 예상되고 구체적으로 분쟁이 거론될 수 있을 정도로 상황이 구체화된 경우를 의미한다.[136)]

판례 지방자치단체의 영토고권의 주장과 권한침해의 개연성(아산시와 건설교통부장관간의 권한쟁의)

권한쟁의심판은 피청구인의 처분 또는 부작위가 헌법 또는 법률에 의하여 부여받은 청구인의 권한을 침해하였거나 침해할 현저한 위험이 있는 때에 한하여 허용되는 것이므로, 피청구인의 처분 또는 부작위로 인하여 헌법 또는 법률에 의하여 부여받은 청구인의 권한이 침해될 개연성이 전혀 없는 경우에는 권한쟁의심판청구가 부적법하다고 할 것이다. 지방자치법 제11조 제6호는 지방자치단체가 처리할 수 없는 국가사무로 "우편, 철도 등 전국적 규모 또는 이와 비슷한 규모의 사무"를 열거하고 있으므로, 고속철도의 건설이나 고속철도역의 명칭 결정과 같은 일은 국가의 사무이고 지방자치단체인 청구인의 사무가 아님이 명백하다. 따라서 이 사건에서 청구인 권한이 침해될 개연성이 있는지 여부는 우선 청구인이 주장하는 바와 같은 영토고권이라는 자치권이 헌법 또는 법률에 의하여 청구인에게 부여되어 있는지 여부에 따라 결정된다고 할 것이다. …… 그러나 지방자치제도의 보장은 지방자치단체에

136) 정종섭, 헌법소송법, 503－504면; 허영, 헌법소송법론, 317－319면.

의한 자치행정을 일반적으로 보장한다는 것뿐이고, 마치 국가가 영토고권을 가지는 것과 마찬가지로 지방자치단체에게 자신의 관할구역 내에 속하는 영토·영해·영공을 자유로이 관리하고 관할구역 내의 사람과 물건을 독점적·배타적으로 지배할 수 있는 권리가 부여되어 있다고 할 수는 없다. 청구인이 주장하는 지방자치단체의 영토고권은 우리 나라 헌법과 법률상 인정되지 아니한다. 따라서 이 사건 결정이 청구인의 영토고권을 침해한다는 주장은 가지고 있지도 않은 권한을 침해받았다는 것에 불과하여 본안에 들어가 따져볼 필요가 없다. 헌재 2006. 3. 30. 2003헌라2

(5) 심판청구의 이익(권리보호이익)

권한쟁의심판을 통하여 권한침해가 제거되고 권한이 회복되는 등의 효과가 있어야 한다는 요건이다. 권한쟁의심판에서 권리보호이익이 적법요건으로 요구되는지에 대하여 이론적으로는 요구된다는 긍정설과 이를 부정하는 부정설이 나누어진다. 헌법재판소는 원칙적으로는 권리보호이익이 없는 경우 각하하여야 하나, 예외적으로 심판청구의 이익을 인정할 수 있다고 한다. 권한쟁의심판에서 소송물은 주관적으로 정해지지만, 소송의 목적은 객관적인 성격을 갖기 때문에 청구인의 권리보호이익이 특별히 필요한 것은 아니다. 그러나 청구인에게 당사자적격을 인정하기 위해서는 권리보호이익을 함께 고려하지 않을 수 없다. 예컨대 국회의원이 제기한 권한쟁의심판에서 청구인이 임기만료로 국회의원의 신분을 상실했다면 원칙적으로 권리보호이익도 인정하기 어렵다.

대개의 경우 청구인적격의 심사단계에서 권리보호이익도 검토되는 것이 보통이다. 결국 권리보호이익에 관한 별도의 검토를 요하는 것은 아니지만, 당사자적격의 심사에서 청구인이 권한의 침해 또는 침해의 위험성을 주장한다면 그것은 권리보호이익을 암시하는 것이다.

그러나 청구인이 스스로 피청구인의 권한침해 행위를 방지할 수 있었다면 청구인의 권리보호이익은 인정할 수 없다. 예컨대 정부의 대북전력지원사업과 관련된 정부의 법률안 미제출 행위로 인한 국회의 입법권 침해의 경우에 권리보호이익을 인정할 수 없는 이유도 그 때문이다.

판례 권한침해의 종료와 예외적 심판이익의 인정

현재의 제16대 국회는 4년 임기 중 전반기를 이미 마쳤고, 후반기 들어 2002. 7. 경 새로이 각 상임위원회의 위원배정이 이루어졌으며, 이 때 청구인은 다시 보건복지위원회에 배정되어 현재까지 동 위원회에서 활동하고 있다. 그러므로 청구인이 이 사건 권한쟁의심판청구에 의하여 달성하고자 하는 목적은 이미 이루어져 청구인이 주장하는 권리보호이익[137)]은 소멸하였다. 그러나 이 사건과 같이 상임위원회 위원의 개선, 즉 사·보임행위는 법률의 근거 하에 국회관행상 빈번하게 행해지고 있고 그 과정에서 당해 위원의 의사에 반하는 사·보임이 이루어지는 경우도 얼마든지 예상할 수 있으므로 청구인에게 뿐만 아니라 일반적으로도 다시 반복될 수 있는 사안이어서 헌법적 해명의 필요성이 있으므로 이 사건은 심판의 이익이 있다.

헌재 2003. 10. 30. 2002헌라1

(6) 청구기간

권한쟁의의 심판은 그 사유가 있음을 안 날로부터 60일 이내에, 그 사유가 있은 날로부터 180일 이내에 청구하여야 하며, 이 기간은 불변기간이다(헌법재판소법 제63조).

판례 법률제정행위에 대한 권한쟁의심판의 청구기간의 기산점

법률의 제정에 대한 권한쟁의심판의 경우, 청구기간은 법률이 공포되거나 이와 유사한 방법으로 일반에게 알려진 것으로 간주된 때부터 기산되는 것이 일반적이다. 일정한 법률안이 법률로 성립하기 위해서는 국회의 의결을 거쳐 관보에 게재·공포되어야 하고, 이로써 이해당사자 및 국민에게 널리 알려지는 것이기 때문이다.[138)]

헌재 2006. 5. 25. 2005헌라4

(7) 권한쟁의심판에서의 가처분

헌법재판소가 권한쟁의심판의 청구를 받은 때에는 직권 또는 청구인의 신청에 의하여 종국결정의 선고시까지 심판대상이 된 피청구인의 처분의 효력을 정지하는 결정을 할 수 있다(헌법재판소법 제65조).

---

137) 권한쟁의심판에 있어서도 '권리보호의 이익'이라는 용어가 많이 사용되고 있으나, 권한쟁의심판에 있어서는 헌법소원과는 달리 청구인의 권리가 아닌 '권한'의 보호를 요구하는 것이기 때문에 '권리보호의 이익'이라는 용어는 적절하지 않다고 하면서 권한의 존부 및 범위에 대한 확정의 필요성이란 용어를 사용하는 견해가 있다(장영수, 앞의 책, 1285면).

138) 만약 법률제정행위를 대상으로 하는 권한쟁의심판에 있어서 청구인이 소정의 청구 기간이 지난 이후에야 그 법률과 법적 관련성을 갖게 된 경우에는 그 법률과 관련성을 가지게 된 때를 청구기간의 기산점으로 보아야 할 것이다. 이에 대하여 자세한 것은 차진아, 권한쟁의심판과 위헌법률심판의 충돌에 관한 고찰, 헌법학연구 제15권 제1호(2009. 3), 381－422(396－397)면 참조.

3. 권한쟁의심판의 결정

(1) 결정의 정족수

권한쟁의심판에 관한 헌법재판소의 결정은 헌법재판소의 의결정족수에 관한 헌법재판소법 제23조의 규정에 따라 재판관 7인 이상의 출석과 관여한 재판관의 과반수로 내려진다(헌법재판소법 제23조 제2항 본문).[139)]

(2) 결정의 형식

헌법재판소의 종국결정에는 크게 각하결정, 기각결정 및 인용결정의 3가지로 나누어지고, 인용결정은 다시 권한의 존부 및 범위 확인 결정, 처분의 취소 및 무효확인 결정, 부작위위법 확인결정으로 나눌 수 있다. 그리고 예외적으로 심판절차 종료선언이 있다.

1) 각하결정

권한쟁의심판청구가 적법요건을 구비하지 않아 부적법한 경우 각하결정을 내린다. 당사자능력 및 당사자적격의 흠결, 쟁의대상의 부존재, 청구기재서 등 청구절차상의 흠결, 청구기간의 미준수, 권리보호이익의 결핍 등이 각하사유가 된다. 결정주문에는 "이 사건 심판청구를 각하한다"라고 표시된다.[140)]

2) 기각결정

권한쟁의심판청구는 적법하지만, 심리결과 청구인이 주장하는 권한침해나 침해의 현저한 위험을 인정할 수 없을 때에는 기각결정을 내린다. 결정주문에는 "이 사건 심판청구를 기각한다"라고 표시된다.[141)]

3) 인용결정

권한쟁의심판에서 인용결정은 그 본질상 확인결정의 성격을 가진다.[142)] 헌법재판소는 심판의 대상이 된 국가기관 또는 지방자치단체의 권한의 존부 또는 범위에

139) 다른 헌법소송과는 달리 권한쟁의심판에 대해서는 6인 이상의 찬성을 요하지 않는 것은 권한쟁의심판이 여타의 헌법소송과는 구조적으로 다른 측면이 있기 때문이다. 권한쟁의심판의 경우에는 같은 사안에 대해서 청구인과 피청구인이 바뀔 수도 있기 때문에 어느 한쪽에 가중된 요건으로 의결정족수를 정하는 것이 불합리한 것이다.

140) 헌재 1997. 7. 16. 96헌라2.

141) 헌재 2000. 2. 24. 99헌라1.

142) 정종섭, 헌법소송법, 513－514면; 허영, 헌법소송법론, 327면.

관하여 판단하고(법 제66조 제1항), 나아가 권한침해의 원인이 된 피청구인의 처분을 취소하거나 그 무효를 확인하는 인용결정을 할 수 있고, 부작위에 대한 심판청구를 인용하는 결정을 하는 등 모두 확인결정이다. 부작위에 대한 심판청구를 인용하는 결정을 한 때에는 피청구인은 결정취지에 따른 처분을 하여야 한다(헌법재판소법 제66조 제2항).

① 권한의 존부 및 범위 확인 결정

헌법재판소법 제66조 제1항에 의해 헌법재판소는 심판의 대상이 된 국가기관 또는 지방자치단체의 권한의 존부 또는 범위에 관하여 판단한다. 여기서 헌법재판소는 관련된 헌법 또는 법률을 해석하여 관련 기관에 권한이 존재하는지 여부와 그 권한의 범위를 확정한다. 이는 권한쟁의심판에서 핵심적인 종국결정의 유형이며, 동시에 결정의 필수적 주문 부분을 이루게 된다. 이 경우 헌법재판소의 판단은 객관소송으로서의 특성 때문에 청구인의 청구취지에 구애됨이 없이, 객관적 권한질서에 따라 다투어지고 있는 권한이 청구인과 피청구인 어디에 소재하는가를 판단하게 된다.

(i) 권한의 귀속처 또는 범위에 관한 쟁의

쟁의의 대상이 되는 특정권한이 쟁의당사자 중 누구에게 귀속되는지 그리고 그 특정권한이 쟁의의 대상이 된 권한의 범위에 포함되는지를 결정하는 경우이다. 헌법재판소법 제66조 제1항의 문언에 충실하자면 주문은 "……에 관한 권한은 청구인(또는 피청구인)에게 존재한다(또는 존재하지 아니한다)" 또는 "청구인(피청구인)의 권한은 …… 권한이 포함된다(포함되지 않는다)"와 같은 형태로 표시될 것이다.

헌법재판소는 제방, 도로 등의 관할권한의 귀속에 관하여 지방자치단체 상호간에 권한분쟁이 발생하여 청구된 사건을 인용하면서 문제된 관할권한이 청구인에게 있음을 직접 확인하는 결정을 하였다.[143]

(ii) 권한행사로 인한 권한침해에 대한 쟁의

권한쟁의심판사건에서는 일정한 권한사항의 소재가 청구인 또는 피청구인 중 누구에게 귀속하는가에 관한 다툼이 아니라, 청구인 또는 피청구인이 가지는 권한 그 자체에 관하여는 다툼이 없고 단지 피청구인의 권한 행사가 헌법 또는 법률에 위반되기 때문에 청구인이 가지는 권한이 침해되었는지 여부를 결정하는 경우이다.

이러한 경우 심판청구가 이유있는 것으로 인정된다면, 결정의 주문은 결국, '청구인에게는 헌법(또는 법률)에 의하여 부여받은 ……권한이 있다'는 내용과 '청구인

143) 헌재 2004. 9. 23. 2000헌라2; 헌재 2006. 8. 31. 2003헌라1; 헌재 2006. 8. 31. 2004헌라2.

의 이러한 권한이 피청구인의 행위로 인하여 침해되었다'는 내용을 결합하여, "피청구인의 처분(또는 부작위)이 헌법(또는 법률)에 의하여 부여된 청구인의 ……권한을 침해한 것이다"라는 형태로 표시된다.[144] 한편 청구인의 권한침해가 인정되지 않아 심판청구가 이유없는 것으로 판명된다면, "이 사건 심판청구를 기각한다"라는 일반적 주문형태를 취하게 된다(헌재 1998. 8. 27. 96헌라1; 헌재 2000. 2. 24. 99헌라1).

② 처분의 취소 및 무효확인 결정

헌법재판소는 권한침해의 원인이 된 피청구인의 처분을 취소하는 결정 또는 처분의 무효를 확인하는 결정을 내릴 수 있다(헌법재판소법 제66조 제2항). '권한의 존부 또는 범위'에 관하여는 헌법재판소법 제66조 제1항에 의하여 헌법재판소가 필요적으로 판단해야 하지만, 동조 제2항은 헌법재판소에게 재량을 부여하고 있으므로, 재판부의 재량에 따라 부가적으로 처분의 취소나 무효확인을 할 수 있다. 이러한 취소 또는 무효확인결정은 청구인의 청구 또는 헌법재판소의 직권으로 내릴 수 있다. 따라서 이러한 결정은 모든 권한쟁의심판의 인용결정 시에 반드시 행해져야 하는 필수적인 것은 아니다.

처분의 취소결정을 할 경우에는 "피청구인의 처분을 취소한다"의 결정주문을 내리고, 무효확인결정을 할 경우에는 "피청구인의 처분이 무효임을 확인한다"라고 결정주문을 낸다.[145]

이러한 결정을 내리게 되면 피청구인의 처분은 사실상 법적 효력을 상실하게 되므로 권한질서는 회복된다. 그러나 처분의 취소결정을 하더라도 그 처분의 상대방에 대하여 이미 생긴 효력에는 영향을 미치지 않는다(법 제67조 제2항).

처분의 취소결정과 무효확인결정의 차이에 대하여 헌법재판소는 '무효인 행정행위'와 '취소할 수 있는 행정행위'라는 행정행위하자이론을 원용하여 판시하고 있다. 즉 처분이 "중대하고 명백한 하자"가 있으면 무효결정을 한다는 입장이다.[146]

144) 헌법재판소의 결정례: 1. "피청구인이 1996. 12. 26. 06:00경 제182회 임시회 제1차 본회의를 개의하고 국가안전기획부법중개법률안……을 상정하여 가결선포한 것은 청구인들의 법률안 심의·표결의 권한을 침해한 것이다"(헌재 1997. 7. 16. 96헌라2). 2. "피청구인이 1998. 4. 16. 경기도고시 제1998-142호로 행한 ……에 대한 도시계획사업시행자 지정처분은 도시계획법 제23조 제5항에 의한 청구인의 권한을 침해한 것이다"(헌재 1999. 7. 22. 98헌라4).

145) 취소한 것으로는 헌재 2006. 8. 31. 2004헌라2. 무효확인을 한 것으로는 헌재 1999. 7. 22. 98헌라4 등 참조.

146) 헌재 1999. 7. 22. 98헌라4.

판례 피청구인의 점용료부과처분을 취소한 사례(부산광역시 강서구와 진해시간의 권한쟁의)

[판시사항]

1. 지방자치단체를 상대로 한 권한쟁의심판절차에서 지방자치단체 사무에 관해 단체장이 행한 처분을 취소할 수 있는지 여부(적극)
2. 당정협의내용, 추진지침, 의견서, 지방의회의 의결 등에 드러난 입법경위가 분명하고 명시적인 법률조항의 해석에 영향을 미칠 수 있는지 여부(소극)
3. 부산광역시 강서구가 진해시를 상대로, 진해시 용원동 내의 일부인 계쟁 토지가 법률에 의해 그 관할이 자신에게 옮겨졌다고 주장하면서 관할확인을 구하고, 진해시가 계쟁 토지에 대한 사무와 재산을 인계하지 아니하는 부작위가 위법하다는 확인을 구하고, 위 계쟁토지에 대해 진해시장이 한 점용료부과처분의 취소를 구하는 권한쟁의심판사건에서 청구인의 심판청구를 인용한 사례

[결정요지]

1. 지방자치단체의 지방자치사무에 관해 단체장이 행한 처분은 지방자치단체의 대표이자 집행기관인 단체장이 지방자치법 제9조 소정의 지방자치단체의 사무 처리의 일환으로 당해 지방자치단체의 이름과 책임으로 행한 것이므로 지방자치단체를 피청구인으로 한 권한쟁의심판절차에서 단체장의 처분을 취소할 수 있다.
2. 당정협의내용, 추진지침, 의견서, 지방의회의 의결 등 법률조항 입법경위를 살펴볼 때 중점적으로 거론된 내용이 그대로 입법되지 아니하였다 하더라도 그러한 사정이 취지가 분명하고 명시적인 법률조항의 해석에 영향을 미칠 수 없다. 당시의 제반 사정을 고려하여 어떠한 법률을 제정할 것인가 하는 것은 입법자의 광범위한 형성의 자유에 속하는 것이기 때문이다.
3. '서울특별시 광진구 등 9개자치구설치 및 특별시 · 광역시 · 도간 관할구역변경 등에 관한 법률'이 1994. 12. 22. 법률 제4802호로 제정되어 1995. 3. 1.부터 시행되었는데, 이 사건 법률 제8조에 따라 이 사건 계쟁토지가 청구인인 부산광역시 강서구의 관할구역으로 변경되었다. 피청구인은 지방자치법 제5조에 따라 위 토지들에 대한 사무와 재산을 청구인에게 인계할 의무가 있음에도 이를 이행하지 않고 있는 부작위는 위법하다. 청구인의 관할구역으로 변경된 위 토지에 대하여 피청구인이 점용료부과처분을 한 것은 처분권한 없는 자가 한 처분으로서 위법한 것이므로 취소되어야 한다. 헌재 2006. 8. 31. 2004헌라2

판례 피청구인의 과세처분의 무효를 인정한 사례(광양시등과 순천시등간의 권한쟁의)

[판시사항]

1. 청구인 광양시장의 피청구인들에 대한 심판청구와 청구인 광양시의 피청구인 순

천시장에 대한 심판청구가 적법한지 여부(소극)
2. 공유수면에 대한 지방자치단체의 관할구역과 자치권한 인정 여부(적극)
3. 공유수면과 매립지에 대한 지방자치단체의 관할구역 경계 및 그 기준
4. 1948. 8. 15. 당시와 가장 근접한 1974년 발행 국가기본도상의 해상경계선에 의하여 청구인 광양시와 피청구인 순천시 사이의 관할구역 경계를 확인한 사례
5. 청구인 광양시의 관할권한을 확정하면서 이를 침해한 피청구인 순천시의 과세처분의 무효를 확인한 사례

[결정요지]

1. 권한쟁의 심판청구는 헌법과 법률에 의하여 권한을 부여받은 자가 그 권한의 침해를 다투는 헌법소송으로서 이러한 권한쟁의심판을 청구할 수 있는 자에 대하여는 헌법 제111조 제1항 제4호와 헌법재판소법 제62조 제1항 제3호가 정하고 있는바, 이에 의하면 지방자치단체의 장은 원칙적으로 권한쟁의 심판청구의 당사자가 될 수 없다. 다만 지방자치단체의 장이 국가위임 사무에 대해 국가기관의 지위에서 처분을 행한 경우에는 권한쟁의 심판청구의 당사자가 될 수 있다. 그런데 이 사건 ○○ 주식회사에 대한 피청구인 순천시장의 과세처분은 지방자치단체의 권한에 속하는 사항에 대하여 지방자치단체사무의 집행기관으로서 한 과세처분에 불과하므로 피청구인 순천시장은 이 사건 지방세 과세 권한을 둘러싼 다툼에 있어 권한쟁의 심판청구의 당사자가 될 수 없고, 청구인 광양시장 또한 마찬가지이다. 따라서 청구인 광양시장의 피청구인들에 대한 심판청구와 청구인 광양시의 피청구인 순천시장에 대한 심판청구는 모두 당사자능력을 결한 청구로서 부적법하다.
2. 지방자치법 제4조 제1항에 규정된 지방자치단체의 구역은 주민·자치권과 함께 지방자치단체의 구성요소로서 자치권을 행사할 수 있는 장소적 범위를 말하며, 자치권이 미치는 관할 구역의 범위에는 육지는 물론 바다도 포함되므로, 공유수면에 대한 지방자치단체의 자치권한이 존재한다.
3. 현행 지방자치법 제4조 제1항은 지방자치단체의 관할구역 경계를 결정함에 있어서 '종전'에 의하도록 하고 있고, 지방자치법 제4조 제1항의 개정 연혁에 비추어 보면 위 '종전'이라는 기준은 최초로 제정된 법률조항까지 순차 거슬러 올라가게 되므로 1948. 8. 15. 당시 존재하던 관할구역의 경계가 원천적인 기준이 된다. 그런데 이 사건 기록을 살펴볼 때, 이 사건 매립지에서 '종전'에 해당하는 관할구역 경계에 대하여는 조선총독부 임시토지조사국 훈령인 일반도측량실시규정(1914년)에 의거하여 1918년에 제작된 지형도상의 해상경계선이 그 기준이 된다. 그리고 종래 특정한 지방자치단체의 관할구역에 속하던 공유수면이 매립되는 경우에도, 법률 또는 대통령령 등에 의한 경계변경이 없는 한, 그 매립지는 당해 지방자치단체의 관할구역에 편입된다.

4. 전라남도 광양시, 순천시 및 여수시 소재 율촌 제1지방산업단지 매립지 중 ○○ 주식회사가 전라남도로부터 분양받은 산업단지 446,283㎡(135,000평)와 위 산업단지 블럭 1－1 구역의 공장 연면적 231,192.92㎡, 사무실 등 연면적 10,171.85㎡(이하 '이 사건 매립지'라 한다)에서는 광양시와 순천시의 관할구역을 나누는 해상경계에 있어 1948. 8. 15. 당시와 가장 근접하면서도 위 1918년 지형도상 해상경계선과 가장 유사한 1969년 국가기본도상의 해상경계선이 일응 이 사건 해역에서 양 지방자치단체 간의 관할을 나누는 경계선이 될 가능성이 있었다. 그런데 1973년 대통령령인 시·군·구·읍·면의관할구역변경에관한규정에 의해 1973. 7. 1.부터 이 사건 해역의 전남 광양군 골약면에 속하던 장도와 송도가 전남 여천군 율촌면으로 관할구역이 변경되었으므로 위 관할구역의 변경이 반영되었고 이후 법률 또는 대통령령의 개폐, 행정관습법의 성립 등으로 변경된 바 없는 1974년 발행 국가기본도상의 해상경계선이 이 사건 매립지에서 청구인 광양시와 피청구인 순천시 사이의 관할구역 경계를 나누는 최종적 기준이 된다.
5. 이 사건 매립지 중 제1별지 도면 표시 가, 나, 다, 라, 마, 바, 사, 아, 자의 각 점을 순차 연결한 선(1974년 발행 국가기본도상의 해상경계선)의 오른쪽(동쪽) 부분은 청구인 광양시의 관할권한에 속하고, 피청구인 순천시가 2003. 7. 1. ○○ 주식회사에 대하여 부과한 도시계획세, 공동시설세 등의 부과처분 중 위와 같은 청구인 광양시의 관할권한에 속하는 목적물에 대하여 이루어진 부분은 청구인 광양시의 지방자치권(자치재정권)을 침해하여 권한이 없는 자에 의하여 이루어진 과세처분으로서 그 효력이 없다. 헌재 2006. 8. 31. 2003헌라1

판례 위원회의 심사를 거치지 않은 법률안에 대한 질의, 토론절차를 생략한 절차상 하자와 국회의장의 법률안가결선포행위의 효력

헌법재판소는 위원회의 심사를 거치지 않고 본회의에 상정된 신문법개정안에 대해 질의, 토론절차를 생략하고 행한 표결을 행한 국회의장의 행위가 국회의원의 심의·표결권을 침해하였음은 인정하였으나, 그러한 절차상의 하자로 인한 국회의장의 법률안가결선포행위의 무효여부에 대해서는 기각 의견이 6인(그 구체적 논거에 대해서는 의견이 나뉘었다), 인용의견이 3인으로서 결정정족수 미달로 기각되었다.

헌재 2009. 10. 29. 2009헌라8

판례 일사부재의 원칙위반의 하자와 국회의장의 법률안가결선포행위의 효력

헌법재판소는 방송법개정안에 대해 재적의원 과반수의 출석에 미달한 전자투표는 부결된 것이고 이에 대해 재투표한 것은 일사부재의원칙을 위반한 하자가 있음을 인정하였으나, 그러한 절차상의 하자로 인한 국회의장의 법률안가결선포행위의 무효여부에 대해서는 기각 의견이 7인(그 구체적 논거에 대해서는 의견이 나뉘었다), 인용의견이 2인으로서 결정정족수 미달로 기각되었다.

헌재 2009. 10. 29. 2009헌라8

③ 부작위 위법확인결정

헌법재판소는 권한쟁의심판에서 피청구인의 부작위로 인하여 청구인의 권한이 침해된 것을 확인한 경우에는 부작위 위법확인결정을 한다(헌법재판소법 제66조 제1항). 피청구인의 부작위가 청구인의 권한을 침해하기 위해서는 헌법과 법률에 의한 일정한 작위의무가 피청구인에게 있음에도 불구하고 피청구인이 이를 이행하지 않은 경우이다. 따라서 부작위 위법확인결정은 피청구인의 작위의무의 존재 또는 범위 확인을 한 후에 행하여지게 된다.

부작위 위법확인결정의 경우 그 결정주문은 '피청구인이 헌법(법률)에 의한 …… 작위의무를 이행하지 않아 청구인의 권한을 침해한 것은 위법임을 확인한다' 라고 표시된다.

부작위의 위헌 또는 위법을 확인하는 내용의 결정을 한 때에는 피청구인은 결정취지에 따른 처분을 하여야 한다(헌법재판소법 제66조 제2항).

④ 심판절차종료선언

청구인은 심판청구를 취하하고 그 사건이 헌법적 권한질서에 비추어 심판의 이익도 없게 된 경우 헌법재판소는 심판절차종료선언을 하여 사건을 종결한다.

헌법재판소는 권한쟁의심판에서 심판청구의 취하로 인하여 심판절차종료선언을 한 예가 있으며, 이에 대해서는 이미 실체적 심리를 마쳐 더 이상의 심리가 필요하지 않은 단계에 이르렀고 헌법적 해명의 중대성이 인정된다면 예외적으로 민사소송법 규정의 준용을 배제하여 취하에도 불구하고 평의한 대로 결정을 선고하여야 한다는 반대의견이 있었다.[147]

심판청구의 취하로 인한 심판절차종료선언의 경우 결정주문은 "이 사건 권한쟁의심판절차는 청구인의 심판청구의 취하로 ○○년 ○○월 ○○일 종료되었다"로 표시한다.

나아가 헌법재판소법은 헌법재판소가 인용결정을 하는 경우에 이에 기초하여 권한침해의 원인이 된 피청구인의 처분을 취소하거나 그 무효를 확인할 수 있도록 규정하고 있다(헌법재판소법 제66조 제2항 전단). 이러한 취소 또는 무효확인 결정은 형성재판의 성격을 갖는다.[148]

147) 헌재 2001. 6. 28. 2000헌라1.

148) 차진아, 권한쟁의심판과 위헌법률심판의 충돌에 관한 고찰, 헌법학연구 제15권 제1호(2009.

4. 결정의 효력

(1) 기속력

헌법재판소법 제67조 제1항은 "헌법재판소의 권한쟁의심판의 결정은 모든 국가기관과 지방자치단체를 기속한다"고 규정하여 권한쟁의심판의 기속력을 인정하고 있다. 권한쟁의심판에 대한 헌법재판소의 결정은 심판의 대상이 된 국가기관 또는 지방자치단체의 권한의 존부 또는 범위를 구속력 있게 확인하며(동법 제66조 제1항), 이러한 헌법재판소의 결정은 모든 국가기관과 지방자치단체를 기속하는 것이다.

헌법소원의 경우 인용결정이 다른 국가기관에 대한 기속력을 가짐에 반하여(헌법재판소법 제75조 제1항), 권한쟁의심판의 경우 모든 결정이 기속력을 가진다.[149] 다만 아무런 실체적 판단이 없는 각하결정의 경우에는 기속력을 당연히 가지지 않는다.

권한쟁의심판의 본안결정이 내려지면 그것이 인용결정이든 기각결정이든, 그것이 헌법재판소법 제66조 제1항에 의한 확인결정이든, 동조 제2항에 의한 취소결정이든, 다른 국가기관은 이에 관한 헌법재판소의 판단에 저촉되는 다른 판단이나 행위를 할 수 없다.

(2) 피청구인에 대한 효력

결정의 효력은 피청구인에게도 미치는 바, 피청구인은 위헌·위법성이 확인된 작위 또는 부작위를 반복하여서는 아니 될 뿐만 아니라(반복금지효), 나아가 법적으로 가능한 범위 내에서 자신이 야기한 기존의 위헌·위법상태를 제거하여 합헌·합법적 상태를 회복할 의무를 부담한다(처분의무). 부작위에 대한 인용결정의 경우 피청구인은 결정취지에 따른 처분을 하여야 한다(헌법재판소법 제66조 제2항).

(3) 처분취소결정의 소급효 제한

헌법재판소가 국가기관 또는 지방자치단체의 처분을 취소하는 결정을 하더라도 그 처분의 상대방에 대하여 이미 생긴 효력에는 영향을 미치지 아니한다(헌법재판소법 제67조 제2항). 이 조항은 처분의 유효성을 믿은 제3자의 법적 안정성 내지 법적 지위를 보호하기 위하여 처분의 상대방에 대한 관계에서는 취소결정의 소급효를 제한하기 위한 것이다. 즉 청구인, 피청구인, 제3자의 삼각관계가 형성된 경우에 청구인과 피청구인

3), 381-422(405)면.

149) 기각결정의 경우에도 청구인과 피청구인의 각 권한을 확정하는 효과를 가지므로 권한확정에 관한 이러한 판단이 모든 기관들에 의하여 존중되어야 하기 때문이다.

간의 권한분쟁으로 인하여 선의의 제3자에게 피해를 끼치게 할 수 없다는 고려를 반영한 것이다.

그렇기 때문에 처분의 상대방이 곧 청구인이어서 제3자의 법적 지위에 대한 영향이 있을 수 없는 경우에는 이 조항이 적용되지 않는다. 이 조항을 그와 같은 경우에도 적용하여 청구인에 대하여 이미 생긴 효력, 즉 청구인이 입고 있는 기존의 권한침해 상태를 구제하지 않는 것으로 풀이한다면 권한쟁의심판의 의의나 효용성이 크게 감소되기 때문이다. 이 조항이 적용되는 경우에는 처분의 상대방에 대하여 이미 생긴 효력에 영향을 미치지 아니한다. '이미' 생긴 효력만 그대로 인정될 뿐 취소결정 이후 장래에까지 그 효력을 계속 주장할 수 있다는 것은 아니다. 이 소급효배제는 '취소'결정에만 적용되고 '무효'확인결정에는 적용되지 않는다.

(4) 확정력과 자기구속력

권한쟁의심판의 종국결정도 형식적 · 실질적 확정력과 자기구속력을 갖는다. 피청구인이 반복금지의무를 어기고 청구인의 권한을 침해하는 동일한 행위를 반복할 경우 청구인은 다시 권한쟁의를 청구할 수 있고, 헌법재판소는 사정변경이 없는 한 자신이 행한 이전 결정에 기속되기 때문에 이와 다른 결정을 할 수 없다.

Ⅴ. 헌법소원심판권

1. 헌법소원심판의 개념과 성격

(1) 개 념

헌법소원심판이란 공권력의 행사 또는 불행사로 인하여 헌법상 보장된 기본권이 침해된 경우에 헌법재판소에 심판청구를 하여 침해의 원인이 된 공권력의 행사를 취소하거나 그 불행사가 위헌임을 확인함으로써 기본권을 구제하는 제도이다(헌법 제111조 제1항 제5호, 헌법재판소법 제68조).

(2) 본질적 성격과 기능

헌법소원심판은 기본권구제제도로서 개인이 가지는 기본권에 대한 침해로부터 기본권을 보호하기 위한 제도라는 본질을 가진다. 위헌법률심판, 권한쟁의심판, 탄핵심판, 정당해산심판 등이 부수적으로 또는 간접적으로 기본권의 보장을 실현하는 헌법재판제도라면, 헌법소원심판은 직접적으로 기본권의 보장과 실현에 기여하기 위해서 마련된 헌법재판제도이다. 그러나 헌법소원심판은 본질적인 개인의 주관적 권리구제뿐만 아니라 객관적인 헌법질서의 보장도 겸하고 있다.[150] 따라서 헌법소원심판은 헌법재판의 종류 중에서 유일하게, 헌법질서 수호라는 객관적 소송으로서의 성격과 아울러 개인의 주관적 기본권 보장이라는 주관적 소송으로서의 성격도 함께 가지는 헌법재판제도이다. 헌법소원의 객관적 헌법질서유지기능이 있기 때문에 헌법소원청구요건이 완화된다.[151]

헌법소원심판은 모든 국가권력의 행사를 헌법, 특히 그 중심이 되고 있는 기본권에 부합되도록 하여야 한다는 실질적 법치주의의 요청을 실현시키는 기능을 하고 있으며, 이것은 한편으로는 기본권보장(개인의 주관적 권리구제)의 기능으로, 다른 한편으로는 헌법보호(객관적 헌법질서의 수호 · 유지)의 기능으로 나타난다.

2. 헌법소원심판의 연혁과 유형

(1) 연 혁

헌법소원심판제도는 우리 헌정사상 처음으로 1987년 현행 헌법 개정 시에 도입한 헌법재판제도이다. 그러나 이는 우리의 독창적인 제도는 아니며 독일 등에서 이미 기본권 보장의 수단으로 제도화하여 시행해 온 헌법소원제도를 기본골격에서 모방하여 수용하게 된 제도이다.

헌법소원은 1818년 바이에른주헌법(제21조)의 행정행위에 의한 기본권침해의 헌법소원에서 유래하였고, 서독기본법은 개정(1969)을 통해 채택하였다. 독일의 경우는 국민의 기본권침해를 이유로 하는 헌법소원인 일반적 헌법소원과 지방자치단체의 자치권침해를 이유로 하는 헌법소원인 특별헌법소원이 인정되고 있다. 오스트리아의 연방헌법은 행정처분에 대한 헌법소원을 규정하고 있다(제144조 제1항). 입법례에 따라서는 모든 공권력(법령 · 처분 · 판결)을 대상으로 헌법소원을 인정하는 경우(독일, 스위스)와 재판을 제외한 공권력을 대상으로 헌법소원을 인정하는 경우로 나누어 볼 수 있다. 우리나라처럼 모든 재판을 헌법소원의 대상에서 제외하는 경우와 오스트리아처럼 행정재판에 대해서는 헌법소원을 인정하는 경우가 있다.

150) 헌재 1992. 1. 28. 91헌마111.

151) 헌법소원의 대상이 된 침해행위가 이미 종료하여서 이를 취소할 여지가 없기 때문에 헌법소원이 주관적 권리구제에는 별 도움이 안 되는 경우라도 그러한 침해행위가 앞으로도 반복될 위험이 있거나 당해분쟁의 해결이 헌법질서의 수호 · 유지를 위하여 긴요한 사항이어서 헌법적으로 그 해명이 중대한 의미를 지니고 있는 경우에는 심판청구의 이익을 인정하여 이미 종료한 침해행위가 위헌이었음을 선언적 의미에서 확인할 필요가 있다(헌재 1992. 1. 28. 91헌마111).

(2) 현행법상 헌법소원의 종류

1) 권리구제형 헌법소원(헌법재판소법 제68조 제1항의 헌법소원)

권리구제형 헌법소원은 공권력으로 인해 헌법상 보장된 기본권이 침해되었을 때 청구하는 것이다(헌법재판소법 제68조 제1항). 헌법소원의 원래의 기능, 즉 기본권침해에 대한 구제의 기능을 하는 본래 의미의 헌법소원을 말한다. 권리구제형 헌법소원의 경우 사건부호는 '헌마'로 표시된다.

2) 위헌심사형 헌법소원(헌법재판소법 제68조 제2항의 헌법소원)

위헌심사형 헌법소원은 법원에서 위헌여부심판의 제청신청이 기각된 때에 그 신청을 한 당사자가 청구하는 것이다(헌법재판소법 제68조 제2항). 위헌심사형 헌법소원을 '규범통제형 헌법소원' 또는 '위헌소원'이라고도 부른다.

위헌심사형 헌법소원은 우리나라 특유의 제도이며,[152] 헌법소원은 헌법재판소법 제68조 제1항의 헌법소원(권리구제형 헌법소원)과 헌법재판소법 제68조 제2항의 헌법소원(위헌소원, 위헌심사형 헌법소원)으로 나눌 수 있다. 그러나 전술한 바와 같이 위헌소원은 그 실질적인 성격이 위헌법률심판과 다르지 않으므로[153] 위헌법률심판권 부분에서 상술하였다. 이하에서는 헌법재판소법 제68조 제1항의 헌법소원을 중심으로 서술하고, 위헌소원은 특별히 문제되는 경우에만 따로 언급한다.

3. 헌법소원심판의 청구권자(청구인능력)

공권력의 행사 또는 불행사로 말미암아 헌법상 보장된 기본권이 침해되었다고 주장하는 모든 국민이 청구권자가 된다. 국민 중에는 자연인은 물론 법인(국내 사법인)도 포함되며, 권리능력 없는 사단도 일정한 범위 안에서 헌법소원심판 청구가 가능하다.

---

152) 독일은 법원의 재판에 대한 헌법소원을 인정하므로 우리나라와 같은 위헌심사형 헌법소원은 불필요하다.

153) 법원의 재판에 대해서는 원칙적으로 헌법소원이 인정되지 않으나, 위헌심판제청에 대한 법원의 기각결정에 대해서는 예외적으로 헌법소원을 인정한 것이라고 하는 헌법소원설과 법률의 위헌심판제청이 기각된 경우에는 헌법소원의 전제요건인 침해된 기본권이 없으므로, 그 본질은 헌법소원이 아니라 위헌법률심판에 해당한다고 하는 위헌법률심판설이 대립하고 있으나, 위헌법률심판설이 헌법재판소 판례의 주된 입장이며 다수설이다.

판례

"단체는 원칙적으로 단체 자신의 기본권을 직접 침해당한 경우에만 그의 이름으로 헌법소원심판을 청구할 수 있을 뿐이고 그 구성원을 위하여 또는 구성원을 대신하여 헌법소원심판을 청구할 수 없다."

헌재 1995. 7. 21. 92헌마177, 199(병합), 구영화법 제12조 위헌여부(한국영화인협회)

판례 **국가기관 또는 이를 구성하는 자의 헌법소원심판청구**

• 헌법재판소법 제68조 제1항의 규정에 의한 헌법소원은, 헌법이 보장하는 기본권의 주체가 국가기관의 공권력의 행사 또는 불행사로 인하여 그 기본권을 침해받았을 경우 이를 구제하기 위한 수단으로 인정된 것이므로, 헌법소원을 청구할 수 있는 자는 원칙으로 기본권의 주체로서의 국민에 한정되며 국민의 기본권을 보호 내지 실현할 책임과 의무를 지는 국가기관이나 그 일부는 헌법소원을 청구할 수 없다.

헌재 2000. 8. 31. 2000헌마156

• 심판대상조항이나 공권력 작용이 넓은 의미의 국가 조직영역 내에서 공적 과제를 수행하는 주체의 권한 내지 직무영역을 제약하는 성격이 강한 경우에는 그 기본권 주체성이 부정될 것이지만, 그것이 일반 국민으로서 국가에 대하여 가지는 헌법상의 기본권을 제약하는 성격이 강한 경우에는 기본권 주체성을 인정할 수 있다.

개인의 지위를 겸하는 국가기관이 기본권의 주체로서 헌법소원의 청구적격을 가지는지 여부는, 심판대상조항이 규율하는 기본권의 성격, 국가기관으로서의 직무와 제한되는 기본권 간의 밀접성과 관련성, 직무상 행위와 사적인 행위 간의 구별가능성 등을 종합적으로 고려하여 결정되어야 할 것이다.

그러므로 대통령도 국민의 한사람으로서 제한적으로나마 기본권의 주체가 될 수 있는바, 대통령은 소속 정당을 위하여 정당활동을 할 수 있는 사인으로서의 지위와 국민 모두에 대한 봉사자로서 공익실현의 의무가 있는 헌법기관으로서의 지위를 동시에 갖는데 최소한 전자의 지위와 관련하여는 기본권 주체성을 갖는다고 할 수 있다.

헌재 2008. 1. 17. 2007헌마700

4. 헌법소원심판청구의 실질적 요건

(1) 헌법소원심판의 대상: 공권력의 행사 또는 불행사

1) 공권력의 행사

헌법재판소법 제68조 제1항의 규정에 의하면 "공권력의 행사 또는 불행사로 인하여" 헌법상 보장된 기본권을 침해받은 자는 헌법소원심판을 청구할 수 있다고만 규정하고 있을 뿐, 헌법소원의 대상으로서의 "공권력의 행사 또는 불행사"가 무엇을 의미하는 것인가에 대하여 구체적으로 규정하고 있지 않다.

헌법재판소는 여기에서 말하는 공권력이란 입법권·행정권·사법권을 행사하는 모든 국가기관·공공단체 등의 고권적 작용이라고 하였고,[154] 간접적인 국가행정 예를 들어 공법상의 사단·재단 등의 공법인, 국립대학교와 같은 영조물 등의 작용도 헌법소원의 대상이 된다고 보았다.[155] 그러나 헌법재판소법 제68조 제1항 후단에 의해 법원의 재판이 헌법소원의 대상에서 배제되어 있다. 또한 예컨대 아주 예외적으로 인정되는 통치행위에 대해서는 헌법소원심판이 배제되는가가 논의된다.

또한 헌법소원의 본질상 대한민국 국가기관의 공권력작용을 의미하고 외국이나 북한, 국제기관의 공권력작용은 이에 포함되지 아니한다.[156]

여기서는 공권력작용은 입법작용, 행정작용 및 사법작용으로 나누어 살펴보기로 한다.

① 입법작용에 대한 헌법소원

입법작용은 강학상의 입법작용, 즉 일반·추상적인 법규범의 정립작용을 말한다. 공권력 가운데 강학상의 입법작용은 헌법소원심판의 청구에 있어서 기본권 침해의 직접성, 헌법소원의 보충성 등과 관련하여 다른 공권력과는 특수한 점이 존재한다.

(i) 법 률

i) 현행법률

국민이 어떤 법률 또는 법률조항에 의하여 직접 자신의 기본권을 현재 침해받고 있는 경우에는, 그 법률 또는 법률조항에 대하여, 바로 헌법재판소법이 정한 절차에 따라 권리구제를 구하는 헌법소원심판을 청구할 수 있다. 헌법재판소도 "법률 또는 법률조항 자체가 헌법소원의 대상이 될 수 있으려면 구체적인 집행행위를 기다리지 아니하고 그 법률 또는 법률조항에 의하여 직접·현재·자기의 기본권을 침해받아야 하고, 여기서 말하는 직접성이란 집행행위에 의하지 아니하고, 법규범 그 자체에 의하여 자유의 제한, 의무의 부과, 권리 또는 법적 지위의 박탈이 생긴 경우를 뜻한다"라고 하고 있다.[157] 이와 같이 법률 자체에 의한 직접적인 기본권침해 여부가 문제되었을 경우에는, 그 법률의 효력을 직접 다투는 것을 소

154) 헌재 2001. 3. 21. 99헌마139(신한일어업협정 사건).
155) 헌재 1992. 10. 1. 92헌마68(서울대학교입시요강 사건).
156) 헌재 1997. 9. 25. 96헌마159.
157) 헌재 2004. 9. 23. 2002헌마563; 헌재 2005. 10. 27. 2004헌마732.

송물로 하여 일반법원에 구제를 구할 수 있는 절차가 따로 존재하지 아니하므로, 이런 경우에는 굳이 다른 구제절차를 거칠 것 없이 바로 헌법소원심판을 청구할 수 있는 것이다.[158)]

ii) 폐지된 법률

폐지된 법률이라도 그 법률로 인한 법익침해가 잔존할 때에는 헌법소원심판의 청구가 가능하다.[159)]

iii) 국회의 법률안 아닌 의결 등

국회의원의 징계나 제명처분에 대해서는 법원에 제소할 수 없는데(헌법 제64조 제4항), 만약 그 처분이 위헌인 경우에 헌법소원이 가능한가, 또한 국회가 심의·확정한 예산에 대해서도 헌법소원이 가능한가에 대해 이를 긍정하는 견해가 있다.[160)]

(ii) 명령·규칙·조례

명령·규칙·조례 등에 기인하는 기본권침해는 원칙적으로 법원에 의하여 구제받아야 할 사항이므로, 명령·규칙·조례 자체는 원칙적으로 헌법소원의 대상이 되지 아니 한다.[161)] 그러나 명령·규칙·조례 그 자체에 의하여 직접 기본권이 침해되었을 경우에는 그 명령이나 규칙 또는 조례를 대상으로 하여 헌법소원심판을 청구할 수 있다.[162)] 이 경우에도 법률의 경우와 마찬가지로 헌법소원의 제소요건으로서 당해 명령·규칙·조례가 구체적 집행행위를 매개로 하지 아니하고 직접적으로 그리고 현재적으로 국민의 기본권을 침해하는 것이어야 한다.[163)]

헌법재판소는 '체육시설의 설치·이용에 관한 법률시행규칙(문화체육부령) 제5조에 대한 헌법소원'에서 위헌결정을 내림으로써 부령에 대한 헌법소원을 인정하였다.[164)] 또한 대법원규칙인 '법무사법시행규칙에 대한 헌법소원'에서 사법부의 자율적 입법권에 기해 제정되는 대법원규칙이 직접 기본권을 침해하는 경우에는 헌법소원의 대상이 된다고 하였다.[165)]

---

158) 헌재 1993. 5. 13. 91헌마190.
159) 헌재 1989. 12. 18. 89헌마32·33(병합).
160) 이시윤, '한국의 헌법재판제도', '헌법재판의 이론과 실제', 헌법재판소, 1990, 76면.
161) 헌재 2001. 4. 26. 99헌바108 등(병합).
162) 헌재 1995. 2. 23. 90헌마214; 헌재 2003. 12. 18. 2001헌마543.
163) 헌재 1999. 5. 27. 97헌마368.
164) 헌재 1993. 5. 13. 92헌마80.
165) 헌재 1990. 10. 15. 89헌마178.

(iii) 조약 · 국제법규

헌법에 의하여 체결 · 공포된 조약과 일반적으로 승인된 국제법규는 국내법과 같은 효력을 가지므로(헌법 제6조 제1항), 고권적 행위로서 공권력의 행사에 해당하므로 헌법소원의 대상이 된다. 즉 우리나라 정부가 일본 정부와의 사이에서 체결 · 공포한 조약인 '대한민국과 일본국 간의 어업에 관한 협정'(조약 제1447호)은 헌법소원심판의 대상이 된다.[166)]

(iv) 헌법규정

헌법소원심판의 대상이 되는 공권력의 행사에 입법행위가 포함된다고 보는 데에는 이론이 없으나, 헌법규정이나 헌법개정작용까지도 이에 포함되는가가 문제된다. 헌법에 의하여 설치되고 구성된 기관이 그 존립의 기초가 되는 헌법규정을 심사하여 무효화한다는 것은 국민주권원리와 모순될 뿐만 아니라, 헌법재판은 헌법을 위헌판단의 기준으로 하는 것이므로 헌법규정으로써 헌법규정을 심사한다는 것은 논리적으로 불가능하다고 하는 부정설(권영성)과 헌법규정도 헌법핵에 해당하는 근본규범이 아닌 헌법률적 가치를 갖는 규범을 나누고, 헌법률적 규범이 헌법핵에 위반할 경우 위헌법률심판 혹은 헌법소원심판을 인정하려는 긍정설(김철수)이 대립하고 있다. 판례는 헌법의 개별규정 자체는 헌법소원에 의한 위헌심사의 대상이 아니다. 즉 헌법규정을 공권력의 행사의 결과라고 볼 수 없다는 입장이다.[167)] 생각건대 헌법은 국민적 합의를 규범체계로 정립한 것이기 때문에, 헌법에 의하여 설치되고 구성된 기관이 그 존립의 기초가 되는 헌법규정을 심사하여 무효화한다는 것은 국민주권의 원리와 모순된다. 뿐만 아니라 헌법재판은 헌법을 위헌판단의 기준으로 하는 것이므로, 헌법규정으로써 헌법규정을 심사한다는 것은 논리적으로 불가능하다.

판례 헌법규정에 대한 헌법소원 부정

1. 국민투표에 의하여 확정된 현행 헌법의 성립과정과 헌법 제130조 제2항이 헌법의 개정을 국민투표에 의하여 확정하도록 하고 있음에 비추어, 헌법은 그 전체로서 주권자인 국민의 결단 내지 국민적 합의의 결과라고 보아야 할 것으로, 헌법의 규정을 헌법재판소법 제68조 제1항 소정의 공권력 행사의 결과라고 볼 수도 없다(헌재 1995. 12. 28. 95헌바3; 헌재 1996. 6. 13. 94헌바20 결정도 동

166) 헌재 2001. 3. 21. 99헌마139(신한일어업협정 사건).
167) 헌재 1996. 6. 13. 95헌바39(병합); 헌재 1995. 12. 28. 95헌바3.

지).

2. 헌법은 그 전체로서 주권자인 국민의 결단 내지 국민적 합의의 결과라고 보아야 할 것이므로, 헌법의 개별규정을 헌법재판소법 제68조 제1항 소정의 공권력 행사의 결과라고 볼 수도 없고(헌재 1995. 12. 28. 95헌바3 결정 참조), 따라서 국회가 헌법 제29조 제2항을 개정하지 아니하고 있는 것이 헌법재판소법 제68조 제1항 소정의 공권력의 불행사에 해당한다고 할 수 없다.

헌재 1996. 6. 13. 94헌마118등

(v) 행정규칙(실질적 의미의 입법)

행정규칙은 원칙적으로 행정기관 내부에서만 효력을 갖기 때문에 헌법소원의 대상이 되는 공권력의 행사라고 볼 수 없으나,[168] 예외적으로 대외적 구속력을 갖는 경우에는 헌법소원의 대상이 된다. 즉, 행정규칙이 법령의 구체적 내용에 대한 보충권적 성격이 있거나 행정기관의 재량권행사준칙으로서 되풀이 시행된 결과 행정관행화되어 행정기관이 평등이나 신뢰보호의 원칙상 따라야 할 자기구속이라는 대외적 구속력을 지니는 경우에는 헌법소원대상이 된다.[169]

판례 원칙적 부인

'인사관리규칙'은 조직내부 사무지침에 불과하므로 그 변경으로 기본권이나 법적 이익이 침해당한 것은 아니며,[170] 경제기획원장관이 정부투자기관에 통보한 1993년도 정부투자기관예산편성공통지침도 같은 이유로 소원대상이 아니다.[171] 그 밖에 교육부장관의 '권고',[172] '예술고 학생에 대한 학생부 성적반영 지침',[173] 선거관리위원회의 '공직선거에 관한 사무처리예규',[174] 보건복지부장관의 '한약관련과목의 범위 및 이수인정기준',[175] 경기도교육청의 '학교장·교사 초빙제 실시'[176] 등은 헌법소원의 대상이 될 수 없다고 하였다.

판례 예외적 인정

• "행정기관 내부를 규율하는 행정규칙도 법령의 직접적인 위임을 받아 이를 구체

168) 헌재 2001. 2. 22. 2000헌마29.
169) 헌재 1990. 9. 3. 90헌마13.
170) 헌재 1990. 9. 3. 90헌마13.
171) 헌재 1993. 11. 25. 92헌마293.
172) 헌재 1997. 7. 16. 97헌마70.
173) 헌재 1997. 12. 19. 97헌마317.
174) 헌재 2000. 6. 29. 2000헌마325.
175) 헌재 2001. 2. 22. 2000헌마29.
176) 헌재 2001. 5. 31. 99헌마413.

화하거나 법령의 내용을 구체적으로 보충하는 경우에는 공권력의 행사에 해당한다고 할 것이므로" 헌재 1997. 7. 16. 97헌마70

• 법령의 직접적인 위임에 따라 위임행정기관이 그 법령을 시행하는데 필요한 구체적 사항을 정한 것이면, 그 제정형식은 비록 법규명령이 아닌 고시, 훈령, 예규 등과 같은 행정규칙이더라도 그것이 상위법령의 위임한계를 벗어나지 아니하는 한, 상위법령과 결합하여 대외적인 구속력을 갖는 법규명령으로서 기능하게 된다고 보아야 할 것인바, 청구인이 법령과 예규의 관계규정으로 말미암아 직접 기본권침해를 받았다면 이에 대하여 바로 헌법소원심판을 청구할 수 있다.

헌재 1992. 6. 26. 91헌마25

• "계호근무준칙(2000. 3. 29. 법무부 훈령 제422호로 개정된 것) 제298조 제1호·제2호는 행정규칙이기는 하나 검사 조사실에서의 계구사용에 관한 재량권 행사의 준칙으로서 오랫동안 반복적으로 시행되어 그 내용이 관행으로 확립되었다 할 수 있는 것으로, 이 사건 준칙조항을 따라야 하는 검사 조사실 계호근무자로서는 검사 조사실에서 수용자가 조사를 받는 동안에는 그 때 그 때 개별적으로 상관에게 요청하여 그 지시를 받아 계구사용의 해제를 결정할 여유가 사실상 없기 때문에 일단은 재량의 여지없이 원칙적, 일률적으로 계구를 사용하여 수용자를 결박한 상태에서 계호해야 한다. 그렇다면 이 사건 준칙조항은 이와 같은 재량 없는 집행행위를 통하여 계호대상이 되는 수용자에게 직접적으로 계구사용으로 인한 기본권제한의 효력을 미치게 된다고 볼 수 있다." 헌재 2005. 5. 26. 2004헌마49

[인정 판례]

1. 산업기술연수생 도입기준 완화결정 등 위헌확인

행정규칙이라도 재량권행사의 준칙으로서 그 정한 바에 따라 되풀이 시행되어 행정관행을 이루게 되면, 행정기관은 평등의 원칙이나 신뢰보호의 원칙에 따라 상대방에 대한 관계에서 그 규칙에 따라야 할 자기구속을 당하게 되는바, 이 경우에는 대외적 구속력을 가진 공권력의 행사가 된다. 지방노동관서의 장은, 사업주가 이 사건 노동부 예규 제8조 제1항의 사항을 준수하도록 행정지도를 하고, 만일 이러한 행정지도에 위반하는 경우에는 연수추천단체에 필요한 조치를 요구하며……, 지방노동관서의 장은 평등 및 신뢰의 원칙상 모든 사업주에 대하여 이러한 행정관행을 반복할 수밖에 없으므로, 결국 위 예규는 대외적 구속력을 가진 공권력의 행사가 된다. 나아가 위 예규 제4조와 제8조 제1항이 근로기준법 소정 일부 사항만을 보호대상으로 삼고 있으므로 청구인이 주장하는 평등권 등 기본권을 침해할 가능성도 있다. 그렇다면 이 사건 노동부 예규는 대외적인 구속력을 갖는 공권력행사로서 기본권침해의 가능성도 있으므로 헌법소원의 대상이 된다 할 것이다.

헌재 2007. 8. 30. 2004헌마670

2. 식품접객업소 영업행위 제한기준 위헌확인

이 사건 기준은 그 제정형식이 비록 보건복지부장관의 고시라는 행정규칙이지만, 식품위생법 제30조의 위임에 따라 식품접객업소의 영업행위에 대하여 제한대상 및 제한시간을 정한 것으로서 상위법령과 결합하여 대외적인 구속력을 갖는 법규명령의 성격을 가지고 있다. 따라서 이 사건은 법령 자체에 의한 직접적인 기본권침해 여부가 문제된다고 할 것인데, 이러한 경우 그 법령 자체의 효력을 직접 다투는 것을 소송물로 하여 일반법원에 소송을 제기하는 길이 없어 구제절차가 있는 경우가 아니므로 바로 헌법소원심판을 청구할 수 있다. 헌재 2000. 7. 20. 99헌마455

판례 형식적 행정규칙(실질적 법규명령)?

헌법재판소는 형식은 행정규칙이나 대외적 구속력을 지닌 법규명령으로 기능하는 예규 자체에 대한 헌법소원을 인정하고 있다.[177)]

판례 고시 또는 공고

고시 또는 공고의 법적 성질은 일률적으로 판단될 것이 아니라 고시에 담겨진 내용에 따라 구체적인 경우마다 달리 결정된다고 보아야 한다. 즉, 고시가 일반·추상적 성격을 가질 때는 법규명령 또는 행정규칙에 해당하지만, 고시가 구체적인 규율의 성격을 갖는다면 행정처분에 해당한다. 이 사건 국세청고시는 특정 사업자를 납세병마개 제조자로 지정하였다는 행정처분의 내용을 모든 병마개 제조자에게 알리는 통지수단에 불과하므로, 청구인의 이 사건 국세청고시에 대한 헌법소원심판청구는 고시 그 자체가 아니라 고시의 실질적 내용을 이루는 국세청장의 위 납세병마개 제조자 지정처분에 대한 것으로 해석함이 타당하다.[178)] 헌재 1998. 4. 30. 97헌마141

② 집행작용에 대한 헌법소원

행정작용에 대한 헌법소원은 다른 법률에 구제절차가 있는 경우에는 그 절차를 모두 거친 후가 아니면 헌법소원을 제기할 수 없는 보충성의 원칙과 재판에 대한 헌법소원금지로 인하여 그 대상이 매우 한정적이다. 즉 행정소송에 의하여 권리구제를 받을 수 없거나 행정소송을 거친다 하더라도 권리구제의 기대가능성이 없어 보충성원칙의 예외가 인정되는 경우로 제한된다. 그 결과 헌법소원의 대상으로 논의되는 대상은 통치행위, 행정입법,[179)] 행정입법부작위, 권력적 사실행위 등에 그

177) 헌재 1992. 6. 29. 91헌마82(공무원임용령 제35조의 2건).

178) 헌법재판소가 헌법소원의 대상이 된 고시의 예로는 불공정거래행위의 유형 또는 기준을 신문업에 적용하기 위한 공정거래위원회의 신문고시(헌재 2001헌마605)와 '청소년유해매체물의 표시방법'에 관한 정보통신부고시(헌재 2001헌마894) 등을 들 수 있다.

치고 있다.

(i) 행정처분

i) 일반론

헌법소원의 보충성의 원칙 때문에 행정소송을 통한 권리구제절차를 거치지 아니하고는 제기할 수 없는 것이며, 행정소송을 거치는 경우 그것은 법원의 재판으로 끝날 수밖에 없는 것이고, 법원의 재판은 헌법소원의 대상에서 제외되고 있기 때문에, 원행정처분에 대한 헌법소원이 가능한가의 문제를 별론으로 한다면, 행정처분에 대한 헌법소원은 우리 헌법소원제도 하에서는 불가능에 가깝다.

판례 행정처분과 헌법소원

"공권력의 행사인 행정처분에 대하여 구제절차로서 법원의 재판을 거친 경우, 그 처분의 기초가 된 사실관계의 인정과 평가, 단순한 일반법규의 해석 · 적용의 문제는 원칙적으로 헌법재판소의 심판사항이라고 할 수 없다."

헌재 1994. 12. 29. 94헌마201

ii) 원행정처분에 대한 헌법소원

법원의 재판 후 기본권침해의 원인이 되는 원행정처분이라는 공권력작용에 대한 헌법소원심판청구 여부는 헌법재판소법 제68조 제1항의 해석상 의문이 제기된다.[180] 행정소송에서 기판력이 생긴 원행정처분에 대한 헌법소원은 원칙적으로 허용되지 않는다.[181] 다만 헌법재판소는 행정소송으로 행정처분의 취소를 구한 청구인의 청구를 받아들이지 아니한 법원의 판결에 대한 헌법소원심판의 청구가 예외적으로 허용되어 그 재판이 헌법재판소법 제75조 제3항에 따라 취소되는 경우에는 원래의 행정처분에 대한 헌법소원심판의 청구도 허용될 수 있다고 보고 있다.[182]

판례 원행정처분에 대한 헌법소원(원칙적 부정)

양도소득세 등 부과처분에 대한 헌법소원

"원행정처분에 대하여 법원에 행정소송을 제기하여 패소판결을 받고 그 판결이 확

179) 법규명령으로서의 명령과 행정규칙은 실질적 의미의 입법이라는 점에서 입법작용에서 다루었다.

180) 헌재 1992. 6. 26. 89헌마161.

181) 헌재 1998. 5. 28. 91헌마98, 93헌마253(병합).

182) 헌재 1997. 12. 24. 96헌마172등.

정된 경우에는 당사자는 그 판결의 기판력에 의한 기속을 받게 되므로, 별도의 절차에 의하여 위 판결의 기판력이 제거되지 아니하는 한, 행정처분의 위법성을 주장하는 것은 확정판결의 기판력에 어긋나므로 원행정처분은 헌법소원심판의 대상이 되지 아니한다고 할 것이며, 뿐만 아니라 원행정처분에 대한 헌법소원심판청구를 허용하는 것은, "명령·규칙 또는 처분이 헌법이나 법률에 위반되는 여부가 재판의 전제가 된 경우에는 대법원은 이를 최종적으로 심사할 권한을 가진다."고 규정한 헌법 제107조 제2항이나, 원칙적으로 헌법소원심판의 대상에서 법원의 재판을 제외하고 있는 헌법재판소법 제68조 제1항의 취지에도 어긋난다. 헌재 1998. 5. 28. 91헌마98 등

판례 원행정처분에 대한 헌법소원(예외적 허용요건)

- 원행정처분에 대한 헌법소원심판청구를 받아들여 이를 취소하는 것은, 원행정처분을 심판의 대상으로 삼았던 법원의 재판이 예외적으로 헌법소원심판의 대상이 되어 그 재판 자체까지 취소되는 경우에 한하여, 국민의 기본권을 신속하고 효율적으로 구제하기 위하여 가능한 것이고, 이와는 달리 법원의 재판이 취소되지 아니하는 경우에는 확정판결의 기판력으로 인하여 원행정처분은 헌법소원심판의 대상이 되지 아니한다. 헌재 1998. 6. 25. 91헌마174

- 행정처분이 헌법에 위반되는 것이라는 이유로 그 취소를 구하는 행정소송을 제기하였으나 법원에 의하여 그 청구가 받아들여지지 아니한 후 다시 원래의 행정처분에 대하여 헌법소원심판을 청구하는 것이 원칙적으로 허용될 수 있는지의 여부에 관계없이, 이 사건의 경우와 같이 행정소송으로 행정처분의 취소를 구한 청구인의 청구를 받아들이지 아니한 법원의 판결에 대한 헌법소원심판의 청구가 예외적으로 허용되어 그 재판이 헌법재판소법 제75조 제3항에 따라 취소되는 경우에는 원래의 행정처분에 대한 헌법소원심판의 청구도 이를 인용하는 것이 상당하다. 헌재 1997. 12. 24. 96헌마172

iii) 다만 제소기간의 경과, 소의 이익 부인 등으로 인해서 통상적으로는 더 이상 다툴 방법이 없게 된 예외적인 경우에만 헌법소원의 대상이 된다는 견해가 있다.[183)]

(ii) 통치행위

통치행위는 단순히 법률을 집행하는 행정작용이 아니고 고도의 정치적 결단에 의하여 행해지는 국가작용이라고 할지라도, 그것이 국민의 기본권침해와 직접 관련되는 경우에는 당연히 헌법재판소의 심판대상이 된다. 즉 헌법재판소는 대통령

183) 허영, 앞의 책, 917면.

의 긴급재정경제명령은 국가긴급권의 일종으로서 고도의 정치적 결단에 의하여 발동되는 행위이고 그 결단을 존중하여야 할 필요성이 있는 행위라는 의미에서 이른바 통치행위에 속하나 이 역시 헌법소원의 대상이 된다고 보았다.[184)]

다만 통치행위 중 대통령의 외교행위, 국민투표부의행위, 법률안거부권 행사 등 국민의 기본권침해와 직접적인 관련이 없고 그에 대한 또다른 민주적 통제수단이 마련되어 있는 경우에는, 사법소극주의의 입장 하에 헌법소원의 대상에서 제외하는 것이 타당할 것이다.

판례 통치행위와 헌법소원의 대상성

• 긴급재정경제명령(긍정)

대통령의 긴급재정경제명령은 국가긴급권의 일종으로서 고도의 정치적 결단에 의하여 발동되는 행위이고 그 결단을 존중하여야 할 필요성이 있는 행위라는 의미에서 이른바 통치행위에 속한다고 할 수 있으나, 통치행위를 포함하여 모든 국가작용은 국민의 기본권적 가치를 실현하기 위한 수단이라는 한계를 반드시 지켜야 하는 것이고, 헌법재판소는 헌법의 수호와 국민의 기본권 보장을 사명으로 하는 국가기관이므로 비록 고도의 정치적 결단에 의하여 행해지는 국가작용이라고 할지라도 그것이 국민의 기본권 침해와 직접 관련되는 경우에는 당연히 헌법재판소의 심판대상이 된다. 헌재 1996. 2. 29. 93헌마186

• 국군의 해외파병(부정)

헌법재판소는 외국에의 국군의 파견결정은 고도의 정치적 결단이 요구되는 그 성격상 국방 및 외교에 관련된 고도의 정치적 결단을 요하는 문제로서, 대의기관인 대통령과 국회가 내리는 정치적 결단을 가급적 존중되어야 하고 헌법재판소가 사법적 기준만으로 이를 심판하는 것은 자제되어야 한다고 판시하였다.

헌재 2004. 4. 29. 2003헌마814

(iii) 검사의 불기소처분과 기소유예처분[185)]

검사의 기소처분[186)]과 달리 검사의 불기소처분에 대한 헌법소원 문제는 종래

---

184) 헌재 1996. 2. 29. 93헌마186.

185) 2008년 개정 이전의 형사소송법은 범죄의 피해자가 검사의 불기소처분에 대하여 법원에서 다툴 수 있는 재정신청절차를 규정하면서 이를 단지 공무원의 특정범죄 등에 대해서만 매우 제한적으로 허용하고 있었기 때문에, 헌법재판소는 검찰의 기소권 행사에 대한 유효한 견제수단으로 검사의 불기소처분에 대한 헌법소원을 인정하였다. 헌법재판소 발족 초기부터 검사의 불기소처분이 헌법소원의 대상이 되는지에 대해서 논란이 있었으나, 헌법재판소는 "검사의 불기소처분은 공권력의 행사에 해당하며, 불기소처분이 자의적으로 행해진 경우 형사피해자는 헌법 제27조 제5항의 재판절차에서의 진술권과 제11조의 평등권을 침해당했다고 주장

헌법소원의 중요한 대상이었다.

ⅰ) 검사의 불기소처분 · 기소중지처분 · 재기소불요처분 등이 자의적으로 행사된 경우

종래 피해자는 헌법상 평등권(제11조)과 재판절차진술권(제27조 제5항)이 각각 침해되었음을 이유로 헌법소원청구를 할 수 있었다(헌법재판소의 확고한 판례). 검사의 불기소처분에 대한 불복제도로서 현행법상 병존적 · 선택적 제도로 규정되어 있는 재정신청과 검찰항고를 모두 거쳐야만 헌법소원을 제기할 수 있는가에 대하여 헌법재판소는 검찰항고를 거친 후에는 재정신청을 거치지 아니한 경우에도 헌법소원을 제기할 수 있는 것으로 보고 있었다.[187)]

또한 헌법재판소는 고소사건과 고발사건에 대한 불기소처분을 구별하여 고소사건에는 헌법소원을 인정하고 고발사건에 대해서는 고발은 국가수사권의 발동을 촉구하는 것일 뿐 자신의 기본권이 침해된 침해된 경우가 아니므로 검사가 자의적으로 또는 불기소처분을 하였더라도 헌법소원제기를 할 수 없다고 하였다.[188)]

판례 검사의 불기소처분[189)](고소를 제기한 바 없는 범죄피해자의 불기소처분에 대한 헌법소원)

범죄피해자는 그가 고소를 제기한 바 없었어도 검사의 불기소처분에 대하여 헌법소원심판을 청구할 자격이 있는 한편, 그는 고소인이 아니므로 불기소처분에 대하여 검찰청법에 정한 항고, 재항고의 제기에 의한 구제를 받을 방법이 없고, "고소권자로서 고소한 자"에 해당하지 않아 형사소송법 제260조 제1항 소정의 재정신청 절차를 취할 수도 없으므로 곧바로 헌법소원심판을 청구할 수 있다.

헌재 2008. 11. 27. 2008헌마399

할 수 있다"고 판시한 이래(헌재 1989. 4. 17. 88헌마3), 검사의 불기소처분에 대한 헌법소원사건은 헌법재판소가 처리하는 사건 중 거의 절반을 차지하는 유형이 되었었다. 그러나 2008. 1. 1.부터 시행된 형사소송법의 개정으로 재정신청의 대상범죄가 모든 범죄로 확대됨에 따라 피의자가 청구하는 헌법소원을 제외한 대부분의 불기소처처분이 헌법소원의 대상에서 제외되었다.

186) 검사의 공소제기처분은 법원에 공소가 제기된 이후에는 법원의 재판절차에 흡수되어 그 적법성에 대하여 충분한 사법적 조사를 받게 되므로 그 독자적 합헌성을 심사할 필요성이 상실된 것이라 아니할 수 없어 검사의 공소제기 자체에 대한 헌법소원심판청구는 부적법하다(헌재 1992. 12. 24. 90헌마158). 같은 이유로 검사의 약식명령청구에 대한 헌법소원은 부적법하다(헌재 1993. 6. 2. 93헌마104).

187) 헌재 1997. 2. 20 95헌마362; 헌재 1996. 3. 28. 95헌마208 등 다수.

188) 헌재 1989. 7. 14. 89헌마10.

189) 과거에는 검사의 불기소처분의 경우 피해자가 검찰청법상의 항고, 재항고를 거친 뒤 헌법소원을 제기할 수 있었다. 그러나 2007. 6. 1. 형사소송법 제260조의 개정(2008. 1. 1. 발효)으로 재정신청사건이 모든 고소사건으로 확대됨에 따라 검사의 불기소처분에 대한 고소인의 헌법소원은 (헌법소원의 보충성 및 재판소원의 배제 때문에) 가능하지 않게 되었다.

ii) 검사의 기소유예처분(청구권자는 피의자)

"검사가 자의로 수사를 다하지 아니하거나 증거를 취사선택하거나 법령을 그릇 해석함으로써 청구인들에 대한 혐의를 인정하여 기소유예처분을 한 것은 청구인들의 평등권과 재판청구권을 침해한 것"이라고 판시하였다.[190] 또한 "군검찰관이 범죄혐의가 없음이 명백한 사안을 '자의적이고' '타협적으로' '경솔하게' 범죄의 충분한 혐의가 있다고 보아 기소유예처분을 하면 평등권, 재판을 받을 권리, 행복추구권을 침해하기 때문에 당연히 소원적격을 갖게 된다"고 판시하였다.[191]

(iv) 권력적 사실행위

행정청의 비권력적 사실행위는 공권력의 행사에 해당하지 아니하므로 이는 헌법소원의 대상이 될 수 없다. 그러나 행정청의 권력적 사실행위 자체에 의하여 청구인의 기본권이 직접 침해당한 경우 그에 의한 권리구제절차를 밟을 것을 기대하기는 곤란하므로 이와 같은 경우에는 보충성의 원칙의 예외로서 헌법소원의 제기가 가능하다.

i) 판단기준

일반적으로 어떠한 행정상 사실행위가 헌법소원의 대상이 되는 권력적 사실행위에 해당하는지 여부는, 당해 행정주체와 상대방과의 관계, 그 사실행위에 대한 상대방의 의사·관여정도·태도, 그 사실행위의 목적·경위, 법령에 의한 명령·강제수단의 발동 가부 등 그 행위가 행하여질 당시의 구체적 사정을 종합적으로 고려하여 개별적으로 판단하여야 한다.[192]

ii) 인정례

판례 국제그룹해체 사건

재무부장관이 제일은행장에 대하여 한 국제그룹의 해체준비착수지시와 언론발표지시는 상급관청의 하급관청에 대한 지시가 아님은 물론 동 은행에 대한 임의적 협력을 기대하여 행하는 비권력적 권고·조언 등의 단순한 행정지도로서의 한계를 넘어선 것이고, 이와 같은 공권력의 개입은 주거래 은행으로 하여금 공권력에 순응하여 제3자 인수식의 국제그룹 해체라는 결과를 사실상 실현시키는 행위라고 할 것으로, 이와 같은 유형의 행위는 형식적으로는 사법인 주거래 은행의 행위였다는 점에서 행정행위는 될 수 없더라도 그 실질이 공권력의 힘으로 재벌기업의 해체라는 사

190) 헌재 1996. 10. 4. 96헌마222; 헌재 1996. 3. 28. 95헌마170.
191) 헌재 1989. 10. 27. 89헌마56.
192) 헌재 1994. 5. 6. 89헌마35.

태변동을 일으키는 경우인 점에서 일종의 권력적 사실행위로서 헌법소원의 대상이 되는 공권력의 행사에 해당한다.[193) 헌재 1993. 7. 29. 89헌마31

[권력적 사실행위 인정 기타 판례]

헌법재판소는 교도소장의 미결수용자의 서신에 대한 검열·지연발송·지연교부 행위(헌재 1995. 7. 21. 92헌마144), 교도소 내 접견실의 칸막이 설치행위(헌재 1997. 3. 27. 92헌마273), 구치소장이 미결수용자로 하여금 수사 및 재판을 받을 때 재소자용 의류를 입게 한 행위(헌재 1999. 5. 27. 97헌마137), 유치장관리자가 현행범으로 체포된 피의자에게 차폐시설이 불충분한 화장실을 사용하도록 한 행위(헌재 2001. 7. 19. 2000헌마546), 경찰서장이 피의자들을 유치장에 수용하는 과정에서 실시한 정밀신체수색 행위(헌재 2002. 7. 18. 2000헌마327), 구치소장이 구치소에 수용되는 마약류사범에 대하여 하는 정밀신체검사(헌재 2006. 6. 29. 2004헌마826), 교도소장이 교도소 수형자에게 소변을 받아 제출하게 하는 행위(헌재 2007. 7. 27. 2005헌마277) 등은 이른바 권력적 사실행위로서 헌법소원의 대상이 된다고 하였다. 반면, 교도소내 이발지도행위는 교도관의 우월적 지위에서 일방적으로 이발을 강제한 것이 아니므로 공권력의 행사라 보기 어렵다고 보았다(헌재 2012. 4. 24. 2010헌마751).

(v) 행정계획(사실상의 준비행위 · 사전안내)

행정계획이란 행정에 관한 전문적·기술적 판단을 기초로 하여 특정한 행정목표를 달성하기 위하여 장래의 활동기준으로 설정된 것을 말한다. 이는 사실상의 행정준비행위로서 국민에 대한 사전안내에 불과하므로 원칙적으로는 헌법소원의 대상이 되는 공권력행사라고 볼 수 없지만, 예외적으로 헌법소원의 대상이 되는 경우도 있다.

기본권에 직접 영향을 끼치는 내용이고 실시가 확실한 것으로 예상되는 행정계획안에 대한 헌법소원을 인정하고 있다(1994년 서울대 신입생선발입시안에 대한 헌법소원).

판례 서울대학교의 94학년도 대학입학고사주요요강

국립대학인 서울대학교의 "94학년도 대학입학고사주요요강"은 사실상의 준비행위 내지 사전안내로서 행정쟁송의 대상이 될 수 있는 행정처분이나 공권력의 행사는 될 수 없지만 그 내용이 국민의 기본권에 직접 영향을 끼치는 내용이고 앞으로 법

193) 구속된 피의자에게 검사조사실에서 수갑 및 포승을 시용한 상태로 피의자신문을 받게 한 행위(헌재 2005. 5. 26. 2001헌마728).

령의 뒷받침에 의하여 그대로 실시될 것이 틀림없을 것으로 예상되어 그로 인하여 직접적으로 기본권 침해를 받게 되는 사람에게는 사실상의 규범작용으로 인한 위험성이 이미 현실적으로 발생하였다고 보아야 할 것이므로 이는 헌법소원의 대상이 되는 헌법재판소법 제68조 제1항 소정의 공권력의 행사에 해당된다고 할 것이며, 이 경우 헌법소원 외에 달리 구제방법이 없다. 헌재 1992. 10. 1. 92헌마68

(vi) 행정지도

행정지도는 본래 상대방의 임의적 협력을 기대해서 행하는 비권력적 사실행위이므로 공권력의 행사라고 볼 수 없으나, 그에 따르지 않을 경우 일정한 불이익이 따를 경우와 같은 구속적 행정지도는 공권력의 행사라 볼 수 있다. 헌법재판소는 교육인적자원부장관의 대학총장들에 대한 학칙시정요구는 행정지도의 일종이지만, 그에 따르지 않을 경우 일정한 불이익조치를 예정하고 있다면 구속적 성격을 상당히 강하게 갖는 것으로서 공권력의 행사에 해당한다고 보았다.[194)]

(vii) 행정기관 상호간의 행정내부적 의사결정

행정소송 대상성이 부인되어 온 행위(내부적 의사결정)에 대한 헌법소원을 인정하고 있다.[195)] 행정처분이 아니면서 행정권의 행사로서의 행위에 해당하므로 헌법소원이 가능한 공권력행위라 한다.

(viii) 정부의 각종 위원회의 결정

공정거래위원회, 국가인권위원회 등 각종 위원회의 결정은 공권력의 행사에 해당되며 헌법소원의 대상이 된다. 헌법재판소는 국가유공자(공상군경)로 결정되었으나 등록신청한 날이 속한 달부터 국가유공자등 예우 및 지원에 관한 법률에서 정한 보상을 받고 있을 뿐 그 이전 기간에 대한 소급 보상을 받지 못한 점에 대하여 국가인권위원회에 제기한 진정이 각하된 것에 대한 헌법소원사건에서 이를 기각함으로써, 국가인권위원회의 결정도 헌법소원의 대상이 된다고 판단하고 있다.[196)]

(ix) 간접적인 국가행정

공법상의 사단, 재단 등의 공법인, 국립대학교와 같은 영조물 등의 작용인 간접적인 국가행정도 공권력에 포함되므로 헌법소원의 대상이 된다. 대통령선거방송위원회는 공직선거법 규정에 의해 설립되고 동법에 따른 법적 업무를 수행하는 공권

194) 헌재 2003. 6. 26. 2002헌마337.
195) 헌재 1993. 5. 13. 91헌마190(학장의 교수재임용추천거부행위).
196) 헌재 2004. 4. 29. 2003헌마538.

력의 주체이므로, 이 사건 결정 및 공표행위는 헌법소원의 대상이 되는 공권력의 행사이다.[197] 법률상 구제절차가 없는 경우에 해당하거나 사전에 구제절차를 거칠 것을 기대하기가 곤란한 경우에는 보충성의 요건을 충족한 것이다. 토론위원회의 결정이 행정쟁송의 대상인 처분인가 여부는 객관적으로 불확실하며, 처분에 해당한다고 하더라도 짧은 법정선거운동기간에 행정쟁송절차가 완료되어 구제될 가능성은 기대하기 어려우므로, 토론위원회의 결정을 다툼에 있어 행정쟁송을 거칠 것을 요구하는 것은 적절치 않다.

판례 방송토론회진행사항결정행위 등 취소[198]

헌법재판소법 제68조 제1항에 의하여 헌법소원의 대상이 되는 행위는 국가기관의 공권력작용에 속하여야 한다. 여기서의 국가기관은 입법·행정·사법 등의 모든 기관을 포함하며, 간접적인 국가행정, 예를 들어 공법상의 사단, 재단 등의 공법인, 국립대학교(헌재 1992. 10. 1. 92헌마68등)와 같은 영조물 등의 작용도 헌법소원의 대상이 된다고 할 것이다.

그런데 헌법 제115조 제1항은, 선거운동은 각급 선거관리위원회의 관리하에 법률이 정하는 범위안에서 하도록 규정하고 있으며, 텔레비전방송을 이용한 대담·토론회는 전국을 하나의 선거구로 하여 국정의 최고 책임자인 대통령을 선출하는 대통령선거에 있어서 가장 중요한 선거운동이라고 할 수 있고, 공영방송사는 공직선거법에 의하여 이러한 방송토론회를 공동으로 3회 이상 개최하여 보도할 법적 의무를 부담하고 있으며(제82조의2 제1항), 중앙선거관리위원회에 방송토론회의 개최신고를 하도록 되어 있다(제82조의2 제6항). 즉 중앙선거관리위원회는 방송토론회와 관련하여 공영방송사의 감독기관적 지위에 있다고 할 수 있다.

그렇다면 공영방송사는 가장 중요한 선거운동방법인 방송토론회의 개최기관으로서 선거관리업무의 일환으로 볼 수 있는 작용을 하고 있다고 보아야 할 것이므로 공권력의 주체라고 하지 않을 수 없다. 이는 공영방송사의 구성원에 한국방송공사와 같은 공법인 이외에 사법인인, 방송문화진흥회법에 의한 방송문화진흥회가 출자한 방송법인이 포함되어 있다고 하여 달리 볼 것은 아니라 할 것이다. 왜냐하면 공영방송사는 그 구성원인 개개 방송사로부터 독립하여 개념적 실체로서 독자적인 법적 성질을 가지며, 그 성질은 공직선거법이 공영방송사라는 그 구성원과 분리된 별도의

197) 헌재 1998. 8. 27. 97헌마372.

198) 공직선거및선거부정방지법에 의해 설립된 대통령선거방송토론위원회가 공영방송 텔레비젼을 이용한 후보자 대담·토론회에 참석할 후보자의 선정기준에 관하여, 원내교섭단체 보유 정당의 대통령후보자와 여론조사결과 평균지지율 10% 이상인 대통령후보자를 초청하여 3회에 걸쳐 다자간 합동방송토론회를 개최하기로 정한 1997. 11. 24.자 결정 및 그 공표행위가 공권력의 행사인지 여부가 다투어진 사건이다.

실체에 대하여 부여하고 있는 기능에 의하여 파악되어야 할 것이기 때문이다(헌재 1996. 10. 4. 93헌가13등 참조).

한편 공직선거법은, 방송토론회의 형식, 주제, 시간의 설정 등 그 진행에 관하여 필요한 구체적 사항을 정하여 이를 주관하는 토론위원회를 공영방송사로 하여금 설치하도록 규정하면서, 아울러 그 위원의 수와 자격, 위원의 정당가입금지의무 등에 관하여도 규정하고 있다. 이러한 관계규정에 비추어 보면 방송토론회의 주관자인 토론위원회는 공영방송사와 일체가 되어 공직선거법에 따른 업무를 수행하는 공권력의 주체라고 하지 않을 수 없다.

그렇다면 피청구인인 토론위원회의 이 사건 결정 및 공표행위는 헌법소원의 대상이 되는 공권력의 행사라고 할 것이다. 헌재 1998. 8. 27. 97헌마372

(x) 행정청의 거부행위

국민이 행정청을 상대로 일정한 행정행위를 신청한 경우 행정청이 그 신청에 따른 행위를 해 줄 것을 요구할 수 있는 권리가 있는 경우 행정청의 거부행위는 헌법소원심판의 대상인 공권력의 행사가 된다.[199]

판례 지목변경신청서반려처분취소

[판시사항]

1. 지적등록사항 정정신청을 반려한 행위가 헌법소원의 대상인 공권력의 행사에 해당하는지 여부(적극)
2. 지목에 관한 등록이나 등록변경 또는 등록정정이 해당 토지소유자의 실체적 권리관계에 영향을 미치는지 여부(적극)
3. 적법한 등록사항 정정신청을 정당한 이유없이 거부함으로써 토지소유자의 재산권을 침해한 것으로 본 사례

[결정요지]

1. 지적법 제38조 제2항에 의하면 토지소유자에게는 지적공부의 등록사항에 대한 정정신청의 권리가 부여되어 있고, 이에 대응하여 소관청은 소유자의 정정신청이 있으면 등록사항에 오류가 있는지를 조사한 다음 오류가 있을 경우에는 등록사항을 정정하여야 할 의무가 있는바, 피청구인의 반려행위는 지적관리업무를 담당하고 있는 행정청의 지위에서 청구인의 등록사항 정정신청을 확정적으로 거부하는 의사를 밝힌 것으로서 공권력의 행사인 거부처분이라 할 것이므로 헌법재판소법 제68조 제1항 소정의 "공권력의 행사"에 해당한다.[200]

199) 헌재 1999. 6. 24. 97헌마315; 헌재 2000. 2. 24. 97헌마13등.

200) 이 사건에서 다른 구제절차의 유무(보충성)와 관련하여 헌법소원은 다른 법률에 구제절차가

2. 지목은 토지에 대한 공법상의 규제, 공시지가의 산정, 손실보상가액의 산정 등 각종 토지행정의 기초로서 공법상의 법률관계에 법률상·사실상의 영향을 미치고 있으며, 토지소유자는 지목을 토대로 한 각종 토지행정으로 인하여 토지의 사용·수익·처분에 일정한 제한을 받게 되므로, 지목은 단순히 토지에 관한 사실적·경제적 이해관계에만 영향을 미치는 것이 아니라 토지의 사용·수익·처분을 내용으로 하는 토지소유권을 제대로 행사하기 위한 전제요건으로서 토지소유자의 실체적 권리관계에 밀접히 관련되어 있다고 할 것이고, 따라서 지목에 관한 등록이나 등록변경 또는 등록의 정정은 단순히 토지행정의 편의나 사실증명의 자료로 삼기 위한 것에 그치는 것이 아니라, 해당 토지소유자의 재산권에 크건 작건 영향을 미친다고 볼 것이며, 정당한 지목을 등록함으로써 토지소유자가 누리게 될 이익은 국가가 헌법 제23조에 따라 보장하여 주어야 할 재산권의 한 내포(內包)로 봄이 상당하다.
3. 이 사건 토지는 택지조성을 목적으로 행위허가를 받고 그 준공검사를 거친 다음 "대"로 지목변경이 된 것으로서 그 지목변경은 적법한 것으로 추정되고, 그 후 이 사건 토지의 현황이 "대"에서 "전"으로 변경된 바 없음에도 불구하고 피청구인 강서구청장이 직권으로 이 사건 토지의 지목을 "대"에서 "전"으로 변경한 조치는 "대"에서 "전"으로의 토지이동(土地異動)이 없었음에도 지목을 변경한 것으로서 지적법 제3조 제2항 단서의 요건을 갖추지 못하여 위법하다고 할 것이므로, 이 사건 토지에 관하여는 지적법 제38조 제2항이 규정하는 바와 같이 지적공부의 등록사항에 오류가 있는 경우에 해당하여 피청구인으로서는 청구인의 등록사항 정정신청에 응하여 이 사건 토지의 지목을 "대"로 정정해 주어야 할 의무가 있음에도 불구하고 부당한 이유를 들어 이를 거부하였고, 이로 인하여 이 사건 토지의 정당한 등록을 통하여 토지소유자인 청구인이 누리게 될 재산권이 침해당하였다.

헌재 1999. 6. 24. 97헌마315

있는 경우에는 그 절차를 모두 거친 후가 아니면 청구할 수 없다(헌법재판소법 제68조 제1항 단서). 그런데 토지대장 등 지적공부에 일정한 사항을 등록하거나 등록된 사항을 변경하는 행위는 당해 토지의 실체상의 권리관계에 어떤 변동을 가져오는 것은 아니라는 이유로, 소관청이 그 등록사항을 직권으로 정정하는 행위나, 등록사항에 대한 변경신청을 거부(반려)하는 행위는 행정소송의 대상이 되는 행정처분이 아니라는 것이 법원의 일관된 판례이다(대판 1989. 11. 28. 89누3700(공1990, 167); 대판 1990. 5. 8. 90누554(공1990, 1273); 대판 1991. 2. 12. 90누7005(공1991, 1001); 대판 1991. 12. 24. 91누8357(공1992, 706); 대판 1993. 6. 11. 93누3745(공1993, 2039); 대판 1995. 12. 5. 94누4295(공1996상, 253); 대판 1995. 12. 12. 95누9747(공1996상, 416)등 참조). 그러므로 "이 사건 반려처분에 대하여는 행정소송을 통한 구제의 길이 없고, 달리 다른 법률에 구제절차가 있는 것도 아니다. 따라서 이 사건 반려처분에 대하여 바로 헌법소원을 청구하였다고 하더라도 보충성의 요건에 반하지 아니한다"고 판시하였다.

판례 상속세경정청구거부처분취소 등, 경정결정 아니한 행위 위헌확인

후발적 사유에 의한 경정청구제도를 인정하는 현행 국세기본법 제45조의2가 시행되기 이전에 과세표준신고서를 제출한 자 등은 후발적 사유가 발생한 경우 현행 국세기본법 제45조의2에 근거하여 경정청구를 할 수 없다 할 것이나, 실질적 조세법률주의의 정신에 비추어 보거나 납세자주권의 관점에서 볼 때 조세채무가 확정되어 납세자가 세액을 납부하였다 하더라도 후발적 사유의 발생으로 과세의 기초가 해소되거나 감축되었다면 결과적으로 조세채무의 전부 또는 일부가 실체적으로 존재하지 않는 것으로 되고 이미 납부된 세액은 아무런 근거 없는 것이 되므로 국가는 그 납부세액을 납세자에게 반환할 의무가 있고 납세자는 그 납부세액의 반환을 청구할 권리가 있으며, 이러한 후발적 사유에 의한 경정청구권은 법률상 명문의 규정이 있는지의 여부에 따라 좌우되는 것이 아니라 조세법률주의 및 재산권을 보장하고 있는 헌법의 정신에 비추어 볼 때 조리상 당연히 인정되는 것이다.

헌재 2000. 2. 24. 97헌마13

(xi) 헌법소원의 대상성이 부인된 행정작용

i) 대통령의 법률안제출행위

대통령의 법률안 제출행위는 국가기관간의 내부적 행위에 불과하고 국민에 대하여 직접적인 법률효과를 발생시키는 행위가 아니므로 헌법재판소법 제68조에서 말하는 공권력의 행사에 해당되지 않는다. 헌재 1994. 8. 31. 92헌마174

ii) 훈령 · 통첩 등 내부기준

훈령 · 통첩 등과 같이 일종의 내부 기준에 불과하고 그것이 국민이나 법원을 구속하는 효력은 없는 경우에는 헌법소원의 대상이 되지 않는다.

헌재 2001. 2. 22. 2000헌마29

iii) 질의에 대한 답변, 회신 등

청구인이 피청구인에게 인터넷을 통한 선거광고대행행위가 법상 허용되는지 여부에 대하여 질의할 당시는 선거운동기간 이전이므로 인터넷 선거광고대행행위를 하지 못한 이유는 동 행위가 사전선거운동에 해당되어 공직선거및선거부정방지법 제82조의3에 의해 직접 금지되어 있었기 때문이며 피청구인의 답변에 의한 것이 아니다. 따라서 피청구인이 위 질의에 대하여 법에 위반된다고 답변하였다 하더라도 그 자체로 청구인의 권리를 제한하는 공권력작용으로 볼 수 없고, 다만 법률적 문제에 대한 해석 및 안내를 위한 단순한 회신에 불과한 것이므로 헌법재판소법 제68조 제1항의 '공권력의 행사'에 해당하지 않는 것으로 보아야 한다.

헌재 2001. 3. 21. 2000헌마37

iv) 국회 본회의에서 행한 시정연설에서 신임투표를 실시한다고 밝힌 대통령의 행위

헌법재판소법 제68조 제1항은 "공권력의 행사 또는 불행사"로 인하여 헌법상 보장된 기본권을 침해받은 자가 헌법소원을 청구할 수 있다고 규정하고 있으므로, 헌법소원의 대상이 되려면 "공권력의 행사 또는 불행사"에 해당하여야 하는바, 피청구인인 대통령의 발언내용 및 이를 전후한 여러 사정들을 종합하여 볼 때, 피청구인의 발언의 본의는 재신임의 방법과 시기에 관한 자신의 구상을 밝힌 것에 불과하며, 정치권에서 어떤 합의된 방법을 제시하여 주면 그에 따라 절차를 밟아 국민투표를 실시하겠다는 것이어서 이는 법적인 절차를 진행시키기 위한 정치적인 사전 준비행위 또는 정치적 계획의 표명일 뿐이다.

국민투표라는 것은 대통령이 그 대상이 되는 사항을 구체적으로 정하여 국민투표안을 공고함으로써 비로소 법적인 절차가 개시되므로, 공고와 같이 국민투표에 관한 절차의 법적 개시로 볼 수 있는 행위가 있을 때에 비로소 법적인 효력을 지닌 공권력의 행사가 있게 되고, 그러한 법적 행위 이전에 국민투표의 실시에 관한 정치적 제안을 하거나 내부적으로 계획을 수립하여 검토하는 등의 조치는 일종의 준비행위에 불과하여 언제든지 변경·폐기될 수 있다. 이 사건 심판의 대상이 된 피청구인의 발언만으로는 국민투표의 실시에 관하여 법적인 구속력 있는 결정이나 조치가 취해진 것이라 할 수 없으며, 그로 인하여 국민들의 법적 지위에 어떠한 영향을 미친다고 볼 수 없다.

그렇다면 비록 피청구인이 대통령으로서 국회 본회의의 시정연설에서 자신에 대한 신임국민투표를 실시하고자 한다고 밝혔다 하더라도, 그것이 공고와 같이 법적인 효력이 있는 행위가 아니라 단순한 정치적 제안의 피력에 불과하다고 인정되는 이상 이를 두고 헌법소원의 대상이 되는 "공권력의 행사"라고 할 수는 없으므로, 이에 대한 취소 또는 위헌확인을 구하는 청구인들의 심판청구는 모두 부적법하다.

헌재 2003. 11. 27. 2003헌마694

v) 단순한 사실의 고지

기본권을 침해하는 공권력의 행사로는 볼 수 없는 행정청의 단순한 사실의 고지는 헌법소원의 대상이 아니다.

판례 사법시험 제2차 시험 2000년 및 2001년 응시자격부여 위헌확인

청구인들이 심판대상으로 삼고 있는 이 사건 통보는 사법시험 제1차 시험의 불합격처분이 위법하여 취소됨으로써 합격결정을 받게 된 경우에는 그 후에 최초로 실시되는 제2차 시험과 그 다음회의 제2차 시험에 응시할 자격이 부여된다는 사법시험령 제8조 등 관련규정에 관한 대법원 판결의 해석에 따라, 청구인들에게 이 사건

사법시험 제1차 시험의 불합격처분을 취소하고 추가합격조치를 하였음과 제42회 및 제43회 사법시험 제2차 시험에 응시할 자격이 부여되었음을 알려준 것으로서, 이는 단순한 사실의 고지에 불과할 뿐 청구인들의 기본권을 침해하는 공권력의 행사로는 볼 수 없다. 헌재 1999. 11. 30. 99헌마625

vi) 행정기관 내부의 행위

직접 국민의 권리의무에 어떠한 영향을 미치지 않는 행정기관 상호간의 내부적 의사결정은 행정관청의 처분으로 볼 수 없으므로 헌법소원심판의 대상이 되지 아니한다.

판례 전공노대책 관련 긴급지시

행정자치부 자치행정과장이 지방자치단체 담당과장에게 '전공노 대책 관련 긴급지시'라는 제하에 "사태종료시까지 전공노 조합원의 병·연가 불허" 등을 내용으로 하는 업무연락공문을 발송한 행위는 행정자치부 소속 자치행정과장이 전국 공무원노조에 대한 대책과 관련한 상호 협조 차원에서 각 지방자치단체의 담당과장에게 업무연락을 한 것으로 행정기관 내부의 행위일 뿐 대외적으로 효력이 있는 명령이나 지시가 아니므로 헌법소원의 대상이 되는 공권력 행사에 해당하지 아니한다.

헌재 2005. 5. 26. 2005헌마22

vii) 정부투자기관에 대한 감독작용

정부투자기관에 대한 예산편성지침 통보행위 및 예산배정유보방침 통보행위 등 그 성질상 정부의 그 투자기관에 대한 내부적 감독작용에 해당하는 행위는 공권력 작용에 해당되지 않으므로 헌법소원의 대상이 되는 공권력의 행사에 해당하지 않는다.

판례 2001년도 정부투자기관예산편성지침 등 위헌확인

기획예산처장관의 정부투자기관에 대한 예산편성공통지침의 통보행위는 각 정부투자기관의 출자자인 정부가 정부투자기업의 경영합리화와 정부출자의 효율적인 관리를 도모하기 위하여 예산편성에 관한 일반적 기준을 제시하여 출자자로서의 의견을 개진하는 것에 지나지 아니한다고 할 것이고, 이는 마치 주식회사인 일반 사기업의 주주가 그 경영진에 대하여 경영에 관한 일반적 지침을 제시하는 것과 방불하다고 할 것이므로, 성질상 정부의 그 투자기관에 대한 내부적 감독작용에 해당할 뿐이고 국민에 대하여 구체적으로 어떠한 권리를 설정하거나 의무를 명하는 법률적 규제작용으로서의 공권력작용에 해당한다고 볼 수 없다.

헌재 2002. 1. 31. 2001헌마228

viii) 사법상(私法上)의 행위

행정기관의 행위라도 공법상의 행정처분이 아니라 사경제의 주체로서 행하는 사법상의 법률행위는 헌법소원의 대상이 되는 공권력의 행사로 볼 수 없다. 한국방송공사의 채용시험의 응시자격에 관한 공고는 사법적 성격을 지니고 있어 공권력의 행사에 해당하지 않는다.[201]

판례 종교시설용지 공급처분

공공용지의 취득 및 손실보상에 관한특례법에 의거하여 사업시행자가 공공사업에 필요한 토지 등을 협의취득하고 그 협의취득에 따른 보상금을 지급하는 행위는 공법상의 행정처분이 아니라 사경제의 주체로서 행하는 사법상의 법률행위에 불과하므로 헌법소원의 대상이 되는 공권력의 행사로 볼 수 없다는 것이 헌법재판소의 판례인데, 그 판례의 법리는 사업시행자가 협의절차를 통하여 토지를 공급하고 그 대금을 교부받는 경우에도 똑같이 적용된다. 신도시개발지역의 사업시행자가 공공용지의 취득 및 손실보상에 관한 특례법에 의하여 당해지역 내의 종교시설물 소유자로부터 협의취득한 토지 등에 대한 보상으로 보상금 외에 대체토지로서 종교시설 이전부지를 공급함에 있어서 그 공급조건을 결정하고 통보한 행위는 사법상의 권리이전에 대한 반대급부의 조건 내지 내용에 관련된 사항으로서 헌법소원의 대상이 되는 공권력의 행사로 볼 수 없다. 헌재 1994. 2. 24. 93헌마213

③ 사법작용에 대한 헌법소원

(i) 법원의 재판

i) 법원의 재판의 배제원칙

현행 헌법재판소법 제68조 제1항 후단에서는 법원의 재판에 대한 헌법소원(이른바 재판소원)을 명시적으로 배제하고 있다. 법원의 재판을 헌법소원의 대상에서 배제하는 것이 헌법소원의 본질에 반하는 것으로서 위헌이라는 주장이 제기되어 합헌설과 위헌설이 첨예한 대립을 보인 바 있다. 여기서 말하는 “법원의 재판”은 소송법상으로 법원이 행하는 공권적 법률판단 또는 의사의 표현을 총칭하는 것으로 판결 · 결정 · 명령 등 다양한 형식으로 행해진다.

헌법재판소는 “법원의 재판”이라 함은 사건을 종국적으로 해결하기 위한 종국판결 외에 본안전 소송판결 및 중간판결이 모두 포함되고 기타 소송절차의 파생적 · 부수적인 사항에 대한 공권적 판단도 포함된다고 판시하고 있다.[202]

201) 헌재 2006. 11. 30. 2005헌마855.

따라서 법원의 재판 자체를 대상으로 하여 헌법소원을 제기한다면 이 심판청구는 부적법하여 각하된다(헌법재판소법 제72조 제3항 제1호).

법원의 회사정리계획의 인가결정(법원의 재판 자체를 대상으로 한 것으로 부적법), 법원 재판장의 변론제한에 대한 헌법소원대상성을 부인하고 있다.

ii) 법원재판에 대한 예외적 헌법소원 허용

헌법재판소는 재판소원을 배제하고 있는 헌법재판소법 제68조 제1항에 대하여 원칙적으로 합헌이나, 예외적으로 헌법재판소가 위헌으로 결정한 법령을 적용함으로써 국민의 기본권을 침해한 재판에 대하여도 헌법소원이 배제되는 것으로 해석하는 한 위헌이라는 취지로 한정위헌결정을 내린 바 있으며, 예외적으로 재판소원을 인정하고 있다.

판례 재판소원 배제에 대한 한정위헌결정

법원의 재판을 헌법소원심판의 대상에 포함시켜야 한다는 견해는 기본권보호의 측면에서는 보다 이상적이지만, 이는 헌법재판소의 위헌결정을 통하여 이루어질 문제라기 보다 입법자가 해결해야 할 과제이다. 헌법재판소법 제68조 제1항은 국민의 기본권(평등권 및 재판청구권등)의 관점에서는 입법형성권의 헌법적 한계를 넘는 위헌적인 법률조항이라고 할 수 없다.

헌법재판소법 제68조 제1항이 원칙적으로 헌법에 위반되지 아니한다고 하더라도, 법원이 헌법재판소가 위헌으로 결정하여 그 효력을 전부 또는 일부 상실하거나 위헌으로 확인된 법률을 적용함으로써 국민의 기본권을 침해한 경우에도 법원의 재판에 대한 헌법소원이 허용되지 않는 것으로 해석한다면, 위 법률조항은 그러한 한도내에서 헌법에 위반된다.

명령·규칙에 근거한 집행행위가 존재하지 아니한 경우에는 그에 대한 헌법위반여부를 구체적인 재판절차에서 심사할 수 없기 때문에 직접 국민의 기본권을 침해하는 명령·규칙에 대하여는 주관적 권리구제절차로서 헌법소원의 가능성이 열려있으므로, 헌법재판소에 의하여 명령·규칙이 위헌으로 결정되어 그 효력을 상실한 경우에도 법률의 경우와 그 법리가 다를 바 없다. 헌재 1997. 12. 24. 96헌마172등

판례 변형결정의 기속력에 반하는 법원의 재판에 대한 헌법소원 인정

헌법재판소의 법률에 대한 위헌결정에는 단순위헌결정은 물론, 한정합헌, 한정위헌결정과 헌법불합치결정도 포함되고 이들은 모두 당연히 기속력을 가진다.

이 사건 대법원판결은 헌법재판소가 이 사건 법률조항에 대하여 한정위헌결정을

202) 헌재 1992. 12. 24. 90헌마158.

선고함으로써 이미 부분적으로 그 효력이 상실된 법률조항을 적용한 것으로서 위헌 결정의 기속력에 반하는 재판임이 분명하므로 이에 대한 헌법소원은 허용된다 할 것이고, 또한 이 사건 대법원판결로 말미암아 청구인의 헌법상 보장된 기본권인 재산권 역시 침해되었다 할 것이다. 따라서 이 사건 대법원판결은 헌법재판소법 제75조 제3항에 따라 취소되어야 마땅하다. 헌재 1997. 12. 24. 96헌마172등

판례 원행정처분에 대한 헌법소원의 예외적 인정

행정처분이 헌법에 위반되는 것이라는 이유로 그 취소를 구하는 행정소송을 제기하였으나 법원에 의하여 그 청구가 받아들여지지 아니한 후 다시 원래의 행정처분에 대하여 헌법소원심판을 청구하는 것이 원칙적으로 허용될 수 있는지의 여부에 관계없이, 이 사건의 경우와 같이 행정소송으로 행정처분의 취소를 구한 청구인의 청구를 받아들이지 아니한 법원의 판결에 대한 헌법소원심판의 청구가 예외적으로 허용되어 그 재판이 헌법재판소법 제75조 제3항에 따라 취소되는 경우에는 원래의 행정처분에 대한 헌법소원심판의 청구도 이를 인용하는 것이 상당하다.

헌재 1997. 12. 24. 96헌마172등

(ii) 소송지휘권

재판장의 소송지휘권의 행사에 관한 사항은 재판장의 명령으로 이루어진 경우에는 그 자체가 재판에 해당하므로 헌법소원의 대상이 될 수 없다.

(iii) 사법행정작용

법관의 임용 등 사법행정작용은 행정소송의 대상이 되는 행정처분에 해당되므로 헌법소원의 대상이 아니다.

또한 법원행정처장이 행하는 국민의 법령해석에 관한 질의에의 회신은 법적 구속력을 가지지 아니하므로 헌법소원의 대상이 아니다.[203)]

판례 예비판사임용거부처분취소

대법원은 1991. 2. 12. 선고 90누5825 검사임용거부처분취소 사건에서 검사 지원자 중 한정된 수의 임용대상자에 대한 임용결정만을 하는 경우 임용대상에서 제외된 자에 대하여 임용거부의 소극적 의사표시를 한 것으로 보아야 하고 이러한 검사임용거부처분은 항고소송의 대상이 된다고 판시한 바 있으므로, 대법원장의 청구인에 대한 2001. 2. 12.자 예비판사임용거부는 항고소송의 대상이 되는 행정처분에 해당된다고 판단되고, 실제로 청구인은 위 예비판사임용거부처분에 대하여 행정심판을

203) 헌재 1992. 6. 26. 89헌마132.

거쳐 2001. 5. 12. 서울행정법원에 행정소송을 제기(2001구18076 예비판사임용거부처분 무효확인 등)한 상태이다. 따라서 이 사건은 법원의 재판관할하에 있는 사건으로서 헌법소원의 대상이 아니라 할 것이어서 부적법한 심판청구라고 할 것이다.

헌재 2001. 12. 20. 2001헌마245

2) 공권력의 불행사(부작위)

① 작위의무의 존재

공권력의 불행사에 대한 헌법소원은 공권력의 주체에게 헌법에서 직접 도출되는 작위의무가 특별히 구체적으로 규정되어 있어, 이에 의거하여 기본권의 주체가 공권력의 행사를 청구할 수 있음에도 공권력의 주체가 그 의무를 해태하는 경우에 허용되는 것이다. 그러므로 작위의무가 없는 공권력의 불행사에 대한 헌법소원은 부적합하다.[204]

② 입법부작위

(i) 단순입법부작위

법상 입법의무를 전제로 하지 아니하는 단순입법부작위의 경우에, 법령의 제정을 소구하는 헌법소원이 가능한가가 문제되고 있다. 이 점에 대하여 헌법재판소는 국민이 국회에 대하여 입법을 청원하는 것은 별론으로 하고, 법률의 제정을 소구하는 헌법소원은 원칙적으로 인정되지 아니한다고 한다.[205] 왜냐하면 헌법재판소법 제68조 제2항의 규정에 따른 헌법소원은 '법률'의 위헌성을 적극적으로 다투는 제도이므로 '법률의 부존재' 즉 입법부작위를 다투는 것은 그 자체로서는 허용되지 아니하기 때문이다.[206]

(ii) 위헌적 입법부작위

위헌적 입법부작위라 함은 헌법이 입법자에게 입법의무를 부과하였음에도[207] 입법자가 이를 이행하고 있지 아니한 법적 상태를 말한다.[208] 이러한 위헌적 입법

204) 헌재 1999. 9. 16. 98헌마75; 헌재 2004. 12. 16. 2002헌마579.
205) 헌재 1992. 12. 24. 90헌마174.
206) 헌재 2000. 1. 27. 98헌바12.
207) 독일판례: '입법자에게 헌법상 입법의무가 부과되어 있는 경우'라 함은, 헌법이 입법의무의 내용 및 범위를 구체적으로 한정하여 입법자에 대하여 입법의무를 부과함으로써 어떠한 사항에 관하여 입법을 할 것을 명백하게 위임하고 있거나(이른바 헌법위임), 헌법해석을 통하여 입법자에게 어떠한 사항에 관한 헌법상 보호의무 또는 개선의무가 있다고 인정되는 경우를 의미한다(BVrefGE 25, 1(12f.); 49, 89(143f.); 56, 54(71f., 78)).
208) 헌재 1996. 11. 28. 93헌마258.

부작위에 대하여 헌법소원이 인정되는가가 문제되고 있다. 위헌적 입법부작위에 대한 헌법소원이 가능한가 하는 문제는 진정입법부작위의 경우와 부진정입법부작위의 경우로 나누어서 살펴보아야 할 것 같다.

i) 진정입법부작위

진정입법부작위는 입법자가 헌법상 입법의무가 있는 어떤 사항에 관하여 전혀 입법을 하지 아니함으로써 '입법행위의 흠결(Lücke)이 있는 경우'를 말한다(입법권의 불행사).

진정입법부작위에 대해 우리 헌법재판소는 한정된 범위 안에서 예외적으로만 헌법소원을 인정한다는 입장을 취하고 있는 것 같다. 예컨대 "진정입법부작위에 대하여는 어떠한 사항을 법규로 할 것인가의 여부는 특단의 사정이 없는 한 입법자의 정치적·경제적·사회적 각종 고려 하에서 정하여지는 입법정책의 문제이므로, 국민이 국회에 대하여 일정한 입법을 해달라는 청원을 함은 별론으로 하고, 법률의 제정을 청구하는 헌법소원은 헌법에서 기본권 보장을 위하여 법령에 명시적인 입법위임을 하였음에도 입법자가 이를 방치하고 있거나 헌법해석상 특정인에게 구체적인 기본권이 생겨서 이를 보장하기 위한 국가의 행위의무 내지 보호의무가 발생하였음이 명백함에도 입법자가 아무런 입법조치를 취하고 있지 않은 경우가 아니면 원칙적으로 인정될 수 없다"[209]라고 하는 판시가 그것을 말해주고 있다.

ii) 부진정입법부작위

입법자가 어떤 사항에 관하여 입법을 하였으나 그 입법의 내용·범위·절차 등이 당해 사항을 불완전, 불충분 또는 불공정하게 규율함으로써 '입법행위에 결함(Fehler)이 있는 경우'(즉 결함이 있는 입법권의 행사)를 말한다.

"부진정입법부작위를 대상으로 하여 즉, 입법의 내용·범위·절차 등의 결함을 이유로 헌법소원을 제기하려면, 결함이 있는 당해 입법규정 그 자체를 대상으로 하여 그것이 평등의 원칙에 위배된다는 등 헌법위반을 내세워 적극적인 헌법소원(위헌확인소원)을 제기해야 하며, 이 경우에는 헌법재판소법 소정의 제소기간(청구기간)을 준수해야 한다"[210]라고 하는 것이 헌법재판소의 확립된 판례이다.

판례 진정입법부작위와 부진정입법부작위의 구별

넓은 의미의 "입법부작위(立法不作爲)"에는, ① 입법자가 헌법상 입법의무가 있는

209) 헌재 2003. 2. 27. 2001헌마461; 헌재 2003. 6. 26. 2000헌마509 등(병합) 외 다수.
210) 헌재 1996. 11. 28. 93헌마258; 헌재 2004. 1. 29. 2002헌바36·55(병합) 외 다수.

어떤 사항에 관하여 전혀 입법을 하지 아니함으로써 "입법행위의 흠결(Lücke)이 있는 경우"(즉, 입법권의 불행사)와 ② 입법자가 어떤 사항에 관하여 입법은 하였으나 그 입법의 내용·범위·절차 등이 당해 사항을 불완전, 불충분 또는 불공정하게 규율함으로써 "입법행위에 결함(Fehler)이 있는 경우"(즉, 결함이 있는 입법권의 행사)가 있는데, 일반적으로 전자를 진정(眞正)입법부작위, 후자를 부진정(不眞正)입법부작위라고 부르고 있다. 헌재 1996. 10. 31. 94헌마108

판례 진정입법부작위에 대한 헌법소원

법률의 제정을 소구하는 헌법소원심판청구는 헌법상 기본권보장을 위하여 명시적인 입법위임이 있거나 헌법해석상 특정인에게 구체적인 기본권이 생겨 이를 보장하기 위한 국가의 행위 내지 보장의무가 발생하였음에도 불구하고 국가가 아무런 입법조치를 취하지 않고 있는 경우가 아니면 원칙적으로 부적법하다.

헌재 1989. 3. 17. 88헌마1 등

판례 부진정입법부작위에 대한 헌법소원

- 헌법소원은 헌법재판소법 제68조 제1항에 규정한 바와 같이 공권력의 불행사에 대하여서도 청구할 수 있지만, 입법부작위에 대한 헌법소원은 원칙적으로 인정될 수 없고, 다만 헌법에서 기본권 보장을 위해 명시적인 입법위임을 하였음에도 입법자가 이를 이행하지 않거나, 헌법해석상 특정인에게 구체적인 기본권이 생겨 이를 보장하기 위한 국가의 행위의무 내지 보호의무가 발생하였음이 명백함에도 입법자가 아무런 입법조치를 취하지 않고 있는 경우에만 예외적으로 인정될 수 있다. 기본권 보장을 위한 법규정이 불완전하여 보충을 요하는 경우에는 그 불완전한 법규 자체를 대상으로 하여 그것이 헌법위반이라는 적극적인 헌법소원을 청구함은 별론으로 하고, 입법부작위를 헌법소원의 대상으로 삼을 수는 없다.

  헌재 1999. 1. 28. 97헌마9

- 기본권 보장을 위한 법규정이 불완전하여 그 보충을 요하는 경우에 그 불완전한 법규 자체를 대상으로 하여 그것이 헌법위반이라는 적극적인 심판청구를 한 경우는 부진정 부작위입법에 대한 헌법소원에 해당된다.

  헌재 1995. 10. 26. 94헌마242(부산직할시 검인계약서제도실시에 따른 시세불균일과세에 관한 조례 제2조 등 위헌확인)

판례 부진정입법부작위에 대한 헌법소원에 있어서 청구기간

이른바 부진정입법부작위를 대상으로 헌법소원을 제기하려면 그것이 평등의 원칙에 위배된다는 등 헌법위반을 내세워 적극적인 헌법소원을 제기하여야 하며, 이 경우에는 헌법재판소법 소정의 제소기간을 준수하여야 한다.

헌재 1996. 10. 31. 94헌마108

③ 행정부작위

행정권력의 부작위에 대한 헌법소원은 공권력의 주체에게 헌법에서 유래하는 작위의무가 특별히 구체적으로 규정되어, 이에 의거하여 기본권의 주체가 행정행위를 청구할 수 있음에도 불구하고 공권력의 주체가 그 의무를 해태하는 경우에는 가능하다 할 것이다.[211] 행정부작위는 행정입법의 부작위와 행정처분의 부작위로 대별될 수 있다. 행정입법부작위는 다시 입법부작위와 마찬가지로 진정행정입법부작위와 부진정행정입법부작위로 나눌 수 있다.

(ⅰ) 행정입법부작위

진정행정입법부작위에 대한 헌법소원이 허용되기 위해서는 첫째, 행정청에게 시행명령을 제정(개정)할 법적 의무(헌법적 의무)가 있어야 하고 둘째, 상당한 기간이 지났음에도 불구하고 셋째, 명령제정(개정)권이 행사되지 않아야 한다.[212]

부진정행정입법부작위에 대해서는 불완전한 행정입법에 대하여 적극적으로 헌법소원을 제기하여야 한다. 헌법재판소는 건축사면허를 취소당한 자의 면허재교부에 관한 규정을 두지 않은 건축사법시행령은 진정행정입법부작위에 해당하지 않는다고 판시하였다.[213]

(ⅱ) 행정처분의 부작위

행정처분의 부작위에 대한 헌법소원은 헌법상 작위의무가 존재하고, 기본권주체가 행정행위를 청구할 수 있으며, 공권력주체가 의무를 해태하여야 한다. 행정처분의 부작위도 행정소송의 대상이 되기 때문에(부작위위법확인소송), 법원의 재판이 갖는 확정판결의 기판력 때문에 실제로는 헌법소원의 대상이 되는 경우가 드물 것이다. 의무위반의 부작위 때문에 피해를 입었다는 단순한 일반적인 주장만으로는 족하지 않으므로 기본권의 침해없이 행정행위의 단순한 부작위의 경우는 헌법소원의 대상이 될 수 없다.[214]

보충성원칙의 적용이 배제되는 당사자신청을 전제로 하지 않는 행정부작위에 대한 헌법소원은 인정된다.[215]

---

211) 헌재 2001. 12. 20. 2000헌마722.

212) 보건복지부장관이 치과전문의제도의 실시를 위한 시행규칙을 개정하지 않는 것(헌재 1998. 7. 16. 96헌마246), 노동부장관이 평균임금을 정하여 고시하는 행정입법을 하지 않은 것(헌재 2001. 11. 29. 2000헌마718).

213) 헌재 1998. 11. 26. 97헌마310.

214) 헌재 1996. 11. 28. 92헌마237.

215) "부작위가 행정쟁송의 대상이 되기 위한 요건으로 행정심판법, 행정소송법 등이 당사자신청

헌법재판소는 일본군위안부 또는 원폭피해자의 일본에 대한 배상청구에 관해 외교통상부장관이 문제해결에 나아가지 아니한 부작위 역시 헌법소원의 대상이 되며 그 부작위로 청구인들에게 중대한 기본권의 침해를 초래하였으므로 헌법에 위반된다고 하였다.[216)]

④ 재판부작위

기일지정신청이나 기피신청 등에 대하여 법원이 아무런 재판을 하고 있지 않은 것에 대한 헌법소원은 헌법상의 명시적인 작위의무가 없는 공권력의 불행사에 대한 헌법소원이어서 부적법하다. 법원은 국민의 재판청구권에 근거하여 법령에 정한 국민의 정당한 재판청구행위에 대하여만 재판을 할 의무를 부담하고 법령이 규정하지 아니한 재판청구행위에 대하여는 그 의무가 없다.

또한 헌법재판소는 재판의 지연은 결국 법원의 재판절차에 관한 것이므로 헌법소원의 대상이 될 수 없다고 하였다.[217)]

판례 재판지연 위헌확인

신속한 재판을 받을 권리의 실현을 위해서는 구체적인 입법형성이 필요하며, 다른 사법절차적 기본권에 비하여 폭넓은 입법재량이 허용된다. 특히 신속한 재판을 위해서 적정한 판결선고기일을 정하는 것은 법률상 쟁점의 난이도, 개별사건의 특수상황, 접수된 사건량 등 여러 가지 요소를 복합적으로 고려하여 결정되어야 할 사항인데, 이때 관할 법원에게는 광범위한 재량권이 부여된다. 따라서 법률에 의한 구체적 형성없이는 신속한 재판을 위한 어떤 직접적이고 구체적인 청구권이 발생하지 아니한다. 따라서 피청구인들이 위 보안처분들의 효력만료 전까지 판결을 선고해야 할 구체적인 의무가 헌법상으로 직접 도출된다고는 볼 수 없다. 그렇다면 피청구인들이 위와 같이 판결을 선고해야 할 구체적인 행위를 요구할 수 있는 청구인들의 권리가 헌법 제27조 제3항 제1문상의 신속한 재판을 받을 권리로부터 발생하지 아니한다고 할 것이다. 위와 같이 피청구인들이 신속한 재판을 해야 할 어떠한 법률상의 의무나 헌법상의 의무도 존재하지 않으므로, 위 보안처분들의 효력이 만료되는 시점까지 판결을 선고하지 아니한 것은 피청구인들의 공권력의 불행사라고는 할 수 없다.

헌재 1999. 9. 16. 98헌마75

의 존재를 전제로 하기 때문에 행정쟁송절차를 거치도록 요구한다면 무용한 절차를 강요하는 것으로 부당하다"(보충성원칙이 배제되는 적법한 청구라고 봄으로써 헌재는 결국 당사자 신청을 전제하지 않는 행정부작위를 헌법소원대상으로 본다(헌재 1995. 7. 21. 94헌마136).

216) 헌재 2011. 8. 30. 2006헌마788; 헌재 2004. 11. 25. 2003헌마788.

217) 헌재 1998. 5. 28. 96헌마46.

(2) 기본권의 침해

공권력의 행사·불행사로 인하여 헌법상 보장된 기본권이 침해되어야 헌법소원을 청구할 수 있다.

1) 기본권

헌법상 보장된 기본권이란 헌법에 의하여 국민에게 부여된 주관적 공권이다. 우리 헌법은 제2장에서 '국민의 자유와 권리'라는 제목 하에 다양한 기본권들을 규정하고 있다. 그러나 우리 헌법은 적극적으로 기본권의 개념이나 그 범위에 대하여는 명문으로 규정하고 있지 않으므로, 이는 결국 헌법의 해석을 통하여 해결되어야 할 문제이다.

헌법소원에 의하여 구제되는 기본권은 주로 국민의 권리와 의무에 관한 제2장에 포함되어 있는 것이지만, 여기에만 국한되지 않고 그 외에도 헌법 제8조의 정당조항, 제41조의 보통·평등·직접·비밀선거의 원칙, 제116조의 선거운동에서의 균등한 기회 보장, 공영선거의 원칙, 제117조의 자치권의 보장도 개인의 기본권의 근거가 될 수 있다.[218)]

헌법재판소는 제도적 보장은 주관적 권리가 아닌 객관적 법규범이라는 점에서 기본권과 구별된다고 하고 있지만,[219)] 제도적 보장에 의해 보호되는 주관적 공권으로서의 기본권침해에 대하여도 헌법소원을 청구할 수 있다. 헌법재판소는 지방자치단체의 폐치·분합에 관한 것은 지방자치단체의 자치행정권 중 지역고권의 보장문제이나, 대상지역 주민들은 그로 인하여 인간다운 생활공간에서 살 권리, 평등권, 정당한 청문권, 거주이전의 자유, 선거권, 공무담임권, 인간다운 생활을 할 권리, 사회보장·사회복지수급권 및 환경권 등을 침해받게 될 수도 있다는 점에서 기본권과도 관련이 있어 헌법소원의 대상이 될 수 있다고 판시하였다.[220)]

헌법재판소는 헌법전문의 '3·1정신'으로부터 국민의 개별적 기본권을 도출할 수 없다고 보며, 국민의 개별적 기본권이 아니라 할지라도 기본권보장의 실질화를 위하여서는, 영토조항만을 근거로 하여 독자적으로는 헌법소원을 청구할 수 없다 할지라도, 모든 국가권능의 정당성의 근원인 국민의 기본권 침해에 대한 권리구제를 위하여 그 전제조건으로서 영토에 관한 권리를, 이를테면 영토권이라 구성하여,

---

218) 헌재 1994. 12. 29. 94헌마201.
219) 헌재 1997. 4. 24. 95헌바48.
220) 헌재 1994. 12. 29. 94헌마201.

이를 헌법소원의 대상인 기본권의 하나로 간주하는 것은 가능한 것으로 판단하고 있다.[221]

헌법재판소는 입법권,[222] 국회구성권,[223] 상임위원회에서 활동할 수 있는 권리[224] 등은 기본권에 해당되지 않아 헌법소원을 청구할 수 없다고 보았으며, 지방자치법상의 주민투표권은 법률상 권리이지 헌법상 보장된 참정권으로 볼 수 없다고 하였다.

이상에서 볼 때 헌법규범이 어떠한 기본권을 보장하고 있는지는 헌법에서 명문 규정으로 보장된 것 이외에도 헌법에서 도출되는 것도 포함하며, 이는 결국 헌법 규정들의 해석을 통해 해명되어야 할 것이다.

판례 국회구성권 등 침해 위헌확인

대의제 민주주의 하에서 국민의 국회의원 선거권이란 국회의원을 보통·평등·직접·비밀선거에 의하여 국민의 대표자로 선출하는 권리에 그치며, 국민과 국회의원은 명령적 위임관계에 있는 것이 아니라 자유위임관계에 있으므로, 유권자가 설정한 국회의석분포에 국회의원들을 기속시키고자 하는 내용의 "국회구성권"이라는 기본권은 오늘날 이해되고 있는 대의제도의 본질에 반하는 것이어서 헌법상 인정될 여지가 없고, 청구인들 주장과 같은 대통령에 의한 여야 의석분포의 인위적 조작행위로 국민주권주의라든지 복수정당제도가 훼손될 수 있는지의 여부는 별론으로 하고 그로 인하여 바로 헌법상 보장된 청구인들의 구체적 기본권이 침해당하는 것은 아니다.

헌재 1998. 10. 29. 96헌마186

판례 기본권이 아닌 권한에 대한 침해로서 부적법한 경우

- 국회의원이 국회 내에서 행하는 질의권·토론권 및 표결권등은 입법권 등 공권력을 행사하는 국가기관인 국회의 구성원의 지위에 있는 국회의원에게 부여된 권한이지 국회의원 개인에게 헌법이 보장하는 권리 즉 기본권으로 인정된 것이라고 할 수 없으므로, (……) 헌법상 보장된 구체적 기본권을 침해당한 바 없는 국회의원인 청구인들에게 헌법소원심판청구가 허용된다고 할 수 없다.

  헌재 1995. 2. 23. 90헌마125

- 청구인이 국회법 제48조 제3항 본문에 의하여 침해 당하였다고 주장하는 기본권은 청구인이 국회 상임위원회에 소속하여 활동할 권리, 청구인이 무소속 국회의원

---

221) 헌재 2001. 3. 21. 99헌마139(대한민국과일본국간의어업에관한협정비준등 위헌확인).
222) 헌재 1998. 8. 27. 97헌마8.
223) 헌재 1998. 10. 29. 96헌마186.
224) 헌재 2000. 8. 31. 2000헌마156.

> 으로서 교섭단체소속 국회의원과 동등하게 대우받을 권리라는 것으로서 이는 입법권을 행사하는 국가기관인 국회를 구성하는 국회의원의 지위에서 향유할 수 있는 권한일 수는 있을지언정 헌법이 일반국민에게 보장하고 있는 기본권이라고 할 수는 없다. 헌재 2000. 8. 31. 2000헌마156

2) 침 해

기본권의 침해란 공권력이 헌법에 의해서 보장된 기본권의 보호영역 내지 내용에 대해 가하는 위법적인 제한을 말한다. 공권력의 행사 또는 불행사로 자유의 제한, 의무의 부과, 법적 지위의 박탈이 발생한 경우를 말한다.

기본권의 구체적 침해 여부는 본안에서 판단되므로 적법요건심사단계에서 기본권침해의 가능성으로 족하다. 청구인은 자신의 기본권에 대한 공권력의 제한행위가 위헌적인 것임을 어느 정도 구체적으로 주장하여야 한다. 그러므로 청구인이 기본권침해의 가능성을 확인할 수 있을 정도로 설득력있게 구체적으로 주장을 하여야 하고, 막연하고 모호한 주장만 하는 경우에는 부적법한 것이 될 것이다.

또한 사실상 기대되던 반사적 이익이 실현되지 않게 된 것에 불과한 것인 경우에는 어떠한 헌법상 기본권의 제한 또는 침해의 문제가 생기는 것은 아니며,[225] 공권력의 행사로 인하여 헌법소원을 청구하고자 하는 자의 법적 지위에 아무런 영향이 미치지 않는다면 애당초 기본권침해의 가능성이나 위험성이 없으므로 그 공권력은 헌법소원의 대상이 아니다.

(3) 청구인적격: 기본권 침해의 직접성, 현재성, 자기관련성

공권력에 의한 기본권침해가 헌법소원의 대상이 되기 위해서는 공권력과 헌법소원청구인 사이에 법적 관련성이 있어야 한다. 즉 헌법소원이 적법하기 위해서는 청구인은 공권력에 의하여 '자신'의 기본권이 '현재' 그리고 '직접' 침해받는 경우이어야 한다.

1) 기본권 침해의 직접성

① 직접성의 의의

헌법소원심판의 청구는 기본권에 대한 직접적인 침해가 발생된 경우에 제기될 수 있다. 즉, 공권력의 행사 또는 불행사가 청구인의 기본권에 간접적으로 영향을 미치는 경우에는 헌법소원을 제기할 수 없다.

---

225) 헌재 2000. 1. 27. 99헌마660.

판례 공권력의 행사과정에서 청구인 개인에 대해 행사한 바는 없으나 청구인의 개인재산권을 직접 대상으로 하여 행사였다 하여 헌법소원의 자기관련성, 직접성을 인정한 사례(국제그룹해체사건)

이 사건 공권력의 행사가 청구인 주도의 계열기업 전면해체와 그 경영권의 제3자 인수를 내용으로 하고 있는 이상 청구인 자신의 기본권과 무관한 것이었다 할 수 없으며, 이 사건 공권력의 행사과정에서 청구인 개인을 직접 상대방으로 하여 대인적으로 행사한 바는 없으나 청구인의 개인주식 등 재산권과 기업경영권을 직접 대상으로 하여 대물적으로 행사하였는 바, 이러한 사실관계하에서는 공권력의 행사 자체에 의하여 청구인의 기본권이 직접 침해당한 경우라고 볼 것이다.

헌재 1993. 7. 29. 89헌마31

② 법령에 의한 기본권 침해에 있어서 직접성(원칙)

직접성의 요건은 법령에 대한 헌법소원에서는 특히 중요한 의미를 가진다. 즉 법률 또는 법률조항 자체가 헌법소원의 대상이 될 수 있으려면 집행행위에 의하지 아니하고 법률 그 자체에 의하여 자유의 제한, 의무의 부과, 권리 또는 법적 지위의 박탈이 생긴 경우를 뜻하며, 헌법소원심판청구에서의 직접성 요건의 불비는 사후에 치유될 수 없다.[226)]

판례 법령에 의한 기본권 침해의 직접성

- 법률 또는 법률조항 자체가 헌법소원의 대상이 될 수 있으려면 그 법률 또는 법률조항에 의하여 구체적인 집행행위를 기다리지 아니하고 직접, 현재, 자기의 기본권을 침해받아야 하는 것을 요건으로 하고, 여기서 말하는 기본권 침해의 직접성이란 집행행위에 의하지 아니하고 법률 그 자체에 의하여 자유의 제한, 의무의 부과, 권리 또는 법적 지위의 박탈이 생긴 경우를 뜻하므로, 구체적인 집행행위를 통하여 비로소 당해 법률 또는 법률조항에 의한 기본권 침해의 법률효과가 발생하는 경우에는 직접성의 요건이 결여된다. 헌재 1992. 11. 12. 91헌마192
- 이와 같이 법령에 대한 헌법소원에 있어서 기본권 침해의 직접성을 요구하는 이유는, 법령은 일반적으로 구체적인 집행행위를 매개로 하여 비로소 기본권을 침해하게 되므로 기본권의 침해를 받은 개인은 먼저 일반 쟁송의 방법으로 집행행위를 대상으로 하여 기본권 침해에 대한 구제 절차를 밟는 것이 헌법소원의 성격상 요청되기 때문이다. 헌재 2002. 12. 18. 2001헌마111

226) 헌재 1992. 11. 12. 91헌마192.

판례 위임입법과 직접성

- 법률 또는 법률조항 자체가 헌법소원의 대상이 될 수 있으려면 구체적인 집행행위를 기다리지 아니하고 그 법률 또는 법률조항에 의하여 직접, 현재, 자기의 기본권을 침해받아야 하는 바, 위에서 말하는 집행행위에는 입법행위도 포함되므로 법률 규정이 그 규정의 구체화를 위하여 하위규범의 시행을 예정하고 있는 경우에는 당해 법률 규정의 직접성은 부인된다. 헌재 1996. 2. 29. 94헌마213

- 통상 법률조항이 정관에 위임하고 있는 경우 그 조항 자체가 기본권을 침해하는 것으로 볼 수 없지만, 이 사건에서는 청구인이 그 조항의 규정 형식 자체를 문제삼고 있고, 입법부가 정관에 기본권 관련 사항을 위임할 수 있는지는 특수한 헌법적 성격을 가지므로, 헌법소원의 직접성 요건을 인정함이 상당하다.
헌재 2001. 4. 26. 2000헌마122

- 위 도시정비법 규정은 주택재건축사업을 시행하는 경우 임대주택을 의무적으로 공급하도록 강제하고 있는 규정으로, 비록 법률 자체에서 공급비율 등을 확정적으로 정하고 있지 않더라도 사업시행자의 임대주택공급의무 부담은 위 도시정비법 규정에서 직접적으로 나오는 것이라고 보아야 할 것이다. 만약 임대주택공급비율 등을 구체적으로 확정하고 있다는 이유로 시행령 규정만을 심판대상으로 삼는다면, 시행령 규정이 위헌이 되더라도 임대주택공급제도 자체의 효력은 여전히 유지될 것이고, 그렇게 되면 주택재건축사업시행자가 부담하게 되는 임대주택공급의무 제도를 문제삼고 있는 청구인들의 심판청구 목적은 달성될 수 없을 것이다. 따라서 이 사건에서는 임대주택공급의무를 정하고 있는 도시정비법 규정과 그 공급비율을 구체적으로 정하고 있는 시행령 조항이 불가분의 일체로서 임대주택공급의무를 정하고 있다고 할 것이므로 모두 심판대상으로 삼는 것이 상당하다고 할 것이다. 결국 위 도시정비법 조항과 시행령 조항은 함께 직접성 요건을 갖추고 있다고 할 것이다. 헌재 2008. 10. 30. 2005헌마222

- 이 조항은 "…… 청소년유해매체물을 제공하고자 하는 자는 대통령령이 정하는 표시방법에 따라 당해 정보가 청소년유해매체물임을 표시하여야 한다."고 규정하는데, 청소년유해매체물의 표시방법을 하위규범인 대통령령에 위임하고 있어 직접성 요건이 흠결된 것이 아닌가 하는 의문이 제기될 수 있다. (……) 그러나 이 조항은 청소년유해매체물의 표시의무를 부과하면서 다만 그 구체적인 방법을 대통령령에게 위임하고 있는 것이므로, '표시의무의 부과'라는 금지의무의 설정이 동 법률조항에서 직접 이루어지고 있다는 관점에서 볼 때, 동 조항은 직접 기본권(표현의 자유)을 제한하고 있는 것이므로 '직접성'이 인정된다.
헌재 2004. 1. 29. 2001헌마894

③ 구체적 집행행위가 존재한 경우와 직접성

구체적 집행행위가 존재한 경우라고 하여 언제나 반드시 법률 자체에 대한 헌법소원심판청구의 적법성이 부정되는 것은 아니다. 즉 집행행위가 존재하는 경우라도 그 집행행위를 대상으로 하는 구제절차가 없거나 구제절차가 있다고 하더라도 권리구제의 기대가능성이 없고 다만 기본권침해를 당한 청구인에게 불필요한 우회절차를 강요하는 것밖에 되지 않는 경우에는 당해 법률을 직접 헌법소원의 대상으로 삼을 수 있다.[227]

④ 권리관계가 집행행위 이전에 확정된 상태인 경우

법규범이 집행행위를 예정하고 있더라도 법규범의 내용이 집행행위 이전에 이미 국민의 권리관계를 직접 변동시키거나 국민의 법적 지위를 결정적으로 정하는 것이어서 국민의 권리관계가 집행행위의 유무나 내용에 의하여 좌우될 수 없을 정도로 확정된 상태라면 그 법규범의 권리침해의 직접성이 인정된다.[228]

⑤ 법령에 근거한 집행행위가 재량행위인 경우: 직접성 부인

법령에 근거한 구체적인 집행행위가 재량행위인 경우에는 법령은 집행관청에게 기본권침해의 가능성만을 부여할 뿐 법령 스스로가 기본권의 침해행위를 규정하고 행정청이 이에 따르도록 구속하는 것이 아니고, 이때의 기본권의 침해는 집행기관의 의사에 따른 집행행위, 즉 재량권의 행사에 의하여 비로소 이루어지고 현실화되므로 이러한 경우에는 법령에 의한 기본권침해의 직접성이 인정될 여지가 없다. 만일 국세청장이 청구인을 납세병마개 제조자로 지정하였다면 청구인의 기본권이 침해될 여지가 없다는 점을 감안한다면, 청구인의 기본권침해는 이 사건 조항들에 의해서가 아니라 청구인을 배제하고 다른 경업자를 납세병마개 제조자로 지정한 국세청장의 지정행위에 의하여 비로소 발생하였음이 분명하다. 따라서 이 사건 조항들을 직접 심판대상으로 하는 이 사건 헌법소원은 직접성 요건을 갖추지 못하여 부적법하다.[229]

227) 헌재 1997. 8. 21. 96헌마48; 헌재 1992. 4. 14. 90헌마82.
228) 헌재 1997. 7. 16. 97헌마38(종합생활기록부제도개선보완시행지침 위헌확인).
229) 헌재 1998. 4. 30. 97헌마141.

판례 2005학년도 대학입학전형기본계획 위헌확인

[판시사항]

피청구인 교육과학기술부장관의 '2005학년도 대학입학전형기본계획' Ⅱ.1.나.(7)항 '성적통지' 중 '영역별/과목별로 표준점수, 백분위, 등급을 기재하고, 종합등급은 기재하지 않음－표준점수와 백분위는 소수 첫째 자리에서 반올림한 정수로 표기' 부분이 기본권 침해의 직접성 요건을 갖추었는지 여부(소극)

[결정요지]

피청구인은 매년 이듬해 학년도의 대학입학전형기본계획을 발표하고, 한국교육평가원장은 위 기본계획에 의거하여 대학입학 수학능력시험의 시험영역, 출제문항, 배점 및 시험시간, 출제형식, 성적통지 등 기술적인 사항에 관한 세부시행계획을 수립하고 이를 기초로 수능시험을 실시한 뒤, 각 수험생별로 성적을 산정하여 이를 통지한다. 그러므로 이 사건 계획은 교육평가원장의 구체적인 집행행위를 예정하고 있다.

그런데 이 사건 계획에서는 성적통지시 영역별/과목별로 표준점수, 백분위, 등급을 기재하도록 규정하면서도 구체적인 표준점수의 산출방법이나 백분위의 산출방법에 대해서는 규정하고 있지 않다.

이에 따라 교육평가원장은 2005학년도 수능시험에서 더욱 넓어진 수험생들의 영역 및 과목 선택의 범위 및 이로 인하여 그 필요성이 증가한 선택과목 간 점수의 동등화 등의 요소를 고려하여, 원점수의 표준화 방식 및 선택과목 간 점수의 조정방법을 선택하여 결정한 후, 수험생들의 구체적인 표준점수와 백분위를 산정한 것이다. 또한 이 사건 계획에서는 정수화 방법에 관한 아무런 지침을 제공하지 않고 있으므로, 표준점수를 기준으로 백분위를 산출한다고 하더라도 '정수화된' 표준점수를 기준으로 산출할 것인지 아니면 정수화 이전의 표준점수를 기준으로 산출한 백분위를 정수화하는 것인지 여부는 이 사건 계획만으로 결정되지 아니한다.

그렇다면 교육평가원장이 이 사건 계획에 의거하여 각 수험생별로 표준점수와 백분위를 산정하고 정수화하는 등의 구체적인 집행행위를 하였을 때 청구인들에게 불이익을 주거나 법적 지위에 영향을 미치게 되며, 교육평가원장이 이 사건 계획의 기준에 따라 성적을 산정하고 표준화 방식을 선택함에 있어서는 앞에서 본 바와 같이 재량이 인정되므로, 이 사건 계획은 기본권침해의 직접성이 인정되지 아니한다.

헌재 2008. 4. 24. 2005헌마35

⑥ 집행행위에 대한 권리구제절차를 밟을 것을 요구할 수 없는 경우(형벌, 징계벌 조항)

법령의 집행행위를 기다렸다가 그 집행행위에 대한 권리구제절차를 밟을 것을 국민에게 요구할 수 없는 경우에는 예외적으로 기본권침해의 직접성이 인정될 수 있다. 예컨대, 형법상의 법률조항은 엄밀한 의미에서 법률 그 자체에 의하여 국민의 신체의 자유를 제한하는 것이 아니라 넓은 의미의 재량행위(법관의 양형)의 하나인 형법조항의 적용행위라는 구체적인 집행행위를 통하여 비로소 국민의 기본권이 제한되는 것이지만, 국민에게 그 합헌성이 의심되는 형법조항에 대하여 위반행위를 우선 범하고 그 적용·집행행위인 법원의 판결을 기다려 헌법소원심판을 청구할 것을 요구할 수는 없다. 따라서 이러한 경우에는 예외적으로 집행행위가 재량행위임에도 불구하고 법령에 의한 기본권침해의 직접성을 인정할 수 있다.[230)]

⑦ 직접성요건이 결여된 법규정을 심판대상에 포함시킨 경우

헌법재판소는 국민건강보험법 제33조 제2항등 위헌확인사건에서 "이 사건의 경우에 직접성요건을 충족시키는 규정들과 직접성요건이 결여된 규정들이 그 내용상 서로 내적인 연관관계에 있으면서 '재정통합은 직장·지역가입자 사이의 보험료부담의 평등원칙에 위반된다'는 하나의 통일적인 청구취지를 구성하고 있다. 보험료 산정규정의 내용을 고려하지 않고서는 재정통합의 위헌여부를 부담평등의 관점에서 판단할 수 없기 때문에, 이러한 경우에 직접성요건의 결여를 이유로 심판대상 규정 중 보험료산정규정만을 분리하여 실체적 판단으로부터 배제하는 것은 적절치 않다"고 판시하였다. [231)]

판례 직접성이 인정된 사례

• 1994년 생활보호사업지침상의 '94년 생계보호기준'

생계보호기준은 생활보호법 제5조 제2항의 위임에 따라 보건복지부장관이 보호의 종류별로 정한 보호의 기준으로서, 일단 보호대상자로 지정이 되면 그 구분(거택보호대상자, 시설보호대상자 및 자활보호대상자)에 따른 각 그 보호기준에 따라 일정한 생계보호를 받게 된다는 점에서 직접 대외적 효력을 가지며, 공무원의 생계보호

---

230) 헌재 1998. 4. 30. 97헌마141.

231) 청구인들은 모두 직장의료보험조합의 조합원들로서, 국민건강보험법이 2000. 7. 1. 시행됨에 따라, 직장가입자와 지역가입자의 재정을 통합하여 운영한다는 법 제33조 제2항, 직장가입자와 지역가입자의 월별 보험료부과대상소득을 실질적으로 차별하는 법 제62조 제3항 및 제4항, 직장가입자와 지역가입자의 보험료산정기준이 되는 소득을 달리 규정하는 법 제63조 및 제64조, 직장가입자와 지역가입자간의 보험료부담방법을 차별하고 지역가입자에 대해서만 국가가 보험료를 분담하는 법 제67조가 청구인들의 평등권을 침해할 뿐 아니라, 또한 직장의료보험조합을 강제로 자동해산하도록 규정한 법 부칙 제6조 및 그의 재정적립금을 강제로 국민건강보험공단에 이전시키도록 규정한 법 부칙 제7조가 직장가입자들의 재산권을 침해한다는 이유로, 위 법률조항들에 대하여 1999. 5. 20. 이 사건 헌법소원심판을 청구하였다(헌재 2000. 6. 29. 99헌마28).

급여 지급이라는 집행행위는 위 생계보호기준에 따른 단순한 사실적 집행행위에 불과하므로, 위 생계보호기준은 그 지급대상자인 청구인들에 대하여 직접적인 효력을 갖는 규정이다. 헌재 1997. 5. 29. 94헌마33

• 지방자치법 제65조(지방의회 청원시 지방의회의원 소개조항)

지방자치법 제65조는 지방의회에 청원할 때에는 필요적 요건으로 지방의회의원의 소개를 얻도록 규정하고 있어, 의원의 소개가 없는 청원은 지방의회에 의한 청원서의 수리거부 또는 반려행위 등의 집행행위를 기다릴 것도 없이 확정적으로 청원을 하지 못하는 결과가 생기므로, 이러한 경우에는 이 법률조항 자체가 직접 헌법소원 심판대상이 된다. 헌재 1999. 11. 25. 97헌마54

• 한일 양국 간에 '대한민국과 일본국 간의 어업에 관한 협정'

협정이 새로이 발효됨으로 인하여, 우리나라의 어민들은 종전에 자유로이 어로활동을 영위할 수 있었던 수역에서 더 이상 자유로운 어로활동을 영위할 수 없게 되었으므로, 위 협정은 법령을 집행하는 행위가 존재하지 아니하고 바로 법령으로 말미암아 직접 기본권이 침해되는 경우에 해당하여, 위 협정에 대한 헌법소원심판의 청구는 적법하다. 헌재 2001. 3. 21. 99헌마139, 신한일어업협정 사건

판례 직접성이 부인된 사례

• 공정거래법위반이라는 범죄행위에 대하여는 공정거래법의 집행기관인 공정거래위원회의 고발이 있어야 공소를 제기할 수 있다는 '독점규제 및 공정거래에 관한 법률' 제71조

공정거래법위반이라는 범죄행위에 대하여는 공정거래법의 집행기관인 공정거래위원회의 고발이 있어야 공소를 제기할 수 있다는 규정, 즉 공정거래법위반죄의 소추요건을 규정하고 있는 것에 불과하므로, 그 규정 자체만으로는 자유의 제한, 의무의 부과, 권리 또는 법적 지위의 박탈 등 기본권침해와 관련한 어떠한 내용도 이를 포함하고 있다고 볼 수 없어, 위 조항 자체를 대상으로 하는 헌법소원심판청구는 직접 관련성이 결여된 부적법한 것이다. 헌재 1995. 7. 21. 94헌마191

• 수용자의 서신수발은 교도관의 검열을 요한다고 규정한 행형법 제18조 제3항 본문

행형법 제18조 제3항 본문은 수용자의 서신수발은 교도관의 검열을 요한다고 규정하고 있으므로, 이 법률조항에 따라 서신검열이나 발송거부라는 구체적인 집행행위가 있을 때 비로소 통신의 자유 등의 기본권침해의 법률효과가 발생한다. 따라서 이 법률조항 자체만으로는 헌법소원심판청구의 대상으로서 직접관련성을 결여하고 있다. 헌재 1998. 8. 27. 96헌마398

• 사법시험의 선발예정인원 결정, 합격자 결정방식 등에 관한 사법시험령 제3조 제1항

청구인들이 주장하는 직업선택의 자유 등의 기본권의 침해는 사법시험의 선발에

정인원 결정, 시험의 공고, 합격자 결정방식에 관하여 규정하고 있는 사법시험령 조항들에 의하여 직접 발생하는 것이 아니라, 그 조항들에 의거하여 선발예정인원의 결정과 공고, 합격자 결정 등의 구체적 집행행위가 이루어졌을 때에 비로소 현실적으로 나타나는 것이어서 그 조항들 자체로는 아직 청구인들의 기본권에 무슨 영향을 미치는 것이 아니므로 기본권침해의 직접성이 없다.

헌재 2002. 2. 28. 99헌마693

• '제주 4·3 사건 진상규명 및 희생자 명예회복에 관한 특별법'

청구인들이 주장하는 기본권침해는 '제주 4·3 사건 진상규명 및 희생자 명예회복에 관한 특별법' 자체에 의하여 직접 발생하는 것이 아니라, 위원회의 '희생자' 결정이라는 구체적 집행행위를 통하여 비로소 발생하는 것이므로 이 사건 법률조항만으로는 직접 기본권을 침해하는 것은 아니다. 헌재 2001. 9. 27. 2000헌마238등

• 공직선거법 제22조 제1항(지역구시·도의원정수는 그 관할구역안의 자치구·시·군마다 2인으로 한다는 규정)

법조항은 시·도의회의 의원정수를 규정하고 있을 뿐 주민들이 거주하는 개별적인 지역선거구를 직접 획정하고 있지는 않으므로, 청구인들의 기본권을 직접 침해할 가능성은 없다고 할 것이다. 그러나 법 제22조 제1항은 자치구·시·군의 인구규모를 고려하지 않은 채 행정구역 혹은 국회의원지역선거구를 기준으로 하여 일률적으로 시·도의원 정수를 2인으로 배분하고 있는바, 이 사건 선거구구역표 부분에서 나타나는 인구편차에 의한 투표가치의 불평등의 문제는 이 법률조항에 의해 시원적으로 발생된다고 볼 수 있다. 그렇다면 법 제22조 제1항은 비록 기본권침해의 직접성이 결여되어 있다고 하더라도, 그 위헌성 여부가 적법하게 심판대상이 되어 있는 이 사건 선거구구역표 부분에 영향을 미치게 되므로 직권으로 그 위헌성을 심사할 수 있다고 할 것이다.[232] 헌재 2007. 3. 29. 2005헌마985

---

232) 이 사건에서 헌법재판소는 "각 시·도에 해당하는 선거구구역표는 전체가 불가분의 일체를 이루는 것으로서 어느 한 부분에 위헌적인 요소가 있다면 각 시·도에 해당하는 선거구구역표 전체가 위헌의 하자를 띠는 것이라고 보아야 할 뿐만 아니라, 제소된 당해 선거구에 대하여만 인구과다를 이유로 위헌선언을 할 경우에는 헌법소원의 제소기간의 적용 때문에 제소된 당해 선거구보다 인구의 불균형이 더 심한 선거구의 선거구획정이 그대로 효력을 유지하게 되는 불공평한 결과를 초래할 수도 있으므로, 일부 선거구의 선거구획정에 위헌성이 있다면 각 시·도에 해당하는 선거구구역표 전부에 관하여 위헌선언을 하는 것이 타당하다 할 것이어서, 이 사건 선거구구역표 중 경기도의회의원 지역선거구들 부분과 전라북도의회의원 지역선거구들 부분 전체에 대하여 위헌선언을 하는 것이 상당하다"고 판시하였다.

2) 기본권침해의 현재성

① 현재성의 원칙

기본권의 침해는 공권력의 작용과 현재 관련이 있어야 하며, 장래 어느 때인가 관련될 수도 있다는 것만으로는 헌법소원을 제기하기에 충분치 않다. 즉, 법적으로 확인하기 어려운 장래의 법적 지위를 미리 확보하기 위한 수단으로 헌법소원을 이용할 수는 없다. 만약 장래의 잠재적 관련성만으로 헌법소원을 인정한다면 결과적으로 민중소송을 인정하는 결과가 되고 말 것이다. 그리고 과거에 기본권의 침해가 있었지만, 헌법소원을 청구할 당시에는 이미 그 침해가 종료된 경우에도 현재성이 부정되는 것이 원칙이다. 그러나 과거에 기본권의 침해가 있었다 하더라고 그 침해가 청구당시에도 계속 유지되고 있으면 현재성이 인정된다.

② 현재성의 예외

그러나 기본권의 침해에 대하여 사후구제적인 보호뿐만 아니라 사전예방적인 보호도 필요하기 때문에, 헌법재판소는 가까운 장래에 기본권의 침해가 발생될 것이 확실시되는 경우에는 기본권침해의 현재성을 확대함으로써 헌법소원의 청구를 인정하고 있다. 또한 기본권의 침해행위가 이미 종료되었지만 침해행위의 반복위험이 있고 헌법적으로 긴요한 사항이어서 심판의 이익이 있는 경우에도 현재성의 예외를 인정하고 있다.

판례 기본권 침해의 현재성의 확대

- **'경기도 남양주시 등 33개 도농복합형태의 시설치 등에 관한 법률' 제4조 위헌확인**

이 사건 법률은 1994. 8. 3. 법률 제4774호로 공포되었고 1995. 1. 1.부터 시행된다. 이 사건 법률이 시행되면 즉시 중원군은 폐지되고 충주시에 흡수되므로, 이 사건 법률이 효력발생하기 이전에 이미 청구인들의 권리관계가 침해될 수도 있다고 보이고 현재의 시점에서 청구인들이 불이익을 입게 될 수도 있다는 것을 충분히 예측할 수 있으므로 기본권침해의 현재성이 인정된다.[233)]

헌재 1994. 12. 29. 94헌마201

233) 이 사건에서 헌법재판소는 "지방자치단체의 폐치·분합에 관한 것은 지방자치단체의 자치행정권 중 지역고권의 보장문제이나, 대상지역 주민들은 그로 인하여 인간다운 생활공간에서 살 권리, 평등권, 정당한 청문권, 거주이전의 자유, 선거권, 공무담임권, 인간다운 생활을 할 권리, 사회보장·사회복지수급권 및 환경권 등을 침해받게 될 수도 있다는 점에서 기본권과도 관련이 있어 헌법소원의 대상이 될 수 있다"고 판시한 바 있다.

• 서울대학교 「94학년도 대학입학고사주요요강」에 대한 헌법소원

고등학교에서 일본어를 배우고 있는 청구인들은 서울대학교 대학별 고사의 선택 과목에서 일본어가 제외되어 있는 입시요강으로 인하여 그들이 94학년도 또는 94학년도에 서울대학교 일반계열 입학을 지원할 경우 불이익을 입게 될 수도 있다는 것을 현재의 시점에서 충분히 예측할 수 있는 이상 기본권침해의 현재성을 인정하여 헌법소원심판청구의 이익을 인정하는 것이 옳을 것이다. 기본권 침해가 눈앞에 닥쳐올 때를 기다렸다가 헌법소원을 하라고 요구한다면 기본권구제의 실효성을 기대할 수 없기 때문이다. 헌재 1992. 10. 1. 92헌마68등

• 증권거래법 제33조 제2항 제3호 위헌확인

청구인에 대한 유죄판결이 미확정에 있어 기본권의 제한이 아직 현실화된 것은 아니지만 형사재판절차가 현재 계속 중에 있어 기본권제한의 가능성이 구체적으로 현출된 단계에 있는 경우에는 신속한 기본권구제를 위하여 현재 기본권이 침해되고 있는 경우와 마찬가지로 헌법소원이 허용된다.[234] 헌재 2001. 3. 21. 99헌마150

• 도시계획법시행령 제51조 제1항 제3호 등 위헌확인

청구인들이 임차한 각 건물이 있는 곳은 각 일반주거지역 · 준주거지역 · 준공업지역으로 지정되어 있어, 청구인들이 단란주점 건축허가를 신청하였다고 하더라도 관할행정청은 위 시행령 제51조 제1항 제3호 내지 제6호 및 제13호에 따라 재량의 여지없이 당연히 그 건축허가를 불허하게 될 것이고, 위 시행령 조항 자체에 대하여는 위헌여부심판제청신청도 인정되지 아니하므로, 위 시행령 조항을 직접 헌법소원심판의 대상으로 삼을 수 있고, 아울러 위 시행령 조항으로 인하여 장래 발생할 청구인들에 대한 기본권침해가 틀림없을 것으로 현재 확실히 예측되므로, 청구인들 주장의 직업선택의 자유, 재산권 등 기본권 구제의 실효성을 위하여 그 침해의 현재관련성도 인정될 수 있다. 헌재 2002. 8. 29. 2000헌마556

판례 현재성 부인사례(형사소송법개정 등에 관한 헌법소원)[235]

법률에 대하여 바로 헌법소원을 제기하려면 우선 청구인 스스로가 당해 규정에 관련되어야 할 뿐만 아니라 당해 규정에 의해 현재 권리침해를 받아야 한다는 것을 요건으로 하는바, 청구인이 고소 또는 고발을 한 사실은 없고 단순히 장래 잠재적으

---

234) 금융관련법령을 위반한 죄로 벌금 이상의 실형을 선고받은 자로 하여금 5년간 증권회사의 임원이 될 수 없게 한 증권거래법 제33조 제2항 제3호의 규정이 과잉금지의 원칙에 위반하여 직업선택의 자유를 침해하는지 여부가 문제된 사건이다(소극).

235) 이 사건에서 청구인은 형사소송법 제260조 제1항에서 재정신청의 대상이 되는 범죄를 형법 제123조 내지 제125조에 규정한 범죄에만 한정하고 그 밖의 범죄에 대한 검사의 불기소처분에 대해서는 사법적 심사의 길을 봉쇄하여 결국 검찰을 특수계급화함으로써 평등의 원칙을 규정한 헌법에 위반하였다는 것을 주장하였다.

로 나타날 수 있는 권리침해의 우려에 대하여 헌법소원심판을 청구한 것에 불과하다면 본인의 관련성과 권리침해의 현재성이 없는 경우에 해당하여 부적법하다.

헌재 1989. 7. 21. 89헌마12

3) 기본권침해의 자기관련성

① 기본권 침해의 자기관련성의 의미

청구인은 공권력작용에 대하여 자신 스스로가 법적으로 관련되어 있어야 한다. 원칙적으로 기본권을 침해당하고 있는 자만이 헌법소원을 제기할 수 있다고 할 것이고, 제3자는 특별한 사정이 없는 한 기본권침해에 직접 관련되었다고 볼 수 없다.

② 제3자의 자기관련성 문제

공권력 작용의 직접적인 상대방이 아닌 제3자라고 하더라도 공권력의 작용이 그 제3자의 기본권을 직접적이고 법적으로 침해하고 있는 경우에는 그 제3자에게 자기관련성이 있다. 반대로 타인에 대한 공권력의 작용이 단지 간접성, 사실적 또는 경제적인 이해관계로만 관련되어 있는 제3자에게는 자기관련성은 인정되지 않는다고 보아야 할 것이다.[236] 헌법재판소는 예외적으로 제3자의 자기관련성을 인정하기 위한 기준과 관련하여 "법률 또는 법률조항 자체가 헌법재판소법 제68조 제1항에 의한 헌법소원의 대상이 되기 위해서는 청구인이 그 법률 또는 법률조항에 의하여 구체적인 집행행위를 기다리지 아니하고 직접, 현재 그리고 자기의 기본권을 침해받아야 하는 것이 원칙이나 예외적으로 제3자에게도 자기관련성이 인정될 수 있는데, 어떠한 경우에 제3자의 자기관련성을 인정할 것인지는 법의 목적과 실질적인 규율의 대상, 법률 또는 법률조항의 제한이나 금지가 제3자에게 미치는 효과나 진지성의 정도 등을 종합적으로 고려하여 판단하여야 한다"고 판시하였다.

판례 '뉴스통신진흥에 관한 법률' 제10조 등 위헌확인

뉴스통신진흥에관한법률 제10조 등은 청구인 회사(뉴스통신사)와 서로 경업관계에 있는 연합뉴스사를 국가기간뉴스통신사로 지정하고 이에 대하여 재정지원 등 혜택을 부여함을 그 내용으로 하는바, 그 혜택의 범위에서 제외된 청구인 회사의 경우 영업활동이 부당하게 축소되므로 그러한 범위에서 기본권에 대하여 직접 법적인 제한을 받는 것으로 보아야 한다.[237]

헌재 2005. 6. 30. 2003헌마841

---

236) 헌재 1993. 3. 11. 91헌마233.

237) 헌법재판소는 "심판대상조항은 연합뉴스사를 국가기간뉴스통신사로 지정하여 이에 대하여 재정지원 등 혜택을 부여함을 내용으로 하므로 오로지 연합뉴스사만을 그 규율의 대상으로 하고, 청구인들은 원칙적으로 규율의 직접적인 상대방이 아닌 제3자에 불과하다. 그러나 심

판례 국민건강보험법 제33조 제2항등 위헌확인

국민건강보험법 부칙 제6조 및 제7조의 직접적인 수규자는 법인이나, 직장의료보험조합은 공법인으로서 기본권의 주체가 될 수 없을 뿐만 아니라, 법규정의 실질적인 규율대상이 수규자인 법인의 지위와 아울러 제3자인 청구인들(직장의료보험조합의 조합원들)의 법적 지위라고 볼 수 있으며, 법규정이 내포하는 불이익이 수규자의 범위를 넘어 제3자인 청구인들에게도 유사한 정도의 불이익을 가져온다는 의미에서 거의 동일한 효과를 가지고 있으므로, 법의 목적 및 실질적인 규율대상, 법규정에서의 제한이나 금지가 제3자에게 미치는 효과나 진지성의 정도, 규범의 수규자에 의한 헌법소원의 제기가능성 등을 종합적으로 고려하여 판단할 때, 청구인들의 자기관련성을 인정할 수 있다.[238) 헌재 2000. 6. 29. 99헌마289

4) 헌법소원심판청구의 보충성

① 보충성원칙의 의의

헌법소원(심판청구)의 보충성이란 다른 모든 법적 구제절차를 거친 후에 헌법소원을 최종적인 구제수단으로 이용하도록 하는 것을 말한다(헌법재판소법 제68조 제1항 단서). 헌법소원심판을 청구함에 있어서 보충성을 요구하는 것은 모든 기본권침해에 관한 사건들이 헌법소원으로 집중되어서 헌법재판소가 과중한 부담을 지게 되는 것을 막기 위한 것이다. 그러나 우리나라의 경우에는 대부분의 집행작용은 보충성의 요청에 따라 행정소송을 거치게 되는데 재판소원이 배제됨에 따라 헌법소원의 대상에서 배제되는 문제가 있다. 여기서 말하는 권리구제절차는 공권력의 행사 또는 불행사를 직

판대상조항이 경쟁관계에 있는 다른 뉴스통신사를 국가기간뉴스통신사로 지정하여 이에 대하여 재정지원 등 각종 혜택을 부여하는 경우에는 이러한 혜택에서 제외된 청구인 회사의 경우 그 영업활동이 부당하게 축소되는 결과가 되므로 그러한 범위에서 기본권에 대하여 직접 법적인 제한을 받는 것으로 보아야 한다"고 판시하면서, "만약 헌법재판소가 '연합뉴스사만을 국가기간뉴스통신사로 지정하여 재정지원을 하는 것은 청구인 회사의 평등권을 침해한다'라는 위헌취지의 결정을 하는 경우, 연합뉴스사에 대한 재정지원을 박탈하거나 또는 감축하는 방향으로 평등을 실현할 수도 있겠지만, 이와 달리 경업자인 청구인 회사에게도 국가기간뉴스통신사의 지위를 부여하는 방향으로 평등이 이루어질 수도 있으므로 제3자인 청구인들에게도 자기관련성을 인정할 수 있다"고 판시하였다.

238) 청구인들은 모두 직장의료보험조합의 조합원들로서, 국민건강보험법이 2000. 7. 1. 시행됨에 따라, 직장가입자와 지역가입자의 재정을 통합하여 운영한다는 법 제33조 제2항, 직장가입자와 지역가입자의 월별 보험료부과대상소득을 실질적으로 차별하는 법 제62조 제3항 및 제4항, 직장가입자와 지역가입자의 보험료산정기준이 되는 소득을 달리 규정하는 법 제63조 및 제64조, 직장가입자와 지역가입자간의 보험료부담방법을 차별하고 지역가입자에 대해서만 국가가 보험료를 분담하는 법 제67조가 청구인들의 평등권을 침해할 뿐 아니라, 또한 직장의료보험조합을 강제로 자동해산하도록 규정한 법 부칙 제6조 및 그의 재정적립금을 강제로 국민건강보험공단에 이전시키도록 규정한 법 부칙 제7조가 직장가입자들의 재산권을 침해한다는 이유로, 위 법률조항들에 대하여 1999. 5. 20. 이 사건 헌법소원심판을 청구하였다.

접 대상으로 하여 그 효력을 다툴 수 있는 권리구제절차를 의미하는 것이지, 사후적·보충적 구제수단인 손해배상청구나 손실보상청구를 의미하는 것이 아니다.[239) 또한 "다른 법률에 의한 구제절차를 거친 후"란 다른 법률에 의한 구제절차를 '적법하게' 거친 경우를 말하므로, 과세처분의 취소를 구하는 행정소송을 제기하였다가 그 소송을 취하하였거나 취하간주된 경우에 그 과세처분의 취소를 구하는 헌법소원심판청구는 다른 법률에 의한 적법한 구제절차를 거쳤다고 볼 수 없어 부적법하다.[240)]

헌법재판소는 보충성원칙과 관련하여 권리보호의 신속성 또는 실효성을 위하여 필요한 경우 예외를 인정하고 있다.

판례 헌법소원의 보충성의 원칙의 의미와 그 예외

헌법재판소법 제68조 제1항에서 말하는 "다른 법률에 의한 구제절차"는 공권력의 행사 또는 불행사를 직접 대상으로 하여 그 잘못 자체를 다투는 권리구제절차를 의미하는 것이고, 공권력의 행사·불행사의 결과 생긴 효과를 원상회복시키거나 손해배상을 위한 사후적·보충적 구제수단은 포함되지 않는 것인 바, 이 사건 국제그룹 해체와 그 정리조치가 형식상으로는 사법인인 제일은행이 행한 행위이므로 당시 시행되던 구 행정소송법상의 행정소송의 대상이 된다고 단정하기 어렵고, 따라서 당사자에게 그에 의한 권리구제절차를 밟을 것을 기대하기는 곤란하므로 이와 같은 범주의 권력적 사실행위의 경우에는 보충성의 원칙의 예외로서 소원의 제기가 가능하다.

헌재 1993. 7. 29. 89헌마31

② 보충성원칙의 비적용과 예외

다른 구제절차가 없으면 보충성원칙이 처음부터 적용될 수 없다(보충성원칙의 비적용). 법령헌법소원의 경우가 보충성원칙이 적용되지 않는 대표적인 예이다. 왜냐하면 일반법원에 법령 자체의 효력을 직접 다투는 것을 소송물로 하여 제소하는 것은 인정되지 않아[241)] 권리구제절차가 없기 때문이다.[242)]

---

239) 헌재 1989. 4. 17. 88헌마3.
240) 헌재 1999. 9. 16. 98헌마265.
241) 대판 1994. 4. 26. 93부32.
242) 한편 대법원은 조례가 집행행위의 개입없이 그 자체로서 직접 국민의 구체적인 권리의무나 법적 이익에 영향을 미치는 등의 법률상 효과를 발생하는 경우 그 조례는 항고소송의 대상이 되는 행정처분에 해당한다고 판시한 바 있고(대판 1996. 9. 20. 95누8003, 두밀분교폐교조례사건), 고시가 일반적·추상적 성격을 가질 때에는 법규명령 또는 행정규칙에 해당할 것이지만, 다른 집행행위의 매개 없이 그 자체로서 직접 국민의 구체적인 권리의무나 법률관계를 규율하는 성격을 가질 때에는 항고소송의 대상이 되는 행정처분에 해당한다고 보았

한편 헌법재판소는 다른 권리구제절차(전심절차)가 있더라도 일정한 경우에는 그 절차를 거치지 않아도 되는 예외를 인정하고 있다. 즉 "헌법소원심판 청구인이 그의 불이익으로 돌릴 수 없는 정당한 이유 있는 착오로 전심절차를 밟지 않은 경우 또는 전심절차로 권리가 구제될 가능성이 거의 없거나 권리구제절차가 허용되는지의 여부가 객관적으로 불확실하여 전심절차 이행의 기대가능성이 없을 때에는 그 예외를 인정하는 것이 청구인에게 시간과 노력과 비용의 부담을 지우지 않고 헌법소원심판제도의 창설취지를 살리는 방법이라고 할 것이므로, 본건의 경우는 위의 예외의 경우에 해당하여 적법하다고 할 것이다"라고 판시하였다.[243)]

판례 법령에 대한 헌법소원에서 보충성

법령 자체에 대한 헌법소원심판청구의 경우에도 법령 자체에 의한 직접적인 기본권침해 여부가 문제되었을 경우 그 법령의 효력을 직접 다투는 것을 소송물로 하여 일반 법원에 구제를 구할 수 있는 절차는 존재하지 아니하므로 이 경우에는 다른 구제절차를 거칠 것 없이 바로 헌법소원심판을 청구할 수 있다.

헌재 1993. 5. 13. 91헌마190

판례 구제절차의 존부가 불명확한 경우

세무대학장의 재임용추천거부행위와 같은 총·학장의 임용제청이나 그 철회는 행정기관 상호간의 내부적인 의사결정 과정일 뿐 행정소송의 대상이 되는 행정처분이라고 볼 수 없다는 것이 대법원의 일관된 판례이므로 세무대학장이 청구인의 교수재임용추천을 하지 아니한 공권력 불행사의 위헌여부를 다투는 청구인이 행정소송을 거치지 아니하고 바로 헌법소원심판을 청구하였다고 하더라도 소원심판청구의 적법요건인 보충성의 원칙에 반하지 아니한다.[244)] 헌재 1993. 5. 13. 91헌마190

판례 구제절차의 실효성이 없는 경우

검사의 수사기록 열람·등사거부행위에 대하여는 형사소송법상의 준항고가 허용되지 아니하고 행정심판법이나 행정소송법상의 행정쟁송이 허용된다 하더라도 그에

다(대판 2003. 10. 9. 2003무23).

243) 헌재 1989. 9. 4. 88헌마22.

244) 헌법재판소는 2002년도 국민기초생활보장 최저생계비 위헌확인사건에서도 "이 사건 심판의 대상은 보건복지부장관 또는 그 산하 행정기관의 어떤 구체적인 처분 그 자체가 아니고, 보건복지부장관이 법령의 위임에 따라 정한 최저생계비 고시인데, 이러한 보건복지부장관의 고시에 대하여 처분성을 인정하여 행정소송법에 의한 행정소송 등 다른 권리구제절차를 허용할 수 있는지 여부가 객관적으로 불확실하므로, 이 사건은 보충성의 예외에 해당하는 것으로 보아 헌법소원대상성을 인정할 수 있다"고 판단하였다(헌재 2004. 10. 28. 2002헌마328).

의하여 권리가 구제될 가능성이 없어서 청구인에게 위와 같은 절차의 선이행을 요구하는 것은 청구인으로 하여금 불필요한 우회절차를 강요하는 것이 된다 할 것이므로 위와 같은 경우에는 헌법재판소법 제68조 제1항 단서에 불구하고 구제절차를 거치지 아니하고 직접 헌법소원을 제기할 수 있는 예외적인 경우의 하나로 보아야 할 것이다. 헌재 1997. 11. 27. 94헌마60

판례 정당한 사유 있는 착오로 구제절차를 거치지 않은 경우

수용소에서의 신문기사 삭제행위에 대해 행정심판이나 행정소송의 대상이 될 수 있을 것이라고 일반국민이 쉽게 판단하기는 어렵고, 청구인이 구금자로서 활동의 제약을 받고 있었던 점을 아울러 고려할 때 이는 전심절차 이행의 기대가능성이 없어 보충성의 예외인 경우로 인정된다. 헌재 1998. 10. 29. 98헌마4

5) 헌법소원심판상 권리보호의 이익

① 권리보호이익의 개념

헌법소원심판은 국민의 기본권을 보호하기 위한 주관적 소송의 성격을 가진 제도이므로 헌법소원심판을 통하여 기본권을 보호할 가능성이 있는 경우(즉 권리보호의 이익이 있는 경우)에만 헌법소원심판의 청구가 정당한 것으로 인정된다. 헌법재판소는 헌법소원심판이 계속중이라 하더라도 권리보호의 이익이 상실된 경우에는 원칙적으로 심판청구를 각하하지만, 예외적으로 심판청구의 이익을 인정하는 경우가 있다. 권리보호이익은 청구시뿐만 아니라 종국결정시에도 존재하여야 한다.

권리보호이익은 소송제도의 필연적 요청으로 헌법소원제도의 목적상 필수적인 요건이라고 할 것이어서, 이로 인하여 본안판단을 받지 못한다고 하여도 재판을 받을 권리의 본질적인 침해가 있다고 보기 어렵다.

다만, 권리보호이익을 지나치게 좁게 인정하면 헌법재판소의 본안판단의 부담을 절감할 수는 있지만 반면에 재판을 받을 권리를 부당하게 박탈하는 결과에 이르게 될 것이므로 권리보호이익을 판단함에 있어 다른 분쟁의 해결수단, 행정적 구제·입법적 구제의 유무 등을 기준으로 신중히 판단하여야 할 것이다.[245)]

② 예외적 심판이익의 인정

헌법소원제도는 개인의 주관적 권리구제뿐만 아니라 헌법질서를 보장하는 기능도 가지고 있으므로, 헌법소원심판청구가 청구인의 주관적 권리구제에는 도움이 되지 않는다 하더라도 그러한 침해행위가 앞으로도 반복될 위험이 있거나, 당해

245) 헌재 2001. 9. 27. 2001헌마152.

분쟁의 해결이 헌법질서의 수호·유지를 위하여 긴요한 사항이어서 헌법적으로 그 해명이 중대한 의미를 지니고 있는 경우에는 심판청구의 이익을 인정할 수 있다.[246)]

판례 권리보호이익의 상실과 예외적 심판이익의 인정(유치장내 화장실설치 및 관리행위 위헌확인)

그런데, 청구인들에 대한 침해행위는 이미 종료되어 이 사건 심판대상행위에 대하여 위헌확인을 하더라도 청구인들에 대한 권리구제는 불가능한 상태이어서 주관적 권리보호의 이익은 소멸되었다고 할 것이다.

그러나 헌법소원제도는 개인의 주관적인 권리구제 뿐만 아니라 객관적인 헌법질서를 보장하는 기능도 갖고 있으므로, 헌법소원이 주관적 권리구제에는 별 도움이 되지 않는다 하더라도 그러한 침해행위가 앞으로도 반복될 위험이 있거나 당해 분쟁의 해결이 헌법질서의 수호·유지를 위하여 긴요한 사항이어서 헌법적으로 그 해명이 중대한 의미를 지니고 있는 경우에는 심판청구의 이익을 인정할 수 있다고 할 것이다(헌재 1992. 1. 28. 91헌마111; 헌재 1997. 3. 27. 92헌마273). 이 사건의 자료에 의하면, 전국의 다수 유치장 화장실의 구조와 사용실태가 이 사건에서의 그것과 유사하여(이러한 구조의 유사성은 유치실내 화장실이 유치장설계표준에 관한 경찰청예규에 "대변소의 문은 간수의 감시에 지장이 없도록 하반 부분으로 하여야 한다"라고 규정되어 있는데 기인하는 것으로 보인다) 청구인들에 대한 이 사건 심판대상행위와 동종의 조치로 인한 기본권침해행위는 여러 사람에 대하여, 그리고 반복하여 일어날 위험이 있다고 보여지므로, 심판청구의 이익이 인정된다.[247)]

헌재 2001. 7. 19. 2000헌마546

6) 한정위헌결정을 구하는 위헌소원심판청구의 적법요건

헌법재판소는 한정위헌결정을 구하는 청구는 헌법재판소법 제68조 제2항의 청구로 적절하지 않다고 보면서도,[248)] 단순히 법률조항의 해석을 다투는 것이 아니

---

246) 헌재 1992. 1. 28. 91헌마111; 헌재 2008. 7. 31. 2004헌마1010; 헌재 2011. 12. 29. 2009헌마527.

247) 헌법재판소는 형의 집행 및 수용자의 처우에 관한 법률 제45조 제1항 위헌확인 등(미결수용자의 종교행사 등에의 참석 금지 사건) 사건에서 같은 이유를 밝히고 있다(헌재 2011. 12. 29. 2009헌마527).

248) 헌법재판소법 제68조 제2항이 "법률의 위헌여부심판의 제청신청이 기각된 때에는"이라고 규정함으로써 심판의 대상을 '법률'에 한정하고 있으므로, 일반적으로 법률조항 자체의 위헌판단을 구하는 것이 아니라 법률조항을 "……하는 것으로 해석하는 한 위헌"이라는 판단을 구하는 청구는 헌법재판소법 제68조 제2항에 의한 청구로 적절치 아니하다(헌재 1998. 9. 30. 98헌바3; 헌재 1997. 2. 20. 95헌바27; 헌재 1995. 7. 21. 92헌바40; 헌재 1999. 3. 25. 98

라, 그러한 해석의 여지를 주는 법률조항 자체의 불명확성을 다투는 경우는 헌법재판소법 제68조 제2항 상의 청구로서 적법하다고 보고 있다.[249)]

헌법재판소가 그동안 적극적으로 심판대상으로 삼아 판단한 경우는 대개 2가지로 분류할 수 있다.[250)] ① 하나는 법규정 자체의 불확정성을 다투는 것으로 보는 경우이다. 헌법상의 명확성 원칙을 다투는 경우 혹은 조세법률주의(과세요건 명확주의) 위반을 다투는 경우[251)]가 이에 해당한다. ② 다른 하나는 소위 "법원의 해석에 의하여 구체화된 심판대상 규정의 위헌성" 문제가 있는 것으로 볼 만큼 일정한 사례군이 상당기간에 걸쳐 형성, 집적된 경우로서 군무이탈자 복귀명령 위반행위를 명령위반죄로 처벌하는 군형법 제47조에 관한 헌재결정,[252)] 집단적 노무제공거부 행위를 업무방해죄로 처벌하는 형법 제314조에 관한 헌재결정,[253)] 방영금지가처분을 허용하는 민사소송법 제714조 제2항에 관한 헌재결정[254)]이 여기에 해당된다.

5. 헌법소원의 심판절차

(1) 헌법소원의 청구기간

1) 원 칙

헌법재판소법은 헌법소원의 심판(제68조 제1항의 헌법소원)은 그 사유가 있음을 안 날부터 90일 이내에, 그 사유가 있은 날부터 1년 이내에 청구하여야 한다.[255)] 다만, 다른 법률에 의한 구제절차를 거친 헌법소원의 심판은 그 최종결정을 통지받은 날로부터 30일 이내에 청구하여야 한다고 규정하고 있다(헌법재판소법 제69조). 청구기간이 지난 이후에 헌법소원심판을 청구한 경우에는 지정재판부 재판관 전원의 일치된 의견에 의한 결정으로 각하된다(헌법재판소법 제72조 제3항 제2호).

헌바2; 헌재 2001. 3. 21. 99헌바107).

249) 헌재 1999. 3. 25. 98헌바2. 헌법재판소는 이 사건 법률규정(국세기본법 제39조 제1항 제1호)이 법인을 사실상 지배하고 있는 여부를 구분하지 않고 일률적으로 무한책임사원을 제2차 납세의무자로 정하여 형평에 반하는 결과를 초래하고 있다는 주장 취지는 이 사건 법률규정 자체의 위헌성에 관한 청구로 이해된다고 판시하고 있다.

250) 이에 대해서는 헌재 2001. 9. 27. 2000헌바20 참조.

251) 헌재 1995. 7. 21. 92헌바40; 헌재 1997. 2. 20. 95헌바27; 헌재 1999. 3. 25. 98헌바2; 헌재 1999. 7. 22. 97헌바9; 헌재 1999. 11. 25. 98헌바36; 헌재 2000. 6. 1. 97헌바74.

252) 헌재 1995. 5. 25. 91헌바20.

253) 헌재 1998. 7. 16. 97헌바23.

254) 헌재 2001. 8. 30. 2000헌바36.

255) 이 두 기간(90일, 1년)은 모두 지켜져야 하고 어느 한 기간이라도 도과한 경우에는 청구요건을 갖추지 못한 부적법한 헌법소원이 된다.

2) 법령에 대한 헌법소원의 청구기간의 기산점

법령에 대한 헌법소원의 청구기간도 기본권을 침해받은 때로부터 기산하여야 할 것이지 기본권을 침해받기도 전에 그 침해가 확실히 예상되는 등 실체적 제 요건이 성숙하여 헌법판단에 적합하게 된 때로부터 기산할 것은 아니므로, 법령의 시행과 동시에 기본권침해를 받은 자는 그 법령이 시행된 사실을 안 날로부터 60일 이내에, 그 법령이 시행된 날로부터 180일 이내에 청구하여야 할 것이나, 법령이 시행된 후에 비로소 그 법령에 해당하는 사유가 발생하여 기본권의 침해를 받게 된 경우에는 그 사유가 발생하였음을 안 날로부터 60일 이내에, 그 사유가 발생한 날로부터 180일 이내에 청구하여야 할 것이다.[256)]

3) 법시행일의 유예기간과 기본권 침해 시점

부칙규정(附則規定)에 의하여 법 시행일로부터 1년간의 유예기간(猶豫期間)을 두어 1년이 되는 시점까지만 의약품도매상을 할 수 있도록 한 경우와 관련하여 헌법재판소는 "법 시행일에 이미 일정한 시점 이후부터는 영업을 할 수 없도록 기간을 제한받은 것이므로 청구인은 법시행일에 유예기간과 관계없이 기본권의 침해를 받은 것으로 보아야 한다"고 판시하였고,[257)] 같은 취지로 개정된 법령이 종전에 허용하던 영업을 금지하는 규정을 신설하면서 부칙에서 유예기간을 둔 경우에 그 법령시행 전부터 영업을 해오던 사람은 그 법령 시행일에 이미 유예기간 이후부터는 영업을 할 수 없도록 기간을 제한받은 것이므로, 그 법령 시행일에 부칙에 의한 유예기간과 관계없이 기본권의 침해를 받은 것으로 보아야 한다고 판시하였다.[258)]

4) 공권력의 불행사에 대한 헌법소원 청구기간의 기산점

공권력의 불행사로 인한 기본권침해는 그 불행사가 계속되는 한 기본권침해의 부작위가 계속된다 할 것이므로, 공권력의 불행사에 대한 헌법소원심판은 그 불행사가 계속되는 한 기간의 제약이 없이 적법하게 청구할 수 있다.[259)]

---

256) 헌재 1996. 3. 28. 93헌마198. 이 사건에서 헌법재판소는 종전에 이와 견해를 달리하여 법령에 대한 헌법소원의 청구기간의 기산점에 관하여 기본권의 침해가 확실히 예상되는 때로부터도 청구기간을 기산한다는 취지로 판시한 재판소의 의견을 변경하였다.

257) 헌재 1996. 3. 28. 93헌마198.

258) 헌재 2003. 1. 30. 2002헌마516.

259) 헌재 1994. 12. 29. 89헌마2.

(2) 헌법소원의 청구방식(변호사강제주의)

헌법소원심판의 청구는 일반심판절차에 따른 청구방식을 취한다. 특히 헌법소원의 경우에는 변호사강제주의가 적용되므로 변호사가 아닌 청구인은 반드시 변호사를 선임하여야 한다(헌법재판소법 제25조 제3항).

헌법소원심판을 청구하고자 하는 자가 변호사를 대리인으로 선임할 자력이 없는 경우에는 헌법재판소에 국선대리인을 선임하여 줄 것을 신청할 수 있으며(헌법재판소법 제70조 제1항 제1문), 이와 무관하게 공익상의 필요성이 인정될 경우에는 헌법재판소가 국선대리인을 선임할 수 있다(헌법재판소법 제70조 제2항). 그러나 심판청구가 명백히 부적법하거나 이유없는 경우 또는 권리의 남용이라고 인정되는 경우에는 국선대리인을 선정하지 아니할 수 있다(헌법재판소법 제70조 제3항 단서).

(3) 헌법소원에 대한 지정재판부의 심리

헌법소원심판에 있어서는 재판관 3인으로 구성되는 지정재판부를 두어 사전심사를 담당하게 할 수 있다(헌법재판소법 제72조 제1항). 현재 헌법재판소는 헌법소원심판에 대한 사전심사를 통하여 형식요건의 구비 여부를 검토하고 있다(본안전판단). 이처럼 사전심사를 거치도록 하는 것은 헌법소원심판사건이 다른 헌법소송유형에 비하여 양적으로 많아서 헌법재판소에 과중한 부담을 주게 될 것을 방지하기 위한 것으로 이해될 수 있다.

현행 헌법재판소법상 지정재판부의 심리에 의하여 형식요건의 결여를 이유로 각하하게 되는 경우는 다음과 같다. 즉 ① 다른 법률에 의한 구제절차가 있는 경우 그 절차를 모두 거치지 않거나 또는 법원의 재판에 대하여 헌법소원의 심판이 청구된 경우, ② 헌법재판소법 제69조의 규정에 의한 청구기간이 경과된 후 헌법소원심판이 청구된 경우, ③ 헌법재판소법 제25조의 규정에 의한 대리인의 선임 없이 청구된 경우, ④ 기타 헌법소원심판의 청구가 부적법하고 그 흠결을 보정할 수 없는 경우 등이 그것이다(헌법재판소법 제72조 제3항 제1호–제4호).

각하의 결정을 내리기 위해서는 3인의 재판관 전원의 의견이 일치하여야 한다(헌법재판소법 제72조 제3항). 지정재판부는 전원의 일치된 의견으로 각하결정을 하지 아니하는 경우에는 결정으로 헌법소원을 재판부의 심판에 회부하여야 하며, 헌법소원심판의 청구 후 30일이 경과할 때까지 각하결정이 없는 때에는 심판에 회부하는 결정이 있는 것으로 본다(헌법재판소법 제72조 제4항).

(4) 헌법소원에 대한 본안심리

헌법소원심판청구에 관한 지정재판부의 사전검토(본안전판단)의 결과 헌법소원청구의 형식요건이 갖추어져 있다고 판단되어 전원재판부에 회부된 경우에는 청구의 취지에 관한 본안심사에 들어가게 된다.

1) 직권심리주의

헌법소원심판은 민사재판과 같이 변론주의에 입각하여 청구인의 주장만을 판단하면 되는 것이 아니라 청구인의 침해된 권리와 침해된 원인이 되는 공권력의 행사 또는 불행사에 대해 직권으로 조사·판단하는 것을 원칙으로 한다.[260)]

2) 서면심리주의

헌법소원심판은 위헌법률의 심판과 함께 서면심리에 의한다. 다만, 재판부는 필요하다고 인정하는 경우에는 변론을 열어 당사자, 이해관계인, 그 밖의 참고인의 진술을 들을 수 있다(헌법재판소법 제30조 제2항). 다만, 서면심리와 평의(評議)는 공개하지 아니한다(헌법재판소법 제34조 제1항).

6. 헌법소원심판 종국결정의 형식

(1) 결정정족수

전원재판부가 심리를 마친 때에는 종국결정을 한다. 종국결정은 종국심리에 관여한 재판관의 과반수의 찬성으로 하는 바, 다만 헌법소원에 관한 인용결정(認容決定)을 하는 경우와 종전에 헌법재판소가 판시한 헌법 또는 법률의 해석·적용에 관한 의견을 변경하는 경우에는 9인의 재판관 중 6인 이상의 찬성이 필요하다(헌법 제113조 제1항, 헌법재판소법 제23조 제2항).

(2) 결정의 유형

권리구제형 헌법소원에 있어 종국결정에는 ① 심판청구가 부적법한 경우에 하는 각하결정, ② 심판청구가 이유없는 경우에 하는 기각결정, ③ 심판청구가 이유있는 경우에 하는 인용결정, 그리고 ④ 심판절차종료선언 등의 4가지가 있다. 위헌심사형 헌법소원의 경우에는 합헌, 위헌 등 위헌법률심판에서의 결정유형이 내려진다.

---

260) 헌재 1993. 5. 13. 91헌마190.

1) 각하결정

헌법소원심판청구가 적법요건의 흠결로 부적법한 경우 각하결정을 한다. 흠결을 보정할 수 있는 경우 그 흠결을 보정하여 헌법소원을 다시 청구하는 것은 허용된다.

2) 기각결정

헌법소원심판청구는 적법요건을 충족했지만 그 주장이 이유없는 때에는 기각결정을 내린다. 이유있다고 판단한 재판관이 과반수인 5인이라도 6인 이상이라는 인용결정의 정족수에 미달하면 기각결정을 하게 된다.

또한 평의결과 인용의견이 5인이고 각하의견이 4인인 경우에 기각주문을 낸 결정례가 있다.[261] 과반수인 인용의견은 헌법소원심판청구의 적법성을 인정하였기 때문이다. 한편 헌법재판소법 제68조 제2항의 헌법소원의 경우에는 위헌의견 5인, 합헌의견 4인인 경우에 합헌주문을 낸 것이 있다.[262]

헌법재판소법 제68조 제1항의 법령소원이 이유 없는 경우에는 "심판청구를 기각한다"라는 주문을 내고 있는 데 비하여, 법 제68조 제2항의 헌법소원이 그 이유 없는 경우 헌법재판소는 당해 법률(조항)에 대하여 합헌임을 선언하는 주문을 내고 있다.

3) 인용결정

① 인용결정의 형식

법령에 대한 헌법소원의 경우 결정의 형식은 위헌법률심판의 결정의 유형처럼 위헌결정,[263] 헌법불합치결정,[264] 한정합헌결정,[265] 한정위헌결정[266] 등이 가능하다

---

261) 헌재 2000. 2. 24. 97헌마13.

262) 헌재 2003. 7. 24. 2001헌바96; 헌재 2005. 2. 24. 2001헌바71.

263) "국가보안법(1980. 12. 31. 법률 제3318호, 개정 1991. 5. 31. 법률 제4373호) 제19조 중 제7조 및 제10조의 죄에 관한 구속기간연장부분은 헌법에 위반된다"(헌재 1992. 4. 14. 90헌마82).

264) 토지초과이득세법에 대한 헌법불합치결정(헌재 1994. 7. 29. 92헌바49), 한국방송공사법에 의한 텔레비젼방송수신료사건(헌재 1999. 5. 27. 98헌바70)에서처럼 위헌심사형헌법소원형 헌법소원에서 헌법불합치결정이 선고된다.

265) "상속세법 제32조의2 제1항(1981. 12. 31. 법률 제3474호 개정)은, 조세회피의 목적이 없이 실질소유자와 명의자를 다르게 등기 등을 한 경우에는 적용되지 아니하는 것으로 해석하는 한, 헌법에 위반되지 아니한다"(헌재 1989. 7. 21. 89헌마38(명의신탁증여간주 사건)).

266) "민법 제764조의 '명예회복에 적당한 처분'에 사죄광고를 포함시키는 것은 헌법에 위반된다"(헌재 1991. 4. 1. 89헌마160(사죄광고 사건)), "공직선거 및 선거부정방지법 제146조 제2항 중 '1인 1표로 한다' 부분은 국회의원선거에 있어 지역구국회의원선거와 병행하여 정당

(위헌법률심판의 유형 참조). 통상적인 공권력의 행사・불행사에 대한 헌법소원의 인용결정은 취소결정, 위헌확인결정, 부수적 위헌결정 등의 유형이 있다.

헌법재판소가 인용결정을 하는 때에는 인용결정서의 주문에서 침해된 기본권과 침해의 원인이 된 공권력의 행사 또는 불행사를 특정하여야 한다(헌법재판소법 제75조 제2항). 이 경우 헌법재판소는 기본권침해의 원인이 된 공권력의 행사를 취소하거나 그 불행사가 위헌임을 확인할 수 있다(동조 제3항).[267)]

(i) 취소결정

침해의 원인이 된 공권력 행사를 취소하는 결정이다(헌법재판소법 제75조 제3항).

(ii) 위헌확인결정

부작위의 경우와 침해행위가 종료된 경우의 인용결정의 방식이다. 이 두 경우에는 취소대상이 있을 수 없기 때문에 하는 것이다. 헌법재판소법은 부작위의 경우 "그 불행사가 위헌임을 확인할 수 있다"고 규정하고 있다. 주문도 "입법부작위는 위헌임을 확인한다"는 식으로 표현한다.[268)]

침해행위가 이미 종료된 경우에는 권리보호이익이 없으나, 전술한 바와 같이 예외적으로 심판의 이익이 인정되는 경우에는 본안에 들어가 위헌이 인정되면 위헌확인결정을 하게 된다.[269)]

명부식 비례대표제를 실시하면서도 별도의 정당투표를 허용하지 않는 범위에서 헌법에 위반된다"(헌재 2001. 7. 19. 2000헌마91(1인1표제 사건)).

267) 그러나 법령에 의한 직접적인 기본권침해를 이유로 제기한 법령소원에 있어서 이를 인용하는 경우에는 주문에 침해된 기본권을 표시하지 않는다. 왜냐하면 법령에 대한 헌법소원에 있어서는 청구인의 침해된 기본권을 구제한다는 측면보다는 객관적인 헌법질서의 확립이라는 성질이 더 부각되므로 구태여 주문에 침해된 기본권을 표시할 필요까지는 없다는 것이다(헌재 1991. 3. 11. 91헌마21).

268) 헌재 2004. 2. 26. 2001헌마718.

269) 주문례: "피청구인이 2000. 5. 30. 인천서부경찰서 수사61110 －1163호로 청구인에 대하여 한 고소장 및 피의자신문조서에 대한 정보비공개결정은 청구인의 변호권과 알 권리를 침해한 것으로서 위헌임을 확인한다"(헌재 2003. 3. 27. 2000헌마474). 이 사건에서 헌법재판소는 "고소장과 피의자신문조서에 대한 열람은 기소전의 절차인 구속적부심사에서 피구속자를 변호하기 위하여 필요한 것인데, 그 열람불허를 구제받기 위하여 행정소송을 제기하더라도 그 심판에 소요되는 통상의 기간에 비추어 볼 때 이에 의한 구제가 기소전에 이루어질 가능성이 거의 없고 오히려 기소된 후에 이르러 권리보호이익의 흠결을 이유로 행정소송이 각하될 것이 분명한 만큼, 변호인인 청구인에게 이러한 구제절차의 이행을 요구하는 것은 불필요한 우회절차를 강요하는 셈이 되어 부당하다. 또한 고소장과 피의자신문조서에 대한 경찰의 열람거부는 앞으로도 있을 수 있는 성질의 것이고, '경찰의 고소장과 피의자신문조서에 대한 공소제기전의 공개거부'가 헌법상 정당한지 여부의 해명은 기본권을 보장하는 헌법질서의 수호를 위하여 매우 긴요한 사항으로 중요한 의미를 지니고 있는 것이며, 이 문제에 대하여는 아직 헌법적 해명이 없는 상태이므로 비록 청구인의 주관적 권리구제에는 도움이 되

(iii) 부수적 위헌결정

헌법재판소법 제68조 제1항의 헌법소원을 인용하는 경우에 공권력의 행사 또는 불행사가, 위헌인 법률에 기인한 것이라고 인정될 때에는 인용결정에서 당해 법률이 위헌임을 선고할 수 있다(헌법재판소법 제75조 제5항). 이와 같은 경우를 "부수적 규범통제"라고 한다.[270)]

4) 심판절차종료선언

심판절차종료선언은 본안판단에 들어가지 않는 점에서는 각하결정과 동일하지만, 통상의 각하결정과는 다른 결정이다. 심판도중에 청구인의 사망 또는 청구인 스스로 청구를 포기하는 청구취하가 있을 때 절차를 종료한다. 청구취하의 경우 피청구인의 동의를 요한다.

판례 당사자의 사망으로 인한 심판절차의 종료선언

"청구인 제기의 단순한 해고무효확인의 민사소송에서 증인인 피고소인이 위증하였다는 고소사건에 대하여 검사가 불기소처분을 하자 이에 대하여 청구인이 헌법소원심판을 청구하였는데 헌법소원심판절차의 계속(係屬) 중에 청구인이 사망한 경우에, 원래 고용계약상의 노무공급의무는 일신전속적인 것이고(민법 제657조), 노무자가 사망하면 고용관계는 종료될 권리관계라고 할 것이어서 검사의 불기소처분 때문에 침해되었다 할 고용계약상의 지위는 노무자인 청구인의 사망에 의하여 종료되고 상속인에게 승계될 것이 아니므로 이에 관련된 심판절차 또한 수계될 성질이 못되어 청구인이 사망함과 동시에 당연히 그 심판절차가 종료되었다고 할 것이다."

헌재 1992. 11. 12. 90헌마33

판례 청구인의 심판청구취하와 심판절차종료선언(5.18 불기소사건)

[다수의견]

헌법재판소법이나 행정소송법이나 헌법소원심판청구의 취하와 이에 대한 피청구인의 동의나 그 효력에 관하여 특별한 규정이 없으므로, 소의 취하에 관한 민사소송

지 아니하지만 이 문제의 위헌여부를 확인할 필요가 있다"고 판시하였다.

270) 헌재 1995. 7. 21. 92헌마144(미결수서신검열 사건). 헌법재판소는 "구 행형법 제62조는 형이 확정된 수형자에 대하여 서신검열을 규정한 같은 법 제18조 제3항 및 시행령 제62조를 미결수용자에 대하여도 준용하도록 규정하고 있고, 피청구인의 위 검열행위도 위 규정에 따른 것이므로, 위 검열행위가 위헌임을 확인함에 있어서, 구 행형법 제62조의 규정 중 앞서 본 변호인과의 서신검열이 허용되는 조건을 갖추지 아니한 경우에도 검열을 할 수 있도록 준용하는 부분에 대하여는 헌법재판소법 제75조 제5항에 따라 위헌을 선언한다"고 판시하였다.

법 제239조는 검사가 한 불기소처분의 취소를 구하는 헌법소원심판절차에 준용된다고 보아야 한다. 따라서 청구인들이 헌법소원심판청구를 취하하면 헌법소원심판절차는 종료되며, 헌법재판소로서는 헌법소원심판청구가 적법한 것인지 여부와 이유가 있는 것인지 여부에 대하여 판단할 수 없게 된다.

[재판관 신창언의 반대의견]

헌법소원제도는 본질상 청구인 개인의 주관적인 권리구제뿐만 아니라 객관적인 헌법질서를 수호·유지하는 기능도 함께 가지고 있는 것이므로, 헌법소원 사건에 대한 심판이 청구인의 권리구제에는 도움이 되지 않는다 하더라도 헌법질서의 수호·유지를 위하여 중요한 의미가 있는 경우에는 예외적으로 청구인이 심판청구를 취하하여도 심판절차는 종료되지 않는다고 보아야 할 것이다. 따라서 헌법재판소로서는 재판부에서 평의한 대로 종국결정을 선고하는 것이 옳다.

[재판관 김진우, 재판관 이재화, 재판관 조승형의 반대의견]

1. 헌법소원심판청구 중 주관적 권리구제에 관한 점 이외에, 헌법질서의 수호·유지를 위하여 긴요한 사항으로서 그 해명이 헌법적으로 특히 중대한 의미를 지니고 있는 부분이 있는 경우에는, 비록 심판청구의 취하가 있는 경우라 하더라도, 전자의 부분에 한하여 민사소송법 제239조의 준용에 따라 사건의 심판절차가 종료될 뿐이고, 후자의 부분에 대하여서는 헌법소원심판의 본질에 반하는 위 법률조항의 준용은 배제된다고 할 것이므로 위 취하로 말미암아 사건의 심판절차가 종료되는 것이 아니라 할 것이다. 따라서 청구인이 심판청구를 취하하면, 전자에 부분에 대하여는 심판절차의 종료선언을 하되, 후자의 부분에 대하여는 헌법적 해명을 하는 결정선고를 함이 마땅하다.
2. 집권에 성공한 내란의 가벌 여부는 헌법질서를 파괴하는 방법에 의한 집권이 우리의 헌법상 허용되는지 여부에 관한 것이므로 국가운명과 전국민의 기본권에 직접 관련되어 특히 중대한 의미를 갖는 헌법적 해명이 요청되는 경우이다. 이 부분은 헌법재판소의 재판관회의에서 집권에 성공한 내란의 가벌성을 인정하는 의견이 헌법재판소법상 인용결정에 필요한 정족수를 넘었다. 따라서 심판청구의 취하가 있었다고 하더라도, 이 부분에 대하여는 헌법적 해명을 하는 결정을 선고함이 마땅하다. 헌재 1995. 12. 14. 95헌마221 등

7. 헌법소원심판의 인용결정의 효력

(1) 기속력

헌법소원의 인용결정은 모든 국가기관과 지방자치단체를 기속한다(헌법재판소법 제75조 제1항). 헌법재판소가 공권력의 불행사에 대한 헌법소원을 인용하는 결정을 한 때에는 피청

구인은 결정취지에 따라 새로운 처분을 하여야 한다(헌법재판소법 제75조 제4항).

헌법재판소법 제68조 제2항의 규정에 의한 헌법소원 및 법 제68조 제1항의 규정에 의한 법령소원을 인용하는 경우, 그리고 헌법재판소법 제75조 제5항의 규정에 따른 부수적 규범통제의 경우에서의 위헌결정은 법규적 효력을 가지므로 해당 법령은 효력을 상실하게 된다.

(2) 위헌심사형 헌법소원에서의 재심

위헌심사형 헌법소원이 인용된 경우에 해당 헌법소원과 관련된 소송사건이 이미 확정된 때에는 당사자는 재심을 청구할 수 있다(헌법재판소법 제75조 제6항, 제7항, 제47조 제3항). 이는 위헌심사형 헌법소원의 경우 청구가 되더라도 당해 법원재판이 정지되지 않기 때문에 법원재판(소송)이 확정된 뒤 위헌결정이 있게 된 경우의 구제를 위하여 인정된 것이다. 이때 형사사건에 대하여는 형사소송법의 규정을, 그 외의 사건에 대하여는 민사소송법의 규정을 준용한다(헌법재판소법 제75조 제8항).

헌법재판소는 이들 법조항에 의한 재심은 헌법재판소법 제40조 제1항에 의하여 헌법재판소의 심판절차에 준용되는 민소 제451조 제1항, 형사소송법 제420조의 재심이유와는 다른 독립된 재심사유를 설정하고 있다고 보고 있다.[271)]

헌법재판소는 이 재심은 당해 소송사건의 당사자만 청구할 수 있다고 보고, 위헌소원을 제기한 바 없었던 다른 사건의 당사자는 재심을 청구할 수 없다고 보고 있으며,[272)] 한정위헌결정의 기속력을 부인하는 대법원은 한정위헌결정의 경우는 재심사유가 되지 않는다고 보고 있다.[273)]

판례 헌법재판소법 제75조 제7항 위헌소원

[판시사항]

1. 심판대상법조항에 대한 한정위헌청구가 적법한 사례
2. 심판대상법조항에 대한 한정위헌청구에 있어서 당해사건의 재판의 전제성이 인정되는지 여부(적극)

---

271) 헌재 2000. 6. 29. 99헌바66.

272) 헌재 2000. 6. 29. 99헌바66.

273) "헌법재판소법 제75조 제7항에서 재심을 청구할 수 있는 사유로서 규정하고 있는 '헌법소원이 인용된 경우'라 함은 법원에 대하여 기속력이 있는 위헌결정이 선고된 경우를 말하는 것인바, 그 주문에서 법률조항의 해석기준을 제시함에 그치는 한정위헌결정은 법원에 전속되어 있는 법령의 해석·적용 권한에 대하여 기속력을 가질 수 없고, 따라서 소송사건이 확정된 후 그와 관련된 헌법소원에서 한정위헌결정이 선고되었다고 하여 위 재심사유가 존재한다고 할 수 없다"고 판시하였다(대판 2001. 4. 27. 95재다14).

3. 심판대상법조항이 청구인의 재판청구권, 평등권, 재산권 및 행복추구권을 침해하여 위헌인지 여부(소극)

[결정요지]

1. 이 사건에서 청구인의 주장취지는 헌법재판소법 제68조 제2항의 헌법소원이 인용된 경우에, 당해사건의 당사자뿐만 아니라 헌법소원을 제기한 바는 없으나 위헌선언된 법률조항의 적용을 받았던 다른 사건의 당사자도 이미 확정된 관련사건의 재심을 구할 수 있다는 것으로 심판대상법조항을 해석하지 않으면 헌법에 위반된다는 것으로서 심판대상법조항 자체의 위헌성에 관한 청구로 받아들일 것이므로 적법하다.
2. 이 사건 청구인의 헌법소원이 인용되는 경우, "심판대상법조항을 헌법소원의 전제가 된 당해사건의 당사자에 한하여서만 재심을 청구할 수 있다는 것으로 해석하는 한 헌법에 위반된다"는 한정위헌결정이 내려질 것이고, 청구인의 재심은 적법한 것이 될 수 있으므로 재판의 전제성을 갖추었다.
3. 재심은 확정판결에 대한 특별한 불복방법이고, 확정판결에 대한 법적 안정성의 요청은 미확정판결에 대한 그것보다 훨씬 크다고 할 것이므로 재심을 청구할 권리가 헌법 제27조에서 규정한 재판을 받을 권리에 당연히 포함된다고 할 수 없고, 심판대상법조항에 의한 재심청구의 혜택은 일정한 적법요건하에 헌법재판소법 제68조 제2항에 의한 헌법소원을 청구하여 인용된 자에게는 누구에게나 일반적으로 인정되는 것이고, 헌법소원청구의 기회가 규범적으로 균등하게 보장되어 있기 때문에, 심판대상법조항이 헌법재판소법 제68조 제2항에 의한 헌법소원을 청구하여 인용결정을 받지 않은 사람에게는 재심의 기회를 부여하지 않는다고 하여 청구인의 재판청구권이나 평등권, 재산권과 행복추구권을 침해하였다고는 볼 수 없다. 헌재 2000. 6. 29. 99헌바66

판례 권리구제형 헌법소원에 있어서 재심의 허용 여부

• 재판부의 구성이 위법한 경우(행정작용에 속하는 공권력 작용에 대한 헌법소원일 것)

헌법재판소법 제68조 제1항에 의한 헌법소원 중 행정작용에 속하는 공권력작용을 대상으로 하는 권리구제형 헌법소원에 있어서는, 사안의 성질상 헌법재판소의 결정에 대한 재심은 재판부의 구성이 위법한 경우 등 절차상 중대하고도 명백한 위법이 있어서 재심을 허용하지 아니하면 현저히 정의에 반하는 경우에 한하여 제한적으로 허용될 수 있을 뿐이다. 헌재 1995. 1. 20. 93헌아1

• 헌법재판소의 결정에 영향을 미칠 중대한 사항에 관하여 판단을 유탈한 때(행정작용에 속하는 공권력 작용에 대한 헌법소원일 것)

공권력의 작용에 대한 권리구제형 헌법소원심판절차에 있어서 '헌법재판소의 결정에 영향을 미칠 중대한 사항에 관하여 판단을 유탈한 때'를 재심사유로 허용하는 것이 헌법재판의 성질에 반한다고 볼 수는 없으므로, 민사소송법 제422조 제1항 제9호를 준용하여 "판단유탈"도 재심사유로 허용되어야 한다. 따라서 종전에 이와 견해를 달리하여 행정작용에 속하는 공권력 작용을 대상으로 한 권리구제형 헌법소원에 있어서 판단유탈은 재심사유가 되지 아니한다는 취지의 의견(헌재 1995. 1. 20. 93헌아1; 헌재 1998. 3. 26. 98헌아2)은 이를 변경하기로 한다.

헌재 2001. 9. 27. 2001헌아3

(3) 검사의 불기소처분에 대한 인용결정의 기속력

공권력행사에 대하여 취소결정을 하면 당해 공권력의 행사는 무효가 된다. 검사의 불기소처분에 대한 헌법소원이 많은 부분을 차지하던 당시에는 검사의 불기소처분에 대한 헌법소원의 취소결정이 기소강제를 의미하는지(기소강제설), 아니면 재수사명령을 의미하는지(재수사명령설)가 대립하고 있었다. 헌법재판소는 이와 관련하여 "피청구인의 불기소처분은 당 재판소의 89헌마10호 결정에서 원처분취소사유로 지적된 수사미진의 점에 대한 보완수사를 거친 후 이루어졌음을 인정할 수 있어 헌법소원 인용결정의 기속력을 도외시하였다고 보기 어렵고, 당 재판소의 원처분취소전과 그 이후에 수사기록을 종합하여 보면 달리 헌법재판소가 관여할 만큼 자의적인 처분이라고 볼 자료가 없으므로 청구인의 청구는 이유없다"고 판시하여[274] 재기소명령설의 입장을 취하고 있다.

Ⅵ. 헌법재판소규칙제정권

1. 제도의 의의

헌법 제113조 제2항에 따라 헌법재판소는 법률에 저촉되지 아니하는 범위 안에서 심판에 관한 절차, 내부규율과 사무처리에 관한 규칙을 제정할 수 있다.

오늘날 형식적인 기관의 분립이 아니라 실질적인 기능의 분립이라는 관점에서 이해된 권력분립의 체계 속에서 볼 때, 헌법재판소의 규칙제정권은 ① (사법기능의 일부를 담당하는) 헌법재판소의 독립성 확보와 ② 헌법재판기능의 능률성을 위하여 필요한 것으로 볼 수 있다.

---

274) 헌재 1991. 11. 25. 90헌마124.

2. 범위와 내용

헌법재판소규칙에 의해 규율될 수 있는 내용은 ① 심판에 관한 절차, ② 내부규율, ③ 사무처리로 분류될 수 있다(헌법 제113조 제2항, 헌법재판소법 제10조 제1항).

심판에 관한 절차나 내부규율을 헌법재판소가 자율적 규칙으로 정할 수 있도록 한 것은 헌법재판작용의 독립성 및 효율성을 확보하기 위하여 꼭 필요한 것이며, 사무처리에 관한 규칙의 제정도 같은 이유에서 필요하다고 할 수 있다. 헌법재판소는 「공직자윤리법의 시행에 관한 헌법재판소규칙」, 「부패방지법의 시행에 관한 헌법재판소규칙」 등을 제정·적용하고 있을 뿐만 아니라, 헌법재판소공무원규칙, 헌법재판소기록물관리규칙, 「헌법재판소공무원의 청렴유지 등을 위한 행동강령」, 「헌법재판소법 제19조 제4항 제5호의 연구기관의 범위에 관한 규칙」 등 다수의 규칙을 제정하여 적용시키고 있다.

다만 헌법재판소규칙은 법률에 위배되지 않는 범위 내에서만 인정된다(헌법 제113조 제2항, 헌법재판소법 제10조 제1항).

3. 규칙제정절차 및 규칙의 효력

헌법재판소규칙의 제정과 개정은 재판관회의의 의결을 거쳐서 확정되어야 한다(헌법재판소법 제16조 제4항 제1호). 헌법재판소규칙에는 전문을 붙여야 하며, 전문에서 재판관회의의 의결을 얻은 뜻을 기재하고 헌법재판소장이 서명한 후 헌법재판소장인을 날인하고 그 일자를 명기하여야 한다.

재판관회의에서 의결된 규칙은 의결된 후 15일 이내에 사무처장이 공포절차를 취하도록 요구되고 있으며, 규칙은 관보에 게재하여 공포한다(「헌법재판소규칙의 공포에 관한 규칙」 제4조). 규칙의 공포일은 그 규칙을 게재한 관보가 발행된 날로 하며(「헌법재판소규칙의 공포에 관한 규칙」 제5조), 규칙은 특별한 규정이 없는 한 공포한 날로부터 20일을 경과함으로써 효력을 발생한다(「헌법재판소규칙의 공포에 관한 규칙」 제6조).

헌법재판소규칙의 효력은 헌법 제113조 제2항의 문구("법률에 저촉되지 아니하는 범위안에서")에 비추어 볼 때 법률의 하위에 있는 것으로 이해될 수밖에 없다. 그러나 대통령령과는 대등한 위치에 있는 것으로 평가된다.

4. 헌법재판소규칙에 대한 통제

헌법재판소규칙이 헌법 또는 법률에 합치되지 않을 경우에는 이를 구체적으로 어떤 방식으로 통제할 수 있을 것인지가 문제될 수 있다. 현행 사법체계상 헌법재판소는 최고의 국가기관이며 사법기관이기 때문에 헌법재판소의 상위에 있는 다른 국가기관에서 이를 통제하는 것은 기대할 수 없기 때문이다.

이와 관련하여 주로 문제되는 점은 대법원이 헌법 제107조 제2항에 의한 명령 · 규칙에 대한 위헌 · 위법심사권을 통하여 헌법재판소규칙을 통제하는 것이 가능한지의 여부이다. 예컨대 대법원규칙에 대한 위헌심판권은 헌법재판소에 있다고 하겠으나, 자연적 정의의 원칙에 따라 헌법재판소규칙에 대한 최종적 위헌심판권은 대법원이 가진다는 견해가 제시되고 있는가 하면,[275] 현행 사법체계상 법원과 헌법재판소의 조직이 완전히 분리되어 있을 뿐만 아니라, 헌법 제107조 제2항에 의한「대법원의 최종적 심사권」이 법원조직 내에서의 최종적 심사권이라고 해석하는 것을 전제할 때, 대법원이 헌법재판소규칙을 심사하는 것은 적절하지 않다는 견해도 있다.[276]

275) 김철수, 앞의 책(하), 2192면.
276) 장영수, 앞의 책, 1300면.

판례색인

[대 법 원]

[국외 판례]

• 미국

• 독일

사항색인

ㄴ

ㄷ

ㅂ

ㅇ

ㅈ

ㅊ

ㅋ

ㅌ

ㅍ

ㅎ

저자 약력

■ **김 수 갑**(金銖甲)

충북 괴산 출생
충북대학교 사회과학대학 법학과 졸업
서울대학교 대학원 법학과 석사과정 수료(법학석사)
고려대학교 대학원 법학과 박사과정 수료(법학박사)
미국 Santa Clara 대학교 Visiting Scholar
충북대학교 법과대학장 · 법무대학원장 · 법학전문대학원장 역임
한국공법학회 · 한국헌법학회 · 한국비교공법학회 부회장 역임
충청북도 행정심판위원 · 충북노동위원회 위원 · 충북선거방송토론위원회 위원장 역임
행정고등고시, 입법고등고시 등 국가시험 위원 역임
전국 국 · 공립대학교 총장협의회 회장 역임

현 충북대학교 법학전문대학원 교수
현 충북대학교 제21대 총장

[주요저서 및 논문]

기본권론(법문사, 2021)
무형문화재보호를 위한 법정책적 연구(2018)
사회적 기본권의 법적 성격(2017)
기본권론 – 이론과 실제(진원사, 2013)
독일의 '예술가 사회보험법'에 관한 소고(2013)
문화국가론(충북대출판부, 2012)
국가조직론(공저, 법문사, 2010)
기본권으로서의 생명권(2010)
행정중심복합도시 건설, 정책 · 입법평가(2007)
문화국가를 위한 법체계 검토(2007)
한국주택법의 과제(공저, 2006)
문화재향유권의 법리에 관한 고찰(2002)
언론 · 출판의 자유와 명예훼손의 법리(1999)
인체생명공학의 발전에 따른 공법상의 제문제(1998)
저항권의 개념과 저항권사상의 역사적 발전과정에 관한 소고(1995)
정당의 역사적 발달(1995) 외

헌법총론 · 통치구조론

2022년 3월 5일 초판 인쇄
2022년 3월 10일 초판 1쇄 발행

저 자 김 수 갑
발행인 배 효 선
발행처 도서출판 法 文 社

주 소 10881 경기도 파주시 회동길 37-29
등 록 1957년 12월 12일/제2-76호(윤)
전 화 (031)955-6500~6 FAX (031)955-6525
E-mail (영업) bms@bobmunsa.co.kr
(편집) edit66@bobmunsa.co.kr
홈페이지 http://www.bobmunsa.co.kr

조 판 법 문 사 전 산 실

정가 43,000원 ISBN 978-89-18-91296-7